D1724671

Manuel de linguistique française
MRL 8

Manuals of Romance Linguistics

Manuels de linguistique romane
Manuali di linguistica romanza
Manuales de lingüística románica

Edited by
Günter Holtus and Fernando Sánchez Miret

Volume 8

DE GRUYTER

Manuel de linguistique française

Édité par
Claudia Polzin-Haumann et Wolfgang Schweickard

DE GRUYTER

ISBN 978-3-11-030208-0
e-ISBN (PDF) 978-3-11-030221-9
e-ISBN (EPUB) 978-3-11-039413-9

Library of Congress Cataloging-in-Publication Data
A CIP catalog record for this book has been applied for at the Library of Congress.

Bibliographic information published by the Deutsche Nationalbibliothek
The Deutsche Nationalbibliothek lists this publication in the Deutsche Nationalbibliografie;
detailed bibliographic data are available on the Internet at http://dnb.dnb.de.

© 2015 Walter de Gruyter GmbH, Berlin/Boston
Cover image : © Marco2811/fotolia
Typesetting : jürgen ullrich typosatz, Nördlingen
Printing and binding : CPI books GmbH, Leck
♾ Printed on acid-free paper
Printed in Germany

www.degruyter.com

MIX
Papier aus verantwor-
tungsvollen Quellen
FSC® C083411

Manuel de linguistique française

Édité par
Claudia Polzin-Haumann et Wolfgang Schweickard

DE GRUYTER

ISBN 978-3-11-030208-0
e-ISBN (PDF) 978-3-11-030221-9
e-ISBN (EPUB) 978-3-11-039413-9

Library of Congress Cataloging-in-Publication Data
A CIP catalog record for this book has been applied for at the Library of Congress.

Bibliographic information published by the Deutsche Nationalbibliothek
The Deutsche Nationalbibliothek lists this publication in the Deutsche Nationalbibliografie;
detailed bibliographic data are available on the Internet at http://dnb.dnb.de.

© 2015 Walter de Gruyter GmbH, Berlin/Boston
Cover image : © Marco2811/fotolia
Typesetting : jürgen ullrich typosatz, Nördlingen
Printing and binding : CPI books GmbH, Leck
♾ Printed on acid-free paper
Printed in Germany

www.degruyter.com

Manuals of Romance Linguistics

Les *Manuals of Romance Linguistics*, nouvelle collection internationale de manuels de linguistique romane (en abrégé *MRL*), présentent un panorama encyclopédique, à la fois synthétique et systématique, de la linguistique des langues romanes tenant compte des derniers acquis de la recherche.

Prenant le relais des deux grands ouvrages de référence disponibles jusqu'alors aux éditions De Gruyter, le *Dictionnaire de linguistique romane* en huit volumes (*Lexikon der Romanistischen Linguistik*, *LRL*, 1988–2005) et l'*Histoire des langues romanes* en trois volumes (*Romanische Sprachgeschichte*, *RSG*, 2003–2008), qu'il aurait été impensable de réviser dans des délais raisonnables, les *MRL* se sont donnés comme objectif d'offrir une présentation actualisée et approfondie de ces vues d'ensemble, et de les compléter en y intégrant des domaines et des courants de recherche nouveaux et importants ainsi que des thèmes qui, jusqu'à présent, n'avaient encore jamais fait l'objet d'un traitement systématique.

La collection des *MRL* a par ailleurs une structure par modules nettement plus souple que celle des anciens ouvrages de référence. 60 volumes sont prévus, qui comprennent chacun entre 15 et 30 articles environ, soit un total de 400 à 600 pages. Chacun d'entre eux présente les aspects essentiels d'un thème donné, de façon à la fois synthétique et clairement structurée. La réalisation de chaque volume séparé exigeant moins de temps que celle d'une grande encyclopédie, les *MRL* peuvent prendre plus aisément en considération les développements récents de la recherche. Les volumes sont conçus de manière à pouvoir être consultés indépendamment les uns des autres tout en offrant, pris ensemble, un aperçu général de tout l'éventail de la linguistique actuelle des langues romanes.

Les volumes sont rédigés en différentes langues – français, italien, espagnol, anglais, voire, exceptionnellement, portugais –, chacun d'entre eux étant intégralement rédigé dans une seule langue dont le choix dépend du thème concerné. L'anglais permet de donner une dimension internationale et interdisciplinaire aux thèmes qui sont d'un intérêt plus général, dépassant le cercle des études romanes *stricto sensu*.

La collection des *MRL* est divisée en deux grandes parties thématiques : 1) langues et 2) domaines. Dans la première sont présentées toutes les langues romanes (y compris les créoles), chacune d'entre elles faisant l'objet d'un volume à part entière. Les *MRL* accordent une attention particulière aux petites langues, aux *linguae minores*, qui jusqu'alors n'avaient pas été traitées de manière systématique dans le cadre de panoramas d'ensemble : on y trouvera des volumes portant sur le frioulan, le corse, le galicien ou encore le latin vulgaire, mais aussi un *Manual of Judaeo-Romance Linguistics and Philology*.

La seconde partie comprend des présentations systématiques de toutes les sous-disciplines, traditionnelles ou nouvelles, de la linguistique romane, avec un volume séparé réservé aux questions de méthode. L'accent est mis en particulier sur des domaines et des courants nouveaux et dynamiques qui prennent de plus en plus d'importance dans la recherche comme dans l'enseignement mais qui n'avaient pas encore été suffisamment pris en compte dans les précédents ouvrages d'ensemble – comme par exemple les *Grammatical Interfaces*, les recherches sur le langage des jeunes ou le langage urbain, la linguistique informatique et la neurolinguistique, les *Sign Languages* ou la linguistique judiciaire. Chaque volume offre un aperçu claire-ment structuré sur l'histoire de la recherche et ses plus récents développements dans chacun de ces domaines.

Les directeurs de la collection sont fiers d'avoir pu confier l'édition des différents volumes des *MRL* à des spécialistes de renom international en provenance de tous les pays de langues romanes, et d'autres encore. Les éditeurs sont responsables aussi bien de la conception des volumes dont ils ont bien voulu se charger que du choix des contributeurs. On peut ainsi être assuré d'y trouver, en plus d'une présentation systématique de l'état actuel des théories et des connaissances, un grand nombre de réflexions et d'aspects novateurs.

Pris dans leur ensemble, ces volumes indépendants constituent un panorama général aussi vaste qu'actuel de notre discipline, destiné aussi bien à ceux qui souhaitent s'informer seulement sur un thème particulier qu'à ceux qui cherchent à embrasser les études romanes actuelles sous tous leurs aspects. Les *MRL* offrent ainsi un accès nouveau et novateur à la linguistique des langues romanes, dont elles accompagnent de manière adéquate et représentative le développement continu.

Juin 2015
Günter Holtus (Lohra/Göttingen)
Fernando Sánchez Miret (Salamanca)

Table des matières

Tendances méthodologiques et didactiques actuelles

Claudia Polzin-Haumann et Wolfgang Schweickard
0 Introduction

La recherche linguistique sur le français n'a pas cessé de faire, ces derniers temps, d'importants progrès dans de nombreuses sous-disciplines. Bon nombre de travaux viennent d'être publiés, renfermant un potentiel innovateur important à bien des égards, aussi bien pour la diachronie que pour la langue contemporaine. Aux côtés de l'espagnol et de l'italien, le français reste dans l'ensemble la langue romane la mieux étudiée. Depuis toujours, en linguistique française, le ton n'est pas donné uniquement par la recherche en France qui, bien sûr, bénéficie globalement de l'infrastructure universitaire la plus développée. D'autres pays européens où la tradition de cette discipline est solidement implantée continuent à jouer un rôle important, comme l'Allemagne, l'Autriche, la Suisse, la Grande-Bretagne ou les pays scandinaves.

De façon générale, on peut néanmoins observer que l'ancrage de la recherche dans une perspective panromane, qui a longtemps dominé notamment dans les pays germanophones, est peu à peu relégué au second plan. Alors qu'aux débuts de la discipline, linguistique et littérature romanes étaient même considérées comme un tout, il n'est plus possible aujourd'hui de faire sérieusement face à la multitude des données et des publications. Actuellement, les recherches spécifiquement romanistes sont surtout effectuées là où la comparaison entre les différentes langues romanes et les différents systèmes linguistiques apportent un supplément de connaissances. Au vu de la différenciation croissante des domaines de recherche, il ne s'agit pourtant que de cas d'exception. L'étymologie et la sémantique historique, où la valeur heuristique de la comparaison panromane est bien visible, en sont l'exemple type (cf. Buchi/Schweickard 2014). La meilleure description de l'état actuel de la recherche romaniste dans son ensemble est donnée par Martin Glessgen qui, dans son ouvrage de référence *Linguistique romane. Domaines et méthodes en linguistique française et romane* (¹2007 ; ²2012), dresse un panorama du développement historique de cette discipline, de ses domaines de recherche, de son infrastructure et de ses perspectives.

Les étiquettes « Philologie romane » ou « Linguistique romane » sont les termes génériques qui continuent à être employés principalement dans les pays germanophones pour désigner l'ensemble des philologies romanistes individuelles. En Allemagne, en Autriche et en Suisse germanophone, la plupart des chaires portent les dénominations de « Philologie romane » ou de « Linguistique romane » même si, bien entendu, aucun romaniste ne peut plus appréhender l'ensemble de la Romania sous toutes ses facettes. En règle générale, les attributions des chaires de Romanistique incluent néanmoins la recherche portant sur deux langues romanes, ce qui garantit au moins, si la problématique s'y prête, de pouvoir élargir fructueusement les perspectives en allant au-delà d'une philologie particulière. La tendance croissante à la spécialisation devrait cependant se maintenir pour l'essentiel, sous l'effet notamment de pressions politiques toujours plus fortes incitant à définir plus nettement les contours de la discipline. En plus, du point de vue économique, les langues n'ont pas le même poids. Ainsi, « l'économisation » du secteur éducatif contribue elle aussi à la réduction de la perspective traditionnelle romaniste en mettant l'accent plutôt sur « l'utilité » d'une langue donnée que sur la valeur heuristique liée à la connaissance de plusieurs langues romanes.

La transformation structurelle de la discipline s'accompagne de profonds changements dans le domaine des langues de publication. L'allemand, en tant que langue du pays où est née la romanistique, voit sa portée se réduire continuellement, et son utilisation décroître dans sa pratique non seulement active, mais aussi comme langue de lecture. Les jeunes romanistes qui ne veulent pas passer inaperçus dans les pays romans ont intérêt à rédiger leurs travaux dans une langue romane. On observe en outre depuis un certain temps déjà que même les études qui regardent des sujets spécifiques à la linguistique romane sont publiées en anglais, ce qui leur assure un écho bien plus large. Cette tendance est renforcée par les maisons d'édition qui en tirent un avantage économique. Le débat passionné déclenché par le monde politique à propos de l'introduction de l'anglais comme langue d'enseignement dans les universités françaises est symptomatique du fait que l'anglais est en train de s'imposer définitivement comme *lingua franca*. Cet exemple montre bien le potentiel explosif d'une thématique dans laquelle des considérations pratiques se heurtent à la préservation du patrimoine culturel.

En ce qui concerne en revanche la forme prise par la publication des travaux de recherche en linguistique romane, malgré des innovations dans le domaine des médias utilisés, comme les livres numériques et diverses offres en ligne, il est un point sur lequel on ne constate pas encore de changements décisifs : jusqu'à présent, la publication des ouvrages scientifiques de qualité s'effectue presque exclusivement sous l'égide des maisons d'édition. Les avantages qui en résultent sont une garantie de qualité grâce au travail des directeurs de publication et une bonne visibilité en raison du potentiel marketing des maisons d'édition. Certes, de nombreuses initiatives existent aussi dans les domaines de la romanistique et du français pour s'affranchir de cette emprise (la rubrique « Ressources en ligne » / « Online-Ressourcen » de la *Zeitschrift für romanische Philologie* rend régulièrement compte des principaux projets en la matière). Néanmoins, il est actuellement impossible de prévoir si et quand les formes de publication en libre accès (cf. aussi à ce sujet Agnetta 2015) parviendront à s'imposer de manière significative sur un marché indépendant des éditeurs, et si cela vaudra également pour les monographies de qualité, notamment les thèses de doctorat et d'habilitation à diriger des recherches.

L'une des tâches des chercheurs est de porter un regard critique sur les résultats obtenus par la recherche fondamentale en linguistique romane. Le travail de pure documentation s'effectue à l'aide des répertoires bibliographiques appropriés. Mais il ne s'agit pas seulement de trouver des indications sur des titres, ou des informations particulières. Aujourd'hui, il est tout à fait possible de parvenir à de bons résultats en maniant habilement les moteurs de recherche et les plates-formes appropriés. Il reste cependant indispensable d'adopter une perspective plus globale pour systématiser les grandes tendances de la recherche et d'aborder de façon critique les résultats obtenus. Jouissant d'une longue tradition, particulièrement en Allemagne, les manuels de romanistique et autres publications de synthèse sont le lieu privilégié de tels commentaires et critiques, conduisant le cas échéant à des approfondissements et des prolongements. Le prototype en est l'ouvrage de Gustav Gröber *Grundriss der romanischen Philologie* ([1]1888 ; [2]1904–1906). Depuis, des publications de synthèse similaires ont été régulièrement publiées, chaque projet apportant ses propres accents. Dans la perspective du français, il faut mentionner la publication en 1990 du vol. 5/1 du *Lexikon der Romanistischen Linguistik* (LRL) qui contient des contributions portant sur l'histoire de la langue, sa systématisation et le cadre sociolinguistique. Ces dernières sont complétées par différents articles sur le français dans les autres volumes de l'ouvrage. Le *Handbuch Französisch* (Kolboom/Kotschi/Reichel [1]2002 ; [2]2008) couvre des domaines d'études particuliers de la linguistique, mais aussi des thématiques propres à la recherche en littérature et en civilisation. L'*Histoire linguistique de la Romania* (Ernst et al. 2003 ; 2006 ; 2008) se consacre à l'analyse systématique des langues romanes dans une perspective diachronique. La *Cambridge History of the Romance Languages* (Maiden/Smith/Ledgeway 2011; 2013), née dans l'espace anglophone, aborde le français dans le contexte global des langues romanes. Le *Manuel des langues romanes* (Klump/Kramer/Willems 2014) est à ce jour le dernier ouvrage publié. Dans la tradition plus que centenaire des manuels de romanistique, les évolutions les plus importantes concernant la structure et les contenus sont le renforcement de la spécialisation thématique et le renversement des positions de la diachronie, qui prévalait par le passé, et de la synchronie aujourd'hui dominante. Les recherches en littérature et en linguistique prennent des trajectoires de plus en plus divergentes, leurs seuls points de convergence et de rencontre significatifs se situant dans le domaine historique et la philologie éditoriale.

Parmi les évolutions décrites, plusieurs se retrouvent aussi dans la conception des *Manuals of Romance Linguistics* (MRL) : recul de l'allemand comme langue de publication en romanistique, tendance à l'usage de l'anglais même pour les sujets spécifiquement romans, et spécialisation croissante dans le domaine d'une seule langue romane. Le présent volume ne s'inscrit donc pas dans une perspective spécifiquement romaniste, mais, du point de vue de sa conception, se situe dans la lignée d'ouvrages de synthèse portant sur des langues romanes particulières, comme l'*Enciclopedia dell'italiano* (Simone 2010/2011) ou les volumes de la série des *Manuals of Romance Linguistics* consacrés à des langues romanes spécifiques. Les éditeurs et les auteurs de ce volume se sont néanmoins efforcés d'intégrer autant que possible l'expérience pouvant être puisée aux sources de la linguistique romane traditionnelle.

La structure thématique du présent manuel reflète l'état de la recherche et les perspectives dans les principales sous-disciplines de la linguistique française. Dans le cadre de la recherche historique (↗1 Le français dans l'histoire : depuis ses origines jusqu'au XVIᵉ siècle ; ↗2 Le français dans l'histoire : du XVIIᵉ siècle à nos jours ; ↗3 La diachronie dans la linguistique variationnelle du français ; ↗4 La philologie linguistique et éditoriale) effectuée ces dernières années, c'est surtout celle dédiée aux aspects familiers et populaires aussi bien que régionaux et dialectaux du français qui a continué à se consolider. Sous le terme clé de « verticalisation », des innovations méthodologiques provenant de sous-disciplines très productives se consacrant à la langue actuelle, comme la linguistique variationnelle, ont été intégrées pour jeter un regard nouveau sur le diasystème historique du français et ses processus d'évolution. Certes, il y a déjà plusieurs décennies que la linguistique historique a commencé à prendre ses distances par rapport à la position dominante des textes littéraires et de la langue écrite comme sources d'étude. Ce processus est cependant bien loin d'être achevé. C'est surtout l'augmentation considérable du nombre de sources historiques qui y contribue, celles-ci apportant à bien des égards de nouvelles connaissances et permettant une appréhension plus exacte des stades de l'évolution historique (cf. Schweickard 2011). Manuscrits et imprimés anciens sont aujourd'hui d'un accès beaucoup plus aisé qu'autrefois, grâce à la numérisation et aux remarquables progrès effectués par les bibliothèques. Le projet dirigé à Zurich par Martin Glessgen sur les plus anciens documents linguistiques de la France (Glessgen 2008), ainsi que les éditions de textes « privés » effectuées par Gerhard Ernst et Barbara Wolf (Ernst/Wolf 2005), montrent de façon exemplaire les progrès pouvant être réalisés dans ces conditions. Il en va de même pour la lexicographie (↗23 Lexicographie) et la grammaticographie (↗22 Grammaticographie), qui voient s'ouvrir des perspectives entièrement nouvelles.

C'est toutefois la dimension contemporaine de la langue qui se trouve au cœur du présent manuel. On entend donner l'image la plus représentative possible des lignes de recherche traditionnelles et récentes pour les différentes sous-disciplines. Avec l'évolution extrêmement rapide des technologies de l'information et de la communication, la recherche doit faire face ces dernières années à de nouveaux défis (↗12 La communication dans les médias électroniques). Des résultats importants ont été obtenus aussi bien au niveau historique que synchronique dans les domaines de la défense de la langue et de la politique linguistique, de la linguistique populaire, ainsi que des langues régionales et minoritaires de France et de l'espace francophone (↗5 Aménagement linguistique et défense institutionnalisée de la langue : France ; ↗6 Linguistique populaire et chroniques de langage : France ; ↗7 Aménagement linguistique et défense institutionnalisée de la langue : Francophonie ; ↗8 Linguistique populaire et chroniques de langage : Francophonie ; ↗9 Aménagement linguistique et défense institutionnalisée de la langue : les français régionaux et les langues des minorités ; ↗10 Linguistique populaire et chroniques de langage : les français régionaux et les langues des minorités ; ↗16 Les français régionaux ; ↗19 Le français dans le monde : Europe ; ↗20 Le français dans le monde : Canada ; ↗21 Le français dans le monde : Afrique). L'approfondissement des recherches portant sur le langage des jeunes et sur celui des générations âgées s'est poursuivi (↗13 Langue et générations : le langage des jeunes ; ↗14 Langue et générations : enjeux linguistiques du vieillissement). Le changement de statut du français, en France et dans le monde, constitue un domaine de discussion particulièrement important. Ce sont surtout les rapports tendus entre le français et l'anglais qui font l'objet de débats controversés (↗17 Le français en contact avec d'autres langues). L'un des aspects de ces rapports est l'influence de l'anglais sur le français. De nouveaux mots français sont créés à grands frais pour remplacer les emprunts. En dépit de mesures législatives d'accompagnement, les succès restent modestes, d'autant plus que suite à la décision du Conseil constitutionnel de 1994 les réglementations en question sont limitées au domaine public. Du point de vue linguistique, aucun danger réel n'est de toute façon visible à ce niveau pour le français. Il s'agit seulement de protéger le lexique français sous une forme qui soit la plus authentique possible. Étant donné que c'est précisément par le contact avec d'autres langues au fil des siècles que le français s'est forgé sa forme actuelle jugée si exemplaire, cette discussion recèle indéniablement une composante schizophrène.

Le changement de rôle du français comme langue véhiculaire et langue des publications scientifiques a, en revanche, nettement plus d'importance (↗18 Le français dans la communication scientifique et internationale). Dans nombre de domaines, l'un après l'autre, le français se voit relégué au second rang par l'anglais comme langue de communication. Que la sphère politique s'élève par tous les moyens contre ce déclin progressif de l'importance du français est tout à fait compréhensible. Plus encore que la législation, la promotion d'une communauté francophone forte devrait apporter certains succès.

À côté des thèmes ne touchant que le français pris en lui-même, ce manuel fait aussi une place aux recherches dont le contenu et la méthode les situent à la croisée de différentes sous-disciplines linguistiques. C'est le cas des études portant sur la langue de la proximité et de la distance (↗11 L'immédiat, la proximité et la distance communicative), de la discussion sur la langue et le genre (↗15 Sexe et genre), mais aussi de la linguistique cognitive (↗24 La linguistique cognitive), de la linguistique de corpus (↗28 Linguistique française et ressources électroniques) et de la traductologie (↗29 Traduction).

Une place spécifique est attribuée à un choix de thématiques issues de la linguistique appliquée et de la didactique (↗25 La linguistique appliquée ; ↗26 Le français dans l'enseignement scolaire et universitaire ; ↗27 La recherche en plurilinguisme). En ce qui concerne le statut du français langue étrangère dans le cursus scolaire et comme matière universitaire, certains symptômes liés à sa perte de vitesse ne peuvent être ignorés. Outre l'anglais, le français a vu s'affirmer ces dernières années et décennies un concurrent vigoureux au sein des langues romanes, l'espagnol. Du point de vue allemand, l'exception est constituée par les régions frontalières de l'Ouest et du Sud de l'Allemagne, où le statut particulier du français dans le cursus scolaire a pu être préservé, voire dans certains cas consolidé (comme en Sarre). La position du français en tant que discipline universitaire semble actuellement encore relativement stable au niveau européen. Mais à une époque où les politiques de recherche s'intéressent avant tout à une logique de quantification et de profitabilité des retombées pratiques, il est indéniable que sa compétitivité a globalement pâti dans l'éventail des disciplines représentées à l'université. L'exemple des États Unis montre de façon impressionnante le danger que fait peser sur la discipline une telle menace. Après une période d'apogée liée à l'émigration forcée de linguistes juifs pendant la période nazie (Malkiel, Pulgram, Kahane), et malgré la présence d'excellents chercheurs comme Steven Dworkin, la linguistique française n'y est aujourd'hui plus guère représentée dans le spectre général des disciplines universitaires.

Ce manuel a pour objectif de livrer à la communauté scientifique une vue d'ensemble actuelle, ainsi que des commentaires critiques sur les contenus et les tendances de la linguistique française, en essayant de donner également des impulsions aux recherches à venir. Il s'adresse en outre aux étudiants de linguistique française, auxquels il sera utile comme ouvrage de référence, mais aussi lors de la préparation aux examens.

Nous tenons à remercier Candida Andreas, Francesco Crifò, Svenja Sommer, Kerstin Sterkel et Lisa Šumski (tous de Sarrebruck) pour leur précieux soutien dans la préparation des articles pour l'impression, Emmanuel Faure (Berlin) pour la révision linguistique de l'Introduction, ainsi que Christine Henschel et Ulrike Krauß, des éditions De Gruyter, pour la collaboration toujours agréable et fiable. Nous remercions tout particulièrement les auteurs du volume pour leur soutien collégial dans toutes les phases du projet.

Bibliographie

Agnetta, Marco (2015), *Technik, die begeistert ?! Zur Open-Access -Debatte in der Sprach- und Translationswissenschaft*, in : Claudia Polzin-Haumann/Alberto Gil (edd.), *Angewandte Romanistische Linguistik : Kommunikations- und Diskursformen im 21. Jahrhundert*, St. Ingbert, Röhrig Universitätsverlag, 11–28.

Buchi, Éva/Schweickard, Wolfgang (edd.) (2014), *Le « Dictionnaire Étymologique Roman » (DÉRom). Genèse, méthodes et résultats*, Berlin/München/Boston, de Gruyter.

Ernst, Gerhard/Wolf, Barbara (2005), *Textes français privés des XVIIe et XVIIIe siècles*, CD-Rom, Tübingen, Niemeyer.

Ernst, Gerhard, et al. (edd.) (2003 ; 2006 ; 2008), *Romanische Sprachgeschichte. Ein internationales Handbuch zur Geschichte der romanischen Sprachen / Histoire linguistique de la Romania. Manuel international d'histoire linguistique de la Romania*, 3 vol., Berlin/New York, de Gruyter.

Glessgen, Martin (¹2007 ; ²2012), *Linguistique romane. Domaines et méthodes en linguistique française et romane*, Paris, Colin.

Glessgen, Martin (2008), *Les lieux d'écriture dans les chartes lorraines du XIIIe siècle*, Revue de Linguistique Romane 75, 391–468.

Gröber, Gustav (ed.) (¹1888 ; ²1904–1906), *Grundriss der romanischen Philologie*, vol. 1 : *Geschichte und Aufgabe der romanischen Philologie / Quellen der romanischen Philologie und deren Behandlung / Romanische Sprachwissenschaft*, Strassburg, Trübner.

Klump, Andre/Kramer, Johannes/Willems, Aline (edd.) (2014), *Manuel des langues romanes*, Berlin/Boston, de Gruyter.

Kolboom, Ingo/Kotschi, Thomas/Reichel, Edward (edd.) ([1]2002 ; [2]2008), *Handbuch Französisch : Sprache, Literatur, Kultur, Gesellschaft*, Berlin, Schmidt.

LRL = Holtus, Günter/Metzeltin, Michael/Schmitt, Christian (edd.) (1990), *Lexikon der Romanistischen Linguistik (LRL)*, vol. 5/1 : *Französisch*, Tübingen, Niemeyer.

Maiden, Martin/Smith, John Charles/Ledgeway, Adam (edd.) (2011 ; 2013), *The Cambridge History of the Romance Languages*, 2 vol., Cambridge, Cambridge University Press.

Schweickard, Wolfgang (2011), *Medienwandel und (Wörterbuch-)Kultur. Die Quellengrundlagen der historischen Lexikographie*, in : Clemens Zintzen (ed.), *Die Zukunft des Buches. Vorträge des Symposions der Geistes- und sozialwissenschaftlichen Klasse und der Klasse der Literatur, Mainz, am 20. Mai 2010*, Mainz/Stuttgart, Steiner, 53–64.

Simone, Raffaele (ed.) (2010/2011), *Enciclopedia dell'italiano*, 2 vol., Roma, Treccani.

Le français dans l'histoire

Philipp Burdy

1 Le français dans l'histoire : depuis ses origines jusqu'au XVIe siècle

Abstract : L'article a pour but d'illustrer dans les grandes lignes l'histoire du français avant sa standardisation. Nous nous pencherons aussi bien sur des points d'histoire externe de la langue que sur des aspects relatifs à son histoire interne : ainsi, nous traiterons, d'une part, les plus anciens textes, l'emploi du français en tant que langue littéraire et langue administrative au Moyen Âge, le rôle de l'Île-de-France dans le cadre de la koinéisation, les répercussions de l'humanisme sur le développement du français au XVIe siècle, et, d'autre part, des points de grammaire de l'ancien et du moyen français ainsi que l'évolution du lexique.

Keywords : français, histoire, diachronie, Moyen Âge, XVIe siècle

1 Avant-propos

L'histoire du français se subdivise habituellement en trois périodes : l'ancien français, le moyen français et le français moderne. Cependant, la délimitation précise du moyen français est toujours controversée (cf. Baum 2003, 46ss.). Nous adoptons ici la périodisation proposée entre autres par Marchello-Nizia (2005, 4). Dans ce qui suit, nous traiterons donc de l'ancien français (du IXe au XIIIe siècle), du moyen français (XIVe et XVe siècles) et des débuts du français moderne (XVIe siècle).

2 Les débuts : du IXe au XIe siècle

Les premiers témoignages de l'existence d'un parler roman nettement distinct du latin dans la partie nord de l'ancienne Gaule sont des témoignages indirects. En 813, les synodes de Reims et de Tours reconnurent les langues vulgaires comme langues de la messe en plus du latin (MGH Conc. II,1, 255 et 288) :

> [Reims] XV. Ut episcopi sermones et omilias sanctorum patrum, prout omnes intellegere possent, secundum proprietatem linguae praedicare studeant.

> [Tours] XVII. [...] Et ut easdem omelias quisque aperte transferre studeat in rusticam Romanam linguam aut Thiotiscam, quo facilius cuncti possint intellegere quae dicuntur.

À la même époque, dans les diocèses de Lyon et d'Arles, on ne trouve aucune décision relative aux langues utilisées dans la messe. Cela donne à supposer que dans les zones où se développaient l'occitan et le franco-provençal, au début du IXe siècle, la distance entre la langue du culte et la langue du peuple n'était pas encore si importante que l'utilisation de la *rustica romana lingua* dans le prêche eût été nécessaire (cf. Richter 1983, 441). En d'autres termes, la communication verticale entre les lettrés et les illettrés (cf. Banniard 1992, 38), encore intacte aux VIIe et VIIIe siècles, a cessé de fonctionner plus tôt dans le Nord de l'ancienne Gaule que dans le Sud. Van Uytfanghe (2012, 441) suppose pour ce qui deviendra le domaine d'oïl une « diglossie intralinguale inconsciente » vers 700–800.

Une autre illustration de cette situation de plus en plus diglossique dans la partie nord de la Galloromania est fournie par les *Gloses de Reichenau*.[1] Compilées au IXe siècle au plus tôt (Raupach 1972, 297s.), les environ 5.000 gloses se subdivisent en deux parties : les gloses bibliques (3152) et les gloses alphabétiques (1725), dérivées de différents textes, comme les *Origines* d'Isidore de Séville et la *Règle* de saint Benoît. Tout en étant un glossaire latin-latin, cet ouvrage comporte un nombre assez élevé de gloses à considérer comme latines-romanes. Nous en donnons quelques exemples (Klein 1968) :

> 46 Pulcra : bella [fr. *beau*], 100 Semel : una vice [fr. *une fois*], 114 Fauillam : scintillam [fr. *étincelle*], 141 Ager : campus [fr. *champ*], 247 Liberos : infantes [fr. *enfants*], 580 Scabrones : uuapces [fr. *guêpes*], 686 Sartago : patella [fr. *poêle*], 1377 Iecore : ficato [fr. *foie*], 1669 Vuas : racemos [fr. *raisins*], 2975 Coturnix : quaccola [fr. *caille*]

Le fait qu'un document linguistique tel que les *Gloses de Reichenau* soit apparu à cette époque ne doit rien au hasard : les efforts fournis par des intellectuels comptant parmi les plus estimés de l'époque carolingienne, comme Alcuin d'York et Paul Diacre, en vue de rapprocher le latin écrit contemporain du modèle du latin classique commençaient à porter leurs fruits. Au cours du VIIIe siècle, on constate dans les textes latins un net retour aux normes phonétiques et morphologiques du latin classique. Cette évolution fait partie du renouveau culturel appelé « renaissance carolingienne ». En raison de la distance croissante entre code écrit et code oral, ce mouvement a donc involontairement favorisé l'émergence des premiers textes se rapprochant plus de la langue parlée qu'auparavant.

Ce sont les fameux *Serments de Strasbourg* (Gärtner/Holtus 1995 ; Avalle 2002 ; Lo Monaco/Villa 2009) qui constituent le premier document « non-latin » à proprement parler.[2] Ce document juridique reproduit littéralement des serments prêtés en roman et en vieux haut-allemand par Charles le Chauve et Louis le Germanique en l'an 842. Le scribe s'efforça délibérément à transcrire ces serments, transmis dans un contexte latin, tels qu'ils ont été prononcés lors de l'alliance militaire des deux petits-fils de

---

1 Le ms. Karlsruhe Landesbibl. Aug. perg. CCXLVIII date de la première moitié du Xe siècle (Bischoff 1981, 48).

2 La plus ancienne partie du ms. unique BnF lat. 9768 date de la fin du Xe siècle (cf. Gärtner/Holtus 1995, 99). La localisation de la langue des *Serments* est peu claire (cf. Avalle 2002, 271–295). Hilty (2010, 276) se prononce pour une région dans l'Est qui comprend la Lorraine et la partie nord de la Bourgogne.

Charlemagne contre leur frère Lothaire. Voici les termes des serments (Lo Monaco/ Villa 2009, 78ss.) :

> Pro Deo amur et pro christian poblo et nostro commun salvament, d'ist di in avant, in quant Deus savir et podir me dunat, si salvarai eo cist meon fradre Karlo, et in aiudha et in cadhuna cosa, si cum om per dreit son fradra salvar dift, in o quid il mi altresi fazet, et ab Ludher nul plaid nunquam prindrai qui, meon vol, cist meon fradre Karle in damno sit.

> Si Lodhuuigs sagrament, quę son fradre Karlo iurat conservat, et Karlus meos sendra de suo part non †loftanit†, si io returnar non l'int pois, ne io ne neuls cui eo returnar int pois, in nulla aiudha contra Lodhuuuig nun li iv er.

Naturellement il manquait encore au scribe les moyens graphiques pour écrire la langue vulgaire parlée dans le Nord de la Galloromania ; aussi la transcription des serments ressemble-t-elle beaucoup aux documents latins de l'époque mérovingienne. On y trouve par exemple le graphème <i> pour é[(*savir, podir, dift*) ainsi que toujours <a> pour á[(*salvar, fradre*). Les diphtongues issues des voyelles toniques libres, typiques de l'ancien français (*ie, ou, ue* etc.), font complètement défaut. En revanche, les formes verbales sont incontestablement françaises, surtout celles du futur (*salvarai, prindrai*). De même, la flexion nominale à deux cas de l'ancien français est déjà présente (*Karlus/Karlo, Lodhuuigs/Lodhuuuig*). Le lexique, lui aussi, est caractérisé par la langue parlée : *avant* au lieu de *ante*, *plaid* au lieu de *foedus*, *dreit* (fr. mod. *droit*) au lieu de *ius*, *savir* (fr. mod. *savoir*) au lieu de *scire*. C'est surtout la morphologie qui nous amène à classifier le texte des *Serments de Strasbourg* sinon comme français, en tout cas comme « non-latin ». Cependant, face aux *Serments*, on a l'impression d'assister, pour ainsi dire, au développement le plus poussé des pratiques graphiques de l'époque mérovingienne. Il faudra attendre encore quelques décennies pour voir naître quelque chose de réellement innovateur sur le plan graphique.

Le second document français transmis est la *Séquence* (ou *Cantilène) de sainte Eulalie* (env. 900),[3] un bref récit du martyre de la vierge Eulalie de Mérida, sainte hispanique du IVe siècle. En voici le texte intégral (Berger/Brasseur 2004, 63) :

> Buona pulcella fut Eulalia,
> Bel auret corps, bellezour anima.
> Voldrent la veintre li Deo inimi,
> Voldrent la faire dïaule servir.
> Elle nont eskoltet les mals conselliers
> Qu'elle Deo raneiet chi maent sus en ciel.
> Ne por or ned argent ne paramenz,
> Por manatce regiel ne preiement,

---

[3] Le ms. unique Valenciennes 150 est pratiquement contemporain à la composition du poème (cf. Berger/Brasseur 2004, 59 et 161). Quant à la localisation du ms., Berger/Brasseur se limitent à le situer dans une région de la langue d'oïl proche du germanique, tandis que des recherches précédentes l'avaient attribué au domaine wallon (cf. ibid., 163 ; Avalle 2002, 321s.).

Nïule cose non la pouret omque pleier
La polle sempre non amast lo Deo menestier.
E poro fut presentede Maximiien
Chi rex eret a cels dis soure pagiens.
Il li enortet, dont lei nonque chielt,
Qued elle fuiet lo nom christiien.
Ellent adunet lo suon element :
Melz sostendreiet les empedementz
Qu'elle perdesse sa virginitet ;
Poros furet morte a grand honestet.
Enz enl fou lo getterent com arde tost :
Elle colpes non auret, poro nos coist.
A czo nos voldret concreidre li rex pagiens ;
Ad une spede li roueret tolir lo chief.
La domnizelle celle kose non contredist :
Volt lo seule lazsier, si ruovet Krist.
In figure de colomb volat a ciel.
Tuit oram que por nos degnet preier
Qued auuisset de nos Christus mercit
Post la mort et a Lui nos laist venir
Par souue clementia.

Effectivement, ce document se distingue par une physionomie linguistique tout à fait différente (cf. Chaurand 1999, 33s.). Bien qu'il soit à peine plus récent que les *Serments de Strasbourg*, on y trouve déjà la réalisation graphique des diphtongues issues des voyelles toniques libres : <ie> (*chief*), <ei> (*concreidre*), <ou> (*bellezour*), <uo> (*buona*) et des graphèmes qui cherchent à rendre l'affriquée palatale [ts] (*manatce, enz, czo*). De plus, il faut signaler certaines graphies qui préfigurent apparemment des traits dialectaux connus par des documents plus récents provenant du Nord-Est de la langue d'oïl, comme *diaule, seule, auuisset*. Cependant, les plus récentes recherches au sujet de la *Cantilène* les considèrent comme peu significatives et se limitent à qualifier l'œuvre comme appartenant au domaine d'oïl (Berger/Brasseur 2004, 162).[4] Bien que des appellatifs d'origine germanique fassent encore défaut, le vocabulaire de l'*Eulalie* ouvre la voie à l'évolution du lexique de l'ancien français : à peu près 70% des mots utilisés dans la cantilène subsisteront pendant tout le Moyen Âge (Berger/Brasseur 2004, 161s.). On y rencontre aussi les premiers latinismes, par exemple *element, figure, virginitet*.[5] En même temps, la *Cantilène de sainte Eulalie*, œuvre essentiellement ecclésiastique, constitue le début de la littérature française. Les quelques textes immédiatement postérieurs sont également des documents témoins de la vie religieuse, à savoir le *Fragment de Valenciennes*, la *Passion de Clermont-Ferrand* et la *Vie de saint Léger*.

---

4 En cela, Berger/Brasseur se rapprochent d'idées déjà exprimées par Delbouille (1970, 194).
5 Dans les *Serments de Strasbourg*, en revanche, on a plutôt affaire à des mots latins qu'à des latinismes proprement dits.

Le *Fragment de Valenciennes* ou *Sermon anonyme sur Jonas* est le fragment d'un brouillon de sermon écrit tantôt en latin, tantôt en français (cf. les éditions De Poerck 1955 ; Avalle 2002).[6] Il ne nous transmet que quelques bribes en prose, écrites partiellement en notes tironiennes. Avalle (2002, 364) situe le texte dans l'Ouest du domaine wallon. D'après De Poerck (1955, 56 et 65s. ; 1963, 12), l'homélie a vraisemblablement été rédigée et prononcée à Saint-Amand (dép. Nord) au cours de la première moitié du Xᵉ siècle (au plus tôt en 937). Nous en donnons ici un extrait (Avalle 2002, 338) :

[v10]   \<enim dunc\> Ionas propheta habebat *mult laboret e mult penet, a cel* populum co dicit ; e faciebat *grant jholt* et eret *mult las.*

[v11]   \<Et preparauit Dominus\> *un edre sore sen cheve, qet umbre li fesist e repauser s'i podist.*

Les deux prochains textes à mentionner ici font traditionnellement partie de l'inventaire des plus anciens documents du français : la *Passion de Clermont-Ferrand* et la *Vie de saint Léger*. Le premier texte est un résumé fragmentaire du récit de la Passion, le second est une vie de saint composée d'après un modèle latin. Dans les grandes lignes, la recherche autour de ces textes est unanime : la confection des parties du ms. Clermont-Ferrand Bibl. mun. 240 qui contiennent les deux œuvres remonterait aux environs de l'an 1000. En revanche, la localisation du manuscrit et de la rédaction originale des deux poèmes est toujours très controversée. Le caractère hybride des deux textes, oscillant entre roman d'oïl et roman d'oc, avait porté certains philologues à supposer que, dans les deux cas, il s'agissait de remaniements de textes originairement français en pays d'oc (cf. le bilan de recherches dans Van Hoecke 1999, 203ss.). Postérieurement, l'attribution des deux documents au patrimoine linguistique du français a été relativisée (Avalle 2002, 449–549 pour la *Passion* ; De Poerck 1964 et Van Hoecke 1999 pour les deux textes). Avant de donner un bref commentaire philologique, nous en rappelons quelques vers (Avalle 2002, 374 et 513s.) :

La vie de saint Léger

[I.] Dominedeu devemps lauder
et a sus sanez honor porter ;
in su' amor cantomps del·sanz,
quae por lui augrent granz aanz ;
et or es temps et si est biens
quae nos cantumps de sant Lethgier.

[II.] Primos didrai vos dels honors
quae il awret ab duos seniors ;
apres ditrai vos dels aanz
que li suos corps susting si granz,

---

6 Le ms. unique (Valenciennes, Bibliothèque municipale 521) date de la première moitié du Xᵉ siècle (De Poerck 1955, 65 ; Avalle 2002, 336) et faisait autrefois partie de la reliure d'un codex.

et Ewruïns, cil deumentiz,
que lui a grand torment occist.

Passion

[I.] Hora vos dic vera raizun
de *Jesú Christi* passïun :
los sos affanz vol remembrar
per quę cest mund tot a salvad.

[II.] Trenta tres anţ et alques plus,
des quę carn pres, in terra fu.
Per tot obred que *verus* Deus,
per tot sosteg quę hom carnels.

[III.] Peccad negun unquę non fiz,
per eps los nostres fu aucis.
La sua morz vida nos rend,
sa passïuns toz nos redenps.

Au lieu de situer les rédactions originales dans le domaine d'oïl, De Poerck (1963, 16 et 1964, 21s.) émet l'hypothèse d'une composition des deux œuvres vers l'an 1000 dans les environs de la ville de Clermont-Ferrand. Cette dernière serait aussi le lieu de la confection du manuscrit (également vers l'an 1000 ; ibid.). Avalle (2002, 449ss. et 497s.), en revanche, identifie le Poitou, c'est-à-dire la zone frontalière des domaines d'oc et d'oïl, comme zone d'origine de la *Passion* (fin du Xᵉ s.). En ce qui concerne la *Vie de saint Léger*, il défend l'idée d'une rédaction originale dans le domaine picardo-wallon au Xᵉ siècle (Avalle 2002, 422ss.). L'insertion du poème dans le ms. de Clermont qu'il attribue à la zone poitevine aurait eu lieu avant la fin du Xᵉ siècle (Avalle 2002, 427s.). Enfin, Van Hoecke (1999, 210s. et 216s.) s'est rapproché du point de vue de De Poerck en démontrant que quelques prétendus wallonismes et picardismes dans la *Vie de saint Léger* sont plutôt des archaïsmes qu'il est encore impossible de localiser. Quant aux plus anciens textes en général, il tire la conclusion suivante, proche des observations faites par Delbouille (1970) :

> « Certes, certains d'entre eux ont un coloris qui annonce quelques caractéristiques des *scriptae* et de la koinè soit du domaine d'oïl, soit du domaine d'oc. D'autres, en particulier la *Passion* et la *Vie de saint Léger* de Clermont-Ferrand, présentent des formes qui préfigurent des traits caractéristiques des deux traditions graphiques qui allaient se développer. Mais on a tort, nous semble-t-il, de vouloir déjà retrouver à tout prix, dans ces textes anciens, les distinctions nettes qui se profilent dans les documents des siècles ultérieurs » (Van Hoecke 1999, 216).

Faisons le point : la période du plus ancien français (de 842 à la fin du XIᵉ siècle) ne nous a légué que très peu de documents, qui ne sont d'ailleurs que difficilement attribuables aux dialectes dont nous n'avons connaissance qu'à travers des documents datant de siècles ultérieurs. Tout en considérant d'éventuelles pertes de manuscrits, il ne paraît pas trop audacieux d'affirmer que pendant les 250 premières années de l'histoire du français, son usage à l'écrit était un cas exceptionnel. Abstraction faite des *Serments de Strasbourg*, les quelques documents dont nous disposons sont des œuvres littéraires de peu d'ampleur qui proviennent du milieu ecclésiastique. Tout change vers l'an 1100.

3 La langue vulgaire en plein essor : le XIIe siècle

3.1 Le français langue littéraire

Au cours des premières décennies du XIIe siècle, le nombre de manuscrits en français augmente sensiblement. Pour la première fois, on rencontre des textes de plus grande ampleur. Pourtant, cette évolution ne se produit pas sur le continent, où l'on ne trouve, pour le moment, que très peu de textes écrits en français :[7] suite à la conquête de l'Angleterre en 1066 par Guillaume le Conquérant, duc de Normandie, l'histoire du français écrit se déplace pour un certain temps vers la Grande-Bretagne. Effectivement, c'est là qu'une grande partie des œuvres littéraires françaises du XIIe siècle ont été composées et écrites. Ces textes se répartissent sur des genres différents : la *Vie de saint Alexis* (épique religieuse), la *Chanson de Roland*, le *Voyage de Charlemagne* (épique profane),[8] *Li quatre Livre des Reis*, les psautiers d'Oxford et Cambridge (traductions ou paraphrases d'extraits de la Bible), le *Bestiaire* et le *Lapidaire* de Philippe de Thaon, le *Jeu d'Adam* (début du théâtre en français), les *Lais* de Marie de France et la *Loi Guillaume* (premier document juridique en français). Pourquoi cette éclosion de la vie littéraire en Angleterre ? Apparemment, plusieurs facteurs y ont contribué (cf. Wolf [2]1991, 77). En Angleterre, il existait depuis plusieurs siècles déjà une tradition d'écriture de la langue vulgaire, à savoir le vieil anglais. La langue des envahisseurs jouissait du plus grand prestige, jouant un rôle comparable à celui du latin sur le continent. En outre, l'usage du français servait à préserver l'identité d'une élite politique qui était en minorité. Étant donné le grand nombre de manuscrits confectionnés, c'est donc en Angleterre que se forme la première « scripta » proprement dite de l'ancien français, c'est-à-dire un ensemble de conventions graphiques qui reflètent à un certain degré des prononciations dialectales (cf. 4). Cette scripta « anglo-normande » ressort déjà des

---

[7] Les voici : le *Cantique des Cantiques*, ms. BnF lat. 2297 (1re moitié du XIIe s.) ; le *Sponsus*, ms. BnF lat. 1139 (f. 32–117 env. 1100) ; le *Cérémonial d'une épreuve judiciaire*, ms. BnF lat. 2403 (début (?) du XIIe s.) ; l'*Épître de saint Étienne* (ms. Tours, non coté, env. 1130). Tous ces textes peuvent être consultés dans Foerster/Koschwitz ([7]1932), le *Sponsus* également dans Avalle (2002, 668–672).
[8] L'idée – fausse – selon laquelle ces célèbres représentants du genre de la chanson de geste auraient été composés en Île-de-France est en fait le produit de l'imagination d'érudits du XIXe siècle (cf. Aebischer 1965, 22). Beckmann (2012) apporte de nouveaux indices sur la relation étroite entre la *Chanson de Roland* et la cour anglo-normande.

textes les plus anciens écrits en Angleterre, tels le ms. L de la *Vie de saint Alexis* (env. 1120) ou le ms. O de la *Chanson de Roland* (2e q. XIIe s.). Voici quelques caractéristiques de l'anglo-normand (cf. Rohlfs ³1968, 94) :

> *ē* tonique en syllabe ouverte aboutit à *ei*, mais jamais à *oi* : *mei, teile, fei*
> *ō* tonique en syllabe ouverte aboutit probablement à *ou*, mais est écrit *u*, de même que *o* protonique et *o* devant nasale : *nevu, flur, cunseil, duner, raisun, cunte*
> Les voyelles nasales *ã* et *ẽ* sont encore distinctes : *grant* ne rime pas avec *vent*
> Les diphtongues nasales *ẽi* et *ãi* ne sont plus distinctes : *peine* rime avec *vilaine*
> La désinence typique de l'imparfait est *-o(u)e*, par exemple *chanto(u)e, chanto(u)es*
> Le développement de *a* devant nasale vers *au* (anglo-normand tardif) : *chaumbre, graunt*

À compter de la fin de la domination normande en Angleterre (1204), la langue française s'y maintient durant plus d'un siècle en tant que langue littéraire ;[9] elle y sera même employée jusqu'au XVe siècle comme langue administrative et judiciaire.[10]

L'activité littéraire en français qui caractérise la vie culturelle en Angleterre au XIIe siècle a eu un effet stimulant sur celle du continent. Quelques-unes des plus vieilles chansons de geste françaises postérieures à la *Chanson de Roland* et datant d'avant 1150, comme *Gormont et Isembart* et le *Couronnement Louis*, ont peut-être été composées sur le continent. Vers le milieu du XIIe siècle, le poète normand Wace, inspiré par la cour d'Angleterre, traduit en français l'*Historia Regum Britanniae* de Geoffroy de Monmouth (*Roman de Brut*) ; à la même époque, on voit naître le premier représentant du roman antique, le *Roman de Thèbes*, dans le sud-ouest du domaine d'oïl. L'auteur du *Roman de Troie*, Benoît de Sainte-Maure, continue une autre œuvre de Wace, le *Roman de Rou* (chronique normande), en écrivant sa *Chronique des ducs de Normandie* (poitevin, vers 1175). Ces dernières œuvres ont elles aussi été composées sur ordre d'Henri II d'Angleterre, si bien qu'on peut dire que les genres de la chronique versifiée et du roman antique sont étroitement liés à la cour normanno-angevine. Sur la base de cette littérature, Chrétien de Troyes, alors au service de Marie de Champagne et Philippe de Flandre, écrit pendant le dernier tiers du XIIe siècle ses fameux romans courtois (*Érec et Énide, Cligès, Lancelot, Yvain, Perceval*). En revanche, on ne constate aucune activité littéraire en langue vulgaire au centre du royaume, c'est-à-dire en Île-de-France.[11] Apparemment, la cour royale capétienne en

---

9 Pour l'entière époque de l'ancien français, le *Complément bibliographique* du DEAF recense au total 2900 localisations de manuscrits, parmi lesquelles 833 mss. anglo-normands, ce qui est le nombre le plus élevé parmi toutes les localisations (cf. DEAFBibl).

10 Cf. Trotter (2003), qui souligne que l'échange linguistique a continué bien après la rupture du lien entre la Normandie et l'Angleterre.

11 Pour la notion de « France » et d'« Île-de-France » au Moyen Âge cf. Bernus (2010, 10) : à l'époque des premiers Capétiens, « on dénommait ‹ France › la toute petite région qui, au nord de Paris, est délimitée au sud par la Seine et par la Marne, au nord par la Thève, (...) à l'ouest par l'Oise et à l'est par la Beuvronne (...) » ; cf. les noms de lieux *Baillet-en-France, Bonneuil-en-France, Châtenay-en-France*,

alliance avec l'Église n'était pas intéressée par cette nouvelle littérature (cf. Haus-mann 1996, 164 ; Cerquiglini 2007, 177). Il importe de souligner que les manuscrits qui nous transmettent les œuvres littéraires composées sur le continent ne remontent guère à des dates antérieures à 1200.[12] De ce bref aperçu du développement littéraire, il convient de tirer les conclusions suivantes pour l'histoire de la langue à cette époque : au XIIᵉ siècle, le français s'établit définitivement comme langue littéraire, d'abord en Angleterre, puis sur le continent. L'éclosion de la littérature en langue vulgaire est à situer auprès des grands vassaux du roi de France, y compris le roi d'Angleterre, duc de Normandie, et non auprès de la cour royale. Le nombre très réduit de manuscrits français continentaux porte à croire que, malgré l'essor que connaît la littérature française au cours du XIIᵉ siècle, le copiage de manuscrits en langue française n'était pas encore pratiqué couramment en dehors de l'Angleterre avant l'an 1200.

3.2 Éléments de l'évolution interne de l'ancien français

Une caractéristique importante de l'ancien français est l'évolution spontanée des voyelles toniques libres :

$\acute{e}$ (ĭ) [> ei > oi > oe : vĭa > veie > voie, sēro > seir > soir
$\acute{o}$ (ŭ) [> ou > eu : dŭos > dous > deus, hōra > oure > eure
$\acute{e}$ [> ie : pĕtra > pierre, pĕde > piet
$\acute{o}$ [> uo > ue : nŏvu > *nuof > nuef, filiŏlu > filluel
$\acute{a}$ [> e : faba > feve, mare > mer, lavare > laver

Mareil-en-France, Roissy-en-France. La notion d'« Île-de-France » n'apparaît qu'au XIVᵉ siècle (Frois-sart) et se réfère à une région plus vaste, cf. la carte dans Bernus (2010, 13). Cette région, « dans l'esprit des gens du temps, paraît toujours être située au nord de la Seine », mais « la conception qu'on se fait de ce pays demeure vague et variable » (Bernus 2010, 11).

12 Seuls le ms. Tours 903 de la *Chronique des ducs de Normandie* et le fragment Bâle N I 2 Nr. 83 du *Roman de Troie* datent de la fin du XIIᵉ siècle, ce dernier ayant été transcrit en Angleterre. Le fragment d'Auberi de Besançon (début du XIIᵉ s.) est à attribuer au domaine franco-provençal, ce qui vaut en partie aussi pour le fragment V de la *Chanson de saint Alexis* (fin du XIIᵉ s.) (cf. Mölk/Holtus 1999 et Burdy 2006). D'autres mss. français continentaux antérieurs à l'an 1200 sont très rares. Ils constituent souvent des traductions de textes religieux latins. Mis à part les mss. mentionnés dans la note 7, on rappellera les suivants, légèrement plus récents pour certains : *Li sermon saint Bernart*, ms. BnF fr. 24768 (lorr. fin du XIIᵉ s.) et ms. Berlin Staatsbibl. Phillipps 1925 (lorr. env. 1200) ; *Traduction des homélies de Grégoire le Grand sur Ézéchiel*, ms. Bern 79 (lorr. env. 1200) ; *Sermones in cantica* de saint Bernard, ms. Nantes Musée Dobrée 5 (pic./wall. env. 1200) ; *Epistle saint Bernart a Mont Deu*, ms. Verdun Bibl. mun. 72 (Verdun env. 1200) ; *Les 17 homélies de Haimon*, ms. Ars. 2083 (lorr. début du XIIIᵉ s.). Pour les quelques témoins non-littéraires de la même époque cf. Pfister (1973, 225ss.).

En position finale, toutes les voyelles sauf *a* s'amuïssent :

> multu > *mout*, veni > *vin*, octo > *huit*, > fine > *fin*, luna > *lune*

Les consonnes nasales provoquent la nasalisation des voyelles précédentes et entravent en partie leur évolution normale :

> á [+ nasale > *ãi* : rana > *rãine*, fame > *fãim*
> ó̷ [+ nasale > *õ* : corōna > *corõne*, pōma > *põme*
> é̷ [+ nasale > *ẽi* : plēnu > *plẽin*, mĭnus > *mẽins*
> é̷ [+ nasale > *iẽ* : bĕne > *biẽn*
> ó̷ [+ nasale > *uẽ* : bŏnu > *buẽn*
> ū + nasale > *ũ* : ūnu > *ũn*, lūna > *lũne*
> ī + nasale > *ĩ* : vīnu > *vĩn*

L'ancien français se distingue par une forte tendance à la palatalisation :

> kᵃ > *tʃ* : caput > *chief*, campu > *champ*, vacca > *vache*
> ᵏá [> *ie* : caput > *chief*, cane > *chien*
> -kt- > *i̯t* : factu > *fait*, tractare > *traitier*
> -kl-, -gl- > *ʎ* : oc(u)lu > *ueil*, > vig(i)lare > *veillier*

La morphologie verbale de l'ancien français est caractérisée par des alternances vocaliques (cf. le schéma dans Wartburg [12]1993, 100s.) :

voyelle du latin	2ᵉ pers. du sg.	2ᵉ pers. du pl.
ō	plṓras > *ploures*	plorátis > *plorez*
ŏ	prŏ́bas > *prueves*	probátis > *provez*
ŏ + palatale	*appŏ́dias > *apuies*	*appodiátis > *apoiiez*
a	lávas > *leves*	lavátis > *lavez*
a + nasale	ámas > *aimes*	amátis > *amez*
ē	spḗras > *espoires*	sperátis > *esperez*
ĕ	lĕ́vas > *lieves*	levátis > *levez*
ĕ + palatale	prĕ́tias > *prises*	pretiátis > *preisiez*
a]	*adcáptas > *achates*	*adcaptátis > *achetez*

Dans certains cas, la voyelle est tantôt accentuée, tantôt intertonique :

2ᵉ pers. du sg.	2ᵉ pers. du pl.
adiútas > *aiüdes*	adiutátis > *aidiez*
*paráulas > *paroles*	*paraulatis > *parlez*
mandúcas > *manjües*	manducátis > *mangiez*

Au parfait, il faut distinguer entre les types de conjugaison « forte » et « faible » :

Conjugaison forte : la 1ʳᵉ, la 3ᵉ et la 6ᵉ personne sont accentuées sur le radical :

vin (vēni)	*pris* (prēsi)	*dúi* (dēbui)
venís	*presís*	*deús*
vint	*prist*	*düt*
venímes	*presímes*	*deúmes*
venístes	*presístes*	*deústes*
víndrent	*prístrent*	*dürent*

Conjugaison faible : toutes les personnes sont accentuées sur la désinence :

chantai (cantavi)	*parti* (partivi)	*valüi* (*valúi)
chantas	*partis*	*valüs*
chanta(t)	*partit*	*valüt*
etc.	etc.	etc.

La morphologie nominale de l'ancien français distingue un cas sujet (nominatif) d'un cas objet (accusatif) (cf. le schéma dans Wartburg [12]1993, 101s.) :

n. m. parisyll.		avec -*s* (murus)	sans -*s* (pater)
	nom. sg.	*murs*	*pere*
	acc. sg.	*mur*	*pere*
	nom. pl.	*mur*	*pere*
	acc. pl.	*murs*	*peres*
n. m. imparisyll.		(nepos, nepote)	(*baro, barone)
	nom. sg.	*nies*	*ber*

	acc. sg.	*nevout*	*baron*
	nom. pl.	*nevout*	*baron*
	acc. pl.	*nevouz*	*barons*
n. f. parisyll.		**(flos)**	**(rosa)**
	nom. sg.	*flour(s)*	*rose*
	acc. sg.	*flour*	*rose*
	nom. pl.	*flours*	*roses*
	acc. pl.	*flours*	*roses*
n. f. imparisyll.		**(inexistant)**	**(soror, sorore)**
	nom. sg.	–	*suer*
	acc. sg.	–	*serour*
	nom. pl.	–	*serours*
	acc. pl.	–	*serours*

Les pronoms/déterminants démonstratifs s'organisent en un système de deux degrés de proximité. Le 1er degré se réfère à ce qui est proche des interlocuteurs, le 2e degré à ce qui est éloigné (Wolf ²1991, 65s.) :

		m. sg.	**m. pl.**	**f. sg.**	**f. pl.**
1er degré	nom.	*cist*	*cist*	*ceste*	*ces*
	dat.	*cestui*	–	*cesti*	–
	acc.	*cest*	*cez*	*ceste*	*ces*
2e degré	nom.	*cil*	*cil*	*cele*	*celes*
	dat.	*celui*	–	*celi*	–
	acc.	*cel*	*cels*	*cele*	*celes*

L'ancien français préserve quelques restes de la comparaison synthétique du latin (Wolf ²1991, 63s.) :

	nom.	**acc.**
melior	*mieldre*	*meillour*
peior	*pire*	*peiour*
maior	*maire*	*maiour*
minor	*moindre*	*menour*
grandior	*graindre*	*graignour*

Le lexique de l'ancien français (cf. Stefenelli 1981, ch. IV) s'enrichit pratiquement dès ses débuts de mots savants (latinismes), surtout, mais pas exclusivement, dans la littérature religieuse (cf. Wolf ²1991, 71) : *honestet, virginitet, angele, cristientet, decliner, fecunditet, humilitet, imagene, justise, nobilitet, siecle*. Les premiers emprunts à des langues de contact remontent également au Moyen Âge : mots arabes, transmis par l'espagnol : *algalife* 'calife', *almaçur* 'émir', *amirail, azur* ; mots anglais : *bat, batel* 'bateau', *est, nord, ouest, sud* ; mots normands : *guinder* 'hisser un mât', *hune* 'plate-forme arrondie à l'avant', *marsouin* (Wolf ²1991, 71 et 73).

L'enrichissement du vocabulaire au moyen de la dérivation et, dans une moindre mesure, de la composition dépasse de beaucoup l'importance de l'emprunt lexical. Prenons par exemple la formation de verbes. Le XIIe siècle voit la création de bon nombre de formations parasynthétiques, par exemple *accourcir, alentir, amoindrir, asservir, embellir, endurcir, rajeunir*. Le suffixe *-oiier* (fr. mod. *-oyer*) est également productif, avec entre autres *festoiier, flamboiier, foudroiier, larmoiier, tornoiier* (cf. Wolf ²1991, 72). Étant donné le grand nombre de dérivés, le nombre de synonymes dans le lexique de l'ancien français atteint des hauteurs vertigineuses : Benoît de Sainte-Maure, un des auteurs les plus importants de cette époque, utilise *demore, demoree, demorance, demorier* pour 'retard' (tous dérivés du verbe *demorer*) et comme synonyme de *folie*, il utilise aussi *folage* et *folor* (Wartburg ¹²1993, 99 ; pour d'autres exemples cf. Burdy 2013, 222s.). Cette richesse en synonymes se fait également sentir en dehors de la formation de mots. Benoît connaît souvent un grand nombre de mots divers pour exprimer un seul concept, on en recense par exemple 17 pour 'combattre' : *chapler, (re)combattre, estriver, fornir bataille, joindre, (re)joster, torner, torneier, entremesler, sei entreferir, sei entredoner, sei entrassembler, sei entrebattre, sei entraler* (Wartburg ¹²1993, 98 ; cf. aussi Stefenelli 1967). À l'inverse, beaucoup de mots développent une forte polysémie. Ainsi, chez Chrétien de Troyes par exemple, *faillir, plet* et *treire* ont plus de 30 significations (cf. les entrées dans Foerster/Breuer ⁵1973). Il est évident qu'à cette époque, on n'éprouvait encore aucun besoin de bien délimiter le sens d'un mot par rapport à d'autres.

3.3 Témoignages du prestige de l'idiome du centre

Vers 1200, on trouve dans des œuvres littéraires des passages qui témoignent d'un certain prestige dont jouissait le « françois », l'idiome de « France » ou bien, dans des textes plus récents (fin du XIIIe s.), celui de Paris.[13] Bien que la signification de la notion de « France » dans la littérature en langue vulgaire à la fin du XIIe siècle soit très peu claire (cf. note 11), il est incontestable qu'il existait un écart de prestige entre les différents idiomes gallo-romans. Dans sa chanson n° III (env. 1180), le trouvère

---

13 Cf. le célèbre article de Pfister (1973, 217ss.) et Lodge (1997, 135ss.).

Conon de Béthune situe indirectement le prestigieux idiome appelé *franchois* à Pontoise, donc en Île-de-France, cf. le passage cité dans Pfister (1973, 217).[14] Pourtant, nous ne disposons d'aucun document en langue vulgaire transcrit au XIIe siècle dans cette région. Nous avons déjà insisté sur le fait que tous les textes antérieurs au XIIIe siècle, littéraires comme non-littéraires, ont été transcrits dans l'Est et dans l'Ouest de la langue d'oïl, dans la zone frontalière avec l'occitan ou bien en Angleterre. Il s'ensuit que ce prestige dont parlent certaines sources littéraires ne se peut rapporter qu'à l'idiome *parlé* en Île-de-France vers la fin du XIIe siècle. Toute hypothèse qui suppose une *littérature* existant autour de Paris dès le IXe siècle et qui aurait servie de modèle aux autres régions a déjà été dénoncée comme anachronique par Delbouille (1970, 199).[15] Au lieu de référencer la littérature secondaire au sujet de la koinéisation et de l'irradiation linguistique du centre de la France, nous nous bornerons à présenter dans le chapitre suivant les recherches les plus récentes autour de ce problème.

4 La langue vulgaire conquiert de nouveaux domaines : le XIIIe siècle

Au début du XIIIe siècle, le nombre de textes transmis en français augmente considérablement. Comme c'était déjà le cas en Angleterre (voir 3.1), les manuscrits provenant des différentes régions de la langue d'oïl se distinguent par des conventions graphiques qui leur sont propres, appelées « scriptae ». En bref, ces conventions graphiques reposent en partie sur les différents dialectes parlés dans la partie septentrionale de la Galloromania,[16] mais sont en même temps marquées par des caractéristiques interrégionales : on emprunte occasionnellement des formes et des graphèmes aux zones dialectales voisines. Par conséquent, nous pouvons découvrir dans la scripta d'une certaine région des graphies qui n'y correspondent à aucune réalité phonétique, comme *soipt* 'sept' dans l'ouest (le graphème <oi> y représente [ɛ], cf. Gossen 1967, 82). La Picardie a par exemple constitué un foyer d'irradiation de certaines graphies

---

14 Cerquiglini (2007, 180ss.), en revanche, remet en question le fait qu'il s'agisse ici d'opposer des parlers.

15 Cf. cependant la réplique de Hilty (1973).

16 La date à partir de laquelle on peut parler d'une dialectalisation progressive d'un ancien idiome « oïlique » assez homogène est toujours controversée : alors que Gossen (1957, 428) et Hilty (1968, 11) font remonter la différenciation dialectale en Galloromania septentrionale à l'époque mérovingienne ou du moins au IXe siècle, Delbouille (1970, 194s.) et Wüest (1979, 377 et 397) supposent une homogénéité plus longue de l'espace « oïlique ». Selon Remacle (1992, 167), l'individualisation du Nord-Est de la Gaule est déjà très marquée vers 1100, mais il n'exclut pas une date plus tardive (1200).

du fait de son énorme productivité littéraire. Voici les scriptae principales de la langue d'oïl pendant la 1re moitié du XIIIe siècle :[17]

> Anglo-normand : Lai du Cor, Roman de Horn, Boeve de Haumtone (cf. 3.1)
> Picard : Adam de la Halle, Aucassin et Nicolette, Herman de Valenciennes
> Normand : La Clef d'amors, Chastoiement d'un pere a son fils
> Wallon : Li Dialoge Gregoire lo Pape, Poème moral
> Champenois : Chrétien de Troyes, Guiot de Provins, Villehardouin
> Lorrain : Li sermon saint Bernart, Gerbert de Metz
> Bourguignon : Girart de Rossillon
> Poitevin : Benoît de Sainte-Maure, Roman de Troie, Roman de Thebes

Pour une description des caractéristiques des différentes scriptae cf. Gossen (1967) et LRL II/2, n°s 139–145. L'innovation qui a lieu vers 1200 ne consiste pas seulement à propager les conventions graphiques régionales, mais également à les appliquer au domaine non-littéraire : effectivement, depuis les dernières années du XIIe siècle, on assiste à la confection de chartes en langue vulgaire (cf. Lusignan 1999, 102ss.). Cette innovation part de l'Angleterre (Suffolk 1187 et 1199) et, au cours des décennies suivantes jusqu'à 1240, gagne le Nord (Picardie), l'Est (Wallonie, Lorraine, Champagne, Bourgogne), le Sud-Ouest (Poitou) et le Sud (Bourbonnais), cf. le tableau dans Berschin/Felixberger/Goebl (^{2}2008, 192). Il est évident que la confection de chartes et l'activité littéraire en français sont deux phénomènes étroitement liés, parce que les régions qui produisent des manuscrits littéraires et celles qui confectionnent des chartes en se servant de leurs scriptae sont à peu près les mêmes (cf. Burdy 2011, 148s.). L'Île-de-France, on le sait, fait encore défaut :[18] De toute évidence, la royauté, l'Église et l'Université ont longtemps œuvré contre l'emploi du français à l'écrit.

4.1 L'Île-de-France monte au créneau

Ce n'est qu'en 1241 que l'on voit naître la première charte royale en langue française (cf. Videsott 2010). Les premiers manuscrits littéraires attribuables à l'Île-de-France sont encore plus récents (dernier tiers du XIIIe s.). La scripta « royale » se distingue au début par certaines caractéristiques qui reflètent probablement le parler de l'Île-de-France, comme la désinence -*eins* de la 1re pers. du pl. (cf. Grübl 2013, 362s.). Vers la fin du

---

[17] Chaque région est suivie d'exemples d'auteurs et d'œuvres littéraires transmises dans la scripta correspondante.

[18] Même s'il est vrai qu'il existait déjà un échange interrégional de manuscrits littéraires au XIIe siècle (Grübl 2013, 344), le centre de la France n'apportait évidemment aucun matériau propre à contribuer à cet échange. Néanmoins, cette circulation de textes littéraires favorisait probablement déjà un certain nivellement linguistique de la langue littéraire avant l'apparition des premiers textes français écrits en Île-de-France (cf. Grübl 2013, 374).

XIIIe siècle, on assiste à une dérégionalisation de la scripta utilisée en Île-de-France, en ce sens que des graphèmes éprouvés comme trop locaux se voient évincés par des formes empruntées aux scriptae voisines qui étaient déjà mieux établies. Comme le démontre Grübl (2013, 357), les désinences verbales *-ent*, *-ions*, *-aient*, c'est-à-dire celles du futur français standard, ne sont pas autochtones en Île-de-France, mais viennent de Normandie, tandis que le suffixe *-eau* (cf. la forme autochtone *-iau*) est peut-être anglo-normand. Enfin, Paris faisant originairement partie de la zone où *é* devant palatale aboutit à [ɛ], le graphème <oi> (ainsi que la prononciation [wɛ]) a été importé du Nord-Est : ainsi, on écrivait *droit*, *froid*, *toit* en Île-de-France, alors que la prononciation locale était [drɛ], [frɛ] etc. (Grübl 2013, 347, 355). En conclusion, Grübl décrit la scripta de l'Île-de-France qui commence à se former pendant la 2e moitié du XIIIe siècle comme une « forme intermédiaire entre différentes *scriptae* régionales » (2013, 366), donc comme un « compromis linguistique d'envergure supra-régionale » (2013, 369). C'est exacte-ment cette variété neutre développée par l'écrit qui deviendra plus tard le français standard (2013, 345). En d'autres termes, le « francien », comme on est habitué à appeler la scripta de l'Île-de-France, n'a jamais existé comme variété autochtone (↗4 La philo-logie linguistique et éditoriale). Grübl (2013, 368) est donc convaincu qu'à Paris, on n'a commencé à *parler* la langue écrite qu'à une époque postérieure au Moyen Âge. En cela, Grübl réfute l'hypothèse de Lodge (2004), qui suppose la formation à Paris aux XIIe et XIIIe siècles d'une koinè *orale* qui serait à la base d'une koinè écrite destinée à devenir plus tard le français standard. Lodge ainsi que Grübl reprennent donc l'hypothèse remontant aux années 1980 que le français du centre devait être une variété mixte et non pas un dialecte médiéval « pur », comme on le croyait auparavant (cf. Lodge 2010, 10). À la même occasion, Lodge refuse l'idée déjà avancée par Cerquiglini (2007, 165–214), que la koinè écrite pourrait être d'origine littéraire (Lodge 2010, 11). Au contraire, il suppose que l'évolution démographique et sociale de la ville de Paris aux XIIe et XIIIe siècles serait à l'origine de la formation d'une koinè orale composite :

> « Mais, dans une société médiévale largement illettrée, où la première langue écrite fut une langue étrangère (le latin), il est difficile de voir comment une koinè écrite, en langue vulgaire, aurait pu prendre une dimension orale et se propager comme langue parlée. Il serait bien plus fructueux de chercher les origines de la koinè à la base du français standard dans les processus habituels de la koinéisation, pour lesquels toutes les conditions étaient réunies à Paris à cette époque – une explosion démographique, due essentiellement à l'immigration, amenant un brassage dialectal dans la masse des locuteurs. Cela serait tout à fait en accord avec ce que l'on voit arriver dans les grandes villes qui émergent dans le monde actuel » (Lodge 2010, 11).

Grübl (2013, 367), en revanche, doute qu'aux XIIIe et XIVe siècles, on ait déjà *parlé* à Paris cette variété mixte. Ajoutons aux objections formulées par Grübl (2013, 346ss.), surtout de nature dialectologique, une critique du point de vue historique : en rappro-chant la situation sociale à Paris au Moyen Âge central de « ce que l'on voit arriver dans les grandes villes qui émergent dans le monde actuel », on risque de commettre un anachronisme, étant donné que nous ignorons les conséquences linguistiques de ce phénomène social à cette époque. En d'autres termes, la naissance d'un « parler urbain » à Paris aux XIIᵉ et XIIIᵉ siècles reste à prouver historiquement.

En tout cas, il n'est peut-être pas illégitime de croire que ce mélange de différentes scriptae que constitue la langue écrite en Île-de-France dès la seconde moitié du XIIIᵉ siècle contient aussi du moins une certaine partie autochtone, à savoir ces caractéristiques, quelles qu'elles soient, perçues comme prestigieuses dès la fin du XIIᵉ siècle.

4.2 La propagation du français du centre

Le remplacement progressif des scriptae régionales par celle du centre de la France vers la fin du XIIIᵉ siècle concerne d'abord la langue littéraire. Un des derniers auteurs qui utilisent une langue marquée dialectalement sera le chroniqueur picard Froissart au XIVᵉ siècle. En revanche, la langue des chartes rédigées à la même époque préserve plus longtemps son caractère dialectal ; on assiste même à une plus forte régionalisation de la langue des chartes vers la fin du XIIIᵉ siècle.[19] En réalité, c'est un dernier épanouissement des scriptae régionales avant leur disparition progressive. Dans ce processus, ce sont les régions du nord-est et de l'est qui maintiennent leurs conventions graphiques régionales le plus longtemps.[20]

4.3 La langue littéraire gagne de nouveaux terrains

Au début du XIIIᵉ siècle, la langue vulgaire s'empare d'un domaine littéraire réservé auparavant au latin, à savoir la prose. C'est le genre de la chronique en langue vulgaire, déjà bien présent au XIIᵉ siècle, qui passe en premier du vers à la prose. En effet, les premiers témoignages de la prose française sont les récits de la quatrième croisade par Geoffroi de Villehardouin (env. 1209) et Robert de Clari (env. 1216). Ce n'est qu'à la fin du XIIIᵉ siècle que commence la traduction des *Grandes chroniques de France*, donc de l'historiographie royale. Il faut attendre le milieu du XIVᵉ siècle pour que les *Grandes chroniques* soient rédigées en français. Mais la littérature en vers s'ouvre elle aussi à des genres nouveaux, par exemple à la littérature réaliste (*Roman de Renart*,[21] *Fabliaux*) qui naît en partie du milieu bourgeois et à la littérature allégorique (Guillaume de Lorris/Jean de Meung, *Roman de la Rose*), didactique et morale (*Bible* de Guiot de Provins). Le premier poète d'une certaine importance travaillant à Paris est Rutebeuf (actif dans le troisième quart du XIIIᵉ siècle). Il a légué

---

19 Cf. Grübl (2013, 372) pour le lorrain et le picard.

20 Cf. la carte instructive dans Gossen (1957, 429) : en Picardie, en Wallonie et en Lorraine, l'abandon des scriptae commence seulement au XVᵉ siècle et s'étend selon les régions jusqu'au XVIIᵉ siècle.

21 Les débuts du *Roman de Renart* remontent même à la fin du XIIᵉ siècle.

des œuvres de différents genres, surtout satiriques. Les genres les plus anciens, à savoir la chanson de geste et le roman courtois, subsistent aussi au XIIIᵉ siècle. Certains de ces romans courtois font ainsi l'objet de continuations en prose, tels *Perceval* ou *Tristan*.

5 Le français du centre s'impose définitivement et subit des changements typologiques : les XIVᵉ et XVᵉ siècles

Pendant le XIIIᵉ siècle, la royauté a réussi à étendre son pouvoir au détriment des petits seigneurs et des villes (avant tout les riches villes picardes) qui avaient perdu leur liberté. Cependant, les grands vassaux du roi sont eux aussi tombés en déchéance : la Champagne et la Normandie sont rattachées au domaine royal et finissent par perdre leur importance culturelle. Tous les anciens foyers littéraires s'éteignent au profit de Paris. Vers 1300, la capitale du royaume n'est pas seulement le centre politique de la France, mais aussi son centre littéraire, ce qui est d'autant plus remarquable quand on considère que culturellement parlant, l'Île-de-France avait une influence quasiment nulle un demi-siècle auparavant. Si l'usage du latin se réduit, ce n'est plus au profit des dialectes, mais au profit de la langue de Paris. Ni la faiblesse des premiers Valois qui se lancent dans la guerre de Cent Ans contre l'Angleterre (1337–1453), ni certaines tendances particularistes qui ont mené à la constitution temporaire des dynasties « latérales » comme le duché de Bourgogne (1363–1477) n'ont pu compromettre le triomphe du français de Paris. Cependant, ce dernier, on le verra, a dû subir de profonds changements linguistiques au cours de cette longue époque d'instabilité politique et sociale.

5.1 La littérature en moyen français

À la même époque, les études universitaires à Paris et à Montpellier connaissent un essor important, le droit romain et la philosophie de l'antiquité attirent l'attention des érudits. Ainsi, Nicole Oresme traduit Aristote en français (1370–1377) et l'enrichit de beaucoup de mots savants. Dans le champ de la littérature française, l'intérêt pour les genres de l'époque féodale fait place à de nouvelles formes, comme la littérature de mémoire de Philippe de Commines (1447–1511) et la nouvelle (*Les quinze joies de mariage*, milieu du XVᵉ s. ; *Les Cent Nouvelles nouvelles*, 2ᵉ moitié du XVᵉ s.). Le théâtre religieux et profane continue à fleurir (*Miracles de Nostre Dame par personnages*, 1339–1382 ; *La farce du Maistre Pathelin*, env. 1460) et la poésie atteint de nouveaux sommets avec les œuvres de Guillaume de Machaut (env. 1300–1377), Eustache Deschamps (env. 1345–env. 1405), Christine de Pisan (1365–env. 1430),

Alain Chartier (env. 1385–env. 1430) et François Villon (1431–après 1463).[22] L'invention de l'imprimerie vers le milieu du XVᵉ siècle a également eu des répercussions sur la propagation des œuvres littéraires françaises : même si la part des textes français imprimés au XVᵉ siècle ne dépasse pas les 20%, on trouve déjà des impressions du *Roman de la Rose*, des *Cent Nouvelles*, des *Quinze joies de mariage*, du *Maistre Pathelin* et de François Villon (cf. Wolf ²1991, 85). Bien entendu, la confection de manuscrits, devenue beaucoup moins chère depuis la propagation du papier comme matériau de base (milieu du XIVᵉ s.), continue également (ibid.).

5.2 Éléments de l'évolution interne du moyen français

La plupart des diphtongues caractéristiques de l'ancien français (cf. 3.2) se simplifient :[23]

> *eu > ö : fleur > flö(r), deus > dö*
> *ue > ö : puet > pö(t), cuer > cö(r)*
> *pal.ie > e : mangier > manger, chief > chef*
> *au (< a + lKons.) > ǫ : autre > ǫtre, chevaus > chevǫ(s)*[24]

Les voyelles atones s'amuïssent, ce qui mène à la généralisation de l'oxytonisme :

> Voyelles en hiatus : *eage > age, meür > mur, gaagner > gagner, raençon > rançon, feïs > fis*
> *e* à l'intérieur des mots : *sairement > serment, derrenier > dernier*
> *e* final s'amuït d'abord après voyelle (*vue*), ensuite après consonne (*perte*)

Les consonnes finales s'amuïssent aussi (*-t, -p, -s, -n, -l, -r* ; le sort de *-f* est moins clair (*clef, cerf* etc.)). On notera que ce phénomène concerne également les infinitifs (*-er, -oir, -ir*) et certains suffixes (*-eur = -eux*). Par la chute des consonnes nasales, les voyelles nasales acquièrent une valeur phonologique : *pain* [pɛ̃] vs. *paix* [pɛ].

Avec l'amuïssement du *e* final et des consonnes finales, le français passe définitivement du type « postdéterminant » au type « prédéterminant », car dès le moment où par exemple la 2ᵉ et la 3ᵉ personne du singulier présent sont homophones (*chantes = chante*), ce ne sont que les pronoms personnels sujets qui déterminent la personne (*tu chantes* vs *il chante*).

Les consonnes affriquées se simplifient :

> *ts- > s-, tʃ > ʃ, dʒ > ʒ : ciel, charbon, jardin*

----

22 Pour une belle anthologie de la littérature française à la fin du Moyen Âge, cf. Rickard (1976).
23 La diphtongue *ai* s'était déjà monophtonguée en ancien français : *maistre > mestre, pais > pęs* etc.
24 Ce changement phonétique n'est accompli qu'au XVIᵉ siècle.

En ce qui concerne la morphologie nominale du moyen français, il importe d'observer la perte de la déclinaison à deux cas. Il ne subsiste que l'ancien cas objet, sauf pour certains substantifs désignant des personnes, par exemple *fils, sœur, sartre, peintre*. Cependant, on rencontre encore des tournures figées comme *la grace Dieu, la faute sa femme*, cf. fr. mod. *Hôtel-Dieu, rue Flaubert* etc.

En moyen français, l'analogie exerce une influence importante sur la flexion des noms et des verbes :

Réfection analogique de certaines désinences nominales (Wolf [2]1991, 87) :

sg.	pl.	
genoil	*genous*	→ sg. *genou*
mantel	*manteaus*	→ sg. *manteau*
chevel	*cheveus*	→ sg. *cheveu*
conseil	*conseus*	→ pl. *conseils*
pareil	*pareus*	→ pl. *pareils*

Les adjectifs épicènes sont harmonisés avec ceux qui s'accordent au genre : ainsi, on obtient le schéma suivant : *grand* (*-d* latinisant), *grande* d'après *bon, bonne* (auparavant *grant* m., *grant* f.). Cette harmonisation n'est accomplie qu'au XVIe siècle (cf. Wartburg [12]1993, 128).

Dans le champ de la flexion verbale, la forme de la 1re pers. du sg. présent sans *-e* (type *chant, aim*) est remplacée par une forme avec *-e* (*chante, aime*) suivant le modèle des verbes du type *entre, dote* qui comportent toujours le *-e* final (cf. Rickard 1976, 26).

Les alternances vocaliques dans la conjugaison (cf. 3.2) se réduisent : c'est souvent la forme accentuée sur la terminaison qui l'emporte sur celle accentuée sur le radical, ainsi *lieves* → *leves*, *espoires* → *esperes*, mais l'unification dans le sens opposé se rencontre aussi : *amons* → *aimons*, *amer* → *aimer* (cf. Wartburg [12]1993, 127).

En moyen français, les démonstratifs (cf. 3.2) développent deux séries distinctes : l'une pour l'emploi déterminatif, l'autre pour l'emploi pronominal (cf. Marchello-Nizia 2005, 170) :

Emploi déterminatif :

	m. sg.	m. pl.	f. sg.	f. pl.
1er degré	*ce/cest*	*ces*	*ceste*	*ces*
2e degré	*cel*	*ces*	*cele*	*ces*

Emploi pronominal :

	m. sg.	m. pl.	f. sg.	f. pl.
1er degré	cestui	ceus ci	ceste	cestes
2e degré	celui	ceus la	cele	celes

On notera l'apparition des particules *ci* et *la* pour la structuration du système pronominal.

En ce qui concerne la syntaxe du moyen français,[25] il faut signaler l'emploi de plus en plus fréquent des pronoms sujets. Pour l'instant, ils préservent encore une certaine autonomie, comme dans les exemples suivants : *Il tres debonnairement s'arrestoit a oïr leur supplications ; Je, Eustace, te prie ; Je qui suis Fortune nommee* (cf. Rickard 1976, 32). Dans la mesure où la déclinaison nominale disparaît, les phrases suivent de plus en plus un ordre sujet–verbe–objet, tandis qu'en ancien français, l'ordre des actants était encore libre (cf. Wartburg [12]1993, 129s.). Cela n'empêche pas qu'au XVe siècle, on trouve encore beaucoup de constructions du type O–V–S : *Un autre parlement assembla ce duc ; Semblable bienfait nous envoie Dieu ; Celle femme onc ne vi* (cf. Wartburg [12]1993, 130 ; Rickard 1976, 27s.).

Quant au lexique des XIVe et XVe siècles (cf. Wolf [2]1991, 88–93), on constate l'introduction d'un grand nombre de mots savants dans le français. Ils sont dus avant tout aux traducteurs, comme Oresme et Bersuire (cf. 5.1). Oresme utilise entre autres les latinismes et grécismes suivants : *malédiction, hérétique, existence, convexe, géométrique, préparatif, régularité, spéculation, aristocratie, démocratie, oligarchie.* Il n'est pas rare que des dérivés savants remplacent des dérivés formés auparavant sur la base du lexique héréditaire, par exemple *malédiction* au lieu de *maudisson, certitude* au lieu de *certance, certée*.[26] Le nombre d'emprunts aux langues voisines s'accroît aussi. Ainsi, le moyen français s'enrichit de mots provenant des langues suivantes (cf. Wolf [2]1991, 89ss. ; Zink 1990, 110ss.) :

Occitan : *bastille, cabane, escargot, auberge, cadet, railler, terrasse*
Néerlandais : *boulevard, drogue, paquet, amarrer*
Allemand : *bourgmestre, arquebuse, burgrave, lansquenet*
Italien : *alarme, archipel, banque, banqueroute, brigade, cavalier, courtisan, médaille, poste*
Arabe (à travers l'italien) : *douane, calibre, zéro*
Dialectes français : norm.-pic. *cabaret, câble, accabler, escalope, ricaner, cauchemar* ; champ. *foin* (remplace *fain*), *avoine* (remplace *aveine*) ; dial. de l'Est *beurre* (remplace *burre*) ; fr.-prov. *crétin, marron, avalanche*

---

25 Cf. les présentations détaillées dans Marchello-Nizia (2005) et Zink (1990).
26 Pour plus d'exemples, cf. Burdy (2013, 221s.).

Le nombre de dérivés français n'est plus aussi élevé qu'au XIIIe siècle, mais important (cf. Zink 1990, 98–110 ; Wolf ²1991, 92s.). Les verbes en -*oyer* abondent, avec *apitoyer, poudroyer, tutoyer, vousoyer*, de même que les formations parasynthétiques, comme *aboutir, aplatir, raccourcir, abêtir, empuantir*. La formation de participes en -*u* continue d'être productive, avec par exemple *cossu, pointu, touffu*. De nombreux suffixes, entre autres -*ment*, -*age*, -*ance*, -*aison*, -*ation*, -*ure* sont disponibles pour la formation d'abstraits (cf. Burdy 2013, 222s.). Il est tout naturel de trouver un nombre de suffixes assez élevé joint au même radical, par exemple *arestage, arestance, arestement, dotance, doteison, formation, formaison, formance*. Ainsi, le nombre de synonymes dans le lexique du moyen français reste important.

5.3 L'orthographe du moyen français

Aux XIVe et XVe siècles, la graphie reflète encore moins la phonétique qu'à l'époque précédente. On continue à écrire des diphtongues qui phonétiquement n'en sont plus : <eu> est prononcée *ọ̈* ou *ọ̈*, <ei> et <ai> représentent *ẹ*.[27] Les consonnes finales et le *s* devant consonne, amuïs eux aussi, sont présents dans la graphie comme auparavant : *coup, fort, estoile* etc. Un trait typique des manuscrits et des imprimés en moyen français sont les graphies (pseudo-)latinisantes (cf. Rickard 1976, 22s.) : les copistes ou les typographes insèrent dans les mots des consonnes non prononcées qui évoquent leurs étymons latins ou, du moins, des mots que l'on tient pour leurs étymons : *soubz* (*subtus*), *chault* (*calidus*), *doigt* (*digitus*), *faict* (*factum*), *sepmaine* (*septimana*), *poids* (*pondus*), *sçavoir* (*scire*). Ce phénomène est apparemment un reflet des études intenses et des traductions de textes latins à cette époque (cf. 5.1), mais les copistes trouvaient aussi un intérêt à prolonger le texte à copier, car ils étaient payés à la ligne (cf. Wolf ²1991, 93). Quelques-unes des consonnes latinisantes se sont maintenues jusqu'en français moderne, par exemple dans *poids, doigt*.[28] Dans certains cas, elles ont même fini par modifier plus tard la prononciation, par exemple celle du mot *oscur* → *obscur* [obskyr]. Marchello-Nizia (2005, 115) précise que vers le milieu du XIVe siècle, l'insertion de telles consonnes était encore presque inconnue, tandis que dans des manuscrits copiés vers 1400, cette convention est déjà assez établie. En général, les rimes constituent un bon indicateur de la prononciation de l'époque, cf. *dessoubz* : *vous* ; *escripre* : *souffire* ; *oultre* : *moustre*. Certains flottements graphiques sont susceptibles d'indiquer des flottements de prononciation dans l'usage de l'époque, cf.

---

27 On notera que dans des mss. datant du XIIIe siècle, le *e* ouvert est rendu à maintes reprises par <e>, par exemple *fet* (=*fait*), *pes* (= *paix*). Sur ce point, les conventions graphiques de l'ancien français tardif étaient plus progressistes que celles de l'époque suivante.

28 On en trouvera beaucoup d'exemples dans le domaine des noms propres (noms de famille) : *Febvre, Lenepveu*, -*ault* dans *Foucault, Renault* ; (noms de lieux :) *Sceaux* (*Ceaus*), *Hérault* (*Erau*), *Saint-Arnould* (*Arnou*) etc. (cf. Dauzat ³1988, 272ss. ; 1963, 67ss.).

soutil/subtil/subtile, *souffire/suffire*, *segnefier/signifier*, *deviser/diviser* (cf. Rickard 1976, 22). Enfin, il faut mentionner une autre innovation graphique du moyen français, à savoir les graphèmes *g* et *y* à la fin des mots. Des graphies comme *ung* pour *un* visent probablement à faciliter la lecture étant donné que les écritures de l'époque ne facilitaient pas la différenciation entre les mots *un, mi, vu, nu*. Le *-y* qui remplace beaucoup de *-i* finaux avait évidemment la même fonction, ce qui explique les orthographes très répandues *uny, amy, cecy, hardy* etc. (ibid.).

6 Le français moderne s'annonce : le XVIe siècle

6.1 Cadre historique

C'est à la veille du XVIe siècle que commence la campagne d'Italie initiée par Charles VIII. Cet événement marque pour la France le début du contact avec l'humanisme italien. C'est notamment l'humanisme vulgaire qui devait caractériser la poursuite de l'histoire du français au XVIe siècle, car il déclencha en France le discours et la réflexion sur la langue maternelle. C'est pendant ce siècle qu'on doit situer le commencement des études de la langue vulgaire, ce qui est, en France ainsi qu'ailleurs, un symptôme de l'époque moderne. Le français pénètre même dans des domaines scientifiques et techniques réservés au latin auparavant, les activités traductrices des siècles précédents continuent (Amyot traduit Plutarque en 1559) et atteignent aussi la Bible (Lefèvre d'Étaples 1530, Olivetan 1535) (cf. Rickard 1968, 6–14). En ce qui concerne la prose, on sort des sentiers battus du XVe siècle, avec Rabelais, *Pantagruel* (1532), *Gargantua* (1534) ; Marguerite de Navarre, *L'Heptaméron* (1558) ; Montaigne, *Essais* (1580–1588). Dans le cadre de la Réforme protestante, des pamphlets en français paraissent, comme celui de Calvin, *Institution de la religion chrétienne* (1541/ 1560, original latin 1536). Les études de l'humanisme italien provoquent aussi une nouvelle orientation de la langue poétique : l'école de la Pléiade désapprouve la poésie des grands rhétoriqueurs du XVe et du début du XVIe siècle (entre autres Georges Chastellain, Octavien de Saint-Gelais et Jean Marot) et aspire à l'imitation des poètes antiques et italiens. Ainsi, on introduit dans la poésie française l'ode et le sonnet, qui remplacent la ballade. Le théâtre médiéval avec ses mystères et ses farces cède également sa place à des drames qui imitent des modèles antiques. Les maîtres à penser de la Pléiade sont Joachim Du Bellay sur le plan théorique et Pierre Ronsard sur le plan pratique. Dans sa fameuse *Deffence et illustration de la langue françoise* (1549),[29] Du Bellay donne des conseils pour la réalisation d'une

---

[29] Bien entendu, le français n'avait guère besoin de défense à cette époque, car il avait déjà consolidé sa place à côté du latin. Du Bellay avait emprunté son argument à Sperone Speroni, *Dialogo delle lingue* (1542) (cf. Rickard 1968, 1–6).

littérature aristocrate : pour augmenter le lexique du français, il recommande l'utilisation de mots savants (latinismes et grécismes), de néologismes, d'archaïsmes et de dialectalismes. Ronsard, en tant qu'écrivain, préfère ces derniers, utilisés aussi par Montaigne, aux latinismes. Cependant, en dépit de sa créativité linguistique, la Pléiade n'a apporté qu'une très maigre contribution réellement durable au lexique français.

À côté de la littérature aristocrate propagée par la Pléiade, le XVIe siècle voit naître les premiers efforts d'inventaire et de codification de la langue française (cf. Rickard 1968, 28s.). Citons par exemple :

> Grammaires :
> John Palsgrave, *Lesclarcissement de la langue francoyse* (1530)
> Jacques Dubois, *In linguam Gallicam Isagωge* (...) (1531)
> Louis Meigret, *Le tṛetté de la grammẹre françoẹze* (1550)
> Robert Estienne, *Traicte de la grammaire francoise* (1557)
> Pierre de la Ramée, *Gramere* (1562), *Grammaire* (1572)
>
> Dictionnaires :
> Robert Estienne, *Dictionarium latinogallicum* (1538), *Dictionaire françois-latin* (1539)

Dans une certaine mesure, ces tentatives sont à mettre en rapport avec le développement de l'imprimerie. À Paris, vers le milieu du XVIe siècle, un cinquième des livres imprimés sont déjà des livres en français (Wolf ²1991, 97). L'orthographe de ces livres se trouve uniquement dans les mains des imprimeurs. Pour des raisons économiques, ils préfèrent les graphies traditionnelles transmises par les manuscrits de l'époque précédente aux propositions de réforme propagées par exemple par Meigret, *Le tṛetté de la grammẹre françoẹze* (1550) et Peletier du Mans, *Dialogue de l'Ortografe et Prononciation Françoẹse* (1550), qui plaidaient pour une orthographe phonétique. Estienne, éditeur influent et humaniste, continuait à utiliser l'orthographe conservatrice pour ses publications, parmi lesquelles le dictionnaire atteignit des tirages élevés et servit de modèle orthographique (cf. Wolf ²1991, 106ss. ; Rickard 1968, 35–48). Les signes diacritiques comme les accents, la cédille, le tréma et l'apostrophe font l'objet de discussions au XVIe siècle, mais on ne parvient pas encore à des conventions définitives.

La propagation du français en tant que langue écrite dans le royaume est déjà en plein essor, ce qui entraîne la substitution successive du français à l'occitan dans le Midi. Ce n'est qu'en 1539 que ce processus est cautionné officiellement par les fameuses *Ordonnances de Villers-Cotterêts*. Cette disposition exclut l'usage dans des documents officiels de tout idiome autre que le français, c'est-à-dire non seulement le latin, mais également toutes les autres langues et dialectes vulgaires (Rickard 1968, 22s.) :

> [art. 111] Nous [c.-à.-d. François Ier] voulons que doresnavant tous arrestz ensemble toutes aultres procedures ... soient pronõcez enregistrez & delivrez aux parties *en langage maternel françois & non aultrement.*

On néglige souvent le fait que par les mêmes ordonnances, François Ier rendit obligatoire dans ses possessions la fixation des noms de famille (cf. Dauzat ³1988, 40).

C'est également au cours du XVIe siècle qu'apparaît pour la première fois la notion de l'« usage » (Meigret, *Tretté*, 1550). Dès lors, il était hors de doute que l'usage exemplaire du français était localisé à Paris, mais un aspect restait encore assez vague : qui le représentait exactement ? Était-ce le langage du parlement, c'est-à-dire de la cour de justice de Paris (Estienne, Tory), le langage de la cour royale (Peletier du Mans, Meigret) ou bien le parler de toutes les couches sociales à Paris (de la Ramée) ? En tout cas, le bon français est déterminé comme l'idiolecte d'une élite : dès le moment où commence la réflexion sur la langue vulgaire, le langage du peuple français est mis hors-jeu (cf. Wolf ²1991, 99s.).

6.2 Éléments de l'évolution interne du français au XVIe siècle

Les diphtongues et triphtongues *au* et *eau* (dans *sauter* ou *marteau*) se simplifient définitivement en [(e)o]. Cette évolution est rejetée par les grammairiens, de même que la prononciation [wa] au lieu de [wɛ] (*roi, vouloir* etc.) (cf. Gougenheim 1974, 22ss.). Les voyelles nasales [ĩ/ɛ̃] et [ỹ/œ̃] se rapprochent, si bien que Deimier interdira la rime *vain–divin, humain–chemin* (Lote 1991, 273).

Une innovation du XVIe siècle est constituée par le fait que certains changements phonétiques se voient entravés ou bien annulés par la réaction des théoriciens de la langue : ainsi, l'ouverture de *e* devant *r* vers *a* (Villon faisait rimer *garde* avec *perde*) ne s'impose pas. Il n'en subsiste que quelques mots isolés comme *dartre* (a. fr. *dertre*), *larme* (a. fr. *lairme*) (cf. Gougenheim 1974, 18 ; Wolf ²1991, 100). Le changement du -*r*- intervocalique en -*s*- sonore (*Pazis, pèze* etc.) se généralise tout aussi peu. En français moderne, on n'en trouve le témoignage que dans *chaise* à comparer à *chaire* et *besicles* (< *bericle*) (cf. Gougenheim 1974, 29 ; Wartburg ¹²1993, 156).[30]

Au XVIe siècle, on assiste au plus important afflux de mots savants de toute l'histoire du français, cf. la liste dressée par Wolf (²1991, 102), même si certains érudits s'y opposent (Tory, Estienne, Meigret). Le contact intensif avec l'Italie apporte au français un grand nombre d'italianismes (env. 500 ; cf. les exemples dans Wolf ²1991, 104s.). L'intervention de certains puristes au cours de la seconde moitié du XVIe siècle ne se fit guère attendre : dans ses publications intitulées *Traicté de la conformité du langage françois avec le grec* (1565), *Deux dialogues du nouveau langage François, italianizé (...)* (1578) et *De la precellence du langage François* (1579), Henri Estienne élève la voix contre les mots italiens dans le français. Conséquence du purisme ou

---

30 Dans le domaine des noms de lieux, on en trouve autant d'exemples ; cf. le type *Ozoir* (< *oratoriu*).

non, un grand nombre d'italianismes empruntés au XVIe siècle se sont avérés éphémères, tandis que d'autres, condamnés en partie par Estienne, entrent dans le lexique
français pour y rester jusqu'à nos jours : *alerte, assassin, bizarre, cadre, campagne,
créature, disgrâce, façade, grotesque, manquer, pédant, réussir, soldat* (Wolf ²1991,
105 ; Rickard 1968, 17).

En considérant l'influence au XVIe siècle d'autorités capables de retarder l'évolution spontanée de la langue vulgaire, symptôme des temps modernes, il n'est peut-
être pas illégitime de ne plus attribuer ce siècle au moyen français.

7 Bibliographie

Aebischer, Paul (1965), *Le voyage de Charlemagne à Jérusalem et à Constantinople*, Genève, Droz.
Avalle, D'Arco Silvio (2002), *La doppia verità. Fenomenologia ecdotica e lingua letteraria del medioevo
    romanzo*, Tavarnuzze/Firenze, Edizioni del Galluzzo.
Banniard, Michel (1992), *Viva voce. Communication écrite et communication orale du IVe au IXe siècle
    en Occident latin*, Paris, Institut des Études Augustiniennes/Brepols.
Baum, Richard (2003), *Periodisierung in der romanistischen Sprachgeschichtsschreibung / Périodi-
    sation dans l'historiographie des langues romanes*, in : Gerhard Ernst et al. (edd.), *Romanische
    Sprachgeschichte. Ein internationales Handbuch zur Geschichte der romanischen Sprachen*,
    vol. 1, Berlin/New York, de Gruyter, 46–52.
Beckmann, Gustav Adolf (2012), « *Malduit* », *ein Scherzname im Oxforder Roland-Manuskript und ein
    Priester Namens Baligan*, Romanische Forschungen 124, 490–504.
Berger, Roger/Brasseur, Annette (2004), *Les séquences de sainte Eulalie. Buona pulcella fut Eulalia.
    Édition, traduction, commentaire, étude linguistique. Cantica uirginis Eulaliae. Édition, traduc-
    tion et commentaire*, Genève, Droz.
Bernus, Pierre (2010, ¹1934), *Petite histoire de l'Île-de-France*, Cressé, Éditions des Régionalismes.
Berschin, Helmut/Felixberger, Josef/Goebl, Hans (²2008), *Französische Sprachgeschichte*, Hildes-
    heim et al., Olms.
Bischoff, Bernhard (1981), *À propos des gloses de Reichenau. Entre latin et français*, in : Yves Lefèvre
    (ed.), *La lexicographie du latin médiéval et ses rapports avec les recherches actuelles sur la
    civilisation du Moyen-Âge, Paris, 18–21 octobre 1978*, Paris, CNRS, 47–56.
Burdy, Philipp (2006), *Anmerkungen zum Ms. V des altfranzösischen Alexiusliedes*, Archiv für das
    Studium der neueren Sprachen und Literaturen 243, 115–120.
Burdy, Philipp (2011), *Zur sprachlichen Beurteilung altfranzösischer Urkunden*, Zeitschrift für romani-
    sche Philologie 127, 141–154.
Burdy, Philipp (2013), *Die mittels « -aison » und Varianten gebildeten Nomina des Französischen von
    den Anfängen bis zur Gegenwart. Eine Studie zur diachronen Wortbildung*, Frankfurt am Main,
    Klostermann.
Cerquiglini, Bernard (2007), *Une langue orpheline*, Paris, Les Éditions de Minuit.
Chaurand, Jacques (1999), *I. Préhistoire, protohistoire et formation de l'ancien français*, in : Jacques
    Chaurand (ed.), *Nouvelle histoire de la langue française*, Paris, Éditions du Seuil, 17–92.
Dauzat, Albert (1963), *Les noms de lieux. Origine et évolution*, Paris, Librairie Delagrave.
Dauzat, Albert (³1988), *Les noms de famille de France*, 3ème édition revue et complétée par M.T. Morlet,
    Paris, Librairie Guénégaud.
DEAFBibl = *Dictionnaire Étymologique de l'Ancien Français, Complément bibliographique*,
    http://www.deaf-page.de/fr/bibl_intro.php (02.10.2014).

De Poerck, Guy (1955), *Le sermon bilingue sur Jonas du ms. Valenciennes 521 (475)*, in : Robert Vivier et al. (edd.), *Romanica Gandensia IV. Études de philologie romane*, Gent, Rijksuniversiteit te Gent, 31–66.

De Poerck, Guy (1963), *Les plus anciens textes de la langue française comme témoins de l'époque*, Revue de Linguistique Romane 27, 1–34.

De Poerck, Guy (1964), *Le ms. Clermont-Ferrand 240 (anc. 189), les « scriptoria » d'Auvergne et les origines spirituelles de la « Vie » française de saint Léger*, Scriptorium 18, 11–33.

Delbouille, Maurice (1970), *Comment naquit la langue française ?*, in : *Phonétique et linguistique romanes. Mélanges offerts à M. Georges Straka*, vol. 1, Lyon/Strasbourg, Société de Linguistique Romane, 187–199.

Foerster, Wendelin/Breuer, Hermann (⁵1973), *Wörterbuch zu Kristian von Troyes' sämtlichen Werken*, Tübingen, Niemeyer.

Foerster, Wendelin/Koschwitz, Eduard (edd.) (⁷1932), *Altfranzösisches Übungsbuch*, Leipzig, Reisland.

Gärtner, Kurt/Holtus, Günter (1995), *Die erste deutsch-französische « Parallelurkunde ». Zur Überlieferung und Sprache der Straßburger Eide*, in : Kurt Gärtner/Günter Holtus (edd.), *Beiträge zum Sprachkontakt und zu den Urkundensprachen zwischen Maas und Rhein*, Trier, Verlag Trierer Historische Forschungen, 97–128.

Gossen, Carl Theodor (1957), *Die Einheit der französischen Schriftsprache im 15. und 16. Jahrhundert*, Zeitschrift für romanische Philologie 73, 427–459.

Gossen, Carl Theodor (1967), *Französische Skriptastudien. Untersuchungen zu den nordfranzösischen Urkundensprachen des Mittelalters*, Wien, Böhlau.

Gougenheim, Georges (1974), *Grammaire de la langue française du seizième siècle*, Paris, Picard.

Grübl, Klaus (2013), *La standardisation du français au Moyen Âge : point de vue scriptologique*, Revue de Linguistique Romane 77, 343–383.

Hausmann, Frank-Rutger (1996), *Französisches Mittelalter*, Stuttgart/Weimar, Metzler.

Hilty, Gerold (1968), *La Séquence de Sainte Eulalie et les origines de langue littéraire française*, Vox Romanica 27, 4–18.

Hilty, Gerold (1973), *Les origines de la langue littéraire française*, Vox Romanica 32, 254–271.

Hilty, Gerold (2010), Compte rendu à Francesco Lo Monaco/Claudia Villa (edd.), *I Giuramenti di Strasburgo : Testi e Tradizione*, Firenze 2009, Vox Romanica 69, 273–276.

Klein, Hans-Wilhelm (ed.) (1968), *Die Reichenauer Glossen*, vol. 1 : *Einleitung, Text, vollständiger Index und Konkordanzen*, München, Hueber.

Lodge, R. Anthony (1997), *Le français. Histoire d'un dialecte devenu langue*, traduit de l'anglais par Cyril Veken, Paris, Fayard.

Lodge, R. Anthony (2004), *A Sociolinguistic History of Parisian French*, Cambridge, Cambridge University Press.

Lodge, R. Anthony (2010), *Standardisation, koinéisation et l'historiographie du français*, Revue de Linguistique Romane 74, 5–25.

Lo Monaco, Francesco/Villa, Claudia (edd.) (2009), *I giuramenti di Strasburgo : testi e tradizione/ The Strasbourg Oaths : Texts and Transmission*, Firenze, Sismel Edizioni del Galluzzo.

Lote, Georges (1991), *Histoire du vers français*, vol. 6, Aix-en-Provence, Université de Provence.

LRL = Günter Holtus/Michael Metzeltin/Christian Schmitt (edd.) (1995), *Lexikon der Romanistischen Linguistik (LRL)*, vol. II/2, Tübingen, Niemeyer.

Lusignan, Serge (1999), *II. Langue française et société du XIIIᵉ au XVᵉ siècle*, in : Jacques Chaurand (ed.), *Nouvelle histoire de la langue française*, Paris, Éditions du Seuil, 91–143.

Marchello-Nizia, Christiane (2005), *La langue française aux XIVᵉ et XVᵉ siècles*, Paris, Colin.

MGH Conc. = Albert Werminghoff (ed.) (1906), *Concilia aevi Karolini*, vol. 1 (742–817), Hannover/ Leipzig, Hahn.

Mölk, Ulrich/Holtus, Günter (1999), *Alberics Alexanderfragment. Neuausgabe und Kommentar*, Zeitschrift für romanische Philologie 115, 582–625.

Pfister, Max (1973), *Die sprachliche Bedeutung von Paris und der Ile-de-France vor dem 13. Jahrhundert*, Vox Romanica 32, 217–253.

Raupach, Manfred (1972), *Die Reichenauer Glossen*, vol. 2 : Entstehung und Aufbau, München, Fink.

Remacle, Louis (1992), *La différenciation dialectale en Belgique romane avant 1600*, Genève, Droz.

Richter, Michael (1983), *À quelle époque a-t-on cessé de parler latin en Gaule ? À propos d'une question mal posée*, Annales. Économies, Sociétés, Civilisations 38, 439–448.

Rickard, Peter (1968), *La langue française au seizième siècle. Étude suivie de textes*, Cambridge, Cambridge University Press.

Rickard, Peter (1976), *Chrestomathie de la langue française au quinzième siècle*, Cambridge, Cambridge University Press.

Rohlfs, Gerhard (³1968), *Vom Vulgärlatein zum Altfranzösischen. Einführung in das Studium der altfranzösischen Sprache*, Tübingen, Niemeyer.

Stefenelli, Arnulf (1967), *Der Synonymenreichtum der altfranzösischen Dichtersprache*, Wien, Böhlau.

Stefenelli, Arnulf (1981), *Geschichte des französischen Kernwortschatzes*, Berlin, Schmidt.

Trotter, David (2003), *L'anglo-normand : variété insulaire, ou variété isolée ?*, Médiévales 45, 43–54.

Van Hoecke, Willy (1999), *La « Vie de saint Léger » et la « Passion » de Clermont-Ferrand : roman d'oïl ou roman d'oc ?*, Cahiers de l'Institut de linguistique de Louvain 25, 201–221.

Van Uytfanghe, Marc (2012), *La diachronie latino-romane : le conflit des chronologies et la diglossie*, Zeitschrift für romanische Philologie 128, 405–456.

Videsott, Paul (2010), *Le plus ancien document en français de la chancellerie royale capétienne – édition et considérations linguistiques*, in : Maria Iliescu et al. (edd.), Actes du 25ᵉ Congrès International de Linguistique et Philologie Romanes, Innsbruck, 3–8 septembre 2007, vol. 6, Berlin/New York, de Gruyter, 371–381.

Wartburg, Walther von (¹²1993), *Évolution et structure de la langue française*, Tübingen, Francke.

Wolf, Heinz Jürgen (²1991), *Französische Sprachgeschichte*, Heidelberg, Quelle & Meyer.

Wüest, Jakob (1979), *La dialectalisation de la Gallo-Romania. Problèmes phonologiques*, Bern, Francke.

Zink, Gaston (1990), *Le moyen français (XIVᵉ et XVᵉ siècles)*, Paris, Presses Universitaires de France.

Christian Schmitt

2 Le français dans l'histoire : du XVIIe siècle à nos jours

Abstract : L'article fournit des informations sur les principales étapes de l'histoire de la langue française du XVIIe siècle jusqu'à l'époque moderne. L'accent est mis sur l'histoire linguistique interne et externe et sur les développements en lexicographie et en grammaticographie.

Keywords : histoire linguistique, périodisation, français classique, Siècle des Idées, français moderne

1 Remarques préliminaires : la périodisation du français

Du point de vue diachronique, la grammaire historique traditionnelle distingue entre trois stades linguistiques de la langue d'oïl : l'ancien français, le moyen français et le français moderne. Les trois étapes peuvent être caractérisées par trois tendances différentes : 1) la formation des dialectes finissant par la prédominance de la variété diatopique de l'Île-de-France, en accord avec l'étymologie (< *little Francia* → *isle de France*, par interprétation populaire), 2) la formation d'une langue nationale, en usage dans le Royaume français et, finalement, 3) la standardisation et l'évolution normative de plus en plus prononcée de ce français langue nationale par les grammairiens, les littéraires, les scientifiques et d'autres groupes d'intellectuels sous l'égide de l'État défenseur du bon français (Rat 1963).

Notre sujet englobe trois siècles marqués par la discussion sur l'usage commencée à vrai dire au XVIe siècle par Meigret, Robert Estienne, Mathieu, de la Ramée, Henri Estienne et tant d'autres qui ont reconnu la nécessité de s'opposer à la tradition de la grammaire latine ; mais, contrairement au siècle de la Renaissance, il ne s'agit pas de l'usage tout court, c'est le b o n u s a g e préconçu au XVIe siècle par Henri Estienne qui se trouve au centre d'intérêt de la discussion sur la standardisation linguistique. L'usage linguistique, il est vrai, ne constitue pas un critère nouveau : tout ainsi que le *gustus urbis* et l'*urbanitas* (cf. Neumann 1968, 88ss.) le critère de l'*usus* 'usage' se trouve dans les traités linguistiques de l'antiquité et dans les observations métalinguistiques (Fögen 2000 ; Müller 2001) ; en ce qui concerne l'usage, le texte primordial est fourni par le traité *De lingua Latina* de Varron défendant le principe de l'usage général par la phrase bien connue et souvent citée « ego populi consuetudinis non sum ut dominus, at ille meae est » (ed. Spengel 1885, vol. 9, 5s.) et reconnaissant, par conséquent, les effets de l'analogie et de l'anomalie linguistiques comme forces essentielles en accord avec Cicéron qui lui avoue « usum loquendi populo concessi, scientiam mihi reserva-

vi » [« J'ai concédé l'usage linguistique au peuple et me suis réservé la science »]
(*Orator* ad Marcum Brutum 48, 159s. ; cf. p. ex. de la Ramée 1572, 30, et Henri Estienne,
ed. Feugère 1853, 56s.). C'est par les textes de Julius Scaliger que la grammaire moderne
a connu le principe « Auctoritas ex usu pendet » ('l'autorité dépend de l'usage') exposé
dans le chapitre CXCII de son traité important *De causis linguae Latinae* :

> « Nam quum, hoc interpretandi munus Usu, Autoritate, Ratione constare dixerint : sane intelli-
> gendum est, usum sine ratione non semper moveri, veluti si aspirat Trophaeum, & Anchoram,
> quae leniter à Graecis aliis proferuntur, Atheniensium exemplo sciamus factum esse. Autoritas
> vero quid aliud, quàm Usus est ? »
> (ed. 1597, 448).
> ['mais puisqu'ils ont dit que l'usage, l'autorité et la raison étaient les principes de l'évaluation, on
> peut certainement comprendre que l'usage ne peut pas toujours changer sans raison comme,
> p.ex., nous savons que les formes aspirées *trophaeus* et *anchora* (qui correspondent aux sourdes
> [p] et [k] chez les autres Grecs) se sont formées d'après la prononciation athénienne. Par
> conséquent : est-ce que la norme est autre chose que l'usage ?']

Ce passage central contient déjà les notions-clés de la discussion linguistique des siècles
suivants : u s a g e , a u t o r i t é et r a i s o n ; il montre en même temps que la caractérisation du Grand siècle par Marzys s'avère insuffisante pour qui « sur un point seulement,
la norme du XVIIe siècle reprend l'une des orientations du XVIe ; écartant les influences savantes et littéraires, elle prend pour seule source l'usage parlé » (1974, 331).

D'un côté il oublie le critère de l'autorité cher aux humanistes et de l'autre il passe
sous silence le fait que Philalèthe déjà a prévu la discussion sur les différents critères
de l'usage en argumentant de la façon suivante :

> « Si l'usage de la langue française était pareil en tous lieux, ce que vous dites auroit quelqu'appa-
> rence ; mais vu qu'il y a de la controverse quant à l'usage, il faut avoir recours ailleurs qu'à
> l'usage » (Henri Estienne, cf. François 1959, vol. 1, 146).

On est donc en droit de défendre la thèse de Lausberg (1950) pour qui Malherbe a
continué une discussion entamée par les humanistes qui ont repris un des sujets
linguistiques primordiaux pour les grammairiens de l'Antiquité : la définition de
l'usage linguistique écrit et oral.

2 Le XVIIe siècle : la genèse du français moderne

À quelques exceptions près, les grammaires de la Renaissance sont nourries par les
doctrines de l'antiquité classique. Au XVIIe siècle, commencement du français moderne (Klare 1998, 116ss.), tout change comme le documente(ra) le Grand *Corpus des
grammaires françaises* (sous la direction de Bernard Colombat et de Jean-Marie
Fournier) contenant les grammaires françaises les plus marquantes de l'âge classique,
c'est-à-dire les ouvrages grammaticaux qui ont animé un débat très fervent sur les
problèmes normatifs du français au siècle classique et sur les traits caractéristiques

du français et renoncent, en général, à une perspective diachronique (même dans les ouvrages écrits en latin), en préparation chez Garnier :

Jean Masset, *Exact et tres-facile acheminement à la langue françoise*, 1606.
Charles Maupas, *Grammaire et syntaxe françoise*, ²1618 [1607].
Antoine Oudin, *Grammaire françoise rapportée au langage du temps*, ²1640 [1632].
Claude Mauger, *French Grammar with additions*, 1684 [1653].
Thomas de La Grue, *La vraye Introduction à la Langue françoise*, 1669 [avant 1655].
Claude Irson, *Nouvelle methode pour apprendre facilement les principes et la pureté de la langue française*, 1662 [1656].
Laurent Chiflet, *Essay d'une parfaite Grammaire de la langue françoise*, 1659.
Antoine Arnauld/Claude Lancelot, *Grammaire Générale et Raisonnée*, 1676 [1660].
Denis Vairasse d'Allais, *Grammaire Méthodique contenant en abrégé les Principes de cet art et les règles les plus nécessaires à la langue française*, 1681.
Louis de Courcillon de Dangeau, *Opuscules sur la grammaire*, 1694.
Pierre de La Touche, *L'art de bien parler françois* (2 vol.), 1730 [1696].

Ces études portent avant tout sur la variation sociolinguistique du français devenu langue nationale, sur les problèmes normatifs, sur l'usage littéraire, la traduction idiomatique et l'apprentissage de la variété parisienne reconnue comme archétype canonique. Dans la tradition rhétorique ces grammaires doivent également enseigner l'art de parler en respectant les figures imposées par la tradition textuelle et les formes reconnues comme meilleures variétés conformément à une pragmatique déterminée, avant tout, par l'usage littéraire et les premières autorités.

Ces grammaires sont souvent accompagnées par un genre typiquement français qui commence à apparaître au milieu du XVIIᵉ siècle avec les remarques de Vaugelas (Ayres-Bennett 2004 ; Marzys 2009). Ces textes sont réunis dans un autre Corpus (*Corpus des remarques sur la langue française*, XVIIᵉ siècle), sous la direction de Wendy Ayres-Bennett (2011) qui montre jusqu'à quel point le public cultivé s'est occupé de subtilités grammaticales et dans quelle mesure les amateurs du beau langage (Rat 1963) s'intéressaient aux idiotismes qui posaient problème à ceux qui voulaient se distinguer du commun par un usage linguistique exemplaire. Tout dix-septiémiste voulant comprendre les règles souvent contradictoires du français classique ainsi que les chemins souvent compliqués à sa codification et à sa standardisation est tenu de connaître ce corpus produit par les remarqueurs :

Académie française, *Observations de l'Académie Françoise sur les Remarques de M. de Vaugelas*, Paris, 1704.
Louis-Augustin Alemand, *Nouvelles Observations, ou Guerre civile des François, sur la langue*, Paris, 1688.
Nicolas Andry de Boisregard, *Réflexions, ou Remarques critiques sur l'usage present de la langue françoise*, Paris, 1692 [1689], et *Suite des réflexions critiques sur l'usage present de la langue françoise*, Paris, 1693.
Dominique Bouhours, *Remarques nouvelles sur la langue françoise*, Paris, 1692 [1675], et *Suite des Remarques nouvelles sur la langue françoise*, Paris, 1693 [1692].
Marguerite Buffet, *Nouvelles Observations sur la langue françoise*, Paris, 1668.

Scipion Dupleix, *Liberté de la langue françoise dans sa pureté*, Paris, 1651.

François de la Mothe Le Vayer, *Lettres touchant les nouvelles remarques sur la langue françoise*, Paris, 1669 [1647].

Jean Macé, *Methode universelle pour apprandre facilement les langues, pour parler puremant et escrire nettemant en françois*, Paris, 1651 [1650 ?].

Gilles Ménage, *Observations de Monsieur Ménage sur la langue françoise*, Paris, 1675 [1672], et *Observations de Monsieur Ménage sur la langue françoise. Segonde partie*, Paris, 1676.

Paul Tallemant, *Remarques et decisions de l'Académie française*, Paris, 1698.

Claude Favre de Vaugelas, *Remarques sur la langue françoise utiles à ceux qui veulent bien parler et bien escrire*, Paris, 1647, et *Nouvelles Remarques de M. de Vaugelas sur la langue françoise. Ouvrage posthume. Avec des observations de M.****** [Louis-Augustin Alemand], Paris, 1690.

Les observations s'avèrent peu systématiques mais les différents textes peuvent servir d'introduction à l'histoire des idées linguistiques, à la conception normative et grammaticale du Siècle de Louis XIV, à la variation diatopique et sociolinguistique et aussi à une meilleure compréhension de la création littéraire en France.

Le XVIe siècle était préoccupé par l'élaboration quantitative du français langue nationale ; la discussion du XVIIe siècle est déterminée, avant tout, par la définition de règles fixes et la réglementation d'un usage linguistique peu solidement établi.

La discussion sur la standardisation de la langue commence en 1605, avec les fameux *Commentaires sur Desportes* de Malherbe (cf. Brunot 1891) ; en accord avec la rhétorique classique (Lausberg 1950), Malherbe critique sévèrement l'emploi d'archaïsmes, de néologismes et – contre la tradition des remarqueurs de la Renaissance (Schmitt 1977) – des mots régionaux et des mots de métiers comme incompatibles avec le « sermo purus et dilucidus », en commentant à l'aide d'annotations en marge du texte de Desportes et critiquant quelques poètes du XVIe siècle. Ces gloses étaient d'abord destinées à améliorer les textes poétiques et finalement reconnues pour la conversation de gens cultivées qui approuvaient l'intention de Malherbe de corriger et dégasconner la cour marquée par l'influence de différentes variétés soit d'origine étrangère, comme l'italien, soit de provenance régionale ou occitane, et de sociolectes situés en marge du parler commun (François 1959, vol. 1, 274ss.). Le refus des régionalismes et phénomènes sociolectaux peut être qualifié de catégorique (Schmitt 1977) ; cette prise de position justifie, pour Vaugelas, l'emploi d'une métaphore médicale :

« Ce n'est donc pas une acquisition si aisée à faire que celle de la pureté du langage, puis qu'on n'y sçauroit parvenir que par les trois moyens que j'ay marquez, et qu'il y en a deux qui demandent plusieurs années pour produire leur effet ; Car il ne faut pas s'imaginer que de faire de temps en temps quelque voyage à la Cour, et quelque connoissance avec ceux qui sont consommez dans la langue, puisse suffire à ce dessein. Il faut estre assidu dans la Cour et dans la frequentation de ces sortes de personnes pour se prevaloir de l'un et de l'autre, et il ne faut pas insensiblement se laisser corrompre par la contagion des Provinces en y faisant un trop long sejour » (ed. Marzys 2009, vol. 1, 71).

Pour les néologismes – Vaugelas parle de *mots* (*nouveaux*) et souvent dans une diction encore plus favorable « d'un *mot*, d'une *expression* en usage depuis peu, depuis quelque temps », etc. (cf. *Remarques* 61, 69, 78ss., 157, 213, 239, 254, 346, 355,

464, 492, 534, 553, 570) et de « mots qui n'ont jamais été dits » – on est beaucoup plus tolérant selon la recommandation d'Horace (« Licuit semperque licebit / Signatum praesente nota producere nomen », *ars poet.* 58s.), comme le montre, par exemple, le commentaire sur la dérivation *plume → plumeux (-se)* adjugée à Malherbe :

> « Mais puis que j'ay resolu de traiter à fond toute la matiere de l'Usage, il faut voir s'il est vray, comme quelques-uns le croyent, qu'il y ait de certains mots qui n'ont jamais esté dits, et qui neantmoins ont quelquefois bonne grace ; mais que tout consiste à les bien placer. En voicy un exemple d'un des plus beaux et des plus ingenieux esprits de nostre siecle, à qui il devroit bien estre permis d'inventer au moins quelques mots, puis qu'il est si fertile et si heureux à inventer tant de belles choses en toutes sortes de sujets, entre lesquels il y en a un d'une invention admirable, où il a dit,
>
> > *Dedale n'avoit pas de ses rames plumeuses*
> > *Encore traversé les ondes escumeuses* »
>
> (ed. Marzys 2009, vol. 1, 105).

Vu l'importance attribuée à l'usage, on est en droit d'avoir des doutes, si Vaugelas se serviroit aujourd'hui des arguments portés dans les *Remarques* contre *occasionner* 'être l'occasion de' (PRob 2009, 1725a) : « [...] on dit, *affectionner, se passionner,* d'*affection* et de *passion*, et plusieurs semblables, et néantmoins si l'on veut bien parler, on ne dira pas *ambitionner, occasionner*, d'*ambition*, et d'*occasion*, non plus que *prétexter*, pour *prendre prétexte*, et *se medeciner* pour *prendre medecine*. Je sçay bien qu'ils sont en la bouche de la pluspart du monde ; mais non pas dans les escrits des bons Autheurs » (ed. Marzys 2009, vol. 2, 302s.).

Les dictionnaires du Siècle de Louis le Grand témoignent d'une normalisation régulière du vocabulaire français (Richelet 1680 ; Furetière 1690 ; Académie française 1694) ; les différentes étapes de la standardisation lexicale sont connues (cf. Popelar 1976, 8ss.), les préfaces qui font souvent preuve de rigueur voire de dureté et sévérité extrêmes comme le *Dictionnaire de l'Académie française* 1694, ont souvent été commentées (cf. Berschin/Felixberger/Goebl ²2008, 236ss.). Malgré certaines incompatibilités avec le vocabulaire de l'honnête-homme (Popelar 1976, 16ss.), le dictionnaire de l'Académie française reste fidèle aux principes déposés dans les statuts de l'illustre compagnie (Brunot 1905–1953, vol. 3/1, 35) :

> « 24. La principale fonction de l'Académie sera de travailler avec tout le soin et toute la diligence possible à donner des règles certaines à notre langue, et à la rendre pure, éloquente et capable de traiter les arts et les sciences.
>
> 25. Les meilleurs auteurs de la langue françoise seront distribués aux Académiciens pour observer tant les dictions que les phrases qui peuvent servir de règles générales, et en faire rapport à la Compagnie, qui jugera de leur travail et s'en servira aux occasions.
>
> 26. Il sera composé un Dictionnaire, une Grammaire, une Rhétorique et une Poétique sur les observations de l'Académie ».

Il détermine avant tout la norme littéraire sans oublier que l'usage littéraire, lui-aussi, est sujet au changement et aux critères sociologiques qui constituent la nature des langues vivantes.

Pour les grammaires du français classique la polymorphie verbale due à l'alternance vocalique (Buridant 2000, 230–406) représente le problème principal de la norme. Le moyen français a connu la formation d'un système verbal hypertrophique (Eckert 1986, 230ss.) et de nombreux sous-systèmes en concurrence, et cette rivalité a été léguée aux époques décisives pour la standardisation du français national. Vaugelas est encore loin d'une systématisation des paradigmes comme le documente l'hésitation entre *je vais* et *je vas* (ed. Marzys 2009, vol. 1, 82) et ne sait pas résoudre les problèmes qui résultent de l'opposition entre l'« analogie » et l'« usage » :

> « De tout ce discours il s'ensuit que nostre langue n'est fondée que sur l'Usage ou sur l'*Analogie*, laquelle encore n'est distinguée de l'Usage, que comme la copie ou l'image l'est de l'original, ou du patron sur lequel elle est formée, tellement qu'on peut trancher le mot, et dire que nostre langue n'est fondée que sur le seul Usage ou desja reconnû, ou que l'on peut reconnoistre par les choses qui sont connuës, ce qu'on appelle *Analogie* » (ed. Marzys 2009, 80).

Les irrégularités morphologiques concernent – comme aujourd'hui – avant tout les systèmes verbaux périphériques qui s'opposent très souvent à l'évolution phonétique normale et à la structuration selon certains rapports de similitude entre des groupes verbaux qui se distinguent cependant par l'*usus loquendi*. Mais, comme l'a formulé Antoine Oudin, le grammairien ne doit pas se contenter d'enregistrer des formes doubles, voire triples, sa tâche est de faire un choix :

> « Mon dessein n'estoit que d'augmenter la grammaire du sieur Maupas : toutefois y ayant recogneu force antiquailles à réformer, & beaucoup d'erreurs à reprendre, outre une confusion de discours repetez, obscurs, & pedantesques, ie me suis resolu de vous en faire une moderne, afin de purger le monde en mesme temps des ordures que i'ay trouvées autre part, & vous desabuser entierement » (1632 : « Aux curieux », f° a3r).

Et l'usage au XVIIe siècle offrait un choix assez important dans les grammaires parisiennes, plus riche encore dans les grammaires écrites par des provinciaux et extrêmement variable dans les grammaires écrites à l'étranger qui enregistraient tout ce que leurs auteurs pouvaient découvrir dans les textes ou entendre dans les cours régionales (Schmitt 2002, 157ss.).

Les observations peuvent se référer à des formes simples, comme p. ex. la troisième personne du pluriel du premier groupe verbal (« La troisième pluriére change l'a, en é. Gardez-vous de dire Aimarent, Parlarent, Criarent, à la mode de Gascongne », Maupas ²1618, 103 r°), soit à des irréguliers ou des paradigmes marginaux. En général, l'usage l'emporte, et c'est ainsi que le verbe *semondre* 'admonester', avec sa morphologie irrégulière, n'a aucune chance de survivre :

verbe	Oudin ²1640	Rayot 1656
semondre	« Si la necessité n'est bien grande, ie ne conseilleray à personne d'user de ce verbe » (180)	« Das kann nicht passiren, bey denen die wohl reden » (215)

Pour les paradigmes marginaux nous nous limitons à trois exemples assez instructifs : *chaloir, clor(r)e* et *douloir* :

verbe	Oudin ²1640	Rayot 1656
chaloir	« impersonnel ne s'escrit plus » (169)	« Impersonale, non amplius scribitur. Alias habet in praesenti, *il chaut* : Imperf. *il chaloit* : Parf. simp. *il chalut* : Futurum *il chaudra* Imperat. *qu'il chaille* : Part. *chalant* : praeterit. particip. passivi *chalu* » (189s.)
clorre	« il vaut mieux se servir des verbes *fermer & enfermer* » (174)	« utere verbo fermer & enfermer » (184)
douloir	« On se peut encore servir de l'infinitif de ce verbe, toutefois il est antique ; au reste, *ie me deuls* ou *deuils, doulus, doulu, deuilleray, & deuille*, sont bannis du langage moderne »	« Infinitivus adhuc, est in usu ; alias utimini : *ie me deuls* ou *deuils & c. doulus, doulu, deuilleray, & deuille* in hoc seculo non sunt in uso » (193)

On comprend facilement que les grammairiens ne recherchent pas la forme rare mais plutôt les formes analogiques qui sont également préférées dans le cas des verbes *bénir* (Maupas ²1618, 113 v ; Oudin 1632, 155s.), *cueillir* (Maupas ²1618, 114 r ; Oudin 1632, 157), *haïr* (Maupas ²1618, 115 r/v ; Oudin 1632, 158s.), *secourre* (Maupas ²1618, 123s. ; Oudin 1632, 179) et *vestir* (Maupas ²1618, 117 r ; Oudin 1632, 164 r) ; mais la grammaire française est encore loin d'une standardisation comme l'a également retenu Fouché : « *Risons* ne s'est pas maintenu. De la Faye signale cependant encore en 1613, à côté de *rioy*, un imparfait *risoy* qu'il condamne d'ailleurs [La Faye écrit : ‹ etliche [!] sagen *Risoy*, aber unrecht› [1613, 314] ; C.S.], et Bernard (1607) donne pour le subjonctif les deux formes *rise* et *rie* » (²1967, 102). Mais dans le désordre qui marque la morphologie verbale des XVIIe et XVIIIe siècles (Schmitt 1995 ; 1997) c'est de loin la morphologie du futur avec sa variation excessive qui l'emporte (Schmitt 2001a) et il n'est pas surprenant de constater qu'un chanteur parisien du XXe siècle se serve encore des valeurs connotatives de *mourirai* (Renaud, *Le sirop de la rue*) et *nous nous en allerons* (Renaud, *Dès que le vent soufflera*).

Les témoignages des grammairiens nous informent bien sur la prononciation du français classique (Martinet ²1974 ; Cohen 1946) ; la comparaison avec l'usage réel du XXe siècle (Martinet/Walter 1973) permet d'identifier les forces principales de l'évolution moderne (Schmitt 1984) : la restitution des consonnes finales, p. ex., est due, avant tout, à l'orthographe phonétique, comme le montre fr. *soif* 'besoin de l'organisme en eau', prononcé [swa] en 1700 et [swaf] au XXe siècle (Martinet/Walter 1973, 812). Le document le plus fiable est dû à René Milleran (1694) qui, dans ses deux tomes de <grammaire fransaize>, a mis en lettres italiques toutes les lettres qui lui ont paru « superflu*ë*s, excepté surtout le*s* verbes où je n'ai presque rien changé » (1694, I, 3) ; la transcription de son texte en français moderne permettrait donc d'élaborer une phonétique contrastive de deux stades linguistiques et de conclure que bon nombre de consonnes finales ont été restituées au cours des siècles en accord avec l'orthographe étymologique normative :

- [-f] final devant consonne
  bœuf gras [bøgra]
  œuf de poulle [ødəpul]
  bœuf rôti [børoti]
  œuf mollet [ømolɛ]
  couvre-chef [kuvrəʃe]

Au sujet de leur prononciation, il remarque : « Dites donc *che-d'euvre, couvre-ché, eu de poulle, beu-rôti, eus mollais*, etc. » (Milleran 1694, vol. 2, 46).

- [-k] final devant consonne
  co*q* d'inde [kɔdɛd]
  cin*q* chevaux [sɛʃəvo]
  j'en ai cin*q* [ʒanɛsɛ]
  ave*c* [avɛ] (Milleran 1694, vol. 1, 5, etc.)
  don*c* [dɔ̃] (ibid., 11, 12, etc.)

- [-s] final devant consonne
  sen*s* de la regle [sɑ̃dəlarɛgl(ə)] (ibid., 3, 29, 30, etc.)
  d'un Pasteur fil*s* du Roi [fidyrwa] (ibid., 60, 74, etc.)
  su*s* dites, sû-dit*s* [sydit, sydi] (ibid., 44, 84, 93, etc.)
  mœur*s* [mœr] (ibid., I, 164)

- [-r] final devant consonne, qui montre une divergence systématique :
  velou*r*s [vəlu], fr.m. [vəlur]
  toujou*r*s [tuʒu], fr.m. [tuʒur]
  jou*r* [ʒu], fr.m. [ʒur] (ibid., 26)
  discou*r*s [disku], fr.m. [diskur] (ibid., 66)
  -eu*r* [-ø], fr.m. [-œr] (ibid., vol. 2, 100ss.), exemples : coupeu*r* de bourses [kupødəburs], fr.m. [kupœrd(ə)burs], bateu*r* d'estrade [batødestrad], fr.m. [batœrdestrad], joueu*r* d'instrumen*s* [ʒuødɛstryma], fr.m. [ʒuœrdɛstryma], professeu*r* [prɔfɛsø], fr.m. [prɔfɛsœr] (ibid., vol. 1, 2), p(l)usieu*r*s [p(l)ysjø], fr.m. [plysjœr] (ibid., 2, 27, 65, 68, etc.), meilleu*r* [mɛjø, fr.m. [mɛjœr] (ibid., 21), auteu*r* [otø], fr.m. [otœr] (ibid., 16)

et concerne les verbes terminés par *-ir* (ibid., vol. 2, 100ss.), les adjectifs quand <-r> est suivi d'une consonne (interdisant la liaison) et bon nombre de substantifs issus de verbes :

– les verbes terminés par -ir (ibid., 100ss.), exemples :

> bati*r* [bati], fr.m. [batir]
> couri*r* [kuri], fr.m. [kurir]
> servi*r* [sɛrvi], fr.m. [sɛrvir] (ibid., vol. 1, préface)
> grossi*r* [grɔsi], fr.m. [grɔsir] (ibid.)
> afermi*r* [afɛrmi] (ibid.), etc.

– l'adjectif *cher*, quand le [-r] est suivi d'une consonne :

> cher pour [ʃepur], fr.m. [ʃɛrpur] (ibid., vol. 1, 75)

– loisi*r* [lwazi], fr.m. [lwazir], plaisi*r* [plɛzi], fr.m. [plɛzir], souveni*r* [suvəni], fr.m. [suvənir] (ibid., 75), miroi*r* [mirwa], fr.m. [mirwar] (ibid., 66), mouchoi*r* [muʃwa], fr.m. [muʃwar] (ibid., 66) (etc.).

On peut en conclure que le changement phonétique [-r] → [ø] → [-r] s'explique par l'influence de l'orthographe sur la prononciation qui commence également à influencer la prononciation des cultismes partiellement intégrés (avec les préfixes *sub-*, *ob-* et *ab-*) :

	Milleran 1694	[Warnant +] PRob 2009	Martinet/Walter 1973
absenter	[absate]	[apsate]	16 X [absate], 1 X [ab-]
obtenir	[ob- et optəni]	[ɔptənir]	16 X [ɔptənir], 1 X [ɔb-]
subtiliser	[syp- et sybtilize]	[syptilize]	14 X [syptilize], 3 X [syb-]
abject	[abʒɛkt]	[abʒɛkt]	17 X [abʒɛkt]

Cette tendance correspond aussi à l'évolution phonétique de [r] et [l] en syllabe intérieure :

> su*r*tout [sytu] (Milleran 1694, vol. 2, 16)
> me*r*credi [mɛkrədi] (ibid., 102)
> que*l*que [kɛkə] (ibid., vol. 1, 6 ; vol. 2, 147, etc.)
> que*l*qu'un [kɛkœ] (ibid., vol. 2, 69) et quelque-*s*-uns (ibid., vol. 1, 78)
> que*l*quefois [kɛkəfwa] (ibid., 9, etc.)
> pou*l*pe [pupə] (ibid., vol. 2, 69)

ou de [s] devant consonne :

> pui*s* que, puî-que [pyikə] (ibid., vol. 1, 1, 12, etc.)
> lo*r*s que [lɔrkə] (ibid., 3, etc.)

et confirme, par conséquent, la thèse de Buben (1935) qui a observé une forte influence de l'orthographe étymologique française sur la prononciation du français moderne documentée, également, par Martinet/Walter (1973) dans leur analyse de la conscience linguistique des Français.

Jusqu'au XVIe siècle, à peu près, à une époque où peu de gens savaient lire ou écrire dans la langue du peuple et les érudits s'exprimaient avant tout en latin, les variétés linguistiques et les discours ont, en général, déterminé l'évolution phonétique de la langue vernaculaire ; depuis le XVIIe siècle, on constate une interdépendance de plus en plus nette entre le code graphique (extrêmement conservateur en français) et le code phonique. Cette coordination entre graphie et phonie a eu pour effet que la phonie suit la graphie et que la coordination peu systématique établie entre phonie et graphie contribue de plus en plus à la dépendance de la prononciation par rapport à l'orthographe (Schmitt 1984, 434), comme le montre le croquis suivant :

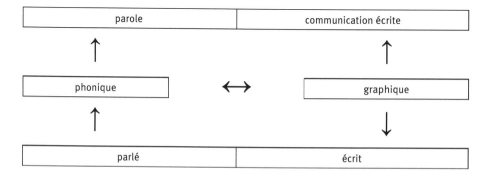

Cette évolution a commencé au XVIe siècle et est toujours d'actualité dans l'évolution phonétique du français national, comme le témoigne Muller qui parle des principales tendances de l'allongement consonantique en cas de gémination graphique et d'une articulation de graphèmes consonantiques à pure valeur graphique dans la langue contemporaine et élabore la règle historique suivante pour le phonétisme français :

> « L'action exercée dans le sens contraire, c'est-à-dire l'influence de la langue écrite sur la langue parlée, est particulièrement frappante lorsqu'elle touche à la phonie et change les normes de prononciation. Au cours de l'histoire du français, le phénomène de «spelling pronunciation» (prononciation influencée par l'orthographe du mot) apparaît sur une large échelle à l'époque de la Renaissance, au moment où la latinisation de la graphie entraîne une latinisation de la prononciation » (1985, 88).

Cette tendance a beaucoup plus d'influence sur l'évolution de la langue que des événements plutôt éphémères et marginaux comme la préciosité (du Salon de la Marquise de Rambouillet et des fameux Samedis de Mlle de Scudéry) connue encore aujourd'hui par le biais des *Précieuses ridicules* de Molière. Somme toute, on peut dire que les remarques des précieuses souvent combinées avec la préciosité d'esprit, ainsi que les ouvrages des « gens sçavans en la langue » comme Ménage (auteur d'observations et d'un dictionnaire d'étymologie) et même la Grammaire de Port-Royal, opposée au *Bon usage* et au *langage de la Cour* et adeptes au principe rationaliste ont eu moins d'influence sur la standardisation du français que les remarqueurs qui – comme Vaugelas – ont défendu le principe du *Bon usage*. La *Grammaire générale et raisonnée contenant les fondements de l'art de parler expliqués d'une manière claire et naturelle. Les raisons de ce qui est commun à toutes les langues et des principales différences qui s'y rencontrent ; et plusieurs remarques nouvelles sur la langue françoise* (1660) des Jansénistes Antoine Arnauld (1615–1695) et Claude Lancelot (1615–1695) qui – selon les théories du cartésianisme – met l'accent sur la raison humaine et élabore des interdépendances entre la langue (française) et la logique occupe une place centrale dans la discussion du XVIIIe siècle, mais ses mots-clés (*raison, clarté, netteté, ordre* et *précision*) n'ont pas su déterminer la pensée grammaticale, mais plutôt contribué à documenter la grande divergence et l'écart fondamental entre la langue humaine (en général : le français) et la logique comprise comme analyse formelle et étude critique de la connaissance. Le concept de Vaugelas qui a compris que l'usage fait beaucoup de choses par raison mais aussi des choses incompatibles avec la raison correspond mieux aux faits de langage et survit dans la grammaire devenue classique de Grevisse, *Le bon usage* (^{1}1936 ; ^{14}2008) alors que les conceptions linguistiques et philosophiques ont trouvé leur continuation dans les traités sur la clarté et la logique du français souvent basés sur *Les avantages de la langue françoise* (de Le Laboureur, 1669) et *L'excellence de la langue françoise* (de Charpentier, 1683) qui mettent l'accent surtout sur l'ordre logique e la phrase française permettant la quintessence que « ce qui n'est pas clair n'est pas français ».

Les idées linguistiques trouvent leur répercussion immédiate dans la langue littéraire : la première moitié du XVIIe siècle a le mérite d'avoir développé les normes de la prose classique (Guez de Balzac 1597–1654 ; Voiture 1597–1648), la seconde a contribué à préciser les règles du style et de l'expression littéraire à partir des chefs-d'œuvre de l'époque classique (Pierre Corneille, 1606–1684 ; Jean Racine, 1633–1699 ; Nicolas Boileau 1636–1711). On peut dire que les principes du *bon usage* et de l'*ordre direct naturel* ainsi que les règles poétologiques de l'antiquité basant sur la vraisemblance et la bienséance trouvent leur réalisation parfaite dans le classicisme français ; seules la comédie (Molière 1622–1673) et, parfois la fable classique (La Fontaine, 1621–1695 ; cf. Stefenelli 1987) laissent deviner qu'il existe, à côté du français classique, une autre variété du français qui intéresse depuis une trentaine d'années la linguistique historique dans le cadre de l'historicité du code parlé (Schmitt 1980), de la diachronie des variétés idiolectales du français parlé à la cour, connu par le biais du journal de Jean Héroard (Ernst 1985 ; Prüßmann-Zemper 1986 ; Foisil 1989) ou du français des paysans connu à travers les *agréables conférences de deux paysans de Saint-Ouen et de Montmorency sur les affaires du temps* (Birk 2004) qui contiennent tous des traits typiques du français populaire et dialectal peu abordés dans les grammaires et lexiques du XVIIe siècle ; pour d'autres évolutions intérieures et les décisions de l'Académie (p. ex. *une femme aimante* vs. *une femme aimant ses enfants*) voir Klare (1998, 135s.), en ce qui concerne l'histoire externe voir Schmitt (2003, 814ss.).

3 Le français au Siècle des Idées

Il est difficile d'élaborer des tendances claires en ce qui concerne l'évolution du français au XVIIIᵉ siècle : à l'étranger, on admire la grammaire de Port Royal et les publications de l'Académie française (*Le Dictionnaire de l'Académie française* ²1718 ; ³1740 ; ⁴1762 ; ⁵1798 [= l'an VII de la République]), on adopte les principes de la logique et glorifie la beauté de la langue française, mais le discours normatif en France est dirigé, avant tout, par la tradition, c'est-à-dire par la continuation des doctrines grammaticales du siècle classique telles qu'elles ont été transmises par les œuvres normatives depuis les *Remarques* de Vaugelas. La lexicographie ne connaît pas le même succès que celle du Grand siècle, tout spécialement Richelet (1680), Furetière (1690) et Corneille (1694, avec le vocabulaire artisanal), mais les orientations spéciales des dictionnaires encyclopédiques ouvrent de nouveaux horizons et mettent l'accent sur des aspects jusqu'ici négligés :

– Le dictionnaire universel françois et latin des pères de Trévoux (1704, 3 vol. ; 1721, 5 vol. ; 1732, 5 vol. ; 1743, 6 vol. ; 1752, 7 vol. ; 1771, 8 vol. ; Paris) continuant, dans un certain sens le *Dictionnaire universel* de Furetière, est le porte-parole de la tradition (catholique) opposée à l'esprit de l'Encyclopédie.

– L'Abbé Girard, auteur d'une *Ortografe françoise* (1716) et d'un traité sur la *Justesse de la langue françoise, ou les différentes significations des mots qui passent pour synonimes* (1718) a le mérite d'avoir initié le débat sur les règles synchroniques du français de son époque, dans les *Vrais principes de la langue françoise* (1747). En mettant l'accent sur la parfaite connaissance de la force des mots et leur usage sociolinguistique il est devenu un des fondateurs de la sémantique avec son ouvrage de 1718 qui a connu un succès éclatant qui s'exprime en de nombreuses rééditions (1736 ; 1740 ; 1769).

– Philibert Joseph Le Roux, grand inconnu des dictionnaires historiques du français, est le continuateur d'Olivier Chereau, auteur du *Jargon ou langage de l'argot reformé* (Lyon 1630/ 1632, 1634) avec son *Dictionnaire comique, satyrique, critique, burlesque, libre et proverbial* (1718–1786 ; cf. Barsi 2003) qui informe sur les mots du français courant négligés ou évités par les autres dictionnaires, comme p. ex. *bonbon* 'mot d'enfant pour dire du sucre, des dragées, d'autres douceurs' (Barsi 2003, 87) ou *coupe-gorge* 'terme de joueur qui dit autant que coup fatal' (ibid., 189), etc. Ce dictionnaire qui prête une idée claire du substandard et des variétés du français mériterait une attention spéciale des étymologistes.

– Les lexicographes d'aujourd'hui s'intéressent peu au *dictionnaire néologique* de Desfontaines (1726 ; ²1750), trop puriste et attaché aux idées des « anciens » ; et le *Dictionnaire philosophique portatif* de Voltaire (1764) ne dépasse pas l'intérêt porté à l'idéologie du Siècle des Idées dominée par le rationalisme.

– Le dictionnaire de François Feraud qui se distingue par ses observations précises sur les différents styles, les usages sociaux et régionaux (*Dictionnaire critique de la langue française*, 3 vol., Marseille 1787) correspond le mieux aux exigences lexicologiques actuelles. L'orthographe choisie par l'auteur, opposée à la tradition étymologique de l'Académie française, a certainement été défavorable à l'expansion de cet ouvrage soigneusement composé destiné aux jeunes gens et aux étrangers. Le dictionnaire de l'abbé Feraud reflète l'antagonisme entre le rationalisme cartésien et le sensualisme développé par John Locke et connu en France par l'*Essai sur l'origine des connaissances humaines* (1746) de Condillac.

Malgré la formation d'innombrables néologismes, l'emprunt lexical considérable aux langues voisines, avant tout à l'anglais, et un style moins soigné dans les textes journalistiques, on peut constater, qu'au Siècle des Idées, en France, la tendance est au conservatisme, à une prise de position linguistique plutôt hostile à l'évolution d'un moyen de communication admiré par l'Europe entière. Vaugelas n'est, peut-être, plus au goût du jour, mais les leçons données par l'Académicien et sa lutte contre les latinisants et son engagement en faveur d'une idéologie basée sur le bon goût de la Cour et de la ville [de Paris] ne sont pas tombés en oubli ; et on peut dire, avec Ayres-Bennett/Caron (1996) que les observations de l'Académie française sur les *Remarques* de Vaugelas au début du XVIIIᵉ siècle et, avant tout, les *Remarques* de l'Académie française sur le *Quinte-Curce* de Vaugelas élaborées entre 1719 et 1720 et recueillies par Dacier, alors Secrétaire perpétuel, sont à l'origine d'un renouveau et d'un relèvement de la valeur linguistique du théoricien classique incontournable, soit dans le domaine lexical, soit au niveau grammatical : la revue *Courrier de Vaugelas* (1868–1881) forme encore aujourd'hui une sorte de prototexte pour le discours normatif, et au XXᵉ siècle, Grevisse a délibérément choisi le titre de sa grammaire (*Le bon usage*, ¹1936) qui doit être compris comme intertextualité évoquant les recueils de Vaugelas et les remarques générales qui traitent de la méthodologie si souvent abordée et débattue dans les Remarques de 1747, spécialement au sujet des doutes de la langue, de l'interdépendance entre la raison et l'usage et de la définition de la pureté et de la netteté et des fautes que l'on peut commettre contre ces catégories centrales ainsi que contre le génie de la langue française. On peut donc constater que « France emerged into the modern period with a very strong linguistic tradition and an apparent *idée fixe* that any form of French other than *le bon usage* was unworthy of serious study » (Ayres-Bennett/Jones 2007, 5) et que cette prise de position qui a marqué le XVIIIᵉ et le XIXᵉ siècles a entravé la formation d'une linguistique variationniste et sociologique française. En ce qui concerne la norme lexicale, le XVIIIᵉ siècle reste – malgré la « Querelle des anciens et des modernes » – un stade linguistique qui prolonge l'époque classique et se caractérise par un purisme littéral et, avant tout, archaïsant, et cette tradition vaut également pour la grammaticographie moins importante pour Rickard (1977, 121s.) que les dictionnaires grammaticaux :

« Im 18. Jahrhundert sind einige bedeutsame Änderungen in der allgemeinen Einstellung zur Sprache zu erkennen. Gegenüber der Vorstellung, daß der Sprachgebrauch die Grundlage der Grammatik sein sollte, setzt sich das Prinzip der Logik durch. Die zahlreichen aufeinanderfolgenden Ausgaben der *Grammaire de Port-Royal* inspirierten Grammatiken mit höherer Zielsetzung, die ebenfalls auf rationalen Grundsätzen aufgebaut waren. Die wichtigsten darunter sind die

Grammatiken von Régnier-Desmarais (1706), Restaut (1730), Girard (1747), De Wailly (1754), Beauzée (1767), Condillac (1775) und U. Domergue (1778) ».

['Au 18ᵉ siècle, on peut reconnaître plusieurs changements dans la conception de la langue. L'idée de l'usage comme base de la grammaire est remplacée par le principe de la logique. Les nombreuses éditions successives de la *Grammaire de Port Royal* inspirèrent des types de grammaires plus exigentes basées, elles aussi, sur les principes de la raison. Parmi elles, les grammaires les plus importantes sont celles de Régnier-Desmarais (1706), Restaut (1730), Girard (1747), De Wailly (1754), Beauzée (1767) et U. Domergue (1778)]

Ce jugement correspond, plus ou moins, à l'opinion de Klare résumant que « [d]er Wortschatz hat im 18. Jh. eine wesentliche Umgestaltung erfahren ; alle Gebiete des gesellschaftlichen Lebens wurden lexikalisch ausgebaut », mais « [w]eitgehende Stabilität herrschte dagegen auf grammatischem Gebiet, soweit Hoch- und Literatursprache betroffen sind » (1998, 149) ; même la grammaire officialisée de l'Abbé Charles François Lhomond (1727–1794), les *Éléments de grammaire françoise* (⁹1794) n'ont pas contribué à l'intégration de la langue du peuple dans le standard national. Pour la grammaire, la situation reste comparable à celle du standard lexical : les définitions du dictionnaire de l'Académie (⁵1798) sont plus que significatives :

–   on y trouve, d'un côté, la remarque assez répandue : « On dit communément, que *la voix du peuple est la voix de Dieu*, pour dire, qu'Ordinairement le sentiment général est fondé sur la vérité » (II, 277 c),

–   mais de l'autre, *populairement* signifie « d'une manière populaire. Il n'est guère d'usage que dans cette façon de parler. *C'est parler populairement que de se servir de cette expression* » (II, 323 b).

Le *Supplément* (II, 765–776) contenant les mots nouveaux en usage depuis la Révolution, ne reflète pas de changement conceptuel en ce qui concerne le parler populaire : *parler* ou *écrire populairement* continue à signifier 'parler ou écrire mal'. La grammaire et le dictionnaire français révolutionnaires ne portent pas ce « bonnet rouge » réclamé par Victor Hugo. Seul le genre poissard – connu, avant tout par les pièces de théâtre de Jean-Joseph Vadé (1715–1757) – a profité des effets provoqués par ce vocabulaire et par les tours syntaxiques qui caractérisent les farces et les vaudevilles et, souvent aussi, par les chansons populaires à thèmes satiriques ou politiques truffées de termes et expressions maraîchers que le peuple français n'a toujours pas oubliés.

Les variétés sociales et régionales du français existent toujours, mais ce sont avant tout les dialectes et langues régionales qui, après le rapport fameux de l'abbé Grégoire (9 prairial de l'an II, c'est-à-dire le 28 mai 1794) se caractérisent par une existence précaire puisque

« la Révolution, après avoir initialement favorisé la propagation des idées nouvelles par le biais des dialectes, revenait, par l'appareil des lois, à une tradition déjà établie, selon laquelle la défense du français en France est un combat politique. Dans les circonstances graves où se trouvait la France, les langues régionales apparaissent comme celles de l'ennemi, et la toute-puissance exercée par la langue française sur les autres langues était conçue comme seule capable de garantir l'unité et l'intégrité du pays » (Hagège 1996, 87).

Les jeux sont faits : l'évolution normative initiée par la royauté française à la Renaissance (Gossen 1957, 427ss.), a trouvé son achèvement, le parler de l'Île-de-France est devenu la langue de la nation (Schmitt 2008, 297s.) et la base de la langue littéraire : cette langue universelle de l'Europe cultivée est devenue une langue mûre (Caput 1975, vol. 2, 84s.) qui enrichit les langues voisines bien plus qu'elle n'en accueille des éléments lexicaux ou conceptuels.

4 Le français au XIXᵉ siècle

Au niveau politique le principe révolutionnaire de l'« égalité » a sans doute contribué à la constitution d'un état monolingue et à la thèse de la *langue une* pour la *nation une et indivisible*, déjà formulée en 1791, qui a précédé le *projet d'universalité nationale* (Balibar 1985, 249ss.), tel qu'il est exprimé et formulé par la seconde loi linguistique française de 1794 (cf. Schmitt 2000, 730). La démocratisation linguistique de l'onomastique (cf. Hörsch 1994), la francisation de la vie publique et le culte et le triomphe de la raison (aux dépens de la superstition et du fanatisme) formulée en bon français national tant dans l'intelligence et la compréhension des citoyens que dans la connaissance et l'application des sciences à émergence au XIXᵉ siècle dans les laboratoires universitaires et la recherche industrielle dans les nouveaux centres urbains peuvent être considérées comme éléments constituants et propositions généralement acceptées dans un siècle agité et violent marqué par l'instabilité au niveau politique et social qui commence par l'Empire de Napoléon Iᵉʳ (1804–1814 ; 1815) et finit par la Troisième République (1870–1940) adonnée, à l'intérieur de la France européenne, à l'enseignement primaire en français national uniforme et, à l'extérieur, à une politique colonialiste (en rivalité avec l'Angleterre). La devise politico-linguistique du siècle (« une nation – une langue ») unit les différentes couches de la société, l'organisation de l'enseignement populaire dans la langue nationale figure comme intérêt principal constant et durable généralement accepté (cf. Caput 1975, vol. 2, 155).

Le service militaire (obligatoire depuis 1789) a certainement contribué à accélérer l'unification linguistique et à faire disparaître les langues régionales et les nombreux dialectes. La norme et les principes traditionnels de la grammaire (raisonnée et raisonneuse) n'ont pas changé, Domergue et Girault-Duvivier ont respecté et continué les règles classiques, et, si Alexis François (en citant Desmarais) a insisté sur le fait que « la langue de Racine et de Bossuet vociféra le sang et le carnage ; elle rugit avec Danton, elle hurla avec Marat, elle siffla comme le serpent dans la bouche de Robespierre. Mais elle resta pure» (1959, II, 175), on est en droit de dire que le purisme révolutionnaire a été suivi par un souci excessif de la pureté de langage, de la correction grammaticale et lexicale, par rapport à un modèle idéal et intangible durant tout le XIXe siècle et que ce soin et cette préoccupation linguistiques ont également absorbé les esprits dans les domaines littéraires, dans les textes technologiques et scientifiques et même dans la communication politico-sociale. Le maintien de la norme classique a certainement contribué au phénomène de la « crise du français » provoqué par une divergence de plus en plus sensible entre la langue littéraire et les différents niveaux de l'oralité qui est à l'origine de la fameuse phrase de Martinet constatant que

> « [l]es Français n'osent plus parler leur langue parce des générations de grammairiens, professionnels et amateurs, en ont fait un domaine parsemé d'embûches et d'interdits. Dans un monde qui change à un rythme chaque jour accéléré, les Français, comme tous les humains, ont sans cesse besoin de nouveaux mots et de nouveaux tours. Or, on les a dressés à obéir, à respecter le précédent, à n'innover en rien ; ils n'osent pas forger un mot composé, utiliser librement un suffixe de dérivation, procéder à des combinaisons inattendues » (^{2}1974, 29) ;

c'est donc au XIXe siècle qu'on commence à découvrir l'énorme fossé qui sépare la linguistique et le purisme ou, comme l'a indiqué le titre original de l'article de Martinet, que « les grammairiens tuent la langue ».

Le romantisme se sert d'une langue littéraire qui connaît un emploi métaphorique spécial et utilise un vocabulaire affectif et émotionnel particulier, souvent proche du style lyrique exprimant des sentiments intimes et communiquant au lecteur les émotions de l'auteur ; mais ce lyrisme se sert d'une langue littéraire conventionnalisée et continue, somme toute, la tradition classique des mots nobles et respecte les normes académiques tant sur le niveau morphologique que sur le niveau grammatical : il évite les échelons bas et vulgaires du vocabulaire, et l'expression orale – assez fréquente dans la prose romantique – est en général soumise à des règles qui dénoncent un certain souci de la pureté du langage, même dans les textes théoriques de Victor Hugo qui suivait les principes de Vaugelas et méprisait la rhétorique à moyens d'expressions neutres et insipides. L'ouverture de la langue littéraire a donné accès au mot juste et au mot propre ainsi qu'à l'argot, langue de la misère, mais la valeur de différentes couches sociolinguistiques n'a pas changé depuis le siècle classique : les registres socialement définis gardent leur tonalité, les adjectifs *commun, populaire, ordinaire, bas, vulgaire* et leurs familles de mots respectives restent des marqueurs comme à l'époque de Vaugelas (Schmitt 1986, 148s.) et font partie de ce qu'on appelle aujourd'hui le « substandard » (Albrecht 1986/1990, vol. 1, 65ss., vol. 3, 44ss.). Avec Hugo, la prose française commence à refléter la multitude des variétés utilisées par les locuteurs de toutes les classes et des différents groupes sociaux, mais le système de notation des signes linguistiques ainsi que les valeurs attribuées aux phénomènes de la déviation linguistique et de l'écart de la norme classique n'ont que peu changé. D'un côté, Victor Hugo, tout comme les auteurs du réalisme et du naturalisme (p. ex. Balzac, Stendhal, Flaubert, George Sand, Maupassant et Zola) ont essayé de payer tribut à la réalité linguistique avec tous les aspects vulgaires du réel et préconisé la description objective des faits, des objets et des personnages de la vie du travail, de la réalité banale et quotidienne (du tiers état comme des criminels et des gens en marge de la société, tout comme le vérisme italien), de l'autre ils ont tenu à faire preuve de leur maîtrise du bon français (écrit et littéraire) et de leur connaissance de la grammaire normative qui ne coïncident pas avec les dialogues des protagonistes et le style indirect libre comme le documentent, p. ex., les films *Germinal* (de Berri, 2005 ; avec Renaud, Depardieu et Miou Miou) et *Les Misérables* (de Dayan, 2009 ; avec Malkovich et Depardieu) qui continuent à impressionner le grand public appréciant l'usage des variétés sociales.

Les dictionnaires du XIXᵉ siècle reflètent la richesse du vocabulaire français, sans pouvoir prétendre à l'exhaustivité. On peut établir la distinction entre deux types lexicographiques : les dictionnaires qui s'occupent plutôt du vocabulaire classique et traditionnel, comme le dictionnaire de l'Académie française (⁶1835, une réussite qui est toujours reconnue par la lexicographie française ; ⁷1878), le *Dictionnaire de la langue française* (contenant une riche nomenclature, la prononciation avec l'orthographe, la signification, une partie historique et une partie étymologique basée sur la comparaison des mêmes formes « dans le français, dans les patois et dans l'espagnol, l'italien et le provençal ou langue d'oc ») de l'Académicien Émile Littré (4 vol. + 1 Supplément, 1863–1872 ; 1878) qui englobe avant tout le français classique et le vocabulaire des grands écrivains du Siècle des Idées, et le *Dictionnaire Général de la langue française du XVIIᵉ siècle à nos jours*, de Hatzfeld/Darmesteter/Thomas (2 vol., 1890–1900), qui est précédé d'un traité, très compétent pour l'époque, de la formation du français qui n'a pas été apprécié à sa juste valeur, appartiennent au premier groupe ; mais le vocabulaire du XIXᵉ siècle est mieux enregistré et défini dans le *Dictionnaire général et grammatical des dictionnaires français. Extrait et complément de tous les dictionnaires les plus célèbres* [...], de Napoléon Landais (2 vol., Paris 1834 [¹¹1851]), le *Dictionnaire national ou dictionnaire universel de la langue française* de Bescherelle [l'aîné] (2 vol., Paris 1845 ; ⁹1861) qui enregistre également le vocabulaire scientifique, et le *Grand Dictionnaire universel du XIXᵉ siècle* de Pierre Larousse (15 vol., Paris 1866–1876) qui se distingue des deux autres par ses aspirations à l'exhaustivité et ses tendances encyclopédiques font partie du second : pour le FEW, ce dictionnaire de Larousse représente la source lexicale la plus importante pour le XIXᵉ siècle. La Faye (*Synonymes français*, Paris ²1858) continue les travaux de l'Abbé Girard (1718) et de Roubaud (1785) qui portent sur la synonymie (Gauger 1973) et, avec son *Dictionnaire analogique de la langue française ou répertoire complet des mots par les idées et les idées par les mots* (Paris 1862), Boissière présente un nouveau type lexicographique : le dictionnaire onomasiologique (qui a eu peu d'influence sur les travaux lexicologiques du XIXᵉ siècle). La richesse du vocabulaire français, des innombrables latinismes utilisés dans les textes scientifiques et techniques et des emprunts aux langues voisines, surtout à l'anglais, se reflète également dans le *Trésor de la langue française* (16 vol., Paris

1971–1994) qui réunit le vocabulaire commun et le vocabulaire spécial français à partir de la Révolution française jusqu'au XXᵉ siècle mais oublie, dans bien des cas, la précision des filiations et des modes d'intégration. Le TLF est avant tout un dictionnaire descriptif et se distingue par cette prise de position des grands dictionnaires du XXᵉ siècle (cf. Matoré 1968, 203).

S'il est vrai que le dictionnaire de Littré correspond à une certaine fixation et à une réglementation relative, le TLF veut suffire à des buts scientifiques en livrant un dépouillement minutieux de tous les textes historiques et en décrivant la nature et valeur des contextes et les variations historiques. Quant aux dictionnaires spécialisés du type *Dictionnaire de médecine, de chirurgie, de pharmacie et des sciences qui s'y rapportent* (Paris 1855 ; ²¹1908) d'Émile Littré, faute de pouvoir accorder place aux plus importants de ces répertoires et aux noms des éditeurs qui ont refondu et revu les nombreuses rééditions et réimpressions force est de renoncer à leur énumération : la complexité et la portée de ces œuvres lexicographiques ne permet même pas de les traiter sous l'aspect sélectif ; on peut résumer qu'au XIXᵉ siècle toute science dispose de son dictionnaire ou même de plusieurs qui peuvent aspirer à la scientificité ou à la vulgarisation (cf. la liste des dictionnaires dans Quemada 1968, 596–634 ; la description typologique dans Caput 1975, vol. 1, 161).

Quant à la grammaire, on peut constater que les grammairiens se contentent d'avoir objet avec la langue qui se caractérise par le fameux ordre « naturel » ou « direct », selon le *Discours sur l'universalité de la langue française* (1783) formulé par Rivarol : sujet + verbe + complément et qu'une langue qui nomme d'abord le sujet du discours, ensuite le verbe qui désigne l'action et enfin l'objet de cette action, étant incorruptible, n'a pas besoin d'améliorations ou de règles complémentaires : le français est une langue à grammaire claire, ce qui n'est pas clair, et ordonné n'est pas français. Le XIXᵉ siècle produit avant tout des annales de grammaire, des revues grammaticales et des journaux grammaticaux et didactiques édités par des sociétés d'amateurs du beau langage, mais le progrès méthodique des grammaires utilisées dans les collèges et même des manuels de Domergue ou de Girault-Duvivier reste assez modeste (cf. François 1959, vol. 2, 177).

Il n'est donc pas étonnant de constater, vers la fin du siècle, un emploi de plus en plus fréquent de métaphores désignant un état de maladie caractérisé par une sclérose et un purisme excessifs : la langue décrite par les grammaires n'était plus celle de l'usage contemporain : le code scriptural et le code oral s'étaient trop éloignés, on commençait à constater la fameuse « crise du français » et à découvrir un problème linguistique pour le siècle suivant défini dans des déclarations pessimistes de nombreux auteurs et provoquée par la notion de fixité erronée et injustifiable, voire inadmissible et fausse des amateurs du français (cf. Bengtsson 1968, 7s.).

5 Le français au XXᵉ siècle

Dans le cadre d'une langue trop rigidement standardisée la définition de la norme linguistique – peu suivie et souvent inconnue – se pose de nouveau. Les amateurs de beau langage comme la plupart des chercheurs sont d'accord sur la nécessité de défendre le « français national » (Gordon 1978) et dans la plupart des publications « changement » et « transformation » sont assimilés à déformation et massacre du français (Schmitt 1990, 361ss. ; 2001b ; Winkelmann 1990). Il est significatif qu'un titre comme *Les déformations de la langue française* (Deschanel ⁴1898) ait trouvé quatre rééditions en une année ; comme bon nombre d'ouvrages linguistiques publiés pour le grand public ce livre part de la constatation douteuse que «la langue française, si belle, va se corrompant» (ibid., 5) ; Deschanel lutte contre de savants philologues qui «acceptent tout, sans protester» (ibid., 7), se met sur le côté d'Horace et de Vaugelas et apprécie les métaphores pathologiques de Littré qui correspondent à ses idées sur l'évolution du français :

> « Comme un médecin, dit-il [scil. Littré], qui a eu une pratique de beaucoup d'années et de beaucoup de clients, parcourant à la fin de sa carrière le journal qu'il en a tenu, en tire quelques cas qui lui semblent instructifs, de même j'ai ouvert mon journal, c'est-à-dire mon *Dictionnaire*, et j'y ai choisi une série d'anomalies qui, lorsque je le composais, m'avaient frappé et souvent embarrassé » (ibid., 9).

Lorsqu'il entreprit ensuite sa grande œuvre de linguistique, il ne put manquer d'observer que le langage aussi avait ses «maladies». Et, après avoir accompli son principal ouvrage, il y fit un post-scriptum sur la *pathologie des mots*, sur les altérations et déformations qu'ils subissent. Les changements de signification, de prononciation, de constructions et de tours, de genre et la création de mots mal venus sont pour lui les témoins infaillibles de la déformation du langage et les conséquences d'un laxisme intolérable.

Dans *La défense de la langue française* qui porte le sous-titre « la crise de la culture française », Albert Dauzat (1912) reste, sans doute, un peu moins pathétique, mais sa vue d'ensemble est tout de même extrêmement pessimiste. Bien qu'il n'apprécie pas le pays de « la langue de Goethe et de Bismarck » (1912, 22) il cite l'occitaniste Anglade pour émouvoir vivement son public : « M. Anglade fait remarquer que cet enseignement [scil. de la langue nationale] est beaucoup mieux organisé en Allemagne qu'en France, et il insiste pour qu'il soit institué dans toutes nos Universités » (1912, 76).

Le pessimisme culturel se trouve dans de nombreux traités linguistiques du XXᵉ siècle qui ne servent pas à l'illustration de cette langue internationale mais à la défense d'une thèse qui porte à prendre l'évolution et le changement linguistiques du mauvais côté : la langue nationale serait envahie de l'extérieur et perdrait sa précieuse syntaxe (Boulenger/Thérive 1924) ; l'écriture ne connaîtrait que l'abus des règles grammaticales et l'emploi de mots mal choisis (Curnonsky/Bienstock 1928) ; il y aurait un massacre régulier de la langue nationale, même par l'administration (Mouf-flet 1930) et le français serait en grand danger (Lalanne 1957) ; le français serait à la dérive (Thérive 1962) et «foutrait le camp» (Thévenot 1976), pour ne citer que quelques contributions éloquentes significatives qui trouvaient les applaudissements de l'Aca-démie française (Hermant 1923) comme le documente la défense d'Abel Hermant (1929) qui figure comme préface des remarques de Lancelot, auteur du *Figaro* (sup-plément littéraire), sur la situation de la langue nationale (cf. aussi Thérive 1926), et qui connaissent une actualisation par les interventions de l'État en France dans la domaine de la langue (Schmitt 1990, 354ss. ; de Saint Robert 2000, 31ss.), en accord avec la volonté politique de tous les partis politiques et de nombreuses associations unies pour défendre le patrimoine national.

Les raisons qui ont amené à cette défense et provoqué cette attitude de résistance sont faciles à expliquer : le XVIIIe siècle connaît des règles et normes lexicales basées sur un modèle social fermé auquel se conformait par surcroît la littérature du siècle de Louis XIV qui deviendra la référence et le paradigme linguistique exemplaires du XVIIIe siècle peu soucieux de l'usage parlé même des érudits contemporains : le XIXe siècle a continué à reconnaître la priorité de l'écrit sur l'oral et préféré une attitude diachronique, les variations ne servaient que de décor pour la représentation figurée des couches en marge de la société.

C'est donc avant tout la situation politique sous la Quatrième République qui cause des changements linguistiques et une évolution du français due à un système du suffrage universel, comme l'a formulé Marcel Cohen ([4]1973, 298) :

> « Les auteurs du 20e siècle ont trouvé dès l'abord un terrain débarrassé des contraintes du classicisme et des emphases du romantisme, la poésie et la prose rapprochées entre elles, un public toujours plus étendu et désormais sans pruderie d'une part, d'autre part accoutumé à toutes sortes de techniques ».

Cet auteur à qui nous devons aussi des chroniques sur la langue française présentées avec une sagacité perspicace (Herrmann 1988), a certainement raison d'expliquer les normes du XXe siècle par un (nouveau) rapprochement de la langue écrite et de la langue parlée, comme il a été magistralement décrit par Ludwig Söll ([2]1980, 122ss.) et, comme d'autres auteurs (cf. Müller 1990) par les caractéristiques du monologue intérieur ou du style direct permettant de plus en plus fréquemment de substituer le style parlé ou la variation sociale marquée au style écrit ; le substandard doit son entrée avant tout au brassage social des compagnons des tranchées de 1914–1918 comme le documente, entre autres, *Le Feu*, de Barbusse qui a initié une littérature ouvrière et populaire qui va jusqu'à François Bon, auteur bien connu des artisans et du prolétariat industriel, en passant par le *Voyage au bout de la nuit* et la *Mort à crédit* de Louis-Ferdinand Céline et les romans ouvriers de l'existentialisme spécialement de Jean-Paul Sartre (Schmitt 1979b) qui garde et respecte des normes stylistiques et grammaticales bien plus traditionnelles dans ses pièces de théâtre (Klare 1998, 1). Le manque de normes claires et univoques d'un côté, dû à des critères sociologiques d'une nation démocratique et colonialiste et les efforts pour une forme du français universel, incompatible avec les règles classiques et des formes rigides de l'autre, ont contribué à l'évolution d'un système linguistique polyvalent caractérisé par de nombreuses concessions, soit à la francophonie (européenne ou aux français hors d'Europe), soit aux groupes de locuteurs (régionaux ou sociolectaux) de l'Hexagone ; il existe même des programmes d'illustration et de défense du français assez équivoques, voire ambigus étant donné que les amateurs du beau langage correct ne savent pas bien ce qu'il faut mettre en lumière ou illustrer, et ignorent contre qui ou quelles forces nuisibles le français mérite d'être défendu puisqu'il n'est pas attaqué (cf. Schmitt 1990 ; Trabant 1995, avec plusieurs contributions). Les nombreuses chroniques de langage, elles aussi, manquent de cohérence (cf. Quemada 1970/1972 ; ↗6 Linguistique populaire et chroniques de langage : France) et suivent un programme plutôt disparate (Schmitt 2011), même dans la presse engagée qui s'occupe avant tout des mots étrangers et du franglais.

Comme l'a expliqué Bodo Muller dans son tableau des variétés, registres et niveaux de langue, le problème de la norme linguistique se présente différemment dans une société démocratique pratiquant le pluralisme dans tous les domaines de la vie :

> « La langue, prise dans son ensemble, est un macrosystème et la norme prescriptive, un registre élaboré pour être placé au-dessus de tous les sous-systèmes. Une norme prescriptive n'est pas en soi meilleure que les autres registres ; elle ne peut pas être arbitraire si elle veut avoir des chances de se voir acceptée. Pour s'imposer à l'ensemble de la communauté linguistique, il lui faut *s'affirmer historiquement, socialement, culturellement, fonctionnellement*. Ceci implique que le moindre acte normatif a besoin d'un fondement recueillant l'approbation du plus grand nombre ou du moins celui d'un groupe faisant autorité en matière de langue, sinon il reste sans effet. Il y a lieu de se demander dans ce contexte sur quoi le français normatif et les décrets de ses législateurs s'appuient. Autrement dit : *comment est-il possible de dégager de la multiplicité infinie des usages une langue modèle ?* » (1985, 292).

Ce ne sont donc plus les « bonnes sociétés » qui décident du «bon usage», les actes de normalisation dépendent en premier lieu du jugement et de la pratique de la pluralité des locuteurs, mais les principes du « bon usage » retenus dans la grammaire de Grevisse (¹1936 ; ¹⁴2008) ne sont pas pour ainsi dire abandonnés grâce à l'enseignement scolaire et universitaire et à la grammaire utilisée dans l'éducation nationale qui dispense une culture traditionnelle. En général, on peut parler d'un brassage à tous les niveaux ; dans les tranchées se rencontrent des soldats issus de toutes les aires linguistiques et de différentes classes sociales, le français populaire commence à se répandre et à gagner de l'importance. À Albert Dauzat nous devons une description de l'*Argot de la guerre* (1918) et à Gaston Esnault un portrait du *Poilu tel qu'il se parle* (1919) ; cette tendance vers un subcode commun est accompagnée par une standardisation notamment médiatique due aux journaux, à la radio et au cinéma. En même temps, ce brassage est aussi provoqué par les langues d'immigrés en contact, comme le remarque Alain Rey auteur d'une petite histoire illustrée de la langue française (2008, 106) :

« Tandis que les dialectes et les langues régionales reculaient, des vagues d'immigration arrivè-rent en France, en Belgique wallonne, parlant d'autres langues que le français : italien, espagnol, polonais avant 1940, arabe maghrébin, berbère, créoles, langues africaines après. De nouveaux bilinguismes s'instaurent, tandis que ceux qui confrontaient les patois et des langues comme le breton ou le catalan tendent à se réduire. Mais il se produit des réactions, des résistances militantes, qui s'affirment plus nettement à la fin du XXᵉ siècle (écoles Diwan en Bretagne, Calandretas en Occitanie où l'on enseigne en breton, en occitan). Ces résistances ne compensent pas la perte de transmission familiale. – L'alsacien, le basque, le corse résistent mieux, tandis que le francique de Lorraine et le flamand s'effritent, que le catalan de France se réveille dans certains milieux sous l'influence de la Catalogne espagnole. – De nombreuses langues importées coexistent avec le français, l'arménien, les langues des Roms, le yiddish, l'arabe maghrébin et le berbère, des langues asiatiques et africaines ; chacune des communautés ayant ses pratiques, modulées selon les situations géographiques et sociales ».

Cependant, cette contribution au brassage linguistique ne peut pas être comparée à celle de l'anglais toujours critiquée (Étiemble ²1973) mais néanmoins respectée par son apport à la langue scientifique (Étiemble 1966) car l'anglais s'est imposé depuis un siècle comme langue des sciences et des techniques et la fameuse phrase du général de Gaulle «Il est en effet d'intérêt national que nos savants et techniciens s'inspirent, dans l'emploi de notre langue, du respect que la langue française se doit à elle-même» (Étiemble 1966, 177) n'est resté qu'un vœu pieux sans aucun espoir dans un monde dominé par les affaires. On a donc beau décider « La langue de la Répu-blique est le français » (loi Bas-Lauriol, de 1975) : une telle décision se révèlera toujours inefficace d'autant plus que les mots de substitution (cf. Trabant 1995) ont plutôt fait rire les Français par leur lourdeur et leur aspect structural opposé au génie de la langue (Schmitt 1979a ; 1990). On peut constater que les différentes formes de norme ou de définitions du français moyen se dérobent de plus en plus à une caractérisation convaincante et socialement acceptable et que la variation diastra-tique ne peut plus être suivie par la lexicographie française (Treu 1975).

En ce qui concerne les perspectives essentielles de l'évolution linguistique on peut retenir les facteurs suivants et les transformations déjà retenues par les études sur le français du XXᵉ siècle (Désirat/Hordé 1976 ; Muller 1985 ; Antoine/Martin 1985 ; 1995 ; Klare 1998 ; Tritter 1999 ; Antoine/Cerquiglini 2000) qui traitent à la fois des aspects évolutifs internes et extralinguistiques concernant tous les domaines de la grammaire et, avant tout, le lexique qui se distingue par une rapidité spéciale du changement.

Le phonétisme est assez stable et s'approche de plus en plus de la prononciation parisienne qui a réduit les oppositions quantitatives devenues régionales (cf. Martinet in Antoine/Martin 1985, 25–40), pour l'époque de 1914–1945 Carton parle même d'un «petit nombre de changements» (ibid., 56) et même pour l'époque de 1945–2000 Carton qualifie l'évolution du vocalisme de «lente et progressive» (in Antoine/Cerqui-glini 2000, 27). Avec Georges Straka on peut accepter qu'on ne rencontre pas «une seule nouvelle tendance évolutive à partir de 1900, et celles qui sont apparues pour la première fois dans la seconde moitié du XIXᵉ siècle sont relativement peu nombreuses» (1981, 246). L'influence de la graphie sur la phonie est certainement sous-estimée (Schmitt 1984) : c'est avant tout au XXᵉ siècle qu'une tendance connue depuis la Renaissance apparaît sur une large échelle grâce au fait de l'enseignement obligatoire : l'orthographe se prononce, même dans les cas où la latinisation s'avère fausse (cf. <g> dans *legs*). Quant à l'orthographe, on peut constater qu'elle continue à pencher plutôt vers des principes étymologico-historiques et que « ce caractère historique de la graphie française apparaît plus nettement dans la *graphie des voyelles* » (Muller 1985, 82) ; la bataille de l'orthographe aux alentours de 1900 est restée sans résultats et constitue un échec comparable à l'insuccès des commissions ministérielles et des activités législatives de Bas/Loriol (1975), de Toubon (1994) et des engagements de la presse francophone (Trabant 1995 ; Schmitt 2011) : c'est toujours le purisme classique qui l'emporte plus ou moins (Klein-Zirbes 2001).

Tout ainsi que l'orthographe, la morphosyntaxe du français se caractérise par une stabilité relative : la disparition du passé simple n'est pas un phénomène récent et la préférence du futur proche n'a pas encore eu d'influence sur la situation du futur simple, à l'exception de la langue parlée. La morphologie du nom marquée par la redondance dans le code écrit continue à suivre les règles du français classique, sans respecter des normes trop astucieuses (cf. l'exemple de *glaïeul*). La syntaxe du français parlé se distingue «de celle du français écrit par la *brièveté* des phrases et la *simplicité* de leur construction» (Muller 1985, 97) ; la situation est comparable à celle de la syntaxe dominée, d'un côté, par le poids du passé (classique) et le respect et la révérence des puristes et des grandes œuvres littéraires, et un usage simplificateur pratiqué avant tout par la presse et les média écrits, sonores et visuels qui apprécient une certaine liberté d'expression et ne respectent pas toujours les traditions académiques. C'est ainsi que Goosse, dans son étude sur l'évolution de la syntaxe française arrive à la conclusion peu susceptible d'éclaircir que parmi les faits envisagés dans son aperçu «certains montreraient un phénomène réciproque et d'autres un phénomène inverse» (in Antoine/Cerquiglini 2000, 141) ; mais, somme toute, la plupart des phénomènes caractérisant l'évolution syntaxique sont dues à la dichotomie entre langue écrite et langue parlée (Söll ²1980, 111 ss.) et qu'on ne saurait parler d'*une* tendance déterminée et homogène, ni même d'un réseau de facteurs convergents qui orienteraient les structures syntaxiques dans des directions aisément repérables telles que « simplification des systèmes, renforcement d'oppositions rentables au détriment d'oppositions en perte de vitesse, etc. » (Désirat/Hordé 1976, 158). Il y a trop de facteurs qui participent à la transformation du système syntaxique et toute interprétation diachronique exige une certaine prudence.

La perspective diatopique et la représentation diatopique se définissent bien plus facilement : les dialectes et parlers français ont disparu ou sont en voie de disparition ; le français régional qui se caractérise par l'identification avec le français commun, dans la conscience métalinguistique du locuteur régional connaît actuellement une situation favorable (↗16 Les français régionaux) ; son entrée dans la littérature locale, régionale et provinciale a suscité un intérêt, toujours croissant, aux éléments du français qui sont d'une utilisation géolinguistique et contribué, avant tout dans le domaine de la lexicologie, à l'instauration d'une lexicographie variationnelle franco-phone qui se comprend, par rapport au français national, comme linguistique diffé-rentielle. Leur analyse socio-pragmatique démontre clairement que ces diatopismes exercent des fonctions bien déterminées dans le discours et dans le métadiscours des auteurs provinciaux (cf. Wissner 2013, 366). La littérature régionale aidant, la dialec-tologie traditionnelle devrait donc se transformer en linguistique variationnelle ou différentionnelle (Stehl 2012).

En ce qui concerne la perspective diastratique, on peut constater que la qualité des registres dépend, avant tout, du statut social des locuteurs, mais, les médias et l'enseignement favorisant ce développement, un nivellement général commence à s'établir, les parlers des couches supérieures et inférieures connaissent des conver-gences à un niveau intermédiaire qui ne correspond ni au code élaboré ni au code restreint : un système républicain égalitaire ne peut pas accepter ou même privilégier l'existence de barrières linguistiques et doit s'engager en faveur du français moyen situé entre le bon usage et le français populaire. En 1985, Muller, résumant les enquêtes d'après-guerre, défendit la thèse suivante :

> « Concernant la formation des divers niveaux sociaux, il ne faut pas seulement tenir compte de l'opposition entre la *province* et la *capitale* ou entre la *campagne* et la *ville* ; dans les grandes villes, il peut même y avoir des différences *de quartier à quartier*. Ces démarcations sociales sont particulièrement sensibles dans les différents arrondissements parisiens où les 16e, 17e et 8e arrondissements à l'ouest s'opposent très nettement aux faubourgs ouvriers de l'est. Les écarts sociaux entraînent conjointement des différences linguistiques : si le *parler faubourien* (français populaire de Paris) est à chercher à l'est, la supernorme, si on veut la situer sociologiquement, est localisée à l'ouest, dans les riches quartiers résidentiels » (ibid., 185).

Entretemps, le nivellement a progressé et on peut constater que du point de vue phonétique ou lexical le français est démocratisé et que les règles classiques conver-sationnelles d'antan apparaissent comme affectées et admiration ou imitation d'un comportement linguistique de milieux dits distingués d'un autre temps, d'un usage périmé et obsolète qui n'a plus sa place dans la société moderne n'existe plus. Autrefois, on pouvait faire sensation avec un passé simple ou un subjonctif de l'imparfait bien formés, à la fin du XXe siècle ces mêmes formes sont marquées par l'obsolescence et dépréciées ; mais les changements survenus n'arrivent à inquiéter que certains intellectuels soucieux de la pureté du français qui ont trouvé leur champ de bataille avant tout dans la lutte contre la grammaire marquée et s'émeuvent, en première ligne, contre toute infiltration susceptible d'altérer le système traditionnel.

En ce qui concerne le lexique français en évolution, il suffit de consulter les trois tomes de l'*Histoire de la langue française* (Antoine/Martin 1985, 25ss. ; 1995, 271ss. ; Antoine/Cerquiglini 2000, 151ss.) pour constater que l'évolution du lexique du fran-çais a été «si rapide, pour ne pas dire brutale, qu'il est difficile d'en rendre compte en quelques pages autrement que de façon superficielle» et qu'en outre, « les aspects du changement sont si variés qu'il [n'est pas] possible d'employer une méthode statistique » (Humbley in Antoine/Cerquiglini 2000, 71). Les dictionnaires de langue nous enseignent que les hiérarchisations traditionnelles ont perdu leur valeur d'autrefois et que les appréciations des lexicographes manquent de cohérence et se contredisent souvent d'un dictionnaire à l'autre (les valeurs sociales d'emploi des mots, p. ex. pop., mod., fam. arg., etc., sont mal définies ; les valeurs inscrites dans le temps, p. ex. vieilli, mod., etc. restent spéculatives et les variantes qui ont attribué à des niveaux de langues sont souvent signalées en dépendance des auteurs lexicologues respectifs) : « Bon nombre de termes, d'idiomatismes, de locutions, ont passé en peu de temps de l'*argot* dans le *français populaire*, du *français populaire* dans le *français familier*, de la *sous-norme* dans la *norme d'usage*. Ce qu'on qualifiait d'*argot*, il y a des années, a fini par devenir *populaire*, et la distance qui existait encore au début du XXe siècle entre le ‹ bon usage › et le vocabulaire familier, est moins sensible aujourd'hui » (Muller 1985, 234) ; le vocabulaire est certainement la partie la plus instable de la langue, on ne peut pas connaître le volume total du lexique français, mais le volume toujours croissant des dictionnaires, dû avant tout aux langues de spécialités et aux langues techniques et reflet incontestable des changements provoqués par l'évolution des sciences et l'élargissement régulier des «grands domaines (astronautique, aviation, chemins de fer, électricité et électronique, mathématiques et physique, armements, sports)» (Humbley, in : Antoine/Cerquiglini 2000, 73) montre que le français moderne produit inlassablement des néologismes internes et s'enrichit en même temps par la néologie externe synonyme, pour la plupart des cas, d'influence de l'anglais.

Le *Vocabulaire d'orientation scientifique* (Phal/Beis/Gougenheim 1971), par contre, s'avère assez stable, comparablement au lexique du *français fondamental* utilisé depuis longtemps dans l'enseignement (Zeidler 1980) ; mais sa fonction reste limitée à relier le vocabulaire foncièrement commun et le vocabulaire spécialisé.

L'*Histoire de la langue française 1945–2000* (Antoine/Cerquiglini 2000) fournit une première déscription encore assez incomplète de l'évolution des lexiques français qui commence par la langue de la presse, et finit par le vocabulaire des sports et des loisirs sportifs ; mais il est évident que cette contribution ne peut pas respecter les mille et plus sciences humaines et les sept cent sciences exactes traitées dans les différents dictionnaires modernes (cf. aussi Muller 1985, 186s.).

Les dictionnaires et les traités de formation de mots (Thiele 1987) oublient de rappeler que la tendance du renforcement de la productivité lexicale ne s'affaiblit pas car le français participe comme les autres langues de culture, à ce qu'on a l'habitude de caractériser comme formations eurolinguistiques (cf. Schmitt 1996, 119ss.; pour l'euromorphologie, voir Feig 2005). L'eurolinguistique, discipline assez récente (Hinrichs 2010), concerne en premier lieu le domaine des langues de spécialités modernes et constitue un chemin intermédiaire entre les mots savants et les mots héréditaires : la formation de néologismes par des créateurs de mots cultivés à l'aide d'éléments latins (ou [gréco-]latins) conformément aux règles du latin (classique, médiéval, ou moderne) ou néolatin (Schmitt 2013). Ce type de formation connaît la plus haute productivité à l'époque actuelle et se doit au fait que la langue de la recherche scientifique a été le latin, au moins jusqu'au XVIIᵉ siècle, et que les éléments (gréco-) latins qui manquent de valeur émotive et se distinguent par une précision séman-tique peu influencée par la langue commune sont spécialement appréciés par les spécialistes qui ont besoin d'un nom propre à tout concept pour éviter la polysémie, comme le documentent les analyses sur *-(o)mane* et *-(o)manie* (Höfler 1972) qui annoncent déjà la future transformation des systèmes préfixaux et suffixaux (cf. Stotz 1996–2004, vol. 2, 352), et, du point de vue typologique il n y a aucune différence entre les formations telles que *loterie* (< néerl. *lot* + morphème), *gérontologie* (< gréco-latin *geron/t/-* + morphème) et *conceptualisation* (< lt. *concept/u/al-* + morphème) ; de telles formations peuvent avoir des origines bien différentes, comme, p. ex., *morpho-logie*, dû à J.W. Goethe et *centripète/centrifuge* dû à Newton, ce qui montre que non seulement les francophones érudits mais tous les membres de la communauté scientifique participent à l'activation de ce principe morphologique et à l'augmenta-tion de la force la plus productive dans l'évolution du français moderne. Chose curieuse : moins le latin est enseigné dans les lycées européens plus il est incontour-nable pour l'évolution du vocabulaire et indispensable pour la planification linguis-tique (Schmitt 1979a) si appréciée en France (Depecker 2001). Ce néolatin va marquer l'évolution ultérieure du français et déterminera les entrées dans les dictionnaires et les nouvelles règles productives et expansives des œuvres grammaticales dans le futur.

6 Bilan et perspectives

Comparée aux transformations du moyen-âge et de la Renaissance si importantes et intenses (Eckert 1986), l'évolution du français classique au français moderne a été, somme toute, plutôt l'objet d'un effort de purification, de réglementation et fixation d'un niveau atteint au Grand siècle et de conservation d'un seul système de communi-cation, c'est-à-dire d'une norme linguistique du type *ne varietur*. Le fait que le français – comme toutes les langues romanes et non romanes – a pris et continue à prendre une importante variété d'usages dans le temps, l'espace, la situation et – moins perceptiblement et clairement – l'unité politique assez jeune de la francopho-nie n'a pas entravé l'élaboration d'une langue nationale standardisée et assez homo-gène, voire uniforme imitée en dehors de l'Hexagone où la langue de l'Île-de-France est admirée par les Belges et par les Suisses et, plus encore, par les habitants des D.O.M. ou les locuteurs des anciennes colonies qui ont gardé le français comme langue (co-)officielle. Contrairement à l'espagnol avec une norme pluricentrique le français tend, depuis trois siècles, à l'unicité littéraire et scolaire basée, historique-ment parlant, sur le bon usage de la capitale qui réunit les grandes maisons de presse, les journaux, les institutions nationales, les médias et l'administration scolaire et universitaire qui répand, depuis la Révolution, la fiction du français unitaire et d'une norme commune et unifiée pour la « *République une et indivisible* » qui devrait trouver une contrepartie linguistique, la langue nationale standardisée qui fait pendant à l'unité politique.

Bien des activités linguistiques sont issues de cette fiction ; certains efforts ont été couronnés de succès et la norme assez rigide a exercé, à longue vue, de modérateur et de ralentisseur et contribué à freiner la créativité et à produire des anticodes comme l'argot, les différents jargons et des langages cryptiques historiquement propres au milieu peu connus dans des domaines linguistiques qui connaissent une standardisation moins rigide. Les essais d'une dissociation linguistique assez marquée doivent être compris comme «un signe de reconnaissance exprimant l'appartenance à un groupe où le *sentiment d'identité*, né de bons rapports entre collègues, peut se transformer en camaraderie pour aboutir tantôt à l'esprit de clan, tantôt à la complicité» (Muller 1985, 213) ; à ce besoin – qui ne caractérise non seulement les personnes qui vivent en marge de la société mais aussi le locuteur commun – une langue trop réglée ne saura jamais satisfaire et, comme l'exprime Chervel (1977) la grammaire tout ainsi que l'orthographe resteront pour tous les Français, une matière assez rébarbative.

7 Bibliographie

Albrecht, Jörn (1986/1990), *Substandard und Subnorm. Die nicht-exemplarischen Ausprägungen der «Historischen Sprache» aus varietätenlinguistischer Sicht*, in : Günter Holtus/Edgar Radtke (edd.), *Sprachlicher Substandard*, Tübingen, Niemeyer, vol. 1, 65–89, vol. 3, 44–127.

Albrecht, Jörn (2007), *Bedeutung der Übersetzung für die Entwicklung der Kultursprachen*, in : Harald Kittel et al. (edd.), *Übersetzung. Ein internationales Handbuch zur Übersetzungsforschung*, vol. 2, Berlin/New York, de Gruyter, 1088–1108.

Antoine, Gérald/Cerquiglini, Bernard (edd.) (2000), *Histoire de la langue française 1945–2000*, Paris, CNRS Éditions.

Antoine, Gérald/Martin, Robert (edd.) (1985), *Histoire de la langue française 1880–1914*, Paris, CNRS.

Antoine, Gérald/Martin, Robert (edd.) (1995), *Histoire de la langue française 1914–1945*, Paris, CNRS.

Ayres-Bennett, Wendy (2004), *De Vaugelas à nos jours : comment définir le genre des remarques sur la langue française ?*, in : Philippe Caron (ed.), *Remarques sur la langue française du XVIe siècle à nos jours*, Rennes, PUR, 19–33.

Ayres-Bennett, Wendy (ed.) (2011), *Corpus des remarques sur la langue française (XVIIe siècle)*, Paris, Classiques Garnier Numérique.

Ayres-Bennett, Wendy/Caron, Philippe (1996), *Les « Remarques » de l'Académie française sur le Quinte-Curce de Vaugelas, 1719–1720. Contribution à une histoire de la norme grammaticale & rhétorique en France*, Paris, Presses de l'École normale supérieure.

Ayres-Bennett, Wendy/Jones, Mari C. (edd.) (2007), *The French Language and Questions of Identity*, London, Modern Humanities Research Association and Maney Publishing.

Ayres-Bennett, Wendy/Seijido, Magali (2011), *Remarques et observations sur la langue française. Histoire d'un genre*, Paris, Classiques Garnier.

Balibar, Renée (1985), *L'institution du français. Essai sur le colinguisme des Carolingiens à la République*, Paris, Presses Universitaires de France.

Balibar, Renée/Laporte, Dominique (1974), *Le français national. Politique et pratique de la langue nationale sous la Révolution*, Paris, Hachette.

Barsi, Monica (ed.) (2003), *Philibert Joseph Le Roux, Dictionnaire comique, satyrique, critique, burlesque, libre et proverbial, 1718–1786*, Paris, Champion.

Bengtsson, Sverker (1968), *La défense organisée de la langue française. Étude sur l'activité de quelques organismes qui depuis 1937 ont pris pour tâche de veiller à la correction et à la pureté de la langue française*, Uppsala, Almqvist & Wiksell.

Berschin, Helmut/Felixberger, Josef/Goebl, Hans (²2008), *Französische Sprachgeschichte*, Hildesheim/Zürich/New York, Olms.

Birk, Jana (2004), *« Français populaire » im « siècle classique ». Untersuchungen auf der Grundlage der « agréables conférences de deux paysans de Saint-Ouen et de Montmorency sur les affaires du temps » (1649–1651)*, Frankfurt am Main et al., Lang.

Boulenger, Jacques/Thérive, André (1924), *Les soirées du grammaire-club*, Paris, Librairie Plon.

Branca-Rostoff, Sonia, et al. (edd.) (2011), *Langue Commune et changements de normes*, Paris, Champion.

Brunot, Ferdinand (1891), *La doctrine de Malherbe d'après son commentaire sur Desportes*, Thèse, Paris, Masson.

Brunot, Ferdinand (1905–1953), *Histoire de la langue française des origines à nos jours*, 13 vol., Paris, Colin.

Buben, Vladimír (1935), *Influence de l'orthographe sur la prononciation du français moderne*, Bratislava, Universum.

Buridant, Claude (2000), *Grammaire nouvelle de l'ancien français*, Paris, SEDES.

Caput, Jean-Pol (1975), *La langue française, histoire d'une institution*, 2 vol., Paris, Librairie Larousse (Collection L).

Catach, Nina (2001), *Histoire de l'ortographe française*, ed. Renée Honvault / Irène Rosier-Catach, Paris, Champion.

Certeau, Michel de/Julia, Dominique/Revel, Jacques (1975), *Une politique de la langue. La Révolution française et les patois : l'enquête de Grégoire*, Paris, Éditions Gallimard.

Chereau, Ollivier (1630, 1632, 1634 / 2008), *Le jargon ou langage de l'argot reformé*, Édition critique annotée et commentée à partir des éditions lyonnaises […] par Denis Delaplace, Paris, Champion.

Chervel, André (1977), *… et il fallut apprendre à écrire à tous les petits français. Histoire de la grammaire scolaire*, Paris, Payot.

Cohen, Marcel (1946), *Le français en 1700 d'après le témoignage de Gile Vaudelin*, Paris, Champion.

Cohen, Marcel (⁴1973), *Histoire d'une langue : le français (des lointaines origines à nos jours)*, Paris, Éditions Sociales.

Colombat, Bernard/Fournier, Jean-Marie (edd.) (2011), *Corpus des grammaires françaises du XVIIᵉ siècle*, Paris, Garnier.

Curnonsky, Maurice/Bienstock, Vladimir L'vovich (1928), *Le Musée des erreurs ou le français tel qu'on l'écrit*, 2 vol., Paris, Michel.

Dauzat, Albert (1912), *La défense de la langue française. La crise de la culture française – l'argot – la politesse du langage – la langue internationale*, Paris, Colin.

Dauzat, Albert (1918), *L'Argot de la guerre d'apres une enquête aupres des officiers et soldats*, Paris, Colin.

Depecker, Loïc (2001), *L'invention de la langue : le choix des mots nouveaux*, Paris, Colin/Larousse.

Deschanel, Émile (⁴1898), *Les déformations de la langue française*, Paris, Calmann Levy.

Désirat, Claude/Hordé, Tristan (1976), *La langue française au 20ᵉ siècle*, Paris, Bordas.

Dictionnaire de l'Académie française (Le), 2 vol., Paris, che Jean Baptiste Coignard, 1694.

Eckert, Gabriele (1986), *Sprachtypus und Geschichte. Untersuchungen zum typologischen Wandel des Französischen*, Tübingen, Narr.

Ernst, Gerhard (1985), *Gesprochenes Französisch zu Beginn des 17. Jahrhunderts. Direkte Rede in Jean Héroards « Histoire particulière de Louis XIII » (1605–1610)*, Tübingen, Niemeyer.

Esnault, Gaston (1919), *Le poilu tel qu'il se parle. Dictionnaire des termes populaires, récents et neufs employés aux armées en 1914–1918 étudiés dans leur étymologie, leur développement et leur usage*, Paris, Bossard.

Estienne, Henri (1565/1970), *Conformité du langage françois avec le grec*, ed. Léon Feugère, Paris, Droz (cité d'après l'édition 1853).

Étiemble [, René] (1966), *Le jargon des sciences*, Paris, Hermann.

Étiemble [, René] (²1973), *Parlez-vous franglais ?*, Paris, Gallimard.

Feig, Éva (2005), *Das geflügelte Wort von der Euromorphologie – oder die Vogelgrippe als Fallstudie zu Stand und Wirkungskraft der Konvergenztendenzen in der Wortbildung der romanischen Sprachen*, Romanistisches Jahrbuch 56, 296–334.

Fögen, Thorsten (2000), *« Patrii sermonis egestas ». Einstellungen lateinischer Autoren zu ihrer Muttersprache. Ein Beitrag zum Sprachbewußtsein in der römischen Antike*, München/Leipzig, Saur.

Foisil, Madeleine (ed.) (1989), *Journal de Jean Héroard. Préface de Pierre Chaunu*, 2 vol., Paris, Fayard.

Fouché, Pierre (²1967), *Le verbe français. Étude morphologique*, Paris, Klincksieck.

François, Alexis (1905), *La grammaire du purisme et l'Académie française au XVIIIᵉ siècle*, Paris, Société nouvelle de librairie et d'édition.

François, Alexis (1959), *Histoire de la langue française cultivée, des origines à nos jours*, 2 vol., Genève, Jullien.

Furetière, Antoine, *Dictionnaire universel, contenant generalement tous les mots françois tant vieux que modernes, & les termes de toutes les sciences et des arts [...], le tout extrait des plus excellens auteurs anciens & modernes*, 3 vol., La Haye, chez Arnout & Reinier Leers, 1690.

Gauger, Hans Martin (1973), *Die Anfänge der Synonymik : Girard (1718) und Roubaud (1785). Ein Beitrag zur Geschichte der lexikalischen Semantik*, Tübingen, Narr.

Gerner, Dominique (2006), *Éducation et histoire des langues*, in : Gerhard Ernst et al. (edd.), *Romanische Sprachgeschichte. Ein internationales Handbuch zur Geschichte der romanischen Sprachen*, vol. 2, Berlin/New York, de Gruyter, 1224–1232.

Gleßgen, Martin-Dietrich (2008), *Histoire interne du français (Europe) : lexique et formation des mots*, in : Gerhard Ernst et al. (edd.), *Romanische Sprachgeschichte. Ein internationales Handbuch zur Geschichte der romanischen Sprachen*, vol. 3, Berlin/New York, de Gruyter, 2947–2974.

Gordon, David C. (1978), *The French Language and National Identity (1930–1975)*, The Hague/Paris/New York, Mouton.

Gossen, Carl Theodor (1957), *Die Einheit der französischen Schriftsprache im 15. und 16. Jahrhundert*, Zeitschrift für romanische Philologie 73, 427–459.

Grevisse, Maurice (¹1936 ; ¹⁴2008), *Le bon usage*, Paris/Gembloux, de Boeck/Duculot (¹⁴2008 avec André Goosse).

Hagège, Claude (1996), *Le français. Histoire d'un combat*, Paris, Hagège.

Hermant, Abel (1923), *XAVIER ou les entretiens sur la Grammaire française*, Paris, Le Livre.

Hermant, Abel (1929), *Remarques de Monsieur Lancelot pour la défense de la langue française*, avec une préface de M.A.H., Paris, Flammarion.

Herrmann, Michael (1988), *Französische Linguistik für Zeitungsleser. Marcel Cohen und seine Sprachchroniken*, Zeitschrift für französische Sprache und Literatur 98, 125–136.

Hinrichs, Uwe (ed.) (2010), *Handbuch der Eurolinguistik*, unter Mitarbeit von Petra Himstedt-Vaid, Wiesbaden, Harrassowitz.

Höfler, Manfred (1972), *Zur Integration der neulateinischen Kompositionsweise im Französischen, dargestellt an den Bildungen auf « -(o)manie », « -(o)mane »*, Tübingen, Niemeyer.

Hörsch, Nicole (1994), *Republikanische Personennamen. Eine anthroponymische Studie zur Französischen Revolution*, Tübingen, Niemeyer.

Hunnius, Klaus (2008), *Geschichte der gesprochenen Sprache in der Romania : Französisch*, in : Gerhard Ernst et al. (edd.), *Romanische Sprachgeschichte. Ein internationales Handbuch zur Geschichte der romanischen Sprachen*, vol. 3, Berlin/New York, de Gruyter, 2424–2433.

Klare, Johannes (1998), *Französische Sprachgeschichte*, Stuttgart/Düsseldorf/Leipzig, Klett.

Klein-Zirbes, Anja (2001), *Die « Défense de la langue française » als Zeugnis des französischen Sprachpurismus. Linguistische Untersuchung einer sprachnormativen Zeitschrift im Publikationsraum 1962 bis 2000*, Frankfurt am Main et al., Lang.

Lalanne, Philippe (1957), *Mort ou renouveau de la langue française*, Paris, Bonne.

Lancelot (1929) = *Remarques de Monsieur Lancelot pour la défense de la langue française, avec une préface de M. Abel Hermant de l'Académie française*, Paris, Flammarion.

Lausberg, Heinrich (1950), *Zur Stellung Malherbes in der Geschichte der französischen Schriftsprache*, Romanische Forschungen 62, 172–200.

Lodge, R. Anthony (1993), *French. From Dialect to Standard*, London/New York, Routledge.

Ludwig, Ralph/Schwarze, Sabine (2012), *Ein erneuter Blick auf Entwicklungen der französischen Sprachkultur : zur Vernetzung von sprachlicher Normierung und literarischer Kanonisierung im 18. und frühen 19. Jahrhundert*, Romanistisches Jahrbuch 62, 98–136.

Marchello-Nizia, Christiane (2008), *Histoire interne du français : morphosyntaxe et syntaxe*, in : Gerhard Ernst et al. (edd.), *Romanische Sprachgeschichte. Ein internationales Handbuch zur Geschichte der romanischen Sprachen*, vol. 3, Berlin/New York, de Gruyter, 2926–2947.

Marmet, Claude (1583), *La pratique de l'orthographe françoise*, Lyon, Bouquet.

Martinet, André ([2]1974), *Le français sans fard*, Paris, PUF.

Martinet, André/Walter, Henriette (1973), *Dictionnaire de la prononciation française dans son usage réel*, Paris, France-Expansion.

Marzys, Zygmunt (1974), *La formation de la norme du français cultivé*, Kwartalnik Neofilologiczny 21, 315–332.

Marzys, Zygmunt (1998), *La Variation et la Norme. Essais de dialectologie galloromane et d'histoire de la langue française*, Neuchâtel, Université de Neuchâtel.

Marzys, Zygmunt (ed.) (2009), *Claude Favre de Vaugelas, « Remarques sur la langue françoise »*, édition critique avec introduction et notes, Genève, Droz.

Matoré, Georges (1968), *Histoire des dictionnaires français*, Paris, Librairie Larousse.

Maupas, Charles ([2]1618/1973), *Grammaire et syntaxe françoise*, Genève, Slatkine-Reprints.

Milleran, René (1694), *Les deux grammaires fransaizes*, Marseille, chez Henri Brebion.

Morin, Yves Charles (2008), *Histoire interne du français. Histoire des systèmes phonique et graphique du français*, in : Gerhard Ernst et al. (edd.), *Romanische Sprachgeschichte. Ein internationales Handbuch zur Geschichte der romanischen Sprachen*, vol. 3, Berlin/New York, de Gruyter, 2907–2926.

Moufflet, André (1930), *Contre le massacre de la langue française*, Paris, Privat-Didier.

Muller, Bodo (1985), *Le français d'aujourd'hui*, Paris, Klincksieck.

Müller, Bodo (1990), *Gesprochene und geschriebene Sprache*, in : Günter Holtus/Michael Metzeltin/Christian Schmitt (edd.), *Lexikon der Romanistischen Linguistik (LRL)*, vol. 5/1 : *Französisch*, Tübingen, Niemeyer, 195–211.

Müller, Roman (2001), *Sprachbewußtsein und Sprachvariation im lateinischen Schrifttum der Antike*, München, Beck.

Neumann, Günter (1968), *Sprachnormung im klassischen Latein*, in : *Sprachnorm, Sprachpflege, Sprachkritik. Jahrbuch 1966/1967*, vol. 2, Düsseldorf, Schriften des Instituts für deutsche Sprache, 88–97.

Neumann, Sven-Gösta (1959), *Recherches sur le français des XVe et XVIe siècles et sur sa codification par les théoriciens de l'époque*, Lund, Études romanes de Lund.

Osthus, Dietmar (2006), *Massenkommunikation und Sprachgeschichte : Galloromania*, in : Gerhard Ernst et al. (edd.), *Romanische Sprachgeschichte. Ein internationales Handbuch zur Geschichte der romanischen Sprachen*, vol. 2, Berlin/New York, de Gruyter, 1280–1292.

Oudin, Antoine (1632/1972), *Grammaire françoise. Rapportée au langage du temps*, Genève, Slatkine-Reprints (cité d'après l'édition ²1640).

Phal, André, avec la collaboration de Lucette Beis, préface de Georges Gougenheim (1971), *Vocabulaire général d'orientation scientifique (V.G.O.S.)*, Paris, Crédif.

Polzin-Haumann, Claudia (2006), *Sprachplanung, Sprachlenkung und institutionalisierte Sprachpflege : Französisch und Okzitanisch*, in : Gerhard Ernst et al. (edd.), *Romanische Sprachgeschichte. Ein internationales Handbuch zur Geschichte der romanischen Sprachen*, vol. 2, Berlin/New York, de Gruyter, 1472–1486.

Popelar, Inge (1976), *Das Akademiewörterbuch von 1694 – das Wörterbuch des Honnête Homme?*, Tübingen, Niemeyer.

PRob = Rey-Debove, Josette/Rey, Alain (edd.), *Le nouveau petit Robert, dictionnaire alphabétique et analogique de la langue française*, Paris, Dictionnaires Le Robert, 2009.

Prüßmann-Zemper, Helga (1986), *Entwicklungstendenzen und Sprachwandel im Neufranzösischen : Das Zeugnis des Héroard und die Genese des gesprochenen Französisch*, Bonn, Lang.

Prüßmann-Zemper, Helga (2008), *Die diastratischen und diasituativen Varietäten der romanischen Sprachen aus historischer Sicht : Französisch und Okzitanisch*, in : Gerhard Ernst et al. (edd.), *Romanische Sprachgeschichte. Ein internationales Handbuch zur Geschichte der romanischen Sprachen*, vol. 3, Berlin/New York, de Gruyter, 2355–2365.

Quemada, Bernard (1968), *Les dictionnaires du français moderne 1539–1863*, Paris, Didier.

Quemada, Bernard (ed.) (1970/1972), *Bibliographie des chroniques de langage, publiées dans la presse française (1950–1965 et 1966–1970)*, 2 vol., Paris, Didier.

Ramée, Pierre de la (1572), *Grammaire*, Genève, Wechel.

Rat, Maurice (1963), *Grammairiens et amateurs de beau langage*, Paris, Michel.

Rayot, Pierre (1656), *Grammatica Gallica, in qua omnes eius linguae difficultates ad vivum quam luculentissime resecantur et dissolvuntur [...]*, Helmstadii, J. Heitmuller.

Rey, Alain (2008), *Le français. Une langue qui défie les siècles*, Paris, Gallimard.

Richelet, Pierre, *Dictionnaire françois contenant les mots et les choses, plusieurs nouvelles remarques sur la langue françoise : ses expressions propres, figurées & burlesques, la prononciation des mots les plus difficiles, le genre des noms, le régime des verbes, avec les termes les plus connus des arts & des sciences, le tout tiré de l'usage et des bons auteurs de la langue françoise*, Genève, chez J.-H. Widerhold, 1680.

Rickard, Peter (1977), *Geschichte der französischen Sprache*, Tübingen, Narr.

Saint Robert, Marie-Josée de (2000), *La politique de la langue française*, Paris, Presses Universitaires Françaises.

Scaliger, Julius C. (1540/1697), *De causis linguae Latinae*, Lyon, apud Petrum Santandreanum. (cité d'après l'édition 1597)

Schmitt, Christian (1996), *Zur Europäisierung der französischen Nomina agentis : die Internationalismen « – (o)graphe » und « – (o)logus » / « – (o)logiste »*, in : Horst Haider Munske / Alan Kirkness (edd.), *Eurolatein. Das griechische und lateinische Erbe in den europäischen Sprachen*, Tübingen, Niemeyer, 171–193.

Schmitt, Christian (1977), *La grammaire française des XVIᵉ et XVIIᵉ siècles et les langues régionales*, Travaux de linguistique et de littérature 15, 215–225.

Schmitt, Christian (1979a), *Sprachplanung und Sprachlenkung im Französischen der Gegenwart*, in : Eckhard Rattunde (ed.), *Sprachnorm(en) im Fremdsprachenunterricht*, Frankfurt/Berlin/München, Diesterweg, 7–44.

Schmitt, Christian (1979b), *Mensch und Sprache : zur Darstellung des Sprachproblems bei Jean-Paul Sartre*, Romanistisches Jahrbuch 30, 17–42.

Schmitt, Christian (1980), *Gesprochenes Französisch um 1600*, in : Helmut Stimm (ed.), *Zur Geschichte des gesprochenen Französisch und zur Sprachlenkung im Gegenwartsfranzösischen*, Wiesbaden, Steiner, 15–32.

Schmitt, Christian (1984), *Variété et développement linguistiques. Sur les tendances évolutives en français moderne et en espagnol*, Revue de linguistique romane 48, 397–437.

Schmitt, Christian (1986), *Der französische Substandard*, in : Günter Holtus/Edgar Radtke (edd.), *Sprachlicher Substandard*, vol. 1, Tübingen, Niemeyer, 125–185.

Schmitt, Christian (1990), *Sprache und Gesetzgebung : (a) Frankreich, (b) Frankophonie*, in : Günter Holtus/Michael Metzeltin/Christian Schmitt (edd.), *Lexikon der Romanistischen Linguistik (LRL)*, vol. 5/1 : *Französisch*, Tübingen, Niemeyer, 354–391.

Schmitt, Christian (1995), *Das Fremde als Staatsaffäre : « hebdolangage », « télélangage » und « Médias & langage »*, in : Jürgen Trabant (ed.), *Die Herausforderung durch die fremde Sprache. Das Beispiel der Verteidigung des Französischen*, Berlin, Akademie-Verlag, 91–115.

Schmitt, Christian (1996), *Euromorphologie : Perspektiven einer neuen romanistischen Teildisziplin*, in : Wolfgang Dahmen et al. (edd.), *Die Bedeutung der romanischen Sprachen im Europa der Zukunft. Romanistisches Kolloquium IX*, Tübingen, Narr, 119–146.

Schmitt, Christian (1997), *Zur Lehre der französischen Sprache in Deutschland bis zum Zeitalter der Französischen Revolution unter besonderer Berücksichtigung der Verbmorphologie*, in : Berndt Spillner (ed.), *Französische Sprache in Deutschland im Zeitalter der Französischen Revolution*, Frankfurt/M. et al., Lang, 47–68.

Schmitt, Christian (2000), *« Nation » und « Sprache » : das Französische*, in : Andreas Gardt (ed.), *Nation und Sprache. Die Diskussion ihres Verhältnisses in Geschichte und Gegenwart*, Berlin/New York, de Gruyter, 673–745.

Schmitt, Christian (2001a), *Zur Lehre der Futurmorphologie im 17. Jahrhundert*, in : Wolfgang Dahmen et al. (edd.), *Gebrauchsgrammatik und Gelehrte Grammatik, Französische Sprachlehre und Grammatikographie zwischen Maas und Rhein vom 16.–19. Jahrhundert*, Tübingen, Narr, 75–98.

Schmitt, Christian (2001b), *Sprachnormierung und Standardsprachen*, in : Günter Holtus/Michael Metzeltin/Christian Schmitt (edd.), *Lexikon der Romanistischen Linguistik (LRL)*, vol. 1/2, Tübingen, Niemeyer, 435–492.

Schmitt, Christian (2002), *La normalisation du système verbal français : le point de vue extra-hexagonal*, in : *Interpreting the History of French. A Festschrift for Peter Rickard*, Amsterdam/New York, Rodopi, 151–179.

Schmitt, Christian (2003), *Externe Sprachgeschichte des Französischen*, in : Gerhard Ernst et al. (edd.), *Romanische Sprachgeschichte. Ein internationales Handbuch zur Geschichte der romanischen Sprachen*, vol. 1, Berlin/New York, de Gruyter, 801–829.

Schmitt, Christian (2008), *Französisch (French)*, in : Ulrich Ammon/Harald Haarmann (edd.), *Wieser Enzyklopädie/Wieser Encyclopaedia. Sprachen des Europäischen Westens/Western European Languages*, vol. 1, Klagenfurt, Wieser, 287–326.

Schmitt, Christian (2011), *Das Französische in einer vernetzten Welt. Die « engagierte Presse » und ihr Einsatz für die Standardisierung des Wortschatzes*, in : Klaus-Dieter Baumann (ed.), *Fach-Translat-Kultur. Interdisziplinäre Aspekte der vernetzten Vielfalt*, vol. 2, Berlin, Frank & Timme, 949–976.

Schmitt, Christian (2013), *Zur Erfassung der Fachsprachen in der französischen Lexikographie (dargestellt am Beispiel des « Petit Robert »)*, in : Laura Sergo/Ursula Wienen/Vahram Atayan (edd.), *Fachsprachen in der Romania – Entwicklung, Verwendung, Übersetzung*, Berlin, Frank & Timme, 117–139.

Söll, Ludwig (²1980), *Gesprochenes und geschriebenes Französisch*, Berlin, Schmidt.

Spengel, Andreas (1885), *M. Terenti Varronis de lingua latina libri. Emendavit, apparatu critico instruxit, praefatus est Leonardus Spengel. Leonardo patre mortuo edidit et recognovit filius Andreas Spengel*, Berolini, apud Weidmannos.

Stefenelli, Arnulf (1987), *Lexikalische Archaismen in den Fabeln von La Fontaine*, Passau, Haller.

Stehl, Thomas (2012), *Funktionale Variationslinguistik. Untersuchungen zur Dynamik von Sprachkontakten in der Galloromania und Italoromania*, Frankfurt am Main et al., Lang.

Stotz, Peter (1996–2004), *Handbuch zur lateinischen Sprache des Mittelalters*, 5 vol., München, Beck.

Straka, Georges (1981), *Sur la formation de la langue française d'aujourd'hui*, Travaux de linguistique et de littérature 19, 161–248.

Thérive, André (1926), *Essai sur Abel Hermant*, Paris, Le Livre.

Thérive, André (1962), *Procès de langage*, Paris, Stock.

Thévenot, Jean (1976), *Hé ! La France, ton français fout le camp !*, Gembloux, Duculot.

Thiele, Johannes (1987), *La formation des mots en français*, Montréal, Les Presses de l'Université de Montréal.

Trabant, Jürgen (1995), *Die Herausforderung durch die fremde Sprache. Das Beispiel der Verteidigung des Französischen*, Berlin, Akademie Verlag.

Treu, Brigitte (1975), *Diastratische Verschiebungen in der Entwicklung des französischen Wortschatzes im 20. Jahrhundert*, Thèse Erlangen-Nürnberg.

Tritter, Jean-Louis (1999), *Histoire de la langue française*, Paris, Ellipses.

Völker, Harald (2006), *Politique et développement socio-économique et histoire des langues : Galloromania*, in : Gerhard Ernst et al. (edd.), *Romanische Sprachgeschichte. Ein internationales Handbuch zur Geschichte der romanischen Sprachen*, vol. 2, Berlin/New York, de Gruyter, 1178–1190.

Warnant, Léon, *Dictionnaire de la prononciation française dans sa norme actuelle*, Gembloux, Duculot, 1987.

Winkelmann, Otto (1990), *Französisch : Sprachnormierung und Standardsprache*, in : Günter Holtus/Michael Metzeltin/Christian Schmitt (edd.), *Lexikon der Romanistischen Linguistik (LRL)*, vol. 5/1 : *Französisch*, Tübingen, Niemeyer, 334–353.

Wissner, Inka (2013), *La Vendée dans l'écriture littéraire. Analyse du vocabulaire régional chez Yves Viollier*, Strasbourg, Éditions de linguistique et de philologie.

Wolf, Lothar (1983), *La normalisation du langage en France : de Malherbe à Grevisse*, in : Edith Bédard/Jacques Maurais (edd.), *La norme linguistique*, Québec/Paris, Gouvernement du Québec/Le Robert, 105–135.

Wunderli, Peter (1989), *Französische Lexikologie. Einführung in die Theorie und Geschichte des französischen Wortschatzes*, Tübingen, Niemeyer.

Zeidler, Heidemarie (1980), *Das « français fondamental (1ᵉʳ degré) ». Entstehung, linguistische Analyse und fremdsprachendidaktischer Standort*, Frankfurt am Main et al., Lang.

Gerhard Ernst

3 La diachronie dans la linguistique variationnelle du français

Abstract : Le diasystème de la langue, système de sous-systèmes, situés dans les dimensions de l'espace (variétés diatopiques), de l'organisation sociale (variétés diastratiques) et des types de communication (variétés diaphasiques ou diasituationnelles) subit des changements au cours des siècles (variation diachronique). Ces changements peuvent se produire soit au sein des variétés elles-mêmes (changements intravariationnels) soit dans la structure du diasystème : apparition ou disparition de variétés, ou changements dans les rapports entre celles-ci (changements intervariationnels). Le présent texte, en tenant compte de l'histoire socioculturelle, esquisse le rôle du facteur « temps » pour différents types de variétés, ainsi que pour l'organisation de l'ensemble variationnel qui constitue l'architecture du français.

Keywords : architecture variationnelle, changement linguistique intra-/intervariationnel, genèse/diffusion d'un changement linguistique, variétés de l'immédiat/de la distance, linguistique variationnelle perceptive, banalisation, koïnéïsation/standardisation, scriptae, français avancé

1 Qu'est-ce que la linguistique variationnelle ?

Dans la linguistique romane actuelle, il y a consensus sur la conception d'une langue comme « diasystème », un système de systèmes, de variétés, qui sont conditionnées par des facteurs extralinguistiques. Elles existent dans – au moins – quatre dimensions (pour les débuts de cette conception, liée aux noms de Leiv Flydal et Eugeniu Coseriu cf. Völker 2011 ; pour d'autres conceptions cf. Sinner 2013) :
a) la dimension diatopique ;
b) la dimension diastratique ;
c) la dimension diaphasique ou diasituationnelle ;
d) la dimension diachronique.

Chaque membre de la communauté linguistique a sa place dans l'espace géographique et dans le réseau social ; c'est pourquoi sa parole, son usage de la langue sera conditionné par le lieu (géographique) de sa formation linguistique et par sa position dans la société de son époque. Il s'agit dans ces cas de *variation selon l'usager*. Pour le facteur diaphasique ce même usager aura le choix entre plusieurs variétés pertinentes dans les différentes situations communicatives ; c'est pourquoi on parle ici de *variation selon l'usage*. Pour cette terminologie, cf. Gadet (²2007, 23).

La dimension diachronique n'est pas toujours mentionnée dans les présentations de la théorie linguistique variationnelle. Un petit panorama de la présence ou de l'absence de la diachronie dans les modèles de la linguistique variationnelle se trouve dans Völker (2011) ; cf. dernièrement Sinner (2013, 231–237). On pourrait tout bonnement supposer que dans une grande partie de ces publications la diachronie manque pour le simple fait que les auteurs se limitent à faire la théorie du diasystème actuel, tout en considérant comme donnée la dimension historique du système tridimensionnel décrit. Des coupes synchroniques d'une variété doivent certainement précéder la recherche diachronique, mais il est aussi bien évident que le diasystème d'une langue historique et les variétés qui le constituent subissent des changements le long de l'axe temporel. Les coupes historiques d'une langue naturelle donnent des résultats comme le français de l'an 1100, de l'âge classique, de l'année 2014 – eux-mêmes systèmes de variétés tridimensionnels. Notons qu'en diachronie, des changements peuvent se produire au sein des variétés (*changement intravariationnel* dans la terminologie d'Albrecht 2003), que de nouvelles variétés peuvent apparaître (mais pas de nouvelles dimensions), ou que l'architecture de la langue peut se modifier à cause de changements dans les rapports entre variétés (*changement intervariationnel*).

Cette approche théorique paraît tout d'abord fort cohérente et maniable, à condition que les variétés et les textes (écrits et oraux) réalisés dans celles-ci puissent être localisés à chaque fois à un point précis du système de variétés quadridimensionnel (y compris la diachronie) : p. ex. « langage médical spécialisé de l'anatomie, textes techniques imprimés, Paris, 1550 » ou « langue des Parisiennes cultivées dans les situations formelles en 2013 ». Pourtant, elle présente également une série de problèmes, qui ont mené ces dernières années à des discussions intenses et à des modifications importantes.

a) Il faut tout d'abord constater – c'est là une évidence – qu'un très grand nombre d'éléments phoniques, morphologiques, syntaxiques et lexicaux sont communs à de nombreuses variétés ; sans quoi elles ne feraient pas partie du même diasystème. Il convient alors de se demander combien d'éléments (et de quel type : phonétiques, morphologiques, syntaxiques, lexicaux) particuliers sont nécessaires pour pouvoir parler d'une variété.

b) Les variétés sont évidemment une abstraction, une construction de linguistes. On ne trouvera guère de textes concrets qui présentent une variété linguistique dans sa forme pure. La variation se trouve dans la langue d'un même auteur, dans un même texte, voire dans une même phrase.

c) Les variétés linguistiques sont – raisonnablement – définies sur la base de facteurs extralinguistiques : la différenciation géographique, les groupes sociaux, les différentes circonstances de la communication (le média, le sujet de l'énoncé, l'interlocuteur, le degré de familiarité entre les interlocuteurs, la situation). Les facteurs géographiques et ceux liés à la position dans la société semblent relativement clairs : le lieu de naissance et de l'acquisition du langage est fixe. Parmi les facteurs sociaux ni l'âge ni le sexe ne sont soumis à la volonté du locuteur. Le facteur « position dans le réseau social » est déjà moins clair. En sociolinguistique, on considère généralement que le niveau d'études ou d'instruction est déterminant ; d'autres facteurs comme la profession ou le lieu de résidence (ville/ campagne) y sont étroitement liés (Gadet ²2007, 92s.). Toutefois, pour le facteur « études/instruction », les transitions progressives sont caractéristiques. Pour les recherches portant sur des textes des siècles passés, il faut ajouter qu'il existe certes des études sur le degré d'alphabétisation en divers endroits à diverses époques (cf. celle, classique, de Furet/Ozouf 1977), mais que le chemin suivi dans son instruction par tel ou tel scripteur des siècles passés ne peut être reconstitué que rarement ou à titre exceptionnel. De plus, le facteur « études/instruction » n'a pas à toutes les époques le même effet différenciateur pour la diversification sociale (et partant, pour les variétés diastratiques). En particulier, l'enseignement primaire obligatoire instauré en 1882 a limité les effets de ce facteur sur la classification sociologique, de même que pour la constitution de variétés diastratiques, menant ainsi au remplacement maintes fois constaté par les sociolinguistes de la variation diastratique par la diaphasique (cf. p. ex. Muller 1985, 175 ; Gadet ²2007, 16). En outre, à la différence des facteurs biologiques, l'appartenance à un groupe social donné peut changer au cours de la vie sous l'effet d'une initiative personnelle ou des vicissitudes de la biographie.

d) À cela s'ajoutent le flou des lignes de démarcation concernant la relation entre les variétés linguistiques et les facteurs extralinguistiques mentionnés : dans des situations appropriées, les personnes d'un niveau social élevé parlent ou écrivent elles aussi un « français relâché » concordant sur plusieurs points avec le français des personnes moins instruites. Gadet (²2007, 24s.) en tire la conclusion que

> « diatopique, diastratique et diaphasique interagissent en permanence. Les locuteurs emploient d'autant plus de formes régionales que leur statut socioculturel est plus bas et que la situation est plus familière. Le spectre diastratique est donc plus large vers le bas de l'échelle sociale [...] L'opposition [entre diastratique et diaphasique ; GE] n'existe que dans la définition des termes : un même trait linguistique peut, en des progressions parallèles, correspondre à une position sociale favorisée, ou à un usage formel de distance. ‹Français populaire› et ‹français familier› partagent bon nombre de traits, et il est impossible d'établir une liste des formes relevant de chacun ».

Les réflexions précédentes pourraient mettre en doute la belle conception des variétés linguistiques. Elle est utile pour rendre compte des raisons de l'hétérogénéité d'une langue, mais on voit facilement qu'elle est trop abstraite.

On a trouvé plusieurs façons de répondre à ces difficultés. Les linguistes d'aujourd'hui tendent à fusionner le diastratique avec le diaphasique. Sornicola (d'après Dufter/Stark 2002, 89) les réunit dans une seule dimension qu'elle appelle « variation pragmatique ». Gadet (²2007, 25) met en doute la notion de variété dans la mesure où « en représentant la langue selon un certain nombre de variétés, elle les conçoit à leur tour comme homogènes ». Dufter/Stark (2002, 102) en arrivent même à la conclusion qu'il n'existe « aucun support au concept d'un ordre linéaire des ensembles de variantes linguistiques en corrélation biunivoque avec une échelle sociale ou un axe stylistique ».

Koch/Oesterreicher, à qui nous devons l'élaboration de la théorie de la linguistique variationnelle en Europe, n'ignorent pas les problèmes ici discutés : pour eux ni les variétés ni les dimensions variationnelles ne sont des « tiroirs hermétiques », elles permettent la montée unidirectionnelle d'un phénomène dans la chaîne variationnelle du diatopique au diastratique et de là au diaphasique (Koch/Oesterreicher 2011, 16).

D'une portée théorique encore plus importante me semble être un autre modèle, élaboré également par Koch et Oesterreicher, et qui, depuis les années '90 du siècle dernier a trouvé un accueil très favorable parmi les linguistes variationnistes, même si la terminologie qui y est liée (*konzeptionelle Mündlichkeit* 'oralité conceptionnelle' pour la langue de textes écrits qui s'approchent du pôle de l'immédiat communicatif) et une certaine négligence du média phonique ont connu des critiques (Hunnius 2012).

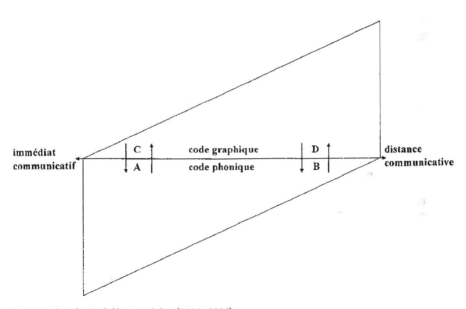

Figure 1 : d'après Koch/Oesterreicher (2008, 2576)

Ce modèle tient compte de la distinction fondamentale entre le média de réalisation d'une part (code phonique/code graphique) et la conception de l'autre, qui correspond à la situation communicative (de l'immédiat/de la distance ; pour les paramètres de ces situations cf. Koch/Oesterreicher 2011, 7). Avant Söll (³1985), cette distinction n'était pas toujours faite d'une manière très claire. Évidemment, ce modèle n'ignore pas quand même les multiples rapports qui existent entre la conception et le média. Une discussion de cette dernière problématique se trouve déjà dans Selig (1997).

Le modèle de Koch/Oesterreicher est d'abord un modèle des situations communicatives. Ce sont elles qui déterminent les différents types de texte et les instruments linguistiques requis (cf. les exemples donnés dans Koch/Oesterreicher 2011, 12). À ces différents types de textes correspondent, dans le diasystème d'une langue, des variétés sur le plan diaphasique (diasituationnel), influencées en bonne partie par le facteur diastratique (lié à la position dans la société).

Pour Koch (1999) le continuum communicatif entre immédiat et distance constitue une quatrième dimension variationnelle (si on laisse de côté la diachronie). Cette position n'est pas acceptée partout (cf. surtout les arguments de Dufter/Stark 2002 ; Selig 2011 et dernièrement la discussion détaillée de ce problème dans Sinner 2013, 209–226). Étant donné les problèmes posés par les dimensions diaphasique et diastratique (en tant que dimensions laissant au locuteur ou scripteur le choix entre plusieurs variantes) il serait raisonnable (au moins dans le cadre de cet article) de réserver la dénomination « diastratique » aux langues de spécialité et aux facteurs qui ne sont pas soumis à la volonté du locuteur (ou du scripteur), comme l'âge et le sexe, et de se servir, pour le reste, du modèle des situations communicatives de l'immédiat et de la distance.

2 Problèmes des sources d'une linguistique variationnelle historique

Problème spécifique de la dimension diachronique, toutes les variétés du passé ne sont pas accessibles également aux chercheurs. Il faut tout d'abord se résigner au fait que la communication orale directe des siècles passés, avant l'invention du microphone, est perdue à tout jamais. De larges pans du spectre des variétés (la langue de l'immédiat, normalement réalisée oralement, secteur A de la Figure 1) sont de ce fait perdus pour la recherche historique ou ne lui sont accessibles qu'au prix de grandes difficultés ou dans des cas exceptionnels, avec de grandes incertitudes (cf. également Lindschouw/Schøsler 2013, qui mettent l'accent sur les questions de syntaxe). Ce qui est conservé et directement observable pour l'historien de la langue, c'est exclusivement la partie supérieure du schéma. Pour ce qui est de la partie inférieure, on peut tout au plus espérer en trouver des traces indirectes dans les textes écrits, surtout dans les types suivants de sources, qui sont dans leur majorité des transcodages du secteur A dans l'écrit du secteur C (Ernst 1980 ; Ayres-Bennett 2004, 27–35 ; Schafroth 2005, 433–437 ; Lodge 2009, 202) :
- transcriptions historiques de propos effectivement prononcés ;
- discours directs fictifs dans la littérature ;
- modèles de dialogues proposés par des textes didactiques ;
- autres textes métalinguistiques ;
- « legal documents, including depositions, verbatim reports of court evidence such as in defamation cases, or inquisitorial material from witchcraft interrogations » (Ayres-Bennett 2004, 35) ;

– textes écrits par des personnes qui ne suivent pas strictement les normes du
français écrit de leur temps, soit par manque de connaissance (personnes dites
« peu-lettrées ») soit parce que les textes ont un caractère privé et ne sont pas
destinés à la publication (lettres privées, livres de famille, autobiographies de
caractère privé etc.) ;
– études comparatives entre le français européen et le français (et les créoles basés
sur le français) hors d'Europe, permettant des conclusions sur la langue parlée du
passé.

Pour chacun de ces types des doutes sur l'authenticité (reflet direct et fidèle du parlé)
sont possibles (cf., entre autres, Schafroth 2005, 420–423), mais ici vaut plus que
jamais le mot de Labov, selon lequel la linguistique historique peut être considérée
comme « the art of making the best use of bad data » (Labov 1994, 11).

Un autre problème des textes du passé concerne leur interprétation sous l'aspect
de la linguistique variationnelle : tout ce qui aujourd'hui fait partie d'une variété de
l'immédiat, n'avait pas nécessairement la même caractéristique dans le passé. Ce
n'est pas tellement un problème pour les phénomènes universaux, anhistoriques du
parlé : hésitations, répétitions, pauses etc. Mais ce type même de phénomènes ne se
trouve pratiquement jamais dans les textes écrits. Un trait plus contingent, au
contraire, comme la prononciation [i] pour *il* (Blanche-Benveniste 2010, 56), la phrase
segmentée ou le remplacement de *nous* par *on* pourrait – théoriquement – avoir, dans
un texte des siècles passés, une attribution variationnelle différente de celle d'aujourd'hui (Selig 1997, 218 ; Schafroth 2005, 422s.).

3 Esquisse de l'histoire de quelques variétés du français

3.1 La variation diatopique

Pour le français hors d'Europe, ↗20 Le français dans le monde : Canada ; ↗21 Le
français dans le monde : Afrique ; pour la variation diatopique d'aujourd'hui ↗16 Les
français régionaux.

Les idiomes vernaculaires du Moyen Âge issus du latin parlé en Gaule constituent
des entités linguistiques indépendantes. Le terme « dialectes français » serait
commode, mais impropre, parce qu'il ne s'agit pas de variétés « déviantes » d'une
langue standardisée ; il faut plutôt y voir des idiomes indépendants, même s'ils
partagent beaucoup de traits linguistiques qui rendent possible la compréhension
réciproque et une conscience linguistique commune (Rey/Duval/Siouffi 2007, 105). Ils
ne sont pas, bien entendu, observables directement au chercheur d'aujourd'hui. On
dispose tout de même de textes de la période précédant la standardisation de la

langue nationale, qui présentent des variétés linguistiques différenciées dans l'espace : les textes administratifs (chartes) et les textes littéraires du Moyen Âge. Les régions du Nord (Artois), de l'Est (Lorraine) et du Sud (Poitou), ainsi que l'Angleterre furent les premières à voir apparaître des chartes en langue vulgaire (au lieu du latin) vers le milieu du XIIIᵉ siècle (Berschin/Felixberger/Goebl ²2008, 190ss.). Pour l'édition des chartes cf. le projet « Les plus anciens documents linguistiques de la France » (Glessgen/Kihaï/Videsott 2011 ; Glessgen/Duval/Videsott, éd. électronique). La nécessité d'une « recontextualisation » de ces textes, c'est-à-dire la reconstitution du cadre socioculturel et situationnel qui déterminait leur fonction communicative est soulignée par Völker (2004). La différenciation diatopique (et, en général, diasystématique) des textes écrits en langue vulgaire, une espèce de variété régionale écrite, constitue un objet d'étude central pour l'histoire du « français » du Moyen Âge ; elle peut aussi éclairer à un certain degré l'histoire des variétés parlées dans le Nord de la France.

Même dans une période qui est encore loin de la standardisation à l'échelle nationale, les manuscrits du Moyen Âge ne reflètent pas directement l'oral d'une région : il y a d'une part la tendance latinisante des scribes (et des copistes) du premier Moyen Âge dans la transposition de l'oral dans l'écrit et, de l'autre, les tendances traditionalistes (surtout pour la graphie, dans les correspondances phonographiques, mais aussi pour certaines formules) des textes tardifs (Goebl 1995, 325). Ces traditions se formèrent dans les chancelleries des cours féodales et dans les scriptoria des monastères. Ces lieux d'écriture professionnelle avaient chacun ses propres habitudes graphiques, morphologiques, ses particularités lexicales et éventuellement syntaxiques, où l'on observe, certes, un « substrat » local / régional, mais leurs textes (les chartes comme les textes littéraires) ne présentent presque jamais une surface linguistique homogène, expression d'une variété diatopique homogène de l'écrit. Comment expliquer ces divergences internes ? Dees (1987, IX) pose la question dans les termes suivants :

> « la variabilité observée pour le wallon du 13ᵉ siècle doit-elle être attribuée à l'influence de pressions externes, et plus spécialement à l'intrusion de formes étrangères de provenance centrale [= francienne, GE], ou bien peut-on considérer qu'un dosage d'éléments variables et d'éléments invariables est naturel pour un dialecte médiéval ? ».

En remplaçant dans la phrase de Dees l'expression impropre « un dialecte médiéval » par « une *scripta* médiévale », on trouve parmi les historiens de la langue essentiellement des tenants des deux réponses esquissées par Dees. Ce dernier lui-même, sur la base d'analyses de chartes datables et localisables (1980) et de manuscrits de textes littéraires (1987), résultant en cartes dialectologiques et en statistiques de la fréquence des phénomènes régionaux / dialectaux, ne croit pas à une koïnéisation précoce des scriptae émanant du centre, et il évoque une pluralité de causes qui pourraient être à l'origine de la variabilité dans les textes d'une même région ou à l'intérieur d'un seul texte.

Les réponses d'autres linguistes vont plutôt dans un autre sens : ils soulignent le rôle de la *scripta* francienne, la variété du centre (Goebl 1970, 317 ; Holtus 1990, 579 ; Wüest 1995, 303). Et pourquoi justement la variété du centre ? Greub/Chambon (2008, 2509) considèrent comme décisive la position géographique centrale de l'Île-de-France, position qui fait « qu'un dialecte situé au centre d'un domaine linguistique est moins divergent des autres [...] que ceux-ci ne le sont entre eux ». Ils distinguent entre a) « le fait que la langue de communication de l'espace linguistique d'oïl tend structurellement à ressembler au dialecte du centre parisien » et b) « l'influence du dialecte francien » (ibid.).

La variation diatopique des *scriptae* se perd au bas Moyen Âge sous la pression de la variété utilisée dans les chartes de la chancellerie royale émanant de Paris. Videsott (2013), en soulignant l'apparition tardive du français dans ces chartes, dont le premier texte français ne date que de 1241, explique par là que la *scripta* parisienne « apparaît dès les débuts sous une forme plus ‹supralocale› que d'autres *scriptae* », tout en restant « nettement identifiable à l'intérieur des *scriptae* oïliques » jusque dans la deuxième moitié du XIIIᵉ siècle. Ce n'est qu'un siècle plus tard qu'elle exerce son influence sur les autres *scriptae* (Videsott 2013, 35–38). Videsott n'exclut même pas une influence de cette variété écrite sur l'oral dans la période suivante. Il s'oppose ainsi à Lodge (2004), qui défend la naissance de la koïné parisienne comme le résultat d'un mouvement de bas en haut.

La question du rapport entre les aires géographiques des *scriptae* médiévales et les variétés diatopiques parlées modernes trouve une réponse sur la base des recherches (et des cartes qui en résultent) de Dees et de Goebl :

> « le *centre de gravité* de la répartition spatiale de tel trait dialectal [...] se trouvait au Moyen Âge plus ou moins là où il se trouve encore de nos jours [...]. Les comparaisons entre les données scripturaires médiévales et les données dialectologiques modernes y ayant trait, ont fait voir [...] un étonnant parallélisme géographique entre le niveau écrit médiéval et le niveau oral moderne » (Goebl 1995, 327 ; cf. aussi Goebl 2001, 846 ; similairement Greub/Chambon 2008, 2511 et, pour la *scripta* picarde, Lusignan 2012, 75).

Un tel parallélisme pourrait être confirmé ou réfuté par un atlas linguistique du français médiéval. Möhren discute les problèmes et les possibilités d'un tel atlas sur la base du DEAF, mais il est sceptique quant à la transposition mécanique des données du DEAF sous forme d'atlas (Möhren 2005, 113).

Suite à la disparition des *scriptae* régionales et parallèlement au prestige toujours croissant du français parisien on assiste à la formation – d'abord à l'écrit, puis dans le média oral – d'un autre type d'entités marquées diatopiquement, mais d'une extension plus vaste : les « français régionaux », basés sur la langue de référence émanant de Paris. Ils coexistent, depuis le XVIᵉ siècle avec les dialectes primaires successeurs directs du latin parlé, pour enfin se substituer à eux, en se généralisant de haut en bas, selon l'axe diastratique (Greub/Chambon 2008, 2554). Le recul des dialectes se poursuivit dans les siècles suivants ; il s'est considérablement accéléré au XIXᵉ siècle par l'introduction de la scolarité obligatoire et gratuite sous Jules Ferry (1881/1882). Mais la situation de contact se fit sentir dans les deux sens : les dialectes fonctionnant comme substrat eurent une influence considérable sur les variantes régionales, ce qui résulte dans les nombreux parallèles entre les variétés diatopiques modernes recueillies dans les atlas linguistiques du XXᵉ siècle et ce qu'on sait des dialectes primaires du Moyen Âge. Au lieu d'un remplacement des dialectes par les français régionaux on pourrait alors y voir plutôt une espèce de koïnéisation (Berschin/Felixberger/Goebl ²2008, 289ss.). Mais sous les deux aspects, on ne saurait contredire Glessgen/Thibault (2005, V), qui jugent résolument à propos de la situation des dialectes primaires au XXᵉ siècle : « La présence des dialectes d'oïl en France ne relève plus aujourd'hui que de l'histoire » – même si la date du certificat de décès reste inconnue.

Pour la formation de la variété « français de Paris » Lodge (2004, 79) voit « an unbroken line of descent between the spoken koiné which developed in medieval times and the colloquial speech of today ». Cette koiné se serait développée « during a spectacular surge of demographic growth in the twelfth and thirteenth centuries ». Sur cette base déjà koïnéisée se serait formée plus tard la variété « français standard ».

D'autres linguistes s'opposent à cette vue des choses. Lebsanft (2005), sur la base d'une lettre de rémission dans un procès de 1388, fait voir que vers la fin du XIVᵉ siècle il était encore possible à un Picard de ridiculiser (à Paris) un Parisien en imitant le langage de celui-ci. Lebsanft en tire la conclusion qu'à ce stade, il n'existait pas encore dans le petit peuple de koïné parisienne orale considéré par les non-Parisiens comme une variété non-marquée et exemplaire.

Comme les français régionaux se sont développés sur la base d'un français standard émergent (ou, selon l'autre interprétation, constituent un compromis entre les dialectes primaires et un français standard), un français régional du Midi s'est même formé en Occitanie depuis que celle-ci a adopté le français comme variété haute.

Ces dernières décennies, on observe dans l'Internet une intense activité journalistique visant à conserver, voire à propager l'usage des variétés diatopiques comme le wallon et le picard (Michel 2008). Étant donné les circonstances socioculturelles actuelles, leur succès n'est aucunement assuré.

3.1.1 Exemple de la variation diatopique : la Picardie

Pour le français picard au Moyen Âge, cf. dernièrement Lusignan (2012).

Wüest (1995) considère comme évidente l'influence du francien, au XIIIᵉ siècle, sur les autres *scriptae* mais il relève aussi la position forte de la *scripta* picarde, due à la domination économique et culturelle de la Picardie durant cette période (cf., avec plus de détails, Lusignan 2012). La *scripta* picarde (comme celle d'autres régions) apparaît sous deux formes (variation diaphasique interne, due aux genres différents des textes) : la *scripta* des textes administratifs et celle des textes littéraires. Dans la concurrence entre la *scripta* administrative et le latin c'est un aspect sociolinguistique qui joue un rôle considérable : l'utilisation de la *scripta* (picarde) au lieu du latin est fortement liée aux auteurs et aux destinataires de la bourgeoisie urbaine. La *scripta* picarde littéraire a exercé une certaine influence sur les textes littéraires d'autres régions. Elle semble toutefois avoir été plus éloignée du picard oral que celle des textes administratifs (Wüest 1995, 304, en suivant Gossen).

Dans les textes administratifs, la *scripta picarde* a résisté plus longtemps que celles des autres régions à l'avancement d'une norme commune provenant du centre. Et de cette manière « les débuts de la littérature en moyen picard, qui met un tout autre souci à rester proche du dialecte oral, sont donc pratiquement contemporains des dernières chartes en scripta franco-picarde » (Wüest 1995, 303). Wüest fait ici allusion aux premiers textes d'une littérature dialectale (picarde) qui se sert consciemment du dialecte à des fins littéraires (la littérature dialectale réfléchie). Ces textes furent composés, en règle générale, par des lettrés. Mais des hommes du peuple comme François Cottignies dit Brûle-Maison, marchand, chanteur des rues et chansonnier à Lille (1678–1740), et son fils Jacques-François Decottignies, marchand mercier (1706–1762) (cf. Carton 1965 ; 2003), publient eux aussi parallèlement des vers en français et en patois. Pour ces derniers on peut légitimement se demander dans quelle mesure ils reflètent le « vrai patois lillois ». Carton (1965, 57) juge à raison : « Évidemment l'emploi du ‹vrai patois› est une entreprise hasardeuse : le langage y est artificiel, car personne ne s'exprime tout à fait naturellement en vers ». Et pourtant ces textes, tout comme ceux de la période allant du XVIe au XVIIe siècle (Flutre 1970 ; 1977), peuvent fournir des matériaux pour reconstruire la ligne diachronique qui s'étend entre le picard du Moyen Âge et celui de l'époque moderne. Ces matériaux sont préstructurés dans les chapitres et les annexes grammaticales et lexicales de Flutre (1970, 189–517), Flutre (1977, 17–175), Carton (1965, 383–435), Carton (2003, 43–56 ; 361–457). Pour qui voudrait faire l'histoire de la variété diatopique (ou des variétés diatopiques) de Picardie, il reste pourtant le problème de vérifier la correspondance entre le picard de ces auteurs et le picard oral des siècles séparant le Moyen Âge et le XIXe siècle (→ 3.3.3).

Les textes des peu-lettrés de cette époque posent des problèmes semblables mais non identiques : on y trouve, certes, des traits (graphiques, lexicaux, plus rarement morphologiques) qui pourraient servir d'attestations pour établir la ligne diachronique unissant le dialecte du Moyen Âge à la variété diatopique moderne. Mais le regard porté sur l'arrière-plan dialectal est soumis à de fortes restrictions (→ 3.3.6).

3.2 La variation diastratique

3.2.1 Variétés des âges de la vie

3.2.1.1 Langage des enfants

La diachronie joue certainement un rôle dans les variétés linguistiques déterminées par le facteur « âge de la vie ». Ainsi, l'acquisition du langage par l'enfant est-elle un procès qui se déroule dans le temps selon des principes considérés comme universels. Mais il s'agit là d'une diachronie liée à une période de la vie d'un individu, une diachronie qui sort du cadre de la présente étude consacrée aux variétés supraindividuelles. La transcription semiphonétique des propos d'un petit enfant du début du XVIIᵉ siècle (le *Journal d'Héroard* ; pour ce texte →3.3.1) ne contient pas de phénomènes du langage enfantin qui a) dépassent la biographie linguistique individuelle et qui b) peuvent varier dans le temps.

3.2.1.2 Le français des jeunes

Le langage des jeunes (entre 13 et 17/18 ans environ; ↗13 Langue et générations : le langage des jeunes) suppose l'existence d'une catégorie sociale « jeunesse », qui ne s'est constituée qu'avec les sociétés industrielles du XXᵉ siècle (Bernhard/Schafroth 2008, 2390). Au cours des siècles précédents, les jeunes rejoignaient plus tôt le monde des adultes, leur langage était avant tout déterminé par la position sociale de la famille. De la sorte, une histoire de la variété « français des jeunes » ne peut couvrir qu'un laps de temps réduit (en gros, à partir du milieu du XXᵉ siècle).

Certes, le langage des jeunes est lié à un groupe de la société auquel tout individu appartient un certain temps sans possibilité de choix, il est donc à considérer comme une variété diastratique. Toutefois, l'emploi du langage des jeunes dépasse probablement la limite d'âge de 17/18 ans. Par ailleurs, tous les membres de la classe d'âge des 13–17/18 ans ne sont pas automatiquement des locuteurs du langage des jeunes, comme pourrait le faire croire sa forte notoriété dans la presse périodique et la publicité ; des études empiriques sérieuses sur sa diffusion effective auprès de l'ensemble des jeunes et sa différenciation régionale manquent toujours. Il faudrait en outre tenir compte du fait qu'en général, les jeunes disposent également d'autres variétés, « non-juvéniles » et recourent seulement (ou principalement) au langage des jeunes dans la communication avec d'autres jeunes : « they appear to know the difference between the way they speak within their peer groups and with outsiders, especially adults » (Gadet 2003, 82 ; Bedijs 2012, 51). De ce point de vue, on pourrait également songer à classer le langage des jeunes comme variété diaphasique.

Les caractéristiques générales du langage des jeunes – pour la période durant laquelle il est délimitable – restent sans doute les mêmes, indépendamment du temps et de l'espace, puisque les intentions qui y sont liées, comme la provocation et la démarcation vis-à-vis de la génération précédente, le cryptage, la créativité ludique (Bernhard/ Schafroth 2008, 2392), restent les mêmes. La réalisation particulière de ces caractéristiques supratemporelles, dépassant le cadre des langues distinctes, est toutefois liée à une culture et à une langue déterminées et peut changer en diachronie. Mis à part les phénomènes plutôt rares relevant de la prononciation, de la morphologie et de la syntaxe (à ce sujet, cf. Gadet 2003, 78s.), c'est avant tout le lexique qui est concerné. Ainsi le langage des jeunes des banlieues des grandes villes (facteur diatopique, lié à des facteurs sociologiques !) est-il soumis depuis quelques années, outre ses multiples emprunts à l'anglo-américain, à l'influence des langues arabe, berbères, africaines occidentales, ainsi que du romani. Les mécanismes permettant de jouer avec le langage peuvent eux aussi se modifier avec le temps. C'est ainsi que la redécouverte et la diffusion du *verlan* (langage « à l'envers »), vieille technique de cryptage venue de l'argot, peuvent être datées des années 80 et 90 du XXᵉ siècle (Bernhard/Schafroth 2008, 2397).

En général, les individus jeunes abandonnent l'usage du langage des jeunes en arrivant à l'âge adulte. Le langage des jeunes ne peut donc être considéré comme la langue du futur, même si des éléments lexicaux isolés sont repris dans la variété « français familier » (Bernhard 2000, 296). Une telle « banalisation », rendant caduc l'effet de démarcation par rapport au monde des adultes, est sans doute la raison de l'obsolescence souvent rapide des mots de ce langage (attestations dans Helfrich 2003, 94 et Bernhard/Schafroth 2008, 2399).

3.2.1.3 Le français des personnes âgées

Pour le groupe des personnes âgées (↗14 Langue et générations : le langage des personnes âgées), il existe un problème de délimitation similaire à celui des jeunes : à partir de quand est-on âgé au sens en question ? Une limite raisonnable peut être fixée avec l'âge de la retraite, vu ses conséquences pour la position dans la société.

À part les aspects biologiques et variables individuellement, tels que la modification du timbre de la voix, une accentuation et une intonation très explicites, des périodes intonatives plus courtes, la fréquence de phénomènes d'atermoiement et d'hésitation, les difficultés à trouver les mots (Gerstenberg 2011, chap. 7 ; chap. 9), les personnes âgées ne connaissent pas de propre variété, liée à l'âge, qui puisse avoir une dimension historique. De même, l'accroissement constaté de la dialectalité et des variantes de moindre prestige chez les personnes âgées (Mattheier 1987, 81, repris par Gerstenberg 2011, 33 ; Gadet ²2007, 79 : « *relâchement langagier* par raréfaction des enjeux sociaux ») est lié à la biographie individuelle de chacun.

Un changement linguistique supraindividuel, et donc pertinent pour la diachronie du diasystème, s'observe cependant dans une certaine mesure sur la base des différences d'usage linguistique entre les jeunes et les personnes âgées, même si ces derniers ne constituent pas davantage un groupe homogène que les jeunes et que l'individualité joue un grand rôle, peut-être même plus que chez les jeunes. Les

statistiques collectées auprès d'un nombre important de locuteurs permettent toutefois de distinguer certaines tendances. Dans le discours d'un groupe de personnes très
âgées, on trouve encore des occurrences de *(mes) gosses, vieillard, bougrement, ma
foi*, remplacés dans le langage d'un groupe moins âgé (*enfants / fils, filles* ; *vieillard* ;
très ; Ø) (Gerstenberg 2011, 194s.). Dans le domaine de la morphosyntaxe, on observe
chez les locuteurs âgés une « im Verhältnis zum Gegenwartsfranzösischen auffällige
Häufigkeit von *ne* (*ne … pas, ne … jamais* etc.) » (« fréquence frappante de *ne* (*ne… pas,
ne… jamais*, etc.) par rapport au français contemporain »), ainsi que « eine offenbar
generationsspezifisch noch vorhandene Verwendung von *nous* » (« un emploi encore
effectif de *nous*, manifestement lié à la génération »), qui confirme *e contrario* des
tendances déjà constatées ailleurs du français oral ou familier (Gerstenberg 2011, 234 ;
245).

3.2.2 La langue selon les sexes

De même que l'âge, le sexe d'un individu influe sur sa position dans la société
(↗15 Sexe et genre). Les différences dans la biologie et le rôle social ont des conséquences pour l'oralité et l'écriture des hommes et des femmes. Les différences dues à
la biologie (comme la hauteur de la voix) ne possèdent pas de dimension diachronique et peuvent être négligées ici. Cependant, des siècles durant, les différences
biologiques ont été considérées comme la base des différences (supposées ou réelles)
dans la façon de parler des sexes. Notons que l'accent était en général mis sur le sexe
féminin, dont le langage était considéré comme une déviance par rapport au cas
normal du langage masculin. Ainsi, le discours sur la *garrulitas* (loquacité) féminine a
une longue tradition (Kramer 1997, 15s.). En France, c'est en particulier du XVIe au
XVIIIe siècle que l'attribution de phénomènes langagiers au sexe féminin et à ses
caractéristiques considérées comme typiques joue un rôle particulier : mollesse, délicatesse, douceur des femmes (opposées à la rudesse masculine) sont ainsi rendues
responsables de phénomènes notamment phonétiques (cf. les détails dans Kramer
1997, 32ss. ; Neumann-Holzschuh/Heinemann 2008, 2381ss.). Kramer (1997, 38) constate que les remarques métalinguistiques de cette période concernent des phénomènes basés non sur la différence biologique des sexes, mais sur le niveau peu élevé de
l'éducation des jeunes filles dans toutes les couches de la société.

    Par ailleurs, du fait précisément de leurs connaissances lacunaires du latin et du
grec, Vaugelas voit les femmes de la cour comme des personnes de référence pour le
« bon usage », car elles ne sont pas influencées par les perturbations de l'évolution
naturelle de la langue dues au latin, langue étrangère (Kramer 1997, 42). Dans le
même ordre d'idées, on soulignera le rôle des salons des XVIIe et XVIIIe siècles, tenus
par des femmes et qui ont contribué au développement d'une conscience linguistique
approfondie et à l'élaboration d'un standard (Neumann-Holzschuh/Heinemann 2008,
2382). Évolution particulière, la tendance des « précieuses » à recourir à des néologis-

mes souvent déconcertants et à des périphrases pour éviter les termes considérés comme trop bas a été caricaturée par Molière, dont les *Précieuses ridicules* ne reflètent toutefois pas la réalité (Ayres-Bennett 2004, 172–176). Tandis que l'absence de culture classique chez les femmes était considérée comme positive pour le bon usage (oral), sa présence pouvait en revanche être caricaturée comme inconvenante, comme le montre le type des « femmes savantes » (Ayres-Bennett 2004, 112 ; pour une vue exhaustive du « women's language » au XVIIe siècle incluant des détails sur ses « specific features », cf. Ayres-Bennett 2004, 111–180).

Un rôle important dans la discussion sur l'opposition entre langage des femmes et langage des hommes revient également à la question du caractère conservateur ou innovateur, mais aussi de la dialectalité plus ou moins forte de la variété considérée. Tant que des communautés traditionnelles et marquées par la ruralité constituent la base de l'observation, il est probable qu'en raison du moindre contact des femmes avec l'extérieur, la caractérisation du langage des femmes comme étant plus conservateur et plus dialectal est valable (Neumann-Holzschuh/Heinemann 2008, 2379). Avec l'effacement de la répartition traditionnelle des rôles depuis le milieu du XXe siècle environ, les choses changent, même si les femmes et les hommes ne forment en aucun cas des groupes homogènes. « Die aufstiegsorientierten Frauen im städtischen Raum sprechen normorientierter, um ihren noch prekären Status abzusichern » ('Les femmes de l'espace urbain désireuses de faire carrière parlent de manière plus conforme à la norme, afin de garantir leur statut encore précaire', Jungbluth/Schlieben-Lange 2001, 334, d'après Labov). Et même au sein de communautés traditionnelles et rurales, le contact avec les variétés de prestige conduit plutôt chez les femmes à l'abandon du dialecte, en raison de leur rôle d'éducatrices (Bierbach/Ellrich 1990, 251).

Indépendamment de l'affinité avec d'autres variétés, les différences entre le discours féminin et masculin sont attribuées à la différence entre les attentes liées au rôle (domination masculine vs. retenue féminine), se manifestant chez les femmes par le fait de parler moins fort, une manière indirecte de dire les choses et une plus grande retenue dans la prise de parole (Jungbluth/Schlieben-Lange 2001, 336). À ma connaissance, il n'existe pas encore d'études sérieuses consacrées à la question de savoir si de telles différences sont restées les mêmes au cours des dernières décennies, ou bien si elles ont été abandonnées, parallèlement à l'évolution de la société.

3.2.3 Langues de spécialité

Les spécialistes d'une matière (médecins, menuisiers, linguistes …) se servent d'un langage, d'une variété, qui leur est particulière. On pourrait alors penser à ranger ces variétés parmi les variétés diastratiques, liées à un groupe social. Il n'en est rien : même les spécialistes ne se servent de leur variété « spécialisée » que dans les circonstances professionnelles. Les langues de spécialité se situent donc dans la dimension diaphasique. Même pour les sujets de leur spécialité, les spécialistes connaissent des situations communicatives différentes qui exigent des stratégies communicatives différentes : le langage utilisé par un médecin-chercheur dans une revue d'oncologie sera différent de celui utilisé dans une conversation avec ses collègues sur le même sujet ; et celui-ci ne sera pas le même que celui dont il se sert vis-à-vis d'un patient. Pour les différents degrés de *Fachlichkeit* ('spécialisation linguistique') Pöckl (1990, 268s.) distingue entre *Theoriesprache* ('langage théorique, scientifique'), *Werkstattsprache* ('langage d'atelier, langue spécialisée familière') et *Verteilersprache* ('langage utilisé dans la communication avec les non-spécialistes'). C'est une catégorisation valable *grosso modo* pour beaucoup de langues de spécialité. Mais elle dépend de la situation particulière de chaque discipline et des types de texte (ou de discours) qu'elle connaît. Cf. pour la langue juridique la catégorisation de V. K. Bhatia (dans Ondelli 2007, 105), qui est beaucoup plus différenciée selon les types de texte. Pour « la langue des sports », Schweickard (1987, 3) arrive à six variétés au moins, sans même tenir compte de la diversité des disciplines.

Chaque langue de spécialité évolue avec le développement de la spécialité elle-même. Mais son existence est aussi conditionnée par la situation socioculturelle et par le prestige des langues en concurrence. C'est ainsi que le français, dans les premiers siècles de son existence, ne connaissait guère de langage des sciences (s'il est permis d'utiliser le mot « sciences » au sens moderne ; cf. Kramer 2008, 3354) ou de la religion, des variétés réservées au latin jusqu'à la Renaissance. Pour l'histoire du lexique des langues de la science cf. les projets de Ducos/Salvador 2013 (Moyen Âge) et de Giacomotto-Charra 2013 (pour la période 1400–1650).

Au cours du XXᵉ siècle c'est l'anglais qui est devenu la langue dominante dans les sciences, et ceci sous deux aspects : l'usage de l'anglais comme langue des textes scientifiques et la pénétration de termes anglais dans le français scientifique (pour plus de détails cf. Pöckl 1990, 275 ; Haarmann 2008 ; Faure 2010).

3.2.3.1 Un exemple : la langue de la médecine

Parmi les variétés linguistiques des sciences, celle de la médecine et son histoire jouissent d'un intérêt particulier de la part des linguistes. En médecine les premiers textes français (du XIIIᵉ siècle) adressés à un public de spécialistes étaient des traductions d'un texte latin (Flinzner 2006, 2214 ; Kramer 2008, 3355), qui pour sa part pouvait continuer une tradition arabe (cf. Trotter 2005). La tradition des textes médicaux traduits en français (et d'autres langues) s'enrichit au XIVᵉ siècle avec Henri de Mondeville et Guy de Chauliac (Tittel 2004). Dans un domaine du langage médical du Moyen Âge utilisant le français et le latin, celui des maladies de la peau, un excellent aperçu est donné par Vedrenne-Fajolle (2012), qui conclut cependant avec scepticisme : « Comment, dans ces conditions difficiles, articuler de façon satisfaisante histoire des formes et histoire des significations ? », objectif qu'elle juge elle-même « peut-être inatteignable » (ibid., 208). Pour des recherches ultérieures sur le lexique du langage de la médecine entre 1320 et 1500, on aura utilement recours à Jacquart/Thomasset (1997).

Au XVIᵉ siècle, les textes médicaux spécialisés écrits en français gagnent du terrain, même si Ambroise Paré, chirurgien à la cour du roi de France, mais sans formation universitaire, fut parfois vivement critiqué pour ses textes écrits en français. Il se défendit en invoquant la plus large diffusion des textes ainsi rendue possible.

La rédaction de textes français scientifiques (ici médicaux) se heurtait à une terminologie spécialisée encore insuffisamment standardisée. On aboutit alors à une certaine pluralité synonymique, due à la coexistence de termes latins à la graphie/phonie presque identique à celle des mots correspondants de la langue vulgaire, les auteurs accentuant plus ou moins l'une ou l'autre tendance (Faure (2010) ; Vons (2011) pour la dénomination des dents ; Clément (2011) pour la dénomination du clitoris ; cf. les réflexions des traducteurs du XVIᵉ siècle sur l'adoption de la terminologie latine et sur la critique contemporaine de ce phénomène dans Osthus 2011, 108–116). Parallèlement aux tendances existant dans la littérature de l'époque, l'effort d'enrichissement de la langue française a sans doute joué un rôle : Jacques Grévin, auteur d'un traité d'anatomie de 1569, déclare explicitement ne pas vouloir bâtir sa présentation sur des « pierres empruntees ailleurs » (c'est-à-dire à la terminologie des auteurs antiques), mais « fouir des carrieres francaises » (cité dans Vons 2011, 16).

Au XVIIᵉ siècle, siècle de l'honnête homme, les éléments techniques dans la langue commune (orale et écrite) étaient proscrits. « La honte du mot technique devient une sorte de distinction sociale » (Brunot 1966, 423, avec nombreuses prises de position de l'époque). Reflétant cette situation, le *Dictionnaire de l'Académie Française* de 1694 bannissait les « termes des Arts & des Sciences qui entrent rarement dans le Discours ». Ils furent relégués dans un volume complémentaire, le *Dictionnaire des Arts et des Sciences* (Thomas Corneille 1694). Le développement de la littérature médicale spécialisée en langue française au cours du XVIIᵉ siècle ne s'en trouva pas entravé : « [E]n 1600, la médecine n'emploie pas beaucoup plus la langue nationale qu'en 1525 ; après 1685, par contre, la littérature médicale en latin disparaît pratiquement. La terminologie en sera profondément modifiée » (Quémada 1955, 11).

Pour la terminologie actuelle de la médecine, cf. le Dictionnaire de l'Académie de la Médecine, version 2013, avec ses 48525 entrées (www.academie-medecine.fr/dictionnaire).

Le langage spécialisé de la médecine, notamment sa terminologie, est bien entendu lié à l'évolution de la médecine elle-même. En outre, du point de vue du changement diachronique les mêmes facteurs et tendances que dans la langue commune y sont à l'œuvre. Pour un changement sémantique en cours, dû à une métonymie, cf. dans ce dictionnaire sous *étiologie* : « Étude des causes des maladies [...]. Dans le jargon médical actuel, le mot étiologie est souvent mal utilisé, de façon emphatique à la place de cause ou d'origine ».

En fonction du degré d'extension de la connaissance d'un langage spécialisé (p. ex. celui du sport) ou scientifique (comme celui de la médecine), ses termes techniques (souvent avec changement sémantique métonymique ou métaphorique) peuvent être adoptés par la langue commune. Une certaine « scientifisation » de la communication publique favorise de telles évolutions. Schmitt (1998, 224) cite *virus*, *symptôme, syndrome, affection, contamination* dans un texte qui déplore le mauvais état de la langue française (cf. aussi Muller 1985, 210). Des éléments de formation des mots peuvent être concernés, cf. p. ex. les nombreuses attestations relevées dans la presse quotidienne par Fabellini (2003) des suffixes *-ite* et *-ose*, comme *thrombose parlementaire, nécrose d'un système de pouvoir monopolistique, eurosclérose, décli-nose, bruxellose, collectionnite, réformite*, etc.

La question des spécificités (et de leur diachronie) des langages scientifiques, voire techniques au sens large, au-delà des aspects lexicaux et terminologiques, p. ex. dans le domaine de la syntaxe, se pose naturellement. Il est difficile d'y apporter une réponse satisfaisante. Même pour la synchronie du présent, il n'existe pratiquement pas d'études (Blumenthal 1983). L'un de ces rares travaux en conclut, sur la base d'une étude de corpus, que mis à part la présence de termes spécifiques dans les types de textes spécialisés, scientifiques et non-scientifiques, on ne trouve guère de « belast-bare Kriterien für Wissenschaftssprachlichkeit auf der sprachlichen Oberfläche » ('cri-tères fiables de la scientificité d'un langage à la surface de la langue', Maaß 2011, 289).

3.3 La diachronie des variétés de l'immédiat

Seront repris ici les types de sources dans lesquels on peut espérer trouver des traces de variétés de l'immédiat des siècles passés (→ 2). Pour plusieurs de ces sources il s'agit, rappelons-le, de la transposition à l'écrit de variétés réalisées d'habitude oralement. Et beaucoup de ce qui a été dit dans les études d'historiens de la langue à propos de l'histoire du « français parlé » (comme conception) peut valoir ici sous le signe des « variétés de l'immédiat », même si l'on part de textes écrits (« l'oral dans l'écrit »).

3.3.1 Transcriptions historiques de propos effectivement prononcés

C'est un cas extrêmement rare de trouver un texte des siècles passés qui reproduise exactement des propos effectivement prononcés. On trouvera, bien sûr, des phrases isolées, prononcées par des personnages célèbres et censées attester le caractère, la manière d'être et d'agir de cette personne. Mais ces passages ont d'habitude un caractère anecdotique ; la personne à laquelle est attribuée la phrase respective pour-rait l'avoir dite – d'une manière ou d'une autre. Du point de vue strictement linguis-tique un tel texte n'est absolument pas fiable.

Une heureuse trouvaille nous est transmise par ce qu'il est convenu d'appeler le *Journal d'Héroard*, journal tenu au jour le jour par le médecin du Dauphin et futur roi

Louis XIII, depuis la naissance de celui-ci (1601) jusqu'à sa propre mort (1628). Le médecin enregistre non seulement les aspects médicaux, conformément à son devoir professionnel, mais aussi nombre de détails relatifs à l'éducation de cet enfant royal, ses activités, son évolution intellectuelle – et aussi beaucoup de ses propos prononcés dans un contexte situationnel donné. Héroard choisit pour les propos du petit enfant – au moins jusqu'à son couronnement en 1610 – une espèce de notation phonétique, ce qui donne – avec de nombreuses petites corrections banales (p. ex. *je m'en va*, corrigé sur *jiray*) – une grande fiabilité même à leurs aspects formels (Ernst 1985 ; Ernst 1989 ; Prüßmann-Zemper 1986). On pourrait contester la valeur de ce texte comme source de notre connaissance du français parlé (familier) du XVIIᵉ siècle. Il serait certainement exagéré de considérer les propos de cet enfant royal comme représentant *le* français de son temps. Mais au vu du caractère très familier des situations recueillies par Héroard et en tenant dûment compte du facteur « acquisition du langage par l'enfant » (→ 3.2.1.1), on y trouvera – au-delà des phénomènes de prononciation – les traces de toute une série de phénomènes du français parlé au début du XVIIᵉ siècle dans une situation familière (Ernst 1985, 35–102 ; Prüßmann-Zemper 1986 ; Ernst 1989) : des traces (encore très faibles) d'une généralisation de *on* 'nous' ; la distribution des pronoms d'adresse *tu / vous*, éventuellement sous l'influence du milieu royal (cf. aussi Kristol 2009b), la sérialisation des pronoms objets, l'emploi des démonstratifs et de l'article partitif, la morphologie verbale, l'usage du subjonctif et du passé simple (tous les deux fréquents ! pour la distribution du passé simple et du passé composé cf. Ossenkop 1999) ; *s'en aller* + inf. vs. *aller* + inf. pour le futur proche, la négation sans *ne* (avec le seul forclusif), plusieurs types de mise en relief et de rhématisation, les différents types de dislocation, la rareté des interrogations par intonation et la fréquence des interrogations par inversion (simple et complexe), les phrases secondaires sans *que*, le décumul (rare) du pronom relatif. Plusieurs de ces phénomènes attendent encore des études approfondies pour analyser les lignes diachroniques qui les lient aux siècles précédents et au français parlé familier moderne. Pour donner un exemple : Martineau/Mougeon (2003) attribuent les nombreuses attestations de l'omission de *ne* dans le langage du Dauphin au facteur « langage enfantin ». Mais vu que « le nombre d'omissions du *ne* augmente nettement avec l'âge du Dauphin » (Dufter/Stark 2007, 123), cette thèse est peu probable et l'autorité du *Journal d'Héroard* sur ce point prime sur celle de l'oralité fictive des textes littéraires du XVIIᵉ siècle.

3.3.2 Textes didactiques

Dans la recherche des traces du français parlé autrefois on a pensé aux textes didactiques, qui au Moyen Âge et jusqu'au XVIIᵉ siècle avaient souvent la forme de dialogues modèles. Mais le modèle enseigné correspond rarement à la réalité – dans le passé comme aujourd'hui. Les auteurs de ces textes n'ont pas intérêt à enseigner les hésitations, les répétitions « inutiles », les marqueurs du discours, les phénomènes existant dans la réalité concrète mais considérés comme incorrects ; manquent les phénomènes non verbaux, les mimiques, les dialogues se déroulent en général d'une façon plus linéaire et plus monothématique qu'en réalité (Radtke 1994, 28–30 ; Kristol 1992, 49s.). En tenant compte de ces restrictions, de tels textes offrent malgré tout des matériaux pour notre connaissance des variétés de l'immédiat situationnel (avec transposition du parlé dans le média écrit). Certains de ces dialogues offrent même le choix entre plusieurs possibilités de s'exprimer. Kristol (1992), en analysant les « manières de langage » des XIVᵉ et XVᵉ siècles, souligne entre autres la richesse des formes allocutives, différentes entre elles selon la position sociale des partenaires du dialogue, même si leur emploi très fréquent « semble plutôt artificiel et ‹scolaire› » (52).

La mode des textes didactiques sous forme de dialogue se prolongea au moins jusqu'au XVIIIᵉ siècle. Radtke (1994), dans son étude des manuels de français des XVIIᵉ et XVIIIᵉ siècles, analyse entre autres les formules d'adresse, la macrostructure (ouverture et fin) ainsi que les microstructures (les particules du dialogue) de ces dialogues en les comparant à la situation du français parlé moderne. Pour le système des allocutifs il note le remplacement d'un système basé sur les hiérarchies sociales par des salutations sur la base du degré d'intimité ; parmi les particules du discours, celles qui servent à confirmer la certitude de ce qui est dit (*certes, certainement, vraiment*) connaissent un fort déclin. Radtke en arrive à la conclusion : « Zwar verkörpern die sprachlichen Veränderungen keinen radikalen Bruch im Gesprächsverhalten, aber vom 17. zum 20. Jahrhundert sprechen einige wichtige Anzeichen für einen regen Wandel in der Gesprächskonstitution » (‘Les modifications linguistiques ne représentent certes pas une rupture radicale dans l'attitude conversationnelle, mais du XVIIᵉ au XXᵉ siècle, quelques indices importants témoignent d'un net changement dans la constitution de la conversation’, Radtke 1994, 343).

3.3.3 Les variétés de l'immédiat dans la littérature

Dans quelle mesure la littérature, que ce soit le théâtre ou la prose narrative, peut-elle contribuer à notre connaissance de variétés du passé, notamment celles de l'immédiat ? Il convient de songer tout d'abord à des genres littéraires dans lesquels la caractérisation linguistique joue un rôle : la comédie plutôt que la tragédie et, dans la prose narrative, surtout la littérature bouffonne et satirique. Mais leur valeur documentaire, leur authenticité est discutable. Même les auteurs de comédies ou de littérature narrative bouffonne ou satirique n'ont pas l'intention de refléter fidèlement la plate réalité linguistique et autre. Il s'agit, en général, de textes planifiés, écrits par des personnes qui appartiennent à un milieu cultivé et qui n'écrivent pas pour le *bas peuple*. Pour ne nommer qu'un exemple des plus connus : la caricature de la langue des paysans et de celle des médecins dans les comédies de Molière n'est pas un reflet réaliste des variétés dialectales dans les environs de Paris ou de la variété « langue des médecins dans la communication avec un patient ». Et la langue des personnes qui agissent dans les mazarinades du XVIIᵉ siècle ou dans les sarcelades et dans le genre poissard du XVIIIᵉ siècle ne reflète pas vraiment le français parlé par le « bas peuple » parisien de l'époque. Les auteurs, dans leur utilisation d'une variété linguistique non-standard à des fins littéraires, se servent principalement de deux procédés : ils choisissent parmi les traits de cette variété ceux qu'ils considèrent comme « saillants » et ils en font un usage exagéré (cf. avec plus de détails Thun 2005). C'est ainsi que Lodge (2004, 137–140) a trouvé dans l'*Epistre du biau fys de Pazy*, caricature en 185 vers du style de vie et de la langue d'un jeune couple bourgeois de Paris, 74 occurrences de la confusion entre [r] et [z], fréquence sans aucun doute exagérée. L'historien variationniste de la langue trouvera tout de même de la matière pour ses recherches, comme l'a démontré Lodge à plusieurs reprises : il voit dans de tels textes le reflet de la conscience linguistique de l'époque (cf. Lodge 1995 ; 2004 ; 2007 ; 2009, 214). Les tableaux donnés par Lodge dans ces recherches (surtout Lodge 2004, 187) font voir quels sont les traits « saillants » qui caractérisent, dans la perspective des auteurs et de leur public, une variété de l'immédiat marquée comme « basse » d'un point de vue social ; ils donnent de plus la possibilité de conjecturer la réalité linguistique orale par le biais du travestissement caricatural écrit.

Dans une autre perspective, Kristol (2009a) souligne l'utilité de certains textes littéraires qui attestent des situations de plurilinguisme (concurrence de deux langues ou de deux variétés d'une langue) : la valeur identificatrice attribuée au français et au dialecte local dans un texte de D'Aubigné (1619) comme dans un roman de 1900, le caractère non-ridicule de l'écolier limousin (dans le *Pantagruel* de Rabelais) dès lors qu' il parle son idiome natal, l'intercompréhension entre les différentes variétés diatopiques et diastratiques dans les comédies de Molière, la non-compréhension par des lecteurs de passages en dialecte dans un roman neuchâtelois de 1882. L'optique de Kristol comme celle de Lodge se rapprochent ainsi de la *linguistique variationnelle perceptive* ('perzeptive Varietätenlinguistik') prônée par Krefeld/Pustka (2010).

3.3.4 Le français hors d'Europe

Même si nous renonçons ici à illustrer l'histoire des variétés de français d'outre-mer, il faut mentionner le rôle de ces variétés dans la reconstruction du français parlé (variétés de l'immédiat) du temps de la colonisation. Leur témoignage peut compléter les données d'autres types de sources : à la rareté de *on* 'nous' dans le *Journal d'Héroard*, Hunnius (2002, 20s.) oppose la normalité de ce phénomène dans le français du Canada, qui continuerait la situation du français hexagonal parlé du XVIIᵉ siècle, soutenant ainsi l'opinion de Prüßmann-Zemper (1986, 109) qui, sur ce point, interprète les données du *Journal d'Héroard* comme le résultat de la situation particulière du petit prince. Reste la question de savoir si un phénomène existant en germe dans les premières années du XVIIᵉ siècle pouvait se développer et se diffuser parallèlement en France comme dans le Nouveau Monde. L'existence de *je...-ons* pour la première personne du pluriel dans les dialectes acadiens de la Nouvelle-Écosse est là pour prouver que cette forme n'est pas seulement une caricature de la variété paysanne dans les comédies de Molière ou dans les mazarinades (Hunnius 2002, 21) et que son absence dans un texte comme le *Journal d'Héroard* relève très probablement de la dimension diastratique.

Certains parallèles entre les créoles à base française – ceux de l'Océan Indien comme ceux des Caraïbes – pourraient également contribuer à notre connaissance du français parlé de l'immédiat au moment de la colonisation (cf. Ernst 1980, 11 ; Stein 1987).

3.3.5 Textes métalinguistiques

L'histoire des textes métalinguistiques – grammaires, dictionnaires et autres ouvrages de caractère prescriptif qui complètent d'une manière non systématique les observations normatives des grammairiens – nous renseigne sur la formation et le développement du standard littéraire. Celui-ci trouve sa place comme les autres variétés dans l'architecture variationnelle d'une langue (cf. la discussion dans Krefeld 2011). Mais le standard a un rôle particulier, celui de variété de référence. Les autres variétés se définissent par rapport à celle-ci et, dans la majorité des études, elles sont décrites sous l'aspect différentiel. Comme le standard est souvent considéré comme la « normalité », constituant la base des études sur les autres variétés, les recherches sur sa formation ne se font pas, en général, sous l'enseigne de la linguistique variationnelle (historique) et c'est pourquoi nous renvoyons, pour l'histoire de la variété standard, aux articles ↗1 Le français dans l'histoire : depuis ses origines jusqu'au XVIᵉ siècle ; ↗2 Le français dans l'histoire : du XVIIᵉ siècle à nos jours. Mais il ne faut pas oublier que justement, les études portant sur le standard et son développement contiennent aussi des informations sur ce qui n'est pas le standard, sur ce qui est refusé comme incorrect, dialectal, trop familier ou populaire, archaïque, sur ce qui est permis à l'oral (de l'immédiat communicatif), mais non à l'écrit.

Pour la diachronie du genre textuel « Remarques et observations sur la langue française », textes généralement normatifs, qui discutent les normes des différents secteurs de la langue en critiquant les éventuelles déviations, cf. Ayres-Bennett/ Seijido 2011 (surtout pour les XVIIᵉ et XVIIIᵉ siècles). Dans cette étude on a renoncé à inclure les publications du type « Les provincialismes corrigés », qui étaient à la mode dans la deuxième moitié du XVIIIᵉ et au cours du XIXᵉ siècle. La tradition des observations de ce type a été continuée au XXᵉ siècle par les chroniques de langage des journaux et des périodiques littéraires (↗10 Linguistique populaire et chroniques de langage : les français régionaux et les langues des minorités) où l'on distingue souvent ce qu'il faut dire (ou écrire) de ce qu'il ne faut pas dire (tendance normative) ou de ce qui se dit généralement (tendance descriptive). On présume que le déclin des chroniques de ce type est dû au déclin de toute autorité, même langagière (Ayres-Bennett/Seijido 2011, 266, qui citent Charles Muller), ce qui revient à dire que l'autorité de la variété « standard littéraire » a diminué de beaucoup.

3.3.6 Textes de l'immédiat privé

Parmi les types de sources, qui reflètent à l'écrit les variétés de l'immédiat (réalisées, en général, dans le média oral), les textes privés manuscrits ont une importance particulière. Ici entre en jeu le facteur social : les membres des couches supérieures de la société, qui ont connu une formation scolaire solide (avec des différences individuelles et les déficits bien connus dans la formation scolaire des filles) ont un contact étroit avec l'écriture, ils connaissent le standard de leur temps. Mais le caractère privé de ces textes (lettres privées, livres de raison, journaux de famille etc.) leur permet un certain laisser-aller, ils se sentent moins liés aux normes à cause du caractère plus « immédiat », plus intime de la situation communicative. Ils descendent, pour ainsi dire, d'un niveau linguistique haut vers le bas, la langue de leurs textes peut ainsi se rapprocher du français familier, se déplacer vers le côté gauche de la fig. 1.

Les auteurs provenant des couches socialement défavorisées de la société savent écrire, ce qui, au moins jusqu'à l'introduction de l'école gratuite et obligatoire (1881/1882), les élève au-dessus de la moyenne de la population, mais leur formation scolaire a bien des lacunes. Ils ont d'un côté une pratique limitée de l'écriture et de l'autre, un respect particulier vis-à-vis de l'acte d'écrire, lié à la vague conscience de l'existence d'un standard, qu'ils ne connaissent que partiellement et duquel ils s'approchent par le bas sans l'atteindre parfaitement. Même pour ce dernier point, il ne faut pas trop généraliser. C'est ainsi qu'un Ménétra, vitrier parisien de la deuxième partie du XVIIIe siècle, affecté par les idées révolutionnaires, tout à fait sûr de lui et des valeurs de sa classe, prend délibérément avec le standard linguistique de la bonne société des libertés, auxquelles un Chavatte, honnête ouvrier textile lillois de la deuxième moitié du XVIIe siècle ou les auteurs d'un livre de famille issus d'un milieu paysan du XVIIIe n'auraient jamais songé (Ernst 2010). L'attitude de Ménétra peut être rapprochée de celle des jeunes (venant très souvent des couches sociales inférieures) qui produisent dans les chat-rooms d'Internet (milieu informel malgré le caractère publique du net) des textes où la langue standard du XXIe siècle est délibérément négligée et violentée.

Si nous disposons de peu de textes des peu-lettrés des siècles passés, cela est dû à deux facteurs principaux. Premièrement, ces auteurs ont peu d'occasions d'écrire : on trouve des lettres de soldats envoyées à la famille ou (plus rarement) aux autorités, ou des lettres échangées entre les émigrés et leur famille restée dans le village natal ; à part ces lettres, les textes en question sont des livres de raison, livres de famille, de rares journaux intimes, des autobiographies, des chroniques des évènements locaux auxquels les auteurs ont assisté. Deuxièmement, un texte écrit par un cordonnier ou par un paysan ordinaire sera rarement considéré comme digne d'être conservé à travers les siècles, au contraire des textes produits par des personnes de la bonne société, même si à l'origine ces derniers textes, privés, n'étaient pas destinés à la publication.

L'intérêt des linguistes pour l'histoire des variétés de l'immédiat et leur espoir de trouver des traces de l'oral dans ces textes écrits ont conduit à toute une série d'éditions avec ou sans commentaire linguistique. Avec leur édition du livre de raison d'un meunier québécois Juneau/Poirier (1973) ont initié une ligne de travaux éditoriaux consacrés aux textes de personnes disposant d'une formation scolaire limitée. Dans Amelang (1998) on trouvera des indications bibliographiques intéressantes de ce point de vue ; il faut pourtant choisir parmi les auteurs de différentes origines sociales et les éditions plus ou moins fiables d'un point de vue linguistique. On y ajoutera au moins Fillon (1982), Ernst/Wolf (2005) et les banques de données dirigées à l'Université d'Ottawa par France Martineau, partiellement accessibles. Un spécimen des textes dont disposent ces banques de données est publié dans Martineau/Bénéteau (2010). Pour le Canada, ↗20 Le français dans le monde : Canada. Pour les correspondances privées cf. Lodge (2013 ; correspondance privée du XVIe siècle), Branca-Rosoff/Schneider (1994 ; période révolutionnaire), Schlindwein (2003 ; lettres échangées entre les soldats de la République de Mayence et leurs familles, 1792–1813) ; on notera également le projet présenté dans Steuckardt (2013 ; le français des lettres de soldats peu-lettrés, 1914–1918). Le *Corpus de français familier ancien*, entrepris dans le cadre du *Laboratoire de français familier ancien* de l'Université d'Ottawa, contient un recueil de 5000 lettres, écrites du XVIIe au XXe siècle ; malheureusement, ce corpus n'est accessible que directement au laboratoire. Pour des informations ultérieures, cf. Martineau (2010).

À l'intérêt des linguistes variationnistes s'ajoute la ligne de recherche des sociologues qui fouillent les archives à la recherche des documents de la vie privée du passé : livres de famille, livres de raison, correspondances privées (cf. Cassan/Bardet/Ruggiu 2007 ; Bardet/Arnoul/Ruggiu 2010). On espère voir sortir de ces travaux des éditions qui respectent la forme linguistique du manuscrit.

Quels sont les résultats pour l'histoire de la langue, conçue comme diasystème, que l'on peut attendre de ces éditions de textes ? En aucun cas une histoire de *la* langue de l'immédiat. Chaque auteur a sa propre façon de résoudre les problèmes existant à l'interface « variétés de l'immédiat / réalisation dans le média écrit ». Les différences dans le degré de formation scolaire et dans la maîtrise de l'écrit, le degré différent du respect pour le média écrit, les divers types de textes et d'intentions communicatives (chroniques de la ville natale, autobiographies, livres de famille, notes personnelles, lettres privées...) – tout cela rend impossible une généralisation par simple addition des phénomènes observés. Cette restriction n'exclut pourtant pas la possibilité de suivre isolément l'histoire de certaines variables en tirant, avec prudence, des conclusions de plusieurs textes, même de caractère différent.

Si l'on traite dans les paragraphes suivants le système graphique, il importe de ne pas confondre *code* et *conception*. Tout comme la prononciation, la syntaxe, le lexique et la pragmatique sont soumis à la variation entre *immédiat* et *distance*, la graphie aussi connaît des déviations par rapport au standard, dues à l'ignorance ou à la négligence de la norme de la part des auteurs. Cela vaut pour les traits laissant transparaître une prononciation déviante (diaphasique ou diatopique) vis-à-vis du standard comme pour ceux qui ne concernent que la graphie.

Parmi ces derniers, il y a d'abord les amalgames graphiques de deux ou plusieurs mots (causés par l'absence de l'apostrophe ou non), qu'on trouve également dans les manuscrits d'auteurs renommés des XVIIe et XVIIIe siècles (Seguin 1998 ; Pellat 1998). Entre le XVIe et le XVIIIe siècle l'usage de l'apostrophe et la séparation « correcte » des mots ne semblent pas faire des progrès en diachronie ; au contraire, dans le livre de famille d'une famille paysanne du Bourbonnais, texte qui s'étend du début du XVIIe siècle jusqu'à la deuxième moitié du XVIIIe, c'est curieusement le premier de la famille qui met l'apostrophe d'une façon plus régulière que ses fils et petit-fils (Ernst 2014, 171). Plus rarement, on trouve dans les textes des peu-lettrés des mots coupés en deux, phénomène qui est encore plus rare (ou qui fait défaut) dans les manuscrits des auteurs lettrés.

D'autres phénomènes graphiques non-standard qui ne sont pas liés au plan phonique : a) la fréquence des fausses lettres étymologiques (*jesta* 'jeta', *hocquementer* 'augmenter', *hunis* 'unis' etc.), forme d' hypercorrection, résultant d'un effort de scripturalité ; b) les graphies qui ne suivent pas les normes des typographes, sans transgresser les règles des correspondances phonographiques (*en/an* ; *in/ain* ; *on/om* ; *au/o* ; *setait/c'était* ; *jans/gens* ; *proffond*, etc.) ; c) des graphies qui ne tiennent pas compte des règles de position, sans faire présumer une particularité de la prononciation (*gans* 'gens', *ysu* 'issu', *scesait* 'cessait', *scocial* 'social' etc.) ; d) les hésitations entre consonnes simples et doubles, non seulement là où cette distinction n'a pas d'effet sur la prononciation (*consoller, nous somes, noffrage*, etc.), mais aussi des graphies qui, dans le système phonographique standard, auraient des conséquences pour la prononciation (*jeunnese, usses* 'usés'). Les phénomènes purement graphiques se raréfient depuis l'introduction de l'école obligatoire (1881/1882), sans disparaître complètement. Pour plus de détails cf. Ernst 2014.

D'autres particularités de la graphie des textes privés, en reflétant la prononciation des auteurs, nous livrent – avec une densité variable d'un auteur à l'autre – des traces de la prononciation familière et / ou dialectale du temps. Ainsi les picardismes typiques qu'on trouve dans la *Chronique* de Chavatte : *escapa* 'échappa', *carpentier* 'charpentier', *gaune* 'jaune', *gardin* 'jardin' (Ernst/Wolf 2005, 1. Pierre-Ignace Chavatte). La réduction des groupes « occlusive + liquide » en fin de mot, aujourd'hui fréquente dans le français familier, est déjà attestée un peu partout dans les textes de ce type au cours des XVIIe et XVIIIe siècles : *maiste* 'maître', *pouve* 'pauvre', *peupe* 'peuple', *artique* 'article' à côté d'hypercorrections du type *hostre* 'hôte', *romple* 'rompre', *peupre* 'peuple'. Certaines graphies des XVIIe et XVIIIe siècles permettent de voir que la restitution de consonnes finales n'a pas encore atteint la prononciation familière : *suit* 'suif', *ladvenis* 'l'avenir', *naturer* 'naturel(le), *peut* 'peur', *estot* 'estoc', *fugitix* 'fugitif'.

Dans le cas d'autres phénomènes graphiques on peut difficilement décider s'il s'agit d'un fait dialectal ou de la négligence graphique d'une distinction phonique peu saillante comme la présence ou l'absence de la sonorité consonantique dans différentes régions de la France : *poudre* 'poutre', *dans* 'tant', *ocmante* 'augmenté', *bestiferes* 'pestiférés' etc. (tous les exemples sont pris dans Ernst/Wolf 2005).

Pour la syntaxe des textes non destinés à un grand public il est difficile ou impossible de donner une description uniforme. En général, les auteurs sont conscients des exigences du média écrit. Des effets perturbateurs viennent de deux côtés : des éléments de la langue parlée familière ayant échappé au contrôle des auteurs (voire introduits d'une manière délibérée, comme dans le cas de Ménétra), et l'effort de scripturalité qui comporte plusieurs types d'hypercorrection.

À côté de textes où domine la parataxe, on trouve des constructions très élaborées qui se terminent par différents types d'anacoluthes. Le décumul du pronom relatif (phénomène du français parlé familier) jouxte, dans un même texte (du XVIIe siècle), une préférence prononcée pour le pronom *lequel* (d'un style très élevé) employé à tort et à travers (Ernst 2014). Quant à la cohésion d'un texte, la redondance des pronoms référentiels peut être accompagnée de passages ou la référence n'est pas exprimée par des procédés syntaxiques (Fournier 1998, 211 : *approche mémorielle* vs. *approche textuelle*). Des recherches plus détaillées devraient éclairer le statut variationnel – et l'histoire – des superpositions de deux constructions : un verbe déterminé coordonné avec un infinitif : [*un jeune homme fut puni*] *pour ce qu avoit desrobeès des briques et les revendre a d'autres* (Ernst/Wolf 2005, Chavatte 252r). Des constructions similaires se trouvent dans les textes des peu-lettrés jusque dans le XXe (ou XXIe) siècle (Branca-Rosoff 2013).

Des recherches ultérieures pourront déterminer, dans quelle mesure les traits qui caractérisent les textes des peu-lettrés correspondent à des tendances répandues dans la communauté des peu-lettrés d'une période, d'une langue entière ou, peut-être, même de plusieurs langues ou s'il s'agit dans chaque cas de traits individuels, de 'fautes' idiosyncratiques.

4 Variétés et changement linguistique

Le diasystème des variétés est soumis aux changements diachroniques d'au moins trois façons :
- changements à l'intérieur d'une variété ;
- passage d'une variante d'une variété à l'autre ou diffusion à plusieurs variétés ;

– changements dans les relations entre les variétés : naissance ou disparition d'une variété, fusion de deux ou plusieurs variétés.

On distingue, en général, entre la genèse d'une innovation et sa diffusion. La genèse est conditionnée par les exigences d'une situation communicative : le besoin de clarté, l'emphase, l'affectivité ou l'expressivité. Stefenelli (1992) discute ces facteurs pour l'histoire du latin parlé : dans une situation affective on usait (et quelqu'un aura usé pour la première fois), dans une intention rhétorique, des verbes *plorare* 'hurler', *comedere* 'liquider le repas', *manducare* 'bouffer, manger en faisant du bruit, d'une manière vulgaire' pour donner à ses propos une emphase qui n'était pas garantie par les verbes jusqu'alors usuels *flere* et *edere*. Plus tard, mais encore en latin parlé informel, ce procédé se banalisa, suite à son usage très fréquent, les mots concernés perdant les nuances affectives et expressives et dépassant ainsi les frontières entre les variétés de l'immédiat et de la distance : esp. *comer*, fr. *manger*, *pleurer* trouvent leur place dans toutes les variétés françaises (et espagnoles). Ces processus peuvent se répéter pour les mêmes concepts et c'est ainsi que dans le français informel, familier d'aujourd'hui, *manger* est concurrencé (pour des raisons semblables) par *bouffer*.

Pour les innovations syntaxiques Koch prend l'exemple des temps du passé : Le *Journal d'Héroard* montre clairement qu'au début du XVIIe siècle le passé simple et le passé composé étaient encore bien distincts dans leur fonctions, même dans le discours oral, dans les variétés de l'immédiat : le passé simple pour raconter d'une façon neutre les évènements du passé (*je me coupi l'aute jou au doi dan la* [sic] *jadin j'y mi de la tere je fu jncontinen guery*, Ernst 1985, 81), le passé composé pour les explications et les commentaires (*je veu equire ma petite oraison pou la donné a messire Rober j* [il] *me la demandée*, Ernst 1985, 490). De cette façon, le passé composé, plus subjectif, plus lié à l'*ego – hic – nunc* de la communication pouvait servir à éveiller et à maintenir l'intérêt de l'auditeur. Plus tard ce procédé d'une rhétorique du quotidien se banalisa et le passé composé put devenir le seul temps du passé des variétés de l'immédiat, tendant même à se répandre dans certaines zones de la communication de la distance (Koch 2002, 5, 11).

Des changements (lexicaux) à l'intérieur d'une variété s'annoncent par des changements fréquentiels dans le temps. C'est l'idée que suit Klöden (1987) sur la base de Brunet (1981) pour la *Schriftsprache*, la langue des textes écrits, documentée dans le TLF. On relèvera parmi ses résultats la préférence toujours croissante (depuis 1789) donnée dans les textes écrits aux variantes lexicales considérées comme *sprechsprachlich* 'parlées' au détriment des variantes propres à un standard de la distance (Klöden 1987, 405).

La question de savoir dans quelles variétés (« parlé (immédiat) » vs. « écrit (de la distance) ») les innovations apparaissent prioritairement et dans quelle direction elles se diffusent a joué un grand rôle dans la linguistique romane. Elle a été posée par des discussions à propos du français dit « avancé » (terme et concept créés par Frei 1929) et s'est poursuivie par la « controverse allemande » portant sur « l'âge du français parlé » (cf. Hunnius 2008, 2425s. ; Koch/Oesterreicher [2]2011, 148). Dans ce dernier cas, la terminologie est déjà discutable : le français parlé commence avec la naissance du français tout court. Et si l'observateur d'aujourd'hui ne voit pas de clivage entre les domaines de l'immédiat et de la distance jusqu'au XVIIe siècle (Koch/Oesterreicher [2]2011, 149), ceci est très probablement dû au manque de documents textuels et non à l'absence de variétés de l'immédiat (parlé). Mais le point essentiel est plutôt de savoir si certains phénomènes du français parlé moderne sont des innovations récentes ou s'ils existent depuis longtemps. La réponse sera nuancée : la recherche linguistique de ces dernières décennies a réussi à montrer d'un côté la continuité, la stabilité de plusieurs phénomènes du parlé qui étaient jusque là souvent considérés comme innovations récentes, destinées à faire partie du français standard du futur. Le séjour pluriséculaire de ces traits dans la salle d'attente de l'histoire (compartiment « variétés de l'immédiat oral ») ne semble pas favoriser leur prompte expansion dans le standard. D'autre part, ce standard, on le sait, se montre en général relativement hostile aux innovations, et ce pour des raisons tenant aux fonctions de base de la communication de la distance spatiale et temporelle, qui exige une certaine stabilité des moyens linguistiques (Koch/Oesterreicher [2]2011, 18). Mais le milieu socio-culturel varie aussi dans le temps et le prestige du français standard n'est plus le même aujourd'hui que du XVIIe au XIXe siècle. En conséquence, certains traits du français parlé sont de plus en plus acceptés dans le standard d'aujourd'hui. Ils pourraient ainsi supplanter, dans quelques types de discours du domaine de la distance, les variantes qui étaient jusqu'à récemment considérées comme les seules correctes : le déclin de certains types de liaison (-r, -k, -p) qui ne sont maintenus que dans le « français cultivé », variété très proche du pôle de la distance (Muller 1985, 229) ; on au lieu de nous dans la « Umgangssprache der Gebildeten » ('langue familière des lettrés') (Koch 2002, 9) ; le passé composé ayant repris les fonctions du passé simple dans la tradition discursive des hot news de la presse écrite (Koch 2002, 11).

5 Histoire de l'architecture du diasystème français

La langue française est « née » et s'est développée comme langue parlée dans les situations de la communication immédiate sur la base du latin parlé. Le latin, comme toutes les langues historiques, était constitué en diasystème, avec des variétés diatopiques, diastratiques, des variétés (écrites) de la distance et des variétés (orales) de l'immédiat. Vers la fin de l'antiquité le clivage entre oralité (de l'immédiat) et écriture (de la distance) augmenta, allant jusqu'à menacer, voire à entraver l'intercompréhension verticale (c'est-à-dire, la compréhension des variétés de la distance, même dans le média oral, de la part des illettrés). Avec la réforme carolingienne du latin (autour de 800), qui « comprenait non seulement la réforme purement médiale de la prononciation à la lecture, mais aussi une 'épuration' conceptionnelle du domaine de la distance de certains éléments relevant du langage de l'immédiat » (Koch/Oesterreicher 2008, 2579), la scission entre latin et langue vernaculaire devint définitive. Mais ce qui s'opposait au latin, langue de tous les types de discours écrits, ce n'était pas encore *le* français : c'étaient des idiomes issus directement des variétés locales du latin parlé. Par la suite, ces idiomes pénétrèrent progressivement dans des types de discours (dans la romanistique allemande on parle de *Diskurstraditionen* ; cf. Frank-Job 2005) du domaine écrit, réservés jusqu'alors au latin. Ce processus, dont la présentation détaillée dépasserait le cadre de cet article, eut dès le Moyen Âge des conséquences essentielles :

a) au sein des variétés des changements structurels, nécessaires pour faire face aux exigences des nouveaux types de discours ; dans ce cadre on ne peut pas ignorer le rôle des traductions à partir du latin (cf. Albrecht 2006) et la relatinisation dont l'effet se fait sentir surtout dans la graphie, le lexique et la syntaxe ;

b) la formation d'un diasystème, de l'architecture variationnelle d'une langue historique, le français ;

c) une koïnéisation des variétés diatopiques et la standardisation subséquente d'une langue commune, dans l'intérêt de l'intercompréhension sur un vaste territoire. La discussion sur la nature de la koïnéisation est encore ouverte : mélange de dialectes comme conséquence d'une forte immigration dans le Paris médiéval (Lodge 2004, 37–79 ; 2011), ou délocalisation sur la base d'une communication écrite supralocale (dernièrement Videsott 2013, 35–38). Grübl (2011) plaide avec de bons arguments pour une prise en considération impartiale des deux aspects.

Depuis le début du XVIe siècle, la langue nationale, son architecture variationnelle et la variété exemplaire de la communication de distance ont fait l'objet de discussions de la part des intellectuels, avec l'ingérence des autorités étatiques et semi-étatiques. Ces discussions portèrent d'abord sur la codification d'une norme prescriptive (XVIIe– XVIIIe siècles), puis sur son acceptation (XIXe–XXe siècles) comme modèle linguistique de la distance par l'ensemble de la population. Elles pouvaient se baser sur une variété déjà sélectionnée (au moins du point de vue diatopique : Paris), dans laquelle avaient été élaborés de nombreux types de discours (XIVe–XVIe siècles) (Lodge 2011, 66, qui se sert de la terminologie de Haugen ; pour plus de détails ↗1 Le français dans l'histoire : depuis ses origines jusqu'au XVIe siècle ; ↗2 Le français dans l'histoire : du XVIIe siècle à nos jours). Mais il ne faut pas oublier que ces discussions et leurs résultats ne concernent qu'une partie de l'histoire du français, à vrai dire, une seule variété : celle du standard exemplaire des situations communicatives de la distance.

Est-il possible, sur la base de la situation actuelle, de faire des prévisions, pour l'avenir de l'architecture du français, et spécialement pour les futurs rapports entre variétés de l'immédiat et variétés de la distance ? On observe aujourd'hui des tendances contradictoires. L'accès de plus en plus facile à l'information pour l'ensemble de la population depuis le XXe siècle, ainsi que le haut niveau de formation scolaire favorisent un certain nivellement, proche du pôle de la distance, des variétés de la langue. Mais d'autre part, les nouveaux moyens de communication produisent de nouveaux types de discours qui ont leurs propres variétés linguistiques. La spécialisation professionnelle comporte d'un côté un élargissement de l'architecture variationnelle ; mais elle exerce aussi une certaine influence sur les autres variétés (écrites et même parlées) par la banalisation d'une terminologie spécialisée (→ 3.2.3.1). Enfin, la variété standard ne jouit plus de la même autorité que dans la première moitié du XXe siècle : de vastes secteurs des variétés de l'immédiat (prononciation, phénomènes de syntaxe, lexique familier) ont obtenu droit de cité dans le langage public. Tout cela semble contribuer à la densification d'un réseau fait d'un nombre croissant de variétés qui s'interpénètrent, procédant – tendanciellement – à une homogénéisation de l'architecture variationnelle.

6 Bibliographie

Académie nationale de Médecine (Version 2013), *Dictionnaire. Le vocabulaire médical du XXIe siècle*, <www.academie-medecine.fr/dictionnaire/> (15.01.2014).

Albrecht, Jörn (2003), *Die Standardsprache innerhalb der Architektur europäischer Einzelsprachen*, Sociolinguistica 17, 11–30.

Albrecht, Jörn (2006), *Übersetzen und Sprachgeschichte. Übersetzungen ins Französische und Okzitanische*, in : Gerhard Ernst et al. (edd.), *Romanische Sprachgeschichte. Ein internationales Handbuch zur Geschichte der romanischen Sprachen*, vol. 2, Berlin/New York, de Gruyter, 1386–1403.

Amelang, James S. (1998), *The Flight of Icarus. Artisan Autobiography in Early Modern Europe*, Stanford, Stanford University Press.

Ayres-Bennett, Wendy (2004), *Sociolinguistic Variation in seventeenth-century France*, Cambridge, Cambridge University Press.

Ayres-Bennett, Wendy/Seijido, Magali (2011), *Remarques et observations sur la langue française. Histoire et évolution d'un genre*, Paris, Garnier.

Bardet, Jean-Pierre/Arnoul, Elisabeth/Ruggiu, François-Joseph (edd.) (2010), *Les écrits du for privé en Europe du Moyen Âge à l'époque contemporaine*, Bordeaux, Presses Universitaires de Bordeaux.

Bedijs, Kristina (2012), *Die inszenierte Jugendsprache. Von « Ciao, amigo » bis « Wesh, tranquille ! ». Entwicklungen der französischen Jugendsprache in Spielfilmen (1958–2005)*, München, Meidenbauer.

Bernhard, Gerald (2000), *Französische Jugendsprache in den achtziger und neunziger Jahren*, Französisch heute. Informationsblätter für Französischlehrer in Schule und Hochschule 31: 3, 288–297.

Bernhard, Gerald/Schafroth, Elmar (2008), *Historische Aspekte der Jugendsprache in der Romania*, in : Gerhard Ernst et al. (edd.), *Romanische Sprachgeschichte. Ein internationales Handbuch zur Geschichte der romanischen Sprachen*, vol. 3, Berlin/New York, de Gruyter, 2390–2403.

Berschin, Helmut/Felixberger, Josef/Goebl, Hans (²2008), *Französische Sprachgeschichte*, Hildesheim et al., Olms.

Bierbach, Christine/Ellrich, Beate (1990), *Alter und Generationen*, in : Günter Holtus/Michael Metzeltin/Christian Schmitt (edd.), *Lexikon der Romanistischen Linguistik*, vol. V :1, Tübingen, Niemeyer, 238–247.

Blanche-Benveniste, Claire (2010), *Approche de la langue parlée en français*, Paris, Ophrys.

Blumenthal, Peter (1983), *Syntax und fachsprachliche Syntax im deutsch-französischen Sprachver-gleich*, Zeitschrift für französische Sprache und Literatur 93, 44–69.

Branca-Rosoff, Sonia (13 décembre 2013), *Remarques sur les pratiques d'écriture des soldats de 14–18 et de leurs familles*, Conférence dans le cadre du GEHLF, Paris, Université Paris-Sorbonne.

Branca-Rosoff, Sonia/Schneider, Nathalie (1994), *L'écriture des citoyens, une analyse linguistique de l'écriture des peu-lettrés pendant la période révolutionnaire*, Paris, Klincksieck.

Brunet, Étienne (1981), *Le vocabulaire français de 1789 à nos jours* (d'après les données du Trésor de la langue française), 3 vol., Genève/Paris, Slatkine et al.

Brunot, Ferdinand (1966, nouv. éd.), *Histoire de la langue française des origines à nos jours*, t. 4/1 : *La langue classique 1660–1715*, Paris, Armand Colin.

Carton, Fernand (1965), *François Cottignies dit Brûle-Maison (1678–1740). Chansons et pasquilles*, Arras, Archives du Pas-de-Calais.

Carton, Fernand (2003), *Jacques Decottignies (1706–1762). Vers naïfs, pasquilles et chansons en vrai patois de Lille*, Paris, Champion.

Cassan, Michel/Bardet, Jean-Pierre/Ruggiu, François-Joseph (edd.) (2007), *Les écrits du for privé. Objets matériels, objets édités*, Limoges, Presses Universitaires de Limoges.

Chambon, Jean-Pierre/Greub, Yan (2008), *Histoire des variétés régionales dans la Romania : français*, in : Gerhard Ernst et al. (edd.), *Romanische Sprachgeschichte. Ein internationales Handbuch zur Geschichte der romanischen Sprachen*, vol. 3, Berlin/New York, de Gruyter, 2552–2565.

Clément, Michèle (2011), *De l'anachronisme et du clitoris*, Le français préclassique 1500–1650 13, 27–45.

Dees, Anthonij (1980), *Atlas des formes et des constructions des chartes françaises du 13ᵉ siècle*, Tübingen, Niemeyer.

Dees, Anthonij (1987), *Atlas des formes linguistiques des textes littéraires de l'ancien français*, Tübingen, Niemeyer.

Ducos, Joëlle/Salvador, Xavier-Laurent (direction du projet), *Dictionnaire du français scientifique médiéval*, <www.crealscience.fr> (09.12.2013).

Dufter, Andreas/Stark, Elisabeth (2002) [2003], *La variété des variétés : combien de dimensions pour la description ? Quelques réflexions à partir du français*, Romanistisches Jahrbuch 53, 81–108.

Dufter, Andreas/Stark, Elisabeth (2007), *La linguistique variationnelle et les changements linguisti-ques « mal compris » : Le cas de la « disparition » du « ne » de négation*, in : Bernard Combettes/Christiane Marchello-Nizia (edd.), *Études sur le changement linguistique en français*, Nancy, Presses universitaires de Nancy, 115–128.

Ernst, Gerhard (1980), *Prolegomena zu einer Geschichte des gesprochenen Französisch*, in : Helmut Stimm (ed.), *Zur Geschichte des gesprochenen Französisch und zur Sprachlenkung im Gegen-wartsfranzösisch* (Beiträge des Saarbrücker Romanistentages 1979), Wiesbaden, Steiner, 1–14.

Ernst, Gerhard (1985), *Gesprochenes Französisch zu Beginn des 17. Jahrhunderts. Direkte Rede in Jean Héroards « Histoire particulière de Louis XIII » (1605–1610)*, Tübingen, Niemeyer.

Ernst, Gerhard (1989), *Le langage du Prince*, in : Madeleine Foisil (ed.), *Journal de Jean Héroard*, 2 vol., Paris, Fayard, 189–214.

Ernst, Gerhard (2010), *« qu'il n'y a orthographe ny virgule encorre moins devoielle deconsol et pleine delacunne » : la norme des personnes peu lettrées (XVIIᵉ et XVIIIᵉ siècles)*, in : Maria Iliescu/Heidi M. Siller-Runggaldier/Paul Danler (edd.), *Actes du XXVᵉ Congrès International de Linguistique et de Philologie Romanes, Innsbruck 2007*, vol. 3, Berlin/New York, de Gruyter, 543–551.

Ernst, Gerhard (2014), *Les « fautes » des peu-lettrés : idiosyncrasies ou autre ?* in : Dominique Lagor-gette (sous la direction de), *Repenser l'histoire du français*, Chambéry, Université de Savoie, 165–193.

Ernst, Gerhard/Wolf, Barbara (2005), *Textes français privés des XVIIe et XVIIIe siècles*, CD-Rom, Tübingen, Niemeyer.

Fabellini, Simona (2003), *Neologitis oder kommunikative Thrombose ? Die medizinischen Suffixe « - ite » und « - ose » im Französischen*, in : Gerald Bernhard/Dieter Kattenbusch/Peter Stein (edd.), *Namen und Wörter. Freundschaftsgabe für Josef Felixberger zum 65. Geburtstag*, Regensburg, Haus des Buches, 41–60.

Faure, Pascaline (2010), *Des discours de la médecine multiples et variés à la langue médicale unique et universelle*, La Revue du GERAS, ASp58, 73–86.

Fillon, Anne (1982), *Louis Simon, étaminier 1741–1820, dans son village du Haut-Maine au Siècle des Lumières*, Thèse, Université du Maine.

Flinzner, Katja (2006), *Geschichte der technischen und naturwissenschaftlichen Fachsprachen in der Romania : Französisch*, in : Gerhard Ernst et al. (edd.), *Romanische Sprachgeschichte. Ein internationales Handbuch zur Geschichte der romanischen Sprachen*, vol. 2, Berlin/New York, de Gruyter, 2211–2226.

Flutre, Louis-Fernand (1970), *Le moyen picard d'après les textes littéraires du temps (1560–1660)*, Amiens, Musée de Picardie.

Flutre, Louis-Fernand (1977), *Du moyen picard au picard moderne*, Amiens, Musée de Picardie.

Fournier, Nathalie (1998), *Norme et usage de l'anaphore pronominale en français classique : principe de proximité et principe de saillance du référent*, in : Janine Baudry/Philippe Caron (edd.), *Problèmes de cohésion syntaxique de 1550 à 1720*, Limoges, PULIM, 191–214.

Frank-Job, Barbara (2005), *Sprachwandel und Sprachvariation. Zur Bedeutung von Diskurstraditionen für die Sprachwandelforschung*, in : Kurt Gärtner/Günter Holtus (edd.), *Überlieferungs- und Aneignungsprozesse im 13. und 14. Jahrhundert auf dem Gebiet der westmitteldeutschen und ostfranzösischen Urkunden- und Literatursprachen. Beiträge zum Kolloquium vom 20. bis 22. Juni 2001 in Trier*, Trier, Kliomedia, 171–193.

Frei, Henri (1929), *La grammaire des fautes*, Paris, Gauthier.

Furet, François/Ozouf, Jacques (1977), *Lire et écrire. L'alphabétisation des français de Calvin à Jules Ferry*, Paris, Les Éditions de Minuit.

Gadet, Françoise (2003), *Youth language in France : forms and practices*, in : Eva Neuland (ed.), *Jugendsprachen – Spiegel der Zeit*, Frankfurt am Main, Lang, 77–88.

Gadet, Françoise (²2007), *La variation sociale en français*, Paris, Ophrys.

Gerstenberg, Annette (2011), *Generation und Sprachprofile im höheren Lebensalter*, Frankfurt am Main, Klostermann.

Giacomotto-Charra, Violaine (direction du projet), *Les mots de la science*, <http://www.msha.fr/formesdusavoir/index.php> (09.12.2013).

Glessgen, Martin-Dietrich/Duval, Frédéric/Videsott, Paul, *Les plus anciens documents linguistiques de la France*, édition électronique : <www.rose.uzh.ch/docling/> (18.11.2013).

Glessgen, Martin-Dietrich/Kihaï, Dumitru/Videsott, Paul (2011), *L'élaboration philologique et linguistique des plus anciens documents linguistiques de la France, édition électronique. Trois études*, Bibliothèque de l'École des Chartes 168, 7–24.

Glessgen, Martin-Dietrich/Thibault, André (2005), *La « régionalité linguistique » dans la Romania et en français*, in : Martin-Dietrich Glessgen/André Thibault (2005), *La lexicographie différentielle du français et le Dictionnaire des régionalismes de France*, Strasbourg, Presses Universitaires de Strasbourg, IV–XVI.

Goebl, Hans (1970), *Die normandische Urkundensprache. Ein Beitrag zur Kenntnis der nordfranzösischen Urkundensprache des Mittelalters*, Wien, Böhlau.

Goebl, Hans (1995), *Französische Skriptaformen III. Normandie*, in : Günter Holtus/Michael Metzeltin/Christian Schmitt (edd.), *Lexikon der Romanistischen Linguistik*, vol. II/2, Tübingen, Niemeyer, 314–337.

Goebl, Hans (2001), *Scriptologie*, in : Günter Holtus/Michael Metzeltin/Christian Schmitt (edd.), *Lexikon der Romanistischen Linguistik*, vol. I/2, Tübingen, Niemeyer, 823–835.

Greub, Yan/Chambon, Jean-Pierre (2008), *Histoire des dialectes dans la Romania : Galloromania*, in : Gerhard Ernst et al. (edd.), *Romanische Sprachgeschichte. Ein internationales Handbuch zur Geschichte der romanischen Sprachen*, vol. 3, Berlin/New York, de Gruyter, 2499–2520.

Grübl, Klaus (2011), *Zum Begriff der Koine(isierung) in der historischen Sprachwissenschaft*, in : Sarah Dessì/Jochen Hafner/Sabine Heinemann (edd.), *Koineisierung und Standardisierung in der Romania*, Heidelberg, Winter, 37–64.

Haarmann, Harald (2008), *Romanische Sprachen als Publikationssprachen der Wissenschaft : 19. und 20. Jahrhundert*, in : Gerhard Ernst et al. (edd.), *Romanische Sprachgeschichte. Ein internationales Handbuch zur Geschichte der romanischen Sprachen*, vol. 3, Berlin/New York, de Gruyter, 3359–3370.

Helfrich, Uta (2003), *Jugendsprache in Frankreich*, in : Eva Neuland (ed.), *Jugendsprachen – Spiegel der Zeit*, Frankfurt am Main, Lang, 91–108.

Holtus, Günter (1990), *Französisch : Gliederung der Sprachräume*, in : Günter Holtus/Michael Metzeltin/Christian Schmitt (edd.), *Lexikon der Romanistischen Linguistik*, vol. V/1, Tübingen, Niemeyer, 571–595.

Hunnius, Klaus (2002), *Die Geschichte des gesprochenen Französisch und das Französische Kanadas. Anmerkungen zur Quellenfrage und Rekonstruktion*, in : Kerstin Störl/Johannes Klare (edd.), *Romanische Sprachen in Amerika. Festschrift für Hans-Dieter Paufler zum 65. Geburtstag*, Frankfurt am Main et al., Lang, 17–28.

Hunnius, Klaus (2008), *Geschichte der gesprochenen Sprache in der Romania : Französisch*, in : Gerhard Ernst et al. (edd.), *Romanische Sprachgeschichte. Ein internationales Handbuch zur Geschichte der romanischen Sprachen*, vol. 3, Berlin/New York, de Gruyter, 2424–2433.

Hunnius, Klaus (2012 [2013]), *Zur Kontroverse um das français parlé. Ein Plädoyer gegen ein säkulares Junktim und für eine Rehabilitierung der Medialität*, Romanistisches Jahrbuch 63, 33–50.

Jacquart, Danièle/Thomasset, Claude (1997), *Lexique de la langue scientifique (Astrologie, Mathématiques, Médecine...) : Matériaux pour le Dictionnaire du Moyen Français (DMF)*, vol. 4, Paris, Klincksieck.

Juneau, Marcel/Poirier, Claude (1973), *Le livre de comptes d'un meunier québécois. Fin XVIIᵉ–début XVIIIᵉ siècle*, Québec, Presses de l'Université Laval.

Jungbluth, Konstanze/Schlieben-Lange, Brigitte (2001), *Sprache und Geschlechter*, in : Günter Holtus/Michael Metzeltin/Christian Schmitt (edd.), *Lexikon der Romanistischen Linguistik*, vol. I/2, Tübingen, Niemeyer, 331–348.

Klöden, Hildegard (1987), *Zur lexikalischen Dynamik der französischen Schriftsprache vom 17. bis 20. Jahrhundert. Frequenzverschiebungen synonymer Bezeichnungsvarianten*, Passau, Haller.

Koch, Peter (1999), *« Gesprochen / geschrieben » – eine eigene Varietätendimension*, in : Norbert Greiner/Joachim Kornelius/Giovanni Rovere (edd.), *Texte und Kontexte in Sprachen und Kulturen. Festschrift für Jörn Albrecht*, Trier, Wissenschaftlicher Verlag Trier, 141–168.

Koch, Peter (2002), *Diachronische Varietätenlinguistik : extern und intern*, in : Andreas Wesch (ed.), *Sprachgeschichte als Varietätengeschichte. Beiträge zur diachronen Varietätenlinguistik des Spanischen und anderer romanischer Sprachen* (anläßlich des 60. Geburtstages von Jens Lüdtke), Tübingen, Stauffenburg, 3–16.

Koch, Peter (2003), *Romanische Sprachgeschichte und Varietätenlinguistik*, in : Gerhard Ernst et al. (edd.), *Romanische Sprachgeschichte. Ein internationales Handbuch zur Geschichte der romanischen Sprachen*, vol. 1, Berlin/New York, de Gruyter, 102–123.

Koch, Peter/Oesterreicher, Wulf (2008), *Comparaison historique de l'architecture des langues romanes*, in : Gerhard Ernst et al. (edd.), *Romanische Sprachgeschichte. Ein internationales*

Handbuch zur Geschichte der romanischen Sprachen, vol. 3, Berlin/New York, de Gruyter, 2575–2610.

Koch, Peter/Oesterreicher, Wulf (²2011 [1990]), *Gesprochene Sprache in der Romania. Französisch, Italienisch, Spanisch*, Berlin/Boston, de Gruyter.

Kramer, Johannes (1997), *Ältere Zeugnisse zu geschlechtsspezifischen Sprachunterschieden*, in : Wolfgang Dahmen et al. (edd.), *Sprache und Geschlecht in der Romania. Romanistisches Kolloquium X*, Tübingen, Narr, 15–42.

Kramer, Johannes (2008), *Romanische Sprachen als Publikationssprachen der Wissenschaft bis zum 18. Jahrhundert*, in : Gerhard Ernst et al. (edd.), *Romanische Sprachgeschichte. Ein internationales Handbuch zur Geschichte der romanischen Sprachen*, vol. 3, Berlin/New York, de Gruyter, 3354–3359.

Krefeld, Thomas (2011), *Sag mir, wo der Standard ist, wo ist er (in der Varietätenlinguistik) geblieben ?* In : Sarah Dessì/Jochen Hafner/Sabine Heinemann (edd.), *Koineisierung und Standardisierung in der Romania*, Heidelberg, Winter, 101–110.

Krefeld, Thomas/Pustka, Elissa (edd.) (2010), *Perzeptive Varietätenlinguistik*, Frankfurt am Main, Lang.

Kristol, Andres (1992), *Que dea ! Mettes le chapron, paillard, com tu parles a prodome ! La représentation de l'oralité dans les Manières de langage du XIVᵉ/XVᵉ siècle*, Romanistisches Jahrbuch 43, 35–64.

Kristol, Andres (2009a), *Textes littéraires et sociolinguistique historique : quelques réflexions méthodologiques*, in : Dorothée Aquino-Weber/Sara Cotelli/Andres Kristol (edd.), *Sociolinguistique historique du domaine gallo-roman. Enjeux et méthodologies*, Bern, Lang, 25–46.

Kristol, Andres (2009b), *Sociolinguistique historique et analyse de la conversation : une nouvelle approche du Journal d'hygiène de Jean Héroard*, Vox Romanica 68, 169–186.

Labov, William (1994), *Principles of Linguistic Change*, vol. 1, Oxford, Blackwell.

Lebsanft, Franz (2005), *Ein Baustein zur Frühgeschichte des Varietätengefüges des Französischen : Langage de Picardie vs. langage de France in einer lettre de rémission von 1388*, in : Kurt Gärtner/Günter Holtus (edd.), *Überlieferungs- und Aneignungsprozesse im 13. und 14. Jahrhundert auf dem Gebiet der westmitteldeutschen und ostfranzösischen Urkunden- und Literatursprachen. Beiträge zum Kolloquium vom 20. bis 22. Juni 2001 in Trier*, Trier, Kliomedia, 359–368.

Lindschouw, Jan/Schøsler, Lene, *Les linguistes, à quel point peuvent-ils se fier aux témoignages écrits pour se prononcer sur la langue parlée des périodes antérieures de la langue ?* (à paraître dans les actes du Congrès de la Société de linguistique romane, Nancy 2013).

Lodge, Anthony R. (1995), *Les Lettres de Montmartre et l'idéologie normative*, Revue de linguistique romane 59, 439–465.

Lodge, Anthony R. (2004), *A Sociolinguistic History of Parisian French*, Cambridge, Cambridge University Press.

Lodge, Anthony R. (2007), *Les Sarcelades de Nicolas Jouin (1684–1757)*, Langage et Société 3, 113–128.

Lodge, Anthony R. (2009), *La sociolinguistique historique et le problème des données*, in : Dorothée Aquino-Weber/Sara Cotelli/Andres Kristol (edd.), *Sociolinguistue historique du domaine gallo-roman. Enjeux et méthodologies*, Bern, Lang, 199–219.

Lodge, Anthony R. (2011), *Standardisation et Koinéisation : Deux approches contraires à l'historiographie d'une langue*, in : Sarah Dessì/Jochen Hafner/Sabine Heinemann (edd.), *Koineisierung und Standardisierung in der Romania*, Heidelberg, Winter, 65–79.

Lodge, Anthony R. (2013), *Graphies non-conventionnelles dans la correspondance privée en France au XVIᵉ siècle*, à paraître dans les *Actes du Congrès de la Société de linguistique romane*, Nancy.

Lusignan, Serge (2012), *Essai d'histoire sociolinguistique. Le français picard au Moyen Âge*, Paris, Garnier.

Maaß, Christiane (2011), *Zur einzelfachspezifischen Binnendifferenzierung im Bereich der Wissenschaftssprache. Untersuchung an einem gemischten Korpus französischer Fachaufsätze*, in : Wolfgang Dahmen et al. (edd.), *Die romanischen Sprachen als Wissenschaftssprachen. Romanistisches Kolloquium XXIV*, Tübingen, Narr, 275–295.

Martineau, France (2010), *Les écrits privés : du manuscrit à la contextualisation*, in : Jean-Pierre Bardet/Elisabeth Arnoul/François-Joseph Ruggiu (edd.), *Les écrits du for privé en Europe du Moyen Âge à l'époque contemporaine*, Bordeaux, Presses Universitaires de Bordeaux, 613–630.

Martineau, France (ed.), *Voies du français*, <http://polyphonies.uottawa.ca> (04.12.2013).

Martineau, France (ed.), *Corpus de français familier ancien*, in : *Laboratoire de français familier ancien*, <http://polyphonies.uottawa.ca> (04.12.2013).

Martineau, France/Bénéteau, Marcel (2010), *Incursion dans le Détroit. Édition critique du Jour Naille Commansé Le 29 octobre 1765 pour Le voiage que je fais au Mis a Mis*, Quebec City, Presses de l'Université Laval.

Martineau, France/Mougeon, Raymond (2003), *Sociolinguistic Research on the Origins of* ne *Deletion in European and Quebec French*, Language 79:1, 118–152.

Mattheier, Klaus J. (1987), *Alter, Generation*, in : Ulrich Ammon/Norbert Dittmar/Klaus J. Mattheier (edd.), *Sociolinguistics. Soziolinguistik. Ein internationales Handbuch zur Wissenschaft von Sprache und Gesellschaft*, vol. 1, Berlin/New York, De Gruyter, 78–85.

Michel, Andreas (2008), *Romania virtu@lis*, Hamburg, Kovač.

Möhren, Frankwalt (2005), *Le DEAF – Base d'un atlas linguistique de l'ancien français ?*, in : Martin-Dietrich Glessgen/André Thibault (edd.), *La lexicographie différentielle du français et le Dictionnaire des régionalismes de France*, Strasbourg, Presses Universitaires de Strasbourg, 99–113.

Muller, Bodo (1985), *Le français d'aujourd'hui*, Paris, Klincksieck.

Neumann-Holzschuh, Ingrid/Heinemann, Sabine (2008), *Historische Aspekte geschlechtsspezifischer Sprache in der Romania*, in : Gerhard Ernst et al. (edd.), *Romanische Sprachgeschichte. Ein internationales Handbuch zur Geschichte der romanischen Sprachen*, vol. 3, Berlin/New York, De Gruyter, 2378–2390.

Ondelli, Stefano (2007), *La lingua del diritto. Proposta di classificazione di una varietà dell'italiano*, Roma, Aracne.

Ossenkop, Christina (1999), *Passé simple und passé composé im gesprochenen Französisch des 17. Jahrhunderts. Untersuchungen zu Dialogen in Erzähltexten und dem Journal d'Héroard*, Bonn, Romanistischer Verlag.

Osthus, Dietmar (2011), *« comme en tous arts & sciëces il y ha outre langage que le commun & familier » : zum humanistischen Streit um die angemessene Wissenschaftssprache in Spanien und Frankreich*, in : Wolfgang Dahmen et al. (edd.), *Die romanischen Sprachen als Wissenschaftssprachen. Romanistisches Kolloquium XXIV*, Tübingen, Narr, 103–119.

Pellat, Jean-Christophe (1998), *Les mots graphiques dans des manuscrits et des imprimés du XVIIIe siècle*, in : Nelly Andrieux-Reix/Simone Monsonégo (edd.), *Segments graphiques du français. Pratiques et normalisations dans l'histoire*, Paris, Larousse, 88–104.

Pöckl, Wolfgang (1990), *Französisch : Fachsprachen*, in : Günter Holtus/Michael Metzeltin/Christian Schmitt (edd.), *Lexikon der Romanistischen Linguistik*, vol. V/1, Tübingen, Niemeyer, 267–282.

Prüßmann-Zemper, Helga (1986), *Entwicklungstendenzen und Sprachwandel im Neufranzösischen. Das Zeugnis des Héroard und die Genese des gesprochenen Französisch* (Dissertation), Bonn, Rheinische Friedrich-Wilhelms-Universität.

Prüßmann-Zemper, Helga (2008), *Die diastratischen und diasituativen Varietäten der romanischen Sprachen aus historischer Sicht : Französisch und Okzitanisch*, in : Gerhard Ernst et al. (edd.), *Romanische Sprachgeschichte. Ein internationales Handbuch zur Geschichte der romanischen Sprachen*, vol. 3, Berlin/New York, de Gruyter, 2355–2365.

Quémada, Bernard (1955), *Introduction à l'étude du vocabulaire médical (1600– 1710)*, Paris, Belles Lettres.

Radtke, Edgar (1994), *Gesprochenes Französisch und Sprachgeschichte. Zur Rekonstruktion der Gesprächskonstitution in Dialogen französischer Sprachlehrbücher*, Tübingen, Niemeyer.

Rey, Alain/Duval, Frédéric/Siouffi, Gilles (2007), *Mille ans de langue française. Histoire d'une passion*, Paris, Perrin.

Schafroth, Elmar (2005), *Pour une diachronie du français parlé*, in : Brigitte Horiot et al. (edd.), *Mélanges offerts au professeur Lothar Wolf*, Lyon, Centre d'Études Linguistiques Jacques Goudet, 419–445.

Schlindwein, Christel (2003), *« .. je ne me lasse point de te lire ». Zur Sprachgeschichte des Alltags in französischen Briefen in Deutschland (1792–1813)*, Frankfurt am Main et al., Lang (avec CD-Rom).

Schmitt, Christian (1998), *Sprachkultur und Sprachpflege in Frankreich*, in : Albrecht Greule/Franz Lebsanft (edd.), *Europäische Sprachkultur und Sprachpflege*, Tübingen, Narr, 215–243.

Schweickard, Wolfgang (1987), *Die « cronaca calcistica ». Zur Sprache der Fußballberichterstattung in italienischen Sporttageszeitungen*, Tübingen, Niemeyer.

Seguin, Jean-Pierre (1998), *Les incertitudes du mot graphique au XVIIIe siècle*, in : Nelly Andrieux-Reix/Simone Monsonégo (edd.), *Segments graphiques du français. Pratiques et normalisations dans l'histoire*, Paris, Larousse, 105–124.

Selig, Maria (1997), *Mündlichkeit in mittelalterlichen Texten*, in : Martin-Dietrich Glessgen/Franz Lebsanft (edd.), *Alte und neue Philologie*, Tübingen, Niemeyer, 201–225.

Selig, Maria (2011), *Konzeptionelle und/oder diaphasische Variation*, in : Sarah Dessì/Jochen Hafner/ Sabine Heinemann (edd.), *Koineisierung und Standardisierung in der Romania*, Heidelberg, Winter, 111–126.

Sinner, Carsten (2013), *Varietätenlinguistik. Eine Einführung*, Tübingen, Narr.

Söll, Ludwig (³1985 [1974]), *Gesprochenes und geschriebenes Französisch*, Berlin, Schmidt.

Stefenelli, Arnulf (1992), *Das Schicksal des lateinischen Wortschatzes in den romanischen Sprachen*, Passau, Rothe.

Stefenelli, Arnulf (2000), *Von der Prestigevariante zur Normalbezeichnung*, in : Martine Guille/Reinhard Kiesler (edd.), *Romania una et diversa. Philologische Studien für Theodor Berchem zum 65. Geburtstag*, vol. 1, Tübingen, Narr, 341–353.

Stein, Peter (1987), *Kreolsprachen als Quelle für das gesprochene Französisch des 17. und 18. Jahrhunderts*, Archiv für das Studium der neueren Sprachen und Literaturen 224, 52–66.

Steuckardt, Agnès (2013), *Le français écrit des Poilus peu lettrés (1914–1918)*, in : Carnet de Praxiling, http://praxiling.hypotheses.org/188 (24.04.2015).

Thun, Harald (2005), *Literarisierte Mündlichkeit und Sprachwandel*, in : Claus D. Pusch/Johannes Kabatek/Wolfgang Raible (edd.), *Romanistische Korpuslinguistik II. Romance Corpus Linguistics II. Korpora und diachrone Sprachwissenschaft / Corpora and Diachronic Linguistics*, Tübingen, Narr, 85–108.

Tittel, Sabine (2004), *Die « Anathomie » in der « Grande Chirurgie » des Gui de Chauliac. Wort- und sachgeschichtliche Untersuchungen und Edition*, Tübingen, Niemeyer.

Trotter, David (2005), *Traitier de cyrurgie. Édition de la traduction en ancien français de la Chirurgie d'Abū'l Qāsim Halaf Ibn 'Abbās al-Zahrāwī du manuscrit BNF, français 1318*, Tübingen, Niemeyer.

Vedrenne-Fajolle, Isabelle (2012), *Les Pratiques linguistiques des médecins, auteurs, traducteurs ou copistes de traités médicaux. L'exemple des maladies de peau (XIIIe–XVe siècles)*, in : Joëlle Ducos (ed.), *Sciences et langues au Moyen Âge. Wissenschaften und Sprachen im Mittelalter*, Heidelberg, Winter, 173–224.

Videsott, Paul (2013), *Les débuts du français à la Chancellerie royale : analyse scriptologique des chartes de Philippe III (1270–1285)*, Revue de linguistique romane 77, 3–49.

Völker, Harald (2004), *Zwischen Textedition und historischer Varietätenlinguistik – Tustep-unter-stützte hypertextuelle Strukturen zur Analyse rekontextualisierter Texte*, in : Gottfried Reeg/Martin J. Schubert J. (edd.), *Edieren in der elektronischen Ära*, Berlin, Weidler, 127–144.

Völker, Harald (2011), *Un caso di ambivalenza nella teorizzazione della linguistica variazionale : la diacronia*, in : Anja Overbeck/Wolfgang Schweickard/Harald Völker (edd.), *Lexikon, Varietät, Philologie. Günter Holtus zum 65. Geburtstag*, Berlin/Boston, de Gruyter, 317–328.

Vons, Jacqueline (2011), *Unifier ou expliquer des dénominations anatomiques multiples ? L'exemple des noms des dents dans quelques traités d'anatomie du XVIe siècle*, Le français préclassique 1500–1650 13, 13–26.

Wüest, Jacob (1995), *Les scriptae françaises II. Picardie, Hainaut, Artois, Flandres*, in : Günter Holtus/Michael Metzeltin/Christian Schmitt (edd.), *Lexikon der Romanistischen Linguistik*, vol. II/2, Tübingen, Niemeyer, 300–314.

Hélène Carles et Martin Glessgen

4 La philologie linguistique et éditoriale

Abstract : La philologie comporte la critique textuelle ainsi que les analyses littéraire et linguistique des textes édités. Les objectifs et méthodologies de ces trois aspects de la philologie sont distincts. Le présent article met en relief le rôle de la « philologie linguistique » dans l'établissement du texte et dans sa description. Le traitement linguistique des textes oïliques médiévaux implique les paramètres de l'espace, du temps et des genres textuels (textes littéraires religieux et profanes, textes d'un savoir spécialisé, textes documentaires) ainsi que les différents aléas de la production textuelle. L'établissement des textes peut faire appel à différents types d'édition, mais repose toujours sur une analyse des divers domaines du langage (grapho-phonétique, morphologie, lexique, éventuellement syntaxe textuelle). La philologie linguistique dispose d'une méthodologie établie et efficace, mais souffre d'une faible présence dans l'enseignement universitaire.

Keywords : philologie, ecdotique, genres textuels, lexicographie historique, variation diasystématique

1 Définition de la philologie (linguistique)

Le terme de *philologie* comprend au sens large, et initialement, l'intégralité des sciences littéraires et linguistiques. C'est le sens des concepts allemand *Romanische Philologie* et italien *Filologia romanza*. Dans le sens étroit, actuellement plus répandu, il se réfère à la théorie et la pratique éditoriales qui comportent la critique textuelle, mais également des pans interprétatifs. Il existe une distinction de fait entre une philologie « littéraire » (plus intéressée par les aspects de construction littéraire, de mise en forme textuelle, de stylistique ou de métrique) et une philologie « linguistique » (plus ciblée sur la description des systèmes grapho-phonétiques, morphologiques et syntaxiques et sur les aspects lexicaux). Il est certain que la pratique éditoriale gagne à ne pas opérer de frontière étanche entre ces deux philologies, mais il est aujourd'hui patent que l'on a affaire à deux univers disciplinaires et méthodologiques distincts (cf. Wilhelm 2015, §1 qui décrit en détail les différents aspects de ce clivage).

La *philologie linguistique* est, certes, pratiquée, mais elle n'a jamais été érigée en système (citons p. ex. les travaux de F. Zufferey ou d'A. Varvaro ou encore les réflexions de G. Contini qui sont à la base du « néo-lachmannisme » italien ; cf. Contini 2007, notamment 75–97, *La critica testuale come studio di strutture* [1971]). Or, c'est seulement une fois admise la scission entre philologie littéraire et linguistique qu'il devient possible de définir le rôle de la philologie linguistique autant dans l'établissement et la compréhension du texte que dans la définition de son ancrage spatio-temporel. La *philologie littéraire* a trop longtemps négligé les implications linguistiques ne serait-ce que du travail strictement éditorial. Les scientifiques littéraires ont une telle familiarité des textes qu'ils en ont une connaissance presque intuitive. On pourrait presque dire que, par tradition, ils ne perçoivent pas l'altérité du savoir linguistique puisque la compréhension des textes médiévaux est dans leur discipline un préalable *sine qua non*. Mettre en relief l'importance de la linguistique pour la philologie éditoriale et préciser les interactions entre l'analyse linguistique et l'établissement des textes, contient pourtant un potentiel notable pour la philologie des prochaines années.

Indépendamment de ses orientations plus spécifiques, la philologie éditoriale est une science moins doctrinale que pratique : elle s'exprime par la publication d'éditions de textes et par la réflexion sur les problèmes qui lui sont inhérents bien plus que par une réflexion abstraite et théorique. La complexité de la philologie s'explique par la multitude des cas de figure concrets, par la diversité des disciplines impliquées (littérature, linguistique, histoire) et par les différentes finalités de chacune d'entre elles. S'ajoute par ailleurs sa dimension internationale : la philologie dont la langue d'objet est le français est exercée notamment, en dehors des pays francophones, en Italie, en Allemagne, aux Pays-Bas, dans les pays scandinaves et anglo-américains (cf. Duval 2006). Les nombreuses traditions nationales suivent partiellement des voies différentes, générant ainsi une science « pluricentrique ». L'absence de méthodologie commune a été souvent reprochée à la philologie, mais cette absence est intrinsèque à la discipline ; la philologie consiste plus en un faisceau de règles méthodologiques qu'en une doctrine homogène.

La philologie éditoriale couvre naturellement toute la trajectoire diachronique du français, du IXe siècle jusqu'aujourd'hui. Elle a toutefois connu un développement particulier pour le français médiéval en se concentrant par tradition non seulement sur les textes pleins (cf. infra, 3.2), mais encore sur les textes littéraires. L'extension et la richesse de la production écrite du français médiéval ne sauraient pourtant être réduites à la seule expression littéraire. Dès le Moyen Âge, la complexité des traditions textuelles s'exprime avec une grande intensité (cf. infra, 3.3). Cette période a par conséquent suscité les interrogations philologiques les plus épineuses, même si la Renaissance, les XVIIe et XVIIIe ou les XIXe et XXe siècles demeurent des champs d'études passionnants.

2 Orientation bibliographique

La diversité interne de la philologie explique l'immensité de la bibliographie ayant pour objet cette discipline. Ce constat vaut déjà pour le seul domaine de la langue d'oïl médiévale traité ici. Les répertoires disponibles sont assez complets pour la littérature profane ; concernant les autres genres, ils fournissent des informations plus partielles :

- le *Grundriß der romanischen Literaturen des Mittelalters* (GRLMA 1968–) donne le meilleur aperçu interprétatif pour les différents genres textuels de la littérature profane ainsi que pour les sources historiographiques (vol. 11/1–11/3) ;

- le *Manuel bibliographique de la littérature française du Moyen Âge* de R. Bossuat et de ses successeurs (1951–1986) est presque exhaustif jusqu'au milieu des années 1980 ; il est complété ensuite par la *Bibliographie der französischen Literaturwissenschaft* d'O. Klapp et de sa fille A. Klapp-Lehmann (1960–) ;

- les bibliographies des grands dictionnaires médiévaux intègrent également dans une mesure significative la littérature religieuse et celle d'un savoir spécialisé (cf. infra, 3.4) ;

- d'autres genres très spécifiques ont été traités par la *Typologie des sources du Moyen Âge occidental* de L. Génicot (TypSources, 1972–) ;

- l'*Inventaire systématique* (InvSyst, 1997) décrit la quasi-totalité des manuscrits connus antérieurs à 1250, tous genres textuels confondus (complétés, pour les textes documentaires, par la collection des DocLing, 1204–*ca* 1300) ;

- enfin, l'*Institut de recherche et d'histoire des textes* (IRHT) réunit un nombre considérable d'informations sur des manuscrits individuels et ses fichiers sont en voie de numérisation (cf. <irht.cnrs.fr>).

Les ouvrages de type interprétatif sont légion et ne pourront être mentionnés ici que de manière très ponctuelle. On se reportera notamment, pour de plus amples renvois bibliographiques, au manuel dédié intégralement à la *Philologie de l'édition* dans la collection des *Manuals of Romance Linguistics* (MRL 4, ed. D. Trotter), auquel nous renvoyons de manière systématique. De nombreux aspects de linguistique diachronique, sous-jacents à la philologie linguistique, ont été traités par ailleurs dans la *Romanische Sprachgeschichte* (RSG, 2003–2008, cf. art. 7, 103, 107, 116, 121, 128, 175, 181, 185, 187, 192, 197, 198).

3 Les objets d'observation

3.1 L'espace du français écrit médiéval

Le français médiéval est mis à l'écrit au Bas Moyen Âge dans pratiquement toutes les régions où il est également parlé. L'espace dialectal oïlique tel qu'il se présente au début du XXe siècle dans l'ALF permet une première approche de cette distribution. La tradition médiéviste distingue dans cet espace deux ensembles « scriptologiques », l'un plutôt occidental, l'autre plutôt oriental : les régions plutôt « occidentales » concernent la Normandie, Paris et l'Île-de-France, l'Ouest et la Bretagne romane, le Centre (comprenant l'Anjou, la Touraine et l'Orléanais) et enfin le Sud-Ouest (Vendée, Saintonge et Poitou). Les régions plutôt « (nord-)orientales » sont le Nord et la Flandre française, la Picardie, la Wallonie, la Champagne, la Lorraine, la Franche-Comté, la Bourgogne ainsi que le Bourbonnais (cf. Pfister 1993).

Les analyses dialectométriques récentes à partir des deux atlas de Dees (1980 ; 1987) montrent toutefois un paysage scriptologique plus complexe (cf. Goebl 2012, cartes 17s., 23s.) et plus en cohérence avec la nature linguistique des textes oïliques. Les textes médiévaux ne reflètent pas les variétés dialectales de l'oral, mais correspondent à des variétés régionales semi-artificielles. Celles-ci s'élaborent jusqu'au XIVᵉ siècle dans la logique d'une codification pluricentrique avant de connaître une homogénéisation plus importante, entre autres sous l'impact du modèle parisien (cf. Glessgen 2012b ; ↗1 Le français dans l'histoire : depuis ses origines jusqu'au XVIᵉ siècle).

Quant à l'espace géolinguistique concerné, deux remarques complémentaires s'imposent :

- d'une part, le Poitou n'a pas appartenu tout au long de son histoire à l'espace linguistique oïlique. Initialement occitans, les parlers poitevins se sont orientés de manière significative vers le français, après l'an 1000 ou 1100 (Pignon 1960, 516) ;

- le cas de Paris et de l'Île-de-France (qui n'est plus dialectophone depuis au moins le XVIIIᵉ siècle) soulève d'autres problèmes : cet ensemble est souvent terminologisé comme « francien », mais il n'existe pratiquement pas de texte vernaculaire de Paris avant le milieu du XIIIᵉ siècle. Cela s'explique notamment par le fait que la mégapole réunissait un grand nombre de personnes formées qui ont longtemps fait appel exclusivement à la langue de prestige qu'était le latin (cf. Videsott 2013 ; Grübl 2013). Ainsi, Paris n'a pas pu jouer de rôle réel dans le paysage de l'écrit oïlique avant *ca* 1300. Le terme « francien » ne recouvre donc aucune réalité linguistique avant le XIVᵉ siècle ; son utilisation pour l'époque postérieure reste aussi sujette à caution.

En dehors de ces régions où le français est la langue héréditaire, l'écrit oïlique est également présent, pour des raisons extralinguistiques, en territoire francoprovençal, en Angleterre, dans l'Orient latin et en Italie du Nord :

- Le français est quasiment exclusif à l'écrit dans l'intégralité de l'espace francoprovençal. Les fonctions communicatives se répartissent entre les dialectes francoprovençaux d'une part qui constituent la langue de communication quotidienne et une *scripta* française de type sud-oriental, qui est « importée » en raison de son prestige sociolinguistique. L'écrit oïlique a longtemps été la seule partie visible et il est difficile de définir précisément quel fut l'espace linguistique francoprovençal à l'époque médiévale. Des recherches philologiques et toponymiques récentes ont permis de préciser l'extension du francoprovençal à l'oral qui s'est avérée bien plus large qu'aujourd'hui (en partie la Franche-Comté, la Bourgogne – y inclus Cluny –, la Suisse romande ainsi que la grande région autour de Lyon ; cf. Zufferey 2006 ; Chambon/Müller 2013 ; cf. aussi, pour le domaine aujourd'hui alémanique, Kristol 2002).

- L'implantation du français en Angleterre est essentiellement liée à la conquête normande (1066). Il s'agissait alors d'une langue parlée parmi une élite militaire, politique et culturelle. Sa présence à l'oral est très minoritaire (environ 10.000 colons francophones cohabitent avec près de 1,5 million d'habitants autochtones), mais elle est stable jusqu'au milieu du XIIIe siècle et peut-être au-delà. À l'écrit, le français occupe une place plus importante qu'à l'oral et pendant plus longtemps, l'anglais ne devenant majoritaire qu'à partir de *ca* 1430. La *scripta* française pratiquée en Angleterre est terminologisée comme *anglo-normand*, même si une appellation neutre comme *français insulaire* serait plus adéquate étant donné la diversité de la provenance régionale des immigrants francophones (cf. Trotter 2012 ; 2013 [2014]).

–   En Orient latin, le français est utilisé comme langue acrolectale surtout aux XIIe et XIIIe siècles, notamment dans les États Croisés (Royaume de Jérusalem, Principauté d'Antioche, Comté de Tripoli, 1099–1291) et, plus longtemps, dans le Royaume de Chypre (1197–1489). Si le volume textuel produit en Orient est plus restreint qu'en Angleterre, il comporte néanmoins plusieurs centaines de textes appartenant à des genres divers (cf. les répertoires de Minervini 2010, 142–146 ; 2012, 99–104).

–   La production textuelle oïlique de l'Italie du Nord aux XIIIe et XIVe siècles reste en revanche un phénomène très ponctuel et sans correspondance à l'oral. Les quelques dizaines de textes exclusivement littéraires, rédigés dans ce « français d'Italie » (mal terminologisé comme *franco-italien* ou *franco-vénitien*), correspondent à une *scripta* oïlique donnée (souvent de type nord-oriental) qui comporte de nombreux italianismes, surtout lexicaux et grapho-phonétiques (cf. le recensement à jour de Holtus/Wunderli 2005 et la synthèse scriptologique de Capusso 2007).

3.2 La chronologie textuelle et linguistique

La périodisation du français médiéval répond, dans une optique philologique, essentiellement aux conditions de sa production textuelle. Dans ce sens, on retiendra trois moments-clé, communs aux différentes langues écrites de l'Europe médiévale :

(1)   d'abord, l'émergence des langues vernaculaires à l'écrit, en contexte latin ou sous forme de micro-textes, à partir de *ca* 800,

(2)   la production de textes vernaculaires pleins, à partir de *ca* 1100,

(3)   enfin, la diffusion de l'impression à lettres mobiles transforme les conditions de la « manuscript culture » à partir de *ca* 1500 (cette date se place entre l'invention de Gutenberg en 1453 et la diffusion plus massive des livres imprimés à partir du milieu du XVIe siècle).

On distingue donc une époque préparatoire de l'écrit français médiéval comprise entre *ca* 800 et *ca* 1100 et une époque centrale comprise entre *ca* 1100 et *ca* 1500 qui s'ouvre enfin sur une époque moderne dont les constellations s'éloignent au fur et à mesure des paramètres médiévaux.

3.2.1 L'époque pré-textuelle

Les premiers éléments romans font leur apparition à l'écrit aux alentours de 800. Cela vaut pour le français tout comme l'occitan, l'italien et les variétés ibéroromanes. Il s'agit de microtextes, souvent avec une forte charge pragmatique, mais il s'agit surtout d'éléments lexicaux, morphologiques voire infra-lexématiques insérés en contexte latin.

Entre les VIe et VIIIe siècles, période de leur émergence à l'oral, les langues romanes n'ont pas laissé que très peu de traces dans l'écrit (cf. néanmoins les légendes monétaires mérovingiennes, Chambon/Greub 2000). L'élaboration de la scripturalité dans les fragments vernaculaires est une conséquence de la Réforme carolingienne qui a entraîné une intensification de la culture de l'écrit. La restauration du latin normatif d'époque antique s'est ainsi accompagnée d'une plus forte conscience linguistique ; le fossé creusé entre le latin et les langues vernaculaires devint de plus en plus apparent (cf. le concile de Tours, 813). Pour pouvoir répondre aux besoins communicatifs d'un monde désormais romanophone, de nombreux éléments vernaculaires sont insérés avec un habillage graphématique et morphologique plus ou moins latinisé.

L'intégration des éléments romans concerne :

– des lexèmes souvent fréquents à l'oral (avec ou sans correspondant en latin écrit de l'Antiquité) qui ont une charge pragmatique particulière dans les documents en question,

– des toponymes dont l'identification dans les actes administratifs ou de la pratique juridique était indispensable et pour lesquels une latinisation aurait pu mettre en cause la bonne compréhension et la validité des actes,

– de manière plus restreinte, certaines marques morphologiques comme l'article défini et certains traits syntaxiques dans l'ordre des constituants.

Parallèlement aux éléments romans en contexte latin dont la nature et le rôle n'ont été décrits que récemment (cf. Chambon 1998 ; Carles 2011), apparaissent des microtextes, étudiés quant à eux très en détail par la philologie romane depuis près d'un siècle. Citons les *Serments de Strasbourg* (en contexte latin, 842 (?), rédaction éventuellement plus tardive, ms. fin Xe s.), dont la romanité est indissociable d'une forte relatinisation. Ces prémices du français à l'écrit ont souvent trompé le regard des chercheurs, qui ont pu y voir l'expression d'un protofrançais alors que l'on sait les langues romanes déjà pleinement formées à cette époque. La compréhension du vernaculaire fragmentaire doit être replacée dans un contexte de l'écrit où le latin est omniprésent et jouit d'un prestige très élevé. L'émergence du français à la scripturalité ne pouvait pas ne pas en tenir compte. Les mécanismes de latinisation sont la réponse la plus habile des scribes à l'insertion progressive de la langue véhiculaire de l'oral. Un peu plus tard, la *Séquence de Sainte Eulalie* (texte et ms. fin du IXe siècle) témoigne d'une plus grande autonomie du français à l'écrit. Mais les témoignages textuels oïliques restent très rares jusqu'au XIᵉ siècle (cf. infra, 3.3.1/3.3.2 et InvSyst 1, 311, *Table chronologique*).

L'émergence des langues romanes à l'époque pré-textuelle concerne presque exclusivement les genres textuels documentaires et, ponctuellement, la littérature religieuse. Par ailleurs, la production littéraire et scientifique reste attachée à la langue classique (cf. Stotz 1996–2004).

L'époque pré-textuelle est d'une importance capitale pour appréhender la nature des langues médiévales dans les premiers siècles de leur histoire et pour cerner la lente élaboration de leur système graphématique. Cette période, longtemps mise à l'écart par la linguistique historique, jette une lumière utile sur l'émergence que l'on a longtemps cru soudaine des textes littéraires romans pleins, comme la *Chanson de Roland* vers 1100.

3.2.2 La langue médiévale à l'époque textuelle

L'époque textuelle est traditionnellement la seule considérée par la philologie car les scientifiques ont trop longtemps confondu la genèse d'une langue à l'écrit avec sa genèse à l'oral. L'époque des textes pleins s'ouvre d'emblée sur une riche production littéraire représentée entre autres par les romans en vers de Wace ou de Chrétien de Troyes. La diffusion du papier au détriment du parchemin comme support de l'écrit à partir des XIIIᵉ et XIVᵉ siècles s'accompagne ensuite d'une forte intensification de l'écrit pour tous les genres textuels (cf. infra, 3.3). La prolifération des copies de textes à travers les siècles constitue d'ailleurs l'une des plus grandes difficultés des éditeurs modernes à cerner de manière adéquate la textualité médiévale (cf. infra, 4.1).

À l'intérieur de cette période textuelle se place, en français, le passage de l'ancien au moyen français que l'on date de manière conventionnelle aux alentours de 1350. D'un point de vue linguistique interne, cette progression est traditionnellement définie par l'abandon de la flexion à deux cas (dont les manquements se relèvent dès les premiers témoins écrits) et par la fixation de l'ordre des constituants (SVO). La chronologie et, encore plus, la réalité ontologique de ce changement linguistique restent sujettes à caution (cf. Baum 2003). Les évolutions qui se manifestent au niveau *textuel* entre le XIIIᵉ et le XVᵉ siècle sont toutefois considérables et témoignent d'une oralité vernaculaire en perpétuelle transformation.

Des problèmes de périodisation se posent également pour déterminer la fin de la période médiévale. La transformation des pratiques textuelles liées à la diffusion des livres imprimés est une donnée objective. Ce facteur externe se double toutefois de la transformation interne qu'est le passage du moyen français au français moderne. Nous ne reproduirons pas dans ce cadre toutes les étiquettes chronologiques appliquées au français (pré-classique, classique etc.) qui, dans une optique grapho-centrique, morcellent la langue sans tenir compte du caractère permanent de son évolution. Concernant les paramètres liés au changement linguistique du français à cette époque, nous retenons comme orientation générale l'étude quantificatrice de notre regrettée amie Claire Vachon (2010) qui permet de placer entre *ca* 1480 et *ca* 1630 les transformations internes constitutives de l'élaboration de la norme classique du français.

Les questions philologiques appliquées à l'époque moderne sont bien entendu extrêmement variées, autant concernant la gestion des textes manuscrits que celle des textes imprimés (cf. p. ex. Duval 2015 pour l'époque trop négligée du XVIIe siècle). Enfin, la nouvelle révolution médiale de l'informatique et de l'internet, qui fait écho à la révolution de Gutenberg, clôt – toujours en termes philologiques – les cinq siècles de la période moderne comprise entre *ca* 1500 et *ca* 2000 pour s'ouvrir sur une nouvelle époque de l'écrit du français.

Ce simple aperçu met en évidence que le traitement philologique des époques pré-textuelle et textuelle fait appel à des méthodologies différentes et qu'il ouvre également d'autres perspectives, autant sur les textes que sur leurs contextes. Ici, comme ailleurs, ce sont davantage les facteurs « externes » et non de linguistique interne qui déterminent les approches philologiques.

3.3 Les genres textuels

L'écrit médiéval s'inscrit dans le cadre de genres textuels qui correspondent à des contextes communicatifs définis dont ils représentent une mise en forme emblématique. La structure textuelle de ces genres et, partiellement, leur vocabulaire traversent les différentes langues, et leur catégorisation pour le français est également valable pour les autres langues médiévales. De manière très générale, il est possible de distinguer cinq ensembles textuels qui sont, pour la plupart, fortement articulés (cf. pour ce chapitre GRLMA ; InvSyst ; Glessgen 2012a, 422–433).

3.3.1 Les sources à forte charge pragmatique

Les sources à forte charge pragmatique apparaissent comme les tout premiers témoignages vernaculaires à l'écrit. Pour le français, mentionnons le glossaire de Kassel (VIIIe/IXe s.) et, de nouveau, les *Serments de Strasbourg* (842, ms. fin Xe s.). Ces sources restent toutefois, à l'époque pré-textuelle, très restreintes en nombre et en volume. Malgré leur transmission comme témoins uniques, ces textes ou para-textes, souvent fragmentaires et proches du latin, sont extrêmement difficiles à comprendre et à cerner d'un point de vue linguistique. Les difficultés d'interprétation et leur rôle de précurseurs expliquent que ces témoignages ont connu de nombreuses éditions et des études très minutieuses (on prendra pour exemple les 40 pages denses de Berschin/Berschin/Schmidt 1981 sur la *Passion de Augsburg*, longue d'une ligne de manuscrit, et réinterprétée par Hilty 1994 comme étant non pas du français, mais de l'occitan).

3.3.2 La littérature religieuse

Les textes religieux apparaissent également très tôt en français, avec des textes hagiographiques (*Séquence de Sainte Eulalie* fin IXe s., *Vie de saint Léger* franco-occitane Xe s., *Vie de saint Alexis* fin XIe s., *Voyage de saint Brendan* déb. XIIe s.). La littérature religieuse vernaculaire prend comme modèle le latin et connaît de nombreuses traductions, notamment de la Bible dont la transmission est souvent partielle et ne devient intégrale qu'à partir de la fin du XIIIe s. On connaît par ailleurs des textes français liés au culte (liturgie, sermons, prières), à la spiritualité (théâtre religieux, traités moraux) ou à la doctrine (règles d'ordres religieux), alors que la discussion théologique ou la littérature pamphlétaire ne se développeront qu'à partir du XVIe siècle en langue vernaculaire (cf. pour le genre des Noëls, Rézeau 2013). Le volume textuel de la littérature religieuse est relativement important, et celle-ci a servi de modèle aux débuts de la littérature profane ; elle est toutefois bien moins étudiée à l'exception du théâtre religieux et des traductions de la Bible (cf. Buridant 2015).

3.3.3 La littérature profane

La littérature profane se développe en français à partir de *ca* 1100, avec les Chansons de gestes (*Chanson de Roland, Cycle de Guillaume*), suivies de près des romans en vers et des *Lais*, puis des romans en prose (roman arthurien), de la littérature allégorique et satirique ou des fabliaux. Les genres littéraires se diversifient notablement par la suite, surtout à partir du XIVe siècle (les genres lyriques musicaux comme les ballades, rondeaux ou complaintes, les nouvelles, les dits et débats, la littérature politique, le théâtre profane). La littérature profane française se fait forte, à travers le Bas Moyen Âge, de plusieurs milliers d'œuvres, souvent transmises par de nombreuses copies. Mais notons que c'est le seul ensemble textuel qui a connu depuis les deux derniers siècles une attention constante et intense de la part des philologues et des linguistes. Grâce aux nombreuses éditions et études, souvent très soignées, cet ensemble textuel fournit les données les plus sûres et les plus immédiatement accessibles au chercheur. Par conséquent, la littérature profane est non seulement surreprésentée en philologie éditoriale mais aussi dans les études sur l'évolution du français.

3.3.4 Les textes d'un savoir élaboré ou pratique

Les textes d'un savoir élaboré réunissent des domaines de connaissances très divers, mais qui ont en commun une tradition séculaire, dans laquelle les facteurs d'imitation et de variation se répondent. La tradition la plus dense concerne les textes médico-biologiques (chirurgie, art dentaire, traités de cautérisation ; pharmacopée, herbiers ; hippiatrie et médecine des rapaces), souvent d'ascendance lointaine arabe et grecque. Les textes mathématiques et astronomiques/astrologiques sont moins nombreux, de même que les traités juridiques ou rhétoriques, plus souvent circonscrits à la langue latine. En revanche, les genres historiographiques (chroniques, annales) connaissent un certain développement en français. La plupart de ces traditions textuelles apparaissent au XIIᵉ siècle, mais se développent surtout aux XIVᵉ et XVᵉ siècles.

Les textes d'un savoir pratique, ou – pour employer une formulation paradoxale – d'un savoir « non livresque » (D. Trotter) concernent une série de petits genres de faible tradition textuelle et souvent sans antécédents latins (traités d'agriculture, de chasse, d'arpentage, de cuisine, de peinture, cartes géographiques, collections de proverbes).

Dans l'ensemble, cette multitude de textes, riche en variation lexicale plus qu'en diversité syntaxique, n'a été que partiellement prise en considération par la recherche philologique.

3.3.5 Les textes documentaires

L'ensemble textuel de loin le plus grand est celui des textes documentaires émanant de la gestion, de la pratique judiciaire ou de l'administration. Les premiers actes en français apparaissent vers 1200 (Douai, 1204) – après quelques rares antécédents anglo-normands (Trotter 2015, §4.3) –, mais l'utilisation de la langue vernaculaire au détriment du latin s'accélère considérablement à partir de 1300. La pratique judiciaire produit de nombreux actes (consignant surtout des ventes et des donations pieuses, des accords et des arbitrages), la gestion foncière et le commerce engendrent des relevés et listes, des livres de comptes ou encore des lettres. La diversité syntaxique et lexicale de l'écrit documentaire est considérable et largement sous-exploitée allant bien au-delà des éléments de stéréotypie, trop souvent retenus comme significatifs de ces genres.

3.4 Les aléas de la production textuelle

Si la chronologie des différents ensembles textuels n'est pas identique, cela vaut également pour leur *distribution géolinguistique*. Selon les époques et les régions, la densité et la diversité des genres peuvent varier. L'Angleterre et la Picardie, proche des riches villes commerçantes de la Flandre, sont précoces dans la production vernaculaire tandis que la Bourgogne avec sa forte tradition monastique ou encore Paris, centre d'érudition par excellence, restent fidèles au latin jusqu'au milieu du XIIIᵉ siècle.

Le *volume* global des textes peut être évalué assez précisément pour la littérature profane. Le *Complément bibliographique* du DEAF réunit *ca* 6.000 titres, la bibliographie du DMF *ca* 1.600, celle de l'AND *ca* 1.000 (chiffres qui comprennent des textes voire même des recueils de documents volumineux, mais aussi des textes très courts). Ces entrées se recoupent partiellement et leur nombre est supérieur à celui des textes ou recueils (à cause des différentes éditions d'une œuvre donnée), mais bien inférieur à celui des manuscrits (pour la plupart regroupés sous une seule entrée). La grande majorité des textes réunis par ces bibliographies exemplaires concerne la littérature profane et dans une moindre mesure la littérature religieuse ou les textes d'un savoir élaboré ou pratique ; les textes documentaires, en revanche, sont rares.

Il faudra sans doute supposer un ensemble de 2.000 à 3.000 textes littéraires profanes français écrits à travers quatre siècles entre *ca* 1.100 et *ca* 1.500. L'on peut également supposer que la quasi-totalité des textes littéraires conservés aujourd'hui a été répertoriée dans les bibliothèques du monde et que presque tous ont fait l'objet d'une édition, plus ou moins satisfaisante. Une évaluation chiffrée de la littérature religieuse ou des textes d'un savoir élaboré ou pratique est plus incertaine. Ces textes n'ont pas encore tous été identifiés et leur stade d'édition reste très partiel. Ces ensembles dépassent certainement la littérature profane, mais par un facteur sans doute inférieur à dix. La grande inconnue de la linguistique historique reste l'écrit documentaire dont le volume textuel est supérieur plusieurs milliers de fois à tous les autres genres confondus, mais dont le nombre de textes édités et analysés est très largement inférieur à celui des seuls textes littéraires. C'est donc là que le plus de découvertes reste à faire, même si ce domaine reste en dehors des préoccupations de la philologie littéraire.

L'étude des genres médiévaux doit prendre en considération, à tout moment, le *modèle latin*. Ce dernier est omniprésent pour les professionnels de l'écrit médiéval, presque tous bilingues et certainement conscients des différences autant sociolinguistiques qu'internes entre le code latin et le code français. Entre le début du XIIᵉ et le XVIᵉ siècle, le français écrit a connu dans un processus constant une influence de plus en plus marquée du latin. Toutefois, le français garde son autonomie linguistique ; la syntaxe des chartes françaises, pour prendre un seul exemple, se détache nettement du modèle latin, même si la structure des actes reproduit les schémas textuels élaborés depuis l'Antiquité (cf. la synthèse de Buridant 2015 et le répertoire électronique en cours Duval/Vielliard s. d. ; cf. également, pour l'aspect particulier, mais significatif des textes vernaculaires en caractères hébreux Kiwitt 2015).

Chaque genre entretient par ailleurs une relation particulière avec le phénomène des *copies* et des adaptations textuelles dans le processus de transmission. Les textes littéraires (profanes ou religieux) connaissent souvent de nombreuses copies induisant fréquemment des réinterprétations de contenu. Les textes d'un savoir élaboré répondent plus souvent au schéma de la compilation, intégrant différentes sources dans une nouvelle composition. Les textes documentaires enfin, sont rarement copiés plus de deux ou trois fois (copie contemporaine, transcription dans un cartulaire, copie du cartulaire), mais s'inscrivent par leur caractère sériel dans une suite ininterrompue de réadaptations d'un nombre limité de schémas textuels. Au-delà des attitudes divergentes, certaines constantes se relèvent pour les différents genres : en ligne générale, les copies transforment fortement les systèmes grapho-phonétique et morphologique de leurs antécédents, mais en respectent souvent les choix lexicaux ou syntaxiques.

Enfin, l'*encodage matériel* des textes varie fortement selon les époques ; cela concerne les supports – parchemin, puis papier – et les outils d'écriture, l'évolution des écritures et des modèles de mise en page ou encore l'utilisation de cahiers ou de codex. Ces mêmes contraintes conditionnent la production des différents genres textuels, production qui est réalisée concrètement dans les mêmes établissements (à savoir les *scriptoria* ecclésiastiques et les chancelleries, puis au fur et à mesure, également dans des lieux de travail individuels). En revanche, les textes destinés à jouer un rôle de représentation connaissent l'emploi de matériaux plus précieux et sont écrits dans des écritures plus soignées, alors que les textes d'usage font toujours appel à des cursives moins soignées et à des supports moins coûteux. Cela s'observe également pour certains textes littéraires de genre mineur comme les fabliaux ou les farces.

4 Les approches philologiques

4.1 L'édition

Les textes français médiévaux dans toute leur diversité représentent un ensemble qui se prête aux études les plus diverses. Le point de départ obligé de toute analyse, linguistique ou littéraire, est la description des manuscrits et des textes ainsi que leur édition. L'ecdotique, la théorie de la critique textuelle, représente par conséquent le noyau de toute préoccupation philologique.

Les paramètres généraux sont simples et valent pour tous les genres : il s'agit de réunir l'intégralité des manuscrits qui peuvent être considérés comme des témoins d'un même texte, d'établir les liens de dépendance qui existent entre eux et de choisir un type d'édition donnée. Ces opérations ne sont pas faciles à mettre en œuvre puisqu'elles supposent une bonne connaissance des conditions de conservation du patrimoine écrit médiéval, une bonne compréhension de la langue d'oïl médiévale, une grande familiarité avec les traditions textuelles, des capacités de structuration et une grande rigueur dans le travail de détail. Mais au-delà de ces éléments liés à la formation et à la personnalité des chercheurs individuels, le choix du type d'édition soulève des problèmes théoriques et pratiques parfois insurmontables.

La réflexion ecdotique a occupé de nombreux érudits depuis le XIXᵉ siècle, travaillant essentiellement sur des textes littéraires (citons Karl Lachmann 1793–1851, Gaston Paris 1839–1903, Joseph Bédier 1864–1938, Mario Roques 1875–1961, Paul Maas 1880–1964, Félix Lecoy 1903–1997, Albert Henry 1910–2002, Gianfranco Contini 1912–1990, D'Arco Silvio Avalle 1920–2002 ou encore le regretté Cesare Segre 1928–2014, cf. Carapezza 2015). Grâce à la qualité et la précision de cette tradition interprétative, tous les cas de figure ont pu être envisagés et ont reçu une attention minutieuse.

Les idées de fond peuvent être grossièrement résumées ainsi :

(1) La première étape du recensement des manuscrits formant une tradition textuelle mène à l'établissement d'un stemma qui repose sur les dépendances respectives des manuscrits. Les méthodes pour établir un stemma ont pu être précisées depuis les travaux fondateurs de K. Lachmann (dès 1816) et de J. Bédier (*Le Lai de l'Ombre* 1913 et 1928, cf. Corbellari 1997, 505ss.). Des sondages effectués sur la structure textuelle, sur des passages et sur des lexèmes choisis peuvent donner des orientations précieuses pour éviter une comparaison intégrale des manuscrits. Mais même circonscrite, cette première étape reste indispensable et fastidieuse, puisqu'elle suppose une transcription au moins partielle des différents témoins. La stemmatologie contient par ailleurs un certain potentiel pour des interrogations d'ordre socio-historique. L'identification de la filiation et de la transmission des différents manuscrits permettrait de mieux cerner les lieux de leur genèse et d'établir des liens entre eux.

(2) Le choix pour établir une édition à partir de l'inventaire raisonné qu'est le stemma dépend fortement de la nature de la transmission textuelle :

- il peut s'avérer judicieux de choisir un manuscrit (relativement ancien et relativement complet) comme manuscrit de base et prendre en considération tous les autres manuscrits de la tradition seulement pour apporter des corrections ponctuelles ou pour témoigner d'une divergence lexicale ou textuelle (cf. Leonardi 2011) : c'est l'*édition critique* classique depuis les éditions de J. Bédier du *Lai d'Ombre* (1913) et, surtout, de la version anglonormande de la *Chanson de Roland* (1922) ;

- mais plus une tradition textuelle est éclatée, moins cette solution est satisfaisante. Il est alors possible de retenir plusieurs prototypes textuels en parallèle et de produire pour chacun d'entre eux une édition à part ;

- il est également possible de reconstituer un texte théorique à partir de différents manuscrits, cette solution – fréquente, notamment en Italie – se heurtant toutefois à la forte variation diatopique et diachronique présente dans chaque témoin ;

- enfin, il est possible d'éditer chacun des manuscrits parallèlement : c'est le principe de l'*édition synoptique* comme celle des huit manuscrits des *Fabliaux* (Noomen 1983–1998). Ce type d'édition est possible sous une forme *diplomatique*, c'est-à-dire la reproduction fidèle d'un maximum d'éléments du manuscrit, ou sous une forme *critique*, qui intervient dans la structuration du texte (ponctuation, paragraphes) et admet des émendations pour rendre le texte cohérent (tout en explicitant les diverses interventions).

Il est important de voir que la « qualité » d'une édition repose moins sur le choix du type d'édition – déterminé en grande partie par la nature de la tradition textuelle et par les finalités de l'édition (littéraire ou linguistique, grand public ou érudite) – que sur la cohérence de sa réalisation (choix des critères de transcription, prise en considération de la présentation matérielle des témoins, absence ou non de fautes de transcription, indication plus ou moins précise des interventions éditoriales, nombre et adéquation des émendations). Des paramètres objectifs pour l'évaluation d'une édition donnée sont difficiles à identifier ; notons que la tradition des études d'oïl ne dispose pas, à ce jour, d'un standard généralement reconnu (cf. l'orientation proposée par Bourgain/Guyotjeannin/Vielliard 2001–2002).

Par ailleurs, la révolution médiale de l'internet a ouvert de nouvelles perspectives éditoriales. La technologie informatique permet notamment la combinaison de différents types d'éditions dans un même environnement (édition diplomatique et édition critique combinées comme dans les *Plus anciens documents linguistiques de la France* [DocLing], édition diplomatique d'un témoin défini et édition critique de plusieurs prototypes textuels comme dans le projet de la *Chanson d'Aspremont* [Asprem]). Elle permet également d'intégrer la reproduction photographique des manuscrits (cf. Bozzi 2015) et elle ouvre des nouvelles voies pour la description linguistique des textes (cf. infra, 4.2).

L'informatique a pu renforcer ainsi la tendance actuelle qui consiste à prendre plus fortement en considération les manuscrits individuels comme témoins d'un état de langue et d'une interprétation précise d'un texte. Cette tendance a toujours existé dans la tradition italienne et s'est intensifiée par ailleurs suite à la discussion sur la « New Philology » (cf. Cerquiglini 1989 ; Glessgen/Lebsanft 1997). Pour l'analyse linguistique, les témoins individuels sont en effet plus immédiatement exploitables que les éditions critiques qui reposent sur différentes sources et opèrent des émendations plus ou moins explicites. La référence à un manuscrit unique est même indispensable pour toute étude grapho-phonétique ou morphologique. Toutefois, il reste important de pouvoir se référer à une édition critique lorsque l'on étudie le lexique ou la syntaxe d'un auteur donné car une critique textuelle soignée est indispensable à la bonne compréhension du texte. Les philologues linguistes tendent par conséquent à travailler sur des textes reposant sur peu de manuscrits, voire un seul (cf. l'exemple emblématique de Paul Meyer, Palumbo ms. ; cf. aussi Wilhelm 2015, §2).

Il est enfin important de souligner que l'édition n'est pas séparable de sa description linguistique puisque celle-ci intervient obligatoirement dans l'établissement du texte. Ajoutons que les exploitations souhaitées d'une édition par son auteur conditionnent la nature de celle-ci : la philologie linguistique préfère les éditions de manuscrits individuels tandis que la philologie littéraire préfère les éditions critiques voire reconstructives permettant une lecture suivie. Une édition n'est donc jamais indépendante de son utilisation (parfois seulement potentielle), et elle n'est pas, et ne devrait jamais être, une fin en soi (cf. Beltrami 2013, *A che serve un'edizione critica ?*) : la philologie reste stérile si elle n'interprète pas les textes, soit dans une optique littéraire, linguistique, ou historique.

4.2 La description linguistique

Les éditions médiévistes sont traditionnellement accompagnées d'une introduction comportant des éléments descriptifs concernant autant la tradition textuelle et l'ancrage littéraire que les aspects grapho-phonétiques et morphologiques significatifs du texte. L'établissement du texte est enfin suivi d'un glossaire d'ampleur et d'exigence méthodologique très variable. Ces éléments sont généralement considérés comme appartenant au travail philologique. Cela s'explique par le fait, nous l'avons dit, que l'édition suppose une analyse linguistique préparatoire, pour cerner la valeur des graphèmes, appréhender les variations flexionnelles, comprendre chaque unité lexicale (non seulement pour s'assurer de la cohérence sémantique du texte mais aussi pour segmenter correctement les mots, structurer le contenu par la ponctuation et opérer, si nécessaire, des émendations). Par ailleurs, l'analyse linguistique fournit des informations essentielles pour la localisation et, dans une certaine mesure aussi, pour la datation autant du texte originel (et perdu) que celle des copies transmises. Ce travail préparatoire n'est pas toujours apparent, mais il peut aussi mener, dans une édition donnée, à la rédaction de chapitres linguistiques volumineux.

De manière plus générale, soulignons que tout travail linguistique reposant directement sur des sources textuelles médiévales peut être considéré comme 'philologique'. En effet, la prise en considération de la critique textuelle est indispensable à l'analyse linguistique des témoins médiévaux, où chaque paramètre essentiel – tels le lieu, la date, l'auteur ou le genre textuel – contient une dimension interprétative, souvent délicate. La philologie se réalise également dans une analyse linguistique, même thématique, basée sur un corpus textuel, même si ce corpus a été établi par un tiers. En fin de compte, l'étude de la langue médiévale est tout aussi inséparable d'un socle philologique que l'édition d'un texte ne l'est de son analyse linguistique.

4.2.1 La question de l'optique différentielle

Selon les domaines du langage concernés, l'analyse linguistique dans un cadre éditorial poursuit des finalités variables et appelle des angles d'approches différents. Mais dans tous les cas il faut distinguer les particularités d'un texte ou d'un manuscrit et les caractéristiques de la langue à un moment donné, dans une région ou dans un genre définis. La description philologique s'inscrit donc par définition dans une logique différentielle : qu'est-ce qui est propre au texte/manuscrit en question ? Cette interrogation suppose l'existence d'une référence qui puisse servir de point de comparaison. Or, en l'absence d'un standard médiéval, ce terme de comparaison devrait être l'ensemble des paramètres propres au diasystème du français à l'époque concernée, dans toute sa variation. Concrètement, il faudrait mesurer un texte en le comparant à tous les autres textes oïliques analysés, autrement dit à l'état général de nos connaissances sur la langue médiévale. Toutefois, si l'on dispose aujourd'hui d'excellents dictionnaires qui constituent une référence solide pour le lexique, nulle synthèse n'existe pour les domaines grapho-phonétique, morphologique et syntaxique. Tout éditeur de texte se retrouve donc en face de plusieurs milliers d'autres éditions de texte, contenant chacune un certain nombre d'informations linguistiques – sans compter les données non exploitées par l'éditeur – et doit se positionner dans sa propre description par rapport à cette mosaïque insaisissable. En conséquence, la grande majorité des descriptions linguistiques accompagnant les éditions renoncent à l'exigence de contrastivité et optent pour une procédure traditionnelle et stéréotypée, en s'alignant sur quelques modèles antérieurs considérés comme réussis.

Il est difficile de remédier à cet état de fait puisque les problèmes évoqués sont de nature structurelle. Mais il est important d'en prendre conscience pour pouvoir opérer des choix individuels cohérents et pour pouvoir développer dans les années à venir une stratégie de recherche qui pourrait mener à la fois à une meilleure connaissance de la langue médiévale et à un meilleur fondement du travail différentiel sur les textes et manuscrits.

4.2.2 L'étude grapho-phonétique

Il est regrettable de constater que, traditionnellement, la description grapho-phonétique des introductions aux éditions de texte ne se place pas dans une optique phonologique. Celle-ci, pourtant déjà ancienne, permettrait de cerner le statut des graphèmes et de leur valeur dans une logique de système. Il est certain que les *scriptae* médiévales produisent des formes graphématiques qui n'ont parfois aucune correspondance naturelle avec une prononciation donnée et qui sont le reflet d'interférences entre différentes formes écrites, par exemple :

- la forme *a(i)nrme* 'âme', par interférence entre *an(e)me* et *arme* (cf. Pfister 1993, 37),
- dans la *scripta* lorraine, il existe les variantes *estaule* (avec vocalisation régionale de /b/ préconsonantique), *estauvle* (avec un élément svarabhaktique peut-être lié à l'oral), *estable* (forme latinisante ou/et influencée par des régions voisines sans vocalisation de la bilabiale) et, enfin, *estauble* (emprunt de la *scripta* bourguignonne où la forme reflète une interférence entre les types écrits <able> et <aule>, cf. Glessgen 2008, 450).

Néanmoins le cadrage phonologique permettrait de dépasser le caractère anecdotique de remarques graphocentriques et d'approcher la variation graphématique de manière plus rigoureuse.

Les ouvrages qui peuvent orienter l'analyse grapho-phonétique sont peu nombreux : l'analyse d'ordre phonologique de J.-M. Pierret (1994), la description phonétique de La Chaussée (1989), l'ouvrage fondateur de Fouché (1952–1969) ainsi que les deux *Atlas* de Dees (1980 ; 1987) qui représentent, malgré leurs défauts méthodologiques, les seuls répertoires généraux de la variation dans les *scriptae* oïliques. Le plus important *desideratum* de la recherche serait de réunir – idéalement sur une base de données, par conséquent évolutive – les éléments descriptifs concernant la grapho-phonétique médiévale éparpillés dans les milliers d'éditions existantes. Une telle synthèse demanderait un effort considérable mais rendrait enfin sérieusement envisageable un travail différentiel.

Enfin, il est important de prendre conscience du fait que la variation diatopique, omniprésente dans les *scriptae* médiévales, répond en même temps à des critères sociologiques. Dans un même espace géographique, l'on peut trouver des *scriptae* plus ou moins régionalisées, selon le prestige des rédacteurs, selon la « portée communicative » des textes (Völker 2003) ou selon les genres textuels. Un « lieu d'écriture » médiéval n'est donc pas simplement déterminé par un lieu géographique et il peut même être délocalisé, comme c'est le cas des grandes chancelleries princières (Glessgen 2008 ; Videsott 2013). Soulignons encore que toute étude scriptologique contient une dimension interprétative ecdotique, notamment dans le cas de transmissions textuelles complexes (p. ex. Zinelli 2008).

4.2.3 L'étude morphologique et syntaxique

Le cas de la morphologie flexionnelle est très semblable à celui de la grapho-phonétique. Il existe un important relevé de près de 20.000 graphies verbales (et 500.000 occurrences) du français médiéval, établi par Robert Martin (cf. Martin/Kunstmann 2004). Mais ce relevé est actuellement en cours d'élaboration et ne comporte que partiellement des informations diasystématiques.

Pour les marques grammaticales et la syntaxe, en revanche, la configuration est radicalement différente : les fonctions morphologiques et la structure de la phrase ne font pas partie, traditionnellement, des éléments descriptifs des éditions. L'essor des études syntaxiques date des années 1960, à un moment où les modèles éditoriaux étaient déjà établis depuis longtemps. Curieusement, cette absence ne porte pas un fort préjudice à l'établissement des textes, puisque la cohésion du système grammatical de la langue fait que sa variation ne s'inscrit que très peu dans les dimensions diatopique ou diastratique. Elle suit, au moins pour la syntaxe complexe, les contraintes et les nécessités expressives des genres textuels et des traditions de discours.

Il est néanmoins à déplorer que la philologie linguistique ait largement sous-exploité jusqu'aujourd'hui l'analyse syntaxique des genres textuels. Le manque d'intérêt flagrant pour l'analyse grammaticale de l'ancienne langue se reflète même dans la diffusion des livres. On pense notamment à la faible disponibilité d'ouvrages de référence d'orientation moderne (c'est le cas de *Systèmes morphologiques de l'ancien français* d'Andrieux et Baumgartner 1983 ou encore de la *Grammaire nouvelle de l'ancien français* de C. Buridant 2000, ouvrages tous deux épuisés) au profit de manuels scientifiquement dépassés et conçus pour la préparation des concours de l'enseignement secondaire en France. La recherche sur la syntaxe du français médiéval a certes connu un développement réel dans les dernières décennies. Mais autant dans le domaine de la morphologie que de la syntaxe, les deux traditions philologique et linguistique se sont éloignées de manière particulièrement flagrante.

4.2.4 L'étude lexicale

La lexicologie constitue la part linguistique sans doute la plus présente dans la philologie éditoriale. Pourtant, c'est ici que les points de vue linguistiques et philologiques divergent le plus. La lexicologie médiéviste suppose la compréhension de chaque lexème dans un texte ou un manuscrit donné, et la vérification de sa distribution dans le temps et dans l'espace pour établir un glossaire. Seule la lexicographie de référence garantit dans cette optique une bonne compréhension des textes et peut déterminer de manière non subjective la nomenclature du glossaire. Elle permet également l'établissement de définitions (et non d'équivalences en français moderne) qui s'inscrivent dans l'excellente tradition lexicologique monolingue du français. Cela concerne notamment l'utilisation du FEW, à présent disponible en ligne (<www.atilf.fr/few>), à côté des dictionnaires historiques (Gdf, TL, DEAF, DMF, AND).

Or, les conseils d'établissement de glossaires formulés par des lexicologues (Buridant 1999 ; Chambon 2006) n'ont malheureusement pas eu l'impact souhaitable sur la pratique éditoriale du français médiéval (cf. plus récemment Roques 2011 ; Buridant s. p. ; Möhren 2015). Il n'y a en effet quasiment que les auteurs rattachés directement ou indirectement, par leurs maîtres, aux centres actuels de lexicographie qui produisent des glossaires textuels équilibrés et cohérents. La situation est encore plus grave pour l'analyse des matériaux toponymiques et anthroponymiques présents dans les textes (cf. toutefois les nombreuses études exemplaires de J.-P. Chambon, p. ex. 2014).

Ce constat quelque peu déroutant est récemment contrebalancé par l'essor de la lexicographie informatique. Le *Dictionnaire Électronique de Chrétien de Troyes* (DÉCT), de P. Kunstmann (2013), place la description du vocabulaire de cet auteur emblématique dans un cadre lexicographique moderne et prépare le terrain à des analyses de nature interprétative. Par ailleurs, le vocabulaire contenu dans le corpus des *Plus anciens documents linguistiques de la France* (DocLing) est à présent intégré dans la base lexicographique du DEAFPré et peut être interrogé à partir de celle-ci. On espère que se tisseront ainsi de nouveaux liens entre les textes et les outils de référence et qu'ils permettront une description lexicologique plus adéquate des textes.

Notons enfin qu'il existe, pour le français médiéval, une grande tradition d'études lexicologiques portant sur des auteurs définis ou des thématiques spécifiques (telles que les termes liés à la négation, les formules de salutation, le vocabulaire agricole ou des sentiments) et qui se réclament à juste titre de la philologie.

4.2.5 Problèmes interprétatifs

L'établissement des textes et la description de leurs particularités linguistiques se placent naturellement dans un contexte d'interrogations plus générales. Ainsi, la relation entre l'oral et l'écrit contient un réel potentiel de recherche pour l'analyse des textes médiévaux. Même si l'oral n'est pas immédiatement saisissable, il est omniprésent dans les textes écrits qui s'en détachent de manière plus ou moins marquée. Il serait donc possible de déceler dans les différents genres textuels les deux tendances d'un encodage reflétant les structures de l'oral et celle d'une complexification textuelle de conception scripturale.

Cette opposition rejoint la variation diasystématique dans les *scriptae*. La régionalité de l'écrit médiéval reste également un domaine d'étude particulièrement porteur, même s'il connaît une tradition déjà ancienne. Les récentes possibilités de quantification permettent en effet d'établir avec une réelle précision le degré de régionalité ou de dialectalité d'un texte ou manuscrit donné, ce qui permet de le replacer avec justesse dans le contexte communicatif de l'époque.

Enfin, les interrogations sur le rôle des acteurs individuels dans le paysage de l'écrit permettraient non seulement de mettre en relief l'individualité langagière des textes ou manuscrits singuliers, mais aussi de mieux cerner l'usage et le changement linguistiques. L'identification de la part d'idiosyncrasie des scribes et des auteurs jetterait ainsi un pont entre philologie linguistique et littéraire.

5 Les lieux de la philologie linguistique

Il faut enfin prendre en considération la question des « lieux » où s'exprime la philologie linguistique. Elle emprunte les vecteurs essentiels des sciences modernes tels que l'enseignement, les publications, les rencontres scientifiques ou encore les associations savantes.

Concrètement, les grands dictionnaires de l'ancienne langue restent un des lieux les plus actifs de la philologie linguistique. Par ailleurs, les travaux spécifiques connaissent une bonne présence parmi les publications monographiques, les articles et comptes rendus de revues ainsi que parmi les réalisations en philologie électronique (cf. pour le genre particulièrement développé du compte rendu, Roques 2015).

En revanche, si les rencontres scientifiques sont légion en philologie purement éditoriale ou littéraire, elles sont bien moins fréquentes en philologie linguistique (cf.

pourtant sa présence constante dans les congrès triennaux de la *Société de Linguistique Romane*). Ce constat est corrélé avec la prédominance littéraire dans les associations philologiques (comme la *Société des anciens textes français*, la *Société de langue et de littérature médiévales d'oc et d'oïl* ou la *Société internationale renardienne*). Dans l'enseignement, enfin, la philologie linguistique reste périphérique et il n'existe que très peu de manuels qui s'inscrivent dans son optique (p. ex. Duval 2009 ; Glessgen 2012a, 420–456).

Le constat général est donc double : une réelle existence de la discipline dans les vecteurs de la recherche de pointe s'oppose à une assez faible présence dans l'enseignement et dans les cercles habituels de communication scientifique. L'on peut souhaiter que s'opère un rééquilibrage dont la réalisation supposerait toutefois que la linguistique théorique autant que la philologie littéraire reconnaissent à la philologie linguistique sa légitimité de droit.

6 Bibliographie

ALF = Gilliéron, Jules/Edmont, Edmond (1902–1910), *Atlas linguistique de la France*, 15 vol., Paris, Champion.

AND = Stone, Louise/Rothwell, William (edd.) (¹1977–1992), *Anglo-Norman Dictionary*, London, Modern Humanities Research Association ; Rothwell, William/Gregory, Stewart/Trotter, David (edd.) (²2005), *Anglo-Norman Dictionary. Second edition, ib.* [A-E] ; Trotter, David (ed.) (²2009–), *Anglo-Norman Dictionary* (version en ligne) [F-] <www.anglo-norman.net> (30.04.2015).

Andrieux, Nelly/Baumgartner, Emmanuelle (1983), *Systèmes morphologiques de l'ancien français. A. Le verbe*, Bordeaux, Éd. Bière.

Asprem = *La chanson d'Aspremont*. Projet d'édition électronique <chansondaspremont.eu> (30.04.2015).

Baum, Richard (2003), *Periodisierung in der romanistischen Sprachgeschichtsschreibung*, in : Gerhard Ernst et al. (edd.), *Romanische Sprachgeschichte / Histoire linguistique de la Romania*, vol. 1, Berlin/New York, de Gruyter, 45–53.

Beltrami, Pietro (2013), *A che serve un'edizione critica ? Leggere i testi della letteratura romanza medievale*, Bologna, il Mulino.

Berschin, Helmut/Berschin, Walter/Schmidt, Rolf (1981), *« Augsburger Passionslied ». Ein neuer romanischer Text des X. Jahrhunderts*, in : Walter Berschin/Reinhard Düchting (edd.), *Lateinische Dichtungen des X. und XI. Jahrhunderts. Festgabe für Walther Bulst zum 80. Geburtstag*, Heidelberg, Schneider, 251–279.

Bossuat, Robert (1951), *Manuel bibliographique de la littérature française du Moyen Âge*, Melun, Librairie d'Argences [Bossuat, Robert (1955), *Supplément* [1949–1953] ; Bossuat, Robert/Monfrin, Jacques (1961), *Second supplément* [1954–1960] ; Vielliard, Françoise/Monfrin, Jacques (1986), *Troisième supplément* [1960–1980].

Bourgain, Pascale/Guyotjeannin, Olivier/Vielliard, Françoise (2001–2002), *Conseils pour l'édition des textes médiévaux*, 3 vol., Paris, Comité des travaux historiques et scientifiques/ENC.

Bozzi, Andrea (2015), *Entre texte et image : la méthode de Pise*, in : David Trotter (ed.), *Manuel de la philologie de l'édition*, Berlin/Boston, de Gruyter.

Buridant, Claude (1999), *Proposition de protocole pour la confection de lexiques de français préclassique*, Le Français préclassique 6, 115–133.

Buridant, Claude (2000), *Grammaire nouvelle de l'ancien français*, Paris, SEDES.

Buridant, Claude (2015), *Édition et traduction*, in : David Trotter (ed.), *Manuel de la philologie de l'édition*, Berlin/Boston, de Gruyter.

Buridant, Claude (s. p.), *Éditions de textes médiévaux en français et lexicographie : variantes, glossairistique et traduction*, in : 27e CILPR, Nancy, section17.

Capusso, Maria Grazia (2007), *La produzione franco-italiana dei secoli XIII e XIV : convergenze letterarie e linguistiche*, in : Renato Oniga/Sergio Vatteroni (edd.), *Plurilinguismo letterario*, Soveria Mannelli, Rubbettino, 159–204.

Carapezza, Francesco (2015), *Entre théorie et pratique en ecdotique galloromane*, in : David Trotter (ed.), *Manuel de la philologie de l'édition*, Berlin/Boston, de Gruyter.

Carles, Hélène (2011), *L'émergence de l'occitan pré-textuel. Analyse linguistique d'un corpus auvergnat (IXe–XIe siècles)*, Strasbourg, SLiR/ÉLiPhi.

Cerquiglini, Bernard (1989), *Éloge de la variante. Histoire critique de la philologie*, Paris, Seuil.

Chambon, Jean-Pierre (1998), *L'identité langagière des élites cultivées d'Arvernie autour de l'an Mil et la « scripta latina rustica » : réflexions à propos du « breve de libros » du chapitre cathédral de Clermont (984–1110)*, Revue de Linguistique Romane 62, 381–408.

Chambon, Jean-Pierre (2006), *Lexicologie et philologi : réflexion sur les glossaires d'éditions de textes (français médiéval et préclassique, ancien occitan)*, Revue de Linguistique Romane 70, 123–142.

Chambon, Jean-Pierre (2014), *Contributions à la toponymie de la Lozère, principalement d'après les sources médiévales*, Revue de Linguistique Romane 78, 147–202.

Chambon, Jean-Pierre/Greub, Yan (2000), *Données nouvelles pour la linguistique gallo-romane : les légendes monétaires mérovingiennes*, Bulletin de la Société de Linguistique de Paris 95, 147–182.

Chambon, Jean-Pierre/Müller, Wulf (2013), *Le nom de lieu déhydronomique « Lutran » (Haut-Rhin) : un indice du francoprovençal submergé dans le Sundgau alsacien*, in : Albrecht Greule et al. (edd.), *La région de Bâle et les rives du Rhin de l'Antiquité au Moyen Âge*, Stuttgart, Kohlhammer, 107–117.

Contini, Gianfranco (2007), *Frammenti di filologia romanza. Scritti di ecdotica e linguistica (1932–1989)*, ed. Giancarlo Breschi, 2 vol., Firenze, Edizioni del Galluzzo.

Corbellari, Alain (1997), *Joseph Bédier, écrivain et philologue*, Genève, Droz.

DEAF = Baldinger, Kurt/Möhren, Frankwalt/Städtler, Thomas (edd.) (1979–), *Dictionnaire étymologique de l'ancien français*, Tübingen, Niemeyer/Berlin et al., de Gruyter.

DEAFPré = *Dictionnaire étymologique de l'ancien français. Version en ligne* <http://deaf-server.adw.uni-heidelberg.de>.

Dees, Antonij (1980), *Atlas des formes et des constructions des chartes françaises du 13e siècle*, Tübingen, Niemeyer.

Dees, Antonij (1987), *Atlas des formes linguistiques des textes littéraires de l'ancien français*, Tübingen, Niemeyer.

DMF = Martin, Robert (ed.) (2014), *Dictionnaire du moyen français*, édition électronique <www.atilf.fr/dmf> (30.04.2015).

DocLing = *Les plus anciens documents linguistiques de la France (DocLing). Édition électronique*, dirigée par Martin Glessgen, en partenariat avec Frédéric Duval et Paul Videsott. Deuxième édition entièrement revue et élargie (²2013) <rose.uzh.ch/docling> (30.04.2015).

Duval, Frédéric (ed.) (2006), *Pratiques philologiques en Europe. Actes de la journée d'étude à l'École des chartes le 23 septembre 2003*, Paris, École des chartes.

Duval, Frédéric (2009), *Le français médiéval*, Turnhout, Brepols.

Duval, Frédéric (2015), *Les éditions de textes du XVIIe siècle*, in : David Trotter (ed.), *Manuel de la philologie de l'édition*, Berlin/Boston, de Gruyter.

Duval, Frédéric/Vielliard, Françoise (s. d.), *Le miroir des classiques* (Éditions en ligne de l'Ecole des chartes, 17), http://elec.enc.sorbonne.fr/miroir (30.04.2015).

Fouché, Pierre (1952–1969), *Phonétique historique du français*, 3 vol., Paris, Klincksieck.

Gdf = Godefroy, Frédéric (1880–1902), *Dictionnaire de l'ancienne langue française et de tous ses dialectes du ixe au xve siècle*, 10 vol., Paris, Bouillon.

Glessgen, Martin (2008), *Les lieux d'écriture dans les chartes lorraines du XIIIe siècle*, Revue de Linguistique Romane 75, 391–468.

Glessgen, Martin (2012a), *Linguistique romane. Domaines et méthodes en linguistique française et romane*, 2e éd. intégralement remaniée (^1 2007), Paris, Colin.

Glessgen, Martin (2012b), *Trajectoires et perspectives en scriptologie galloromane*, Medioevo Romanzo 36, 5–23.

Glessgen, Martin/Lebsanft, Franz (edd.) (1997), *Alte und neue Philologie*, Tübingen, Niemeyer.

Goebl, Hans (2012), *L'aménagement scripturaire du domaine d'oïl médiéval à la lumière des calculs de localisation d'Anthonij Dees effectués en 1983 : une étude d'inspiration scriptométrique*, publication électronique (<medioevoromanzo.it>, seminario, 2011, *Il problema della scripta*) (30.04.2015).

GRLMA = Jauss, Hans Robert, et al. (edd.) (1968–), *Grundriß der romanischen Literaturen des Mittelalters*, Heidelberg, Winter.

Grübl, Klaus (2013), *La standardisation du français au Moyen Âge : point de vue scriptologique*, Revue de Linguistique Romane 77, 343–383.

Hilty, Gerold (1994), *La « Passion d'Augsbourg », reflet d'un poème occitan du Xe siècle*, in : Jacqueline Cerquiglini-Toulet/Olivier Collet (edd.), *Mélanges de philologie et de littérature médiévales offerts à Michel Burger*, Genève, Droz, 231–244.

Holtus, Günter/Wunderli, Peter (2005), *Franco-italien et épopée franco-italienne*, in : Hans Robert Jauss et al. (edd.), *Grundriß der romanischen Literaturen des Mittelalters*, vol. 3, t. 1/2, fasc. 10, Heidelberg, Winter.

InvSyst = Frank, Barbara/Hartmann, Jörg (1997), *Inventaire systématique des premiers documents des langues romanes*, 5 vol., Tübingen, Narr.

Kiwitt, Marc (2015), *L'ancien français en caractères hébreux*, in : David Trotter (ed.), *Manuel de la philologie de l'édition*, Berlin/Boston, de Gruyter.

Klapp, Otto/Klapp-Lehmann, Astrid (1960–), *Bibliographie der französischen Literaturwissenschaft*, Frankfurt am Main, Klostermann.

Kristol, Andres (2002), *Traces toponymiques du francoprovençal submergé en Suisse alémanique occidentale*, Vox Romanica 61, 222–244.

Kunstmann, Pierre (2013), *Dictionnaire Électronique de Chrétien de Troyes*, LFA/Université d'Ottawa, ATILF/Université de Lorraine, www.atilf.fr/dect (30.04.2015).

La Chaussée, François (de) (1989), *Initiation à la phonétique historique de l'ancien français*, Paris, Klincksieck.

Leonardi, Lino (2011), *Il testo come ipotesi (critica del manoscritto-base)*, Medioevo Romanzo 35, 5–34.

Martin, Robert/Kunstmann, Pierre (2004), *Base de graphies verbales* <www.atilf.fr/bgv> (actuellement indisponible).

Minervini, Laura (2010), *Le français dans l'Orient Latin (XIIIe–XIVe siècles). Éléments pour la caractérisation d'une « scripta » du Levant*, Revue de Linguistique Romane 74, 121–198.

Minervini, Laura (2012), *Les emprunts arabes et grecs dans le lexique français d'Orient (XIIIe–XIVe siècles)*, Revue de Linguistique Romane 76, 99–197.

Möhren, Frankwalt (2015), *L'art du glossaire d'édition*, in : David Trotter (ed.), *Manuel de la philologie de l'édition*, Berlin/Boston, de Gruyter.

Noomen, Willem (1983–1998), *Nouveau recueil complet des fabliaux (NRCF)*, 10 vol., Assen, Van Gorcum.

Palumbo, Giovanni (ms.), *Sur les pas de Paul Meyer : l'édition des textes médiévaux entre théorie et pratique*.

Pfister, Max (1993), *Scripta et koinè en ancien français aux XIIe et XIIIe siècles*, in : Pierre Knecht/ Zygmunt Marzys (edd.), *Écriture, langues communes et normes (Neuchâtel, 21–23 septembre 1988)*, Genève, Droz/Neuchâtel, Faculté des Lettres, 17–41 [réimprimé in : Glessgen, Martin/ Schweickard, Wolfgang (edd.), *Ex traditione innovatio. Miscellanea in honorem Max Pfister septuagenarii oblata*, vol. 1, Darmstadt, Wissenschaftliche Buchgesellschaft, 2002, 99–123].

Pierret, Jean-Marie (1994), *Phonétique historique du français et notions de phonétique générale*, Louvain-la-Neuve, Peeters.

Pignon, Jacques (1960), *L'évolution phonétique des parlers du Poitou (Vienne et Deux-Sèvres)*, 2 vol., Paris, d'Artrey.

Rézeau, Pierre (2013), *Les Noëls en France aux XVe et XVIe siècles. Édition et analyse*, Strasbourg, SLiR/ ÉLiPhi.

Roques, Gilles (2011), *Typologie des glossaires des éditions de textes de français médiéval*, in : Eurolab, *Dynamique des langues vernaculaires dans l'Europe de la Renaissance. Acteurs et lieux*, Séminaire doctoral n° 1 : *Langues et glossaires* (Liège, 17 mai 2010, ‹eurolab.meshs.fr›) (30.04.2015).

Roques, Gilles (2015), *Défense et illustration du compte rendu scientifique*, in : David Trotter (ed.), *Manuel de la philologie de l'édition*, Berlin/Boston, de Gruyter.

RSG = Gerhard Ernst et al. (edd.), *Romanische Sprachgeschichte / Histoire linguistique de la Romania. Ein internationales Handbuch zur Geschichte der romanischen Sprachen und ihrer Erforschung / Manuel internationel d'histoire linguistique de la Romania* (Handbücher zur Sprach- und Kommu- nikationswissenschaft, HSK 23/1–23/3), Berlin/New York, Mouton de Gruyter, 3 vol. (2003, 2006, 2008).

Stotz, Peter (1996–2004), *Handbuch zur lateinischen Sprache des Mittelalters*, 5 vol., München, Beck.

TL = Tobler, Adolf/Lommatzsch, Erhard (poursuivi par Hans H. Christmann et Richard Baum) (1925– 1936 ; 1954–2002), *Altfranzösisches Wörterbuch*, 11 vol., Berlin, Weidmann/Wiesbaden, Steiner.

Trotter, David (ed.) (2012), *Present and future research in Anglo-Norman. Proceedings of the Aberyst- wyth Colloquium, July 2011*, Aberystwyth, Anglo-Norman Online Hub.

Trotter, David (2013 [2014]), *« Deinz certeins boundes ». Where does Anglo-Norman begin and end ?*, Romance Philology 67, 139–177 ; version en ligne : http://brepols.metapress.com/content/ m0814673846344t3/fulltext.pdf (30.04.2015).

Trotter, David (2015), *Coup d'œil sur les scriptae médiévales et les textes qui les représentent*, in : Maria Iliescu/Eugeen Roegiest (edd.), *Manuel des anthologies, corpus et textes romans*, Berlin/ Boston, de Gruyter.

TypSources = Génicot, Léopold (ed.) (1972–), *Typologie des sources du Moyen Âge occidental*, Louvain/Turnhout, Brepols.

Vachon, Claire (2010), *Le changement linguistique au XVIe siècle. Une étude basée sur des textes littéraires français*, Strasbourg, SLiR/ÉLiPhi.

Videsott, Paul (2013), *Les débuts du français à la Chancellerie royale : analyse scriptologique des chartes de Philippe III (1270–1285)*, Revue de Linguistique Romane 77, 3–50.

Völker, Harald (2003), *Skripta und Variation. Untersuchungen zur Negation und zur Substantivflexion in altfranzösischen Urkunden der Grafschaft Luxemburg (1237–1281)*, Tübingen, Niemeyer.

Wilhelm, Raymund (2015), *L'édition de texte – entreprise à la fois linguistique et littéraire*, in : David Trotter (ed.), *Manuel de la philologie de l'édition*, Berlin/Boston, de Gruyter.

Zinelli, Fabio (2008), *Tradizione « mediterranea » e tradizione italiana del « Livre dou Tresor »*, in : Irene M. Scariati (ed.), *A scuola con Ser Brunetto*, Firenze, Galluzzo, 35–89.

Zufferey, François (2006), *Robert de Boron et la limite nord du francoprovençal*, Revue de Linguistique Romane 70, 431–469.

Le français moderne

Eva Martha Eckkrammer et Stéphanie Lescure

5 Aménagement linguistique et défense institutionnalisée de la langue : France

Abstract : Cet article s'attache à décrire la politique linguistique menée par la France (le pays latin qui détient la plus longue tradition en la matière) sur son territoire, aux niveaux diachronique et synchronique. Il propose d'aborder le sujet sous deux aspects complémentaires : d'une part, il expose, à travers un aperçu historique du cadre législatif, l'aménagement linguistique comprenant la construction, la gestion, la réglementation de la langue française, mais qui implique également l'acte de la cultiver et celui de prendre en compte les conséquences sociales inhérentes à ces problématiques. Et d'autre part, il présente les institutions étatiques dédiées à la défense du français et chargées d'en assurer la protection et la vitalité. Il s'avère, après analyse des phénomènes, que les efforts déployés se concentrent, toutefois, sur la langue nationale et son hégémonie, et non sur les langues régionales ou minoritaires territoriales et/ou allochtones.

Keywords : lois linguistiques de la France, institutions d'aménagement linguistique en France, sociolinguistique

1 Introduction

L'intervention humaine sur la langue et son usage, sur le comportement linguistique et l'attitude envers les langues, donc sur la situation linguistique dans son ensemble, représente une activité recherchée, plus ou moins consciente, de l'Homme. La langue inclut ou exclut aux niveaux social et politique, elle soutient et consolide la formation d'États (cf. Schmitt 1988 ; Baggioni 1997), et, en formant une ou plusieurs normes (langues pluricentriques ou polynomiques cf. Kloss 1969 ; Marcellesi 1984 ; 1987 pour les concepts), elle favorise la formation de communautés aux identités spécifiques (cf. Lapierre 1993). Il existe, par conséquent, une dualité entre le processus de gérer, réglementer et élaborer la langue elle-même en valorisant les ressources disponibles (l'action sur la langue ou bien le corpus de la langue, cf. Kloss 1969, 81 ; Calvet 1996, 64) et celui d'agir sur les langues coprésentes sur un territoire donné, par ex. le latin, le français et l'occitan à l'époque médiévale en France (cf. Polzin-Haumann 2006), de ce fait le statut.[1]

---

1 Parfois, le terme *status* est également employé (cf. par ex. Éloy 1997), mais ne s'impose pas.

Le statut et le corpus d'une langue se contraignent mutuellement et entraînent également des changements au niveau du prestige (critère d'évolution linguistique introduit et élaboré par Haarmann 1990).[2] Même si le critère du prestige s'avère beaucoup moins mesurable, la corrélation entre les critères de corpus et statut avec des aspects de prestige est cruciale, selon Haarmann (1988, 21), pour une théorie de la langue standard, tant au niveau diachronique qu'au niveau synchronique. Le prestige – plus que le statut et le corpus – est menacé lorsque d'autres langues commencent à se faire concurrence dans les mêmes domaines ou dépassent une langue dans certains contextes (par ex. actuellement, le français et d'autres langues sont menacés par l'anglais dans le domaine de la science). Lorsque le fonctionnement d'une langue dans les divers domaines sociolinguistiques garantit l'élaboration du corpus (cf. Haarmann 1993, 289), celui-ci est affaibli par cette concurrence et le pouvoir socioculturel de la langue se voit menacé.

Comme toute intervention sur la ou les langues et, par conséquent, les efforts fournis pour influencer le comportement linguistique des autres (Cooper 1989, 45), s'inscrit dans le domaine de l'aménagement linguistique, il faut bien en préciser la terminologie (voir Labrie/Nelde 1994, 119 sur la confusion terminologique dans ce domaine). En suivant le modèle d'efficacité planificatrice de Haarmann (1993, 298), les activités d'élaboration d'une langue commencent toujours par des individus qui secondent, de manière plus ou moins consciente, une langue en l'utilisant dans des domaines de plus en plus prestigieux, surtout à l'écrit. Par ex., l'utilisation croissante des langues romanes vernaculaires dans des documents juridiques au Moyen Âge ou bien la grammaire occitane d'Alibert de 1935, dans le cas de la revitalisation d'une langue minoritaire. Ces activités de soigner et cultiver la langue ne représentent qu'un aménagement informel (*Sprachpflege*) qui se transforme une fois que les individus impliqués s'organisent et reçoivent un soutien officiel graduel en politique linguistique (*Sprachpolitik*). Dès l'instant où la politique linguistique est mise en place par des institutions financées par le Royaume ou bien l'État, dans notre cas la France, on observe un accroissement subséquent de l'efficacité planificatrice qui peut aboutir à une défense institutionnalisée et structurée de la langue. Le terme *défense*, issu de la terminologie martiale, apparaît de façon croissante en matière de langue à partir du XVIe siècle lorsque Joachim du Bellay publia sa *Deffense et Illustration de la Langue Francoyse* (1549) pour promouvoir, sur la base d'un manifeste, non seulement l'enrichissement de la littérature, mais aussi celui de la langue.[3] Il encadre, dans la terminologie actuelle, les notions de 'protection' et 'sauvegarde' de la langue, dans notre cas exercées par des institutions.

---

2 Par ex. : l'expansion de l'usage d'une langue (pareillement hors du pays d'origine), sa répartition fonctionnelle, son officialisation par la législation ou ses élargissements lexical, morphosyntaxique et terminologique.

3 « […] nous ont laissé nostre Langue si pauure, et nue, qu'elle a besoing des ornementz, et (s'il fault ainsi parler) des plumes d'autruy » (du Bellay 1892 [1549], 56).

Il est bien évident que les deux pôles de l'aménagement linguistique et de la politique linguistique sont étroitement liés ou même amarrés dès que l'aménagement linguistique implique, dans beaucoup de cas, une politique linguistique menée par des entités officielles. Mais contrairement au terme *politique linguistique* (*language policy*), il ne fait pas exclusivement référence à l'intervention planificatrice extérieure de l'État (menée avec un certain dirigisme) et renferme également la notion sociolinguistique, c'est-à-dire les implications sociales, les accords sociaux nécessaires et leurs marges de manœuvre. Cette distinction étant posée, le terme *aménagement linguistique* remplace ce qu'on appelait dans les années 60, en suivant la ligne de recherche établie par Haugen (1959), *planification linguistique* (*language planning*)⁴ et s'impose dans la plupart des pays francophones. L'aménagement linguistique et la défense institutionnalisée composent la *glottopolitique* de la France, un terme plus rarement utilisé qui désigne selon ses créateurs Guespin/ Marcellesi (1986, 5) « les diverses approches qu'une société a de l'action sur le langage, qu'elle en soit ou non consciente », c'est-à-dire les cadres législatif et social des interventions.

Légiférer une situation linguistique et une langue implique, d'abord, d'intervenir sur le choix de la langue officielle ou bien de plusieurs langues officielles (statut) parmi les langues coprésentes sur un territoire donné (cf. Calvet 1996, 88s.). Mais à part cette décision sur la langue juridique, administrative et scolaire, la législation linguistique assied la formation d'une norme (un standard) et requiert la modification et l'adaptation de la langue pour la rendre plus adéquate aux défis de la modernité (création de terminologies) pour dicter aussi le « bon usage ». Dans cette lignée, on appelle également ces activités *ingénierie linguistique* afin de renforcer la notion pratique de la création et de l'unification terminologique.

La *normalisation linguistique*, terme utilisé par Boyer (2010, 69) pour l'ensemble des interventions sur les langues en présence (planification du statut, promotion des normes d'usage), est un terme forgé dans un cadre sociologique (Aracil 1982 [1965]) et adopté par les sociolinguistes catalans dans les années 70. Initialement, il fut créé pour désigner le processus sociolinguistique de récupération de droits linguistiques et de refonctionnalisation de la langue catalane (cf. Torres 1984) dans un environnement diglossique. Lorsque le terme *normalisation* soutient la notion d'une normalité linguistique qui n'est pratiquement pas concevable (cf. Eckkrammer 2012, 62s.), il est remplacé par des termes comme *(re)fonctionnalisation*.

En conclusion, il est absolument nécessaire, d'une part, de différencier la *politique linguistique* (ou *glottopolitique*) d'un État de la mise en œuvre concrète planificatrice de celle-ci, dite *aménagement linguistique*. D'autre part, les interventions sur la

---

4 C'est sous l'influence du linguiste Jean-Claude Corbeil et les évènements au Québec que ce remplacement s'effectue.

langue (planification du corpus) visant à la création d'une norme (*normativisation, standardisation*)[5] sont à distinguer des « interventions sur les langues en présence » (cf. Boyer 2010, 69), c'est-à-dire la reconnaissance officielle, la promotion de la langue dans tous les domaines socioculturels et dans le même ordre d'idées, la propagation et la diffusion de normes d'usages, par ex. des termes scientifiques adoptés par les commissions (cf. 3). Dans cette deuxième perception, il faut envisager également les critères qui déterminent la position internationale d'une langue (cf. Kloss 1974), donc le statut international d'une langue comme langue secondaire ou bien diplomatique et la planification de celui-ci.

2 Aperçu diachronique des activités d'aménagement des langues – de la marche victorieuse à la chute

Parmi les pays latins, c'est la France qui détient la plus longue tradition d'aménagement linguistique. Le grand nombre d'ordonnances, règlements et lois qui concernent les questions de langue(s) démontre une attitude active des entités officielles du Moyen Âge (cf. Schmitt 1990) jusqu'à nos jours.

2.1 La concurrence entre le latin et les langues vernaculaires

Malgré les premières tentatives de réglementer l'usage de la langue vernaculaire et sacrale à partir du IXe siècle dans le domaine de l'Église, l'hégémonie du latin en contextes écrits et prestigieux n'était pas remise en question, c'est-à-dire une défense institutionnalisée de la langue à proprement parler n'existait pas à l'époque médiévale (cf. Polzin-Haumann 2006, 1476 ; Schmitt 1990, 355). Néanmoins, la concurrence entre les langues vernaculaires et le latin devenait de plus en plus visible, notamment déjà dans le canon 17 du Concile de Tours (813) dans lequel les évêques, rejoints par Charlemagne, déterminèrent un nouveau règlement de langue sacrale : les homélies, afin que tous puissent les comprendre plus effectivement, ne seraient plus prononcées en latin, mais en « rusticam Romanam linguam aut Theodiscam, quo facilius cuncti possint intellegere quae dicuntur » (Lot 1931, 105), c'est-à-dire dans un proto-gallo-roman ou en langue germanique. Dès le XIIe siècle, le latin vit son hégémonie de langue écrite perdre du terrain dans certains domaines (dont le droit) au profit des langues dites alors ‹ vulgaires ›. « [C'est ainsi qu'à] la fin du [XIIe] siècle et au début du XIIIe siècle [que] le français accèd[a] au statut de langue juridique » (Duval 2007, 272).

---

5 La codification, donc la création d'une orthographe officielle, s'inscrit dans la même lignée (cf. Boyer 2010, 69).

Il convient de préciser que le recul progressif du latin dans les écrits à cette période n'est pas dû à l'incompétence présumée des personnes maîtrisant l'écrit, mais au fait que ce latin n'était plus pratiqué du tout à l'oral ; la majorité de la population de l'époque n'était donc plus en mesure de le comprendre (Glessgen 2012, 373 ; cf. aussi Grübl 2014).

La fin de la guerre de cent ans introduisit une nouvelle ère puisque le rôle de l'occitan, jusqu'à ce point une langue prestigieuse dans les domaines d'écriture, recula successivement en faveur de la langue vernaculaire du centre (Île de France), dite *françoys*, qui commença – propulsée par une nouvelle hégémonie politique et une qualité administrative du royaume – à s'étendre inlassablement (Polzin-Haumann 2006, 1476). La nécessité d'une langue unique et obligatoire pour le domaine royal devenait de plus en plus évidente : les premiers édits royaux favorisant la propagation du français (ou parfois celle d'autres langues vulgaires) furent publiés et réduisirent ainsi l'usage du latin (sous Louis XI, 1461–1483, et Charles VIII, 1470–1498, voir note 6 ; Schmitt 1990, 355).

2.2 Le droit s'exprime en français ou l'Édit de Villers-Cotterêts (1539)

Au niveau linguistique, le paysage juridique de la France de la fin du XVe siècle et du début du XVIe siècle, revêtait un caractère hybride : les enseignements universitaires s'effectuaient toujours en latin, tandis que les plaidoiries s'énonçaient dans les parlers dialectaux respectifs. Le français représentait alors pour l'ensemble des usagers, tous partis confondus, une troisième langue, au statut 'savant' proche de celui du latin (Siouffi 2007, 462). Cet hétéroclisme langagier engendra une belle confusion. Ainsi, les témoins entendus lors des procès, incapables de reconnaître leurs dépositions rédigées en latin, protestèrent véhémentement. La situation linguistique se devait donc d'être réglée au plus vite et se prêtait parfaitement à une intervention royale. François Ier, alors roi de France, signa ainsi, en 1539, « l'Ordonnance générale en matière de justice et de police », à Villers-Cotterêts, en Picardie (Académie des Sciences Morales et Politiques 1983, tome IX, 3e partie). Cette ordonnance très longue (192 articles), désormais nommée Édit de Villers-Cotterêts, ne constitue pas une loi sur le français à proprement parler, mais elle comporte deux articles (110 et 111) qui traitent de la langue :

> « Et afin qu'il n'y ait cause de doubter sur l'intelligence desd. arrestz, nous voullons et ordonnons qu'ils soient faictz et escriptz si clerement qu'il n'y ayt ne puisse avoir aucune ambiguite ou incertitude, ne lieu a en demander interpretacion » [Article 110].
> « Et pour ce que telles choses sont souventesfois advenues sur l'intelligence des motz latins contenuz esd. arrestz, nous voulons que doresnavant que tous arrestz, ensemble toutes autres procedures, soit de noz courtz souveraines ou autres subalternes et inferieures, soient de registres, enquestes, contractz, commissions, sentences, testaments, et autres quelzconques

actes et exploictz de justice ou qui en dépendent, soient prononcez, enregistrez et délivrez aux parties en langaige maternel françois et non autrement » [Article 111].

Bien que l'existence d'autres documents de ce type soit attestée dès la fin du XVᵉ siècle (et dans lesquels il apparaît clairement que les dialectes et langues régionales de France concurrencent le français, au même titre que le latin⁶), l'Édit de Villers-Cotterêts est considéré comme la première loi linguistique de France et marque ainsi un grand tournant dans l'histoire de la langue de ce pays : alors que les textes étaient exclusivement rédigés en latin, les articles 110 et 111 imposèrent l'usage de la langue française dans les tribunaux et pour l'établissement de l'ensemble des actes juridiques. Ceci sous le prétexte d'assurer aux citoyens une meilleure compréhension des documents officiels, des dépositions, témoignages et/ou des accusations faites à leur encontre :

> « [c]ar si le besoin de clarté, invoqué dans [l']article [111], avait été une raison sérieuse, et non un prétexte, on aurait admis, comme dans les ordonnances précédentes, l'emploi des idiomes dialectaux. Or, l'ordonnance stipule sèchement que tout doit désormais être rédigé ‹ en langage maternel français et non autrement ›. Et rien ne put s'opposer à cette décision royale : on demeura sourd aux nombreuses récriminations des parlements provinciaux [...] » (Hagège 1996, 52s.).

Les conséquences de l'Édit de Villers-Cotterêts, décrites en détail par Schmitt (1990, 357s.) en s'appuyant sur l'ouvrage monumental de Brunot (1966), s'inscrivaient dans une stratégie pleinement prescriptive et centraliste car le principe que le souverain dictât l'usage de la langue (*cuius regio, eius lingua*) persistait comme pensée dominante. Par conséquent, les territoires occupés pendant le règne de Louis XIV subissaient une politique assimilatrice, donc une francisation qui bouscula surtout l'usage du catalan, de l'occitan et de l'alsacien dans les domaines écrits (l'école, l'administration, la science, etc.). Selon Wolf (1972, 15), il est évident que l'Édit de Villers-Cotterêts et les règlements et comportements linguistiques qui en résultaient avaient plus d'impact sur la situation linguistique en France – et le statut du français – que la fondation de l'*Académie française* en 1635 qui exerçait son influence en matière de corpus (cf. 3.1). À la fin du XVIIIᵉ siècle, la langue française s'était transformée en un réquisit indispensable pour n'importe quelle activité officielle dans le Royaume, c'est-à-dire en langue « nationale » qui dominait les activités scolaires, administratives, juridiques et culturelles, autant en France que dans les colonies (cf. Schmitt 1990, 358).

---

6 Cf., par ex., « L'Ordonnance sur le reglement de la justice au païs de Languedoc » (Charles VIII, 1490), autorisant le choix entre « le langage françois ou maternel ». Pour une plus ample documentation à ce propos, cf. Siouffi (2007, 463s.).

2.3 Les incidences de la Révolution française sur la langue nationale

La décennie révolutionnaire (de 1788~1789 au coup d'État de Bonaparte du 18 Brumaire, An VIII, soit le 9 novembre 1799), par delà les bouleversements politiques, sociétaux, religieux et représentationnels qu'elle engendra, assit parallèlement, en matière linguistique, les prémices d'une politique de la langue. En effet, la Révolution fit sienne la langue française, emblème alors de la liberté, de la Déclaration des Droits de l'Homme et du Citoyen, de la République. Dans son rapport à la langue française, elle se retrouva ainsi enfermée dans un dilemme : reconsidérer et imposer un idiome unique (le français) s'avéraient positifs pour l'aboutissement de son projet politique. En revanche, cette démarche s'élevait directement contre les principes révolutionnaires fondamentaux car élitiste puisqu'elle s'adressait à un public éclairé en français, à savoir l'aristocratie, la bourgeoisie et une infime minorité des Franciliens ; le français étant totalement étranger au peuple des provinces de cette époque.

Les diverses tentatives d'aménagement linguistique, notamment entre 1791 et 1793, élaborées pour parer au problème de la langue (cf. en détail Balibar/Laporte 1974), nous pousse alors à nous interroger sur l'influence réelle que la Révolution a exercée sur la langue française. Est-elle parvenue à assouvir son ambition gigantesque en matière de politique de la langue, à transformer en profondeur la langue française ? Contrairement aux XVIᵉ et XVIIᵉ siècles où la mode linguistique de la cour et des salons préconisait l'abandon des régionalismes qui sentaient bon leurs terroirs (tant au niveau de la prononciation qu'à celui du lexique) afin de se fondre dans la masse, la Révolution s'était tout d'abord orientée vers la diversité linguistique et avait accueilli les dialectes dans la propagation des idées révolutionnaires. Des traductions des décrets en langues régionales (y compris en créoles) étaient prévues par l'Assemblée nationale (14 janvier 1790, sur proposition du député François-Joseph Bouchette). Toutefois, elle se rétracta et finit par déclarer une guerre féroce à cette diversité au nom de l'unification de la nation. Parler français devint alors un acte de patriotisme et garantissait la visibilité du principe républicain de l'égalité (Schmitt 1990, 358). La langue française s'instrumentalisa dans un grand nombre d'initiatives linguistiques qui virent le jour sous la Révolution. Pour illustrer nos propos sur cette période tourmentée, nous nous contenterons de retenir les événements les plus marquants.

La Société des amateurs de la langue française, fondée en octobre 1791 par le grammairien et journaliste François-Urbain Domergue, planta l'un des jalons liminaires des préoccupations de la langue des premières années révolutionnaires. Elle s'assigna pour objectif de régénérer le français (c'est-à-dire reconsidérer la description lexicale du français pour rédiger un dictionnaire sur des bases « philosophiques »). Cette Société ne perdura pas face à la concurrence féroce à laquelle elle se trouva confrontée. Toutefois, la Société innova dans la mesure où elle préconisait l'adage « tous seront égaux en droit : hommes, femmes, académiciens, littérateurs, habitants de la capitale, habitants des départements, correspondants français, correspondants étrangers » (Siouffi 2007, 940).

Henri Jean-Baptiste Grégoire, dit l'Abbé Grégoire, initia indubitablement l'action révolutionnaire la plus célèbre. L'Abbé Grégoire, né en 1750 à Vého (en Lorraine), était un prêtre catholique et un homme politique français qui, entre autres, s'intéressait vivement aux questions sociales. Il symbolisa l'une des grandes figures de la Révolution. Il fut l'artisan de la première enquête ethnolinguistique : le 13 août 1790, il envoya un questionnaire, « une série de questions relatives aux patois et aux mœurs des gens de la campagne » (Certeau/Julia/Revel 1975, 13), à des correspondants (plus ou moins assidus pour effectuer le collectage des données) des principales provinces de France. Cette enquête comprend 43 questions sur les patois, réparties en trois catégories (philologique, sociolinguistique et sociale), dont l'objectif devait retracer la répartition et la vitalité des patois, recenser toutes les formes en usage et évaluer les perspectives d'acquisition du français pour les citoyens. Les questions 28 (« Remarque-t-on qu'il [le patois] se rapproche insensiblement de l'idiome français, que certains mots disparaissent, et depuis quand ? »), 29 (« Quelle serait l'importance religieuse et politique de détruire entièrement ce patois ? ») et 30 (« Quels en seraient les moyens ? ») attirent l'attention et laissent présager très clairement le dessein de l'Abbé Grégoire, à savoir « anéantir les patois ».

Ce questionnaire motiva son *Rapport sur la nécessité et les moyens d'anéantir les patois, et d'universaliser l'usage de la langue française* qu'il présenta à la Convention nationale le 16 Prairial, An II (soit le 4 juin 1794). Selon ce rapport, l'Abbé Grégoire estime que sur une population de 28 millions d'habitants, 6 millions ignoreraient le français, 6 millions seraient incapables de soutenir une conversation suivie et seulement 3 millions seraient capables de le parler « purement ». Son rapport se voulait universaliste et se terminait sur un « volontarisme marqué ». Son action fut pourtant ressentie tout autrement : il lui fut vivement reproché d'avoir initialisé la minoration et la marginalisation des langues et cultures régionales, malgré l'honneur que l'on voua à son « intention d'instruction ».

Somme toute, l'Abbé Grégoire ne vit même pas les balbutiements de son projet utopique et autoritaire ; la modification des usages linguistiques de millions de personnes ne pouvant pas être, à l'évidence, menée à bien aussi vite. Son enquête aura cependant servi à apporter une vision claire du paysage linguistique français, fort diversifié, de cette époque (Rey 2007, 947s.).

Le *Rapport et projet de décret sur l'organisation des écoles primaires présentés à la Convention nationale au nom de son Comité d'Instruction Publique* (24 Vendémiaire, An I, soit le 15 octobre 1792) du député Lanthenas est indissociable de celui de l'Abbé Grégoire dans la mesure où il rappelle la position politique confédératrice (même si davantage nuancée) soutenue par l'Abbé Grégoire. Ce projet, dédié avant tout à l'organisation spécifique de l'enseignement primaire et également destiné à diffuser le français, n'adoptait pas, en revanche, une conception uniforme quant à l'importance et au bien-fondé des patois et langues régionales. Aux yeux de Lanthenas, ces derniers s'avéraient, certes, superflus pour certaines provinces, mais ils demeuraient politiquement pertinents pour les zones frontalières. Ainsi, l'alsacien, le lorrain, le corse, le basque et le breton établissaient un lien entre la France et ses pays limitrophes ; le fait que ces populations soient bilingues représentait donc un intérêt direct pour la République.

Dans les années 1793–1794, la question de la langue tourne à l'obsession. Bertrand Barère de Vieuzac, l'un des artisans de la Terreur[7], déclencha l'offensive en faveur de l'existence d'une langue nationale unique.

Le 8 Pluviôse, An II (soit le 27 janvier 1794), son *Rapport du Comité de salut public sur les idiomes* fut présenté devant la Convention ; il s'opposait avec virulence aux patois et langues régionales : « Le fédéralisme et la superstition parlent bas-breton, l'émigration et la haine de la république parlent allemand, la contre-révolution parle italien et le fanatisme parle basque » (Hagège 1996, 71). Ce rapport préconisait, entre autres, l'envoi d'instituteurs dans les départements afin de mieux diffuser la langue française. Cette initiative, malgré un engouement vigoureux pour le français, n'aboutit pas en raison de moyens (humains et financiers) insuffisants.

Le décret du 2 Thermidor, An II (soit le 20 juillet 1794) sur la langue française entérina la *terreur linguistique*, imposa le français comme langue unique de l'administration et pourchassa les langues régionales et autres patois locaux.

Finalement, c'est la scolarisation croissante, revendiquée pendant la Révolution, mais aboutie seulement après des décennies d'instruction républicaine (à fin du XIXe siècle ; cf. les lois Jules Ferry du 28 mars 1882 relatives à l'enseignement obligatoire en primaire, de 6 à 13 ans) qui réalisera, effectivement mais autrement, le programme initial proposé par l'Abbé Grégoire, ainsi que l'industrialisation et l'exode rural, le service militaire obligatoire et l'avancée des média qui conduiront à la généralisation de l'usage du français parmi les Français. Le statut de la langue française comme langue officielle de la Grande Nation qui commencera à s'infiltrer à travers l'enseignement et les médias de façon croissante, à l'écrit comme à l'oral, jusque dans les coins et recoins les plus reculés du pays, est un fait accompli. La puissance politique grandissante de la France aux XVIIIe et XIXe siècles entraîna, en outre, son accession au statut de langue des élites aristocratiques internationales et, même dans une certaine mesure, de la bourgeoisie des grandes capitales, sans mentionner le grand nombre d'individus dans les colonies qui adoptèrent, plus ou moins volontairement, le français comme langue « civilisatrice ». En bref, le nombre de personnes qui apprenaient le français comme langue seconde augmenta considérablement, provoquant un accroissement substantiel du prestige de la langue (cf. Kloss 1974, cf. 1).

---

7 Période s'étalant de mars 1793 (avec la naissance du tribunal révolutionnaire) au 28 juillet 1794 (avec la chute de Robespierre). Elle fut caractérisée par les exécutions de masse et le règne de l'arbitraire.

2.4 Le français, langue diplomatique ? / Le Traité de Versailles (1919)

Le traité de Rastatt, conclu entre l'Autriche et la France en 1714 pour mettre fin à la guerre de succession d'Espagne, offre à la langue française son entrée peu ou prou officielle dans la vie diplomatique : pour la première fois dans un traité international, le français y figure comme langue unique, en lieu et place du latin. On précise toutefois qu'il ne s'agit là que d'une exception afin de pouvoir mener à bien les négociations avec le Maréchal de Villars, plénipotentiaire français qui ne maîtrise pas le latin.

Dès lors, entre 1714 et 1763, les traités internationaux furent normalement rédigés en français,[8] mais à chaque fois une mention spéciale était ajoutée, précisant que l'usage linguistique présent n'impliquait pas obligatoirement son adoption officielle en vue de futurs contrats (Berschin/Felixberger/Goebl ²2008, 224). C'est seulement après cette période de transition que l'on accepta l'utilisation officielle du français : c'est le cas à partir du Traité de Paris, en 1763, qui mit fin à la guerre de Sept Ans, ruine de l'Empire colonial français ; malgré la défaite, on adopta la langue de la France. Paradoxalement, nous constatons alors que l'établissement d'une langue comme moyen de communication international ne dépend pas d'un pouvoir politique quelconque car, dans aucun des traités décisifs d'alors, ni celui de Rastatt, ni celui de Paris, la France n'était apparue comme vainqueur.

L'adoption conventionnelle du français comme langue diplomatique unique en Europe sera maintenue jusqu'au traité de Versailles. Si l'on néglige la gêne de certains, durant une période, à admettre que le français soit appliqué de façon systématique, alors de fait on s'en était servi durant deux siècles.

Le Traité de Versailles mit fin à la Première Guerre Mondiale. Il constitua l'un des résultats de la Conférence de la Paix, qui eut lieu au Quai d'Orsay, à Paris, du 18 janvier 1919 au 20 août 1920, où étaient réunis les représentants de 27 états vainqueurs. Il fut signé le 28 juin 1919 dans la galerie des Glaces du château de Versailles par l'Allemagne et les puissances alliées et associées. Il fut rédigé en français et en anglais, les deux versions faisant également foi.

Bien que la Conférence ait réuni 27 nations, le Traité de Versailles a, en réalité, été élaboré par quatre personnes : David Lloyd George (Grande-Bretagne), Vittorio Orlando (Italie), Georges Clémenceau (France) et Thomas Woodrow Wilson (États-Unis d'Amérique). Au niveau linguistique, la langue de Shakespeare, seule langue comprise par les quatre protagonistes, devint ainsi, à côté du français, la langue de travail de la conférence et fut adoptée officiellement pour la rédaction du Traité de Versailles.

---

8 Exception faite pour le traité de 1718, conclu entre l'Allemagne, l'Angleterre et la France pour la pacification de l'Europe, qui fut rédigé en latin. Les réserves alors émises par la France au niveau linguistique furent acceptées.

C'était la première fois, depuis le Traité de Rastatt (1714), que le français n'était plus la seule langue officielle de la diplomatie occidentale. De nombreux reproches furent adressés à Clémenceau, jugé coupable d'avoir placé l'anglais au même rang que le français. Des protestations se firent entendre de la part du Président de la République française et de l'Académie française, ainsi que dans l'opinion publique française.

Pourtant, en droit international, il n'y a jamais eu de déposition écrite au sujet d'une langue diplomatique. Le choix d'une langue plutôt qu'une autre se fait par accord entre les partis, qui, au moment des négociations, sont sur un pied d'égalité ; il n'est donc pas nécessairement lié à une dominance politique ou militaire de l'un des négociateurs. Il semble alors que des raisons pragmatiques aient conduit à l'abandon du français comme langue diplomatique unique.

Vraisemblablement, des raisons extérieures ont également contribué au cours des choses. On n'acceptait pas la présence d'interprètes lors des conférences, d'une part en raison de l'ampleur secrète des négociations, et d'autre part parce qu'au début du XXe siècle, ce n'était simplement pas la coutume.[9]

Il est évident que la valeur communicative de la langue française s'affaiblit pour la première fois dans un domaine socioculturel. La langue atteignit, par conséquent, l'apogée de prestige et commença au milieu du XXe siècle sa lutte contre la concurrence croissante de l'anglais (langue des deux nations partenaires les plus importantes dans la lutte contre le régime nazi) qui menaçait, dans un premier temps, le français, surtout dans son rôle de langue seconde et diplomatique, donc de *lingua franca* internationale.

2.5 Usage obligatoire du français dans l'espace public via la loi Bas-Lauriol (1975)

Dans la seconde moitié du XXe siècle, qui se voit fortement caractérisée par l'influence socioculturelle dominante des États-Unis, la concurrence de l'anglais devient de plus en plus visible et passe manifestement de l'extérieur à l'intérieur de la France. En 1975, pour la première fois, la politique linguistique moderne s'adressait directement au citoyen. Déjà trois ans auparavant, les premières commissions de terminologie avaient été instaurées (cf. 3) afin d'imposer, par décrets, des néologismes en guise de succédanés pour les termes étrangers, notamment pour les anglicismes. Il s'agissait ici d'un travail en amont en vue de l'établissement de la loi relative à l'emploi de la langue française. Cette loi n° 75–1349, issue d'un projet initial de deux parlementaires (M. Le Douarrec et M. Bas), fut votée à l'unanimité par le Parlement le 31 décembre 1975. Elle est nommée d'après M. Bas et M. Lauriol (un rapporteur), d'où le nom de loi Bas-Lauriol.

---

9 Cf. les débuts de l'interprétation simultanée lors du procès de Nuremberg, après la Seconde Guerre Mondiale.

La loi Bas-Lauriol prescrit l'usage obligatoire de la langue française dans l'ensemble des espaces publics et interdit strictement l'emploi de termes étrangers chaque fois qu'il existe un équivalent français agréé par les commissions de terminologie. Ainsi,

> « [...] les transactions, dénominations et mode d'emploi des produits, rédactions des offres et contrats de travail, inscriptions sur biens publics ou privés, informations ou présentations de programmes de radiodiffusion et de télévision [...] » (Hagège 1996, 151)

doivent obligatoirement être tenus en français. Sont exclus de cette réglementation les seuls produits connus du grand public par leur appellation étrangère : « [l]es dispositions de l'article 1er ne sont pas applicables à la dénomination des produits typiques et spécialités d'appellation étrangère connus du plus large public » (Loi n° 75–1349 du 31 décembre 1975 relative à l'emploi de la langue française, Art. 2). En outre, la loi prévoit que le texte français puisse être complété par des traductions dans une autre langue. En cas d'infraction au respect de cette loi, des amendes, allant de 80 FF à 5.600 FF, pouvaient être exigées à partir du 1er janvier 1977.

La loi Bas-Lauriol, principalement vouée à lutter contre les anglicismes, vit le jour dans un double contexte qui incitait à prôner l'anglais à tout prix. D'une part, celui du développement des relations et échanges internationaux, de la mondialisation, de l'hégémonie revendiquée du monde anglo-saxon (surtout aux niveaux scientifique et technique) et celui de mythes largement répandus, d'autre part :

> « [d]es légendes entretenues par les systèmes mondiaux – transports, hôtellerie, colloques internationaux – prétendent qu'on parle anglais dans toute l'Asie, ce qui est totalement faux, ou bien en Europe, ce qui n'est partiellement vrai que dans le nord du continent. Les succès français à l'exportation ou dans la carrière scientifique, dit-on, supposent la maîtrise de l'anglais, ce qui n'est exact que dans quelques domaines » (Rey 2007, 1290).

Toutefois, le « catastrophisme anglo-saxon » prédit ne fut pas perçu par l'opinion publique française et cette loi, disposant d'une faible marge de manœuvre, se révéla, en réalité, être d'une efficacité toute relative.

2.6 Révision de la Constitution française : la loi constitutionnelle de 1992

Suite à la signature du traité de Maastricht, le 7 février 1992, la crainte du recul du français dans une Europe unie se fit sentir (cf. Braselmann 1999, 9).[10] La Constitution

---

10 « La modification apportée à la Constitution résulte directement de l'accélération du processus d'intégration de l'Europe et de la préoccupation de voir la langue française être ainsi supplantée » (Braselmann 1999, 9, trad. SL).

de la Ve République (régime sous lequel la France vit depuis octobre 1958) fut ainsi modifiée le 25 juin 1992 sous la forme d'un premier point dans l'article 2 (titre 1er) : « La langue de la République est le français. » (Constitution de la République française, Art. 2). En premier lieu, il atteste plutôt que l'État prend conscience d'un problème, proclament les voix critiques :

> « Certes, proclamer le français langue officielle de la France est avouer que cela n'est plus si évident que cela pour certains, comme nous l'avons vu dans les entreprises et la haute adminis-tration. Mais pour traiter un problème, il faut bien commencer par le poser » (Montenay 2005, 226s.).

Peu après, le changement constitutionnel devient sentencieux et, bien évidemment, lorsque l'Union européenne vise à protéger les langues régionales et minoritaires en présentant la Charte européenne des langues régionales ou minoritaires la même année, il attribue à la langue française une position supérieure unique et légalement incontestable. La reconnaissance de n'importe quelle autre langue sur le territoire français, devient, de cette manière, une infraction à la Constitution (cf. 4 ; ↗16 Les français régionaux).

2.7 La loi Toubon (1994) : « [c]ette loi est un combat en faveur de la langue française » (J. Toubon)

Jacques Toubon, ministre français de la Culture et de la Francophonie de mars 1993 à mai 1995, présenta au Conseil des ministres, le 23 février 1994, un projet de loi destiné à remanier et à élargir la loi Bas-Lauriol de 1975 sur l'emploi du français (avec, notamment, une intensification de la réglementation linguistique pour les congrès scientifiques, l'enseignement, les médias, etc.). Cette loi, désormais Loi Toubon, fut finalement votée le 4 août 1994, après avoir subi certains réajustements, suite à une saisine du Conseil Constitutionnel qui, dans sa délibération du 29 juillet 1994, avait déclaré contraire à la constitution certains alinéas (dans 7 articles sur 24) et les avait censurés (notamment, pour certaines dispositions, en raison d'une infraction à la liberté d'expression inscrite dans la Déclaration des Droits de l'Homme et du Citoyen de 1789, Art. 11).

La loi Toubon décrète que la langue française « est la langue de l'enseignement, du travail, des échanges et des services publics. Elle est le lien privilégié des États constituant la communauté de la francophonie » (Loi n° 94–665, Art. 1). Elle prescrit l'usage de la langue française dans tous les congrès scientifiques organisés sur le territoire français. D'autres langues sont, bien entendu, autorisées, mais les pro-grammes doivent obligatoirement être rédigés en français et toutes les publications des actes desdits congrès sont tenus de comporter, pour le moins, un résumé en français.

Le législateur souligne que la langue d'enseignement, et donc celle des mémoires et thèses, des examens et concours, est le français.[11] La mention des principes d'enseignement ayant trait aux langues constitue, en revanche, une nouveauté : « [l]a maîtrise de la langue française et la connaissance de deux autres langues font partie des objectifs fondamentaux de l'enseignement » (Loi n° 94–665, Art. 11, II). Contrairement à la loi de 1975, le statut des langues minoritaires est garanti : « [l]es dispositions de la présente loi s'appliquent sans préjudice de la législation et de la réglementation relatives aux langues régionales de France et ne s'opposent pas à leur usage » (Loi n° 94–665, Art. 21).

Néanmoins, il semble que, de nouveau, la disposition ait davantage servi à protéger le français (lié au concept de *l'exception culturelle*) contre, notamment, l'influence « excessive » de l'anglais, élevé au rang de langue de travail et de communication dans les organisations internationales.

2.8 L'anglais : langue d'enseignement dans les universités françaises ?

L'enseignement en anglais dispensé dans les universités françaises a été posé comme principe dans un nouveau projet de loi sur l'université ; principe qui revient par-là même sur la loi stipulant que le français est également la langue des mémoires et thèses, des examens et concours. Or, nous venons de le voir (cf. 2.5), la loi Toubon impose le français comme la langue de l'enseignement de toutes les écoles ou universités publiques ou privées en France.

Geneviève Fioraso, ministre française de l'Enseignement supérieur et de la Recherche depuis le 16 mai 2012, a élaboré ce projet de loi « relatif à l'enseignement supérieur et à la recherche » dont l'article 2 prévoit l'introduction de l'anglais en qualité de langue d'enseignement dans les cours universitaires (Projet de Loi Fioraso 2013). La ministre a présenté ce projet de loi au Conseil des ministres le 20 mars 2013. Il est singulier de noter que ce projet de loi (de 69 articles) n'a pas suscité beaucoup d'intérêt de la part des protagonistes lors des débats et que seul l'article 2 a provoqué une véritable polémique.

De nombreuses personnes dans l'opinion publique et/ou parmi les intellectuels, beaucoup d'associations pour la défense de la langue française, pour la Francophonie, de linguistes, de professeurs d'université (y compris des anglicistes), d'écrivains, etc. ont protesté véhémentement. Les membres de l'Académie française se sont également offusqués :

---

11 Deux exceptions sont admises : pour les cursus universitaires de langues étrangères dont les cours sont assurés dans les langues étrangères respectives, et lorsque l'enseignant est un intervenant étranger invité, il a également le droit d'utiliser une langue étrangère.

« [i]l ne paraît ni opportun, ni même possible d'adopter pareille disposition de loi dont la valeur symbolique serait d'autant plus grande qu'elle serait plus vague et qui inaugurerait de véritables franchises linguistiques dans les universités françaises » (Académie française 2013).

Les principaux reproches émis à l'égard de cette loi frôlent parfois peut-être le politiquement incorrect, mais reposent sur une solide argumentation, sans appel.[12] L'argument avancé par la ministre « améliorer l'attractivité de l'enseignement supérieur français vis-à-vis des étudiants étrangers » (Piquemal 2013) est fortement contesté :

« [i]l est faux, concrètement, de dire que toute la recherche se fait en anglais aujourd'hui. 780 universités dans le monde utilisent le français pour la formation et la recherche. Le français est une langue internationale de savoir, au même titre que l'anglais, le mandarin ou l'hindi. Les faits sont là » (Cerquiglini cité par Piquemal 2013).

Malgré les très nombreuses protestations, le projet de loi Fioraso a été adopté par le Sénat le 3 juillet 2013 et par l'Assemblée nationale le 9 juillet 2013. La loi a été promulguée le 23 juillet 2013. La France a donc choisi de s'aligner sur la politique d'anglicisation adoptée par ses partenaires d'Europe du Nord, sans tenir compte des résultats négatifs reportés au moins par l'Allemagne,[13] et sans prendre en considération le fait fondamental que, contrairement à la Scandinavie, aux Pays-Bas et à l'Allemagne, « [elle] n'est pas en compétence de miser sur [l'anglais] » (Truchot 2013).

En conclusion, les interventions de l'État français sur les langues est encore perceptible dans le comportement linguistique de ses concitoyens, même s'il faut admettre que la grande majorité de la population n'est pas (ou très peu) initiée aux travaux des commissions terminologiques et lois linguistiques décrétées. La mondialisation et les défis d'un pays d'immigration requièrent un aménagement linguistique chaque fois moins dirigiste et ouvert aux droits des minorités, c'est-à-dire adapté à la diversité du XXIᵉ siècle.

---

12 Notamment ici, le linguiste Bernard Cerquiglini et l'angliciste et sociolinguiste Claude Truchot (cf. Truchot 2013).

13 L'Allemagne a également pratiqué une politique d'anglicisation dans ses universités durant une décennie. Elle reconnaît elle-même aujourd'hui que le bilan n'est pas satisfaisant (cf. Hochschulrektorenkonferenz 2011).

3 La pratique de l'aménagement linguistique : les interventions sur la langue

L'existence d'une autorité et d'un ou plusieurs organismes et institutions responsables des « questions de la langue » représente un fait accompli dans l'histoire du français, et ce dès ses premiers pas essentiels en direction de la standardisation. L'intervention sur la langue elle-même débute généralement avec la pratique de standardisation. Pour qu'une langue étende son usage dans divers domaines socioculturels, il faut qu'elle soit fixée dans son usage, c'est-à-dire qu'il est indispensable d'élaborer et d'officialiser une orthographie, de promouvoir l'édition d'une grammaire et d'un dictionnaire officiels. Ces travaux servent de référence quand la langue vit une diffusion par les documents administratifs, scolaires, etc. Parfois, il est quasiment impossible de discerner avec précision entre des organismes qui interviennent sur le statut (cf. 2) et ceux, qui effectuent les travaux pratiques sur la langue car la motivation de leur fondation réside, dans la majorité des cas, dans une volonté d'assurer le statut de la langue à travers les interventions dirigistes sur le corpus de la langue (cf. 1). C'est pourquoi, il faut également signaler, dans ce chapitre, l'interaction de ces deux aspects de la politique linguistique.

Les premières avancées concernant la défense de la langue, qui s'enracinent dans une sensibilisation croissante en matière de langue due au contact grandissant avec l'Italie et sa conscience linguistique élevée, se notent dans les cercles intellectuels et littéraires au tournant des XVe et XVIe siècles (cf. Haas 1991, 15). La langue nationale est surtout défendue par les hommes de lettres (Geoffroy Tory, Joachim du Bellay, cf. 1) et s'impose peu à peu dans quelques domaines de l'enseignement.

3.1 Les débuts : l'aménagement non-institutionnalisé

Plusieurs tentatives de capter et de décrire les règles de la langue française et d'en réunir et standardiser le vocabulaire sont évidentes dans une première phase de normativisation non-institutionnalisée (aménagement informel, *Sprachpflege*, cf. 1), promue par des individus, en majorité des hommes de lettres, dont plusieurs grammairiens (cf. Winkelmann 1990, 338ss.).

Dès le XVIe siècle, le « bon usage » se fixe en se référant au sociolecte de la « plus saine partie » de la cour et la langue littéraire (cf. Haas 1991, 20ss.). Le poète de la cour François de Malherbe (1555–1628) se voue explicitement à la standardisation de la langue. En s'appuyant sur les règles de la rhétorique de Quintilien, il émet une critique acerbe sur les écrits (littéraires) de l'époque (problèmes morphosyntaxiques et phonétiques, choix lexicaux, etc.), qui subissent une réception intense. Son successeur, Claude Favre de Vaugelas (1558–1650), lié en qualité de secrétaire à l'Académie française (cf. 3.2), poursuit son travail normativiste en considérant également la langue orale qui lui paraît plus importante comme modèle que les textes des auteurs classiques. Sa distinction entre le *bon usage*, répandu au sein d'une *élite de voix* (à la cour), et le *mauvais usage*, bien diffusé parmi la plus grande partie du peuple, caractérise longtemps le discours dirigiste. Il est à noter que, dans sa critique, Vaugelas s'appuie déjà sur les écrits des auteurs contemporains (dont la plupart sont membres de l'Académie française), et fait l'éloge de la langue parlée par les femmes des salons (cf. Winkelmann 1990, 340ss.). Mais, en essence, la norme se développe sous l'influence de la langue de la cour et la langue littéraire, particulièrement depuis l'instigation de Malherbe et de Vaugelas qui font jaillir l'idée que les deux langues devraient converger le plus possible. L'objectif constant de l'aménagement institu-tionnalisé demeure : atteindre un point de maturité similaire à celui du latin.

La critique linguistique normativiste, en promulguant la pureté et l'élégance de la langue française, se communalise de plus en plus jusqu'à la fin du XVIIe siècle (cf. Settekorn 1988, 64) et apporte un élan de fraîcheur à l'aménagement institutionnalisé. Celui-ci débute en 1635 avec la fondation de l'Académie française.

3.2 L'Académie française et la standardisation du français

La fondation de l'Académie française par le cardinal de Richelieu en 1635,[14] motivé sans doute aussi par l'idée de l'unification du royaume (pour l'histoire détaillée de l'institution, cf. Caput 1986), engendre une institution dotée d'une mission claire : « travailler, avec tout le soin et toute la diligence possibles, à donner des règles certaines à notre langue et à la rendre pure, éloquente et capable de traiter les arts et les sciences » (Statuts et Règlements de l'Académie Française du 22 février 1635, Art. 24). L'Académie s'efforce, par conséquent, de faire progresser la codification et la standardisation de la langue aussi bien que de l'élargissement lexical et terminolo-gique. La base de ces travaux réside clairement dans la langue des érudits.

> « Les meilleurs auteurs de la langue françoise seront distribués aux Académiciens, pour observer tant les dictions, ou les phrases qui peuvent servir de règles générales, et en faire rapport à la Compagnie, qui jugera de leur travail et s'en servira aux occasions » (Statuts et Règlements de l'Académie Françoise du 22 février 1635, Art. 25).

Ainsi, l'Académie prévoit la publication d'un dictionnaire, d'une grammaire, d'une rhétorique et d'une poétique (Art. 26) en se consacrant, dans la première étape, à la lexicalisation. La première édition du dictionnaire (*Dictionnaire de l'Académie fran-çaise* 1694) accueille, dans la diction de Vaugelas, ce que l'on perçoit à l'époque comme le *bon usage*. Cependant, dans le détail, l'œuvre n'est pas seulement un

---

14 L'idée initiale provient d'un groupe d'auteurs et de grammairiens autour de Valentin Conrart (cf. Winkelmann 1990, 342).

recueil de la langue contemporaine des honnêtes gens, c'est-à-dire des auteurs, orateurs et autres personnes de la cour, mais il rassemble également, de façon consciente (cf. Popelar 1976, 206ss.), des mots obsolètes et populaires qui disparaissent en grande partie dans les éditions du XVIIᵉ siècle. Ceci est certainement un effet de la critique formulée après la première édition, et aussi celui d'un bouleversement stratégique de la lexicalisation dans le siècle suivant. En créant la norme, on ne se contente plus d'éliminer les formes fluctuantes de l'orthographe et de recueillir l'usage de la cour suivant le modèle de la langue, autant écrite qu'orale, mais l'on s'attache à procéder selon le critère de la conformité historique, c'est-à-dire en suivant exclusivement le modèle des auteurs classiques (projeté avec férocité par Voltaire).

L'Académie voit, après un début assez critiqué (Schmitt 1990, 358), dans ses années de gloire (Dictionnaires réédités en 1718, 1740, 1762, 1798, 1835, 1877, 1932–1935, 1992), une phase de forte activité, pas toujours strictement normative, dirigée vers la standardisation du français (cf. Baum 1989). Une fois conclue la francisation du pays (cf. 2.2), elle poursuit son action d'institution illustre de référence et de contrôle des termes et expressions choisis, mais elle subit de plus en plus les reproches du dirigisme rigide et du conservatisme. Malgré tout, il est évident que la bourgeoisie, chaque fois plus forte et plus cultivée, adopte le concept courtois de norme linguistique et se joint, de cette manière, à l'aristocratie dans sa lutte contre les régionalismes et dialectalismes. L'Académie accompagne l'introduction de la scolarité obligatoire au XIXᵉ siècle, sa grammaire est publiée, finalement, en 1932. La rhétorique et la poétique, prévues dès le début, ne verront jamais le jour. Par conséquent, son rôle dans la pratique d'aménagement s'affaiblit constamment. L'Académie se contente plutôt de contrôler les décisions prises par les commissions ministérielles de terminologie (dès 1972, cf. 3.2) et de publier ses décisions dans le « Journal officiel de la République française » (JORF), le moyen de diffusion officielle de l'État français jusqu'à nos jours.

Pourtant, durant le XXᵉ siècle, L'Académie perd constamment de l'importance. « Son dictionnaire, commencé en 1992, est toujours en cours et en est au deuxième tome de sa neuvième édition » (Cornilleau 2010, 398). La lexicographie française se fait ailleurs (↗ 23 Lexicographie). Sa lenteur, son enracinement dans la tradition et son incapacité à intervenir dans les décisions vitales de la langue, mais aussi son incompétence (en matière linguistique), c'est-à-dire le choix des membres, ont soulevé beaucoup de polémique (cf. Cornilleau 2010, 397–404).

L'*Académie* devient de plus en plus incapable de répondre, par sa propre force, aux « crises du français » et aux défis du développement considérable des sciences et des techniques. Malgré cela, elle continue dans une position érudite comme gardienne fossilisée des interventions aménagistes et des prix littéraires.[15]

---

15 Toutefois, sa présence en ligne se propose de promouvoir le contact interactif avec les francophones en offrant des possibilités de poser une question sur un point précis de la langue ou bien de consulter le Dictionnaire.

3.3 Les institutions garantes de la défense de la langue française

L'affaiblissement de l'autorité de l'Académie, la lutte pour le statut de langue diploma-tique, technique et scientifique et les nombreuses interventions législatives (cf. 2) motivées par cette sauvegarde mènent, dans la période d'après-guerre, à l'instauration de nombreux offices, sociétés, comités, conseils, commissions, etc., à caractère officiel ou semi-officiel, à la défense du français. Müller (1985, 42) parle d'environ 90 institu-tions. Ces dernières ont subi de multiples redénominations et diversifications, il s'avère donc impossible de les traiter dans leur totalité. Nous nous limitons ainsi aux institutions les plus importantes qui disposent de moyens de diffusion (pour un aperçu historique, cf. Haas 1991, 37–42, pour l'actualité, cf. Müller 1985, 40–43 ; Cornilleau 2010, 396–428). Outre l'observation et la prise de position en matière de langue, leurs activités sont principalement orientées vers les élargissements lexical et terminologique.[16]

En 1957, l'*Office du vocabulaire français* réunit des écrivains et linguistes et les charge de protéger la langue en incluant l'opinion du grand public, par ex. en ce qui concerne le choix de néologismes. Jusqu'en 1974 leurs conclusions sont publiées dans la revue « Vie et Langage ». L'Association « Défense de la langue française », instaurée sous l'égide de l'Académie en 1958, se focalise, pour sa part, de manière traditiona-liste, sur les infractions des règles (Müller 1985, 41).

Dans la deuxième moitié du XXᵉ siècle, l'État domine, de plus en plus, la scène de la défense institutionnalisée. En 1966, sous l'autorité du premier ministre Georges Pompidou et Charles de Gaulle en fonction de Président de la République, le Haut comité pour la défense et l'expansion de la langue française est institué. Les douze à dix-huit membres ont pour mission :

> « [d]'étudier les mesures propres à assurer la défense et l'expansion de la langue française ; d'établir les liaisons nécessaires avec les organismes privés compétents, notamment en matière de coopération culturelle et technique ; de susciter ou d'encourager toutes initiatives se rappor-tant à la défense et à l'expansion de la langue française » (Décret n° 66–203 du 31 mars 1966, JORF du 7 avril 1966).

Ce comité, plus tard renommé en Haut Comité de la langue française (1973), fournit divers décrets relatifs à l'enrichissement de la langue française. Il est soumis à plusieurs réorganisations et assure des interventions linguistiques importantes qui

---

16 À nommer pour la période avant-guerre : la Société nationale pour la défense du génie français et la protection de langue française contre les mots étrangers, les néologismes inutiles et toutes déforma-tions qui la menacent (1911), l'Association française de normalisation en matière de langage technique (AFNOR, 1926), et l'Office de la langue française (OLF, 1937). Ce dernier publiait ses résultats dans la revue « Le Français moderne ». Les activités les plus durables sont présentes à l'AFNOR qui crée, en 1954, le Comité d'étude des termes techniques français pour lutter contre les anglicismes dans la terminologie technique et préconise, en 1973, après la publication de listes terminologiques dans plusieurs revues, la création d'une banque terminologique automatisée, appelée *Normaterm*.

seront déterminantes pour les développements postérieurs (surtout ceux des années 70, cf. Schmitt 1979, 39).

En 1984 le Haut Comité pour la langue française est remplacé par deux organismes : le Comité consultatif et le Commissariat général à la langue française (aussi appelé le Haut Commissariat à la langue française).[17] Ce commissariat sera substitué, en 1989, par la Délégation générale à la langue française (DGLF), rebaptisée en Délégation générale à la langue française et aux langues de France (DGLFLF) à partir du 2001, qui agit sous la tutelle du ministère de la Culture et de la Communication comme organisme tourné vers l'intérieur et contrôle l'application de la loi Toubon. Son rôle est celui d'un service qui vise à la coopération interministérielle pour élaborer la politique linguistique de l'État en liaison avec les autres ministères et inclut, pour la première fois, la mission de renforcer la diversité linguistique.

La DGLFLF publie chaque année, au nom du gouvernement, le « Rapport au Parlement sur l'emploi de la langue française » (cf. par ex. DGLFLF 2013) et veille à l'élaboration et la diffusion de la terminologie proposée par la Commission générale de la terminologie et néologie (CGTN) en liaison avec l'Académie française et les Commissions spécialisées de terminologie et néologie (CSTN) de chaque ministère. Pour appréhender le défi de la diffusion des résultats des institutions, il est recommandé d'examiner un projet en détail.

3.4 France Terme comme exemple pour la diffusion

L'étude sociolexicologique de Chansou (2003) qui observe méticuleusement les aspects sociaux, économiques, politiques et linguistiques de l'aménagement lexical en France entre 1950 et 1994, relève explicitement le fait qu' « il ne suffit pas de créer des termes » (Chansou 2003, 180), mais de connaître les comportements linguistiques et les mécanismes sociaux qui sont en cause pour suivre de tout près, pourquoi et comment certains termes sont acceptés et d'autres rejetés (cf. Chansou 2003).

France Terme, comme projet et partenariat institutionnel, est implanté par le décret n° 96–602 du 3 juillet 1996 relatif à l'enrichissement de la langue française (pour l'application de la loi Toubon) avec le but de créer et de diffuser des termes et expressions nouveaux pour combler les lacunes terminologiques dans les domaines scientifique, économique et technique. Les dix-huit commissions spécialisées de terminologie et néologie, instituées au niveau des différents ministères français (CSTN), constituent, subséquemment, un réseau qui rapporte les résultats de leurs consultations à la CTGN, placée directement sous l'autorité du Premier ministre.

En mettant à disposition un outil de recherche terminologique, le dispositif du site virtuel France Terme vise à diffuser les termes acceptés et recommandés antérieu-

---

17 Celui-ci est mis à la disposition du ministère chargé de la Francophonie à partir de 1986.

rement (par le JORF) pour orienter les usagers du français scientifique et technique. Même si la protection et la sauvegarde du français ne sont pas propulsées littéralement dans l'argumentation, celle-ci dévoile, clairement, l'objectif défensif du projet :

> « Certes, le français est bien vivant et l'adaptation de son vocabulaire aux évolutions du monde contemporain se fait en grande partie directement, dans les laboratoires, les ateliers ou les bureaux d'études. Mais pour éviter que, dans certains domaines, les professionnels soient obligés de recourir massivement à l'utilisation de termes étrangers qui ne sont pas compréhensibles par tous, la création de termes français pour nommer les réalités d'aujourd'hui doit être encouragée et facilitée : la production terminologique en français est donc un impératif » (France Terme 2014).

Les arguments, maintes fois évoqués, comme la vitalité, l'intelligibilité, le perfectionnement et l'enrichissement de la langue, servent de mots d'ordre dans un discours de justification des activités de défense. L'exemple France Terme, en relevant la facilité de son usage, montre toutefois, que les dispositifs électroniques soutiennent activement le processus de diffusion par une accessibilité aisée aux termes convenus officiellement et facilite le dialogue avec le grand public (voir les sections « Boîte à idées » ou « Nous écrire » du site).

Il est donc évident que la défense institutionnalisée de la langue française, consciente de la force qui réside dans la possibilité de participation publique et l'action civile, s'oriente de plus en plus vers une ouverture au public, afin de concourir à l'acceptation des termes et d'affronter, de cette manière, les critiques de ce type :

> « L'État ayant peu investi dans l'étude des processus de diffusion, le sort de ces termes est laissé quasiment au hasard. Leur caractère obligatoire est en général ignoré, l'existence même des arrêtés est peu connue, et l'effet normatif de ces textes est très faible » (Éloy 1997, 14).

Par conséquent, la nouvelle ligne d'orientation inclut l'observation minutieuse des conditions d'implantation des néologismes dans l'usage commun, leur échec ou acceptation aussi bien que leur passage de la langue officielle à la langue consensuelle : les entités officielles commencent à comprendre que l'aménageur et l'aménagiste doivent regarder la réalité en face et être inlassablement en éveil et en contact avec les interlocuteurs pour bien percevoir les évolutions. France Terme pourrait, donc, être mentionné comme exemple d'un interventionnisme mesuré qui enferme une réorientation vers les enjeux sociaux dans le processus d'aménagement, c'est-à-dire une vraie glottopolitique (cf. 1).

4 Conclusions

Une variété voit le jour, imposée et fixée par le souverain, s'élargit aux nécessités d'usage administratif et comme langue diplomatique, réussit en tant que langue de science et technique et devient un moyen important de cohérence et de prospérité sociale (en détail, Lodge 1993 ; 1997). Formulé plus directement : qui ne parle pas français est contre le Roi, contre la Révolution, contre l'État, contre l'identité nationale (cf. Berschin/Felixberger/Goebl ²2008, pour une vue d'ensemble). Ce continuum de pensée, bien enraciné, qui ne vise guère à accepter l'unité dans la diversité (par ex. les patois), mais qui recherche toujours un standard assez élaboré du français, conduit au fait que ce standard soit constamment surveillé, protégé et élaboré par les intellectuels, et surtout par les entités officielles, notamment depuis 1635 avec l'Académie française (cf. 3.2).

Au XXᵉ siècle, quand le français se voit de plus en plus menacé par l'anglais et commence à perdre sa primauté comme langue diplomatique internationale, l'État intervient en fondant divers organismes et institutions pour mettre en place des mesures. Même si « les gouvernements français ont été très inégalement actifs dans ce domaine » (Montenay 2005, 212), il devient quasi obligatoire que chaque gouvernement montre son souci défensif pour la langue nationale et une certaine activité dans l'intervention (cf. Éloy 1997, 15).

> « D'un gouvernement à l'autre, les nuances politiques se marquent dans la thématique et dans la manière de faire : par exemple le choix d'un style répressif, d'un ton sécuritaire, ou encore la manière de réaliser des innovations dans la visibilité ou dans l'économie, sous la forme de modifications d'organigramme, comme le montre depuis 1980 l'évolution des institutions vouées à la langue française » (Éloy 1997, 16).

Les grands promoteurs de la question sont les gouvernements sous l'autorité de Charles de Gaulle et Georges Pompidou, aussi bien que, comme nous l'avons déjà observé pour le cadre législatif, la politique des années 70, 90 par l'essor des comités linguistiques en vigueur (cf. 3.3).

Nous avons constaté que le cadre législatif se trouve étroitement lié aux institutions actives en matière de langue nationale, et bien moins en matière de langues minoritaires, régionales ou allochtones, même si les entités responsables subissent une réorientation (évidente dans la dénomination) comme dans le cas de la DGLFLF (cf. 3.3). Les ordonnances, arrêtés, décrets et lois imposent et protègent surtout l'hégémonie du français « dans une perspective d'ouverture aux autres langues » (cf. DGLFLF, en ligne). La non-ratification de la Charte européenne des langues régionales ou minoritaires de 1992, qui s'est continuellement expliquée par l'incompatibilité de la Charte avec la Constitution française (précisément l'amendement du 1992, cf. 2.6),[18] exemplifie cette attitude. Il traite, en conséquence, d'une politique linguistique assez efficace qui selon les critères de Kloss (cf. 1) vise – avec une ouverture envers les langues minoritaires et régionales – essentiellement à assurer le statut privilégié de la

---

18 La déclaration interprétative préparée par les autorités allait sensiblement au-delà des auteurs de la Charte ; ainsi la procédure de ratification est suspendue jusqu'à une éventuelle révision de la Constitution – un avènement peu probable à court terme (cf. Landick et al. 2003, 62–65).

langue française comme langue unique nationale. Les mesures introduites par les organismes de la défense institutionnalisée (cf. 3) garantissent l'élaboration, l'actualisation et la purification recherchée du français, donc le développement soutenu du corpus de la langue française. Les institutions et activités sont bien nombreuses et variées, mais au niveau de la pratique de l'aménagement linguistique, « ce qui manque, c'est une volonté politique de coordonner, de réunir et de faire travailler efficacement au sein d'un seul et même organisme » (Cornilleau 2010, 396). Cornilleau (2010) critique surtout le fait que les aménageurs n'œuvrent qu'en ordre dispersé et sans « l'aide irremplaçable du poids de l'État, le seul qui puisse faire obstacle aux intérêts commerciaux de la mondialisation dont l'anglo-américain est l'arme redoutable » (ibid., 396). Toutefois, il est évident que le prestige de la langue française est toujours énorme, dû à l'histoire glorieuse dans une large mesure. La chute du français au niveau du statut international représente un vrai défi pour la glottopolitique de l'État français, la peur de l'anglais persiste depuis presque une centaine d'année. En même temps, le travail concret, par ex. celui de la terminologie, devient chaque fois plus pragmatique, la relation avec l'anglais dans la vie publique quotidienne chaque fois moins rigide et coincée.

Chansou (2003, 181) s'oppose, par ex., activement à une rationalisation excessive en matière lexicale qui conduit à des propositions irréalistes.

> « Les anglicismes ne doivent pas être rejetés d'une façon systématique. Une langue vit d'emprunts, et l'on constate que certains termes étrangers sont adoptés dans l'usage parce qu'ils répondent en définitive à un besoin durable. On s'attachera donc avant tout à privilégier la clarté de la communication » (Chansou 2003, 181).

Une telle proposition aurait été perçue comme un sacrilège il y a quelques décennies, et même de nos jours, elle implique une approximation de la réalité sociolinguistique (loin d'une norme sociolectale et élitaire) qui exige un exercice sur la corde raide pour adapter la langue à un monde qui change à toute vitesse. Toutefois, dans la même lignée, Chansou (2003) revendique, ainsi que Cornilleau (2010) et beaucoup d'autres, un interventionnisme décidé de la part de l'État français (Chansou 2003, 181).

Si le statut de la langue est bien stable en France et irréversiblement ancré dans la Constitution (cf. 2.4), le besoin d'élaboration de corpus augmente pour garantir la vitalité et avec elle le maintien du prestige de la langue (cf. 1). Pour couronner une telle initiative de succès, « une véritable politique d'information » et une modification de l'image publique de l'action des pouvoirs publics sont nécessaires afin d'éloigner les interventions des contraintes et répressions (cf. Chansou 2003, 181 ; dans la même lignée, Klinkenberg 2001). Il est fort possible qu'une telle ouverture permettra également une acceptation croissante de la notion de langue polynomique ou de langue polycentrique (cf. 1). Celle-ci libérerait, sans doute, l'aménagement linguistique en France, selon l'exemple de l'espagnol, des exigences exagérées d'une standardisation indivisible.

Les responsables de l'aménagement linguistique en France, une fois unifiés, peuvent certainement compter sur la sagesse infiltrée, tout au fil des années, dans les usages (au moins officiels) et continuer dans le rôle de mère salvatrice de la langue et pensée (cf. Hagège 2012) françaises.

5 Bibliographie

5.1 Ouvrages de référence

Alibert, Louis (1935), *Gramatica occitana segon los parlars lengadocians*, 2 volumes, Toulouse, Societat d'estudis occitans / (1976), 2nde édition en un volume, Montpellier, Centre d'estudis occitans.

Académie des Sciences Morales et Politiques (1983), *Ordonnances des rois de France. Règne de François Ier*, tome IX, 3e partie, Paris, Éditions du CNRS.

Académie française (1694, 1718, 1740, 1762, 1798), *Dictionnaire de l'Académie française*, Paris, Imprimerie nationale.

Académie française (1932), *Grammaire de l'Académie française*, Paris, Firmin-Didot.

Académie française (2013), *Déclaration du 21 mars 2013*, http://www.academie-francaise.fr/actualites/declaration-de-lacademie-francaise-du-21-mars-2013 (05.01.2014).

Aracil, Lluís V. (1982 [1965]), *Conflicte lingüístic i normalització lingüística a l'Europa nova*, Papers de socio-lingüística, Barcelona, La Magrana, 23–38.

Argod-Dutard, Françoise (ed.) (2003), *Quelles perspectives pour la langue française ? Histoire, enjeux et vitalité du français en France et dans la Francophonie*, Deuxièmes Lyriades de la langue française 2002, Rennes, Presses Universitaires de Rennes.

Baggioni, Daniel (1997), *Langues et nations en Europe*, Paris, Payot et Rivages.

Balibar, Renée/Laporte, Dominique (1974), *Le français national : politique et pratiques de la langue nationale sous la Révolution française*, Paris, Hachette.

Baum, Richard (1989), *Sprachkultur in Frankreich. Texte aus dem Wirkungsbereich der Académie Française*, Bonn, Romanistischer Verlag.

Berschin, Helmut/Felixberger, Josef/Goebl, Hans (²2008), *Französische Sprachgeschichte*, Hildesheim/Zürich/New York, Olms.

Boyer, Henry (2010), *Les politiques linguistiques*, Mots. Les langages du politique 94, 67–74.

Braselmann, Petra (1999), *Sprachpolitik und Sprachbewusstsein in Frankreich heute*, Tübingen, Niemeyer.

Brunot, Ferdinand (1966), *Histoire de la langue française – Des origines à nos jours*, 13 vol., Paris, Réédition Colin.

Calvet, Jean-Louis (1996), *Les politiques linguistiques*, Paris, Presses Universitaires de France.

Calvet, Jean-Louis (1999), *La guerre des langues et les politiques linguistiques*, Paris, Hachette.

Caput, Jean-Pol (1986), *L'Académie française*, Paris, Presse Universitaires de France.

Cerquiglini, Bernard (1991), *La naissance du français*, Paris, Presses Universitaires de France.

Certeau, Michel de/Julia, Dominique/Revel, Jacques (1975 [2002 pour la postface]), *Une politique de la langue – La Révolution française et les patois : l'enquête de Grégoire*. Paris, Éditions Gallimard.

Chansou, Michel (2003), *L'aménagement lexical en France pendant la période contemporaine (1950–1994). Étude de sociolexicologie*, Paris, Champion.

Cooper, Robert L. (1989), *Language Planning and Social Change*, Cambridge, Cambridge University Press.

Cornillau, Claude Camille (2010), *Langue française : de la défense à l'offensive*, Paris, Dualpha.

DGLFLF (2013), *Rapport au Parlement sur l'emploi de la langue française*, http://www.dglf.culture. gouv.fr/publications/Rapport%20au%20Parlement_2013.pdf (10.01.2014).

du Bellay, Joachim (1892 [1549]), *Deffense et Illustration de la Langue Francoyse*, Paris, Cerf et Fils [Paris, Arnoull'Angelier].

Duval, Fréderic (2007), *Le Moyen Âge*, in : Alain Rey/Frédéric Duval/Gilles Siouffi (edd.), *Mille ans de langue française : Histoire d'une passion*, Paris, Perrin, 9–349.

Eckkrammer, Eva M. (2012), *Zur Normalität einer sprachlichen Situation : Sprachpolitische Befunde zu drei Kontinenten als Grundlage einer Rekonzeptualisierung*, in : Peter Holzer/Vanessa Gampert/ Cornelia Feyrer (edd.), *« Es geht sich aus … » zwischen Philologie und Translationswissenschaft : Translation als Interdisziplin, Festschrift für Wolfgang Pöckl*, Frankfurt am Main, Lang, 61–76.

Éloy, Jean-Michel (1997), *« Aménagement » ou « politique » linguistique ?*, Mots 52, 7–22.

Glessgen, Martin-Dietrich (2012), *Linguistique romane. Domaine et méthodes en linguistique française et Romane*, Paris, Colin.

Grevisse, Maurice/Goosse, André (2008 / 14ᵉ édition), *Le bon usage. Grammaire française avec les remarques sur la langue française d'aujourd'hui*, Bruxelles, De Boeck Université.

Grübl, Klaus (2014), *Varietätenkontakt und Standardisierung im mittelalterlichen Französisch. Theorie, Forschungsgeschichte und Untersuchung eines Urkundenkorpus aus Beauvais (1241–1455)*, Tübingen, Narr.

Guespin, Louis/Marcellesi, Jean-Baptiste (1986), *Pour la Glottopolitique*, Languages 21 : 83, 5–34.

Haarmann, Harald (1988), *Allgemeine Strukturen europäischer Standardsprachenentwicklung*, Sociolinguistica Jg. 1988 H. 2, 10–51.

Haarmann, Harald (1990), *Sprache und Prestige. Sprachtheoretische Parameter zur Formalisierung einer zentralen Bedeutung*, Zeitschrift für romanische Philologie 106, 1–21.

Haarmann, Harald (1993), *Die Sprachenwelt Europas. Geschichte und Zukunft der Sprachnationen zwischen Atlantik und Ural*, Frankfurt am Main/New York, Campus.

Haas, Rainer (1991), *Französische Sprachgesetzgebung und europäische Integration*, Berlin, Duncker & Humblot.

Hagège, Claude (1996), *Le français, histoire d'un combat*, Boulogne-Billancourt, Éditions Michel Hagège.

Hagège, Claude (2012), *Contre la pensée unique*, Paris, Jacob.

Haugen, Einar (1959), *Planning for a standard in Modern Norway*, Anthropological Linguistics 1:3, 8–21.

Haut Comité de la Langue Française (1975), *La loi relative à l'emploi de la langue française*, Paris, La Documentation Française.

Hochschulrektorenkonferenz (2011), *Sprachenpolitik an deutschen Hochschulen (Politique linguistique dans les universités allemandes)* Empfehlung der 11. Mitgliederversammlung der HRK am 22.11.2011 in Berlin, Zusammenfassung, http://www.hrk.de/positionen/beschluesse-nach-thema/ convention/empfehlung-sprachenpolitik-an-deutschen-hochschulen/ (20.01.2014).

Klinkenberg, Jean-Marie (2001), *La langue et le citoyen. Pour une autre politique de la langue française*, Paris, Presses Universitaires de France.

Kloss, Heinz (1969), *Grundfragen der Ethnopolitik im 20. Jahrhundert. Die Sprachgemeinschaften zwischen Recht und Gewalt*, Wien/Stuttgart, Braumüller/Bad Godesberg, Wissenschaftliches Archiv.

Kloss, Heinz (1974), *Die den internationalen Rang einer Sprache bestimmenden Faktoren. Ein Versuch*, in : Kloss, Heinz (red.), *Deutsch in der Begegnung mit anderen Sprachen ; Beiträge zur Soziologie der Sprachen*, Tübingen, Narr, 7–77.

Kolboom, Ingo/Kotschi, Thomas/Reichel, Edward (edd.) (²2008), *Handbuch Französisch : Sprache, Literatur, Kultur, Gesellschaft*, Berlin, Schmidt.

Labrie, Normand/Nelde, Hans-Peter (1994), *L'aménagement linguistique dans la communauté euro-péenne*, in : Fernand Carton/Odéric Delefosse (edd.), *Les langues de l'Europe de demain*, Paris, Presses de la Sorbonne nouvelle, 117–127.

Landick, Marie et al (edd., 2003), *La langue française face aux institutions. Actes du colloque du 24 novembre 2000 à Royal Holloway, University of London*, Paris, L'Harmattan.

Lapierre, Jean-William (1993), *L'identité collective, objet paradoxal : d'où nous vient-il ?*, Recherches sociologiques 15 : 2–3, 195–205.

Lodge, R. Anthony (1993), *French, from Dialect to Standard*, London, Routledge.

Lodge, R. Anthony (1997), *Le français – Histoire d'un dialecte devenu langue*, Paris, Fayard.

Lot, Ferdinand (1931), *À quelle époque a-t-on cessé de parler latin ?*, Archivium Latinitatis Medii Aevi 6, 97–159.

Marcellesi, Jean-Baptiste (1984), *La définition de langues en domaine roman : les enseignements à tirer de la situation corse*, in : Bouvier, Jean-Claude (ed.), *Actes du XVIIᵉ Congrès International de Linguistique et Philologie Romanes (Aix-en-Provence, 29 août – 3 septembre 1983)*, vol. 5 : *Sociolinguistique des langues romanes*, Aix-en-Provence, Université de Provence, 309–314.

Marcellesi, Jean-Baptiste (1987), *L'action thématique programmée : « individuation sociolinguistique corse » le corse langue polynomique*, Études corses 28, Corte, A.C.S.H., 5–18.

Montenay, Yves (2005), *La Langue française face à la mondialisation*, Paris, Les Belles Lettres.

Müller, Bodo (1985), *Le français d'aujourd'hui*, Paris, Klincksieck.

Piquemal, Marie (2013), *L'université française va-t-elle parler anglais ?*, Libération 12.04.2013, http://www.liberation.fr/societe/2013/04/12/l-universite-francaise-va-t-elle-parler-anglais_895729 (10.01.2014).

Pitti Ferrandi, François (1991), *Le français, langue diplomatique*, in : AMOPA 115 [xxx](octobre-novembre-décembre 1991, http://www.amopa.asso.fr/francophonie_defi2.htm (10.01.2014).

Polzin-Haumann, Claudia (2006), *Sprachplanung, Sprachlenkung und institutionalisierte Sprachpflege : Französisch und Okzitanisch*, in : Gerhard Ernst et al. (edd.), *Romanische Sprachgeschichte. Ein internationales Handbuch zur Geschichte der romanischen Sprachen und ihrer Erforschung*, vol. 2, Berlin/New York, 1472–1486.

Popelar, Inge (1976), *Das Akademiewörterbuch von 1694 – das Wörterbuch des Honnête Homme ?*, Tübingen, Niemeyer.

Rey, Alain (1972), *Usages, jugements et prescriptions linguistiques*, Langue française 16, 4–28.

Rey, Alain (2007), *Du premier Empire au XXIᵉ Siècle*, in : Alain Rey/Frédéric Duval/Gilles Siouffi (edd.), *Mille ans de langue française : Histoire d'une passion*, Paris, Perrin, 961–1320.

Schmitt, Christian (1979), *Sprachplanung und Sprachlenkung im Französischen der Gegenwart*, in : Eckhard Rattunde (ed.), *Sprachnorm(en) im Fremdsprachenunterricht*, Frankfurt am Main/Berlin/München, Diesterweg, 7–44.

Schmitt, Christian (1988), *Typen der Ausbildung und Durchsetzung von Nationalsprachen in der Romania*, Sociolinguistica 2, 73–116.

Schmitt, Christian (1990), *Französisch : Sprache und Gesetzgebung. Législation linguistique*, in : Günter Holtus/Michael Metzeltin/Christian Schmitt (edd.), *Lexikon der Romanistischen Linguistik* (= LRL), vol. 5,1 : *Französisch*, Tübingen, Niemeyer, 354–379.

Settekorn, Wolfgang (1988), *Sprachnorm und Sprachnormierung in Frankreich : Einführung in die begrifflichen, historischen und materiellen Grundlagen*, Tübingen, Niemeyer.

Siouffi, Gilles (2007), *De la Renaissance à la Révolution*, in : Alain Rey/Frédéric Duval/Gilles Siouffi (edd.), *Mille ans de langue française : Histoire d'une passion*, Paris, Perrin, 455–958.

Torres, Joaquim (1984), *Problems of linguistic normalization in the Països Catalans : from the Congress of Catalan Culture to the present day*, International Journal of the Sociology of Language 47, 59–62.

Truchot, Claude (2013), *En ignorant les expériences négatives de l'Allemagne et des Pays-Bas, Un enseignement en anglais dans les universités françaises ?*, Mémoire des luttes, http://www.medelu.org/Un-enseignement-en-anglais-dans (21.01.2014).

Winkelmann, Otto (1990), *Französisch : Sprachnormierung und Standardsprache. Norme et Standard*, in : Günter Holtus/Michael Metzeltin/Christian Schmitt (edd.), *Lexikon der Romanistischen Linguistik (= LRL)*, vol. 5,1 : *Französisch*, Tübingen, Niemeyer, 334–353.

Wolf, Lothar (1972), *Texte und Dokumente zur französischen Sprachgeschichte, 17. Jahrhundert*, Tübingen, Niemeyer.

5.2 Documents législatifs

Constitution de la République française du 4 octobre 1958, Version mise à jour en novembre 2011, Titre Ier, Art 2, http://www.assemblee-nationale.fr/connaissance/constitution.asp (20.01.2014).

Déclaration des Droits de l'Homme et du citoyen de 1789, http://www.legifrance.gouv.fr/Droit-francais/Constitution/Declaration-des-Droits-de-l-Ho.mme-et-du-Citoyen-de-1789 (22.01.2014).

Décret no 66–203 du 31 mars 1966 portant création d'un Haut Comité pour la défense et l'expansion de la langue française, JORF du 7 avril 1966, http://www.culture.gouv.fr/ culture/dglf/lois/ archives/31_03_66.htm (12.01.2014).

Loi no 75–1349 du 31 décembre 1975 relative à l'emploi de la langue française (dite Lois Bas-Loriol), JORF du 4 Janvier 1976, http://www.axl.cefan.ulaval.ca/europe/France-loi-75-1349-1975.htm (20.01.2014).

Loi no 94–665 du 4 août 1994 relative à l'emploi de la langue française (dite Loi Toubon), avec les modifications apportées par la décision du Conseil constitutionnel du 29 juillet 1994, JORF du 2 Août 1994, http://www.legifrance.gouv.fr/affichTexte.do?cidTexte=JORF TEXT 000000349929&dateTexte=20110513 (22.01.2014).

Ordonnance d'aout 1539 ou Ordonnance de Villers-Cotterêts, enregistrée au Parlement de Paris le 6 septembre 1539, http://www.assemblee-nationale.fr/histoire/villers-cotterets.asp (10.12.2013).

Projet de Loi Fioraso = Loi no2013–660 du 22 juillet 2013 relative à l'enseignement supérieur et à la recherche, version en vigueur le 24 janvier 2014, http://www.legifrance.gouv.fr/ affichTexte.do?cidTexte=JORFTEXT000027735009&dateTexte=20130 730 (24.01.2014).

Statuts et Règlements de l'Académie Françoise du 22 février 1635, http://www.academie-francaise.fr/sites/academie-francaise.fr/files/statuts_af.pdf (03.01.2914).

Traité de Versailles 1919 (1919), Nancy – Paris – Strasbourg, Librairie Militaire Berger-Levrault, http://www.herodote.net/28_juin_1919-evenement-19190628.php (20.12.2013).

5.3 Sitographie

Académie française : http://www.academie-francaise.fr (10.01.2014).

Assemblée nationale : http://www.assemblee-nationale.fr (10.01.2014).

DGLFLF (Délégation générale à la langue française et aux langues de France) : http://www.dglf.culture.gouv.fr/ (14.01.2014).

DLF (Défense de la langue française) : http://www.langue-francaise.org/ (10.01.2014).

France Terme : http://www.culture.fr/Ressources/FranceTerme (14.01.2014).

Légifrance – le service public de la diffusion du droit : http://www.legifrance.gouv.fr (24.01.2014).

Dietmar Osthus

6 Linguistique populaire et chroniques de langage : France

Abstract : Depuis le milieu des années 1990 les réflexions métalinguistiques des non-experts font bien partie des recherches dans le cadre de la linguistique appliquée comme de la sociolinguistique. Dans cet article nous traiterons les racines de cette « linguistique populaire » qui remontent dans la tradition française jusqu'au XVIIe siècle – avec même des précurseurs médiévaux – et qui forment une partie essentielle du discours normatif. La casuistique linguistique fait progressivement place à des manuels contre les « vulgarismes » et des chroniques de langage relayées par la presse écrite à partir du XIXe siècle. Aujourd'hui l'Internet héberge maintes activités métalinguistiques qui permettent même des échanges entre « experts » et « profanes » en matière linguistique.

Keywords : linguistique populaire, casuistique linguistique, discours normatif, réflexion métalinguistique

1 Remarques préliminaires

La première décennie du nouveau millénaire marque une forte poussée des recherches sur la linguistique populaire, en France comme à l'échelle internationale. Avec la publication de l'ouvrage de Niedzielski/Preston (2003 [¹1999]), l'utilité d'une linguistique populaire (angl. *folk linguistics*) commence à s'imposer dans plusieurs branches des sciences du langage, notamment en sociolinguistique et en linguistique appliquée. D'autres champs d'étude comme la didactique des langues (Paveau 2005), les recherches sur les discours normatifs (Osthus 2003 ; Damar 2010) ou la dialectologie (Falkert 2012) ont bien pris en compte des phénomènes liés aux réflexions et discours métalinguistiques des non-experts. Pour désigner ce champ d'études, il existe toute une panoplie de termes différents (Stegu 2008). La philologie romane a créé le terme « linguistique des profanes », probablement en analogie à l'allemand *Laien-Linguistik* qui désigne – selon le germaniste Gerd Antos (1996) – tout type d'activités métalinguistiques destinées aux non-experts, ce qui est à distinguer d'une popularisation des résultats de la linguistique dite « scientifique ». Paveau (2005, 96) propose également des désignations comme linguistique « spontanée ou naïve » ou bien « linguistique du sens commun », comme d'autres parlent de la « linguistique hors du temple » (Achard-Bayle/Paveau 2008). Malgré l'intégration tardive des « folk disciplines » dans le champ scientifique français (Paveau 2005, 97), on peut constater une réception croissante de leurs théorèmes, notamment à travers les publications de Marie-Anne Paveau, Laurence Rosier (par ex. Paveau/Rosier 2008), ou de Guy

Achard-Bayle, une réception qui se reflète également dans la traduction française de l'article définitoire du pionnier de la linguistique populaire aux États-Unis Denis Preston (2008) ; pour des questions terminologiques ↗8 Linguistique populaire et chroniques de langage : Francophonie, 1,2 ; ↗10 Linguistique populaire et chroniques de langage : les français régionaux et les langues des minorités, 2.1.1, 2.1.2). Au niveau international, il existe depuis 2007 un réseau de recherche au sein de l'Association Internationale de Linguistique Appliquée (AILA) chargé d'analyser l'impact des conceptions métalinguistiques populaires sur le langage quotidien comme sur l'enseignement et l'acquisition des langues (Wilton/Wochele 2011). Faire des recherches sur la linguistique « populaire » peut bien contribuer à deux tâches différentes : Première- ment il s'agit de prendre au sérieux les conceptions métalinguistiques des non-experts pour faciliter le dialogue entre linguistes et « profanes » (Polzin-Haumann/Osthus 2011). Dans un deuxième temps il s'agit également de découvrir les faits de langue à travers des conceptualisations populaires. La dialectologie perceptuelle ne nous renseigne pas seulement sur les perceptions, mais également sur les dialectes. Il n'est pas à exclure que les concepts métalinguistiques partagés par le « peuple » n'enri- chissent les connaissances linguistiques des « experts ».

Dans cette perspective, les manifestations métalinguistiques « populaires » té- moignent de degrés d'expertise bien divers. S'il n'est pas problématique de classifier p. ex. les pamphlets puristes comme textes ne transmettant que peu d'expertise scientifique, les chroniques de langage – rédigées par exemple par d'éminents linguistes ou lexicographes – servent toutefois bien à véhiculer des conceptions issues de la linguistique académique. Le point commun entre ces différents docu- ments est qu'ils ne s'adressent ni à un public d'experts, pas plus qu'ils ne contribuent à la recherche linguistique proprement dite. Les chroniques de langage comme leurs ancêtres, les « remarques sur la langue » popularisées à partir du XVIIᵉ siècle (Ayres-Bennett 1997 ; Ayres-Bennett/Seijido 2011), contribuent à relayer des réflexions méta- linguistiques à un vaste public. De tels textes sont souvent le point de départ des débats métalinguistiques supplémentaires – autrefois dans des salons littéraires, ou à travers le courrier des lecteurs, aujourd'hui sous forme de commentaires dans les réseaux sociaux. Ces textes essaient en général de donner des orientations normatives aux lecteurs. Les attitudes prescriptivistes font ainsi partie de ces manifestions popu- laires.

Avec Paveau (2005, 97s.) nous pouvons distinguer trois types de pratiques linguis- tiques populaires : premièrement, des théorisations métalinguistiques spécifiques, p. ex. la hiérarchisation entre l'oral et l'écrit, deuxièmement, les « prescriptions comportementales » pour la plupart teintées de purisme linguistique, et troisième- ment, les interventions sur la langue, p. ex. dans la correction de « fautes » fréquentes.

Dans cet article, nous traiterons d'abord de plusieurs types d'activité métalinguis- tique, c'est-à-dire de plusieurs genres de textes que l'on peut qualifier de « linguis- tique populaire » pour ensuite mesurer l'importance d'une linguistique des non- experts aujourd'hui en France.

2 Les tendances de la linguistique populaire

2.1 De la casuistique linguistique des *remarqueurs* aux chroniques de langage

Bien que la réflexion linguistique des « profanes » ne soit pas une invention de la Renaissance – les réflexions sur la langue datent même d'avant l'invention de l'imprimerie, comme p. ex. les *manières de langage*, destinées surtout aux apprenants allophones du français (Streuber 1962–1969 ; Kaltz 1997 ; Osthus 2006, 1535) –, c'est avec la naissance d'un centre culturel et politique à l'époque de l'absolutisme que l'usage linguistique devient l'objet de vifs débats publics.

Les élites du XVIIe siècle participent de façon active à la réception d'œuvres métalinguistiques comme les différentes *Remarques*, *Observations*, *Réflexions* ou *Doutes* sur la langue française. Le premier de ces textes, les *Remarques sur la langue françoise, utiles à ceux qui veulent bien parler et bien escrire* de Claude-Favre de Vaugelas (1647), a connu un grand succès et se trouve ainsi au début de la formation d'un nouveau genre. Malgré le succès éditorial et son influence sur la pensée métalinguistique et normative, ce genre des *Remarques* est souvent considéré comme étant hors de la « tradition grammaticale au sens strict du terme » (Ayres-Bennett/Seijido 2011, 7).

Les œuvres dans la tradition de Vaugelas ont en général des points communs. Faute de structure hiérarchisée, les textes comprennent des articles – allant de quelques lignes jusqu'à plusieurs pages – sur des questions liées à l'usage de mots, expressions ou phrases. Quelques auteurs observent au moins l'ordre alphabétique, d'autres – comme Vaugelas (1647) – rédigent une suite de remarques casuistiques sans principe de classement apparent. Souvent, les remarques déclenchent polémiques et controverses entre leurs auteurs. Ayres-Bennett/Seijido (2011, 9s.) présentent ainsi un corpus qui consiste d'un côté en recueils d'observations – comme Vaugelas (1647) ou Ménage (²1675) – d'autre côté en commentaires et critiques de ces recueils – comme les *Lettres touchant les nouvelles remarques sur la langue françoise* (La Mothe Le Vayer 1669). La culture de polémique métalinguistique contribue à populariser ce genre de textes. Louis-Augustin Alemand (Anon. 1688) va jusqu'à qualifier les points controversés – souvent d'ailleurs l'expression d'animosités personnelles entre les différents *remarqueurs* comme p. ex. Dominique de Bouhours et Gilles Ménage – comme « Guerre civile des François sur la langue ». Ce qui réunit les différents auteurs, c'est l'ambition de présenter des « manuels de ‹façons de parler élégantes› » (Swiggers 1990, 849). Dans la « collaboration des grammairiens et des gens du monde » (Caput 1972, 223) le public des *Remarques* et *Observations sur la langue* est invité à se conformer aux normes défendues dans les textes. De plus, les débats sur le langage se poursuivent dans les salons littéraires ou des cercles privés. Le public visé n'est pas complètement homogène (Ayres-Bennett/Seijido 2011, 51), allant d'un public principalement composé d'honnêtes gens jusqu'à des textes qui s'adressent explicitement à un lectorat féminin (Buffet 1668).

Le genre des remarques reste particulièrement populaire jusqu'au milieu du XVIIIe siècle, ce dont témoignent le foisonnement de nouveaux textes et les rééditions des recueils du XVIIe siècle. C'est à partir du XIXe siècle que les débats sur la casuistique linguistique s'invitent dans les nouveaux médias de l'époque, à savoir la presse périodique. Comme les journaux deviennent les médias dominants, la correction linguistique et le discours normatif font partie du journalisme de l'époque. Brunot (²1968, HLF vol. X/2, 726–734) montre la présence d'une attitude normative, comme l'atteste la devise du Journal de Vaucluse de 1801 :

> « Il entre dans nos vues de concourir autant qu'il sera en nous à l'épuration de la langue française... ; nous marquerons du sceau de la réprobation les expressions nouvelles qui n'auront pas reçu la sanction des gens de lettres, et surtout les gasconismes, les provincialismes » (cité d'après HLF X/2, 726).

Barbara Görtz (1990, 50) montre la continuité entre la tradition textuelle des *Remarques* et *Observation* et la critique métalinguistique de la presse périodique. De 1861 à 1881, il existe même un journal bimensuel *Le Courrier de Vaugelas* « consacré à la propagation universelle de la langue française », traitant principalement – comme l'indique le frontispice – des questions grammaticales et philologiques. Au contraire du *Courrier de Vaugelas* qui cherche à combiner (voire même à réconcilier) les perspectives normativiste et philologique, les chroniques de langage parues dans les grands journaux adoptent souvent des positions anti-philologiques. À partir des années 1910, notamment, la dichotomie entre grammairiens et philologues commence à s'accentuer. C'est avec l'idée de la « crise de la langue » que les commentateurs puristes, défendant une vision traditionaliste du *bon usage*, s'éloignent de plus en plus des positions de la philologie académique. Quelques auteurs comme Abel Hermant (1862–1950) se font le porte-parole d'une critique grammaticale de type puriste. Dans ses chroniques publiées sous le nom de plume *Lancelot* – qui fait allusion à la *grammaire raisonnée* dite de Port-Royal (Arnauld/Lancelot 1660) – il cultive une aversion surtout envers la linguistique descriptive, reprochant ainsi aux philologues leur « esprit de contradiction ou de perversité » (23.1.1935 ; Hermant 1936/1938) et défendant une conception traditionaliste de la faute linguistique :

> « L'usage est souverain en fait de langage, mais il ne légitime pas plus une faute ou une locution vicieuse que l'habitude, dans l'ordre de la morale, ne légitime le péché » (Hermant 1929, 35).

Beaucoup de ses chroniques réagissent soit aux questions ou remarques des lecteurs, soit aux objections faites par d'autres chroniqueurs de journaux concurrents. Les chroniques de Lancelot sont parmi les articles les plus populaires du *Temps* et du *Figaro* des années 1920 et 1930. Avec sa condamnation pour avoir collaboré avec l'occupant, Abel Hermant est discrédité après la libération et même déchu de l'Académie française.

La tradition des chroniques de langage se poursuit après la Seconde Guerre Mondiale. Les chroniques continuent de discuter des questions de la correction grammaticale et de plus en plus le rôle des emprunts à l'anglais. Cellard (1983) identifie quatre classes de chroniques : *l'anecdote*, la *défense du français* (surtout contre l'influence de l'anglais et les « fautes vulgaires »), la *prescription/proscription* et *l'observation*. Aux chroniqueurs de tendance puriste s'opposent d'autres comme Marcel Cohen qui publie régulièrement ses *Regards sur la langue française* dans *l'Humanité*, tout en s'opposant ouvertement au purisme linguistique :

> « Notre langue doit être activement défendue contre ceux qui tendent à restreindre sa vie en opposant des blâmes et des condamnations aux changements évolutifs qui sont dans la nature des choses. Elle doit être protégée contre les censeurs dont la seule préoccupation [...] est de préserver la pérennité des règles enseignées depuis le début du 19e siècle, à l'appui d'une orthographe elle-même immobilisée » (Cohen 1966, 7).

Le purisme devient ainsi la cible d'attaques anti-puristes, identifiables par une attitude non-conformiste qui acquiert une certaine popularité notamment à partir des années 1960. Toujours est-il que les positions en faveur des réformes de l'orthographe ou des simplifications grammaticales restent minoritaires.

C'est à partir des années 1960 que les linguistes et philologues comme Jacques Cellard (*Le Monde*), Alain Rey (*Radio France, TV5*) ou Maurice Grevisse (*Le Soir*) font leur entrée dans les rangs des chroniqueurs. La chronique de langage ne se limite plus à la presse écrite, mais se retrouve également dans les médias audiovisuels et – à partir des années 1990 – sur Internet. Toujours est-il que les chroniqueurs remplissent la fonction de « directeur des consciences linguistiques » (Cellard 1983, 664) et répondent ainsi au besoin des lecteurs d'avoir des orientations normatives. Bien qu'il y ait une certaine popularisation des recherches linguistiques, la plupart des chroniques traitent des aspects pratiques de norme et d'usage linguistique. Aujourd'hui, les médias contribuent également par des sites interactifs comme *langue, sauce piquante*, le blog des correcteurs du *Monde* (http://correcteurs.blog.lemonde.fr), à commenter l'actualité métalinguistique. Ainsi se crée un espace de dialogue entre journalistes, experts en linguistique et le public intéressé.

2.2 Les traités normatifs destinés au grand public

A côté des remarques, observations et chroniques, on trouve en France une longue tradition de traités normatifs qui témoignent moins d'une réflexion métalinguistique que d'une correction normative. Dans le contexte de la standardisation linguistique, ce sont les « correcteurs de fautes vulgaires » qui jouent un rôle central. Sous forme de listes « anti-barbari », où l'on oppose les « fautes » aux formes « correctes », ont été publiés surtout à partir du début du XIXᵉ siècle maints traités qui contribuent à imposer le français standard. Les *Gasconismes corrigés* des Desgrouais (¹1766) connaissent plusieurs rééditions jusque dans les années 1820 et plusieurs imitations (Schlieben-Lange 1991, 120s.). Le traité de Désgrouais ou bien l'œuvre anonyme *Les*

Flandricismes, wallonismes et expressions impropres dans la langue française. Ouvrage dans lequel on indique les fautes que commettent fréquemment les Belges en parlant l'idiome français ou en l'écrivant ; avec la désignation du mot ou de l'expression propre, ainsi que celle des règles qui font éviter les fautes contre la syntaxe (¹1806 ; ²1811) répondent à un besoin d'orientation normative d'un public pour lequel la maîtrise du français normalisé devient un facteur de mobilité et prestige sociaux. Ce qui est remarquable, c'est que les auteurs de tels traités viennent principalement du groupe des « notables » locaux. Cela prouve qu'à l'échelle locale et régionale, les élites urbaines sont bien les protagonistes de la « francisation », voire de l'imposition d'une orientation normative vers le français de Paris. La normativité des *remarques* – qui déterminent le bon usage selon l'usage d'un groupe social choisi – fait place à un discours puriste, le « *ce qui se dit* est devenu *dire et ne pas dire* : ce mode-là rejoint les manuels de savoir vivre, *faire et ne pas faire* » (Paveau/Rosier 2008, 58). C'est ainsi que beaucoup de manuels de politesse ou de bonnes manières contiennent des chapitres consacrés aux comportements linguistiques (Osthus 2006, 1537). Les usages linguistiques forment donc une partie intégrale des normes comportementales. Souvent il s'agit de donner des conseils pour se conformer à un modèle idéalisé comme l'était au siècle classique l'honnête homme qui se démarque entre autres par ses comportements linguistiques de ses contemporains.

Avec Paveau/Rosier (2008, 57–66) on peut diviser les traités en trois types : premièrement, les ouvrages « pour prescrire et proscrire », c'est-à-dire tout ouvrage destiné à corriger les « fautes vulgaires » (François 1959, vol. II, 172), deuxièmement, les ouvrages « pour s'améliorer et s'enrichir » qui contribuent souvent de manière ludique (Schmitt 2003) à aligner les compétences linguistiques des lecteurs aux normes, et troisièmement, les ouvrages « plaisants » qui véhiculent souvent de façon humoristique et anecdotique des attitudes puristes envers la langue, ce qui s'exprime p. ex. par un amour des « mots rares » ou bien des plaisanteries sur la variation sociale. Les sites Internet « ironiques » (Paveau/Rosier 2008, 66) se font souvent les porte-paroles du purisme contemporain. À ce type de publications s'ajoutent également les émissions télévisées comme p. ex. les *dicos d'or*, la fameuse dictée de Bernard Pivot (1985–2005), ou l'émission *Merci professeur* (TV5 Monde) avec Bernard Cerquiglini. Même l'Académie française héberge sur son site Internet un blog sous le titre *Dire, ne pas dire* (http://www.academie-francaise.fr/dire-ne-pas-dire, 17.04.2015) qui véhicule au-delà de l'orientation normative des faits anecdotiques. Les frontières entre informations para-lexicographiques, anecdotes étymologiques, polémiques puristes et l'humour métalinguistique restent désormais floues. Il existe un marché pour des ouvrages qui popularisent d'un côté l'intérêt métalinguistique et qui véhiculent d'un autre côté des conceptions normatives, permettant ainsi aux lecteurs de se comporter conformément aux normes exigées. La liste bibliographique (Paveau/Rosier 2008, 349–355) montre le foisonnement d'activités éditoriales qui soit prônent un français « correct », soit ont une portée métalinguistique, ce qui les rend intéressantes au public, p. ex. en montrant des curiosités, variations ou anecdotes sur la langue.

2.3 Les activités métalinguistiques des « profanes » sur les réseaux interactifs

Depuis toujours, des questions métalinguistiques sont des sujets de conversation quotidienne. Cependant, ce type d'activité de linguistique populaire reste difficile à évaluer. Vu la continuité dans les publications servant à populariser les questions métalinguistiques, il est légitime de supposer également une certaine continuité dans les préoccupations métalinguistiques des « profanes » au cours de l'histoire. En fait, les lettres aux éditeurs de jadis traitent souvent les mêmes aspects que les tweets métalinguistiques d'aujourd'hui. Avec l'établissement d'Internet, il est désormais possible de retracer de tels débats de plus près. La généralisation d'Internet permet à des non-experts de participer à des débats métalinguistiques, qui jusqu'ici n'avaient pas eu les moyens de s'exprimer dans les médias traditionnels. Il y a de nouveaux modes d'expression et surtout une démocratisation des débats. Dans différentes études effectuées à partir de la fin des années 1990 (p. ex. Osthus/Polzin-Haumann 2006 ; Osthus 2003 ; 2006 ; Damar 2010 ; Döring/Osthus/Polzin-Haumann 2012) on a pu constater la grande diversité des débats et des activités métalinguistiques relayés sur Internet. Dans le cadre de la philologie romane, nous avons pu observer plusieurs types de débats. Parmi eux, on peut citer les discussions ayant une tendance puriste, ceux rassemblant des questions métalinguistiques de toute sorte, ceux tournant autour des questions normatives (*Telle ou telle expression, est-elle correcte ou non ?*) et ceux faisant preuve d'un activisme en faveur des minorités linguistiques (voir également Visser 2012), etc. Donc, la linguistique des profanes est assez loin d'être homogène.

Pour évaluer ces débats, on peut distinguer entre les débats explicites qui ont lieu dans des forums destinés aux débats autour de la langue, comme p. ex. le *newsgroup* fr.lettres.langue.francaise qui existe depuis le début des années 1990 (Osthus 2003) ou la foire à discussion *Français, notre belle langue* (Schrader-Kniffki 2012), et les débats implicites – c'est-à-dire des discussions métalinguistiques qui s'insèrent dans des forums thématiques consacrés principalement à des sujets non-linguistiques.

Les études confirment une large présence d'attitudes puristes qui se traduisent par des débats sur la légitimité des emprunts de l'anglais. Notamment les participants aux forums métalinguistiques rejettent les anglicismes, tout en se servant souvent de métaphores conceptuelles prenant pour domaines-sources les champs sémantiques de la guerre, de la catastrophe naturelle ou bien de la médecine (Osthus/Polzin-Haumann 2006, 96–105). Les stéréotypes sur la menace que représenterait la suprématie de la langue anglaise au niveau international sont bien véhiculés sur les forums d'Internet. Les débats relayés sur les nouveaux médias se trouvent ainsi dans la continuité des traditions de linguistique populaire plus anciennes. Beaucoup de participants à ces débats sur Internet font explicitement référence aux « autorités » puristes comme p. ex. René Etiemble ou les propositions terminologiques autorisées par l'Académie française. Malgré ces attitudes majoritaires qui témoignent le plus souvent d'un prescriptivisme ardu, il y a également d'autres positionnements plus modérés. De plus, les débats sur Internet fournissent un espace de discussion entre linguistes, amateurs de la langue – qui montrent souvent des degrés d'expertise étonnants – et simples locuteurs. L'insécurité linguistique, voire les doutes normatifs, poussent les internautes à poser des questions métalinguistiques. Pour répondre à ces questions, les animateurs des forums et sites métalinguistiques recourent le plus souvent aux jugements des autorités normatives, notamment les décisions de l'Académie française ou bien les dictionnaires normatifs comme le *Petit Robert*. C'est ainsi que le « purisme par Internet » renforce les autorités traditionnelles en matière de norme linguistique.

Néanmoins, ces débats sont loin d'être consensuels. Le spectre va de l'anglophobie prononcée jusqu'à ceux qui ridiculisent à leur tour les défenseurs acharnés de la langue « pure ». Le constat de Damar (2010, 128) que

> « le purisme des internautes envers leur langue ne se manifeste pas de la même manière selon l'élément linguistique observé. [...] Les commentaires puristes sont différents selon que le point abordé concerne la syntaxe ou la morphologie » (Damar 2010, 128)

se confirme dans d'autres recherches. En outre, les attitudes linguistiques envers la variation diastratique sont p. ex. généralement plus négatives qu'envers les différents français régionaux et extra-hexagonaux (Osthus 2015). C'est notamment la vocation internationale de la langue française qui est défendue par les internautes francophones, venant de différents pays francophones. Comme les débats entre internautes se jouent à un niveau international, une partie importante des participants partagent une certaine conception du français comme langue pluricentrique.

Avec l'arrivée des réseaux sociaux et des incontournables plateformes vidéos comme Dailymotion ou Youtube à partir des années 2005/2010, les débats métalinguistiques s'étendent à de nouveaux types d'expressions. Les forums métalinguistiques font progressivement place à des groupes de discussion sur Facebook, tandis que le nombre de participants aux forums 'traditionnels' et aux *newsgoups* (Osthus 2003) ne cesse de diminuer. Les clips vidéo et les débats suscités par la publication ou le partage des vidéos forment désormais une partie importante des activités métalinguistiques des « profanes ». Dans le fond, les prises de position ne se distinguent guère des traditions de la linguistique populaire. On peut néanmoins constater qu'il est souvent plus important de divertir les lecteurs-spectateurs que de les informer ou les inciter à des débats intellectuels sur la langue.

3 Conclusion : importance et perspective d'une linguistique populaire en France

Un public de non-experts est impliqué dans des débats métalinguistiques depuis plusieurs siècles. Même s'il est légitime de supposer au lieu du simple antagonisme entre « savant » et « populaire » plutôt un continuum entre ces deux pôles (Falkert 2012, 125), le débat entre « profanes » et les attitudes métalinguistiques « populaires » se distinguent bien des attitudes adoptées en linguistique. L'analyse du discours métalinguistique populaire permet désormais de comprendre les conditions sociales soit de l'évolution, soit de l'enseignement des langues. Les valorisations sociales de différentes formes et variétés font partie de l'ethnographie des locuteurs.

Les études sur la linguistique des variétés perceptives (Boughton 2006 ; Falkert 2012 ; Krefeld/Pustka 2010) soulignent l'importance d'intégrer les représentations sociales de la langue dans l'étude scientifique de celle-ci.

L'étude des attitudes métalinguistiques offre de multiples perspectives. Des recherches comparatives permettraient de vérifier (ou de réfuter) l'hypothèse d'une « exception française » supposant que « les Français seraient plus puristes que les autres locuteurs » (Paveau/Rosier 2008, 7). D'importantes sources restent encore à exploiter, notamment les débats et conflits métalinguistiques véhiculés dans la communication électronique, et – dans une perspective historique – la documentation sur les attitudes métalinguistiques contenues dans les lettres privées, les journaux intimes, le courrier des lecteurs du passé (Wilton/Wochele 2011). Ainsi, on pourrait voir de plus près les évolutions qu'ont subies les conceptions que les francophones se font de leur langue. Sans cette dimension « populaire », la linguistique reste incomplète.

4 Bibliographie

Achard-Bayle, Guy/Paveau, Marie-Anne (edd.) (2008), *Linguistique populaire ?*, Pratiques 139/149.

Anon. [Louis-Augustin Alemand] (1688), *Observations nouvelles ou Guerre civile des François sur la langue*, Paris, Langlois.

Antos, Gerd (1996), *Laien-Linguistik – Studien zu Sprach- und Kommunikationsproblemen im Alltag*, Tübingen, Niemeyer.

Ayres-Bennett, Wendy (1997), *From Malherbe to the French Academy on Quinte-Curce : The Role of Observations, Translations and Commentaries in French Linguistic Thought*, Seventeenth-Century French Studies 19, 1–9.

Ayres-Bennett, Wendy/Seijido, Magali (2011), *Remarques et observations sur la langue française. Histoire et évolution d'un genre*, Paris, Garnier.

Boughton, Zo (2006), *When perception isn't reality : Accent identification and perceptual dialectology in French*, Journal of French Language Studies 16:3, 277–304.

Brunot, Ferdinand (²1968), *Histoire de la langue française des origines à nos jours*, vol. X/2. *La langue classique dans la tourmente. Le retour à l'ordre et à la discipline*, Paris, Armand Colin.

Buffet, Marguerite (1668), *Nouvelles observations sur la langue françoise : où il est traité des termes anciens et inusitez et du bel usage des mots nouveaux*, Paris, Cusson.

Caput, Jean-Pol (1972/1975), *La langue française – histoire d'une institution*, 2 vol., Paris, Larousse.

Cellard, Jacques (1983), *Les chroniques de langage*, in : Édith Bédard/Jacques Maurais (edd.), *La norme linguistique*, Québec/Paris, Conseil de la langue française et al., 651–666.

Cohen, Marcel (1966), *Encore des regards sur la langue française*, Paris, Éditions sociales.

Cohen, Marcel (1972), *Toujours des regards sur la langue française*, Paris, Éditions sociales.

Damar, Marie-Ève (2010), *De la polymorphie du purisme linguistique sur l'Internet*, Langage et société 131:1, 113–130.

Döring, Martin/Osthus, Dietmar/Polzin-Haumann, Claudia (2012), *Das Internet als Arena des Sprachenstreits : metasprachliche Auseinandersetzungen um das Asturiano, das Mirandês und das Occitan im Vergleich*, in : Judith Visser/Dietmar Osthus/Christian Schmitt (edd.), *Streit um Sprache. Akten zur gleichnamigen Sektion des XXXI. Romanistentags 2009*, Bonn, Romanistischer Verlag, 87–122.

Falkert, Anika (2012), *La dialectologie perceptuelle : problèmes et perspectives*, Dialectologia et Geolinguistica 20, 108–129.

François, Alexis (1959), *Histoire de la langue française cultivée des origines à nos jours*, 2 vol., Genève, Jullien.

Görtz, Barbara (1990), *Untersuchungen zur Diskussion über das Thema Sprachverfall im Fin-de-Siècle*, Frankfurt am Main et al., Lang.

Hardy, Stéphane/Herling, Sandra/Patzelt, Carolin (edd.) (2015), *Laienlinguistik im frankophonen Internet*, Berlin, Frank & Timme.

Hermant, Abel (1929), *Remarques de Monsieur Lancelot pour la défense de la langue française, avec une préface de M. Abel Hermant de l'Académie francaise*, Paris, Flammarion.

Hermant, Abel (1936/1938), *Chroniques de Lancelot du « Temps »*, 2 vol., Paris, Larousse.

Kaltz, Barbara (ed.) (1997), *Le moyen français au quotidien : un recueil de textes du XIVe au XVIe siècle*, Bonn, Romanistischer Verlag.

Krefeld, Thomas/Pustka, Elissa (edd.) (2010), *Perzeptive Varietätenlinguistik*, Frankfurt am Main et al., Lang.

McKenzie, Robert/Osthus, Dietmar (2011), *That which We Call a Rose by any Other Name Would Sound as Sweet. Folk perceptions, status and language variation*, AILA Review 24:1, 100–115.

Ménage, Gilles (²1675), *Observations de Monsieur Ménage Sur la Langue Françoise*, Paris, Barbin.

Niedzielski, Nancy A./Preston, Dennis R. (2003 [¹1999]), *Folk linguistics*, Berlin/New York, Mouton de Gruyter.

Osthus, Dietmar (2003), *Le bon usage d'Internet – discours et conscience normatifs dans des débats virtuels*, in : Dietmar Osthus/Claudia Polzin-Haumann/Christian Schmitt (edd.), *La norme linguistique : théorie – pratique – médias – enseignement. Actes du colloque tenu à Bonn le 6 et le 7 décembre 2002*, Bonn, Romanistischer Verlag, 139–152, <http://www.dietmar-osthus.de/norme.htm> (17 mai 2015).

Osthus, Dietmar (2006), *Laienlinguistik und Sprachchroniken : Französisch und Okzitanisch. Linguistique populaire et chroniques de langage : français et occitan*, in : Gerhard Ernst et al. (edd.), *Romanische Sprachgeschichte. Ein internationales Handbuch zur Geschichte der romanischen Sprachen*, vol. 2, Berlin/New York, de Gruyter, 1533–1546.

Osthus, Dietmar (2015), *Les disputes des « profanes » – les débats virtuels autour du polycentrisme de la langue française*, in : Stéphane Hardy/Sandra Herling/Carolin Patzelt (edd.), *Laienlinguistik im frankophonen Internet*, Berlin, Frank & Timme, 511–528.

Osthus, Dietmar/Polzin-Haumann, Claudia (2006), *« Las palabras tienen cromosomas » oder « What Sprachschützer know that linguists don't ». Konkurrierende Metaphernprogramme im Sprechen über Sprache*, metaphorik.de 11, 81–115, <http://www.metaphorik.de/11/osthus-polzinhaumann.pdf> (17 mai 2015).

Paveau, Marie-Anne (2005), *Linguistique populaire et enseignement de la langue : des catégories communes ?*, Le Français aujourd'hui 151:4, 95–107.

Paveau, Marie-Anne/Rosier, Laurence (2008), *La langue française. Passions et polémiques*, Paris, Vuibert.

Polzin-Haumann, Claudia/Osthus, Dietmar (edd.) (2011), *Sprache und Sprachbewusstsein in Europa. Beitrage aus Wissenschaft, Öffentlichkeit und Politik/Langues et conscience linguistique en Europe. Une approche pluridisciplinaire : entre sciences, opinion publique et politique*, Bielefeld, transcript.

Preston, Dennis R. (2005), *What is folk linguistics ? Why should you care ?*, Lingua Posnaniensis 47, 143–62.

Preston, Dennis R. (2008), *Qu'est-ce que la linguistique populaire ? Une question d'importance*, Pratiques 139/140, 1–124.

Schlieben-Lange, Brigitte (1991), *Okzitanisch : Grammatikographie und Lexikographie*, in : Günter Holtus/Michael Metzeltin/Christian Schmitt (edd.), *Lexikon der Romanistischen Linguistik*, vol. 5/2, Tübingen, Niemeyer, 105–126.

Schmitt, Christian (2003), *La norme par le jeu. Le Nouvel Observateur et le bon usage*, in : Dietmar Osthus/Claudia Polzin-Haumann/Christian Schmitt (edd.), *La norme linguistique. Théorie – pratique – médias – enseignement*, Bonn, Romanistischer Verlag, 153–185.

Schrader-Kniffki, Martina (2012), *Das französische Internetforum « Français notre belle langue » : Kommunikativer Raum und (meta)sprachliches Netzwerk zwischen Virtualität und Realität*, in : Annette Gerstenberg/Claudia Polzin-Haumann/Dietmar Osthus (edd.), *Sprache und Öffentlichkeit in realen und virtuellen Räumen*, Bonn, Romanistischer Verlag, 251–271.

Stegu, Martin (2008), *Linguistique populaire, language awareness, linguistique appliquée : interrelations et transitions*, Pratiques 139–140, 81–92.

Streuber, Albert (1962–1969), *Die ältesten Anleitungsschriften zur Erlernung des Französischen in England und den Niederlanden bis zum 16. Jh.*, Zeitschrift für französische Sprache und Literatur 72 (1962), 37–63 ; 73 (1963), 97–112, 189–209 ; 74 (1964), 59–74, 342–361 ; 75 (1965), 31–50, 247–273 ; 77 (1967), 235–267 ; 78 (1968), 69–101 ; 79 (1969), 172–191, 328–348.

Swiggers, Pierre (1990), *Französisch : Grammatikographie*, in : Günter Holtus/Michael Metzeltin/Christian Schmitt (edd.), *Lexikon der Romanistischen Linguistik*, vol. 5/1, Tübingen, Niemeyer, 843–869.

Visser, Judith (2012), *Varietäten im virtuellen Raum : Normannische Sprachkultur im Internet*, in : Annette Gerstenberg/Claudia Polzin-Haumann/Dietmar Osthus (edd.), *Sprache und Öffentlichkeit in realen und virtuellen Räumen*, Bonn, Romanistischer Verlag, 79–106.

Wilton, Antje/Wochele, Holger (2011), *Linking past and present : A view of historical comments about language*, AILA Review 24:1, 55–67.

Ursula Reutner

7 Aménagement linguistique et défense institutionnalisée de la langue : Francophonie

Abstract : L'article esquisse d'abord le concept de francophonie, en présentant différentes interprétations du terme ainsi que diverses approches pour déterminer le nombre de locuteurs et catégoriser les pays francophones (1), pour donner ensuite un aperçu de l'expansion du français dans le monde et des différents modes de décolonisation (2). C'est à la suite de celle-ci que s'est développée l'Organisation internationale de la Francophonie, dont seront retracées l'histoire et la composition (3). À partir de cette base, seront présentés différents types d'aménagements linguistiques au sein de la francophonie : en ce qui concerne l'aménagement du statut, on donnera des exemples de différenciation fonctionnelle, de territorialité et d'unilinguisme (4) ; quant à l'aménagement du corpus, on exposera le développement de normes explicites par les processus de sélection, d'implémentation, de codification et d'élaboration à l'instar du Québec, de la Belgique et de la Suisse, ce que viendront compléter des remarques sur les normes implicites au sein d'autres régions (5).

Keywords : francophonie, aménagement linguistique, décolonisation, terminologie, politiquement correct

1 Le concept de francophonie

1.1 La désignation

Un monde divisé en races et ethnies, en puissances coloniales et colonies – c'est la conception du monde au XIXᵉ siècle. Il n'est pas d'usage, à l'époque, de classifier les peuples en fonction de leur langue. C'est donc une nouveauté que le géographe Onésime Reclus entreprit dans son étude *France, Algérie et colonies* (1880), où il se référa aux ethnies employant le français par le terme de *francophonie*. Mais ce n'est que vers 1960 que l'expression se répand : en 1959, elle apparaît chez Queneau (cf. TLF) ; peu après, Sédar-Senghor lui apporte le sens de 'civilisation française' et la rapproche ainsi de celle de *francité* en tant que 'caractères propres à la communauté de langue française' : en 1962, dans le numéro spécial du journal *Esprit* « Le français dans le monde » et en 1966, lors de la conférence « La francophonie comme culture » à l'Université de Laval.

Aujourd'hui, l'expression regroupe au moins cinq types d'interprétation : dans son sens de *francophonie linguistique*, elle décrit l'ensemble des locuteurs du français dans le monde, dans celui de *francophonie géographique*, les pays dans lesquels le français est utilisé, au sens de *francophonie culturelle*, les nations que relient la culture et les valeurs françaises, en tant que *francophonie institutionnelle*, les organismes chargés de protéger la langue et la culture françaises, et comme *francophonie politique*, l'Organisation internationale de la Francophonie.

1.2 Nombre des locuteurs

L'étendue démographique de la francophonie linguistique varie en fonction de la définition : si l'on ne recense que les locuteurs de langue maternelle française, on parvient à environ 75 millions de personnes. Mais il existe également une définition plus large du locuteur francophone comme « personne ayant une connaissance de la langue française, qu'elle soit partielle ou complète » (OLF 2010, 17) ; celle-ci constitue la base des chiffres de l'OIF, qui déclare au moins 220 millions de francophones : 87,5 millions (40%) en Europe, 79 millions (36%) en Afrique subsaharienne et dans l'Océan Indien, 33,5 millions (15%) en Afrique du Nord et au Moyen-Orient, 17 millions (7,5%) en Amérique et dans les Caraïbes, ainsi que 2,5 millions (1,2%) en Asie et Océanie.

Ces chiffres élevés témoignent de niveaux de compétence très variés, puisqu'ils comprennent tant les locuteurs réels du français, qui l'ont appris comme langue première (langue maternelle) ou langue seconde (personnes qui emploient le français de manière habituelle dans leur pays et le maîtrisent couramment), que les locuteurs occasionnels, qui l'utilisent seulement dans certaines circonstances ou ne le maîtrisent que de manière rudimentaire ou spécialisée.

Si l'on recense, en revanche, les habitants des pays dans lesquels le français jouit d'un statut officiel, on ignore quel pourcentage de la population le maîtrise réellement et on exclut les locuteurs des pays à forte population francophone dans lesquels il n'est pas la langue officielle. Pour représenter plus fidèlement la réalité, il vaut mieux prendre en compte la fréquence de l'emploi et ses domaines, mais c'est bien plus complexe : la situation est déjà différente en Val d'Aoste de celle de la Suisse voisine et présente d'autres variétés encore en Afrique francophone.

1.3 Catégorisation des pays

Une catégorisation approximative des pays francophones s'appuie sur l'emploi du français comme langue véhiculaire et/ou vernaculaire : la variante du *français comme langue véhiculaire et vernaculaire* englobe par ex. la France, la Romandie, la Wallonie et le Québec. Dans le scénario du *français exclusivement comme langue véhiculaire*, l'emploi du français se restreint à des situations de communication formelles, alors que la communication quotidienne se déroule dans d'autres langues. C'est *grosso modo* le cas pour les pays francophones d'Afrique subsaharienne, même si le rôle de langue véhiculaire du français est remis en cause, dans certains d'entre eux, par des langues véhiculaires autochtones, et dans d'autres, par la vernacularisation du français même. Comme exemple de la variante du *français exclusivement comme langue vernaculaire*, nous avons la situation diglossique du Québec avant la Révolution tranquille, où le français était la variété basse, dominée par l'anglais comme variété haute. La situation actuelle des minorités francophones dans d'autres régions de l'Amérique du Nord (Ouest du Canada, Nouvelle-Angleterre, Louisiane) s'approche également de cette situation, même si elles bénéficient, à différents degrés, de mesures d'aménagement externes. Dans la réalité linguistique, il existe donc tant de nuances que la tripartition ne peut être envisagée que comme une représentation de prototypes.

Plus respectueuse des nuances, la typologie de Chaudenson (entre autres 1991) distingue entre le *status* d'une langue et son *corpus*, en incluant des pourcentages. La catégorie du *status* englobe chez lui le statut juridique, politique et économique de la langue, son rôle dans le système éducatif, les médias et le secteur privé ; et la catégorie du *corpus*, tout ce qui concerne la production langagière : mode d'appropriation de la compétence (langue maternelle, seconde langue, langue d'enseignement), la nature de la compétence, l'emploi en tant que langue véhiculaire ou vernaculaire ainsi que le corpus au sens propre. Les deux catégories constituent les axes d'un système de coordonnées dans lequel Chaudenson situe les pays analysés : les valeurs presque maximales pour *status* (100%) et *corpus* (98%) sont attribuées à la France. Un *status* élevé en combinaison avec un *corpus* faible est le propre de nombreux États africains dont le français est la langue officielle, mais n'est parlé que par une minorité (par ex. Burkina Faso : status 77,5%, corpus 18%). Un *corpus* considérable et un *status* faible distinguent la Flandre, le français n'y étant pas la langue officielle, mais sa présence dans la société étant relativement forte (status env. 22%, corpus env. 50%). Un *status* minimum (5,5%) accompagné d'un *corpus* presque inexistant (2,5%) caractérise la situation à Sainte-Lucie, un État certes associé à la francophonie, mais dans lequel le français ne joue presque plus aucun rôle.

2 Diffusion du français dans le monde

Les enjeux de l'aménagement actuel du français dans les différents pays s'expliquent lorsqu'on passe en revue les processus de son expansion en Europe et dans le monde, ainsi que son recul.

2.1 Expansion en Europe

La diffusion du français en Europe est due à l'expansion militaire de la France et à son prestige culturel. Du point de vue militaire, outre les croisades, on pense surtout à la conquête normande de l'Angleterre en 1066. L'anglo-normand devient la langue de la classe dirigeante et connaît un essor particulier en tant que langue littéraire sous Henri II (1154–1189) et son épouse Aliénor d'Aquitaine. Jusqu'à Henry IV (1399–1413), premier roi dont l'anglais est la langue maternelle, il s'est écoulé trois siècles de multilinguisme au cours desquels l'anglais a subi une nette francisation. Parmi les nombreux exemples lexicaux, rappelons seulement les expressions culinaires *pork*, *beef*, *veal*, *mutton* ou *venison* pour la viande de *swine/pig*, *cow*, *calf*, *sheep*, et *deer* ou des couplets comme *commence* – *begin*, *combat* – *fight* ou *gain* – *win*. En 1362, Edward III assigne, encore en français, le statut de langue judiciaire à l'anglais, mais ce n'est qu'en 1731 que l'usage de l'anglais devient obligatoire dans les tribunaux.

Cependant, plus que par les interventions militaires, la diffusion du français en Europe a été déterminée par des facteurs culturels tels que l'internationalité de la Sorbonne et surtout le prestige de la littérature en ancien français, qui a inspiré la littérature nationale de plusieurs pays et poussé de nombreux auteurs à utiliser le français pour leurs œuvres : le *Trésor* de Brunetto Latini ou la description du voyage de Marco Polo dictée à Rustichello de Pise n'en sont que quelques exemples.

Le XVIe siècle est dominé par l'hégémonie culturelle italienne, mais voit naître une deuxième vague d'expansion du français qui atteint son apogée dans la deuxième moitié du XVIIe siècle et surtout au XVIIIe siècle. Les Huguenots, chassés de France par les guerres de religion et surtout par l'Édit de Nantes (1685), occupent de bons postes en Angleterre, aux Pays-Bas et en Allemagne protestante, où ils répandent leur langue et leurs coutumes. En Angleterre, Henri VIII (1509–1547) écrit des lettres en français à Anne Boleyn, et Élisabeth Ire (1558–1603) traduit Marguerite de Navarre. En Allemagne, Leibniz rédige des œuvres en français (par ex. les *Essais de Théodicée*, 1710), et Frédéric II (1740–1786) écrit également en français, invite Voltaire à sa cour, et fait du Français Maupertuis le président de l'Académie de Berlin qui décorera Rivarol pour son essai *De l'universalité de la langue française* (1784). L'idée de l'universalité est profondément ancrée comme lieu topique, bien que représentant un mythe plutôt que la réalité, puisque même en France, seule une minorité de la société maîtrisait cette langue. Tout au contraire de la haute société européenne : Catherine II de Russie (1762–1796) accueillait des troupes françaises dans son Théâtre de l'Ermitage et aujourd'hui encore, on ressent l'ampleur de la gallomanie russe à la lecture des passages en français de *Guerre et Paix* de Tolstoï ou à la vue du *Grand Magasin au Pont Rouge* à Saint-Pétersbourg, dont la devanture propose des *chaussures* et autres *cravates* à la vente.

Le français a longtemps occupé le rôle incontesté de langue des relations internationales : le poids décisif de Louis XIV (1643–1715) dans la politique européenne lui a assuré un statut de langue de la diplomatie, ses ennemis se trouvant eux-mêmes dans l'obligation de l'apprendre pour ne pas se retrouver à l'écart lors des négociations. Il s'est imposé complètement après la guerre de succession d'Espagne (traité de Rastatt 1714) et était employé jusque dans les conférences et les traités ne concernant pas la France.

Ce n'est qu'à partir du XIXe siècle que le français est sérieusement concurrencé dans le domaine des sciences par l'allemand, et dans ceux de l'économie et des technologies modernes par l'anglais, dont la suprématie comme langue scientifique s'étend à de nombreuses disciplines avec la montée en puissance des États-Unis à la suite des deux guerres mondiales. L'anglais dispute également au français sa prépondérance en tant que langue des relations internationales : il est mis sur un pied d'égalité avec le français, d'abord dans le traité de Versailles (1919), ensuite au sein de la Société des Nations et de l'ONU, qui reconnaît également l'arabe, l'espagnol, le mandarin et le russe comme langues officielles, et enfin dans la Communauté/Union Européenne.

2.2 Colonisation

Le rôle du français comme langue mondiale découle de l'expansion coloniale du pays, lancée au XVIe siècle avec la fondation de la Nouvelle France par Jacques Cartier (1534). La colonisation prend son essor au XVIIe siècle, en Amérique, avec la création des villes de Québec (1608) et de Montréal (1642 Ville Marie), la prise de possession des îles caraïbes comme la Guadeloupe (1635 Karukera) et la Martinique (1635), la cession de Saint-Domingue (partie occidentale d'Hispaniola, aujourd'hui Haïti) par l'Espagne (traité de Ryswick 1697), et l'exploration du bassin du Mississippi par Cavelier de la Salle (1682) ; en Afrique, avec l'implantation de comptoirs de commerce sur la côte méditerranéenne (dès 1603 en Tunisie) et atlantique (1659 Saint-Louis du Sénégal, 1686/1687 Assinie éburnéenne).

Aux XVIIe et XVIIIe siècles, la France entre également en possession de plusieurs îles de l'Océan Indien : La Réunion (1638 Île Bourbon), Madagascar (1642 Île Dauphine), Maurice (1715 Isle de France), et les Seychelles (1742 Îles La Bourdonnais).

Au XIXe siècle commence la colonisation du territoire africain : s'ajoutent l'Algérie (1830), Djibouti (1884) et des pays africains dont résultent plus tard deux entités d'administration : l'Afrique occidentale française (AOF, 1895–1958) avec le Sénégal (1854), le Bénin (1883 Dahomey), le Mali (1883 Soudan), la Côte d'Ivoire (1893), la Guinée (1893), le Burkina Faso (1896 Haute-Volta), le Niger (1897), et la Mauritanie (1902) ; et l'Afrique équatoriale française (AEF, 1910–1958), qui correspond aux pays actuels du Gabon (1839), de la République Centrafricaine (1889 Oubangui-Chari), du Congo (1891) et du Tchad (1899).

Suite à la Première Guerre mondiale, les ex-colonies allemandes du Cameroun et du Togo (1884–1919) s'ajoutent, en grande partie, à l'Empire français, et les ex-colonies allemandes du Burundi et du Rwanda (1890–1919 partie de l'Afrique orientale allemande), à la colonie belge de la République démocratique du Congo (Congo Belge ; de 1971 à 1997 sous le nom de Zaïre).

Au Maghreb, la Tunisie (1881) et le Maroc (1912) deviennent des protectorats français, tandis que l'Algérie (1830) est intégrée dans la métropole, qui établit une colonie de peuplement, étouffe les structures indigènes, et pratique une politique d'acculturation massive.

L'engagement français en Indochine se met en place en 1859, lorsque Napoléon III fait occuper Saigon sous le prétexte d'y protéger le christianisme. Viennent ensuite le Viêt-Nam (1862–1867 Cochinchine, 1883 Annam, 1884 Tonkin), le Cambodge (1863), et le Laos (1893).

2.3 Décolonisation

Lorsque la France constitue un deuxième empire colonial au XIXe siècle en Afrique, elle a déjà perdu la plupart des possessions de son premier empire en Amérique. Certes, elle a conservé une partie de ses colonies antillaises, particulièrement rentables grâce à la culture de la canne à sucre, mais pour bien des Français le Canada ne représentait que « quelques arpents de neige » (cf. par ex. la figure du Martin in Voltaire 1759, 209s., chapitre vingt-troisième : « C'est une autre espèce de folie, dit Martin. Vous savez que ces deux nations sont en guerre pour quelques arpents de neige vers le Canada, et qu'elles dépensent pour cette belle guerre beaucoup plus que tout le Canada ne vaut »). Ainsi, à l'issue de la guerre de Sept Ans (traité de Paris 1763), le Québec est cédé à l'Angleterre, ce que Voltaire commente laconiquement, déjà en 1762, dans une lettre au comte de Choiseul : « J'aime beaucoup plus la paix que le Canada » (Voltaire 1837, 528). L'Angleterre s'était alors déjà emparée de l'Acadie (traité d'Utrecht 1713), dont elle chassa les colons à partir de 1755, au cours du Grand Dérangement. Une partie d'entre eux se réfugia en Louisiane, où ils diffusèrent la culture (a)cadienne (angl. *cajun*), mais en 1763, la Louisiane passa sous le contrôle de la Couronne espagnole et, après un court intermède français sous Napoléon Ier (1800–1803), elle fut vendue aux États-Unis. À Haïti, les idées de la Révolution française déclenchèrent des troubles d'une telle ampleur qu'en 1804, ils aboutirent à l'indépendance et à la fondation du premier État au monde à être gouverné par d'anciens esclaves. Celui-ci sera reconnu en 1825 par la France en échange d'une forte indemnisation pour la perte territoriale.

Ce n'est qu'après la Seconde Guerre mondiale que le processus de décolonisation à proprement parler se met en marche. Il connaîtra différentes formes : la voie sans doute la plus inhabituelle est celle de l'assimilation, qu'empruntent à partir de 1946 la Martinique, la Guadeloupe, la Guyane française, et La Réunion, en devenant des départements d'outre-mer.

D'autres dynamiques permettent l'accès à l'indépendance à travers des engagements politiques ou militaires. Sur le plan politique, l'empire colonial devient, en 1946, l'Union française (qui regroupe d'abord des États et territoires associés, puis, à partir de 1956, des républiques semi-autonomes), et, en 1958, la Communauté française, qui ouvre à ses membres la voie vers la souveraineté, que la plupart des ex-colonies françaises en Afrique obtiennent en 1960.

En Indochine, la défaite du Japon, qui occupait les territoires français durant la Seconde Guerre mondiale, a déjà conduit à une vacance de pouvoir, leur permettant d'acquérir la souveraineté en 1953/1954. Au Maghreb, la Tunisie et le Maroc prennent leur indépendance en 1956, alors que l'Algérie y parvient en 1962 seulement, après des années d'une guerre civile sanglante.

3 L'Organisation internationale de la Francophonie (OIF)

L'effondrement de l'empire colonial renforce les protagonistes du mouvement francophone, soucieux de redéfinir les relations entre les pays récemment devenus indépendants et les autres États francophones ainsi que de remédier à la crise du français, amorcée par la perte de son hégémonie en tant que langue des sciences et de la diplomatie internationale et par la concurrence anglo-américaine croissante. Les répercussions de leur engagement se manifestent dans l'évolution de la Francophonie comme organisation politique (pour plus de détails cf. Bostock 1986 ; Léger 1987 ; Tétu [3]1992 ; Erfurt 2005 et les articles dans les manuels de français de Holtus/Metzeltin/Schmitt 1990 ; Kolboom/Kotschi/Reichel 2002).

3.1 Origines et évolution

Parmi les premières actions menées dans le but de défendre le français figure la fondation de l'*Alliance française* (1883) par Faidherbe. À partir des années 1950, vient s'y ajouter une pléthore d'associations privées et publiques, nationales et internationales : en 1952, l'UIJPLF (*Union internationale des journalistes de la presse de la langue française*, depuis 2001, UPF, *Union internationale de la presse francophone*) ; en 1954, l'UCF (*Union culturelle française*) ; en 1960, la CONFEMEN (*Conférence des Ministres de l'Éducation* [CME] *des pays africains et malgaches d'expression française*, rebaptisée, en 1987, *CME des pays ayant en commun l'usage du français*, en 1994, *CME des pays ayant le français en partage*, et, depuis 2012, *CME des États et gouvernements de la Francophonie*) ; en 1961, l'AUPELF (*Association des universités partiellement ou entièrement de langue française*, fusionnée en 1994 avec l'UREF, *Université des réseaux d'expression française*, et transformée en 1998 en AUF, *Agence universitaire de la Francophonie*) ; en 1966, l'OCAM (*Organisation commune africaine et malgache*) ; en 1967, le CILF (*Conseil international de la langue française*) ; et, en 1967, l'AIPLF (*Association internationale des parlementaires de langue française*, en 1989, rebaptisée *Assemblée...*, depuis 1998, APF, *Assemblée parlementaire de la Francophonie*).

À la fin des années 1960, des politiciens québécois et africains expriment leur volonté d'une coopération politique plus étroite qu'elle ne l'est alors au sein de la

CONFEMEN et de l'OCAM. Le Québec, voyant la francophonie comme un moyen de consolider sa propre position par rapport au gouvernement fédéral, reçoit le soutien inattendu de la France en 1967, avec la déclaration « Vive le Québec libre ! » lancée par un de Gaulle emporté par l'enthousiasme, lors de son discours au balcon de l'hôtel de ville de Montréal devant une foule en liesse. Quand le Québec, invité par le Gabon à la conférence du CONFEMEN, y participe sans avoir consulté Ottawa, le Canada rompt ses relations diplomatiques avec le Gabon. N'étant jusqu'alors qu'un membre fondateur du Commonwealth et un ambassadeur du Canada anglophone avant tout, mais demandant à être le seul représentant du pays sur la scène internationale, Ottawa développe à son tour un intérêt pour la francophonie.

L'autre impulsion majeure sera donnée par les chefs d'État africains qui souhaitent préserver l'héritage culturel colonial. Parmi ces « pères de la francophonie » figurent les présidents sénégalais Léopold Sedar Senghor, tunisien Habib Bourguiba, nigérien Hamani Diori et libanais Charles Hélou. L'organisation politique à laquelle ils aspirent se heurte pourtant au refus de la France, qui préfère les traités bilatéraux avec des États individuels à un rôle de *primus inter pares* de la Francophonie. Après une longue « course d'obstacles » (Kazadi 1991, 49), les objectifs du groupe sont définis dans le cadre de la « coopération culturelle et technique » et l'agence du même nom, l'ACCT, est fondée en 1970.

Depuis les années 1980, la concurrence de l'anglais est de plus en plus confrontée à la propagation du multilinguisme aux dépens de l'unilinguisme français. Ce cheminement idéologique vers un dialogue des cultures s'observe par ex. dans le fait que l'ACCT a considérablement favorisé la transcription et l'analyse des créoles, alors que dans la mentalité française traditionnelle, ces langues étaient plutôt à écarter.

Le *Haut Conseil de la Francophonie* (HCF), fondé en 1984, est la première organisation dont la dénomination porte le terme de *francophonie*. De 1986 à 2007, il a publié un rapport biennal sur (*l'état de*) *la Francophonie dans le monde* (dans un premier temps sous l'égide de la France, après 2002 sous celle de l'OIF, puis réalisé tout les quatre ans par l'*Observatoire de la langue française*, cf. OLF 2010). La Francophonie est intégrée dans la politique officielle des pays. La principale avancée vers son étatisation est la mise en place de sommets bisannuels qui confortent son autorité de manière continue : Versailles (France, 1986), Québec (Canada-Québec, 1987), Dakar (Sénégal, 1989), Chaillot (France, 1991), Grand Baie (Maurice, 1993), Cotonou (Bénin, 1995), Hanoï (Viêt-Nam, 1997), Moncton (Canada-Nouveau-Brunswick, 1999), Beyrouth (Liban, 2002), Ouagadougou (Burkina Faso, 2004), Bucarest (Roumanie, 2006), Québec (Canada-Québec, 2008), Montreux (Suisse, 2010), Kinshasa (Congo, 2012), Dakar (Sénégal, 2014).

À la fin de la guerre froide, la Francophonie saisit cette opportunité pour étendre son influence politique internationale. En accueillant un grand nombre de nouveaux membres dans lesquels le français ne joue qu'un rôle minime au quotidien, non seulement elle renforce son hétérogénéité interne, mais elle met aussi nettement en évidence le détachement entre francophonie et compétence linguistique. Cette nouvelle politique d'admission peut s'appuyer sur des liens historico-culturels, mais le changement idéologique semble émaner avant tout de raisonnements économiques et politiques. Au plan terminologique, il s'exprime par la dénomination des sommets, intitulés dès 1993, *Conférences des chefs d'États et de gouvernements des pays ayant en commun l'usage du français* en [...] *ayant le français en partage*.

Face à ces nouvelles prétentions politiques, un centre de décision supranational tel que l'ACCT tombe dans la désuétude. En 1997, il est remplacé par la structure pyramidale de l'*Organisation internationale de la Francophonie* (OIF) sous la direction d'un secrétaire général : de 1997 à 2002, l'Égyptien Boutros Boutros-Ghali (1997– 2002), à qui succédèrent le Sénégalais Abdou Diouf et, depuis le 1er janvier 2015, la Québécoise Michaëlle Jean, née en Haïti. Parallèlement, les compétences de l'ACCT sont réduites, elle est rebaptisée AIF (*Agence intergouvernementale de la Francopho- nie*) et placée sous l'égide du secrétaire général de l'OIF. Les sommets constituent les plus hautes instances de cette structure et s'accompagnent de la *Conférence minis- térielle de la Francophonie* (CMF) et du *Conseil permanent de la Francophonie* (CMP). Ainsi se parachève le passage, initié par la mise en place des sommets, d'une politique supranationale à une politique intergouvernementale.

3.2 États membres

La fondation de l'ACCT datant de 1970, la Francophonie est nettement plus jeune que le Commonwealth, fondé en 1931 par le Statut de Westminster. Celui-ci se distingue de l'OIF par plusieurs aspects. Tout d'abord, par opposition au secrétaire général de la Francophonie, il est placé sous l'autorité de la Couronne d'Angleterre. Ensuite, son facteur unificateur est plutôt de nature économique, contrairement à la base linguis- tique et culturelle de la Francophonie. Enfin, il se limite aux pays de l'ancien Empire Britannique, auquel manquent des protagonistes majeurs comme les États-Unis, l'Afrique du Sud, Irlande ou Pakistan, alors que l'extension de la Francophonie dépasse déjà l'Empire colonial du XIXe siècle avec la Belgique et le Canada, et plus encore avec l'arrivée de nouveaux pays au cours des vingt dernières années. Néan- moins, le Commonwealth regroupe 2,2 milliards de personnes, contre seulement 890 millions pour la Francophonie.

En 2015, l'OIF comprend 80 pays : 57 membres, dont 3 associés (a) et 1 suspendus (s), et 23 observateurs (o), dont un suspendu (s). Dans ce qui suit, ils seront classés selon le statut dont jouit le français dans chaque pays : (a) langue officielle, (b) langue co-officielle ou (c) ni l'un ni l'autre. Chaque catégorie est subdivisée selon l'apparte- nance géographique, puis à l'intérieur de cette sous-catégorie, selon les dates d'adhé- sion à l'ACCT/OIF, et pour les dates identiques, ordonnés par ordre alphabétique.

(a) Le français est la langue officielle unique de 15 entités, toutes devenues membres dans les années 1970/1977 ou 1980/1981 : en Europe, ce sont la France (1970) et Monaco (1970) ; en Afrique, le Bénin (1970), le Burkina Faso (1970), la Côte d'Ivoire (1970), le Gabon (1970), le Mali (1970), le Niger (1970), le Sénégal (1970), le Togo (1970), la République démocratique du Congo (1977), le Congo (1981), et la Guinée (1981). S'y ajoutent le Québec (1971) et la Fédération Wallonie-Bruxelles (1980), tous deux ne formant pas des pays souverains, mais faisant partie d'autres États membres par lesquels ils estiment ne pas être suffisamment représentés.

Ceux-ci sont listés dans la catégorie (b) du français comme langue co-officielle aux côtés d'une ou de plusieurs autres langues, qui compte 17 pays : en Europe, la Belgique (1970 + flamand, allemand), le Luxembourg (1970 + allemand, luxembourgeois), et la Suisse (1996 + allemand, italien, romanche) ; en Amérique, le Canada (1970 + anglais), Haïti (1970 + créole), et – comme troisième entité faisant partie d'un État fédéral – le Nouveau-Brunswick (1977 + anglais) ; en Afrique, le Burundi (1970 + kirundi), le Rwanda (1970 + anglais, kinyarwanda), le Tchad (1970 + arabe), la Centrafrique (s1973 + sango), le Cameroun (1975 + anglais), Djibouti (1977 + arabe), et la Guinée équatoriale (1989 + espagnol) ; dans l'Océan Indien et Pacifique, Madagascar (1970 + malgache), les Seychelles (1976 + créole, anglais), les Comores (1977 + shikomor, arabe), et Vanuatu (1979 + anglais, bichlamar).

(c) Dans 48 États, le français n'est ni langue officielle, ni co-officielle. Dans une partie d'entre eux, il est ancré historiquement et aujourd'hui encore, partiellement établi comme langue quotidienne, alors que le ralliement d'autres pays se justifie plutôt par le rayonnement culturel du français. Plusieurs d'entre eux sont devenus membres après la chute de la République Soviétique, dont l'OIF a su profiter au niveau géopolitique.

Les pays d'Europe de l'Est ayant adhéré après la restructuration de l'Europe orientale, bien que le français n'y joue, au mieux, qu'un rôle symbolique, sont la Bulgarie (1991 – bulgare), la Roumanie (1991 – roumain), la Moldavie (1996 – moldavien), la Pologne (o1997 – polonais), l'Albanie (1999 – albanais), la Lituanie (o1999 – lituanien), la République tchèque (o1999 – tchèque), la Slovénie (o1999 – slovène), la Macédoine (2001 – macédonien), la Slovaquie (o2002 – slovaque), la Croatie (o2004 – croate), la Géorgie (o2004 – géorgien), la Hongrie (o2004 – hongrois), la Serbie (o2006 – serbe), l'Ukraine (o2006 – ukrainien), l'Arménie (2008 – arménien), la Lettonie (o2008 – letton), la Bosnie-Herzégovine (o2010 – croate, bosnien, serbe), l'Estonie (o2010 – estonien), le Monténégro (o2010 – monténégrin), et le Kosovo (o2014 – albanais, serbe). Les pays du reste de l'Europe qui se sont ajoutés au cours du troisième millénaire sont Andorre (2004 – catalan), l'Autriche (o2004 – allemand), la Grèce (2004 – grec) et Chypre (a2006 – grec, turc).

Parmi les membres d'Amérique qui n'accordent pas de statut officiel au français, figurent les deux îles voisines des DOM antillais, la Dominique (1979 – anglais) et Sainte-Lucie (1981 – anglais), dont le rôle de pomme de discorde entre colonialistes anglais et français explique la coexistence de l'anglais avec un créole à base lexicale française. S'y ajoutent la République dominicaine (o2010 – espagnol), l'Uruguay (o2012 – espagnol), le Costa Rica (o2014 – espagnol), et le Mexique (o2014 – espagnol). En Afrique, il y a deux pays du Maghreb, la Tunisie (1970 – arabe) et le Maroc

(1981 – arabe, berbère), où le français n'est plus une langue officielle en raison de la politique d'arabisation entreprise depuis l'indépendance, mais reste bien présent dans la vie quotidienne, ainsi que la Guinée-Bissau (1979 – portugais), la Mauritanie (1980 – arabe), l'Égypte (1983 – arabe), le Cap-Vert (1996 – portugais), Sao Tomé-et-Principe (1999 – portugais), le Ghana (a2006 – anglais), et le Mozambique (o2006 – portugais). La participation du Proche Orient est assurée par l'ancien membre bien francophone que représente le Liban (1973 – arabe), et par les nouvellement concernés Émirats arabes unis (o2010 – arabe) et Qatar (a2012 – arabe) ; celle de l'Extrême Orient, par les pays de l'ancienne Indochine sous l'Empire : Viêt-Nam (1970 – vietnamien), Laos (1972 – laotien) et Cambodge (1991 – khmer), auxquels s'est récemment ajoutée la Thaïlande (o/s2008). La liste des membres ayant une langue officielle autre que le français se termine avec l'île Maurice dans l'Océan Indien (1970 – anglais).

4 Aménagement linguistique externe

Ces différentes catégories du statut du français dans les États membres de l'OIF résultent de l'aménagement linguistique entrepris. Ce concept se réfère à une politique qui vise à modifier le status et/ou le corpus d'une langue – à la défense et l'illustration de la langue, dans les termes de Du Bellay. Sur le plan du *status* (aménagement externe), il désigne les mesures prises pour modifier les domaines d'emploi des langues dans une société (en allemand *Sprachenpolitik*), sur le plan du *corpus* (aménagement interne), une politique consacrée à sélectionner, adapter, élaborer et codifier le corpus d'une langue (en allemand *Sprachpolitik*).

Le statut d'une langue comme langue officielle peut être inscrit dans la Constitution. Celle de la France stipule par ex. : « La langue de la République est le français » (art. 2), celle de la Confédération suisse « Les langues nationales sont l'allemand, le français, l'italien et le romanche » (art. 4), et celle de l'Autriche « Die deutsche Sprache ist, unbeschadet der den sprachlichen Minderheiten bundesgesetzlich eingeräumten Rechte, die Staatssprache der Republik » (art. 8, al. 1 – 'L'allemand est la langue officielle de la République dans la mesure où elle ne porte pas atteinte aux droits accordés par la loi fédérale aux minorités linguistiques'), mais l'absence d'une telle précision ne remet pas en cause l'existence *de facto* d'une langue officielle, qui ne fait pas de doute aux États-Unis ou en Allemagne bien que leurs Constitutions ne mentionnent pas, respectivement, l'anglais et l'allemand.

Étant donné que la constitutionnalité ne figure pas comme critère décisif pour déterminer le statut d'une langue, les politiques linguistiques des différents pays sont plus complexes et aboutissent à un éventail de situations spécifiques (pour une vue d'ensemble, cf. les articles dans les manuels sur la francophonie édités par Valdman 1979 ; Robillard/Beniamino 1993/1996 ; Reutner en prép. ; dans les manuels du français de Holtus/Metzeltin/Schmitt 1990 ; Kolboom/Kotschi/Reichel 2002 ; dans les histoires du français d'Antoine/Cerquiglini 2000 ; d'Ernst et al. 2003 ; de Picoche/

Marchello-Nizia [4]1996 ; ainsi que le portrait global dressé par Deniau 1983 ; Pöll 2001 ; et, pour plus de détails, la bibliographie indiquée dans les paragraphes suivants). Dans le cadre d'un article de manuel, il semble judicieux de dégager trois scénarios principaux : dans deux d'entre eux, la coexistence du français avec une ou plusieurs autres langues est réglementée en protégeant soit certaines des fonctions du français dans l'ensemble du pays (4.1), soit toutes ses fonctions sur un territoire spécifique (4.2) ; dans le troisième scénario, c'est l'établissement du français en tant que langue unique qui est réalisé en supplantant la langue dominante (4.3).

4.1 Différenciation fonctionnelle

La première variante de la différenciation fonctionnelle comprend des réalités particulièrement hétérogènes qui seront illustrées à titre d'exemple par le Luxembourg, le Val d'Aoste, des îles créolophones, ainsi que des pays africains.

Le duché de Luxembourg (rattaché aux Pays Bas en 1815, souverain depuis la cession du quartier wallon en 1839) dispose de trois langues officielles. Le bilinguisme établi en 1848 (« L'emploi des langues allemande et française est facultatif », art. 30) a été aboli en 1948, suite à l'expérience de deux guerres mondiales, et transformé en trilinguisme en 1984 : depuis, la langue maternelle et quotidienne de la population autochtone luxembourgeoise est langue nationale et – avec quelques restrictions – également la troisième langue officielle. Le français est enseigné à l'école à partir de la deuxième année, remplace par la suite l'allemand comme langue d'enseignement et domine, conjointement avec l'allemand, la communication officielle. Étant donné que 16% de la population se compose d'immigrés portugais auxquels s'ajoutent d'italiens et d'autres groupes romanophones, c'est le français qui l'emporte sur l'allemand et gagne aussi de plus en plus les domaines non-officiels (Dahmen et al. 1992 ; Kramer 1984 ; Sieburg 2013).

Une autre variante de différenciation fonctionnelle caractérise le Val d'Aoste (partie de la Savoie depuis 1032, vite largement autonome, intermède français de 1798 à 1814, attribution à l'Italie en 1860, région autonome depuis 1948). Sa langue autochtone est le dialecte franco-provençal valdôtain ; mais le français, déclaré langue officielle unique dès 1561, était bien établi au moment de l'unification de l'Italie. La politique d'italianisation qui s'ensuit est appliquée avec un zèle particulier contre toutes les langues minoritaires du pays au cours du *Ventennio fascista* 'double décennie fasciste' : à partir de 1922, l'enseignement en français et les journaux français sont interdits, les toponymes sont italianisés et l'italien est établi comme seule langue judiciaire. À l'opposé du Haut-Adige et sauf pour la capitale Aoste (*Aosta*), les noms italiens sont remplacés de nouveau par les toponymes autochtones après la défaite des fascistes. La Constitution de 1947 précise dans l'article 6 : « La Repubblica tutela con apposite norme le minoranze linguistiche » 'La République protège les minorités linguistiques avec des normes appropriées' (concrétisé par la loi

612 de 1999) et proclame, dans l'article 116, le Val d'Aoste région autonome, dont le statut d'autonomie de 1948 stipule que « la langue française et la langue italienne sont égalisées » (art. 38). Néanmoins, l'italien domine aujourd'hui clairement la vie officielle de la région et la majorité des valdôtains le déclarent comme langue maternelle. Pour le français, il ne reste que les domaines de l'éducation et du tourisme (cf. Jablonka 1997 ; Bauer 1999).

Les Antilles françaises sont un exemple de différenciation fonctionnelle pour l'outre-mer : l'emploi du créole s'y restreint généralement à la vie quotidienne, alors que les domaines prestigieux de l'école, de l'administration et des médias sont dominés par le français. Il serait pourtant réducteur de vouloir cantonner le français au rôle de langue véhiculaire et le créole, à celui de langue vernaculaire. D'une part, le créole est concurrencé par le français dans son rôle de langue quotidienne, pour le moins au sein de la jeune génération qui a grandi avec les deux langues. D'autre part, il existe depuis longtemps des initiatives visant à établir le créole dans les domaines du langage distancié. Le créole a en effet connu une reconnaissance législative significative au tournant du siècle avec la Loi d'orientation pour l'outre-mer, qui stipule dans l'article 34 que « les langues régionales en usage dans les départements d'outre-mer font partie du patrimoine linguistique de la Nation » et étend la Loi Deixonne de 1951 aux créoles. Non sans faire surgir un débat passionné, un CAPES est mis en place en 2001, ce qui institutionnalise la formation des professeurs de créole (cf. Reutner 2005).

Sur d'autres îles créolophones, le français est la langue co-officielle : aux Seychelles avec l'anglais et le créole, en Haïti, en diglossie avec le créole comme variété basse, qui est la seule langue maîtrisée par la grande majorité. En revanche, sur l'île Maurice, le français est bien la langue des médias, de la littérature, et le moyen de la communication de la bourgeoisie, mais la langue officielle de l'administration est l'anglais, alors que le créole est la seule langue connue par presque toute la population et la langue quotidienne de la grande majorité, non seulement des Créoles, mais également de nombreux Mauriciens d'origine indienne qui ont immigré après l'abolition de l'esclavage, forment presque deux tiers de la population totale et ont apporté des langues dites ancestrales comme le bhojpuri (Berrouët Oriol et al. 2011 ; Carpooran 2003).

En Afrique subsaharienne, le français n'est généralement que la langue maternelle d'une minorité, mais demeure malgré tout la langue officielle ou co-officielle des 18 États francophones. Leur constitution en tant qu'États indépendants, au cours de la grande vague de décolonisation qui a suivi la Seconde Guerre mondiale, requérait une décision sur la langue officielle. Il peut sembler contraire aux intérêts indépendantistes de maintenir l'idiome de l'ancienne puissance coloniale, mais plusieurs aspects jouaient en sa faveur : au moment de l'indépendance, le français était bien établi au sein de l'administration, du système scolaire, et disposait d'un lexique bien plus élaboré que les langues africaines. Dans les jeux de pouvoir entre différents groupes de population, il offrait en outre l'avantage de la neutralité interne et pouvait agir comme élément de cohésion. De plus, l'indépendance a partiellement libéré le français du stigmate de l'aliénation, même si dans la majorité des pays, un très grand nombre des habitants voient leurs perspectives d'ascension sociale freinées par le fait qu'ils ne sont pas, à plus de 80% de la population, locuteurs réels.

L'environnement linguistique diffère dans chacun des 18 pays francophones d'Afrique noire, mais il est tout de même possible de distinguer deux configurations de base, qui, loin de constituer une dichotomie, forment plutôt les pôles d'un continuum. À l'une des extrémités de ce dernier, une ou plusieurs langues africaines font office de langue(s) véhiculaire(s) en plus du français. Sur le plan externe, ces langues autochtones restreignent la domination du français dans quelques domaines ; sur le plan interne, elles possèdent le potentiel d'influencer sur le français. Citons, à titre d'exemple, le Burundi avec le kirundi comme langue vernaculaire maîtrisée par presque tous les habitants, qui réduit le français à certains domaines de la distance communicative (cf. Frey 1996, 11). Une situation similaire s'observe avec le sango en Centrafrique et le wolof au Sénégal, qui est, avec le pular, le serere, le mandingue, le dioula et le soninke, l'une des six langues nationales du pays, et que plus de 80% de la population emploient comme langue première ou seconde. D'après les chiffres de Rossillon (1995, 88), en 2003, 68% des Sénégalais n'avaient aucune connaissance du français, 21% ne le parlaient qu'au niveau L1 (minimum deux ans d'apprentissage du français), 11% au niveau L2 (minimum six ans d'apprentissage du français). Et pourtant, l'instruction scolaire est conçue pour des apprenants de langue maternelle, ce qui conduit au constat que le « français est mal enseigné et mal assimilé » (Daff 1996, 569).

À l'autre extrémité du continuum, on rencontre des situations dans lesquelles un grand nombre de langues autochtones sont employées parallèlement au français. Cette situation de concurrence entre les langues africaines est profitable au statut du français, aucune de ces langues n'ayant suffisamment de poids pour remettre en cause sa domination dans les contacts interrégionaux. L'absence de langue autochtone dominante peut être illustrée par les exemples du Cameroun avec 239 langues, du Congo avec 70 langues (dont le lingala, le munukutuba et le lari comme langues véhiculaires locales) ou la Côte d'Ivoire avec environ 60 langues, dont le dioula, parlé tout de même par 65% de la population, mais limité aux contacts commerciaux et étroitement lié à l'Islam. Le français représente une alternative viable pour la compréhension interethnique : d'après les données de Rossillon (1995, 84) en 2003, 33% le maîtrisent au niveau L1, 16% au niveau L2 et « seulement » 51% ne le parlent pas du tout.

4.2 Différenciation territoriale

Autrement que par le principe de la différenciation fonctionnelle, le plurilinguisme peut se gérer par le moyen de la territorialité, qui compte les exemples classiques de la Suisse et de la Belgique. Commençons par la Suisse (Confédération helvétique sous dominance germanophone à partir de 1291, République helvétique en faveur de l'égalité linguistique de 1798 à 1814, Constitution établissant le trilinguisme en 1848, reconnaissance du romanche comme quatrième langue nationale en 1938). La Constitution actuelle stipule, depuis sa dernière révision totale de 1999, que « les langues officielles de la Confédération sont l'allemand, le français et l'italien. Le romanche est aussi langue officielle pour les rapports que la Confédération entretient avec les personnes de langue romanche » (art. 70, al. 1) et ajoute « Les cantons déterminent leurs langues officielles. Afin de préserver l'harmonie entre les communautés linguistiques, ils veillent à la répartition territoriale traditionnelle des langues et prennent en considération les minorités linguistiques autochtones » (art. 70, al. 2). L'unilinguisme français a été choisi par les cantons de Genève, de Neuchâtel et de Vaud, et était également l'un des arguments en faveur de l'établissement en 1979 d'un nouveau canton, le Jura – région francophone catholique, rattachée par le Congrès de Vienne de 1814 au canton germanophone protestant de Berne, mais devenue souveraine suite à des mouvements indépendantistes couronnés de plébiscites. Les cantons de Berne, de Fribourg et du Valais ont opté pour le bilinguisme franco-allemand. Le seul canton trilingue est celui des Grisons avec l'officialité de l'allemand, de l'italien et du romanche, le seul canton unilingue italien le Tessin ; le reste des 23 cantons (+ 3 semi-cantons) est unilingue allemand (cf. Schläpfer/Bickel 2000).

L'unité du pays n'est pas remise en question par la territorialité linguistique, bien que les différents groupes de population ne puissent pas coexister dans une absence totale de conflits, en Suisse comme dans tout autre pays démocratique. Ce n'est pas un hasard si la proportionnalité joue un rôle pivot dans le choix du personnel politique et que des métaphores culinaires comme celle de la *barrière de rösti*, qui séparerait la Suisse germanophone de la Suisse francophone, ou encore celle, un peu moins répandue, de la *barrière de polenta*, qui séparerait le Tessin des Grisons, ne sont pas toujours employées sur le ton de la plaisanterie. Mais en aucun cas, elles ne sont comparables au *rideau de betteraves*, la frontière linguistique belge (établie en 1932, adaptée et fixée en 1963) qui sépare la Flandre de la Wallonie.

En Belgique (Bourgogne de 1384 à 1477, sous domination habsbourgeoise à partir de 1477, intermède français sous Napoléon de 1794 à 1814, unification avec les Pays Bas et le Luxembourg par le Congrès de Vienne en 1815, indépendance en 1830), il y a deux protagonistes linguistiques : les Flamands (Région Flandre, *Vlaams Gewest*, et Communauté flamande, *Vlaamse Gemeenschap*, unies en 1980 pour former la *Vlaamse Raad*), et les francophones (Région Wallonie et Communauté française). S'y ajoutent une minorité germanophone (Communauté germanophone d'environ 65.000 locuteurs) et la Région de Bruxelles-Capitale, officiellement bilingue. Le fait que les francophones dominent effectivement la capitale n'est pas acceptable pour les Flamands, d'autant plus que celle-ci est en train de déborder sur la périphérie flamande. Depuis 1963, six communes périphériques à fort pourcentage francophone jouissent de droits exceptionnels qui leur facilitent la communication avec l'administration. De telles *communes à facilités* sont établies également le long des frontières linguistiques franco-néerlandaise et franco-allemande pour protéger les minorités linguistiques respectives.

Le conflit linguistique en Belgique est virulent : les francophones ne représentent que 40% environ de la population totale de la Belgique et constituent, de ce fait, une minorité quantitative. En dépit de la prépondérance numérique des Flamands, ils formaient la majorité qualitative lors de la fondation de l'État belge en 1830, l'essor de l'industrie minière au XIXe siècle leur garantissant la dominance économique, et le prestige du français comme langue culturelle de la bourgeoisie flamande également, leur assurant la dominance culturelle. Mais le succès du mouvement d'émancipation flamand (*Vlaamse Beweging*), le déclin de l'industrie minière et l'ascension économique de la région flamande ont remis en question la domination de la population française. Ces changements de pouvoir se traduisent par des modifications législatives : de la Constitution de 1830, qui stipulait l'officialité de la version française des lois uniquement, en passant par la déclaration de la co-officialité du flamand dans les provinces flamandes en 1873 et dans tout le pays en 1898, jusqu'aux lois linguistiques des années 30 et 60 et aux nombreux réformes constitutionnelles (1970, 1980, 1988/1989, 1993). Mais il reste difficile, jusqu'à présent, d'instaurer un équilibre satisfaisant entre Flamands et francophones. En témoignent les élections de 2010, qui se sont soldées par une victoire écrasante des séparatistes flamands de la *Nieuw-Vlaamse Alliantse* (N-VA), mais ont également fait des socialistes francophones du *Parti Socialiste* (PS) la deuxième puissance politique du pays, et plus particulièrement la formation du gouvernement qui a suivi ces élections et duré, de juin 2010 à décembre 2011, au total 535 jours (cf. Blampain et al. 1997 ; Reutner 2009b).

4.3 Unilinguisme français

L'établissement de la territorialité par la marginalisation d'une langue concurrente bien enracinée est une voie exceptionnelle qui a été empruntée par le Québec. Au regard de la présence historique de l'anglais, ainsi que de l'environnement triplement anglophone du Québec – l'anglais étant la langue de la majorité canadienne, du pays limitrophe des États-Unis et la langue mondiale –, il peut paraître utopique d'aspirer à imposer le monolinguisme français. Or, de nombreux Québécois estiment justement que l'alternative du bilinguisme franco-anglais n'est pas réaliste, puisqu'elle mènerait forcément à la marginalisation du français et donc au monolinguisme anglais : « Le débat ne peut pas être le même qu'en France. Le Québec est un îlot francophone au contexte nord-américain. Le débat est très enflammé ici parce que ça touche à notre culture, à notre identité. Pour nous, c'est une question de survie » (Guy Bertrand de Radio-Canada in Reutner 2009a, 172), « dans un contexte nord-américain, *there will always be one language which is more equal than another and that would be English.* [...] Je leur dis [aux défenseurs de la langue anglaise] : ‹ Vous n'êtes pas une vraie minorité, vous êtes les représentants d'une majorité extérieure ! › » (Gérald Paquette de l'OQLF in Reutner 2009a, 172).

Revenons quelque temps en arrière : en 1763, lorsque le pays tombe aux mains des Anglais, les Québécois se sentent trahis par la France et, avec l'anglicisation, très vite étrangers dans leur propre pays. Avec la fondation de l'État fédéral en 1867 (*Acte de l'Amérique du Nord Britannique*, AANB) le Canada devient *de jure* bilingue, mais *de facto*, c'est la politique d'assimilation qui prend le dessus. Les francophones, catholiques et conservateurs, ne contrent d'abord la prédominance anglo-protestante que par un taux de natalité élevé (*revanche des berceaux*) et ce n'est qu'au cours de la Révolution tranquille (1960–1962) qu'ils développent la confiance nécessaire pour manifester une réelle opposition. Le gouvernement fédéral met en place la *Commission royale d'enquête sur le bilinguisme et le biculturalisme* (1963) et vote la *Loi sur les langues officielles* (1969), dans laquelle le bilinguisme institutionnel est fixé à l'échelle nationale. Mais le bilinguisme ne parvient pas à résoudre les problèmes présents au Québec. La *Commission d'enquête sur la situation de la langue française et sur les droits linguistiques au Québec*, mise en place côté québécois en 1968, constate entre autres le rôle marginal des compétences en français pour une carrière au sein d'entreprises québécoises et la préférence accordée aux anglophones que cela implique (cf. Gendron 1972).

Le chemin législatif vers le monolinguisme se déroule en trois étapes : la Loi 63, *Loi pour promouvoir la langue française au Québec* (1969), introduite par le gouvernement de l'Union nationale, rend le français obligatoire dans les écoles anglophones, mais laisse le choix de la langue d'enseignement et se contente de formuler des objectifs pour la langue sur le lieu de travail et en matière d'affichage public : « Sous une appellation trompeuse, cette loi officialisait le bilinguisme québécois » (Rocher 2002, 19). La Loi 22 ou *Loi sur la langue officielle* (1974) des libéraux comporte également de nombreuses lacunes, qui ne pourront être comblées qu'avec la Loi 101, aussi appelée *Charte de la langue française* (1977), du Parti québécois. Cette dernière stipule : « Le français est la langue officielle du Québec » (art. 1) et représente « un choc pour le Québec anglophone. [...] Du jour au lendemain, [il] devenait minoritaire » (Caldwell 2002, 29).

La Loi 101 déclenche une guerre linguistique dans laquelle les francophones conservent l'avantage, bien que les anglophones obtiennent la modification de certains articles : la reconnaissance des textes législatifs et juridiques dans leur version française uniquement (art. 7–13) entre en contradiction avec l'article 133 de l'AANB, et, en 1979, elle est déclarée anticonstitutionnelle (*arrêt Blaikie*). L'accès aux écoles anglaises, restreint à ceux dont les parents ont reçu un enseignement primaire en anglais au Québec (*clause Québec*, art. 73), en exclut les Anglo-Canadiens venus s'installer et se voit modifié en 1984 par une décision de la Cour suprême, basée sur la *clause Canada* (art. 23) de la *Charte canadienne des droits et libertés* (1982). Cette dernière garantit également la liberté d'expression, que beaucoup estiment incompatible avec l'obligation d'utiliser une signalétique exclusivement française (art. 58). Déclarée anticonstitutionnelle (*arrêt Ford*), elle est modifiée dans un premier temps par la Loi 178 (1988), qui autorise d'autres langues à l'intérieur des établissements publics et commerciaux, pourvu que le français reste prédominant, puis – suite à des critiques de la part de la *Commission des droits de l'homme* de l'ONU – par la Loi 86 (1993), qui autorise les autres langues en extérieur également (cf. Reutner 2009a, 162s.).

Si la langue d'affichage peut paraître purement symbolique pour certains, d'autres y voient une protection contre le retour au bilinguisme et (puisqu'il deviendrait inutile pour les anglophones d'apprendre le français) à la réanglicisation de la province. La réussite que cela représente pour les aménagistes québécois apparaît clairement à l'évocation de la situation décrite par le voyageur Alexis de Tocqueville en 1831 : « [...] il est facile de voir que les Français sont le peuple vaincu. Les classes riches appartiennent pour la plupart à la race anglaise. Bien que le français soit la langue presque universellement parlée, la plupart des journaux, les affiches, et jusqu'aux enseignes des marchands français sont en anglais ! Les entreprises commerciales sont presque toutes en leurs mains. C'est véritablement la classe dirigeante du Canada » (1831, 202).

À présent, le principal défi consiste à règlementer l'immigration : à cet effet, le Québec a obtenu un transfert de la compétence fédérale à l'échelon provincial afin de pouvoir accueillir en priorité les immigrants de pays francophones (France, Haïti, Liban, Maghreb, Viêt-Nam) (cf. Commission 2001 ; Plourde 2000 ; Valdman/Auger/Piston-Hatlen 2005).

5 Aménagement linguistique interne

La pluricontinentalité du français est la conséquence de l'expansion coloniale, responsable également de celle de l'anglais, de l'espagnol et du portugais. Des différences existent toutefois : d'une part, le français se distingue par sa tradition en tant qu'ancienne langue universelle, par la réflexion métalinguistique qui y est associée, et par l'importance exceptionnelle accordée au bon usage. D'autre part, le groupe dominant de locuteurs francophones est concentré en Europe, alors que le poids démographique de l'anglophonie, de l'hispanophonie et de la lusophonie réside en Amérique. À la différence de Londres, de Madrid ou de Lisbonne, Paris joue encore aujourd'hui un rôle central dans la définition de la norme. Or, les pays francophones extérieurs à la France commencent de plus en plus à revendiquer leur souveraineté linguistique et à aborder la valorisation explicite de variétés nationales. C'est particulièrement le cas au Canada, en Belgique et en Suisse qui réalisent un aménagement interne sur plusieurs plans : en sélectionnant les formes locales devant relever du bon usage de la langue et en fondant des institutions qui s'en occupent (5.1), ainsi qu'en codifiant le lexique et l'orthographe et en élaborant des règles autonomes sur le plan de la terminologie et du politiquement correct (5.2). Pour expliquer la formation et l'emploi de normes endogènes implicites, nous terminerons sur quelques exemples de l'Afrique et de la Caraïbe (5.3).

5.1 Sélection et implémentation

Au vu de la forte pression exercée par la norme parisienne, les variétés régionales ou nationales sont traditionellement stigmatisées. Le recueil *Flandricismes, wallonismes et expressions impropres dans le langage français* (1803) de Poyart en Belgique ou le *Manuel des difficultés les plus communes de la langue française* (1841) de Maguire au Québec sont les premiers d'une longue série d'ouvrages correctifs du style « dites, ne dites pas » (cf. Martel/Cajolet-Laganiere 1996, 21s., 27s.). De nombreux francophones périphériques en étaient persuadés : « [....] nous parlons mal, nous parlons très mal » (Quievreux 1928). La langue concurrente était accusée d'une prétendue corruption linguistique, comme le montrent bien le titre parlant de Tardivel au Québec – *L'anglicisme, voilà l'ennemi* (1880) – ou la *Chasse aux belgicismes* (Hanse/Doppagne/Bourgeois-Gielen 1971 ; 1974) promue par les puristes wallons pour stigmatiser les flandricismes en Belgique.

C'est en 1969 que s'exprime pour la première fois officiellement l'idée que les particularités lexicales ne sont pas uniquement des déviances à connotation péjorative, mais qu'elles peuvent également servir pour refléter la réalité du pays : l'OLF anoblit alors des expressions se rapportant à des spécificités québécoises dans sa liste de *Canadianismes de bon aloi*, qui contient par ex. des amérindianismes relatives à la faune et la flore comme *ouaouaron*, et constitue un pas important, du moins symboliquement, pour surmonter l'ancien complexe d'infériorité.

L'*Office* [depuis 2002 *Office québécois*] *de la langue française* (O[Q]LF) est l'une des deux institutions fondées en 1961 pour améliorer la qualité de la langue dans la francophonie périphérique, l'autre étant l'*Office du bon langage* (OBL) en Belgique. Plusieurs organismes sont mis en place pour conseiller les gouvernements sur des questions linguistiques : au Québec, en 1977, le *Conseil* [depuis 2002 *Conseil supérieur*] *de la langue française* (C[S]LF), en Belgique, en 1985, le *Conseil supérieur de la langue française* (CSLF), et en Suisse, en 1992, la *Délégation à la langue française* (DLF).

En Louisiane, le *Council for the Developpement of French in Louisiana* (CODOFIL) est créé au cours du *Civil Rights Mouvement* en 1968, afin de soutenir le français en tant que deuxième langue. Cependant, la norme visée étant celle du français standard, les enseignants étant recrutés en France, en Belgique et au Québec, et les particularités locales n'étant pas tenues en compte, le complexe d'infériorité linguistique de la population n'a fait que s'accroître et l'initiative risquait d'être contreproductive. Mais en fin de compte, la politique de francisation rencontre tout de même le succès grâce à l'engagement des intellectuels cadiens et au soutien de jeunes Louisianais bilingues (cf. Clermont/Beniamino/Thauvin-Chapot 2006).

Pour l'enseignement au Québec, l'*Association québécoise des professeurs de français* œuvre en 1977 pour que « la norme du français dans les écoles du Québec soit le français standard d'ici », défini comme étant « la variété du français socialement valorisée que la majorité des Québécois francophones tendent à utiliser dans les situations de communication formelles » (cf. Martel/Cajolet-Laganière 2000, 380) –

un compromis approprié entre le renforcement à outrance des particularités locales et l'alignement aveugle sur la norme parisienne.

Les présentateurs de Radio-Canada font figure de modèle pour la prononciation québécoise et peuvent consulter les employés d'un vaste département de leur société chargé précisément de la qualité linguistique.

5.2 Codification et élaboration

Les nouvelles normes implicites ont été traduites en normes explicites, c'est-à-dire codifiées dans des décrets, des arrêtés et des dictionnaires. L'insécurité linguistique québécoise débouche jusqu'à présent sur des ouvrages correctifs de haute qualité, parmi lesquels le *Multidictionnaire [des difficultés] de la langue française* ([1988] ⁶2015) de Marie-Éva de Villers ou le guide de correspondance *Le français au bureau* ([1977] ⁶2005) d'Hélène Cajolet-Laganière et Noëlle Guilloton. Mais c'est la tradition de dictionnaires globaux non-différentiels qui est exceptionnelle pour un pays de la francophonie périphérique : le *Dictionnaire général de la langue française au Canada* ([1954/1957] ²1971 ; ³1979 sous le nom du *Dictionnaire nord-américain de la langue française*) de Louis-Alexandre Bélisle, le *Dictionnaire du français plus à l'usage des francophones d'Amérique* (DFP 1988) de Claude Poirier, et le *Dictionnaire québécois d'aujourd'hui* (DQA [1992] ²1993) de Jean-Claude Boulanger. La démarche révolutionnaire du DFP et du DQA consiste à enregistrer les québécismes sans marque topolectale, alors que ce sont les francismes qui sont marqués – une méthode adaptée pour décrire le français du pays sans aucun jugement de valeur, mais inadaptée pour renseigner l'utilisateur dans son emploi linguistique et modifiée pour cette raison dans le projet *Franqus*, qui est réalisé sur la base d'un corpus linguistique québécois et commercialisé en ligne depuis 2011 sous le nom d'*Usito* (pour plus de détails, cf. Schafroth 2014, 197–207).

Une immense nomenclature française a été développée par l'OQLF, souvent en remplacement des mots anglais par des mots français (par ex. *courriel* au lieu d'*e-mail*), qui peuvent avoir des répercussions également en France. La *Banque de dépannage linguistique* (BDL), qui répond à des questions fréquentes sur la langue, et le *Grand dictionnaire terminologique* (GDT, anciennement *Banque de terminologie du Québec*, BTQ), qui compte plus de 3 millions d'entrées, peuvent être consultés gratuitement sur Internet. Le fait que l'expression de *terminologue* soit une création du Québec illustre bien le caractère sans précédent du travail terminologique qu'on y entame.

La Suisse s'aligne plus sur la norme parisienne que le Québec, mais apporte également sa propre marque : pour la réforme de l'orthographe lancée en 1990, la France a consulté le CLF du Québec et le CSLF de la Belgique, mais pas la Suisse, qui s'est sentie ignorée. Ce n'est qu'en 1996 que la DLF, fondée précisément dans ce contexte en 1992, a fait connaître sa prise de position vis-à-vis de l'application de la réforme en Suisse (cf. DLF 2002).

Une démonstration de la souveraineté helvétique apparaît également dans la créativité romande en matière de féminisation, que la France a pratiquée de manière assez frileuse. Comme la Belgique et le Québec, la Suisse lance des initiatives majeures qui commencent à trouver un écho en France également – autre bel exemple de l'influence que la francophonie périphérique est capable d'exercer sur le centre (cf. Pöll 2005). La féminisation n'est que l'un des aspects de la grande vague du politiquement correct, c'est-à-dire d'un mouvement visant à garantir le traitement respectueux des minorités qualitatives. Celui-ci a saisi en particulier le Canada, État limitrophe du pays d'origine de la nouvelle philosophie, qui l'a adoptée non seulement plus tôt, mais également plus nettement que la France : un des exemples les plus connus est probablement le canadianisme *âge d'or* pour le troisième âge (cf. Reutner 2013).

5.3 Normes endogènes implicites

La vernacularisation du français dans un certain nombre de pays d'Afrique y mène également à l'apparition de variétés propres : en Côte d'Ivoire, par ex., d'une part, au *français local ivoirien*, une variété marquée régionalement, mais proche du standard, et d'autre part, au *français populaire ivoirien*, issu d'une simplification de la langue dans le contexte de l'acquisition non guidée, mais employé également depuis par des Ivoiriens plus cultivés de manière situationnelle, et, en plus, au *nouchi*, né comme argot de la population défavorisé, mais évoluant en langage des jeunes (cf. Ploog 2002 ; Kouadio N'Guessan 2007). De telles variétés sont-elles perçues comme des déviations incorrectes ou comme un enrichissement ? Assistera-t-on un jour à l'aménagement systématique des normes endogènes du français en Afrique également ?

Longtemps délaissées, les langues véhiculaires africaines seraient des candidates encore plus urgentes à l'aménagement interne en Afrique. Si Picoche/Marchello-Nizia (⁴1996, 120) expliquent le maintien du français en tant que langue officielle par l'« inadaptation à la vie moderne » des langues africaines, celle-ci est aussi due à la politique française d'assimilation, à l'origine du peu d'attention dont les langues autochtones ont fait l'objet. Un arrêt de 1924 parle clairement en ce sens : « Le français est seul en usage dans les écoles. Il est interdit aux maîtres de se servir avec les élèves des idiomes du pays » (in : Lafage 1990, 768).

Non seulement en Afrique, le français d'aujourd'hui englobe la concurrence entre différentes normes régionales implicites pouvant être stigmatisées en fonction de la situation : la loyauté locale comme un manque d'éducation, l'alignement sur la norme parisienne comme un manque de loyauté locale, qualifié de *fransquilloner, pincer son français* ou *parler avec la bouche en cul de poule*. La fierté d'exercer sa propre influence sur le français est bien documentée sur le plan musical et littéraire. La rappeuse ivoirienne Nash déclare en 2013 : « Et nous continuons de le mener ce combat qui est de montrer au monde entier que le nouchi n'est pas qu'un phénomène urbain ivoirien, mais une valeur universelle [...] Pour que les gens voient l'importance du Nouchi [sic], au-delà du langage du ghetto, ils voient une richesse pour le pays ».

Le Prix Goncourt a été accordé à Antonine Maillet (1979, première lauréate canadienne), Tahar Ben Jelloun (1987 – premier lauréat marocain et africain) ou Amin Maalouf (1993 – premier lauréat libanais), et son jury valorise de plus en plus l'enrichissement du français par les particularités de la francophonie. L'auteur guadeloupéen Patrick Chamoiseau, qui a obtenu le Prix en 1992 pour son roman *Texaco*, et d'autres acteurs de la créolité déclarent fièrement : « La créolité, comme ailleurs, d'autres entités culturelles a marqué d'un sceau indélébile la langue française. Nous nous sommes appropriés cette dernière. Nous avons étendu le sens de certains mots. Nous en avons dévié d'autres. Et métamorphosé beaucoup. Nous l'avons enrichie tant dans son lexique que dans sa syntaxe. Nous l'avons préservée dans moult vocables dont l'usage s'est perdu. Bref, *nous l'avons habitée* » (Bernabé/Chamoiseau/Confiant 1993, 46).

6 Bibliographie

Antoine, Gérald/Cerquiglini, Bernard (2000), *Histoire de la langue française 1945–2000*, Paris, CNRS.

Bauer, Roland (1999), *Sprachsoziologische Studien zur Mehrsprachigkeit im Aostatal mit besonderer Berücksichtigung der externen Sprachgeschichte*, Tübingen, Niemeyer.

BDL = Office québécois de la langue française, *Banque de dépannage linguistique*, <http://www.oqlf.gouv.qc.ca/ressources/bdl.html> (22.06.2015).

Bélisle, Louis-Alexandre ([1954/1957] ²1971), *Dictionnaire général de la langue française au Canada*, Québec, Bélisle.

Bélisle, Louis-Alexandre (1979), *Dictionnaire nord-américain de la langue française*, Montréal, Beauchemin.

Bernabé, Jean/Chamoiseau, Patrick/Confiant, Raphaël ([1989] 1993), *Éloge de la créolité. In Praise of Creoleness*, Paris, Gallimard.

Berrouët-Oriol, Robert, et al. (edd.) (2011), *L'aménagement linguistique en Haïti : enjeux, défis et propositions*, Haïti, CDIHCA.

Blampain, Daniel, et al. (edd.) (1997), *Le français en Belgique. Une langue, une communauté*, Louvain-la-Neuve, Duculot.

Bostock, William (1986), *Francophonie. Organisation, co-ordination, évaluation*, Melbourne/Toronto, River Seine/Williams-Wallace.

Bouchard, Pierre/Bourhis, Richard (edd.) (2002), *L'aménagement linguistique au Québec : 25 ans d'application de la Charte de la langue française*, Québec, Les publications du Québec.

Cajolet-Laganière, Hélène/Guilloton, Noëlle ([1977] ⁷2014), *Le français au bureau*, Québec, Les publications du Québec.

Caldwell, Gary (2002), *La Charte de la langue française vue par les anglophones*, in : Pierre Bouchard/Richard Bourhis, *L'aménagement linguistique au Québec : 25 ans d'application de la Charte de la langue française*, Québec, Les publications du Québec, 27–36.

Carpooran, Arnaud (2003), *Île Maurice : des langues et des lois*, Paris et al., L'Harmattan.

Chaudenson, Robert (1991), *La francophonie : représentations, réalités, perspectives*, Paris, Didier Érudition.

Clermont, Guy/Beniamino, Michel/Thauvin-Chapot, Ariel (edd.) (2006), *Mémoires francophones : la Louisiane*, Limoges, Presses Universitaires de Limoges.

Commission (2001) = Commission des États généraux sur la situation et l'avenir de la langue française au Québec (2001), *Le français, une langue pour tout le monde. Une nouvelle approche stratégique et citoyenne*, Québec, Gouvernement du Québec.

Corbett, Noël (ed.) (1990), *Langue et identité. Le français et les francophones en Amérique du Nord*, Québec, Presses de l'Université Laval.

Daff, Moussa (1996), *La situation du français au Sénégal*, in : Didier de Robillard/Michel Beniamino (edd.), *Le français dans l'espace francophone*, vol. 2, Paris, Champion, 565–575.

Dahmen, Wolfgang, et al. (edd.) (1992), *Germanisch und Romanisch in Belgien und Luxemburg. Romanistisches Kolloquium VI*, Tübingen, Narr.

Deniau, Xavier (1983), *La Francophonie*, Paris, PUF.

DFP (1988) = Poirier, Claude (1988), *Dictionnaire du français plus à l'usage des francophones d'Amérique*, Montréal, Centre éducatif et culturel.

DLF ([1996] ²2002) = Délégation à la langue française. Conférence intercantonale des chefs de Départements de l'instruction publique de la Suisse romande et du Tessin ([1996] ²2002), *Les rectifications de l'orthographe du français. Principes, commentaires et liste des graphies rectifiées*, Neuchâtel, DLF, <http://www.dlf-suisse.ch/documents/showFile.asp?ID=2139> (22.06.2015).

DQA ([1992] ²1993) = Boulanger, Jean-Claude ([1992] ²1993), *Dictionnaire québécois d'aujourd'hui*, Saint-Laurent, Dicorobert.

Erfurt, Jürgen (2005), *Frankophonie. Sprache – Diskurs – Politik*, Basel, Francke.

Ernst, Gerhard, et al. (2003), *Histoire linguistique de la Romania. Manuel international d'histoire linguistique de la Romania*, vol. 1, Berlin/New York, de Gruyter.

Frey, Claude (1996), *Le français au Burundi : lexicographie et culture*, Vanves, EDICEF.

GDT = Office québécois de la langue française, *Le grand dictionnaire terminologique*, <http://gdt.oqlf.gouv.qc.ca/> (22.06.2015).

Gendron, Jean-Denis (ed.) (1972), *La situation de la langue française au Québec. Rapport de la commission d'enquête sur la situation*, Québec, Éditeur officiel.

Hanse, Joseph/Doppagne, Albert/Bourgeois-Gielen, Hélène (1971), *Chasse aux belgicismes*, Bruxelles, Office du bon langage de la fondation Charles Plisnier.

Hanse, Joseph/Doppagne, Albert/Bourgeois-Gielen, Hélène (1974), *Nouvelle chasse aux belgicismes*, Bruxelles, Office du bon langage de la fondation Charles Plisnier.

Holtus, Günter/Metzeltin, Michael/Schmitt, Christian (edd.) (1990), *Lexikon der Romanistischen Linguistik*, vol. 1 : *Französisch*, Tübingen, Niemeyer.

Jablonka, Frank (1997), *Frankophonie als Mythos. Variationslinguistische Untersuchungen zum Französischen und Italienischen im Aosta-Tal*, Wilhelmsfeld, Egert.

Kazadi, Ntole (1991), *L'Afrique afro-francophone*, Paris, Didier Érudition.

Kolboom, Ingo/Kotschi, Thomas/Reichel, Edward (2002), *Handbuch Französisch. Sprache – Literatur – Kultur – Gesellschaft*, Berlin, Schmidt.

Kouadio N'Guessan, Jérémie (2007), *Le français : langue coloniale ou langue ivoirienne ?*, Hérodote 126, 69–85.

Kramer, Johannes (1984), *Zweisprachigkeit in den Benelux-Ländern*, Hamburg, Buske.

Lafage, Suzanne (1990), *Francophonie V. Afrique*, in : Günter Holtus/Michael Metzeltin/Christian Schmitt (edd.), *Lexikon der Romanistischen Linguistik*, vol. 1 : *Französisch*, Tübingen, Niemeyer, 767–787.

Laroussi, Foued (ed.) (2004), *Aménagement linguistique au Maghreb*, Québec, Publications du Québec.

Léger, Jean-Marc (1987), *La Francophonie : grand dessein, grande ambiguïté*, La Salle, Hurtubise HMH.

Martel, Pierre/Cajolet-Laganière, Hélène (1996), *Le français québécois. Usages, standard et aménagement*, Québec, Institut québécois de recherche sur la culture.

Martel, Pierre/Cajolet-Laganière, Hélène (2000), *Quelle langue pour l'avenir ?*, in : Michel Plourde (ed.), *Le français au Québec. 400 ans d'histoire et de vie*, Québec, Fides, 379–391.

Nash (30 mars 2013), *Interview Exclusive-Nash (rappeuse Nouchi), sans détours : « La piraterie tue les artistes ivoiriens, il faut une volonté politique plus forte »*, interview réalisée par Nadège Koffi, Jean-Baptiste Kouadio, *La Diplomatique d'Abidjan*, <https://nadegekoffi.wordpress.com/2013/03/31/interview-exclusive-nash-rappeuse-nouchi-sans-detours-la-piraterie-tue-les-artistes-ivoiriens-il-faut-une-volonte-politique-plus-forte/> (22.06.2015).

OLF (2010) = Observatoire de la langue française (2010), *La langue française dans le monde*, ed. Alexandre Wolff, Paris, Nathan.

Picoche, Jacqueline/Marchello-Nizia, Christiane (⁴1996), *Histoire de la langue française*, Paris, Nathan.

Ploog, Katja (2002), *Le français à Abidjan : pour une approche syntaxique du non-standard*, Paris, CNRS.

Plourde, Michel (ed.) (2000), *Le français au Québec. 400 ans d'histoire et de vie*, Québec, Fides.

Poirier, Claude (ed.) (1994), *Langue, espace, société. Les variétés du français en Amérique du Nord*, Québec, Presses de l'Université Laval.

Pöll, Bernhard (2001), *Francophonies périphériques. Histoire, statut et profil des principales variétés du français hors de France*, Paris, L'Harmattan.

Pöll, Bernhard (2005), *Le français langue pluricentrique? Études sur la variation diatopique d'une langue standard*, Frankfurt am Main, Lang.

Quiévreux, Louis (1928), *Flandricismes, wallonismes et expressions impropres dans la langue française par un ancien professeur*, Anvers/Bruxelles, Moorthamers.

Reclus, Onésime (1880), *France, Algérie et colonies*, Paris, Hachette.

Reutner, Ursula (2005), *Sprache und Identität einer postkolonialen Gesellschaft im Zeitalter der Globalisierung. Eine Studie zu den französischen Antillen Guadeloupe und Martinique*, Hamburg, Buske.

Reutner, Ursula (2009a), *Englisch und Französisch in Quebec : Duett oder Duell ?*, in : Ursula Reutner (ed.), *400 Jahre Quebec. Kulturkontakte zwischen Konfrontation und Kooperation*, Heidelberg, Winter, 157–184.

Reutner, Ursula (2009b), *Rendez donc à César ce qui est à César? Remarques comparatives sur l'autoperception linguistique belge et québécoise*, in : Beatrice Bagola/Hans-Josef Niederehe (2007), *Français du Canada, français de France VIII. Actes du huitième Colloque international de Trèves du 12 au 15 avril 2007*, Tübingen, Niemeyer, 81–100.

Reutner, Ursula (2013), *Nous lexicographes, nous avons donc toujours tort*, Cahiers de lexicologie : Revue internationale de lexicologie et lexicographie 103, 167–192.

Reutner, Ursula (ed.) (en prép.), *Manuel des francophonies*, Berlin/Boston, de Gruyter.

Robillard, Didier de/Beniamino, Michel (edd.) (1993 ; 1996), *Le français dans l'espace francophone*, 2 vol., Paris, Champion.

Rocher, Guy (2002), *Les dilemmes identitaires à l'origine de l'engendrement de la Charte de la langue française*, in : Pierre Bouchard/Richard Bourhis, *L'aménagement linguistique au Québec : 25 ans d'application de la Charte de la langue française*, Québec, Les publications du Québec, 17–25.

Rossillon, Philippe (ed.) (1995), *Atlas de la langue française*, Paris, Bordas.

Schafroth, Elmar (2014), *Französische Lexikographie. Einführung und Überblick*, Berlin/Boston, de Gruyter.

Schläpfer, Robert/Bickel, Hans (edd.) (2000), *Die viersprachige Schweiz*, Aarau, Sauerländer.

Sieburg, Heinz (ed.) (2013), *Vielfalt der Sprachen – Varianz der Perspektiven. Zur Geschichte und Gegenwart der Luxemburger Mehrsprachigkeit*, Bielefeld, transcript.

Tétu, Michel (³1992), *La Francophonie. Histoire, problématique, perspectives*, Montréal, Guérin.

Tocqueville, Alexis de (1831), in : Alexis de Tocqueville (1991), *Œuvres*, vol. 1, ed. par André Jardin/ Françoise Mélonio/Lise Queffélec, Paris, Gallimard, 201–212.

Usito = Cajolet-Laganière, Hélène/Martel, Pierre, *Usito*, Sherbrooke, Delisme, <www.usito.com> (22.06.2015).

Valdman, Albert (ed.) (1979), *Le français hors de France*, Paris, Champion.

Valdman, Albert/Auger, Julie/Piston-Hatlen, Julie (ed.) (2005), *Le français en Amérique du Nord. État présent*, Québec, PUL.

Villers, Marie-Éva de ([1988] ⁶2015), *Multidictionnaire de la langue française*, Montréal, Québec Amérique.

Voltaire (1759), *Candide, ou L'optimisme, traduit de l'allemand de M. le docteur Ralph*, Genève, Cramer.

Voltaire (1837), *Œuvres complètes, avec des notes et une notice historique sur la vie de Voltaire*, tome XII, Paris, Furne.

Carolin Patzelt

8 Linguistique populaire et chroniques de langage : Francophonie

Abstract : L'article traite de la linguistique populaire dans les pays francophones hors de la France. L'accent est mis sur une contemplation des chroniques de langage, un ensemble d'articles à propos de la langue qui paraissent régulièrement dans des journaux, où ils occupent une rubrique fixe. Partant d'un aperçu des travaux portant sur les chroniques de langage dans le monde francophone, on expose surtout la situation des chroniques au Canada, en Suisse et en Belgique. Lors de l'examen des pays en question, l'article fait appel tant aux jugements normatifs contenus dans les chroniques de langage qu'à l'importance qu'accordent les profans aux renseignements prononcés dans les chroniques.

Keywords : chroniques de langage, linguistique populaire, Canada, français fédéral, Belgique

1 Introduction

Selon Brekle (1989, 39), la linguistique populaire s'entend comme une pratique sociale qui comprend :

> « tous les énoncés qu'on peut qualifier d'*expressions naturelles* (c'est-à-dire qui ne viennent pas des représentants de la linguistique comme discipline établie) désignant ou se référant à des phénomènes langagiers ou fonctionnant au niveau de la métacommunication. Il faut y ajouter les énoncés dans lesquels on utilise de façon explicite ou implicite les qualités phonétiques, sémantiques, etc. des unités d'une langue afin de produire des résultats pertinents pour la régulation du comportement social d'un individu ou d'un groupe social ».[1]

Ainsi, la linguistique populaire[2] englobe, à la fois, la circulation des idéologies linguistiques et des recommandations des comportements langagiers parmi des « amateurs » de langage et non pas par des professionnels en linguistique. Or, il faut se rendre compte du fait qu'il y a bien des zones intermédiaires entre experts et non-

---

1 Antos accentue l'aspect de consultation, en soulignant le fait que la linguistique populaire constitue une discussion de *l'usage* du langage dans la communication (cf. Antos 1996, 13).

2 Cette expression est un calque d'une série de dénominations anglo-saxonnes basées sur *folk-*, traduit en français par « populaire », « spontané » ou même « naïf » (cf. Paveau 2005, 96). On trouve différentes désignations dans la littérature linguistique. Osthus (2006), p. ex., propose les termes *linguistique des profanes* ou *linguistique populaire*, tandis que Paveau/Rosier (2008) utilisent le terme *linguistique d'amateur*.

experts. Ainsi, les activistes participant aux débats « populaires » font souvent preuve de connaissances étonnantes (cf. Osthus 2006). Paveau (2007) considère la linguistique populaire comme un cadre théorique et méthodologique d'unification d'un ensemble de pratiques linguistiques profanes reposant sur une conception perceptive de la norme et produisant différents types de discours sur la langue (cf. Lobin 2015, 35). Selon Paveau (2005), la linguistique populaire rassemble, avant tout, trois catégories fondamentales de pratiques linguistiques : descriptives (on décrit l'activité de langage), normatives (on prescrit les comportements langagiers) et interventionnistes (on intervient sur les usages de la langue, cf. Paveau 2005, 98). Les questions liées à la norme et aux comportements langagiers des locuteurs se discutent dans les différentes formes de mass média, ce qui comprend des ouvrages de référence, des pages internet, des chroniques de langage, ainsi que des essais séparés ou les lettres de lecteur dans les quotidiens (cf. Osthus 2006).

La linguistique populaire en tant que discipline linguistique fut beaucoup travaillée aux États-Unis depuis les années 1960 sous l'appellation de *Folk Linguistics*, ainsi qu'en Allemagne sous le nom de *Laienlinguistik* (littéralement : linguistique des amateurs). Or, elle a toujours suscité moins d'intérêt dans les pays francophones (cf. Achard-Bayle/Paveau 2008, 7). Le format le plus présent en France – ainsi que dans d'autres pays francophones comme le Canada – depuis la fin du XVIIIe siècle est la chronique de langage, publiée dans la presse écrite et renseignant le lecteur sur des problèmes de langue et du « bon usage ».

2 Les chroniques de langage dans la Francophonie

2.1 Les chroniques de langage comme genre

Comme l'indique Remysen (2009a, 1), les chroniques de langage contiennent des commentaires et des jugements à propos des usages que les locuteurs font de leur langue. Plus particulièrement encore, elles contiennent des conseils et des orientations à propos des bons et des mauvais usages, notamment dans le but de les modifier. Les conseils portent surtout sur les emplois lexicaux, mais les usages observés par les chroniqueurs peuvent être de nature assez diverse. Dans la mesure où les chroniqueurs abordent généralement des points problématiques et débattus par ceux qui veulent se conformer au bon usage de la langue, les chroniques de langage sont étroitement liées au discours normatif (cf. Cellard 1983, 661ss. ; Daoust 2000 ; Quemada 1970–1972, vol. 1, i). Par ailleurs, à travers la description et l'évaluation que les chroniqueurs proposent des usages commentés, leur discours rend compte, à la fois, de leur conception de la langue, c'est-à-dire de leurs représentations linguistiques (cf. Daoust 1974, 51ss.).

Caractérisées par une production abondante et une large diffusion, les chroniques de langage connaissent une riche tradition dans plusieurs pays francophones, surtout en France (↗6 Linguistique populaire et chroniques de langage : France) et au Canada. On sait bien que le français parlé par l'élite parisien commença vite à servir de norme de référence, ce qui donna lieu à un certain purisme linguistique. Or, tout ce qui était conforme à cette norme imaginaire fut jugé comme représentant le *bon usage* et la francophonie à l'extérieur de Paris commença à se référer plus ou moins inconsciemment à cette norme (cf. Reinke 2004). Les chroniques de langage constituent, pourtant, un phénomène sociolinguistique important (cf. Remysen 2009a, 2). Quemada (1970–1972, vol. 1, i) a été l'un des premiers à souligner l'intérêt que présente l'analyse de leur discours :

> « [Les chroniques de langage] représentent [...] une somme de témoignages privilégiés pour ce qui touche à la ‹ pureté › et à l'esthétique de la langue, et plus généralement, pour la définition ou la préservation de tel ou tel ‹ bon usage ›. [...] Le fait mérite [...] une attention des plus scrupuleuses puisque, si le contenu des articles ne présente pas un égal intérêt (ils peuvent même en être tout à fait dépourvus), les questions abordées sont en revanche toujours révélatrices de situations propres au français du moment. Considérées dans leur ensemble, elles apportent des données significatives sur l'évolution des principaux aspects de la langue d'aujourd'hui ».

2.2 Travaux portant sur les chroniques de langage dans le monde francophone

Les chroniques de langage ayant pour objet la langue française ont donné lieu à un certain nombre de travaux à ce jour. Nous tenons compte ici de ceux qui portent sur les chroniques publiées hors de France, notamment au Canada, en Belgique et en Suisse. Tout d'abord, il faut mentionner les textes de portée générale, ce qui englobe des ouvrages portant sur l'histoire de la langue française qui contiennent quelques paragraphes consacrés aux chroniques de langage.[3] Sans clairement la définir, tous les auteurs mentionnés associent la chronique de langage au discours sur le bon usage et sur la norme :

> « [Les chroniqueurs] montrent à leur manière leur respect pour ce qu'ils pensent être la bonne langue [...] en inclinant du côté conservateur, souvent avec l'envie de trancher en montrant leur savoir, plutôt qu' ils ne cherchent à s'informer des causes des changements et de leurs justifications possibles. [...] » (Cohen 1967, 345).

Certains chroniqueurs ont même explicitement commenté leur propre activité. C'est le cas, notamment, de René Georgin (1965), en France, et de Louis-Paul Béguin (1976), au Canada français. Ces chroniqueurs se sont essentiellement interrogés sur

---

3 Ce qui montre bien que celles-ci sont considérées comme un phénomène sociolinguistique non négligeable (cf. Caput 1972–1975, vol. 2, 246s. ; Cohen 1967, 345 ; Daoust 2000 ; Gadet 1999, 643ss.).

leur rôle normatif et pédagogique en tant que chroniqueur linguistique, ainsi que sur la relation qu'ils entretiennent avec leur public (cf. Remysen 2009a, 7). À part ces ouvrages, il y a aussi des inventaires des chroniques de langage, dont il convient de mentionner deux œuvres importantes ayant pour objet la langue française : tout d'abord, la première *Bibliographie de chroniques de langage* (Quemada 1970–1972), ouvrage publié en France et présentant, en deux tomes, « une bibliographie signalétique de l'ensemble des chroniques publiées [en France] depuis le milieu du siècle » (Quemada 1970–1972, vol. 1, ii). Cette bibliographie est le fruit du dépouillement d'une vingtaine de périodiques, publiés entre 1950 et 1970 (cf. Remysen 2009a, 8).

Le Canada français, à son tour, dispose d'une bibliographie semblable, publiée sous la direction d'André Clas (1975–1976). Celle-ci recense les chroniques parues dans huit quotidiens et un hebdomadaire canadien-français, couvrant une période qui va de 1879 à 1970 (Remysen 2009a, 8). Quemada (1970–1972, vol. 1, ii) signale en outre, dans sa préface, que d'autres projets d'inventaires seraient en préparation en Belgique et en Suisse, mais ceux-ci ne semblent jamais avoir donné lieu à des publications (cf. Remysen 2009a). Ainsi, Skupien Dekens (1998, 156) souligne « l'absence de répertoire des chroniques publiées en Suisse romande » et, malgré quelques mémoires de licence destinés à inventorier des chroniques belges (cf., entre autres, Bourgeois 1981 ; De Coster 1981), aucune bibliographie générale n'est disponible pour la Belgique francophone, contrairement à la France et au Canada français (Remysen 2009a, 8).

Concernant le concept de chronique, il est notable que dans leurs bibliographies respectives, Quemada et Clas donnent un sens très large au terme *chronique de langage* :

> « [...] nous avons donné au concept de *chronique de langage* un contenu extensive ; seront donc retenus *[sic]* par principe toutes les rubriques destinées au grand public et relatives à la *langue française actuelle,* à travers son usage, ses tendances, les institutions qui la régissent, l'étudient ou la diffusent, ainsi que les commentaires consacrés à des ouvrages d'actualité sur la langue. Parmi toutes ces rubriques, une place prépondérante revient d'évidence aux ‹ Courriers des lecteurs › comme aux chroniques régulières, et se trouvent par conséquent exclus tous les articles de vulgarisation encyclopédique sur la langue (étymologie, anthroponymie, dialectalismes) [...] » (Quemada 1970–1972, vol. 1, iii).

L'organisation des bibliographies en question suit un classement thématique qui rend compte des différents domaines de la langue abordés par les chroniqueurs. Ainsi, les articles recensés par Quemada sont regroupés en cinq chapitres (cf. Quemada 1970–1972, vol. 1, ix–xxviii, et vol. 2, xi–xxx) : 1° problèmes généraux ; 2° prononciation et graphie ; 3° lexique ; 4° syntaxe ; 5° études de style. Dans la bibliographie de Clas, laquelle présente sensiblement la même organisation, des rubriques supplémentaires ont évidemment été ajoutées pour mieux refléter les particularités des sujets abordés dans les périodiques canadiens-français (Remysen 2009a, 9). On trouve p. ex., dans le chapitre « Problèmes généraux », les rubriques « Patois canadien », « Parlers d'Acadie » et « Parisian French » (cf. Clas 1975–1976, vol. 1, x), absentes dans la bibliographie de Quemada.[4]

3 Les chroniques de langage au Canada

3.1 Importance des débats sur la qualité de langue au Canada

Au Canada français, l'apparition des chroniques de langage remonte à la seconde moitié du XIXe siècle. Leur apparition coïncide, donc, avec les premières manifestations d'une conscience linguistique propre aux Canadiens français, fortement marquée par un sentiment d'insécurité linguistique.

Parmi les francophones au Canada, les questions d'ordre linguistique occupent une place importante dans la presse qui regorge de textes de tout genre sur la langue, et parmi lesquels figurent les chroniques de langage. Comme l'a souligné Jean-Paul Vinay, ces textes sont significatifs des rapports que les Canadiens français entretiennent avec leur langue :

> « [...] L'un des aspects les plus intéressants de la presse quotidienne CF [canadienne-française] réside dans le grand nombre d'articles, éditoriaux, lettres à la Rédaction, comptes-rendus, etc., relatifs à des questions de linguistique. À Montréal comme à Québec, la langue est *à la une,* tout au moins pour les journaux sérieux comme *Le Devoir* ou *Le Soleil.* [...] Il faudrait pouvoir publier plusieurs volumes de ces textes, de valeur inégale, certes, mais toujours révélateurs d'un état d'esprit bien particulier au CF [Canada français] » (Vinay 1973, 332).

Dès le XIXe siècle, le débat sur la qualité de langue au Québec a été très présent dans les médias, soit à la télévision, soit à la radio ou la presse écrite, et ici plus particulièrement dans les chroniques de langage. L'importance des débats sur la qualité de la langue au Québec s'explique par l'histoire du français au Canada :

Le français en usage au Québec fut longtemps dévalorisé, bien que les premiers jugements de valeur que les voyageurs français firent de la langue parlée dans la Nouvelle-France au début du XIXe siècle fussent plutôt positifs (cf. Reinke 2004, 3). Ces voyageurs furent confrontés à un français relativement standardisé qui se greffa sur les patois des nouveaux arrivés. Par contraste, il est à noter que les patois concurrençaient encore le français en France métropolitaine. En outre, comme les colons français venaient de villes qui disposaient d'un système éducatif développé, ils avaient une bonne connaissance du français. Ainsi, les voyageurs considéraient ce français importé au Québec comme étant pur.

---

4 Il semble que certains auteurs se sont inspirés de la perspective thématique adoptée dans ces bibliographies à des fins de recherche ; c'est notamment le cas des travaux de Bouchard (2002) et de Daoust (1974).

Dans la suite, la conquête anglaise en 1760 rompit entièrement les liens avec la France. Par conséquent, le français québécois n'était plus en contact avec le français de France. Ainsi, la langue au Québec se caractérisa non seulement par la dominance d'un registre populaire parlé par la majorité de la population à l'époque, mais aussi par l'influence de l'anglais qui introduisit beaucoup d'emprunts pendant l'époque de la conquête. Au début du XIXe siècle, la population anglaise jugea le français québécois comme étant archaïque et populaire. Elle critiqua le grand nombre d'anglicismes qu'elle considérait comme la raison principale de la dégradation du français au Québec. En général, on estime que le français commença à se dégrader après la conquête anglaise, celle-ci constituant le début d'une autoperception négative qui a longtemps dominé le rapport des Québécois à leur propre langue. C'était surtout l'*intelligentsia* canadienne-française qui, dès le milieu du XIXe siècle, commença à dénoncer la langue de ses compatriotes lorsqu'elle prit conscience du fait que cette langue présentait plusieurs différences par rapport à celle qui avait cours en France (cf. Remysen 2012, 422).

Au début du XXe siècle, lorsqu'une intensification du contact entre le Québec et la France fut en cours, les Québécois commencèrent à s'apercevoir de plus en plus des différences existantes entre le français québécois et le français de la France (cf. Reinke 2004, 7). Tout cela contribuera à la mise en place d'un mouvement de correction de la langue, dont les chroniques de langage feront partie intégrante (cf. Remysen 2012, 422).

Ainsi, le discours sur la qualité de langue s'est désormais concentré à la relation entre le français québécois et le français de la France. La relation problématique que le Québécois entretient avec sa langue est souvent caractérisée par la notion d'*insécurité linguistique*. Cette insécurité linguistique se manifeste dans l'utilisation de dictionnaires qui décrivent ou prescrivent les usages tels qu'ils existent dans la variété exogène, par la consultation des services linguistiques et par la discussion sur la qualité de la langue utilisée à l'école, dans l'administration, au travail et dans les médias (cf. Reinke/Ostiguy 2005).

3.2 Les jugements normatifs dans les chroniques de la langue au Canada

Au vu de cette insécurité linguistique, il n'est pas étonnant qu'au Québec, les chroniques de langues aient une tradition particulièrement riche (cf. Remysen 2010). Elles contiennent « des commentaires à propos des faits de langues qui constituent des difficultés et qui risquent de poser problème à ceux qui souhaitent se conformer au ‹ bon usage › » (cf. Remysen 2011, 53). De plus, elles apportent une contribution importante à l'élaboration d'une norme. Les premières chroniques de langue apparues vers la fin du XIXe siècle étaient essentiellement prescriptives. Ce n'était qu'à partir du XXe siècle qu'apparurent aussi des chroniques plus descriptives (cf. ibid.).

Apparemment, il y a toujours des critères assez fixes qui déterminent si un usage est acceptable ou pas. Ainsi, en général, l'usage d'une expression est considéré comme étant la norme si l'écart sémantique d'une expression est faible comparé à son usage en France, si les mots expriment bien ce qu'ils désignent (cf. Remysen 2010, 675), si la formation des mots est faite selon les règles en France, quand ils « comblent un vide lexical » (ibid., 676), si l'usage d'un mot apparaît dans les dictionnaires et dans les grammaires utilisées en France, « pour des raisons uniquement esthétiques » (ibid., 677), si un emploi est bien ancré dans l'usage des Canadiens et si un emploi a un caractère « français » (ibid., 678). Parmi ces arguments, celui de l'usage en France est le plus important (ibid., 679).

Les représentations de la langue sont étroitement liées à la perception que les Québécois se font de leur identité en tant que groupe linguistique (cf., entre autres, Bouchard 2002). Le Québec est d'ailleurs souvent donné en exemple pour illustrer comment une revendication identitaire forte peut contribuer au développement d'une image plus positive d'une variété de langue qui, sur le marché linguistique, est jugée illégitime par certains (cf., p. ex., Francard 1998).

Selon Remysen (2009a), les jugements normatifs auxquels donnent lieu les emplois canadiens se situent sur un continuum qui va de la condamnation sans appel d'un emploi à son acceptation pleine et entière. Or, entre ces deux pôles on trouve une multitude de jugements moins clairs. Les différents chroniqueurs peuvent, en plus, entretenir un rapport très divergent avec la norme. À ce propos, Remysen propose de classer les divers chroniqueurs en tenant compte non seulement du type de prises de position normatives qui prédominent dans leur discours, mais aussi de l'importance qu'ils accordent à la description des emplois évalués.

3.3 Les chroniqueurs de la *ChroQué*

Actuellement, les *chroniques québécoises de langage* sont recueillies dans une base de données textuelles dénommée *ChroQué* (cf. Gagné/Verreault/Mercier 2004). Cette base, mise au point à l'Université Laval par Claude Verreault, fut élaborée à partir de la bibliographie d'André Clas (1975–1976), puis elle a été complétée par des dépouillements supplémentaires. Elle comprend aujourd'hui une quarantaine de chroniques de langage (cf. Remysen 2005 pour plus de détails). Outre la mise en réseau de plusieurs chroniques québécoises de langage, permettant ainsi leur consultation en ligne et leur exploitation à des fins de recherche, ce projet a pour objectif de préciser le rôle que les chroniques de langage ont joué dans la construction de l'imaginaire linguistique québécois ainsi que de caractériser la pratique lexicographique particulière dont elles relèvent. Par la suite, on donnera un bref aperçu des chroniqueurs les plus connus qui figurent dans la base *ChroQué*.

1) *Étienne Blanchard* (1883–1952) a non seulement publié des ouvrages de type normatif,[5] mais il est également l'auteur de divers lexiques qui dénotent des préoccupations d'ordre terminologique. L'Académie française a reconnu la contribution de Blanchard en le nommant officier en 1930 et en couronnant son *Dictionnaire de bon langage* ainsi que son *Manuel du bon parler*. La base ChroQué comprend plusieurs chroniques publiées par Blanchard, que ce soit sous son propre nom ou sous un de ses pseudonymes, notamment Paul Lefranc ou Jacques Clément. Ces chroniques, pour la plupart parues dans *La Presse* ou encore dans le *Bulletin du parler français au Canada*, sont identifiées par les sigles BlanchAngl, BlanchAnn, BlanchBLang, BlanchParlMieux, ClémMots et LefrLangFr.

2) À partir des années 1970, *Pierre Beaudry* (1917–1996) se fit aussi connaître auprès du grand public. En plus de participer à des émissions à la radio et à la télévision,[6] il tint plusieurs chroniques de langage, entre autres dans la revue *L'Inter* (1971–1972) et dans *La Presse* (1972–1979). Les prises de position de Beaudry suscitaient fréquemment la controverse. Il a continué à lutter pour la correction du français jusqu'à la fin de sa vie, comme en font foi ses dernières chroniques parues dans *La Presse* (1991) et dans *Le Devoir* (1995–1996). Dans la base ChroQué, ces deux chroniques sont identifiées par le sigle BeaudFrLois et BeaudLang.

3) C'est à partir de la fin des années 1950 que *Gérard Dagenais* (1913–1981) commença à se prononcer publiquement sur les questions de langue. Sa rubrique « Réflexions sur nos façons d'écrire et de parler », qui paraîtra dans *Le Devoir* de 1959 à 1961, marqua le début de sa carrière comme chroniqueur de langage. Tout au long de cette carrière, Dagenais publia pas moins de sept séries de chroniques dans trois périodiques (*Le Devoir*, *La Patrie* et *La Presse*) et dans un magazine (*Allô Police*). Plusieurs de ces chroniques ont par la suite été reprises, partiellement ou intégralement, dans des recueils (cf. Dagenais 1973), ce qui témoigne de leur succès. Dagenais s'illustra également comme chroniqueur dans les médias audio-visuels. Il était régulièrement invité à la télévision de Radio-Canada et anima des émissions de radio, comme « Parlons-nous français ? » (sur les ondes de CKAC ; cf. Zolty 1968, 50) et « Pour un Québec français » (sur les ondes de CKVL ; cf. Beaudry 1974).

Les propos tenus par Dagenais sont toujours fortement teintés de purisme et le chroniqueur n'avait qu'un seul objectif en tête, celui de montrer aux Québécois comment on parle et écrit en France :

> « [...] L'usage (on ne le répétera jamais assez : celui de France, pas le nôtre, qui ne compte pas en français, sauf dans des cas extraordinaires) repose sur un instinct de la langue qui

---

5 Dont *En garde !*, 1912, réédité jusqu'en 1925 ; le *Dictionnaire de bon langage* [1914, réédité jusqu'en 1949], et le *Manuel du bon parler*, 1927, réédité jusqu'en 1960.

6 Il fut invité à plusieurs reprises à l'émission *Langage de mon pays*, diffusée à la radio de Radio-Canada.

s'égare rarement. Il s'appuie aussi sur des faits qui n'existent qu'en France mais dont nous devons tenir compte sous peine de ne pas être compris des Français, c'est-à-dire sous peine d'isolement » (Dagenais 1960a, 2).

Comme plusieurs de ses contemporains, Gérard Dagenais s'inquiéta de l'avenir du français en Amérique du Nord. Il est toutefois un des rares chroniqueurs de langage à aborder de front la question sous un angle politique, comme il le fait dans la chronique « Pour un Québec français associé à un Canada bilingue » (1971–1973). Il y affirme que le français « ne peut vivre au Canada que par l'existence d'un État français » (Dagenais 1971, 32). Déjà en 1960, Dagenais avait souhaité un certain « dirigisme [...] en matière de langue » lorsqu'il avait plaidé pour « l'établissement d'un office de la langue française » (Dagenais 1960b, 7), institution qui verra le jour en mars 1961. Dagenais a certainement été l'un des chroniqueurs de langage les plus influents de son époque. Pour cette raison, toutes ses chroniques ont été intégrées dans la base ChroQué, où elles sont identifiées par les sigles DagDites, DagÉcriv, DagFr, DagGaz, DagMots, DagQcFr et DagRéfl.

4) *Jean Darbelnet* (1904–1990), étant donné son intérêt pour l'analyse comparative de l'anglais et du français, s'intéressa de très près aux pays bilingues et aux conséquences sociales et linguistiques de la cohabitation des langues. De nombreux articles portant sur la situation linguistique qui prévaut au Canada et au Québec témoignent de ces préoccupations, tout comme le rapport sur le rôle de la traduction dans l'anglicisation du français en Amérique du Nord qu'il a rédigé pour le compte de la Commission royale d'enquête sur le bilinguisme et le biculturalisme (Darbelnet 1965). Plusieurs de ces textes ont été réunis dans *Le français en contact avec l'anglais en Amérique du Nord*, livre paru en 1976. Sans surprise, la question de l'anglicisation est aussi omniprésente dans les publications de Darbelnet à titre de chroniqueur de langage. Ainsi, tant dans la rubrique « La langue et la vie » (publiée dans l'hebdomadaire montréalais *Notre Temps* de 1957 à 1962) que dans la « Petite chronique de la langue française » (parue de 1963 à 1967 dans *L'Enseignement secondaire*, une revue destinée aux enseignants), Darbelnet commente de nombreux anglicismes utilisés au Québec et s'interroge sur leur légitimité. Dans la base ChroQué, ces chroniques sont identifiées par les sigles DarbLang et DarbPChron. Darbelnet eut aussi l'occasion de faire connaître ses idées sur la langue auprès du grand public dans l'émission *La parole est d'or*, diffusée à la radio de Radio-Canada, à laquelle il participa de 1966 à 1968 en compagnie de René de Chantal et de Marcel Paré (cf. Zolty 1968).[7]

---

7 Pour les informations sur les chroniqueurs cités ici, cf. http://catfran.flsh.usherbrooke.ca/chroque/chroniqueurs_beaudry.php (27.04.2015).

3.4 La place du dictionnaire dans les chroniques de langage canadiennes-françaises

Comme l'a souligné Bouchard (^{2}2002, 280), les chroniqueurs du Canada français voient généralement le dictionnaire comme « la seule référence infaillible ». Néanmoins, à partir des années 1920, il y eut un changement notable de postures, parce qu'un nombre croissant de chroniqueurs commencèrent à remettre en question certaines pratiques des lexicographes français, surtout concernant l'inclusion d'anglicismes. En outre, dès les années 1970, on commença à revendiquer que les dictionnaires français s'ouvrirent aux particularités canadiennes – signe que l'attitude adoptée à l'endroit de ces ouvrages s'était modifiée au fil du temps (cf. Remysen 2013, 519s.).

Les dictionnaires français côtoient dans le discours des chroniqueurs canadiens quelques dictionnaires publiés au Canada. Il s'agit surtout de dictionnaires de correction, auxquels le chroniqueur a recours pour donner plus de poids à ses prises de position normatives. Aux yeux du chroniqueur Blanchard, il est clair que les dictionnaires faits au Canada ne peuvent être que de nature prescriptive, « renforçant par le fait même l'image selon laquelle le français des Canadiens est largement imparfait et lacunaire » (cf. Remysen 2013, 525).

Les dictionnaires de traduction occupent également une place relativement importante dans le discours de beaucoup de chroniqueurs canadiens. Ces ouvrages ne servent pas seulement à traduire, mais ils sont aussi invoqués pour autoriser un certain emploi de mot dont le lecteur avait douté. La profonde insécurité linguistique des locuteurs, liée à un besoin des travaux correctifs et des œuvres qui orientent sur l'acceptabilité des éléments langagiers explique que ce type d'ouvrages soit relativement fréquemment mentionné. Certains lecteurs demandent p. ex. au chroniqueur de se prononcer sur la légitimité d'un mot qui est absent des dictionnaires ou sur la description d'un mot dans un dictionnaire. Pourtant, les lecteurs éprouvent des difficultés à interpréter le contenu des dictionnaires et ils s'en remettent au chroniqueur pour les aider à le faire. Par conséquent, des chroniqueurs comme Blanchard insistent à quelques reprises sur l'importance de bien savoir *se servir* du dictionnaire. Selon ces auteurs, la responsabilité du chroniqueur, ou bien son rôle pédagogique, ne devrait pas se limiter à se prononcer sur la légitimité d'un certain emploi, mais il devrait aussi donner aux lecteurs des pistes qui leur permettraient de mieux tirer profit du dictionnaire (cf. Remysen 2013 ; Lajeunesse 2010).

3.5 Le traitement de canadianisme/québécisme dans les chroniques de langage

Il est intéressant que les chroniqueurs recourent à diverses dénominations pour qualifier les emplois qu'ils identifient comme ayant cours dans la langue des Canadiens. Certaines de ces appellations se basent sur des critères surtout géographiques (*régionalisme, provincialisme* etc.), tandis que d'autres ont un caractère historique (comme *archaïsme, anglicisme*) ou normatif (*faute, barbarisme, solécisme*). Il faut ajouter à cette liste les termes *canadianisme* et *québécisme*, qui ont toujours une portée géographique, mais dont il n'existe pas de définition cohérente dans la littérature (cf. Remysen 2009b, 210). Selon Remysen (ibid.), seul un petit nombre de mots est qualifié de *canadianisme* ou de *québécisme* par les chroniqueurs. En outre, il constate que plusieurs chroniqueurs n'utilisent jamais ces termes. La grande majorité des emplois que les chroniqueurs qualifient de *canadianismes* ou de *québécismes* relèvent du lexique. Barbaud est le seul chroniqueur qui aborde explicitement la question des caractéristiques morphosyntaxiques du français canadien, ce qui l'amène à proposer le terme de *québécisme grammatical*, qu'il oppose au *québécisme lexical*.

Comme le démontre Remysen (2009b), les termes *canadianisme* et *québécisme*, bien qu'ils ne soient pas fréquemment utilisés par les chroniqueurs, donnent lieu à des interprétations bien différentes, et leurs différentes significations peuvent même revenir chez le même chroniqueur. Le sens le plus ancien de *canadianisme* que Remysen (ibid., 215) découvre dans son corpus est celui de « faute propre à l'usage des Canadiens ». C'est ainsi qu'Arthur Buies s'en sert dans sa chronique publiée en 1888, après avoir utilisé surtout l'expression *barbarisme canadien* dans sa chronique publiée antérieurement (Buies 1865–1866, cf. Remysen 2009b, 215). Tout comme Buies, Gérard Dagenais (1960a ; 1960b) utilise le terme souvent avec une connotation péjorative, et c'est précisément cette connotation véhiculée par le terme *canadianisme* qui explique pourquoi Dagenais préfère recourir à d'autres expressions lorsqu'il veut exclure une telle connotation. Il se sert notamment des expressions *canadianisme de bon aloi* ou *canadianisme français* pour qualifier des particularismes canadiens qu'il juge acceptables.

Le terme *québécisme* évoque généralement une interprétation plus objective, mais il existe au moins un chroniqueur assez connu, notamment Pierre Beaudry, qui se sert du terme dans un sens extrêmement péjoratif (cf. Remysen 2009b, 216). Pour Philippe Barbaud, par contre, le terme *québécisme* désigne uniquement les particularismes québécois acceptables (cf. Remysen 2009b). En outre, il y a plusieurs chroniqueurs qui estiment que *canadianisme* et *québécisme* devraient être réservés exclusivement aux innovations créées au Canada. Pour Dagenais, p. ex., ces innovations se limitent généralement aux seuls néologismes lexicaux, mais il y a aussi des chroniqueurs qui estiment que les innovations sémantiques ne sont pas du tout exclues.

Dans une telle perspective, ni *canadianisme* ni *québécisme* ne peuvent donc être utilisés pour désigner les emplois archaïques ou les emplois dialectaux. C'est pour cette raison que Daviault considère que les particularismes canadiens qui sont des survivances dialectales ou des archaïsmes constituent des *prétendus canadianismes*, contrairement aux *véritables canadianismes*. En somme, l'analyse par Remysen (2009b) montre que la diversité des points de vue est très étroitement liée aux différentes positions sur ce qui devrait être considéré comme canadien-français *tout court*, comme l'a également souligné Daoust (2000, 200) et, surtout, à la position normative des chroniqueurs. Par conséquent, les chroniqueurs s'interrogent souvent sur la portée ou l'extension de ces termes, ainsi que sur la légitimité de ces emplois. Toutefois, même s'ils s'adressent à un public composé de lecteurs canadiens-français, les chroniqueurs ne se limitent souvent pas à commenter des faits de langue particuliers à l'usage des Canadiens. En outre, les *canadianismes* ne sont pas toujours identifiés tels quels, ce qui rend le discours des chroniques plus complexe à analyser (cf. Remysen 2009a, 6).

4 Les chroniques de langage dans d'autres pays francophones

4.1 La Suisse

Bien que le Canada représente le pays francophone le mieux documenté quant aux chroniques de langage, il vaut également considérer la situation dans des pays francophones de l'Europe, notamment la Suisse et la Belgique. Il est bien connu que la situation du français en Suisse romande représente une situation particulière à cause de l'existence de plusieurs langues officielles. L'article 116 de la Constitution fédérale stipule que l'allemand, le français, l'italien et le romanche sont les langues nationales de la Suisse. Les langues officielles de la Confédération sont l'allemand, le français et l'italien (cf. Camartin 1985, 253). Il existe pourtant un déséquilibre entre les trois langues officielles qui affecte aussi le français, occupant le second rang dans l'ordre d'importance des langues officielles. En Suisse romande, territoire recouvrant les cantons de Genève, du Jura, de Neuchâtel, de Vaud et en partie les cantons de Fribourg et du Valais, 20,4% de la population parlent le français (cf. Lobin, 2015, 31).

Or, en Suisse romande, le monolinguisme a été une constante tout au long de l'histoire et peut compter sur d'ardents partisans. Ainsi, toute officialisation d'une autre langue est perçue par grand nombre de personnes comme une atteinte au moins virtuelle d'une part à la position du français en Suisse (on craint un rétrécissement du territoire francophone), d'autre part à l'identité[8] culturelle de la Romandie (Knecht/Py 1996, 1865).

Bien avant l'apparition de la première chronique de langage, on vit déjà apparaître des collections de « barbarismes » ainsi que de nombreuses publications traitant des « problèmes linguistiques » en Suisse. Puis, à partir du XVIIe siècle, furent publiées les premières chroniques, p. ex., l'« Essai des remarques particulières sur la langue françoise pour la ville de Genève » par François Poulain de LaBarre. Jusqu'au

---

8 La question de savoir s'il existe ou pas une identité romande a fait l'objet de débats controversés (Seiler/Knüsel 1989).

XXᵉ siècle on trouve de nombreuses publications linguistiques dans la presse écrite et à la radio, tandis qu'aujourd'hui le genre de chronique de langage a presque fait disparaître des journaux en Suisse (cf. Molitor 2004, 56). En cas d'insécurité linguistique, on s'adresse plutôt à la *Délégation à la langue française* (DLF), institution fondée en 1992, qui a pour but d'«observer les pratiques et usages de la langue française en Suisse » (http://www.dlf-suisse.ch).

En 1959 fut déjà créé le *Fichier français de Berne,* un cercle initié par les traducteurs des services administratifs fédéraux, visant à la sauvegarde et à l'aménagement de la langue française en Suisse. Le cercle vise à « lutter surtout contre les altérations de la langue et fait front aux traductions hasardeuses » (http://www.fichier-francais. ch). Ce qui a survécu comme ‹ chronique ›, ce sont surtout les *chroniques de Jacques Bron,* publiées sur le site de l'*Association de Défense du français* (http://defensedu-francais.ch).[9]

Au contraire du développement observable au Canada, on constate la persistance d'une grande insécurité linguistique en Suisse romande, laquelle est fortement liée à l'influence de l'allemand sur le français en Suisse :

La région linguistique francophone n'a de contigüité qu'avec le territoire germanophone au détriment de voisinages avec les autres langues latines de Suisse. Ceci renforce la position privilégiée du contact linguistique français-alémanique, déjà très forte en raison du poids démographique majoritaire de l'allemand en Suisse (Knecht/ Py 1996, 1863).[10] Par conséquent, les discussions linguistiques des profanes sur internet se montrent très marquées par le conflit entre le rapport français-allemand et la crainte des germanismes (cf. Matthey/De Pietro 1997, 167). Dans cette discussion s'inscrivent, p. ex., des contributions comme celles de Forster (1994) :

> « Chers Confédérés, vous avez, en partage, l'usage de la langue française. [...] De tout temps [...], le français d'ici a été exposé à ‹ la › langue majoritaire de ce pays, que l'on appelle, sans doute plus par simplification que par ignorance, ‹ l'allemand ›. [...] Le français de Suisse, donc ? Le français fédéral y fleurit, surtout dans des textes venant des services fédéraux, mais aussi quotidiennement dans la bouche et sous la plume de Romands, contaminés. [...] Le français, langue des Romands ? Le français, dont il faudrait se préoccuper chez nous ? L'interventionnisme – si interventionnisme il y a – hésite entre la ‹ romandisation › et le Kantönligeist » (https://sites.google.com/site/reynaldfrancaisfederal/).

---

9 L'Association fut fondée en 2004, « d'un constat inquiétant : l'hégémonie des anglo-américanismes dans la vie quotidienne qui met en danger [les] langues nationales » (http://defensedufrancais.ch, 27.04.2015).

10 Ainsi, le français en Suisse subit une forte influence par l'allemand dans le cadre de textes officiels. Étant donné que la grande majorité des textes publics est initialement rédigée en allemand, les Romands sont confrontés à une multitude de traductions, ceci ayant un impact direct sur la qualité de la langue (cf. Lobin 2015, 32).

Ces mots sont extraits d'une lettre ouverte du 29 septembre 2011 que Reynald Forster, blogueur actif pour la défense de la langue française en Suisse romande, adressa aux cantons de Suisse occidentale. Il était intervenu déjà en 2005 auprès des responsables de l'éducation et de l'instruction publique des cantons romands avec deux lettres dans lesquelles il déplorait à titre d'exemple l'expression problématique de « notice d'emballage ». Il qualifie celle-ci de « virus », ayant désormais atteint toute l'industrie pharmaceutique suisse (https://sites.google.com/site/reynaldfrancaisfederal). Comme le révèle le texte de l'une des lettres ouvertes, ce fut déjà en 2005 que Reynald Forster était à la recherche d'une plateforme appropriée et envisageait de se plaindre en public : « Pour ma part, la seule chose que je n'aie pas encore faite, c'est de monter sur une grue, Place fédérale. – À propos : où se trouve notre *Hyde Park Corner* pour la Suisse romande? » (https://sites.google.com/site/reynaldfrancaisfederal). Se désespérant de l'inertie et du non-professionnalisme des autorités responsables, il se résolut à choisir une forme de communication participative et interactive qui permettait le transfert de connaissances entre partenaires égaux et se mit à bloguer sur ce sujet dès 2007.

En général, on constate chez les blogueurs une peur profonde de la contamination du français par l'allemand. Parmi les sujets les plus discutés par les profanes se trouve la dénomination du français de la Suisse comme « français fédéral », ce terme figurant aussi dans le *Dictionnaire suisse romand* (Thibault/Knecht 2004, 3791) :

> « Français germanisé (ou simplement fautif) des textes produits par l'administration centrale, ainsi que par les entreprises et agences de publicité dont le siège social est situé en Suisse alémanique ; (par ext.) français germanisé (ou fautif) pratiqué par les Suisses alémaniques (et, éventuellement, par les Suisses romands) ».

L'influence de l'allemand est tant ressentie dans la conscience linguistique des locuteurs que dans une enquête sur les jugements d'acceptabilité,[11] l'étude révéla que l'identification d'un item non-standard comme germanisme entraîne une plus grande sévérité à son égard (Lüdi et al. 1995, 130). Il suffit qu'un terme soit ressenti comme influencé par l'allemand pour que son acceptabilité diminue (Matthey 2003, 97). Les auteurs de l'étude ont interprété ce résultat comme l'indice d'une conscience linguistique fortement monolingue et surtout très méfiante vis-à-vis de tout ce qui vient de l'allemand (cf. ibid.).

Selon Kolde (1981, 51), les Romands ont une haute conscience d'eux-mêmes au niveau linguistique et culturel. Par rapport à leur langue, ils ont une attitude plus normative que les Suisses alémaniques. Ils soutiennent la défense de la langue dans le sens du maintien de la pureté, p. ex. à travers les blogs sur Internet.

---

11 Une centaine de Neuchâtelois furent invités à évaluer sur une échelle de 1 à 7 l'acceptabilité dans une conversation entre amis et dans une situation formelle de 40 énoncés comportant des régionalismes, des germanismes (réels ou fantasmatiques), des anglicismes et quelques exemples de français standard (cf. De Pietro 1995, 238).

4.2 La Belgique

En Belgique – tout comme ailleurs dans la francophonie européenne –, l'expansion du français commun comme langue parlée au XIXᵉ siècle conduisit à des formes intermédiaires entre les patois et le français standard. Perçus, pour longtemps, comme des formes contaminées et viciées du bon langage, ces français régionaux constituèrent la première cible d'un purisme prônant l'alignement total sur le français de Paris et menant à une insécurité linguistique profondément intériorisée.

Ce courant puriste trouva son accomplissement dans l'œuvre *Chasse aux belgicismes* (Hanse/Doppagne/Bourgeois-Gielen 1971). Ce dictionnaire correctif devenait un véritable succès de librairie (cf. Pöll 2007, 31ss.) et fut constamment utilisé par les locuteurs pour clarifier des doutes linguistiques. Cependant, actuellement et depuis quelques temps déjà, on assiste à un notable rejet du modèle français et une auto-évaluation beaucoup moins dépréciative de la pratique de langage, laquelle a aussi conduit à un changement de la conception lexicographique : Un récent dictionnaire différentiel – *Belgicismes. Inventaire des particularités lexicales du français de Belgique* (cf. Bal/Doppagne/Goosse ²1994) – gratifie les mots qu'il recense de toutes les vertus, car ils « exprime[nt], au-delà des réalités et des sentiments présents, le goût du passé, le bonheur de l'enfance, les souvenirs d'étudiants, le plaisir des mots oubliés et retrouvés [...] » (ibid.). Curieux détail à signaler : deux des auteurs de ce dictionnaire avaient collaboré à la *Chasse aux belgicismes*, et la plupart des mots et expressions dénoncés dans le célèbre recueil de mots à éviter apparaissent dans *Belgicismes* sans faire l'objet de critique.

En outre, dans les années 1990, les instances de la politique linguistique en Communauté française de Belgique (CFB : *Conseil supérieur de la langue française, Service de la langue française*) se lancèrent dans des activités d'aménagement linguistique, c'est-à-dire qu'elles intervinrent sur le corpus de la langue, et ce souvent indépendamment de la France. Ainsi, la Belgique francophone a poursuivi sa propre politique, aussi en ce qui concerne la Réforme de l'orthographe de 1990, dont l'application est recommandée alors que ces propositions sont restées lettre morte en France. Moreau/Brichard/Dupal (1999) ont pu montrer que la fusion, dans l'imaginaire linguistique, entre les catégories *belge* et *incorrect* (et inversement : *français* et *correct*) n'est plus pertinente et qu'il existe une catégorie spéciale de belgicismes : il en est des « nobles », qui échappent à la stigmatisation : ceux qui prennent leur ancrage dans le groupe socioculturellement dominant (Moreau/Brichard/Dupal 1999, 10).

Cela dit, il n'est pas étonnant que les chroniques de langage, de nos jours, montrent une attitude plutôt positive envers les belgicismes. Ceux-ci se dénomment et se contrastent avec les expressions de la France, mais on ne vise pas à les « corriger ». Bien au contraire, les *belgicismes* sont souvent traités comme des signes d'identité linguistique des Belges. Le plus souvent, ces chroniques attestent un refus conscient des emprunts du français aux langues de contact (cf. Reutner 2009), notamment au flamand et aux dialectes gallo-romans. En outre, on critique souvent l'influx des anglicismes dans la langue française, mais la critique ne se dirige presque jamais envers le français belge en tant que variété propre et distincte du français hexagonal.

Parmi les chroniqueurs les plus connus en Belgique, il faut mentionner *Henry Landroit*, qui écrit une chronique dans le journal *Le Ligueur* où il essaye d'expliquer l'origine de néologismes comme *babysitter*. Comme beaucoup de chroniqueurs en Belgique, il s'occupe surtout des anglicismes. Le style des chroniques est léger, mais prescriptif et sert à orienter le lecteur concernant l'usage des anglicismes.

André Goosse, grammairien belge, est un autre chroniqueur connu, notamment pour être le successeur de Maurice Grevisse. Il a réédité et mis à jour l'ouvrage de ce dernier, *Le Bon Usage*.[12] Goosse a, quinzaine après quinzaine, et ce pendant près d'un quart de siècle (de 1966 à 1990), publié dans le quotidien belge *La libre Belgique* des chroniques de langage intitulées *Façons de parler*, rédigées dans un style simple et souriant, et dont une collection est disponible en livre aujourd'hui (cf. Goosse 2011).

Outre *le Bon Usage, Maurice Grevisse* a publié plusieurs ouvrages scolaires ou utilitaires traitant de difficultés linguistiques. On mentionnera spécialement les *Problèmes de langage* (1961–1970) où Grevisse réunit les chroniques littéraires publiées dans le journal *La Libre Belgique*. Il faut également mentionner les chroniqueurs *Pierre Mélot*, avec ses discussions souriantes de belgicismes, et *Albert Doppagne*, professeur de l'Université Libre de Bruxelles et membre du Conseil International de la langue française. Doppagne participa, entre autres, à l'élaboration des œuvres *Chasse aux belgicismes* (1971), et *Belgicismes. Inventaire des particularités lexicales du français en Belgique* (1994). En fin de compte, Cléante, docteur en philosophie et lettres, rédige une chronique dans le journal belge *Le Soir* intitulée « En bons termes ». Cléante offre aussi au lecteur une chronique régulière de recherche sur la langue française intitulée « Les incontournables de Cléante ».[13]

5 Résumé

Au Québec, la plupart des journaux à grand tirage ont accueilli, à partir du milieu du XIXe siècle, des chroniques de langage visant à corriger la langue des Québécois. À ces chroniques s'ajoutent de nombreux autres types d'articles publiés dans la presse écrite, soit des éditoriaux, soit des lettres d'opinion. Toutes ces publications ont pour but d'influencer en quelque sorte l'opinion publique concernant des questions linguistiques. Bien que les chroniques de langage n'occupent pas une place aussi dominante dans d'autres pays francophones qu'au Canada, la presse constitue, dans

---

12 Lequel ne peut pas être considéré comme grammaire ordinaire, englobant, entre autres, des chroniques de langage.

13 Cette chronique se publie dans les brochures du *Cercle d'Or*, appartenant au club belge d'orthographe (http://lecercledor.jimdo.com).

tous les pays, un moyen puissant et important pour commenter des questions de langue et pour commenter et influencer le processus de standardisation et fixation de la langue écrite. Entre les pays francophones, ce sont surtout le Canada et la Belgique dont les discours métalinguistiques sont largement diffusés dans la presse.[14] Les profanes utilisent de plus en plus l'internet pour échanger des opinions et du savoir sur de nombreuses questions linguistiques. En outre, la langue utilisée par les journalistes sert souvent de modèle, ainsi qu'une étude de la presse écrite permet de mieux comprendre l'émergence de normes standard locales (cf. Percy 2012).

6 Bibliographie

Achard-Bayle, Guy/Paveau, Marie-Anne (2008), *La linguistique « hors du temple »*, Pratiques 139/ 140, 3–16.

Antos, Gerd (1996), *Laien-Linguistik. Studien zu Sprach- und Kommunikationsproblemen im Alltag. Am Beispiel von Sprachratgebern und Kommunikationstrainings*, Tübingen, Niemeyer.

Bal, Willy/Doppagne, Albert/Goosse, André (edd.) (²1994), *Belgicismes. Inventaire des particularités lexicales du français en Belgique*, Louvain-la-Neuve, Duculot.

Beaudry, Pierre (1974), *Hommage à M. Gérard Dagenais*, La Presse, Montréal, 2 avril 1974, C8.

Béguin, Louis-Paul (1976), *Un genre littéraire : la chronique de langue*, Le Devoir, Montréal, 18 sept., 13–14.

Blanchard, Étienne (1912), *En garde ! Termes anglais et anglicismes dans le commerce, les amuse- ments, les professions, les métiers, les voyages, à la ferme, au Parlement, etc.* Montréal, Imprimerie Bilaudeau.

Blanchard, Étienne (1914), *Dictionnaire de bon langage*, Paris, Librairie Vic et Amat.

Blanchard, Étienne (1927), *Manuel du bon parler*, Montréal, Les Frères des écoles chrétiennes.

Bouchard, Chantal (²2002), *La langue et le nombril. Une histoire sociolinguistique du Québec*, Montréal, Fides.

Bourgeois, Annemie (1981), *Bibliographie des chroniques de langage publiées dans « La Libre Belgique », « Le Soir » et « Le Journal des Tribunaux » (1963–1964–1965)*, 2 vol., Leuven, mémoire de licence, Katholieke Universiteit Leuven.

Brekle, Herbert E. (1989), *La linguistique populaire*, in : Sylvain Auroux (ed.), *Histoire des idées linguistiques*, tome 1, Lièges/Bruxelles, Mardaga, 39–44.

Bron, Jacques, *Chroniques de Jacques Bron*, Association Défense du français, http://defensedufran- cais.ch/association/?cat=15 (27.04.2015).

Buies, Arthur (1865–1866), *Barbarismes canadiens*, Le Pays, Montréal, 26 octobre 1865–5 janvier 1866.

Buies, Arthur (1888), *Chronique*, L'Électeur, Québec, 9 janvier 1888–3 mars 1888.

Camartin, Iso (1985), *Les relations entre les quatre régions linguistiques*, in : Robert Schläpfer (ed.), *La Suisse aux quatre langues*, Genève, Zoé, 251–292.

Caput, Jean-Pol (1972–1975), *La langue française : histoire d'une institution*, 2 vol., Paris, Librairie Larousse.

---

14 Laquelle excerce souvent un double rôle en tant que lieu de circulation des idéologies linguistiques et, à la fois, lieu de normalisation d'une langue.

Cellard, Jacques (1983), *Les chroniques de langage*, in : Edith Bédard/Jacques Maurais (edd.), *La norme linguistique*, Québec/Paris, Conseil de la langue française/Le Robert, 651–666.

Cercle d'Or. Club belge d'orthogaphe, http://lecercledor.jimdo.com (27.04.2015).

ChroQué = Verreault, Claude/Mercier, Louis (2000), avec la collaboration de Thomas Lavoie, *Chroniques québécoises de langage : base de données textuelles* [en ligne], Québec, Université Laval, http://catfran.flsh.usherbrooke.ca/chroque/ (27.04.2015).

Clas, André (ed.) (1975–1976), avec la collaboration de Paul Daoust et Claude Durand, *Bibliographie des chroniques de langage publiées dans la presse au Canada (Montréal)*, 2 vol., Université de Montréal, Département de linguistique et philologie (Observatoire du français moderne et contemporain).

Cohen, Marcel (1967), *Histoire d'une langue : le français (des lointaines origines à nos jours)*, 3e édition, revue et mise à jour, Paris, Éditions sociales.

Dagenais, Gérard (1960a), *Réflexions sur nos façons d'écrire et de parler. Isolement ou participation*, Le Devoir, Montréal, 1er février 1960, 2.

Dagenais, Gérard (1960b), *Réflexions sur nos façons d'écrire et de parler. La langue appartient à l'État*, Le Devoir, Montréal, 31 octobre 1960, 18 et 7.

Dagenais, Gérard (1971), *Pour un Québec français associé à un Canada bilingue. Définitions importantes*, Allô Police, Montréal, 11 juillet 1971.

Dagenais, Gérard (1973), *Pour un Québec français : chronique des années 1970, 1971, 1972*, Montréal, Éditions du Jour.

Daoust, Paul (1974), *Vues et aperçus sur le français au Canada*, Montréal, Université de Montréal/Département de linguistique et philologie.

Daoust, Paul (2000), *Les chroniques sur la langue*, in : Michel Piourde (ed.), avec la collaboration d'Hélène Duval et Pierre Georgeault, *Le français au Québec : 400 ans d'histoire et de vie*, Montréal, Fides/Québec, Les Publications du Québec, 200.

Darbelnet, Jean (1965), *Le bilinguisme et les anglicismes : l'anglicisation de la langue française au Québec, ses causes et les remèdes possibles*, Ottawa, Commission royale d'enquête sur le bilinguisme et le biculturalisme.

Darbelnet, Jean (1976), *Le français en contact avec l'anglais en Amérique du Nord*, Québec, Presse de l'Université Laval.

De Coster, Nadine (1981), *Chroniques de langage publiées dans les journaux et périodiques belges de 1969 à 1971*, 2 vol., Leuven, Katholieke Universiteit Leuven.

Délégation à la langue française, <http://www.dlf-suisse.ch/> (27.04.2015).

De Pietro, Jean-François (1995), *Francophone ou Romand ? Qualité de la langue et identité linguistique en situation minoritaire*, in : Jean-Michel Eloy et al. (edd.), *La qualité de la langue ? Le cas du français*, Paris, Champion, 223–250.

Fichier français de Berne (2007), <http://www.fichier-francais.ch/> (27.04.2015).

Forster, Reynald (1994), *Parlez-vous suisse ?*, https://sites.google.com/site/reynaldfrancais federal (27.04.2015).

Francard, Michel (1998), *La légitimité linguistique passe-t-elle par la reconnaissance du statut de variété « nationale » ? Le cas de la Communauté française Wallonie-Bruxelles*, Revue québécoise de linguistique (Québec), 26:2, 13–23.

Gadet, Françoise (1999), *La langue française au XXième siècle. 1. L'émergence de l'oral*, in : Jacques Chaurand (ed.), *Nouvelle histoire de la langue française*, Paris, Éditions du Seuil, 581–671.

Gagné, Frédérik/Verreault, Claude/Mercier, Louis (2004), *La base de données textuelles ChroQué : un nouvel outil pour élargir la description du français en usage au Québec*, in : Louis Mercier (ed.), *Français du Canada – Français de France. Actes du sixième colloque international tenu à Orford, Québec, du 26 au 29 sept. 2000*, Tübingen, Niemeyer, 247–261.

Georgin, René (1965), *Qu'est-ce qu'une chronique de grammaire ?*, Défense de la langue française 30, 4–9.

Goosse, André (¹³2001), *Le Bon Usage*, Bruxelles, Duculot/DeBoeck.

Goosse, André (2011), *Façons belges de parler*, Bruxelles, Cri.

Grevisse, Maurice (1961–1970), *Problèmes de langage*, Paris, Presses Universitaires de France.

Hanse, Joseph/Doppagne, Albert/Bourgeois-Gielen, Hélène (1971), *Chasse aux belgicismes*, Bruxelles, Fondation Charles Plisnier.

Knecht, Pierre/Py, Bernard (1996), *Sprachkontakte in Mitteleuropa. Schweiz : Suisse Romande*, in : Hans Goebl et al. (edd.), *Kontaktlinguistik. Ein internationales Handbuch zeitgenössischer Forschung*, vol. 2, Berlin/New York, de Gruyter, 1862–1871.

Kolde, Gottfried (1981), *Sprachkontakte in gemischtsprachigen Städten. Vergleichende Untersuchungen über Voraussetzungen und Formen sprachlicher Interaktion verschiedensprachiger Jugendlicher in den Schweizer Städten Biel/Bienne und Fribourg/Freiburg i. Ue.*, Wiesbaden, Steiner.

Lajeunesse, Marcel (2010), *Le dictionnaire dans les écoles francophones du Québec, 1880–1960*, Papers of the Bibliographical Society of Canada/Cahiers de la Société bibliographique du Canada 48:2, 237–255.

Lobin, Antje (2015), *Les interactions linguistiques en Suisse romande – virus ou facteur de cohesion ? Une analyse d'attitudes par rapport au français fédéral*, in : Stéphane Hardy/Sandra Herling/Carolin Patzelt (edd.), *Laienlinguistik im frankophonen Internet*, Berlin, Frank & Timme, 29–47.

Lüdi, Georges, et al. (1995), *Changement de langage et langage du changement. Aspects linguistiques de la migration interne en Suisse*, Lausanne, L'Âge d'Homme.

Matthey, Marinette (2003), *Le français langue de contact en Suisse romande*, Glottopol. Revue de sociolinguistique en ligne 2, 92–100.

Matthey, Marinette/De Pietro, Jean-François (1997), *La société plurilingue : utopie ou domination acceptée ?*, in : Henri Boyer (ed.), *Plurilinguisme : « contact » ou « conflit » de langues ?* Paris, L'Harmattan, 133–190.

Molitor, Eva (2004), *Message électronique oder Email ? Einstellungen frankophoner Informatikerinnen und Informatiker zu offiziellen Ersatzwörtern für die Fachsprache des Internets und zur Sprachpolitik. Ergebnisse einer WWW-Befragung*, Göttingen, Universitätsverlag.

Moreau, Marie-Luise/Brichard, Huguette/Dupal, Claude (1999), *Les Belges et la norme. Analyse d'un complexe linguistique*, Bruxelles, Communauté française de Belgique/Duculot.

Osthus, Dietmar (2006), *Laienlinguistik und Sprachchroniken. Französisch/Okzitanisch*, in : Gerhard Ernst et al. (edd.), *Romanische Sprachgeschichte. Ein internationales Handbuch zur Geschichte der romanischen Sprachen*, vol. 2, Berlin/New York, de Gruyter, 1533–1546.

Paveau, Marie-Anne (2005), *Linguistique populaire et enseignement de la langue : des catégories communes ?*, Le Français aujourd'hui 151, 95–107.

Paveau, Marie-Anne (2007), *Les normes perceptives de la linguistique populaire*, Langage et Société 119:1, 93–109.

Paveau, Maie-Anne/Rosier, Laurence (2008), *La langue française. Passions et polémiques*, Paris, Vuibert.

Percy, Carol (2012), *Early Advertising and Newspapers as Sources of Sociolinguistic Investigation*, in : Juan Manuel Hernández-Campoy/Juan Camilo Conde-Silvestre (edd.), *The Handbook of Historical Sociolinguistics*, Malden/Oxford, Blackwell, 191–210.

Pöll, Bernhard (2007), *Le métissage des modèles normatifs : les bons usages francophones et l'ascendant du « français international »*, Odense Working Papers in Language and Communication 28, 31–44, http://www.sdu.dk/~/media/Files/Om_SDU/Institutter/ ISK/Forskningspublikationer/OWPLC/Nr28.ashx (27.04.2015).

Poulain de LaBarre, François (1691), *Essai des remarques particulières sur la Langue Françoise, pour la Ville de Genève*, Genève.

Quemada, Bernhard (1970–1972), *Bibliographies des chroniques de langage publiées dans la presse française*, 2 vol., Paris, Didier.

Reinke, Kristin (2004), *Sprachnorm und Sprachqualität im frankophonen Fernsehen von Québec. Untersuchung anhand phonologischer und morphologischer Variablen*, Tübingen, Niemeyer.

Reinke, Kristin/Ostiguy, Luc (2005), *La concurrence des normes au Québec, dans les médias, à l'école et dans les dictionnaires*, in : Carsten Sinner (ed.), *Normen und Normkonflikte in der Romania*, München, Peniope, 197–211.

Remysen, Wim (2005), *La chronique de langage à la lumière de l'expérience canadienne-française : un essai de définition*, in : Julie Bérubé/Kaine Gauvin/Wim Remysen (edd.), *Les Journées de linguistique. Actes du 18ᵉ colloque 11–12 mars 2004*, Québec, Ciral, 267–281.

Remysen, Wim (2009a), *Description et évaluation de l'usage canadien dans les chroniques de langage : contribution à l'étude de l'imaginaire linguistique des chroniqueurs canadiens-français*, thèse de doctorat, Québec, Université Laval.

Remysen, Wim (2009b), *L'emploi des termes « canadianisme » et « québécisme » dans les chroniques de langage canadiennes-françaises*, in : France Martineau et al. (edd.), *Le français d'ici : études linguistiques et sociolinguistiques sur la variation du français au Québec et en Ontario*, Toronto, Éditions du GREF, 207–231.

Remysen, Wim (2010), *Le discours normatif des chroniqueurs de langage canadiens-français : arguments avancés pour justifier certains emplois qui ont cours en français du Canada*, in : Paul P. Danler et al. (edd.), *Actes du XXVᵉ Congrès international de linguistique et de philologie romanes (Innsbruck, 3–8 septembre 2007)*, vol. 1, Berlin/New York, de Gruyter, 673–684.

Remysen, Wim (2011), *L'application du modèle de l'Imaginaire linguistique à des corpus écrits : le cas des chroniques de langage dans la presse québécoise*, Langage et société 135, 47–65.

Remysen, Wim (2012), *Les représentations identitaires dans le discours normatif des chroniqueurs de langage canadiens-français depuis le milieu du XIXᵉ siècle*, French Language Studies 22, 419–444.

Remysen, Wim (2013), *Le rôle des dictionnaires français dans le discours normatif d'Étienne Blanchard, chroniqueur de langue*, Revue de Linguistique Romane 77, 517–540.

Reutner, Ursula (2009), *« Rendez donc à César ce qui est à César » ? Remarques comparatives sur l'auto-perception linguistique belge et québécoise*, in : Beatrice Bagola/Hans Josef Niederehe (edd.), *Français du Canada, français de France*, Tübingen, Niemeyer, 81–100.

Seiler, Daniel-L./Knüsel, René (edd.) (1989), *Vous avez dit Suisse romande ? Une identité contestée : 29 personnalités s'interrogent*, Lausanne, Éditions 24 heures.

Skupien Dekens, Carine (1998), *La « Bataille du français » en Suisse romande durant l'Entredeux-guerres [sic] : le purisme linguistique dans les chroniques de langage de la presse romande*, Vox Romanica 57, 156–171.

Thibault, André/Knecht, Pierre (2004), *Dictionnaire suisse romand. Particularités lexicales du français contemporain*, Genève, Éditions Zoé.

Vinay, Jean-Paul (1973), *Le français en Amérique du Nord : problèmes et réalisations*, Current Trends in Linguistics 10:1, 323–406.

Zolty, Alain (1968), *Les émission de radio-télévision consacrées à la langue française*, Culture vivante, Québec, 7–8, 50–54.

Felix Tacke

9 Aménagement linguistique et défense institutionnalisée de la langue : les français régionaux et les langues des minorités

Abstract : L'article dresse un panorama de la politique vis-à-vis de la diversité linguistique en France, à savoir les variétés autres que le français standard (dialectes d'oïl, français régionaux) et les langues des minorités (langues régionales, langues minoritaires, « langues de France »). Partant des notions d'aménagement linguistique et de défense (institutionnalisée) de la langue, l'article esquisse d'abord la situation actuelle et identifie les principaux acteurs impliqués pour se focaliser ensuite sur l'aménagement linguistique (statut, corpus) des langues régionales parlées en France métropolitaine. Il est démontré qu'en dépit des progrès dans le domaine de l'enseignement, l'aménagement linguistique des langues autres que le français, désormais appelées « langues de France », s'inscrit dans une politique publique patrimoniale à valeur avant tout symbolique.

Keywords : langues régionales, politique linguistique, législation linguistique, enseignement, standardisation

1 Politique linguistique et cadre théorique

Analyser la politique française vis-à-vis de la diversité linguistique en France (variétés du français, langues régionales, « langues de France ») renvoie tout d'abord à une discussion des termes techniques essentiels, à savoir les notions d'« aménagement linguistique » et de « défense (institutionnalisée) de la langue ». Désignant l'action délibérée d'influencer l'usage d'une langue, le terme d'aménagement linguistique, calque du concept de tradition sociolinguistique américaine *language planning*,[1] se réfère avant tout à la théorie de la standardisation linguistique d'Einar Haugen. Dans l'optique de Haugen (1959 ; 1983 ; 1987), la planification linguistique intègre le processus d'une standardisation en quatre étapes constituant un schéma qui porte sur la distinction essentielle, introduite auparavant par Kloss (1969), de planification/aménagement du statut (*status planning*) et du corpus (*corpus planning*) de la langue et qui les combine – dans une matrice carrée – avec les notions de « forme » et « fonction ». Dans une succession idéale, il s'agirait de : 1. « Selection (decision procedures) »,

---

[1] Le terme d'aménagement linguistique a été utilisé pour la première fois en 1973 par Jean-Claude Corbeil, alors directeur de l'Office de la langue française au Québec, à l'exemple, entre autres, d'« aménagement du territoire », déjà usuel en français depuis le XIXe siècle.

2. « Codification (standardization procedures) », 3. « Implementation (educational spread) », 4. « Elaboration (functional development) » (Haugen 1983, 275). Alors que les processus 1 et 2 portent sur la planification linguistique au sens propre, les processus 3 et 4 constituent la « culture de la langue » (calque français de *language cultivation* ; all. *Sprachkultur/Sprachpflege*, cf. Lebsanft 1997). Tout en évoquant la tradition (textuelle) initiée par Joachim Du Bellay avec sa célèbre *Deffence, et illustration de la langue françoyse* (1549), la notion de *défense (institutionnalisée) de la langue* est, quant à elle, synonyme de *culture de la langue*.[2] Dans ce contexte, il est donc important de noter que celle-ci opère – par convention terminologique, comme le souligne Lebsanft (2005, 291) – « sur un standard bien établi ».

Pour raconter l'histoire de la langue française, Anthony Lodge (1997) évoque le succès d'« un dialecte devenu langue ».[3] Haugen, dans son schéma, fait l'esquisse de l'évolution de la langue standard à partir du « choix » du parler de l'Île-de-France, sa codification, sa transformation en langue nationale et son application ultérieure à la communauté française entière, notamment à travers l'école de Jules Ferry. Or, le français s'est substitué d'abord au latin dans le domaine communicatif de la distance, pour s'établir ensuite dans le domaine de la proximité sur la quasi-totalité du territoire (cf. Vigier 1979), et ce au détriment des autres langues parlées en France.[4]

Si, dans le cadre de cet exposé, il est question de la politique linguistique française envers les variétés autres que le français standard (dialectes d'oïl, français régionaux) et des langues des minorités (langues régionales, langues minoritaires, « langues de France »), ce n'est que dans une interprétation large que les notions citées peuvent être appliquées. Tenant compte du nombre des idiomes à traiter, de leurs statuts et de l'état respectif de leur standardisation (s'il y en a), on esquissera d'abord leur situation (politique) générale dans la France d'aujourd'hui (2) pour donner ensuite un aperçu des principaux acteurs (étatiques, régionaux, associatifs, privés) impliqués (3). Dans le cadre des langues régionales parlées en France, l'exposé se focalisera sur l'aménagement de leurs statuts (4) et sur l'aménagement des corpus (5) en vue de l'intégration de certaines de ces langues dans l'enseignement public.

---

2 Cf. les titres d'articles n° 125, 126c et 128 dans le manuel d'Ernst et al. (2003–2008) et l'exposition théorique dans Polzin-Haumann (2006, 1472–1474) ; l'expression allemande *(institutionalisierte) Sprachpflege* y est traduite par *défense (institutionnalisée) de la langue*.

3 Ainsi le titre de la traduction française de son livre *French : From Dialect to Language* (Lodge 1993). Sur l'approche historiographique de Lodge, cf. Lebsanft (2003).

4 À propos des notions *langage de la proximité* et *langage de la distance* ⌐11 L'immédiat, la proximité et la distance communicative ; sur la culture de la langue française basée sur le « bon usage » ⌐5 Aménagement linguistique et défense institutionnalisée de la langue : France.

2 La diversité linguistique en France : situation actuelle

La France, comme la plupart des pays du monde, est culturellement et linguistiquement diverse. Partant d'une conception de variation géographique, cette diversité se constitue notamment par des « strates de systèmes linguistiques régionaux s'étendant au-dessous de la langue commune » (Muller 1985, 135) sur lesquelles se situent non seulement les réalisations différentes de la langue française et ses variétés dialectales, mais aussi les régions françaises marquées par la coexistence avec d'autres langues dites « régionales ». Si la diversité relève de la réalité des pratiques linguistiques, l'aménagement linguistique, quant à lui, renvoie à la sphère politique et à la conception culturelle qui, notamment dans le cadre de la politique linguistique étatique, est projetée sur le pays. Tandis que certaines langues sont politiquement favorisées, d'autres ne sont même pas prises en compte. Ainsi, les langues parlées par les groupes immigrants (souvent beaucoup plus nombreux que les locuteurs des langues dites « traditionnelles ») ne sont généralement pas considérées de la même façon que les langues parlées « traditionnellement »[5] dans ce pays et donc reconnues en tant que partie du patrimoine culturel régional ou national. D'ailleurs, force est de constater que dans la Constitution ne sont mentionnées que les langues régionales, malgré l'inclusion de quelques langues de « tradition récente » (Cerquiglini 1999) dans le cadre plus élargi des « langues de France » (cf. infra).

2.1 Les variétés du français, les langues régionales et les langues minoritaires

A partir d'une conception géographique de la diversité linguistique en France métropolitaine et partant de la langue la plus répandue (cf. l'aperçu dans Muller 1985), c'est d'abord le français standard qui, soumis à la variation, donne lieu à des variétés régionales dites « français régionaux » (« le standard dans ses modalités concrètes », Chambon 2005, 7). Ces réalisations concrètes du standard au niveau régional se manifestent surtout par des réalisations phonétiques particulières (« accents ») et des spécificités au niveau lexical (« régionalismes »). En revanche, même si les langues d'oïl (picard, gallo, wallon etc.) sont par convention rattachées au français en tant que dialectes du type oïl, elles se sont développées plus ou moins indépendamment à partir du latin parlé et elles peuvent présenter des différences majeures par rapport au

---

5 L'expression « traditionnel/traditionnellement » transcrivant le concept d'autochtonie est pourtant problématique, cf. Lebsanft (2012, 27–29) et, pour une étude approfondie, Tacke (2015, cap. 4).

français. Désignées « dialectes locaux » ou « patois »,[6] ces variétés parlées dans la partie nord du pays par un nombre décroissant de locuteurs sont aujourd'hui menacées (cf. Eloy 1998).

À part les variétés du français et les langues de la même origine typologique, ce sont les langues des minorités qui constituent la France en tant que pays plurilingue. Au sens large, le terme « langues des minorités » peut se référer généralement à trois groupes de langues distincts :

a) les « langues régionales »,[7] traditionnellement présentes sur le territoire national : le basque parlé dans le département des Pyrénées-Atlantiques, le breton (celtique) parlé en Bretagne ; quatre langues romanes : l'occitan dans le Midi, le catalan dans le département des Pyrénées-Orientales, le franco-provençal dans la région Rhône-Alpes et le corse ; plusieurs variétés germaniques : le flamand dans le département du Nord et des dialectes alémaniques et franciques en Alsace et dans le département de la Moselle ;

b) les langues « non-territoriales »[8] ou « minoritaires », c'est-à-dire toutes les langues qui, malgré leur présence traditionnelle dans le pays, ne peuvent être associées à une région déterminée ;

c) les langues « migrantes » ou « étrangères » parlées par des groupes migratoires qui ne sont ni traditionnellement présents ni géographiquement concentrés.

Ainsi, au moment de classer les langues, se dégagent les critères essentiels suivants :

Tableau 1 : Classement des langues selon les critères de territorialité et d'historicité (cf. Tacke 2015, 36)

classement des langues	territorial	historique/traditionnel
langues régionales	+	+
langues « non-territoriales »	–	+
langues « migrantes / étrangères »	–	–

---

6 À propos de la dénomination « patois » en tant que représentation sociolinguistique, cf. Boyer (2013).

7 En France, ces langues ont été désignées également « langues provinciales » référant à l'ancienne distribution administrative du pays (cf. la *Pétition pour les langues provinciales* de 1870/1903) et *langues et dialectes locaux* (cf. la Loi Deixonne [1951]) jusqu'à ce que le terme « langues régionales » soit établi dans le langage officiel au moment où la Charte européenne des langues régionales et minoritaires fut annoncée au tournant des années 1980/1990. En linguistique, on utilise en outre les termes plus analytiques de « langues autochtones » (se référant à l'historicité du lien au sol maintenu par les locuteurs) ou bien « langues ethniques » (cf. p. ex. Bec 1963 ; Kremnitz 1975 ; Muller 1985, 11), alors que le concept d'ethnicité est peu usuel en France (cf. Guillorel 2013, 145).

8 La distinction entre langues territoriales et langues « sans territoire » s'inspire, encore une fois, du classement subjacent la Charte. Bien que le rapport au territoire des langues soit remis en question dans la politique française (cf. Bertile 2010 ; Sibille 2010 ; Tacke 2015, cap. 6.4), la catégorie des langues « non-territoriales » a été intégrée au discours officiel (cf. p. ex. Cerquiglini 1999 ; CLR 2013).

Il n'est pas possible de généraliser quant à la situation sociolinguistique de ces langues, leur « vitalité » (CLR 2013, 11 ; cf. Alén Garabato/Boyer 2007) dépendant de paramètres divers tels que la démographie (nombre de locuteurs, âge etc.), les politiques, les questions de statut (statut officiel, présence institutionnelle, visibilité dans l'espace public, présence dans l'enseignement et dans les médias) et de corpus (état de standardisation etc.). Tandis que l'usage des langues régionales régresse et se limite surtout au domaine communicatif de la proximité, notamment à la vie privée des locuteurs et au milieu agricole, les langues « migrantes » sont plutôt parlées dans les milieux sociaux bas (cf. CLR 2013, 13) et ne résistent que deux ou trois générations avant que le français ne s'impose.

Des chiffres précis et comparables n'existent que sur les langues régionales et certaines langues dont l'usage est très fréquent en France.[9] Ainsi, parmi les langues les plus pratiquées figurent l'arabe (dialectal) avec 950.000 locuteurs (et 220.000 locuteurs occasionnels) ainsi que le berbère et ses variétés régionales avec entre 1,5 et 2 millions de locuteurs. Voici l'usage des langues régionales :[10]

Tableau 2 : Usage des langues régionales en France (source : INSEE 1999 / CLR 2013, 94)

langue	locuteurs réguliers	locuteurs occasionnels
alsacien et francique mosellan (platt)	650.000	230.000
basque	50.000	–
breton	280.000	600.000
catalan	110.000	–
corse	70.000	100.000
flamand	30.000	50.000
franco-provençal	80.000	130.000
langues d'oïl	580.000	730.000
occitan – langue d'oc	600.000	1.600.000

---

9 Cf. l'enquête famille associée au recensement de 1999 (INSEE 1999) qui est le dernier recensement général ainsi que les tableaux basés sur celle-ci dans le rapport du CLR (2013, annexe V, 94–98).

10 Le CLR (2013, 12) constate « une baisse de la pratique des langues régionales [...], au profit du français » et un « déclin général en France métropolitaine » en comparant les données résultant du recensement de 1999 et celles de l'enquête « information et vie quotidienne » (INSEE 2011).

2.2 L'approche politique officielle de la diversité linguistique

Suite à la Révolution et en particulier à l'établissement de l'école obligatoire, gratuite et laïque avec les lois Ferry[11] de 1881/1882 sous la IIIe République, le français est devenu non seulement la langue nationale, mais aussi, au détriment des langues régionales et des formes dialectales locales, le moyen de communication compris et parlé par toute la population de France métropolitaine (cf. p. ex. Droixhe/Dutilleul 1990 ; Schmitt 2003 ; Martel 2013). Si la politique linguistique officielle a toujours tendu vers la défense du français standard et l'unification linguistique du pays (cf. Schmitt 1990 ; 2000 ; Polzin-Haumann 2006 ; Gerner 2006 ; Escudé 2013), ce n'est qu'à partir de l'adoption de la loi Deixonne en 1950/1951 et en particulier depuis la fin des années 1990 qu'elle a commencé à s'intéresser, peu à peu, à l'aménagement de ce que l'ancienne ministre de la Culture, Aurélie Filippetti, a récemment nommé la « pluralité linguistique interne » (CLR 2013, annexe II, 86 ; cf. Alén Garabato 2013). Cet intérêt de la part des autorités publiques est notable depuis l'avènement de la Charte euro-péenne des langues régionales ou minoritaire (« la Charte ») en 1992, et il s'est amplifié sensiblement à partir de 1998, lors des débats autour d'une possible ratifica-tion de la Charte par la France suite à sa signature le 7 mai 1998.[12] Dès lors, la France s'est engagée dans une politique publique – et notamment dans un discours – favorable à la promotion de « son » patrimoine linguistique.[13]

Or le traitement politique et le statut officiel attribué aux langues et variétés constituant la diversité linguistique de la France sont fort inégaux et difficilement comparables. La politique linguistique officielle oscille, depuis 1999, entre d'un côté, l'action concrète et une législation favorables aux langues régionales et, de l'autre côté, un discours tout d'abord symbolique portant sur le cadre beaucoup plus élargi des « langues de France ». Cette nouvelle notion (cf. Bertile 2010 ; Sibille 2010 ; 2013) remonte à la liste dressée en 1999 par Bernard Cerquiglini, alors directeur de la Délégation générale à la langue française (DGLF), avec l'objectif de déterminer quelles seraient les langues correspondant aux critères fixés par la Charte et faisant partie du patrimoine linguistique de la France. Cerquiglini (1999) proposa alors une liste contenant, du fait de l'inclusion des langues parlées dans les territoires d'Outre-Mer, un total de 75 langues qu'il rangea sous l'étiquette de « langues de France »[14] pour souligner l'approche culturelle et patrimoniale de la politique linguistique française.

---

11 Loi du 16 juin 1881 établissant la gratuité absolue de l'enseignement primaire dans les écoles publiques ; Loi du 28 mars 1882 sur l'enseignement primaire obligatoire.
12 La littérature autour du débat est abondante, cf. p. ex. les contributions dans Clairis/Costaouec/ Coyos (1999) ; Viaut (2002) ; Conseil de l'Europe (2003) ; Lebsanft (2004) ; Willwer (2006, 97–218) ; Woehrling (2011, 58–64) ; Alén Garabato (2013, 327–334) ; Polzin-Haumann (2015). Sur l'application de la Charte en Europe cf. les articles dans le manuel de Lebsanft/Wingender (2012).
13 Pour un aperçu de l'histoire du droit des langues en France, cf. Woehrling (2013).
14 À propos de l'usage antérieur de l'expression, cf. Sibille (2010, 89s.).

Ne subissant que des modifications mineures et sans valeur juridique, la liste ainsi que la notion ont pourtant été reprises maintes fois dans le discours politique patrimonial et notamment au sein du ministère de la Culture et la DGLF qui, en 2001,[15] s'est vue rebaptisée Délégation générale à la langue française et aux langues de France (DGLFLF). L'expression de *langues de France* ainsi officialisée figure désormais dans de nombreux textes à valeur normative (cf. Sibille 2010, 90–92). La liste proposée dans le rapport Cerquiglini (1999) peut surprendre à plus d'un titre :[16] le français, langue nationale et « langue de la République » (Constitution, art. 2), n'y est pas inscrit. Se trouvent également exclus de la liste, et donc de la politique linguistique, les français régionaux considérés comme de simples dialectes (« façons de parler cette langue »).[17] En revanche, Cerquiglini choisit d'y faire figurer, au-delà des langues régionales de France traditionnellement prises en compte,[18] les langues régionales parlées en Outre-mer et les langues d'oïl.[19] Selon lui, ce choix se justifie car « l'écart n'a cessé de se creuser entre le français et les variétés de la langue d'oïl, que l'on ne saurait considérer aujourd'hui comme des ‹dialectes du français› ». Parmi les langues « non-territoriales », il mentionne d'un côté des langues de tradition ancienne (« judéo-espagnol, romani, yiddish ») et la langue des signes française, et de l'autre côté l'« arabe dialectal », l'« arménien occidental » et le « berbère » en estimant que la « ‹tradition› [d'usage en France] peut être récente » et que ces langues ne sont protégées par aucun pays.[20]

Bien que le concept de « langue de France » soit désormais intégré au champ politico-administratif (cf. Sibille 2010), il est néanmoins important de noter que la politique linguistique française, même si elle commence modestement à s'engager dans l'aménagement de la/sa diversité linguistique, favorise sensiblement les langues régionales (traditionnelles) de France métropolitaine auxquelles se destine l'action

---

15 Décret n° 2001–950 du 16 octobre 2001 modifiant le décret n° 89–403 du 2 juin 1989 instituant un Conseil supérieur de la langue française et une délégation générale à la langue française.

16 Seront citées les langues telles qu'elles figurent dans la version actuelle de la liste publiée dans le rapport du CLR (2013, annexe IV, 92s.).

17 Tandis que les français régionaux hors de France, notamment le français parlé au Québec, sont susceptibles de former les bases préalables à des codifications de standards nationaux (pour le français en tant que langue polycentrique, cf. Pöll 1998 ; 2002 ; 2012 ; Francard 2001 ; Lebsanft 2005, 291s.) et qu'ils peuvent ainsi faire partie d'un aménagement linguistique concret, les français régionaux de France ne constituent pas « l'objet d'une standardisation quelconque » (Lebsanft 2005, 292).

18 « Basque, breton, catalan, corse, dialectes alémanique et francique (alsacien et francique mosellan), flamand occidental, francoprovençal, occitan ou langue d'oc (gascon, languedocien, provençal, auvergnat, limousin, vivaro-alpin), parlers liguriens ».

19 « [F]ranc-comtois, wallon, champenois, picard, normand, gallo, poitevin-saintongeais, lorrain, bourguignon-morvandiau ».

20 Dans la doctrine française assumée par Cerquiglini, c'est la notion de citoyen qui semble pertinente au moment de déterminer les langues à retenir. Il s'ensuit qu'en théorie toute langue parlée par des citoyens français pourrait figurer parmi les langues de France, alors que selon le « droit du sol », « les enfants nés de l'immigration sont des citoyens français » dès la seconde génération.

politique depuis l'adoption de la loi Deixonne. Cette préférence s'affirme, semble-t-il, par la mention, dans le nouvel article 75–1 de la Constitution, non pas des « langues de France » mais des « langues régionales » et se manifeste nettement dans la législation à leur égard et le statut tant juridique que sociétaire qui en découle. Par la suite, on se focalisera donc sur les langues régionales.[21]

3 Les acteurs institutionnels

La politique linguistique patrimoniale de l'État relève, comme le consacre (de manière implicite) le nouvel article 75–1 de la Constitution (cf. infra, 4.1), d'une responsabilité partagée entre l'État et les collectivités territoriales. Au niveau de l'État, les ministères de la Culture et de l'Éducation constituent les principaux acteurs. Parmi les institutions officielles ayant pour objectif l'aménagement linguistique figure en premier lieu la DGLFLF, subordonnée au ministère de la Culture. La définition de ses missions contient une mention des « langues de France » :

> « Elle veille à inscrire les langues de France dans les politiques culturelles. Elle développe leur observation, encourage leur préservation et contribue à leur valorisation. Elle met en œuvre, conjointement avec les ministères et organisations concernés, les actions de l'Etat destinées à promouvoir le plurilinguisme, à conforter la place de la langue française dans les pays franco-phones et à renforcer la diversité linguistique en Europe et dans le monde ».[22]

En outre, dans l'intention de redéfinir « une politique publique en faveur des langues régionales et de la pluralité linguistique interne », a été institué, le 6 mars 2013, au sein du même ministère, le Comité consultatif pour la promotion des langues régionales et de la pluralité linguistique interne (CLR).

Au niveau des régions dont les compétences sont codifiées dans le Code général des collectivités territoriales, les relations sont analogues : d'un côté, la politique patrimoniale est assumée par les directions générales des affaires culturelles, de l'autre côté, ce sont les académies (les circonscriptions administratives de l'Éducation nationale) qui sont responsables d'organiser l'enseignement des langues régionales selon les termes négociés par voie de conventions entre l'État et les collectivités territoriales. Loin d'être homogènes, les politiques menées par ces acteurs varient d'une région et d'une langue régionale à l'autre (cf. Clairis et al. 2011, 111) ; dans le cas de l'occitan, elle varie ainsi même par rapport aux différentes variétés, l'espace de la

---

21 De la même manière, le CLR considère qu'une application de la Charte, même à défaut d'une ratification, « ne pouvait être uniforme pour toutes les langues appartenant à la liste des langues de France » et met en avant les six langues reconnues dans l'enseignement public (alsacien, basque, breton, catalan, corse, occitan).

22 Décret n° 2009–1393 du 11 novembre 2009 relatif aux missions et à l'organisation de l'administration centrale du ministère de la culture et de la communication, article 6.

langue dépassant largement celui d'une seule région. En plus d'innombrables associations privées engagées dans leur promotion,[23] les langues régionales comptent sur
le support de quelques institutions officielles de statuts juridiques divers :[24] l'Office
pour la langue et la culture d'Alsace (*Elsassisches Sprochàmt*), l'Office public de la
langue basque (*Euskararen Erakunde Publikoa*), l'Office public de la langue bretonne
(*Ofis Publik ar Brezhoneg*) et le Centre interrégional de développement de l'occitan.
Parmi les associations (de type « loi 1901 »[25]) les plus importantes figurent l'Institut de
la langue régionale flamande (*Akademie voor Nuuze Vlaemsche Taele*), l'Institut culturel basque (*Euskal Kultur Erakundea*), la Défense et Promotion des Langues d'Oïl et
l'Institut d'études occitanes (*Institut d'Estudis Occitans*). Le catalan, quant à lui,
repose sur le support de l'Institut d'études catalanes (*Institut d'Estudis Catalans*) à
Barcelone.

Selon l'analyse des structures institutionnelles incluse dans le rapport du CLR
(2013), le manque de cohérence des stratégies de promotion des langues régionales
empêche, jusqu'à présent, la mise en place d'une politique linguistique efficace ; pour
une telle politique, il faudrait, selon lui (2013, 54), « [m]ieux structurer les rôles de
l'État et des collectivités territoriales » notamment par la création d'un « Comité
interministériel pour les langues régionales et le plurilinguisme interne ».

4 Statut officiel et cadre légal

Escudé (2009, 35) parle, concernant la situation légale des langues autres que le
français, du « statut toujours précaire réservé en France aux ‹langues de France› ».
Bien qu'il existe d'innombrables dispositions relatives aux langues régionales et
« langues de France » dans la législation française, celles-ci ne constituent pas pour
autant un cadre légal dont découlerait un statut juridique précis. Contrairement aux
« lois sur les langues » nationales et cantonales suisses,[26] un « Code des langues de
France » avec l'« ambition de recueillir toutes les dispositions relatives aux langues
régionales ou minoritaires, souvent éparses, et parfois mal connues » comme l'a
proposé le CLR (2013, 49), n'existe pas. À défaut d'un code rassemblant toute la
législation relative aux langues régionales, il est donc nécessaire de citer, en
partant de la Constitution, les textes à valeur normative les plus pertinents, c'est-à-

---

23 Sur le rôle des associations, cf. Louran (2011).
24 Soit les « Établissements publics de coopération culturelle » reposant sur la Loi n° 2002–6 du
4 janvier 2002 relative à la création d'établissements publics de coopération culturelle, soit les « Grou-
pement d'Intérêt Public », constitués selon l'article 21 de la Loi n° 82–610 du 15 juillet 1982 d'orientation
et de programmation pour la recherche et le développement technologique de la France.
25 Loi du 1er juillet 1901 relative au contrat d'association.
26 SR 441.1 – Loi fédérale sur les langues nationales et la compréhension entre les communautés
linguistiques (Loi sur les langues, LLC) du 5 octobre 2007, cf. Tacke (2012).

dire les dispositions législatives (lois), réglementaires et infra-réglementaires (ordonnances, décrets, arrêtés, circulaires) qui régissent l'usage de ces langues dans les différentes sphères de la vie publique. Sera alors pris en compte de manière plus détaillée, du fait de son importance, le Code de l'éducation qui contient toutes les dispositions normatives (lois et règlements) concernant des langues régionales depuis 1951 dans ce domaine clé de l'aménagement linguistique. À part cette législation explicite envers les langues régionales, il est indispensable de prendre en considération la législation concernant la langue française dont découle, de manière implicite, le cadre général dans lequel l'aménagement des langues régionales peut se déployer.

4.1 Fondements constitutionnels, engagements internationaux

La liberté d'expression, garantie par l'article 11 de la Déclaration des droits de l'homme et du citoyen de 1789, inclut également, bien qu'implicitement, la liberté de chacun d'employer la langue de son choix. En France, une réglementation ultérieure de l'« usage privé » des langues n'est ainsi pas prévue. Au contraire, « dans la sphère publique », l'usage du français s'impose – un fait qui a été consacré au niveau constitutionnel en 1992 par l'introduction de l'article 2 : « La langue de la République est le français ». Malgré son objectif principal, à savoir d'assurer le rôle du français face à l'influence croissante de l'anglais,[27] la portée réelle dudit article s'est avérée beaucoup plus ample et elle limite clairement le cadre dans lequel toute politique et toute législation favorables aux langues autres que le français est envisageable. Concrètement, de l'application de l'article 2 découle que « le français est, indiscutablement, la langue dans laquelle [...] doivent s'exprimer les autorités de la République » (Carcassonne 1998, par. 41), intégrées, selon la jurisprudence, non seulement par « les personnes morales de droit public et les personnes de droit privé dans l'exercice d'une mission de service public », mais également par les « usagers dans leurs relations avec les administrations et services publics » (ibid., par. 47). Si, toutefois, « l'usage d'une langue régionale, y compris dans les relations avec la sphère publique, n'est pas en soi interdit » (ibid., par. 62), celui-ci ne peut pour autant constituer un droit. Dans ce sens, Bertile (2011, 86) en conclut que « l'usage public des langues régionales relève ainsi, en l'état actuel du droit, davantage d'une tolérance constitutionnelle que d'un droit ».[28]

---

27 Carcassonne (1998, par. 35) souligne en outre que l'article 2 n'était expressément pas visé contre l'usage des langues régionales (cf. Assemblée nationale, séance du 12 mai 1992, *JO*, 13 mai 1992, 1019–1022). Cf. aussi Braselmann (1999).

28 L'expression de « tolérance constitutionnelle » à l'égard des langues régionales a été formulée pour la première fois, selon Bertile, par Jean-Éric Schoettl (1999), alors secrétaire général du Conseil constitutionnel.

Or, au lieu de changer le cadre légal pour permettre des mesures de sauvegarde efficaces, la politique linguistique française s'est apprêtée plutôt à n'envisager la diversité linguistique que dans le cadre d'une logique purement patrimoniale.[29] C'est dans ce sens qu'en 2008, dans le cadre de la réforme constitutionnelle,[30] l'article 75–1 fut introduit dans la Constitution constatant désormais que « [l]es langues régionales appartiennent au patrimoine de la France ». Loin d'être une reconnaissance officielle des langues régionales, l'article insiste sur la démarche culturelle sans envisager un changement quelconque de leur statut dans la vie publique : « L'inscription au patrimoine est une valorisation qui n'engage à aucune promotion active » (Sauzet 2009, 10). Même si l'insertion de l'article dans le titre XII consacré aux collectivités territoriales semble indiquer l'affirmation d'« un principe de responsabilité partagée » (CLR 2013, 47) entre celles-ci et l'État (cf. Carcassonne 2011 ; Bertile 2011),[31] il s'agit donc tout d'abord d'un acte symbolique.

Parmi les engagements internationaux assumés par la France figurent deux conventions de l'Unesco, à savoir celle « pour la sauvegarde du patrimoine culturel immatériel » et celle « sur la protection et la promotion de la diversité des expressions culturelles » qui avaient déjà été ratifiées par la France en 2006. Au contraire, la Charte du Conseil de l'Europe, instrument de sauvegarde beaucoup plus concret et se consacrant explicitement aux langues régionales et minoritaires, a déjà été signée par la France en 1998 mais n'a pas été ratifiée depuis à cause du verdict du Conseil constitutionnel. Celui-ci avait estimé, dans sa décision du 15 juin 1999,[32] que plusieurs dispositions de la Charte étaient contraires à la Constitution, notamment aux principes d'« indivisibilité de la République, d'égalité devant la loi et d'unicité du peuple français » ainsi qu'à l'article 2 « en ce qu'elles tendent à reconnaître un droit à pratiquer une langue autre que le français non seulement dans la ‹vie privée› mais également dans la ‹vie publique›, à laquelle la Charte rattache la justice et les auto-

---

29 Face au jacobinisme, l'approche patrimoniale marquait déjà le discours des défenseurs des langues régionales dont fait preuve la *Pétition pour les langues provinciales* de 1870 (cf. Moliner 2010).

30 Loi constitutionnelle n° 2008–724 du 23 juillet 2008 de modernisation des institutions de la Ve République, *JORF* n° 0171 du 24 juillet 2008, p. 11890.

31 Dans ce sens, le CLR (2013, 47) estime que l'article constitutionnel devrait être complété par un « Code des langues de France » au niveau législatif pour lui « donner une portée opérationnelle ». Carcassonne (2011, 83) est également de l'avis que l'« on pourrait tout à fait, en se fondant sur l'article 75–1, faire évoluer notre législation dans des conditions à peu près indiscutables, auquel cas serait ainsi démontrée l'utilité de cet article ».

32 Décision du Conseil constitutionnel n° 99–412 DC du 15 juin 1999, *JORF* n° 139 du 18 juin 1999, p. 8964. L'interprétation qu'a donnée le Conseil constitutionnel, autant de la Constitution que de la Charte, a été considérée « extrêmement rigide, extrêmement ferme » par Carcassonne (2011, 78) qui, auparavant (Carcassonne 1998), l'avait jugée compatible avec la Constitution sous certaines réserves. Woehrling (2011, 58s.) estime même que le Conseil constitutionnel « n'a pas respecté les règles qui sont communément admises dans l'interprétation d'une convention internationale ».

rités administratives et services publics ». Une modification de la Constitution permettant de ratifier la Charte est improbable.[33]

4.2 Dispositions législatives et réglementaires

On exposera par la suite la normative générale qui encadre l'usage public des langues régionales dans les secteurs particulièrement importants sous l'angle d'une politique patrimoniale de sauvegarde et de promotion, à savoir l'enseignement, les médias, le domaine des services publics, de l'administration et de la justice.[34]

4.2.1 Enseignement

La législation en matière des langues régionales remonte à la Loi Deixonne[35] de 1951 qui, pour la première fois, intégrait quelques langues régionales, à savoir le basque, le breton, le catalan et l'occitan (d'autres langues furent ajoutées plus tard) dans l'enseignement publique.[36] Le dispositif légal, qui est passé par nombre de décrets et a été codifié notamment par les lois dites « Haby » (1975), « Savary » (1984), « Toubon » (1994) et « Fillon » (2005),[37] est aujourd'hui intégré dans le Code de l'éducation. Si, sous le titre de « dispositions générales », le Code stipule que « [l]a langue de l'enseignement, des examens et concours, ainsi que des thèses et mémoires dans les établissements publics et privés d'enseignement est le français », c'est parmi les exceptions qui « peuvent être justifiées » qu'il donne en premier lieu « les nécessités

---

33 À plusieurs reprises, une ratification de la Charte a été évoquée puis refusée par les autorités (sur la dialectique sous-jacente, cf. Lebsanft 2004). Dernièrement, l'actuel président de la République, François Hollande, a pris ses distances avec sa promesse électorale de la faire ratifier : à l'Assemblée nationale, le ministre de la Culture a indiqué que l'exécutif a estimé « qu'il n'était pas possible, quelle que soit la rédaction envisagée, d'introduire dans notre Constitution une disposition permettant de ratifier la Charte européenne des langues régionales ou minoritaires, sans introduire de contradiction majeure avec les articles 1er, 2 et 3 de la Constitution » (Assemblée nationale, 1re séance du mardi 23 avril 2013, *JO*, 24 avril 2013, p. 4827).

34 Cf. *Le corpus juridique des langues de France* (DGLFLF 2012) dont la dernière actualisation date d'avril 2012. Tout en profitant du corpus, la normative exposée par la suite est mise à jour (octobre 2013) et inclut les développements ultérieurs notamment au sein de l'Éducation nationale.

35 Loi n° 51–46 du 11 janvier 1951 relative à l'enseignement des langues et dialectes locaux.

36 À propos de la législation en matière de l'enseignement, cf. Berthaud (1951) ; Gardin (1975) ; Giacomo (1975) ; Giordan (1975) ; Marcellesi (1975) ; Lespoux (2013) ; sur la genèse de la Loi Deixonne, cf. Moliner (2010 ; 2013).

37 Loi n° 75–620 du 11 juillet 1975 relative à l'éducation (« Haby ») ; Loi n° 84–52 du 26 janvier 1984 sur l'enseignement supérieur (« Savary ») ; Loi n° 94–665 du 4 août 1994 relative à l'emploi de la langue française (« Toubon ») ; Loi n° 2005–380 du 23 avril 2005 d'orientation et de programme pour l'avenir de l'école (« Fillon »).

de l'enseignement des langues et cultures régionales ou étrangères » (art. L121–3).[38] Aussi le français est-il incontestablement la langue scolaire tandis que les « langues et cultures régionales » constituent tout d'abord une matière. Leur enseignement est réglementé par les articles L312–10 à L312–11–1, modifiés substantiellement dans le cadre de la « refondation de l'école de la République »,[39] le 8 juillet 2013. Désormais, l'article L312–10 s'inscrit clairement dans la logique patrimoniale de l'article 75–1 de la Constitution. En résumé, il stipule que, vis-à-vis du français et dans le cas des « langues et cultures régionales », il ne peut s'agir que d'un « enseignement facultatif » dispensé « prioritairement dans les régions où elles sont en usage » et dont les modalités seraient définies « par voie de convention entre l'Etat et les collectivités territoriales ». Il prévoit deux formes d'enseignement : « 1° Un enseignement de la langue et de la culture régionales ; 2° Un enseignement bilingue en langue française et en langue régionale ». La juridiction a défini nettement les limites de ces dispositions. Ainsi, un arrêté et plusieurs circulaires ayant pour but d'introduire une troisième méthode dite d'« immersion », qui aurait impliqué l'« utilisation principale de la langue régionale » (art. 3), ont été annulés suite à des requêtes présentées de la part de plusieurs syndicats d'enseignants.[40] Suivant l'arrêt du Conseil d'État, l'enseignement d'une langue régionale qui dépasse la parité horaire avec le français irait « au-delà des nécessités de l'apprentissage d'une langue régionale » et excéderait « les possibilités de dérogation à l'obligation d'utiliser le français comme langue d'enseignement ».[41]

Si ces dispositions sont en vigueur pour les langues régionales en France métropolitaine et relèvent notamment d'une politique symbolique visant à leur tolérance dans le secteur public et étant censée être « verrouillée par le principe du caractère facultatif » (Bertile 2011, 89), seule la langue corse est dotée d'un statut spécial : l'article L312–11–1 du Code la présente ainsi comme une « matière enseignée dans le cadre de l'horaire normal ».

Au-dessous de cette normative générale, le cadre légal permettant un enseignement des langues régionales est complexe, différencié selon le niveau d'études (maternelles, primaires, secondaires, supérieures), les modalités des épreuves (diplôme national du brevet, baccalauréat), les concours du CAPES etc. ; son application varie en outre selon les régions (treize académies métropolitaines sur un total de 26 offrent un enseignement de langues régionales). Enfin, les possibilités mises en place ne sont pas identiques pour toutes les langues. En voici un aperçu :

---

38 L'article intègre l'article 11 de la loi « Toubon » désormais abrogé.
39 Loi n° 2013–595 du 8 juillet 2013 d'orientation et de programmation pour la refondation de l'école de la République.
40 Arrêté du 31 juillet 2001 relatif à la mise en place d'un enseignement bilingue en langues régionales soit dans les écoles, collèges et lycées « langues régionales », soit dans les sections « langues régionales » dans les écoles, collèges et lycées, *JORF* n° 180 du 5 août 2001, p. 12757.
41 Décisions du Conseil d'État n° s 238653–238655–238681–238710–240435 du 29 novembre 2002.

Tableau 3 : L'enseignement des langues régionales dans le service public de l'enseignement (basé sur CLR 2013, 94s.)

langue	matière « langue et culture régionale »	enseignement bilingue
alsacien et francique mosellan (platt)	oui	oui (allemand/ filière Abibac)
basque	oui	oui
breton	oui	oui
catalan	oui	oui
corse	généralisé (primaire)	oui
flamand	non (néerlandais langue étrangère)	non
franco-provençal	non	non
langues d'oïl	oui (gallo)	non
occitan – langue d'oc	oui	oui

À part le service public, auquel s'applique la normative exposée ci-dessus, des écoles privées sous contrat de l'État dites « à statut associatif » contribuent à la transmission scolaire des langues régionales (Code de l'éducation, art. L442–5ss.). Or c'est dans ce cadre que des écoles associatives spécifiques (ABCM-Zweisprachigkeit, Bressola, Calandreta, Diwan, Ikastola, Seaska etc.) proposent un enseignement fondé sur la méthode de l'immersion.[42] Certaines écoles privées, de différents statuts, permettent également l'apprentissage du flamand, du franco-provençal ainsi que de quelques langues d'oïl (au-delà du gallo[43]) selon les régions dans lesquelles elles sont en usage.

4.2.2 Médias

Le secteur public audiovisuel est réglé par la loi « Léotard »[44] de 1986 (pour un aperçu, cf. Gendry 2011). Modifiée en 2009,[45] celle-ci s'inscrit désormais explicitement dans la politique patrimoniale favorable aux langues régionales tout en perpétuant nettement la hiérarchie existante entre celles-ci et le français. C'est ainsi que la mission linguistique de l'important Conseil supérieur de l'audiovisuel, créé en 1989,

---

42 À propos des écoles Calandretas, cf. Sumien (2009).

43 Sur l'état de l'enseignement du gallo, cf. Le Coq (2009).

44 Loi n° 86–1067 du 30 septembre 1986 relative à la liberté de communication.

45 Loi n° 2009–258 du 5 mars 2009 relative à la communication audiovisuelle et au nouveau service public de la télévision.

continue à se limiter « à la défense et à l'illustration de la langue et de la culture françaises » (art. 3–1) sans faire mention d'autres langues ; en revanche, les sociétés faisant partie du secteur public sont dorénavant tenues, entre autres, d'assurer non seulement la promotion du français, mais aussi « le cas échéant, des langues régionales » et de mettre en valeur « la diversité du patrimoine culturel et linguistique de la France » (art. 43–11). Ceci vaut tout particulièrement pour les diffusions « en région » (art. 44), tâche assumée dans la pratique notamment par France 3 (France Télévisions) et le réseau « France Bleu » (Radio France). La promotion de l'usage dans la presse n'est assurée que faiblement par un décret[46] de 2004 prévoyant des fonds d'aide à la presse hebdomadaire auxquels les sociétés intéressées, selon le rapport du CLR (2013, 40s.), n'ont que rarement droit. En somme, les structures légales mises en place en faveur des langues régionales pour le secteur public audiovisuel restent faibles.

4.2.3 Services publics, administration et justice

Les services publics, l'administration et la justice (entre autres) représentent tout particulièrement « la République » ; ainsi, se référant à l'article 2 de la Constitution, la langue officielle ne peut y être que le français. Ceci signifie concrètement qu'en termes juridiques, il est exclu « que quiconque – d'un côté du guichet comme de l'autre – puisse se prévaloir d'un droit à user d'une langue autre que le français » (CLR 2013, 42). Or, à défaut d'un statut juridique clair, si l'usage des langues régionales n'est pas pour autant interdit, il relève d'une approche de tolérance. Celle-ci se manifeste, par exemple, dans la loi « Toubon » (relative à l'emploi de la langue française) de 1994 dont les auteurs ont jugé nécessaire de préciser expressément que les dispositions « s'appliquent sans préjudice de la législation et de la réglementation relatives aux langues régionales de France et ne s'opposent pas à leur usage » (art. 21).[47] Si nombre de circulaires portant sur la mise en œuvre de la loi contiennent une disposition similaire, il perdure toutefois des hésitations parmi les responsables par rapport aux possibilités d'usage des langues régionales. Selon l'estimation du CLR (2013), « la difficulté d'interpréter la réglementation conduit parfois à une attitude plus restrictive des responsables des services publics » (43), « avec pour conséquence une tendance à interdire ce qui n'est pas expressément autorisé par les textes » (48). La jurisprudence confirme le cadre restrictif imposé par l'article 2 de la Constitution ; ainsi, récemment, l'adoption de plusieurs « lois du pays » par l'assemblée de la Polynésie française a été déclarée illégale par le Conseil d'État parce qu'au cours de la séance, son premier

---

46 Décret n° 2004–1312 du 26 novembre 2004 relatif au fonds d'aide à la presse hebdomadaire régionale et locale.
47 Sur la loi « Toubon » cf. Becker (2004).

vice-président et plusieurs orateurs s'étaient exprimés en tahitien.[48] Il en va de même dans le domaine de la justice : pendant les procédures judiciaires, l'usage d'une langue régionale n'est pas toléré à moins que le justiciable ne parle pas le français ce qui, en règle générale, n'est pas le cas en France métropolitaine. Au-delà de ce cadre général resserré, un nombre croissant de textes normatifs fait allusion aux « langues de France » sous le signe de la politique patrimoniale sans pour autant dépasser le domaine du symbolique.[49]

5 Standardisations et enseignement

Face à l'impossibilité de traiter au même titre l'aménagement des corpus des langues régionales parlées en France métropolitaine et en tenant compte de la complexité des situations respectives (histoire et état de leurs codifications, coexistence/concurrence de plusieurs normes etc.), il ne s'agira pas d'en donner un état des lieux général,[50] mais de s'attarder sur la question des langues (écrites) utilisées ou à utiliser à l'heure de transmettre leur usage par la voie de l'école, ces questions impliquant celles du matériel pédagogique, de la conception du programme pour les écoles, collèges, lycées etc. Vu que le domaine de l'enseignement est le seul secteur qui, jusqu'à présent, s'inscrit systématiquement dans la politique étatique favorable aux langues régionales, c'est donc ici que se pose effectivement la question de la norme linguistique à suivre. Évidemment, la problématique de la norme linguistique est particulièrement pertinente pour les langues uniquement ou essentiellement en usage en France, c'est-à-dire pour le breton, le corse et l'occitan. En revanche, la problématique du choix d'une norme est moindre dans le cas du basque et du catalan qui, de l'autre côté de la frontière espagnole, sont établies de façon beaucoup plus forte en tant que langues écrites dans différentes Communautés Autonomes où elles disposent d'un régime de co-officialité et d'une histoire en tant que langues littéraires. Finalement, les locuteurs des « langues de France » parlées en Alsace et dans les pays mosellans peuvent se prévaloir, eux, de la culture de la langue allemande, traditionnellement utilisée en tant que langue écrite.

À partir des « programmes d'enseignement de langues régionales au palier 2 du collège » publiés par le ministère de l'Éducation nationale en 2010 (MEN 2010) et

---

48 Décision du Conseil d'État n° s 361767, 361768, 361912, 361913, 361990, 361991, 362028 du 3 juin 2013.

49 Cf. p. ex. l'article 16 de la Loi n° 95–115 du 4 février 1995 d'orientation pour l'aménagement et le développement du territoire, modifiée par la Loi n° 99–533 du 25 juin 1999 et l'article 2 du Décret n° 2002–898 du 15 mai 2002 relatif aux attributions du ministre de la culture et de la communication.

50 Cf. les contributions sur les codifications des « langues de France » dans Guillorel/Sibille (1993), Caubet/Chaker/Sibille (2002) et, récemment, l'aperçu de Caubet et al. (2013). Sur la codification de langues minoritaires en général, cf. Winkelmann (1990).

considérés prototypiques pour le traitement officiel des questions normatives,[51] seules les langues régionales intégrées au service public de l'enseignement, à savoir (suivant la désignation officielle) la langue régionale d'Alsace et des pays mosellans, le basque, le breton, le catalan, le corse et l'occitan seront par la suite prises en compte.[52] En général, parmi les objectifs à atteindre par les élèves, tels qu'ils sont émis par le ministère, c'est « un langage clair et standard » qui doit être enseigné. Il est désormais pertinent de spécifier la relation entre les variétés (dialectales) locales respectives et le ou les standards codifiés pour chacune des langues mentionnées précédemment.

5.1 Langue régionale d'Alsace et des pays mosellans

L'enseignement de ce qu'est appelées, dans les programmes d'enseignement, les « différentes variétés constituant la langue régionale d'Alsace et des pays mosellans » (MEN 2010, 94) lie l'apprentissage du dialecte à celui de l'allemand standard qui peut être poursuivi par l'enseignement de l'allemand en tant que langue étrangère. Si, selon le programme scolaire, il convient « d'aider l'élève à s'appuyer sur sa compétence dialectale, voire à la réactiver, pour l'inciter à un usage large des possibilités qui lui sont offertes dans la langue allemande » (ibid., 118), il est clair que la « langue » régionale est conçue notamment en tant que moyen d'apprentissage de la langue allemande standard.

5.2 Basque

L'enseignement du basque suit la norme codifiée en Espagne (*Euskara Batua*) par l'Académie de la langue basque (*Euskaltzaindia*) (cf. Coyos 2013), la « dimension géographique et historique (accents, variantes linguistiques, étymologie…) » (MEN 2010, 10) n'étant qu'un sujet parmi d'autres.[53]

---

51 Arrêté du 7 juin 2010 fixant les programmes d'enseignement de langues régionales au palier 2 du collège, *JORF* du 22 juin 2010 / *Bulletin officiel du Ministère de l'Éducation nationale* n° 27 du 8 juillet 2010 ; les programmes se trouvent dans l'annexe de l'arrêté.

52 Dans ce contexte, il est intéressant de noter que ce sont précisément le flamand (parlé également en Belgique), les « langues d'oïl » et le franco-provençal, c'est-à-dire des langues sans tradition littéraire remarquable, utilisées surtout à l'oral et souvent considérées comme des dialectes ou des « patois » par leurs propres locuteurs, qui sont exclues de l'enseignement public des langues. Si, par rapport à ces langues, il existe des revendications politiques et des initiatives de codification, celles-ci sont récentes et s'inscrivent dans le courant de la revitalisation des langues liée à l'idée que la sauvegarde d'une langue n'est possible que par sa standardisation (cf. la problématique dans Gal 2006 ; 2010 ; Lebsanft 2012, 36s.).

53 Cependant, Sarraillet (2009, 6) indique que « la région la plus orientale, où le dialecte conserve des formes archaïques et une prononciation influencée par le gascon voisin, dispense un enseignement en dialecte jusqu'au collège ou au lycée selon les filières ».

5.3 Breton

Le breton standard enseigné à l'école correspond à la graphie « unifiée » (cf. Favereau 2002 ; Broudic 2013, 446–449). Tenant compte du fait que cette forme constitue un compromis entre les différentes variétés diatopiques du breton, l'enseignement est censé confronter les élèves à des textes variés authentiques et, en tant que sujet d'enseignement, la « dimension géographique et historique (accents, variantes linguistiques, étymologie...) » (MEN 2010, 30).

5.4 Catalan

Les enseignants du catalan peuvent se prévaloir de la norme codifiée du catalan standard tel qu'il est cultivé en Catalogne (Espagne). Si la langue standard, basée essentiellement sur le catalan central, et le catalan septentrional parlé dans le département des Pyrénées-Orientales ne sont pas identiques, les programmes scolaires prévoient l'enseignement de l'orthographe et de la grammaire du standard, cultivées notamment à l'Institut d'études catalanes à Barcelone (cf. Lebsanft 2002), tout en signalant, par une approche contrastive, les particularités phonologiques, grammaticales et orthographiques de la variété du nord (cf. Sanchiz/Bonet 2009).

5.5 Corse

Intégré au service public de l'enseignement depuis 1974,[54] le corse est un cas spécial ne disposant pas d'une langue commune susceptible d'être standardisée (sur la question des normes, cf. Chiorboli 1999 ; 2002). Pour son enseignement, on s'est alors résolu, au milieu des années 1980, à adapter le concept de « langue polynomique » proposé par Marcellesi (1983 ; cf. Di-Meglio 2009 ; Giacomo-Marcellesi 2013, 471s.). Ceci prévoit l'apprentissage de la variété locale ou bien du régiolecte, complété par l'enseignement de la variation du corse dans l'objectif d'amener les locuteurs « à considérer toutes les variétés dialectales du corse comme d'égale valeur » – une approche qui relève « plutôt d'une éducation » (Comiti 2009, 166s.). Dans le programme d'enseignement figurent ainsi, parmi les compétences à transmettre, les « [v]ariétés dialectales (trois régions linguistiques) » (MEN 2010, 68).

---

54 Décret n° 74–33 du 16 janvier 1974 relatif à l'enseignement des langues et dialectes locaux.

5.6 L'occitan

La question des normes est particulièrement difficile dans le cas de la langue dénommée « occitan – langue d'oc » au sein du service public de l'enseignement. Étant donné que, historiquement, l'occitan ne dispose pas non plus (cf. le corse) d'une langue standard mais de plusieurs codifications concurrentes dont aucune n'est acceptée par les locuteurs ou leurs représentants politiques dans toutes les régions (cf. Sibille 2002 ; Sauzet 2002 ; Polzin-Haumann 2006, 1478–1480), l'enseignement d'une langue unifiée n'a pu être établi. En revanche, c'est la langue occitane conçue en tant que « somme de ses variétés » (Cerquiglini 1999) qui fait objet de la réglementation officielle de l'enseignement depuis l'arrêté de 1988 portant programme du baccalauréat (pour une analyse, cf. Sarpoulet 2009).[55] Il en découle un enseignement de la langue locale et la « prise en compte pédagogique de la diversité dialectale de l'espace occitan dans son unité fondamentale » (Verny 2009, par. 19). En tant que modèle linguistique à suivre par les enseignants, les programmes d'enseignement de 2010 se différencient en quatre variétés régionales, à savoir le languedocien, le provençal, le gascon et le limousin. Pour le provençal, les exemples sont en outre présentés « dans les deux grandes graphies en usage, la graphie classique et la graphie mistralienne », lui laissant ainsi le choix du « système qui conviendra le mieux à sa situation d'enseignement » (MEN 2010, 77). L'enseignement basé sur la langue de l'environnement des élèves est, comme dans le cas du corse, de conception linguistique assez moderne. Aussi, parmi les sujets à traiter, est-il inclus l'enseignement des normes graphiques, présentées en tant que « standardisation pluricentrique » (ibid., 91) de la langue occitane.[56]

6 Conclusions

Depuis le début des débats autour de l'adoption par la France de la Charte européenne des langues régionales ou minoritaires en 1998, la politique linguistique française a commencé à s'intéresser, certes modestement, aux langues autres que le français dans le cadre d'une approche culturelle et patrimoniale. L'extension des missions de la Délégation générale à la langue française (DGLF) aux « langues de France » (DGLFLF) et l'introduction dans la Constitution de l'article 75–1 (« Les langues régionales appartiennent au patrimoine de la France ») marquent le caractère avant tout symbolique de cette politique. Dernièrement, la tentative de « [r]edéfinir une politique publique en faveur des langues régionales et de la pluralité linguistique interne »

---

55 Arrêté du 15 avril 1988, *Bulletin officiel du Ministère de l'Éducation nationale* n° 17 du 5 mai 1988 (« Les programmes du baccalauréat »).
56 La mention – entre guillemets – du caractère pluricentrique est accompagnée de la référence à Sumien (2006).

(CLR 2013) au sein du ministère de la Culture semble viser à un aménagement plus concret notamment des langues régionales. Néanmoins, tant que le cadre légal concernant les « langues de France » n'est pas modifié substantiellement pour leur donner un statut juridique précis dans la sphère publique, les activités de promotion ne suffiront pas à freiner le déclin constant de leur usage. Les avancées récentes en matière d'enseignement public des langues régionales n'y peuvent pas changer grand-chose. En même temps, l'approche en termes d'aménagement des corpus correspond bien à l'esprit actuel du temps. En effet, au lieu d'imposer des standards non ou peu acceptés par les communautés linguistiques respectives à travers le service de l'enseignement public, les autorités adaptent des solutions en fonction de chaque langue particulière et appliquent des concepts linguistiques modernes, notamment dans le cas du corse et de l'occitan (langue polynomique, norme pluricentrique).

Or, grâce non seulement à la politique publique patrimoniale mais aussi au contexte européen de plus en plus favorable à la diversité linguistique, la connaissance des langues autres que le français ainsi que leur acceptation en tant que richesse culturelle de la nation augmentent. La DGLFLF y contribue avant tout par l'organisation de colloques et de publications ou par leur financement, ces dernières étant facilement reconnaissables, semble-t-il, à l'usage du terme politique « langues de France » dans les titres respectifs (cf. p. ex. Caubet/Chaker/Sibille 2002 ; Cerquiglini 2003 ; Alén Garabato/Boyer 2007 ; Sauzet/Pic 2009). L'*Histoire sociale des langues de France* (Kremnitz 2013) en est l'exemple le plus récent. Dans ce sens, Cerquiglini (2003, 9s.) croit « la fiction d'une France monolingue » terminée et déclare à propos de la diversité linguistique : « Ce patrimoine immatériel, parfois menacé, d'une grande variété et d'une grande richesse, doit être connu de nos concitoyens : c'est leur bien commun, il appartient au patrimoine de l'humanité. Il contribue au rayonnement de notre pays ».

7 Bibliographie

Alén Garabato, Carmen (2013), *De la loi Deixonne à la révision de la Constitution en 2008 : l'impasse idéologique ?*, in : Georg Kremnitz (ed.), *Histoire sociale des langues de France*, Rennes, Presses Universitaires de Rennes, 321–337.

Alén Garabato, Carmen/Boyer, Henri (edd.) (2007), *Les langues de France au XXIe siècle : vitalité sociolinguistique et dynamiques culturelles*, Paris, L'Harmattan.

Bec, Pierre (1963), *La langue occitane*, Paris, PUF.

Becker, Monika (2004), *Die « loi relative à l'emploi de la langue française » vom 4. August 1994. Anspruch und Wirklichkeit französischer Sprachpolitik und Sprachgesetzgebung*, Frankfurt am Main et al., Lang.

Berthaud, Pierre-Louis (1951), *La loi relative à l'enseignement des langues et dialectes locaux*, Lo gai saber. Revista de l'Escola Occitana 32, 243–255.

Bertile, Véronique (2010), *L'approche juridique française du rapport langue/espace*, in : Alain Viaut/ Joël Pailhé (edd.), *Langue et espace*, Pessac, Maison des Sciences de l'Homme d'Aquitaine, 69–84.

Bertile, Véronique (2011), *L'article 75–1 de la Constitution : Vers une (r)évolution du cadre juridique des langues régionales ?*, in : Christos Clairis et al. (edd.), *Langues et cultures régionales de France. Dix ans après. Cadre légal, politiques, médias*, Paris, L'Harmattan, 85–99.

Boyer, Henri (2013), *« Patois » : le déni français de glossonyme*, in : Georg Kremnitz (ed.), *Histoire sociale des langues de France*, Rennes, Presses Universitaires de Rennes, 169–177.

Braselmann, Petra (1999), *Sprachpolitik und Sprachbewusstsein in Frankreich heute*, Tübingen, Niemeyer.

Broudic, Fañch (2013), *Le breton*, in : Georg Kremnitz (ed.), *Histoire sociale des langues de France*, Rennes, Presses Universitaires de Rennes, 439–453.

Carcassonne, Guy (1998), *Étude sur la compatibilité entre la Charte européenne des langues régionales ou minoritaires et la Constitution : Rapport au Premier ministre*. http://www.ladocumentationfrancaise.fr/rapports-publics/984001697/ (13.08.2012).

Carcassonne, Guy (2011), *Le nouvel article 75–1 de la Constitution*, in : Christos Clairis et al. (edd.), *Langues et cultures régionales de France. Dix ans après. Cadre légal, politiques, médias*, Paris, L'Harmattan, 77–84.

Caubet, Dominique/Chaker, Salem/Sibille, Jean (edd.) (2002), *Codification des langues de France. Actes du Colloque « Les langues de France et leur codification ». Écrits divers – Écrits ouverts*, Paris, L'Harmattan.

Caubet, Dominique, et al. (2013), *Mise en graphie des langues de France*, in : Georg Kremnitz (ed.), *Histoire sociale des langues de France*, Rennes, Presses Universitaires de Rennes, 199–207.

Cerquiglini, Bernard (1999), *Les langues de la France. Rapport au Ministre de l'Éducation Nationale, de la Recherche et de la Technologie, et à la Ministre de la Culture et de la Communication*, http://www.dglflf.culture.gouv.fr/lang-reg/rapport_cerquiglini/langues-france.html (30.05.2013).

Cerquiglini, Bernard (ed.) (2003), *Les langues de France*, Paris, PUF.

Chambon, Jean-Pierre (2005), *Après le « Dictionnaire des régionalismes de France » : bilan et perspectives*, in : Martin-Dietrich Gleßgen/André Thibault (edd.), *La lexicographie différentielle du français et le « Dictionnaire des régionalismes de France ». Actes du colloque en l'honneur de Pierre Rézeau pour son soixante-cinquième anniversaire*, Strasbourg, Presses Universitaires de Strasbourg, 3–29.

Chiorboli, Jean (1999), *La langue corse à la fin du XXe siècle. Officialisation et conflit de normes*, in : Christos Clairis/Denis Costaouec/Jean-Baptiste Coyos (edd.), *Langues et cultures régionales de France. États des lieux, enseignement, politiques*, Paris, L'Harmattan, 169–186.

Chiorboli, Jean (2002), *La codification des langues polynomiques : L'orthographe du corse*, in : Dominique Caubet/Salem Chaker/Jean Sibille (edd.), *Codification des langues de France. Actes du Colloque « Les langues de France et leur codification ». Écrits divers – Écrits ouverts*, Paris, L'Harmattan, 140–153.

Clairis, Christos/Costaouec, Denis/Coyos, Jean-Baptiste (edd.) (1999), *Langues et cultures régionales de France. États des lieux, enseignement, politiques*, Paris, L'Harmattan.

Clairis, Christos, et al. (edd.) (2011), *Langues et cultures régionales de France. Dix ans après. Cadre légal, politiques, médias*, Paris, L'Harmattan.

CLR 2013 = Comité consultatif pour la promotion des langues régionales et de la pluralité linguistique interne, *Redéfinir une politique publique en faveur des langues régionales et de la pluralité linguistique interne. Rapport présenté à la ministre de la Culture et de la Communication*, Juillet 2013, http://www.ladocumentationfrancaise.fr/rapports-publics/134000439/index.shtml (02.09.2013).

Comiti, Jean-Marie (2009), *Pour une pédagogie des langues minorées : l'exemple de la Corse*, in : Patrick Sauzet/François Pic (edd.), *Politique linguistique et enseignement des « Langues de France »*, Paris, L'Harmattan, 165–171.

Conseil de l'Europe (ed.) (2003), *La charte européenne des langues régionales et minoritaires et la France – Quelle(s) langue(s) pour la République ? Le dilemne « diversité/unicité »*, Strasbourg, Conseil de l'Europe.

Coyos, Jean-Babtiste (2013), *Le Basque*, in : Georg Kremnitz (ed.), *Histoire sociale des langues de France*, Rennes, Presses Universitaires de Rennes, 427–437.

DGLFLF 2012 = Délégation générale à la langue française et aux langues de France, *Le corpus juridique des langues de France*, avril 2012, http://www.dglflf.culture.gouv.fr/lgfrance/legislationLDF.pdf (09.09.2013).

Di-Meglio, Alain (2009), *La langue corse dans l'enseignement : données objectives et sens sociétal*, Tréma 31 [L'enseignement des langues régionales en France aujourd'hui : état des lieux et perspectives, http://trema.revues.org/975], 85–94.

Droixhe, Daniel/Dutilleul, Thierry (1990), *Französisch : Externe Sprachgeschichte*, in : Günter Holtus/Michael Metzeltin/Christian Schmitt (edd.), *Lexikon der Romanistischen Linguistik (LRL)*, vol. 5/1 : *Französisch*, Tübingen, Niemeyer, 437–471.

Du Bellay, Joachim (2007 [1549]), *La deffence, et illustration de la langue françoyse*, Genève, Droz.

Eloy, Jean-Michel (ed.) (1998), *Évaluer la vitalité. Variétés d'oïl et autres langues. Actes du Colloque International « Évaluer la vitalité des variétés régionales du domaine d'oïl », 29–30 nov. 1996, Amiens*, Amiens, Centre d'Études Picardes.

Ernst, Gerhard, et al. (edd.) (2003–2008), *Romanische Sprachgeschichte. Histoire linguistique de la Romania. Ein internationales Handbuch zur Geschichte der romanischen Sprachen. Manuel international d'histoire linguistique de la Romania*, 3 vol., Berlin/New York, de Gruyter.

Escudé, Pierre (2009), *Occitan : langue de classe et langue de société. Problématique de la normalisation scolaire*, in : Patrick Sauzet/François Pic (edd.), *Politique linguistique et enseignement des « Langues de France »*, Paris, L'Harmattan. 35–46.

Escudé, Pierre (2013), *Histoire de l'éducation : imposition du français et résistance des langues régionales*, in : Georg Kremnitz (ed.), *Histoire sociale des langues de France*, Rennes, Presses Universitaires de Rennes, 339–352.

Favereau, Francis (2002), *Les orthographes du breton*, in : Dominique Caubet/Salem Chaker/Jean Sibille (edd.), *Codification des langues de France. Actes du Colloque « Les langues de France et leur codification ». Écrits divers – Écrits ouverts*, Paris, L'Harmattan, 111–122.

Francard, Michel (2001), *Le français de référence : formes, normes et identité*, Cahiers de l'Institut Linguistique de Louvain 27, 223–240.

Gal, Susan (2006), *Contradiction of Standard Language in Europe : Implications for the Study of Practices and Publics*, Social Anthropology 14, 163–181.

Gal, Susan (2010), *Language and Political Spaces*, in : Peter Auer/Jürgen Erich Schmitt (edd.), *Language and Space. An International Handbook of Linguistic Variation*, vol. 1 : *Theories and Methods*, Berlin/New York, de Gruyter, 33–50.

Gardin, Bernard (1975), *Loi Deixonne et langues régionales. Représentation de la nature et de la fonction de leur enseignement*, Langue française 25, 29–36.

Gendry, Nicole (2011), *Le Conseil supérieur de l'audiovisuel et les langues régionales*, in : Christos Clairis et al. (edd.), *Langues et cultures régionales de France. Dix ans après. Cadre légal, politiques, médias*, Paris, L'Harmattan, 175–186.

Gerner, Dominique (2006), *Éducation et histoire des langues : Galloromania*, in : Gerhard Ernst et al. (edd.), *Romanische Sprachgeschichte. Histoire linguistique de la Romania. Ein internationales Handbuch zur Geschichte der romanischen Sprachen. Manuel international d'histoire linguistique de la Romania*, vol. 2, Berlin/New York, de Gruyter, 1224–1232.

Giacomo, Mathée (1975), *La politique à propos des langues régionales : cadre historique*, Langue française 25, 12–28.

Giacomo-Marcellesi, Mathée (2013), *Le corse*, in : Georg Kremnitz (ed.), *Histoire sociale des langues de France*, Rennes, Presses Universitaires de Rennes, 465–473.

Giordan, Henri (1975), *L'enseignement de l'occitan*, Langue française 25, 84–103.

Guillorel, Hervé (2013), *Langue, territoire, nation : la place des langues de France*, in : Georg Kremnitz (ed.), *Histoire sociale des langues de France*, Rennes, Presses Universitaires de Rennes, 145–158.

Guillorel, Hervé/Sibille, Jean (edd.) (1993), *Langues, dialectes et écritures. Les langues romanes de France. Actes du Colloque de Nanterre (16, 17, et 18 avril 1992)*, Paris, Institut d'Études Occitanes/Institut de Politique Internationale et Européenne.

Haugen, Einar (1959), *Language Planning in modern Norway*, Anthropological Linguistics 1, 8–21.

Haugen, Einar (1983), *The implementation of corpus planning : theory and practice*, in : Juan Cobarrubias (ed.), *Progress in language planning : international perspectives*, Berlin/New York, de Gruyter, 269–289.

Haugen, Einar (1987), *Language Planning*, in : Ulrich Ammon/Norbert Dittmar/Klaus Mattheier (edd.), *Soziolinguistik. Sociolinguistics. Ein internationales Handbuch der Wissenschaft von Sprache und Gesellschaft. An International Handbook of the Science of Language and Society*, vol. 1, Berlin/New York, de Gruyter, 626–637.

INSEE 1999 = Institut national de la statistique et des études économiques (1999), *Recensements de la population 1999*, http://www.insee.fr (02.09.2013).

INSEE 2011 = Institut national de la statistique et des études économiques (2011), *Enquête « Information et vie quotidienne »*, http://www.insee.fr (02.09.2013).

Kloss, Heinz (1969), *Grundfragen der Ethnopolitik im 20. Jahrhundert. Die Sprachgemeinschaften zwischen Recht und Gewalt*, Wien, Braumüller.

Kremnitz, Georg (1975), *Die ethnischen Minderheiten Frankreichs. Bilanz und Möglichkeiten für den Französischunterricht*, Tübingen, Narr.

Kremnitz, Georg (ed.) (2013), *Histoire sociale des langues de France*, Rennes, Presses Universitaires de Rennes.

Le Coq, André (2009), *L'enseignement du gallo*, Tréma 31 [L'enseignement des langues régionales en France aujourd'hui : état des lieux et perspectives, http://trema.revues.org/942], 39–45.

Lebsanft, Franz (1997), *Spanische Sprachkultur. Studien zur Bewertung und Pflege des öffentlichen Sprachgebrauchs im heutigen Spanien*, Tübingen, Niemeyer.

Lebsanft, Franz (2002), *Katalanisch*, in : Nina Janich/Albrecht Greule (edd.), *Sprachkulturen in Europa. Ein internationales Handbuch*, Tübingen, Narr, 121–126.

Lebsanft, Franz (2003), *Geschichtswissenschaft, Soziologie und romanistische Sprachgeschichtsschreibung*, in : Gerhard Ernst et al. (edd.), *Romanische Sprachgeschichte. Histoire linguistique de la Romania. Ein internationales Handbuch zur Geschichte der romanischen Sprachen. Manuel international d'histoire linguistique de la Romania*, vol. 1, Berlin/New York, de Gruyter, 481–492.

Lebsanft, Franz (2004), *Frankreichs Mehrsprachigkeit. Jakobiner gegen Girondisten : Die Debatte um die Europäische Charta der Regional- und Minderheitensprachen (1996–1999)*, in : Monika Schmitz-Emans (ed.), *Literatur und Vielsprachigkeit*, Heidelberg, Synchron, 175–188.

Lebsanft, Franz (2005), *Régionalismes et « culture de la langue » dans le monde francophone*, in : Martin-Dietrich Gleßgen/André Thibault (edd.), *La lexicographie différentielle du français et le « Dictionnaire des régionalismes de France ». Actes du colloque en l'honneur de Pierre Rézeau pour son soixante-cinquième anniversaire*, Strasbourg, Presses Universitaires de Strasbourg, 289–297.

Lebsanft, Franz (2012), *Die ECRM aus soziolinguistischer Sicht. Begriffe und Maßnahmen*, in : Franz Lebsanft/Monika Wingender (edd.), *Die Sprachpolitik des Europarats. Die « Europäische Charta der Regional- oder Minderheitensprachen » aus linguistischer und juristischer Sicht*, Berlin/Boston, de Gruyter, 23–40.

Lebsanft, Franz/Wingender, Monika (edd.) (2012), *Europäische Charta der Regional- oder Minderheitensprachen. Ein Handbuch zur Sprachpolitik des Europarats*, Berlin/Boston, de Gruyter.

Lespoux, Yan (2013), *Enseignement des langues « régionales » et en langues « regionales »*, in : Georg Kremnitz (ed.), *Histoire sociale des langues de France*, Rennes, Presses Universitaires de Rennes, 375–383.

Lodge, Anthony (1993), *French. From Dialect to Language*, London, Routledge.

Lodge, Anthony (1997), *Le français. Histoire d'un dialecte devenu langue*, Paris, Fayard.

Louran, Tangi (2011), *Les associations, acteurs essentiels ou alibi ?*, in : Christos Clairis et al. (edd.), *Langues et cultures régionales de France. Dix ans après. Cadre légal, politiques, médias*, Paris, L'Harmattan, 229–240.

Marcellesi, Jean-Baptiste (1975), *Basque, breton, catalan, corse, flamand, germanique d'Alsace, occitan : l'enseignement des « langues régionales »*, Langue française 25, 3–11.

Marcellesi, Jean-Baptiste (1983), *« Langues régionales » et pédagogie ou comment assumer le concept de langue polynomique ?*, in : *Colloque international de didactique et pédagogie du français langue maternelle, Sèvres 14–17 décembre 1983*, vol. 2, Paris, Centre international d'études pédagogiques, 200–202.

Martel, Philippe (2013), *Langues et construction nationale : la Révolution face aux « patois »*, in : Georg Kremnitz (ed.), *Histoire sociale des langues de France*, Rennes, Presses Universitaires de Rennes, 271–282.

MEN 2010 = Ministère de l'Éducation nationale (2010) : *Programmes d'enseignement de langues régionales au palier 2 du collège*, annexe à l'Arrêté du 7 juin 2010 fixant les programmes d'enseignement de langues régionales au palier 2 du collège, *JORF* du 22 juin 2010/*Bulletin officiel du Ministère de l'Éducation nationale* n°27 du 8 juillet 2010, http://cache.media. education.gouv.fr/file/27/98/0/langues_regionales_palier_2_148980.pdf (12.09.2013).

Moliner, Olivier (2010), *Frankreichs Regionalsprachen im Parlament. Von der « Pétition pour les langues provinciales » 1870 zur « Loi Deixonne » 1951*, Wien, Praesens.

Moliner, Olivier (2013), *La politique linguistique au Parlement : de la III* République à la loi Deixonne*, in : Georg Kremnitz (ed.), *Histoire sociale des langues de France*, Rennes, Presses Universitaires de Rennes, 291–301.

Muller, Bodo (1985), *Le français d'aujourd'hui*, Paris, Klincksieck.

Pöll, Bernhard (1998), *Le français ou les français ? La difficile naissance de la pluricentricité*, Lengas. Revue de sociolinguistique 43, 163–182.

Pöll, Bernhard (2002), *Le français régional en Suisse romande. À propos des conceptualisations profanes et scientifiques du fait régional*, in : Pascal Singy (ed.), *Le français parlé dans le domaine francoprovençal. Une réalité plurinationale*, Bern et al., Lang, 67–82.

Pöll, Bernhard (2012), *Situaciones pluricéntricas en comparación : el español frente a otras lenguas pluricéntricas*, in : Franz Lebsanft/Wiltrud Mihatsch/Claudia Polzin-Haumann (edd.), *El español, ¿desde las variedades a la lengua pluricéntrica ?* Frankfurt am Main/Madrid, Vervuert/Iberoamericana, 29–45.

Polzin-Haumann, Claudia (2006), *Sprachplanung, Sprachlenkung und institutionalisierte Sprachpflege : Französisch und Okzitanisch*, in : Ernst, Gerhard et al. (edd.), *Romanische Sprachgeschichte. Ein internationales Handbuch zur Geschichte der romanischen Sprachen*, vol. 2, Berlin/ New York, de Gruyter, 1472–1486.

Polzin-Haumann, Claudia (2015), *Die «Proposition de loi constitutionnelle visant à ratifier la Charte européenne des langues régionales ou minoritaires» – Ein neues Kapitel in der Diskussion um die Charta in Frankreich?*, in : Michael Bernsen/Elmar Eggert/Angela Schrott (edd.), *Historische Sprachwissenschaft als philologische Kulturwissenschaft der Romanistik. Festschrift für Franz Lebsanft zum 60. Geburtstag*, Göttingen, V&R unipress/Bonn University Press, 195–207.

Sanchiz, Mary/Bonet, Luc (2009), *L'enseignement du catalan en tant que langue régionale en France – État des lieux 2009*, Tréma 31 [*L'enseignement des langues régionales en France aujourd'hui : état des lieux et perspectives*, http://trema.revues.org/956].

Sarpoulet, Jean-Marie (2009), *Du texte à la pratique pédagogique : l'arrêté de 1988 portant programme du baccalauréat et les variantes de l'occitan*, in : Patrick Sauzet/François Pic (edd.), *Politique linguistique et enseignement des « Langues de France »*, Paris, L'Harmattan, 47–66.

Sarraillet, Jakes (2009), *La langue basque dans l'enseignement*, Tréma 31 [*L'enseignement des langues régionales en France aujourd'hui : état des lieux et perspectives*, http://trema.revues.org/935], 47–55.

Sauzet, Patrick (2002), *Réflexions sur la normalisation linguistique de l'occitan*, in : Dominique Caubet/Salem Chaker/Jean Sibille (edd.), *Codification des langues de France. Actes du Colloque « Les langues de France et leur codification ». Écrits divers – Écrits ouverts*, Paris, L'Harmattan, 39–61.

Sauzet, Patrick (2009), *Politique linguistique et enseignement des « Langues de France ». Avant-propos et introduction*, in : Patrick Sauzet/François Pic (edd.), *Politique linguistique et enseignement des « Langues de France »*, Paris, L'Harmattan, 7–15.

Sauzet, Patrick/Pic, François (edd.), *Politique linguistique et enseignement des « Langues de France »*, Paris, L'Harmattan.

Schmitt, Christian (1990), *Französisch : Sprache und Gesetzgebung, a) Frankreich*, in : Günter Holtus/Michael Metzeltin/Christian Schmitt (edd.), *Lexikon der Romanistischen Linguistik (LRL)*, vol. 5/1 : *Französisch*, Tübingen, Niemeyer, 354–379.

Schmitt, Christian (2000), *Nation* und *Sprache : das Französische*, in : Andreas Gardt (ed.), *Nation und Sprache. Die Diskussion ihres Verhältnisses in Geschichte und Gegenwart*, Berlin, de Gruyter, 673–745.

Schmitt, Christian (2003), *Externe Sprachgeschichte des Französischen*, in : Gerhard Ernst et al. (edd.), *Romanische Sprachgeschichte. Histoire linguistique de la Romania. Ein internationales Handbuch zur Geschichte der romanischen Sprachen. Manuel international d'histoire linguistique de la Romania*, vol. 1, Berlin/New York, de Gruyter, 801–829.

Schoettl, Jean-Éric (1999), *Décision du Conseil constitutionnel : langue française*, Actualité juridique – Droit administratif 7–8, 573–579.

Sibille, Jean (2002), *Écrire l'occitan : essai de présentation et de synthèse*, in : Dominique Caubet/Salem Chaker/Jean Sibille (edd.), *Codification des langues de France. Actes du Colloque « Les langues de France et leur codification ». Écrits divers – Écrits ouverts*, Paris, L'Harmattan, 17–37.

Sibille, Jean (2010), *« Langues de France » et territoires : raison de choix et des dénominations*, in : Alain Viaut/Joël Pailhé (edd.), *Langue et espace*, Pessac, Maison des Sciences de l'Homme d'Aquitaine, 85–107.

Sibille, Jean (2013), *La notion de « langues de France », son contenu et ses limites*, in : Georg Kremnitz (ed.), *Histoire sociale des langues de France*, Rennes, Presses Universitaires de Rennes, 45–60.

Sumien, Domergue (2006), *La standardisation pluricentrique de l'occitan. Nouvel enjeu sociolinguistique, développement du lexique et de la morphologie*, Turnhout, Brepols.

Sumien, Domergue (2009), *Comment rendre l'occitan disponible ? Pédagogie et diglossie dans les écoles « Calandretas »*, in : Patrick Sauzet/François Pic (edd.), *Politique linguistique et enseignement des « Langues de France »*, Paris, L'Harmattan, 67–86.

Tacke, Felix (2012), *Schweiz (Schweizerische Eidgenossenschaft)*, in : Franz Lebsanft/Monika Wingender (edd.), *Die Sprachpolitik des Europarats. Die « Europäische Charta der Regional- oder Minderheitensprachen » aus linguistischer und juristischer Sicht*, Berlin/Boston, de Gruyter, 265–282.

Tacke, Felix (2015), *Sprache und Raum in der Romania. Fallstudien zu Belgien, Frankreich, der Schweiz und Spanien,*, Berlin/Boston, de Gruyter.

Verny, Marie-Jeanne (2009), *Enseigner l'occitan au XXIe siècle. Défis et enjeux*, Tréma 31 [*L'enseignement des langues régionales en France aujourd'hui : état des lieux et perspectives*, http://trema. revues.org/962].

Viaut, Alain (2002), *Apport et réception française de la Charte européenne des langues régionales ou minoritaires : approche sociolinguistique*, Revue d'études comparatives Est-Ouest 33 [= Dossier : *Points de vue sur la Charte européenne des langues régionales ou minoritaires*], 9–48.

Vigier, Philippe (1979), *Diffusion d'une langue nationale et résistance des patois, en France, au XIXe siècle. Quelques réflexions sur l'état présent de la recherche historique à ce propos*, Romantisme 25/26, 191–208.

Willwer, Jochen (2006), *Die Europäische Charta der Regional- und Minderheitensprachen in der Sprachpolitik Frankreichs und der Schweiz*, Stuttgart, Ibidem.

Winkelmann, Otto (1990), *Normierungsinstanzen und Normierungskriterien romanischer Minderheitensprachen*, in : Wolfgang Settekorn (ed.), *Sprachnorm und Sprachnormierung : Deskription – Praxis – Theorie*, Wilhelmsfeld, Egert, 15–26.

Woehrling, Jean-Marie (2011), *Origine historique, principes fondamentaux et système juridique de la Charte européenne des langues régionales ou minoritaires*, in : Christos Clairis et al. (edd.), *Langues et cultures régionales de France. Dix ans après. Cadre légal, politiques, médias*, Paris, L'Harmattan, 37–65.

Woehrling, Jean-Marie (2013), *Histoire du droit des langues de France*, in : Georg Kremnitz (ed.), *Histoire sociale des langues de France*, Rennes, Presses Universitaires de Rennes, 71–88.

Judith Visser

10 Linguistique populaire et chroniques de langage : les français régionaux et les langues des minorités

Abstract : Depuis l'introduction des nouveaux médias, la linguistique populaire a gagné en visibilité. D'un côté, la chronique de langage, genre de la linguistique populaire par excellence, ne se publie plus seulement dans des médias traditionnels, mais aussi sur internet. De l'autre côté, ceux qui s'intéressent aux français régionaux et aux langues de minorité ont plus de possibilités de publier des textes et des informations. L'article analysera d'abord la notion de *linguistique populaire* dans le contexte des français régionaux et des langues de minorité avant d'élaborer une typologie des chroniques. La deuxième partie présentera des portraits et des analyses exemplaires des chroniques linguistiques des langues de minorités et de quelques français régionaux que l'on peut trouver dans le paysage médiatique de la France.

Keywords : linguistique populaire, chroniques de langage, français régionaux, langues de minorité, médias

1 Introduction

Depuis l'introduction des nouveaux médias, l'activité linguistique de personnes privées sans formation philologique a gagné en visibilité. De plus en plus objet de recherches et de discussions, cette *linguistique populaire* ne se limite pas à la langue standard : les français régionaux et les langues de minorité, traditionnellement passés sous silence en France, ont trouvé un média pour la diffusion de textes et d'informations. La *chronique de langage* est un genre de texte caractéristique de la vulgarisation des connaissances linguistiques. Depuis l'introduction d'internet, elle a évolué et la discussion s'est diversifiée quant aux thèmes et aux acteurs.

Après une caractérisation de la linguistique populaire et de la chronique de langage, nous identifierons les « français régionaux et les langues de minorité » dont il sera question. Notre typologie de chroniques se basera sur la langue employée dans les textes et sur le type de média utilisé. L'aperçu pour les langues les plus importantes se centrera sur la chronique de langage, tout en esquissant d'autres tendances importantes que l'on pourrait intégrer sous l'étiquette *linguistique populaire*.

2 Linguistique populaire et langues régionales et minoritaires : tentative de définition

2.1 Linguistique populaire et chroniques de langage

2.1.1 Linguistique populaire

Le terme *linguistique populaire* peut être considéré comme (quasi-)équivalent de l'allemand *Laien-Linguistik* (Antos 1996) et de l'anglais *Folklinguistics* (p. ex. Niedzielski/Preston 2000). Ces termes techniques et les disciplines qu'ils représentent montrent un intérêt grandissant des linguistes pour la perspective des non-spécialistes. Or, la *linguistique populaire* n'est pas un phénomène qui est apparu au XXIe siècle. Il y a toujours eu un intérêt de la part des non-spécialistes pour les questions de langage, mais il faut pouvoir parler d'une linguistique comme discipline pour en distinguer une linguistique populaire (Demel 2006, 1523s.). Depuis la création des nouveaux médias, son existence est encore beaucoup plus évidente. La linguistique populaire peut être une linguistique faite pour le peuple (donc ceux qui n'ont pas de formation en linguistique) et elle peut être une linguistique faite par le peuple. Bien que tout le monde ait une idée intuitive du concept *populaire*, une distinction claire entre quelqu'un qui peut être considéré comme un expert et quelqu'un qui ne le serait pas n'est ni possible ni souhaitable. Il s'agit d'un continuum, ou bien, comme le propose Stegu, d'une « construction discursive » (2012, 33) ; pour des questions terminologiques ↗6 Linguistique populaire et chroniques de langage : France, chap. 1 ; ↗8 Linguistique populaire et chroniques de langage : Francophonie, chap. 1, 2.1).

Dans tout ce qui touche les langues de minorité ou régionales, les soi-disant spécialistes, les dialectologues, ont parfois moins de compétences dans la langue régionale ou minoritaire que les non-spécialistes. Ils sont donc experts dans la discipline linguistique, mais les locuteurs natifs pourraient avoir des problèmes à les accepter comme tels. Les linguistes ont un intérêt professionnel pour la langue qu'ils discutent. Leur formation linguistique s'exprime dans une argumentation plutôt cohérente et objective, basée sur des modèles théoriques et une méthodologie reconnue. Leur but est de répertorier tout ce qui reste de la langue régionale ou minoritaire et, si possible, de déclencher ou pousser une normalisation. Le non-expert, par contre, est quelqu'un qui sait parler la langue en question, qui a des (grands)parents qui l'ont parlée, qui vit dans la région, qui a un intérêt personnel à la culture en question ou qui est locuteur d'une autre langue régionale. Il a tendance à baser son argumentation, souvent subjective et pleine d'émotions, sur des lieux communs scientifiques (Demel 2006, 1523). Du fait qu'il s'intéresse à une sous-variété de la langue régionale et que cette sous-variété a une grande valeur identitaire (Haarmann 1996, 219, 225), l'idée de la standardisation le séduit en théorie. Mais en pratique, toute proposition concrète se heurte au fait qu'une standardisation est incompatible avec ses intérêts personnels. Par conséquent, un linguiste prototypique n'est pas forcément représentatif des besoins des locuteurs.

2.1.2 Chroniques de langage

Les chroniques de langage « ont une riche tradition dans le monde francophone » (Remysen 2005, 267). Leur analyse s'est beaucoup centrée sur le français standard dans les différents pays de la Francophonie. Par contre, les chroniques qui s'occupent des langues de minorités et régionales ont attiré moins d'intérêt. Pourtant, c'est au XXe et XXIe siècle que l'on trouve une production croissante de chroniques de langages au sens étroit, c'est-à-dire dans l'interprétation classique, mais aussi des types de textes qui ont des points communs avec cette chronique « classique » et qui pourraient être considérés comme des sortes de successeurs à cette tradition discursive. Une tentative de comparaison entre chronique classique et d'autres activités doit se baser sur une définition de celle-ci : en partant d'une analyse de différentes définitions, Remysen fait ressortir les caractéristiques les plus importantes : il s'agit de rubriques fixes, destinées au grand public, publiées plus ou moins régulièrement, souvent dans des journaux ; elles discutent de l'usage (du bon et du mauvais) de la langue française actuelle, des institutions qui s'occupent de l'aménagement linguistique, présentent les ouvrages d'actualité (Quemada 1970/1972 ; Schwarze 1977 ; Cellard 1983), peuvent contenir des anecdotes (souvent étymologiques) (Cellard 1983, 651s.), et ressemblent parfois à des anti-barbaris du type *dites…ne dites pas* (Osthus 2006, 1538) :

> « La chronique de langage est un ensemble de discours sur la langue, plus particulièrement encore sur les bons et les mauvais usages de la langue. Elle est diffusée périodiquement sous forme de rubriques dans les médias écrits (articles de journal ou de revue) ou électroniques (émissions de radio ou de télévision). La chronique est signée par une même personne, physique ou morale [...] » (Remysen 2005, 271).

L'auteur typique est une personne « à laquelle on reconnaît une compétence en matière de langue » (ibid.). Il pourrait s'agir de membres de l'Académie Française, de lexicographes ou grammaticographes ou bien plus généralement d'« hommes de lettres » (Cellard 1983, 652).

Nous avons souligné que, dans le contexte des chroniques qui s'occupent de langues régionales ou minoritaires, une telle « reconnaissance de compétences langagières » pourrait poser des problèmes, puisqu'il y a souvent un décalage entre les opinions des linguistes et celle des locuteurs. Pour la chronique des langues minoritaires et régionales, le groupe des possibles destinataires est assez réduit. Normalement, les chroniques sont publiées dans des journaux à tirage très limité. À présent, on trouve un nombre considérable de chroniques – ou bien de publications qui ont des caractéristiques en commun avec elle – sur internet. Cette évolution est attribuable au caractère démocratique et participatif de ce média (Lüsebrink et al. 2004, 250). Mais, contrairement à ce que l'on pourrait penser au vue de la grande importance d'internet dans la société d'aujourd'hui, il ne s'agit pas d'un média de masse (ibid., 245). Les contributions en langues régionales qui y sont publiées ne touchent donc pas non plus le grand public. Les thèmes traités ne peuvent pas être les mêmes que pour le français, parce que les conditions de départ pour les français régionaux et les langues minoritaires sont très différentes.

2.2 Les français régionaux et les langues de minorité

Il paraît nécessaire de justifier le choix des variétés diatopiques que nous allons discuter dans le contexte de cet article. En faveur d'une cohérence interne du manuel, pour des raisons de practicabilité, mais aussi en tenant compte de la politique linguistique actuelle en France, nous allons prendre en considération, et de façon exemplaire,

– les langues minoritaires endogènes de la France hexagonale, et plus précisemment l'alsacien, le basque, le breton, le catalan, le corse, le flamand occidental, le francoprovençal et l'occitan (et ses variétés diatopiques) (cf. Cerquiglini 1999) ;

– les langues régionales qui, linguistiquement, pourraient être considérées comme des dialectes de la langue d'oïl, comme le picard, le normand etc., qui ont été sujets à une certaine acceptation officielle dans le cadre du Rapport Cerquiglini (ibid.).

Linguistiquement et concernant le statut d'aménagement linguistique, il y a une différence considérable entre des langues typologiquement autonomes (comme le basque) et celles qui ne le sont pas (comme le picard). La distinction entre *langue minoritaire* et *langue régionale* ne réflète que partiellement cette différence. Du point de vue des locuteurs, la délimitation entre langue et dialecte pose plus de problèmes que les résultats du rapport Cerquiglini ou les catégorisations des linguistes ne le suggèrent. Si l'on se limite à la discussion de langues comme l'occitan, le basque, le normand ou le picard, on coupe une partie du tableau de la linguistique populaire. Notre choix de délimitation doit donc être considéré comme une limitation scientifique, non pas comme une décision « populaire ».

Il est évidemment tout à fait impossible de présenter un compte rendu équilibré et accompagné d'une analyse de chaque chronique de langage dans chaque langue. Nous allons ainsi nous limiter à esquisser les tendances les plus révélatrices.

3 Typologie des chroniques

3.1 Langue employée

Même s'il existe des chroniques écrites en langue bretonne, picarde ou alsacienne, on est assez souvent confronté à des textes rédigés en français standard : En utilisant les langues locales, les chroniqueurs ne peuvent que s'adresser aux locuteurs natifs, dont le nombre est presque partout en chute, et non pas à tous ceux que l'on pourrait gagner comme possibles néo-locuteurs ou défenseurs de la langue en danger d'extinction. Une fonction des chroniques est d'éveiller l'intérêt d'un plus grand nombre de personnes envers la langue régionale en question, puisque c'est cet intérêt-là qui est indispensable pour la sauvegarder. Pour y arriver, il faut écrire en français. Il est aussi possible que quelques acteurs ne soient pas capables d'écrire un texte cohérent dans la langue en question : le désir de publier des contributions à propos d'une langue régionale n'est pas toujours accompagné de la faculté de s'exprimer dans celle-ci.

3.2 Types de médias

Jusqu'à la fin du XXe siècle, ce sont surtout le journal ou la radio par lesquels est diffusé un nombre plutôt restreint de chroniques. Il peut s'agir d'une publication régionale, non seulement réservée à la langue minoritaire, comme par exemple dans le cas du quotidien *La Liberté du Morbihan* qui publie des chroniques en breton, ou bien d'un journal qui s'occupe entièrement de la langue en question, comme *Le Liaun*, « La gazètt de la consorteri Bertaèyn Galeizz », qui s'occupe du gallo. Aujourd'hui, quelques journaux avec des chroniques sont accessibles sur internet. Les journaux sont souvent écrits en partie en français et en partie en langue minoritaire ; parfois, le lecteur peut choisir entre une version en français ou en langue minoritaire.

Depuis quelques années, la présence des langues régionales dans la presse locale, la radio et la télévision profite d'un changement de loi (North 2011, 32s.). À la radio, la chaîne régionale *France Bleu* offre une grande variété des chroniques de langage dans ou à propos de la langue régionale (cf. chap. 4). À la télévision, c'est France 3 qui « a respecté les obligations de son cahier des charges concernant la diffusion des langues régionales » en 2011 (AFDMC 2012). Selon l'Association Française de Droit des Médias et de la Culture, France 3 offre des émissions dans les « principales langues parlées sur le territoire métropolitain » (ibid.), une possibilité qui s'adresse aux régions Alsace, Aquitaine, Bretagne, Corse, Midi Pyrénées, Languedoc-Roussillon et Provence-Alpes-Côte-D'Azur (ibid.). Elle s'exprime dans des émissions ou catégories d'émissions comme

- *Bàbbel Plàtz* (*France 3 Alsace*), « [...] nouveau lieu où l'on cause de tout en alsacien [...] »,
- *Bali Breizh* (*France 3 Bretagne*),

–   Pyrénées-Pirineos (*France 3 Languedoc-Roussillon*),
–   *VAP : VIURE AL PAIS (version occitane)/VIURE AL PAÍS (version catalane)*, « [...] espace dédié à la langue régionale [...] » (*France 3 Aquitaine*).

Il s'agit d'émissions qui traitent aussi des questions de langage, en mettant l'accent sur toute la culture régionale.

Au XXIe siècle, internet fait apparaître des formes de communication qui ont des points communs avec la chronique traditionnelle. Au début, c'était la page web personnelle qui pouvait remplir certaines fonctions d'une chronique (pour le Picard, cf. Visser 2008). De plus, on trouvait des *listes de diffusion*, comme p. ex. *achteure* (Picard pour « maintenant », Engelaere 26.02.2014). Comme les types de communication d'internet changent très vite, la page personnelle et la liste de diffusion ne jouent plus un tel rôle. Aujourd'hui, ce sont plutôt les forums de discussions ou bien les blogs qui servent de lieux pour publier des anecdotes, des étymologies etc. à propos des langues (cf. chap. 4). Internet offre en plus la possiblité de publier des produits audiovisuels qui n'ont pas eu accès à la télévision (et également de republier ceux qui y avaient accès), par exemple sur *Youtube* ou sur des sites personnels.

Quant à l'analyse de la linguistique populaire sur internet, il faut toutefois être conscient du fait qu'elle ne peut jamais être exhaustive ni représentative et que le linguiste n'arrive pas à identifier les énonciateurs d'une manière fiable (Bakrim 2007, 25s.; Visser à paraître).

4 Linguistique populaire et langues minoritaires et régionales : aperçu des activités

4.1 La chronique de langage : Portraits et analyses exemplaires

L'analyse qui suit se centre sur les langues énumérées auparavant : alsacien, basque, breton, catalan, corse, flamand (occidental), francoprovençal et occitan. Quant aux langues d'oïl, nous nous limitons à quelques exemples, surtout au picard et au normand. L'étude exemplaire est censée faire ressortir les caractéristiques de la chronique de langue minoritaire et régionale, de donner un bref aperçu de ce type de chronique dans le paysage médiatique de la France, et de montrer la richesse des types de textes et de communication dans le domaine de la linguistique populaire des langues minoritaires et régionales en France.

4.1.1 Alsacien

Pour l'alsacien et depuis 2003, la dialectologue Danièle Crévenat-Werner écrit des *Flâneries lexicales* pour *l'Ami Hebdo* (Crévenat-Werner 2013). Elles sont également publiées sous forme de livre avec pour titre *Ces mots que nous aimons/E Hämpfele üs'm Wortschàtz* (7 tomes). La couverture des livres illustre l'importance de la langue régionale pour l'identité des locuteurs, puisqu'elle montre une sélection de mots régionaux groupés en forme de coeur. À France Bleu, Crévenat-Werner « dissèque pour vous un mot en alsacien » (*France Bleu a*). Il s'agit d'une chronique centrée sur le lexique (p. ex. « Fasenacht kiechle », 03.03.2014).

Une analyse exemplaire de deux tomes de *Ces mots que nous aimons* (4 et 7) donne des idées à propos des caractéristiques d'une chronique de langue régionale ou minoritaire et indique les pistes les plus importantes pour de futures analyses. Les chroniques sont écrites en français et regroupées selon des thèmes qui ont un rapport étroit avec la vie tradionnelle et la culture régionale. La structure des chroniques est similaire : elles commencent par la présentation du mot, la traduction en allemand (et parfois aussi en français), l'énumération des variantes de prononciation, et l'étymologie ; p. ex. :

> « Le verbe *ùfstehn* (aufstehn), prononcé ainsi à Strasbourg, Bouxwiller, Petersbach, *ufsteh* à Colmar, Mulhouse, Saint-Louis, Sierentz, *üfstoh* à Oltingue, en allemand du Moyen Âge *ùfstēn*, est composé de *stehn* (stehen, se tenir), précédé du préfixe *ùf* (*auf*, qui indique ici un mouvement ascendant, une ouverture), en allemand du Moyen Âge *stēn* et *ùf*. [...] » (Crévenat-Werner 2013, 5).

Après, l'auteur présente des synonymes, des locutions, des pratiques culturelles liées au mot en question et donne souvent des recettes, s'il s'agit d'un thème lié à la vie culinaire. Là encore, on peut très bien voir qu'une fonction de la chronique est de transmettre des connaissances culturelles et traditionnelles, pas seulement par rapport à la langue régionale, mais aussi par rapport à la vie en générale. Apparemment, les racines allemandes de l'alsacien jouent un rôle important, puisque les données étymologiques contiennent toujours des références à l'allemand du Moyen Âge, mais assez souvent aussi à l'*etimologia remota*, p. ex. :

> « Le mot *Zùckerbeck* [...] est composé de *Zùcker* (Zucker, sucre), en allemand du Moyen Âge *zukerzuker / zucker*, qui, comme notre mot français *sucre*, vient du nom italien *zucchero*, repris du mot arabe *sūkkār*, issu d'une vieille langue indienne, et de *Beck* (Bäcker, boulanger) en allemand du Moyen Âge *becken*, construit à partir du verbe *backen*, en allemand du Moyen Âge *backen*, qui remonte au verbe germanique *bak-a* » (ibid., 90).

Bien qu'il s'agisse d'une chronique écrite par une spécialiste, l'auteur se fait très souvent porte-parole des locuteurs en citant les informations qu'elle a reçues de gens qui possèdent encore les connaisances de la langue et culture régionale, p. ex. : « Une dame de Blaesheim, *Blaase*, dit : [...]. Un monsieur de Mothern, *Mathère* : [...]. Une dame de *Làmpertsloch* : [...] » (ibid., 65). Ici, le « peuple » fait fonction d'autorité. Il semble y avoir une intention de dialoguer avec les lecteurs, de recevoir des réactions et commentaires, parce que la plupart des chroniques se termine par une question ou un appel, introduit par des formules comme « avez-vous remarqué » (p. ex. ibid., 87) ou « savez-vous » (p. ex. ibid., 89). Étant linguiste et dialectologue, Crévenat-Werner ne se présente pas comme telle. Quand elle parle de l'alsacien, mais aussi du français, mais sans faire jamais référence à l'allemand, elle utilise les pronoms *nous, nos, notre* dans des expressions comme *nous appelons* (p. ex. 2014, 23), *nous utilisons* (p. ex. 2013, 45), *nous disons* (ibid., 46), *nous comprenons* (p. ex. 2014, 36), *nos aînés* (2013, 33), *notre proverbe* (ibid., 54) etc. Des phrases qui commencent par « les lexicologues nous rappellent » (ibid., 52) ou bien « [l]es linguistes nous rappellent » (ibid., 87) montrent qu'elle se met en scène comme un membre du groupe des locuteurs.

4.1.2 Basque

Dans le domaine de l'aménagement linguistique, le basque profite de son statut transfrontalier :

> « [...] l'Académie de la langue basque, *Euskaltzaindia*, est une institution transfrontalière créée en 1919. Elle a élaboré à partir des années 1960 une forme standard de l'écrit, *euskara batua*, le basque unifié, qui s'est diffusé assez largement des deux côtés de la frontière dans l'enseignement, les grands médias et l'administration d'Euskadi, cohabitant de façon plus ou moins heureuse avec des parlers locaux là où ils n'ont pas disparu » (Coyos 2013, 436).

Or, chaque standard, transfrontalier ou non, se heurte au sentiment identitaire. C'est une des raisons pour lesquelles on trouve des discusssions de locuteurs et d'autres personnes intéressées, p. ex. sur le *Forum Babel. L'office public de la langue basque*, créé en 2004 (Castet 2011, 241), est un facteur important pour la sauvegarde et propagation de la langue minoritaire et offre, entre autres, des informations (p.ex. à propos de l'enseignement) et des outils linguistiques (dictionnaires, logiciel à télécharger etc). Il y a depuis des décennies des associations qui « oeuvr[ai]ent [...] en faveur de la langue basque » (ibid., 241). Depuis les années 90, *Euskal Konfederazioa* regroupe les acteurs (fédérations, responsables de l'enseignement, quotidiens, radios etc.) qui se consacrent à la défense et à la propagation de la langue basque (ibid., 242). Quant à la télévision, le programme de France 3 a déjà été mentionné. Selon Gendry du Conseil supérieur de l'audiovisuel, France Bleu Pays Basque propose, entre autres, « une chronique culturelle bilingue » (2011, 178) ; cette offre montre de nouveau le lien étroit entre langue et culture régionale.

4.1.3 Breton

Le breton a une tradition de chroniques plutôt riche. Un des chroniqueurs les plus connus est Joseph Marie (Job) Jaffré, qui écrivait des chroniques en breton pour le quotidien *La Liberté du Morbihan*. Elles ont été recueillies par Daniel le Doujet, aussi chroniqueur du journal, et publiées sous le titre *Etrezomp E Brezhoneg* (plusieurs tomes). Le Doujet a écrit d'autres contributions en breton, par ex. pour *Ouest-France*. Les résumés sur son site universitaire montrent qu'il ne s'agit pas de chroniques de langage au sens étroit, mais plutôt de contributions sur la culture bretonne en général. *Bretagne actuelle* offre une chronique en français avec une vidéo de Jean-Manuel Queiroz qui, elle aussi, traite des thèmes liés à la culture, la société et la langue bretonne. France Bleu (Breizh Izel, Amorique) offre « [d]iverses chroniques en breton ou en français autour du breton, du vocabulaire et de ses expressions » (Gendry 2011, 179).

L'exemple du breton suggère qu'une chronique d'une langue régionale ou minoritaire poursuit d'autres intérêts que celle d'une langue nationale. Par contre, les auteurs dont il a été question jusqu'ici ressemblent au chroniqueur du français, puisqu'il s'agit d'un écrivain et d'un linguiste.

Il y a des journaux en breton, mais « [i]l n'y a jamais eu de quotidien [...]. Les périodiques ne sont pas diffusés en kiosque et s'acquièrent essentiellement sur abonnement [...] » (Broudic 2011, 217). Le programme de télévision est assez limité (ibid., 219). Il y a plus d'activité sur internet (*Brezhoweb*, Broudic 2013, 450). Le breton bénéfice d'un soutien institutionnalisé : l'existence d'offices de langue comme l'*Ofis Publik ar Brezhoneg* aide à établir le contact entre spécialistes et non-spécialistes. Broudic, du *Centre de recherche bretonne et celtique UBO*, Brest, a sa propre page web (*Langue bretonne*), quelque chose que l'on peut observer également chez d'autres chercheurs de langues régionales (cf. Visser à paraître). Il y tient un blog. Quant à la communication entre spécialistes et non-spécialistes, il est intéressant de noter qu'il offre un « service de courriel» en répondant à des questions autour de la langue bretonne. L'activité des non-spécialistes est remarquable par ex. dans la version bretonne de l'encyclopédie Wikipedia (*Wikipedia br*) (Broudic 2013, 450). Wikipedia existe d'ailleurs dans beaucoup d'autres langues régionales et minoritaires (Born 2007).

4.1.4 Catalan

Le catalan peut profiter des activités de normalisation en Catalogne (Lagarde 2013, 460). Cependant, l'existence d'un point de référence au delà de la frontière n'implique pas une absence de problèmes de normativisation :

> « Bien qu'indéniablement favorisée par la dimension transfrontalière, la Catalogne du Nord n'échappe pas pour autant à la question récurrente de l'écart entre catalanophonie

populaire et expressions savantes, et à celle de la vitalité réelle de la langue catalane sur son territoire » (ibid., 461).

À la radio, c'est de nouveau France Bleu Roussillon qui offre de petites émissions. *Le dico d'aqui* (*France Bleu b*), « glossaire du français parlé dans le Roussillon qui regroupe les mots et les expressions qui n'ont pas trouvé d'équivalent en français » (Gendry 2011, 179), souligne l'intérêt de la linguistique populaire des langues minoritaires et régionales pour le lexique. Mais l'émission est aussi un exemple pour une chronique, non sur la langue minoritaire (*le catalan*), mais sur le français régional. Le même présentateur offre « une petite leçon de catalan » (*France Bleu c*, Gendry 2011, 179). Sa conception est prototypique : « Il nous apprend un mot de tous les jours, un terme du vocabulaire de base. Il nous en donne l'orthographe et l'étymologie, en précise le sens et nous incite à le répéter après lui. Tout ça avec le sourire ! » Il est encore une fois question du lexique, le présentateur donne des informations étymologiques, et l'émission sert à l'amusement.

En plus de France Bleu, Radio Arrels et France 3 (cf. chap. 3.2) transmettent en catalan. Le *Forum Babel* offre une sous-catégorie sur le catalan, en partie en langue française.

4.1.5 Corse

C'était un « mouvement social et culturel » (Giacomo-Marcellesi 2013, 465) qui a abouti à la « reconnaissance ‹ officielle › de la langue corse » (ibid.). Le rôle des non-linguistes est donc important pour l'aménagement linguistique d'une langue minoritaire. Dans son histoire, le corse devait situer ses activités de normalisation entre les traditions italiennes et françaises. Le *Forum Babel*, qui est une initiative (en langue) française, regroupe les discussions autour du corse sous la catégorie « Forum italien ». Le début du fil de discussion *Corsu (corse, corso)*, qui est en italien, montre que beaucoup de discussions « populaires » sont de caractère assez superficiel et que ceux qui discutent ou posent des questions ne sont souvent pas capables de parler la langue en question :

> « [Gaillimh] Vorrei sapere cio che pensate della lingua corsa ? A vostro parere, e' come l'italiano o no ? Ho notato che molte parole che finiscono cin la ‹ o › in italiano finiscono con la ‹ u › in corsico... Che pensate ? Che cosa/e avesti notato ?
>
> [Hiruma] Il corso, non è italiano è una lingua propia a se stessa. Molte parole finiscono con la ‹ o › anche in spagnolo, portuguese... che avete * e non ‹ avesti ›
>
> [Mancino] Veramente, io ho già sentito parlare ‹ corsù ›, ed è molto vicino all'italiano. Infatti, il corsico (credo che si dica piuttosto cosi, no ?) viene dal Toscano... Che è il dialetto da cui viene l'italiano (Dante Alighieri, che era Fiorentino, scriveva già a 75 per cento in italiano modern !). Quindi, anche se i Corsi non vorrano mai essere paragonati agli Italiani, le loro lingue rimangono molto vicine ! ! [...] [graphie de l'original, J.V.] » (*Projet Babel*).

Des pratiques culturelles, comme le théâtre ou la chanson, peuvent être étroitement liées à la question de la langue (Giacomo-Marcellesi 2013, 469). La présence du corse dans la presse augmente (ibid., 471).

4.1.6 Flamand occidental

Le flamand occidental n'a été reconnu que très tard, en 2003, comme langue régionale de France (Ryckeboer 2013, 475). Il s'agit de nouveau d'une langue transfrontalière. C'est le néerlandais qui, dans son histoire, figurait comme modèle, une langue standard qui « est perçue comme étrangère », parce que « difficile à comprendre, sans explications préalables, pour le locuteur de flamand dialectal de France » (ibid., 476). Évidemment, le néerlandais n'est pas utile « pour la formation identitaire de la communauté linguistique flamande de France » (ibid.). Le flamand occidental est représenté en France par le *Comité Flamand de France* et *L'Institut de la Langue Régionale Flamande*. Le *Comité* offre un bulletin contenant des articles qui ont des points en commun avec la chronique, mais qui n'apparaissent qu'irrégulièrement, p. ex. « La page en flamand/page flamande ». Des mouvements et associations comme *Cercle Michiel de Swaen, Menschen Lyk Wyder, Tegaere Toegaen, Het Reuzekoor* et des événements comme l'*Université populaire flamande* contribuent à la propagation du flamand (Ryckeboer 2013, 485). À la radio, c'est Radio Uylenspiegel qui offre des émissions en langue régionale (Gendry 2011, 183).

4.1.7 Francoprovençal

La présence du francoprovençal dans les médias est limitée :

> « Sa visibilité est faible ; l'aire géographique et le nom même du francoprovençal sont peu connus des locuteurs : ils utilisent spontanément le mot *patois*, terme qui désigne généralement, sans connotation particulière, un parler villageois ou, éventuellement, l'ensemble des parlers d'une région : *patois dauphinois, bressan, lyonnais...* Toutefois, le terme *francoprovençal* est actuellement en train de se répandre dans une frange de la population, sous l'effet des mouvements de promotion de la langue régionale » (Bert/Longre 2007, 43).

Il y a donc un problème de fragmentation de l'aire dialectale et un manque de conscience linguistique chez les lecteurs : « Cette langue régionale n'a jamais été ressentie comme un facteur d'identification, d'appartenance à une communauté régionale plus vaste qu'un village ou au mieux une contrée » (ibid., 50). Le domaine francoprovençal ne se limite pas à la France. Des sites suisses comme www.patois.ch (*Valaisan*) ou des émissions comme *La chronique : Patois* (*Canal 9*) montrent que l'intérêt pour le sujet existe. Il est intéressant de noter que cette émission est construite comme un quiz. De nouveau, le but est d'entretenir les spectateurs avec des questions qui visent le patrimoine culturel.

Par contre, le site *francoprovencal.com*, « Le site de l'arpitan en France, Suisse et Italie », est une initiative « transfrontalière ». Le terme *arpitan* remplace assez souvent celui de *francoprovençal* :

> « Le terme arpitan qui signifie montagnard ou berger a été repris au début des années septante (1970) pour répondre au besoin de lever la confusion générée par le terme francoprovençal. La forme particulière arpitan a été choisie pour sa ressemblance avec le nom de la seconde grande langue gallo-romane, l'occitan. Arpitan est formé à partir de la racine pré-indo-européenne *alp-*, dans sa variante dialectale moderne *arp-* ; [...] » (ibid.).

Il s'agit d'une appellation qui a « un certain succès, en particulier dans les réseaux de jeunes militants » et sur internet (Bert/Martin 2013, 496). Le site offre des informations à propos d'activités culturelles liées au francoprovençal ; il relie des sites de Radio dialectale, la Wikipedia en arpitan (*Wikipedia frp*), donne des informations sur la graphisation etc. L'opinion des locuteurs est explicitement prise en compte, puisqu'il existe la possibilité d'écrire à l'association et de demander des explications ou commentaires. Pourtant, l'activité sur le site est assez faible, ce qui est typique pour beaucoup de pages Web qui s'occupent des langues minoritaires. Comme d'autres langues régionales, l'arpitan dispose d'une page sur Facebook (*Facebook Arpitania*), qui montre de nouveaux types de discussions qui se caractérisent par une bidirectionnalité et la participation de personnes qui n'ont pas de formation philologique.

L'*Institut Pierre Gardette*, associé à l'université de Lyon, ne s'adresse pas au « peuple », bien que Bert/Longre (2007, 41) le caractérisent comme un « lieu de carrefour où se croisent chercheurs, locuteurs et acteurs de la promotion du francoprovençal, où s'échangent des informations, se tissent des liens où s'élaborent des projets ». Des sites comme celui de la *langue savoyarde* montrent la fragmentation de l'aire linguistique, mais aussi l'intérêt de toute la société pour le francoprovençal, puisque ce site-là cible une audience « populaire ».

Selon Bert/Longre (2007, 43), « [l]e nombre d'associations ou de clubs dédiés au patois augmente ». Des exemples comme *Amis du Francoprovençal en Pays Lyonnais* (ibid., 44), suggèrent, puisqu'ils offrent très peu de textes en langue régionale, que les compétences linguistiques des lecteurs – et peut être aussi de ceux qui s'occupent du site – sont assez réduites. Dans les associations et dans leurs auditoires, Bert/Longre (ibid., 46s.) identifient trois groupes d'acteurs : les « locuteurs natifs », les « semi-locuteurs » (« locuteurs tardifs », c'est-à-dire des personnes qui à l'origine n'avaient que des compétences passives) et des « jeunes de 20 à 35 ans » qui aujourd'hui encore comprennent le dialecte sans le parler.

4.1.8 Occitan et Gascon

Pour l'occitan, il y avait un discours normatif déjà au Moyen Âge (p. ex. Swiggers 2011). La perte de fonctions communicatives de l'occitan à partir surtout du XVIe siècle ne mena pas à une disparition totale de celui-ci, mais les tentatives de normativisation qui existaient se caractérisaient par un rayon d'action très restreint (Polzin-Haumann 2006, 1478s). Les activités liées à l'aménagement linguistique prouvent que les locuteurs eux-mêmes tendaient à accepter la dévalorisation de la langue régionale comme *patois* (ibid., 1479). Au XIXe siècle, les tentatives de restandardisation, surtout dans l'environnement de la Félibrige, signifiaient un certain tournant (ibid., 1479) et témoignaient d'une activité de non-spécialistes dans l'aménagement linguistique, favorisée par le manque d'institutions officielles (Osthus 2006, 1543). Encore aujourd'hui, toute activité « populaire » dans le domaine de l'aménagement linguistique peut être mise en corrélation avec l'existence ou la non-existence d'institutions linguistiques.

La création de l'*Institut d'Estudis Occitans* en 1945 (Polzin-Haumann 2006, 1480) peut donc être considérée comme un pas en avant pour la linguistique populaire occitane. L'Institut offre une lettre d'information en langue française et occitane qui permet au public de s'informer régulièrement. La revue *Oc,* fondée en 1923 et conçue plutôt comme une revue littéraire, publie des contributions à propos de la langue occitane, avec, entre autres, une chronique de Ramon Chatbèrt (*Questions de lenga*, Tarn, 1983, cf. Osthus 2006, 1543). Contrairement aux exemples qui ont été discutés dans le contexte de l'alsacien, Chatbèrt se centre sur la discussion de la grammaire. Comme Crévenat-Werner, l'auteur utilise les pronoms de la première personne du pluriel (*nosautres*, Osthus 2006, 1543). Les auteurs veulent donc créer un sentiment de groupe. Tandis que Chatbèrt écrit en occitan, Osthus indique l'utilisation du français dans d'autres textes du domaine de la linguistique populaire occitane (ibid.).

Dans son analyse de chroniques occitanes dans la presse régionale, Weth fait les mêmes observations : dans ses exemples, l'auteur (Charles Mouly) essaie également d'établir une « intimité » entre lui et les lecteurs. Il raconte des anecdotes pour capter le lecteur (Weth 2002, 86). Pour créer un sentiment d'intimité, il a recours à la langue de la vie privée, au « patois », qui est lié à l'oralité. Tandis que ceci est facile à réaliser dans ses chroniques à la radio, le passage à l'écrit dans la presse, tout en gardant une impression d'oralité, est plus difficile (ibid., 86s.). Le désir de créer une intimité entre auteur et lecteur est donc un argument en faveur et contre l'emploi de la langue régionale dans une chronique. En utilisant l'occitan, le sentiment d'intimité entre l'auteur et le lecteur occitanophone est très grand, mais ce procédé crée une grande distance par rapport au lecteur francophone.

La chronique « A tu d'en parlar » du journal *La Nouvelle République des Pyrénées*, également analysée par Weth, va plus loin : Elle « offre [...] la possibilité à tout lecteur de rédiger un article » (Weth 2002, 92s.). C'est encore un exemple en faveur du dialogue entre auteurs et lecteurs (ibid., 93).

Dans son étude de « publications périodiques en langue d'oc », Alén Garabato (2007, 21) découvre des différences remarquables quant aux thèmes traités entre

> « [...] les revues qui utilisent la graphie mistralienne et celles qui utilisent la graphie classique. Ce sont les premières qui privilégient le plus la création culturelle et la vie de l'association, ainsi que le folklore et la cuisine ou l'histoire. Dans les revues à graphie classique [...] d'autres préoccupations sont abordées : les questions de politique linguistique, de revendication, de norme, les informations sur d'autres langues minoritaires ou d'autres sujets sociaux ([....]). Leur rôle en tant que vecteurs de la culture occitane est toujours important mais ces publications donnent une image moins figée de l'occitanité ».

L'*occitanité* ne se limite alors pas aux questions de langue. Les activités liées à la linguistique populaire ne sont point libres d'idéologie. Le fait que ces revues sont rédigées par des non-professionnels (ibid., 22) souligne l'importance du « peuple » dans toute l'activité linguistique qui s'occupe des langues minoritaires et régionales. La liste des fonctions de ce type de revues dressée par Alén Garabato est plus ou moins applicable à des sites web et à des revues dialectales d'autres domaines linguistiques :

> « 1. Maintenir les liens avec une culture, une région, une ville/village. [...]. 2. Informer des manifestations festives, militantes, des parutions de livres [...]. 3. Faire connaître [...] les créations occitanes, fondamentalement littéraires [...]. 4. Contribuer à la diffusion d'une certaine norme [...] (règles de prononciation ou d'écriture, lexiques, études grammaticales...). 5. [...] montrer que l'on peut écrire sur n'importe quel sujet en occitan et donc contribuer (modestement) à la *normalisation* de la langue [italique dans l'original, J.V.]» (ibid., 22s.).

France Bleu offre des chroniques comme *Lenga d'Oc* (« Joanda explique la langue et la culture d'Occitanie », *France Bleu d*) et *Les mots d'Oc* (« Une leçon d'Occitan chaque matin sur France Bleu Toulouse, avec Géraud Delbès », *France Bleu e*). La dernière est, comme le montre le titre, encore une fois une émission qui explique du vocabulaire, mais aussi des toponymes. L'intérêt pour les noms de lieux s'explique par leur valeur symbolique pour l'identité régionale. Sur France Bleu Périgord, une émission équivalente s'appelle *Le mot en òc* ; sur France Bleu Vaucluse, il y a des chroniques qui commentent des proverbes, des expressions ou des histoires (Gendry 2011, 180).

Quant à l'activité sur internet, on pourrait citer le Blog *Rubrica en Oc* du quotidien *Sud Ouest*, qui montre que la linguistique populaire des langues minoritaires et régionales se caractérise par un ancrage dans des institutions à caractère local, même si les contributions sont accessibles dans le monde entier grâce à l'internet. Dans le *Forum Babel*, il existe une sous-catégorie *Forum langue d'oc*, d'une activité restreinte (*Projet Babel*). Les titres des discussions, p. ex. « Villages de la ligne cha/ca », « Comparaison historique des différents dialectes d'oc », « De las grafias e de las variaretats d'occitan », « Mòts e expressions de vòstre país », « Historique de la classification des langues d'oc », « La prononciation du 'h' en gascon » etc. montrent qu'il y a un grand intérêt de la part des non-spécialistes pour différentes questions de langage.

L'intérêt pour des problèmes d'orthographe, mais aussi pour l'histoire des différents dialectes est assez caractéristique de ce type de « linguistique populaire » (cf. Visser 2008 ; 2012 ; à paraître).

Pour toute offre autour du gascon – que nous allons mentionner ici, même si, d'une perspective identitaire, il est discutable de grouper cette variété diatopique sous l'étiquette *occitan* – on peut renvoyer à l'*Institut Béarnais & Gascon*, surtout à sa *Lettre* et son blog. Toutes ces formes de communication, parfois en français, parfois en gascon, offrent un corpus d'analyse très riche, mais également très hétérogène. Pour le béarnais, Gendry mentionne une chronique bilingue intitulée *Les mots en òc* (2011, 178). *Sud Ouest* publie une chronique de Jean-Jacques Fénié intitulée *Parlam gascon*, analysée par Weth (2002, 90). Elle est rédigée en gascon, avec un chapeau en français. L'auteur donne des informations sur la langue et culture occitanes et commente les usages linguistiques caractéristiques (ibid.). Comme stratégies pour inciter le public à lire l'occitan, Weth identifie la « diversité thématique », les « différentes manières de s'adresser au lecteur au cours de l'énoncé », le fait que l'auteur ici aussi essaie de créer une communauté avec le lecteur, « symbiose qui se définit par l'usage du gascon » (ibid., 91), et que les chroniques contiennent des éléments dialogiques (ibid.). En vue de l'importance des variétés diatopiques pour le sentiment identitaire des locuteurs, il est intéressant de noter que l'auteur évite toujours le glottonyme *occitan* (ibid.). Finalement, c'est le chapeau en français, dans lequel « la langue française est [...] privée d'une référence propre. Elle n'assume que la fonction de renvoyer à l'article rédigé en occitan » (ibid., 92), qui invite à la lecture.

4.1.9 Langues d'oïl

Le grand nombre de langues régionales de la famille des langues d'oïl empêche d'en parler exhaustivement. Nous discutons quelques exemples qui montrent que l'activité ressemble à tout ce que nous avons vu jusqu'ici :

France Bleu offre aussi des émissions pour les langues d'oïl. Sur France Bleu Cotentin par exemple, pour le normand, « Rémi Pézeril de l'association Magène vous fait découvrir, ou re-découvrir, le parler normand, par le biais d'une caunchounette ou une chanson. Il nous en explique le vocabulaire et nous initie à la culture normande ». Sur France Bleu Nord, il est possible d'écouter le picard « avec les chroniques d'Eva Di Battista, José Ambre et Alain Dawson » (*Chtimipicard*). Sur la même chaîne, l'horoscope, donc un type de texte populaire, « est donné en ch'ti » (Gendry 2011, 179), variété diatopique du picard. France Bleu Picardie offre une chronique « avec un conteur qui donne l'origine des lieux et des surnoms des habitants des communes de la Somme » (ibid., 180). Sur France Bleu Berry, on pouvait écouter *Le mot berrichon* (2012–2013, *France Bleu g*).

Le linguiste Alain Dawson est responsable du site *Chtimipicard.com*. On y trouve quelques articles liés à des questions de langage, dans la rubrique *Busiaches* « réflexions ». Sur internet, les experts participent donc activement à la vulgarisation des connaissances sur la langue régionale.

Il y a aussi des forums de discussions. Encore une fois, on peut faire référence au *Projet Babel* avec la catégorie « langues d'oïl ». Le caractère souvent idéologique des discussions autour de langues minoritaires et régionales est mis en évidence p. ex. par le fil de discussion du Forum *Normanring* (« Pour une Normandie Région autonome »), *Nout'Lungue Eud'Nourmandie*.

Sur le site *Chespicards*, on trouve des vidéos à propos du picard (cf. Visser à paraître), intitulées *Les mots Picards* et publiées par Jean-Pierre Semblat. Il s'agit de reproductions d'émissions sur *SaintQuentinTV*. Le titre des vidéos et le fait qu'ils apparaissent régulièrement, bien qu'à intervalles très grands, montrent qu'il s'agit d'un type de chronique de langage.

4.2 D'autres activités dans le domaine de la linguistique populaire

Jusqu'ici, les explications se sont centrées sur la chronique de langage, tout en abordant d'autres activités du domaine de la linguistique populaire. Les guides de langage méritent également d'être mentionnés. On observe un nombre considérable de publications qui traitent des langues de minorité et régionales, surtout celles de la collection *Pour les Nuls*, p. ex. pour le breton (Le Bihan/Denis/Ménard 2009), le basque (Coyos/Salaberria 2009) ou le chti (Gryson/Poulet 2009), mais aussi la collection *de poche* de la maison d'édition *Assimil* (catalan : Radatz 2002/2011, francoprovençal : Martin 2005, chtimi/picard : Dawson 2004 ; 2005). Parmi les auteurs, nous reconnaissons des linguistes déjà mentionnés au chapitre 4.1.

En France, la bande dessinée a une si grande importance qu'elle est considérée comme le « 9ème art ». Cette importance se reflète dans l'existence d'un grand nombre de traductions de BDs très connues, comme *Tintin* ou *Astérix*, en langue minoritaire et régionale. Ces traductions ont une valeur symbolique et sont parfois même des manifestations linguistiques : Dans le cas du picard, p. ex., *Astérix : Le grand fossé*, a été traduit en picard (*Ch'village copè in II*) avec le but de « concilier la langue du nord avec celle du sud » (Goscinny/Uderzo ; Préface des traducteurs ; cf. Visser à paraître).

5 Conclusions

En France, comme ailleurs, il y a une grande activité dans le domaine de la linguistique populaire centrée sur les langues régionales et minoritaires. Comme acteurs, nous trouvons des linguistes, des journalistes, des institutions, et, surtout sur internet, des non-spécialistes. La communication se caractérise souvent par une bidirectionnalité, pas seulement sur internet, qui favorise l'interaction, mais aussi dans la chronique de presse. Les médias caractéristiques de la chronique des langues minoritaires et régionales sont la radio (surtout France Bleu), la presse (régionale) et internet. Quant au contenu, on peut observer une tendance à privilégier le lexique. Les textes contiennent beaucoup d'éléments culturels et historiques. Les auteurs essaient de présenter les thèmes d'une manière agréable et créent une intimité avec le lecteur. Pour pouvoir être lus ou écoutés par beaucoup de personnes, ils écrivent souvent en français ou intègrent des éléments français (chapeaux, traductions) dans leur texte.

De nos jours, les langues régionales et minoritaires sont réduites à leurs fonctions culturelles. C'est donc la discussion autour de la langue et la vulgarisation de certaines connaissances de celle-ci qui jouent un rôle primordial. L'attention qui est portée à ces pratiques culturelles est trop réduite jusqu'à présent ; le nombre de publications qui analysent des chroniques de langage est insignifiant. Il reste beaucoup à faire et beaucoup à découvrir.

6 Bibliographie

6.1 Littérature

Alén Garabato, Carmen (2007), *Les publications périodiques en langue d'oc, vecteurs de diffusion de la culture occitane*, in : Carmen Alén Garabato/Henri Boyer (edd.), *Les langues de France au XXIᵉ siècle : vitalité sociolinguistique et dynamiques culturelles*, Paris, L'Harmattan, 9–23.

Antos, Gerd (1996), *Laien-Linguistik. Studien zu Sprach- und Kommunikationsproblemen im Alltag. Am Beispiel von Sprachratgebern und Kommunikationstraining*, Tübingen, Niemeyer.

Bakrim, Noureddine (2007), *Le web amazigh : spécificités des pratiques langagières et contact avec le français*, in : Carmen Alén Garabato/Henri Boyer (edd.), *Les langues de France au XXIᵉ siècle : vitalité sociolinguistique et dynamiques culturelles*, Paris, L'Harmattan, 25–40.

Bert, Michel/Longre, Claude (2007), *Le décalage entre la dynamique de promotion du franco-provençal et le conservatisme de ses expressions : indice de déclin ou phase annonciatrice d'un renouveau ?*, in : Carmen Alén Garabato/Henri Boyer (edd.), *Les langues de France au XXIᵉ siècle : vitalité sociolinguistique et dynamiques culturelles*, Paris, L'Harmattan, 41–50.

Bert, Michel/Martin, Jean-Baptiste (2013), *Le francoprovençal*, in : Georg Kremnitz (ed.), *Histoire sociale des langues de France*, Rennes, Presses Universitaires, 489–501.

Born, Joachim (2007), *Wikipedia. Darstellung und Chancen minoritärer romanischer Varietäten in einer virtuellen Enzyklopädie*, in : Martin Döring/Dietmar Osthus/Claudia Polzin-Haumann (edd.), *Sprachliche Diversität : Praktiken – Repräsentationen – Identitäten. Akten der Sektion « Potenziale sprachlicher Diversität in den romanischen Sprachen » des XXIX. Deutschen Romanistentages Saarbrücken (25.–29.09.2005)*, Bonn, Romanistischer Verlag, 173–189.

Broudic, Fañch (2011), *Presse et médias en langue bretonne : les enjeux*, in : Christos Clairis et al. (edd.), *Langues et cultures régionales de France. Dix ans après. Cadre légal, politiques, médias*, Paris, L'Harmattan, 213–225.

Broudic, Fañch (2013), *Le breton*, in : Georg Kremnitz (ed.), *Histoire sociale des langues de France*, Rennes, Presses Universitaires, 439–453.

Castet, Sébastien (2011), *Euskal Konfederazioa*, in : Christos Clairis et al. (edd.), *Langues et cultures régionales de France. Dix ans après. Cadre légal, politiques, médias*, Paris, L'Harmattan, 241–246.

Cellard, Jacques (1983), *Les chroniques de langage*, in : Édith Bédard/Jacques Maurais (edd.), *La norme linguistique*, Québec, Conseil de la Langue Française, 651–666.

Cerquiglini, Bernard (1999), *Les langues de la France. Rapport au Ministre de l'Éducation Nationale, de la Recherche et de la Technologie et à la Ministre de la Culture et de la Communication*, http://www.culture.gouv.fr/culture/dglf/lang-reg/rapport-cerquiglini/langues-france.html (12.09.2006).

Chatbèrt, Ramon (1983), *Questions de lenga*, Tarn, Institut d'Estudis Occitans.

Coyos, Jean-Baptiste (2013), *Le basque*, in : Georg Kremnitz (ed.), *Histoire sociale des langues de France*, Rennes, Presses Universitaires, 427–437.

Coyos, Jean-Baptiste/Salaberria, Jasone (2009), *Le basque pour les nuls*, Paris, Édition First.

Crévenat-Werner, Danielle (2013), *Ces mots que nous aimons. E Hämpfele üs'm Wortschàtz*, vol. 4, Colmar, Jérôme Do Bentzinger Éditeur.

Crévenat-Werner, Danielle (2014), *Ces mots que nous aimons. E Hämpfele üs'm Wortschàtz*, vol. 7, Colmar, Jérôme Do Bentzinger Éditeur.

Dawson, Alain (2004), *Le « Chtimi » de poche. Parler picard du Nord et du Pas-de-Calais*, Chennevières-sur-Marne Cedex, Assimil.

Dawson, Alain (2005), *Le Picard de poche*, Chennevières-sur-Marne Cedex, Assimil.

Demel, Daniela (2006), *Laienlinguistik und Sprachchroniken : Italienisch*, in : Gerhard Ernst et al. (edd.), *Romanische Sprachgeschichte. Ein internationales Handbuch zur Geschichte der romanischen Sprachen*, vol. 2, Berlin/New York, de Gruyter, 1523–1533.

Gendry, Nicole (2011), *Le Conseil Supérieur de l'Audiovisuel et les langues régionales*, in : Christos Clairis et al. (edd.), *Langues et cultures régionales de France. Dix ans après. Cadre légal, politiques, médias*, Paris, L'Harmattan, 175–186.

Giacomo-Marcellesi, Mathée (2013), *Le corse*, in : Georg Kremnitz (ed.), *Histoire sociale des langues de France*, Rennes, Presses Universitaires, 465–473.

Goscinny, René/Uderzo, Albert (2007), *Ch'vilage cope in II*, traduction : Alain Dawson, Jacques Dulphy, Jean-Luc Vigneux, Paris, Les Éditions Albert René.

Gryson, Pierre-Marie/Poulet, Denise (2009), *Le chti pour les nuls*, Paris, Édition First.

Haarmann, Harald (1996), *Identität*, in : Hans Goebl et al. (edd.), *Kontaktlinguistik. Ein internationales Handbuch zeitgenössischer Forschung*, vol. 1, Berlin/New York, de Gruyter, 218–233.

Lagarde, Christian (2013), *Le catalan*, in : Georg Kremnitz (edd.), *Histoire sociale des langues de France*, Rennes, Presses Universitaires, 455–464.

Le Bihan, Hervé/Denis, Gwendal/Ménard, Martial (2009), *Le Breton pour les nuls*, Paris, Édition First.

Lüsebrink, Hans-Jürgen, et al. (2004), *Französische Kultur- und Medienwissenschaft. Eine Einführung*, Tübingen, Narr.

Martin, Jean-Baptiste (2005), *Le francoprovençal de poche*, Chennevières-sur-Marne Cedex, Assimil.

Niedzielski, Nancy A./Preston, Dennis R. (2000), *Folk linguistics*, Berlin/New York, Mouton de Gruyter.

North, Xavier (2011), *Langues et cultures régionales dix ans après*, in : Christos Clairis et al. (edd.), *Langues et cultures régionales de France. Dix ans après*, Paris, L'Harmattan, 25–34.

Osthus, Dietmar (2006), *Laienlinguistik und Sprachchroniken : Französisch und Okzitanisch*, in : Gerhard Ernst et al. (edd.), *Romanische Sprachgeschichte. Ein internationales Handbuch zur Geschichte der romanischen Sprachen*, vol. 2, Berlin/New York, de Gruyter, 1533–1546.

Polzin-Haumann, Claudia (2006), *Sprachplanung, Sprachlenkung und institutionalisierte Sprachpflege : Französisch und Okzitanisch*, in : Gerhard Ernst et al. (edd.), *Romanische Sprachgeschichte. Ein internationales Handbuch zur Geschichte der romanischen Sprachen*, vol. 2, Berlin/New York, de Gruyter, 1472–1486.

Quemada, Bernard (1970/1972), *Bibliographie des Chroniques de langage publiées dans la presse française*, 2 vol., Paris, Didier.

Radatz, Ingo (2002/2011), *Le catalan de poche*, adaptation française Joan Dorandeu ; illustrations de Jean-Louis Goussé, Chennevières-sur-Marne Cedex, Assimil.

Remysen, Wim (2005), *La chronique de langage à la lumière de l'expérience canadienne-française : un essai de définition*, in : Julie Bérubé/Karine Gauvin/Wim Remysen (edd.), *Les Journées de linguistique. Actes du 18e colloque 11–12 mars 2004*, Québec, Centre interdisciplinaire de recherches sur les activités langagières, 267–281.

Ryckeboer, Hugo (2013), *Le flamand de France*, in : Georg Kremnitz (ed.), *Histoire sociale des langues de France*, Rennes, Presses Universitaires, 475–488.

Schwarze, Christoph (1977), *Sprachschwierigkeiten, Sprachpflege, Sprachbewusstsein. Das Phänomen der « Chroniques de Langage »*, Konstanz, Universitätsverlag.

Stegu, Martin (2012), *Les politiques linguistiques entre linguistique appliquée et linguistique populaire*, in : Peter Cichon/Sabine Erhart/Martin Stegu (edd.), *Les politiques linguistiques implicites et explicites en domaine francophone*, Berlin, Avinus, 31–36.

Swiggers, Pierre (2011), *La (relative) standardisation de l'ancien occitan appréhendée à travers les premières descriptions grammaticales*, in : Sarah Dessì Schmidt/Jochen Hafner/Sabine Heinemann (edd.), *Koineisierung und Standardisierung in der Romania*, Heidelberg, Winter, 133–149.

Visser, Judith (2008), *Dialekte im Digitalen Raum. Das Pikardische als « langue régionale parlée sur le WEB »*, in : Sabine Bastian/Elisabeth Burr (edd.), *Mehrsprachigkeit in frankophonen Räumen*, München, Meidenbauer, 147–169.

Visser, Judith (2012), *Varietäten im virtuellen Raum : Normannische Sprachkultur im Internet*, in : Annette Gerstenberg/Claudia Polzin-Haumann/Dietmar Osthus (edd.), *Sprache und Öffentlichkeit in realen und virtuellen Räumen*, Bonn, Romanistischer Verlag, 79–106.

Visser, Judith (à paraître), *The Role of Small Languages II : Presence of Picard in Medial Communication*, in : Christiane Maaß/Kristina Bedijs (edd.), *Manual of Romance Languages in the Media*, Berlin/Boston, de Gruyter.

Weth, Constanze (2002), *Osciller entre la langue de culture et la langue d'intimité. La description de l'usage de l'occitan dans quelques chroniques occitanes*, Lengas 51 (*Usages sociaux de l'Occitan*), 83–99.

6.2 Sources Internet

AFDMC = Association Française de Droit des Médias et de la Culture (2012), *« Quelle place pour les langues régionales sur les télévisions publiques ? Question écrite n° 5705 de M. Paul Molac (Écologiste – Morbihan) – J=, 2 octobre 2012, p. 5304 »*, http://www.droit-medias-culture.com/Quelle-place-pour-les-langues,1054.html (21.01.2014).

Amis du Francoprovençal en Pays Lyonnais = http://nontra.lingua.free.fr/ (02.04.2014).

Brezhoweb = http://www.brezhoweb.com/ (11.05.2015).

Canal 9 = http://www.canal9.ch/television-valaisanne/emissions/la-chronique/18-06-2013/patois.html (02.04.2014).

Centre de recherche bretonne et celtique UBO = http://www.univ-brest.fr/crbc (11.05.2015).

Chespicards = http://chespicards.fr/articles-et-textes/les-mots-picards-du-6-janvier-2012/ (21.03.2014).

Chtimipicard = http://chtimipicard.free.fr/ (24.03.2014).

Comité Flamand de France = http://www.comiteflamanddefrance.fr (21.03.2014).

Engelaere, Olivier = http://home.nordnet.fr/~oengelaere/achteure/ (26.02.2014).

Euskal Konfederazioa = http://www.eke.org/fr (21.03.2014).

Facebook Arpitania = https://www.facebook.com/arpitania (02.04.2014).

France 3 Alsace (04.03.2014) = http://alsace.france3.fr/emissions/babbel-platz-0 (04.03.2014).

France 3 Aquitaine = http://aquitaine.france3.fr/emissions/viure-al-pais-0 (04.03.2014).

France 3 Bretagne = http://bretagne.france3.fr/emissions/france-3-breizh (04.03.2014).

France 3 Corse = http://corse.france3.fr/ (04.03.2014).

France 3 Languedoc-Roussillon = http://languedoc-roussillon.france3.fr/emissions/pyrenees-pirineos (04.03.2014).

France Bleu a = http://www.francebleu.fr/langue-regionale/mot/e-wort-e-daa/le-mot-du-jour-erbs-dans-la-flanerie-lexicale-de-l-ami-hebdo (04.03.2014).

France Bleu b = http://www.francebleu.fr/emissions/le-dico-d-aqui (21.03.2014).

France Bleu c = http://www.francebleu.fr/emissions/un-mot (02.04.2014).

France Bleu d = http://www.francebleu.fr/emissions/lenga-d-oc (22.08.2013).

France Bleu e = http://www.francebleu.fr/emissions/les-mots-d-oc-0 (09.10.2013).

France Bleu f = http://www.francebleu.fr/langue-regionale/les-mots-d-oc/les-mots-d-oc-bob-occitan-ete-23-08 (11.03.2014).

France Bleu g = http://www.francebleu.fr/emissions/le-mot-berrichon (21.03.2014).

Francoprovencal.com = http://www.francoprovencal.com/ (02.04.2014).

Institut de la Langue Régionale Flamande = http://www.anvt.org/ (21.03.2014).

Institut Béarnais & Gascon = http://www.languegasconne.com/ (12.03.2014).

Institut d'Estudis Occitans = http://www.ieo-oc.org/Lettre-en-francais (11.03.2014).

Institut Pierre Gardette = http://www.univ-catholyon.fr/acces-direct/fac-ecoles-instituts/institut-pierre-gardette/ (12.03.2014).

Langue bretonne = http://www.langue-bretonne.com (21.03.2014).

le Doujet, Daniel = http://perso.univ-rennes2.fr/daniel.ledoujet (20.08.2013).

Le Liaun = http://www.bertaeyn-galeizz.com (14.09.2012).

L'office public de la langue basque = http://www.mintzaira.fr (21.03.2014).

Normanring = http://normanring.forum-actif.net/ (24.03.2014).

Oc = http://www.ocrevista.com (11.03.2014).

Ofis Publik ar Brezhoneg = http://www.opab-oplb.org/ (12.03.2014).

Parlam gascon = http://parlamgascon.blogs.sudouest.fr/archives/ (24.03.2014).

Projet Babel = http://projetbabel.org (17.03.2014).

Queiroz, Jean-Manuel = http://www.bretagne-actuelle.com/jean-manuel-de-queiroz-secoue-toi-bretagne-/chronique/la-chronique-de-jean-manuel-de-queiroz/402-12-17 (11.05.2015).

Rubrica en Oc = http://occitan.blogs.sudouest.fr (11.03.2014).

SaintQuentinTV = www.saintquentintv.fr/ (04.03.2014).

Site de la Langue Savoyarde = http://www.langue-savoyarde.com (02.04.2014).

Valaisain = http://www.patois.ch (26.02.2014).

Wikipedia br = http://br.wikipedia.org (21.03.2014).

Wikipedia frp = http://frp.wikipedia.org/wiki/Re%C3%A7ua (02.04.2014).

Thomas Krefeld

11 L'immédiat, la proximité et la distance communicative

Abstract : Après la révolution médiale amenée par la victoire de l'internet il est indispensable de repenser les rapports entre médialité, variabilité et spatialité. Les nouvelles conditions communicatives exigent notamment de différentier entre l'immédiat, c'est-à-dire l'oralité spontanée d'une situation face-à-face, d'un côté, et l'emploi du langage médiatisé par certaines techniques, soit-elles traditionelles comme l'écriture ou actuelles comme les options électroniques. Dans un certain sens, l'histoire et le progrès des médias ont toujours et continuellement été stimulés par l'effort de libérer les interlocuteurs de la coprésence spatiale, obligatoire pour se parler 'immédiatement'.

Keywords : variation, oralité, graphie, nouveaux médias, langage médiatisé

À la mémoire de Peter Koch

1 La quatrième dimension de la variation linguistique

Le modèle en question dans cet article a été proposé et élaboré à plusieurs reprises par Peter Koch et Wulf Oesterreicher (1985 ; 1990/²2011 ; 2001) ; il a été développé dans la tradition de la linguistique variationnelle telle qu'elle avait été esquissée par Eugenio Coseriu depuis les années 50 (cf. Dufter/Stark 2002). Les deux concepts clés, « l'immédiat » et « la distance », désignent les pôles extrêmes d'une dimension particulière de la variation linguistique, à côté des dimensions diatopique (ou dialectale), diastratique (ou sociale) et diaphasique (ou stylistique). Cette quatrième dimension servirait à positionner les divergences entre l'oralité et la scripturalité dans l'ensemble des variantes linguistiques ; elle se distingue donc essentiellement de la diatopie comme de la diastratie parce qu'elle se situe aux trois niveaux du langage humain (Coseriu ³1994, 7), qui sont les niveaux universel, historique et individuel/actuel. La quatrième dimension englobe alors la parole (dans le sens saussurien), c'est-à-dire l'activité verbale du locuteur et non pas seulement la langue, comme l'expression « langue de l'immédiat/de la distance » pourrait faire croire. Elle s'avoisine par contre de la diaphasie car le style aussi est un effet du discours qui implique la sélection des unités verbales par le locuteur même ; l'opposition de tradition britannique entre la « variation according to user » et la « variation according to use » est très claire à cet égard (cf. Halliday/McIntosh/Strevens 1964 ; Krefeld 2010).

L'immédiat et la distance communicatifs se distinguent par toute une série de paramètres et représentent des « options conceptionnelles » pour la mise en parole d'une information. Chaque paramètre est défini comme continuum dont les extrêmes seulement sont marqués dans la figure suivante par deux termes opposés (à gauche et à droite) :

Figure 1 : Paramètres de caractérisation de l'immédiat et la distance communicative (Koch/Oesterreicher 2001, 586 ; figure complétée par la première ligne)

immédiat communicatif affinité avec le code phonique	distance communicative affinité avec le code écrit
① communication privée	communication publique ❶
② interlocuteur intime	interlocuteur inconnu ❷
③ émotionnalité forte	émotionnalité faible ❸
④ ancrage actionnel et situationnel	détachement actionnel et situationnel ❹
⑤ ancrage référentiel dans la situation	détachement référentiel de la situation ❺
⑥ coprésence spatio-temporelle	séparation spatio-temporelle ❻
⑦ coopération communicative intense	coopération communicative minime ❼
⑧ dialogue	monologue ❽
⑨ communication spontanée	communication préparée ❾
⑩ liberté thématique	fixation thématique ❿
etc.	etc.

Les différentes options conceptionnelles qui résultent des diverses possibilités de combinaisons entre les extrêmes et les degrés intermédiaires de tous les paramètres permettent de dessiner le profil conceptionnel de nombreux discours et traditions discursives (cf. Koch 1997 ; Wilhelm 2001 ; 2003 ; Kabatek 2005) – de la conversation spontanée entre amis jusqu'à la formulation d'une loi. On notera que les grades intermédiaires, qui ne sont pas verbalisés dans la Figure 1, n'étaient jamais rendus opérationnels par les auteurs ; cf. Androutsopoulos 2007, 80). Selon Koch/Oesterreicher, tous ces discours et genres se manifestent à travers deux, et seulement deux, « options médiales », assavoir la phonie et la graphie. En principe, chaque constellation conceptionnelle peut parfaitement être matérialisée par l'une ou l'autre de ces « options médiales », mais il existe des « affinités » assez fortes : plus une conception s'approche du côté gauche de la Figure 1 (« immédiat »), plus elle a tendance à se manifester sous forme phonique et plus elle s'approche du côté droit (« distance »), plus elle tend vers la graphie.

Le croisement des deux types d'options (conception et média) avait été formulé pour la première fois par un autre linguiste allemand :

> « C'est au romaniste Ludwig Söll que nous devons la conceptualisation la plus explicite et la plus convaincante en matière d'oralité et de scripturalité (cf. Söll 1974, 11–19 = ³1985, 17–25). Lui aussi met en évidence la différence fondamentale entre l'aspect médial et l'aspect conceptionnel d'un énoncé. Il faut, effectivement, insister sur le fait que la réalisation médiale, phonique ou

graphique, est, en principe, indépendante de ‹ l'allure › linguistique de l'énoncé. C'est à ce dernier aspect conceptionnel que Söll applique les termes de langue parlée et de langue écrite. Les options conceptionnelles et médiales permettent quatre combinaisons possibles : ‹ parlé phonique ›, ‹ parlé graphique ›, ‹ écrit phonique ›, ‹ écrit graphique › » (Koch/Oesterreicher 2001, 585).

Les options conceptionnelles et médiales se distingueraient fondamentalement, étant donné que la conception représente un continuum de formes et que le côté médial est conçu comme dichotomie.

L'élaboration de cette approche par Koch/Oesterreicher est remarquable en raison de sa souplesse et son applicabilité – peu fiable du reste parce que non opérationnelle. Elle a trouvé un écho assez fort (cf. Hennig/Feilke, en préparation) qui n'est pas du tout restreint aux pays de langue allemande ; la traduction espagnole des auteurs mêmes a sans doute contribué à ce succès, mais aussi la réception par d'autres linguistes, comme p. ex. Françoise Gadet (2003) dans le contexte francophone ou Araceli López Serena (2007) dans le contexte hispanophone.

Cependant, plus de 40 ans après l'idée initiale de Ludwig Söll de croiser les deux oppositions et presque 30 ans après la première reformulation et réinterpretation de ce modèle dans le cadre du diasystème linguistique à la manière de Eugenio Coseriu, il est indispensable de tenir compte du moment historique dans lequel cette approche est née : à l'époque, on constatait que le structuralisme en tant que paradigme descriptif des langues particulières ne tiendrait plus ce qu'il avait promis. Néanmoins on a tenté de conserver la linguistique de la langue (dans le sens saussurien) en y intégrant un maximum de variation ; les langues particulières, ou : historiques, étaient donc reconçues comme architecture de variétés, chacune représentant une « langue » saussurienne, au moins potentielle. Par conséquent, le standard, lui aussi, se voyait attribuer le statut de variété (dite « variété exemplaire » par Coseriu [3]1994, 55). Dans le même temps, on voyait la nécessité d'intégrer au modèle certains procédés universels de la variation, et il touchait justement à la dimension de l'immédiat et de la distance de satisfaire ce besoin de relier les langues particulières avec leurs idiosyncrasies, d'une part, et la faculté langagière universelle, d'autre part.

Figure 2 : L'immédiat, la distance et les trois niveaux du savoir linguistique (allem. *Sprachwissen* selon Coseriu)

		Immédiat communicatif	← →	distance communicative
niveau	universel	performances cognitives (« langage »)		
	historique	variété linguistique (« langue »)		
		tradition discursive		
	individuel/actuel	discours (« parole »)		

Finalement, et au-delà de la concurrence des modèles théoriques, il faut voir la condition épistémologique de la linguistique il y a 40 ans, car cette discipline portait encore, et beaucoup plus nettement qu'aujourd'hui, l'empreinte de la tradition philologique. Les données brutes avec lesquelles on travaillait étaient par défaut écrites ou correspondaient aux catégories dérivées de l'emploi écrit : il a fallu redécouvrir les données authentiques de l'oral. Étant donné maintenant que l'écriture est très clairement un média, c'est-à-dire un moyen technique dont on se sert pour représenter la langue sous forme visuelle, il est bien compréhensible que le terme de *média* a d'abord été interprété de façon plus générale, comme « manifestations physiques qui stimulent certaines modalités sensorielles » (Koch/Oesterreicher [2]2011, 14 ; trad. Th. K.) et ensuite comme « médias ‹ techniques › d'enregistrement et de transmission » (ibid.). *Média* désigne donc dans le contexte cité la matérialité perceptible du signe linguistique, soit-elle phonique, visuelle ou tactile (graphie Braille).

Cette définition de média soulève des questions substantielles qui incitent à déconstruire le modèle en question et à repenser les rapports entre médialité, variabilité, et spatialité. Ces questions touchent d'abord aux conditions concrètes de la production et de la perception de la parole qui restent totalement implicites, comme si elles étaient négligeables. Ensuite le concept de média, à la base des « options médiales », n'est pas clair du tout.

2 La révision de l'immédiat

En considérant toutes les formes perceptuelles comme « médiales », on établit un parallélisme fort problématique, car il est impossible, d'un point de vue anthropologique, de mettre en doute le primat de la phonie : la communication linguistique élémentaire et naturelle est produite par le système articulatoire et perçue par les modalités sensorielles, l'audition avant tout, mais avec un support de la vision non négligeable (Krefeld/Pustka 2014) ; dans ce sens, la phonie se déroule effectivement face à face, et non pas seulement « de la bouche aux oreilles ». La temporalité de la production acoustique comme de la perception auditive, c'est-à-dire le caractère rigoureusement fugitif (*verba volant*) de la parole, explique la nature linéaire du signe linguistique. Étant donné que cette communication orale n'a besoin d'aucun support technique, on pourrait la définir comme immédiate, tout en remotivant cette désignation, son étymologie la qualifiant initialement de « non médiatisée ». Dans ce cas-là, la sémantique de l'étymologie vaut toujours : la « phonie » n'est pas un média appliqué à la langue, parce qu'elle est la condition même du langage humain des points de vue phylogénétique et ontogénétique. Aussi les langues non-écrites sont-elles absolument complètes. Il serait impossible de conceptualiser l'organisation systémique et la fonctionnalité d'une langue quelconque (ou du langage au sens universel) sans recourir à l'articulation ou à l'audition – d'où la nécessité de différencier catégoriquement entre, d'un côté, la forme perceptible (« matérialité »), qui peut être phonique, graphique ou tactile (dans le cas de l'écriture Braille), avec la perception correspondante et, d'autre côté, la production de cette forme (« matérialisation »), qui peut être immédiate ou médiatisée (dans le présent article cette variante est préférée à *médié*).

La communication de base – l'immédiat phonique – ne se distingue nécessairement que par trois des critères identifiés dans la partie gauche de la Figure 1 :

- l'ancrage actionnel et situationnel ;
- l'ancrage référentiel dans la situation ;
- la coprésence spatio-temporelle.

Tous les autres critères énumérés dans la Figure 1 (communication privée, interlocuteur intime, émotionnalité forte, coopération communicative intense, dialogue, communication spontanée, liberté thématique) ne sont pas essentiels mais accessoires ; ils ne sont liés à l'oralité que par une certaine affinité. De plus, il faut tenir compte du fait que les trois critères essentielles de l'oralité immédiate ont le même fondement anthropologique parce qu'ils représentent tous les trois des fonctions de la spatialité de la communication, plus précisément de la proximité (ou distance minimale) des communicants : les interlocuteurs sont suffisamment près l'un de l'autre pour s'écouter en parlant à voix normale, c'est-à-dire ni en criant, ni en chuchotant, et en même temps ils partagent la situation actuelle commune ; cette situation est perçue avec tous les sens disponibles et est éventuellement modifiée par des réactions pratiques non verbales, spontanées ou préméditées.

Le schéma classique de Roman Jakobson se laisse facilement préciser pour résumer cette constellation fondamentale de la communication.

Figure 3 : L'immédiat et les « facteurs inaliénables de la communication verbale »
(en majuscules et en italiques ceux proposées par Jakobson 1963, 214)

CONTEXTE
ancrage actionnel et
référentiel dans la situation

DESTINATEUR PRODUCTION ... *MESSAGE* ... PERCEPTION *DESTINATAIRE*
articulation fugitif audition

CONTACT
co-présence spatiale
co-prés. temporelle

CODE

FORME PERCEPTUELLE
phonique

On notera que 'immédiat' est l'équivalent français, que Koch/Oesterreicher eux-mêmes ont établi pour le terme allemand de *Nähesprache* 'langue de proximité', qui s'oppose sémantiquement à *Distanzsprache* 'langue de distance' (cf. Koch/Oesterreicher ²2011, 10, n. 7). Il s'agit d'un choix bien justifié, bien que les deux concepts ('proximité' et 'immédiat') ne soient pas synonymes ; leur relation sémantique est plutôt d'ordre méronymique, parce que l'immédiat, c'est-à-dire la phonie issue de l'articulation et perçue par les organes de sens, implique la coprésence spatio-temporelle des communicants aussi bien que l'ancrage actionnel et référentiel du message fugitif dans le contexte situationnel actuel. En bref : l'IMMÉDIAT implique la PROXIMITÉ et dans la proximité la co-présence temporelle est impliquée par la co-présence spatiale.

Figure 4 : L'immédiat et les implications factorielles (symbolisées par les rectangles à taille décroissante)

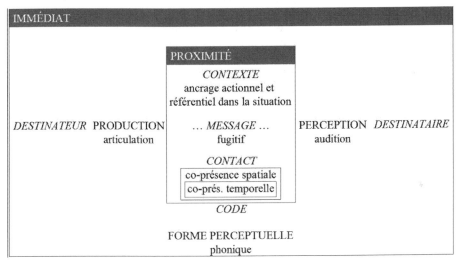

Deux observations sont importantes pour comprendre le statut particulier – unique – de l'immédiat phonique : d'abord, le fait que l'implication de l'immédiat et de la proximité n'est pas corrélative : ni l'ancrage actionnel et référentiel dans la situation, ni la coprésence spatio-temporelle des communicants implique l'immédiat. Ensuite, il s'avère que chaque modification au niveau d'un seul ou de plusieurs des facteurs telles qu'elles sont spécifiées dans la Figure 3 exclut obligatoirement l'immédiat. En l'exprimant de façon positive : chaque modification de ces facteurs implique une quelconque médiatisation de la communication, sans toutefois exclure automatiquement la proximité (cf. infra) ; la distance communicative telle qu'on la trouve chez Koch/Oesterreicher peut parfaitement être de nature métaphorique, contrairement à la proximité qui est forcément concrète quand elle est impliquée par l'immédiat. C'est pourquoi le rapport entre l'immédiat et la distance est catégoriquement asymétrique. Dans ce sens, l'opposition fondamentale n'est pas celle entre le « phonique » et le « graphique », ni entre la « proximité » et la « distance », mais entre « l'immédiat », nécessairement phonique, et « le médiatisé », sous forme phonique, graphique ou tactile.

Figure 5 : Production, médiatisation et forme perceptuelle du message verbal

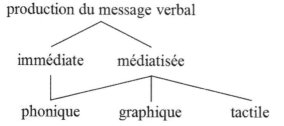

En résumé de ce chapitre : la révision de l'immédiat fait éclater le cadre théorique du modèle en question ; l'articulation et l'audition n'ont besoin d'aucun support médial et constituent en même temps des performances très concrètes, c'est-à-dire impossibles à classer parmi les « options conceptionnelles ». De plus, elle fournit une définition de « média » répondant aux besoins de la linguistique : un média est tout moyen qui permet de communiquer verbalement malgré une distance qui dépasse la portée de la voix ou malgré la co-présence manquante des communicants.

Dans un deuxième temps, il sera maintenant nécessaire d'esquisser l'impact des médias sur la production et la soi-disant conception du message verbal.

3 Le message verbal médiatisé

Les 20 années qui se sont passées depuis la première édition (1990) du manuel de Koch/Oesterreicher ont vu la révolution médiale la plus radicale qu'on puisse imaginer et les auteurs, évidemment, n'ont pas manqué d'ajourner leur livre dans la seconde édition (²2011). Ainsi, la communication médiatisée par ordinateur y est explicitement mentionnée :

> « Man könnte nun auf den Gedanken kommen, dass das Schema [des Nähe-Distanz-Kontinuums], das allein die Medien Phonie und Graphie berücksichtigt, nicht ausreicht, die Komplexität, dieser neuesten medialen Entwicklungen zu erfassen. Einer solchen Einschätzung ist jedoch entschieden zu widersprechen » (Koch/Oesterreicher ²2011, 14).[1]

---

1 'On pourrait parvenir à l'idée, que le schéma [i.e. le continuum immédiat-distance ; Th. K.] qui considère seulement la phonie et la graphie, ne serait pas suffisant pour tenir compte de la complexité des tout derniers développements médiaux. Il faut s'opposer fermement à un tel jugement' (Koch/ Oesterreicher ²2011, 14 : trad. Th. K.).

Les auteurs insistent donc sur le fait que leur modèle ne serait aucunement mis en question par ces nouvelles formes de communication ; ils le voient, tout au contraire, confirmé par le fait que « le tchat est un des plus beaux exemples illustrant la possibilité de se rapprocher au sein du média graphique, toutefois de façon limitée à l'immédiat communicatif, dialogique et spontané »[2] (Koch/Oesterreicher [2]2011, 14 ; trad. Th. K.). Ils concluent donc que les nouvelles formes de communications peuvent parfaitement être expliquées par les « médias de la phonie et de la graphie » qui seraient des « catégories anthropologiquement fondées » (ibid. ; trad. Th. K.).

L'argumentation est pourtant plus suggestive que convaincante. Christa Dürscheid (sous presse) en tire une conséquence aussi stricte que claire quand elle affirme qu'il s'agit d'un concept de média incompatible avec celui de la linguistique des médias, parce qu'il ne se laisse tout simplement pas appliquer aux développements récents.

Cette position est sans doute incontestable, mais elle ne résout pas non plus les problèmes inhérents qui concernent déjà le « fondement anthropologique » réclamé par Koch/Oesterreicher. Il faudrait, encore une fois, distinguer la production de la perception pour voir les différences entre phonie et graphie : dans le cas de la phonie, les deux aspects, l'articulation et l'audition, sont effectivement conditionnés par l'équipement neurophysiologique de l'homme. Dans le cas de la graphie, par contre, ce n'est valable que pour la perception visuelle, c'est-à-dire la lecture ; sa production par le moyen – le média – de l'écriture n'est évidemment pas fondée dans la neurophysiologie.

Voyons donc comment les facteurs inaliénables de la communication (selon Figure 3) peuvent être médiatisés et comment la médiatisation se répercute sur les options conceptionnelles et sur la variation linguistique. Le point de départ est sans aucun doute le fait que la communication immédiate – non médiatisée – est absolument incompatible avec la distance des communicants. Il ne serait même pas exagéré de dire que tout progrès médial a été stimulé par l'effort de libérer la communication verbale de la prison de la proximité ; c'est pourquoi l'invention du premier média, l'écriture, a causé une profonde réorganisation de la civilisation et de la société, qui, par la suite, a mené à la scripturalité générale (concernant le progrès médial comme moteur de l'histoire de la civilisation cf. Raible 2006). Le message écrit est un objet durable, qui survit la situation de sa production et qui, en rétro-perspective historique, a bien souvent même survécu la communauté des locuteurs (« langues mortes »).

Les conséquences linguistiques du message-objet sont multiples ; d'abord il permet et exige de se concentrer sur le message et de le retravailler ; le texte écrit tend vers la précision logique et sémantique. La réflexion du message verbal s'intensifie

---

2 En version originale : « Der *chat* ist sogar eines der schönsten Beispiele dafür, dass im graphischen Medium eine relative, allerdings auch in diesem Fall noch limitierte Annäherung an dialogische, spontane Nähesprache möglich ist » (Koch/Oesterreicher [2]2011, 14).

énormément par l'écrit et, de fait, sous les conditions de la distance des communicants et du détachement situationnel. Dans le même temps, il est facile de reproduire
le message écrit, de telle manière qu'il devient l'objet de plusieurs lecteurs, qui
découvrent ses imperfections, réelles ou supposées et proposent ensuite d'autres
textes etc. Plus concrètement, le passage à l'écrit (cf. Selig/Frank/Hartmann 1993)
déclenche toute une gamme de changements et de développements dont il se fait
accompagner continuellement, mais qui sont énormément accélérés par la première
révolution médiale, l'invention de l'imprimerie. Citons au moins les trois évolutions
suivantes :

(1) l'élaboration croissante de la langue aussi bien dans le lexique que dans la
    syntaxe (p. ex. en ce qui concerne les techniques de subordination) ;
(2) l'établissement d'une norme d'abord descriptive (ou bien, ce qui revient au
    même, la réduction de la variation linguistique dans l'usage écrit) ;
(3) l'émergence d'un discours métalinguistique, sous forme écrite, qui aboutit à une
    norme prescriptive, c'est-à-dire à une variété standard.

Ces trois évolutions sont intimement liées entre elles, sans qu'il soit possible de
schématiser leur enchaînement historique. On pourrait dire, p. ex. et *grosso modo*, que
(2) précède (3) dans le cas de l'italien (cf. Krefeld 2011), tandis que le français a connu
le développement inverse. Mais l'élément bien plus important encore que ces différences historiques, c'est le rôle décisif des variétés standard, qui se sont formées sous les
conditions de la distance communicative, pour l'organisation de l'architecture des
langues, parce qu'elles constituent les variétés de référence autour desquelles toutes
les autres variétés de ces langues se regroupent.

Dans l'actualité, c'est-à-dire après la deuxième révolution médiale marquée par
les nouveaux médias, la situation est radicalement différente. Les nouvelles technologies réussissent à médiatiser la distance des communicants de telle façon qu'ils
puissent dialoguer quasiment en synchronie (cf. Dürscheid 2003 ; Hess-Lüttich/Wilde
2003), grâce à leur co-présence temporelle ; le décalage temporel (la soi-disant
latence) est minime et négligeable dans la communication humaine quotidienne,
dans l'activité commerciale en ligne, toutefois, il procure un avantage certain aux
bourses reliées par des câbles moins longs.

Tandis que le premier média qui permettait le dialogue synchronique à distance
spatiale, le téléphone, était limité à la phonie, les nouveaux médias électroniques
conquièrent les formes visuelles, soit comme forme supplémentaire (dans la vidéo-
téléphonie), soit comme forme alternative. C'est justement l'exploit de la graphie pour
dialoguer en co-présence dans un contexte créé partiellement par le média qui mérite
l'intérêt des linguistes pour plusieurs motifs (cf. Androutsopoulos 2007).

La graphie médiatisée par l'ordinateur représente pour une grande masse de
personnes la seule graphie qu'ils pratiquent très fréquemment. Il est justifié de parler
d'une revalorisation et augmentation substantielle de la graphie dans la communica-

tion vécue de tous les jours parce qu'il s'agit dans la plupart des cas de gens qui ne se serviraient pas, ou très rarement, de l'écriture traditionnelle (analogue). L'écriture utilisée, cependant, n'est plus la même et les conditions d'emploi sont totalement différentes. Avant tout, les « affinités » entre les options conceptionnelles et médiales postulées par Koch/Oesterreicher ne sont plus valables :

> « [w]ir alle kennen phonisch realisierte Äußerungen, deren sprachlicher Duktus kaum unserer ‹ Intuition › von ‹ Mündlichkeit › entspricht (z.B. Grabrede, Erklärungen bei einer Schlossführung oder Festvortrag) ; andererseits gibt es aber auch graphisch realisierte Äußerungen, die sich schwerlich mit unseren Vorstellungen von ‹ Schriftlichkeit › decken (z.B. Privatbrief, oder neuerdings besser noch *chat*, ferner ‹ Sprechblasen › (!) in Comics) » (Koch/Oesterreicher ²2011, 3).[3]

L'existence de ces « idées de ‹ scripturalité › » ('Vorstellungen von ‹ Schriftlichkeit ›') chez la plupart des personnes qui utilisent couramment les services de messagerie est fortement contestable ; par conséquent on devrait renoncer à associer automatiquement l'écriture à la distance communicative selon les critères de la Figure 1 ; cela entraîne également l'abandon de l'idée des liens étroits entre l'écriture et la variété standard. Contrairement au standard, la graphie médiatisée par l'ordinateur se distingue par une variabilité élevée (cf. Frehner 2008), de sorte que la seconde révolution médiale semble emmener une déstandardisation qui concerne toute l'architecture de la langue ; elle produira par conséquent des effets opposée à celles de l'imprimerie.

Les variantes de cette nouvelle graphie non-standard concernent aussi les principes fondamentaux de l'écriture alphabétique, étant donné que les usagers se servent plus ou moins régulièrement de signes idéographiques (dont les fameuses émoticônes) qu'on ne peut pas lire parce qu'ils ne rendent pas des entrées lexicales mais des concepts ou scènes extralinguistiques ou bien des modalités émotives.

Les émoticônes mettent en relief une autre particularité de la communication médiatisée par l'ordinateur, qui est incompatible avec la dichotomie des options « conceptionelles » et « médiales ». À part les rares émoticônes fréquentes qui ont aussi une représentation alphabétique (bien que non phonique) comme :-) [= ☺] ou :-([= ☹], il s'agit d'un inventaire de signes proposés par le service de messagerie, c'est-à-dire par le média même. D'autres services, notamment les médias sociaux confrontent les usagers à très peu, voire un seul signe visuel (p. ex. le *like* de Facebook 👍) doté d'un sens bien spécifique. Cela veut dire que la partie du message exprimée par ce signe non alphabétique, qui est d'ailleurs très important du point de vue pragmatique, échappe complètement aux options conceptionnelles parce que l'usager n'a aucun

---

3 'Nous connaissons tous des énonciations réalisées phoniquement dont l'allure linguistique correspond très peu à notre ‹ intuition › d'‹ oralité › (p. ex. une oraison funèbre, les explications au cours de la visite guidée d'un château, ou une allocution de fête) ; d'autre côté il y a des énonciations réalisées graphiquement, qui coïncident difficilement avec nos idées de ‹ scripturalité › (p. ex. une lettre privée, ou récemment, encore mieux, le tchat, et les bulles dans les bandes dessinées)' (Koch/Oesterreicher ²2011, 3 ; trad. Th. K.).

choix concernant l'expression de l'information correspondante ; autrement dit : la tâche conceptionnelle est accomplie, du moins partiellement, par le (choix du) média.

Selon le service de messagerie, il y existe également d'autres composantes du message qui sont préprogrammées, comme la thématisation de certains mots-clés, les formules de salutation etc. L'autonomie des média et l'indépendance croissante de la forme perceptuelle du message à l'égard des conditions de sa production se manifeste encore dans la possibilité de transformer automatiquement des entrées phoniques sous forme graphique par des systèmes de reconnaissance vocale ou, dans le sens inverse, des entrées graphiques sous forme phonique par des systèmes de synthèse vocale. Ces techniques sont encore restreintes à quelques langues standard ; mais il est déjà évident que l'affinité étroite des options conceptionnelles et des formes perceptuelles est dépassée. La figure suivante résume la médiatisation par l'ordinateur en co-présence temporelle.

Figure 6 : Communication médiatisée par l'ordinateur en co-présence temporelle

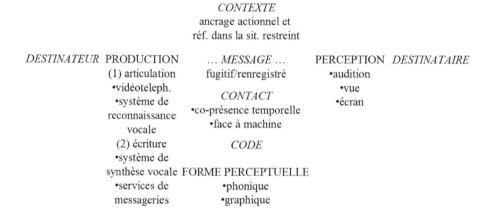

On a reproché à Koch/Oesterreicher d'avoir oublié les médias (cf. Androutsopoulos 2007, 80). Cette critique paraît quelque peu étrange à l'égard de l'opposition fondamentale entre « options conceptionnelles » et « médiales » ; ce qui est cependant critiquable, c'est moins l'oubli que la défiguration du média. La réduction de définition à la forme perceptuelle du signe linguistique ne laisse pas de place pour concevoir le rôle toujours plus actif des médias dans la vie quotidienne. Il suffit de rappeler qu'ils peuvent même substituer l'interlocuteur et diriger nos actions par des messages tout à fait référentiels et directement ancrés dans la situation actuelle, comme les systèmes de navigation le font déjà très fréquemment. Avec la prochaine multiplication des applications d'*augmented reality*, la communication verbale entre humains et machines sera bientôt indispensable dans beaucoup de circonstances.

4 Bibliographie

Albert, Georg (2013), *Innovative Schriftlichkeit in digitalen Texten : syntaktische Variation und stilistische Differenzierung in Chat und Forum*, Berlin, Akademie Verlag.

Androutsopoulos, Jannis (2007), *Neue Medien – neue Schriftlichkeit ?*, Mitteilungen des Deutschen Germanistenverbandes 1 :07, 72–97.

Coseriu, Eugenio (1988), *Historische Sprache und Dialekt*, in : Eugenio Coseriu, *Energeia und Ergon* I. *Schriften von (1965–1987)*, edd. Jörn Albrecht et al., Tübingen, Narr, 44–61.

Coseriu, Eugenio (³1994 [1981]), *Textlinguistik. Eine Einführung*, Tübingen/Basel, Francke.

Dürscheid, Christa (2003), *Medienkommunikation im Kontinuum von Mündlichkeit und Schriftlichkeit. Theoretische und empirische Probleme*, Zeitschrift für Angewandte Linguistik 38, 37–56.

Dürscheid, Christa (sous presse), *Nähe, Distanz und neue Medien*, in : Mathilde Hennig/Helmuth Feilke (edd.), *Zur Karriere von Nähe und Distanz*, Berlin, de Gruyter.

Dufter, Andreas/Stark, Elisabeth (2002), *La variété des variétés : combien de dimensions pour la description ? Quelques réflexions à partir du français*, Romanistisches Jahrbuch 53, 81–108.

Frehner, Carmen (2008), *Email – SMS – MMS : The Linguistic Creativity of Asynchronous Discourse in the New Media Age*, Bern, Lang.

Gadet, Françoise (2003), *La variation sociale en français*, Paris, Ophrys.

Halliday, Michael Alexander Kirkwood/McIntosh, Angus/Strevens, Peter (1964), *The Linguistic Sciences and Language Teaching*, London, Longman.

Mathilde Hennig/Helmuth Feilke (edd., sous presse), *Zur Karriere von Nähe und Distanz*, Berlin, de Gruyter.

Hess-Lüttich, Ernest W.B./Wilde, Eva (2003), *Der Chat als Textsorte und/oder als Dialogsorte ?*, linguistik-online, <http://www.linguistik-online.de/13_01/hessLuettichWilde.html> (05.05.2015).

Jakobson, Roman (1963), *Essais de linguistique générale. Les fondations du langage*, Paris, Éditions de Minuit.

Kabatek, Johannes (2005), *Tradiciones discursivas y cambio lingüístico*, Lexis 29:2, 151–177.

Koch, Peter (1997), *Diskurstraditionen : zu ihrem sprachtheoretischen Status und ihrer Dynamik*, in : Barbara Frank/Thomas Haye/Doris Tophinke (edd.), *Gattungen mittelalterlicher Schriftlichkeit*, Tübingen, Narr, 43–79.

Koch, Peter/Oesterreicher, Wulf (1985), *Sprache der Nähe – Sprache der Distanz. Mündlichkeit und Schriftlichkeit im Spannungsfeld von Sprachtheorie und Sprachgebrauch*, Romanistisches Jahrbuch 36, 15–43.

Koch, Peter/Oesterreicher, Wulf (1990/²2011), *Gesprochene Sprache in der Romania. Französisch, Italienisch, Spanisch*, Tübingen, Niemeyer.

Koch, Peter/Oesterreicher, Wulf (1997), *Schriftlichkeit und Sprache*, in : Hartmut Günther/Otto Ludwig (edd.), *Schrift und Schriftlichkeit. Ein interdisziplinäres Handbuch internationaler Forschung*, vol. 1, Berlin, de Gruyter, 587–604.

Koch, Peter/Oesterreicher, Wulf (2001), *Langage parlé et langage écrit*, in : Günter Holtus/Michael Metzeltin/Christian Schmitt (edd.), *Lexikon der Romanistischen Linguistik*, vol. I/2, Tübingen, Niemeyer, 584–627.

Koch, Peter/Oesterreicher, Wulf (2007), *Lengua hablada en la Romania : Español, francés, italiano*, Madrid, Gredos [= trad. ajournée de Koch/Oesterreicher 1990].

Krefeld, Thomas (2010), *Italienische Varietätenlinguistik*, Italienisch 63, 56–72.

Krefeld, Thomas (2011), *Alter Standard – Neue Medien. Zur Erfassung von Restandardisierungsprozessen im Italienischen*, in : Sarah Dessì Schmid/Jochen Hafner/Sabine Heinemann (edd.), *Koineisierung und Standardisierung in der Romania*, Heidelberg, Winter, 269–281.

Krefeld, Thomas/Pustka, Elissa (2014), *Einleitung : Welt, Wahrnehmung, Sprache – die perzeptive Grundlage der Linguistik*, in : Thomas Krefeld/Elissa Pustka (edd.), *Perzeptive Linguistik*, Stuttgart, Steiner, 9–18.

López Serena, Araceli (2007), *Oralidad y escrituralidad en la recreación literaria del español coloquial*, Madrid, Gredos.

Raible, Wolfgang (2006), *Medien-Kulturgeschichte. Mediatisierung als Grundlage unserer kulturellen Entwicklung*, Heidelberg, Winter.

Selig, Maria/Frank, Barbara/Hartmann, Jörg (edd.) (1993), *Le passage à l'écrit des langues romanes*, Tübingen, Narr.

Söll, Ludwig (1974/³1985), *Gesprochenes und geschriebenes Französisch*, Berlin, Erich Schmidt.

Wilhelm, Raymund (2001), *Diskurstraditionen*, in : Martin Haspelmath et al. (edd.), *Sprachtypologie und sprachliche Universalien*, vol. 1, Berlin/New York, de Gruyter, 467–477.

Wilhelm, Raymund (2003), *Von der Geschichte der Sprachen zur Geschichte der Diskurstraditionen. Für eine linguistisch fundierte Kommunikationsgeschichte*, in : Heidi Aschenberg/Raymund Wilhelm (edd.), *Romanische Sprachgeschichte und Diskurstraditionen*, Tübingen, Narr, 211–236.

Anja Overbeck

12 La communication dans les médias électroniques

Abstract : L'apparition de ce qu'on appelle les nouveaux médias a sans doute ravivé la discussion sur la communication (pas uniquement) dans la recherche linguistique. La polyvalence grandissante des médias électroniques exige une approche théorique pluridimensionnelle et pluridisciplinaire. La question se pose donc de savoir si les modèles traditionnels sont encore adaptables dans les différents domaines, comme p. ex. la linguistique textuelle, la recherche sur le français écrit et le français parlé, la recherche sur la langue des jeunes ou la pragmatique. L'article présentera les théories et modèles actuels (dont espace et temps, émetteur et récepteur, langage parlé et langage écrit, anonymat et politesse, types de textes et types de discours), avant d'analyser les caractéristiques langagières concrètes de la « communication en ligne ». Comme conclusion, seront esquissées les perspectives de cette science moderne et interdisciplinaire.

Keywords : communication, nouveaux médias, médias électroniques, langage (du) réseau, linguistique textuelle

1 Communication et médias électroniques

La communication et ses multiples mécanismes constituent un propre champ de recherche au plus tard depuis les débuts de l'analyse de la conversation dans les années 1960. Mais c'est surtout depuis l'apparition de ce qu'on appelle les nouveaux médias que l'étude sur la communication a connu un véritable regain d'intérêt (pas uniquement) dans la recherche linguistique. Au sens large du terme, la télégraphie, le téléphone, la radiophonie, la radiodiffusion et la télévision représentent aussi des médias électroniques alors que depuis les années 1990, on ne considère comme « électroniques » presque plus que les services rendus par Internet, qui seront par conséquent au centre de cet article. D'autres médias électroniques contemporains sont le téléphone portable, le CD-ROM et l'e-Book (ainsi que la revue électronique et l'Intranet selon les définitions). Ces médias ont en commun le fait de servir principalement à la communication. Le lien entre médias et communication est donc un phénomène souvent traité et qui fait l'objet de nombreuses publications (actuellement surtout dans le domaine des médias en ligne anglophones, cf. notamment la revue *Media and Communication*, Bâle 2013–), en revanche il manque encore un aperçu de l'évolution des médias électroniques dans une perspective linguistique (cf. pour le moment Leonhard et al. 2001 ; voir comme aperçu sur les débuts des recherches Allaire 1990 ; Herring 1996 ; Helfrich/Klöden 1998 ; Handler 2001 ainsi que le *Journal of Computer-Mediated Communication* 1995–).

La polyvalence grandissante des médias électroniques, résultant des progrès techniques, exige aussi une approche théorique pluridimensionnelle et pluridisciplinaire. Ainsi, non seulement la recherche communicationnelle et la pragmatique participent au débat mais d'autres disciplines comme l'analyse textuelle du discours et la linguistique textuelle s'y intéressent une fois de plus, en se confrontant à la problématique des types de textes, mais cette fois dans les médias électroniques. La question se pose donc de savoir si les modèles traditionnels sont encore adaptés et adaptables (p. ex. de Beaugrande/Dressler 1981 ; Brinker 1993 ; Linke/Nussbaumer/Portmann 1994). De même, la recherche sur le langage écrit et le langage parlé, qui s'appuie surtout sur les théories de Koch/Oesterreicher (1985, cf. aussi 2001), se voit confrontée à de nouvelles questions notamment quant au degré d'oralité des propos écrits dans les médias électroniques. En sociolinguistique, c'est surtout la recherche sur la langue des jeunes qui se focalise de plus en plus sur les phénomènes de communication dans les médias électroniques, puisque les jeunes générations en représentent les principaux usagers (cf. Neuland 2003 ; 2007 ; 2008 ; Boyer 2007 ; Auzanneau/Juillard 2012 ; Bedijs 2012). Certains aspects comme la politesse ou le *face work* (à partir des théories de Brown/Levinson 1987) jouent également un rôle important dans les études actuelles sur la communication. Le chapitre 2 entrera en détail sur tous les aspects cités. Les disciplines non linguistiques comme l'informatique, la sociologie ou la psychologie sont bien entendu également impliquées dans la recherche sur la communication. Elles ne seront néanmoins pas le centre du propos de cet article.

La communication dans les médias électroniques semble aussi jouer un rôle majeur en dehors du discours scientifique à proprement dit. Les questions principales du grand public portent souvent sur l'inquiétude que la langue « parlée » dans les médias électroniques pourrait entraîner une baisse générale du niveau de langue (en particulier pour les jeunes). Les institutions éducatives craignent la perte des normes grammaticales, qui pourrait mener à un déclin de la langue (cf. Plester/Wood/Joshi 2009). Ce sont les phénomènes suivants qui sont considérés comme particulièrement typiques (et critiques) du langage d'Internet :

- abréviations (p. ex. sigles, acronymes, syllabogrammes) ;
- phénomènes relevant de l'oralité dans la langue écrite (graphies phonétisantes) ;
- remplacement de la mimique et de la gestique (émôticons, répétitions) ;
- réduction du lexique et place importante de la langue vulgaire ;
- forte simplification syntaxique.

Les caractéristiques langagières concrètes de la « communication en ligne » seront analysées dans le chapitre 3. Dans le discours scientifique, cette évolution est considérée comme moins problématique, comme il sera montré dans le chapitre 4. La question de l'existence même d'un *netspeak* (*Netzsprache, langage (du) réseau, cyberlangage, ciberlenguaje, linguaggio cyber* etc.), c'est-à-dire d'une forme de langue spécifique aux médias électroniques, qui se distinguerait fondamentalement d'une langue normée, quelles qu'en soient d'ailleurs ses caractéristiques, suscite aussi le débat (cf. entre autres Crystal 2001 et 2011 ; Anis 2002 ; Dejond 2002 ; 2006 ; Dürscheid 2004). Le chapitre 4 sera consacré aussi à ce sujet.

Le choix de la terminologie à employer est lié à la discussion publique et académique car une définition unique des termes servant à décrire la communication dans les médias électroniques est loin d'exister. Même le terme « média » est utilisé de manière différente. Ce n'est que lentement que le postulat commence à s'imposer supposant que la notion de « média » pour l'analyse des formes de communication n'est utilisable que dans une perspective technique et ne devrait se référer qu'exclusivement au moyen concret de communication (téléphone portable, ordinateur, fax etc. ; cf. Dürscheid 2003 et déjà Holly 1997). Même la dénomination de la communication dans les médias électroniques varie d'une langue à l'autre. En italien, l'expression *comunicazione mediata dal computer*, dérivée de l'anglais *Computer Mediated Communication* (*CMC*) s'est imposée, elle est aussi courante en espagnol d'Amérique latine (*Comunicación Mediada por la Computadora*), alors qu'en Espagne, c'est plutôt l'expression *Comunicación Mediada por Ordenador* (*CMO*) qui est utilisée. Le pendant français *Communication Médiée/Médiatisée par Ordinateur* (*CMO*) est considéré comme peu courant, on trouve plutôt *communication virtuelle* ou *cybercommunication*. En allemand aussi, on évite actuellement le terme *Computervermittelte Kommunikation* (*CVK*), souvent au profit de *digitale Kommunikation* ou de *virtuelle Kommunikation*. Aussi la proposition bien raisonnée de Jucker/Dürscheid (2012), *Keyboard-to-Screen Communication* (*KSC*), n'a pas pu s'imposer (cf. à ce sujet aussi Herring 2007, et Herring/Skin/Viranen 2013). Tous ces termes ont cependant en commun un certain manque de précision (d'autant plus que la communication n'a pas lieu exclusivement sur ordinateur), ce qui souligne la difficulté de trouver une terminologie adéquate et partagée. En conséquence, nous privilégierons la paraphrase plus générale de *communication dans les médias électroniques*.

2 Théories et modèles

Certaines formes de communication dans les médias électroniques comme les courriels, les SMS et le tchat ont déjà fait l'objet de nombreuses études, contrairement p. ex. à la téléphonie et aux réseaux sociaux. Ce fait n'est dû qu'en partie à la constitution de corpus : ce qui est relativement simple pour les tchats, qui sont en grande partie publics et faciles d'accès, l'est beaucoup moins pour les SMS ou les courriels privés (pour le tchat cf. Beißwenger 2001 ; Anis 2002 ; Pierozak 2003a ; 2003b ; Thaler 2003 ; 2012 ; Pistolesi 2004 ; Kailuweit 2009 ; des corpus déjà existant sont p. ex. le *Dortmunder Chat-Korpus* ou le *Eulogos Corpus di conversazioni da chat-line in lingua italiana*). Ce sont cependant ces deux dernières formes qui sont au centre des études récentes.

Le courriel est très variable, aussi bien au niveau de la langue que du contenu, mais sa forme extérieure est relativement fixe : objet, en-tête, formules de politesse, corps du texte, éventuellement des pièces jointes etc. (cf. Ziegler/Dürscheid 2002 ; Pistolesi 2004 ; Frehner 2008 ; Schnitzer 2012 ; Dürscheid/Frehner 2013).

Le SMS quant à lui est peut-être encore plus clairement défini d'un point de vue formel en raison des 160 signes composant au maximum le message, ce qui explique le nombre important d'études (cf. Anis 2001 ; 2002 ; 2007 ; Schlobinski et al. 2001 ; Schlobinski 2003 ; Pistolesi 2004 ; Schnitzer 2012 ; pour un aperçu général voir Thurlow/Poff 2013). Le projet belgo-germano-suisse *sms4science* rassemble des données plurilingues de SMS en allemand, en rhéto-roman, en italien et en français dans un corpus, qui était mis à disposition du public depuis peu (cf. *Schweizer SMS-Korpus*, Dürscheid/Stark 2011 et Stähli/Dürscheid/Béguelin 2011 ; voir aussi la banque de données de SMS du *Centrum Sprache und Kommunikation* de l'université de Münster 2012 et le projet belge *Faites don de vos SMS à la science*, cf. Cougnon 2008). Pour la communication par SMS, la (socio)linguistique s'intéresse surtout au langage des jeunes (cf. Schlobinski et al. 2001 ; Schlobinski 2003 ; Baron 2008) et à la pragmatique (cf. Thurlow 2003 ; Androutsopoulos 2007 ; Anis 2007 ; Cougnon 2011). En ce qui concerne la linguistique variationnelle, les SMS sont particulièrement pertinents pour la recherche sur le langage écrit et le langage parlé (cf. chapitre 2.3), parce qu'ils font preuve d'une forte variation au niveau de la graphie et des écarts par rapport à la langue standard (cf. Almela Pérez 2001 ; Yus 2001 et 2010 ; Anis 2004 ; Liénard 2005 ; Bieswanger 2007 ; Cougnon 2008 ; Cougnon/Ledegen 2010).

Le chapitre 3 sera consacré à ces caractéristiques langagières qui sont particulièrement marquées, surtout en français. D'autres formes de communication comme les réseaux sociaux mériteraient d'être analysés plus en détail (voir pour le moment Millerand/Proulx/Rueff 2010 ; Storrer 2011 ; Overbeck 2012 ; 2014 ; Bedijs/Held/Maaß 2014).

Les traits suivants sont considérés comme caractéristiques de l'ensemble de la communication dans les médias électroniques, bien qu'une partie d'entre eux soit bien sûr commune à la communication non électronique :
- indépendance spatio-temporelle ;
- grande facilité d'accès d'un grand nombre d'interlocuteurs ;
- communication presque exclusivement écrite ;
- absence de gestes et d'expression du visage, compensée par d'autres stratégies ;
- haut degré d'anonymat des interlocuteurs ;
- simplification de l'accès aux traces écrites de la communication.

Les aspects langagiers résultant de ces caractéristiques ainsi que les modèles et théories s'y référant seront abordés dans les chapitres suivants.

2.1 Espace et temps

Le développement des nouveaux médias dans les dernières décennies a mené à un changement de perspective en linguistique, surtout par rapport au concept spatio-temporel. Contrairement à la communication en face à face, l'usage des médias électroniques est lié à une indépendance relative de l'espace et du temps. À partir du moment où la communication est détachée de la coprésence réelle des interlocuteurs, elle est régie par d'autres règles que dans la communication en direct. Le fait que ceci s'applique aussi à une correspondance épistolaire prouve l'existence citée précédemment de nombreux points communs entre les différents types de médias de communication électronique et non électronique.

Les études actuelles ont surtout développé des modèles visant à éclairer d'une part la distinction entre l'espace virtuel et l'espace réel et d'autre part les aspects temporels de la communication ainsi que le lien entre ces deux dimensions (cf. Gerstenberg/Polzin-Haumann/Osthus 2012). Christa Dürscheid a développé le modèle de la communication synchrone, quasi-synchrone et asynchrone (cf. Dürscheid 2003 ; Overbeck 2012) : lors d'une conversation téléphonique, les deux interlocuteurs se trouvent certes dans des espaces réels différents, pourtant ils sont dans un espace communicatif commun par la synchronie du dialogue et des conditions de communication similaires. Ce n'est pas le cas du courriel, où la communication se déroule en grande partie de manière asynchrone (en général, le destinataire lit le courriel plusieurs minutes ou plusieurs heures après réception) et donc sans partager le même espace communicatif commun. Dans le modèle de Dürscheid, les formes communicatives électroniques considérées comme plutôt synchrones comme le tchat et les messageries instantanées jouent un rôle spécial : même si la communication se déroule ici dans un espace communicatif commun et le canal de communication est ouvert des deux côtés, la production et la réception des énoncés sont produites successivement à cause de leur scripturalité médiale. Autrement qu'à une conversation face à face, les interlocuteurs ne peuvent pas s'interrompre mutuellement. Ainsi Dürscheid appelle ces formes communicatives quasi-synchrones. Selon ce modèle, les formes de communication se distinguent donc de la manière suivante :
- les formes orales plutôt synchrones : téléphonie, téléphonie sur Internet, vidéo-conférence, radiodiffusion, radiophonie ;
- les formes orales plutôt asynchrones : message sur le répondeur ;
- les formes scripturales quasi-synchrones : tchat, messageries instantanées ;
- les formes scripturales asynchrones : e-Book, CD-ROM, courriel, SMS, forum Internet, blog, réseaux sociaux.

Cette distinction est bien sûr discutable : en ce qui concerne p. ex. la radiodiffusion, le degré de synchronicité dépend fortement du genre d'émission (une interview directe étant très synchrone, une interview enregistrée non). En plus, on peut douter du fait que les réseaux sociaux puissent être considérés comme une forme de communication, car ils représentent au sens strict plutôt des plate-formes, qui combinent des formes de communication très différentes, comme la fonction de tchat sur Facebook ou la messagerie directe de Twitter. L'espace communicatif correspond dans presque tous les cas au cadre temporel, ainsi les formes synchrones de communication ont-elles lieu en majorité dans le même espace de communication et donc les formes asynchrones en revanche dans des espaces différents. Il s'agit néanmoins ici de différencier les espaces réel et virtuel, ce que l'exemple du tchat illustre très claire-ment : les tchateurs communiquent de manière quasi-synchrone, ils se trouvent en général avec leurs appareils dans des lieux réels différents mais s'entretiennent dans un seul « chat*room* » virtuel commun. Si la communication est asynchrone, cet espace virtuel commun est dans la plupart des cas inexistant.

2.2 Émetteur et récepteur

La classification des types de relations numériques entre émetteur et récepteur offre une manière supplémentaire de classifier les formes de communication. Pendant que le nombre de participants à une conversation en face à face est toujours limité à une quantité définie et fixe (majoritairement *one-to-one*), toutes les combinaisons sont possibles pour la communication électronique, jusqu'à un nombre infini. Une corres-pondance par courriel a aussi lieu le plus souvent entre deux personnes, mais le nombre de participants peut cependant augmenter par des moyens très simples (comme par exemple les mails en chaîne ou de publicité ou la fonction de transfert de messages). C'est le contraire pour le tchat : la communication se déroule en général entre de nombreux participants, or elle est également possible pour deux personnes grâce aux *private rooms* ou aux messages privés. Dans ce cas aussi, seule une classification décrivant une certaine tendance est possible :
- majoritairement *one-to-one* : radiophonie, téléphonie, téléphonie sur Internet, courriel, SMS ;
- majoritairement *one-to-many* : blog, blog vidéo, forum Internet, réseaux sociaux ;
- majoritairement *many-to-many* : radiodiffusion, revue électronique, tchat, vidéo-conférence.

Le chapitre 4 reviendra sur les relations complexes entre les différentes formes de communication, qui peuvent se compléter, s'interrompre ou s'accompagner mutuelle-ment, ce qui rend une hiérarchisation d'autant plus difficile et a des conséquences sur le processus de réception. Il s'agit ici d'une sorte de fragmentation, déjà connue des médias électroniques plus traditionnels (comme à la télévision lorsque les annonces de la bourse défilent dans un bandeau sous l'écran de l'émission d'un autre genre, cf. Fix 2011, 9).

2.3 Langage parlé et langage écrit

Même si presque toutes les formes de communication électroniques sont basées sur des propos écrits (à l'exception de la radiophonie, la téléphonie, des vidéoconférences etc.), leur proximité par rapport à la langue parlée, dont le chapitre 3.1 traitera les caractéristiques langagières particulières, est indubitable. C'est pour cette raison que les études sur le langage parlé et le langage écrit ont été utilisées dès les premiers projets de recherche pour caractériser la langue dans les médias électroniques, même si par exemple Söll (1974) et Koch/Oesterreicher (1985) se rapportent encore aux médias analogues. Le modèle de Söll de la « double différenciation » de propos langagiers entre le média (code graphique/phonique) et la conception (oral/écrit) (cf. Söll 1974, 17–25) a été repris par Koch/Oesterreicher qui représentent aussi la relation entre le code phonique et le code graphique au niveau médial comme une dichotomie alors que l'oral et l'écrit sont perçus comme les extrémités d'une ligne continue. Il en résulte un axe sur lequel peuvent être placées les diverses formes de communication (cf. Koch/Oesterreicher 1985, 18) : dans une perspective conceptuelle, des affinités particulières existent entre « phonique + parlé » (ex. : conversation familière) et « graphique + écrit » (ex. : règlement administratif). Néanmoins, généralement, dans une perspective médiale, des transgressions sont possibles, c'est-à-dire qu'il existe aussi des formes de communication qui correspondent aux deux autres combinaisons possibles : « phonique + écrit » (ex. : exposé) et « graphique + parlé » (ex. : interview imprimée). Le placement relatif des formes d'expression sur cette ligne continue conceptuelle résulte par conséquent de plusieurs paramètres communicatifs, qui constituent eux-mêmes des formes de communication différentes. De là naissent différents types de constellations du discours, qui sont marqués par certaines conditions de communication ainsi que par différentes manières de s'exprimer. Koch/Oesterreicher parlent dans ce contexte de « langage de la proximité » et de « langage de la distance ». On peut néanmoins se demander si ce modèle répond aux particularités des formes de communication dans les médias électroniques. Certains ont tenté de l'appliquer (cf. Kattenbusch 2002 ; Dürscheid 2003 ; Berruto 2005), pourtant aucune de ces études n'est suffisamment précise pour couvrir la totalité des « nouvelles » formes de communication (cf. Kailuweit 2009 ; Overbeck 2012 ; 2014 ; sous presse). Néanmoins, un premier classement est possible :

Parmi les formes médiales phoniques :
– celles plutôt « parlées » : la radiophonie, la téléphonie, la téléphonie sur Internet ;
– celles plutôt « écrites » : la radiodiffusion, la vidéoconférence, le blog vidéo.

Parmi les formes médiales graphiques :
– celles plutôt « parlées » : le tchat, le SMS, le forum Internet, le blog ;
– celles plutôt « écrites » : le courriel, la revue en ligne, l'e-Book, les réseaux sociaux.

Les formes les plus récentes comme le blog vidéo et les réseaux sociaux rendent une classification difficile, car leur usage est très variable : de nombreux tweets sur Twitter sont plutôt marqués par un emploi empreint de distance, donc de conception « écrit », alors que sur Facebook, il est nécessaire de distinguer les profils (plutôt empreints de distance) et le tchat interne de Facebook (plutôt marqué par le langage de la proximité). Le blog vidéo peut avoir une conception « écrite », mais il peut aussi représenter une conception spontanée et donc « parlée ». Une forme de communication comme le courriel peut aussi bien témoigner d'une certaine distance que de proximité, et les fonctions supplémentaires comme l'ajout de pièces jointes ne font que multiplier ces possibilités. Dans tous les cas, ce sont toujours l'objectif de la communication et l'intention de l'émetteur qui sont décisifs pour la dimension d'oralité.

2.4 Anonymat et politesse

Le fort degré d'anonymat existant entre les interlocuteurs est une des caractéristiques de la communication dans les médias électroniques. Internet est le moyen de surmonter des distances considérables et permet de créer des liens entre des personnes absolument étrangères. Les aspects des relations entre les interlocuteurs et donc de la politesse jouent un rôle important, en particulier dans les forums Internet thématiques, dans le tchat et dans le domaine de l'évaluation sur les pages d'accueil (évaluation d'hôtels, de produits, invitation à donner son avis). Malgré la charte de bonne conduite sur Internet (*netiquette*), qui a été instaurée pour pratiquement toutes les formes de communication électronique, il arrive régulièrement que des utilisateurs enfreignent les règles de politesse, *Face Threatening Acts* selon Brown/Levinson (1987). Dans la communication sur les forums ou dans les tchats, comme lors des évaluations, il ne s'agit pas souvent de communication entre deux personnes mais plutôt d'interactions entre plusieurs utilisateurs parfaitement étrangers qui se cachent derrière un pseudonyme dans un espace virtuel et commentent les propos ou les actes d'autres usagers. D'autres personnes suivent la discussion passivement et interviennent ponctuellement (cf. Thaler 2012 ; Maaß 2012). Une sorte de situation anonyme de dispute peut se développer qui peut même mener à des échanges hostiles et insultants (*flaming*) (cf. Helfrich 2014). La psychologie sociale explique ce comportement par une conséquence de l'anonymat qui ferait perdre toute retenue (cf. Döring 1997). En revanche, ce phénomène est plutôt rare dans les formes de communication non anonymes comme la radiophonie, la téléphonie ou la vidéoconférence. Les médias électroniques représentent donc un vaste sujet de recherche pour l'étude de la politesse (cf. Held/Helfrich 2011 ; Thaler 2012 ; Bedijs/Held/Maaß 2014).

2.5 Types de textes et types de discours

Comme il a été mentionné dans l'introduction, la distinction des catégories représente de véritables difficultés dans la recherche dues à une terminologie floue. Cette confusion terminologique mérite une attention particulière, dont le premier pas consisterait à différencier les critères de définition et à concrétiser la notion beaucoup trop vaste du terme de « média ». Il faudrait distinguer les notions de média et de médialité et ne considérer comme média que le moyen matériel et concret avec lequel des signes peuvent être produits, mémorisés, transmis et reçus (cf. Dürscheid 2003). De plus, une différenciation entre forme de communication, type de texte et type de discours serait nécessaire : les *médias de communication* seraient par conséquent le fax (en tant qu'appareil), l'ordinateur et le téléphone portable ; les *formes de communication* quant à elles seraient le fax (en tant que message), le courriel ou le SMS, alors que les *types de textes* seraient (selon Brinker 1993) la commande, la lettre d'amour ou le mail publicitaire, et les *types de discours* seraient le tchat politique, le tchat de conseil ou d'autres propos d'ordre thématique.

La linguistique textuelle se voit donc contrainte de s'interroger sur la validité des modèles traditionnels de types de textes pour les médias électroniques, alors qu'ils étaient déjà controversés pour la communication non électronique (cf. de Beaugrande/Dressler 1981 ; Brinker 1993 ; Linke/Nussbaumer/Portmann 1994). Les études actuelles partent du fait que les nouveaux médias n'ont pas donné lieu à de nouveaux types de textes, mais seulement à une variation et une combinaison des modèles déjà connus (cf. Adamzik 2000 ; Eckkrammer 2001 ; Jakobs 2003 ; Rehm 2006 ; Janich 2008 ; Adam [3]2011 ; Fix 2011 ; Overbeck 2014).

Dans tous les cinq domaines mentionnés (comme dans une quantité d'autres), la recherche en est encore à ses débuts, d'autant plus que le développement technique ouvre en permanence de nouveaux défis théoriques.

3 Phénomènes linguistiques typiques de la communication dans les médias électroniques

Il convient à présent d'énumérer les caractéristiques reconnues comme typiques de la communication dans les médias électroniques. Le chapitre précédent a déjà montré que ces traits particuliers ne concernent jamais l'intégralité des formes de communication et qu'il existe toujours des recoupements avec la communication dans les médias non électroniques. Il ne s'agit donc que d'esquisser des tendances et non des règles générales définitives. Qu'il est par conséquent aussi impossible de parler d'un « langage du réseau » clairement défini, sera résumé dans le chapitre 4.

3.1 Phonétique et phonologie

La plupart des signes distinctifs du langage dans les médias électroniques concerne le domaine de la phonétique et de la phonologie, notamment en français où la phonie et la graphie sont particulièrement éloignées l'une de l'autre. Les nombreux textes écrits à forte composante orale (cf. chap. 2.3) se servent souvent de l'onomatopée ou d'autres moyens graphiques qui symbolisent une proximité par rapport à la langue parlée. Trois différentes tendances stratégiques sont observables : d'une part, des moyens graphiques sont utilisés pour exprimer des émotions, d'autre part pour imiter la langue parlée, mais aussi pour raccourcir certaines combinaisons de signes. Les exemples suivants sont en majorité tirés de Anis (2002 ; 2007), qui appelle « néographies » toutes les graphies s'écartant de la norme.

Expression des émotions :
- émôticons (ou emoji) ;
- étirements graphiques des lettres (*Nooooon !, Ahhhhhhhhhhhhhhhhhh*) ;
- étirements graphiques des signes de ponctuation (*Bonjour !!!!, Pourquoi ???*) ;
- scriptura continua (*ohmondieu !, jenesaisquoi*) ;
- majuscules (*ECRIS-MOI !*).

Imitation de la langue parlée :
- graphies phonétisantes (*biz* 'bises', *ossi* 'aussi', *bo* 'beau', *cé* 'c'est', *jsui, chuis* 'je suis') ;
- variantes phonétiques (*moua, moa* 'moi', *pa, po* 'pas', *ui, ouais* 'oui').

Réductions graphiques :
- squelettes consonantiques (*tt* 'tout', *ds* 'dans', *tjs* 'toujours', *tps* 'temps') ;
- syllabogrammes (*l* 'elle', *c* 'c'est/sais/sait', *1* 'un(e)', *2m1* 'demain', *a+* 'à plus (tard)') ;
- sigles (*mdr* 'mort de rire', *stp* 's'il te plaît', *asv* 'âge sexe ville', *ptdr* 'pété de rire').

Les sigles se trouvent surtout dans les SMS et le tchat, néanmoins le critère d'économie de place et de manque de temps ne sont sans aucun doute qu'une des explications possibles de ce phénomène (cf. Bieswanger 2007). La constitution d'un sentiment de groupe, résultant de la maîtrise de conventions communes, qui est surtout visible sur les réseaux sociaux en serait une autre (cf. Neumann-Braun/Authenrieth 2011). Par ailleurs, cette manière d'écrire est liée à un certain plaisir créatif, dû au côté ludique de la communication en ligne (cf. Overbeck 2012). Il en résulte des « dialogues » (ici un échange de SMS) souvent peu compréhensibles pour les personnes extérieures :

A : YA KELK1 ?
B : *Oui ya moa. Koman ca va ?*
A : *Bi1. E twa ? Tapa l'R bi1 ?*
B : *Ca va. Sof k G raT mon RER.*

Le dernier exemple montre que la combinaison de plusieurs phénomènes phonétiques et morphologiques est aussi typique.

3.2 Lexique

La majorité des phénomènes lexicaux qui se trouvent dans les formes de communication des médias électroniques est commune au langage des jeunes (cf. Boyer 2007). La réalisation formelle dépend cependant fortement de chaque utilisateur et son intention comme de la forme de communication : sur un site de rencontre, d'autres domaines lexicaux sont abordés que dans un forum culinaire ou un tchat entre experts d'échecs ; aussi dans les médias sociaux, c'est le contexte thématique qui détermine principalement le lexique utilisé. Dans les forums et autres formes courtes d'évaluation (hôtel, restaurant), de commentaire (à propos d'articles de journaux) ou de discussions sur des sujets spécifiques, on trouve souvent un vocabulaire particulièrement émotionnel (cf. chapitre 2.4).

Les phénomènes suivants sont très fréquents et correspondent eux aussi à ceux du langage des jeunes, ils sont d'ailleurs surtout employés par ce groupe d'utilisateurs :
– troncations (*ordi* 'ordinateur', *lut* 'salut', *tain* 'putain') ;
– anglicismes (*chatter, kisser, easy*) ;
– verlan (*meuf* 'femme', *donf* 'fond', *ouf* 'fou', *féca* 'café', *téci* 'cité') ;
– code-switching (*Je me sentais easy* ; *Tu te prends pour the king of the world ?*, cf. Cougnon 2011 ; Androutsopoulos 2013).

Il n'est néanmoins pas possible de parler d'un « lexique d'Internet » propre et valable de manière générale.

3.3 Morphologie

Morphologiquement, de nombreuses abréviations, qui sont souvent liées à des caractéristiques phonétiques (cf. chap. 3.1), sont dignes d'intérêt. Il s'agit en majorité de la simplification de graphies qui sont particulièrement nombreuses en français (*é* 'est', *pe* 'peux/peut', *cé* 'c'est'). Parfois, ces réductions ne respectent plus la limite des mots (*vérépa* 'verrai pas', *mapelé* 'm'appeler'). Il est aussi possible de trouver des manières d'écrire rappelant des graphies étrangères, notamment de l'anglais (*bizoo* 'bisou', *kikoo* 'coucou'). Dans les langues où les dialectes sont très présents, l'emploi de termes issus de ces variétés est fréquent, par exemple en italien, mais aussi en allemand (cf. des formes comme le romanesco *porello* 'poverino', l'allemand du nord *Mudda* 'Mutter' ou le bavarois *mia* 'wir'). Mais aucune généralisation n'est possible, puisque aussi dans le champ de la morphologie, les stratégies langagières utilisées dépendent toujours du contexte de la communication et des intentions des interlocuteurs.

3.4 Syntaxe

La multimodalité et la variation de formes de communication dans les médias électroniques s'opposent donc à une analyse systématique, si bien qu'il existe encore peu d'études syntaxiques. Ceci peut être expliqué par le fait que la syntaxe correspond toujours à d'autres phénomènes comme l'oralité et le langage de jeunes. De nombreux exemples permettent d'écarter l'hypothèse selon laquelle la limitation de signes de certaines formes (comme le SMS et le Tweet) serait à l'origine d'une syntaxe fortement réduite. Certains Tweets, limités à 140 signes ou SMS, à 160 signes, sont pourvus d'une syntaxe complexe, avec des structures hypotaxiques (cf. Overbeck 2012).

Parmi les caractéristiques syntaxiques les plus fréquentes, il faut citer les structures elliptiques, la chute du *ne* dans la négation, l'absence de concordance des temps et des modes et l'usage des marqueurs du discours. Les données syntaxiques varient aussi en fonction du type de texte et de discours. Ainsi, un courriel peut contenir une lettre officielle de type formel ou une invitation à dîner entre amis dans un registre familier, la complexité langagière dépendant au niveau syntaxique de l'objectif du message.

Dans l'ensemble, la communication dans les médias électroniques se caractérise par une grande variation due aux diverses conditions d'utilisation et aux divers contextes. La fréquence des occurrences de certains phénomènes suggère l'existence d'une langue plus ou moins « nouvelle » et homogène, qui ne résiste cependant pas à une analyse plus précise.

4 Conclusion et perspectives

Il n'est donc pas possible de parler d'un « langage du réseau » ou d'un « cyberlangage ». Certes, chaque forme de communication présente des traits langagiers spécifiques, néanmoins les recoupements avec d'autres formes de communication électronique ainsi que des formes non électroniques sont tellement nombreuses qu'il est difficile d'en déterminer clairement des limites. La tentative artificielle de fixer un *netspeak* homogène comme le fait Crystal (2001) pose plusieurs problèmes (cf. Dürscheid 2004) :

- on ne peut pas construire d'unité puisque l'hétérogénéité est la caractéristique principale des médias électroniques ;
- de nombreux traits spécifiques ne sont typiques que de certains contextes d'utilisation et pas pour la totalité de la communication dans les médias électroniques ;
- plusieurs caractéristiques « typiques » apparaissent également dans d'autres contextes ;
- l'utilisation de ces traits spécifiques dépend fortement du contexte de la communication et de l'émetteur et ses intentions.

Ces formes de communication ne sont donc pas nouvelles, en revanche les normes et les contextes de la communication le sont. Les progrès techniques perpétuels produisent de nouvelles combinaisons possibles où plusieurs formes de communication sont liées (réseau social avec tchat intégré, blog avec des vidéos ou des formes mixtes comme Viber ou WhatsApp).

Scientifiquement parlant, les réserves émises dans le chapitre 1 à propos de l'évolution des conventions linguistiques notamment dans les *Social Media*, peuvent être nuancées. Des premières études montrent qu'il n'y a aucun signe annonçant une baisse du niveau de langue ou la perte des normes grammaticales (cf. p. ex. les résultats du projet à Zurich *Schreibkompetenz und neue Medien*, cf. http://www.schreibkompetenz.uzh.ch/ et Dürscheid/Wagner/Brommer 2010). Il s'agit en revanche d'un élargissement des domaines fonctionnels de l'écriture, puisque les jeunes sont incités à écrire plus. En général, ils savent très bien distinguer les styles et les registres et adaptent leur manière d'écrire consciemment ou inconsciemment à l'interlocuteur et au contexte, même dans la communication en ligne. Ces formes de communication électronique peuvent également être intégrées dans un contexte scolaire, et de manière créative (cf. Barth/Rauch 2011). Les formes multimodales du Web 2.0 mènent donc plutôt à une diversification des types de textes et au développement fonctionnel de l'écrit qu'à un appauvrissement de la langue (cf. Storrer 2010 et 2011).

En résumant, on peut attribuer les caractéristiques suivantes aux formes de communication électroniques (cf. Fix 2011) :
- plurifonctionnalité : la majorité des formes de communication sont utilisables dans plus d'une dimension ;
- variabilité : dans les médias électroniques, il est possible de modifier, de compléter ou de changer les textes infiniment ;
- ouverture du processus de lecture : le sens de la lecture n'est plus clairement déterminé car il peut changer la direction à tout moment ;
- fragmentation : des formes de communication peuvent être imbriquées, des messages sont interrompus ou complétés par d'autres messages, les limites entre les différentes formes de communication deviennent de plus en plus floues ;
- diversité des auteurs : dans les médias électroniques, la notion même d'auteur individuel disparaît souvent.

Bien que ces caractéristiques n'existent pas seulement depuis la naissance d'Internet, elles ne font actuellement que se renforcer. Il faudra donc à l'avenir davantage analyser les formes particulières que les formes de communication dans leur totalité : pour obtenir des résultats précis, l'analyse de différents types de textes et de discours sous la surface de la communication dans les médias électroniques est plus prometteuse.

5 Bibliographie

Adam, Jean-Michel (^{3}2011), *La linguistique textuelle. Introduction à l'analyse textuelle des discours*, Paris, Colin.

Adamzik, Kirsten (2000), *Textsorten. Reflexionen und Analysen*, Tübingen, Stauffenburg.

Allaire, Suzanne (1990), *Sprache und Massenmedien. Langue et mass média*, in : Günter Holtus/ Michael Metzeltin/Christian Schmitt (edd.), *Lexikon der Romanistischen Linguistik (LRL)*, vol. V/1 : *Französisch. Le français*, Tübingen, Niemeyer, 211–224.

Almela Pérez, Ramón (2001), *Los sms : Mensajes cortos en la telefonía móvil. Español Actual*, Revista de español vivo 75, 91–99.

Androutsopoulos, Jannis (2007), *Neue Medien. Neue Schriftlichkeit ?*, Mitteilungen des Germanistenverbandes 54:1 : *Medialität und Sprache*, 72–97.

Androutsopoulos, Jannis (2013), *Code-switching in computer-mediated communication*, in : Susan Herring/Dieter Stein/Tuija Virtanen (edd.), *Pragmatics of Computer-Mediated Communication*, Berlin/Boston, de Gruyter, 667–694.

Anis, Jacques (2001), *Parlez-vous texto ?*, Paris, Le Cherche Midi.

Anis, Jacques (2002), *Communication électronique scripturale et formes langagières. Chats et sms*, in : *Actes des Quatrièmes Rencontres Réseaux Humains/Réseaux technologiques*, Poitiers, Université de Poitiers, http://rhrt.edel.univ-poitiers.fr/document.php ?id=547, 2006 (10.01.2014).

Anis, Jacques (2004), *Les abréviations dans la communication électronique (en français et en anglais)*, in : Nelly Andrieux-Reix et al. (edd.), *Écritures abrégées (notes, notules, messages, codes…)*, Paris, Ophrys, 97–112.

Anis, Jacques (2007), *Neography. Unconventional Spelling in French SMS Text Messages*, in : Brenda Danet/Susan C. Herring (edd.), *The Multilingual Internet. Language, Culture and Communication Online*, New York, Oxford University Press, 87–115.

Auzanneau, Michelle/Juillard, Caroline (2012), *Jeunes et parlers jeunes : catégories et catégorisations*, Langage et société 141:3, 5–20.

Baron, Naomi (2008), *Always on : Language in an Online and Mobile World*, Oxford, University Press.

Barth, Dominique/Rauch, Prisca (2011), *SMS-Kommunikation als Unterrichtsgegenstand. Ein Unterrichtsmodell mit Materialien für die Sekundarstufe II*, Bern, Hep.

de Beaugrande, Robert-Alain/Dressler, Wolfgang (1981), *Einführung in die Textlinguistik*, Tübingen, Niemeyer.

Bedijs, Kristina (2012), *Die inszenierte Jugendsprache. Von « Ciao, amigo ! » bis « Wesh, tranquille ! » : Entwicklungen der französischen Jugendsprache in Spielfilmen (1958–2005)*, München, Meidenbauer.

Bedijs, Kristina/Held, Gudrun/Maaß, Christiane (edd.) (2014), *Face Work and Social Media*, Münster et al., LIT.

Bedijs, Kristina/Maaß, Christiane (edd.) (sous presse), *Manual of Romance Languages in the Media*, Berlin/Boston, de Gruyter.

Beißwenger, Michael (ed.) (2001), *Chat-Kommunikation. Sprache, Interaktion, Sozialität & Identität in synchroner computervermittelter Kommunikation*, Stuttgart, Ibidem.

Berruto, Gaetano (2005), *Italiano parlato e comunicazione mediata dal computer*, in : Klaus Hölker/ Christiane Maaß (edd.), *Aspetti dell'italiano parlato*, Münster, LIT, 137–156.

Bieswanger, Markus (2007), *2 abbrevi8 or not 2 abbrevi8. A contrastive analysis of different space and time-saving strategies in English and German text messages*, Texas Linguistic Forum 50, 1–12.

Boyer, Henri (2007), *Les médias et le « français des jeunes » : intégrer la dissidence ?*, in : Eva Neuland (ed.), *Jugendsprachen : mehrsprachig – kontrastiv – interkulturell*, Frankfurt am Main, Lang, 153–163.

Brinker, Klaus (1993), *Textlinguistik*, Heidelberg, Groos.

Brown, Penelope/Levinson, Stephen C. (1987), *Politeness : Some Universals in Language Usage*, Cambridge, University Press.

Centrum Sprache und Kommunikation der Universität Münster (2012), *SMS-Datenbank zur Alltagskommunikation mit SMS*, http://cesi.uni-muenster.de/~SMSDB/ (10.01.2014).

Cougnon, Louise-Amélie (2008), *Le français de Belgique dans « l'écrit spontané ». Approche d'un corpus de 30.000 SMS*, Travaux du Cercle Belge de Linguistique 3, http://webh01.ua.ac.be/linguist/SBKL/sbkl2008/cou2008.pdf (10.01.2014).

Cougnon, Louise-Amélie (2011), *« Tu te prends pour the king of the world ? ». Language contact in text messaging context*, in : Cornelius Hasselblatt/Peter Houtzagers/Remco van Pareren (edd.), *Language contact in times of globalisation*, Amsterdam/New York, Rodopi, 45–59.

Cougnon, Louise-Amélie/Ledegen, Gudrun (2010), *« C'est écrire comme je parle ». Une étude comparatiste de variétés de français dans l'« écrit sms »*, in : Michaël Abecassis/Gudrun Ledegen (edd.), *Les Voix des Français. En parlant, en écrivant*, vol. 2, Frankfurt am Main et al., Lang, 39–58.

Crystal, David (2001), *Language and the Internet*, Cambridge, Cambridge University Press, http://medicine.kaums.ac.ir/UploadedFiles/Files/Language_and_%20The_Internet.pdf (10.01.2014).

Crystal, David (2011), *Internet Linguistics. A Student Guide*, London/New York, Routledge.

Dejond, Aurélia (2002), *La cyberl@ngue française*, Tournai, Renaissance du Livre.

Dejond, Aurélia (2006), *Cyberlangage*, Bruxelles, Racine.

Döring, Nicola (1997), *Kommunikation im Internet. Neun theoretische Ansätze*, in : Bernad Batinic (ed.), *Internet für Psychologen*, Göttingen, Verlag für Psychologie, 267–298.

Döring, Nicola (2002), *Kurzm. wird gesendet. Abkürzungen und Akronyme in der SMS-Kommunikation*, Muttersprache 112:2, 97–114.

Döring, Nicola ([2]2003), *Sozialpsychologie des Internet. Die Bedeutung des Internet für Kommunikationsprozesse, Identitäten, soziale Beziehungen und Gruppen*, Göttingen, Hogrefe.

Dortmunder Chat-Korpus, http://www.chatkorpus.tu-dortmund.de/ (10.01.2014).

Dürscheid, Christa (2003), *Medienkommunikation im Kontinuum von Mündlichkeit und Schriftlichkeit. Theoretische und empirische Probleme*, Zeitschrift für Angewandte Linguistik 38, 37–56.

Dürscheid, Christa (2004), *Netzsprache – ein neuer Mythos*, in : Michael Beißwenger/Ludger Hoffmann/Angelika Storrer (edd.), *Internetbasierte Kommunikation*, Duisburg, OBST, 141–157.

Dürscheid, Christa/Frehner, Carmen (2013), *Email communication*, in : Susan C. Herring/Dieter Stein/ Tuija Virtanen (edd.), *Handbook of the Pragmatics of Computer-Mediated Communication*, Berlin/Boston, de Gruyter, 35–54.

Dürscheid, Christa/Stark, Elisabeth (2011), *SMS4science : An international corpus-based texting project and the specific challenges for multilingual Switzerland*, in : Crispin Thurlow/Kristine Mroczek (edd.), *Digital Discourse. Language in the New Media*, Oxford, Oxford University Press, 299–320.

Dürscheid, Christa/Wagner, Franc/Brommer, Sarah, mit einem Beitrag von Saskia Waibel (2010), *Wie Jugendliche schreiben. Schreibkompetenz und neue Medien*, Berlin/New York, de Gruyter.

Eckkrammer, Eva Martha (2001), *Textsortenkonventionen im Medienwechsel*, in : Peter Handler (ed.), *E-Text. Strategien und Kompetenzen. Elektronische Kommunikation in Wissenschaft, Bildung und Beruf*, Frankfurt am Main, Lang, 45–66.

Eulogos Corpus di conversazioni da chat-line in lingua italiana, http://www.intratext.com/IXT/ITA0192 (10.01.2014).

Fix, Ulla (2011), *Aktuelle Tendenzen des Textsortenwandels*. Thesenpapier der Sektionentagung der GAL in Bayreuth, http://www.uni-leipzig.de/~fix/Textsortenwandel.pdf (10.01.2014).

Frehner, Carmen (2008), *Email – SMS – MMS. The Linguistic Creativity of Asynchronous Discourse in the New Media Age*, Bern et al., Lang.

Gerstenberg, Annette/Polzin-Haumann, Claudia/Osthus, Dietmar (edd.) (2012), *Sprache und Öffentlichkeit in realen und virtuellen Räumen. Akten der Sektion auf dem 7. Kongress des Frankoromanistenverbands (Essen, 29.9.–2.10.2010)*, Bonn, Romanistischer Verlag, 217–247.

Handler, Peter (ed.) (2001), *E-Text. Strategien und Kompetenzen. Elektronische Kommunikation in Wissenschaft, Bildung und Beruf*, Frankfurt am Main et al., Lang.

Held, Gudrun/Helfrich Uta (edd.) (2011), *Cortesia – politesse – cortesía, La cortesia verbale nella prospettiva romanistica / La politesse verbale dans une perspective romaniste / La cortesía verbal desde la perspectiva romanística. Aspetti teorici e applicazioni / Aspects théoriques et applications / Aspectos teóricos y aplicaciones*, Frankfurt am Main et al., Lang.

Helfrich, Uta (2014), *Face-Work and Flaming in Social Media*, in : Kristina Bedijs/Gudrun Held/Christiane Maaß (edd.), *Face Work and Social Media*, Münster et al., LIT, 297–321.

Helfrich, Uta/Klöden, Hildegard (edd.) (1998), *Mediensprache in der Romania*, Wilhelmsfeld, Egert.

Herring, Susan C. (ed.) (1996), *Computer Mediated Communication*, Amsterdam/Philadelphia, Benjamins.

Herring, Susan C. (2002), *Computer-mediated communication on the Internet*, Annual Review of Information Science and Technology 36, 109–168.

Herring, Susan C./Stein, Dieter/Virtanen, Tuija (edd.) (2013), *Handbook of the Pragmatics of Computer-Mediated Communication*, Berlin et al., de Gruyter.

Holly, Werner (1997), *Zur Rolle von Sprache in Medien. Semiotische und kommunikationsstrukturelle Grundlagen*, Muttersprache 1, 64–75.

Jakobs, Eva-Maria (2003), *Hypertextsorten*, Zeitschrift für Germanistische Linguistik 31, 232–273.

Janich, Nina (2008), *Textlinguistik. 15 Einführungen*, Tübingen, Narr.

Journal of Computer-Mediated Communication, Washington, DC/Oxford, International Communication Association/Wiley-Blackwell, 1995–, http://onlinelibrary.wiley.com/journal/10.1111/%28ISSN%291083-6101 (10.01.2014).

Jucker, Andreas H./Dürscheid, Christa (2012), *The Linguistics of Keyboard-to-screen Communication. A New Terminological Framework*, Linguistik online 56, http://www.linguistik-online.org/56_12/juckerDuerscheid.html (10.01.2014).

Kailuweit, Rolf (2009), *Konzeptionelle Mündlichkeit ? Überlegungen zur Chat-Kommunikation anhand französischer, italienischer und spanischer Materialien*, Philologie im Netz 48, http://web.fu-berlin.de/phin/phin48/p48t1.htm (10.01.2014).

Kattenbusch, Dieter (2002), *Computervermittelte Kommunikation in der Romania im Spannungsfeld zwischen Mündlichkeit und Schriftlichkeit*, in : Sabine Heinemann/Gerald Bernhard/Dieter Kattenbusch (edd.), *Roma et Romania . Festschrift für Gerhard Ernst zum 65. Geburtstag*, Tübingen, Niemeyer, 183–199.

Koch, Peter/Oesterreicher, Wulf (1985), *Sprache der Nähe – Sprache der Distanz. Mündlichkeit und Schriftlichkeit im Spannungsfeld von Sprachtheorie und Sprachgeschichte*, Romanistisches Jahrbuch 36, 15–43.

Koch, Peter/Oesterreicher, Wulf (2001), *Langage parlé et langage écrit*, in : Günter Holtus/Michael Metzeltin/Christian Schmitt (edd.), *Lexikon der Romanistischen Linguistik (LRL)*, vol. I, 2 : *Methodologie*, Tübingen, Niemeyer, 584–637.

Leonhard, Joachim-Felix, et al. (edd.) (2001), *Medienwissenschaft : ein Handbuch zur Entwicklung der Medien und Kommunikationsformen*, Berlin/New York, de Gruyter.

Liénard, Fabien (2005), *Langage texto et langage contrôlé. Description et problèmes*, Linguisticae Investigationes 28:1, 49–60.

Linke, Angelika/Nussbaumer, Markus/Portmann, Paul R. (1994, ⁵2004), *Studienbuch Linguistik* (5., erweiterte Auflage, ergänzt um ein Kapitel « Phonetik/Phonologie » von Urs Willi), Tübingen, Niemeyer.

Maaß, Christiane (2012), *Der anwesende Dritte im Internetforum zwischen potentieller Sprecherrolle und « non-personne »*, in : Kristina Bedijs/Karoline Heyder (edd.), *Sprache und Personen im Web 2.0*, Münster et al., LIT, 65–85.

Media and Communication (2013–), Basel, Librello Publishing House, http://www.librelloph.com/mediaandcommunication (10.01.2014).

Millerand, Florence/Proulx, Serge/Rueff, Julien (edd.) (2010), *Web social. Mutation de la communication*, Québec, Presses de l'Université du Québec.

Neuland, Eva (ed.) (2003), *Jugendsprachen – Spiegel der Zeit*, Frankfurt am Main, Lang.

Neuland, Eva (ed.) (2007), *Jugendsprachen : mehrsprachig – kontrastiv – interkulturell*, Frankfurt am Main, Lang.

Neuland, Eva (2008), *Jugendsprache. Eine Einführung*, Tübingen, Francke.

Neumann-Braun, Klaus/Autenrieth, Ulla P. (edd.) (2011), *Freundschaft und Gemeinschaft im Social Web. Bildbezogenes Handeln und Peergroup-Kommunikation auf Facebook & Co.*, Baden Baden, Nomos, 211–232.

Overbeck, Anja (2012), *« Parlez-vous texto ? » Soziale Netzwerke an der Schnittstelle zwischen realem und virtuellem Raum*, in : Annette Gerstenberg/Claudia Polzin-Haumann/Dietmar Osthus (edd.), *Sprache und Öffentlichkeit in realen und virtuellen Räumen. Akten der Sektion auf dem 7. Kongress des Frankoromanistenverbands (Essen, 29.9.–2.10.2010)*, Bonn, Romanistischer Verlag, 217–247.

Overbeck, Anja (2014), *« Twitterdämmerung ». Versuch eines Klassifikationsschemas polyfunktionaler Kommunikationsformen*, in : Nadine Rentel/Ursula Reutner/Ramona Schröpf (edd.), *Von der Zeitung zur Twitterdämmerung. Medientextsorten und neue Kommunikationsformen im deutsch-französischen Vergleich*, Münster, LIT, 207–228.

Overbeck, Anja (sous presse), *Orality and Literacy of Online Communication*, in : Kristina Bedijs/Christiane Maaß (edd.), *Manual of Romance Linguistics in the Media*, Berlin/Boston, de Gruyter.

Pierozak, Isabelle (2003a), *Le « français tchaté » : un objet à géométrie variable ?*, Langage & société 104, 123–144.

Pierozak, Isabelle (2003b), *Le français tchaté. Une étude en trois dimensions – sociolinguistique, syntaxique et graphique – d'usages IRC*, Thèse d'état, Université d'Aix-Marseille.

Pistolesi, Elena (2004, ⁴2010), *Il parlar spedito. L'italiano di chat, e-mail e SMS*, Padova, Esedra.

Plester, Beverly/Wood, Clare/Joshi, Puja (2009), *Exploring the relationship between children's knowledge of text message abbreviations and school literacy outcomes*, British Journal of Developmental Psychology 27, 145–161.

Rehm, Georg (2006), *Hypertextsorten. Definition – Struktur – Klassifikation*, Norderstedt, BoD, Thèse d'État 2005 : http://geb.uni-giessen.de/geb/volltexte/2006/2688/pdf/RehmGeorg-2006-01-23.pdf (10.01.2014).

Schlobinski, Peter (2003), *SMS-Texte – Alarmsignale für die Standardsprache ?*, http://www.mediensprache.net/de/essays/2/#fn1 (10.01.2014).

Schlobinski, Peter, et al. (2001), *Simsen. Eine Pilotstudie zu sprachlichen und kommunikativen Aspekten in der SMS-Kommunikation*, Networx 22, http://www.mediensprache.net/de/networx/docs/networx-22.aspx (10.01.2014).

Schnitzer, Caroline-Victoria (2012), *Linguistische Aspekte der Kommunikation in den neueren elektronischen Medien : SMS – E-Mail – Facebook*, Dissertation, LMU München, pdf sous http://edoc.ub.uni-muenchen.de/14779/ (10.01.2014).

Schweizer SMS-Korpus *sms4science*, http://www.sms4science.uzh.ch (10.01.2014).

Söll, Ludwig (1974, ³1985), *Gesprochenes und geschriebenes Französisch*, Berlin, Schmidt.

Stähli, Adrian/Dürscheid, Christa/Béguelin, Marie-José (edd.) (2011), *SMS-Kommunikation in der Schweiz : Sprach- und Varietätengebrauch*, Linguistik online 48, 4/2, http://www.linguistik-online.de/48_11 (10.01.2014).

Storrer, Angelika (2010), *Über die Auswirkungen des Internets auf unsere Sprache*, Preprint http://www.studiger.tu-dortmond.de/Images/Storrer-web2020-preprint.pdf (10.01.2014).

Storrer, Angelika (2011), *Sprachstil und Sprachvariation in sozialen Netzwerken*, Preprint http://www.studiger.tu-dortmund.de/images/Storrer-sprachstil-preprint-2012.pdf (10.01.2014).

Thaler, Verena (2003), *Chat-Kommunikation im Spannungsfeld zwischen Oralität und Literalität*, Berlin, VWF.

Thaler, Verena (2012), *Sprachliche Höflichkeit in computervermittelter Kommunikation*, Tübingen, Stauffenburg.

Thurlow, Crispin (2003), *Generation txt ? The sociolinguistics of young people's text-messaging*, Discourse analysis online 1, http://extra.shu.ac.uk/daol/articles/v1/n1/a3/thurlow2002003-01.html (10.01.2014).

Thurlow, Crispin/Poff, Michele (2013), *Text messaging*, in : Susan Herring/Dieter Stein/Tuija Virtanen (edd.), *Handbook of Pragmatics of Computer-Mediated Communication*, Berlin/Boston, de Gruyter, 163–190.

Yus, Francisco (2001), *Ciberpragmática. El uso del lenguaje en Internet*, Barcelona, Ariel.

Yus, Francisco (2010), *Ciberpragmática 2.0 : nuevos usos del lenguaje en Internet*, Barcelona, Ariel.

Ziegler, Arne/Dürscheid, Christa (edd.) (2002, ²2007), *Kommunikationsform E-Mail*, Tübingen, Stauffenburg.

Kristina Bedijs

13 Langue et générations : le langage des jeunes

Abstract : La variété nommée « langage des jeunes » attire l'attention des linguistes aussi bien que celui du grand public. La créativité dont font preuve les jeunes locuteurs nourrit le soupçon d'une décadence linguistique chez la jeune génération, mais suscite aussi les recherches linguistiques les plus diverses. Cette contribution présente d'abord le contexte terminologique du langage des jeunes et ses principales caractéristiques. La partie 2 expose les modèles et théories sociolinguistiques et variationnels les plus influents autour du langage des jeunes. La partie 3 présente les différentes options d'analyse du langage des jeunes en mettant l'accent sur la linguistique de corpus. La partie suivante détaille les phénomènes de la variété à tous les niveaux du système. La contribution ouvre finalement une perspective sur les futures recherches en matière de langage des jeunes, comme l'histoire de la variété et ses modalités dans les diverses régions francophones.

Keywords : langage des jeunes, sociolinguistique, variation diastratique, variation diaphasique, changement linguistique, néologisme, lexicologie

1 Objet de recherche : le langage des jeunes

Une vue globale du langage des jeunes français implique des champs scientifiques tels que la linguistique variationnelle, la sociolinguistique, la lexicologie et la pragmatique, mais aussi des disciplines non linguistiques comme la sociologie, la psychologie, l'histoire contemporaine et les sciences de la culture, auxquelles le phénomène du langage des jeunes est étroitement lié.

On constate d'emblée un problème terminologique : la désignation du phénomène en question est hétérogène. Le nombre de noms à disposition pour désigner une variété du français est étonnant. La plupart se compose d'un mot qui se réfère à la forme de parler (*argot, jargon, jargot, langue, langage, parler, parlure, slang, tchatche, verlan*) et d'un autre qui se réfère à la communauté de locuteurs (*banlieue, cité, collégiens, école, jeunes, jeunesse, Keums, populaire, rebeu, rues*) voire à une caractéristique ou un mot spécifique (*verlan, wesh* ; cf. Bedijs 2012, 43–45 ; Bulot 2005 ; Goudaillier 1997 ; Merle 1997 ; voir aussi les discussions terminologiques et conceptuelles de Lamizet 2004 et Féral 2012). Cependant, dans la plupart des cas, la différence terminologique ne fait que délimiter des nuances d'un même fait linguistique ou de présenter ce dernier sous un jour plus ou moins favorable (cf. Auzanneau/ Juillard 2012, 14). Le terme *langage des jeunes* relève de la systématique variationnelle, en tenant compte du fait qu'il s'agit d'une certaine forme de s'exprimer (*langage*) d'un certain groupe social (les jeunes), basée sur une langue (le français) toujours reconnaissable. Ces points seront exposés dans la partie 2.4.

Le langage des jeunes fut sujet du débat public – politique, éducatif, culturel et médiatique – avant même d'être l'objet de la recherche linguistique (cf. Auzanneau/Juillard 2012, 15 ; Fagyal 2004, 43). Malgré la critique de ceux qui réclament l'usage du français standard et voient menacée la norme, il y a aussi des opinions positives. Les médias et leur façon de couvrir le sujet jouent un rôle important dans le débat, ils savent fasciner et scandaliser le grand public (cf. Boyer 2007, 157s.). Aussi critiqué qu'il soit, le langage des jeunes se voit commercialisé de tous côtés : sous forme de dictionnaires, littérature et produits médiatiques destinés aux jeunes (ou faisant semblant de l'être) ; tout un marché qui entretient les stéréotypes déjà existants et en crée de nouveaux (cf. Trimaille 2004b, 128). Parmi les phénomènes – tantôt contradictoires – couramment cités comme caractéristiques, on trouve :
- une vitesse orale accélérée,
- une réduction du lexique et une concentration sur les mots vulgaires,
- une créativité lexicale extraordinaire,
- une prédilection pour les emprunts surtout de l'anglais,
- une réduction morphologique et morphosyntaxique,
- la création du jeu morphologique du verlan,
- une perte de la norme entraînant une décadence linguistique.

Ces points seront exposés entre autres dans la partie 4.

Depuis les années 80, on peut constater un intérêt croissant envers le langage des jeunes (et envers les variétés non-standard en général) de la part des linguistes (cf. Auzanneau/Juillard 2012, 6 ; Boyer 2007, 153). On trouve alors de plus en plus de recherches en linguistique variationnelle, sociolinguistique et lexicologie. Le Centre de Recherches Argotologiques (CARGO), actif entre 1986 et 1998 à l'université Paris V, s'engage dans la documentation sociolinguistique et lexicographique du langage des jeunes.

Pendant les années 90 et le début des années 2000, on constate un grand nombre de publications françaises concernant le langage des jeunes. À l'étranger (en Allemagne, au Canada et au Royaume-Uni, p. ex.), les linguistes continuent à étudier ce phénomène, souvent dans une perspective contrastive, avec un accent sur le plurilinguisme interne ou dans la perspective de la didactique des langues étrangères (voir 3.2).

Les premiers résultats des lexicologues, les « dictionnaires » du langage des jeunes (p. ex. Andreini 1985 ; Fischer 1988 ; Gottschalk 1931 ; Merle 1986) et les glossaires publiés par des non-linguistes ont donné l'impression qu'il s'agit d'un phénomène principalement lexical, c'est-à-dire d'un vocabulaire spécifique. D'autres chercheurs soulignent que le langage des jeunes est une variété surtout orale (cf. Neuland 2007, 13). Il faut toutefois reconnaître que le système entier de la langue est affecté.

2 Théories et modèles

2.1 Les locuteurs du langage des jeunes

Pour délimiter une variété nommée d'après un groupe social, il faut d'abord savoir définir ce dernier. Qui sont les locuteurs du langage des jeunes ? Comment définir « jeune » ? Ce problème relève de la sociologie, de la psychologie, de la biologie et de la politique – et chacune de ces disciplines trouve des réponses différentes à ce sujet. Selon Zimmermann (2002, 486), la jeunesse en tant que catégorie sociale est une construction de la culture occidentale contemporaine – une vision partagée par le sociologue Bourdieu (« La ‹jeunesse› n'est qu'un mot », titre d'un essai programmatique de 1984). Les différentes approches des diverses disciplines en font preuve.

La loi française a instauré plusieurs seuils importants à mi-chemin entre l'enfance et la majorité à 18 ans. Du point de vue biologique et psychologique, la période de l'adolescence est déterminée par des facteurs de développement individuel, corporel et mental qui ne coïncident pas forcément. Dans la perspective de la sociologie, la jeunesse se distingue de l'enfance et de la vie adulte par des pratiques culturelles graduellement acquises, dont la capacité et la volonté d'assumer un rôle professionnel, familial, culturel et politique (cf. Hurrelmann/Quenzel [11]2012, 39, voir aussi pour la sociologie française Amsellem-Mainguy/Timotéo 2012 ; Galland [7]2009 ; Mauger 1994).

Il en résulte que les protagonistes du langage des jeunes ne sont pas les mêmes dans toutes les études, car les chercheurs en linguistique peuvent privilégier tous ces critères à leur manière. Tout chercheur aura ses arguments pour la constitution de son échantillon, mais il faut être prudent au moment de comparer les résultats. La tranche d'âge n'est qu'un aspect qui s'ajoute aux nombreux problèmes d'homogénéisation du groupe : comme pour toute recherche comparative liée à un fait social, on doit également tenir compte du moment et de la situation de la récolte des données, du milieu et du sexe des participants, de leur niveau éducatif etc.

2.2 Histoire du langage des jeunes

Nous avons aujourd'hui une vision plutôt détaillée des éléments et des dynamismes de cette variété depuis les années 80 (cf. Bernhard 2000 ; Knopp 1979 ; Sourdot 1997 ; Zimmermann 2003). Cependant, il manque toujours une compréhension de l'histoire variationnelle dès les débuts. On suppose qu'une variété spécifique des jeunes qui va au-delà d'un vocabulaire collégien ait émergé dans les pays industrialisés à la fin de la Deuxième Guerre Mondiale (cf. Bedijs 2012, 37), un moment-clé de l'histoire qui est à l'origine de nombreux changements dans les sociétés modernes. La durée prolongée de l'éducation scolaire et universitaire pour un nombre croissant de scolarisés et étudiants a entraîné une entrée dans la vie active et la fondation d'une propre famille de plus en plus tardives. En même temps, les jeunes ont disposé de plus de temps libre et de plus d'argent qu'ils pouvaient utiliser pour leurs loisirs. Un marché de produits et services destinés aux jeunes a rapidement émergé, contribuant à la différenciation des diverses sous-cultures jeunes : la musique, le cinéma, les vêtements, les sports...

Même si l'histoire du langage des jeunes est très jeune en comparaison avec la plupart des autres variétés du français, il est d'autant plus difficile de décrire ses évolutions – un problème dû surtout au manque de documents authentiques (cf. Neuland 2008, 112). Les progrès de la sociolinguistique historique sont limités aux documents rédigés par écrit, tandis que le langage des jeunes est en premier lieu une variété orale limitée au groupe de pairs. Les documents écrits devraient se limiter aux journaux intimes, petites notes personnelles et autres, tous peu susceptibles d'être conservés longtemps. Pour l'analyse du langage parlé, tout dépend des documents auditifs ou audiovisuels. Mais comme l'intérêt général pour les jeunes n'est apparu que tardivement, il est difficile de trouver des enregistrements authentiques de jeunes locuteurs. À présent, il n'existe aucune collection « historique » du langage des jeunes français.

L'avenir, par contre, semble assuré. Avec l'arrivée des nouveaux médias – surtout les réseaux sociaux –, les jeunes ont commencé à se prononcer en public et par écrit dans leur variété. Les chaînes nationales de radio et de télévision enregistrent leur programme dans les archives de l'Institut National de l'Audiovisuel (INA) et il n'est pas difficile d'y trouver des émissions présentant de jeunes locuteurs. Pour les propos non publics, il reste le problème d'éthique discuté dans la partie 3.1.1.

2.3 Fonctions du langage des jeunes

On peut décrire le langage des jeunes comme un code exclusif (*we code*, cf. Gumperz 1977, 6). Les locuteurs s'en servent surtout pour deux raisons :

a) l'exclusion du groupe externe (out-group), normalement constitué par tous ceux qui ne sont pas acceptés dans le groupe de pairs, comme les parents, les professeurs, les autorités, les enfants plus jeunes, mais aussi d'autres groupes de pairs rivalisants.

b) le renforcement du groupe interne (in-group), normalement le groupe de pairs constitué par les amis proches.

Cette double fonction sociale s'explique par le besoin (plus ou moins prononcé chez les individus) des jeunes de se différencier des générations de leurs parents et de leurs jeunes frères et sœurs, de se créer une propre identité et de trouver leur place dans un réseau social dont les dynamiques de rôles changent en permanence. Il est rassurant de se voir accepté par un groupe qui partage les mêmes goûts et intérêts, et cela se traduit aussi par le langage. L'exclusion–inclusion au niveau linguistique fonctionne sur tous les plans :

–   le lexique des jeunes concerne souvent des objets qui les intéressent et qui sont inconnus des adultes, ou alors les jeunes préfèrent dissimuler le sujet de la conversation (drogues, criminalité, violence) en créant des mots nouveaux,

–   certains éléments prosodiques et phonétiques peuvent identifier un groupe de pairs,

–   la syntaxe est marquée par des éléments sous-standard qui créent une impression de jeunes déviants,

–   la morphosyntaxe est créative et sert également à exclure ceux qui ne savent pas la manipuler de la même façon,

–   les formules rituelles ne sont acceptées que par ceux qui font partie du groupe.

2.4 Le langage des jeunes dans le système variationnel

La question de savoir où placer le langage des jeunes dans le système variationnel n'est pas encore résolue – la liste des dénominations mentionnée ci-dessus en témoigne. Certains le qualifient de *variété*, d'autres de *registre*, d'autres encore de *style* (cf. Bedijs 2012, 47–50). Presque tous reconnaissent que leur définition est insuffisante. Le problème semble être que la linguistique variationnelle classique est plutôt stricte en attribuant un seul niveau de variation – diatopique, diastratique ou diaphasique – à une certaine forme de parler. La classification du langage des jeunes comme *variété diastratique* serait ainsi justifiée puisqu'il est déterminé par l'âge des locuteurs et donc par un facteur social. Par contre, cette forme de parler n'est utilisée que sous certaines conditions, avec certaines personnes, dans certaines situations, ce qui justifierait la classification comme *variation diaphasique* ou *registre*. La qualification de *style* est une variante plus étroite de la catégorie de *registre*, centrée sur l'individu.

Le langage des jeunes est une forme de parler qui montre clairement que la variation ne peut plus être vue dans une perspective monofactorielle (cf. Auzanneau/ Juillard 2012, 6). Toute variété se caractérise par plusieurs aspects qui relèvent de différents niveaux variationnels. Koch/Oesterreicher (2011, 13) ont ajouté le niveau de la proximité et de la distance dans la conception et la réalisation de l'énoncé, un aspect qu'il faut prendre en compte lors de la description d'une forme de parler. Encore faut-il considérer le changement diachronique qui affecte chaque langue naturelle.

Dans cette optique, une description variationnelle du langage des jeunes devrait se détacher d'un seul niveau et intégrer autant de variables que possible. On ne parlera donc pas du langage des jeunes en tant que variété diastratique ou registre, mais on reconnaîtra que tous les niveaux du diasystème apportent leur grain à cette forme de parler, et que certains facteurs sont plus saillants que d'autres (ainsi, les niveaux diastratique et diaphasique sont évidemment très décisifs – un modèle variationnel qui essaie d'intégrer tous les plans se trouve dans Bedijs 2012, 55). À tous les niveaux, il faut constater que ces facteurs sont d'une importance variable pour le parler. Le sexe, le milieu social, la famille, le degré d'éducation, l'habitat – tous des facteurs sociaux – varient et affectent le parler des individus au cas par cas. C'est pour cela que certains refusent de classifier le langage des jeunes comme variété et le définissent comme idiolecte individuel. À cela, il faut répondre que cette notion ignore les points communs partagés par beaucoup de jeunes locuteurs et ne permettrait plus d'analyser leur parler de manière systématique.

2.5 Changement linguistique

On peut aujourd'hui rejeter l'idée largement répandue que le langage des jeunes est responsable d'une supposée « décadence linguistique » (cf. Begag 1997, 36 ; Dannequin 1999, 77 ; Doran 2007, 499 ; Gonçalves 2010, 6). Cependant, il est certain que cette variété contribue d'une manière importante au changement linguistique, un processus naturel qui a toujours eu lieu dans toutes les langues. Une innovation linguistique qui se répand dans la communauté des locuteurs peut à long terme trouver une place fixe dans le système. Si les jeunes – qui sont les adultes de l'avenir et donc ceux qui établissent la norme – conservent un trait de leur variété de jeunesse, celui-ci pourrait faire un jour partie de la norme.

Le langage des jeunes n'est pas une variété isolée, mais basée sur et en contact avec les autres variétés du diasystème (cf. Neuland 2008, 91). Elle dépend du contexte social dans lequel elle évolue. Cela signifie que des facteurs externes comme les médias, la mode, la musique, la publicité et toute sorte de produits influencent l'identité des jeunes et leur besoin de se distinguer par leur langage (cf. Billiez/ Trimaille 2001, 116). Cet effet est très bien observable sur le plan lexical, où les jeunes créent constamment de nouveaux mots ou donnent un nouveau sens à ceux qui existent.

Pour relativiser le rôle des jeunes dans le processus de changement, il faut constater qu'ils ne forment pas la majorité des locuteurs dans une communauté. Ceux qui établissent les règles de conduite (et la forme de parler en fait partie) sont (du moins aujourd'hui) les adultes actifs qui ne tolèrent pas l'usage du langage des jeunes dans beaucoup de situations. Ce sont donc les jeunes qui se voient obligés de s'adapter : « Ce n'est pas forcément ainsi que les ‹jeunes› parleront quand ils seront quadragénaires » (Carton 2000, 25s.). De plus, ils ne sont pas les seuls à diffuser leurs innovations : les politiciens et les médias sont d'excellents créateurs de mots, et les jeunes se laissent influencer par ces derniers, si bien qu'on ne sait pas toujours si une innovation a d'abord été créé par les jeunes ou par les médias (cf. Fagyal 2004). De même, beaucoup d'adultes reprennent volontiers les expressions « jeunes » saisies chez leurs enfants ou dans les médias. Sans ces reprises et la diffusion dans une grande partie de la communauté linguistique, les innovations « jeunes » n'auraient certainement pas cette force de changement.

3 Domaines de recherche

3.1 Analyses de corpus

Pour obtenir une description tant soit peu complète du langage des jeunes, il faut avant tout mener des recherches de corpus qui permettent ensuite d'aller plus loin, d'intégrer d'autres approches linguistiques ou de franchir les limites de la discipline pour appliquer les résultats à d'autres domaines de la vie sociale. Les outils modernes en linguistique de corpus rendent possibles des recherches automatisées ou semi-automatisées, ce qui facilite le repérage des caractéristiques saillantes d'une variété : les fréquences lexicales, l'ordre des mots, l'usage des temps et modes, etc. Il est aussi possible de comparer ces résultats avec ceux d'un corpus de référence pour relever la différence entre la variété étudiée et la norme.

La grande difficulté que pose le langage des jeunes aux linguistes de corpus est son dynamisme. Un corpus synchronique ne représente qu'un échantillon éphémère de la variété. En même temps, il faut tenir compte des effets sociaux et régionaux sur les données du corpus. La diachronie pose les mêmes problèmes en ajoutant celui de la difficulté d'obtenir des données équivalentes pour tout l'espace de temps que le corpus doit couvrir.

Bien qu'il existe de nombreuses études du langage des jeunes basées sur corpus, ceux-ci ne sont ni documentés systématiquement ni accessibles au grand public. L'inventaire IRCOM des corpus oraux et multimodaux (IRCOM 2011) n'affiche aucun corpus oral dédié au langage des jeunes. Ainsi, il est à l'heure actuelle impossible de mener des méta-analyses dans des corpus déjà existants pour comparer les résultats ou découvrir des évolutions du langage.

3.1.1 Corpus de conversation

La conversation spontanée est la manifestation linguistique qui offre la vision la plus authentique d'une variété. Cela vaut d'autant plus pour le cas du langage des jeunes qui est avant tout une variété orale. La constitution de corpus de conversation est donc importante pour les recherches sur le langage des jeunes.

La création d'un corpus implique toujours la question de l'authenticité du matériel (cf. Mouchon 1985). Toute saisie d'énoncés se situe entre deux pôles : l'enregistrement clandestin et l'enregistrement ouvert. Les deux ont leurs avantages et leurs inconvénients. L'enregistrement ouvert signifie que le locuteur est conscient d'être enregistré, il a consenti au préalable. Cette technique est préférable du point de vue éthique, car il est problématique d'utiliser des conversations enregistrées à l'insu des participants, même si les fins de l'analyse sont purement scientifiques.

Néanmoins, un enregistrement ouvert entraîne habituellement ce que Labov (cf. Labov 1972b, 209 ; 1984, 30) appelle le *paradoxe de l'observateur* (*observer's paradox*) : l'effet de changement de comportement chez une personne qui se sait observée. Les énoncés perdent de leur authenticité si les locuteurs ne parlent pas de la même manière qu'ils le feraient sans l'enregistreur. Cet effet est problématique pour l'analyse du langage des jeunes, car cette variété est très sensible en termes de stéréotypisation et de stigmatisation. On ne peut pas exclure qu'un locuteur conscient de l'enregistrement exagère ou minimise les caractéristiques de son comportement linguistique. Cela montre la difficulté générale à recueillir un langage des jeunes non altéré pour une analyse de corpus (cf. Bernhard/Schafroth 2006, 2393s.). Finalement, tout chercheur ayant le projet de constituer un corpus oral devra se poser la question de l'éthique et décider à quel moment et dans quelle mesure il révèlera ses objectifs aux locuteurs – une décision d'autant plus cruciale que ces derniers sont mineurs.

3.1.2 Corpus de médias

Parmi les corpus de médias, on distingue ceux qui contiennent des énoncés authentiques et ceux dont le langage est médialisé. Les premiers enregistrent des situations de communication non factices : le courrier des lecteurs dans la presse jeune (souvent choisi comme sujet de mémoire de mastère), des interviews et documentaires à la télévision, des conversations téléphoniques à la radio, des entrées dans les forums, blogs et réseaux sociaux sur internet (cf. Michot 2008), des chats, des billets écrits en classe, des textos (cf. Michot 2007 ; Moise 2007 ; sms4science 2008–), etc. Ces données pré-enregistrées ne sont pas affectées par la présence de l'observateur, mais il faut respecter le degré d'intimité des données. S'il s'agit de documents privés (comme les billets ou les messages dans un réseau social), il faut demander l'autorisation ultérieure des locuteurs.

Un corpus de langage des jeunes médialisé, lui, est un échantillon non authentique extrait des médias. Il s'agit là des expressions de caractères jeunes au cinéma (cf. Bedijs 2012) et à la télévision, dans la publicité, dans certaines bandes dessinées (cf. Bollée 1997), dans beaucoup de textes de chansons (surtout du rap, lui aussi très populaire aux mémoires de mastère), dans les pièces radiophoniques, dans les revues et la littérature destinées au jeune public, etc. Il est impossible de tirer les mêmes conclusions d'une analyse de ce langage imité que d'une analyse du langage authentique. Ceci n'empêche pas que les analyses du langage médialisé peuvent contribuer à éclairer la perception du langage des jeunes par les adultes et les stéréotypes répandus dans la société. Les deux aspects s'avèrent révélateurs surtout s'il y a la possibilité de comparer les résultats avec ceux d'une analyse du langage authentique.

3.2 Le langage des jeunes et la didactique

Traditionnellement, l'enseignement scolaire du français était le haut-lieu du français standard. Depuis quelques décennies, il faut pourtant constater que cela représente de moins en moins la réalité sociale des élèves. Pour beaucoup de jeunes issus de l'immigration, le français n'est pas la (seule) langue maternelle ou ne joue pas le rôle principal au quotidien. Le langage des jeunes fait partie du plurilinguisme interne, la proportion d'influences étrangères varie, et les registres sont de plus en plus difficiles à démêler. Cette situation est aujourd'hui un défi que les professeurs doivent relever, documentée dans plusieurs films – p. ex. « L'esquive » (2003), « La journée de la jupe » (2008) et « Entre les murs » (2008). La discussion n'a pas encore atteint un consensus, ce qui n'est pas étonnant vu qu'il y a très peu de recherche à ce sujet (une exception étant le numéro spécial « Les langues des élèves » dans « Le Français aujourd'hui », Bertucci/David 2003).

La question de l'intégration du plurilinguisme interne se pose aussi pour la didactique du français langue étrangère (FLE). Le Cadre européen commun de référence pour les langues (CECRL) dont les exigences sont reprises par le code de l'éducation (cf. Assemblée Nationale 2013) demande des compétences communicatives qui font preuve d'une conscience des « différences de registre » (Conseil de l'Europe 2000, 94). De nombreux chercheurs en didactique ont argumenté pour l'intégration de la variation des jeunes en classe de FLE et proposé des approches pédagogiques (pour l'Allemagne, p. ex. Krämer 1996 ; Meißner 1999 ; Michler 2011 ; Schmelter 2011 ; pour l'Italie Lepori 2010). Il s'agit surtout de reconnaître la valeur de cette variété pour la communication quotidienne des jeunes, ce qui devient crucial au moment d'une situation de rencontre concrète. Que ce soit en échange scolaire ou dans un réseau social sur internet, les apprenants doivent être préparés à un usage non-conventionnel par les jeunes interlocuteurs. Par leur compétence interculturelle, les apprenants reconnaîtront un usage comparable à leurs propres pratiques non-standard lors d'une conversation entre pairs.

3.3 Linguistique appliquée et travail social

Beaucoup de grandes villes de France possèdent des quartiers dits « sensibles » ou « défavorisés », la banlieue parisienne étant la plus connue de ces zones. Les jeunes de ces quartiers se voient souvent stigmatisés par leur origine et sans perspective pour l'avenir (une attitude appelée « la galère »). Ils ont développé un langage particulièrement marqué qui fascine à la fois par son degré de déviance de la norme que par sa richesse lexicale, sa créativité morphosyntaxique et l'alternance de codes. Si les deux premiers aspects se réfèrent plutôt à l'exclusion des non-initiés, le code-switching (voir 4.3.2) tient à la coprésence de nombreuses langues dans un espace restreint, et est donc un signe d'inclusion du groupe de pairs.

Le reproche qu'une mauvaise éducation des jeunes de milieux modestes entraîne une décadence linguistique peut faire l'objet du travail social pour sensibiliser les jeunes aux différences entre leur propre usage et le standard, p. ex. en élaborant des glossaires (cf. Collectif 2007 ; Tengour 2000–, et de nombreux sites privés en ligne). Ainsi, les jeunes produisent un document qui leur vaudra la reconnaissance de leurs pairs et peut-être même de la part des adultes. En même temps, les jeunes raisonnent sur les étymologies et signifiés et discutent le rôle du langage de leur groupe par rapport à celui des groupes rivalisants. Ces projets ne sont pas comparables aux méthodes des lexicographes académiques, étant donné que les glossaires ne révèlent rien sur la fréquence des mots ni sur la phonétique et la prosodie ; de même, leur actualité est d'une courte durée. Ils éclairent néanmoins quelques domaines difficiles à étudier sur le terrain en tant que linguiste : les champs sémantiques affectés, les significations des mots, les modèles de création lexicale, les emprunts, les changements orthographiques, etc.

4 Phénomènes linguistiques typiques du langage des jeunes

Dans la partie suivante seront présentées les caractéristiques les plus saillantes du langage des jeunes tel qu'il a été décrit par la recherche.

4.1 Syntaxe

Comme le langage des jeunes est axé sur le mode oral, il est très difficile de tracer une limite entre les phénomènes propres des registres familiers et vulgaires parlés et ceux propres au seul langage des jeunes. En général, on peut constater que les phénomènes connus de la syntaxe de l'oral sont tous présents et plus fréquemment utilisés.

Parmi les phénomènes de l'oral, on peut citer l'élision du *ne* dans la négation. Phénomène souvent analysé, on trouve pourtant peu d'études sur *ne* dans le langage des jeunes. Armstrong (2002, 158) trouve un taux de réalisation de 1,1% chez des jeunes âgés de 11 à 19 ans, Gadet (2000, 163) compte 3% chez deux rappeurs de la banlieue parisienne. Le taux de réalisation en conversation informelle varie selon Meisner (2010, 1951) entre 4,17% et 40,31%, ces résultats sont donc difficiles à comparer.

D'autres phénomènes syntaxiques du langage des jeunes n'ont pas encore été analysés systématiquement (surtout en comparaison aux usages des adultes) : la concordance des temps et des modes ; l'usage des marqueurs du discours ; la construction de phrases complexes. On peut estimer que les jeunes s'en tiennent plutôt aux registres du sous-standard : ils évitent souvent les temps complexes comme le subjonctif présent (celui du passé n'existe pas dans le langage des jeunes) ; ils ne respectent pas toujours la concordance des temps, p. ex. dans la phrase condition-nelle ; ils préfèrent la coordination à la subordination, évitant ainsi des structures plus complexes comme les relatives ; ils connaissent un grand nombre de structures focalisantes comme la phrase segmentée et la mise en relief ; la construction de l'impératif est variable ; les phrases interrogatives sont construites autour du pronom interrogatif dont la position peut varier selon l'effet désiré, etc.

4.2 Morphologie

La morphologie connaît plusieurs phénomènes qu'on peut définir comme propres au langage des jeunes. D'abord, la conversion, c'est-à-dire le changement de classe d'un mot sans changement morphologique : ce phénomène est fréquent chez les jeunes locuteurs surtout lorsqu'il s'agit d'utiliser un adjectif dans la fonction d'un adverbe ou vice versa. Souvent, la forme choisie est plus économique que la forme standard, mais il semble que cela n'est pas toujours l'explication pour ce phénomène. Une hypothèse serait que le langage des jeunes tend à l'unification des formes. On peut observer également l'usage d'adjectifs sans accord du genre ou du nombre, autre indice pour cette hypothèse. Cependant, il semble ne pas y avoir de règles, et d'autres phénomè-nes vont dans la direction opposée.

Cela vaut surtout pour l'intensification, que ce soit par préfixation (*super beau*), par une particule intensifiante (*complètement belle*) ou par un substantif qualificatif (*une bête de fille*). Les trois ne peuvent pas être qualifiés de procédés de simplification. Il est typique du langage des jeunes de préférer certains préfixes, particules et substantifs pendant un certain temps et d'en trouver d'autres dès que la mode est passée. La valeur de l'intensification varie selon le contexte, car même s'il s'agit d'un intensifiant à la sémantique clairement positive ou négative, il peut également servir à intensifier de la manière opposée.

4.3 Lexique

C'est dans le domaine du lexique que se manifeste le côté créatif et hermétique du langage des jeunes. Le lexique particulier des jeunes sert à se démarquer des adultes et d'autres groupes de pairs par l'incompréhension, à créer un esprit de pairs au sein du groupe par la compréhension et à négocier les rôles individuels par l'habileté linguistique de chacun. Toutes ces raisons rendent nécessaire un renouvellement constant du lexique (cf. Fagyal 2004).

La création ne concerne pas de manière égale tout le lexique : sont affectés surtout les domaines sémantiques importants pour la vie quotidienne et la culture des jeunes. On peut mentionner notamment : amour et sexualité, violence, drogues et criminalité, école, loisirs, vêtements et apparence physique. De plus, les mots pour exprimer les émotions (positives et négatives) et les insultes, vulgarismes et jurons jouent un rôle important dans le lexique jeune.

4.3.1 Néologismes

Les procédés de création de nouveaux mots sont nombreux. L'invention *ad hoc* – le néologisme *stricto sensu* – en est certainement la moins importante, beaucoup plus fréquente est la création à partir du matériau linguistique existant. Pruvost/Sablayrolles (2003, 118) distinguent les procédés de création morpho-sémantiques (parmi eux, l'affixation, la composition et la déformation), syntactico-sémantiques (changements de sens et/ou de fonction) et morphologiques (troncation et siglaison). La combinaison de procédés est fréquente, surtout lorsqu'il s'agit de phrasèmes. Voici quelques exemples connus :

> préfixation : *nul > archi-nul*

> suffixation : *directeur > dirlo, cinéma > cinoche* (Ces exemples montrent que la suffixation pure est rare. Il s'agit fréquemment d'une troncation et resuffixation, le suffixe provenant souvent de l'argot classique ou ayant une connotation négative.)

> reduplication : *con > con-con*

> troncation : *examen > exam, cinéma > ciné* (apocope), *musique > zic, téléphone > phone* (aphérèse)

> verlan : *métro > tromé* (voir aussi 4.3.4)

> synapsie : *boîte + bac > boîte à bac* (signifié : *lycée privé*)

> conversion : *une fille bien, risquer gros*

> métaphore : *allumer qqn* (signifié : *flirter avec qqn*)

> métonymie : *abattoir* (signifié : *école*)

> autres figures : à interpréter selon le contexte, on trouve souvent l'ironie, la litote, l'adynaton et autres figures créant un effet d'exagération intentionnelle

Les jeux sémantiques – dont les figures de style font partie – sont un procédé fréquent qui consiste à donner un nouveau signifiant à un signifié connu, p. ex. pour voiler un signifiant tabouisé par un signifié anodin, ou pour créer un effet amusant. La resémantisation fonctionne *ad hoc*, mais comme le montrent les exemples ci-haut, il existe beaucoup de créations lexicalisées. Les jeunes locuteurs utilisent souvent une réduction ou un élargissement du champ de signifiés, une concrétisation ou une abstraction (moins fréquente), une visualisation de processus invisibles, un jeu sur les analogies possibles (p. ex. visuelles) du signifié, voire un découplage total du contexte original. C'est surtout ce dernier qui est difficile à décoder pour les non-initiés. Les jeux de similarités sont souvent de caractère ludique et font partie de la fonction divertissante du langage des jeunes.

4.3.2 Emprunts

L'emprunt à des langues étrangères est une autre manière d'introduire de nouveaux mots dans le lexique. Même si ce procédé a toujours eu lieu, le langage des jeunes est suspecté d'en abuser. Mais comme pour la plupart des phénomènes dits typiques du langage des jeunes, il n'y a pas d'étude systématique qui prouverait un taux d'emprunts plus élevé que dans le langage courant.

Les emprunts dans le langage des jeunes proviennent en grande partie de l'anglais. Cela s'explique par le fait que la culture jeune des pays anglophones, surtout des États-Unis, a servi d'exemple pour les jeunes Européens depuis la fin de la Deuxième Guerre Mondiale. Même si les jeunes de l'Hexagone ont vite créé leur propre culture, beaucoup d'éléments culturels américains marquent les tendances en France et introduisent des mots nouveaux dans le langage. Il s'agit à la fois d'emprunts pour des objets auparavant inconnus et d'emprunts qui permettent d'économiser linguistiquement. Vu l'omniprésence de l'anglais, les emprunts anglais perdent vite leur caractère obscur.

Cela est différent pour la plupart des autres langues. Depuis les années 70 environ, on trouve dans le langage des jeunes de plus en plus d'emprunts aux divers dialectes de l'arabe. Ils sont introduits surtout par les jeunes issus de l'immigration maghrébine. L'arabe n'étant pas enseigné dans les écoles, les emprunts sont beaucoup moins transparents pour les non-initiés. Ainsi, ils peuvent servir à occulter le langage, mais aussi à exprimer un élément identitaire. C'est aussi le cas pour les autres langues introduites par les immigrants : le romani, les langues des D.O.M./T.O.M., les langues maghrébines et subsahariennes. L'importance du milieu social devient plus visible si l'on prend en compte que ce ne sont pas uniquement les jeunes issus de l'immigration (souvent bilingues) qui pratiquent le code-switching ou le code-mixing entre le français et les langues du quartier, mais aussi les jeunes des familles françaises dites « de souche ».

Si les mots anglais sont souvent prononcés « à la française », d'autres langues ne connaissent pas cette francisation. Pour l'arabe, on peut même observer l'introduction de phonèmes inconnus en français, un effort qui n'a pas lieu lorsqu'il s'agit des langues européennes. Une hypothèse serait que les emprunts de ces dernières se font souvent à travers l'écrit (publicité, etc.) et souffrent des interférences au moment du transfert à l'oral, alors que les emprunts des langues de l'immigration proviennent directement des conversations quotidiennes.

4.3.3 Vulgarismes

Les jeunes locuteurs sont souvent accusés d'utiliser un nombre démesuré de vulgarismes. À cela, il faut répondre que ce ne sont pas les jeunes en général, mais certains
groupes de locuteurs qui incorporent beaucoup d'insultes et de jurons dans leur
usage, et que certains locuteurs adultes ne se comportent pas de manière différente en
termes de langage. En même temps, l'adolescence est le temps du dépassement des
limites pour trouver sa place dans la société – ce qui vaut aussi pour le langage.
Plusieurs sociologues et sociolinguistes (cf. Assef 2004 ; Labov 1972a ; Léglise 2004 ;
Léglise/Leroy 2008 ; Lepoutre 1997 ; Moïse 2011 ; Vettorato 2008) soulignent que
l'insulte n'est pas forcément un signe de mépris, mais qu'elle peut prendre la forme
d'un rituel dans un groupe de pairs. Insulter un ami sans se faire sanctionner est un
signe de confiance fort ; savoir commenter toute réplique par un « gros mot » peut
valoir du respect. Le jeu rituel de répliques comiques « Ta mère » consiste à insulter à
tour de rôle la mère de l'interlocuteur (cf. Labov 1972a, 297–353) – celui qui ne sait
plus riposter perd le jeu. Ces exemples montrent que les « gros mots » et autres
déviances du comportement linguistique « correct » jouent un rôle important dans la
vie des jeunes, servent à structurer les hiérarchies de groupe, à se démarquer des
attentes des adultes et à former sa propre identité.

4.3.4 Verlan

Le verlan, caractéristique du langage des jeunes par excellence, est un jeu sur la
structure des mots qui rend l'énoncé incompréhensible aux non-initiés. Au début des
années 80, ce caractère obscurcissant permettait aux jeunes délinquants de parler
ouvertement de leurs activités sans être compris. Le procédé étant simple et ludique,
il s'est vite répandu parmi les jeunes, perdant ainsi l'aspect de code secret. Au milieu
des années 90, les jeunes de tous les milieux sociaux utilisaient le verlan. Il semble
qu'aujourd'hui, il se soit retiré dans les milieux sous-privilégiés de ses origines, les
jeunes bourgeois n'utilisant plus que certaines créations lexicalisées.

Le mot *verlan* est la clé du procédé : on découpe les syllabes d'un mot et les
réarrange à l'envers, selon le modèle $S_1 S_2 > S_2 S_1$. Exemple :

l'envers [lɑ̃.vɛʀ] > [vɛʀ.lɑ̃] > verlan

Le découpage se base normalement sur la réalisation orale. Cela rend possible des
verlanisations de mots monosyllabiques comme *femme* en *meuf*, où a lieu un procédé
d'accentuation d'une syllabe muette :

[fa.mə] > *[fa.mø] > *[mø.fa] > *[mœ.fɐ] > *[mœ.fə] > [mœf]

Le fonctionnement du verlan est expliqué plus en détail dans Antoine (1998) ; Bachmann/Basier (1984) ; Calvet (1993) ; Lefkowitz (1989 ; 1991) ; Méla (1991) ; Plénat (1995). Des études sur son utilisation se trouvent dans Gonçalves (2010) ; Kundegraber (2008) ; Méla (1997) ; Seux (1997).

4.4 Phonétique et phonologie

Le langage des jeunes utilise généralement les phénomènes du français parlé familier, ce qui implique souvent un accent expressif, l'élision fréquente de vibrantes, liquides et syllabes faibles, ainsi que d'autres procédés connus d'une prononciation négligente. Les études menées sur la prononciation des jeunes locuteurs se concentrent sur les jeunes des banlieues (cf. Conein/Gadet 1998 ; Doran 2007 ; Fagyal 2010a ; 2010b ; Gadet 2003a ; 2003b), leur langage présentant des caractéristiques plus saillantes que celui des jeunes des milieux aisés. L'accent dit « de banlieue » ou « des cités » se caractérise par un accent de phrase sur la pénultième syllabe (cf. Liogier 2002, 47) ; un débit oral plus élevé qui entraîne de nombreuses contractions et élisions (cf. Begag 1997, 35 ; Doran 2007, 501) ; des réductions de voyelles interconsonantiques (qui donnent des groupements de consonnes inhabituels) et l'épenthèse inhabituelle de *schwa* (cf. Fagyal 2010b, 120) ; une désonorisation des occlusives voisées et une prononciation très dure donnant un effet d'explosion (cf. Bedijs 2012, 223) ; l'affrication de palatales (cf. Fagyal 2010b, 120) ; l'intégration de phonèmes de langues étrangères (cf. Liogier 2002, 46, voir aussi 4.3.2). Selon Fagyal, ces caractéristiques se doivent surtout au contact avec les langues nord-africaines dans les banlieues et seraient déjà en voie d'expansion dans les milieux ouvriers (cf. Fagyal 2010b, 120). Jusqu'à présent, ces études concernent majoritairement des adolescents masculins.

4.5 Pragmatique

Certains rituels du langage des jeunes sont très caractéristiques. C'est surtout l'affirmation du groupe de pairs, p. ex. par l'échange d'expériences communes. Les citations de films, séries télévisées, jeux vidéo etc. sont très populaires et font aussi l'objet de variations amusantes que seuls les initiés comprennent (cf. Neuland 2008, 150). Pour se rassurer quant à l'appartenance au groupe, beaucoup de jeunes inventent des rituels de salutation plus ou moins complexes, intégrant non seulement des formules verbales, mais aussi des gestes. La formule de salutation peut fonctionner comme un code qui inclut les uns et exclut les autres. De même, il est fréquent que les jeunes s'adressent la parole par un surnom que seuls les membres du groupe ont le droit d'inventer et d'utiliser. Il peut être formé sur la base du vrai prénom (par abréviation, suffixation, paronomase, etc.), mais il y a toute sorte de surnoms créatifs qui sont liés à un trait du caractère de la personne, à son apparence physique ou à ses goûts.

Surtout lorsqu'il s'agit de jeunes des cités, le groupe de pairs est vu comme une famille et les membres se nomment frères, sœurs, cousins et cousines – un phénomène qui n'a pas encore fait l'objet d'une étude systématique sociopragmatique (pour une analyse lexicale du champ sémantique de la famille cf. Pozas 2000).

Le besoin de connaître sa place dans un groupe de pairs se manifeste aussi dans le discours sur le respect. Il se réfère à un comportement social et verbal que la recherche en politesse verbale décrit par les termes de *positive face* et *negative face* (cf. Brown/Levinson 1987, 61) : le locuteur s'adresse à l'autre dans le respect de sa liberté d'agir et de son désir d'être accepté. La limite est facile à dépasser, p. ex. par une insulte – un acte de langage qui vise normalement à blesser et à dévaloriser l'autre. L'affaire est plus compliquée dans le cas des jeunes, car il est fréquent que l'insulte prenne la forme d'un rituel social (voir 4.3.3).

Un autre rituel qui sert à manifester du respect et à souligner sa propre crédibilité est le jurement (cf. Begag 1997, 32 ; Trimaille 2004a, 68). Une formule comme « *je te jure* » donne plus de poids à un énoncé et aussi au locuteur. Cette formule étant déjà assez usée, on y ajoute souvent une personne ou un objet de grande importance sur lequel on jure. Les jeunes des banlieues ont créé les formules du genre « *je te jure sur la tête de ma mère* » et « *je te jure sur le Coran de La Mecque* », inspirées par la culture arabe très présente dans leurs quartiers. Toutefois, elles sont aujourd'hui répandues dans des milieux sans aucun lien à l'islam.

5 Conclusions et perspectives

A la fin de ce bref aperçu sur le langage des jeunes, on peut constater que, vu le caractère déviant de cette variété, il est difficile de trouver des recherches académiques neutres. Le côté prescriptif met en avant l'interdépendance supposée d'une ignorance de la norme et de l'échec scolaire et économique de certains milieux sociaux. Le côté descriptif prend souvent parti pour l'innovation et la créativité du langage des jeunes. La recherche se concentre sur les aspects problématiques de la variété et néglige beaucoup de questions importantes (un point relevé aussi par Auzanneau/Juillard qui critiquent les recherches « centré[e]s sur la recherche du déviant », 2012, 7).

Ainsi, du vaste faisceau de variables sociales, la majorité n'a pas encore été objet d'analyse : on en sait beaucoup sur le langage des jeunes des grandes villes et de la banlieue parisienne (cf. le numéro spécial « Les parlers jeunes – Pratiques urbaines et sociales » des « Cahiers de Sociolinguistique », Bulot 2004), mais très peu sur les jeunes qui vivent ailleurs, que ce soit dans une petite ville ou à la campagne. Il n'y a pas d'analyses des différences entre les langages masculin et féminin. De même, si les milieux sous-privilégiés font régulièrement l'objet d'études sociolinguistiques, le langage des milieux moyens et aisés est rarement analysé systématiquement. Le niveau d'éducation est souvent implicite dans les recherches sociolinguistiques, mais il faudrait isoler cet aspect pour obtenir des résultats solides – ce qui permettrait finalement d'établir un lien entre l'éducation et la maîtrise de différents variétés et registres du français.

La Francophonie étant une communauté linguistique pluricentrique, les jeunes locuteurs hors de France ne se calquent pas forcément sur le langage des jeunes Parisiens. Il existe un grand nombre d'études sur les formes de parler des jeunes au Québec, au Maghreb et en Afrique subsaharienne (les autres régions francophones sont beaucoup moins bien documentées), mais elles sont rarement mises en rapport avec les résultats pour la France. Même dans cet article, il a fallu laisser de côté la Francophonie en faveur d'une présentation plus approfondie de la situation en France.

L'histoire du langage des jeunes offre encore de nombreux objets de recherche. Le grand défi à relever sera d'établir des corpus diachroniques qui se prêtent à l'analyse. Cet enjeu existe également pour les analyses en synchronie, car l'établissement de corpus authentiques (du moins lorsqu'il s'agit de l'oral) est toujours problématique. On peut espérer qu'on trouvera des critères éthiques acceptables pour établir des corpus oraux et que les nouveaux médias (forums, réseaux sociaux) pourront bientôt être analysés en tant que grands corpus du langage des jeunes écrit.

6 Bibliographie

Amsellem-Mainguy, Yaëlle/Timotéo, Joaquim (2012), *Atlas des jeunes en France. Les 15–30 ans, une génération en marche*, Paris, Autrement.

Andreini, Luc (1985), *Le verlan. Petit dictionnaire illustré*, Paris, H. Veyrier.

Antoine, Fabrice (1998), *Des mots et des oms : verlan, troncation et recyclage formel dans l'argot contemporain*, Cahiers de Lexicologie 72:1, 41–70.

Armstrong, Nigel (2002), *Variable deletion of French « ne » : a cross-stylistic perspective*, Language Sciences 24:2, 153–173.

Assef, Christelle (2004), *De l'opposition insultes rituelles/personnelles dans les échanges de vannes*, Le Langage et l'homme 39:1, 41–54.

Assemblée Nationale (2013), *Code de l'éducation. Partie réglementaire, Livre III, Titre Ier, Chapitre II, Section 3 ter : L'enseignement des langues vivantes étrangères* (12/06/2013), http://www.legifrance.gouv.fr/affichCode.do?idArticle=LEGIARTI000006526467&idSectionTA=LEGISCTA000006182505&cidTexte=LEGITEXT000006071191&dateTexte=20130617 (07.05.2015).

Auzanneau, Michelle/Juillard, Caroline (2012), *Jeunes et parlers jeunes : catégories et catégorisations*, Langage et société 141:3, 5–20.

Bachmann, Christian/Basier, Luc (1984), *Le verlan : argot d'école ou langue des Keums ?*, Mots 8, 169–187.

Bedijs, Kristina (2012), *Die inszenierte Jugendsprache. Von « Ciao, amigo ! » bis « Wesh, tranquille ! » : Entwicklungen der französischen Jugendsprache in Spielfilmen (1958–2005)*, München, Meidenbauer.

Begag, Azouz (1997), *Trafic des mots en banlieue : du « Nique ta mère » au « Plaît-il » ?*, Migrants-Formation 108, 30–37.

Bernhard, Gerald (2000), *Französische Jugendsprache in den achtziger und neunziger Jahren*, Französisch heute 3, 288–297.

Bernhard, Gerald/Schafroth, Elmar (2006), *Historische Aspekte der Jugendsprache in der Romania*, in : Gerhard Ernst et al. (edd.), *Romanische Sprachgeschichte / Histoire linguistique de la Romania. Ein internationales Handbuch zur Geschichte der romanischen Sprachen / Manuel international d'histoire linguistique de la Romania*, vol. 3, Berlin/New York, de Gruyter, 2390–2403.

Bertucci, Marie-Madeleine/David, Jacques (edd.) (2003), *Les langues des élèves*, Numéro spécial : Le Français aujourd'hui 143.

Billiez, Jacqueline/Trimaille, Cyril (2001), *Langues, variations et insertion sociale : réflexions autour d'actions de médiation en contextes scolaire et extra-scolaire*, Langage et société 98, 105–127.

Bollée, Annegret (1997), *Literarisierte Jugendsprache : Claire Bretécher, « Agrippine »*, in : Annegret Bollée/Johannes Kramer (edd.), *Latinitas et Romanitas. Festschrift für Hans Dieter Bork zum 65. Geburtstag*, Bonn, Romanistischer Verlag, 25–42.

Bourdieu, Pierre (1984), *La « jeunesse » n'est qu'un mot*, in : Pierre Bourdieu, *Questions de sociologie*, Paris, Minuit, 143–154.

Boyer, Henri (2007), *Les médias et le « français des jeunes » : intégrer la dissidence ?*, in : Eva Neuland (ed.), *Jugendsprachen : mehrsprachig – kontrastiv – interkulturell*, Frankfurt am Main, Lang, 153–163.

Brown, Penelope/Levinson, Stephen C. (1987), *Politeness : Some Universals in Language Usage*, Cambridge, Cambridge University Press.

Bulot, Thierry (ed.) (2004), *Les parlers jeunes. Pratiques urbaines et sociales*, Numéro spécial : Cahiers de Sociolinguistique 9.

Bulot, Thierry (2005), *Les parlers jeunes : pratiques urbaines et sociales*, Rennes, Presses Universitaires de Rennes.

Calvet, Louis-Jean (1993), *Le Verlan en kit*, Le français dans le monde 256, 42.

Carton, Fernand (2000), *La prononciation*, in : Gérald Antoine/Bernard Cerquiglini (edd.), *Histoire de la langue française, 1945–2000*, Paris, CNRS éditions, 25–60.

Collectif Permis de vivre la ville (2007), *Lexik des cités*, avec la collaboration de Alain Rey et Disiz la Peste, Paris, Fleuve noir.

Conein, Bernard/Gadet, Françoise (1998), *Le « français populaire » de jeunes de la banlieue parisienne, entre permanence et innovation*, in : Jannis K. Androutsopoulos/Arno Scholz (edd.), *Jugendsprache – Langue des jeunes – Youth language. Linguistische und soziolinguistische Perspektiven*, Frankfurt am Main/New York, Lang, 105–123.

Conseil de l'Europe, Division des politiques linguistiques (2000), *Un cadre européen commun de référence pour les langues : apprendre, enseigner, évaluer*, http://www.coe.int/T/DG4/Linguistic/Source/Framework_FR.pdf. (27.08.2013),

Dannequin, Claudine (1999), *Interactions verbales et construction de l'humiliation chez les jeunes des quartiers défavorisés*, Mots 60, 76–92.

Doran, Meredith (2007), *Alternative French, alternative identities : situating language in « la banlieue »*, Contemporary French and Francophone Studies 11:4, 497–508.

Fagyal, Zsuzsanna (2004), *Action des médias et interactions entre jeunes dans une banlieue ouvrière de Paris. Remarques sur l'innovation lexicale*, in : Thierry Bulot (ed.), *Les parlers jeunes. Pratiques urbaines et sociales*, Cahiers de Sociolinguistique 9, 41–60.

Fagyal, Zsuzsanna (2010a), *Accents de banlieue. Aspects prosodiques du français populaire en contact avec les langues de l'immigration*, Paris, L'Harmattan.

Fagyal, Zsuzsanna (2010b), *Rhythm types and the speech of working-class youth in a banlieue of Paris : The role of vowel elision and devoicing*, in : Dennis R. Preston/Nancy Niedzielski (edd.), *A reader in sociophonetics*, Berlin/New York, Mouton de Gruyter, 91–132.

Féral, Carole de (2012), *« Parlers jeunes » : une utile invention ?*, Langage et société 141:3, 21–46.

Fischer, Paul (1988), *L'argot des jeunes. Kleines Glossar zur französischen Jugendsprache von heute*, Lebende Sprachen 3, 114–116.

Gadet, Françoise (2000), *Des corpus pour « ne... pas »*, in : Mireille Bilger (ed.), *Corpus : méthodologie et applications linguistiques*, Paris, Champion, 156–167.

Gadet, Françoise (2003a), *La variation sociale en français*, Gap/Paris, Ophrys.

Gadet, Françoise (2003b), *Youth language in France : forms and practices*, in : Eva Neuland (ed.), *Jugendsprachen – Spiegel der Zeit. Internationale Fachkonferenz 2001 an der Bergischen Universität Wuppertal, 31.5 – 2.6.2001*, Frankfurt am Main, Lang, 77–89.

Galland, Olivier (⁷ 2009), *Les jeunes*, Paris, La Découverte.

Gonçalves, Cécile (2010), *Le langage wesh-wesh, une forme de résistance ?*, Amnis 9, 2–7.

Gottschalk, Walter (1931), *Französische Schülersprache*, Heidelberg, Winter.

Goudaillier, Jean-Pierre (1997), *Comment tu tchatches ! Dictionnaire du français contemporain des cités*, Paris, Maisonneuve et Larose.

Gumperz, John J. (1977), *The Sociolinguistic Significance of Conversational Code-Switching*, RELC Journal 8:1, 1–34.

Hurrelmann, Klaus/Quenzel, Gudrun (¹¹2012), *Lebensphase Jugend. Eine Einführung in die sozialwissenschaftliche Jugendforschung*, Weinheim, Beltz Juventa.

IRCOM (2011–), *Inventaire IRCOM des corpus oraux et multimodaux*, http://ircom.huma-num.fr/site/p.php?=accueilcorpus (24.06.2015).

Knopp, Klaus Konrad (1979), *Französischer Schülerargot*, Frankfurt am Main, Lang.

Koch, Peter/Oesterreicher, Wulf (2011), *Gesprochene Sprache in der Romania. Französisch, Italienisch, Spanisch*, Berlin/New York, de Gruyter.

Krämer, Martine (1996), *Français standard, français populaire, français familier et français parlé : Quel français enseigner ?*, Französisch heute 3, 159–167.

Kundegraber, Angela (2008), *Verlan 2007. Untersuchungen zur französischen Jugendsprache*, Hamburg, Kovač.

Labov, William (1972a), *Language in the inner city. Studies in the Black English vernacular*, Philadelphia, University of Pennsylvania Press.

Labov, William (1972b), *Sociolinguistic patterns*, Philadelphia, University of Pennsylvania Press.

Labov, William (1984), *Field Methods of the Project on Linguistic Change and Variation*, in : John Baugh/Joel Sherzer (edd.), *Language in use. Readings in sociolinguistics*, Englewood Cliffs (NJ), Prentice-Hall, 28–53.

Lamizet, Bernard (2004), *Y a-t-il un « parler jeune » ?*, Cahiers de Sociolinguistique 9, 75–98.

Lefkowitz, Natalie (1989), *« Verlan » : Talking Backwards in French*, French Review 63 :2, 312–322.

Lefkowitz, Natalie (1991), *Talking backwards, looking forwards. The French language game Verlan*, Tübingen, Narr.

Léglise, Isabelle (2004), *Les médiateurs de rue face aux « parlers jeunes ». Des exemples de « parlers jeunes »*, in : Dominique Caubet et al. (edd.), *Parlers jeunes, ici et là-bas. Pratiques et représentations*, Paris, L'Harmattan, 221–246.

Léglise, Isabelle/Leroy, Marie (2008), *Insultes et joutes verbales chez les « jeunes » : le regard des médiateurs urbains*, in : Aline Tauzin (ed.), *Insultes, injures et vannes : En France et au Maghreb*, Paris, Karthala, 155–174.

Lepori, Angelina (2010), *La langue des jeunes*, Fasano, Schena.

Lepoutre, David (1997), *« Les Reunois, i' mangent du mafé » : Tensions interethniques et acculturation dans une jeunesse de banlieue*, Migrants-Formation 109, 168–183.

Liogier, Estelle (2002), *Quelles approches théoriques pour la description du français parlé par les jeunes des cités ?*, La Linguistique 38:1, 41–52.

Mauger, Gérard (1994), *Les jeunes en France. État des recherches*, Paris, Documentation Française.

Meisner, Charlotte (2010), *A Corpus Analysis of Intra- and Extralinguistic Factors triggering « ne »-Deletion in Phonic French*, in : Franck Neveu et al. (edd.), *2ème Congrès Mondial de Linguistique Française*, Paris, Institut de Linguistique Française, 1943–1962.

Meißner, Franz-Joseph (1999), *Vers l'intégration de la langue parlée dans l'enseignement du FLE*, Französisch heute 2, 155–165.

Méla, Vivienne (1991), *Le verlan ou le langage du miroir*, Langages 101, 73–94.

Méla, Vivienne (1997), *Verlan 2000*, Langue française 114, 16–34.

Merle, Pierre (1986), *Dictionnaire du français branché*, Paris, Seuil.

Merle, Pierre (1997), *Argot, verlan et tchatches*, Toulouse, Milan.

Michler, Christiane (2011), *Normsprache, « français familier » und Jugendsprache im Französisch-unterricht*, in : Michael Frings/Frank Schöpp (edd.), *Varietäten im Französischunterricht*, Stuttgart, Ibidem, 35–48.

Michot, Nicolas (2007), *Les usages lexicaux des jeunes sur les supports modernes de communication*. Actes du 26e Colloque international sur le lexique et la grammaire, Bonifacio 2007, http://infolingu.univ-mlv.fr/Colloques/Bonifacio/proceedings/michot.pdf. (27.08.2013).

Michot, Nicolas (2008), *L'influence de l'informatique sur les pratiques écrites des jeunes*, Texte et corpus 3, 57–66.

Moïse, Claudine (2011), *Gros mots et insultes des adolescents*, La lettre de l'enfance et de l'adolescence 83–84:1, 29–36.

Moise, Raluca (2007), *Le SMS chez les jeunes. Premiers éléments de réflexion, à partir d'un point de vue ethnolinguistique*, Glottopol 10, 101–112.

Mouchon, Jean (1985), *À propos de la notion de « paradoxe de l'observateur » en sciences humaines*, Semen 2, 27–30.

Neuland, Eva (2007), *Mehrsprachig – kontrastiv – interkulturell : Zur Heterogenität und Typizität von Jugendsprachen*, in : Eva Neuland (ed.), *Jugendsprachen : mehrsprachig – kontrastiv – interkulturell*, Frankfurt am Main, Lang, 11–29.

Neuland, Eva (2008), *Jugendsprache. Eine Einführung*, Tübingen, Francke.

Plénat, Marc (1995), *Une approche prosodique de la morphologie du verlan*, Lingua 95, 97–129.

Pozas, Mae (2000), *De « remps », de « reufs » et de « reus » : approximation au lexique de la famille dans le « langage jeune »*, in : Montserrat Serrano Mañes/Lina Avendaño Anguita/María Carmen Molina Romero (edd.), *La philologie française à la croisée de l'an 2000. Panorama linguistique et littéraire*, Granada, Universidad de Granada, 95–104.

Pruvost, Jean/Sablayrolles, Jean-François (2003), *Les néologismes*, Paris, Presses Universitaires de France.

Schmelter, Lars (2011), *Jugendsprache im Französischunterricht – geht das ? Und wenn ja, wie ?*, in : Jürgen Baurmann/Eva Neuland (edd.), *Jugendliche als Akteure. Sprachliche und kulturelle Aneignungs- und Ausdrucksformen von Kindern und Jugendlichen*, Frankfurt am Main et al., Lang, 97–107.

Seux, Bernard (1997), *Une parlure argotique de collégiens*, Langue française 114, 82–103.

sms4science (2008–), *Présentation*, http://www.sms4science.org/?q=fr/node/1 (22.08.2013).

Sourdot, Marc (1997), *La dynamique du français des jeunes : sept ans de mouvement à travers deux enquêtes (1987–1994)*, Langue française 114, 56–81.

Tengour, Abdelkarim (2000–), *Le dictionnaire de la zone. Tout l'argot des banlieues*, http://www.dictionnairedelazone.fr (22.08.2013).

Trimaille, Cyril (2004a), *Pratiques langagières chez des adolescents d'origine maghrébine*, Hommes et Migrations 1252, 66–73.

Trimaille, Cyril (2004b), *Pratiques langagières et socialisation adolescentes : le « tricard », un autre parmi les mêmes ?*, in : Dominique Caubet et al. (edd.), *Parlers jeunes, ici et là-bas. Pratiques et représentations*, Paris, L'Harmattan, 127–148.

Vettorato, Cyril (2008), *Un monde où l'on clashe : La joute verbale d'insultes dans la culture de rue*, Paris, Archives contemporaines.

Zimmermann, Klaus (2002), *Jugendsprache als Konstruktion*, in : Sybille Große/Axel Schönberger (edd.), *Ex oriente lux. Festschrift für Eberhard Gärtner zu seinem 60. Geburtstag*, Frankfurt am Main, Valentia, 485–494.

Zimmermann, Klaus (2003), *Jugendsprache in Frankreich : ein Resümee*, Neue Romania 27, 41–62.

Annette Gerstenberg

14 Langue et générations : enjeux linguistiques du vieillissement

Abstract : L'approche des phénomènes linguistiques liés au vieillissement commence par la définition même du terme central d'« âge », du concept de « vieillissement normal » et de ses conditions (*normal healthy aging*), ainsi que des termes employés par la sociolinguistique et de leurs connotations. On montre ici la complexité à laquelle la recherche linguistique doit faire face dès qu'elle travaille sur le vieillissement. On illustre ce propos par un résumé des résultats obtenus par les études de psycholinguistique, de linguistique pragmatique (analyse conversationnelle), de linguistique variationnelle et de linguistique appliquée. Il s'agit finalement de formuler les principales questions que soulève ce domaine de recherche encore relativement récent, et d'esquisser de possibles directions de recherche.

Keywords : vieillissement, sociolinguistique, analyse du discours, variation, psycholinguistique

1 Introduction

Le langage parlé dans le vieillissement constitue une thématique plutôt marginale dans le cadre de la linguistique romane comme de la recherche sur le français. Dans les enquêtes sociolinguistiques et dialectologiques, la fonction des locutrices et locuteurs âgés est généralement réduite à la représentation de groupes linguistiquement conservateurs qui témoignent d'états de langue passés.

Dans la linguistique internationale, la recherche sur le vieillissement commence à s'exprimer dès les années 1970. Plusieurs études ont traité de la diminution des compétences linguistiques liée au vieillissement (Cohen 1979) ainsi que de ses aspects somatiques comme la modification de la voix (p. ex. Helfrich 1979). Une autre approche se développe en écho aux recherches sur le *genre* et sur les comportements linguistiques sexistes ou racistes. Les études menées sur l'*ageism*, directement inspirées de celles portant sur le sexisme, soulignent l'emploi de termes péjoratifs et d'images négatives d'un côté et, de l'autre, la rareté d'attributs positifs qualifiant le vieillissement (p. ex. angl. *mature, sage, venerable*, cf. Nuessel 1982).

Un nouveau domaine de recherche voit le jour dans les années 1980, celui des dynamiques communicatives du *vieillissement normal*. Au lieu d'analyser les déficits et le déclin des compétences cognitives et somatiques au cours du vieillissement, on aborde plutôt, pour le vieillissement, la construction interactionnelle de l'identité de la personne âgée (cf. Coupland/Coupland 1990, 452).

L'évolution de la recherche sur le vieillissement accompagne l'amélioration des conditions socio-démographiques. L'espérance de vie continue d'augmenter en même temps que la santé cognitive et somatique décline moins vite. Les conditions de vie sont plus favorables à une participation active des personnes âgées à la vie sociale. L'ensemble de ces conditions devrait susciter un intérêt plus vigoureux de la recherche sociolinguistique pour les questions liées au vieillissement. Le grand défi consiste non seulement à reformuler les questions de la recherche actuelle, mais aussi à trouver de nouvelles pistes qui aboutissent à une véritable sociolinguistique du vieillissement.

1.1 Structure de l'article

Les premiers paragraphes présentent plusieurs définitions de l'*âge*, le concept de vieillissement *normal* ainsi que ses conditions (*normal healthy aging* ; Coupland/ Coupland 1990 ; Brouillet/Syssau 2000 ; Brouillet 2011).

Dans un second temps, nous présentons un état des recherches actuelles les plus importantes, à commencer par les résultats obtenus dans l'analyse des aspects cognitifs et somatiques ainsi que de leurs conséquences pour la communication interpersonnelle (§2). On adopte ensuite une orientation sociolinguistique plus stricte pour traiter de la relation entre la chronologie individuelle et collective d'une part et le langage dans son évolution individuelle et collective d'autre part. Cette relation constitue l'un des aspects centraux de la discussion actuelle sur le changement linguistique (§3). On finit par deux études de cas : la construction de l'âge en situation de communication (§4) et l'importance de la variable « âge » dans des études de linguistique variationnelle (§5). On aborde en conclusion quelques études de linguistique appliquée (§6).

Cette structure met en évidence la complexité de la recherche linguistique menée sur le vieillissement, mais aussi les perspectives qu'elle ouvre pour la recherche sur le français. Nous ne visons pas ce faisant à présenter une « variété négligée » du français qui serait dotée d'une supposée homogénéité. Dans le cadre des recherches menées sur le langage des jeunes, on a critiqué (à juste titre) la tentation d'unifier le spectre vaste et varié des pratiques langagières des jeunes (p. ex. Cherubim/Hilgendorf 2003, 234 ; ↗13 Langue et générations : le langage des jeunes). Quand on travaille sur le vieillissement, il s'agit de trouver des solutions pour respecter la personnalité des locutrices et locuteurs telle qu'elle s'est développée tout au long de leur vie, d'autant que, dans ses aspects collectifs, c'est-à-dire dans les pratiques générationnelles, elle est historiquement conditionnée et variable.

1.2 Terminologie

La polysémie attachée aux termes d'*âge* et de *vieillissement* nécessite que l'on en précise ses différentes acceptions. On distingue généralement différents niveaux de sous-classification de l'âge. La catégorie la plus simple est celle de l'âge chronologique, déterminé par l'année de naissance. Un deuxième niveau est lié à l'état de santé : on distingue alors le vieillissement normal et le vieillissement caractérisé par des manifestations pathologiques (→ 2.1). Cette différence se reflète dans la distinction entre le troisième et le quatrième âge (« l'apparition du handicap », Jaeger 1992, 4). D'après Baltes (2007, 16), la différence entre le troisième et le quatrième âge correspond grosso modo aux décennies 60–80 ans (« troisième âge ») et entre 80–100 ans (« quatrième âge ») ; le troisième âge est caractérisé par une hétérogénéité considérable, due à la plasticité cognitive, à la variabilité et à l'individualité biographique. Durant le quatrième âge, cette variabilité – toujours approximative – s'atténue et donne progressivement lieu à une relative homogénéité, due aux processus pathologiques et à la multi-morbidité qui s'installent avec l'avancée en âge.

La définition de l'*âge* peut enfin être liée aux mécanismes du système sociopolitique (âge social). En France, l'augmentation de la population âgée est aujourd'hui considérable en raison du vieillissement de la génération du baby-boom et de l'espérance de vie croissante des personnes âgées de plus de 60 ans (« vieillissement par le haut, c'est-à-dire par une croissance du nombre de plus de 60 ans », Blanchet/ Le Gallo 2013). L'âge charnière de 60 ans en France (en Belgique et au Canada de 65 et en Suisse de 65/64), qui représentait la limite entre la participation à la vie professionnelle et la retraite, a perdu de son importance dans la mesure où le pourcentage des plus de 60 ans qui continuent à travailler continue à augmenter (Govillot 2013). Dans les statistiques officielles, en France, on retient l'âge de 60 ans pour déterminer le pourcentage des *personnes âgées* ; mais cet usage est loin d'être adopté par tous.

Au cours des dernières décennies, le terme de *seniors* s'est imposé dans le langage des médias. On utilise cet anglicisme en parlant des plus de 50 ans (GRLF, s.v.) afin d'éviter toute désignation discriminatoire ; ce terme est également présent dans l'usage administratif. Pour citer un exemple, le programme « Bien Vieillir » du Secrétariat d'État aux personnes âgées, lancé en 2013, concerne les *seniors de 50 à 65 ans* (Aquino 2013). Ce groupe des *personnes âgées* est politiquement représenté par la Ministre déléguée auprès de la ministre des affaires sociales et de la santé, chargée des personnes âgées et de l'autonomie ; l'instauration de ce nouveau ministère a contribué activement à modifier les pratiques officielles : il a ainsi proposé de substituer au mot *vieillir*, qui « comporte obligatoirement une connotation négative », l'expression d'*avancer en âge* (Delaunay 2012).

La terminologie employée en contexte officiel correspond à des critères socioéconomiques ou à l'état de santé et d'autonomie des individus. On distingue ainsi les *seniors en activité*, les *personnes âgées en bonne santé*, les *personnes âgées fragiles* et les *personnes âgées en perte d'autonomie* (Aquino 2013, 10). Toutes ces propositions, ainsi que les tentatives d'établir des néologismes à connotation positive, suscitent des discussions dans les médias (Jost 2012).

Si les terminologies officielles tentent de qualifier l'âge social, l'usage du français commun relève de bien d'autres conceptions de l'âge. À côté de l'anglicisme cité de *seniors* (*séniors*) et de la dénomination neutre de *personnes âgées* ou de *grand âge*, on emploie les termes plus familiers de *vieux*, *vieillard*, ou *mamie / mammy* (GRLF s.v.), etc. La concurrence entre l'ensemble de ces termes s'accompagne de connotations nuancées qui doivent être analysées dans leurs contextes respectifs (cf. pour l'allemand Cherubim 2001 ; pour l'anglais cf. Covey 1988 ; Koll-Stobbe 2005) ou d'après la connotation qu'ils déclenchent chez les sujets âgés eux-mêmes (Misiti/Carbone 2002).

1.3 Études

Locutrices et locuteurs âgés sont représentés dans les enquêtes en dialectologie, mais il est rare que la signification de l'âge soit prise en considération. L'exemple de l'Abbé Rousselot (1891) n'a pas trouvé de successeurs. Rousselot présentait différentes générations d'une même famille comme autant de témoins qui représentaient les états successifs de *parlers anciens*. On peut en fait reconnaître dans cette démarche l'hypothèse de l'*apparent time* (→ 3.1). La recherche psycholinguistique menée sur le vieillissement se développe après la seconde guerre mondiale en lien notamment avec l'utilisation de tests de dénomination dans le diagnostic de troubles du langage (Ska/ Goulet 1989 ; cf. Fox/Birren 1949 ; pour la situation en francophonie, cf. Feyereisen/ Hupet 2002 ; Lindorfer 2012). Les approches en analyse conversationnelle lancées par Coupland/Coupland ont été reprises dans d'autres pays (Fiehler 1996 ; Fiehler/Thimm 2003), mais assez peu dans les pays francophones. Dans les enquêtes sociolinguistiques, l'âge charnière de 60 ans est fréquemment utilisé pour délimiter le groupe le plus âgé de l'échantillonnage (p. ex. dans C-ORAL-ROM, Cresti/Moneglia 2005), mais il est rare que l'on fasse droit à une réflexion approfondie sur la signification sociolinguistique de l'âge en tant que tel (p. ex. Clermont/Cedergren 1979). Dans le cas des autres langues romanes, on ne trouve pas non plus beaucoup d'études exclusivement consacrées au vieillissement, mises à part celles menées sur l'italien par Taddei Gheiler (2005) ou par Preti (1991) sur le portugais du Brésil. Plus récemment, la recherche sur le vieillissement s'est fondée sur des corpus spécialisés comme Lang-Age (Gerstenberg 2011), Corpage (Bolly/Masse/Meire 2012) ou CorpAGEst (Bolly 2013 ; Bolly/Thomas 2015 ; Bolly/Boutet, soumis).

2 Le vieillissement cognitif et somatique

En employant les termes de *cognitif* et *somatique*, nous mettons l'accent sur les conditions physiques et les problèmes médicaux d'une part, et sur les conditions neurocognitives d'autre part. Évidemment, il n'existe pas de limite nette entre ces deux domaines. Mais nous préférons l'attribut *somatique* à celui de *physiologique*, qui qualifie les fonctions cérébrales ou les fonctions plus proprement corporelles (cardio-respiratoires p. ex.).

2.1 Le vieillissement normal : les limites

Le vieillissement normal, c'est-à-dire celui qui n'est affecté par aucun trouble patho-logique lié au vieillissement, est caractérisé par une croissance, une décroissance ou un état stable, selon des tempi variables (Bosshardt 1994). Les différences entre individus plus jeunes et plus âgés ne concernent pas seulement les compétences linguistiques, mais aussi les corrélations que l'on peut observer entre les différentes compétences (Kemper/Sumner 2001). Le terme du vieillissement normal reste, à l'heure actuelle, assez général ; il doit être spécifié par la recherche future, qui devra considérer p. ex. les différentes étapes de la vieillesse telles que les mettent en place les sciences gérontologiques (Zellner-Keller 2009, 152). Pour distinguer les périodes successives de la vieillesse, Guillet (2007) distingue *l'âge à construire grâce à la longévité, l'âge de la maturité, l'âge de la fin de la vie* et *les désordres du grand âge* [phénomènes de démence].

L'étude des phénomènes linguistiques que l'on observe dans le vieillissement peut contribuer à mieux comprendre la limite entre le vieillissement normal et le vieillissement affecté par des développements pathologiques comme la maladie d'Alzheimer. Yuan et al. (2011), en analysant la composition du lexique dans l'œuvre de trois auteurs anglophones, montrent à l'évidence que le déclin du lexique est plus rapide en cas de démence.

Un indicateur efficace de l'appartenance au vieillissement normal nous semble être celui de la « responsivité ». C'est là un critère que les études sociolinguistiques, parmi d'autres critères possibles (autonomie, maladies graves, etc.), pourraient adop-ter. Le critère de responsivité correspond à une adéquation plus ou moins grande des réponses aux questions dans le respect du principe de coopération (Grice 1975), et à la qualité de la rencontre dans son ensemble, y compris une durée minimum qui reflète l'état de santé et garantit que le sujet, dans une situation de communication régulière, peut participer de façon active. Ces critères sociolinguistiques de participation sociale peuvent s'avérer plus robustes que les tests de compétences cognitives dans la tradi-tion du MMS, qui ne prennent pas en considération les conditions somatiques (système cardio-respiratoire). De plus, la réalisation de tests peut impliquer l'activa-tion de stéréotypes qui ne sont favorables ni à la performance des sujets (Hess/Hinson/Hodges 2009) ni au développement d'une relation d'égalité entre les sujets et les chercheurs ; en revanche, l'application de critères sociolinguistiques proprement dits semble plus adéquate pour décrire les participants âgés. L'analyse d'un échantil-lon sociolinguistique précis peut en outre servir de base pour établir une norme inter-groupe, à partir de laquelle différents cas particuliers (échappant à cette norme) peuvent être étudiés sous l'angle de leur appartenance ou non au vieillissement normal (Gerstenberg 2011, 62 ; Bolly/Boutet soumis).

2.2 Théories du vieillissement cognitif

La nécessité de prendre en considération les conditions somatiques et cognitives du langage et de leur production/réception ne se limite pas aux questions du vieillissement. Le déclin cognitif commence entre 20 et 30 ans (Salthouse 2009). De ce fait, les problèmes de compétences cognitives, il est vrai plus visibles dans le cas de locutrices et locuteurs âgés, peuvent également susciter l'intérêt des sociolinguistes dans le cas de locutrices et locuteurs plus jeunes. Les conditions psycholinguistiques jouent un rôle important dès la jeunesse.

La recherche sur la production linguistique et les compétences cognitives a identifié quatre domaines centraux qui relèvent de développements non pathologiques :

1) La mémoire du travail (*working memory*) peut affecter la complexité syntaxique. Au niveau de la syntaxe, Maxim/Bryan/Thompson (1994) observent une diminution des constructions complexes au cours du vieillissement. Une série d'études comparatives expérimentales montre des structures syntaxiques moins complexes et moins denses chez les personnes âgées que chez les jeunes (Burke/Shafto 2008, 424 ; cf. Kemper 2015, 62s.).

2) L'inhibition cognitive (*inhibition deficits*) peut affecter la réception du langage, dans la mesure où les perturbations (bruits de fonds, irritations visuelles...) sont éliminées de façon moins efficace et dérangent la concentration.

3) La vitesse du traitement (*general slowing*) peut affecter soit la production, soit la réception linguistique.

4) La *Transmission Deficit Hypothesis* comprend des troubles de la parole comme le TOT (*Tip Of the Tongue*, mot sur le bout de la langue). Le trouble du mot sur le bout de la langue augmente avec le vieillissement y compris dans les conditions du *normal aging* (cf. Shafto et al. 2007). Le modèle psycholinguistique qui distingue domaine sémantique, domaine phonologique et domaine visuel (orthographique) explique ce phénomène par le ralentissement de la transmission d'un domaine à l'autre. On a surtout observé des difficultés pour l'accès aux informations phonique et graphique, alors que l'information sémantique semblait rester stable (cf. O'Hanlon/Kemper/Wilcox 2005 ; Burke/Shafto 2008 ; Abrams/Farrell 2011).

Les recherches sur le développement du lexique confirment les hypothèses selon lesquelles la vieillesse s'accompagne d'une accumulation du savoir (Pennebaker/ Stone 2003). Les compétences lexicales et le savoir sémantique restent apparemment assez stables dans le vieillissement (Verhaeghen 2003). Ramscar et al. (2014) proposent comme contre-point aux théories du déclin cognitif les différents modèles de l'apprentissage tout au long de la vie qui implique la croissance continue du savoir lexical. Dans deux séries d'entrevues menées avec 28 locutrices et locuteurs âgés de

63 à 91 en 2005 et de 70 à 98 en 2012, différentes mesures de richesse lexicale ont été examinées ; la richesse lexicale (*type-token-relation*) ne changeait pas de façon significative dans l'intervalle des sept ans, mais le taux de mots de haute fréquence diminuait significativement ce qui pourrait indiquer un emploi mesuré des énergies dépensées dans la production langagière (Gerstenberg 2015).

Le développement cognitif concerne aussi des phénomènes communicatifs. La « verbosité », qui correspond au stéréotype du langage parlé dans le vieillissement, a trouvé des explications contradictoires. Le phénomène de verbosité (*verbosity / off-topic verbosity*, OTV ; cf. Gold/Arbuckle 1995) est caractérisé par une augmentation de propos « hors sujet » et de digressions. D'un côté, on explique l'OTV par un déclin de l'inhibition, c'est-à-dire par une distinction plus faible entre informations importantes et informations moins importantes. De l'autre côté, si l'on suit la *pragmatic change hypothesis*, on explique l'OTV par une modification de l'évaluation des informations reçues, que ce soit en raison de la densité de l'information ou de la signification personnelle. En d'autres termes, la « verbosité » est un outil communicatif qui remplit des fonctions précises : elle souligne l'importance d'un message ou bien alors rend le taux d'information moins dense et donc plus accessible (Arbuckle/Nohara-LeClair/Pushkar 2000).

2.3 Aspects somatiques

C'est surtout la voix qui est affectée par des changements somatiques non pathologiques. Ces changements concernent les systèmes respiratoire, phonatoire, supraglottal et nerveux (Linville 1996 ; Zraick/Gregg/Whitehouse 2006, 134). Ces aspects sont d'une importance particulière pour la perception de la voix âgée : l'âge des locutrices et des locuteurs est en effet estimé essentiellement sur la base de l'image acoustique. Les traits les plus importants sont le souffle dans la voix et un niveau élevé de fréquence fondamentale. Les corrélats acoustiques de ces traits présentent des valeurs qui augmentent l'âge des locutrices et locuteurs (*jitter* et *shimmer* ; Baken 2005). La perception des traits acoustiques caractérisant la voix âgée peut être influencée par ailleurs par des stéréotypes culturels (Benjamin 1986, 37). De plus, l'usage de traits phonologiques « prestigieux » ou d'intonations « polies » peuvent différer selon le sexe et la génération (ibid., 42). Dans leur production comme dans leur perception, les traits acoustiques de la voix ne sont pas purement somatiques : ils sont partiellement conditionnés par l'environnement socioculturel.

Certains changements somatiques comme la diminution des capacités auditives influent directement la communication. Une focalisation prosodique plus marquée semble constituer une compensation plus efficace que l'augmentation du volume de la voix de l'interlocutrice ou de l'interlocuteur (Cohen/Faulkner 1986).

3 Changement linguistique et développement tout au long de la vie

3.1 Les approches de l'*apparent time* et du *communal change*

Un modèle répandu et très souvent utilisé implicitement est celui que Labov (1994, 28) appelle l'*apparent time* ; ce modèle rend compte de la distribution de différentes formes linguistiques selon les groupes d'âge d'une société. L'usage que font de la langue les différents groupes d'âge reflète, dans la perspective de l'*apparent time*, différentes étapes de la diachronie linguistique. Une explication alternative au changement linguistique est celle du *communal change*, qui inclut toutes les générations d'une société. Hockett (1950, 453) propose une réinterprétation linguistique du terme d'*age-grading*, issu de l'anthropologie : les membres d'une société appartiennent à des sous-groupes d'âges similaires qui présentent des particularités socio-culturelles, socio-économiques, etc. La pertinence des modèles de l'*age-grading* (adaptation du comportement linguistique tout au long de la vie) ou de l'*apparent time* (changement générationnel) dépend des variables linguistiques en jeu (Labov 1994, 112 ; Cheshire 2005, 1559).

Betten (2003) souligne un aspect important qui concerne les différents domaines du changement linguistique. Son analyse de l'allemand parlé par les Juifs qui émigrèrent après 1933 en Israël se fonde sur des entretiens menés entre 1989 et 1994 avec des locutrices et locuteurs âgés de 70 à 100 ans. Betten observe les effets de l'*apparent time* non seulement dans la conservation de structures syntaxiques du « Weimarer Deutsch », qui suit les normes linguistiques des années 1920, mais aussi dans les choix diaphasiques faits par les témoins, qui avaient tendance à rechercher des registres de langue élevés.

3.2 Cohortes, générations

Le développement du langage dans le vieillissement est conditionné par les processus somatiques et cognitifs mentionnés ci-dessus. Il faut cependant souligner en même temps l'importance des transformations historiques qui contribuent à l'augmentation de la qualité de vie, et tenir compte des dynamiques historiques qui influent les styles socio-culturels et le changement des normes linguistiques (Cherubim 1998, 76).

Dans ce contexte, on reprend le concept de « cohortes » (Ryder 1965) ou *générations* en tant qu'ensembles marqués (par des événements et des conditions historiques) et marquants (exerçant une influence sur la société, cf. Mannheim 1964 [1928]). La relation – parfois assez directe – entre événements historiques et usage linguistique s'observe par exemple dans certaines expressions des soixante-huitards qui ont connu un énorme succès (Zimmermann 1990, 243). On a décrit aussi, chez les habitants du Québec, des différences d'usage importantes entre les personnes nées avant ou après la deuxième guerre mondiale ; la prolongation de la scolarité a notamment contribué à une plus grande diffusion des formes du français standard (Kemp 1981 ; Kemp/Yaeger-Dror 1991). En France, l'école de la Troisième République a établi l'idéal d'une normativité presque littéraire, et ce encore jusqu'aux années soixante. Ces générations ont en effet participé justement au changement de norme après 1968 et à l'idéal d'une langue qui « fasse jeune » (Gerstenberg 2011). Ce changement collectif (*communal change*) peut s'accompagner d'une adaptation linguistique aux exigences de son propre groupe d'âge (*age-grading*). Suivant l'hypothèse de Gadet (2003, 55), la retraite se caractérise souvent par un relâchement langagier. Le phénomène de l'*age grading*, de l'adaptation linguistique aux normes de son propre groupe d'âge, a été décrit comme universel. Mais les modalités et les réalisations plus ou moins exprimées de cette adaptation sont elles-mêmes sujettes au changement historique et diffèrent entre les générations ; c'est là un aspect qui mérite d'être mieux étudié.

4 Aspects communicatifs

4.1 Récits

La réorientation des recherches sur le langage parlé dans le vieillissement a conduit d'une part à critiquer l'hypothèse des déficits (qui considère d'abord le déclin des compétences langagières) et d'autre part à identifier certaines compétences qui s'améliorent avec le vieillissement, comme les compétences communicatives mises au jour dans le domaine du récit oral (*storytelling*) (« older adults have a heightened understanding of the interpersonal dynamics of communication [...] Overall, older adults are rated as better storytellers than younger adults, a preference that is not limited to their own cohort », Abrams/Farrell 2011, 60). Différentes hypothèses ont été avancées pour expliquer les réactions positives aux récits de personnes âgées ; ces réactions positives sont suscitées par l'emploi d'une structure narrative plus complexe, comportant des constructions en *acmè*, ainsi que par une capacité à réagir immédiatement aux interventions des interlocutrices et interlocuteurs ; elles s'expliquent ensuite par une réduction de la vitesse de parole et par une prosodie plus marquée (ibid., 61).

La production de récits oraux est une activité fréquemment pratiquée dans le vieillissement, qui contribue dans une grande mesure à la (re)construction d'une identité personnelle (Kastenbaum 2003). Les versions répétées d'un même récit autobiographique témoignent d'un figement considérable, mais aussi d'une capacité d'adaptation aux nécessités interactionnelles de la situation dans laquelle elles sont proférées (Barth-Weingarten/Schuman/Wohlfahrt 2012).

4.2 La construction communicative de l'âge

Dans la recherche linguistique d'orientation pragmatique, la variable d'âge ne constitue pas uniquement une variable dépendante qui soit clairement déterminée par la chronologie. L'âge est plutôt considéré comme un effet des stratégies communicatives mises en place par les interlocutrices et interlocuteurs, qu'ils appartiennent à différentes générations ou au même groupe d'âge. Dans cette approche, il s'agit davantage de comprendre la construction interactionnelle de l'âge que de mesurer des compétences langagières (Coupland/Coupland 1990, 461).

L'« émergence communicative » liée au vieillissement et à l'identification de personnes âgées avec leur âge paraît être une ressource communicative importante. Contrairement à d'autres traits biographiques comme le sexe, le niveau social ou l'origine ethnique, l'âge des locutrices et locuteurs fait très souvent l'objet de discussions. Plusieurs études ont permis de réaliser un catalogue des stratégies communicatives employées fréquemment par des personnes âgées (Coupland/Coupland 1990, 461 ; cf. Fiehler 2002). Ces stratégies sont caractérisées par la mention de l'âge chronologique, la mention du rôle ou des caractéristiques qui correspondent à cet âge et la spécification d'une identité liée au vieillissement en termes de santé, de décroissance et de mort. D'après le contexte, la mise en relief de l'âge en situation de communication (*age making*) sert à établir une position sociale forte et une bonne expérience – ou, au contraire, à annoncer sa propre fragilité ou des déficits constatés, la *painful self-disclosure* (PSD, Coupland 2004, 84). Les moments où les locutrices et locuteurs cherchent leurs mots indiquent des moments de traitement des insuffisances qu'ils ont eux-mêmes perçues. La désignation explicite, par la locutrice ou le locuteur, du problème du *mot sur le bout de la langue* (p. ex. : « vous voyez ça veut pas sortir ») peut être considérée comme une stratégie de compensation (Zellner-Keller 2007).

La référence explicite à l'âge chronologique ne s'observe pas seulement dans les récits concernant le passé, mais aussi dans des descriptions ou des narrations portant sur un sujet contemporain. La mention du passé dans les récits de personnes âgées, mais aussi dans le discours de tous les jours, sert parfois à s'identifier avec ce passé ; mais ce *talking back* doit également être analysé comme un moyen efficace d'assurer sa propre position dans l'espace chronologique contemporain (Boden/Bielby 1986, 85).

Un cas particulier de construction de l'âge en situation de communication s'observe dans l'emploi spécifique des pronoms *on/nous*. La référence déictique de ce pronom renvoie fréquemment à un *nous* qui désigne l'ensemble de la génération de la locutrice ou du locuteur, dans des expressions comme *ça nous a marqués*. Le « *on* de génération » peut lui aussi renvoyer aux valeurs d'une génération entière (*on était persuadés que sans travail on s'en sort pas* ; *on parlait pas de droits* [...] *dans ma jeunesse, c'était toujours le devoir, le travail*) ou à des expériences partagées (*l'exode nous a beaucoup marqués*, Gerstenberg 2011, 125s.).

Outre le renvoi par les pronoms *on/nous* à un ensemble générationnel, on trouve des mentions explicites du terme de *génération*. Pour élucider la réalité à laquelle renvoie ce terme polysémique, on peut réaliser une analyse séquentielle à partir de laquelle on montre comment la définition de sa propre génération se construit en fonction d'un contexte de communication (Gerstenberg 2009).

4.3 Marques lexicales diachroniques

La perception d'un lexique « vieilli » ne correspond pas nécessairement à un usage réel de termes effectivement désuets (Blanchet 2001, 71s.). De plus, l'idée que l'on se fait de l'âge d'une locutrice ou d'un locuteur dépend non seulement de l'usage de termes désuets, mais aussi d'une réflexion métalinguistique proposée par les sujets parlants, lorsqu'ils commentent l'emploi d'un terme moderne vs. vieilli (Coseriu 1988, 134). À l'instar de Rey-Debove (1978, 253), on peut parler d'une « connotation autonymique » qui se réfère aux aspects diachroniques du langage (*on dit aujourd'hui* « *marginal* », ibid.). Dans le corpus LangAge, on rencontre fréquemment ce type de marques diachroniques du lexique. La forme de ces marques suit très souvent *on disait [ça] à l'époque*, ou *dans le temps on disait [ça]*. Dans d'autres cas, un terme moderne est mentionné à côté d'un terme qui – dans la perception de la locutrice ou du locuteur – apparaît comme « vieilli » (*grand cultivateur* vs. *agriculteur* ; *nourrice* vs. *aide maternelle*, Gerstenberg 2011, chap. 8.2). On pourrait qualifier ces doublets de *chronosynonymes* (par analogie avec les géosynonymes), ou plus précisément de *chronosynonymes perçus*.

5 La variation : traits extralinguistiques et linguistiques

La variable « âge » fait partie des variables régulièrement prises en considération dans (presque) toutes les études empiriques. Généralement, c'est une définition chronologique de l'âge que l'on observe dans cet emploi sociolinguistique. La signification de l'âge des locutrices et locuteurs dans sa dimension qualitative joue un rôle encore marginal dans l'analyse empirique (Eckert 1997, 167).

5.1 La variation diatopique, diastratique et diaphasique

Ainsi, en comparant les usages linguistiques de différents parlers régionaux, on a observé un usage plus actif d'éléments marqués diatopiquement par les locutrices et locuteurs âgés ; certains termes connaissent cependant une renaissance chez les générations plus jeunes, qui n'est pas circonscrit à la région d'origine d'un régionalisme (Germi/Lucci 1985, 203, pour la région gapençaise).

Dans les manuels linguistiques, le langage parlé par des locutrices et locuteurs âgés est parfois qualifié de « langue de groupe » (Müller 1975, 136). On a même parlé de *gérolecte* ou de *gérontolecte* (Veith 2002, 173). L'évidence empirique d'un tel postulat reste cependant très discutable. Cherubim/Hilgendorf (2003, 235) n'excluent pas la possibilité d'une particularité du langage « des » personnes âgées (dt. *Alterssprache*), qui serait caractérisé par des fonctions communicatives ou des stratégies sémiotiques particulières. Sinner (2013, 162) voit dans cette hétérogénéité terminologique le symptôme d'une sous-discipline en train de s'établir.

Concernant le comportement linguistique des personnes âgées, l'absence d'études empiriques spécialisées conduit à des opinions assez contradictoires. Le phénomène d'orientation diaphasique des personnes âgées n'est traité dans la plupart des manuels que de façon marginale. D'un côté, on parle d'un langage très conservateur des personnes âgées (Müller 1975, 141 ; Ager 1990, 118 : « Older speakers are likely to be more conservative, pedantic, and linguistically defensive than younger ones »), de l'autre côté on parle du *relâchement* qui accompagne la retraite (cf. supra, Gadet 2003, 55).

L'investigation scientifique des usages langagiers a mis en évidence l'importance de facteurs individuels (Baltes 2007, 16) dont résulte une grande hétérogénéité caractérisant le langage de personnes âgées. Il semble adéquat d'éviter une terminologie qui parle de façon globale *du* langage *des* personnes âgées.

5.2 Les niveaux internes de variation

Les études phonologiques de Martinet (1971), effectuées en 1941 avec des prisonniers de guerre français, ne montrent pas de stratification d'âge nette dans ce groupe d'officiers socialement assez homogène (entre 20 et 60 ans) alors que pour certains phénomènes on observe une répartition par générations. Trente ans plus tard (1968–1971), de nouvelles enquêtes ont été menées pour le *Dictionnaire de la prononciation française dans son usage réel* (Walter 2001, 325–327). Certaines tendances se confirment pour la période considérée : on observe p. ex. chez les jeunes la perte de l'opposition, pour le *a*, entre la voyelle postérieure et la voyelle antérieure, ainsi que l'opposition entre les voyelles nasales /œ̃/ et /ɛ̃/ ; on observe en revanche, chez la génération la plus âgée, la conservation de ces distinctions. Toutefois, concernant certains phénomènes, aucune stratification d'âge n'est observée (opposition entre les voyelles fermées/ouvertes en finale ouverte).

Autre trait affecté par une orientation normative plus ou moins exprimée des locutrices et locuteurs : la liaison (Mallet 2009, 92, 201 : « plus le locuteur était âgé, plus la fréquence de la liaison était élevée » ; données du corpus PFC, Phonologie du Français Contemporain).

Dans beaucoup d'études, les variables morphosyntaxiques montrent une tendance conservatrice des locutrices et locuteurs âgés, ainsi que des pourcentages élevés pour les variables « innovatrices » dans les groupes d'âge plus jeunes (pour le *ne* de négation, cf. p. ex. Ashby 1991 ; Armstrong 2001 ; Hansen/Malderez 2003). Cette variabilité se situe entre le changement linguistique en cours et les dynamiques de la norme linguistique. Comme l'ont souligné plusieurs chercheurs, le changement linguistique est lié non seulement à la fréquence d'un phénomène, mais aussi au prestige sociolinguistique (p. ex. Hausmann 1979, 444). Le choix du registre qualifié d'approprié pour une situation communicative comme celle d'une enquête n'est pas seulement un facteur qui perturbe les résultats empiriques : c'est en soi un sujet de recherche en linguistique diachronique.

Une partie du lexique employé par des locutrices et locuteurs âgés peut être considérée comme « vieilli » (Müller 1975, 141 ; Ager 1990, 118 ; Fiehler 1997). Si l'on prend en considération des paires de variantes formelles vs. moins formelles (*travail* vs. *boulot*, *ami* vs. *copain*), on constate que les groupes d'âge de 65 ans et plus font un emploi élevé des variantes formelles (Beeching 2007). Ce phénomène n'est cependant pas très fréquent (Thimm 2002). L'emploi de termes historiquement dépassés peut en revanche susciter l'intérêt des locutrices et locuteurs eux-mêmes, comme en attestent l'emploi de marques diachroniques (cf. supra), ou de recueils comme celui de Guillaume/Beyler (2004/2005). On observe par ailleurs, dans le langage de certaines personnes âgées, la reprise de termes récents, parfois accompagnés de marques métalinguistiques (*dur dur dur / comme disent les jeunes* ; LangAge, Gerstenberg 2011, 195). Cette reprise de termes du langage actuel dépend de la nature des échanges linguistiques pratiqués : échanges avec les enfants, avec les petits enfants ou avec des membres de la même génération.

5.3 Perspectives

Les résultats obtenus par les études empiriques mentionnées ci-dessus soutiennent partiellement l'idée de l'*apparent time* : ils montrent en effet une tendance des locutrices et locuteurs âgés à adopter un langage plus conservateur. L'impact de la variable de l'âge étant encore peu exploré, les traits linguistiques analysés ne permettent pas de reconnaître, pour l'ensemble des phénomènes observés, les contours d'une « variété âgée » du français. Malgré la mise au jour de différences claires entre un usage innovant des jeunes et un usage conservateur des plus anciens, force est de constater que la plupart de ces phénomènes ne sont pas abordés sous l'angle du changement en temps réel (*real time*). Les exemples mentionnés renvoient aussi au processus d'adaptation au langage actuel et aux effets du *communal change*.

6 Linguistique appliquée

6.1 Stéréotypes et *ageism*

Le langage parlé des aînés est représenté par les médias selon des stéréotypes (comme la verbosité : *senex loquax*, Cherubim/Hilgendorf 2003, 234) que l'on retrouve pourtant aussi dans les usages individuels ou dans les usages collectifs. La composante discriminatoire de ces stéréotypes, qui soutiennent l'*ageism*, est étudiée depuis les années 1960 (Butler 1969 ; Barbato/Feezel 1987). L'attention portée aux stéréotypes négatifs de la vieillesse stimule l'étude d'expressions comme *vieux salaud, vieux pourri* ou *vieux baveux*, et de leur connotation dépréciative (Berman/Sobkowska-Ashcroft 1986, 140). La représentation de la vieillesse est par ailleurs très souvent associée à des stéréotypes positifs comme la sagesse (ibid., 142).

6.2 *Elderspeak*

La communication dans les hôpitaux et dans les maisons de retraite est dans une certaine mesure marquée par les règles du « parler lentement, soigneusement, simplement » (Caporael/Culbertson 1986, 109 ; cf. Cohen 1979, 428 : « speech [to old people] should be slow and messages short »). De ce genre de règles peut résulter une sorte de *baby talk* que l'on adresse aux personnes âgées – qu'on appelle *elderspeak* –, dont l'efficacité a été discutée ; Cohen/Faulkner (1986) soulignent au contraire l'importance de la prosodie (*focal stress*).

Les stratégies communicatives des aide-soignants et des infirmières sont devenues un sujet d'étude pour la linguistique appliquée, qui définit les traits caractéristiques de l'*elderspeak* (emploi de diminutifs, tutoiement, voix très haute sans accentuation efficace, etc. ; cf. Sachweh 2003 ; Backhaus 2013) et contribue à améliorer la formation des soignants gériatriques en matière de communication.

6.3 Rencontre intergénérationnelle

Les différences de comportements linguistiques entre les générations peuvent affecter soit la communication intra-groupe, p. ex. familiale (Williams/Harwood 2004 ; Gerstenberg 2012), soit la communication inter-groupe (Tuckman 1953). Un aspect important de ce domaine est analysé dans le cadre de la théorie de l'adaptation communicative (CAT, *Communication Accomodation Theory*) qui aborde les différentes formes que prend l'orientation du comportement propre en fonction du comportement linguistique (perçu) de l'interlocutrice ou l'interlocuteur et de son besoin (perçu). Ce sont par exemple les cas où la PSD (*painful self-disclosure*) rompt les règles (inofficielles) de la CAT : la PSD au début d'une conversation peut embarrasser des locutrices et locuteurs plus jeunes (*underaccomodation*, Barker/Giles/Harwood 2004). L'évaluation de ce phénomène a mis en évidence le fait que les cas de PSD sont moins embarrassants pour les sujets âgés eux-mêmes que pour des témoins plus jeunes (Bonnesen/Hummert 2002, 291).

7 Resumé

L'étude du langage de personnes âgées nous apprend que le rapport complexe qui lie un individu et un collectif (génération) reste en grande partie à explorer. La conception homogénéisante de la linguistique variationnelle a aidé à mettre en évidence les différences entre groupes d'âges, mais elle n'a pas vérifié à ce stade le rôle joué par les facteurs de variation à l'intérieur de ces groupes, ni leurs possibles co-variation et interrelation. L'impact des facteurs extralinguistiques mériterait lui aussi d'être exploré par le biais d'une analyse approfondie et critique (stratification socioprofessionnelle, conditions/qualité de vie, normes culturelles).

Il est important de rappeler que les personnes âgées font partie des communautés linguistiques dont s'occupent les sciences du langage. De ce point de vue, la (socio-) linguistique – tout comme la psycholinguistique, la sociologie, la psychologie et l'histoire – trouve sa place et participe pleinement aux initiatives pluridisciplinaires émergentes dans le domaine.

8 Bibliographie

Abrams, Lise/Farrell, Meagan T. (2011), *Language Processing in Normal Aging*, in : Jackie Guendouzi/ Filip Loncke/Mandy J. Williams (edd.), *The Handbook of Psycholinguistic and Cognitive Processes. Perspectives in Communication Disorders*, New York (NY), Psychology Press, 49–73.

Ager, Dennis (1990), *Sociolinguistics and Contemporary French*, Cambridge, Cambridge University Press.

Aquino, Jean-Pierre (2013), *Anticiper pour une autonomie préservée : un enjeu de société*, Paris, Comité Avancée en âge – Prévention et qualité de vie.

Arbuckle, Tannis Y./Nohara-LeClair, Michiko/Pushkar, Dolores (2000), *Effect of Off-target Verbosity on Communication Efficiency in a Referential Communication Task*, Psychology and Aging 15:1, 65–77.

Armstrong, Nigel (2001), *Social and Stylistic Variation in Spoken French. A Comparative Approach*, Amsterdam/Philadelphia, Benjamins.

Ashby, William (1991), *When does Variation Indicate Linguistic Change in Progress ?*, Journal of French Language Studies 1:1, 1–19.

Backhaus, Peter (2013), *Communication in Elderly Care. Cross-cultural Perspectives*, London et al., Bloomsbury.

Baken, Ronald J. (2005), *The Aged Voice : A New Hypothesis*, Journal of Voice 3:19, 317–325.

Baltes, Paul B. (2007), *Alter(n) als Balanceakt*, in : Peter Gruss (ed.), *Die Zukunft des Alterns. Die Antwort der Wissenschaft. Ein Report der Max-Planck-Gesellschaft*, München, Beck, 15–34.

Barbato, Carole A./Feezel, Jerry D. (1987), *The Language of Aging in Different Age Groups*, The Gerontologist 4 :27, 527–531.

Barker, Valerie/Giles, Howard/Harwood, Jake (2004), *Inter- and Intragroup Perspectives on Intergenerational Communication*, in : Jon F. Nussbaum/Justine Coupland (edd.), *Handbook of Communication and Aging Research*, Mahwah (NJ), Erlbaum, 139–165.

Barth-Weingarten, Dagmar/Schumann, Elke/Wohlfahrt, Rainer (2012), *Da capo al fine ? Beobachtungen zu Vorgeformtheit von Prosodie und Phonetik in retold stories*, Gesprächsforschung 13, 322–352.

Beeching, Kate (2007), *La co-variation des marqueurs discursifs « bon », « c'est-à-dire », « enfin », « hein », « quand meme », « quoi » et « si vous voulez » : une question d'identité ?*, Langue française 2:154, 78–93.

Benjamin, Barbaranne J. (1986), *Dimensions of the Older Female Voice*, Language & Communication 1–2 :6, 35–45.

Berman, Lorna/Sobkowska-Ashcroft, Irina (1986), *The Old in Language and Literature*, Language & Communication 1–2 :6, 139–145.

Betten, Anne (2003), *Ist « Altersstil » in der Sprechsprache wissenschaftlich nachweisbar ? Überlegungen zu Interviews mit 70- bis 100-jährigen Emigranten*, in : Reinhard Fiehler/Caja Thimm (edd.), *Sprache und Kommunikation im Alter*, Radolfzell, Verlag für Gesprächsforschung, 131–142.

Blanchet, Didier/Le Gallo, Françoise (2013), *Baby-boom et allongement de la durée de vie : quelles contributions au vieillissement ?*, Insee Analyses Septembre/12, [1–4], http://www.insee.fr/fr/themes/document.asp?ref_id=iana12 (30.04.2015).

Blanchet, Philippe (2001), *Enquêtes sur les évolutions générationnelles du français dans le pays vannetais (Bretagne)*, Français moderne 1 :69, 58–76.

Boden, Deirdre/Bielby, Denise (1986), *The Way it Was : Topical Organization in Elderly Conversation*, Language and Communication 1–2 :6, 73–89.

Bolly, Catherine T. (2012), *Corpage. A reference corpus for the elderly's language*, Louvain-la-Neuve, Université catholique de Louvain (Valibel – Discours et Variation/Psychological Sciences Research Institute).

Bolly, Catherine T./Boutet, Dominique (soumis), *The Multimodal CorpAGEst Corpus : Keeping an Eye on Pragmatic Competence in Later Life*.

Bolly, Catherine T. (2013), *CorpAGEst. A Multimodal Corpus for the Elderly's Language*, Louvain-la-Neuve/Paris, Université catholique de Louvain (Valibel – Discours et Variation)/CNRS (UMR 7023 Structures Formelles du Langage).

Bolly, Catherine T./Thomas, Anaïs (2015), *Facing Nadine's speech. Multimodal Annotation of Emotion in Later Life*, in : Päivi Kristiina Jokinen/Martin Vels (edd.), *Proceedings of the 2nd European and the 5th Nordic Symposium on Multimodal Communication August 6–8, Tartu, Estonia*. Linköping, Linköping Electronic Conference Proceedings 110, 23–32, http://www.ep.liu.se/ecp_home/index.en.aspx?issue=110 (24.04.2015).

Bonnesen, Jaye L./Hummert, Mary Lee (2002), *Painful Self-Disclosures of Older Adults in Relation to Aging Stereotypes and Perceived Motivations*, Journal of Language and Social Psychology 3:21, 275–301.

Bosshardt, Hans-Georg (1994), *Sprachgebrauch im Alter : Kompensation und Adaption infolge von Veränderungen im Kurzzeitgedächtnis*, in : W. Kuhn (ed.), *Altern, Gehirn und Persönlichkeit*, Bern, Huber, 125–136.

Brouillet, Denis (ed.) (2011), *Le vieillissement cognitif normal. Maintenir l'autonomie de la personne âgée*, Bruxelles, De Boeck.

Brouillet, Denis/Syssau, Arielle (edd.) (2000), *Le vieillissement cognitif normal. Vers un modèle explicatif du vieillissement*, Bruxelles, De Boeck/Larcier.

Burke, Deborah M./Shafto, Meredith A. (2008), *Language and Aging*, in : Fergus I. M. Craik/Timothy A. Salthouse (edd.), *The Handbook of Aging and Cognition*, Mahwah (NJ), Erlbaum, 373–443.

Butler, Robert N. (1969), *Age-Ism : Another Form of Bigotry*, The Gerontologist 4:9, 243–246.

Caporael, Linnda R./Culbertson, Glen H. (1986), *Verbal Response Modes of Baby Talk and Other Speech at Institutions for the Aged*, Language & Communication 1–2:6, 99–112.

Cherubim, Dieter (1998), *Kontinuität und Diskontinuität in der deutschen Sprache des 20. Jahrhunderts*, in : Heidrun Kämper/Hartmut Schmidt (edd.), *Das 20. Jahrhundert. Sprachgeschichte – Zeitgeschichte*, Berlin/New York, de Gruyter, 59–82.

Cherubim, Dieter (2001), *Alterssprache. Zur Konzeptualisierung von Alter durch Sprache*, Osnabrücker Beiträge zur Sprachtheorie 62, 99–126.

Cherubim, Dieter/Hilgendorf, Suzanne (2003), *Sprachverhalten im Alter. Beobachtungen und Diskussionen zum Begriff des Alters* , in : Reinhard Fiehler/Caja Thimm (edd.), *Sprache und Kommunikation im Alter*, Radolfzell, Verlag für Gesprächsforschung, 230–256.

Cheshire, Jenny (2005), *Age- and Generation-Specific Use of Language*, in : Ulrich Ammon et al. (edd.), *Sociolinguistics. An International Handbook of the Science of Language and Society*, Berlin/New York, de Gruyter, 1552–1563.

Clermont, Jean/Cedergren, Henrietta J. (1979), *Les « r » de ma mère sont perdus dans l'air* , in : Pierrette Thibault (ed.), *Le français parlé. Études sociolinguistiques*, Amsterdam, Linguistic Research, 13–28.

Cohen, Gillian (1979), *Language Comprehension in Old Age*, Cognitive Psychology 11, 412–429.

Cohen, Gillian/Faulkner, Dorothy (1986), *Does « Elderspeak » Work ? The Effect of Intonation and Stress on Comprehension and Recall of Spoken Discourse in Old Age*, Language and Communication 1–2:6, 91–98.

C-ORAL-ROM = Cresti, Emanuela/Moneglia, Massimo (edd.) (2005), *C-Oral-Rom : Integrated Reference Corpora for Spoken Romance Languages*, Amsterdam/Philadelphia, Benjamins.

Coseriu, Eugenio (1988), *Sprachkompetenz. Grundzüge der Theorie des Sprechens*, Tübingen, Narr.

Coupland, Nikolas (2004), *Age in Social and Sociolinguistic Theory*, in : Jon F. Nussbaum/Justine Coupland (edd.), *Handbook of Communication and Aging Research*, Mahwah (NJ), Erlbaum, 69–90.

Coupland, Nicholas/Coupland, Justine (1990), *Language and Later Life*, in : Howard Giles/Peter Robinson (edd.), *Handbook of Language and Social Psychology*, Chichester et al., Wiley, 451–467.

Covey, Herbert C. (1988), *Historical Terminology Used to Represent Older People*, The Gerontologist 28, 291–297.

Delaunay, Michèle (2012), *Avancer en âge n'est pas vieillir*, Ministre déléguée aux Personnes âgées et à l'Autonomie 16 juillet/[Blog], [1], http://www.michele-delaunay.net/delaunay/blog/avancer-en-age-nest-pas-vieillir (29.04.2015).

Eckert, Penelope (1997), *Age as Sociolinguistic Variable*, in : Florian Coulmas (ed.), *The Handbook of Sociolinguistics*, Oxford/ Malden (MA), Blackwell, 151–167.

Feyereisen, Pierre/Hupet, Michel (2002), *Parler et communiquer chez la personne âgée. Psychologie du vieillissement cognitif*, Paris, Presses Universitaires de France.

Fiehler, Reinhard (1996), *Die Linguistik und das Alter*, Sprachreport 1, 1–3.

Fiehler, Reinhard (1997), *Kommunikation im Alter und ihre sprachwissenschaftliche Analyse. Gibt es einen Kommunikationsstil des Alters ?*, in : Margret Selting/Barbara Sandig (edd.), *Sprech- und Gesprächsstile*, Berlin/New York, de Gruyter, 345–370.

Fiehler, Reinhard (2002), *Der Stil des Alters*, in : Inken Keim/Wilfried Schütte (edd.), *Soziale Welten und kommunikative Stile : Festschrift für Werner Kallmeyer zum 60. Geburtstag*, Tübingen, Narr, 499–511.

Fiehler, Reinhard/Thimm, Caja (edd.) (2003), *Sprache und Kommunikation im Alter*, Radolfzell, Verlag für Gesprächsforschung.

Fox, Charlotte/Birren, James E. (1949), *Some Factors Affecting Vocabulary Size in Later Maturity : Age, Education, and Length of Institutionalization*, Journal of Gerontology 1:4, 19–26.

Gadet, Françoise (2003), *La variation sociale en français*, Paris, Ophrys.

Germi, Claudette/Lucci, Vincent (1985), *Mots de Gap. Les régionalismes du français parlé dans le gapençais*, Grenoble, Ellug.

Gerstenberg, Annette (2009), *The Multifaceted Category of « Generation » : Elderly French Men and Women Talking about May '68*, International Journal of the Sociology of Language 200, 153–170.

Gerstenberg, Annette (2011), *Generation und Sprachprofile im höheren Lebensalter. Untersuchungen zum Französischen auf der Basis eines Korpus biographischer Interviews*, Frankfurt am Main, Klostermann.

Gerstenberg, Annette (2012), *Sprachlicher Wandel und Funktionen des Sprachenstreits zwischen den Generationen. Am Beispiel des Französischen*, in : Judith Visser/Dietmar Osthus/Christian Schmitt (edd.), *Streit um Sprache. Akten der gleichnamigen Sektion des XXXI. Deutschen Romanistentages (Bonn, 27.9.–1.10.2009)*, Bonn, Romanistischer Verlag, 229–245.

Gerstenberg, Annette (2015), *A Sociolinguistic Perspective on Vocabulary Richness in a Seven-year Comparison of Older Adults*, in : Annette Gerstenberg/Anja Voeste (edd.), *Language Development. The Lifespan Perspective*, Amsterdam/Philadelphia, Benjamins, 109–127.

Gerstenberg, Annette/Voeste, Anja (edd.) (2015), *Language Development. The Lifespan Perspective*, Amsterdam/Philadelphia, Benjamins.

Gold, Dolores Pushkar/Arbuckle, Tannis Y. (1995), *A Longitudinal Study of Off-Target Verbosity*, The Journals of Gerontology Series B : Psychological Sciences and Social Sciences 6/50, P307.

Govillot, Stéphanie (2013), *Le passage de l'emploi à la retraite. Travailler pendant la retraite, une situation qui se développe*, Insee Première Juin/1449, [1–4], www.insee.fr/fr/ffc/ipweb/ip1449/ip1449.pdf (29.04.2015).

Grice, Herbert Paul (1975), *Logic and Conversation*, in : Peter Cole/Jerry L. Morgan (edd.), *Syntax and Semantics*, Vol. 3 *Speech Acts*, New York, Academic Press, 41–58.

GRLF = Robert, Paul (1992), *Le Grand Robert de la langue française. Dictionnaire alphabétique et analogique de la langue française. Entièrement revu et enrichie par Alain Rey*, Paris, Le Robert.

Guillaume, Anne-Marie/Beyler, Odile (2004/2005), *À l'auberge des « patrimots ». Recueil de textes créés à partir de mots désuets par des adhérents de l'Université du Temps Libre d'Orléans pour les Assises Régionales de Chartres*, Orléans, Parole et écrit.

Guillet, Pierre (2007), *Le dialogue des âges. Histoires en bien-vieillir*, Paris, Gallimard.

Hansen, Anita Berit/Malderez, Isabelle (2003), *Le « ne » de négation en région parisienne : une étude en temps réel*, Langage et société 4:107, 5–30.

Hausmann, Franz Josef (1979), *Wie alt ist das gesprochene Französisch ? Dargestellt speziell am Übergang von « j'allons » zu « on y va »*, Romanische Forschungen 91, 431–444.

Helfrich, Hede (1979), *Age Markers in Speech*, in : Klaus R. Scherer/Howard Giles (edd.), *Social markers in speech*, Cambridge, Cambridge University Press, 63–107.

Hess, Thomas M./Hinson, Joey T./Hodges, Elizabeth A. (2009), *Moderators of and Mechanisms underlying Stereotype Threat Effects on Older Adults' Memory Performance*, Experimental Aging Research : An International Journal Devoted to the Scientific Study of the Aging Process 2:35, 153–177.

Hockett, Charles F. (1950), *Age-Grading and Linguistic Continuity*, Language 4:26, 449–457.

Jaeger, Christophe de (1992), *La gérontologie*. Paris, Presses Universitaires de France.

Jost, François (2012), *« Avancer en âge » plutôt que « vieillir » : la mauvaise idée de Michèle Delaunay*, Le Nouvel Observateur – Le plus 18 juillet/[Blog], [1], http://leplus.nouvelobs.com/contribution/595917-avancer-en-age-plutot-que-vieillir-la-mauvaise-idee-d-une-ministre-deleguee.html.

Kastenbaum, Robert (2003), *Where Is the Self in Elder Self-Narratives ?*, Generations 3:27, 10–15.

Kemp, William (1981), *Major Sociolinguistic Patterns in Montréal French*, in : David Sankoff/Henrietta Cedergren (edd.), *Variation omnibus*, Carbondale, Edmonton, Linguistic Research, 3–16.

Kemp, William/Yaeger-Dror, Malcah (1991), *Changing Realizations of A in « ation » in Relation to the Front A-Back A-Opposition in Quebec French*, in : Penelope Eckert (ed.), *New Ways of Analyzing Sound Change*, San Diego, Academic Press, 127–184.

Kemper, Susan (2015), *Language Production in Late Life*, in : Annette Gerstenberg/Anja Voeste (edd.), *Language Development. The Lifespan Perspective*, Amsterdam/Philadelphia, Benjamins, 59–75.

Kemper, Susan/Sumner, Aaron (2001), *The Structure of Verbal Abilities in Young and Older Adults*, Psychology and Aging 16, 312–322.

Koll-Stobbe, Amei (2005), *Forever young ? Sprachliche Kodierungen von Jugend und Alter*, in : Heike Hartung (ed.), *Alter und Geschlecht. Repräsentationen, Geschichten und Theorien des Alter(n)s*, Bielefeld, Transcript, 237–252.

Labov, William (1994), *Principles of Linguistic Change. Internal Factors*, Malden (MA)/Oxford, Wiley-Blackwell.

Le, Xuan, et al. (2011), *Longitudinal Detection of Dementia through Lexical and Syntactic Changes in Writing : a Case Study of Three British Novelists*, Literary and Linguistic Computing 4:26, 435–460.

Lindorfer, Bettina (2012), *Neue Annäherungen zum Thema Sprache und Alter*, in : Bettina Lindorfer/Solveig Kristina Malatrait (edd.), *Alter(n) in der Stadt. Vieillir en ville. Sprach- und literaturwissenschaftliche Beiträge aus Romanistik und Germanistik*, Berlin, Frank & Timme, 19–42.

Lindorfer, Bettina/Malatrait, Solveig Kristina (edd.) (2012), *Alter(n) in der Stadt. Vieillir en ville. Sprach- und literaturwissenschaftliche Beiträge aus Romanistik und Germanistik*, Berlin, Frank & Timme.

Linville, Sue Ellen (1996), *The Sound of Senescence*, Journal of Voice 2:10, 190–200.

Mallet, Géraldine-M. (2009), *La liaison en français : descriptions et analyses dans le corpus PFC [PDF en ligne]*, Paris, Thèse de doctorat, Université Paris Ouest Nanterre La Défense (MoDyCo), http://www.projet-pfc.net/bulletins-et-colloques/doc_download/56-.html (23.04.2015).

Mannheim, Karl (1964), *Das Problem der Generationen*, in : Karl Mannheim/Kurt H. Wolff (edd.), *Wissenssoziologie. Auswahl aus dem Werk*, Berlin, Luchterhand, 509–565 (d'abord : Kölner Vierteljahrshefte für Soziologie 7:2 (1928), 157–185; 7:3, 309–330).

Martinet, André (1971), *La prononciation du français contemporain. Témoignages recueillis en 1941 dans un camp d'officiers prisonniers [1945]*, Genève, Droz.

Maxim, Jane/Bryan, Karen/Thompson, Ian (1994), *Language of the Elderly. A Clinical Perspective.* San Diego (CA), Singular.

Misiti, Maura/Carbone, Simona (2002), *Elderly or Old, the Words to be Used*, in : Annie Morin/Pascale Sébillot (edd.), *Actes JADT 2002 : 6. Journées Internationales d'Analyse statistique des Données Textuelles*, JADT.org (Lexicometrica), Université Paris 3, 539–547.

MMS = Folstein, Marshal F./Folstein, Susan E./McHugh, Paul R. (1975), *« Mini-Mental State ». A Practical Method for Grading the Cognitive State of Patients for the Clinician*, Journal of Psychiatric Research 12, 189–198.

Müller, Bodo (1975), *Das Französische der Gegenwart. Varietäten, Strukturen, Tendenzen.* Heidelberg, Winter.

Nuessel, Frank H. (1982), *The Language of Ageism*, The Gerontologist 22:3, 273–276.

O'Hanlon, Laureen/Kemper, Susan/Wilcox, Kim A. (2005), *Aging, Encoding, and Word Retrieval : Distinguishing Phonological and Memory Processes*, Experimental Aging Research 31, 149–171.

Pennebaker, James W./Stone, Lori D. (2003), *Words of Wisdom : Language Use Over the Life Span*, Journal of Personality and Social Psychology 1–6:85, 291–301.

Preti, Dino (1991), *A linguagem dos idosos*, São Paulo, Contexto.

Ramscar, Michael, et al. (2014), *The Myth of Cognitive Decline : Non-Linear Dynamics of Lifelong Learning*, Topics in Cognitive Science 6, 5–42.

Rey-Debove, Josette (1978), *Le Métalangage. Étude linguistique du discours sur le langage*, Paris, Le Robert.

Rousselot, Abbé Pierre (1891), *Les modifications phonétiques du langage étudiées dans le patois d'une famille de Cellefrouin (Charente)*, Paris, Welter.

Ryder, Norman (1965), *The Cohort as a Concept in the Study of Social Change*, American Journal of Sociology 30, 843–861.

Sachweh, Svenja (2003), *« so frau adams. guck mal. ein feines bac-spray. Gut ? » Charakteristische Merkmale der Kommunikation zwischen Pflegepersonal und BewohnerInnen in der Altenpflege*, in : Reinhard Fiehler/Caja Thimm (edd.), *Sprache und Kommunikation im Alter*, Radolfzell, Verlag für Gesprächsforschung, 143–160.

Salthouse, Timothy A. (2009), *When Does Age-related Cognitive Decline Begin ?*, Neurobiology of Aging 30, 507–514.

Shafto, Meredith A., et al. (2007), *On the Tip-of-the-Tongue : Neural Correlates of Increased Word-finding Failures in Normal Aging*, Journal of Cognitive Neuroscience 12:19, 2060–2070.

Sinner, Carsten (2013), *Varietätenlinguistik. Eine Einführung*, Tübingen, Narr.

Ska, Bernadette / Goulet, Pierre (1989), *Trouble de dénomination lors du vieillissement normal*, Langages 112–127 :96, 112–127.

Taddei Gheiler, Franca (2005), *La lingua degli anziani*, Locarno, Osservatorio linguistico della Svizzera italiana.

Thimm, Caja (2002), *Generationsspezifische Wortschätze*, in : Alan D. Cruse et al. (edd.), *Lexikologie. Ein internationales Handbuch zur Natur und Struktur von Wörtern und Wortschätzen*, Berlin/New York, de Gruyter, 880–888.

Tuckman, Jacob (1953), *Attitudes Toward Old People*, Journal of Social Psychology. Political, Racial and Differential Psychology 37:2, 249–260.

Veith, Werner H. (2002), *Soziolinguistik : Ein Arbeitsbuch mit Kontrollfragen und Antworten*. Tübingen, Narr.

Verhaeghen, Paul (2003), *Aging and Vocabulary Score : A Meta-analysis*, Psychology and Aging 2:18, 332–339.

Walter, Henriette (2001), *Langue et générations*, in : Günter Holtus/Michael Metzeltin/Christian Schmitt (edd.), *Lexikon der Romanistischen Linguistik. Methodologie (Sprache in der Gesell-schaft / Sprache und Klassifikation / Datensammlung und -verarbeitung)*. LRL I,2, Tübingen, Niemeyer, 322–331.

Williams, Angie/Harwood, Jake (2004), *Intergenerational Communication : Intergroup, Accomodation, and Family Perspectives*, in : Jon F. Nussbaum/Justine Coupland (edd.), *Handbook of Communication and Aging Research*, Mahwah (NJ), Lawrence Erlbaum, 115–137.

Zellner-Keller, Brigitte (2007), *« Comment est-ce qu'on dit ? ». Vieillissement et manque de mot en conversation*, Nouveaux cahiers de linguistique française 28, 87–97.

Zellner-Keller, Brigitte (2009), *Aging, Interactions, and Affects : Motivations and Methodological Issues*, in : Sylvie Hancil (ed.), *The Role of Prosody in Affective Speech*, Bern, Lang, 139–156.

Zimmermann, Klaus (1990), *Französisch : Sprache und Generationen*, in : Günter Holtus/Michael Metzeltin/Christian Schmitt (edd.), *Lexikon der Romanistischen Linguistik. Französisch*, LRL V,1, Tübingen, Niemeyer, 238–247.

Zraick, Richard I./Gregg, Brent A./Whitehouse, Emily L. (2006), *Speech and Voice Characteristics of Geriatric Speakers : A Review of the Literature and a Call for Research and Training*, Journal of Medical Speech-Language Pathology 3:14, 133–142.

Elmar Schafroth

15 Sexe et genre

Abstract : Le présent article, qui traite un sujet particulièrement complexe, se situe à la croisée de plusieurs domaines de la linguistique : morphologie, syntaxe, linguistique textuelle, histoire de la langue, typologie, sociolinguistique et politique linguistique. Comme le genre n'est, tout d'abord, qu'une catégorie linguistique, il s'agit de décrire, dans un premier temps, sa raison d'être et son fonctionnement sur le plan morphologique, syntaxique et textuel (l'accord). Mais dans beaucoup de langues dont le français, le genre est aussi basé, au moins partiellement, sur le sexe biologique. De cette relation, qui n'est pas toujours congruente mais, au contraire, caractérisée par plusieurs types d'asymétrie, résultent différentes manières d'aborder cette thématique polyvalente qui seront présentées ici, dont des synthèses de la controverse autour de la féminisation des titres, des théories de la linguistique féministe et des approches fonctionnelles, universelles et typologiques.

Keywords : genre, lexique, accord, typologie, féminisation

1 Distinctions terminologiques et conceptuelles fondamentales

Depuis la moitié du XXᵉ siècle, il semble exister un consensus en linguistique selon lequel le sexe désigne la différence biologique entre hommes et femmes ou mâles et femelles alors que le genre est un phénomène de langue (on verra pourtant plus tard que le terme *genre* a connu un élargissement sémantique dans les dernières décennies, cf. chap. 9). En allemand, on exprime les deux concepts, rendu par le même lexème, *Geschlecht*, par des adjectifs épithètes : *natürliches* (ou *biologisches*) *Geschlecht* (sexe) et *grammatisches Geschlecht* (genre).

Leiss (1994, 289s.) souligne que le mot *Geschlecht* signifiait à l'origine, comme le latin *genus*, entre autres, 'espèce', 'sorte', acception qu'il a perdue au cours du temps (cf. aussi Corbett 1991, 1). Le sujet « genre (et sexe) » est amplement traité, référé à plusieurs langues, dans Corbett (1991), Unterbeck et al. (2000), Hellinger/Bußmann (2001–2003) et Aikhenvald (2000 ; 2004) ; des exposés sommaires sur le genre en français se trouvent dans Härmä (2000), Schafroth (2003), Elmiger (2008), et, avec le français comparé à d'autres langues, dans Schwarze (2008). Les aspects relatifs à la féminisation linguistique et à des questions sociolinguistiques, psychosociales et sociopolitiques sont abordés et élaborés dans Schafroth (1998), Becquer et al. (1999), Hellinger/Bußmann (2001–2003), Khaznadar (2002), Baider (2004), Elmiger (2008), Bereni et al. (2008), Dister/Moreau (2009), Baider/Elmiger (2012), Hergenhan (2012), Burr (2012) et Greco (2014).

Le *genre* est d'abord une catégorie lexicale, inhérente au substantif, qui joue sur l'axe paradigmatique du système linguistique, et il est, en même temps, une catégorie grammaticale qui répartit les substantifs d'une langue dans des classes différentes et établit l'accord grammatical sur l'axe syntagmatique entre un substantif (ou un nom propre) et les membres de la phrase qui en dépendent (les aspects de l'accord et de la classification déterminent la catégorie du genre en même temps, cf. Schwarze 2008, 285) :

> « Le *genre* est une propriété du nom, qui le communique, par le phénomène de l'accord [...], au déterminant, à l'adjectif épithète ou attribut, parfois au participe passé, ainsi qu'au pronom représentant le nom » (Grevisse, §464).

En français, comme dans les autres langues romanes sauf le roumain, il y a deux genres, le masculin et le féminin. En allemand il y a, en plus, comme en latin, en roumain ou dans les langues slaves, le genre neutre.

Dans les langues romanes, le neutre du latin a disparu par suite de syncrétisme des formes et par analogie, les substantifs s'étant répartis sur la classe des masculins (VINUM > *vin*, GENUS > *genre*, FLUMEN > *fleuve*, COR > *cœur*, CORNU > *cor*), et, dans des cas moins nombreux, sur le féminin (MARE > *mer*, lat. class. FOLIUM, plur. FOLIA, puis, en bas lat., plur. collectif FOLIA (sing.) > *feuille*, de même PIRUM, plur. (collectif) PIRA > *poire*, GAUDIUM, GAUDIA > *joie*, LABRUM, lat. pop. LABRA > *lèvre*, VELUM > *voile* (lat. pop. *VELA, plur. neutre pris pour un subst. fém. sing. de VELUM), et lat. class. FLOS, FLORIS (m), lat. pop. FLORE > *fleur*) (cf. Wolf/Hupka 1981, 91s. ; Rainer 2004, 1698s.)). L'intégration du neutre aux deux autres genres grammaticaux vaut aussi pour les adjectifs et les pronoms (cf. Gleßgen ²2012, 203).

L'anglais n'a plus de genre pour les substantifs, mais il a conservé un petit reste de trois genres sous forme de quelques pronoms (cf. chap. 6). Il existe des langues qui n'ont pas de genre, comme le basque et les langues finno-ougriennes, et d'autres, surtout en Afrique, qui disposent de quatre ou même cinq genres (cf. Corbett 2013a). Mais il n'y a pas de langue qui n'ait qu'un seul genre (cf. chap. 6).

Corbett (1991, 151, pass.) établit une distinction entre *controller gender*, i. e. les genres selon lesquels les substantifs sont distribués (masculin, féminin en français), et *target genders*, i. e. les genres que portent les éléments épithètes (i. e. les déterminants et les adjectifs épithètes), les adjectifs attributs, les verbes (en français seulement sous forme de participes), les pronoms personnels (sujet, objets, relatifs, interrogatifs, indéfinis, démonstratifs, possessifs), et, selon le type de langue, d'autres parties du discours.

En français, le substantif ne dispose pas de marquage morphologique systématique du genre, comme en italien par exemple, où les morphèmes -*o* et -*a*, reflètent, à quelques exceptions près,[1] « masculin » et « féminin » (*albero* 'arbre', *schiuma*

---

1 En latin, la classe de substantifs en -*a* en principe ne reflète pas le genre féminin d'une manière directe, même si la plupart en est féminine (p. ex. *domina*, *mensa*), mais elle est tout d'abord caracté-

'écume') – le paradigme du *gender alternation*, comme en latin, en grec ancien ou en souahéli (cf. Koch 2001, 1165). Ce contenu grammatical se traduit en français seulement de façon indirecte, par une cible (*target*), i. e. un élément prédéterminant, qui « extériorise » le genre inhérent au substantif (cf. Corbett 1991, 105–115ss. ; Booij ²2007, 108 ; Prévost 2009, 236ss.). En particulier, le genre grammatical des substantifs s'exprime :

a) au singulier, par l'article indéfini (*un/une*) et défini (*le/la*),[2] si le lexème suivant ne commence pas par une voyelle, ce qui déclenche l'élision : *un stage/une plage*, *le chausson*[3]*/la boisson*, mais *l'arôme* (m)*/l'armoire* (f) ; au pluriel, l'information « genre » est neutralisée : *des stages/des pages*, etc. et ne peut être décodée que par l'**accord** avec un adjectif épithète ou attribut (ou un participé passé) permettant la flexion selon le genre (i et ii) :

> i) *les stages lointains, les plages lointaines,*
> ii) *des chaussons chers, des boissons chères,*
> iii) *les arômes magnifiques, les armoires magnifiques.*

Le genre reste inexprimé (iii) quand l'adjectif est **épicène**, c'est-à-dire quand il ne varie pas selon le genre, comme c'est le cas pour l'adjectif *magnifique*. Quant à la différence entre le code graphique et le code phonique, il faut souligner le marquage absent dans la chaîne parlée orale (ii) : [deʃosɔ̃ʃɛʀ] et [debwasɔ̃ʃɛʀ].

b) au singulier, par les déterminants démonstratifs (*ce stage/cette plage*, mais, au pluriel, *ces stages/ces plages*) et des possessifs (*mon chausson/ma boisson*, mais, au pluriel, *mes chaussons/mes boissons*). Ceci vaut pour la 1ère, 2ième et 3ième personne au singulier (*mon/ma, ton/ta, son/sa*) tandis que les déterminants possessifs des trois personnes du pluriel ne varient pas selon le genre (*notre/nos, votre/vos, leur/ leurs*).

   Il faut tenir compte qu'en français le genre et le nombre du déterminant possessif s'accordent avec le substantif qu'ils modifient et pas avec le possesseur, comme p. ex. en allemand. À comparer i) *La commission a perdu* **son** → *président*, ii) *La commission a perdu* **ses** → *membres*, iii) *Die Kommission hat* ← **ihren** *Vorsitzenden verloren*, iv) *Die Kommission hat* ← **ihre** *Mitglieder verloren*. (Le cas, en allemand, se conforme pourtant au substantif suivant).

---

ristique d'un certain type de déclinaison (ici, la déclinaison en *-ae* ou la « première » déclinaison). N'oublions pas des lexèmes comme *poeta* ('poète') et *nauta* ('matelot'), qui sont masculins (*poeta mortuus, nauta bonus*) (cf. aussi Booij ²2007, 108).

2 Nous ne considérons pas ici l'article défini contracté (*à + le = au, de + le = du*), un autre phénomène de marquage du genre (masculin) au moyen d'un déterminant.

3 *Chausson* : 'pâtisserie formée d'un rond de pâte feuilletée replié et farci ou fourré' (PR).

c) au singulier et au pluriel, par les déterminants interrogatifs (iv) et exclamatifs (v) et quelques-uns des déterminants indéfinis (vi) :

iv) *quel stage ?, quelle plage ?* (*quels stages ?, quelles plages ?*),

v) *quel chausson !, quelle boisson !* (*quels chaussons !, quelles boissons !*),

vi) *tout l'arôme, toute l'armoire* (*tous les arômes, toutes les armoires*) – *aucun/aucune* seulement au singulier (*aucun stage, aucune plage*), certains au pluriel (*certains arômes, certaines armoires*).[4]

Tous les autres cas de marquage du genre qui se réfèrent directement au substantif ont trait aux suffixes de **lexèmes complexes** (dérivés), comme *-eur/-euse, -ien/-ienne*, qui expriment le sexe auquel ils se réfèrent (*vendeur* '♂'/*vendeuse* '♀', *technicien* '♂'/*technicienne* '♀').

Delaite/Polguère (2013) distinguent deux types de paires lexicales basées sur le sexe : les dérivés, comme *berger/bergère* ou *avocat/avocate*, considérés comme quasi-synonymes, et les paires qui relèvent d'une opposition contrastive relative au sexe, comme *mère/père, étalon/jument*. Dans le cadre du Réseau Lexical du Français (RLF), une mise en œuvre de la théorie Sens-Texte d'Igor Mel'čuk, les deux cas sont traités comme des liens paradigmatiques, encodés par deux fonctions lexicales différentes (Syn^{sex} et *Fem/Masc*), la grande majorité (1560 liens) concernant les paires quasi-synonymes, une minorité (120 liens) la relation le type *mère/père*.

Quand il s'agit de machines ou d'appareils techniques comme *aspirateur* ou *moissonneuse-batteuse*, il est vrai que les morphèmes dérivationnels renseignent sur le genre (*-eur* est masculin, *-euse* est féminin), mais celui-ci est tout de même arbitraire (ou tout au plus basé sur le concept sous-jacent, c'est-à-dire 'appareil' ou 'machine') et non pas motivé par une métaphore quelconque du sexe (cf. les synonymes *photocopieur, photocopieuse* et *machine à photocopier*, qui soulignent le caractère arbitraire du genre des substantifs désignant des référents inanimés). Le fait que *lave-vaisselle* soit masculin relève en outre du type de composition 'verbe-substantif' (syntaxiquement 'prédicat-objet direct') dont les produits sont toujours masculins (*porte-avions, essuie-glace, pare-chocs, tourne-disque*) – un autre cas d'arbitraire donc.

2 L'accord en genre : cibles, rendement fonctionnel et hiérarchie de l'accord

Comme nous avons vu, la caractéristique la plus importante du genre est l'accord sur l'axe syntagmatique. Celui-ci peut être effectué en français par les éléments épithètes (les déterminants et les adjectifs épithètes), décrits en chap. 1, mais aussi par d'autres cibles : les adjectifs attributs (*La maison est grande*), les participes (*La décision a été*

---

4 Pour d'autres déterminants indéfinis, je renvoie à Grevisse.

prise), les pronoms personnels (sujet : *La voiture ... **elle*** ; objet direct : *Je **la** vois, la voiture* ; objet indirect conjoint : *Je **lui** ai donné un coup de balai* (*à ma chambre*) ; pronom indirect disjoint : *J'ai téléphoné à **elle***) ; les pronoms relatifs (*La voiture de **laquelle** j'ai parlé*), les pronoms interrogatifs (***Laquelle** des deux voitures est toute neuve ?*), les pronoms indéfinis (***Certaines** de ces opinions sont bizarres*), et les pronoms démonstratifs (***Celle-ci** est la plus belle photo*), pronoms possessifs (*Cette clé n'est pas **la mienne***).

> (1) **Sa** nouv**ell**e voiture sera livré**e** avec beaucoup de retard. **Elle** a été commandé**e** il y a six mois et n'est toujours pas arrivé**e** !

Dans la phrase (1) le substantif *voiture* est identifié comme appartenant au genre féminin (à la différence d'autres noms d'automobiles comme *autocar* ou *camion* par exemple, qui sont masculins). L'information que le lexème *voiture* est féminin est exprimée encore six fois : par le pronom possessif *sa*, l'adjectif épithète *nouvelle*, les trois participes passés (*livrée, commandée, arrivée*) et le pronom sujet *elle*. Dans la chaîne parlée, le genre est donc une catégorie qui, à travers le principe de l'accord grammatical, est hautement **redondante**. Martinet, dans son article *Genre et sexe*, paru en 1999, va même jusqu'à mettre en doute l'utilité informationnelle de la catégorie *genre* en tant que telle et souligne le caractère contestable de la règle de l'accord grammatical du genre :

> « La conclusion s'impose que l'information qu'apporte aux usagers de la langue l'existence des genres féminin et masculin est pratiquement inutile, alors qu'elle leur impose le maniement constant de distinctions de faible valeur informative parce que les accords ne font que répéter les distinctions déjà exprimées ou à venir immédiatement » (Martinet 1999, 9).

Et l'auteur en voit aussi des conséquences pédagogiques :

> « Les prescriptions orthographiques relatives à l'accord des participes passés sont l'exemple le plus frappant des difficultés que rencontrent les Français dans la rédaction de la langue écrite » (ibid.).

D'autre part, le rendement fonctionnel du genre au niveau de l'accord grammatical peut être considérable, comme dans les cas suivants :

> (2a) une tasse de thé très chaud
> (2b) une tasse de thé très chaude
>
> (3a) Il s'agit de la première opération de financement structuré
> (3b) Il s'agit de la première opération de financement structurée.

À y regarder de plus près, la valeur informative du genre aux niveaux sémantique, grammatical et communicatif, n'est pertinente que dans le cas de l'accord entre substantif et modifieurs nominaux (les cibles). Devoir apprendre le genre de noms désignant des référents inanimés, comme 'sable' et 'table', du point de vue pédago-gique et économique, est un grand effort, ou, pour reprendre les mots de Mathieu (2007, 72), « une contrainte formelle imposée par l'emploi du nom ». Mais d'autre part, « du point de vue de la réception, ces marques d'accord représentent le seul moyen dont les locuteurs (surtout les enfants) disposent pour apprendre le genre d'un substantif » (Bessler 1999, 21) !

Les effets que peut avoir la distance entre une cible et le substantif ont été étudiés par Corbett (1991, 226ss.). Son modèle d'une hiérarchie de l'accord, ici modifié, partiellement selon Bessler (1999, 15), nous montre qu'il y a des différences dans la probabilité de la réalisation de l'accord en fonction de la proximité de la cible avec le substantif :

> déterminant, adjectif épithète < verbe (participe passé),[5] adjectif attribut < pronom relatif < pronom personnel.

Cette hiérarchie, originairement conçue pour les langues slaves, peut tout de même être appliquée au français. Elle nous dit que, dans un cas de conflit entre genre et sexe, plus on passe vers la droite, plus les cibles ont tendance à manifester l'accord sémantique (et non plus l'accord grammatical). Corbett (1991, 227) donne comme exemple « Sa Majesté fut inquiète, et de nouveau il envoya La Varenne à son minis-tre », où le substantif *majesté*, de genre féminin, mais désignant un homme, est repris non par le pronom *elle*, grammaticalement correct, mais par *il*, exprimant ainsi l'accord sémantique. J'ai appliqué ce principe aux noms de métiers et aux titres (Schafroth 1998 ; 2003 ; 2004), dont la féminisation a depuis toujours posé des problèmes dus à des résistances plutôt psychosociales que linguistiques mais qui semblent résolus principalement, semble-t-il, depuis la publication ministérielle, *Femme, j'écris ton nom...* (Becquer et al. 1999). La difficulté consistait dans la non-féminisation de quelques noms (masculins) désignant des professions haute de gamme comme *professeur, directeur* (d'une entreprise), *recteur, avocat, médecin, écrivain* et d'autres. Non seulement dans la littérature, les médias, les manuels scolaires, les grammaires et les dictionnaires, mais aussi dans l'usage des femmes concernées elles-mêmes, on trouvait la forme masculine. Des phrases comme (4) étaient tout à fait normales encore dans les années 1990 :[6]

---

5 En français, le participe passé est la seule forme verbale qui peut disposer d'une marque de genre. Il faut aussi préciser que le participe passé peut bien sûr apparaître après l'adjectif (comme en 5) et même après le pronom relatif.

6 Dans la deuxième décennie du XXIe siècle, même un quotidien conservateur comme *Le Figaro* utilise les nouvelles féminisations *professeure, auteure* et *écrivaine* (pour ne pas parler du *Monde* et de la *Libération*, qui pratiquent cet usage depuis plus longtemps déjà). Mail il faut ajouter qu'encore en 2014 le contexte dans lequel apparaissent ces formes nouvelles est souvent lié à des femmes étrangères alors que pour les femmes françaises l'usage du masculin se maintient encore plus souvent, et ceci dans tous les trois quotidiens mentionnés. J'ai appelé cela « caractère de citation » d'une féminisation innovatrice

(4) « Jacqueline Lafontaine-Dosogne, *professeur* à l'UCL, *chef* de département honoraire aux MRAH » (Le Soir, 15/03/1995 ; cf. Schafroth 2004, 344).

Ici, la hiérarchie de l'accord n'est pas pertinente parce que le point de référence nominal a été identifié en tant que femme, de manière que les autres cibles, *professeur* et *chef*, deux appositions, peuvent violer la correspondance entre sexe et genre sans causer des dommages communicatifs importants. Dans (5) pourtant, une phrase célèbre prononcée par l'ancien Premier ministre Jacques Chirac le 6 mai 1988 lors du retour de Dominique Prieur, agente secrète (forme féminine selon Becquer et al. 1999) et capitaine de marine, il y a un conflit direct entre sexe et genre :[7]

(5) « *Le capitaine* Prieur est actuellement enceint**e** et l'accord prévoyait que, dans ces circonstan-ces, **elle** pouvait être rapatri**ée** à Paris » (cité d'après Gervais 1993, 137 ; cf. Schafroth 2004, 342).

Un autre exemple, donné par Grevisse (§438) corrobore la règle établie par Corbett :

(6) « *George Sand* a l'air très simple, tou**te** naturel**le**, mais **elle** est complexe, **elle** est même mystérieuse » (P. Clarac, dans la *Revue d'hist. litt. de la Fr.*, juillet-août 1976, p. 531).

La hiérarchie de Corbett s'avère donc juste : Abstraction faite de l'accord déjà réalisé sur *enceinte* (l'adjectif n'existe que dans sa forme féminine, cf. PR), le pronom sujet, apparemment, ne pouvait pas être *il*, pour des motifs non seulement sémantiques mais aussi communicatifs, et l'accord du participe passé (*rapatriée*) en est seulement la conséquence logique. La hiérarchie de l'accord est la plus efficace là où il y a un conflit entre sexe et genre dans le substantif avec lequel s'accordent les cibles. Un exemple connu est le mot allemand *Mädchen* ('jeune fille'), qui est neutre, mais dont la reprise par un pronom féminin, surtout dans la langue parlée, est très fréquente parce que le « poids sémantique » l'emporte sur l'accord grammatical. En français, ces cas se rencontrent dans les asymétries lexicales entre genre et sexe discutées au chap. 4.

3 Code graphique et code phonique

Comme nous avons au chap. 1, la perception du genre dépend aussi du type de code (graphique ou phonique). Alors que la réalisation graphique permet l'identifi-cation du genre dans (7) et (8), l'oral peut même être privé de toute trace de genre (9, 10) :

---

ou inusitée (Schafroth 1998 ; 2001). Cf. la référence à Valérie Trierweiler dans la *Libération* du 11 septembre 2014 (cf. URL-Lib) : « C'est un autoportrait pathétique de l'**auteur** du livre par elle-même – folle amoureuse, insupportable qui pleure, avale des cachets [...] » (c'est moi qui mets en gras).

7 Des attestations semblables se trouvent dans Khaznadar (2002, 179ss.).

(7) Je suis sûr de n'avoir jamais été si déterminé (sans marque féminine = masculin)
(8) Je suis sû**re** de n'avoir jamais été si déterminé**e** (avec marques féminines = féminin)
(9) ... [syʀ] ... [determine] (sans aucune marque = quel genre ?)
(10) ... [syʀ] ... [determine] (sans aucune marque = quel genre ?)

Dans ces cas-là il y a peu de redondance en français quant au genre, même au niveau graphique, comparé à l'italien (11 et 12) :

(11) Sono sicur**o** di non essere mai stat**o** così determinat**o**
(12) Sono sicur**a** di non essere mai stat**a** così determinat**a** (cf. Schafroth 2004 ; Prévost 2009).

À la différence de l'italien, de l'espagnol ou du portugais, pour ne citer que quelques-unes des langues néolatines disposant d'une morphologie flexionnelle de genre, en français il n'y a pas de désinence morpho-phonologique prototypiquement masculine, comme le *-o* dans les trois langues romanes mentionnées, qui est le morphème par excellence pour désigner le masculin (abstraction faite de cas comme it./esp./port. *poeta*, héritage direct du latin). D'autre part, il y a au moins des corrélations entre la désinence *phonique* /-o/ et le genre masculin en français, la graphie représentant au moins neuf cas divers :

/-o/ : <-au>, <-aud>, <-ault>, <-aut>, <-eau>, <-eot>, <-o>, <-ot>, <-ôt>

Ces graphies sont représentées p. ex. dans *noyau, cabillaud, meursault, artichaut, anneau, cageot, cargo, abricot, impôt*. Mais il y a plusieurs exceptions, vérifiées sur la base de la nomenclature du PR, où les noms ou unités lexicales sont féminins bien qu'il finissent en /-o/ : les lexèmes *chaux, eau, faux, guyot* ('poire'), *libido, peau*, plusieurs douzaines d'abréviations (souvent familières) comme *biblio, chimio, mayo, météo, moto*, et des acronymes comme *C.A.O.* (*conception assistée par ordinateur*) ou *P.A.O.* (*publication assistée par ordinateur*). Il existe même des noms en /-o/ désignant un être de sexe féminin :

bimbo (anglic. 'jeune femme à la féminité provocante et stéréotypée')
camelot (Canada, féminin possible : 'personne qui livre les journaux à domicile')

Dans d'autres cas, surtout chez les adjectifs, c'est la consonne finale qui fait la différence à l'oral entre masculin et féminin, p. ex. masc. *plat* [pla] vs. fém. *plate* [plat], masc. *gros* [gro] vs. fém. *grosse* [gros]. En raison de la marque perceptible du féminin, certains linguistes, surtout générativistes, considèrent la forme féminine comme base et en dérivent le masculin en supprimant la consonne finale. Cf. la critique de cette approche par Rainer (2004, 1700) qui signale, en tant qu'objection à une telle approche, la sonorisation de la consonne finale dans la forme féminine (masc. *fautif* [fotif] vs. fém. *fautive* [fotiv]) et le fait que la consonne finale se réalise aussi devant un substantif masculin quand il y a liaison : *un petiT enfant*.

4 Asymétries lexicales entre sexe et genre

L'exemple du capitaine Dominique Prieur, enceinte et rapatriée (chap. 3 (5)), et de *bimbo* et *camelot* désignant des femmes, font partie d'une série d'asymétries lexicales entre genre et sexe en français. Elles concernent notamment deux cas :

a) l'usage d'un masculin (générique) par rapport à une femme – c'est le cas de non-féminisation de quelques noms de métier mentionné précédemment. L'intervention ministérielle lancée en vue de diffuser largement l'emploi de nouvelles formes féminines, inusitées et fortement susceptible de n'être pas accueillies avec enthousiasme par la population, s'est d'abord effectuée dans le secteur public et, après quelque réserve, aussi dans les médias, surtout dans les quotidiens libéraux ou de gauche. La conséquence en est une coexistence de formes comme *auteur* et *auteure* dans un même journal, l'usage d'*auteur* ne signifiant pourtant pas automatiquement que le genre masculin était intentionnel : L'emploi épicène est expressément toléré (cf. Becquer et al. 1999), c'est-à-dire *Elle est auteur* ou *Madame X, auteur de Y* sont des cas acceptés.

Selon une analyse effectuée par Schafroth (2013, 106), sur 60 lemmes, connus pour avoir toujours posé des problèmes de féminisation, le *Petit Robert* a réduit la marque *n.m.* (i. e. pas de forme féminine) de 44 à 23 cas entre 1981 et 2008, et augmenté la féminisation par suffixation (*chercheuse*) de 15 à 27 cas, l'usage épicène (*le/la ministre*) de 1 à 10 cas. Le *Petit Larousse illustré*, entre 1988 et 2007, a registré en 2008 15 noms exclusivement masculins (par rapport à 41 en 1998), 36 féminisations par suffixation (18) et 9 épicènes (1).

Un autre type de coexistence est celle entre féminisation d'un nom de métier (p. ex. *historienne*) et la persistance du masculin (*professeur*) dans une même phrase (Schafroth 2013, 107). L'usage de la « construction de compromis » *femme professeur, femme médecin*, critiqué par les féministes, est devenu beaucoup plus rare et est lié à des conditions d'informations textuelles particulières (cf. Schafroth 1998).

Le cas du député UMP Julien Aubert, qui, le 7 octobre 2014, à l'Assemblée nationale, a interpellé, à plusieurs reprises, la présidente de la séance, Sandrine Mazetier, en débutant son propos par « Madame le président » et non pas « Madame la présidente », est significatif (cf. URL-An1). La véhémence avec laquelle la présidente a insisté sur le titre correct alors que le député se défendait d'appliquer seulement les règles de l'Académie française, et le fait que le député ait été sanctionné par le retrait du quart de son indemnité parlementaire pendant un mois, témoignent d'un changement de conscience dans la société française, outre l'existence d'une disposition officielle dans *l'Instruction générale du bureau de l'Assemblée nationale* qui exige cet usage : « Les fonctions exercées au sein de l'Assemblée sont mentionnées avec la marque du genre commandé par la personne concernée » (Art 19, cf. URL-An2). Mais l'exemple montre aussi qu'il y a encore de la résistance : Le politicien d'un parti de droite se défend en accusant la gauche d'« idéologiser » la langue, qu'il appelle *novlangue* (cf. URL-An3).

b) des lexèmes dont le genre représente le sexe opposé à ce que le genre laisse supposer ou dont le genre ne représente que partiellement le sexe reflété par le genre. Il s'agit de lexèmes comme *sentinelle, estafette* (« Anciennement 'courrier chargé d'une dépêche' », PR), *vigie, ordonnance, recrue*, tous les quatre ayant une connotation neutre. En plus, il y a les titres de respect, *Sa Sainteté* (en s'adressant au pape ou en parlant de lui) et *Son Éminence* (pour les cardinaux).

Une valeur nettement négative ou même une connotation péjorative fait pourtant partie du sens des mots suivants, tous caractérisés par une anomalie dans la relation entre genre et sexe (sources : PR, TLFi, Grevisse, §486, 487) :[8]

genre masculin '♀' : *bas-bleu* (péj. 'femme à prétentions littéraires ; intellectuelle pédante'), *laideron*[9] ('jeune fille ou jeune femme laide') ; *tendron* (fam. et vieilli 'très jeune fille en âge d'être aimée, relativement à un homme plus âgé') ;

genre féminin '♂' : *lope* (arg. 'homosexuel efféminé'), *lopette* (fam. et péj. 'homme lâche et veule'), *femmelette* (fam. 'homme faible, sans énergie'), *frappe* (arg. ou pop. 'jeune voyou'), *gouape* (pop. 'mauvais sujet, voyou'), *tapette* ≈ *tante* ≈ *tantouze* (fam. et vulg. 'homosexuel efféminé' (PR)), *souillon* (fam. vieilli 'homme malpropre, peu soigné').

> Le substantif *souillon*, qui n'a jamais eu une forme féminine (*souillonne*), était épicène autrefois (*le/la souillon*) et désignait une 'femme malpropre, peu soignée dans sa mise et dans sa personne', une 'femme de mauvaise vie, prostituée de bas étage', aujourd'hui 'Mod. servante malpropre, sale' (PR).

En outre, il y a des substantifs à genre masculin ou féminin qui peuvent se référer à une femme ou à un homme :

i) sens ou connotation neutres (ou positifs) :

genre féminin '♀ ou ♂' : *alto, basse, trompette, figure, idole, personnalité, personne, star, vedette, victime* ;

---

8 Ce que nous ne pouvons pas traiter ici, c'est l'usage de lexèmes désignant les parties génitales pour se référer à un homme ou à une femme. Fourment-Aptekman (2001) fait remarquer que « [l]e sexe féminin, métonymie de la femme, constitue l'injure de base (*con*) qui s'adresse aux hommes [...]. Adressée à une femme, cette injure se redouble d'une féminisation grammaticale qui semble plutôt l'affaiblir. Les injures les plus usitées aujourd'hui sont celles qui mettent l'homme dans une position sexuellement féminine (*enculé* ou *pédé*) et qui ne diffèrent donc pas fondamentalement de l'injure de base » (ibid., 155). Cf. aussi l'usage du mot *pussy* en allemand (surtout des jeunes) pour désigner un homme ou un garçon efféminé ou craintif. En italien, par contre, un homme naïf et crédule peut être appelé *minchione* (qui est une expression vulgaire pour le membre viril).

9 Entretemps on trouve aussi la forme *laideronne* ; *une laideron* a existé aussi (cf. PR, Grevisse, §486).

genre masculin '♂ ou ♀' : *ange, caractère, cas, contralto, coryphée, être, exemple, factotum, gourmet, mannequin,*[10] *membre, modèle, original, otage, personnage, phénomène, spécimen, symbole, témoin, type ;*

ii) sens ou connotation péjoratifs :

genre féminin '♀ ou ♂' : *bête (à concours, de scène), brute, canaille, crapule, fripouille, mauviette, (espèce d') ordure ;*

genre masculin '♂ ou ♀' : *bandit, charlatan, coquin, escroc, gangster, louchon,*[11] *saligaud.*

D'une certaine façon, le *Guide d'aide à la féminisation* (Becquer et al. 1999) aide à supprimer quelques-unes de ces anomalies genre-sexe : *coryphée, factotum, modèle* et *témoin* sont déclarés épicènes (*un/une coryphée* etc.), *le mannequin* désigne un homme, *la mannequin* ou *la mannequine* une femme.

Un cas particulier concerne les **« doublets fonctionnels »**, c'est-à-dire la coexistence des formes masculine et féminine d'un nom de métier : Ils sont pertinents au niveau des noms de métier (c) (cf. Schafroth 1998, 188–195) et au niveau des insultes (d).

(c) En ce qui concerne des paires lexicales comme *ambassadeur/ambassadrice, directeur/directrice, secrétaire* (m/f), le masculin désigne toujours une profession de haut prestige alors que le féminin est utilisé souvent en tant que métaphore (p. ex. *les ambassadrices de la mode française,*) ou pour faire référence à des professions ou activités moins prestigieuses ou typiquement féminines (p. ex. *inspectrice départementale à la jeunesse et aux sports*). Le cas de *maître/maîtresse* est particulier à cause de la signification péjorative toujours en usage, ce qui a deux conséquences : Si l'on utilise *maîtresse* il est important d'ajouter, si le contexte ne suffit pas pour désambiguïser, un complément du nom (*maîtresse de maison, d'école, de piano, de ballet, auxiliaire* – sauf dans le contexte universitaire : *la maître de recherches, de conférences, assistante*), dans les cas où *maître* est un titre du domaine juridique, le *Petit Robert* ne donne pas de forme féminine.

(d) En ce qui a trait aux insultes, le déséquilibre sémantique et évaluatif a déjà été étudié maintes fois, du point de vue synchronique et diachronique (cf. Lindemann 1977 ; Melka/Zwanenburg 1993 ; Schafroth 1998) : déjà au Moyen Âge il y avait coexistence de formes comme *dispenseor* ('intendant, administrateur') et *dispensairitz*

---

10 Il y a aussi l'usage du déterminant féminin (*une mannequin*) (cf. PR).
11 Grevisse (§486) pourtant signale que « [*l*]*ouchon* (masc.) semble s'être dit surtout des femmes ».

('femme qui dépense trop'), ou *moienor* ('arbitre, médiateur') et *moieneresse* ('entre-metteuse') (Schafroth 2001, 131). D'autres doublets reflètent la péjoration des femmes : le masculin est neutre ou positif, le féminin dépréciatif ou offensif. Il suffit de rappeler des exemples comme *allumeur/allumeuse, courtisan/courtisane, entraîneur/entraî-neuse, gars/garce, salaud/salope, sauteur/sauteuse,* même si quelques-unes de ces formes (masculines et féminines) sont marquées vieillies par le *Petit Robert* (cf. aussi Yaguello 1978 ; 1989 ; 2014 ; Baider 2004).

5 Asymétries syntaxiques entre sexe et genre et entre les deux genres

« Le masculin l'emporte sur le féminin » (Damourette/Pichon 1911–1927, 368). Telle est la description sobre d'une autre forme d'asymétrie entre genre et sexe (référents animés), mais aussi entre les deux genres (référents inanimés). Ce phénomène, aussi appelé *servitude grammaticale,* est connu dans toutes les langues romanes.[12] Voici en substance ce qu'on lit à ce sujet dans Grevisse (§338) : « Si les noms sont de genres différents, l'épithète se met au genre indifférencié, c'est-à-dire au masculin ». Mais il ne s'agit pas seulement de l'épithète (13 et 14) mais aussi du pronom anaphorique et de l'adjectif attribut (2) :

> (13) le texte et la signature examin**és** par le tribunal
> (14) « Robert, Serge, Yvonne et Claire sont tous les quatre part**is** en vacances. **Ils** sont tous très sporti**fs** » (Klein/Kleineidam 1983, 216)

Dans les anciens états de la langue française, l'accord de l'adjectif ou du verbe se faisait selon le substantif qui précédait immédiatement.[13] Malherbe critiquait cet usage, Vaugelas par contre l'acceptait pour l'adjectif épithète (p. ex. *les pieds & la teste nuë*), mais pas pour l'attribut (inacceptable : *Le mari & la femme sont importu-nes* ; Schafroth 1998, 100ss.). Les auteurs du XVIIᵉ siècle, souvent aussi ceux du XVIIIᵉ, suivaient, dans une large mesure, la tradition de faire l'accord selon le masculin (cf. aussi Brunot ³1936, 647ss.).

> « La tradition grammaticale, qui correspond à un certain sentiment des usagers, estime choquant pour l'oreille que le nom féminin soit dans le voisinage immédiat de l'adjectif. En réalité, cela ne ressortit pas seulement à l'oreille (cette exigence est d'ailleurs exprimée à propos de textes qui ne

---

12 En italien, par exemple, cet usage s'étend aux substantifs : à un groupe formé par un garçon et une ou même vingt jeunes filles on s'adresse par la forme *ragazzi.*

13 Moreau (1991, 10) signale qu'au Moyen Âge il y avait souvent des paires grammaticales du type *iceux et icelles, cils et celes, maint et maintes, tuit et toutes,* ceci par analogie avec les noms de métier, dont les deux genres étaient souvent juxtaposés.

sont pas destinés à la lecture à voix haute) ; cela correspond à la tendance très ancienne selon laquelle les mots s'accordent avec l'élément le plus proche [...] » (Grevisse, §338).

Les grammaires françaises, tout au long de leur longue histoire, ont connu trois variantes pour régler des phrases comme (13) et (14) :

A) C'est toujours le masculin qui l'emporte (*un tact et une délicatesse parfaits*)
B) L'accord en genre et nombre s'effectue avec le substantif qui précède immédiatement (*un tact et une délicatesse parfaite*)
C) L'accord en genre se fait avec le substantif qui précède tout en considérant le pluriel (*un tact et une délicatesse parfaites*).

Le problème n'a pas été résolu à ce jour, mais la variante A est celle qui est enseignée dans les écoles et les grammaires traditionnelles.[14] Il va de soi que de nos jours, compte tenu surtout des modifications de la langue que les mouvements féministes ont engendrées, un tel usage qui favorise de manière générale le masculin est hautement problématique. Des constructions alternatives en sont souvent la conséquence.

6 Aspects universels et typologiques du genre

Les plus importants aspects relatifs au sujet 'genre et sexe' au niveau typologique, décrits dans *The World Atlas of Language Structures* seront brièvement résumés ci-après (Corbett 2013a ; 2013b ; 2013c) :

i) parmi les 257 langues analysées, 145 ne possèdent pas de genre (en Europe, entre autres, le basque, le hongrois et le finnois), 50 langues ont deux genres (p. ex. le français, l'arabe, le haoussa, le cri), 26 disposent de trois genres (dont l'allemand, l'anglais, le russe, le grec moderne, le tamoul), 12 de quatre (dont le zandé en Afrique centrale ou le pirahã en Amazonie), et 25 de cinq ou même plus genres (comme, p. ex., le peul, le congolais, le zoulou en Afrique, ou le mixtec au Mexique). Parmi les langues à quatre genres il y a le bourouchaski, parlé au Pakistan, où les substantifs se répartissent aux genres suivants (cf. Berger 1998, 33) : 'êtres humains masculins', 'êtres humains féminins', 'animaux et une partie des objets inanimés', 'noms abstraits, liquides et les autres objets inanimés' ;

---

14 Brunot (³1936, 648) rappelle que la servitude grammaticale « est une pure convention qui fait préférer le masculin au féminin ».

ii) alors que 145 langues sur 257 n'ont pas de genre 85 ont un genre basé sur le sexe (p. ex. le francais, l'anglais, l'allemand, le letton, le russe), et 28 ont un genre qui n'est pas basé sur le sexe (p. ex. le congolais, le swahili, le cri) ;

iii) en ce qui concerne l'attribution du genre (*gender assignement system*), il se pose la question de savoir comment les sujets parlants savent qu'un substantif appartient à tel ou tel genre ? On distingue deux classes typologiques : les langues dont le genre est attribué exclusivement selon le signifié des substantifs (*systèmes strictement sémantiques*) – 53 (sur 257) langues, dont l'anglais et le géorgien –, et les langues dont l'attribution est basée surtout, mais pas exclusivement, sur le critère sémantique, tous les autres substantifs étant classifiés selon un critère formel (*systèmes principalement sémantiques*) (59 langues, dont le français, l'allemand). Un système strictement sémantique signifie qu'il n'y a pas d'attribution formelle (en italien, par contre, l'attribution formelle fonctionne, grosso modo, le morphème -*o* étant attribué au masculin, le morphème -*a* au féminin) : en kannada, langue dravidienne (au sud de l'Inde), tous les noms désignant des hommes et des garçons sont masculins, les noms désignant des femmes et des jeunes filles sont féminins (les déités, les démons et les corps célestes inclus). Tous les autres noms (nourrissons et animaux inclus) sont neutres.

Dans le domaine de la recherche des universaux linguistiques, les définitions de Greenberg ([2]1966) sont généralement acceptées. Le plus important des universaux qui se réfèrent au genre linguistique est le suivant :

Universal 36. If a language has the category of gender, it always has the category of number (ibid., 95).

Ceci signifie que la catégorie du genre implique celle du nombre, mais l'inverse n'est pas nécessairement vrai. Quand il y a la catégorie du genre dans une langue il existe aussi celle du nombre (cf., p. ex. le francais, l'allemand, même l'anglais). Quand il y a la catégorie du nombre (comme dans les langues finno-ougriennes) il n'y a pas (forcément) la catégorie du genre (ces langues n'ont pas de genre). Une telle relation de dépendance typologique nous invite à y reconnaître une parenté principale et universelle entre les significations grammaticales du genre et celles du nombre (cf. Leiss 1994, 288). Cette parenté, selon Neumann-Holzschuh (2006, 267), est confirmée par l'évolution récente de certains créoles français (« number in creole languages seems to function in a similar way to gender in early Indo-European »).

Booij ([2]2007, 129s.) ajoute une autre observation typologiquement pertinente, qui concerne la relation entre genre et sexe :

« If a language distinguishes between masculine and feminine gender, morphologically simplex nouns denoting male and female beings tend to be masculine and feminine respectively ».

Corbett (2013a) contribue une définition importante du terme *système à genres* :

« The defining characteristic of gender is **_agreement_** : a language has a gender system only if we find different agreements ultimately dependent on nouns of different types. In other words, there must be evidence for gender outside the nouns themselves ».

Il n'est donc pas suffisant qu'une langue ait des paires lexicales basées sur le sexe pour être considérée une langue à genre. Ce qui est décisif, c'est l'évidence syntaxique, celle de l'accord. En kanouri (au Nigeria), il y a des contrastes lexicaux comme _tádà_ 'garçon, fils' et _féro_ '(jeune) fille', mais il n'y a pas de genre parce qu'il n'y pas d'accord. L'anglais, par contre, est une langue à genre grammatical[15] même s'il n'a pas de substantifs porteurs de genre (morphologiquement simples, abstraction faite donc de cas comme _waiter_ et _waitress_), et même si le microsystème pronominal (_he/his/him/himself, she/her/herself, it/its/itself_) n'est qu'un petit reste d'un ancien système flexionnel à genre (d'où le terme _pronominal gender system_). En plus, les pronoms _he_ et _she_ (avec leurs formes fléchies) sont directement liés au sexe alors que le pronom _it_ ne représente pas, comment on pourrait penser, le neutre, mais se réfère aux référents inanimés, sans considérer les personnifications féminines (entretemps vieillissantes) pour des navires, voitures ou pays. Les pronoms _who_ et _which_, eux aussi, sont sémantiquement motivés, mais ils reflètent l'opposition entre les traits 'humain' vs. 'non humain' (les objets inanimés y inclus).

Dans une langue sans genre (cf. aussi Trudgill 1999, 139s.) comme l'estonien, il n'y a, à première vue, pas de possibilités grammaticales immédiates de distinguer, par les déterminants possessifs, le genre du possesseur (l'accord en genre est mis en caractères gras) :[16]

(15)	Mu	õde	müüs	oma	auto
	Ma	sœur	a vendu	**sa**	**voiture**
	My	**sister**	sold	**her**	car

(16)	Mu	vend	müüs	oma	auto
	Mon	frère	a vendu	**sa**	**voitur**e
	My	**brother**	sold	**his**	car

(15) et (16) sont identiques en estonien en ce qui concerne l'identification du possesseur par rapport à la chose possédée. C'est donc le contexte situationnel qui désambiguïse ces relations – comme en français d'ailleurs où le déterminant possessif, comme nous avons vu au chap. 1, s'accorde avec la chose possédée et non pas avec le possesseur, à la différence de l'anglais ou de l'allemand. L'anglais est, si l'on veut, plutôt une langue à genre fonctionnelle dans (15) et (16) que le français.

---

15 « English [...] has a gender system based on semantic criteria. It is [...] a pronominal gender system, since gender is reflected only in personal, possessive and reflexive pronouns » (Corbett 1991, 12).
16 Les exemples ont été relevés auprès de collègues estoniens lors d'un séjour à l'université de Tartu en septembre 2014.

Une langue sans genre, ici toujours l'estonien, est néanmoins capable de mettre en jeu le sexe quand il s'agit de clarifier des relations importantes comme celles de la possession d'une voiture :

(17)	Mu	õde	müüs	oma	poja	auto	(poja = son fils)
	Ma	sœur	a vendu	sa		voiture	(sa = la voiture de son fils)
	My	sister	sold	his		car	(= her son's car)
(18)	Mu	vend	müüs	oma	tütre	auto	(tütre = sa fille)
	Mon	frère	a vendu	sa		voiture	(sa = la voiture de sa fille)
	My	brother	sold	her		car	(= his daughter's car)

Quand la complexité des relations logiques entre des personnes augmente, comme dans (17) et (18), une langue comme l'estonien, qui ne dispose pas de genre grammatical, est tout de même capable – (morphologiquement) pas moins bien d'ailleurs que le français[17] – d'exprimer les rapports de propriété.

Les caractéristiques de systèmes à genre sont résumées dans Aikhenvald (2004, 1031s.) : i) Le nombre de genres est limité ; ii) chaque nom appartient à un genre (ou, parfois, à plus d'un genre) ; iii) il y a toujours quelque base sémantique, dans les systèmes à genre, mais les langues diffèrent selon le degré de sémanticité, qui, généralement, exprime les traits [animé], [humain], [sexe], et parfois aussi [forme] et [dimensions] ; iv) quelques constituants en dehors du substantif doivent s'accorder avec celui-ci selon le genre.

7 Genre et sexe – quelle relation ?

Citons d'abord Trudgill (1999, 138) qui met en évidence une différence fondamentale entre genre et sexe :

> « It is much less surprising that human languages have gender distinctions for human beings than that they have grammatical gender, since the distinction between male and female is the most fundamental one there is between human beings ».

L'origine du genre semble un mystère. Il y a plusieurs théories dont deux sont les plus fréquentes. Il y a d'abord la théorie **sexe-genre**, soutenue par un des grands représentants de la linguistique historico-comparative, le germaniste Jacob Grimm. S'inscrivant dans la tradition de Humboldt, qui « s'attaqua au problème de la relation entre la langue et la pensée » (Gleßgen ²2012, 463), cette théorie, pas exempte d'un certain

---

17 Il va sans dire qu'en français il y a des stratégies analogues à celles de l'estonien pour désambiguïser les relations. Dans *Ma sœur a vendu sa voiture* il y a bien sûr toujours la possibilité, par le cotexte et/ou le contexte, d'éclaircir à qui appartient la voiture en fin de compte.

romantisme, disait que le genre grammatical est issu de la différenciation biologique des deux sexes à travers les principes de la métaphorisation, de l'anthropomorphisme et de l'animisme. Dû à l'imagination de l'homme, qui traitait les choses comme des êtres vivants, le genre refléterait les particularités et les comportements typiques des hommes et des femmes. La *main* est un substantif féminin parce que – comme les femmes (selon Grimm) – elle est plus petite, plus passive, moins forte et plus réceptrice que le pied, qui est masculin (1890, 403s.).[18] Le néogrammairien Karl Brugmann (1889 ; 1890) adoptait une position diamétralement opposée, la théorie **genre-sexe** (le sexe est dérivé du genre), selon laquelle la catégorie de genre à l'origine n'avait aucune relation avec le sexe naturel. Les 'suffixes féminins' indoeuropéens *-ā-* et *-iē-* (*-ī-*), dont la forme phonétique n'était que le produit d'une évolution fortuite, avaient des fonctions grammaticales (entre autres celle de former, selon la loi de l'analogie, des classes nominales), mais n'avaient pas la 'tâche' de désigner des êtres animés : des substantifs comme lat. *dea, equa, lupa*, ou indien ancien *pátnī* 'patronne', étaient, tout comme lat. *aqua* et ind. anc. *bhūmī* désignant des objets inanimés, sans aucun trait sexuel. L'interprétation d'une « féminité » physique dans ces suffixes n'est qu'une évolution secondaire, donc postérieure. Cette position devait avoir de nombreux partisans parmi les linguistes et prévaut encore aujourd'hui (cf. Leiss 1994 ; Corbett 1991). La théorie de la sexuation du genre a eu, elle aussi, un succès considérable, surtout vers la fin du XIXe et dans le premier quart du XXe siècle (p. ex. Bréal 1889 ;[19] Meillet 1921 ; Damourette/Pichon 1911–1927). Les auteurs de la grammaire *Des mots à la pensée* attribuent aux choses une « sexuisemblance » métaphorisante (le genre est appelé *sexuisemblance*) :

> « Il existe des cas dans lesquels nous arrivons à apercevoir consciemment ce symbolisme métaphorique. Un *moteur* communique la puissance et l'action à toutes les machines sans force propre qui lui obéissent ; ces machines, la *balayeuse*, la *perceuse*, la *moissonneuse*, etc. ne peuvent rien sans lui » (Damourette/Pichon 1911–1927, 380).

La citation suivante est encore plus significative :

> « Les noms féminins de toutes les machines-outils sont particulièrement suggestifs. On dirait qu'ils ont pour prototype *la pondeuse*, c'est-à-dire la poule, être éminemment féminin, dont la fécondité foncière se manifeste par un acte indéfiniment répété » (ibid.).

---

18 « Das grammatische genus ist demnach eine in der phantasie der menschlichen sprache entsprungene ausdehnung des natürlichen auf alle und jede gegenstände » (343). ('Il en ressort que le genre grammatical est une expansion du naturel, sortie de l'imagination du langage humain, qui affecte tous et tous les objets'). Cf. aussi les réflexions grimmiennes sur les deux substantifs *mer* et *mère*, homophones et tous les deux féminins, chez Bachelard (1942). À ce propos cf. aussi Fourment-Aptekman (2001).
19 Bréal (1889) contredisait cette théorie en alléguant le cas du neutre qui « répartissait les substantifs [...] selon un axe animé/inanimé. Selon Bréal, cette opposition témoignait des croyances animistes des anciens peuples indo-européens » (Mathieu 2007, 58).

À première vue, déjà la *Grammaire générale* au XVIIe siècle, appelée aussi *Grammaire de Port-Royal*, a adopté la thèse de l'origine du genre sur la base du sexe :

> « Or les hommes [...] ont jugé à propos de varier les mesmes noms adjectifs, y donnant diuerses terminaisons, lors qu'ils appliquoient aux hommes, & lors qu'ils s'appliquoient aux femmes, comme en disant, *bonus vir*, vn bon homme, *bona mulier*, vne bonne femme. Et c'est ce qu'ils ont appellé *genre masculin & feminin*. [...] D'où il est arriué que par rapport aux hommes & aux femmes, ils ont distingué tous les autres noms substantif en *masculins & feminins* » (ibid., 39s.).

Là où le référent est inanimé, pourtant, Lancelot et Arnauld soulignent le caractère arbitraire du genre (*arbor* étant féminin en latin, *arbre* masculin en français, en ce qui concerne *dens* et *dent*, c'est le contraire, ibid., 40) et en déduisent « que le genre masculin ou feminin dans vn mot ne regarde pas proprement sa signification » (ibid., 42).

Dans l'*Encyclopédie*, on observe une opinion sur la relation entre sexe et genre similaire à celle exprimée dans la *Grammaire générale*. Beauzée (1757), l'auteur de l'article *genre* dans l'*Enclopédie* remarque :

> « La distinction des sexes semble avoir occasionné celle des *genres* pris dans ce sens, puisqu'on a distingué le *genre* masculin & le *genre* féminin, & que ce sont les deux seuls membres de cette distribution dans presque toutes les langues qui en ont fait usage » (Beauzée 1757, 589).

Mais il a ses doutes : si le sexe était la base du genre, tous les animaux devraient avoir soit le genre masculin (pour les mâles) soit le genre féminin (pour les femelles), ce qui n'est pas le cas. Et les choses, de manière conséquente, ne devraient même pas avoir de genre, ou elles devraient avoir le genre neutre, qui n'existe plus en français (ibid., 590). Finalement il conclut :

> « Mais il ne faut pas s'imaginer que la distinction des sexes ait été le motif de cette distribution des noms ; elle n'en a été tout – au – plus que le modele & la regle jusqu'à un certain point ; la preuve en est sensible » (ibid.).

Entre les deux camps linguistiques – motivation sexuée du genre et répartition arbitraire des noms (de Brugmann à Martinet) –, on rencontre parfois des positions mixtes qui considèrent et le caractère arbitraire du genre et sa rémotivabilité partielle sur le plan sémantique et formel (cf. Köpcke/Zubin 1984).

En résumé, on peut dire que bien que des linguistiques comme Martinet ou Corbett aient considéré, à juste titre, le genre comme nettement arbitraire (catégorie lexicale pour classifier les substantifs et moyen grammatical pour établir les relations entre les éléments interdépendants de la phrase) il est indéniable qu'il y a des corrélations entre la morphologie des substantifs (désignant des référents inanimés) et leur genre – et il y a des classes sémantiques dont les membres, subordonnables sous un hyperonyme ou non, ont (dans la plupart des cas) le même genre : les métaux en français, les jeux, les vents et les boissons alcooliques en allemand. D'un point de vue synchronique, Brugmann n'a donc plus entièrement raison, et la théorie *sexe-genre* se manifeste encore aujourd'hui : dans le folklore, dans la littérature enfantine, dans les Beaux Arts, dans la poésie et même en linguistique (cf. Yaguello 1989 ; 2014). L'anthropomorphisme et l'animisme de quelques objets « sexuables » sont donc loin d'être morts...

8 Le genre est-il complètement arbitraire ?

> « Le genre des noms inanimés n'est pas déterminé par le sens de ces noms :
> *Le mur, la muraille. – Le ruisseau, la rivière, le fleuve. – La mer, l'océan.*
> Comp. aussi *le soleil, la lune* à l'allemand *die Sonne* (fém.), *der Mond* (masc.).
> Le genre des noms inanimés n'a pas non plus de rapport constant avec la forme de ces noms.
> Il est donc impossible de donner des règles rigoureuses à ce sujet. [...].
> Le genre des noms inanimés est dû à leur origine et aux diverses influences qu'ils ont subies.
> Beaucoup de noms ont changé de genre au cours de l'histoire » (Grevisse, §468).

La locution *discuter du sexe des anges,* qui signifie 'se livrer à des discussions byzantines, oiseuses' (*Petit Robert 2014*), révèle un premier cas d'asymétrie entre genre et sexe en français : genre masculin, sexe douteux. En général, si l'on laisse à part les injures (cf. chap. 4), il y a pourtant correspondance entre langue et réalité extra-linguistique : le genre masculin désigne un homme ou un mâle, le genre féminin une femme ou une femelle. Les incongruités entre genre et sexe s'expliquent par deux procédures : des questions purement linguistiques, relevant d'emprunts (*sentinelle* et *estafette* sont d'origine italienne, le mot *vigie* a été emprunté au portugais, tous les deux désignant des hommes) ou de procédures sémantiques telles que la métonymie, comme dans le cas des mots *ordonnance* (Anciennement 'domestique militaire') et *recrue* (en 1550 encore 'ensemble des soldats qui viennent compléter un corps de troupes', plus tard, en 1800, 'nouveau soldat', cf. TLFi).

   Le genre grammatical a-t-il donc un lien essentiel avec le sexe ? Cette question a longtemps été discutée et a entraîné une série d'opinions controversées.

> « Ce n'est que pour une partie des noms animés [...] qu'il y a un lien entre le genre et le sexe de l'être désigné ; c'est ce que certains appellent le *genre naturel* » (Grevisse, §467).

Bien que le genre grammatical soit fondamentalement arbitraire, mis à part les cas des genres sexués, il semble exister des **corrélations** entre **forme** et **genre** qui permettent une certaine prévisibilité à partir de la structure morphologique (a) ou phonologique (b) des désinences des mots (cf. Surridge 1986 ; 1993 ; Corbett 1991, 57–61 ; Müller 1995, 3s. ; Lyster 2006 ; Prévost 2009, 237s. ; Jeanmaire 2014). Quelques-unes de ces « règles » seront présentées dans ce qui suit :

(a) corrélations entre morphèmes et genre, analysées selon leur type de formation de mots :

Les nominalisations déverbales en -*tion* (p. ex. *cohabitation, épilation*) sont toutes féminines, celles en -*age* (p. ex. *accrochage, compactage*)[20] et en -*ment* (p. ex. *écroulement, glissement*) masculins. Des mots composés du type V-N sont tous masculins (p. ex. *un brise-glace, un essuie-main(s), un tire-fesses*, fam. 'téléski, remonte-pente'). Les dérivés en -*isme* sont tous masculins ;

(b) corrélations entre phonèmes et genre :

Au moins 90% des substantifs se terminant en /ɛ̃/ et /ɑ̃/ sont masculins (p. ex. *affluent, caftan, boudin, déclin*), plus de 90% des noms en /m/ sont masculins (p. ex. *abîme, carême*), surtout s'ils ne finissent pas en /ym/, qui sont souvent féminins (p. ex. *coutume, grume, plume*). Environ 90% des substantifs en /z/ sont féminins (p. ex. *braise, cerise*).

Parfois le dernier phonème permet seulement la déduction d'assez peu de régularités (les substantifs en /ɔ̃/ sont féminins à environ 70%). Si l'on considère par contre les deux derniers phonèmes, on arrive à un autre taux de prévisibilité (les substantifs se terminant en /jɔ̃/ sont féminins à 99,8%). Dans un résumé généralisé, Corbett (1991, 60) donne les « règles » suivantes :

> i) les substantifs en /ɛzɔ̃/, /zjɔ̃/, /ʒjɔ̃/ et /tjɔ̃/ sont féminins ;
> ii) tous les autres substantifs finissant en /ɔ̃/ sont masculins.

Une « recherche par critères » dans le *Petit Robert* confirme ces corrélations, sauf pour le cas de /tjɔ̃/ où il y a au moins les contre-exemples *antrustion, bastion, carbocation, castion*, qui sont masculins.

On peut en plus se demander s'il n'y a pas de **régularités sémantiques**. En allemand, par exemple, tous les types de vent (*Wind, Orkan, Sturm, Tornado*) sont masculins, de même toutes les boissons alcoolisées sauf *la bière*. En danois et suédois standard, quelques liquides peuvent alterner entre le genre neutre (pour désigner la substance elle-même) et le genre commun (par rapport à une quantité d'un liquide), p. ex. suéd. *kaff-et* 'du café vs. *en kaffe* 'un café' (cf. Koptjevskaja-Tamm 2004, 1070). Pour le français, on pourrait donner comme exemple les dénominations des métaux (*argent, chrome, cuivre, or, platine, plomb, zinc* etc.), c'est-à-dire l'appartenance de ces lexèmes au groupe des métaux peut être considéré comme critère pour pouvoir les attribuer au genre masculin (cf. Köpcke 1982, 13 ; Surridge 1989 ; 1993 ; Schwarze 2008, 140ss. ; Jeanmaire 2014).[21]

---

20 Il faut pourtant tenir compte du fait que les substantifs dont la suite de phonèmes [aʒ] fait partie du radical sont souvent féminins : *cage, nage, page*₁, *rage, plage*, mais *stage* ou *mage, page*₂, qui sont masculins (les deux derniers pourtant constituant des lexèmes sexués).

21 Une combinaison entre sémantique et morphologie est le suffixe -*ier* qui désigne 'arbre qui porte le fruit désigné par le radical' dans les noms comme *poirier, abricotier, cerisier, prunier, cognassier* (< *coing*), etc. Ces substantifs sont tous masculins.

9 Sexe et genre comme sujets de recherche

Dans un cadre de recherche plus général, le rapport entre hommes et femmes a intéressé plusieurs disciplines, dont l'histoire, l'anthropologie et l'ethnologie, la sociologie, la pédagogie et la psychologie. L'étude des différences sexuelles telles qu'elles se manifestent surtout au niveau social, a engendré un usage particulier du mot anglais *gender*, qui, au sens grammatical, signifie tout d'abord 'genre (linguistique)'. Sous l'influence du féminisme, *gender* a acquis une nouvelle acceptation au sens de 'rapports sociaux de sexe', d'où le terme *social gender*. Tous les aspects qui concernent la construction sociale du genre et la relation entre sexe, genre, langage et pouvoir sont résumés dans le terme de *(social) gender*, qui a rencontré un terrain fertile dans beaucoup de disciplines scientifiques : Les sujets discutés sous cet angle ont été p. ex. « le débat nature/culture » (Offen 2006, 3) au XVIIIe et « la biologisation des femmes par les médecins au XIXe siècle » (ibid., 5),[22] les premières combattantes précoces du féminisme comme la libre penseuse Maria Deraismes, qui « parla expressément des deux genres, distincts des deux sexes, critiquant le sexisme du savoir théologique établi » (Offen 2006, 5).[23]

L'OED donne comme paraphrase sémantique de *gender* dans cette acception :

> « *Psychol.* and *Sociol.* (orig. *U.S.*). The state of being male or female as expressed by social or cultural distinctions and differences, rather than biological ones ; the collective attributes or traits associated with a particular sex, or determined as a result of one's sex. Also : a (male or female) group characterized in this way » (OED online).

Même si la première attestation remonte seulement au milieu du XXe siècle (à l'année 1942, pour être exact), l'usage de *gender* au lieu de *sex* est beaucoup plus ancien et peut être considéré le précurseur de l'emploi du mot *gender* dans ce sens moderne :

> « In the 20th cent., as *sex* came increasingly to mean sexual intercourse [...], *gender* began to replace it (in early use euphemistically) as the usual word for the biological grouping of males and females » (OED online).[24]

---

22 Cf. aussi Laceur (1990), qui dans son livre *Making Sex*, veut montrer, par l'évidence historique, « that almost everything one wants to *say* about sex – however sex is understood – already has in it a claim about gender. Sex [...] is explicable only within the context of battles over gender and power » (ibid., 11).

23 Offen (2006) montre que les contenus de ce que désigne le terme *gender* sont déjà repérables dans l'histoire française. Parfois pourtant elle va trop loin dans son interprétation : Je doute que dans l'article *genre* de l'*Encyclopédie* (Beauzée 1757, cf. chap. 7) l'auteur associe le mot *genre* avec « les traits sexuels et leurs constructions sociales » (Offen 2006, 4).

24 La première attestation de *gender* au sens de 'sex' remonte à 1474 (« His heyres of the masculine gender of his body lawfully begotten », OED online, s. v. *gender* 3a).

L'idée d'un *social gender* est pourtant connue en France depuis Simone de Beauvoir et son œuvre *L'autre sexe* (1949, 13), dans lequel nous trouvons la citation devenue fameuse « On ne naît pas femme : on le devient », mais ce n'est qu'à travers le livre d'Ann Oakley, *Sex, Gender and Society* (1972), qu'un nouveau concept est né :

> « ‹ Sex › is a word that refers to the biological differences between male and female : the visible differences in genitalia, the related difference in procreative function. ‹ Gender ›, however, is a matter of culture : it refers to the social classification into ‹ masculine › and ‹ feminine › » (Oakley 1972, 16).

En France, le terme *gender* n'a jamais eu beaucoup de succès et est souvent qualifié d'anglicisme inutile :[25]

> « À l'exception de quelques-unes [...], les universitaires françaises ont longtemps résisté à l'usage du mot ‹ genre ›, préférant parler de ‹ masculin/féminin ›, de ‹ différence sexuelle › ou de ‹ rapports sociaux de sexe › » (Offen 2006, 2).

Du point de vue « officiel », exprimé dans les publications de nature normative, en France et au Québec, l'emprunt *gender* n'est pas toléré :

> « Sous l'influence de l'anglais *gender*, qui peut désigner le sexe auquel appartient une personne ou renvoyer à la condition féminine et aux disparités entre les sexes, le mot *genre* est parfois utilisé à tort comme synonyme de *sexe* ou de *catégorie sexuelle*. On évitera ces anglicismes sémantiques en ayant recours à des expressions françaises plus explicites » (OQLF, *Banque de dépannage linguistique*, s. v. *genre*).

Dans le *Journal officiel* du 22 juillet 2005, on trouve une demi-page dédiée à la « Recommandation sur les équivalents français du mot *gender* ». Au lieu de *gender*, « un usage abusif du mot *genre* », « on pourra préférer, suivant le contexte, des locutions telles que *hommes et femmes, masculin et féminin* ; ainsi on traduira *gender equality* par *égalité entre hommes et femmes*, ou encore *égalité entre les sexes* » (JO).[26] Toutefois, l'usage du mot anglais se répand de plus en plus en français, comme témoigne le livre *Introduction aux Gender Studies* (Bereni et al. 2008). Il faut pourtant noter que le sous-titre, *Manuel des études sur le genre*, contient le mot français ![27]

---

25 À propos de l'usage du terme *genre* cf. Hof (1995) ; Thébaud (2004 ; 2006) ; Bereni et al. (2008). Elmiger (2008, 47) traduit *gender* par 'genre socioculturel', « qui se rapporte à la dichotomie socialement imposée en rôles et traits de caractère masculins et féminins ».

26 Il est significatif que la *Société d'Études Canadiennes*, une association allemande (*Gesellschaft für Kanada-Studien*), ait traduit le nom de la section *Women and Gender Studies* en français comme *Études sur les femmes et le genre* (en allemand *Frauen- und Geschlechterstudien*).

27 Cf. aussi la polémique, début 2014, à propos de l'enseignement à l'école élémentaire de la « théorie du genre » qui refuserait de considérer qu'il existe une différence entre les sexes. Il ne s'agit pourtant pas d'un terme officiel, ce sont surtout des mouvements conservateurs ou traditionalistes qui l'ont utilisé.

En ce qui concerne la **linguistique**, le sujet 'sexe et genre' a été abordé sous deux angles divers : dans une perspective relative au *système linguistique* et dans une perspective visant à examiner *l'usage de la langue* (étudiée d'abord par la dialectologie, ensuite par la sociolinguistique ; cf. Bierbach/Ellrich 1990 ; Heinemann/Neumann-Holzschuh 2009).

Selon ces études, menées aussi pour l'anglais, les femmes sont plus sensibles envers la norme linguistique et ont une meilleure autoévaluation par rapport à leur qualité de langue que les hommes (*overt prestige* des femmes envers la langue standard, *covert prestige* des hommes envers le vernaculaire). En ce qui concerne la question du caractère innovateur ou conservateur du langage féminin, les données sont trop contradictoires (Schafroth 1998, 35s.).

Alors que la langue se manifeste toujours dans des situations concrètes et qu'elle est sous la responsabilité des sujets parlants qui l'utilisent, le système d'une langue n'est pas influençable ni altérable par les locuteurs d'une manière immédiate. Changer des discriminations, des injustices ou des asymétries quelconques dans une langue n'est possible qu'à travers l'usage dans le temps. Les féminisations novatrices en français et l'usage de la lettre « I » en allemand au milieu d'un mot féminisé au pluriel (comme *StudentInnen*), pour désigner 'étudiantes' *et* 'étudiants', la procédure dite *Binnen-I*, sont des exemples éloquents. Le but de certaines linguistes féministes était pourtant autre – j'utilise l'imparfait parce que l'ère de la linguistique féministe radicale semble appartenir au passé : démasquer les systèmes linguistiques (notamment ceux de l'anglais, de l'allemand et du français) comme profondément patriarcaux, et transformer radicalement les paradigmes et les structures de la langue. L'abandon du masculin générique, non seulement au singulier mais aussi au pluriel, est une de ces revendications, qui, somme toute, a fini par engendrer un changement linguistique dans beaucoup de contextes. Ainsi, il n'existe quasiment plus de dirigeants d'un parti, d'un syndicat ou d'une entreprise, qui, quand il parle en public, n'utilise pas les doublets du type *Françaises et Français* ou *citoyennes et citoyens*, une reformulation qui fait partie de tous les guides de rédaction de textes non sexistes (ou « désexisés »). La linguistique en France, en résumé, a donc aidé à proposer des règles susceptibles de créer un usage égalitaire (par rapport aux sexes) et à établir, à l'échelle nationale, la féminisation rigoureuse de tous les noms de métiers, acquisition intellectuelle et pratique trop longtemps attendue (cf. chap. 4).

Il n'est pas surprenant que, comme suite d'une idéologisation outrée de la linguistique féministe, soient aussi nées des idées à première vue révolutionnaires, comme l'abandon du pronom anglais *he* (pratiqué en fait dans la lexicographie britannique où *they* et *their* remplacent *he* et *his* référés au pronom indéfini *someone*), l'abandon des noms composés anglais sur *-man* (*chairperson* et *humankind* au lieu de *chairman* et *mankind*), l'abandon des termes de professions portant une marque de genre (*flight attendant* au lieu de *steward* et *stewardess*), ou, mesure absolument justifiée, l'abandon de la distinction entre *Mrs* et *Miss*, *Madame* et *Mademoiselle*, *Fräulein* et *Frau*, l'anglais et l'allemand ayant presque totalement abandonné la dénomination de la femme non mariée. Citons, en ce qui concerne le français, la publication *Féminiser ? Vraiment pas sorcier !* :

> « Outre l'utilisation de termes professionnels au féminin, les partisans de la féminisation recommandent de ne plus utiliser désormais que le titre *Madame* pour désigner une femme ou s'adresser à elle » (Dister/Moreau 2009, 19).

Pour l'allemand, la linguiste Luise Pusch (1984, 61ss.) a proposé de « briser » le système linguistique en renonçant au masculin générique par l'introduction d'un nouveau paradigme morphologique. Au lieu du système dualiste – *der Lehrer* (*le professeur*) et *die Lehrerin* (*la professeure*) –, qui révèle selon la linguiste le caractère secondaire des femmes (le suffixe -*in* ayant été « ajouté » à la base masculine), elle propose un triple système : *das Lehrer* en tant que forme générique se rapportant et à l'un et à l'autre sexe, et *der Lehrer, die Lehrer* pour désigner un homme ou une femme – la solution idéale pour supprimer le masculin générique.

Il va sans dire que les résistances contre les propositions féministes ont été considérables, dans les médias et parmi les linguistes, pas seulement masculins (cf. Ulrich 1988). Les arguments principaux contre ces points de vue ont été celui de la contingence des procès linguistiques à travers l'histoire et celui du caractère « innocent » de la langue. Vouloir atteindre des buts comme ceux conçus par les féministes implique les facteurs de pouvoir et de violence. Tel était le reproche majeur des adversaires de ces théories, faisant référence à des événements historiques où des interventions de l'extérieur – qu'on pense au purisme du XVIIe siècle ou aux contraintes provoquées par l'esprit du politiquement correct – ont amené des changements linguistiques.

D'autres approches en linguistique concernent lie lien entre grammaire et cognition (cf. Unterbeck et al. 2000), l'acquisition des langues, les questions typologiques (cf. Corbett 1991 ; Koch 2001, chap. 6) et les sujets de variation et de contact linguistiques, les créoles inclus (cf. Trudgill 1999 ; Neumann-Holzschuh 2006 ; Rottet 2005).

Dans le domaine de la recherche sur l'acquisition des langues, par exemple, on a montré que les enfants allemands, à l'âge de 36 mois, réalisent correctement les articles selon le genre dans 90% des cas. L'apprentissage du marquage du genre est donc accompli chez les enfants apprenant l'allemand comme langue maternelle à l'âge de trois ans (Szagun [5]2013, 80s.). Clark (1985, 706) confirme ces données pour le français langue maternelle : « By age 3, children appear to make few errors in their choices of articles. Occasional late gender errors are reported [...] for second-language learners aged 5 or 6 [...]. Reports of such errors in spontaneous usage during the early stages, however, are not as common as errors in adjective-noun agreement, e. g. the use of **gros porte* for *grosse porte* 'big door' at 2 ;5 » (cf. aussi Müller 2000).

10 Perspectives et desiderata

Parmi les domaines de recherches linguistiques dignes d'être approfondis à l'avenir en ce qui concerne l'étude du genre, on pourrait faire référence à trois. Le premier est la linguistique variationnelle, qui, encore trop souvent, manque d'études plurilatérales en vue d'englober, dans une perspective plus large et comparative, plusieurs types de variétés linguistiques. La *Base de données lexicographiques panfrancophone* (Poirier 2004–), des recueils comme *Le francais en Amérique du Nord* (Valdman/Auger/Piston-Hatlen 2005), ou le projet de recherche *Grammaire comparée du français acadien et louisianais*, dirigé par Ingrid Neumann-Holzschuh (cf. Neumann-Holzschuh/Brasseur/Wiesmath 2005), sont des exceptions méritoires. Il serait sans aucun doute enrichissant de comparer les variétés diatopiques (surtout celles appelées « marginales » comme le français acadien ou le français louisianais), les variétés diaphasiques et diastratiques du français et les créoles français par rapport à la valeur et à l'évolution de la catégorie 'genre' (dont l'érosion, exprimée p. ex. par la tendance à l'invariabilité de certaines formes grammaticales). Les questions suivantes se posent : y a-t-il des corrélations relatives au marquage du genre entre les variétés qui subissent des procès centrifuges et entre celles qui sont l'objet de procès centripètes (tous les deux par rapport au français standard) ? Est-ce que l'attrition (par « acquisition incomplète des normes [...] dans un contexte d'étiolement linguistique », Rottet 2005, 250), constatable p. ex. dans le français louisianais, engendre des phénomènes d'érosion du genre comparables à ceux d'autres variétés françaises nord-américaines non standardisées ou au français populaire de France ou aux créoles français (quelque différents qu'ils soient) ? Est-ce que, d'autre part, le genre dans le cas des procès centripètes (normalisation linguistique et décréolisation) est « restitué » de manière semblable (cf. Neumann-Holzschuh 2006) ?[28]

Le deuxième domaine de recherche à approfondir est celui de l'apprentissage du genre dans le contexte de langue étrangère. Qu'il s'agisse d'apprenants jeunes ou adultes, le fait qu'ils ne possèdent aucun des automatismes de la langue maternelle génère, durant l'expression orale ou écrite dans la langue cible, l'inévitable orientation vers les structures de la langue source. Nous savons tous combien les locuteurs natifs peuvent être impitoyables quand un locuteur, bien qu'il maîtrise bien une langue étrangère, fait une faute de genre dans cette langue ! *Un erreur* au lieu d'*une erreur* par exemple. La didactique de l'enseignement des langues étrangères ne dispose pas encore, ni pour le français ni pour l'allemand, d'un catalogue de descriptions contrastives qui comprenne les régularités phonologiques, morphologiques et sémantiques par rapport à l'attribution du genre (cf. chap. 8), sans parler de

---

28 Cf. Chaudenson (1974, 350), par rapport à la disparition de certaines marques morphologiques du genre (et du nombre) en créole réunionnais : « Si l'on prend comme base de référence le français parlé, la distance est-elle si grande entre la situation du français et celle du créole ? ».

logiciels propres à l'apprentissage du genre dans une langue étrangère. Tandis que nous disposons de quelques études nées dans le cadre de recherche sur l'acquisition des langues L1 (dont le français) ou dans le contexte du bilinguisme (surtout allemand/français et anglais/français), qui traitent aussi le genre (cf. Clark 1985 ; Müller 2000 ; Prévost 2009), je n'ai pas connaissance de travaux de recherche fondamentale sur l'apprentissage du genre dans le contexte du français L2.

Enfin, il serait souhaitable d'avoir beaucoup plus de résultats d'analyses relatives aux différences d'usage linguistique entre les sexes.[29] Ici, beaucoup de linguistes (et non seulement eux) répètent les mêmes clichés, peu fiables et pas suffisamment prouvés de manière empirique. Tant que les études sur les différences linguistiques relatives au sexe ne distinguent pas nettement entre les déterminants 'sexe' et 'pouvoir' et tant qu'elles ne considèrent pas systématiquement tous les facteurs de la variation linguistique et le cadre pragmatique de chaque communication, nous ne serons pas capables de démontrer que les hommes interrompent vraiment plus souvent ou que les femmes utilisent plus de signaux discursifs...

11 Bibliographie

Aikhenvald, Alexandra Y. (2000), *Classifiers. A Typology of Noun Categorization Devices*, Oxford, Oxford University Press.

Aikhenvald, Alexandra Y. (2004), *Gender and noun class*, in : Geert Booij et al. (edd.), *Morphology. An International Handbook on Inflection and Word-Formation*, vol. 2, Berlin/New York, de Gruyter, 1031–1045.

Armstrong, Nigel/Bauvois, Cécile/Beeching, Kate (edd.) (2001), *La langue française au féminin. Le sexe et le genre affectent-ils la variation linguistique ?*, Paris, L'Harmattan.

Bachelard, Gaston (1942), *L'Eau et les Rêves. Essai sur l'imagination de la matière*, Paris, Corti.

Baider, Fabienne H. (2004), *Hommes galants, femmes faciles. Étude socio-sémantique et diachronique*, Paris, L'Harmattan.

Baider, Fabienne H./Elmiger, Daniel (edd.) (2012), *Intersexion. Langues romanes, langues et genres*, München, Lincom,

Beauvoir, Simone de (1949), *Le deuxième sexe*, t. II, Paris, Gallimard.

Beauzée, Nicolas (1757), *Genre*, in : Denis Diderot/Jean Baptiste Le Rond D'Alembert (edd.), *Encyclopédie, ou Dictionnaire raisonné des sciences, des arts et des métiers*, vol. 7, Paris et al., Briasson et al., 589–594.

Becquer, Annie, et al. (1999), *Femme, j'écris ton nom... Guide d'aide à la féminisation des noms de métiers, titres, grades et fonctions*, Paris, CNRS/InaLF. La documentation française.

---

29 Il n'y a que relativement peu d'études pour le français. Dans Armstrong/Bauvois/Beeching (2001) ce sujet est abordé, il est vrai (p. ex. par des études sur la particule pragmatique *enfin* dans le discours des hommes et des femmes, ou sur la question de savoir si le discours des femmes est plus émotionnel et déictique que celui des hommes), mais l'évidence empirique est peu convaincante. Il convient cependant de noter la publication d'études plus récentes (dans Baider/Elmiger 2012 ou dans Guillaume/Perini 2011), qui traitent de nouveaux sujets relatifs au genre dans l'analyse discursive.

Bereni, Laure, et al. (2008), *Introduction aux Gender Studies. Manuel des études sur le genre*, Bruxelles, De Boeck.

Berger, Hermann (1998), *Die Burushaski-Sprache von Hunza und Nager*, Wiesbaden, Harrassowitz.

Bessler, Paul (1999), *Une analyse morphosyntaxique de l'accord grammatical en français*, Québec, Les Presses de l'Université Laval.

Bierbach, Christine/Ellrich, Beate (1990), *Sprache und Geschlechter*, in : Günter Holtus/Michael Metzeltin/Christian Schmitt (edd.), *Lexikon der Romanistischen Linguistik (LRL)*, vol. V/1, Tübingen, Niemeyer, 248–266.

Booij, Geert (²2007), *The Grammar of Words. An Introduction to Morphology*, Oxford, Oxford University Press.

Booij, Geert, et al. (edd.) (2004), *Morphology. An International Handbook on Inflection and Word-Formation*, vol. 2, Berlin/New York, de Gruyter.

Bréal, Michel (1889), *Deux prétendus cas d'analogie*, Mémoires de la Société de Linguistique de Paris 7, 12–19.

Brugmann, Karl (1889), *Das Nominalgeschlecht in den indogermanischen Sprachen*, Internationale Zeitschrift für allgemeine Sprachwissenschaft 4, 100–109.

Brugmann, Karl (1890), *Zur Frage der Entstehung des grammatischen Geschlechts*, Beiträge zur Geschichte der deutschen Sprache und Literatur 15, 523–531.

Brunot, Ferdinand (³1936), *La Pensée et la Langue. Méthode, principes et plan d'une théorie nouvelle du langage appliquée au français*, Paris, Masson.

Burr, Elisabeth (2003), *Gender and language politics in France*, in : Marlis Hellinger/Hadumod Bußmann (edd.), *Gender across languages. The linguistic representation of women and men*, vol. 3, Amsterdam/Philadelphia, Benjamins, 119–139.

Burr, Elisabeth (2012), *Planification linguistique et féminisation*, in : Fabienne H. Baider/Daniel Elmiger (edd.), *Intersexion. Langues romanes, langues et genres*, München, Lincom, 29–39.

Chaudenson, Robert (1974), *Le lexique du parler créole de La Réunion*, 2 vol., Paris, Champion.

Clark, Eve V. (1985), *The Acquisition of Romance, with Special Reference to French*, in : Dan Isaac Slobin (ed.), *The crosslinguistic study of language*, vol. 1 : *The data*, Hillsdale, NJ, et al., Erlbaum, 687–782.

Corbett, Greville G. (1991), *Gender*, Cambridge, Cambridge University Press.

Corbett, Greville G. (2013a), *Number of Genders*, in : Matthew S. Dryer/Martin Haspelmath (edd.), *The World Atlas of Language Structures Online*, Leipzig, Max Planck Institute for Evolutionary Anthropology, http://wals.info (11.09.2014), chapter 30.

Corbett, Greville G. (2013b), *Sex-based and Non-sex-based Gender Systems*, in : Matthew S. Dryer/Martin Haspelmath (edd.), *The World Atlas of Language Structures Online*, Leipzig, Max Planck Institute for Evolutionary Anthropology, http://wals.info (11.09.2014), chapter 31.

Corbett, Greville G. (2013c), *Systems of Gender Assignment*, in : Matthew S. Dryer/Martin Haspelmath (edd.), *The World Atlas of Language Structures Online*, Leipzig, Max Planck Institute for Evolutionary Anthropology, http://wals.info (11.09.2014), chapter 32.

Damourette, Jacques/Pichon, Édouard (1911–1927), *Des mots à la pensée. Essai de grammaire de la langue française*, tome premier, Paris, D'Artrey.

Delaite, Candice/Polguère, Alain (2013), *Sex-Based Nominal Pairs in the French Lexical Network : it's not what you think*, in : *6th International Conference on Meaning-Text Theory (MTT'13), Aug 2013, Prague, 29–40*, https://hal.archives-ouvertes.fr/hal-00905229 (31.10.2014).

Dister, Anne/Moreau, Marie-Louise (2009), *Féminiser ? Vraiment pas sorcier ! La féminisation des noms de métiers, fonctions, grades et titres*, Bruxelles, De Boeck/Duculot.

Dryer, Matthew S./Haspelmath, Martin (edd.) (2013), *The World Atlas of Language Structures Online*, Leipzig, Max Planck Institute for Evolutionary Anthropology, http://wals.info (11.09.2014).

Elmiger, Daniel (2008), *La féminisation de la langue en français et en allemand. Querelle entre spécialistes et réception par le grand public*, Paris, Champion.

Fourment-Aptekman, Marie-Claude (2001), *La grammaire du féminin*, in : Serge Lesourd (ed.), *Le féminin : un concept adolescent ?*, Ramonville-Saint-Agne, Erès, 147–157.

Gervais, Marie-Marthe (1993), *Gender and Language in French*, in : Carol Sanders (ed.), *French today : language in its social context*, Cambridge, Cambridge University Press, 121–138.

Gleßgen, Martin-Dietrich (²2012), *Linguistique romane. Domaines et méthodes en linguistique française et romane*, Paris, Colin.

Grammaire générale (1660) = Lancelot, Claude/Arnauld Antoine (1660), *Grammaire générale et raisonnée*, Paris, Pierre Le Petit (Réimpression Menston, The Scolar Press Ltd. 1967).

Greco, Luca (2014), *Les recherches linguistiques sur le genre : un état de l'art*, in : Luca Greco (ed.), *Recherches linguistiques sur le genre. Bilan et perspectives*, Paris, Maison des Sciences de l'Homme, 11–29.

Greenberg, Joseph H. (²1966), *Some universals of Grammar with Particular Reference to the Order of Meaningful Elements*, in : Joseph H. Greenberg (ed.), *Universals of Language*, Cambridge, Mass./London, The MIT Press, 73–113.

Grevisse = Grevisse, Maurice/Goosse, André (¹⁵2012), *Le bon usage*, version électronique, Bruxelles, De Boeck, Duculot, http://www.lebonusage.com (10.09.2014).

Grimm, Jacob (1890), *Deutsche Grammatik*, Dritter Theil, Gütersloh, Bertelsmann (réimpression Hildesheim, Olms 1967).

Guillaume, Marc/Perini, Marie (2011), *La question du genre. Sexe, pouvoir, puissance*, Paris, de Maule.

Härmä, Juhani (2000), *Gender in French : a diachronic perspective*, in : Barbara Unterbeck et al. (edd.), *Gender in grammar and cognition*, vol. 1 : *Approaches to Gender*, vol. 2 : *Manifestations of Gender*, Berlin/New York, Mouton de Gruyter, 609–619.

Heinemann, Sabine/Neumann-Holzschuh, Ingrid (2009), *Historische Aspekte geschlechterspezifischer Sprache in der Romania/Aspects historiques de la langue selon les sexes dans la Romania*, in : Gerhard Ernst et al. (edd.), *Histoire linguistique de la Romania*, vol. 3, Berlin/New York, de Gruyter, 2378–2390.

Hellinger, Marlis/Bußmann, Hadumod (edd.) (2001–2003), *Gender across languages. The linguistic representation of women and men*, 3 vol., Amsterdam/Philadelphia, Benjamins.

Hergenhan, Jutta (2012), *Sprache, Macht, Geschlecht. Sprachpolitik als Geschlechterpolitik. Der Fall Frankreich*, Sulzbach/Taunus, Helmer.

Hof, Renate (1995), *Die Entwicklung der Gender Studies*, in : Hadumod Bußmann/Elisabeth Bronfen (edd.), *Genus. Zur Geschlechterdifferenz in den Kulturwissenschaften*, Stuttgart, Kröner, 2–33.

Jeanmaire, Guillaume (2014), *Le genre grammatical en français : approche basée sur l'usage*, Romanistisches Jahrbuch 64, 61–105.

JO = Commission générale de terminologie et de néologie, *Recommandation sur les équivalents français du mot « gender »*, Journal officiel, 22 juillet 2005, n° 169, texte 107.

Khaznadar, Edwige (2002), *Le féminin à la française. Académisme et langue française*, Paris, L'Harmattan.

Klein, Hans-Wilhelm/Kleineidam, Hartmut (1983), *Grammatik des heutigen Französisch*, Stuttgart, Klett.

Koch, Peter (2001), *Lexical typology from a cognitive and linguistic point of view*, in : Martin Haspelmath et al. (edd.), *Language Typology and Language Universals. An International Handbook*, vol. 2, Berlin/New York, de Gruyter, 1142–1178.

Köpcke, Klaus-Michael (1982), *Untersuchungen zum Genussystem der deutschen Gegenwartssprache*, Tübingen, Niemeyer.

Köpcke, Klaus-Michael/Zubin, David (1984), *Sechs Prinzipien für die Genuszuweisung im Deutschen : Ein Beitrag zur natürlichen Klassifikation*, Linguistische Berichte 93, 26–50.

Koptjevskaja-Tamm, Maria (2004), *Mass and collection*, in : Geert Booij et al. (edd.), *Morphology. An International Handbook on Inflection and Word-Formation*, vol. 2, Berlin/New York, de Gruyter, 1067–1073.

Laceur, Thomas (1990), *Making Sex. Body and Gender from the Greeks to Freud*, Cambridge, Mass./London, Harvard University Press.

Leiss, Elisabeth (1994), *Genus und Sexus. Kritische Anmerkungen zur Sexualisierung von Grammatik*, Linguistische Berichte 152, 281–300.

Lindemann, Margarete (1977), *Zum Suffixwechsel von « -eresse » zu « -euse » und « -trice » im Französischen*, Tübingen, Narr.

Lyster, Roy (2006), *Predictability in French gender attribution : A corpus analysis*, French Language Studies 16, 69–92.

Martinet, André (1956), *Le genre féminin en indo-européen : examen fonctionnel du problème*, Bulletin de la Société de Linguistique de Paris 52, 83–95.

Martinet, André (1999), *Genre et sexe*, La linguistique 35, 5–9.

Mathieu, Cécile (2007), *Sexe et genre féminin : origine d'une confusion théorique*, La linguistique 43, 57–72.

Meillet, Antoine (1921), *La catégorie du genre et les conceptions indo-européennes*, in : Antoine Meillet, *Linguistique historique et linguistique générale*, vol. 1, Paris, Champion, 211–229.

Melka, Francine/Zwanenburg, Wiecher (1993), *« Femme » et « féminin » en ancien français*, Cahiers de Lexicologie 62, 67–92.

Moreau, Thérèse (1991), *Langage et sexisme*, in : *Dictionnaire féminin-masculin des professions, des titres et des fonctions*, Genève, Metropolis, 7–21.

Müller, Natascha (1995), *L'acquisition du genre et du nombre chez des enfants bilingues (français-allemand)*, Acquisition et interaction en langue étrangère, mis en ligne le 17 juillet 2012, http://aile.revues.org/4936 (15.09.2014).

Müller, Natascha (2000), *Gender and number in acquisition*, in : Barbara Unterbeck et al. (edd.), *Gender in grammar and cognition*, vol. 1 : *Approaches to Gender*, vol. 2 : *Manifestations of Gender*, Berlin/New York, Mouton de Gruyter, 351–399.

Neumann-Holzschuh, Ingrid (2006), *Gender in French Creoles : The story of a loser*, in : J. Clancy Clements et al. (edd.), *History, Society and Variation. In honor of Albert Valdman*, Amsterdam/Philadelphia, Benjamins, 251–272.

Neumann-Holzschuh, Ingrid/Brasseur, Patrice/Wiesmath, Raphaële (2005), *Le français acadien au Canada et en Louisiane : affinités et divergences*, in : Albert Valdman/Julie Auger/Deborah Piston-Hatlen (edd.), *Le français en Amérique du Nord. État présent*, Québec, Presses de l'Université Laval, 479–503.

(*Le*) *Nouveau Petit Robert de la langue française 2009* (2008), Paris, Dictionnaires Le Robert.

Oakley, Ann (1972), *Sex, Gender and Society*, London, Harper and Row.

OED online = *Oxford English Dictionary online* (2000–), www.oed.com (05.10.2014).

Offen, Karen (2006), *Le « gender » est-il une invention américaine ?*, Clio. Histoire, femmes et sociétés 24 ; mis en ligne le 01 décembre 2008, http://clio.revues.org/4702 ; DOI : 10.40000/clio.4702 (04.10.2014).

OQLF = Office québécois de la langue française (2002–), *Banque de dépannage linguistique*, www.oqlf.gouv.qc.ca/ressources/bdl.html (05.10.2014).

(*Le*) *Petit Larousse illustré 1989* (1988), Paris, Larousse.

(*Le*) *Petit Larousse illustré 2008* (2007), Paris, Larousse.

(*Le*) *Petit Robert. Dictionnaire alphabétique et analogique* (1981), Paris, Robert.

Poirier, Claude (dir.) (2004–), *Base de données lexicographiques panfrancophone*, hhtp ://www.bdlp.org (07.10.2014).

PR = *Le Petit Robert 2014* (2013), *Dictionnaire alphabétique et analogique de la langue française*,
Nouvelle édition. Texte remanié et amplifié sous la direction de Josette Rey-Debove et Alain Rey,
Version Web, Paris, Dictionnaire Le Robert, http://pr.bvdep.com (11.09.2014).

Pradalier, Nicole (2010), *Sexe et genre en français*, La linguistique 46, 113–120.

Prévost, Philippe (2009), *The Acquisition of French. The development of inflectional morphology and
syntax in L1 acquisition, bilingualism, and L2 acquisition*, Amsterdam/Philadelphia, Benjamins.

Pusch, Luise F. (1984), *Das Deutsche als Männersprache*, Frankfurt am Main, Suhrkamp.

Rainer, Franz (2004), *From Latin to French*, in : Geert Booij et al. (edd.), *Morphology. An International
Handbook on Inflection and Word-Formation*, vol. 2, Berlin/New York, de Gruyter, 1698–1712.

Rottet, Kevin J. (2005), *Variation et étiolement en français cadien : perspectives comparées*, in : Albert
Valdman/Julie Auger/Deborah Piston-Hatlen (edd.), *Le français en Amérique du Nord. État
présent*, Québec, Presses de l'Université Laval, 243–260.

Schafroth, Elmar (1998), *Die Feminisierung von Berufsbezeichnungen im französischen Sprachraum.
Mit einem vergleichenden Blick auf das Deutsche und andere Sprachen*, Univ. d'Augsbourg,
thèse d'habilitation (inédite).

Schafroth, Elmar (2001), *Zwischen Tradition und « political correctness ». Zum Problem der femininen
Berufsbezeichnungen in französischsprachigen Ländern*, in : Ingrid Neumann-Holzschuh (ed.),
*Gender, Genre, Geschlecht. Sprach- und literaturwissenschaftliche Beiträge zur Gender-For-
schung*, Tübingen, Stauffenburg, 125–150.

Schafroth, Elmar (2003), *Gender in French : Structural properties, incongruencies and asymmetries*,
in : Marlis Hellinger/Hadumod Bußmann (edd.), *Gender across languages. The linguistic representation of women and men*, vol. 3, Amsterdam/Philadelphia, Benjamins, 87–117.

Schafroth, Elmar (2004), *Genuskongruenz im Deutschen, Französischen und Italienischen*, Muttersprache 114, 333–347.

Schafroth, Elmar (2013), *La féminisation des noms de métier et des titres dans trois langues romanes
(français, italien, espagnol) : convergences et divergences*, in : Marilena Karyolemou/Pavlos
Pavlou (edd.), *Language Policy and Planning in the Mediterranean World*, Newcastle upon Tyne,
Cambridge Scholars Publishing, 103–120.

Schwarze, Brigitte (2008), *Genus im Sprachvergleich. Klassifikation und Kongruenz im Spanischen,
Französischen und Deutschen*, Tübingen, Narr.

Surridge, Marie E. (1986), *Genre grammatical et dérivation lexicale en français*, Revue canadienne de
Linguistique 31, 267–283.

Surridge, Marie E. (1989), *Le facteur sémantique dans l'attribution du genre aux inanimés en français*,
Revue canadienne de linguistique 34, 19–44.

Surridge, Marie E. (1993), *Gender assignment in French : The hierarchy of rules and the chronology of
acquisition*, International Review of Applied Linguistics in Language Teaching 31, 77–95.

Szagun, Gisela ([5]2013), *Sprachentwicklung beim Kind. Ein Lehrbuch*, Weinheim/Basel, Beltz.

Thébaud, Françoise (2004), *Genre et histoire*, in : Christine Bard/Christian Baudelot/Janine Moussuz-
Lavau (edd.), *Quand les femmes s'en mêlent. Genre et pouvoir*, Paris, Éditions de la Martiniere,
44–63.

Thébaud, Françoise (2006), *Écrire l'histoire des femmes et du genre*, Lyon, ENS Éditions.

TLFi = *Trésor de la Langue Française informatisé* (2002), Paris/Nancy, CNRS, Université de Nancy 2,
ATILF, http://atilf.atilf.fr/tlf.htm (18.09.2014).

Trudgill, Peter (1999), *Language contact and the function of linguistic gender*, Poznan Studies in
Contemporary Linguistics 35, 133–152.

Ulrich, Miorita (1988), *« Neutrale » Männer – « markierte » Frauen. Feminismus und Sprachwissenschaft*, Sprachwissenschaft 13, 383–399.

Unterbeck, Barbara, et al. (edd.) (2000), *Gender in grammar and cognition*, vol. 1 : *Approaches to
Gender*, vol. 2 : *Manifestations of Gender*, Berlin/New York, Mouton de Gruyter.

URL-An1 = « *Madame le président* » *insiste à l'Assemblée un député UMP, il est sanctionné*, Le figaro. fr, Le scan politique, 7 octobre 2014, www.lefigaro.fr/politique/le-scan/citations/2014/10/07/ 25002-20141007ARTFIG00046-madame-le-president-insiste-a-l-assemblee-un-depute-ump-il-est-sanctionne.php (11.10.2014).

URL-An2 = *Instruction générale du bureau de l'Assemblée nationale*, www.assemblee-nationale.fr/ connaissance/instruction.asp (11.10.2014).

URL-An3 = « *Mme le président* » : *Julien Aubert s'estime victime d'une novlangue* « *idéologisée* », Le figaro.fr, Le scan politique, 7 octobre 2014, www.lefigaro.fr/politique/le-scan/citations/2014/ 10/07/25002-20141007ARTFIG00193-mme-le-president-julien-aubert-s-estime-victime-d-une-novlangue-ideologisee.php (11.10.2014).

URL-Lib = Lévy-Willard, Annette (2014), *Trierweiler : Un divorce peut en cacher un autre*, libération.fr, 11 septembre 2014, www.liberation.fr/politiques/2014/09/11/un-divorce-peut-en-cacher-un-autre_1098378 (11.10.2014).

Valdman, Albert/Auger, Julie/Piston-Hatlen, Deborah (edd.) (2005), *Le français en Amérique du Nord. État présent*, Québec, Presses de l'Université Laval.

Wolf, Lothar/Hupka, Werner (1981), *Altfranzösisch. Entstehung und Charakteristik*, Darmstadt, Wissenschaftliche Buchgesellschaft.

Yaguello, Marina (1978), *Les mots et les femmes*, Paris, Payot.

Yaguello, Marina (1989), *Le sexe des mots*, Paris, Belfond.

Yaguello, Marina (2014), *Les mots ont un sexe : pourquoi* « *marmotte* » *n'est pas le féminin de* « *marmot* » *et autres curiosités de genre*, Paris, Points.

Joachim Lengert

16 Les français régionaux

Abstract : L'article esquisse des aspects théoriques et descriptifs d'une variété diatopique du français, les « français régionaux » ou « régiolectes ». Sont abordés la terminologie, les critères de définition et la typologie des régiolectes. Ensuite, on a tenté une description sommaire portant sur la synchronie des régiolectes actuels, notamment de France (phonétique/phonologie, grammaire, lexique/sémantique/ phraséologie). Enfin, sont décrites les sources historiques (archaïsmes, dialectismes, créativité interne, emprunts).

Keywords : archaïsme, emprunt, patois, régionalisme, variation diatopique

1 Terminologie

Les français régionaux ou régiolectes représentent un des phénomènes principaux de la diversification du français et constituent, dès les années 1980, un des domaines de prédilection de la recherche variationniste (cf. pour un résumé de la recherche, jusqu'aux années 70 : Dauzat 1933 ; Straka 1977b ; Rézeau 1995).

Boulanger (1980, 43s.) a relevé 73 termes qui peuvent désigner cette variété géolinguistique. De nos jours, le terme le plus répandu, en référence au français européen, est celui de « français régional », qui remonte au début du XXe siècle (Dauzat 1906, 203). D'autres usages, p. ex. « français local », « français rural » ou « parler régional » (Brun 1931), sont beaucoup plus rares. On désigne les français régionaux particuliers en y rajoutant le nom d'une région ou d'une localité, p. ex. « français régional alsacien/d'Alsace ». En référence aux régiolectes non hexagonaux, on préfère souvent « français en Belgique », etc., afin d'éviter l'image trompeuse d'une variante unitaire, délimitée nettement sur le plan géographique. Le terme « français régional » ne s'applique que rarement aux variantes extra-européennes, pour des raisons sociolinguistiques. D'après Poirier (1995, 17), qui souligne le fait que l'influence du français de Paris se fait ressentir dans une moindre mesure au Québec, où le français constitue une « variété nationale » ayant sa propre norme, on ne pourrait l'employer qu'en référence à une région particulière du Québec. La dénomination « régiolecte » pour les variantes régionales du français est plus récente (p. ex. Salmon 2006) ; on notera encore le terme « topolecte » (p. ex. Rey 1986, 38s.).

Les usages isolés caractéristiques des français régionaux européens sont désignés par le terme de « régionalisme » (depuis Dauzat 1927 [TLFi]), ou par des termes généraux tels que « particularités lexicales », etc. – solution préférée par les dictionnaires du français d'Afrique et d'autres régions exolingues. Plus récemment, certains chercheurs ont proposé le synonyme plus général et moins marqué connotativement de « diatopisme » (Chambon 1999, etc.). Surtout par rapport aux variétés extra-hexagonales, on se sert de termes tels que « belgicisme », « helvétisme » et « québécisme »/« canadia-nisme » qui ont le désavantage d'insinuer l'existence d'un « français belge », etc., conçu comme plus ou moins uniforme. Pour certaines régions de France, on emploie des dénominations analogues tels que « normandisme », « provençalisme », etc.

2 Définition

Vu la diversité des approches définitoires (cf. l'inventaire dans Poirier 1987, 140s.), certains auteurs ont parlé d'un concept flou et Corbeil (1986, 60) a même proposé d'abandonner la notion de français régional. En fait, sa définition soulève divers problèmes. Il faut élucider des concepts tels que la « région », tenir compte de la situation linguistique (endolingue ou exolingue) et sociolinguistique et du domaine linguistique décrit (phonétique, etc.). En France, la distinction entre patois et régio-lecte n'est pas toujours aisée, surtout en dehors du domaine occitan et francoproven-çal (cf. Rézeau 1984, 13s. ; Martin 1997, 59s.). Notons encore les déficits des dictionnai-res et des grammaires (cf. Taverdet 1990, 709s. ; Serme 1998, 51s.) et la possibilité de perte du statut de régionalisme par la « dérégionalisation », soit par extension d'un régionalisme, soit par polygénèse.

La définition des régiolectes se fait généralement dans une perspective contras-tive qui les distingue de l'usage non délimité sur le plan géographique. Cela présup-pose, dans une perspective normative, l'existence d'une norme ou, dans une perspec-tive descriptive, l'usage soit d'un centre (socio-)géographique, soit de l'ensemble ou de la majorité des locuteurs francophones. Là encore, on constate le même désaccord terminologique (*français standard/neutralisé, central, commun/général* ou, de façon plus neutre, *français de référence*). Des linguistes québécois en particulier (cf. Poirier 1987, 146s.) ont réfuté ce concept, tout en préconisant l'analyse autonome des variétés diatopiques et en parlant de normes nationales, locales ou endogènes. En référence au lexique, Baggioni (2000, 48s.) met en garde contre l'hypothèse d'une norme nationale unitaire et plaide en faveur d'une « norme internationale à la fois souple et unifiée » – dénommée aussi « supranorme » – qui coexisterait avec des normes locales usitées dans des situations communicatives plus restreintes.

Vu la difficulté d'une définition précise, certains auteurs admettent tout simple-ment un certain nombre de « cas douteux » (Straka 1977a, 230 ; Tuaillon 1983, 10), d'autres procèdent à des sous-catégorisations. Ainsi Carton (1981) a proposé le modèle suivant pour la zone lilloise : a) français commun, b) français régional, mélange à dominante de français commun, c) français dialectal (local), mélange à dominante dialectale, d) patois. De telles tentatives de subdivision se heurtent au problème de leur délimitation et de la validité de leurs critères. D'autres enfin admettent un continuum affectant tant la compétence individuelle que l'usage social entre le français standard et ses différentes variétés mais aussi, selon certains (p. ex. Francard 1991, 377), les patois, là où ils coexistent encore avec les régiolectes.

2.1 Critère géographique

Marqués par la tradition dialectologique, certains auteurs ont défini le concept de « région » de façon assez statique (cf. Bruneau 1961, 174). De nos jours, il est conçu de façon plus flexible :

> « [...] le français régional sera donc pour nous la RÉUNION de tous les faits linguistiques ORAUX ou ÉCRITS, positifs ou négatifs, produits par des utilisateurs de la langue française et limités sur le plan géographique à un point ou à un ensemble de points plus ou moins important » (Taverdet 1977, 41s.).

La parution du DRF a permis de dégager des aires typiques d'extension relativement grande (Chambon 2005, 12s. ; Goebl 2005) et d'établir une typologisation aréologique (cf. Thorel 2005, 133 ; Lagueunière 2007, 317). Certains auteurs ont mis en avant une conception monocentrique de la langue française, p. ex. Tuaillon (1983, 2 ; pour une critique cf. Corbeil 1984, 34) :

> « [...] un régionalisme linguistique est un écart de langage (phonétique, grammatical ou lexical) qui oppose une partie de l'espace français au reste du domaine et plus précisément à la fraction du domaine linguistique dont fait partie la capitale du pays, car l'aire linguistique qui comprend Paris est de toute façon qualitativement majoritaire ».

De nos jours, elle est largement abandonnée en faveur d'une perspective pluricentrique, d'où la naissance du terme « francisme » pour désigner les particularités du français de France (Hausmann 1986, 8s.).

2.2 Critère linguistique

Traditionnellement, les régiolectes sont décrits comme des entités différentielles, distinctes de l'usage général. Certains chercheurs, notamment des dialectologues, ont nié qu'ils forment des systèmes au sens structurel (Straka 1977a, 231) et y ont reconnu un ensemble de « traits régionaux » isolés (Warnant 1973, 113). D'autres auteurs admettent l'existence de systèmes phonétiques et phonologiques ainsi que de « micro-systèmes » lexicaux (Taverdet 1977, 42). Müller (1975, 117) définit les français régionaux comme une couche linguistique intermédiaire entre les patois et le français commun, une espèce d'interlangue, vision problématique par le fait qu'il traite les régiolectes et le français standard comme deux entités différentes (cf. Tuaillon 1983, 19). Brun (1946, 137) y voit le résultat de la francisation du domaine occitan, du moins au tout début de l'apprentissage du français par les occitanophones comportant la naissance éphémère de variantes de transition mixtes.

Toutes ces conceptions ont été remises en question dès les années 80 (cf. déjà Voillat 1971, 217s.). On y substitue une vision globale qui identifie le français régional comme « l'ensemble des usages linguistiques d'une communauté francophone bien localisée sur le plan géographique » (Poirier 1987, 142 ; cf. Francard 1991, 374). Dans cette optique, les régiolectes ne sont plus conçus ni comme inventaires de traits isolés ou systèmes partiels, ni comme interlangues, ni comme langues intermédiaires ou autonomes. Ils ne s'opposent pas au français standard : « Les ‹ français régionaux › ne sont pas autre chose que les formes réelles et concrètes du français tout court » (Chambon 1997, 15 ; cf. Chambon/Greub 2009, 2556). Cette posture théorique a des répercussions sur la conception du français standard, qui n'est plus identifié à la norme du « bon usage », mais qui ne se manifesterait concrètement que sous forme de « réalisations géographiquement particularisées » (Chambon 2005, 7). Chaudenson (1996, 396s.) a proposé un modèle de compromis. Le français régional comporterait quatre « ensembles » de faits linguistiques, dont deux (C et D) vraiment spécifiques : un « ensemble A » (majorité absolue des phénomènes linguistiques non soumis à une variation quelconque – assimilable à ce que l'on considère comme français commun), un « ensemble B » (phénomènes sujets à la variation à caractère non régional, p. ex. *si j'avais su/si j'aurais su*), un « ensemble C » (phénomènes sujets à la variation à caractère régional, p. ex. Amérique du Nord *on*/français commun *sous tension*/français central *branché*) et un « ensemble D » (phénomènes linguistiques régionaux non soumis à une variation quelconque, tel le pronom *y* 'le', en domaine francoprovençal, dans une phrase du type *j'y sais pas* 'je ne le sais pas').

2.3 Critères sociolinguistiques et variationnels

Wolf (1972, 176) a caractérisé le français régional « par sa subordination linguistique et par sa subordination sociolinguistique à la koïné ». Cette subordination est manifeste dans la tradition des écrits normatifs et dans un sentiment d'infériorité des locuteurs, qui seraient conscients du fait que leur usage régional représente un écart de la norme qu'ils auraient tendance à corriger. Ces caractéristiques ne sont pourtant pas exclusives aux régiolectes et Wolf lui-même doit excepter, en matière de lexique, les « régionalismes de bon aloi », c'est-à-dire les « statalismes » et les régionalismes indispensables parce qu'ils reflètent une particularité extralinguistique spécifique.

Un autre critère sociolinguistique, le caractère inconscient des régionalismes, qui distinguerait notamment les régiolectes des patois, a déjà été signalé par Brun (1931, 17). Il est mentionné dans la plupart des contributions du colloque de Dijon de 1976 (cf. Straka 1977a, 229s. ; Gonon 1977, 148), et Martin (1997, 58) affirme également, quoiqu'avec précaution, que « les traits régionaux [...] sont le plus souvent employés inconsciemment ». Cependant, la conscience linguistique des locuteurs est trop complexe pour être pertinente comme trait définitoire absolu : Paquot (1988, 37), sur la base d'une enquête où les sujets étaient censés identifier 29 canadianismes de divers types, signale qu'une moyenne de 50,46% des informateurs ont identifié l'ensemble des mots. Qui plus est, ses résultats démontrent que l'identification du régionalisme varie selon le mot (cf. ibid., 38, tableau III.1) : si un anglicisme comme *jumper* 'sauter, bondir' (92,6%) est un canadianisme conscient pour une large majorité, en revanche *vivoir* 'salle de séjour' (7,4%) ne l'est pas.

Piron (1978, 22) et d'autres ont souligné l'affinité du français régional au langage parlé, mais c'est là un critère tout aussi relatif. Si les régionalismes sont en fait plutôt marginaux dans le langage de la presse (à l'exception des statalismes, de l'usage des annonces ou encore de l'emploi à intention stylistique), ils apparaissent dans la langue littéraire dès le XVIe siècle (cf. Baldinger 1957, 65s.) et c'est surtout à partir du XIXe siècle (cf. Rézeau 1995, 687 ; 2007, 266) que l'usage littéraire de régionalismes devient un élément de style chez des auteurs tels que G. Sand ou A. Daudet. Rézeau (1995, 681s.) souligne aussi l'importance de textes écrits privés comme source du français régional.

Certains auteurs ont voulu caractériser les régiolectes comme un phénomène essentiellement rural, p. ex. Taverdet (1990, 715). Cette hypothèse correspond à une pratique de recherche héritée de la dialectologie (pour une critique, cf. Chambon 1997, 16s.) – bien des études décrivent les particularités de localités relativement petites en milieu campagnard –, mais il est évident que les régiolectes sont aussi un phénomène des grandes villes.

2.4 Critère chronologique

Borodina (1982, 33) a fait valoir le critère de la naissance tardive des régiolectes, afin de les distinguer des patois. Selon elle, il s'agirait pour l'essentiel d'un phénomène qui daterait du début du XIXe siècle, par suite de l'imposition du français commun comme langage parlé. D'après Lengert (1994, 459), qui a extrait un échantillon de 949 helvétismes d'un corpus restreint au langage littéraire, les couches chronologiques se présenteraient comme suit :

Tableau 1 : Chronologie des régionalismes (Suisse romande)

siècle		*régionalismes*		%	
XIe–XVIIe		156		16,4%	
XVIIIe		71		7,5%	
XIXe	(1800–1849)	111	} 365	11,7%	} 38,5%
	(1850–1899)	254		26,8%	
XXe	(1900–1949)	215	} 357	22,7%	} 37,6%
	(1950–1994)	142		15,0%	

Si l'on compare ces données à la statistique citée dans Manno (2004, 346), établie sur la base des 880 articles du DSR[1], les informations sont similaires : XIe–XVIIe siècle 208 régionalismes (23,7%), XVIIIe siècle 92 (10,5%), XIXe siècle 268 (30,4%), XXe siècle

312 (35,4%). Malgré certaines divergences, le régiolecte est essentiellement un phénomène des XIXe et XXe s.

Ce postulat a été combattu par Chambon (1997, 20, etc.), qui reconnaît dans l'expansion du français ainsi que dans l'élaboration d'une variante de référence par la lexicographie et la grammaticographie des arguments pour situer le début de régiolectes relativement stables à la fin du XVe et au début du XVIe siècle. Cette hypothèse a été défendue, avec quelques modifications, par Chambon/Greub (2009, 2553s. ; cf. aussi Greub 2007) qui, s'appuyant sur des arguments historiques internes (l'évolution du système phonologique et du lexique) et externes (la diffusion du français dans la Galloromania), aboutissent à la conclusion que « la formation des ‹ français régionaux› est surtout un fait du 16e s. », du moins en ce qui concerne le lexique et la grammaire.

3 Typologie

On peut distinguer les régionalismes positifs – traits linguistiques concrets – des régionalismes négatifs, à savoir des éléments faisant partie de l'usage général qui sont (presque) absents de l'usage d'une ou de plusieurs communautés régionales (cf. Séguy [3]1978 [[1]1950], 11). Voillat (1971, 226s.) cite le cas de l'adjectif *brun*, qui serait en usage en Suisse romande, tandis que *marron* y serait inexistant. En ce qui concerne les régiolectes européens, ce concept théorique a eu peu de répercussions pratiques. Malgré Salmon (1991, 28) qui postule « l'absence avérée […] d'un très grand nombre de mots » en français régional du Lyonnais, les exemples restent isolés et dépourvus de fondement statistique. Par contre, l'étude de Martel (1987) recense un nombre considérable de mots du français de France inexistants ou de fréquence très basse en français québécois. Dès la fin des années 80, certains dictionnaires québécois, tel le DQA (1992), signalent des francismes, donc des « régionalismes négatifs » (cf. Verreault 1996, 200s., pour des exemples et leur critique).

La notion de « régionalismes de fréquence » comporte des unités lexicales significativement plus (ou moins) fréquentes dans une variété diatopique (ou plusieurs variétés diatopiques) que dans le reste de la francophonie. Thibault (1996, 359s.) distingue les régionalismes de fréquence intralinguistiques et extralinguistiques. Les premiers sont motivés par l'absence ou la fréquence très basse, en français régional, d'un synonyme ou d'une variante de forme connus en français général ; les seconds sont reliés à l'usage ou au degré de connaissance d'une réalité extralinguistique. Pour déterminer la fréquence on peut se référer à la lexicographie générale (cf. Thibault 2007, 469s.) tandis que les dictionnaires de fréquence ne sont que d'une utilité limitée pour des recherches variationnistes. Martel/Cajolet-Laganière (2004) et Thibault (2007) mettent en évidence l'utilité des banques de données textuelles, qui, malgré leurs déficits, permettent d'objectiver ce concept qui attend encore des analyses systématiques.

On peut classifier les particularités régionales synchroniquement, diachroniquement ou diatopiquement. Une sous-catégorie est celle des « statalismes », terme créé par Pohl (1984) qui a souvent été appliqué au vocabulaire officiel, mais qui désigne tout fait linguistique fréquent dont l'aire géographique s'arrête ou dont l'usage se raréfie nettement à la frontière politique d'un pays.

On a élaboré diverses typologies spécifiques qui, pour la plupart, se réfèrent au lexique (cf. Boulanger 1985, 132s. ; Massion 1987, 64s. ; Pauleau 1995, 207 ; Serme 1998, 190s.). Dans une classification globale, Poirier (1995) distingue, d'un point de vue historique, les archaïsmes, les dialectismes, les innovations et les emprunts (à l'anglais et aux langues amérindiennes). Synchroniquement il systématise les divergences entre le français de France et le français québécois :

– *québécisme lexématique* : le mot (simple ou complexe) n'existe pas en français de France (en fait, dans certains cas, ce n'est que le signifiant qui n'existe pas en France, p. ex. parmi les attestations apportées par Poirier (1995, 32), *achaler* 'importuner').
– *québécisme sémantique* : le mot existe en français de France, mais avec un sens dénotatif différent ou plusieurs sens dénotatifs différents.
– *québécisme grammatical* : le mot existe en français de France, mais le comportement grammatical n'est pas le même. D'après Poirier, les différences peuvent affecter l'appartenance à des classes de mots différents, le comportement flexionnel (p. ex. des différences de genre ou de nombre) ainsi que des phénomènes de construction syntaxique.
– *québécisme phraséologique* : une unité phraséologique existe au Québec, mais pas en France.
– *québécisme de statut* : le mot existe en français de France et en français québécois, mais il a un statut différent.

Cette dernière catégorie, dans laquelle rentrent également les régionalismes de fréquence, comprend différents phénomènes connotatifs ou diasystématiques. Nous reproduisons ici, sous forme simplifiée et modifiée (informations supplémentaires d'après DHFQ et Dulong 1999), le tableau synthétique établi par Poirier (1995, 43) :

Tableau 2 : Classification des régionalismes lexicaux (Québec)

	lexématique	sémantique	grammatical	phraséologique	de statut
archaïsme	*abrier* 'couvrir' *moulin à scie* 'scierie'	*suçon* 'bonbon fixé au bout d'un bâtonnet'	*dinde* s.m.	*avoir le corps dérangé* 'avoir la diarrhée'	*aboyer* (soigné au Québec, usuel en France)
dialectalisme	*placoter* 'bavarder'	*vase* 'boue'	*égal* adv.	*à cœur de jour* 'à longueur de jour'	
amérindianisme	*atoca* 'sorte d'airelle' (< iroquoien *(a)toxa*)				*caribou* 'renne du Canada' (< micmaque *kăleboo*, etc.) (plus usuel au Québec)

	lexématique	sémantique	grammatical	phraséologique	de statut
anglicisme	*drave* 'transport, flottage du bois' (< angl. *drive*)	*char* 'voiture' (< angl. *car*)	*argents* pl. (< angl. *moneys*)	*parler à travers son chapeau* 'parler à tort et à travers' (< angl. *to talk through one's hat*)	*condom* 'préservatif' (usuel au Québec, langage technique en France)
innovation	*marchable* 'où l'on peut marcher'	*cartable* 'cahier à anneaux'	*autobus* n.f.	*se faire passer un sapin* 'se faire duper'	*arachide* (usuel au Québec, langage commercial en France)

À l'exception des amérindianismes, cette classification n'est pas spécifique au français québécois et peut s'appliquer sans difficultés à d'autres régiolectes en situation de français langue maternelle. On pourrait y ajouter les régionalismes formels, c'est-à-dire des variantes (morpho-)phonétiques de mots, p. ex. français standard *poireau* – français régional (populaire ?) *porreau* (cf. DSR ²2004, 595s.). En situation exolingue, elle doit être adaptée à la variante respective, tel que l'illustrent plusieurs contributions du volume de Francard/Latin (1995). Ainsi Pauleau (1995, 205) signale, en français de Nouvelle-Calédonie, l'absence d'archaïsmes et de dialectismes.

4 Caractéristiques linguistiques

Il n'existe pas de régionalismes graphiques, à l'exception de graphies régionales reflétant une prononciation différente, p. ex. France *sébile* [sebil] – Suisse romande *sébille* [sebij]. Dans le cas d'emprunts, la graphie peut varier en fonction de différents degrés d'adaptation, p. ex. *block* (Québec) – *bloc* (France) ou, au contraire, *balloune* (Québec) – *ballon* (France) (Rézeau 1987, 203s.). Des traditions typographiques divergentes peuvent amener des différences. Ainsi, l'on écrit la date 1-1-2013 ou 1/1/2013 en France, tandis qu'en Suisse romande, on peut également l'écrire 1.1.2013, probablement sous l'influence de l'allemand.

4.1 Phonétique. Phonologie

Dans la perspective des locuteurs, les particularités phonétiques sont englobées sous le terme d'« accent », peu précis et non exempt de connotations normatives (cf. Carton et al. 1983, 3) ; terme qui a pénétré aussi dans le discours scientifique (p. ex. Woehrling 2009). Leur analyse variationnelle soulève plusieurs problèmes (cf. Hambye 2007, 365s.) : l'établissement de corpus est complexe, la variabilité phonétique et phonologique est grande, ce qui rend difficile l'identification des particularités régionales et leur distinction de phénomènes diastratiques et diaphasiques ou encore de tendances d'évolution générales. La spécificité d'une variante régionale ne résulte pas forcément de l'(in)existence d'un phénomène, mais de sa fréquence plus ou moins élevée, et un système phonologique régional peut présenter plusieurs sous-systèmes (cf. Rittaud-Hutinet 1991).

Au XXe siècle, on constate d'une part l'existence de nombreuses monographies visant le lexique qui contiennent des remarques sur la prononciation régionale, p. ex. Brun (1931, 28–46). D'autre part, la variation diatopique du français devient l'objet de l'attention des phonéticiens, dès la fin du XIXe siècle. Un des pionniers est Koschwitz (1892), avec son étude comparative de la prononciation parisienne et genevoise. Les phonéticiens ont tenté les premières synthèses à large échelle, tel Fouché (1936) ou Carton (1973, 236) qui admet neuf traits phonétiques caractéristiques de la France septentrionale :

- absence de liaisons facultatives (*i(l) vient / avec*)
- tendance à la fermeture des voyelles non accentuées (*proposé* [pʀopoze] au lieu de [pʀɔpoze])
- harmonisations vocaliques (*raidi* [ʀedi] au lieu de [ʀɛdi])
- amuïssements de *e muets* facultatifs
- assimilations consonantiques (*Israël* [izʀaɛl] au lieu de [isʀaɛl])
- relâchement articulatoire, d'où timbres peu nets et sons de transition (*théâtre* [teja:t] au lieu de [tea:tʀ])
- inégalité de la durée syllabique
- simplification de groupes consonantiques (*escalier* [ɛskaje] au lieu de [ɛskalje])
- patterns d'intonation ayant une fonction syntaxique

La seule tentative globale de description phonétique des particularités du Nord-Est, du Midi et du français parisien, est l'ouvrage à but didactique de Carton et al. (1983 ; cf. les textes enregistrés sur http://accentsdefrance.free.fr/). Le nombre réduit des enquêtes menées surtout en milieu rural et la restriction à une seule localité explorée dans chaque zone rendent problématique la généralisation des résultats, dont nous retenons ici quelques spécificités consonantiques de trois régions de l'Est (Carton et al. 1983, 14s.) :

Tableau 3 : Traits consonantiques de trois régiolectes de l'Est

	Jura (Lamoura, dépt. Jura)	Alsace (Riquewihr, dépt. Haut-Rhin)	Lorraine (Gérardmer, dépt. Vosges)
occlusives	désonorisation des occlusives sonores en position finale ou devant ʀ̥, p. ex. *habitude* [-tud̥]	1. tendance à la sonorisation des occlusives sourdes (occlusives « douces sourdes »), p. ex. *pièce* [b̥jɛs] 2. aspiration de l'occlusive sourde initiale, p. ex. *qualité* [kʰalite]	aspiration de l'occlusive sourde initiale, p. ex. *tapait* [tʰapɛ]

	Jura (Lamoura, dépt. Jura)	Alsace (Riquewihr, dépt. Haut-Rhin)	Lorraine (Gérardmer, dépt. Vosges)
fricatives	[ʒ] > [dʒ], p. ex. *Julien* [dʒyljẽ]	1. sonorisation de [f, s] (« possible »), p. ex. *français* [vrɑ̃:zɛ] 2. désonorisation de fricatives sonores (« possible »), p. ex. *jaune* [ʃo:n]	désonorisation de [v, z, ʒ] en finale > [f, s, ʃ], p. ex. *neige* [ne:ʃ]
nasales		[ɲ] > [n], p. ex. *vigne* [vi:n]	
latérales			[l] final après une occlusive > Ø, p. ex. *peuple* [pœp]
vibrantes	[ʀ] reculé, fortement vibré et sourd, p. ex. *abri* [ab̥ʀ̥i]	[r] apical (« généralement »), p. ex. *règle* [rɛ:gl]	[ʀ] final très reculé et assourdi ou affaibli (« parfois » ; aussi après une occlusive), p. ex. *alors* [aloʀ̥], *encore* [ɑ̃ko:]
h aspiré		h aspiré initial en syllabe accentuée prononcé [h], p. ex. *hache* [haʃ]	h aspiré initial prononcé [h], p. ex. *haut* [ho]
groupes consonantiques		1. simplification par amuïssement, p. ex. *quelque* [kek] 2. simplification par interversion, p. ex. *mètre* [mɛtər]	1. simplification par amuïssement, p. ex. *métallurgiste* [-ʒis]

En phonologie, Martinet (1945) fait figure de pionnier, tant par sa conception théorique qui surpasse la vision structuraliste classique d'un système linguistique homogène que par sa méthode d'une enquête systématisée. Cette approche innovatrice a été élaborée à partir des années 70 par un groupe de chercheurs, dont on lira les résultats dans Walter (1982). À l'aide d'un questionnaire complété par des conversations enregistrées, les auteurs ont mené une enquête dans toute la Galloromania (France, Belgique, Suisse, Val d'Aoste) pour systématiser les différences diatopiques du diasystème phonologique segmental (phonèmes, principaux allophones, oppositions), ce qui a permis quelques généralisations (ibid., 203s.) :

- le maintien, dans de nombreuses régions, d'archaïsmes tels que la différenciation quantitative du système vocalique, l'existence de systèmes comprenant 5 ou même 6 voyelles nasales, la survivance de la consonne latérale [ʎ]
- la pression, chez bien des informateurs, entre le système régional traditionnel et celui qui se diffuse à partir de la région parisienne

Les auteurs constatent une scission marquée entre les régions méridionales et non-méridionales, p. ex. en ce qui concerne la réalisation du schwa. La frontière entre

langue d'oïl et langue d'oc serait à situer plus au sud, l'ancien domaine francoprovençal aurait subi largement l'influence oïlique. Dans une zone centrale qui va de la
Saintonge jusqu'en Franche-Comté existent des particularités phonologiques cohé-
rentes, distinctes du système du français courant, tandis que l'influence du français
parisien est notable dans certaines zones de l'Est (Champagne), de l'Ouest (Maine,
Orléanais) et du Centre-Sud (Centre, Bourgogne). Dès la fin des années 90, l'approche la plus importante de la variation diatopique du système phonologique est le
projet PFC (= Phonologie du Français Contemporain) (cf. Detey et al. 2010 et http://
www.projet-pfc.net/) qui se distingue de ses prédécesseurs par la méthode et par les
buts théoriques et pratiques, dont voici les plus importants : a) l'orientation panfrancophone ; b) la réalisation d'enquêtes méthodiquement élaborées et opérées sur
un échantillon important d'informateurs ; c) l'établissement d'une base de données
du français oral, mise à disposition sur internet ; d) l'orientation didactique. C'est de
ce projet que provient l'essentiel des informations qui suivent.

D'après Woehrling (2009, 17 ; cf. aussi Lyche 2010, 143s.), le système phonologique du français standard est largement répandu dans la moitié nord de France, à
quelques exceptions près (Nord, Alsace). Lyche (2010, 150s.) signale, parmi les in-
stabilités du système vocalique dépendant des régions, la disparition de l'opposition
/a/ ~ /ɑ/, l'antériorisation de /o, ɔ/, la postériorisation du schwa et l'évolution des
voyelles nasales. Le consonantisme semble être relativement uniforme, à l'exception
de la variation de /ʀ/ ou de la perte de /ɲ/ > /nj/. Certaines analyses récentes incitent
à croire que l'importance de la variation phonologique régiolectale serait en recul, par
rapport à certains traits et de manière inégale selon les régions, tandis que la variation
diastratique deviendrait plus importante (cf. Boughton 2007).

On trouve une synthèse des particularités phonologiques du Midi dans Durand
(2009) et Coquillon/Durand (2010). Le « Midi », selon Durand, comprend la région
occitanophone définie par Bec (1963) ainsi que le Pays basque et le Roussillon
catalanophone. L'Auvergne et le Limousin semblent être des zones de transition qui
partagent des traits avec le Midi (systèmes vocaliques) et le Nord (disparition du
schwa, voyelles nasales). Le vocalisme semble être assez stable, comparé p. ex. à la
description de Brun (1931). Le système vocalique oral minimal, caractérisé par la
disparition de l'opposition quantitative et la réduction des différences d'aperture,
comporte sept unités (Durand 2009, 130) :

	palatal			vélaire
fermé	i		y	u
		E	Ø	O
ouvert			a	

E, Ø, O marquent des voyelles moyennes dont la réalisation semble dépendre
surtout de la position (mi-ouvert /ɛ/, /œ/, /ɔ/ en syllabe fermée ou devant un schwa
dans la syllabe suivante, mi-fermé /e/, /ø/, /o/ en syllabe ouverte). Ce système est
sujet à des variations régionales. Ainsi on relève, en Gascogne, en Languedoc et en

Provence, la conservation de l'opposition /e/ ~ /ɛ/. À cela s'ajoute le problème complexe du schwa. Il est réalisé [ə] (non arrondi), mais aussi [œ]/[ø] (arrondi). Son degré de réalisation dépend de la région, de la position à l'intérieur du mot et de la présence ou non d'un ‹ -e › graphique (cf. Durand 2009, 141s.). En ce qui concerne les voyelles nasales, l'opposition /ɛ̃/ ~ /œ̃/ est conservée, mais c'est surtout leur réalisation avec appendice consonantique [ŋ] qui constitue un trait méridional spécifique. Ce phénomène se produit soit après une voyelle orale ([eŋ], [œŋ], [ɔŋ], [aŋ]), soit après une voyelle nasalisée ([ẽŋ]/[ɛ̃ŋ], [œ̃ŋ], [ɔ̃ŋ], [ãŋ]) (pour l'interprétation phonologique, cf. ibid., 147s.). Le système consonantique ne diffère pas essentiellement de celui du français de référence, on retiendra les particularités suivantes (ibid., 149s.) :

- dévoisement total ou partiel en finale de mot (p. ex. *gas* [gas], *sud* [syt])
- voisement régressif (p. ex. *islamique* [izlamik] et même en position initiale, *slip* [zlip])
- simplification des groupes consonantiques internes ou finaux (p. ex. *infect* [ɛ̃ɱfɛk])
- remplacement de /ɲ/ par /nj/
- survivance de /ʎ/, dans la vieille génération
- substitution du r apical [r] (attesté encore çà et là dans la vieille génération) par un r postérieur [ʀ] (chez les locuteurs nés après 1945)
- différences de distribution et de comportement à l'intérieur du mot des semi-consonnes, tendance à la diérèse (p. ex. *lier, nouer* : [lje], [nwe] en français standard, [lije], [nue] en français méridional)

Malgré quelques travaux préliminaires, la variation prosodique régiolectale n'a suscité de l'intérêt que récemment ; on se reportera notamment à Simon (2012).

4.2 Grammaire

Les particularités grammaticales ne semblent pas former une caractéristique majeure des régiolectes (cf. Brun 1931, 144 ; Blanche-Benveniste 1991, 218). Tuaillon (1983, 370), parmi les 950 entrées relevées dans le français régional de Vourey (dépt. Isère), ne compte que 29 traits grammaticaux (3,05%) et Martin (1997, 61) admet un taux moyen de moins de 5% des matériaux relevant de la grammaire. À titre d'exemple, on comparera le relevé simplifié des faits grammaticaux essentiels signalés dans trois régions différentes de la Galloromania :

Tableau 4 : Traits grammaticaux de trois régiolectes galloromans

	domaine d'oïl Franche-Comté : Authoison (Dondaine 1977, 52s.)	francoprovençal Dauphiné : Vourey (Tuaillon 1983, 371)	domaine d'oc Toulouse (Moreux/Razou 2000, 618s.)
nom : nombre	*gent* s.f.sg. 'personne' : *c'est une bonne gent*		-*s* du pluriel prononcé dans certains emprunts à l'occitan
nom : genre	divergences de genre, p. ex. *fourmi*, s.m. au lieu de s.f.	divergences de genre, p. ex. *horloge*, s.m. au lieu de s.f.	(1) -*e* du féminin généralement prononcé (2) divergences de genre, p. ex. *lièvre* s.f. au lieu de s.m.
adjectif			rection divergente : *Il est pareil comme son père* au lieu de *pareil à*
verbe : emploi des auxiliaires	(1) *je suis été* au lieu de *j'ai été* (« est constant ») (2) *rester, tomber, partir* : passé composé formé avec *avoir* au lieu de *être*, pour exprimer une action : *il a parti à 5 heures* (3) expression du futur proche par la périphrase *vouloir* + infinitif : *il veut pleuvoir*	*je suis été* au lieu de *j'ai été* (« est en voie de régression »)	*je suis été* au lieu de *j'ai été* (« reste fréquent chez les vieux »)
verbe : participe	participe passé de *coudre* : *coudu* au lieu de *cousu*	participes tronqués (adjectifs verbaux), p. ex. *gonfle* 'gonflé'	
verbe : infinitif	emploi de la locution *avoir besoin* avec un infinitif actif : *ces carreaux ont besoin de laver* au lieu de ... *d'être lavés*		
verbe : temps	passé surcomposé dans la proposition conditionnelle : *si j'avais eu pensé*	passé surcomposé dans la proposition principale et temporelle : *Après qu'on a eu mangé* [...]	passé surcomposé dans la proposition principale : *Je l'ai eu connu*
verbe : construction	(1) v.pron. au lieu de v.tr., p. ex. *se penser* (2) v.tr. direct au lieu de v. intr./v.tr. indirect, p. ex. *causer une fille* 'la courtiser' (3) rection divergente, p. ex. *se décider de* au lieu de *se décider à*	v.pron. au lieu de v.tr. : *s'aider à qqn.* 'aider qqn.'	(1) v.tr. au lieu de v.intr., p. ex. *tomber le crayon* (2) accord divergent : *Je l'ai faite venir* (3) rection divergente, p. ex. *sentir à l'ail* au lieu de *sentir l'ail*

	domaine d'oïl Franche-Comté : Authoison (Dondaine 1977, 52s.)	francoprovençal Dauphiné : Vourey (Tuaillon 1983, 371)	domaine d'oc Toulouse (Moreux/Razou 2000, 618s.)
article	article indéfini *des* devant le syntagme adjectif + nom : *des bonnes saucisses*	article défini devant les prénoms : *le Pierre, la Jeannette*	(1) article défini au lieu du pronom possessif : *Mets-toi le chapeau* (2) omission de l'article dans le tour *Dans demi-heure*
pronom	(1) pronom d'objet *y* [yi/i] au lieu de *lui* : *i faut i donner à manger* (2) *leurs deux* au lieu de *tous les deux* : *ils sont allés leurs deux* (3) *nous deux mon père* 'mon père et moi' (4) *tout chacun/tout chaque* au lieu de *chacun/chaque*	(1) pronom neutre de la 3ᵉ personne *y* au lieu de *le* : *j'y veux* (2) ordre des pronoms personnels complé-ments de la 3ᵉ per-sonne : *je lui le donne*	(1) emploi du datif éthique : *Je me le mange* (2) omission du pronom impersonnel : *Hier a fait huit jours que…*
adverbe	*tout partout* au lieu de *partout*	*les autres fois* 'autrefois'	*quelque chose / quelqu'un plus* au lieu de *…d'autre*
négation	*point* au lieu de *pas* : *j'en ai point* 'je n'en ai pas'	position divergente de la négation : *en pas +* gérondif : *[…] on aura fini bien avant midi, en pas forçant.*	
numéral	*deux trois* 'quelques'	*deux-trois* 'quelques'	
préposition	*vers* au lieu de *auprès de* : *il est vers moi* ; *après* au lieu de *dans* : *la clef est après la serrure*		
conjonction		*en place que* 'parce que'	

Ce choix limité (cf. toutefois pour des résultats similaires, p. ex. Brun 1931, 47–49 ; Séguy ³1978 [¹1950], 41–57 ; Wolf/Fischer 1983, 189–194), permet un certain nombre de généralisations. Les rares particularités flexionnelles sont fortement menacées par la pression des formes équivalentes considérées comme normativement correctes (cf. Séguy ³1978 [¹1950], 41). Parfois il s'agit de faits lexicalisés, ainsi Moreux/Razou (2000, 620) signalent la conservation du morphème d'origine occitane *-o* comme marque du féminin des noms, mais uniquement comme composante de quelques phrasèmes du type *à tchicos et à micos* 'chichement'. En dehors de la flexion, les particularités grammaticales régiolectales constituent fréquemment des paradigmes restreints ou sont liées à des mots isolés, notamment aux mots grammaticaux. On est confronté à des phénomènes de rection ou à des collocations grammaticales. Malgré l'absence de données statistiques explicites, on peut supposer que la fréquence de bien des régionalismes grammaticaux est plus basse que celle des synonymes généraux et on relève des restrictions d'emploi, p. ex. à l'usage oral, ou des stigmatisations. En revanche, la féminisation des noms de métier (*auteure, professeure*) a eu plus d'impact au Québec ou en Suisse romande qu'en France.

On peut s'attendre à un nombre plus important de régionalismes syntaxiques (cf. p. ex. Salmon 2006, 273–294), puisque les « écarts » sont moins notables qu'en morphologie. En revanche, ils ne sont pas toujours faciles à dépister et demandent des corpus extensifs. Bon nombre de traits syntaxiques « régionaux » sont plutôt marqués diaphasiquement ou relèvent de l'usage oral (cf. Gadet 2009). Sur la base d'exemples classifiés à tort ou à raison comme régionalismes, Blanche-Benveniste (1991) fournit une typologie (morpho-)syntaxique (dont les localisations sont forcément incomplètes) :

Tableau 5 : Typologie des régionalismes syntaxiques

type	caractérisation	exemple
[*pseudo-régionalisme*]	infraction à la norme, usitée « dans toutes les régions francophones »	*que* 'dont, où' (« ce film exactement *qu*'il parle ») [Marseille]
	possibilité d'expression à valeur fonctionnelle, qui n'est pas conforme à la norme	auxiliaire *avoir* au lieu de *être* (« J'*ai* monté plusieurs fois à Paris ») [Marseille]
régionalisme de fréquence	phénomènes répandus un peu partout, peut-être plus fréquents dans certaines régions	relatifs/indéfinis/interrogatifs renforcés par *c'est que* (« mais *où c'est que* je vais le mettre ») [Marseille]
régionalisme	faits lexico-syntaxiques : constructions	*être après* + inf. 'être en train de' (« je *suis après* faire ma lessive ») [Forez]
	faits de « micro-grammaire » (structuration d'éléments grammaticaux restreints)	*y* 'le' (« la précision faut pas y chercher là-dedans ») : *le/la* en fonction individualisante, *y* en fonction globale [domaine francoprovençal]
	faits d'extension du système	détermination du nom par un article défini, un possessif ou un démonstratif, à l'intérieur de constructions impersonnelles (« et il venait la batteuse ») [« usages [...] peu connus au nord de la Loire »]

Des analyses telles que Valli (1999) sur le français parlé à Marseille (p. ex. l'emploi de l'article partitif : *beaucoup des gens*) remettent en question une conception absolue des régionalismes syntaxiques. L'auteur souligne que leur usage peut dépendre du niveau d'instruction des locuteurs et émet l'hypothèse que le statut de régionalisme se manifeste également par une fréquence plus élevée de traits qui appartiennent au français populaire.

4.3 Lexique

Malgré l'absence de marquage dans de nombreux glossaires, le lexique présente la même structuration variationnelle que le lexique général. Bourcelot (1973, 225) distingue p. ex., en référence au régiolecte de la Haute-Marne, des mots familiers (*enrotter* 's'embourber') ou soutenus (*se diligenter* 'se hâter') et allègue l'exemple du régionalisme neutre *riblette* s.f. 'ensemble du foie, des poumons, de la cervelle et de la saignée du porc', tandis que *cochonnade* et *cochonnaille* sont réputés « vulgaires ».

La lexicographie régiolectale (cf. Hausmann 1986, 5s., pour une typologie générale ; Thibault 2008, pour un survol historique ; Bavoux 2008) est caractérisée par sa qualité hétérogène (cf. la critique de Chambon 1997, 11s.). Les seuls dictionnaires à la hauteur de la méthodologie lexicographique actuelle sont le DHFQ (1998), le DRF (2001), le DRFA (2007) et encore le DSR (^{1}1997, ^{2}2004). Le DRF (cf. Heinz 2005), qui porte sur la France entière, compte parmi ses avantages une description géographique (entre autres à l'aide de plus de 300 cartes) et historique explicite, des définitions sémantiques et grammaticales précises, un marquage variationnel et une exemplification philologique très riche.

4.3.1 Formation de mots

En français européen, la morphologie lexicale des régiolectes n'a guère été l'objet d'études systématiques. Même sur la base de grands corpus numériques, il est difficile d'identifier les néologismes régiolectaux. Il convient de distinguer les formations non-spécifiques attestées dans un corpus « régional » des néologismes internes typiques de l'usage d'une région. Afin de déceler ces spécificités, une vision purement synchronique, fondée sur la transparence morphologique, ne convainc pas : *repourvoir* v.tr. 'nommer qqn. pour combler un départ [...]' (DSR^2, 654s. ; GR, 8, 274) ne dévie pas des fonctions du préfixe *re-* en français standard, c'est uniquement le fait qu'il a été lexicalisé en Suisse romande et non pas ailleurs qui permet de le classifier de dérivé régiolectal. Dans cette optique diachronique, il faut exclure les « pseudo-dérivés » (Lengert 2000), c'est-à-dire des formations motivées synchroniquement, mais qui ne représentent pas des néologismes internes (cf. des attestations ibid., 305s., p. ex. *décesser* 'cesser', attesté en Suisse romande depuis 1824, mais qui est un élément repris au français populaire).

L'importance quantitative de la morphologie lexicale régiolectale ressort de Manno (2002, 47), qui, sur la base de 1286 formes enregistrées dans le DSR (^{1}1997), relève 385 (29,9%) formations de mots immanentes (la suffixation et la composition constituent les procédés les plus importants, cf. infra, 5.4). Les procédés de formation sont fondamentalement les mêmes qu'en français standard. Un cas comme celui du suffixe diminutif d'origine néerlandaise/flamande, *-je*, *-ke*, en français régional de Bruxelles, dans des dérivés (occasionnels ?) à base française tel que *mademoiselleke* (Baetens

Beardsmore 1971, 109s.) est isolé et soumis à des restrictions de fréquence et d'usage (« par plaisanterie »). Les particularités semblent être plutôt graduelles (dérivés isolés, formation de variantes de mots généraux, productivité et fonctionnalité d'affixes, etc.).

En général, les remarques ponctuelles des ouvrages plus récents ne dépassent pas le niveau descriptif atteint par les précurseurs de l'analyse de la morphologie lexicale régiolectale, Wißler (1909, 44s.) et Boillot (1929, 40s., 67s.). Une des rares exceptions se trouve dans Moreux/Razou (2000, 627s.) qui analysent notamment l'affixation. Ils indiquent un inventaire de 18 suffixes régionaux typiques dont les plus fréquents sont les suffixes diminutifs hypocoristiques -*ou* et -*et* ainsi que le suffixe péjoratif -*as*. Ces suffixes entrent dans 318 (24,75%) des 1285 mots recueillis par les auteurs, mais la majorité absolue de ces dérivés ont un équivalent en occitan et ne constituent pas des formations internes, dont on ne relève que très peu de représentants, p. ex. *maigrot/maigrichot* adj. 'maigrelet'. Seulement deux suffixes typiques (-*ou*, -*ot*) sont encore couramment représentés parmi les témoins urbains de la jeune génération qui, en outre, a tendance à franciser les suffixes régionaux, ainsi *pégous* adj. 'poisseux ; sale' cède la place à *pégueux*. La vitalité actuelle des suffixes, en français régional de Toulouse, reste malaisée à systématiser, et les auteurs préfèrent parler, au lieu de productivité, de « disponibilité » (ibid., 640) des suffixes régionaux fréquents, usités sporadiquement et surtout comme éléments expressifs.

4.3.2 Sémantique

Les « régionalismes sémantiques » sont des unités lexicales qui sont généralement ou largement répandues et dont le signifié représente des particularités propres à une région ou à plusieurs régions, tandis que le signifiant est identique. Il s'agit surtout de mots, plus rarement de phrasèmes, p. ex. Normandie, région parisienne *tout de suite* 'maintenant, en ce moment' < 'immédiatement, sans délai' (DRF, 944s.). Il existe deux types, les *régionalismes sémantiques inclusifs* et *exclusifs* d'après Serme (1998, 193) : ou bien le sens régional coexiste avec le sens général ou bien il s'y substitue. On peut les catégoriser par rapport au sens du français de référence, p. ex. (exemples tirés du DRF) :

– *métaphore* : Est, Sud-Est *jésus* 'grosse saucisse de porc [...]' ;
– *métonymie* : Lyon *ficelle* 'chemin de fer à câble ou à crémaillère' < régional Lyon 'câble ou système de traction du funiculaire' ;
– *restriction* : Sud-Est *quartier* 'l'une des parties obtenues lors du découpage d'une oie ou d'un canard [...]' < 'partie d'un animal de boucherie' ;
– *extension* : Ouest, Centre, Est, Sud-Est, Suisse romande *écurie* 'bâtiment d'une exploitation agricole où l'on abrite [...] le bétail' < 'bâtiment pour les chevaux' ;
– *euphémisme* : Sud-Est *fatigué* '(gravement) malade' < 'dont les forces ont diminué [...]' ;
– *mélioration* : Sud-Ouest *con* 'terme d'adresse' fam. ou pop. ;

- *antonomase* : Midi çà et là *laguiole* s.m. 'fromage à pâte pressée, non cuite, de couleur jaune
  [...]' < *fromage de Laguiole* < *Laguiole*, localité de l'Aveyron ;
- *calque* : Midi *plier* 'envelopper' < occitan *plegá*.

4.3.3 Phraséologie

La phraséologie régiolectale a suscité peu d'intérêt. On ne dispose pas, en francophonie européenne, de dictionnaires spécifiques de qualité. En comparant français de France et français québécois, Roques (1993, 132s.) a esquissé la typologie synchronique suivante : a) locutions identiques ; b) locutions ayant un sens différent : France *avoir le pied marin* 'être accoutumé à la mer' – Québec *ne pas avoir le pied marin* 'tituber en état d'ivresse' ; c) locutions ayant une forme différente : Québec *avoir les deux pieds dans la même bottine* 'ne pas être débrouillard' – France *ne pas avoir les deux pieds dans le même sabot* ; d) locutions québécoises sans équivalent en français de France [et l'inverse] : *changer de pied d'ancre* 'modifier son approche' ; e) locutions québécoises qui ont des équivalents en français régional de France ; f) emprunts du français québécois au français hexagonal.

L'approche actuelle la plus ample et systématique est le projet BFQS (cf. Lamiroy 2010) qui élabore un dictionnaire comparé des locutions verbales de quatre variantes nationales du français (Belgique, France, Québec, Suisse = BFQS). Géographiquement, les auteurs regroupent les phrasèmes en 15 catégories (ibid., 51) qui comprennent le français commun, les variantes nationales et leurs diverses combinaisons, p. ex. pour 'coûter cher' BFQS *coûter les yeux de la tête*, FS *coûter bonbon*, B *coûter un pont*. Ce sont notamment les caractéristiques structurelles et formelles des phrasèmes qui ont été décrites (p. ex. BFS *se mettre en quatre*, Q *se fendre en quatre* 'faire tout son possible', etc.), mais aussi les relations sémantiques, tels les « géosynonymes » (p. ex. pour 'ne plus pouvoir supporter' : BFS *en avoir ras le bol* – Q *avoir son load*, etc.).

5 Sources historiques

En ce qui concerne l'origine des régiolectes, on a d'abord mis l'accent sur les patois et les archaïsmes. Bruneau (1953, 549) caractérise encore le français régional comme un « mélange de reliques anciennes et de faits patois plus ou moins francisés ». Mais déjà Brun (1931, 9) mentionne la « création sémantique » et Séguy ([3]1978 [[1]1950], 9) souligne l'importance des emprunts. Baldinger (1961b, 161) est un des premiers à rendre compte des quatre sources principales : le patois, l'archaïsme (lexical ou sémantique), l'évolution spontanée (lexicale ou sémantique) et l'emprunt.

5.1 Influence dialectale

Par analogie avec le contact entre gaulois et latin dans la Galloromania, certains auteurs (Müller 1975, 117 ; Straka 1977a, 237s., etc.) ont appliqué le concept de *substrat* pour caractériser l'influence des patois français et francoprovençaux sur les français régionaux. Cette conception a été critiquée p. ex. par Chauveau (2005) qui essaie d'y substituer un modèle plus complexe de contacts linguistiques multilatéraux.

On peut différencier différents types d'influences patoises sur les régiolectes : dialectismes phonétiques ou phonologiques, grammaticaux ainsi que lexicaux, sémantiques et phraséologiques. De Vincenz (1974, 11) constate qu'« aucune *forme* morphologique du patois n'a été empruntée directement par le français local » – cette constatation semble être largement généralisable. En revanche, des influences morphologiques peuvent affecter le genre, p. ex. à Magny-lès-Aubigny (dépt. Côte-d'Or) *serpent* s.f. au lieu de s.m. (Rouffiange 1983, 259) ou l'emploi des verbes, p. ex. La Mure (dépt. Isère) *s'avorter* 'avorter', d'après le modèle du patois *s'avortâ* (Serme 1998, 210 ; Duc 1990, 19, plaide en faveur d'un archaïsme).

Dans le lexique, l'influence des patois est particulièrement manifeste. En passant en français régional, les mots patois s'adaptent, dans la plupart des cas, aux structures formelles du français de référence. Citons quelques régionalismes de Magny-lès-Aubigny (dépt. Côte-d'Or) d'après Rouffiange (1983) :

Tableau 6 : Exemples d'adaptation phonético-morphologique de régionalismes d'origine patoise (Bourgogne)

mot patois	régionalisme	adaptation phonétique	adaptation morphologique
[trezi] v.intr. 'commencer à sortir de terre [...]' (222)	*trésir* v.intr.	‹ r › (?)	désinence verbale -*ir*
[ruscœt] s.f. 'chanterelle, girolle' (239)	*roussottes* s.f. (pl. ?)	[œ] > [ɔ]	suffixe [régional] -*otte*
[kwiɲɛ] v.intr. 'pousser de petits cris aigus [...]' (249)	*couigner* v.intr.	[ɛ] > [e]	désinence verbale -*er*
[vɛrdjo] s.m. 'gros lézard vert' (259)	*verdeau* s.m.	[djo] > [do]	suffixe -*eau*

Ce sont des correspondances (rapprochements phonétiques et analogies morphologiques) et des réfections (substitutions lexicales) qui expliquent ces processus d'adaptation. Dans le lexique, on relève des adaptations par étymologie populaire, mais Dondaine (1977, 61) cite aussi un cas de réfection lexicale supposant une certaine conscience des structures morphologiques, auprès des locuteurs de Traves (dépt. Doubs), où d'après l'équivalence *tourner* – patois *virī*, le mot patois *ãvirmã* devient *entournement* 'vertige'. Il n'y a qu'un nombre restreint de mots qui maintiennent des traits formels propres aux patois (Chambon 1999, 56, 64, parle de *marqueur phonétique dialectal* ou de *marque phonique*). Certains auteurs ont essayé de réserver le terme de *patoisisme* à ce type de régionalismes, pour bien les distinguer des *dialectismes* adaptés formellement au français commun. L'influence des patois se manifeste également par des calques, p. ex. Sud-Est, Sud-Ouest *donner* 'suppurer' < patois ⌐*bailler*⌐ (DRF, 372), qui sont favorisés par la proximité formelle des mots dans deux systèmes apparentés, p. ex. Meyrieu-les-Étangs (dépt. Isère) *truffe* s.f. 'pomme de terre' < patois *trufa* (Martin/Pellet 1987, 162). Un problème méthodique majeur est soulevé par la question de savoir si on a affaire à des calques sémantiques proprement dits qui constituent des cas de polysémie ou à des emprunts de mots patois qui aboutissent à des homonymies, en français régional (cf. la discussion dans Serme 1998, 211s.).

Il est difficile d'apprécier à sa juste valeur l'importance quantitative des patois. La seule comparaison globale des structures lexicales, en patois, en français régional et en français commun, a été réalisée par De Vincenz (1974, 102) qui, sur la base d'un corpus de 2131 mots, établit 13 catégories dont voici le relevé simplifié (comportant des modifications du calcul statistique) :

Tableau 7 : Structures lexicales contrastives (Dauphiné)

catégorie	exemple	mots	%
I. identité	*àlümá: – allumer*	625	29,3
II. concordance partielle	*sólá: – soulier*	150	7,0
III.–VI. divers types de calques	notamment le calque homophonique, p. ex. *àrãžiᵉ* > *arranger* 'arranger' et 'châtrer'	487	22,9
VII.–XII. divers types de remplacement	avant tout par des termes du français commun, p. ex. *šàrá:* > *eau de vaisselle*	495	23,2
XIII. survivance du terme patois, adapté au régiolecte	*šurèlá:* > *choureler* 'glaner les noix ou les châtaignes'	374	17,6

L'influence du patois s'avère importante (XIII. et en partie III.–VI.), mais reste limitée. Pourtant ce sont notamment les dialectologues qui ont eu tendance à surestimer l'apport des patois (cf. Bloch 1921, 121 ; Dondaine 1977, 62 ; Tuaillon 1983, 42).

C'est surtout Chambon qui a combattu la thèse de l'origine patoise des régiolectes (cf. 1997, 20s. ; 1999, 13s., 60s. ; Chambon/Chauveau 2004). Il critique l'automatisme qui suppose, lors d'équivalences entre patois et français régional, que les mots patois sont plus anciens et qu'en conséquence, ceux-ci doivent provenir du patois. Il refuse une explication polygénétique des régionalismes, qui fait remonter un seul régionalisme à différents étymons dialectaux (ou variantes formelles d'étymons), selon les régions, et y substitue, dans une large mesure, celle de la migration de mots par emprunt à d'autres régiolectes. Cette hypothèse est étroitement reliée à une mise en relief des particularités de la diffusion du français et à la théorie des centres urbains diffuseurs. Dans son étude des 49 régionalismes recueillis par Dauzat (1915) à Vinzelles (dépt. Puy-de-Dôme), Chambon (1999, 57s.) aboutit à une double conclusion : l'origine du français régional est caractérisée par une multiplicité de sources et l'influence des patois occitans proprement dits est assez réduite (moins de 10% des matériaux).

5.2 Archaïsmes

On parle d'archaïsmes pour désigner et expliquer des particularités conservatrices des français régionaux, bien que cet emploi ne soit justifié que dans la perspective du français de référence. Serme (1998, 11) propose de réserver ce terme à l'usage stylistique du phénomène et de parler de survivances quand il s'agit du maintien d'un élément linguistique dans une variété du français. L'identification d'un archaïsme lexical peut se heurter à divers problèmes (cf. Serme 1998, 91s., 304s.). Il n'est pas toujours évident si on a affaire à une survivance ininterrompue ou à une nouvelle création régiolectale, et de nombreux régionalismes peuvent s'expliquer à la fois par survivance, par influence dialectale (cf. Straka 1981, 42) ou par emprunt (cf. quant à la distinction entre archaïsme et occitanisme, Séguy ³1978 [¹1950], 9).

On peut classifier les archaïsmes selon leur appartenance à un domaine du système linguistique (cf. Serme 1998, 214s., et Thibault 1996, 336s., pour une description approfondie de la plupart des exemples suivants). Les archaïsmes phonétiques ou phonologiques concernent la phonétique lexicale (p. ex. Suisse romande *se nayer* 'se noyer') ou le système phonétique ou phonologique (p. ex. la conservation des quatre voyelles nasales). Les archaïsmes grammaticaux peuvent relever de la rection verbale, p. ex. Alsace, Suisse romande *aider à qqn.* 'aider qqn.', ou de la flexion nominale, p. ex. *horloge*, s.m. au lieu de s.f., qui sont des survivances d'usages encore vivants au XVIIe siècle (ou des dialectismes), attestés dans plusieurs régions. Parmi les archaïsmes lexicaux, on distingue des mots simples ou complexes, p. ex. Belgique, Alsace etc. *pissoir* 'urinoir', dont le processus de régionalisation n'est entamé qu'au XXe siècle (DRF, 789), ou Suisse romande *pique-bois* 'pic, pivert'. En phraséologie, on trouve des locutions (p. ex. Basse Bretagne *que Dieu lui fasse paix !* 'formule de souhait quand on parle d'un défunt', DRF, 722) ou des variantes archaïques de locutions restées vivaces en français général, sous une autre forme, p. ex. Suisse romande *à bonne heure* 'de bonne heure'. Notons enfin les archaïsmes sémantiques, p. ex. Midi *peureux* 'qui inspire la peur' (général jusqu'au XVIe siècle) (DRF, 770s.).

Sur la base d'un inventaire limité de 112 régionalismes, Serme (1998, 246s.) a établi une catégorisation selon laquelle la majorité des survivances seraient des archaïsmes lexicaux (46 = 41,07%), suivis de près des archaïsmes sémantiques (40 = 35,71%). Il n'y aurait qu'une minorité d'archaïsmes véritables (7 = 6,25%), tandis que la majorité absolue des survivances existe aussi en patois.

5.3 Emprunts

Le concept d'emprunt en matière de régionalismes est vague. On y range les influences d'autres langues ; bien des auteurs parlent également d'« emprunts aux patois ». Ces deux catégories peuvent se combiner, ainsi des emprunts à l'occitan sont en fait des emprunts à un patois occitan particulier. Des chercheurs tels que Chambon (cf. supra, 5.1) prennent en compte également les « emprunts » d'un régiolecte à d'autres régiolectes ou à d'autres variétés.

Derrière des caractérisations sommaires du type *germanisme* peut se cacher une réalité plus complexe, tel qu'il ressort de Thibault (2000, 72s. ; cf. DSR) qui, en référence aux germanismes de la Suisse romande, établit le modèle suivant :

Tableau 8 : Typologie exemplaire des emprunts (Suisse romande)

emprunts					
directs			**indirects**		
aux patois alémaniques		**à l'allemand**		**latinismes**	**anglicismes**
de Suisse	d'Alsace et du Bade-Wurtemberg	à l'allemand de Suisse	à l'allemand standard commun		
caquelon 'récipient de cuisine en terre cuite [...]'	*knepf(l)es* 'petites boules de pâte'	*röstigraben* 'différences de mentalité entre Romands et Alémaniques'	*benzine* 'essence'	*dies academicus* 'cérémonie universitaire [...]'	*tip-top* 'parfait, impeccable'

Cette catégorie de mots est couramment la cible du discours normatif qui interprète de façon erronée certains régionalismes, notamment comme calques. Ces réactions puristes peuvent aboutir à des emplois différents. Ainsi, tandis qu'on emploie p. ex. les anglicismes *sponsor* et *stick* en France, on préfère une innovation interne ou un calque de l'anglais au Québec, *commanditaire* et *bâton désodorisant* (cf. Cajolet-Laganière/Martel/Théoret 2000, 208). La catégorie de l'emprunt peut coïncider avec d'autres sources historiques : *goal* 'but', apparu depuis 1882 en France où il sort de l'usage vers le milieu du XXᵉ siècle (marqué « vieilli » dès 1956, Höfler 1982, 111) constitue de nos jours un belgicisme (Goosse 1984, 33 ; Francard et al. 2010, 187 : '[...] cadre qui délimite le but'). Il s'agit donc à la fois d'un anglicisme et d'un archaïsme.

Les emprunts peuvent être typiques du régiolecte ou exister en français de référence, et présenter alors des particularités formelles (cf. supra, 4), grammaticales ou sémantiques. Il existe des emprunts directs et indirects, p. ex. *boiler* 'chauffe-eau', connu en (Basse-)Alsace, dans la Moselle et en Suisse romande (DRFA, 116s. ; DSR², 140s.) qui est un anglicisme (*boiler*) transmis par le biais de l'allemand (*Boiler*). On relève des emprunts multiples, indépendants l'un de l'autre, qui peuvent alors présenter des résultats d'intégration formelle ou sémantique différents, p. ex. *choke*, s.m. 'starter d'une voiture' < anglais *choke*, au Québec [tʃo:k], en Belgique [ʃok, tʃok] et en Suisse romande [tʃo:k, tʃɔk] (DSR² 239 ; Francard et al. 2010, 102). Les structures lexicales des emprunts peuvent différer : *job* s.m. (Québec s.f.) 'travail rémunéré, emploi' est un anglicisme largement répandu (« fam. » TLFi), en revanche les dérivés *jobbage* (*jobber* + suffixe *-age*), *jobber* (< anglais *to job* ; cf. aussi Francard et al. 2010, 206), *jobette* (*job* + suffixe *-ette*), *jobbeur* (< anglais *jobber*) (Dulong 1999, 288s.) sont typiques de l'usage québécois. Des remprunts se produisent sporadiquement, p. ex. *cordon-bleu* s.m. 'escalope de veau fourrée d'une tranche de jambon blanc et d'une tranche de gruyère', attesté en Suisse romande et en Alsace (DRFA, 180s.), qui provient de l'allemand *Cordon bleu* (< français *cordon-bleu* 'bonne cuisinière'). La spécificité de l'usage régional peut dépendre de la fréquence. DRFA (355, 493s.) cite les composés *manteau de pluie* s.m. 'imperméable' et *rue principale* 'rue la plus importante d'un village', connus dans la France entière, mais particulièrement fréquents en Alsace, probablement sous l'influence de l'alémanique *Rajemantel/Häuptstrooss* ou de l'allemand *Regenmantel/Hauptstraße*.

En phonétique ou en phonologie, on est confronté à des emprunts lexicalisés qui restent confinés à des xénismes. Moreux/Razou (2000, 612) citent l'exemple de l'affriquée [tʃ], en français régional de Toulouse, que l'on rencontre à l'intérieur d'emprunts à l'occitan : *accroutchadis* s.m. 'obstacle ou aspérité où l'on s'accroche' < occitan *acrotchadìs*. Le caractère régiolectal d'emprunts généralement répandus peut résider dans leur phonétisme différent, dû à une adaptation divergente. Ce phénomène a été illustré par Goosse (1984, 29), en référence aux anglicismes : *club* France [klœb] – Belgique [klyb] (prononciation du XIXᵉ siècle, TLFi) et [klyp]. À proprement parler, il ne s'agit d'emprunts phonétiques ou phonologiques que s'ils affectent le système de la langue réceptive, en dehors de mots d'emprunt. Ainsi Rousseau Payen (1979, 106s.) note, à Hilbesheim (dépt. Moselle), parmi les traits attribuables au dialecte alémanique, une tendance au relâchement articulatoire des occlusives, la réalisation de [h] (*en haut* [ãho]) ou la tendance à la fermeture des voyelles (*avec* [aveġ], *œuf* [øfl]). En grammaire, les emprunts semblent être largement restreints à l'emploi de certaines classes de mots (prépositions, articles, etc.) et aux caractéristiques constructionnelles de mots isolés, p. ex. en français régional alsacien et suisse romand, *attendre sur qqn.* 'attendre qqn.' d'après l'allemand *auf jmdn. warten* (DRFA 75s.).

On peut distinguer dans le lexique, selon le degré d'adaptation formelle, les emprunts (unités lexicales totalement ou fortement adaptées) – le québécisme *pinotte* ne dénonce plus, à première vue, son origine anglaise (< *peanut*) (cf. Perriau/Seutin 1984, 153) – et les xénismes (emprunts comportant une ou plusieurs caractéristiques formelles qui ne sont pas propres au système de la variété emprunteuse). La complexité des calques ressort de Thibault (2000, 75s.), qui distingue cinq catégories différentes (sémantiques, morphosyntaxiques, syntaxiques, phraséologiques, pragmatiques). Fischer (1985), sur la base d'une analyse statistique d'un échantillon de 190 particularités lexicales tirées de Wolf/Fischer (1983), propose une typologie statistique, dont voici le résumé simplifié:

Tableau 9 : Typologie statistique des emprunts (Alsace)

calques lexicaux (73%)				
calques-traductions (93%)				calques approximatifs (7%)
aucune ressemblance avec les structures de la langue donneuse sur le plan du signifiant		ressemblance sur le plan du signifiant		*se mettre sale* 'se salir' < *sich schmutzig machen*
calque selon des structures préexistantes en français (37%)	calque selon des structures propres à la langue donneuse/ transfert de relations grammaticales (60%)	calque selon des structures préexistantes en français (3%)	calque selon des structures propres à la langue donneuse (0%)	
carte à vues 'carte postale' < *Ansichtskarte*	*à Michel son chien* < *dem Michel sein Hund*	*clinique de poupée* < *Puppenklinik*	Ø	
calques sémantiques (27%)				
analogie sémantique (78%)	analogie sémantique et phonétique (20%)	analogie phonétique/calque par étymologie populaire (2%)		
pouvoir 'savoir' < *können*	*thé* 'infusion' < *Tee*	*soigner pour quelque chose* 's'occuper de quelque chose' < *sorgen für*		

La très grande majorité des emprunts phraséologiques provient de calques, p. ex. en Alsace (cf. DRFA) : *avoir libre* 'être en congé [...]' < *frei haben*. On ne relève que peu de xénismes, p. ex. Belgique *half en half* loc.adv. 'en deux parties égales', emprunté au flamand (Francard et al. 2010, 197). Signalons encore des phrasèmes hybrides qui sont soit des calques partiels conservant des composantes de la langue donneuse (en fr. régional d'Agde (dépt. Hérault) *avoir le bomi* 'avoir des nausées, en avoir assez' < occitan *avè lou bomi*, Camps 1977, 208) soit des formations immanentes, sans modèle étranger, comportant des composantes lexicales empruntées (québécois *ça frappe dans le dash* 'c'est étonnant', DesRuisseaux 1990, 127).

Il est difficile de tenter une stratification globale des emprunts dans les français régionaux européens. Pour ce qui est de la France, la seule tentative est celle de Buchi (2005, cf. notamment l'inventaire, 83–94) qui se sert des données du DRF :

Tableau 10 : Statistique des emprunts dans les régiolectes de France

langue prêteuse	emprunts	%
occitan	156	56%
allemand/alsacien	31	11%
patois français	21	8%
breton	14	5%
francoprovençal	13	5%
galloroman [emprunts attribuables à plusieurs langues galloromanes]	12	4%
gascon	11	4%
langues romanes [catalan, espagnol, italien ou emprunts attribuables à plusieurs langues romanes]	7	3%
latin	2	1%
néerlandais/flamand	4	1%
anglais	3	1%
basque	2	1%

Parmi les 1052 entrées dénombrées par cet auteur, 276 sont des emprunts (26%), comprenant les dialectismes d'oïl. Ce chiffre, qui dépasse la marge quantitative d'environ 10 à 15% d'emprunts relevée par d'autres études (cf. infra, 5.5), est interprété par Buchi comme le résultat de la sélection de l'inventaire du DRF. De nombreux emprunts proviennent de zones de contacts linguistiques intenses, ce qui explique la part importante d'occitanismes, de germanismes et de bretonnismes, tandis que les anglicismes et les italianismes sont nettement sous-représentés, si on compare leur taux à celui de langue commune.

5.4 Évolution interne

De nos jours, l'importance des créations autonomes lexicales (cf. supra, 4.3.1), sémantiques (cf. supra, 4.3.2), phonétiques et grammaticales des régiolectes est largement reconnue. Elles peuvent apparaître dans diverses régions, par polygénèse. Ainsi Thibault (1996, 354s.) signale des helvétismes et québécismes nés indépendamment : *case postale* 'boîte postale' ou *rouleau à pâte* 'rouleau à pâtisserie'. En français européen, la seule systématisation statistique de ce secteur a été effectuée par Manno (2002, 47), qui a extrait du DSR ([1]1997) les 556 (43,2%) régionalismes romands nés par création interne :

Tableau 11 : Créativité interne du régiolecte (Suisse romande)

Régionalismes sémantiques		141 (11,0%)
Procédés de dérivation	dérivation affixale (préfixale et suffixale)	187 (23 + 164) (14,5%)
	dérivation non affixale (régression et conversion)	49 (8 + 41) (3,8%)
Morphologie flexionnelle		30 (2,3%)
Formes apocopées et autres procédés		8 (0,6%)
Composition		141 (11,0%)

Il n'est pas étonnant que, d'après ces données, ce soient la suffixation, la composition et le changement de sens qui constitueraient les facteurs les plus importants.

5.5 Statistique lexicale

La quantification historique des régionalismes se heurte à des problèmes d'attribution à une source précise et aux conceptions méthodiques divergentes. Ainsi Chambon/ Greub (2009, 2560s.) substituent la classification traditionnelle (archaïsmes, dialectismes, innovation, emprunt) par une typologie modifiée appliquée au lexique, comprenant cinq classes :

- « régionalismes dépendants de mouvements de l'aire » : a) mots régionaux dont l'aire s'est étendue (ce qui amène des emprunts dans un ou plusieurs régiolecte(s) voisin(s) ou, en cas d'expansion maximale, la dérégionalisation) ; b) mots régionaux dont l'aire s'est rétrécie ; c) mots d'usage général dont l'aire s'est rétrécie (sous-catégorie des archaïsmes et des emprunts au français général ou à une de ces variétés)
- « régionalismes de toujours » (mots d'origine patoise, attestés depuis le Moyen Âge)
- innovations
- dialectismes
- emprunts

En ce qui concerne la systématisation diachronique, la Suisse romande constitue un cas privilégié, puisqu'on dispose de deux statistiques reposant sur le DSR[1], Manno (2004, 341s.) qui analyse 1286 unités lexicales contenues dans les 880 articles de ce dictionnaire et Chambon (2005, 15) qui a pris en compte un échantillon de 200 mots, choisis au hasard :

Tableau 12 : Sources diachroniques du régiolecte (Suisse romande)

Manno			Chambon		
catégorie	*mots*	*%*	*catégorie*		*%*
archaïsmes	130–143	10,1%–11,1%	archaïsmes du français général		8%
archaïsmes – dialectalismes	37	2,9%			
archaïsmes – autres catégories	4	0,3%			
			diatopismes remontant au français régional médiéval ou à l'ancien francoprovençal		12%
dialectalismes	262–307	20,6%–23,9%	emprunts (plus récents) aux patois galloromans de Suisse		12%
germanismes	137–165	10,7%–12,8%	emprunts à l'allemand et à l'allemand régional		7%
			emprunts au suisse alémanique		7%
autres emprunts (italianismes, latinismes, anglicismes, fr. régionaux)	35–38	2,7%–3%	emprunts à l'italien		2%
			emprunts à l'anglais		1%
			emprunts au français du Lyonnais et de la Savoie		1%
créations autonomes	555–640	43,2%–49,8%	innovations du français de Suisse romande	innovations morpholexicales	23% } 50%
				innovations sémantiques	27%
régionalismes de statut	12–17	0,9%–1,3%			
régionalismes inclassables / cas incertains	18 / 8 = 26	1,4% / 0,6% = 2%			

Malgré quelques différences de détail, dues à des conceptions méthodiques divergentes, les résultats sont similaires : l'innovation interne est la source la plus importante, suivie de l'influence des patois ; les archaïsmes et les emprunts constituent des sources mineures. Chambon lui-même (2005, 15) a démontré la relativité de ces chiffres. Sur la base d'un échantillon restreint de 100 mots du français régional de Roanne (dépt. Loire), il aboutit à un résultat fondamentalement différent : a) archaïsmes du français général : 40% ; b) diatopismes remontant au moyen français de la région : 1% ; c) emprunts aux patois : 10% ; d) emprunts au français de la région lyonnaise : 34% ; e) emprunts à des variétés de français autres que lyonnaises : 13% ;

f) innovations françaises autochtones : 2%. La stratigraphie diachronique des régiolectes peut donc varier considérablement selon les régions.

Synchroniquement, l'approche classificatoire la plus répandue des régionalismes
lexicaux est celle conçue au sein d'un champ conceptuel (« Begriffssystem »). Dans
son ouvrage sur le français régional de Vourey, Tuaillon (1983, 372) en fournit un
exemple :

Tableau 13 : Structure onomasiologique du lexique régional (Dauphiné)

	catégorie		%		*catégorie*		%
1.	Corps, attitudes physiques, maladies	77	8,23	16.	Jardin	16	1,71
2.	Comportements, caractères	62	6,63	17.	Travail du bois	34	3,63
3.	Le temps qu'il fait	22	2,35	18.	Foin	31	3,31
4.	Animaux sauvages	56	5,98	19.	Élevage, animaux domestiques	71	7,59
5.	Plantes non cultivées	37	3,95	20.	Charcuterie, boucherie à la maison	17	1,81
6.	Construction, rues	19	2,03	21.	Vigne	50	5,34
7.	Métiers, société, famille	26	2,78	22.	Vin, alcool	32	3,42
8.	Jeux	12	1,28	23.	Champ : labour, engrais, limites, mesures	21	2,24
9.	Pêche, chasse	8	0,85	24.	Moissons, autres cultures	28	3,00
10.	Cuisine, nourriture	39	4,17	25.	Lait, beurre, fromages	16	1,71
11.	Meubles, ustensiles domestiques	9	0,96	26.	Arboriculture	27	2,98
12.	Habits, lessive, raccommodage	16	1,71	27.	Noix	19	2,03
13.	Éducation des enfants	5	0,53	28.	Véhicules, harnais, joug	23	2,45
14.	Sol, rivières	22	2,35		Divers, inclassables	124	13,26
15.	Travail (généralités)	16	1,71				

Il est instructif de comparer ce classement à celui de Manno (2004, 349), établi sur la
base des 763 mots contenus dans l'index onomasiologique du DSR[1]. Malgré la dissem-
blance des analyses – d'une part un régiolecte campagnard et villageois, recueilli
dans une aire très restreinte, d'autre part une variété nationale tant urbaine que rurale
répandue dans une aire relativement grande – on constate des similitudes : en Suisse,
l'homme (31,1%) et sa nourriture (14,5%), ainsi que l'agriculture (12,6%), sont égale-

ment bien représentés. La différence la plus notable réside dans l'importance des statalismes qui représentent presque un tiers (31,7%) des helvétismes.

6 Perspectives

En l'état actuel de la recherche, on peut formuler un certain nombre de desiderata. Une bibliographie exhaustive fait défaut, en France comme ailleurs. Les bibliographies de Baldinger (1961a) et de Rézeau (1986) sont vieillies et lacunaires ; à défaut, on pourra s'en tenir à Wissner (2012). Quant au lexique, l'étude des régiolectes urbains et des technolectes régionaux ainsi que l'étude historique des régionalismes demanderait à être intensifiée. Il faudrait des dictionnaires de la qualité du DRFA, pour les autres régions de la France. L'élaboration d'une sorte de TLF régiolectal – mis à part la question de savoir si un tel projet est réalisable – est controversée. Piron (1978, 139s.) a déjà envisagé un « inventaire général des ‹ usances › de la francophonie » ; Rézeau (2007, 266), cependant, se montre plutôt sceptique quant à l'utilité d'un « trésor compilant, sans les approfondir, un grand nombre de données ». Même s'il est quantitativement hétérogène et de qualité inégale, l'ébauche d'un tel trésor, sous forme électronique consultable sur Internet, a été élaborée par le projet BDLP-Internationale (Base de données lexicographiques panfrancophone, cf. http://www.bdlp. org/).

7 Bibliographie

Baetens Beardsmore, Hugo (1971), *Le français régional de Bruxelles*, Bruxelles, Presses Universitaires de Bruxelles.

Baggioni, Daniel (2000), *Français nationaux, français régionaux, français international : Norme et polynomie dans la gestion des usages du français en Francophonie*, in : Peter Stein (ed.), *Frankophone Sprachvarietäten. Variétés linguistiques francophones. Hommage à Daniel Baggioni de la part de ses « dalons »*, Tübingen, Stauffenburg, 43–64.

Baldinger, Kurt (1957), *Contribution à une histoire des provincialismes dans la langue française*, Revue de Linguistique Romane 21, 62–92.

[Baldinger, Kurt] (1961a), *Bibliographie provisoire concernant le français régional [...]*, in : *Lexicologie et lexicographie françaises et romanes. Orientations et exigences actuelles. Colloque Strasbourg 12–16 novembre 1957*, Paris, Éditions du CNRS, 164–174.

Baldinger, Kurt (1961b), *L'importance du vocabulaire dialectal dans un thesaurus de la langue française*, in : *Lexicologie et lexicographie françaises et romanes. Orientations et exigences actuelles. Colloque Strasbourg 12–16 novembre 1957*, Paris, Éditions du CNRS, 149–163.

Bavoux, Claudine (ed.) (2008), *Le français des dictionnaires. L'autre versant de la lexicographie française*, Bruxelles, De Boeck Duculot.

Bec, Pierre (1963), *La langue occitane*, Paris, Presses Universitaires de France.

Blanche-Benveniste, Claire (1991), *La difficulté à cerner les régionalismes en syntaxe*, in : Gilbert-Lucien Salmon (ed.), *Variété et variantes du français des villes états de l'Est de la France. Alsace –*

Lorraine – Lyonnais – Franche-Comté – Belgique. Actes du Colloque scientifique international de Mulhouse (novembre 1988) et travaux du Centre de Recherches et d'Études Rhénanes, Paris, Champion/Genève, Slatkine, 211–220.

Bloch, Oscar (1921), *La Pénétration du français dans les parlers des Vosges méridionales*, Paris, Champion.

Boillot, Félix (1929), *Le français régional de la Grand'Combe (Doubs)*, Paris, Presses Universitaires de France.

Borodina, M[elitina] A[leksandrovna] (1982), *Dialekty ili regional'nye jazyki (k probleme jazykovoj situacii v sovremennoj Francii)*, Voprosy jazykoznanija n° 5, 29–38.

Boughton, Zoë (2007), *La géographie d'abord ? Phonological variation in contemporary French*, in : Michaël Abecassis/Laure Ayosso/Élodie Vialleton (edd.), *Le français parlé au 21ème siècle : Normes et variations géographiques et sociales. Annales du Colloque d'Oxford (juin 2005)*, vol. 1 : *Normes et variations géographiques et sociales*, Paris, L'Harmattan, 259–272.

Boulanger, Jean-Claude (1980), *Les français régionaux : observations sur les recherches actuelles*, Montréal, Office de la langue française.

Boulanger, Jean-Claude (1985), *À propos du concept de « régionalisme »*, Lexique 3, 125–146.

Bourcelot, Henri (1973), *Le français régional haut-marnais dans ses rapports avec la langue nationale*, Ethnologie française N.S. 3, 3–4, 221–228.

Brun, Auguste (1931), *Le Français de Marseille. Étude de parler régional*, Marseille, Institut Historique de Provence.

Brun, Auguste (1946), *Parlers régionaux. France dialectale et unité française*, Paris/Toulouse, Didier.

Bruneau, Charles (1953), *Le français dialectal à la frontière franco-belge*, Vie et langage 21, 549–553.

Bruneau, Charles (1961), [*Discussion*], in : *Lexicologie et lexicographie françaises et romanes. Orientations et exigences actuelles. Colloque Strasbourg 12–16 novembre 1957*, Paris, Éditions du CNRS, 174–175.

Buchi, Éva (2005), *Les emprunts dans le « Dictionnaire des régionalismes de France »*, in : Martin-Dietrich Gleßgen/André Thibault (edd.), *La lexicographie différentielle du français et le « Dictionnaire des régionalismes de France ». Actes du colloque en l'honneur de Pierre Rézeau pour son soixante-cinquième anniversaire, Strasbourg, Université Marc Bloch, 20–22 juin 2003*, Strasbourg, Presses Universitaires de Strasbourg, 81–98.

Cajolet-Laganière, Hélène/Martel, Pierre/Théoret, Michel (2000), *Des emprunts à l'anglais différents des deux côtés de l'Atlantique*, in : Marie-Rose Simoni-Aurembou (ed.), *Français du Canada – français de France. Actes du cinquième Colloque international de Bellême du 5 au 7 juin 1997*, Tübingen, Niemeyer, 207–215.

Camps, Christian (1977), *Quelques aspects du français parlé dans la basse vallée de l'Hérault*, Travaux de Linguistique et de Littérature 15:1, 203–208.

Carton, Fernand (1973), *Usage des variétés de français dans la région de Lille*, Ethnologie française N.S. 3, 3–4, 235–244.

Carton, Fernand (1981), *Les parlers ruraux de la région Nord-Picardie : situation sociolinguistique*, International Journal of the Sociology of Language 29, 15–28.

Carton, Fernand, et al. (1983), *Les accents des Français*, Paris, Hachette.

Chambon, Jean-Pierre (1997), *L'étude lexicographique des variétés géographiques du français en France : éléments pour un bilan méthodologique (1983–1993) et desiderata*, Lalies 17, 7–31.

Chambon, Jean-Pierre (1999), *Variétés géographiques du français et « substrat dialectal ». L'exemple de Vinzelles (Puy-de-Dôme)*, in : Jean-Pierre Chambon, *Études sur les régionalismes du français, en Auvergne et ailleurs*, Paris, CNRS/Klincksieck, 11–70.

Chambon, Jean-Pierre (2005) *Après le « Dictionnaire des régionalismes de France » : bilan et perspectives*, in : Martin-Dietrich Gleßgen/André Thibault (edd.), *La lexicographie différentielle du français et le « Dictionnaire des régionalismes de France ». Actes du colloque en l'honneur de Pierre*

Rézeau pour son soixante-cinquième anniversaire, Strasbourg, Université Marc Bloch, 20–22 juin 2003, Strasbourg, Presses Universitaires de Strasbourg, 3–29.

Chambon, Jean-Pierre/Chauveau, Jean-Paul (2004), *Un cas de dialectologite, ou le français invisible : à propos des vues de Pierre Gardette sur le francoprovençal « polailli » et moyen français régional « poulaille » 'poule'*, Bulletin de la Société de Linguistique de Paris 99, 155–180.

Chambon, Jean-Pierre/Greub, Yan (2009), *Histoire des variétés régionales dans la Romania : français*, in : Gerhard Ernst et al. (edd.), *Histoire linguistique de la Romania. Manuel international d'histoire linguistique de la Romania*, vol. 3, Berlin/New York, de Gruyter, 2552–2565.

Chaudenson, Robert (1996), *Francophonie, « français zero » et français régional*, in : Michel Beniamino/Didier de Robillard (edd.), *Le français dans l'espace francophone. Description linguistique et sociolinguistique de la francophonie*, vol. 1, Paris, Champion, 385–405.

Chaurand, Jacques (1985), *Les français régionaux*, in : Gérald Antoine/Robert Martin (edd.), *Histoire de la langue française 1880–1914*, Paris, Éditions du CNRS, 339–368.

Chauveau, Jean-Paul (2005) : *Régionalismes et dialectismes : quelques exemples manceaux*, in : Martin-Dietrich Gleßgen/André Thibault (edd.), *La lexicographie différentielle du français et le « Dictionnaire des régionalismes de France ». Actes du colloque en l'honneur de Pierre Rézeau pour son soixante-cinquième anniversaire, Strasbourg, Université Marc Bloch, 20–22 juin 2003*, Strasbourg, Presses Universitaires de Strasbourg, 31–44.

Coquillon, Annelise/Durand, Jacques (2010), *Le français méridional : éléments de synthèse*, in : Sylvain Detey et al. (edd.), *Les variétés du français parlé dans l'espace francophone. Ressources pour l'enseignement*, Paris, Ophrys, 185–208.

Corbeil, Jean-Claude (1984), *Le « français regional » en question*, in : *Langues et cultures. Mélanges offerts à Willy Bal*, vol. 2 : *Contacts de langues et de cultures*, section éditée par Clémentine Faïk-Nzuji Madiya, Louvain-la-Neuve, Cabay, 31–44.

Corbeil, Jean-Claude (1986), *Le régionalisme lexical : un cas privilégié de variation linguistique*, in : Lionel Boisvert/Claude Poirier/Claude Verreault (edd.), *La lexicographie québécoise : bilan et perspectives. Actes du colloque organisé par l'équipe du Trésor de la langue française au Québec et tenu à l'Université Laval les 11 et 12 avril 1985*, Québec, Presses de l'Université Laval, 55–65.

Dauzat, Albert (1906), *Essai de méthodologie linguistique dans le domaine des langues et des patois romans*, Paris, Champion.

Dauzat, Albert (1915), *Glossaire Étymologique du Patois de Vinzelles*, Montpellier, Société des Langues Romanes.

Dauzat, Albert (1933), *La diffusion du français en France et le français régional*, Le Français moderne 1, 133–143.

DesRuisseaux, Pierre (1990), *Dictionnaire des expressions québécoises*, Nouvelle édition révisée et largement augmentée, Québec, Bibliothèque Québecoise.

Detey, Sylvain et al. (edd.) (2010), *Les variétés du français parlé dans l'espace francophone. Ressources pour l'enseignement*, Paris, Ophrys.

DHFQ = Claude Poirier (ed.) (1998), *Dictionnaire historique du français québécois. Monographies lexicographiques de québécismes*, Sainte-Foy, Presses de l'Université Laval.

Dondaine, Colette (1977), *Réflexions sur le français régional d'un village haut-saônois*, Travaux de Linguistique et de Littérature 15:1, 51–63.

DQA = Jean-Claude Boulanger (ed.) (1992), *Dictionnaire québécois d'aujourd'hui. Langue française, histoire, géographie, culture générale*, Saint-Laurent, Dicorobert.

DRF = Pierre Rézeau (ed.) (2001), *Dictionnaire des régionalismes de France. Géographie et histoire d'un patrimoine linguistique*, Bruxelles, De Boeck & Larcier/Duculot.

DRFA = Pierre Rézeau (2007), *Dictionnaire des régionalismes du français en Alsace*, Strasbourg, Presses Universitaires de Strasbourg.

DSR = André Thibault/Pierre Knecht (²2004 [¹1997]), *Dictionnaire suisse romand. Particularités lexicales du français contemporain*. Nouvelle édition revue et augmentée préparée par Pierre Knecht, Genève, Zoé.

Duc, Alain (1990), *Les régionalismes du Canton de la Mure (Isère)*, Paris, Klincksieck.

Dulong, Gaston (1999), *Dictionnaire des canadianismes*. Nouvelle édition revue et augmentée, Sillery, Éditions du Septentrion.

Durand, Jacques (2009), *Essai de panorama phonologique : les accents du Midi*, in : Luc Baronian/ France Martineau (edd.), *Le français d'un continent à l'autre. Mélanges offerts à Yves Charles Morin*, Québec, Presses de l'Université Laval, 123–170.

Fischer, Paul (1985), *Considérations sur les calques dans le lexique du français en Alsace*, in : Gilbert-Lucien Salmon (ed.), *Le français en Alsace. Actes du Colloque de Mulhouse (17–19 novembre 1983)*, Paris, Champion/Genève, Slatkine, 93–100.

Fouché, Pierre (1936), *Les diverses sortes de français au point de vue phonétique*, Le Français moderne 4, 199–216.

Francard, Michel (1991), *Français régional et francisation d'un dialecte : de la déviance à la variation*, in : Dieter Kremer (ed.), *Actes du XVIIIᵉ Congrès International de Linguistique et de Philologie Romanes, Université de Trèves (Trier), 1986*, vol. 3, Tübingen, Niemeyer, 370–382.

Francard, Michel/Latin, Danièle (edd.) (1995), *Le régionalisme lexical*, Louvain-la-Neuve, Duculot.

Francard, Michel, et al. (2010), *Dictionnaire des belgicismes*, Bruxelles, De Boeck Duculot.

Gadet, Françoise (2009), *Un regard dialinguistique sur les « français marginaux »*, in : Luc Baronian/ France Martineau (edd.), *Le français d'un continent à l'autre. Mélanges offerts à Yves Charles Morin*, Québec, Presses de l'Université Laval, 171–191.

Goebl, Hans (2005), *Comparaison dialectométrique des structures de profondeur des cartes linguistiques du « Dictionnaire des régionalismes de France » (DRF) et de « l'Atlas linguistique de la France » (ALF)*, in : Martin-Dietrich Gleßgen/André Thibault (edd.), *La lexicographie différentielle du français et le « Dictionnaire des régionalismes de France ». Actes du colloque en l'honneur de Pierre Rézeau pour son soixante-cinquième anniversaire, Strasbourg, Université Marc Bloch, 20–22 juin 2003*, Strasbourg, Presses Universitaires de Strasbourg, 153–193.

Gonon, Marguerite (1977), *Le français régional dans les villages vignerons du Forez*, Travaux de Linguistique et de Littérature 15:1, 141–150.

Goosse, André (1984), *Influences de l'anglais sur le français de Belgique*, in : *Langues et cultures. Mélanges offerts à Willy Bal*, vol. 1.2 : *Dialectes gallo-romans et français régionaux*, section éditée par J[ean] Germain/J[ean]-M[arie] Pierret, Louvain-la-Neuve, Cabay, 27–49.

GR = Paul Robert (1987), *Le Grand Robert de la Langue Française. Dictionnaire alphabétique et analogique de la langue française*, 2ᵉ édition entièrement revue et enrichie par Alain Rey, 9 vol., Paris, Le Robert.

Greub, Yan (2007), *Comment et quand la variation diatopique moderne du français se constitue-t-elle ?*, in : David Trotter (ed.), *Actes du XXIVᵉ Congrès International de Linguistique et de Philologie romanes, Aberystwyth 2004*, vol. 4, Tübingen, Niemeyer, 331–346.

Hambye, Philippe (2007), *Variation régionale de la prononciation du français en Belgique – Contacts de langues ou variation interne ?*, in : David Trotter (ed.), *Actes du XXIVᵉ Congrès International de Linguistique et de Philologie romanes, Aberystwyth 2004*, vol. 4, Tübingen, Niemeyer, 363–374.

Hausmann, Franz Josef (1986), *Les dictionnaires du français hors de France*, in : Lionel Boisvert/ Claude Poirier/Claude Verreault (edd.), *La lexicographie québécoise : bilan et perspectives. Actes du colloque organisé par l'équipe du Trésor de la langue française au Québec et tenu à l'Université Laval les 11 et 12 avril 1985*, Québec, Presses de l'Université Laval, 3–19.

Heinz, Michaela (2005), *Le « Dictionnaire des Régionalismes de France » : analyse macro- et microstructurelle*, in : Martin-Dietrich Gleßgen/André Thibault (edd.), *La lexicographie différentielle du français et le « Dictionnaire des régionalismes de France ». Actes du colloque en l'honneur de Pierre Rézeau pour son soixante-cinquième anniversaire, Strasbourg, Université Marc Bloch, 20–22 juin 2003*, Strasbourg, Presses Universitaires de Strasbourg, 195–208.

Höfler, Manfred (1982), *Dictionnaire des Anglicismes*, Paris, Larousse.

Koschwitz, Eduard (1892), *Zur Aussprache des Französischen in Genf und Frankreich*, Berlin, Gronau.

Lagueunière, France (2007), *Aires lexicales auxquelles participe le département de l'Allier – Essais d'aréologie établis à partir du DRF*, in : David Trotter (ed.), *Actes du XXIVe Congrès International de Linguistique et de Philologie romanes, Aberystwyth 2004*, vol. 4, Tübingen, Niemeyer, 315–328.

Lamiroy, Béatrice (ed.) (2010), *Les expressions verbales figées de la francophonie. Belgique, France, Québec et Suisse*, Paris, Ophrys.

Lengert, Joachim (1994), *Regionalfranzösisch in der Literatur. Studien zu lexikalischen und grammatischen Regionalismen des Französischen der Westschweiz*, Basel/Tübingen, Francke.

Lengert, Joachim (2000), *Regiolektale Wortbildung zwischen Standard, Dialekt und immanenter Kreativität. Das Präfix « dé(s)- » im Französischen der Suisse romande*, in : Peter Stein (ed.), *Frankophone Sprachvarietäten. Variétés linguistiques francophones. Hommage à Daniel Baggioni de la part de ses « dalons »*, Tübingen, Stauffenburg, 297–340.

Lyche, Chantal (2010), *Le français de référence : éléments de synthèse*, in : Sylvain Detey et al. (edd.), *Les variétés du français parlé dans l'espace francophone. Ressources pour l'enseignement*, Paris, Ophrys, 143–165.

Manno, Giuseppe (2002), *La dynamique interne propre au français régional de Suisse romande. Une analyse quantitative du « Dictionnaire suisse romand »*, Moderne Sprachen 46:1, 40–80.

Manno, Giuseppe (2004), *Le français régional de Suisse romande à l'aube du XXIe siècle : dérégionalisation ou dédialectisation ?*, in : Aidan Coveney/Marie-Anne Hintze/Carol Sanders (edd.), *Variation et francophonie. Mélanges en hommage à Gertrud Aub-Buscher*, Paris, L'Harmattan, 331–357.

Martel, Pierre (1987), *Les écarts négatifs du français québécois parlé*, in : Hans-Josef Niederehe/Lothar Wolf (edd.), *Français du Canada – français de France. Actes du Colloque de Trèves du 26 au 28 septembre 1985*, Tübingen, Niemeyer, 291–306.

Martel, Pierre/Cajolet-Laganière, Hélène (2004), *L'apport de la Banque de données textuelles de Sherbrooke : des nomenclatures enrichies*, in : Louis Mercier/Hélène Cajolet-Laganière (edd.), *Français du Canada – français de France. Actes du sixième Colloque international d'Orford, Québec, du 26 au 29 septembre 2000*, Tübingen, Niemeyer, 263–277.

Martin, Jean-Baptiste (1997), *Le français régional : la variation diatopique du français de France*, Le Français moderne 65:1, 55–69.

Martin, Jean-Baptiste/Pellet, Jean (1987), *Les richesses du français régional. Mots du Nord-Dauphiné recueillis à Meyrieu-les-Etangs*, Paris, Éditions du CNRS.

Martinet, André (1945), *La prononciation du français contemporain. Témoignages recueillis en 1941 dans un camp d'officiers prisonniers*, Paris, Droz.

Massion, François (1987), *Dictionnaire de belgicismes*, 2 vol., Frankfurt am Main, Lang.

Moreux, Bernard/Razou, Robert (2000), *Les mots de Toulouse. Lexique du français toulousain*, Toulouse, Presses Universitaires du Mirail.

Müller, Bodo (1975), *Das Französische der Gegenwart. Varietäten, Strukturen, Tendenzen*, Heidelberg, Winter.

Paquot, Annette (1988), *Les Québécois et leurs mots. Étude sémiologique et sociolinguistique des régionalismes lexicaux au Québec*, Québec, Presses de l'Université Laval.

Pauleau, Christine (1995), *La variation du français en Nouvelle-Calédonie. Problèmes de classement et questions spécifiques posées par les variantes phoniques et syntaxiques*, in : Michel Francard/Danièle Latin (edd.), *Le régionalisme lexical*, Louvain-la-Neuve, Duculot, 203–211.

Perriau, Martine/Seutin, Émile (1984), *Les emprunts à l'anglais dans le français écrit du Québec*, in : *Langues et cultures. Mélanges offerts à Willy Bal*, vol. 1.2 : *Dialectes gallo-romans et français régionaux*, section éditée par J[ean] Germain/J[ean]-M[arie] Pierret, Louvain-la-Neuve, Cabay, 149–167.

Piron, Maurice (1978), *Aspects du français de Belgique*, in : Maurice Piron, *Aspects et profil de la culture romane en Belgique*, Liège, Sciences et Lettres, 19–31.

Pohl, Jacques (1984), *Le statalisme*, Travaux de Linguistique et de Littérature 22:1, 251–264.

Poirier, Claude (1987), *Le français « regional » : méthodologies et terminologies*, in : Hans-Josef Niederehe/Lothar Wolf (edd.), *Français du Canada – français de France. Actes du Colloque de Trèves du 26 au 28 septembre 1985*, Tübingen, Niemeyer, 139–176.

Poirier, Claude (1995), *Les variantes topolectales du lexique français. Propositions de classement à partir d'exemples québécois*, in : Michel Francard/Danièle Latin (edd.), *Le régionalisme lexical*, Louvain-la-Neuve, Duculot, 13–56.

Rey, Alain (1986), *La variation linguistique dans l'espace et les dictionnaires*, in : Lionel Boisvert/Claude Poirier/Claude Verreault (edd.), *La lexicographie québécoise : bilan et perspectives. Actes du colloque organisé par l'équipe du Trésor de la langue française au Québec et tenu à l'Université Laval les 11 et 12 avril 1985*, Québec, Presses de l'Université Laval, 23–40.

Rézeau, Pierre (1984), *Dictionnaire des régionalismes de l'ouest entre Loire et Gironde*, Les Sables d'Olonne, Le Cercle d'Or.

Rézeau, Pierre (1986), *Bibliographie des régionalismes du français et extraits d'un corpus d'exemples*, Paris, Klincksieck, 9–32.

Rézeau, Pierre (1987), *Le français du Québec à travers la presse écrite*, in : Hans-Josef Niederehe/Lothar Wolf (edd.), *Français du Canada – français de France. Actes du Colloque de Trèves du 26 au 28 septembre 1985*, Tübingen, Niemeyer, 201–275.

Rézeau, Pierre (1995), *Les variétés régionales du français de France*, in : Gérald Antoine/Robert Martin (edd.), *Histoire de la langue française 1914–1945*, Paris, CNRS-Éditions, 677–713.

Rézeau, Pierre (ed.) (1999), *Variétés géographiques du français de France aujourd'hui. Approche lexicographique*, Paris/Bruxelles, De Boeck & Larcier, Département Duculot.

Rézeau, Pierre (2007), *Des variétés dialectales gallo-romanes aux variétés régionales du français : la constitution d'un champ disciplinaire*, in : David Trotter (ed.), *Actes du XXIVᵉ Congrès International de Linguistique et de Philologie romanes, Aberystwyth 2004*, vol. 4, Tübingen, Niemeyer, 263–275.

Rittaud-Hutinet, Chantal (1991), *Variétés du français de Besançon et grammaire polylectale*, in : Gilbert-Lucien Salmon (ed.), *Variété et variantes du français des villes états de l'Est de la France. Alsace – Lorraine – Lyonnais – Franche-Comté – Belgique. Actes du Colloque scientifique international de Mulhouse (novembre 1988) et travaux du Centre de Recherches et d'Études Rhénanes*, Paris, Champion/Genève, Slatkine, 81–98.

Roques, Gilles (1993), *Expressions françaises et expressions québécoises*, in : Hans-Josef Niederehe/Lothar Wolf (edd.), *Français du Canada – français de France. Actes du troisième Colloque international d'Augsbourg du 13 au 17 mai 1991*, Tübingen, Niemeyer, 129–137.

Rouffiange, Robert (1983), *Le Patois et le Français Rural de Magny-lès-Aubigny (Côte-d'Or)*, Dijon, Association Bourguignonne de Dialectologie et d'Onomastique.

Rousseau Payen, Nicole (1979), *La situation linguistique de Hilbesheim*, Bern, Lang.

Salmon, Gilbert-Lucien (1991), *Une cohabitation réussie. Français de France et régionalismes du français à Lyon aux XIXᵉ et XXᵉ siècles*, in : Gilbert-Lucien Salmon (ed.), *Variété et variantes du français des villes états de l'Est de la France. Alsace – Lorraine – Lyonnais – Franche-Comté – Belgique. Actes du Colloque scientifique international de Mulhouse (novembre 1988) et travaux du Centre de Recherches et d'Études Rhénanes*, Paris, Champion/Genève, Slatkine, 25–63.

Salmon, Gilbert (ed.) (2006), *Les régiolectes du français*, Paris, Champion.

Séguy, Jean (³1978 [¹1950]), *Le français parlé à Toulouse*, Toulouse, Privat.

Serme, Jérôme (1998), *Un exemple de résistance à l'innovation lexicale : Les « archaïsmes » du français régional*, Thèse de Doctorat, Lyon, Université Lumière Lyon 2, http://theses.univ-lyon2.fr/documents/lyon2/1998/jserme#p=0&a=top (15.10.2014).

Simon, Anne Catherine (ed.) (2012), *La variation prosodique régionale en français*, Bruxelles, De Boeck Duculot.

Straka, Georges (1977a), *Les français régionaux. Conclusions et résultats du colloque de Dijon*, Travaux de Linguistique et de Littérature 15:1, 227–242.

Straka, Georges (1977b), *Où en sont les études de français régionaux*, in : Conseil International de la Langue Française (ed.), *Le français en contact avec la langue arabe, les langues négro-africaines, la science et la technique, les cultures régionales : Sassenage, 16.–20.5.1977*, Paris, CILF, 111–131.

Straka, Georges (1981), *Les français régionaux : exposé général*, in : Henriette Dupuis (ed.), *Actes du Colloque Les Français Régionaux, Québec, 21 au 25 octobre 1979*, Québec, Conseil de la Langue Française, 31–45.

Straka, Georges (1983), *Problèmes des français régionaux*, Académie royale de Belgique. Bulletin de la Classe des Lettres et des Sciences Morales et Politiques, 5ᵉ série 79:1, 27–66.

Taverdet, Gérard (1977), *Le français régional de la Côte bourguignonne*, Travaux de Linguistique et de Littérature 15:1, 35–42.

Taverdet, Gérard (1990), *Frankophonie II. Regionale Varianten des Französischen in Europa I. Frankreich*, in : Günter Holtus/Michael Metzeltin/Christian Schmitt (edd.), *Lexikon der Romanistischen Linguistik (LRL)*, vol. V/1 : *Französisch*, Tübingen, Niemeyer, 704–716.

Thibault, André (1996), *Québécismes et helvétismes : éclairages réciproques*, in : Thomas Lavoie (ed.), *Français du Canada – français de France. Actes du quatrième Colloque international de Chicoutoumi, Québec, du 21 au 24 septembre 1994*, Tübingen, Niemeyer, 333–376.

Thibault, André (2000), *Le traitement des emprunts dans le* Dictionnaire suisse romand : *aperçus théoriques et méthodologiques*, in : Danièle Latin/Claude Poirier (edd.), *Contacts de langues et identités culturelles, perspectives lexicographiques. Actes des quatrièmes journées scientifiques du Réseau « Étude du français en francophonie »*, Québec, Presses de l'Université Laval, 69–84.

Thibault, André (2007), *Banques de données textuelles, régionalismes de fréquence et régionalismes négatifs*, in : David Trotter (ed.), *Actes du XXIVᵉ Congrès International de Linguistique et de Philologie romanes, Aberystwyth 2004*, vol. 1, Tübingen, Niemeyer, 467–480.

Thibault, André (2008), *Lexicographie et variation diatopique : le cas du français*, in : Maria Colombo/Monica Barsi (edd.), *Lexicographie et lexicologie historiques du français. Bilan et perspectives*, Monza, Polimetrica, 69–91.

Thorel, Mathilde (2005), *Le DRF et l'aréologie. Une étude de cas : la Bretagne*, in : Martin-Dietrich Gleßgen/André Thibault (edd.), *La lexicographie différentielle du français et le « Dictionnaire des régionalismes de France ». Actes du colloque en l'honneur de Pierre Rézeau pour son soixante-cinquième anniversaire, Strasbourg, Université Marc Bloch, 20–22 juin 2003*, Strasbourg, Presses Universitaires de Strasbourg, 131–152.

TLF = Paul Imbs/Bernard Quemada (edd.) (1971–1994), *Trésor de la langue française. Dictionnaire de la langue du XIXᵉ et du XXᵉ siècle (1789–1960)*, 16 vol., Paris, Éditions du CNRS.

TLFi = *Le Trésor de la langue française informatisé*. Conception et réalisation informatiques : Jacques Dendien, http://atilf.atilf.fr/tlf.htm (06.05.2015).

Tuaillon, Gaston (1977), *Réflexions sur le français régional*, Travaux de Linguistique et de Littérature 15:1, 7–29.

Tuaillon, Gaston (1983), *Les régionalismes du français parlé à Vourey, village dauphinois*, Paris, Klincksieck.

Valli, André (1999), *Remarques sur le français parlé de locuteurs de la région de Marseille. Usage régional du français et « régionalisme »*, Recherches sur le français parlé 15, 59–86.

Verreault, Claude (1996), *Inclusion, reconnaissance et identification des francismes dans les dictionnaires québécois : problèmes et méthodes à la lumière de l'expérience du « Dictionnaire québécois d'aujourd'hui »*, in : Thomas Lavoie (ed.), *Français du Canada – français de France. Actes du quatrième Colloque international de Chicoutoumi, Québec, du 21 au 24 septembre 1994*, Tübingen, Niemeyer, 199–208.

Vincenz, André de (1974), *Disparition et Survivances du Franco-Provençal. Étudiées dans le lexique rural de La Combe de Lancey (Isère)*, Tübingen, Niemeyer.

Voillat, François (1971), *Aspects du français régional actuel*, in : Zygmunt Marzys (ed.), *Colloque de dialectologie francoprovençale organisé par le Glossaire des Patois de la Suisse Romande, Neuchâtel, 23–27 septembre 1969*, Neuchâtel, Faculté des Lettres/Genève, Droz, 216–246.

Walter, Henriette (1982), *Enquête phonologique et variétés régionales du français*, Paris, PUF.

Warnant, Léon (1973), *Dialectes du français et français régionaux*, Langue Française 18, 100–125.

Wißler, Gustav (1909), *Das schweizerische Volksfranzösisch*, Phil. Diss. Bern, Erlangen, Junge & Sohn.

Wissner, Inka (2012), *Bibliographie de travail*, in : Inka Wissner, *Le « Réseau lexical du français » (RLF) et la diatopicité du lexique : réflexions* [Version 2 : 30/08/2012], Nancy, ATILF, I–LXXIX, http://www.atilf.fr/IMG/pdf/Wissner_2012_RLF_et_diatopie.pdf (06.05.2015).

Woehrling, Cécile (2009), *Accents régionaux en français : perception, analyse et modélisation à partir de grands corpus*, Thèse de doctorat, Paris, Université Paris-Sud, Faculté des Sciences d'Orsay, https://tel.archives-ouvertes.fr/tel-00617248/document (06.05.2015).

Wolf, Lothar (1972), *Le français régional. Essai d'une définition*, Travaux de Linguistique et de Littérature 10:1, 171–177.

Wolf, Lothar/Fischer, Paul (1983), *Le français régional d'Alsace. Étude critique des alsacianismes*, Paris, Klincksieck.

Esme Winter-Froemel

17 Le français en contact avec d'autres langues

Abstract : Dans ce chapitre seront analysés les contacts entre le français et d'autres langues. Dans une perspective historique, il s'agira de déterminer quelles sont, au cours des différentes époques, les conditions externes qui déterminent la façon dont se réalise le contact linguistique, et quelles sont les langues majeures auxquelles le français a emprunté. Dans une perspective théorique, nous nous interrogerons sur les types de scénarios du contact que l'on peut observer, et sur les modalités et les types d'influences que l'on peut établir. Nous focaliserons le rôle de l'anglais, qui est souvent ressenti comme l'influence la plus importante d'un point de vue quantitatif aussi bien que qualitatif, et nous analyserons les réactions individuelles et institutionnelles face aux emprunts et particulièrement face aux anglicismes. Nous verrons que, dans une perspective historique, le rôle particulier de l'anglais se relativise ; en même temps, les études linguistiques nous permettent de démentir certaines craintes exprimées dans des travaux d'orientation puriste.

Keywords : contact linguistique, emprunt, calque, purisme, anglicisme

1 Introduction

De manière générale, les langues ne représentent pas des entités isolées et stables ; au contraire, elles entrent constamment en contact entre elles, s'influençant mutuellement, ce qui peut engendrer des innovations linguistiques et des processus de changement linguistique (signalons toutefois que cette description doit se comprendre dans un sens figuré, puisque ce ne sont pas les langues qui agissent, mais les locuteurs qui, dans leurs énoncés, font certains choix, dont le recours à des mots empruntés ; ce sont uniquement ces choix qui donnent naissance à un changement éventuel dans la langue). Ainsi, dans toute son histoire, la langue française a connu des périodes de contacts plus ou moins intenses avec d'autres langues et cultures. Dans cet article, nous analyserons d'abord différentes périodes de contact en nous interrogeant sur les conditions socio-historiques et les critères qui nous permettent de caractériser ces scénarios de contact linguistique (cf. la deuxième partie de cette contribution). La troisième partie sera consacrée à l'étude du contact entre le français et l'anglais, langue qui, à l'époque actuelle, représente de loin la langue de contact la plus importante pour le français, d'un point de vue quantitatif aussi bien que qualitatif. C'est aussi dans la perception des locuteurs que l'anglais joue un rôle particulier, puisque ceux-ci assimilent souvent emprunt linguistique et anglicisme (et ce constat est d'ailleurs valable non seulement pour le français, mais aussi pour les autres langues européennes). Dans une perspective diachronique, il sera intéressant d'analyser dans quelle mesure le contact avec l'anglais représente véritablement un cas particulier. Dans la quatrième partie, nous nous pencherons sur les possibilités de caractériser, selon des critères linguistiques, différents types d'influence (notamment les emprunts au sens étroit et les calques, ainsi que leurs sous-catégories respectives) ; de même, nous nous intéresserons aux modalités qui peuvent s'observer lors de l'intégration des emprunts à la langue d'accueil. La cinquième partie sera réservée à l'analyse des réactions au contact linguistique et de ses effets sur le français. Nous examinerons les réactions puristes, qui insistent sur les effets négatifs du contact, considéré comme un danger ou une menace pour la langue d'accueil. Toutefois, nous verrons qu'il y a également, à différentes époques de l'histoire du français, des réactions plus favorables aux emprunts, qui soulignent que les effets du contact linguistique peuvent aussi être perçus comme un enrichissement qui ne menace nullement l'existence et le fonctionnement de la langue d'accueil.

Remarque terminologique : Pour désigner les langues impliquées dans les situations de contact linguistique, nous emploierons ici les termes *langue source/langue d'origine* et *langue cible/langue d'accueil*, que nous considérerons comme synonymes.

2 Scénarios du contact linguistique dans l'histoire du français

Les phénomènes de contact linguistique n'ont lieu, comme l'a souligné Weinreich ([6]1968 [[1]1953]), que pour les locuteurs individuels, c'est-à-dire que toute situation de contact linguistique revient en réalité à une situation de contact entre deux langues pour un individu particulier. Par conséquent, il nous semble utile de nous interroger sur la façon dont les langues entrent en contact dans la conscience des locuteurs et dans leur activité linguistique cognitive et sociale. En même temps, si on considère l'évolution d'une langue particulière, on note que les périodes marquées par de fortes influences d'une autre langue sont également des périodes d'échanges culturels intenses, de sorte que l'on peut affirmer que, de manière générale, le contact linguistique et le contact culturel vont de pair. Dans la diachronie du français, il n'y a pas seulement une multitude d'influences de langues de contact, mais on peut également constater que ces influences ont lieu sous des conditions bien différentes. Cela nous permet de distinguer différents scénarios de contact selon des critères socio-historiques et socio-démographiques.

On a proposé différents termes pour désigner le champ d'étude en question (*emprunt/borrowing/Entlehnung*, cf. Deroy 1956 ; Haugen 1950 ; *Lehngut*, Betz 1949 ; [3]1974 ; *Transferenz*, Clyne 1975 ; *interférence/interference/Interferenz*, Weinreich [6]1968, etc.), et la thématique que nous venons de soulever a été abordée par différents courants de recherche. La linguistique historique et la philologie romane ont proposé les concepts de *substrat*, *superstrat* et *adstrat* pour décrire différents scénarios du contact linguistique. La sociolinguistique anglophone s'est penchée sur la distinction entre emprunt et alternance de code linguistique (*code-switching*) ainsi que sur la distinction entre les phénomènes d'emprunt « proprement dits » (angl. *borrowing*) d'une part et les phénomènes d'influence de substrat (angl. *substratum interference*) d'autre part (cf. Poplack 1980 ; 2001 ; 2004 ; Poplack/Sankoff 1988 ; Heller/Pfaff 1996 ; King 2000, 86–89 ; Riehl 2004, 20–22 ; Onysko 2007, 36–38 ; Bullock/Toribio 2009, 5s.).

Au-delà de ces courants de recherche, d'autres domaines qui ont trait aux phénomènes du contact linguistique sont la traduction, la recherche sur les langues créoles ainsi que la recherche dans le domaine d'acquisition des langues secondes (FLE/ français langue étrangère). Ces dernières approches s'intéressent, entre autres, aux effets d'interférence entre la langue maternelle et la langue seconde et, le cas échéant, aux interférences entre plusieurs langues acquises/apprises et aux transferts potentiels qui peuvent faciliter la compréhension et l'apprentissage de langues étrangères (cf. Gass/Selinker 2009 ; Dabène/Degache 1996 ; Müller-Lancé 2003 ; Steinhauer 2006). Certains travaux récents visent également à renouer avec certains concepts traditionnels de la sociolinguistique pour analyser comment les accents étrangers peuvent être interprétés en tant que marqueurs sociaux (cf. Kristiansen 2001). Une autre perspective poursuivie dans la recherche récente concerne les processus cognitifs qui se déroulent lors de la compréhension et de l'interprétation d'énoncés de locuteurs ayant un accent non natif (cf. Hanulíková et al. 2012).

Dans ce qui suit, nous commencerons par une exposition du modèle de substrat, superstrat et adstrat pour donner un aperçu de l'évolution du français en contact avec d'autres langues au fil de son histoire.

2.1 Substrats et superstrats

L'effet du contact linguistique le plus prototypique est probablement celui d'un emprunt lexical. Dans ce cas, suite à une situation de contact entre un locuteur natif de la langue A et d'un interlocuteur natif de la langue B, un nouveau mot ou une nouvelle expression de la langue A est introduit dans la langue B, comme c'est le cas pour le français *base-ball*, *manager* et *week-end*. Ces emprunts sont relativement récents et faciles à identifier en tant qu'éléments empruntés, et les mots continuent à exister dans la langue source (l'anglais). Toutefois, dans l'histoire du français, nous pouvons également observer des périodes de contact avec d'autres langues et cultures qui se passent sous des conditions historiques bien différentes.

Pour décrire les scénarios fondamentaux de contact linguistique qui peuvent s'observer dans l'évolution du français, on peut recourir aux termes de « substrat », « superstrat » et « adstrat ». Le premier de ces termes a été proposé par le linguiste italien Graziadio Isaia Ascoli ; il désigne les langues de peuples conquis qui ont coexisté pendant un certain temps avec la langue des conquérants (ici, le latin/le roman), mais qui ont finalement été abandonnées (cf. Klare 1998, 32s.). Le terme de superstrat, forgé par Walther von Wartburg, en contrepartie, se réfère aux langues de peuples qui ont envahi le terrain après que la romanisation a eu lieu et qui ont exercé une certaine influence sur la langue, mais qui ont également été abandonnées plus tard. Ainsi, dans les deux cas, c'est la langue du stratum qui survit, et ce stratum évolue à partir du latin (vulgaire) en passant par une étape pré-romane vers les langues romanes, dont le français. Le terme d'adstrat, enfin, créé par Marius Valkhoff, désigne les langues voisines qui coexistent avec le stratum sans que l'une des deux langues soit supplantée par l'autre (cf. Tagliavini 1998, 209).

Dans la recherche en langue française, on trouve parfois aussi un emploi divergent des termes de « substrat » et de « superstrat », définis respectivement comme la langue des vaincus qui est abandonnée et comme la langue des conquérants qui s'impose (cf. Bertrand 2008). Ici, il s'agit ainsi d'une conception binaire qui ne prévoit pas de « stratum », et on perd la distinction claire entre les deux aspects qui entrent dans les définitions d'Ascoli et de von Wartburg (langues autochtones vs. langues qui arrivent plus tardivement, langues qui sont abandonnées vs. langues qui se maintiennent). Pour cette raison, nous nous baserons sur les définitions proposées par ces derniers auteurs dans les réflexions suivantes.

Avant de passer aux exemples concrets d'influences de substrat et de superstrat dans l'histoire du français (pour les langues adstrat, cf. 2.2 et 2.3), il convient d'ajouter quelques remarques sur la notion d'interférence de substrat (*substratum interference*, Thomason/Kaufman 1988, 37–45). Cette notion a été forgée dans la recherche anglophone, où elle a été opposée à la notion d'emprunts proprement dits (*borrowing* ; d'autres termes employés dans les travaux précédents sont *RL* [*recipient language*/ langue d'accueil] *agentivity*, ou *borrowing transfer*, termes qui sont contrastés à ceux de *SL* [*source language*/langue de départ] *agentivity* ou *imposition transfer*, Van Coetsem 2000, 65). Dans la définition de ces deux termes, on retrouve les mêmes critères que dans la définition du terme de substrat que nous venons d'exposer, mais on peut constater que les catégories ne coïncident pas exactement. Ainsi, selon Thomason et Kaufman, les emprunts sont caractérisés par le fait d'être effectués par les locuteurs natifs intégrant de nouveaux éléments dans leur langue, qui est maintenue sans que les sociétés se fondent ; par contre, dans les cas d'interférence de substrat, de nouveaux éléments sont introduits par des locuteurs non natifs qui ont imparfaitement acquis la langue, et ces locuteurs adoptent la nouvelle langue au détriment de leur langue originelle. Par conséquent, les situations d'emprunt se rapprochent des situations d'adstrat ; les situations d'interférence de substrat, au contraire, reprennent le concept de substrat, mais pourraient englober aussi les influences de langues superstrats, puisque les deux critères fondamentaux (acquisition de la nouvelle langue et abandon de la langue d'origine) sont également satisfaits pour ce dernier scénario de contact linguistique. Cela nous permet de constater que la distinction anglophone n'envisage pas la question de savoir s'il s'agit de langues de peuples conquérants, vainqueurs et politiquement supérieurs, ou bien de celles de peuples conquis, vaincus et de ce fait inférieurs. Ce qui est mis en avant, par contre, ce sont les conditions du contact linguistique pour les locuteurs individuels. De fait, dans le cas de *borrowing*, il s'agit de situations ponctuelles dans lesquelles les locuteurs ont recours à une certaine expression d'une autre langue pour exprimer un certain concept, tandis que dans le cas d'une interférence de substrat, ils adoptent « entièrement » (mais imparfaitement) une nouvelle langue. S'ils introduisent dans ce processus d'acquisition de nouveaux éléments et structures dans la langue, il s'agit d'un processus non intentionnel dont ils ne sont peut-être même pas conscients. Dans cette perspective, on a souligné une caractéristique additionnelle qui distingue les scénarios d'emprunts d'une part et les scénarios d'interférence de substrat d'autre part : tandis que les emprunts s'opèrent au niveau des lexèmes ou à partir du niveau des lexèmes, les interférences de substrat peuvent également concerner des éléments grammaticaux, c'est-à-dire des éléments moins libres de la langue (cf. Croft 2000, 203) ; toutefois, le degré de corrélations entre emprunts et éléments lexicaux d'une part, et influences de substrat et éléments grammaticaux d'autre part, reste controversé.

Essayons de préciser respectivement quelles sont les langues principales ayant exercé une influence sur le français, et sous quelles conditions ces influences ont eu lieu. En ce qui concerne les influences de substrat, il s'agit des dialectes gaulois parlés sur le territoire lors de la conquête de la Gaule au IIe et au Ier siècle avant J.-C. (cf. Huchon 2002, 34–37). Les parlers gaulois coexistent pendant environ quatre siècles avec le latin, peut-être même jusqu'au VIe ou VIIe siècle (cf. Bertrand 2008, 24), mais finalement le latin s'impose en tant que langue de l'administration. Néanmoins, les parlers gaulois ont laissé certaines traces dans le vocabulaire, et plus spécifiquement dans le vocabulaire de la vie rurale (p. ex. les noms d'animaux *alouette, bouc, mouton* et *truie*, les termes botaniques *bruyère, chêne, if*, les termes pour décrire le paysage *berge, chemin, quai, talus*, et les termes de l'agriculture *charrue, ruche, cervoise*) et parfois dans celui de l'artisanat, des vêtements et de l'alimentation (p. ex. *charpente, charrue, béret, braie, cervoise, crème*). Les influences gauloises ont peut-être été facilitées par la proximité relative du gaulois et du latin (cf. les exemples du gaul. *alto* et du lat. *altus* 'profond' ainsi que du gaul. *bovi* et du lat. *bos, bovis* 'boeuf') ; en même temps, les emprunts s'introduisent normalement sous une forme latinisée. Au total, environ 150 mots d'origine gauloise ont survécu dans le lexique du français contemporain. De plus, l'influence du substrat se note dans quelques milliers de toponymes ; de fait, le suffixe *-ac/-ay* que nous retrouvons dans *Cognac, Loudéac, Carnac, Tournay, Gournay/Gornac, Bernay/Bernac*, etc. remonte à une origine gauloise (cf. Bertrand 2008, 24–35 ; Picoche/Marchello-Nizia [3]1994, 324) ; de même le suffixe *-un*, issu du gaulois *-dunum/-durum* désignant une citadelle, une forteresse ou un lieu de défense a été conservé dans *Verdun, Meudon, Lyon*, etc. Enfin, la numérotation par *vingt*, conservée dans *quatre-vingts*, etc., remonte également aux Gaulois.

De nouvelles situations de contact linguistique se produisent plus tard avec les langues germaniques (cf. Bertrand 2008, 37–46 ; Huchon 2002, 47–51 ; Klare 1998, 40s.). Dans un premier temps, le contact linguistique a lieu dans le contexte de contacts commerciaux et politiques (cf. des emprunts comme *savon, maçon, banc* et *garder* ainsi que les noms de couleurs de chevaux tels que *brun, fauve* et *gris*, etc.), et on peut donc parler dans ce cas d'influences du type adstrat. Ensuite, le contact se renforce avec les invasions germaniques du Ve et du début du VIe siècle, de sorte que nous pouvons identifier une influence de superstrat. C'est surtout la langue des Francs qui laisse de nombreuses traces dans la langue française (cf. la désignation *Francia*, une forme latinisée de *Franko*). De fait, la langue des envahisseurs francs coexiste avec la langue et la culture gallo-romaines jusqu'au Xe siècle, période pendant laquelle les Francs se romanisent et se christianisent progressivement, de sorte que le gallo-roman s'impose finalement en tant que langue de la vie religieuse, culturelle, commerciale et politique. Néanmoins, le francique influe sur la langue à différents niveaux. En ce qui concerne la phonétique, le *h* aspiré, qui avait disparu du latin, est réintroduit avec des emprunts tels que *heaume* et *honte*, et cette prononciation peut affecter également des mots du fonds latin tels que le latin *altus* qui devient le fr. *haut*. De plus, le phonème initial [w] d'origine germanique s'introduit dans une forme adaptée [gw] évoluant ensuite vers [g] dans des mots comme *werra, qui donnera le fr. *guerre* (cf. aussi les mots *gagner, garçon* et *guêpe*). Au niveau lexical, plus de mille mots franciques ont été introduits en ancien français, dont à peu près 700 ont été conservés dans le français contemporain. Les apports se localisent dans certains domaines du vocabulaire, notamment le vocabulaire de la guerre (*flèche, bouclier, garder, guerre, hache, haubert, heaume*, etc.) et celui de l'administration (*bannir, baron, fief, gage, sénéchal, maréchal, chambellan, ban*, etc. ; cf. DMOE, p. 35), le lexique de la vie rurale (*blé, bois, gerbe, haie, houx, roseau, saule*, etc.) ainsi que les noms de couleurs (*blanc, bleu, blond, gris, brun*). L'influence germanique se note également dans les noms propres, p. ex. *Alain, Eude* et *Roland*. De plus, on retrouve le suffixe -*ard*, d'origine francique et signifiant 'fort' dans de nombreux noms (p. ex. *Richard, Bernard, Gérard*) ; de même pour le suffixe -*aud*/-*ald*, du germanique *walden* 'diriger, gouverner' (p. ex. *Arnaud, Renaud*) et pour le suffixe -*isk* qui évolue vers -*ois* et ensuite -*ais* et qui se retrouve dans des noms d'habitants comme *Français* et *Anglais*.

Plus tard, vers 800, les Normands (ou Vikings) envahissent la côte normande et s'y installent durablement. Ils introduisent encore quelques mots germaniques en (ancien) français, surtout dans le domaine de la marine (p. ex. *tillac, cingler, turbot, marsouin*), mais abandonnent vite leur langue maternelle pour adopter le français. Du reste, lors des invasions de Guillaume de Conquérant, ils introduiront cette langue nouvellement acquise sur le territoire de l'Angleterre.

2.2 Adstrats savants

Poursuivant notre parcours de l'histoire du français, on note que le moyen français et le français du XVIe siècle marquent des périodes pendant lesquelles le lexique s'élargit considérablement, les emprunts jouant un rôle important dans ce contexte. Parmi les langues de contact figurent les langues romanes et les dialectes du français, mais aussi le latin, ce qui veut dire que ce dernier ne représente pas seulement le stratum qui se conserve et évolue vers les langues romanes dont le français fait partie, mais il exerce également une influence d'adstrat, ou plus précisément d'adstrat culturel (pour le rôle du latin dans l'évolution des langues européennes, cf. Schweickard 1991). Dans ce cas, le contact linguistique ne s'effectue pas dans la communication orale et directe, mais de manière indirecte, à travers les textes de l'Antiquité qui sont lus et traduits par des traducteurs comme Nicole Oresme (cf. Huchon 2002, 119). L'élaboration du français se poursuit aux XVIIᵉ et XVIIIᵉ siècles et va de pair avec le refoulement du latin, qui se conclut par son abandon en tant que langue scientifique.

Néanmoins, au cours de ce processus, le latin continue à jouer un rôle important, dans la mesure où le lexique scientifique français nouvellement créé se basera souvent sur le latin et sur le grec, cf. le fr. *équestre, potable, sidéral, tellurique, agriculture, auriculaire, articulation, rotule*, ainsi que le fr. *gramme, litre, mètre, postulat, oxygène, hydrogène, entomologie*, etc. (cf. Reinheimer-Rîpeanu 2004 ; Bertrand 2008 ; Rey/Duval/Siouffi 2007, 455–975) ; dans ces derniers cas, l'influence du grec s'effectue souvent par l'intermédiaire du latin (p. ex. le fr. *métaphore* est emprunté au latin *metaphora*, lui-même emprunté au grec, de même pour le fr. *symptôme, symétrie, hystérique*). À partir du XVIᵉ siècle, par contre, on relève aussi des emprunts directs à la langue grecque (p. ex. *hygiène, analyse*). Ces emprunts concernent souvent le vocabulaire de la médecine, de la rhétorique et de la politique.

De plus, on observe que de nombreux éléments latins et grecs entrent dans la formation des mots. D'un point de vue morphologique, il est intéressant de noter que dans ces compositions savantes, certains éléments apparaissent toujours à gauche (p. ex. *anti-, archi-, auto-, extra-, micro-, ultra-, pseudo-, micro-*, tous d'origine grecque), d'autres, toujours à droite (p. ex. *-cide, -fère, -fuge, -vore*, d'origine latine, et *-crate, -phage, -phobe, -tèque, -graphie*, d'origine grecque) ; d'autres encore peuvent s'utiliser à position variable, et dans ce cas, ils ont souvent une signification partiellement différente (cf. p. ex. *philo-* dans *philosophe, philologue* vs. *-phile* dans *bibliophile, hydrophile, germanophile* ; *phono-* dans *phonologie, phonographe* vs. *-phone* dans *aphone, téléphone, saxophone, microphone* ; *anthropo-* dans *anthrophosophe, anthropophage* vs. *-anthrope* dans *philanthrope, misanthrope* ; *logo-* ['de la parole'] dans *logopédie, logorrhée* vs. *-logue* ['spécialiste de'] dans *anthropologue, philologue, ophtalmologue*, etc.). Si la position de ces éléments à l'intérieur des mots devient fixe, s'ils donnent lieu à des séries de mots et s'ils se combinent à des éléments du lexique hérité (ou à des bases relevant de strates du lexique plus anciens) (p. ex. *cinéphile, francophile, microfiche, micro-onde, pseudomembrane*), on peut les rapprocher de préfixes ou de suffixes, mais leur statut morphologique reste en partie controversé (cf. Lehmann/Martin-Berthet 1998, 116s. et 181–183).

Retournant au latin, on peut constater que le contact intense avec le latin (classique) sous forme d'adstrat culturel mène encore à une autre particularité du lexique français, notamment à la coexistence de mots hérités du latin ('mots populaires') et mots empruntés plus tard à cette langue ('mots savants') à l'intérieur de nombreuses familles de mots. Par exemple, pour désigner le concept de l'animal même, on a la forme *cheval*, issue du latin vulgaire *caballus* (et signifiant à l'origine 'cheval hongre/mauvais cheval', cf. DHLF) ; pour les concepts apparentés plus scientifiques et/ou techniques, par contre, on a des formes comme *équestre, équitation*, etc. ayant comme base la forme du latin classique *equus* ; de même pour le fr. *boire* < lat.vulg. *bibere* à côté du fr. *potable* (latin classique *potare*), ainsi que pour le fr. *étoile* < lat.vulg. *stella* à côté du fr. *sidéral, sidéré, sidération* (cf. latin classique *sidus*). De manière générale, cette coexistence de formes populaires et savantes entraîne un taux inférieur d'unités linguistiques motivées, c'est-à-dire d'unités dont le sens peut se déduire à partir d'autres unités du lexique (en allemand, par exemple, la relation est souvent transparente, comme par exemple dans *trinken* 'boire' et *trinkbar* 'potable'). En outre, nous pouvons trouver dans certains cas deux reflets différents d'un même étymon latin, tels que *chose – cause* (du lat. *causa*), *frêle – fragile* (du lat. *fragilis*), *étroit – strict* (du lat. *strictus*), *entier – intègre* (du lat. *integer*), *droit – direct* (du lat. *directus*), *forge – fabrique* (du lat. *fabrica*), *nager – naviguer* (du lat. *navigare*) etc. (cf. Klare 1998, 76). Dans ces paires de mots, appelées doublets lexicaux, on peut constater qu'en général, le mot savant reste plus proche du latin tant au niveau de la prononciation et de la graphie qu'à celui de la signification.

En outre, l'influence de l'adstrat culturel latin se note aussi dans l'évolution de la prononciation et de la graphie de certains mots ayant toujours appartenu au fonds lexical. De fait, dans certains cas, ceux-ci n'ont néanmoins pas suivi l'évolution phonétique régulière, et ils ont conservé, ou à un certain moment repris, une forme plus proche du latin. Par exemple, le mot *larme* aurait dû aboutir à une forme **lerme* selon les lois phonétiques, de même pour *livre* (où le mot latin *liber* aurait dû évoluer vers **loivre*), *charité* (au lieu de **charté*), *espérer* et *esprit* (qui conservent la consonne [s], qui aurait dû s'amuïr selon l'évolution typique du latin au français, comme dans le fr. *épée*, du lat. *spat(h)a/spata*, fr. *épaule*, du latin impérial *spat(h)ula*, fr. *épi*, du lat. *spicum*, fr. *épice*, du lat. *species*, etc.). Les mots avec cette évolution phonétique irrégulière, appelés mots 'mi-savants', relèvent surtout du domaine de la religion et du droit, ce qui s'explique par le contact permanent qui avait lieu dans ces domaines entre la population et les érudits employant la langue latine. De manière générale, on peut constater que le latin chrétien a joué un rôle considérable dans l'histoire des langues romanes, ce qui se constate par exemple dans le mot *parler* (cf. aussi l'italien *parlare*) qui remonte au latin chrétien tardif *parabolare*, dérivé du mot *parabola* ayant le sens de 'récit allégorique du Christ' (et à nouveau, à côté du verbe *parler*, on trouve des dérivés savants qui remontent à la forme du latin classique *loqui*, p. ex. *locution, locuteur, interlocuteur, allocution*, etc.).

Outre les contacts permanents avec le latin et le grec, pendant toute la période médiévale et jusqu'au XVIᵉ siècle, on note une forte influence de la langue arabe, qui a lieu sous différentes formes (cf. Bertrand 2008, 57–74). Premièrement, il s'agit de contacts liés au commerce, qui se reflètent dans l'importation de mots comme *carafe, douane, magasin, tasse, azur, orange, alezan, girafe, abricot, artichaut, coton, épinard, estragon, safran, sucre*, etc. (certains de ces emprunts ont lieu par l'intermédiaire de l'espagnol et de l'italien). Deuxièmement, il y a les contacts liés aux croisades, qui se reflètent également dans un certain nombre d'apports lexicaux (*amiral, arsenal, assassin, calife, émir*, etc.). Dans ces deux cas, il s'agit de situations d'adstrat. Troisièmement, toutefois, le contact avec l'arabe s'opère aussi d'une manière plus indirecte, à travers des textes écrits. D'une part on peut penser ici à des auteurs littéraires et à des ouvrages tels que les *Mille et une nuits*, qui remontent à une source persane ou indienne, mais qui deviendront célèbres en Europe à partir d'une traduction en arabe. Ensuite, c'est le domaine de la science qui est concerné ici, incluant les sciences humaines aussi bien que les sciences dures. Parmi les auteurs arabes, on peut citer Avicenne et Averroès. De plus, de nombreux ouvrages philosophiques et scientifiques datant de l'Antiquité sont traduits du grec en passant par l'intermédiaire de l'arabe vers le latin et les langues romanes, et ces traductions donnent lieu à des emprunts tels que *chiffre, zéro, chimie, élixir, antimoine, sirop*, ainsi que *algèbre, alchimie, alcool, artichaut*, etc. (dans ces derniers emprunts, nous pouvons observer une agglutination de l'article arabe). Pour ces apports lexicaux, la situation se rapproche davantage d'une situation de contact avec un adstrat culturel, puisque le contact ne se passe que de manière indirecte, à travers les textes. En même temps, il convient toutefois de noter que ces contacts avec l'arabe sont des contacts ponctuels (les emprunts sont effectués par un nombre réduit de personnes), alors que pour le latin et le grec, il s'agit de langues vraiment omniprésentes dans le domaine « savant ».

2.3 Le français en contact avec d'autres langues, romanes et non romanes

Quelles sont les autres langues qui ont joué un rôle d'adstrat dans l'histoire du français ? Une langue qui, pendant des siècles, a exercé une influence considérable sur la langue française est l'italien (cf. Hope 1971 ; Bertrand 2008, 89–105 ; DMOE ; Aschenberg 2011). Dès le XIIIe siècle, on constate des contacts intenses entre le français et l'italien dans le domaine de la littérature, comme le montre le fait que des auteurs comme Brunetto Latini et Marco Polo écrivent ou font rédiger leurs textes en français également. Ces contacts deviennent encore plus intenses pendant la Renaissance, et l'italien devient une langue de plus en plus à la mode (cf. les emprunts de *caleçon* et *veste*). Ainsi, on peut observer une véritable passion pour l'Italie en France, qui se traduit par une série d'emprunts dans le lexique des arts. Dans le domaine de la musique, on peut citer *ballet, concert, opéra, sérénade, solfège, sourdine, ténor* ; pour ce qui est de l'architecture, des arts décoratifs et des beaux-arts, il y a p. ex. les mots *belvédère, baldaquin, balcon, arabesque, grotesque, figurine, fresque, modèle* qui sont empruntés. Et même si le nombre d'emprunts à l'italien se réduit considérablement à partir du XVIIe siècle, une certaine influence persiste, et on peut encore relever quelques emprunts qui entrent dans la langue française à une époque plus tardive, p. ex. *toccata*, emprunté au début du XVIIIe siècle (cf. PR).

Certains de ces emprunts s'emploient aussi dans plusieurs arts différents, p. ex. le terme *grotesque*, qui est à l'origine un terme d'architecture désignant un style d'ornement, deviendra un terme de la critique d'art et surtout de la critique littéraire. Un cas intéressant est aussi l'emprunt du mot *pantalon*, qui désigne d'abord un certain personnage de la *Commedia dell'arte*, un vieillard cupide et hypocrite, et ensuite son habit caractéristique, qui est une sorte de salopette allant du cou aux pieds ; le sens moderne de ce mot apparaît avec la Révolution (cf. DHLF). Le fait que des troupes de comédiens italiens sont invités à Paris (la première troupe est celle des *Gelosi*, qui se met au service du roi vers 1568, cf. d'Auriac 1878, 19) et qu'ils donnent des spectacles à Paris depuis le XVIe siècle confirme que l'italien a été dans une situation de contact intense avec le français. Ainsi, dans les premières pièces des comédiens italiens, les canevas sont en italien, et la langue italienne continue à s'employer dans les pièces de la Comédie-Italienne du XVIe et XVIIe siècle. (Toutefois, le français gagnera de plus en plus de place dans les pièces avec l'engagement d'acteurs français, et au début du XVIIIe siècle, l'italien sera complètement abandonné dans le « nouveau Théâtre Italien » ; cf. Attinger 1950 ; Guardenti 1990 ; Rivara 1996).

Mais les emprunts à la langue italienne ne concernent pas seulement le domaine des arts. Premièrement, il faut citer aussi les dites « guerres d'Italie », qui ont lieu de la fin du XVe siècle jusqu'à la moitié du XVIe siècle et qui entraînent l'importation d'une série de mots du domaine de la guerre (p. ex. *alarme, alerte, bataillon, bravade, canon, cartouche, sentinelle, soldat*, etc.). Deuxièmement, il y a également des contacts commerciaux qui facilitent l'emprunt de termes du commerce et des finances (p. ex. *bilan, banqueroute, [biens] liquides, contrebande*). Pendant la Renaissance, l'italien a également exercé une forte influence sur d'autres langues européennes, mais le contact entre le français et l'italien représente tout de même un cas particulier à cause du contexte historique (notamment les guerres d'Italie) et des relations particulièrement étroites entre la cour française et la famille des Medici à Florence.

De plus, de manière générale, il semble intéressant de noter que le contact long et intense entre l'italien et le français a également provoqué des réactions très critiques, auxquelles nous reviendrons dans la cinquième partie de cette contribution. En même temps, les influences n'ont pas été unidirectionnelles, tout au contraire, le français a aussi considérablement influé sur la langue italienne (cf. l'étude de Hope 1971). La même observation est d'ailleurs valable pour le français et l'espagnol (cf. Dworkin 2012, 118–138) ainsi que pour le français et l'anglais.

Une autre langue romane ayant exercé une influence relativement longue et importante sur le français est l'espagnol, ce qui se note par une série d'emprunts lexicaux, qui ont eu lieu à partir du XIIe siècle et jusqu'à aujourd'hui. Souvent, ces mots désignent des réalités « étrangères », p. ex. il s'agit de termes culinaires (*chorizo, gaspacho, paella, vanille*), de termes qui se situent dans le contexte de la tauromachie (*corrida, aficionado*), celui de l'habillement (*sombrero, mantille*), etc. À un moindre degré, on peut également citer le portugais (p. ex. *caravelle, bossa nova, capoeira, fado*), mais le portugais a surtout une fonction de langue intermédiaire, ce qui est également le cas pour l'espagnol. Ainsi, nous trouvons, à côté des emprunts à l'espagnol et au portugais « proprement dits », des emprunts désignant des objets provenant des pays de l'Amérique, de l'Asie et de l'Afrique. Pour l'espagnol, on peut citer les mots *avocat, cacahuète, cacao, caïman, cannibale, caoutchouc, chocolat, cigare, hamac, maïs, puma, tabac* et *tomate* ; pour les emprunts qui passent par le portugais, il y a *cajou, piranha, macaque, mangue, cobaye* (qui signifie d'abord 'cochon d'Inde' et ne prend que plus tardivement le sens de 'personne ou animal sur qui on tente une expérience') etc. Ainsi, les mots que nous venons de citer proviennent, en réalité, d'autres langues telles que le nahuatl, les langues haïtiennes, les langues des Caraïbes, etc., mais leur importation s'effectue par l'espagnol et le portugais, qui figurent comme des langues intermédiaires (cf. Bertrand 2008, 173–184).

Ensuite, on peut aussi relever un certain nombre d'emprunts à d'autres langues (cf. Bertrand 2008), dont les langues germaniques, les langues slaves, les langues orientales et les langues africaines. Les Vikings qui s'installent sur les côtes de la Normandie aux IXe et Xe siècles font entrer quelques mots du vieux norois dans le lexique du français (p. ex. *carlingue, crabe, crique, hauban, homard, flotte, vague*). Ces emprunts, qui concernent surtout le domaine de la navigation, peuvent se classifier d'emprunts par superstrat (cf. le paragraphe 2.1 ci-dessus). En outre, on trouve aussi des emprunts d'origine germanique plus récents, qui relèvent de situations de contact du type adstrat, p. ex. *édredon, fjord, geyser, ski, slalom, narval* et *renne*. Le contact avec le néerlandais se reflète dans les mots *bâbord, dégringoler, frelater, maquiller, tribord, vrac, yacht, yole*, etc. ; de même, on peut relever quelques emprunts à l'allemand (p. ex. *accordéon, blinder, calèche, leitmotiv, loustic, trinquer*, du verbe allemand *trinken* 'boire' ainsi que des emprunts plus récents liés au contexte des guerres mondiales tels que *bunker, nazi, putsch* et *stalag*, qui vient d'une forme abrégée de l'allemand *Stammlager* 'camp de base [de prisonniers de guerre]').

Pour les langues slaves, on peut citer une série d'emprunts au russe ; souvent, il s'agit de mots désignant des objets ou des réalités de la vie et de l'histoire de la Russie et de l'Union Soviétique (p. ex. *bolchevique, boyard, kolkhoze, perestroïka, rouble, soviet, tzar/tsar, intelligentsia, balalaïka, datcha, mazout, taïga, toundra* ; pour les termes gastronomiques, on peut citer *blinis, borchtch, samovar* et *vodka*). De même, on trouve quelques emprunts au polonais (*chapka, cosaque, mazurka*). En ce qui concerne les langues orientales, il s'agit premièrement de langues du Proche et du Moyen-Orient (le turc, p. ex. *laiton* et *caviar* [emprunté par l'intermédiaire de l'italien], ainsi que le persan, p. ex. *pyjama* [emprunté par l'intermédiaire de l'anglais], *turban, jasmin* [emprunté par l'intermédiaire de l'arabe], *caravane, divan, douane* ; pour les emprunts au turc, cf. Schweickard 2014 ; pour les emprunts dans le domaine culinaire, cf. aussi Schweickard 2015). En outre, on trouve quelques emprunts aux langues de l'Extrême-Orient ; parmi ces emprunts, les mots d'origine japonaise concernent souvent, mais pas exclusivement, le domaine du sport (p. ex. *aïkido*, *karaté*, *judo*, *dan*, mais on trouve aussi *bonzaï*, *bonze*, *geisha*, *kamikaze*, *kimono*, *saké*, *samouraï*). Les emprunts au chinois sont parfois des emprunts directs (*taï chi*, *yin* et *yang*) ou encore des emprunts par l'intermédiaire du japonais (*shogun*, *soja*, *zen*) ; parfois, leur parcours est controversé (p. ex. le nom du jeu de *go*). Finalement, les emprunts aux langues africaines concernent surtout des noms d'animaux (*chimpanzé*, *macaque*, *gnou*, *tsé-tsé*) ou encore des objets et des réalités africains (*bamboula*, *balafon*, *kora*) ; comme nous l'avons déjà vu plus haut, ici encore, certains emprunts passent par l'intermédiaire d'autres langues. Au total, toutefois, le nombre d'emprunts aux langues d'Afrique est relativement restreint en français métropolitain.

Avant de passer à l'analyse du rôle de l'anglais, il convient de noter que les langues régionales sont aussi en contact avec le français, ce qui a donné lieu à un certain nombre d'emprunts. Citons l'exemple des emprunts au breton *bijou*, *bigouden*, *baragouin*, *biniou* et *menhir*. L'influence du breton se note également dans certains prénoms assez courants, tels qu'*Arthur*, *Gwénola*, *Gwénaëlle*, *Hervé*, *Ronan*, *Tanguy*, *Yannick*, *Yves*, etc. Toutefois, les prénoms représentent une catégorie particulière, et les modes de prénoms d'origine étrangère mériteraient d'être discutées plus en détail (cf. les modes de prénoms anglais ou italiens, cf. Fischer 2008 pour une étude des modes de prénoms d'origine anglophone en Allemagne).

3 Le contact avec l'anglais

Pour le français actuel, tout comme pour les autres langues européennes majeures, l'anglais représente la langue de contact la plus importante d'un point de vue quantitatif aussi bien que qualitatif. Cette situation n'est nullement particulière au français, et on peut constater une forte importance de l'anglais à l'échelle mondiale, de sorte que bon nombre des emprunts à l'anglais sont partagés par différentes langues. Ces emprunts du type *leader*, *manager*, *badminton*, *tennis*, *blues*, *jazz*, *internet*, etc. (pour plus d'exemples, voir ci-dessous) peuvent se classifier d'internationalismes (Braun 1990 ; Schaeder 1990 ; Volmert 1990). Dans une perspective linguistique, il semble important d'insister sur cette particularité, puisqu'ici, le contact entre la langue source (l'anglais) et la langue cible (p. ex. le français) n'entraîne pas seulement un rapprochement de ces deux langues, mais effectue aussi un rapprochement entre différentes langues cibles qui ont emprunté les mots anglais. De plus, on peut constater que ce vocabulaire international est souvent créé à partir de racines latines ou grecques (cf. Volmert 1996), ce qui peut augmenter la transparence des mots à travers les différentes langues et faciliter leur importation dans d'autres langues.

En outre, il convient de signaler que le contact entre le français et l'anglais ne s'opère pas seulement vers le français ; bien au contraire, pendant le Moyen Âge, le français a eu une influence notoire sur la langue anglaise (Bertrand 2008, 148s.). Depuis Guillaume le Conquérant au XIe siècle et jusqu'au règne de Henry IV, c'est-à-dire jusqu'au début du XVe siècle, l'ancien français, et plus précisément sa variété normande, sera la langue maternelle des rois d'Angleterre et la langue parlée à la cour anglaise. Dans ce contexte se développe la littérature anglo-normande, qui est une littérature de langue française produite en Angleterre (p. ex. les *Lais* de Marie de France). La forte influence du français sur l'anglais se reflète dans des emprunts de mots fréquents tels que l'angl. *cat* (< a.fr. *chat*), *car* (< a.fr. *car/char*), *challenge* (< a.fr. *chalengier*) et *castle* (< a.fr. *chastel*), et on estime qu'environ 40% du vocabulaire anglais remontent à une origine française (Bertrand 2008, 148).

Par conséquent, certains mots que le français a importés de l'anglais sont en réalité des emprunts aller-retour, c'est-à-dire qu'il s'agit de mots anglais d'origine française qui, par la suite, sont « réintroduits » dans le lexique du français, comme dans le cas des formes *challenge* et *car*, que nous venons de citer. Le mot *car* a été emprunté dans un sens spécifique, celui de 'voiture de tramway, véhicule sur rails', qui ne s'est pas maintenu. La forme fr. *car* 'autocar' pourrait s'analyser, en revanche, comme une abréviation du fr. *autocar*, également empruntée à l'anglais, où *autocar* signifiait 'automobile' (cf. DHLF s.v. *car*$_2$; nous reviendrons aux phénomènes de changements sémantiques/divergences sémantiques qui peuvent accompagner les emprunts dans le paragraphe suivant). En outre, on peut donner l'exemple du fr. *sport*, qui remonte à l'angl. *sport/disport*, emprunté à l'ancien français *desport*, et celui du fr. *tennis*, qui a été emprunté à l'anglais *tennis*, qui a, à son tour, emprunté ce mot au français du XIVe siècle pour désigner le jeu de paume ; il s'agit ici plus précisément de l'impératif du verbe français *tenir*, crié par le serveur dans ce jeu, qui a fourni la base pour la désignation du jeu. De plus, le mot adopte en français également le sens de 'terrain de tennis', où l'anglais a *(tennis) court* uniquement ; ce dernier mot représente également un emprunt aller-retour en français (ancien français *court*, *cort* → angl. *court* → fr. *court* ; cf. DHLF). Mentionnons finalement le cas du mot anglais *jean(s)*, qui remonte à la désignation française du nom de la ville italienne de Gênes, d'où l'on importait cette toile (cf. les désignations en moyen anglais *Gene, Jene, Jeyne, Jayne* et *Jane* et celle de l'ancien/moyen français *Janne(s)*, cf. OED, DHLF).

Il semble intéressant de noter que dans une perspective historique, le contact relativement intensif avec l'anglais ne représente pas un cas unique ; de fait, on peut le rapprocher de la situation au XVIe siècle, où de nombreux mots italiens entrent dans le lexique du français, et où l'on trouve également des discours très critiques comme celui d'Henri Estienne qui souligne les dangers de l'influence italienne, ressentie comme trop importante (cf. Bertrand 2008, 147 et la partie 5.1 ci-dessous).

L'influence de l'anglais sur le français s'intensifie de plus en plus avec l'industrialisation, c'est-à-dire à partir du XIXe siècle, et le contact devient encore plus intense aux XXe et XXIe siècles. Souvent, les emprunts concernent des domaines spécifiques du lexique tels que le vocabulaire industriel (cf. *bulldozer, cargo, express, fuel(-oil), pipe-line, rail, tramway, tunnel*), la politique et la gestion d'entreprises (cf.

budget, leader, lobby, manager, marketing, staff, jury, boycotter, interview, meeting, lock-out, speaker). Dans le domaine du sport, on voit apparaître le terme de *sport* même, et, de la même façon, *badminton, baseball, basket-ball, bobsleigh, bowling, boxe, cricket, croquet, curling, football, golf, handball, hockey, rafting, rugby, snooker, squash, surf, tennis, volley-ball, challenge, fair-play, match, record, sprint*, etc. ; pour ce qui est de la musique et de la danse contemporaines, on peut citer *beat, bebop, big band, blues, boogie(-woogie), folk, fox-trot, funk, grunge, jazz, heavy metal, new age, pop, punk rock, rap, reggae, rock 'n' roll, slow fox, soul, swing, techno, twist*, etc. ; dans le domaine du commerce, de la mode et du style de vie, il y a *blue jean(s), clip, dandy, look, marketing, shopping, week-end*, etc. Parmi les emprunts récents figurent enfin beaucoup de termes qui relèvent du vocabulaire de l'informatique et de l'internet (p. ex. *blog, bug, (t)chat, internet, mail/e-mail, spam, web*, etc.).

De manière générale, le paysage médiatique international joue un grand rôle dans la diffusion de l'anglais dans le monde. L'importance de ce facteur s'est encore renforcée au cours des dernières années avec le succès grandissant de l'internet et des technologies de communication qu'il offre : aujourd'hui, chaque locuteur peut, à quelque heure qui soit, accéder à des documents en anglais, p. ex. sur des sujets d'actualité, et cela non seulement sous forme de documents écrits (articles de presse, reportages, etc.), mais aussi sous forme de documents oraux disponibles sur internet, et en accédant directement à des stations de radio et des chaînes de télévision anglophones etc. De plus, les utilisateurs ne doivent pas se contenter d'un rôle de consommateur passif, mais les nouvelles formes de communication offrent également des possibilités d'entrer directement en contact avec des locuteurs d'autres langues et d'autres pays.

En même temps, le degré de bilinguisme des locuteurs français est relativement élevé, ce qui facilite également les emprunts. De fait, en France, l'anglais est la langue étrangère la plus importante dans la formation scolaire (Humbley 2002, 113) ; il est actuellement enseigné dès l'école primaire (au plus tard), de sorte que les couches jeunes de la population disposent de connaissances de plus en plus approfondies de la langue. De plus, l'emploi de la langue anglaise a aussi lieu dans des milieux professionnels ; par conséquent, on peut affirmer que la pratique de l'anglais et le niveau du bilinguisme augmentent globalement.

L'influence de l'anglais au niveau lexical semble être hors de question. Pour les autres niveaux d'analyse linguistique, par contre, on s'est interrogé sur la question de savoir si la structure de la langue française a également été influencée par l'anglais ou non. Par exemple, par l'emprunt de mots comme *shopping*, la prononciation [ŋ] s'est introduite, mais son statut reste controversé : devrait-on prendre en compte la diffusion marginale de cette prononciation au sein de la langue française, ou s'agit-il tout simplement d'un nouveau phonème de la langue française, puisqu'il est possible de trouver les paires minimales *campine – camping* [kãpin – kãpiŋ] et *chopine – shopping* [ʃɔpin – ʃɔpiŋ] ? La plupart des auteurs ont opté pour la deuxième solution, mais cette analyse ne fait pas complètement l'unanimité (cf., pour plus de détails, Schweickard 1998, 297).

Au niveau de la morphosyntaxe, c'est surtout dans les discours puristes comme le livre *Parlez-vous franglais ?* d'Étiemble (1964) que l'on peut trouver un large éventail de structures nouvelles qui, selon les auteurs, indiqueraient une influence anglaise. Parmi les structures les plus souvent citées figurent l'antéposition de l'adjectif (*une sérieuse affaire, une positive attitude, une considérable catastrophe, les récents progrès*), l'emploi du comparatif et du superlatif au lieu du positif, l'emploi de composés du type déterminant-déterminé (*Alpes Hôtel* au lieu de *Hôtel des Alpes*), l'usage fréquent de la voix passive (*des critiques ont été formulées* au lieu de *on a formulé des critiques*), l'accumulation d'adjectifs (*une moderne et somptueuse demeure*) et l'utilisation d'adjectifs au lieu d'adverbes (*acheter français, sourire jeune, penser socialiste*, cf. Beinke 1990, 85–89 ; McLaughlin 2011). Certaines de ces structures, qui existent sous une forme analogue en anglais, sont en effet bien documentées en français actuel. Néanmoins, il reste à prouver que les structures françaises doivent s'expliquer nécessairement et exclusivement par le contact avec l'anglais ; de fait, il n'y a pratiquement pas d'études sur ce thème qui dépassent la simple énumération d'exemples rassemblés au hasard. Une exception méritoire à cette tendance est l'étude récente de McLaughlin (2011), qui vise à combler cette lacune en analysant un corpus d'informations de presse élaborées dans une agence de presse française pour traduire des informations de presse en langue anglaise. Malgré les objectifs volontairement restreints de l'étude de McLaughlin (elle n'analyse que trois phénomènes où on pourrait soupçonner une influence anglaise, et n'étudie qu'un type de texte spécifique), son analyse permet d'affirmer que pour le niveau syntaxique, on peut relever certains effets du contact, mais en même temps, il paraît légitime d'affirmer que les effets du contact avec l'anglais sont surestimés dans les travaux d'orientation puriste. Ainsi, il semble avantageux d'assumer que le contact linguistique représente tout au plus un facteur parmi d'autres expliquant les changements syntaxiques en cours.

4 Modalités de l'influence et enjeux de l'importation/intégration des emprunts

Après ce panorama historique des contacts entre la langue française et d'autres idiomes, essayons maintenant de déterminer quels sont les types d'innovations qui peuvent résulter de situations de contact linguistique. Commençons par deux phénomènes qui impliquent un contact entre différentes langues, mais qui, cependant, ne représentent pas d'emprunts proprement dits : les créations lexicales et les faux-emprunts (Winter 2005 ; Winter-Froemel 2009a).

Les créations lexicales (ou emprunts-créations, cf. Humbley 1988) comme le fr. *ordinateur* permettent de rendre le sens d'un mot étranger (en l'occurrence l'angl. *computer*), sans qu'il soit importé (cf. l'all. *Computer*) ni qu'il soit imité sur la base d'éléments déjà présents dans la langue, c'est-à-dire sans que la conceptualisation sur laquelle repose le mot étranger soit reproduite avec des formes de la langue d'accueil (un exemple de cette dernière stratégie fournit l'all. *Rechner*, qui est dérivé du verbe *rechnen* 'calculer' et imite ainsi la conceptualisation du nom anglais dérivé du verbe *compute*). Tandis que ces dernières formes peuvent se classifier d'emprunts au sens large, c'est-à-dire qu'elles représentent des formes influencées par un modèle de la langue source, une telle influence au niveau des structures ou de la conceptualisation est absente pour les créations lexicales. Pour elles, l'influence de la langue « source » se limite à inciter à la création d'un équivalent dans la langue cible, de sorte que l'on peut parler d'innovations induites par une situation de contact linguistique. L'incitation à l'innovation peut aboutir soit à une formation de mots (cf. le fr. *ordinateur*), soit à une innovation sémantique (p. ex. le fr. *témoin* a été proposé pour rendre l'angl. *cookie* [informatique], et cette innovation peut s'expliquer par une innovation métaphorique partant du sens d'origine du mot français ; de même pour le fr. *animateur*, créé pour rendre l'angl. *disc-jockey*).

Dans les travaux antérieurs, le statut des créations lexicales – leur appartenance au domaine des emprunts – est controversé. Certains auteurs les rangent parmi les calques (cf. Betz 1949 ; Kiesler 1993) ; d'autres mettent l'accent sur le fait que la forme de ces mots doit s'expliquer indépendamment de la forme du mot étranger, de sorte que l'on pourrait à la rigueur parler d'un emprunt de concept, mais pas d'un sous-type d'emprunt (Höfler 1971, 64 ; 1981 ; Bäcker 1975, 87 et 96s.). Cette controverse peut se résoudre si on distingue deux approches distinctes qui sont en jeu ici (cf. Winter 2005 ; Winter-Froemel 2009a ; 2011), l'une onomasiologique – à quelles stratégies peuvent recourir les locuteurs de la langue d'accueil pour rendre un terme étranger ? –, l'autre sémasiologique et étymologique – sous quelles formes peut se manifester l'influence d'un mot ou d'une expression de la langue d'origine dans la langue d'accueil ? (Nous verrons par la suite qu'il y a encore un troisième critère qui entre en jeu ici, à savoir la présence ou absence de marques formelles étrangères).

Les deux approches définissent des champs d'analyse distincts, mais connexes. Selon la première question, on peut identifier trois stratégies de base pour rendre un mot étranger dans la langue d'accueil (importation du mot de la langue source, innovation par analogie, et innovation indépendante). Dans une optique semblable, Polzin-Haumann (2012) distingue trois options fondamentales, celle de traduire (cf. les catégories de l'innovation analogue et de l'innovation indépendante), celle d'intégrer l'emprunt (cf. l'importation, avec des adaptations possibles au système de la langue cible), et celle de l'ignorer (que nous laissons de côté ici.)

L'importation du mot de la langue source et l'innovation par analogie sont également prises en compte par l'approche sémasiologique et étymologique, qui renvoie au domaine des emprunts au sens large. Ceux-ci se réalisent donc selon ces deux options principales, qui sont les emprunts au sens étroit du terme (cf. l'all. *Computer*) et les calques (cf. l'all. *Rechner*). Alors que les premiers se caractérisent par l'importation de la forme de la langue d'origine, les derniers représentent des innovations par analogie à un modèle étranger. Comme pour les innovations induites par une situation de contact linguistique, on peut encore opposer ici les innovations par formation de mots (cf. fr. *franc-maçon* d'après angl. *free-mason*, fr. *lune de miel* d'après angl. *honeymoon*, fr. *vol domestique* d'après angl. *domestic flight*, fr. *libre penseur* d'après angl. *free-thinker*, etc.) et les innovations par innovation sémantique (cf. fr. *toile* 'réseau de fils', 'le réseau télématique mondial' créé d'après l'angl. *web*, qui repose sur une conceptualisation analogue ; de même pour le fr. *souris* 'rongeur', 'dispositif de pointage', créé d'après l'angl. *mouse*). Ensuite, cette systématique peut être élargie en y intégrant différents sous-types des deux catégories, p. ex. en distinguant, au sein des innovations par formation de mots, entre traductions fidèles (*Lehnübersetzung*, cf. les exemples cités ci-dessus) et traductions (en partie) infidèles (*Lehnübertragung*, p. ex. all. *Wolkenkratzer* d'après angl. *sky-scraper*, où la traduction littérale serait *Himmelkratzer*). Le terme de calque est parfois également réservé aux seules formations de mots par analogie à un modèle étranger ; dans ce cas, l'option alternative est désignée par le terme de néologisme sémantique ou emprunt sémantique (cf. Bertrand 2008). Toutefois, il semble avantageux de regrouper les deux types d'innovations par analogie, qui imitent tous les deux la conceptualisation de la langue source. Par ailleurs, le terme d'emprunt sémantique (et son équivalent allemand de *Lehnbedeutung*) semble problématique, puisque, dans une perspective sémiotique, il est impossible d'emprunter le sens d'un mot exclusivement (cf. la définition saussurienne du signe linguistique comme une « unité à deux faces » ; Saussure 1969 [¹1916], 145). Pour une discussion approfondie des catégories qui ont été proposées dans ce contexte, cf. Winter (2005) et Winter-Froemel (2009a ; 2011).

Signalons encore que dans l'article fondamental de Haugen (1950), on trouve une classification légèrement divergente, à savoir tripartite, qui prévoit outre les deux catégories que nous venons de distinguer (importation et innovation par analogie) une catégorie mixte, l'emprunt partiel. Ce dernier se caractérise selon Haugen par le fait de combiner les deux opérations qui sont fondamentales pour les autres types, l'importation et la substitution morphématiques. Par exemple, dans l'all. *Webseite*, qui traduit l'angl. *web page*, une partie de l'expression est directement importée de la langue source (*web*), tandis que le deuxième élément *page* est substitué par l'all. *Seite*, qui a le même sens d'origine (cf. Winter-Froemel 2009b, 196).

Une deuxième catégorie ayant un statut assez problématique dans la recherche antérieure est celle des faux-emprunts ou des pseudo-emprunts (Cypionka 1994). Ceux-ci se caractérisent par le fait qu'ils semblent être des emprunts au sens étroit du terme – ils présentent des marques qui les distinguent du lexique autochtone –, mais qu'ils n'existent pas dans la prétendue langue source. Dans certains travaux, cette catégorie est définie à un niveau purement synchronique selon le critère contrastif (c'est-à-dire que l'on assume un faux-emprunt dès qu'il y a une divergence par rapport à la forme de la langue source ; cf. Étiemble 1964 ; Furiassi 2003 ; 2010), mais ces divergences peuvent également être le résultat de changements morphologiques ou sémantiques lors de la situation d'emprunt, de changements ultérieurs dans la langue source ou cible, ou bien encore de la disparition du mot dans la langue source ou cible. Par exemple, à première vue, il semble impossible d'expliquer le sens du fr. *slip* 'culotte' à partir de l'angl. *slip*, qui ne s'emploie pas dans ce sens. Toutefois, des études diachroniques montrent que le mot français a d'abord signifié 'caleçon de sport', et ce sens reprend directement un des sens du mot anglais dans l'expression *bathing slips*, emploi qui a disparu plus tard (cf. OED, DHLF, EWDS s. v. *Slip*, Cypionka 1994, 212). De même, le fr. *smoking* peut s'expliquer par une troncation du modèle étranger angl. *smoking jacket* (Cypionka 1994, 206–209 ; Humbley 2008b, 234).

Ainsi, on peut également adopter une approche diachronique et restreindre la catégorie des faux-emprunts aux formes qui n'ont jamais eu de forme d'origine en tant que telle dans la prétendue langue source (cf. Haugen 1950, 220s. ; Deroy 1956, 63 ; Tesch 1978 ; Carstensen 1981 ; Höfler 1990 ; Cypionka 1994 ; Jansen 2005, 33 ; Winter-Froemel 2009a). Ces formes sont donc créés à l'intérieur de la langue « cible », mais en ayant recours à des éléments non autochtones (p. ex. le fr. *record-man, tennisman, camping-car*, ou l'all. *picobello*), de sorte que l'on peut les qualifier d'innovations allogènes (cf. Humbley 2008b). Par conséquent, il ne s'agit encore pas d'emprunts proprement dits, mais de phénomènes qui relèvent d'un champ d'étude connexe, qui se définit par la question suivante : quels types de marques formelles étrangères peuvent se manifester dans le lexique d'une langue donnée, et comment peut-on les expliquer ?

Cela nous ramène à la catégorie la plus prototypique d'emprunts, les emprunts par importation. Comme nous l'avons déjà vu, les formes de la langue d'origine présentent souvent des marques formelles qui n'existent pas dans le lexique hérité, et la question se pose donc de savoir si ces marques vont subsister lors de l'importation du mot ou si par contre elles disparaîtront, c'est-à-dire que les locuteurs opteront pour une stratégie d'intégration qui remplace les éléments non conformes au système de la langue d'accueil par des éléments qui s'y conforment. Si on regarde l'histoire du français, et si on la compare à celle d'autres langues, on constate que les différentes options sont bien documentées. Tandis que les emprunts relativement récents sont souvent faciles à identifier d'un point de vue formel – ils contiennent souvent des segments graphiques « étrangers » et sont souvent prononcés d'une manière non conforme aux règles du français (p. ex. *football, leader, clown, week-end*, etc.) –, l'origine étrangère de mots tels que le fr. *redingote* ne se révèle qu'après consultation de sources qui documentent l'étymologie de ce mot (angl. *riding coat*). De manière générale, on note une tendance plus forte à l'intégration pour les emprunts plus anciens en français, tandis que pour les emprunts récents, on conserve souvent la graphie d'origine (d'autres langues comme l'espagnol, par contre, optent plus facilement pour une intégration plus forte, cf. esp. *chófer* [du fr. *chauffeur*], esp. *plató* [du fr. *plateau*] et esp. *güisqui* [qui coexiste avec la graphie *whisky*, tous les deux empruntés à l'angl. *whisky*]).

Pour l'histoire du français, on a distingué trois périodes fondamentales par rapport à l'intégration des emprunts au niveau de la prononciation et de la graphie (cf. Roudet 1908 ; Pergnier 1989, 36 ; Meisenburg 1993). La première période, qui s'étend jusqu'à la fin du XVIIIe siècle, est caractérisée par des emprunts par voie orale, dont la prononciation s'adapte à la langue cible et dont la graphie se fixe ensuite à partir de la prononciation intégrée (p. ex. fr. *redingote* ; de même pour l'angl. *bowling-green*, emprunté sous la forme de *boulingrin* en français). Pendant la deuxième période, qui va jusqu'au début du XXe siècle, les emprunts passent en revanche surtout par la voie écrite, de sorte que la graphie des mots reste identique ou très proche de celle de la forme d'origine ; par contre, les emprunts se prononcent selon les règles de la langue d'accueil, ce qui entraîne une forte divergence par rapport à la prononciation de la langue source (cf. l'exemple de l'angl. *black-jack*, qui donne le fr. *black-jack* [blakӡak]). La dernière période, qui s'étend jusqu'à nos jours, se caractérise enfin par une graphie et une prononciation relativement proches de celles de la forme d'origine. Cette stratégie d'intégration faible donne souvent des formes qui violent les règles de prononciation/d'écriture du français, et même si le mot emprunté ne présente ni de phonèmes ni de graphèmes « étrangers », il peut poser des problèmes pour la lecture ou l'écriture (cf. fr. *baby* [bebi], *fan* [fan] etc.).

À côté des formes faiblement intégrées, on trouve parfois des emprunts ou des variantes de certains emprunts qui se caractérisent par une forte intégration au niveau de la graphie ; souvent, leur emploi est motivé pour des raisons ludiques et/ou expressives (cf. le fr. *niouses* pour *news*). Souvent, ces formes restent des emplois marginaux, confinés à des contextes d'un faible degré de normalisation comme la langue de l'internet, mais dans certains cas, ces graphies peuvent « réussir » et entrer dans les dictionnaires établis, comme c'est le cas pour la forme *pipole*, qui coexiste avec la graphie *people* (cf. PR).

Sur le plan théorique, la question de l'intégration des emprunts renvoie à l'opposition entre *Fremdwort* et *Lehnwort*, qui a été proposée dans la recherche germanophone (dans la littérature anglophone, on distingue entre transfert et intégration, ou encore entre *adoption* et *adaptation, importation* et *substitution* ; Haugen 1950 ; Hock/Joseph 1996). En gros, le *Fremdwort* est considéré comme un emprunt non intégré, le *Lehnwort* comme un emprunt intégré. Toutefois, si on regarde ces définitions de plus près, elles ne sont pas suffisamment claires. De fait, les définitions antérieures ont recours à deux critères bien distincts : d'une part, le statut des mots peut s'évaluer par rapport à la conformité à la forme de la langue source (p. ex. Carstensen 1968), et d'autre part, on peut analyser leur conformité au système de la langue cible (p. ex. Kiesler 1993 ; cf. Winter-Froemel 2008a). En combinant les deux alternatives (conformité ou non-conformité) qui existent pour chacun de ces critères, on obtient non seulement deux, mais quatre options fondamentales qui permettent une analyse détaillée des structures d'un mot emprunté donné. Par exemple, pour les graphies fr. *people* et *pipole*, les segments graphiques <p>, <p>, <l> et <e> sont conformes à la forme de la langue source aussi bien qu'au système de la langue cible (correspondance) ; le segment <eo>, par contre, représente un transfert (conforme à la forme de la langue source, non conforme au système de la langue cible), tandis que la graphie

<i> illustre la possibilité inverse d'une intégration (non-conformité à la forme de la langue source, conformité au système de la langue cible). La quatrième possibilité (non-conformité par rapport aux deux critères) peut enfin s'illustrer par la graphie <ck> dans le français *bifteck* (cf. la graphie du mot d'origine angl. *beef steak*) ; ici, on peut parler d'un allogénisme.

Lors d'une situation d'emprunt s'observent également des changements au niveau de la morphologie. Comme nous l'avons déjà vu avec l'exemple du fr. *smoking*, il peut y avoir des troncations de la forme source, qui ne représentent rien d'autre qu'un type de changement morphologique qui peut accompagner les emprunts. Une autre question qui se pose est celle de l'attribution du genre grammatical et celle de la flexion des noms et des verbes, qui devient nécessaire lors de la réutilisation et de la diffusion de l'emprunt au sein de la langue cible. Pour les noms, la stratégie standard est celle d'une pluralisation par un -*s* final (cf. fr. *fans*, *clubs*, aussi bien que *tagliatelles*, *spaghettis*, où on note un changement numéral, puisque les formes d'origine it. *tagliatelle* et *spaghetti* sont des pluriels, qui sont réinterprétées comme des singuliers en français). Les verbes sont généralement insérés dans le paradigme des verbes réguliers en -*er* (fr. *chatter*, *cliquer*), ou les locuteurs optent pour une paraphrase du type *faire* + N (*light verb strategy* ; cf. Wichmann/Wohlgemuth 2008), qui évite le problème de la flexion verbale de l'élément emprunté (p. ex. fr. *faire un chat*, *faire clic*, etc.).

De même, il est intéressant d'analyser les emprunts selon une perspective sémantique. Premièrement, les mots de la langue source, souvent polysémiques, ne seront empruntés que dans un seul de leurs sens, celui qui est actualisé dans la situation concrète de contact linguistique qui représente le point de départ de l'emprunt (p. ex. le sens du fr. *match* 'compétition sportive' n'est qu'un des sens du mot anglais, où cette forme signifie également 'allumette', 'équivalent', 'correspondance', etc. ; de même pour la forme *squash* qui a aussi le sens de 'courge' en anglais, etc.). Mais bien sûr, il peut y avoir d'autres situations d'emprunt ultérieures, dans lesquelles le mot d'origine sera emprunté dans un autre de ses sens. Deuxièmement, on observe parfois de véritables changements sémantiques, qui se limitent toutefois à deux types, qui sont la spécialisation (p. ex. fr. *sombréro* 'chapeau à larges bords' vs. esp. *sombrero* 'chapeau', fr. *people* 'gens célèbres' vs. angl. *people* 'gens') et la métonymie (fr. *flipper* 'billard électrique' vs. angl. *flipper* 'levier dans le jeu de billard' ; cf. Winter-Froemel 2012). Ces changements peuvent s'expliquer par une réanalyse sémantique de la part de l'auditeur dans la situation de contact, qui, dans un premier temps, passe complètement inaperçue. Pour les spécialisations, on peut supposer que dans la situation du contact linguistique, le mot d'origine a désigné un référent spécifique (en l'occurrence un chapeau à larges bords et une personne célèbre), et que le locuteur et l'auditeur choisissent tout simplement un niveau d'abstraction différent pour conceptualiser le référent ou interpréter le mot en question. Pour les emprunts avec un changement métonymique, on peut également supposer qu'ils ont eu lieu dans une situation de contact linguistique où le mot peut s'interpréter dans les deux sens (p. ex. si le mot *flipper* est inscrit sur les leviers du jeu et sur l'appareil même), de sorte qu'il peut être sémantiquement réanalysé par l'auditeur.

Un dernier aspect relatif aux modalités d'influence se réfère à la question de savoir si l'innovation désigne un nouveau concept, qui n'avait jusque-là pas de désignation (p. ex. *flipper*), ou par contre, si l'innovation vient concurrencer un mot déjà existant dans la langue (p. ex. fr. *people* à côté de *célébrités*, *news* à côté d'*actualités*). Pour caractériser ces deux options, on a parlé d'emprunts « de nécessité » et d'emprunts « de luxe » (cf. Winter-Froemel 2011, 295–319 ; Onysko/Winter-Froemel 2011). Les exemples d'emprunts cités dans les paragraphes 2 et 3 ci-dessus montrent que les emprunts du premier type représentent un groupe très important du point de vue quantitatif et qualitatif (cf. *opéra*, *pantalon*, *chorizo*, *paella*, *tagliatelles*, *pizza*, *caïman*, *blinis*, *bulldozer*, *snooker*, *jazz*, etc.), c'est-à-dire que l'on a affaire ici à un facteur important favorisant l'emprunt, qui peut s'introduire dans la langue cible pour combler une lacune lexicale et permettre de désigner des référents et des concepts nouveaux ou propres à la culture de la langue source.

Toutefois, les termes traditionnels d'emprunt de luxe et d'emprunt de nécessité sont généralement employés dans une perspective puriste, qui admet à la rigueur les emprunts de nécessité, mais condamne strictement les emprunts de luxe. Par exemple, Lenoble-Pinson (1991, 6) affirme que « L'anglomanie contribue à répandre des anglicismes inutiles [...] ». Or, une telle attitude puriste semble très problématique ; de plus, la description traditionnelle des deux catégories n'est pas pertinente, puisque les emprunts « de nécessité » pourraient également être remplacés par des innovations indépendantes (cf. ci-dessus) et ne sont donc pas « nécessaires » ; inversement, les emprunts « de luxe » sont choisis par les locuteurs pour réaliser certains buts communicatifs (p. ex. celui d'obtenir des effets pragmatiques par l'emploi d'une forme novatrice et marquée), et en ce sens, ils sont donc également ressentis comme nécessaires. Par conséquent, il semble avantageux de reconcevoir cette alternative en introduisant des termes plus neutres (p. ex. *katachrestische* vs. *nichtkatachrestische Innovationen*, cf. Winter-Froemel 2011).

5 Réactions au contact linguistique

Très souvent, si on parle de réactions au contact linguistique, ce sont surtout ou exclusivement les réactions négatives qui sont mises en avant, c'est-à-dire, les réactions qui soulignent les dangers que l'on suppose émaner du contact linguistique pour la langue cible et pour la communication à l'intérieur de la langue cible. On note également que c'est surtout dans les périodes de contact intense avec certaines langues sources données que de fortes réactions contre les emprunts se manifestent, et ces langues sont souvent ressenties comme une menace. Toutefois, il ne s'agit là que d'un type de réaction possible. Dans ce qui suit, nous analyserons d'abord les réactions individuelles et les avantages et désavantages potentiels que les différents types d'emprunts et leurs alternatives offrent aux locuteurs, pour ensuite passer aux réactions institutionnelles et aux mesures officielles visant à contrôler certains effets du contact linguistique pour la langue française.

5.1 Réactions individuelles, avantages et désavantages potentiels des emprunts face à d'autres stratégies néologiques

En ce qui concerne les réactions individuelles au contact linguistique à l'époque actuelle, on pourra penser d'abord aux discussions autour des notions du « franglais » et de l'anglomanie, notions qui ont été forgées pour accuser les dangers que l'on suppose émaner du contact avec l'anglais pour la langue française. La prise de position la plus emblématique est probablement celle du livre décidément puriste *Parlez-vous franglais ?* de René Étiemble (1964), mais on peut également relever d'autres prises de position très négatives dès le début du XXe siècle. Parmi les premières manifestations critiques, on peut citer celle d'Étienne Blanchard, qui, en 1912, essaie de défendre le français au Canada face à l'anglais (cf. Bertrand 2008, 162s.). Ensuite, de nombreux autres auteurs comme René Georgin dénoncent la prétendue invasion de mots anglais en France, surtout depuis les années 1950.

De plus, dans le contexte de ces discussions seront publiés de nombreux ouvrages de consultation du genre *Dictionnaire du bon français*, *Dictionnaire des difficultés du français*, où on déconseille (ou condamne) l'emploi d'anglicismes et propose des substituts. Le succès de ces ouvrages ayant une forte orientation normative témoigne du grand intérêt de larges groupes de lecteurs pour ces questions, et d'une certaine préoccupation par rapport aux prétendus dangers.

Or, à côté de ces discours puristes, il y a aussi des études linguistiques qui visent à recenser les anglicismes de manière systématique et à analyser l'envergure réelle de l'influence anglaise selon une perspective plus neutre (cf. les dictionnaires d'anglicismes publiés par Höfler [DDA-H] et Rey-Debove et Gagnon [DDA-RDG] ainsi que le DMOE, etc., cf. Höfler 1970 ; 1980) ; globalement, les travaux des linguistes arrivent à la conclusion que l'influence de l'anglais est beaucoup moins importante que les auteurs puristes ne le suggèrent.

De plus, les aspects potentiellement problématiques de l'influence anglaise et le rôle particulier des discours puristes dans la discussion actuelle se relativisent si on remonte dans l'histoire de la langue française. De fait, à l'époque de la Renaissance, on trouve des attitudes tout à fait analogues (p. ex. celle d'Henri Estienne) qui dénoncent, cette fois-ci, les dangers du contact avec l'italien et le recours exagéré à des expressions d'origine italienne. Aujourd'hui, toutefois, quelques 400 ans plus tard, on peut constater que le contact relativement intensif avec l'italien n'a nullement nui à la perpétuation de la langue française, et la présence de mots italiens dans le lexique du français actuel ne met pas en danger le fonctionnement de la langue française.

En outre, on trouve également des réactions nettement différentes face aux emprunts dans l'histoire du français. Les situations de contact linguistique peuvent également contribuer à créer une conscience de l'identité de la langue ; p. ex. tout au début de la période de l'ancien français, l'identité de cette langue française n'est ressentie que face au latin, après la réforme carolingienne, qui aboutit en quelque sorte à une nouvelle situation de contact linguistique avec le latin classique.

Ensuite, il y a aussi des périodes et des auteurs caractérisés par une volonté marquée d'intégrer les emprunts, qu'ils considèrent comme un enrichissement apporté à la langue, ce qui résulte dans ce que l'on pourrait appeler une joyeuse coexistence de différents styles, registres, manières d'expression, etc. Un des auteurs les plus importants ayant montré une telle attitude est Rabelais, dans les textes duquel sont documentés de nombreux emprunts et d'autres néologismes.

Dans une perspective linguistique, on peut enfin constater que chacune des trois stratégies de base pouvant être choisies par les locuteurs dans des situations de contact linguistique (cf. le paragraphe 4 ci-dessus) présente certains avantages, mais aussi certains inconvénients potentiels en ce qui concerne la communication autant que les efforts cognitifs requis pour la production et l'interprétation de l'énoncé (Winter-Froemel 2008b). Par exemple, les emprunts par importation augmentent la proximité des langues entre elles (langues source et cible et/ou différentes langues cibles), ce qui peut faciliter la communication internationale et l'apprentissage de langues étrangères. Par contre, les emprunts par importation ne peuvent normalement pas être motivés à partir d'autres éléments du lexique de la langue cible. Pour les innovations par analogie et les innovations indépendantes, par contre, la situation est inverse : ces innovations ne causent pas de problèmes particuliers dans l'acquisition/apprentissage de la langue (parce qu'elles ne contiennent pas de structures marquées), mais elles impliquent une prise de distance par rapport à la langue source, qui peut gêner la communication internationale (cf. le fr. *baladeur* et *ordinateur* face aux mots internationaux *walkman* et *computer*, etc.). En ce qui concerne les innovations par analogie (« calques » et « emprunts sémantiques »), il semble intéressant de noter que les travaux puristes formulent des jugements contradictoires par rapport à cette stratégie : d'une part, les puristes y voient une bonne stratégie pour éviter l'emprunt par importation, d'autre part, ils dénoncent cette stratégie, qui représenterait, selon eux, une influence particulièrement dangereuse, puisque masquée (cf. Braselmann 2002, 206s. ; Winter-Froemel 2008b, 17s.). Pour les emprunts par importation, enfin, leur intégration ou non-intégration peut également s'évaluer selon les paramètres que nous venons d'exposer (proximité/distance par rapport à la langue source, statut marqué/non marqué au sein de la langue cible, etc.).

5.2 Réactions institutionnelles

Outre les réactions puristes individuelles, la situation du français en contact avec d'autres langues est également caractérisée par une politique institutionnelle bien développée (pour une vue d'ensemble, cf. Beinke 1990 ; Schmitt 1990 ; 1998 ; Plümer 2000 ; Schweickard 2005 ; pour une analyse des facteurs historiques et politiques qui ont contribué au développement d'une grande préoccupation pour la langue dans la politique française, voir Thody 1995, 7–99). De manière générale, dans la planification linguistique, on peut distinguer entre les mesures qui visent à promouvoir l'usage d'une certaine langue sur un niveau global, face à d'autres langues, d'une part (*status planning*), et les mesures visant à régler l'usage de certaines formes à l'intérieur de la langue (orthographe, substitution d'anglicismes, etc. ; *corpus planning*) d'autre part (cf. Polzin-Haumann 2006, 1473).

Ce sont surtout les influences de l'anglais qui sont visées ici, et depuis le milieu des années 1960 il existe en France une série d'institutions chargées de promouvoir l'emploi de la langue française à l'échelle nationale ou mondiale et de la protéger face à certaines influences étrangères (dans ce qui suit, nous nous concentrerons essentiellement sur la situation en France ; la politique poursuivie au Canada face aux anglicismes est nettement différente de celle de la France ; cf. Bertrand 2008, 164). Parmi ces institutions, on trouve le Haut Comité pour la Défense et l'Expansion de la Langue Française, créé en 1966 par Georges Pompidou, qui prendra plus tard le nom de Haut Comité pour la Langue Française. Plus tard, en 1984, cette institution sera remplacée par le Commissariat Général et le Comité Consultatif de la langue française, ce dernier faisant place à son tour en 1989 au Conseil Supérieur de la Langue Française et à la Délégation Générale à la Langue Française (DGLF), rebaptisée Délégation Générale à la Langue Française et aux Langues de France (DGLFLF) en 2001. Pour la Belgique, on peut citer la Maison de la Francité ; au Canada, c'est l'Office québécois de la langue française qui s'occupe de la politique linguistique québécoise en proposant une Banque de dépannage linguistique et un dictionnaire terminologique recommandant des substituts pour certains termes anglais (cf. Lenoble-Pinson 1991).

Parallèlement, on a mis en place des commissions de terminologie pour différents secteurs du lexique (tourisme, postes et télécommunications, informatique, sport, etc. ; cf. Humbley 1988 ; 2002 ; 2008a). Ces commissions ont la tâche d'élaborer des substituts pour des termes techniques et scientifiques étrangers, et ces substituts recommandés sont publiés dans le *Journal officiel*, mis à la disposition des locuteurs anxieux d'éviter les anglicismes. Certains des équivalents recommandés sont entrés dans l'usage (p. ex. *baladeur* pour *walkman*, *logiciel* pour *software*, *puce* pour *chip*, *palmarès* pour *hit-parade*, *VTT* pour *mountain bike*), d'autres, par contre, n'ont pas été adoptés (p. ex. *champ* pour *[tennis] court*, *ardoise électronique* pour *notepad computer*, *arrosage* pour *spamming*, etc.). Depuis 1996, la Commission Générale de Néologie et de Terminologie s'occupe de la planification linguistique au niveau des terminologies.

En ce qui concerne la substitution éventuelle d'anglicismes par des équivalents français, un rôle important revient aux dictionnaires également, surtout aux dictionnaires normatifs tels que le *Dictionnaire de l'Académie française* (DAF), ayant le but d'établir des normes concernant la réalisation des emprunts en français (cf. Rey 2011). De plus, certaines mesures législatives visent à contrôler que les recommandations officielles sont respectées. Ainsi, la dite loi Bas-Lauriol (1975) proscrit l'usage des équivalents dans la rédaction d'actes et de contrats sur le territoire français, et ce but sera repris et renforcé par la dite loi Toubon en 1994 :

> « Dans la désignation, l'offre, la présentation, la publicité écrite ou parlée, le mode d'emploi ou d'utilisation, l'étendue et les conditions de garantie d'un bien ou d'un service, ainsi que les factures et quittances, l'emploi de la langue française est obligatoire. Le recours à tout terme étranger ou à toute expression étrangère est prohibé lorsqu'il existe une expression ou un terme approuvés dans les conditions prévues par le décret no 72–19 du 7 janvier 1972 relatif à l'enrichissement de la langue française. [...] » (Article 1er de la loi No 75–1349 du 31 décembre 1975 relative à l'emploi de la langue française [loi Bas-Lauriol], publié dans le *Journal officiel* du 4 janvier 1976, cité d'après Beinke 1990, 374 ; cf. aussi Schmitt 1979, 39).

Dans l'ensemble, on peut donc relever toute une série d'institutions chargées de l'aménagement linguistique et de la défense institutionnalisée de la langue française. En ce sens, les institutions reflètent un souci constant du bon fonctionnement de la langue française, qui peut être vu comme une particularité de la politique linguistique de l'Hexagone.

6 Conclusion

Notre étude de la langue française en contact avec d'autres langues a révélé qu'au cours de toute son histoire, la langue française a constamment intégré des éléments empruntés à d'autres langues, surtout au niveau lexical. L'ampleur des emprunts peut varier selon les périodes et les langues, mais les situations de contact linguistique sont une constante dans l'évolution de la langue, et les emprunts représentent un phénomène qui peut s'observer pratiquement à tout moment de l'histoire de la langue. En outre, nous avons vu que contact linguistique et contact culturel vont de pair, de sorte que les études sur les emprunts peuvent fournir des informations précieuses sur les faits culturels et inversement. À cet égard, les emprunts peuvent se concevoir comme un véritable enrichissement de la langue, puisqu'ils peuvent introduire des désignations pour des concepts et des objets jusque-là inconnus. En même temps, les locuteurs ont parfois recours aux emprunts pour des raisons stylistiques. De manière générale, les emprunts représentent un type de néologisme parmi d'autres, et par là, ils démontrent l'activité créative des locuteurs qui, par leurs énoncés, contribuent de façon constante à recréer la langue. Cette dynamique inhérente se manifeste de manière très nette dans les emprunts tout récents qui se caractérisent par une coexistence de variantes circulant dans des documents non officiels (cf. p. ex.

les différentes variantes de l'emprunt *people* en français actuel, ou la coexistence de différentes formes pour le pluriel de mots empruntés comme *pizzas* et *pize*). L'emploi d'une certaine forme peut être restreint à des groupes particuliers au sein de la communauté linguistique, et ce sont donc des micro-normes et la dimension sociale du langage qui sont également en jeu ici.

7 Bibliographie

Aschenberg, Heidi (2011), *The Renaissance and its impact on the languages of Europe*, in : Bernd Kortmann/Johan van der Auwera (edd.), *The Languages and Linguistics of Europe. A Comprehensive Guide*, Berlin/Boston, De Gruyter, 697–711.

Attinger, Gustave (1950), *L'esprit de la commedia dell'arte dans le théâtre français*, Paris, Librairie théâtrale.

Bäcker, Notburga (1975), *Probleme des inneren Lehnguts : dargestellt an den Anglizismen der französischen Sportsprache*, Tübingen, Narr.

Beinke, Christiane (1990), *Der Mythos « franglais ». Zur Frage der Akzeptanz von Angloamerikanismen im zeitgenössischen Französisch. Mit einem kurzen Ausblick auf die Anglizismen-Diskussion in Dänemark*, Frankfurt am Main et al., Lang (zugl. : Diss. Münster, Westfalen, 1988).

Bertrand, Olivier (2008), *Histoire du vocabulaire français*, Nantes, Éditions du Temps.

Betz, Werner (1949), *Deutsch und Lateinisch. Die Lehnbildungen der althochdeutschen Benediktinerregel*, Bonn, Bouvier u. Co.

Betz, Werner (³1974), *Lehnwörter und Lehnprägungen im Vor- und Frühdeutschen*, in : Friedrich Maurer/Heinz Rupp (edd.), *Deutsche Wortgeschichte*, vol. 1, Berlin/New York, de Gruyter, 135–163.

Braselmann, Petra (2002), *Anglizismen*, in : Ingo Kolboom/Thomas Kotschi/Edward Reichel (edd.), *Handbuch Französisch. Sprache – Literatur – Kultur – Gesellschaft*, Berlin, Schmidt, 204–208.

Braun, Peter (1990), *Internationalismen – Gleiche Wortschätze in europäischen Sprachen*, in : Peter Braun/Burkhard Schaeder/Johannes Volmert (edd.), *Internationalismen. Studien zur interlingualen Lexikologie und Lexikographie*, Tübingen, Niemeyer, 13–33.

Bullock, Barbara E./Toribio, Almeida Jacqueline (2009), *Themes in the study of code-switching*, in : Barbara E. Bullock/Almeida Jacqueline Toribio (edd.), *The Cambridge Handbook of Linguistic Code-switching*, Cambridge, Cambridge University Press, 1–17.

Carstensen, Broder (1968), *Zur Systematik und Terminologie deutsch-englischer Lehnbeziehungen*, in : Herbert E. Brekle/Leonhard Lipka (edd.), *Wortbildung, Syntax und Morphologie. Festschrift zum 60. Geburtstag von Hans Marchand am 1. Oktober 1967*, The Hague/Paris, Mouton, 32–45.

Carstensen, Broder (1981), *Lexikalische Scheinentlehnungen des Deutschen aus dem Englischen*, in : Wolfgang Kühlwein et al. (edd.), *Kontrastive Linguistik und Übersetzungswissenschaft. Akten des Internationalen Kolloquiums Trier/Saarbrücken, 25.–30.9.1978*, München, Fink, 175–182.

Clyne, Michael (1975), *Forschungsbericht Sprachkontakt. Untersuchungsergebnisse und praktische Probleme*, Kronberg/Ts., Scriptor.

Croft, William (2000), *Explaining Language Change. An Evolutionary Approach*, Essex, Pearson Education Limited.

Cypionka, Marion (1994), *Französische « Pseudoanglizismen » : Lehnformationen zwischen Entlehnung, Wortbildung, Form- und Bedeutungswandel*, Tübingen, Narr.

Dabène, Louise/Degache, Christian (edd.) (1996), *Comprendre les langues voisines. ÉLA. Revue de Didactologie des langues-cultures* 104.

DAF = *Dictionnaire de l'Académie française* ([9]1992–), version informatisée, <http://atilf.atilf.fr/academie9.htm> (27.03.2014).

d'Auriac, Eugène (1878), *Étude historique sur les spectacles forains*, in : *Théâtre de la foire – recueil de pièces représentées aux foires Saint-Germain et Saint-Laurent précédé d'un essai historique sur les spectacles forains par Eugène d'Auriac*, Paris, Garnier Frères, 1–55.

Deroy, Louis (1956), *L'emprunt linguistique*, Paris, Les Belles Lettres.

DDA-H = Manfred Höfler (1982), *Dictionnaire des anglicismes*, Paris, Larousse.

DDA-RDG = Josette Rey-Debove/Gilberte Gagnon (1980), *Dictionnaire des anglicismes. Les mots anglais et américains en français*, Paris, Le Robert.

DHLF = Alain Rey (1998), *Dictionnaire historique de la langue française*, 3 vol., Paris, Dictionnaires Le Robert.

DMOE = Henriette Walter/Gérard Walter (1991), *Dictionnaire des mots d'origine étrangère*, Paris, Larousse.

Dworkin, Steven N. (2012), *A History of the Spanish Lexicon. A Linguistic Perspective*, Oxford, Oxford University Press.

Étiemble [, René] (1964), *Parlez-vous franglais ?*, Paris, Gallimard.

EWDS = Friedrich Kluge ([24]2002), *Etymologisches Wörterbuch der deutschen Sprache*, bearb. von Elmar Seebold, Berlin/New York, de Gruyter.

Fischer, Roswitha (2008), *First Names as an Indication of Openness towards Anglo-American Culture*, in : Roswitha Fischer/Hanna Pułaczewska (edd.), *Anglicisms in Europe : Linguistic Diversity in a Global Context*, Cambridge, Cambridge Scholars Publishing, 106–126.

Furiassi, Cristiano (2003), *False Anglicisms in Italian Monolingual Dictionaries : a Case Study of some Electronic Editions*, International Journal of Lexicography 16:2, 121–142.

Furiassi, Cristiano (2010), *False Anglicisms in Italian*, Monza, Polimetrica.

Gass, Susan M./Selinker, Larry (edd.) (2009 [1992]), *Language Transfer in Language Learning*, New York, Routledge.

Guardenti, Renzo (1990), *Gli italiani a Parigi. La Comédie italienne (1660–1697) – Storia, pratica scenica, iconografia*, Roma, Bulzoni.

Hanulíková, Adriana, et al. (2012), *When one person's mistake is another's standard usage : The effect of foreign accent on syntactic processing*, Journal of Cognitive Neuroscience 24:4, 878–887.

Haugen, Einar (1950), *The Analysis of Linguistic Borrowing*, Language 26, 210–231.

Heller, Monica/Pfaff, Carol W. (1996), *Code-switching*, in : Hans Goebl et al. (edd.) (1996/1997), *Kontaktlinguistik. Ein internationales Handbuch zeitgenössischer Forschung*, vol. 1, Berlin/New York, de Gruyter, 594–609.

Hock, Hans Heinrich/Joseph, Brian D. (1996), *Language History, Language Change, and Language Relationship*, Berlin/New York, Mouton de Gruyter.

Höfler, Manfred (1970), *Beiträge zu den Anglizismen im Französischen*, Zeitschrift für romanische Philologie 86, 324–339.

Höfler, Manfred (1971), *Das Problem der sprachlichen Entlehnung. Antrittsvorlesung vom 11. Juni 1970 (gekürzt)*, Jahrbuch der Universität Düsseldorf *1969–70*, Düsseldorf, Triltsch, 59–67.

Höfler, Manfred (1980), *Methodologische Überlegungen zu einem neuen Historischen Wörterbuch der Anglizismen im Französischen*, in : Reinhold Werner (ed.), *Sprachkontakte. Zur gegenseitigen Beeinflussung romanischer und nicht-romanischer Sprachen*, Tübingen, Narr, 69–87.

Höfler, Manfred (1981), *Für eine Ausgliederung der Kategorie « Lehnschöpfung » aus dem Bereich sprachlicher Entlehnung*, in : Wolfgang Pöckl (ed.), *Europäische Mehrsprachigkeit. Festschrift zum 70. Geburtstag von Mario Wandruszka*, Tübingen, Niemeyer, 149–153.

Höfler, Manfred (1990), *Zum Problem der « Scheinentlehnung »*, Archiv für das Studium der neueren Sprachen und Literaturen 142/227, 96–107.

Hope, T. E. (1971), *Lexical Borrowing in the Romance Languages. A Critical Study of Italianisms in French and Gallicisms in Italian from 1100 to 1900*, 2 vol., Oxford, Blackwell.

Huchon, Mireille (2002), *Histoire de la langue française*. Paris, Librairie Générale Française.

Humbley, John (1988), *Comment le français et l'allemand aménagent la terminologie de l'informatique*, La banque des mots, numéro spécial CTN, CILF, 85–148.

Humbley, John (2002), *French*, in : Manfred Görlach (ed.), *English in Europe*, Oxford, Oxford University Press, 108–127.

Humbley, John (2008a), *Anglicisms in French : is French still a case apart ?*, in : Roswitha Fischer/ Hanna Pułaczewska (edd.), *Anglicisms in Europe : Linguistic Diversity in a Global Context*, Cambridge, Cambridge Scholars Publishing, 85–105.

Humbley, John (2008b), *Emprunts, vrais et faux, dans le « Petit Robert 2007 »*, in : Jean Pruvost (ed.), *Dictionnaires et mots voyageurs. Les 40 ans du Petit Robert. De Paul Robert à Alain Rey. Les Journées des dictionnaires de Cergy* [14 mars 2007, Cergy-Pontoise], Éragny sur Oise, Éditions des Silves, 221–238.

Jansen, Silke (2005), *Sprachliches Lehngut im « world wide web ». Neologismen in der französischen und spanischen Internetterminologie*, Tübingen, Narr.

Kiesler, Reinhard (1993), *La tipología de los préstamos lingüísticos : no sólo un problema de terminología*, Zeitschrift für romanische Philologie 109, 505–525.

King, Ruth (2000), *The lexical basis of grammatical borrowing. A Prince Edward Island French case study*, Amsterdam/Philadelphia, Benjamins.

Klare, Johannes (1998), *Französische Sprachgeschichte*, Stuttgart, Klett.

Kristiansen, Gitte (2001), *Social and linguistic stereotyping : A cognitive approach to accents*, Estudios Ingleses de la Universidad Complutense 9, 129–145.

Lehmann, Alise/Martin-Berthet, Françoise (1998), *Introduction à la lexicologie. Sémantique et morphologie*, Paris, Dunod.

Lenoble-Pinson, Michèle (1991), *Anglicismes et substituts français*, Paris/Louvain-la-Neuve, Duculot.

McLaughlin, Mairi (2011), *Syntactic borrowing in contemporary French. A linguistic analysis of news translation*, London, Legenda.

Meisenburg, Trudel (1993), *Graphische und phonische Integration von Fremdwörtern am Beispiel des Spanischen*, Zeitschrift für Sprachwissenschaft 11:1, 47–67.

Müller-Lancé, Johannes (2003), *Der Wortschatz romanischer Sprachen im Tertiärsprachenerwerb*, Tübingen, Stauffenburg.

OED = *Oxford English Dictionary* (2007), Oxford, Oxford University Press, <http://dictionary.oed.com/ entrance.dtl> (27.03.2014).

Onysko, Alexander (2007), *Anglicisms in German. Borrowing, Lexical Productivity, and Written Codeswitching*, Berlin/New York, de Gruyter.

Onysko, Alexander/Winter-Froemel, Esme (2011), *Necessary loans – luxury loans ? Exploring the pragmatic dimension of borrowing*, Journal of Pragmatics 43, 1550–1567.

Pergnier, Maurice (1989), *Les anglicismes*, Paris, Presses Universitaires de France.

Picoche, Jacqueline/Marchello-Nizia, Christiane (³1994), *Histoire de la langue française*, Paris, Nathan.

Plümer, Nicole (2000), *Anglizismus – Purismus – Sprachliche Identität. Eine Untersuchung zu den Anglizismen in der deutschen und französischen Mediensprache* (Diss. Münster, Westfalen, 1999), Frankfurt am Main et al., Lang.

Polzin-Haumann, Claudia (2006), *Sprachplanung, Sprachlenkung und institutionalisierte Sprachpflege : Französisch und Okzitanisch*, in : Gerhard Ernst et al. (edd.), *Romanische Sprachgeschichte. Ein internationales Handbuch zur Geschichte der romanischen Sprachen und ihrer Erforschung*, vol. 2, Berlin/New York, de Gruyter, 1472–1486.

Polzin-Haumann, Claudia (2012), *Übersetzen, integrieren oder ignorieren ? Beobachtungen zum Umgang mit einem Anglizismus im germanophonen, frankophonen und hispanophonen Sprachraum*, in : Vahram Atayan/Ursula Wienen (edd.), *Sprache – Rhetorik – Translation : Festschrift für Alberto Gil zu seinem 60. Geburtstag*, Frankfurt am Main et al., Lang, 111–123.

Poplack, Shana (1980), *Sometimes I'll start a sentence in Spanish Y TERMINO EN ESPAÑOL : Toward a typology of codeswitching*, Linguistics 18, 581–618.

Poplack, Shana (2001), *Code switching : Linguistic*, in : Neil J. Smelser/Paul B. Bates (edd.), *International Encyclopedia of the Social and Behavioral Sciences*, 26 vol., vol. 3, Amsterdam et al., Elsevier, 2062–2065.

Poplack, Shana (2004 [¹1988]), *Code-Switching*, in : Ulrich Ammon et al. (edd.), *Sociolinguistics. An International Handbook of the Science of Language and Society*, vol. 1, Berlin/New York, de Gruyter, 589–596.

Poplack, Shana/Sankoff, David (1988), *Code-Switching*, in : Ulrich Ammon/Norbert Dittmar/Klaus J. Mattheier (edd.), *Sociolinguistics. An International Handbook of the Science of Language and Society*, vol. 2, Berlin/New York, de Gruyter, 1174–1180.

PR = Alain Rey/Josette Rey-Debove (2000), *Le nouveau Petit Robert. Dictionnaire alphabétique et analogique de la langue française*, Paris, Dictionnaires Le Robert.

Reinheimer-Rîpeanu, Sanda (2004), *Les emprunts latins dans les langues romanes*, Bucureşti, Ed. Universităţii din Bucureşti.

Rey, Alain/Duval, Frédéric/Siouffi, Gilles (2007), *Mille ans de langue française. Histoire d'une passion*, Paris, Perrin.

Rey, Christophe (2011), *Les emprunts linguistiques dans les éditions du XVIIIe siècle du* Dictionnaire de l'Académie française, in : Agnès Steukardt et al. (edd.), *Les dictionnaires et l'emprunt. XVIe–XXIe siècle*, Aix-en-Provence, Publications de l'Université de Provence, 107–122.

Riehl, Claudia Maria (2004), *Sprachkontaktforschung. Eine Einführung*, Tübingen, Narr.

Rivara, Annie (1996), *Masques italiens et comédie moderne. Marivaux* – La Double Inconstance, Le Jeu de l'Amour et du Hasard, Orléans, Paradigme.

Roudet, Léonce (1908), *Remarques sur la phonétique des mots français d'emprunt*, Revue de philologie française 22, 241–267.

Saussure, Ferdinand de (1969 [¹1916]), *Cours de linguistique générale. Publié par Charles Bally et Albert Sechehaye*, Paris, Payot.

Schaeder, Burkhard (1990), *Versuch einer theoretischen Grundlegung der Internationalismenforschung*, in : Peter Braun/Burkhard Schaeder/Johannes Volmert (edd.), *Internationalismen. Studien zur interlingualen Lexikologie und Lexikographie*, Tübingen, Niemeyer, 34–46.

Schmitt, Christian (1979), *Sprachplanung und Sprachlenkung im Französischen der Gegenwart*, in : Eckhardt Rattunde (ed.), *Sprachnorm(en) im Fremdsprachenunterricht*, Frankfurt/Berlin/München, Diesterweg, 7–44.

Schmitt, Christian (1990), *Französisch : Sprache und Gesetzgebung. a) Frankreich*, in : Günter Holtus/Michael Metzeltin/Christian Schmitt (edd.), *Lexikon der Romanistischen Linguistik*, vol. V/1, Tübingen, Niemeyer, 354–379.

Schmitt, Christian (1998), *Sprachkultur und Sprachpflege in Frankreich*, in : Albrecht Greule/Franz Lebsanft (edd.), *Europäische Sprachkultur und Sprachpflege. Akten des Regensburger Kolloquiums, Oktober 1996*, Tübingen, Narr, 215–243.

Schweickard, Wolfgang (1991), *Zweitsprache und Kulturadstrat : Funktionen des Lateins in der europäischen Sprachentwicklung*, in : Günter Holtus/Johannes Kramer (edd.), *Das zweisprachige Individuum und die Mehrsprachigkeit in der Gesellschaft. Wilhelm Theodor Elwert zum 85. Geburtstag*, Stuttgart, Steiner, 113–124.

Schweickard, Wolfgang (1998), *Englisch und Romanisch*, in : Günter Holtus/Michael Metzeltin/Christian Schmitt (edd.), *Lexikon der Romanistischen Linguistik*, vol. VII : *Kontakt, Migration und Kunstsprachen : Kontrastivität, Klassifikation und Typologie*, Tübingen, Niemeyer, 291–309.

Schweickard, Wolfgang (2005), *Glanz und Elend der Sprachpflege. Der Umgang mit Anglizismen in Frankreich, Italien und Deutschland*, in : Wolfgang Dahmen et al. (edd.), *Englisch und Romanisch. Romanistisches Kolloquium XVIII*, Tübingen, Narr, 177–191.

Schweickard, Wolfgang (2014), *Türkische Wortgeschichte im Spiegel europäischer Quellen [Besprechungsaufsatz]*, Zeitschrift für romanische Philologie 130, 815–832.

Schweickard, Wolfgang (2015), *« vr'o capama, vr'o paclava, vr'o ciulama ». Sprachliche Reflexe der osmanischen Küche in Europa*, in : Thede Kahl/Johannes Kramer/Elton Prifti (edd.), *Romanica et Balcanica. Wolfgang Dahmen zum 65. Geburtstag*, München, AVM.edition, 221–233.

Steinhauer, Britta (2006), *Transfer im Fremdspracherwerb. Ein Forschungsüberblick und eine empirische Untersuchung des individuellen Transferverhaltens*, Frankfurt am Main et al., Lang.

Tagliavini, Carlo (1998 [1973]), *Einführung in die romanische Philologie*, München, Beck.

Tesch, Gerd (1978), *Linguale Interferenz. Theoretische, terminologische und methodische Grundfragen zu ihrer Erforschung*, Tübingen, Narr.

Thody, Philip (1995), *Le franglais. Forbidden English, forbidden American. Law, Politics and Language in Contemporary France. A Study in Loan Words and National Identity*, London/Atlantic Highlands, Athlone.

Thomason, Sarah Grey/Kaufman, Terrence (1988), *Language Contact, Creolization, and Genetic Linguistics*, Berkeley/Los Angeles/London, University of California Press.

Van Coetsem, Frans (2000), *A General and Unified Theory of the Transmission Process in Language Contact*, Heidelberg, Winter.

Volmert, Johannes (1990), *Interlexikologie – theoretische und methodische Überlegungen zu einem neuen Arbeitsfeld*, in : Peter Braun/Burkhard Schaeder/Johannes Volmert (edd.), *Internationalismen. Studien zur interlingualen Lexikologie und Lexikographie*, Tübingen, Niemeyer, 47–62.

Volmert, Johannes (1996), *Die Rolle griechischer und lateinischer Morpheme bei der Entstehung von Internationalismen*, in : Horst Haider Munske/Alan Kirkness (edd.), *Eurolatein. Das griechische und lateinische Erbe in den europäischen Sprachen*, Tübingen, Niemeyer, 219–235.

Weinreich, Uriel ([6]1968 [[1]1953]), *Languages in Contact. Findings and Problems*, The Hague/Paris, Mouton.

Wichmann, Søren/Wohlgemuth, Jan (2008), *Loan verbs in a typological perspective*, in : Thomas Stolz/Dik Bakker/Rosa Salas Palomo (edd.), *Aspects of Language Contact. New Theoretical, Methodological and Empirical Findings with Special Focus on Romancisation Processes*, Berlin/New York, Mouton de Gruyter, 89–121, <http://email.eva.mpg.de/~wichmann/wichmann_publ.html> (27.02.2009).

Winter, Esme (2005), *Zum Verhältnis sprachkontaktinduzierter Innovationen, lexikalischer Entlehnungen und fremder Wörter – zugleich ein Beitrag zu « Lehnschöpfung » und « Scheinentlehnung »*, Romanistisches Jahrbuch 56, 31–62.

Winter-Froemel, Esme (2008a), *Studying loanwords and loanword integration : Two criteria of conformity*, Newcastle Working Papers in Linguistics 14, 156–176.

Winter-Froemel, Esme (2008b), *Unpleasant, Unnecessary, Unintelligible ? Cognitive and Communicative Criteria for Judging Borrowings and Alternative Strategies*, in : Roswitha Fischer/Hanna Pułaczewska (edd.), *Anglicisms in Europe : Linguistic Diversity in a Global Context*, Cambridge, Cambridge Scholars Publishing, 16–41.

Winter-Froemel, Esme (2009a), *Les emprunts linguistiques – enjeux théoriques et perspectives nouvelles*, Neologica 3, 79–122.

Winter-Froemel, Esme (2009b), *Ital. « browser » = span. « hojeador » = frz. « butineur » ? Strategien des Umgangs mit sprachlicher Fremdheit im Kontext von Entlehnung und Übersetzung*, in : Susanne Gramatzki et al. (edd.), *Trennstrich oder Brückenschlag ? Über-Setzen als literarisches* und linguistisches Phänomen, Beiträge zum XX. Forum Junge Romanistik, Wuppertal, 2.–5. Juni 2004, Bonn, Romanistischer Verlag, 189–208.

Winter-Froemel, Esme (2011), *Entlehnung in der Kommunikation und im Sprachwandel. Theorie und Analysen zum Französischen*, Berlin/Boston, de Gruyter.

Winter-Froemel, Esme (2012), *Néologie sémantique et ambiguïté dans la communication et dans l'évolution des langues : défis méthodologiques et théoriques*, Cahiers de Lexicologie 100, 55–80.

Elmar Eggert

18 Le français dans la communication scientifique et internationale

Abstract : L'article décrit la position de la langue française dans la communication scientifique et internationale. Même si les relations internationales sont dominées par l'anglais, le français continue d'être une des langues les plus importantes à l'échelle mondiale, parce qu'il joue un rôle important comme langue véhiculaire dans un très grand nombre d'institutions internationales et suprarégionales. La langue française jouit d'un soutien résolu par plusieurs organisations publiques ce qui lui assure la position de seconde langue internationale dans les domaines de la politique, des médias, de l'économie et même le domaine du sport international. L'enseignement du français comme langue étrangère augmente considérablement. Pour la communication scientifique, la langue française reste déléguée à une langue mineure, malgré les grands efforts du gouvernement français et le soutien résolu de l'*Organisation Internationale de la Francophonie* lors de ces dernières décennies.

Keywords : langue véhiculaire, communication internationale, communauté scientifique, Francophonie, soutien institutionnel

1 Introduction

Les sciences parlent anglais – cette affirmation, pourtant trop simpliste, décrit assez bien l'impression générale du rôle prépondérant de l'anglais dans les sciences. Pourtant, le monde est plurilingue et, même dans la communication internationale et scientifique, il y a plusieurs langues qui sont utilisées. Le rôle d'une langue à l'échelle internationale peut être déterminé par son usage dans les affaires publiques, c'est-à-dire dans les domaines de la politique, des médias, de l'économie, de l'éducation et des sciences. Cependant, l'importance peut différer sensiblement selon ces fonctions. Le français a maintenu, à côté d'autres langues comme l'espagnol ou le russe, une certaine position dans la communication internationale, même s'il est en train de perdre du terrain et du poids, ce que plusieurs acteurs contestent (sur l'évolution du prestige du français en Europe, cf. Bochmann 2013). De plus en plus, l'anglais s'impose dans les domaines de l'économie, des technologies et des sciences, mais le français reste, par exemple, la deuxième langue de communication diplomatique du monde. L'espace dominé par le français est dénommé francophone (cf. l'origine et la discussion sur le terme dans Pöll 1998, 5–9 ; Erfurt 2013).

Avant de décrire la position du français dans le monde, il faut se rendre compte de ce qui est désigné par « communication internationale » et « communication scientifique ». Le français dans les sciences est commenté au chapitre 2. Le troisième chapitre décrit la position du français dans la communication internationale en détaillant les domaines dans lesquels le français a su garder une certaine importance, non seulement selon le règlement juridique, mais aussi dans la pratique linguistique. Les institutions de promotion du français dans la communication internationale seront brièvement esquissées au chapitre 4 avant de conclure sur le rôle du français au niveau international.

1.1 Détermination théorique des concepts de « langue internationale »

Le français est une langue historique complexe qui comprend plusieurs sous-systèmes utilisés dans des situations multiples par des groupes de locuteurs respectifs. Il faut, dans cette optique, différencier, p. ex., le français parlé par de jeunes banlieusards (↗13 Langue et générations : le langage des jeunes) de familles d'immigrés dans une situation de dispute aux alentours de Paris du français écrit des journaux québécois dans une notice d'actualité internationale ou du français parlé par des étudiantes en philosophie dans une discussion scientifique. En outre, l'usage de la langue que font les locuteurs d'une autre langue maternelle est à distinguer de l'usage des francophones maternels.

Plusieurs termes sont utilisés pour désigner les langues employées dans la communication internationale : le terme de « langue de communication » est opposé à « langue véhiculaire » et à « langue auxiliaire ». D'autres termes, comme « langue administrative », sont plus clairs, parce qu'ils désignent le domaine d'application, dans ce cas, l'usage dans l'administration.

Une langue véhiculaire à niveau international est, d'après le TLFi (s.v. *véhiculaire*) une « langue qui permet la communication entre des peuples ou ethnies de langues différentes » qui s'oppose à une langue vernaculaire. Cette dernière est la langue qui est liée à un espace et un groupe de locuteurs précis qui s'identifient avec cet espace et cette langue. Pour eux, c'est le moyen d'« y puiser leur inspiration et leur source d'expression, [...] la langue de l'identité et de l'appartenance » (Martel 2001, 3). Par contre, la langue véhiculaire est « l'instrument de communication entre individus et groupes [...] n'ayant pas la même langue première » (Martel 2001, 3). L'usage de la langue est donc indépendant de l'identité des groupes impliqués.

La langue véhiculaire est utilisée pour remplir une fonction primordiale, celle de se faire comprendre linguistiquement dans des rencontres internationales, pendant des échanges ou des réunions de groupes de cultures différentes qui, dans ce contact culturel, s'influencent mutuellement ; c'est souvent par le biais de la langue véhiculaire que se réalisent les emprunts culturels et surtout linguistiques.

Hay (2009, 66) distingue, en plus, la « langue auxiliaire » de ces concepts :

> « Une langue auxiliaire internationale (parfois nommée IAL [abréviation de l'anglais *International Auxiliary Language*] ou *auxlang*) ou *interlangue* est une langue utilisée comme moyen de

communication entre les peuples de différentes nations qui n'ont pas de langue commune. Une langue auxiliaire internationale est principalement une langue seconde ».

On a recours à une langue auxiliaire quand il faut pallier temporairement une situation dans laquelle les interlocuteurs ne partagent aucune langue maternelle. Tandis que les langues véhiculaires sont normalement des langues naturelles et qu'elles sont utilisées dans toute sorte de communication entre différents groupes culturels, les langues auxiliaires peuvent être des langues artificielles et être le moyen d'une communication plus spécifique, p. ex. celle des conférences internationales :

> « Les langues construites, telles que l'espéranto, sont souvent appelées « langue auxiliaire ». L'expression est également utilisée pour certaines langues naturelles comme le latin ou le grec ancien (utilisées à une époque où ces langues n'étaient plus vernaculaires). [...] Sur le plan sémantique, ‹ langue auxiliaire › a donc une extension plus grande que ‹ langue véhiculaire › puisque la langue auxiliaire englobe les langues mortes et s'applique à des domaines spécialisés » (Hay 2009, 66).

Comme langue seconde apprise à des finalités pragmatiques, elle n'est souvent maîtrisée que partiellement de sorte qu'elle se rapproche des langues mixtes : « Il faut toutefois remarquer que le terme *véhiculaire* connote *langue* négativement. *Langue véhiculaire* est souvent compris comme signifiant *sabir*,[1] langue d'appoint rudimentaire. [...] » (ibid.).

Les conséquences pour la compréhension culturelle sont fondamentales : si la langue véhiculaire « joue alors le rôle de passerelle, ou de charnière entre deux autres langues, par rapport auxquelles elle se place en position de retrait et tente ainsi de transcender les cultures » (ibid.), on admet que les interlocuteurs sont réduits à quitter leur langue identitaire et leur monde d'expressions traditionnelles s'ils ont recours à un instrument intermédiaire. Ils aspirent à maîtriser cette langue fonctionnellement, machinalement, afin d'arriver à l'objectif essentiel, mais réduit, celui de se faire comprendre. Alors, les langues véhiculaires et surtout les langues auxiliaires sont essentiellement différentes des langues vernaculaires, même si les deux sont à apprécier au même degré selon leurs fonctionnalités. Mais cette distinction est d'autant plus importante qu'il s'agit d'exprimer des idées personnelles, de transmettre des moments de créativité et d'échanger ses pensées dans une tradition culturelle. Certaines discussions demandent un ancrage dans la langue première, tandis que pour d'autres buts, il suffit de s'accorder par un langage neutre, la langue secondaire, telle qu'elle est apprise par la plupart des gens.

Les langues véhiculaires sont internationales si elles servent à une communication internationale et non seulement régionale comme p. ex. en Suisse. Le développement de la mondialisation entraîne une augmentation de la communication interna-

---

[1] Cf. la définition dans le TLFi (s.v. *sabir*) : « Langue mixte, généralement à usage commercial, née du contact de communautés linguistiques différentes ».

tionale. De plus en plus de domaines sont réglés par les États au niveau supranational et, par conséquent, de plus en plus de règlements, de lois, de contrats juridiques, de conventions sociales, de traités économiques, d'accords bilatéraux ou multilatéraux, etc. acquièrent une validité supranationale et sont à rédiger dans une langue internationale et véhiculaire. En général, ce sont les langues d'une grande expansion dans le monde et d'une large diffusion dans plusieurs pays, surtout l'anglais, l'arabe, l'espagnol, le français ou le russe.

1.2 La communication scientifique

Dans notre monde interconnecté, les sciences font partie de la communication internationale et la question de la langue devient virulente. Mais, pour la communication scientifique, il faut un langage spécial remplissant des fonctions spécifiques qui dépassent les exigences à l'usage ordinaire de la langue commune. Afin de pouvoir exprimer toutes les pensées théoriques et abstraites possibles, il faut que le langage dispose de structures lexicales et syntaxiques qui permettent de hiérarchiser et de coordonner des idées et réflexions intellectuelles au plus haut niveau d'abstraction. Ceci ne requiert pas seulement une terminologie systématique et précise, mais surtout des traditions discursives[2] de discussions sur des réflexions scientifiques. Faute d'habitude d'analyser des objets d'étude et d'en soupeser des arguments en utilisant un style de langage de plus en plus complexe, une société n'arrivera pas à un langage scientifique même si on met tout un répertoire nécessaire de termes techniques à la disposition d'une communauté linguistique. C'est la raison pour laquelle seulement une petite partie des langues du monde servent de langues scientifiques (Haarmann 2008, 3360), qui sont le produit de recherches continues de plusieurs générations de chercheurs (cf. Spillner 1994 ; Stein 2003).

Par conséquent, l'usage d'une langue dans les sciences ne dépend pas du nombre de locuteurs au monde, mais de l'activité et des intérêts des chercheurs. Il est même possible d'instaurer une langue scientifique dans certains domaines suite à la volonté d'établir des traditions d'études scientifiques de la part d'une société, comme le montre le renouveau du catalan à la fin du XXᵉ siècle (cf. March Noguera 2001). La communication scientifique n'est fondamentalement pas limitée à une nation ni à ses langues nationales (sauf dans des sociétés autocratiques qui imposent un isolement national), elle est donc essentiellement internationale vu que le débat entre chercheurs dépasse toutes les frontières. Par conséquent, la distinction entre une communication scientifique endoglossique et exoglossique, proposée par Kloss (1969), c'està-dire l'usage des langues vernaculaires par opposition à des langues non-autoch-

---

2 Cf. le concept linguistique des traditions discursives, p. ex. Lebsanft/Schrott (2015).

tones utilisées pour la communication scientifique, paraît inadéquate parce qu'elle décrirait avant tout la situation de la communication nationale.

Le domaine de la communication scientifique est concurrencé par plusieurs langues, le choix de la langue dépendant de plusieurs critères : la langue des études principales dans le domaine, la langue maternelle des chercheurs (à un moindre degré) ou l'appartenance du congrès ou de la revue scientifique à une langue nationale, donc les exigences de la politique linguistique respective, mais c'est aussi l'objet de recherche qui détermine la langue : s'il s'agit d'un objet lié à une entité culturelle et régionale de l'espace francophone, la tendance à utiliser le français est beaucoup plus élevée que dans les domaines théoriques comme les mathématiques. Il est évident que les chercheurs sont conscients des conséquences de leur choix linguistique et qu'ils réfléchissent sur la langue à utiliser pour arriver à leur but d'atteindre un grand public de collègues du monde entier. C'est donc la finalité de la contribution qui détermine avant tout la langue utilisée. Aussi dans l'échange oral, p. ex. lors des colloques internationaux, les chercheurs sont obligés de se servir d'une langue véhiculaire s'ils ne partagent pas de langue primaire.

La communication scientifique peut être différenciée selon les univers discursifs (technique, sciences, institutions), les genres textuels (monographie, examen oral, conférence) qui déterminent le médium de la communication et la situation de communication qui se caractérise par le niveau d'expertise des interlocuteurs ou même la constellation pragmatique (Maaß 2011, 275s.).

1.3 Une langue unique dans les sciences ?

Plusieurs raisons sont discutées pour appuyer l'anglais comme langue scientifique commune : une langue commune surmonterait la diversité linguistique et créerait une communauté scientifique globale qui permettrait la communication sans obstacles ; elle assurerait la diffusion mondiale et une réception globale des études scientifiques et leurs résultats (Trabant 2012, 101) dont profiteraient avant tout les chercheurs de petites communautés linguistiques ; en plus, des standards de présentation de résultats scientifiques qui permettraient de s'impliquer plus facilement dans le discours spécifique seraient alors établis (Knapp 2012, 110).

Par contre, comme une langue scientifique unique n'est pas la langue maternelle de beaucoup de chercheurs, elle est d'emblée une langue véhiculaire, secondaire dans la communication supranationale. Elle se forme dans les interactions des chercheurs de différentes langues et cultures, donc, elle s'enrichit de termes provenant de toutes ces langues et cultures, c'est-à-dire qu'il s'agit d'un mélange de plusieurs langues et surtout de traditions discursives. Une telle langue mondiale se convertirait inéluctablement en langue véhiculaire, une *lingua franca*, qui est le moyen de communication destiné à la désignation d'objets concrets au moment où des locuteurs de langues différentes se rencontrent, donc une langue qui sert principalement à la communication sur les besoins du quotidien à l'aide d'un répertoire limité de signes (Trabant 2012, 103s.). Cela correspond à l'attitude rationnelle dans les sciences où l'on cherche à éliminer la part subjective de la saisie de l'homme sur la nature.

Mais le sens des mots d'une langue est toujours le sens qui s'est constitué dans des traditions discursives, dans des cultures spécifiques présentant des imaginations populaires marquées. Si l'on enlevait le caractère de la spécificité culturelle d'une langue, pour pouvoir couvrir toutes les cultures si différentes qu'elles soient, on créerait une langue dépourvue de sens linguistiques propres qui ne servirait qu'à désigner des entités concrètes. Or, dans les sciences, on n'est pas réduits à la désignation objective, tout au contraire, on a besoin de tout l'éventail d'emplois stylistiques et rhétoriques ; seulement une maîtrise assez élaborée de la langue permet une communication scientifique réussie telle qu'elle est possible dans la langue maternelle après une formation spéciale. Surtout dans les domaines des lettres et arts, les pensées se forment dans la manifestation linguistique de processus interprétatifs (Trabant 2012, 105ss.). Il est donc indispensable que les scientifiques aient recours aux styles les plus complexes pour pouvoir exprimer en leur langue la complexité de leurs pensées, dans toutes les langues, aussi en anglais. Même l'anglais comme langue naturelle articule une vision du monde particulière. En se servant de l'anglais comme langue scientifique internationale, on repose toujours sur la vision particulière de cette langue, au détriment des visions différentes ou seulement complémentaires des autres langues et cultures.

En principe, l'anglais n'est pas une langue véhiculaire, mais à cause des fonctions et l'usage qu'en font les locuteurs dans la communication internationale, même les chercheurs et scientifiques, il se transforme en langue véhiculaire internationale.

Il faut donc, notamment pour les sciences, préserver les autres cultures de pensées qui sont liées aux autres langues utilisées. On peut envisager, pour la communication internationale, une traduction supplémentaire, sans la destiner à supplanter les autres langues. Par conséquent, c'est à l'aide du multilinguisme que l'on arrive à éviter la destruction des différentes cultures de savoir qui se sont formées pendant les derniers siècles.[3] D'ailleurs, la traduction d'ouvrages scientifiques en français est, à côté de publications primaires en français, un enjeu de la politique linguistique de la France (RPELF12).

---

3 Dans le même sens de l'opposition à une langue scientifique unique va la contribution de Oesterreicher (2012) ; plus ouverts à l'anglais comme langue scientifique se montrent Knapp (2012) et Ehlich (2012).

2 Le français dans les sciences

Le potentiel socioculturel d'une langue scientifique moderne se détermine par sa relation avec l'anglais dominant dans le monde des sciences (Haarmann 2008, 3359, Kramer 2008), ce qui vaut notamment pour le français. La production de la prose scientifique dans une langue est le principal périmètre de l'importance d'une langue scientifique internationale, mais comme il s'avère extrêmement difficile de quantifier la production scientifique du français, nous renonçons, excepté quelques chiffres suivants, à des chiffres de comparaison dans ce domaine au profit des réflexions sur la valeur du français comme langue scientifique.

La base de données transdisciplinaire de revues scientifiques *Scopus*, qui contient plus de 21.000 revues (environ 80 % en anglais), peut être analysée pour arriver à une tendance dans l'emploi des différentes langues. Les articles publiés dans ces revues peuvent être triés selon la langue choisie : de 1996 à 2011, la relation du nombre d'articles en anglais avec ceux en français s'est vu augmentée de 5:1 (5 articles en anglais sur un en français) à 7:1 et est donc restée assez stable, tandis que pour l'italien, le ratio est passé de 11:1 à 30:1, ce qui implique une tendance beaucoup plus forte à l'abandon de l'italien dans les articles scientifiques des revues recensées dans *Scopus*. Ceux qui continuent à publier en français le font surtout dans le domaine médical (36,4 %) ainsi que dans les Sciences sociales et Lettres et Arts (36,5 %), tandis que ceux qui publient en allemand le font surtout (34,5 %) dans les Sciences naturelles physiques (Weijen 2012).

2.1 Le français scientifique

Même si les chercheurs tendent fortement à utiliser la principale langue véhiculaire, l'anglais, le français reste une langue des sciences reconnue dans certains domaines. Il faut donc mettre en évidence dans quels domaines le français continue à défendre une position de langue scientifique. Comme le français scientifique n'est pas contrôlé par l'État qui ne peut pas influencer directement son usage dans les sciences, celui-ci dépend de la bonne volonté des chercheurs. Pour rendre l'usage du français possible et probable, « la communauté scientifique francophone doit disposer d'urgence des outils permettant l'expression, en langue française, de sa créativité » comme l'avait déjà signalé Guillou (1989, 4). C'est pourquoi les membres de l'*Organisation Internationale de la Francophonie* (OIF)[4] sont décidés à maintenir une place pour le français scientifique, ne serait-ce que dans les projets de recherche entre les partenaires francophones. Ils sont convaincus que l'avenir de la langue française en tant que

---

4 Les principales organisations dont le centre d'intérêt est le français dans la communication internationale seront décrites et commentées au chapitre 4.

langue internationale est lié à son emploi dans les domaines scientifiques et que la francophonie ne peut réussir que si elle se transforme en « une réalité économique, scientifique et technologique » (Guillou 1989, 1).

La recherche et l'enseignement supérieur sont deux aspects complémentaires, dans le domaine des sciences, dont le centre est l'université. Comme les universités sont des institutions publiques qui se laissent diriger par la politique, elles servent d'instrument pour la politique linguistique. C'est ainsi qu'a été fondée l'*Agence Universitaire francophone* (AUF) qui est une association d'universités qui utilisent le français comme langue d'enseignement et de recherche (cf. chap. 4).

2.2 La publication et les congrès scientifiques

La publication en français est le critère le plus important pour le développement d'un français scientifique compétitif, comme le réclame la *Délégation générale à la langue française et aux langues de France* : « Il est impérieux de renforcer la production et la diffusion de la recherche scientifique en français. Il convient de favoriser chez les chercheurs une « éthique de la publication en français » et de soumettre l'obtention de subventions de recherche à des critères de publication en français. » (RPELF12, 172s.) Pourtant, ce faisant, la politique linguistique s'écarte du multilinguisme qu'elle veut rattraper par la traduction de travaux réalisés en français vers d'autres langues et inversement.

Certaines revues se sont imposées et jouissent d'une reconnaissance internationale, comme les *Cahiers de lexicologie*, les *Cahiers de Recherches Médiévales et Humanistes* etc. Ces revues qui traitent la langue et la culture française sont, bien évidemment, majoritairement en français, mais il y a aussi d'autres revues qui touchent des domaines indépendants de l'origine française ou francophone comme la médecine (*La Revue de Médecine Interne*), la géographie etc. Évidemment, l'influence de ces revues reste essentiellement nationale. L'étude de Bajerski (2011, 305) sur les revues de géographie montre que les revues géographiques françaises, allemandes et espagnoles servent presque exclusivement à la communication scientifique à l'intérieur du pays en employant la langue nationale.

En France, un grand nombre de congrès internationaux se passent en anglais. Pourtant, l'article 6 de la loi Toubon prévoit que l'usage du français doit être possible pour toute personne francophone et qu'un résumé en français doit accompagner les interventions (Becker 2004, 113–117 ; www.legifrance.gouv.fr affichTexte.do?cid Texte=LEGITEXT000005616341, 05/05/2014). Concernant la langue de publication des institutions publiques, l'article 7 détermine :

> « Les publications, revues et communications diffusées en France et qui émanent d'une personne morale de droit public, d'une personne privée exerçant une mission de service public ou d'une personne privée bénéficiant d'une subvention publique doivent, lorsqu'elles sont rédigées en langue étrangère, comporter au moins un résumé en français ».

Le choix de la langue peut s'ériger en obstacle pour la communication scientifique de sorte qu'il y ait un écart entre la qualité de la recherche et la réception restreinte à cause du choix de la langue. Le défi est donc de diffuser, au niveau mondial, les résultats de recherche rédigés aussi en français et pas seulement en anglais.

2.3 La terminologie scientifique

Pour remplir la mission de renforcer l'emploi du français dans les sciences, la langue française doit être développée et modernisée de telle forme qu'elle puisse être utilisée dans les sciences modernes. La *Commission de terminologie* et *FranceTerme* sont les deux institutions chargées de la tâche de créer des néologismes et de proposer des termes équivalents aux anglicismes qui pénètrent la langue française surtout dans les domaines des sciences et de la technique, où ils sont employés souvent par « mimé-tisme ou de méconnaissance », d'après le jugement de l'OIF (LFM10, 134). Les spécia-listes dans les différentes disciplines emploient fréquemment et avec plaisir des termes anglais, parce qu'ils sont en étroit contact avec le langage scientifique international, dominé par l'anglais.[5] Cependant, les propositions de *FranceTerme* pour le langage scientifique s'avèrent parfois insuffisantes parce qu'elles comprennent un grand nombre de termes qui ne sont pas beaucoup utilisés ; par contre, les termes utilisés dans les sciences sont souvent des anglicismes ou des termes d'origine différente qui n'ont pas d'équivalent dans la base de données (Oberhauser 2011, 230s.).

En plus, pour la maîtrise du français scientifique, il faut disposer de livres d'exercices, p. ex. Dalcq/Van Raemdonck/Wilmet (1989). Pourtant, le français scienti-fique n'est pas un ensemble homogène de structures syntaxiques ou morphologi-ques : il y a une grande variation selon les différentes branches des sciences (Maaß 2011, 289). De toute façon, chaque discipline a son propre style, ses propres tournures et une terminologie spécifique qui la caractérisent.

3 La position du français dans la communication internationale

Le rôle d'une langue internationale ne se détermine pas seulement par le nombre de locuteurs dans le monde, mais par le statut dont elle jouit dans les principaux domaines d'application. Le facteur démographique peut indiquer l'importance inter-nationale d'une langue, mais il n'en est qu'un critère parmi d'autres ; même si le

---

5 Cf. la liste des anglicismes relevés par l'*Administration fédérale helvétique* (www.bk.admin.ch/ dienstleistungen/db/anglizismen/index.html?lang=fr).

chinois est, de loin, la langue qui est parlée par le plus grand nombre d'individus au monde, il est certes difficile de le considérer comme langue internationale, et encore moins comme langue véhiculaire internationale ni langue auxiliaire, sauf dans certains cas de figure qui pourraient se présenter en Asie de l'Est.

Une zone d'influence géopolitique peut être marquée par une langue. C'est le cas de l'anglais qui domine, en tant que langue internationale, dans une très grande partie du monde, mais le français et l'espagnol sont deux autres langues d'une grande importance pour la communication internationale, notamment l'espace francophone.

3.1 Nombre de francophones

Pour déterminer le nombre de francophones, sur une base scientifique solide, il faut définir le terme et donc distinguer plusieurs sous-groupes de personnes sachant le français. Des études antérieures sur les francophones s'étaient basées sur deux types de francophones :

> « Dans la première catégorie se trouvaient les francophones définis comme personnes ‹ capables de faire face, en français, aux situations de communication courante ›. Dans la deuxième catégorie figuraient les ‹ francophones partiels ›, c'est-à-dire les personnes ‹ ayant une compétence réduite en français, leur permettant de faire face à un nombre limité de situations › » (LFM10, 25).

À part le degré de la compétence dans la langue, il vaut mieux considérer l'usage de la langue qu'en font les personnes dans la vie quotidienne. Les critères appliqués par l'OIF sont donc le degré d'alphabétisation (si les personnes savent lire et écrire en français) et le degré d'appropriation de la langue par les populations (« donc la forte présence dans tous les domaines d'activité et tous les environnements (sociaux, économiques, administratifs, audiovisuels) » LFM-S10, 6). Ils ne tiennent pas compte, surtout pour les pays africains, de ceux qui sont seulement capables de s'exprimer oralement en français ou de le comprendre ni des gens âgés de moins de 10 ans. Cela mène à des chiffres qui dévient clairement des chiffres d'estimations antérieures. Ne sont plus comptés ces locuteurs du français qui parlent couramment et régulièrement la langue sans avoir suivi une scolarisation, tandis que d'autres qui ont appris le français à l'école sans forcément l'utiliser au quotidien sont inclus. L'ampleur de leur compétence à l'écrit n'est pourtant pas spécifiée dans la partie méthodologique (LFM10, 17–26). L'enseignement en et du français est un critère qui est utilisé pour l'estimation de plusieurs pays où il n'y avait pas de statistiques sur l'emploi de la langue.[6]

---

6 On ne distingue plus entre langue maternelle (ou primaire) et langue secondaire, parce que les cas de figure se présentent d'une manière beaucoup plus variée que ne l'indique cette bipartition.

Sans vouloir approfondir la problématique du recensement scientifique, différent selon les pays, on peut retenir l'estimation du nombre de francophones en 2010 à 220 millions (LFM10, 9 ; ↗7 Aménagement linguistique et défense institutionnalisée de la langue : Francophonie, chap. 1.2). Dans ces pays qui ont un système d'éducation où le français est la seule langue d'enseignement, il faut considérer un nombre de francophones plus important qu'envisagé jusqu'à présent.

Pour l'Afrique (y inclus les îles de l'Océan Indien), l'*Observatoire de la langue française* de l'OIF dresse plusieurs tableaux avec le nombre et le pourcentage de francophones dans chaque pays membre. Si l'on en fait la somme, on arrive à 92,5 millions de francophones, selon les nouvelles méthodes de recensement de l'OIF. Le nombre de francophones au Canada s'élève à 9,5 millions plus un peu moins de 2 millions de francophones à Haïti et sur les autres îles des Caraïbes (Guadeloupe, Martinique). Pour les États-Unis, les auteurs mettent en question les 2,1 millions de francophones du recensement de 2000 et avancent un chiffre de 5 à 6 millions, vu que plus de 11 millions de personnes aux États-Unis avaient déclaré une origine ethnique française, franco-canadienne, cadjine ou haïtienne (LFM10, 10). L'Europe Centrale et de l'Est compte, selon ces chiffres, 4,47 millions de francophones, l'Europe de l'Ouest, avec la France, la Belgique, la Suisse et tous les autres pays de la Francophonie tels que la Roumanie ou la Grèce, 74,4 millions de francophones. En Extrême-Orient (Cambodge, Vietnam etc.) et sur les îles de l'Océanie (Nouvelle-Calédonie, cf. Tairraz 2012 ; Vanuatu etc.), le nombre de francophones s'élève à 2,3 millions, plus 20.000 francophones en Arménie et Géorgie.

Dans les régions de langue française nationale et officielle, l'usage véhiculaire du français se réalise entre les maternels et les alloglottes, p. ex. les touristes, les résidents étrangers etc. Dans les régions de langue française officielle, mais pas nationale, l'usage véhiculaire se montre dans l'administration, dans les rapports économiques et aussi politiques, comme c'est le cas au Luxembourg (Truchot 2001, 21). Le français y est souvent acquis par le système d'éducation et non pas par transmission orale.

3.2 Le français dans les institutions internationales

Les institutions internationales peuvent être des organisations gouvernementales ou non gouvernementales, les ONG. Elles se subdivisent dans des organisations régionales ou mondiales. Les organisations supranationales qui ont la compétence de prendre des décisions valables directement dans les États-membres, même contre leur gré, constituent un cas spécial ; avec ce mandat, la langue de leurs débats et décrets est décisive et extrêmement importante, surtout parce que l'interprétation des textes en plusieurs langues officielles peut diverger sensiblement (Burr 2008, 3340).

Depuis la discussion sur les langues de l'ONU à sa conférence fondatrice de 1945, on distingue entre « langue officielle » et « langue de travail », appelée souvent

« langue procédurale » par la diplomatie française (cf. l'historique des langues de l'ONU dans Burr 2008, 3343ss.). Comme langue bien présente sur les cinq continents, le français se maintient comme langue de communication dans les organisations internationales et supranationales aussi bien que dans les organisations non gouvernementales. À niveau mondial, le français est présent dans les différentes institutions des *Nations unies* : il est une des six langues officielles de l'ONU et du *Conseil de Sécurité*, avec l'anglais, l'espagnol, le russe, l'arabe et le chinois, mais se partage le rôle de langue de travail surtout avec l'anglais et, dans certaines organisations comme la FAO ou l'ILO avec l'espagnol.

Comme la réalité linguistique dans les institutions est souvent moins favorable à une connaissance et à l'usage du français, l'OIF réclame, depuis 1987, une présence dans les documents officiels et elle s'est donc chargée de suivre la présence du français dans les institutions internationales et a, pour cela, élaboré des *Documents de suivi du Vade-mecum relatif à l'usage de la langue française dans les organisations internationales*. Le document le plus récent, d'octobre 2012, recense toutes les activités en faveur du multilinguisme dans les différentes organisations (DVULFOI). La pratique démontre que 90 % de tous les textes publiés dans les bureaux de l'ONU à New York sont rédigés d'abord en anglais et puis traduits en français, ce qui cause un délai ennuyeux. Dans la *Formule de renseignements pour la correspondance* de 1995, qui signale le choix de langue de travail des représentants permanents des États-membres auprès du *Secrétariat* de l'ONU, 65 % des délégations ont indiqué l'anglais, 20 % le français et environ 10 % l'espagnol comme langue de travail. L'article 53 du *Règlement intérieur de l'Assemblée générale* stipule : « L'anglais, l'arabe, le chinois, l'espagnol, le français et le russe sont à la fois les langues officielles et les langues de travail de l'*Assemblée générale*, de ses commissions et de ses sous-commissions. » Si une délégation fournit des textes dans plusieurs langues officielles, elle doit indiquer clairement lequel est à considérer comme texte officiel.

Le français est toujours la seule langue officielle de l'*Union postale universelle*, mais l'anglais en est une langue de travail, tout comme les autres langues officielles des *Nations unies*. Il est, à côté d'autres langues, langue officielle dans les institutions internationales suivantes : l'*Organisation de coopération et de développement économiques* (OCDE), l'*Organisation des Nations unies pour l'Éducation, la Science et la Culture* (UNESCO), la *Conférence des Nations unies pour le commerce et le développement* (CNUCED), le *Conseil économique et social des Nations unies* (ECOSOC), l'*Organisation des Nations unies pour l'alimentation et l'agriculture* (FAO), le *Haut-commissariat des Nations unies pour les réfugiés* (HCR), l'*Organisation du Traité de l'Atlantique Nord* (OTAN), l'*Organisation Internationale du Travail* (OIT), l'*Organisation mondiale de la santé* (OMS), l'*Organisation Mondiale du Commerce* (OMC), l'*Organisation Mondiale de la Propriété Intellectuelle* (OMPI), le *Fonds des Nations unies pour l'Enfance* (UNICEF) (www.diplomatie.gouv.fr). Au sein des *Nations unies*, le français est la langue de travail préférée dans la *Commission économique pour l'Afrique* (CEA). Tandis que la langue de la *Banque mondiale* est l'anglais, une grande part de ses informations sont données en français, comme le rapport annuel, une situation pareille au *Comité International de la Croix Rouge*. L'article 39 du statut de la *Cour Internationale de Justice* (CIJ) dit que « Les langues officielles de la Cour sont le français et l'anglais », mais, selon le paragraphe 2, « La Cour, à la demande de toute partie, autorisera l'emploi par cette partie d'une langue autre que le français ou l'anglais ».

Dans la vie sportive internationale, le français jouit d'un prestige traditionnel, parce qu'il est la langue officielle du *Comité international olympique* (CIO) et, par conséquent, langue officielle des Jeux olympiques (v. RULFAJO). Il est d'ailleurs langue officielle des *Jeux de la Francophonie* qui ont été créés en 1989. La langue française est aussi langue officielle de l'*Agence mondiale anti-dopage* (AMA) et de la *Fédération internationale de football association* (FIFA).

3.3 Les organisations internationales régionales

Dans les institutions régionales, le français est particulièrement important en Afrique, p. ex. dans la *Communauté économique des États de l'Afrique de l'Ouest* (CEDEAO) et dans l'*Union africaine* (UA). Jusqu'aux années 1990, le français a été la langue prédominante dans les institutions de la *Communauté européenne*, parce qu'il était la langue la plus commune aux six pays fondateurs, qu'il était beaucoup enseigné dans plusieurs de ses pays membres et que les sièges des organisations se trouvaient dans des régions francophones, à Bruxelles, Luxembourg et Strasbourg (Truchot 2001, 26). C'est pourquoi le français a maintenu une position importante dans les institutions européennes et, autre domaine important, en tant que langue véhiculaire en Afrique (Hohenecker 2012, 187).

L'anglais et le français sont les deux langues officielles du *Conseil de l'Europe*, l'allemand, l'italien et le russe servent aussi de langues de travail. Il faut bien différencier le *Conseil de l'Europe*, avec ses 47 pays membres, de l'*Union européenne* qui a déterminé trois langues procédurales, le français, l'anglais et l'allemand, à côté des 24 langues officielles (en 2014) (www.diplomatie.gouv.fr). Dans l'*Union européenne*, toutes les langues officielles des pays sont reconnues comme langues officielles de l'UE en égalité, dans toutes les institutions comme la *Commission européenne*, le *Parlement européen*, le *Conseil européen*, la *Cour de Justice*. Pourtant, le français est la seule langue qui s'emploie dans les délibérations de la *Cour de Justice de l'Union Européenne* : « Les juges à la Cour font leurs délibérés uniquement en français car il n'est admis aucun interprète en raison du secret du délibéré » (Hohenecker 2012, 189).

Truchot (2001, 25–28) décrit l'évolution des langues des textes primaires de la *Commission européenne* entre 1986 et 1998 et il montre la tendance que le français recule et l'anglais augmente dans ces textes. Mais la situation est différente dans la pratique langagière qui est partagée entre un rôle de langue interne des fonctionnaires de la *Commission*, principalement le français, et un rôle de langue externe pour

l'échange avec d'autres experts et la représentation à l'extérieur, endossé majoritairement par l'anglais. Hohenecker (2012, 189) affirme qu'il y aurait huit délégations des
représentations permanentes dont la langue de communication préférée était le
français ; le français persiste donc dans la communication orale interne et il se
maintient dans certaines niches en bénéficiant « toujours et pratiquement sans exception du plus haut statut juridique en tant que langue officielle et/ou langue de
travail ».

3.4 Le français dans les médias à l'échelle internationale

Le français est la langue de plusieurs chaînes de télévision internationales qui ont
pour but de renseigner sur l'actualité en français. Les chaînes internationales françaises, surtout *FRANCE 24, Monte Carlo Doualiya* et *RFI*, sont regroupées dans la société
nationale de *France Média Monde* (jusqu'en 2013 *L'Audiovisuel Extérieur de la France*)
qui émet aussi bien en français qu'en plusieurs langues et qui a pour mission de
contribuer « à développer l'influence de la France dans le monde avec un double
objectif, celui de la Francophonie et de la Francophilie » (www.france24.com/static/
infographies/presse/FRANCE24_PressKit_0712_FR.pdf, 25/04/2014). D'après ce dossier de presse de 2012, *France 24* est regardée, en mai 2012, « par près de 45 millions de
téléspectateurs hebdomadaires. La chaîne est reçue par 245 millions de foyers et dans
plus d'un million de chambres d'hôtels partout dans le monde ». La page Internet de
France Média Monde annonce l'audience actuelle : « Chaque semaine, en audience
mesurée sans extrapolation, France 24 rassemble 41,7 millions de téléspectateurs, RFI
compte 34,5 millions d'auditeurs » (www.francemediasmonde.com/page/presenta
tion-mission.html). *Radio France Internationale* (RFI) produit des émissions en français et en 12 langues étrangères, elle […] enregistre 8 millions de visites tous les mois
dans les nouveaux médias (www.francemediasmonde.com/page/a-propos-rfi.html,
30/04/2014). Une autre chaîne internationale d'informations qui émet mondialement
aussi en français est *Euronews* dont *France Télévisions* est membre fondateur. Cette
chaîne est « reçue par plus de 294 millions de foyers dans 150 pays […] et est la
première chaîne internationale d'information en Europe » (www.francetelevisions.fr/
international/recevoir_les_chaines_a_l_etranger.php, 30/04/2014). Pour assurer une
couverture dans les départements d'outre mer, *France Télévisions* offre le réseau
Outre-mer 1ère dont les chaînes sont *Guadeloupe 1ère, Martinique 1ère, Guyane 1ère,
Réunion 1ère* et *Mayotte 1ère*.

La chaîne *TV5 Monde* est la seule chaîne internationale qui émette uniquement en
français, mais avec des sous-titres pour faciliter la compréhension. Cette « chaîne de
télévision généraliste mondiale francophone (créée en 1984 à l'initiative de la France
et de ses partenaires francophones – Suisse, Communauté française de Belgique,
Canada, Québec), constitue aujourd'hui un des tous premiers réseaux mondiaux de
télévision internationale. Reçue par plus de 200 millions de foyers qui représentent

20% des foyers du monde entier et 59% des foyers câble et satellite, *TV5 Monde* couvre 200 pays et territoires. L'audience cumulée mondiale est de 54 millions de téléspectateurs » (www.francetelevisions.fr/international/operateurs.php, 29.04.2014). Elle est une chaîne partenaire de *France Média Monde* qui en détient 49 %. Les médias internationaux français couvrent ainsi une part importante de la communication mondiale tout en reliant l'aspect politique à la langue, parce que la vision du monde est toujours en relation avec la culture et la langue respectives (Trabant 2014, 22ss.). Il faut ajouter les entreprises qui fournissent des contenus pour l'émission en français, tout d'abord *France Télévisions Distribution* (FTD) qui complète l'action internationale de *France Télévisions* en proposant des programmes de fiction, des productions de documentaires ou magazines. Le *Canal France International* (CFI) est, depuis 25 ans, « l'opérateur de la coopération française en faveur des médias des pays d'Afrique, de la Méditerranée, des Balkans, du Caucase et de l'Asie. Filiale du groupe *France Télévisions*, le CFI est subventionné par le ministère français des Affaires étrangères et du Développement international pour animer un réseau de partenaires du secteur des médias » (www.cfi.fr/presentation-de-cfi/notre-mission/fiche-d-identite, 28.04.2014).

Le français est aussi une des grandes langues utilisées sur Internet. Le service de statistiques sur Internet a publié un classement des langues utilisées sur Internet en l'an 2011; le français y occupe la huitième position avec 59,8 millions d'internautes, après l'anglais, le chinois, l'espagnol, le japonais, le portugais, l'allemand et l'arabe ; ce chiffre signifie que 3 % de tous les internautes du monde utilisent le français. Mais de tous les 347 millions de francophones dans le monde, seulement 17 % utilisent l'internet (www.internetworldstats.com/stats7.htm), ce qui est le pourcentage le plus bas de cette statistique, probablement dû au taux élevé de non-lettrés en français dans les pays francophones africains. Le service *W3Techs* de l'entreprise autrichienne d'amélioration de logiciel *Software Quality Management* publie un classement de l'utilisation des principales langues naturelles sur les pages Internet, classement qui est actualisé tous les jours. Cette liste indique que le français est utilisé dans 3,9 % des pages de contenu dont on connaît la langue ce qui la place au sixième rang (w3techs.com/technologies/overview/content_language/all).

3.5 Le film en français

Le film français jouit d'une protection spéciale depuis le concept de l'*exception culturelle française* des années 1990. S'appuyant sur la *Déclaration universelle sur la diversité culturelle* de l'UNESCO (2001) et la *Déclaration sur la diversité culturelle* du *Conseil de l'Europe* (2000),[7] surtout l'article 2 qui stipule « Des politiques culturelle et

---

7 Les difficultés engendrées par la diversité culturelle (cf. Baasner 2005) sont souvent écartées dans ces missions de promotion de la culture.

audiovisuelle qui favorisent et respectent la diversité culturelle doivent être considérées comme un complément nécessaire de la politique commerciale. La diversité culturelle a un rôle économique essentiel à jouer dans le développement de l'économie du savoir » (wcd.coe.int/ViewDoc.jsp?id=389833), la France soutient avec des moyens considérables le cinéma français et les coopérations francophones. Elle veut faire face à l'uniformité due à une prédominance d'acteurs commerciaux, avec un certain succès. Selon l'*Observatoire européen de l'audiovisuel*, organisme du *Conseil de l'Europe* avec la collaboration de la *Commission européenne* qui a pour objectif de collecter et de diffuser les informations relatives à l'audiovisuel en Europe, le cinéma français est particulièrement vivant : « Bien qu'elle ait atteint son plus bas niveau depuis des années, la France reste le marché de l'UE où la part de marché des films nationaux est la plus élevée, les productions locales représentant 33 % du total des entrées (contre 40 % en 2012), suivie par l'Italie (31 %) » (www.obs.coe.int/-/pr-berli nale-2014).

3.6 Le français en politique et en diplomatie

Le comportement linguistique des locuteurs et, spécialement celui des diplomates, est une politique linguistique implicite qui peut être rendue explicite. La politique française oblige les fonctionnaires à utiliser le français dans les relations internationales si le français est langue de travail ou langue officielle, et l'OIF incite à un emploi plus fréquent du français en diplomatie. Le programme de l'OIF « Le français dans la diplomatie et la fonction publique » prévoit différents moyens d'action destinés à renforcer les capacités de travail en français des diplomates et des fonctionnaires (RPELF13, 170). L'analyse de Hohenecker (2012) met en évidence l'efficacité de la politique linguistique francophone dans le domaine de la diplomatie ; il montre qu'environ un quart du travail des diplomates viennois (de langue allemande) est réalisé en français et que 20 % l'utilisent souvent ou principalement. Malgré l'hégémonie de l'anglais, le français conserve une certaine position diplomatique, grâce à la politique linguistique de l'OIF (Hohenecker 2012, 195 ; cf. Perschl 1995).

3.7 Le français dans l'économie

D'un côté, dans le domaine de l'économie, l'emploi de l'anglais est en croissance ; sur le marché des biens en France, plusieurs entreprises se servent de plus en plus aussi de l'anglais : « Un certain nombre de Français, notamment des dirigeants d'entreprises, considèrent que la langue française est trop marquée par le territoire national, et préfèrent afficher leurs ambitions internationales en anglais seulement » (Truchot 2001, 30). Cette tendance montre l'ampleur de l'impact de l'économie mondiale sur l'usage de la langue même en France. De l'autre côté, selon l'estimation du gouvernement français de 2012, la part de l'activité économique mondiale qui relève de tout l'espace francophone s'élève à 15 % (de la richesse mondiale) ou 20% (du commerce mondial de marchandises). La *Fondation pour les études et recherches sur le développement international* (FERDI) a mené une étude en 2012 sur les rapports entre la langue française et l'économie. Un de leurs résultats est que le fait de parler la même langue, en l'occurrence le français, permettrait un commerce additionnel de 22 % en moyenne (RPELF13, 166). Il s'avère que les pays qui partagent une langue commune avec celle des pays d'une économie forte sont susceptibles d'augmenter leurs flux commerciaux. Donc, le partage du français stimule l'économie des pays francophones (www.diplomatie.gouv.fr, cf. aussi Gingembre 2011).

3.8 L'enseignement du français à l'étranger

À côté du primat de l'anglais dans le monde des affaires, le français est encore la deuxième langue internationale, parlée sur plusieurs continents et enseignée à des centaines de milliers de personnes dans presque tous les pays du monde. L'avenir du français n'est plus à voir dans une position primordiale, mais dans un multilinguisme comprenant la langue française. Maugey (2012, 217) part d'un nombre de 120 millions de locuteurs qui ont le français comme première langue et de 150 millions qui l'utilisent comme deuxième langue. Comme le français est une des rares langues à être enseignées dans presque tous les pays, il faut ajouter un nombre considérable de francophones dans tous les autres pays qui n'appartiennent pas à l'OIF, comme la Grande-Bretagne, l'Italie, l'Allemagne et le Mexique.

Au cours de l'année 2012–2013, 6.711 étudiants étaient inscrits dans les 80 formations de niveaux licence ou master de l'AUF en Asie du Sud-Est (Cambodge, Laos, Vietnam), contre 4.203 dix ans plus tôt, donc une croissance de 60 % (RPELF13, 174). Le français serait la première langue étrangère enseignée en Inde, avec environ un million d'apprenants et une croissance de 30 % sur deux ans (LFM12, 5). Ces chiffres sont la raison pour laquelle Maugey (2009, 222 ; 2012, 217) dit reconnaître un certain essor du français dans le monde.

Selon Truchot (2001, 23s.), le nombre d'élèves qui apprennent le français en Europe dans les années 1990 est resté stable et s'élève à environ 30 %, un taux qui va jusqu'à 70 % en Grande-Bretagne où le français est la première langue étrangère enseignée. L'adhésion à l'Union européenne a favorisé l'enseignement du français dans plusieurs pays, p. ex. en Espagne ou en Suède. La position très forte du français en Roumanie est soulignée par Truchot (2001, 22/24). En plus du système scolaire, le français y est appris beaucoup dans les centres de l'*Alliance française*, les *Centres culturels français* de l'*Institut français* et d'autres écoles de langue.

4 Les institutions de promotion du français dans la communication internationale

L'usage du français dans la communication internationale, non seulement dans l'espace francophone, est le centre d'intérêt de plusieurs institutions nationales et internationales, soit (inter-)gouvernementales ou non gouvernementales. Parmi les nombreuses organisations et associations en soutien de la langue française dans le monde, ne seront esquissées que certaines institutions jugées d'une importance majeure.

4.1 Institutions de la France

La France a établi une politique linguistique fortement institutionnalisée dont les organisations sont situées au plus haut niveau, elles dépendent du premier ministre et, pour les relations internationales, du ministre des Affaires étrangères. Cet engagement se fonde sur une vocation que ressentent les dirigeants politiques français, celle de croire « en l'universalisme du message humaniste de la France », selon les propos de Georges Pompidou (Marleix Saint-Gilles 2000, 393).

4.1.1 La DGLFLF

La première institution de la politique linguistique en France est la *Délégation générale à la langue française et aux langues de France* (DGLFLF), sous l'égide du Ministère français de la culture, qui a pour mission d'élaborer la politique linguistique du Gouvernement en liaison avec les autres départements ministériels. Elle défend « la promotion et l'emploi du français et veille à favoriser son utilisation comme langue de communication internationale. Elle s'efforce de valoriser les langues de France et de développer le plurilinguisme » (www.culture.gouv.fr/culture/dglf/). Ses activités se déroulent selon les priorités suivantes : garantir aux citoyens le droit de recevoir une information et de s'exprimer en français, faire maîtriser le français à tous les habitants pour leur permettre l'intégration dans la société et l'épanouissement personnel. Parallèlement, la DGLFLF soutient le multilinguisme actif et passif, c'est-à-dire l'apprentissage des langues étrangères et le respect des autres langues, surtout les langues de France. Elle organise annuellement la *Semaine de la langue française* et actualise le vocabulaire français en le dotant de néologismes pour remplacer les mots jugés inappropriés, surtout les anglicismes, parce que leur emploi viole le droit des citoyens au français. L'organisme le plus important pour tout intéressé est sans doute le dictionnaire terminologique *FranceTerme*, basé sur les travaux de la *Commission générale de terminologie et de néologie*. Le site de *FranceTerme* (www.culture.fr/

franceterme) de la DGLFLF vise à mettre à disposition des termes recommandés au *Journal Officiel* de la République française.

La page *WikiLF* (wikilf.culture.fr) offre des possibilités de contribuer à l'enrichissement de la langue française. Il est possible de suggérer des termes équivalents à un anglicisme ou un autre néologisme, de donner l'avis sur un terme proposé ou une technique de traduction et de suivre les débats sur les propositions lexicales, p. ex. des termes équivalents comme *aide en ligne* pour l'anglicisme *hotline, fond spéculatif* pour *hedge fund* ou *voyagiste* pour *tour operator*.

Pour en savoir plus sur la situation linguistique en France et leurs pratiques, la DGLFLF a créé en 1999 *l'Observatoire des pratiques linguistiques* qui développe des corpus oraux des différentes langues et des instruments de recherche.

4.1.2 L'AEFE

L'*Agence pour l'enseignement français à l'étranger* (AEFE) est une institution du *Ministère des Affaires étrangères* (MAE) qui a pour but de surveiller les établissements d'enseignement français du réseau scolaire mondial dans les pays non-francophones. Elle assure donc le lien des francophones à l'étranger avec l'éducation en français et contribue ainsi à la diffusion de la langue et culture françaises.

Comme l'enseignement bilingue francophone à l'étranger est une des priorités du MAE, un programme de renforcement de l'éducation en français a été lancé pour proposer aux éléves des sections bilingues francophones de grande qualité dans des programmes nationaux qui constituent le réseau *FrancEducation*. Le *LabelFrancEducation*, créé en 2012, a pour but de distinguer l'excellence et l'ouverture internationale de ces établissements (RPELF13, 158).

4.2 Institutions internationales

4.2.1 L'OIF

Les régions du monde dans lesquelles le français joue un rôle important sont clairement identifiables parce qu'elles sont hautement organisées dans l'institution politique de l'*Organisation Internationale de la Francophonie* (OIF), fondée sur la base de la *Charte de la Francophonie* de 1997/2005 et représentée par son Secrétaire Général. L'OIF regroupe 53 États, presque tous les pays où le français est parlé et plusieurs non-francophones, et elle organise les *Sommets de la Francophonie* pour réunir les chefs des États-membres. Ses objectifs principaux sont : promouvoir la langue française et la diversité culturelle et linguistique, promouvoir la paix, la démocratie et les droits de l'Homme, appuyer l'éducation et la recherche et développer la coopération (www.francophonie.org/L-Organisation-internationale-de.html). Les activités s'organisent autour de ses quatre opérateurs : l'*Association internationale des maires franco-phones* (AIMF), l'*Agence universitaire de la Francophonie* (AUF), l'*Université Senghor* à Alexandrie, qui est une institution de 3ᵉ cycle dont la vocation est de former et de perfectionner des cadres africains, et la chaîne de télévision internationale en français *TV5 Monde* (cf. chap. 3.4). L'AUF, qui favorise l'emploi de la langue française, compte actuellement, en 2014, 739 établissements dans 98 pays (RPELF13, 174). Son but est d'établir une communauté scientifique francophone et la faire rayonner au niveau international. L'AUF offre un site de revues scientifiques de toute discipline, le portail des ressources scientifiques et pédagogiques qui s'intitule *Savoirs en partage* (http://www.savoirsenpartage.auf.org/). *L'Assemblée parlementaire de la Francophonie* est un organe consultatif de l'OIF.

L'*Observatoire de la langue française* est une institution instaurée en 2007 au sein de l'OIF, suite à la *Résolution sur la langue française* adoptée au *Sommet de la Francophonie* à Québec avec la mission de perfectionner l'observation de la langue française, de même dans les quatre pays ou régions suivantes : l'Algérie, les États-Unis, l'État d'Israël et le Val d'Aoste où elle observe aussi la situation en évaluant leurs statistiques officielles pour en déduire des chiffres sur les francophones dans ces régions. La plus récente publication de l'*Observatoire de la langue française* (LFM10) est une étude basée sur plusieurs méthodes de recensement qui mènent à un nouveau calcul du nombre de francophones (cf. chap. 3.1). L'*Observatoire* s'engage même à « anticiper [l'évolution du français dans le monde] en cernant mieux les enjeux et les défis auxquels elle doit répondre » (LFM10, 3).

En 2012, l'OIF a publié un *Rapport sur l'usage de la langue française aux Jeux Olympiques et Paralympiques* qui détaille les normes et l'usage de la langue française lors de cet évènement sportif. L'OIF cherche à étendre l'usage du français lors des manifestations sportives par le recrutement de volontaires francophones ou la création d'un département de traduction anglais-français (LFM12, 8).

4.2.2 Le RAPF

En 2011, l'OIF a créé le *Réseau des associations professionnelles francophones* (RAPF) afin de s'unir pour mieux défendre l'usage de la langue française dans le monde du travail. Membres de ce réseau sont les associations professionnelles, p. ex. des notaires (ANF), des géomètres (FGF), des ingénieurs et scientifiques (UISF) ou des physiothérapeutes (FIOPF). Ce réseau se propose de développer des stratégies de protection et de promotion de la langue française dans les usages professionnels, techniques, scientifiques, juridiques, économiques et financiers. Les membres s'engagent à contribuer à la valorisation du français dans ces domaines à l'échelle internationale.

4.2.3 L'APFA

L'association *Actions pour promouvoir le français des affaires* (APFA) est une association placée sous le patronage de la DGLFLF, de l'OIF et de l'*Union internationale de la Presse francophone* qui a pour but principal de promouvoir le français des affaires pour « faire connaître et faire apprécier les mots justes de la langue des affaires à travers son fondement, sa pratique et son évolution » (apfa.asso.fr). Ils décernent les prix *Mot d'Or* dans plusieurs catégories, p. ex. *Le Mot d'Or des Entreprises du spectacle* ou *Les Mots d'Or des Professionnels* de 2014, aussi les *Mots d'Or des élèves et des étudiants, des apprenants francophones et francophiles, en économie et gestion et en français des affaires. Le Mot d'Or de la Traduction* est le prix décerné chaque année à la meilleure traduction pour souligner le travail des traducteurs en faveur de « la reconnaissance des autres cultures, de la valorisation de la diversité culturelle et du dialogue interculturel entre les peuples » (www.presse-francophone.org/apfa/apfa/traducti.htm). En plus, ils publient des listes terminologiques, p. ex. le lexique des mots des affaires, de l'informatique, de l'internet et du sport.

4.2.4 L'OQLF

L'Office Québécois de la langue française (OQLF) est une organisation instaurée par l'*Assemblée nationale du Québec* en 1977 dans la *Charte de la langue française* qui a été modifiée le 12 juin 2002. L'*Office* poursuit l'objectif de « définir et de conduire la politique québécoise en matière d'officialisation linguistique, de terminologie ainsi que de francisation de l'Administration [sic] et des entreprises; de veiller à ce que le français soit la langue habituelle et normale du travail, des communications, du commerce et des affaires dans l'Administration et les entreprises » (www.oqlf.gouv.qc.ca/office/mission.html). Son *Grand dictionnaire terminologique* (GDT) peut être consulté en cas de doute sur le terme approprié. Sont offerts des services d'aide en matière linguistique dont la *Banque de dépannage linguistique* avec des conseils récurrents et la *Banque de noms de lieux du Québec*. L'OQLF publie également des lexiques spécifiques utilisables dans plusieurs domaines d'entreprise ou de technologie.

4.2.5 L'UIPF

L'Union internationale de la Presse francophone (UPF) est une organisation internationale non gouvernementale fondée en 1950 (jadis *Association internationale des journalistes de langue française*) qui regroupe actuellement plus de 3.000 journalistes de langue française dans une centaine de pays et qui est reconnue par les plus grandes institutions internationales comme l'ONU, l'UNESCO et le *Parlement européen* (www.

presse-francophone.org/index.php). La défense de la liberté de la presse, la formation des journalistes et l'utilisation de la langue française sont ses missions.

5 Conclusion

Malgré la position dominante de l'anglais dans la communication internationale, le français continue à être une des langues internationales importantes à cause de sa fonction de langue véhiculaire dans un grand nombre d'institutions internationales et régionales. Grâce à un soutien délibéré et un haut degré d'institutionnalisation, la langue française se maintient globalement dans le domaine politique, dans les médias, dans l'économie et même sur la scène sportive internationale. L'enseignement du français langue étrangère progresse même visiblement. Mais le rôle du français dans les sciences est, au niveau international, plutôt marginal, malgré les efforts de plusieurs décennies de la politique linguistique française bien déterminée.

6 Bibliographie

6.1 Études et articles

Baasner, Frank (ed.) (2005), *Gérer la diversité culturelle. Théorie et pratique de la communication interculturelle en contexte franco-allemand*, Frankfurt am Main et al., Lang.

Bajerski, Artur (2011), *The role of French, German and Spanish journals in scientific communication in international geography*, Area 433, 305–313.

Becker, Monika (2004), *Die Loi relative à l'emploi de la langue française vom 4. August 1994. Anspruch und Wirklichkeit französischer Sprachpolitik und Sprachgesetzgebung*, Frankfurt am Main et al., Lang.

Bochmann, Klaus (2013), *Hégémonie langagière. Prestige et fonctions du français en Europe*, in : Georg Kremnitz (ed.), *Histoire sociale des langues de France*, Rennes, Presses Universitaires, 189–197.

Burr, Isolde (2008), *Die romanischen Sprachen in internationalen Organisationen*, in : Gerhard Ernst et al. (edd.), *Romanische Sprachgeschichte. Ein internationales Handbuch zur Geschichte der romanischen Sprachen*, vol. 3, Berlin/New York, De Gruyter, 3339–3354.

Dalcq, Anne-Elisabeth/Van Raemdonck, Dan/Wilmet, Bernadette (1989), *Le français et les sciences. Méthode de français scientifique avec lexique, index, exercices et corrigés*, Louvain-la-Neuve, Duculot.

DVULFOI = (2012), *Troisième Document de suivi du Vade-mecum relatif à l'usage de la langue française dans les organisations internationales*, Paris, OIF.

Ehlich, Konrad (2012), *Eine lingua franca für die Wissenschaft*, in : Heinrich Oberreuter (ed.), *Deutsch in der Wissenschaft. Ein politischer und wissenschaftlicher Diskurs*, München, Olzog, 81–100.

Erfurt, Jürgen (2013), *Les différents concepts de la francophonie. Applications et contradictions*, in : Georg Kremnitz (ed.), *Histoire sociale des langues de France*, Rennes, Presses Universitaires, 61–70.

Gingembre, Sophie (2011), *Das Engagement für Französisch als internationale Verkehrs- und Wirtschaftssprache*, Wien, Universität.

Guillou, Michel (1989), *L'espace scientifique francophone : une nécessité vitale et une priorité du Sommet*, in : Universités Francophones (1989), *Francophonie scientifique. Le tournant (1987–1989)*, Paris, John Libbey Aurotext, 1–8.

Haarmann, Harald (2008), *Romanische Sprachen als Publikationssprachen der Wissenschaft : 19. und 20. Jahrhundert*, in : Gerhard Ernst et al. (edd.), *Romanische Sprachgeschichte. Ein internationales Handbuch zur Geschichte der romanischen Sprachen*, vol. 3, Berlin/New York, de Gruyter, 3359–3370.

Hay, Josiane (2009), *Interculturel et langues véhiculaires et auxiliaires. Réflexion sur l'anglais* lingua franca, Cahiers de l'APLIUT 38.1, 63–76, apliut.revues.org/1202 ; DOI : 10.4000/apliut.1202 (11.03.2014).

Hohenecker, Lukas L. (2012), *Le rôle de la langue française dans les relations internationales*, in : Peter Cichon/Sabine Ehrhart/Martin Stegu (edd.), *Les politiques linguistiques implicites et explicites en domaine francophone*, Berlin, Avinus, 187–196.

Kloss, Heinz (1969), *Research possibilities on group bilingualism. A Report*, Québec, Centre International de Recherches sur le Bilinguisme.

Knapp, Karlfried (2012), *Chancen und Grenzen einer « lingua franca » für die Wissenschaften*, in : Heinrich Oberreuter (ed.), *Deutsch in der Wissenschaft. Ein politischer und wissenschaftlicher Diskurs*, München, Olzog, 108–113.

Kramer, Johannes (2008), *Romanische Sprachen als Publikationssprachen der Wissenschaft bis zum 18. Jahrhundert*, in : Gerhard Ernst et al. (edd.), *Romanische Sprachgeschichte. Ein internationales Handbuch zur Geschichte der romanischen Sprachen*, vol. 3, Berlin/New York, de Gruyter, 3354–3359.

Lebsanft, Franz/Schrott, Angela (2015), *Diskurse, Texte, Traditionen : Methoden, Modelle und Fachkulturen im Dialog*, Göttingen, V&R unipress.

LFM10 = Observatoire de la langue française (2010), *La langue française dans le monde 2010*, Paris, Nathan.

LFM12 = DGLFLF (2012), *La langue française dans le monde 2012*, Paris.

LFM-S10 = Observatoire de la langue française (2010), *La langue française dans le monde 2010 (Synthèse)*, Paris, Nathan.

Maaß, Christiane (2001), *Zur einzelfachspezifischen Binnendifferenzierung im Bereich der Wissenschaftssprache. Untersuchung zu einem gemischten Korpus französischer Fachaufsätze*, in : Wolfgang Dahmen et al. (edd.), *Die romanischen Sprachen als Wissenschaftssprachen*, Tübingen, Narr, 275–295.

March Noguera, Joan (2001), *Mossèn Alcover i el món de la ciència. La creació del llenguatge científic català modern*, Palma, Lleonard Muntaner.

Marleix Saint-Gilles, Laurence (2000), *La francophonie et les relations extérieures*, in : Jean Groshens et al. (edd.), *Culture et action chez Georges Pompidou. Actes du colloque, Paris, 3 et 4 décembre 1998*, Paris, Presses Universitaires de France, 373–393.

Martel, Angéline (2001), *Le français dans les Amériques. Quand langue véhiculaire et langue vernaculaire encadrent une nouvelle géopolitique des régions*, DiversCité 6. Revue et Forums inter disciplinaires sur la dynamique des langues, www.teluq.uquebec.ca/diverscite/SecEdito/edito2001_06.htm#1 (12.03.2014).

Maugey, Axel (2009), *Le désir de français dans le monde. Essai*, Nizza, Vaillant.

Maugey, Axel (2012), *Privilège et rayonnement du français du XVIIIᵉ siècle à aujourd'hui*, Paris, Champion.

Oberhauser, Tanja (2011), *« Haircut » versus « marge de sécurité » – Anglizismen in der französischen Wirtschaftsfachsprache : Bedrohung oder Bereicherung ?*, in : Wolfgang Dahmen et al. (edd.), *Die romanischen Sprachen als Wissenschaftssprachen*, Tübingen, Narr, 213–236.

Oesterreicher, Wulf (2012), *Warum Wissenschaft mehrsprachig sein muss*, in : Heinrich Oberreuter (ed.), *Deutsch in der Wissenschaft. Ein politischer und wissenschaftlicher Diskurs,* München, Olzog, 114–139.

Perschl, Angela M. (1995), *Die französische Sprache in der Diplomatie und in internationalen Organisationen,* Wien, Universität.

Pöll, Bernhard (1998), *Französisch außerhalb Frankreichs. Geschichte, Status und Profil regionaler und nationaler Varietäten*, Tübingen, Niemeyer.

RPELF12 = Ministère de la Culture et de la Communication (2012), *Rapport au Parlement sur l'emploi de la langue française*, Paris, DGLFLF.

RPELF13 = Ministère de la Culture et de la Communication, DGLFLF (2013), *Rapport au Parlement sur l'emploi de la langue française*, Paris, DGLFLF.

RULFAJO = Observatoire de la langue française (2012), *Rapport sur l'usage de la langue française aux Jeux Olympiques et Paralympiques de Londres 2012*, Paris, OIF.

Spillner, Bernd (1994), *Französisch und Deutsch als Sprachen der wissenschaftlichen Kommunikation,* Französisch heute. Informationsblätter für Französischlehrerinnen und -lehrer in Schule und Hochschule 25, 423–430.

Stein, Achim (2003), *Das Französische als internationale Verkehrssprache*, in : Ingo Kolboom/Thomas Kotschi/Edward Reichel (edd.), *Handbuch Französisch. Sprache – Literatur – Kultur – Gesellschaft*, Berlin, Schmidt, 136–142.

Tairraz, Coralie (2012), *Politique linguistique en Nouvelle Calédonie*, in : Peter Cichon/Sabine Ehrhart/Martin Stegu (edd.), *Les politiques linguistiques implicites et explicites en domaine francophone*, Berlin, Avinus, 51–60.

TLFi = *Le trésor de la langue française informatisé*, Imbs, Paul (ed.), *Trésor de la langue française. Dictionnaire de la langue du XIXe et du XXe siècle (1789–1960)*, Nancy, CNRS Centre de Recherche pour un Trésor de la Langue Française (atilf.atilf.fr, 05.06.2014).

Trabant, Jürgen (2012), *Über die* lingua franca *der Wissenschaft*, in : Heinrich Oberreuter (ed.), *Deutsch in der Wissenschaft. Ein politischer und wissenschaftlicher Diskurs,* München, Olzog, 101–107.

Trabant, Jürgen (2014), *Globalesisch, oder was ? Ein Plädoyer für Europas Sprachen,* München, Beck.

Truchot, Claude (2001), *Le français langue véhiculaire en Europe*, in : Ulrich Ammon (ed.), *Verkehrssprachen in Europa – außer Englisch*, Tübingen, Niemeyer, 18–31.

Weijen, Daphne van (2012), *The Language of (Future) Scientific Communication*, Research Trends 31, www.researchtrends.com.

6.2 Sites internet

w3techs.com/technologies/overview/content_language/all (10.04.2014).

wcd.coe.int/ViewDoc.jsp?id=389833 (29.04.2014).

www.diplomatie.gouv.fr/fr/politique-etrangere-de-la-france/promotion-de-la-francophonie-et-de/pourquoi-promouvoir-la-langue/article/etat-des-lieux-du-francais-dans-le (10.04.2014).

www.france24.com/static/infographies/presse/FRANCE24_PressKit_0712_FR.pdf (dossier de presse de France24, 25.04.2014).

www.francemediasmonde.com/page/a-propos-rfi.html (30.04.2014).

www.francemediasmonde.com/page/presentation-mission.html (30.04.2014).

www.francetelevisions.fr/international/operateurs.php (29.04.2014).

www.francetelevisions.fr/international/recevoir_les_chaines_a_l_etranger.php (30.04.2014).

www.francophonie.org/L-Organisation-internationale-de.html (29.04.2014).

www.ftv-publicite.fr/spip.php?article1259 (28.04.2014).

www.icj-cij.org/documents/index.php?p1=4&p2=2&p3=0#Chapitre%20III%20-%20Proc%C3%
A9dure (statut de la Cour Internationale de Justice de l'ONU, 25.04.2014).

www.internetworldstats.com/stats7.htm (10.04.2014).

www.legifrance.gouv.fr/affichTexte.do?cidTexte=LEGITEXT000005616341 (05.05.2014).

www.obs.coe.int/-/pr-berlinale-2014 (29.04.2014).

www.oqlf.gouv.qc.ca/office/mission.html (11.04.2014).

www.presse-francophone.org/index.php (10.04.2014).

www.researchtrends.com/issue-31-november-2012/the-language-of-future-scientific-communica
tion/ (28.05.2014, Weijen 2012).

www.un.org/fr/hq/dgacm/UploadedDocs/A.520.Rev.17.French.pdf (Texte du *Règlement intérieur de
l'Assemblée générale* de l'ONU, 25.04.2014).

Johannes Kramer et Aline Willems

19 Le français dans le monde : Europe

Abstract : Nous traiterons dans cet article des manifestations du français en Europe, c'est-à-dire dans les pays où le français est la langue officielle soit parce qu'il est la langue-mère d'un nucléus important de la population (le sud de la Belgique, l'ouest de la Suisse) soit parce qu'il est inscrit dans les traditions communicatives du pays (Luxembourg, Andorre, les Îles anglo-normandes, la vallée d'Aoste). Par contre, le français hexagonal ne sera pas intégré dans la thématique de l'article car ses aspects variés sont traités dans d'autres articles du présent volume.

Keywords : Français en Belgique, Français dans la Suisse, Français au Luxembourg, Français en Val-d'Aoste, Français aux Îles anglo-normandes

1 Belgique

La Belgique (officiellement Royaume de Belgique / Koninkrijk België / Königreich Belgien) est un État de taille moyenne (32.545 km², 11.008.000 habitants) du Nord-Ouest de l'Europe continentale, situé entre les Pays-Bas au nord, la France au sud et l'Allemagne à l'est. Le nom *Belgique* remonte à l'adjectif *belgique* (attesté en 1583) : une forme humaniste dérivée du latin Belgicus (d'après le nom de la tribu gauloise des Belgae) ; les historiens et géographes aimaient appeler les Pays-Bas espagnols et autrichiens *Belgium* ou *provinciae Belgicae,* et la révolution brabançonne de 1789 baptisa sa république éphémère *États Belgiques Unis.* Le substantif ethnique *Belgique* « a suivi l'histoire de la Belgique jusqu'à sa constitution en État indépendant (1830) » (Rey 1992, 204), et a été le nom du pays depuis ce temps-là.

Pour comprendre le système compliqué de l'organisation de l'État belge, il peut être utile de citer les cinq premiers articles de la constitution :

« Art. 1 : La Belgique est un État fédéral qui se compose de communautés et de régions.

Art. 2 : La Belgique comprend trois communautés : la Communauté française, la Communauté flamande et la Communauté germanophone.

Art. 3 : La Belgique comprend trois régions : la Région wallonne, la Région flamande et la Région bruxelloise.

Art. 4 : La Belgique comprend quatre régions linguistiques : la région de langue française, la région de langue néerlandaise, la région bilingue de Bruxelles-Capitale et la région de langue allemande. [...]

Art. 5 : La Région wallonne comprend les provinces suivantes : le Brabant wallon, le Hainaut, Liège, le Luxembourg et Namur. La Région flamande comprend les provinces suivantes : Anvers, le Brabant flamand, la Flandre occidentale, la Flandre orientale et le Limbourg. »

La Belgique est donc un royaume parlementaire fédéral composé de trois Communautés – française, flamande et germanophone – rattachées aux particularités individuelles (langue, culture, enseignement, santé, recherche, aide), et de trois Régions rattachées au sol : la Wallonie (y compris les communes germanophones), la Flandre et Bruxelles (cf. Lagasse 2007, 80). Environ 90% des Bruxellois, qui sont francophones, appartiennent à la Communauté linguistique française, tandis que les 10% néerlandophones restant font partie de la Communauté néerlandaise. La division en régions linguistiques se superpose aux communautés linguistiques : ainsi à Bruxelles (la seule region bilingue), le choix de la communauté à laquelle on veut appartenir est laissé à la décision de chacun ; dans le reste du pays on appartient forcément à la region linguistique de la commune où on vit et par conséquent à la communauté correspondante. La Belgique est donc un État avec trois langues qui sont strictement liées à un territoire déterminé, c'est-à-dire avec un monolinguisme territorial ; seule la capitale Bruxelles est bilingue. La frontière linguistique entre le néerlandais, le français et l'allemand, la fixation de la zone bilingue de la capitale et la mise en évidence de quelques « facilités linguistiques » dans des communes limitrophes au nord et au sud de la frontière est fixée depuis 1962, et ce tracé ne peut plus être modifié ; l'etablissement de la frontière depuis les Romains jusqu'à notre époque est traité avec tous les détails historiques par Brigitte Raskin (2012), à compléter par l'étude sociolinguistique de la frontière franco-allemande d'Annette Gramms (2008).

Les trois langues parlées en Belgique appartiennent à différentes grandes familles linguistiques. Les dialectes néerlandais sont le flamand et les parties méridionales du brabançon et du limbourgeois (cf. Kramer 1984, 114) ; les variétés allemandes appartiennent aux dialectes rhénans, plus précisément réalités ripuaires dans le Nord et empreintes mosellano-franciques dans le Sud (cf. Begenat-Neuschäfer 2010) ; et la dialectologie française différencie le wallon, présent dans la plus grande partie du pays, le picard oriental à l'ouest dans la province de Hainaut, et le lorrain dans la partie sud de la province de Luxembourg (cf. Kramer 1984, 116). Dans la langue courante, *flamand* (*Vlaams*) est la désignation de toutes les manifestations du néerlandais parlé en Belgique, et *wallon* (*Waals*) est l'appellation de toute forme parlée du français à l'exception du français bruxellois. Depuis 1990, on ne parle plus officiellement dans la Communauté française– comme auparavant – de *dialectes français*, mais on classifie le wallon, le picard et le lorrain comme *langues régionales endogènes*. Cette mutation se refère aux paragraphes de la *Charte européenne des langues régionales ou minoritaires* du Conseil de l'Europe, que du reste la Belgique n'a ni signée ni ratifiée ; dans ce document, les dialectes ne sont pas pris en considération, et on se promet une revalorisation du wallon, du picard et du lorrain par une nouvelle nomenclature qui par ailleurs n'a aucune justification linguistique (cf. Tacke 2012a, 90–92).

Pour les introductions générales à la situation linguistique de la Belgique on doit se référer à des études qui ne sont pas très récentes et qui doivent donc être ajustées à la situation actuelle constitutionelle. Les 25 contributions qui forment le recueil publié d'Anne Begenat-Neuschäfer (2007) offrent une analyse plus ou moins actuelle. L'arrière-plan historique et les faits linguistiques sont traités par Johannes Kramer (1984, 57–154), et complétés par la dissertation de Michael Treude (1996), offrant un supplément concernant les développements constitutionnels jusqu'aux années 90. Kramer (2014) compare les phénomènes du nationalisme linguistique belge avec des aspects analogues dans les pays des Balkans. La partie francophone de la Belgique, particulièrement dans ses manifestations culturelles et littéraires, se trouve au centre d'un livre de René Andrianne (1984), complété par un manuel de classe par le même auteur et par Norbert Becker (1988). Les diverses apparences du français en Belgique sont illustrées par la contribution dans le recueil de Daniel Blampain (1999), ou l'on comparait sa situation linguistique avec celle de la Suisse et du Canada (De Coster 2007). Le caractère spécifique du français belge et l'insécurité linguistique qui peut en résulter est traité par Jean René Klein/Corinne Rossari (2003).

Le vocabulaire est le champ où l'on voit très clairement la spécificité du français de Belgique. La base des études linguistiques sur les belgicismes est une dissertation volumineuse de Jacques Pohl datant de 1950, qui n'a jamais été publiée à cause de ses 16 volumes, mais qui a été consultée par la plupart des chercheurs. Toutes les recherches sur le vocabulaire français en Belgique mettent en évidence les mots qu'on ne trouve pas dans le français héxagonal contemporain ou qui y ont une signification divergente. Il existe des collections commentées de mots (Massion 1987 ; Fuchs 1988 ; Bal et al. 1994 ; Lebouc 1998 ; Mercier 2000 ; Francard et al. 2010), ainsi que des introductions plutôt populaires (Genion 2010), et des recherches sur l'acceptation des belgicismes dans les dictionnaires généraux du français (Spickenbom 1996). Un dictionnaire du français bruxellois a été publié par Lebouc (2006).

Beaucoup de belgicismes s'expliquent par l'influence du néerlandais, qui forme, au moins à Bruxelles, un substrat du français. Après la monographie classique de Hugo Baetens Beardsmore sur le français régional de Bruxelles (1971), Paul V. Cassano offre une introduction aux influences du néerlandais sur la phonologie (1991–1993a), la morphologie et la syntaxe (1991–1993b). Jeanine Treffers-Daller examine les résultats du mélange entre néerlandais et français à Bruxelles (1994). Quelques questions de prononciation et de grammaire sont traitées par Lebouc (1998). Enfin, Doris Panowitsch traite avant tout de la coexistence sociolinguistique du français et du néerlandais dans la capitale belge (1994).

La relation entre le français et l'allemand dans les cantons de l'est est beaucoup moins critique que celle entre le français et le néerlandais, tout d'abord parce que l'allemand et le français ont plus ou moins le même prestige européen, mais aussi parce que le nombre d'Allemands (±70.000) ne forme aucune menace linguistique pour le français. Une monographie d'Anne Begenat-Neuschäfer (2010) mentionne l'ensemble des problèmes de la *DG* (= *Deutschsprachige Gemeinschaft* 'communauté de langue allemande'). L'histoire du rôle de l'allemand à l'école est retracée par Ursel Schmitz (1994).

Une attention perpétuelle est consacrée aux phénomènes dialectaux. L'*Atlas linguistique de la Wallonie*, conçu en 1935 par Jean Haust, reste une source inépuisable dans ce domaine ; une dizaine de volumes sont apparus jusqu'à aujourd'hui (1 : 1953 ; 2 : 1969 ; 3 : 1955 ; 4 : 1976 ; 5 : 1991 ; 6 : 2006 ; 8 : 1994 ; 9 : 1987 ; 15 : 1997 ; 17 : 2011), et la série continue sereinement. On trouve des enregistrements linguistiques de textes dialectaux dans la collection *Limes* (1992). Le dialecte wallon de Bastogne est décrit par Christoph Groß selon la méthode traditionnelle de la grammaire historique et comparative (2006).

L'onomastique, quant à elle, a toujours été un point fort des études romanes en Belgique. Herbillon (1986) reste l'étude « classique » sur les noms des communes wallonnes, accompagnée de Herbillon/Germain (1996) pour ce qui concerne les noms de famille. L'histoire des appellations *wallon* et *Wallonie,* un parcours de mots entre celtique, germanique et roman, est retracée par Albert Henry (1990).

2 Suisse

La Suisse (officiellement Confédération suisse, Schweizerische Eidgenossenschaft, Confederazione svizzera, Confederaziun svizra ou en latin Confoederatio Helvetica (CH)), est située au centre de l'Europe, dans les Alpes occidentales et centrales, entre l'Allemagne au nord, la France à l'ouest, l'Italie au sud et l'Autriche à l'est ; à la frontière entre la Suisse et l'Autriche se trouve le petit État germanophone du Liechtenstein (160 km², 36.000 habitants). La Suisse a une superficie de 14.285 km² et compte près de 7.952.555 habitants, dont 63,7% de langue allemande, 20,4% de langue française, 6,5% de langue italienne et 0,5% de langue romanche (rhéto-romane). Le nom *Suisse* est une francisation du nom allemand *Schweiz*, qui est une variante de la langue cultivée du nom de lieu *Schwyz*, attesté au Xe siècle sous les formes *Suuites, Suittes, Schwitz* (LSG/DTS 2005, 819). L'explication du nom est difficile ; peut-être s'agit-il d'un nom de défrichement à joindre à la racine indo-européenne **sueit* 'roussir, brûler', donc 'brûlis'. Selon la tradition, la Suisse existe depuis le 1 août 1291, date de la création de la première confédération entre les futurs cantons Uri, Schwyz et Nidwald ; depuis 1815 la Suisse a sa figure géographique moderne. La confédération comprend 26 cantons responsables de toutes les questions politiques à l'exception des affaires étrangères et de la défense qui relèvent de la compétence du gouvernement fédéral. Les 1,75 millions de francophones vivent dans la Romandie. Dans quatre cantons (Genève, Jura, Neuchâtel, Vaud) le français est la seule langue officielle, dans trois cantons (Berne, Fribourg, Valais) les communes romandes font usage du français.

Normalement, les francophones de la Suisse se nomment les *Romands*, et on parle de la *Suisse romande* (en allemand : Welschschweiz). L'histoire de ce mot est assez confuse. De la forme latine *romanice* 'en langue romane' résulte le mot français *romanz* ; on a vu dans cette forme un cas-sujet, qui donna l'occasion de construire un cas-régime analogique *romant* ou *romand.* Du XIIIe siècle au XVIe siècle, ce mot est appliqué à l'ancien français, mais à partir de 1550 on appelle le français de la Suisse occidentale *langue romande,* et depuis le XVIIe siècle les habitants de cette région sont appelés les *Romands* (cf. Kramer 1998, 153s.).

La *Constitution fédérale de la Confédération suisse* du 18 avril 1999 comprend trois articles concernant les langues. La responsabilité principale en matière de questionnement linguistique relève du pouvoir des cantons, qui peuvent la transmettre aux communes ; la Confédération est responsable des conditions générales

«Art. 4 :   Langues nationales.
Les langues nationales sont l'allemand, le français, l'italien et le romanche.

Art. 18 :   Liberté de la langue.
La liberté de la langue est garantie.

Art. 70 :   Langues.
(1.) Les langues officielles de la Confédération sont l'allemand, le français et l'italien. Le romanche est aussi langue officielle pour les rapports que la Confédération entretient avec les personnes de langue romanche.
(2.) Les cantons déterminent leurs langues officielles. Afin de préserver l'harmonie entre les communautés linguistiques, ils veillent à la répartition territoriale traditionnelle des langues et prennent en considération les minorités linguistiques autochtones.
(3.) La Confédération et les cantons encouragent la compréhension et les échanges entre les communautés linguistiques.
(4.) La Confédération soutient les cantons plurilingues dans l'exécution de leurs tâches particulières ».

Il y a deux introductions récentes à la situation linguistique de la Suisse en général : le volume rédigé par Jean-Pierre Vouga et Max Ernst Hodel (1990) traite des problèmes d'un pays bilingue ; Pierre Knecht donne un aperçu de «La Suisse et [de] la francophonie de demain » (1990) ; et Bernard Comby, Paul Boschung et Jacques Lefert s'occupent du bilinguisme dans trois cantons franco-allemands, Valais (1990, 89–92), Fribourg (1990, 93–98), Berne (1990, 99–105). Le recueil publié par Bickel/Schläpfer (2000), une refonte complète d'Arquint et al. (1982), offre une vue d'ensemble de l'histoire des langues en Suisse, des quatre régions linguistiques, du plurilinguisme des Grisons (Carigiet 2000) et de la standardisation récente du romanche connue sous le nom de *Rumantsch Grischun* (Arquint 2000). La partie dédiée à la Suisse francophone est signé par Pierre Knecht, qui décrit tout d'abord la situation dialectale appelée « description du passé » (2000, 139 : 'Vergangenheitsbeschreibung', car les dialectes sont morts ou du moins moribonds depuis les années 1930 ; leur vocabulaire a été sauvé par la collection des matériaux linguistiques faite au commencement du XXe siècle pour le *Glossaire des patois de la Suisse romande* qui continue à apparaitre à pas sûrs mais lents (actuellement on prépare les mots avec *g*- et *f*-). La seconde partie de la contribution de Pierre Knecht est dédiée au français standard (2000, 164–176), aujourd'hui la forme normale du français dans la Romandie. Il n'y a pas de « français suisse » caractéristique ; on trouve quelques particularités qui existent aussi dans les régions limitrophes de la France, des régionalismes restreints à quelques communes et des mots qui se réfèrent à des institutions typiquement suisses (2000, 165). Il existe beaucoup moins d'influences allemandes qu'on croie généralement, et beaucoup d'expressions apparamment figées sur un modèle allemand sont en vérité des locutions françaises archaïques (*il faut lui aider*). Généralement les Suisses de langue française suivent les préscriptions parisiennes, et seulement dans les années plus récentes on essaie des voies propres (p. ex. des féminisations inconnues en France). L'aperçu de Christian Schmitt (1990), rédigé avant la revision de la Constitution en 1999, traite uniquement du français.

Le rôle des langues dans le domaine public est esquissé par Ribedaud (2010) et par Widmer (2004) où l'on donne une évaluation de la révision de la *Constitution* de 1999. Dès le 01.02.1995, la Suisse avait déjà accepté la *Charte européenne des langues régionales ou minoritaires*, entrée en vigueur pour la Suisse le 01.02.1999. Il existe une dissertation très détaillée qui compare la situation suisse à celle française (Willwer 2006), et l'on peut dire que la Suisse et le Conseil de l'Europe ont établi une coopération exemplaire (cf. Tacke 2012b, 280). Normalement, la Suisse, les cantons et les communes ont tracé un réseau pour la coexistence des langues du pays qui ne laisse pas de place aux conflits linguistiques, toutefois une exception persiste : le canton du Jura s'est formé le 1er janvier 1979 à la suite d'un plébiscite positif de tous les cantons suisses pour mettre fin aux querelles avec le canton Berne dont le Jura faisait partie. Cette séparation se fonde en premier lieu sur la différence linguistique entre le Jura francophone et le canton germanophone de Berne, mais il y a aussi une diversité religieuse entre catholiques jurassiens et protestants bernois. Le rôle de la langue dans ce conflit est examiné par Pierre-André Comte (2010) et les racines idéologiques sont couvertes par Claude Hauser (1997).

Le vocabulaire romand traditionnel a pratiquement disparu de la vie quotidienne, mais l'intérêt de la population pour les formes régionales et locales du français est resté très vif : le *Dictionnaire suisse-romand* (Thibault/Knecht 1997) et sa version condensée sans références bibliographiques (Thibault/Knecht 2000) ont eu un grand succès. Ce dictionnaire avec ses 1.100 entrées est le complément suisse aux dictionnaires de la langue française apparus en France, et a rendu obsolètes des travaux antérieurs comme p. ex. Nicollier (1990). Le rôle du français régional le long de la frontière franco-suisse est le sujet d'une dissertation de Christian Billod-Morel (1997).

Un chef d'œuvre de la toponomastique est le *Dictionnaire toponymique des communes suisses* (LSG/GTS) publié en 2005 par Andres Kristol et son équipe. On y trouve une explication très détaillée des noms des 2.866 communes politiques suisses avec un résumé de la discussion scientifique ; la prononciation locale et les premières attestations historiques de noms sont toujours données.

3 Luxembourg

Le Luxembourg (officiellement *Grand-Duché de Luxembourg*) est un État de taille plutôt petite (2.586 km², 483.800 habitants dont 250.900 étrangers ;[1] cf. SIP 2008, 1) dans l'ouest de l'Europe continentale situé entre le Belgique au nord et nord-ouest, la France au sud et l'Allemagne à l'est. Le nom *Luxembourg* remonte à *Lützelburg* (qui devient *Luxembourg* au XIXᵉ siècle), nom d'un petit château fort édifié au Xᵉ siècle par le comte Sigefroi. Ce nom provient du mot ancien germanique « Lucilinburhuc » signifiant 'petit château'. Le mot germanique est choisi car le territoire fait partie du Sacrum Romanum Imperium nationis Germanicae et on y parle donc le haut allemand (cf. SIP 2008, 2).

C'est aussi par l'histoire du pays que s'explique le multilinguisme caractérisant le Luxembourg d'aujourd'hui (cf. Kartheiser 2007, 1 ; Kramer 2015) : au XIXᵉ siècle le pays se compose de deux grands quartiers linguistiques. Le nord-ouest est la partie francophone où l'on parle le wallon et le français devient la langue écrite alors que le dialecte luxembourgeois est parlé dans la partie germanophone au sud-est où l'allemand rempli la fonction de langue écrite. Bien que la ville de Luxembourg soit située dans le quartier germanophone, l'administration choisit d'utiliser le français. Le français gagne de plus en plus de terrain comme langue véhiculaire : d'abord sous l'occupation du Luxembourg par les troupes de Louis XIV, puis sous l'impact de la Révolution française. La langue vernaculaire de la vie quotidienne devient le luxembourgeois. En 1839, les frontières actuelles du pays sont fixées durant la conférence de Londres. Alors que le territoire se situe maintenant entièrement dans la partie germanophone, le francais l'emporte comme langue de l'administration, de la justice et de la vie politique (cf. SIP 2008, 2). Pendant la Deuxième Guerre mondiale et sous l'occupation allemande, le luxembourgeois devient la langue de la Résistance et est ensuite déclaré « unique langue maternelle » dans un référendum organisé par l'occupant (SIP 2008, 3). Ce statut n'est plus menacé après la guerre et la langue s'enrichit progressivement de mots français. À partir des années 1960, le Luxembourg connaît une grande vague d'immigration. Les nouveaux-arrivants sont principalement originaires des pays latins et préfèrent en conséquent le français comme moyen de communication avec les Luxembourgeois (cf. SIP 2008, 3).

L'année 1984 marque le premier succès de la langue luxembourgeoise dans son évolution d'une langue vernaculaire vers une langue véhiculaire, car elle devient la seule langue nationale du Luxembourg avec la Loi du 24 février 1984 :

---

[1] Parmi eux 31.456 sont d'origine française (i. e. 6,1% de la population au Luxembourg) et les chiffres du recensement de 2001 montrent que le nombre de Français résidant au Luxembourg a augmenté de 57,4% jusqu'au recensement de 2011 (cf. Heinz/Peltier/Thill 2013, 1).

> « Art. 1er. – Langue nationale
>
> La langue nationale des Luxembourgeois est le luxembourgeois.
>
> Art. 2. –   Langue de la législation
>
> Les actes législatifs et leurs règlements d'exécution sont rédigés en français. Lorsque les actes législatifs et réglementaires sont accompagnés d'une traduction, seul le texte français fait foi. [...]
>
> Art. 3. –   Langues administratives et judiciaires
>
> En matière administrative, contentieuse ou non contentieuse, et en matière judiciaire, il peut être fait usage des langues française, allemande ou luxembourgeoise, sans préjudice des dispositions spéciales concernant certaines matières » (SCL 1984, 196s.). »

En réalité, il existe un solide équilibre linguistique dans l'administration : les actes législatifs sont rédigés en français mais en revanche et probablement suite au premier article de la loi mentionnée, la langue parlée dans la Chambre des députés (Parlement) est plutôt le luxembourgeois (cf. SIP 2008, 4). « Ainsi, en 1996, le Premier ministre [de l'époque] Jean-Claude Juncker a pour la première fois prononcé la déclaration annuelle du gouvernement [...] en *Lëtzebuergesch* » (SIP 2008, 4).

La tendance à préférer le luxembourgeois comme *langue franche* au Luxembourg se voit également dans le recensement de la population 2011, où la question « Quelle(s) langue(s) parlez-vous habituellement : À la maison, avec les proches ? À l'école, au travail ? » a rapporté que 70,5% des sondés utilisaient la langue luxembourgeoise, 55,7% le français et 30,6% l'allemand. Avec ces chiffres on constate aussi qu'en moyenne 2,2 langues sont utilisées, ce qui fait du Luxembourg un pays multilingue (cf. Fehlen et al. 2013a, 1). De plus, environ 20% parlaient l'anglais ou le portugais dans les situations en question (cf. Fehlen et al. 2013a, 1).[2] Mais ces chiffres ne reflètent pas complètement la situation réelle du pays car ils ne rendent pas compte des travailleurs frontaliers qui exercent une forte influence sur le paysage linguistique (cf. Fehlen et al. 2013a, 2).

D'après les données du recensement de 2011, Fehlen et al. (2013a, 2) peuvent aussi constater que « le nombre de langues parlées dépend de l'âge » – le maximum de langues avec une moyenne arithmétique de 2,6 idiomes parlés est attesté pour les 15 à 19 ans, puis le nombre décroît progressivement. En outre, « la langue parlée dépend de la nationalité » (cf. ibid.) comme le montre le tableau 1 :

---

[2] Fehlen et al. (2013a, 2) citent les taux de langues parlées au travail, à l'école et/ou à la maison d'après le recensement de 2011 comme suit : 70,5% Luxembourgeois ; 55,7% Français ; 30,6% Allemand ; 21,0% Anglais ; 20,0% Portugais ; 6,2% Italien ; 12,1% Autres.

Tableau 1 : Langues utilisées au Luxembourg selon la nationalité du répondant en pourcent (source : STATEC – RP 2011 cf. Fehlen et al. 2013a, 3)

	luxembourgeois	allemand	français	portugais	italien	anglais	autres
Luxembourgeois	96,4	35,1	46,6	5,7	3,8	17,6	5,7
Étrangers	32,2	24,1	69,2	41,3	9,8	26,0	21,5
Allemands	50,5	87,5	40,8	1,5	2,4	36,4	9,6
Français	25,3	18,0	97,5	3,4	5,1	32,8	7,7
Portugais	34,9	17,4	67,9	96,9	2,0	8,0	2,6
Italiens	37,6	19,3	73,2	5,9	84,3	24,5	6,3
Britanniques	17,9	20,2	50,1,	1,2	3,5	97,9	10,3
Belges	30,4	21,3	92,1	1,5	3,2	33,2	20,4
Néerlandais	50,6	49,3	46,9	2,6	2,5	47,8	77,5
Monténégrins	49,2	35,7	50,4	2,0	1,0	6,1	86,5
Espagnols	21,6	17,1	76,5	11,3	9,7	44,4	84,4
Autres	23,8	24,7	54,3	8,4	3,4	43,9	68,4

La langue luxembourgeoise se présente donc comme porteuse de l'identité nationale,[3] car 96,6% des Luxembourgeois déclarent la parler, alors que seulement 46,6% d'entre eux parlent le français. On observe aussi que la langue française est préférée comme moyen de communication entre les étrangers qui viennent d'autres pays romanophones. De plus, l'utilisation du français dépend fortement de la situation géographique : le nombre d'utilisateurs préférant le français comme langue principale est le plus élevé le long de la frontière avec la Belgique. Les taux sont également relativement forts pour la capitale (cf. Fehlen et al. 2013b, 3s.).

Une autre raison de la suprématie du luxembourgeois se trouve dans le système éducatif du pays (cf. Fehlen et al. 2009, 91–101, 122–131) : l'enseignement préscolaire est majoritairement donné en luxembourgeois et les autres langues ne sont introduites qu'à l'école primaire.

> « À l'age de six ans, les enfants apprennent à lire et à écrire en allemand ; l'année suivante, ils commencent l'apprentissage du français. La langue véhiculaire de l'enseignement primaire est l'allemand » (SIP 2008, 5).

---

3 Pour plus d'informations cf. aussi Fehlen et al. (2009) – une enquête sociolinguistique sûr le multilinguisme au Luxembourg.

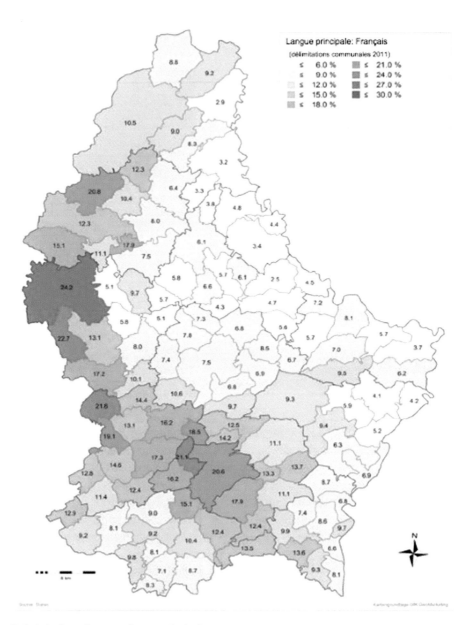

Carte 1 : Le français comme langue principale par communes
(source : STATEC – RP2011 cf. Fehlen et al. 2013, 4)

La situation change à l'école secondaire : l'allemand reste prédominant dans l'enseignement secondaire technique tandis que l'enseignement secondaire classique se sert du français comme langue véhiculaire (à l'exception des cours de langue) (cf. SIP 2008, 5). Dans le secteur de l'éducation tertiaire, l'état a créé l'Université du Luxembourg en 2003 qui tient parmi ses principes fondamentaux le « caractère multilingue de son enseignement » (cit. p. SIP 2008, 6) ou pour citer le slogan présenté sur son site internet français : « University of Luxembourg | Multilingual. Personalised. Connected. » (http://wwwfr.uni.lu/, 21.09.2013).

Le Luxembourg est aussi trilingue en ce qui concerne les médias et la culture : pour la presse écrite, les Luxembourgeois préfèrent lire l'allemand comme le constate Bender-Berland (2000, 36s.), mais la langue choisie dépend également du sujet traité dans les articles (cf. aussi Fehlen et al. 2009, 110–122 ; SIP 2008, 8s. ; cette situation est similaire pour la situation du français dans la littérature et au cinéma cf. p. ex. SIP 2008, 10).

La norme linguistique avisée par les locuteurs est celle de l'Hexagone mais comme dans toutes les situations où différentes langues entrent en contact, elles s'influencent mutuellement (cf. Pöll 1998, 60). Ainsi Doppagne constate déjà en 1971 la nasalisation imparfaite rendant les phonèmes français [õ] et [ã] à peu près semblables et la désonorisation des consonnes finales (p. ex. <grand> [grã]) (cf. Doppagne 1971, 11s.).[4] La plus grande différence entre le français parlé en France et au Luxembourg se trouve toutefois dans le lexique (cf. p. ex. Bender-Berland 2000, 38s.). Les Luxembourgeois ont tendance à utiliser plusieurs mots qui ne sont plus au goût du jour dans l'Hexagone (p. ex. *en égard à* 'en ce qui concerne', *nonobstant* 'malgré/en dépit de', *fabrique* 'usine') et ils ont intégré des belgicismes (p. ex. *tapis-plain* 'moquette', *tirette* 'fermeture-éclair', *le régent* 'le professeur principale', *un ajournement* 'un examen de rattrapage' ; Bender-Berland 2000, 39) ainsi que des germanismes (p. ex. *se blamer* 'commettre un impair' < lux. *sech blaméiren*, *componiste* 'compositeur' < all. *Komponist*, *culture* 'civilisation' < all. *Kultur*, *omineux* 'fatal' < all. *ominös* ; Kramer 1992, 209s.) dans « leur » français. En outre, les locuteurs luxembourgeois utilisent des calques d'origine allemande comme p. ex. : *ensemble avec* 'concurrement avec' < all. *zusammen mit* ; *place de travail* 'emploi' < all. *Arbeitsplatz* ; *respectif/ respectivement* 'autrement dit' < all. *respektive* '*beziehungsweise*' ; *signer responsable* 'prendre la responsabilité' < all. *verantwortlich zeichnen* (Bender-Berland 2000, 41) ; et peuvent alors avoir recours à un certain nombre de faux amis : *raffinesse* 'raffinement', *en revanche* 'en retour', *fidèlement* 'conformément' (ibid., 42s.). La liste des différences entre le « français luxembourgeois » et celui de l'Hexagone peut être élargie par la syntaxe, la morphosyntaxe ainsi que par la grammaire (cf. p. ex. ibid., 44–49), car pour la plupart des Luxembourgeois le français reste une langue secondaire, mais les deux variétés du français restent toujours intercompréhensibles.

---

4 Bien que l'analyse de Doppagne ne soit pas tout à fait actuelle, Bender-Berland (2000, 38) constate que les recherches récentes n'ont pas prouvé de résultats contraires.

4 Andorre

Andorre (officiellement Principat d'Andorra) est un petit État (468 km², 78.115 habitants, dont 43% Andorrans, 28% Espagnols, 15% Portugais, 5% Français) au cœur des Pyrenées. Le nom *Andorra* est attesté au début du IXᵉ siècle (cf. Coromines 1994, 189) mais l'étymologie reste obscure, quoiqu'il existe le nom latin Andurensis en Andalousie (cf. CIL II 1693). Selon la légende, Charlemagne aurait accordé une charte de liberté aux Andorrans pour les récompenser de leurs combats contre les Arabes, cet évènement étant relaté au début de l'hymne andorran (*El gran Carlemany, mon pare, dels Alarabs me deslliurà*). En 1278, un traité instaura la souveraineté partagé (*pareatge*) entre l'évêque d'Urgell et le comte de Foix. Depuis 1607, le chef de l'État français et l'évêque d'Urgell sont les coprinces d'Andorre. Dans la constitution adoptée par référendum du 14 mars 1993, Andorre est devenu coprincipauté parlementaire avec un conseil général qui choisit un chef du gouvernement (*Cap de Govern*) ; le rôle des coprinces est purement symbolique.

La langue parlée en Andorre est une variété du catalan nord-occidental (Veny [10]1993, 120–151). La constitution de 1993 fixe le catalan comme langue officielle d'Andorre (art. 2, 1 : *La llengua oficial de l'Estat és el català*), et les dispositions d'exécution du 16 décembre 1999 (*Llei d'ordenació de l'ús de la llengua oficial*) règlent les détails. Tous les Andorrans ont l'obligation de connaître la langue catalane et de l'employer (art. 4), les institutions publiques doivent se servir du catalan (art. 8), les communications sociales se font en catalan (art. 25), etc.

Pourtant, l'espace laissé aux autres langues, c'est-à-dire au français et à l'espagnol, reste vaste. Tout d'abord, trois types d'écoles sont représentés : le système scolaire français (avec un enseignement spécifique de la langue catalane et de la culture andorrane) qui prépare aux examens français, le système espagnol (en langue espagnole avec un enseignement spécifique de la langue catalane et de la culture andorrane) et le système andorran en catalan qui comprend des cours en espagnol et en français ; les deux écoles religieuses suivent le système espagnol. La majeure partie des Andorrans apprennent donc les langues française et espagnole à l'école, et vu le caractère touristique de l'économie du pays, le français et l'espagnol sont une necessité dans la vie de tous les jours au contact des étrangers. L'article 23 de la loi sur les langues porte le titre prometteur *El català, llengua de l'educació*, mais la teneur du texte sanctionne le maintien du vieux système qui ne favorise pas le catalan (« Tot el que fa referència a la llengua en l'àmbit educatiu es regula per la legislació específica en aquesta matèria i pels convenis internacionals establerts »). Même dans les écoles maternelles et dans les garderies, on peut recourir au français ou à l'espanol « a l'efecte de facilitar la comunicació » (art. 24). Les communications qui s'adressent aux étrangers, avant tout dans le secteur du tourisme, peuvent être rédigées « en l'idioma que faciliti la comunicació » (art. 13), donc pas en catalan normalement. Le personnel du secteur social et médical doit alors connaître d'autres langues pour communiquer avec ceux ne connaissant ni ne comprenant le catalan.

Ainsi, on voit bien que l'Andorre est un pays largement trilingue, avec sa langue propre, le catalan, qui est appuyée par la législation, et avec deux autres langues supplémentaires, l'espagnol et le français, qui sont pratiquement indispensables dans la vie de tous les jours et qui sont enseignées dans les écoles.

5 Les Îles anglo-normandes

Les *Îles anglo-normandes* sont situées dans le golfe de Saint-Malo – d'où elles tirent leurs deux autres appellations, *Îles de la Manche/L'Archipel de la Manche* (angl. *Channel Islands*) – et constituent un archipel relié au Royaume-Uni, mais juridiquement indépendant depuis plus de 800 ans (cf. Leclerc 2011, 1 ; Sallabank 2011, 21).[5] Politiquement, elles se sont organisées en deux baillages (angl. *bailiwicks*)[6] sous la dépendance de la Couronne britannique (mais ne sont ni des colonies britanniques ni des parties du Royaume-Uni ; cf. Leclerc 2011, 1). Elles sont composées du baillage de Jersey (avec Écréhou, Minquiers et autres îlots inhabités ; 118,2km^2, 97.850 habitants, une hausse de 10% depuis 2001 ; cf. SJSU 2012, 2) et du baillage de Guernsey (avec Aurigny, Sercq, Herm, Jéthou, Brecqhou, Burhou et Lihou ; 78km^2, 63.090 habitants ; cf. PCSG 2013, 3, 7). À Guernsey, l'anglais est la seule langue officielle depuis 1966, mais à Jersey le français tient un statut co-officiel (cf. Leclerc 2011, 2), utilisé seulement comme signe d'ouverture des séances parlementaires et pendant des scrutins car les membres de l'Assemblée votent avec les mots « pour » et « contre » (cf. Leclerc 2011, 4). D'après Leclerc (2011, 2) « [o]n estime que les insulaires parlent couramment le français dans une proportion de 11% » mais la plupart, soit 98%, tiennent l'anglais comme langue maternelle (cf. Leclerc 2011, 2). Il apparaît que la question des langues n'aurait aucune importance pour les gouvernements des deux baillages, car personne n'a intégré de questions relatives à l'usage ou à la compétence dans les recensements (cf. PCSG 2013 ; SJSU 2012). Leclerc (2011, 6) commente ce fait de la manière suivante : « En réalité, les gouvernements des îles Anglo-Normandes n'ont pas de politique linguistique autre que la non-intervention » – car on ne trouve la langue française que dans certains toponymes, odonymes et formulations juridiques, mais elle n'occupe aucune place dans la vie quotidienne des insulaires (excepté les gens qui travaillent dans le tourisme) (cf. p. ex. Sallabank 2011, 21), et cela malgré le statut du français, langue de la littérature, de l'éducation et de la religion, jusqu'au XXe siècle (cf. Sallabank 2011, 22).

---

5 Les îles ne sont pas membres de l'Union Européenne (U. E.), pour plus d'information cf. p. ex. Lösch (2000, 40s.), qui constate aussi que les baillages ne sont pas associés à l'U. E., bien qu'on trouve cette déclaration souvent dans la littérature secondaire (cf. Lösch 2000, 3).

6 I. e. « a territory headed by a bailiff » (Sallabank 2011, 21), alors 'un territoire dirigé par un huissier'.

Toutefois, des variétés franco-normandes[7] ont survécu dans les registres bas de la communication. Ces « patois » – teintés de vieux français, de dialectismes des Vikings ainsi que de vieil anglais (cf. Leclerc 2011, 2) – sont aujourd'hui menacés car « practically all native speakers are aged over 70 » (Sallabank 2011, 19 ; cf. aussi Moseley 2010, s. p.) : à Jersey, c'est le *jèrriais* qui est parlé par 3,2% de la population d'après le recensement de 2001 (soit 2.874 locuteurs, dont 2/3 avaient plus de 60 ans et seulement 113 personnes le déclare comme leur langue quotidienne), et à Guernesey, le *guernesiais* ou *dgèrnésiais* survit avec 1.327 locuteurs en 2001 (soit 2,22% de la population, parmi lesquels 70,4% avaient plus de 65 ans ; cf. Sallabank 2011, 24).[8] Ces deux langues sont déclarées différentes, mais intercompréhensibles selon Leclerc (2011, 2) et (Sallabank 2011, 22) pendant que Brasseur (1978a, 49) postule que « l'intercompréhension des locuteurs des Îles est très faible ». En plus, sur l'île de Sercq on parle le *serquiais* ou *sèrtchais*, une ancienne variété du *jèrriais*, mais il n'existe aucune statistique officielle sur le nombre des locuteurs.[9] Jusqu'au milieu du XXe siècle on parlait également l'*auregnais* dans l'île d'Aurigny, mais cette langue est classée comme disparue depuis la mort du dernier locuteur maternel dans les années 1960 (cf. Moseley 2010, s. p.). Comme le dégré d'intercompréhension de ces variétés est controversé, Lösch (2000, 45) se pose la question de savoir s'il y avait une koiné dans les Îles anglo-normandes : historiquement les îles n'en avaient pas besoin, car le français était la langue véhiculaire (ou High Variety selon Fishman) et les insulaires se servaient d'une variété régionale pour communiquer avec les locuteurs des différents dialectes insulaires (cf. Lösch 2000, 45–47). Ces suppositions sont renforcées par des recherches lexicales et phonétiques : tandis que le *jèrriais*, le *guernesiais* et le *sercquais* disposent de plusieurs caractéristiques linguistiques distinctes, on trouve aussi des points communs. À titre d'exemple, la 1ère personne du pluriel est la même que la 1ère du singulier, « j'allons », et la palatalisation des groupes /kl/, /gl/, /pl/, /bl/ et /fl/ (p. ex. fr. « claire », guer. « cllaïre » /kjaiə/, jèr. « clai » /kje/ ; fr. « blanc », guer. « bllanc » /bjæ/, jèr. « blianc » /bjæ/), mais il faut aussi constater que les caractéristiques phonétiques communes dans les îles sont aussi les mêmes que dans les autres parlers normands (cf. Brasseur 1978a ; 1978b ; Sallabank 2011, 22s.).

Pour lutter contre la mort des parlers, des associations de citoyens se sont formées comme p. ex. l'Office du Jèrriais (cf. www.jerriais.org.je, 23.09.2013) et le Comité de la Culture Guernesiaise et depuis quelques années, les gouvernements des deux baillages ont commencé à s'engager. Depuis 2003, les élèves des écoles primaires peuvent

---

7 Leclerc (2011, 1) soutient l'hypothèse que les îles de Guernesey, de Serq et de Herm formaient une seule île à l'époque romaine et que les îles de Jersey, d'Aurigny, des Ecréhou et de Chausey faisaient partie du continent, d'ou les ressemblances parmi les dialectes.

8 Pour des données détaillées sur le nombre des locuteurs, leur âge et la strucutre sociolinguistique cf. p. ex. Lösch (2000, 59–75) ; Jones (2001, 45–69 ; 2005, 15–18).

9 Les nombres varient de 12 à 20 locuteurs entre 2007 et 2009 (cf. Sallabank 2011, 25).

apprendre le *guernesiais* comme langue facultative ; à Jersey, des classes comparables existent depuis 1991 sous la dénomination « Salut Jersey ». Le gouvernement de Guernesey a publié une « Language Strategy 2011–2015 » (CLD 2011) et a de plus l'intention de créer une commission gouvernementale pour conserver le *guernesiais* (cf. CLD 2013 ; Sallabank 2007 ; Leclerc 2011, 4–8).

6 Le Val-d'Aoste

Le Val-d'Aoste (dénomination officielle depuis 2001 : *Région autonome de la Vallée d'Aoste/Regione Autonoma della Valle d'Aosta* ; cf. Leclerc 2013, 2) est une des cinq régions autonomes d'Italie, situé au nord-ouest du pays à la frontière de la France (Savoie) et de la Suisse (Valais). Elle est peuplé de 126.802 habitants, soit 0,2% de la population totale de l'Italie (cf. ISTAT 2011, 6). Avec une superficie de 3.263 km², elle est la plus petite des régions italiennes et qualifiée comme une « région de montagne encerclée par les plus hauts sommets d'Europe » (Josserand 2003, 33). Selon Barbé (2003, 11), la situation linguistique s'affiche comme une triglossie définie de la manière suivante : 1) italianisation croissante dans laquelle l'italien remplace la diglossie français(HV)/patois(LV) ; 2) le francoprovençal/patois[10] occupe le deuxième rang des langues utilisées le plus fréquent avec 3) le français au troisième rang. Le dernier recensement linguistique officiel date de 1921, mais en 2001 la Fondation Émile Chanoux (2008–2013, s. p.) a effectué une enquête sociolinguistique qui prouve que l'italien est la langue maternelle de 71,5% des Valdôtains et que cette langue est utilisée par 96% des habitants. 12,8% ont indiqué le patois et 3,4% le francoprovençal comme L1 pendant que le français occupe le septième rang avec 1,05%. Néanmoins, l'Observatoire de la langue française cite 90.000 francophones en 2010 au Val-d'Aoste (cf. ObLF 2010, 1), comme le français est la langue co-officielle de l'italien dans cette région. Selon Leclerc (2013) cette co-officialité existe plutôt sur le papier que dans la réalité : depuis 1948, les droits linguistiques des francophones au Val-d'Aoste sont définis par le *Statut spécial de la Vallée d'Aoste* :

> « Article 38
> 1) La langue française et la langue italienne sont à parité en Vallée d'Aoste.
> 2) Les actes publics peuvent être rédigés dans l'une ou l'autre langue, à l'exception des actes de l'autorité judicaire, qui sont rédigés en italien.

---

10 Au Val-d'Aoste on appelle généralement le francoprovençal « patois », « patoué » ou « dialetto » (cf. Leclerc 2013, 3). Ce glottonyme, assez courant et sans connotation péjorative, est souvent accompagné de caractérisations géographiques (cf. Jablonka 2014, 516). La Fondation Émile Chanoux n'explique pas pourquoi elle distingue les deux dénominations 'francoprovençal' et 'patois' dans la réponse sur la langue maternelle, car il n'existe pas de différenciation dans les autres questions (cf. Fondation Émile Chanoux 2008–2013, s. p.).

> 3) Les administrations de l'État prennent à leur service dans la Vallée, autant que possible, des fonctionnaires originaires de la région ou qui connaissent le français »
> (Conseil de la Vallée/Consiglio Regionale della Valle d'Aosta 2008, s. p.).[11]

Malgré cette situation juridique la langue italienne est « prépondérante » au Parlement local, car beaucoup de représentants ne comprennent pas le français et les lois sont d'abord rédigées en italien et puis traduites en français (Leclerc 2013, 13). De même, il vaut mieux ne pas réclamer son droit de parler français en justice, car « les juges en poste au Val-d'Aoste ne sont pas tenus de connaître cette langue » (ibid., 13s.), en conséquent les verdicts sont toujours rendus en italien, la seule langue officielle de l'État italien. Conformément au *Statut spécial* (cf. supra), l'administration locale emploie, autant que possible, des fonctionnaires originaires de la région où au moins ceux, qui ont réussi un examen en français. Toutefois, dans la réalité, s'adresser à l'administration en français au détriment de l'italien, peut dramatiquement prolonger les processus (cf. Leclerc 2013, 14s.).

Le *statut spécial* stipule aussi dans l'article 39 que :

> « 1) [d]ans les écoles de tout ordre et degré qui dépendent de la Région, un nombre d'heures égal à celui qui est consacré à l'enseignement de l'italien est réservé, chaque semaine, à l'enseignement du français.
> 2) Certaines matières peuvent être enseignées en français »
> (Conseil de la Vallée/Consiglio Regionale della Valle d'Aosta 2008, s. p.).

Notons que l'utilisation du français comme langue d'enseignement dépend « du bon vouloir de l'administration. [...] [S]eul l'enseignement du français, ainsi que certains cours de civilisation valdôtaine se font dans cette langue » (Josserand 2003, 100). Selon l'enquête de Josserand (2003, 100s.), l'italien est la langue dominante pendant et à l'extérieur du cours.[12] Dans ce contexte, il n'est pas surprenant que « les élèves valdôtains sont très distants de la moyenne OCDE » concernant leur compétences réceptives du français, comme le prouvait le test PISA de 2010 (cf. AECR 2013, 13).

À part le français comme variété haute (HV) – selon la dénomination de Fishmann –, il existe également le francoprovençal ou « patois » (cf. note 10) comme langue parlée au Val-d'Aoste. Comme l'enquête de la Fondation Émile Chanoux pouvait le montrer, la situation de cette variété romane est plus favorable que celle du français, car elle est parlée quotidiennement (cf. Josserand 2003, 53) et le nombre de dialectophones est plus haute que celui des francophones[13] (cf. Fondation Émile

---

11 Pour plus d'informations concernant des lois linguistiques en Italie en vue de protéger le français en Val d'Aoste cf. p. ex. Leclerc (2013, 11–27) ; Josserand (2003, 138–142) ; Bauer (1999, 141–199).

12 Pour plus d'informations sur le système éducatif et le choix de langue, cf. p. ex. Leclerc (2013, 16–19) ; Schulz (1995, 80–91).

13 Sur la vitalité des trois langues en Val d'Aoste (soit italien, francoprovençal et français) cf. les enquêtes de Schulz (1995), Bauer (1999) et Bert (2011).

Chanoux 2008–2013, s. p.).[14] De plus, le Bureau régional pour l'ethnologie et la linguistique (BREL) a été fondé pour soutenir le francoprovençal, organisant des cours spéciaux ainsi qu'annuellement le « Concours Cerlogne » (cf. Leclerc 2013, 3, 19).

7 Bibliographie

AECR = Assessorat de l'Éducation et de la Culture de la Région autonome Vallée d'Aoste, Département Surintendance des écoles, Bureau de Soutien à l'Autonomie Scolaire (2013), *Les compétences bilingues des élèves valdôtains, Rapport Régional PISA 2010*, Édition pour la Vallée d'Aoste, <www.regione.vda.it/allegato.aspx?pk=33005> (15.10.2013).

Andrianne, René (1984), *Literatur und Gesellschaft im französischsprachigen Belgien*, Frankfurt am Main, Diesterweg.

Andrianne, René/Becker, Norbert (1988), *La Belgique francophone. Textes choisis et présentés*, Frankfurt am Main, Diesterweg.

Arquint, Jachen C. (2000), *Stationen der Standardisierung*, in : Hans Bickel/Robert Schläpfer (edd.), *Die viersprachige Schweiz*, Aarau, Sauerländer, 240–268.

Arquint, Jachen C., et al. (1982), *Die viersprachige Schweiz*, Zürich/Köln, Benzinger.

Atlas linguistique de la Wallonie (1953ss.), edd. Louis Remacle et al., Liège, Presses universitaires.

Baetens Beardsmore, Hugo (1971), *Le français régional de Bruxelles*, Bruxelles, Presses universitaires.

Bal, Willy, et al. (edd.) (1994), *Belgicismes. Inventaire des particularités lexicales du français en Belgique*, Louvain-la-Neuve, Duculot.

Barbé, Carlos (2003), *Identità e tri(multi)linguismo in Valle d'Aosta*, in : Fondation Émile Charoux (ed.), *Une Vallée d'Aoste bilingue dans une Europe purilingue/Una Valle d'Aosta bilingue in un'Europa plurilingue*, Aosta, 11–17, <http://www.fondchanoux.org/sondagelinguistiqueq.aspx> (15.10.2013).

Bauer, Roland (1999), *Sprachsoziologische Studien zur Mehrsprachigkeit im Aostatal – mit besonderer Berücksichtigung der externen Sprachgeschichte*, Tübingen, Niemeyer.

Begenat-Neuschäfer, Anne (2007), *Belgien im Blick : Interkulturelle Bestandsaufnahmen/Regards croisés sur la Belgique contemporaine/Blikken op België : Interculturele Beschouwingen*, Frankfurt am Main et al., Lang.

Begenat-Neuschäfer, Anne (2010), *Die deutschsprachige Gemeinschaft Belgiens*, Frankfurt am Main et al., Lang.

Bender-Berland, Geneviève (2000), *Die Besonderheiten des Französischen in Luxemburg*, Romanistik in Geschichte und Gegenwart 6:1, 33–50.

Bert, Michel (2011), *Situation sociolinguistique du francoprovençal : l'étude FORA*, in : Olivier Baude/Jean Sibille/Jean-Baptiste Martin (edd.), *Le francoprovençal. Langues et cité* 18, Paris, Délégation générale à la langue française et aux langues de France <http://www.dglf.culture.gouv.fr/Langues_et_cite/LC18_francoprovencal.pdf> (15.10.2013).

Bickel, Hans/Schläpfer, Robert (2000), *Die viersprachige Schweiz*, Aarau, Sauerländer.

Billod-Morel, Christian (1997), *Sprache über Grenzen hinweg. Eine Untersuchung des Regionalfranzösischen im französisch-schweizerischen Grenzgebiet*, Hamburg, Kovač.

---

14 Pour une discussion de la question du « vrai français » valdôtain, le français standard ou le francoprovençal cf. p. ex. Jablonka (1997, 146–151).

Blampain, Daniel (ed.) (1999), *Le français en Belgique. Une langue, une communauté*, Bruxelles, Duculot.

Boschung, Paul (1990), *Zweisprachigkeit und Diglossie im Kanton Freiburg*, in : Jean-Pierre Vouga/ Max Ernst Hodel (edd.), *La Suisse face à ses langues/Die Schweiz im Spiegel ihrer Sprachen*, Aarau, Sauerländer, 93–98.

Brasseur, Patrice (1978a), *Les principales caractéristiques phonétiques des parlers normands de Jersey, Sercq, Guernesey et Magneville (canton de Bricquebec, Manche)*, Annales de Normandie 28:1, 49–64.

Brasseur, Patrice (1978b), *Les principales caractéristiques phonétiques des parlers normands de Jersey, Sercq, Guernesey et Magneville (canton de Bricquebec, Manche)*, Annales de Normandie 28 :3, 275–306.

Carigiet, Werner (2000), *Zur Mehrsprachigkeit der Bündnerromanen*, in : Hans Bickel/Robert Schläpfer (edd.), *Die viersprachige Schweiz*, Aarau, Sauerländer, 235–239.

Cassano, Paul V. (1991–1993a), *An introduction to the influence of Flemish on the French of Brussels : Phonology*, Orbis 36, 136–161.

Cassano, Paul V. (1991–1993b), *An introduction to the influence of Flemish on the French of Brussels : Morphology and syntax*, Orbis 36, 162–202.

CIL II = *Corpus Inscriptionum Latinarum*, vol. 2 : *Inscriptiones Hispaniae Latinae*, ed. Emil Übner, Berlin, Akademie der Wissenschaften, 1869.

CLD = Culture and Leisure Department (2011), *Our way of life... Language Strategy 2011–2015*, <http://www.gov.gg/CHttpHandler.ashx?id=3370&p=0> (31.07.2013).

CLD = Culture and Leisure Department (2013), *Reply by the Deputy Minister of The Culture and Leisure Departement to a question asked pursuant to rule 6 of the rules of procedure by Deputy E. G. Bebb*, <http://www.gov.gg/CHttpHandler.ashx?id=83036&p=0> (31.07.2013).

Comby, Bernard (1990), *Le Valais : Bilinguisme équilibré*, in : Jean-Pierre Vouga/Max Ernst Hodel (edd.), *La Suisse face à ses langues/Die Schweiz im Spiegel ihrer Sprachen*, Aarau, Sauerländer, 89–92.

Comte, Pierre-André (2010), *Identité de la langue française de la législation linguistique dans le Jura*, Moutier, Conférence des peuples de langue française.

Conseil de la Vallée/Consiglio Regionale della Valle d'Aosta (2008), *Loi constitutionnelle n° 4 du 26 février 1948/Statut spécial pour la Vallée d'Aoste. Texte coordonné incluant les modifications insérées par la loi constitutionnelle n° 2 du 31 janvier 2001, assorti des notes et des listes des articles modifiés, des lois constitutionnelles de modification et des dispositions d'application* <http://www.consiglio.regione.vda.it/statuto/statuto_f.asp> (15.10.2013).

Coromines, Joan (1994), *Onomasticon Cataloniae. Els noms de lloc i noms de persona de totes les terres de llengua catalana*, vol. 2, Barcelona, Curial Edicions Catalanes.

De Coster, Michel (2007), *Les enjeux des conflits linguistiques. Le français à l'épreuve des modèles belge, suisse et canadien*, Paris, L'Harmattan.

Doppagne, Albert (1971), *Le français au Grand-Duché de Luxembourg. Considérations sociologiques et linguistiques*, Bruxelles, Université.

Fehlen, Fernand, et al. (2009), *BaleineBis : Une enquête sur un marché linguistique multilingue en profonde mutation – Luxemburgs Sprachmarkt im Wandel*, Luxembourg, SESOPI.

Fehlen, Fernand, et al. (2013a), *Les langues parlées au travail, à l'école et/ou à la maison*, Luxembourg, Institut national de la statistique et des études économiques.

Fehlen, Fernand, et al. (2013b), *La langue principale, celle que l'on maîtrise le mieux*, Luxembourg, Institut national de la statistique et des études économiques.

Fondation Émile Chanoux (2008–2013), *Sondage linguistique, Les résultats Vallée d'Aoste* <http://www.fondchanoux.org/sondagelinguistiqueq.aspx> (15.10.2013).

Francard, Michel, et al. (2010), *Dictionnaire des belgicismes*, Bruxelles, De Boeck Duculot.

Fuchs, Heinz (1988), *Untersuchungen zu Belgizismen*, Frankfurt am Main et al., Lang.

Genion, Philippe (2010), *Comment parler le belge et le comprendre (ce qui est moins simple)*, Paris, Points.

Glossaire des patois de la Suisse romande (1933-), Neuchâtel, Attinger.

Gramms, Annette (2008), *Die deutsch-französische Sprachgrenze in Belgien : eine soziolinguistische Studie links und rechts der Neutralstraße*, Saarbrücken, Müller.

Groß, Christoph (2006), *Beobachtungen zur wallonischen Mundart von Bastogne*, Veitshöchheim, Lehmann.

Hammer, Kristin (2002), *Untersuchungen zu den lexikalischen Besonderheiten des Französischen in Belgien*, Norderstedt, Grin.

Hauser, Claude (1997), *Aux origines intellectuelles de la question jurassienne : culture et politique entre la France et la Suisse romande 1910–1950*, Diss., Fribourg.

Haust, Jean (1953–), *Atlas linguistique de la Wallonie*, Liège, Vaillant-Carmanne.

Heinz, Andreas/Peltier, François/Thill, Germaine (2013), *Les Français au Luxembourg*, Luxembourg, Institut national de la statistique et des études économiques.

Henry, Albert (1990), *Histoire des mots Wallon et Wallonie*, Mont-sur-Marchienne, Institut Jules Destree.

Herbillon, Jules (1986), *Les noms de communes de Wallonie*, Bruxelles, Crédit Communal.

Herbillon, Jules/Germain, Jean (1996), *Dictionnaire des noms de famille en Belgique romane et dans les régions limitrophes*, Bruxelles, Crédit Communal.

Ignaccolo, Rosaria/Roullet, Stefania (2003), *Variazione dei codici linguistici in funzione dell'età. Premières réflexions à partir des résultats du sondage linguistique*, in : Fondation Émile Charoux (ed.), *Une Vallée d'Aoste bilingue dans une Europe purilingue/Una Valle d'Aosta bilingue in un'Europa plurilingue*, Aosta, 31–43 <http://www.fondchanoux.org/sondagelinguistiqueq.aspx> (15.10.2013).

ISTAT = Istituto Nazionale di Statistica (2011), *15° Censimento generale della popolazione e delle abitazioni. Struttura demografica della popolazione. Dati definitivi* <http://www.istat.it/it/files/2012/12/volume_popolazione-legale_XV_censimento_popolazione.pdf> (15.10.2013).

Jablonka, Frank (1997), *Frankophonie als Mythos. Variationslinguistische Untersuchungen zum Französischen und Italienischen im Aosta-Tal*, Wilhelmsfeld, Egert.

Jablonka, Frank (2014), *Le francoprovençal*, in : Andre Klump/Johannes Kramer/Aline Willems (edd.), *Manuel des langues romanes*, Berlin/Boston, de Gruyter, 510–534.

Jones, Mari C. (2001), *Jersey Norman French – A Linguistic Study of an Obsolescent Dialect*, Oxford, Blackwell.

Jones, Mari C. (2005), *Some structural and social correlates of single word intrasentential code-switching in Jersey Norman French*, Journal of French Language Studies 15, 1–23.

Josserand, Jérôme-Frédéric (2003), *Conquête, survie et disparition : Italien, français et francoprovençal en Vallée d'Aoste*, Uppsala, Uppsala University.

Kartheiser, Josiane (2007), *Le Luxembourg se présente – Mir schwätze Lëtzebuergesch, Däitsch a Franséisch* <http://www.luxembourg.public.lu/fr/societe/langues/Letz-Kartheiser.pdf> (31.07.2013).

Klein, Jean-René/Rossari, Corinne (2003), *Figement et variations en français de Belgique, de France, du Québec et de Suisse*, Lingvisticæ Investigationes 26:2, 203–214.

Knecht, Pierre (1990), *La Suisse et la francophonie de demain*, in : Jean-Pierre Vouga/Max Ernst Hodel (edd.), *La Suisse face à ses langues/Die Schweiz im Spiegel ihrer Sprachen*, Aarau, Sauerländer, 133–136.

Knecht, Pierre (2000), *Die französische Schweiz*, in : Hans Bickel/Robert Schläpfer (edd.), *Die viersprachige Schweiz*, Aarau, Sauerländer, 139–176.

Kramer, Johannes (1984), *Zweisprachigkeit in den Benelux-Ländern*, Hamburg, Buske.

Kramer, Johannes (1992), *Einige Bemerkungen zum Französischen in Luxemburg*, in : Wolfgang Dahmen et al. (edd.), *Germanisch und Romanisch in Belgien und Luxemburg*, Tübingen, Narr, 203–223.

Kramer, Johannes (1998), *Die Sprachbezeichnungen « Latinus » und « Romanus » im Lateinischen und Romanischen*, Berlin, Schmidt.

Kramer, Johannes (2014), *Sprachnationalismus in Belgien*, in : Wolfgang Dahmen/Christian Voß (edd.), *Babel Balkan ? Politische und soziokulturelle Kontexte von Sprache in Südosteuropa*, München, Sagner, 125–268.

Kramer, Johannes (2015), *Vom Moseldialekt zur Staatssprache : Luxemburgisch*, in : Rainer Schlösser (ed.), *Sprachen im Abseits. Regional- und Minderheitensprachen in Europa*, München, AVM, 147–179.

Lagasse, Charles-Étienne (2007), *L'histoire et les institutions de la communauté française – Wallonie – Bruxelles*, in : Anne Begenat-Neuschäfer (ed.), *Belgien im Blick : Interkulturelle Bestandsaufnahmen/Regards croisés sur la Belgique contemporaine/Blikken op België : Interculturele Beschouwingen*, Frankfurt am Main et al., Lang, 75–88.

Lebouc, Georges (1998), *Le belge dans tous ses états. Dictionnaire des belgicismes, grammaire et prononciation*, Paris, Benneton.

Lebouc, Georges (2006), *Dictionnaire du bruxellois*, Bruxelles, Le Cri.

Lebsanft, Franz/Wingender, Monika (edd.) (2012), *Europäische Charta der Regional- oder Minderheitensprachen. Ein Handbuch zur Sprachpolitik des Europarats*, Berlin/Boston, de Gruyter.

Leclerc, Jacques (2011), *Îles Anglo-Normandes*, in : Jacques Leclerc, *L'aménagement linguistique dans le monde*, Québec, TLFQ, Université Laval < http://www.axl.cefan.ulaval.ca/EtatsNsouverains/ilesanglo.htm> (23.09.2013).

Leclerc, Jacques (2013), *Val-d'Aoste*, in : Jacques Leclerc, *L'aménagement linguistique dans le monde*, Québec, TLFQ, Université Laval b<http://www.axl.cefan.ulaval.ca/europe/italieaoste.htm> (23.09.2013).

Lefert, Jacques (1990), *Berne : Un bilinguisme façonné par l'Histoire*, in : Jean-Pierre Vouga/Max Ernst Hodel (edd.), *La Suisse face à ses langues/Die Schweiz im Spiegel ihrer Sprachen*, Aarau, Sauerländer, 98–105.

Limes I/Limes II. Les langues régionales romanes en Wallonie (1992), Bruxelles, Tradition et Parlers populaires Wallonie–Bruxelles.

Llei d'ordenació de l'ús de la llengua official (texte catalan et traduction française) <http://www.axl.cefan.ulaval.ca/europe/andorre-loi1999.htm> (13.07.2013).

Lösch, Hellmut (2000), *Die französischen Varietäten auf den Kanalinseln in Vergangenheit, Gegenwart und Zukunft*, Wien, Praesens.

LSG/DTS = Kristol, Andres (ed.) (2005), *Lexikon der schweizerischen Gemeindenamen/Dictionnaire toponymique des communes suisses/Dizionario toponomastico dei comuni svizzeri*, Centre de dialectologie, Université de Neuchâtel/Huber, Frauenfeld/Payot, Lausanne.

Massion, François (1987), *Dictionnaire des belgicismes*, Frankfurt am Main et al., Lang.

Mercier, Jacques (2000), *Le français tel qu'il se parle en Belgique*, Tournai, La Renaissance du Livre.

Moseley, Christopher (ed.) (2010), *Atlas of the World's Languages in Danger*, UNESCO Publishing <http://www.unesco.org/culture/en/endangeredlanguages/atlas> (31.07.2013).

Nicollier, Alain (ed.) (1990), *Dictionnaire des mots suisses de la langue française*, Genève, GVA.

ObLF = Observatoire de langue française (2010), *Nombre de francophones par pays ayant moins de 1 million de locuteurs*, in : Organisation Internationale de la Francophonie (ed.), *Dénombrement des francophones* <http://www.francophonie.org/IMG/pdf/-_1_million.pdf> (15.10.2013).

Panowitsch, Doris (1994), *Französisch und Niederländisch in Brüssel. Eine Fallstudie*, Frankfurt am Main et al., Lang.

PCSG = Policy Council – The States of Guernsey (2013), *Guernsey Facts and Figures* <http://www.gov.gg/pru> (31.07.2013).

Pöll, Bernhard (1998), *Französisch außerhalb Frankreichs – Geschichte, Status und Profil regionaler und nationaler Varietäten*, Tübingen, Niemeyer.

Pohl, Jacques (1950), *Témoignages sur le lexique des parlers français de Belgique*, vol. 1–16, Bruxelles, Dissertations de l'Université libre.

Raskin, Brigitte (2012), *De taalgrens*, Leuven, Davidsfonds.

Rey, Alain (1992), *Dictionnaire historique de la langue française*, Paris, Dictionnaire le Robert.

Ribeaud, José (2010), *La Suisse plurilingue se délingue*, Neuchâtel, Alphil.

Sallabank, Julia (2011), *Norman Languages of the Channel Islands – Current situation, language maintenance and revitalisation*, Shimes – The International Journal of Research into Island Cultures 5:2, 19–44.

Schmitt, Christian (1990), *Frankophonie III : Schweiz*, in : Günter Holtus/Michael Metzeltin/Christian Schmitt (edd.), *Lexikon der Romanistischen Linguistik*, vol. V, 1, Tübingen, Niemeyer, 726–732.

Schmitz, Ursel (1994), *Zur bildungspolitischen Entwicklung des Sprachenproblems in den belgischen Ostkantonen*, Frankfurt am Main, Lang.

Schulz, Sabine Claudia (1995), *Mehrsprachigkeit im Aostatal*, Veitshöchheim, Lehmann.

SCL = Service central de législation (1984), *Loi du 24 février 1984 sur le régime des langues*, 196–197 <http//www.legilux.public.lu/leg/a/archives/1984/0016/a016.pdf> (31.07.2013).

SIP = Service information et presse du gouvernement luxembourgeois (2008), *À propos... des langues au Luxembourg* <http://www.gouvernement.lu/publications/luxembourg/a_propos_des_langues/a_propos_langues_2008_FR.pdf> (31.07.2013).

SJSU = States of Jersey Statistics Unit (2012), *Report on the 2011 Jersey Census* <http://www.gov.je/census> (31.07.2013).

Spickenbom, Marion (1996), *Belgizismen in französischen Wörterbüchern und Enzyklopädien seit Anfang dieses Jahrhunderts*, Münster, Nodus.

Tacke, Felix (2012a), *Belgien. Territorialitätsprinzip und Minderheitenproblematik vor dem Hintergrund der ECRM*, in : Franz Lebsanft/Monika Wingender (edd.), *Europäische Charta der Regional- oder Minderheitensprachen. Ein Handbuch zur Sprachpolitik des Europarats*, Berlin/Boston, de Gruyter, 87–104.

Tacke, Felix (2012b), *Schweiz (Schweizerische Eidgenossenschaft)*, in : Franz Lebsanft/Monika Wingender (edd.), *Europäische Charta der Regional- oder Minderheitensprachen. Ein Handbuch zur Sprachpolitik des Europarats*, Berlin/Boston, De Gruyter, 265–282.

Thibault, André/Knecht, Pierre (edd.) (1997), *Dictionnaire suisse romand*, Carouge-Genève, Zoé.

Thibault, André/Knecht, Pierre (edd.) (2000), *Le petit Dictionnaire suisse romand*, Carouge-Genève, Zoé.

Treffers-Daller, Jeanine (1994), *Mixing two languages : French-Dutch contact in a comparative perspective*, Berlin/New York, de Gruyter.

Treude, Michael (1996), *Zweisprachigkeit in Belgien. Forschungsbericht, historische und linguistische Perspektiven*, Veitshöchheim, Lehmann.

Veny, Joan ([10]1993), *Els parlars catalans*, Mallorca, Moll.

Vouga, Jean-Pierre/Hodel, Max Ernst (edd.) (1990), *La Suisse face à ses langues/Die Schweiz im Spiegel ihrer Sprachen*, Aarau, Sauerländer.

Widmer, Jean (2004), *Langues nationales et identités collectives, L'exemple de la Suisse*, Paris, Harmattan.

Willwer, Jochen (2006), *Die europäische Charta der Regional- und Minderheitensprachen in der Sprachpolitik Frankreichs und der Schweiz*, Stuttgart, Ibidem.

Edith Szlezák
20 Le français dans le monde : Canada

Abstract : L'article donne un aperçu de l'élaboration, des usages et du statut des variétés du français canadien. Après un survol de la situation démographique d'aujourd'hui et de l'histoire de la francophonie au Canada, il traite de la politique et notamment de la défense de la langue française dès les débuts jusqu'à nos jours, et des institutions qui assurent son maintien dans un pays majoritairement anglophone. La section suivante résume les théories de la genèse des variétés du français canadien avant de citer les caractéristiques linguistiques de ces mêmes variétés dans les domaines de la prononciation, du lexique et de la morphosyntaxe. Le dernier sous-chapitre est dédié au problème de la norme qui se pose encore et toujours au Canada français.

Keywords : variétés, anglicismes, politique linguistique, norme, francophonie

1 Introduction : situation démographique

C'est avec Jacques Cartier, sous le règne de François Ier, que commence en 1534 l'histoire de la langue et de la culture françaises sur le continent nord-américain, même s'il fallut attendre 1604, sous Henri IV, pour que la France se préoccupe d'établir en Amérique une colonie de peuplement. Plus de 400 ans plus tard, le français du Canada est devenu la principale variété secondaire du français standard, et dans l'ensemble, la part des francophones dans la population canadienne reste stable, même si le nombre des locuteurs diminue dans l'Ouest canadien, du fait de la domination de l'anglais et de la pression assimilatrice qui en résulte. Selon les chiffres du recensement canadien (2011), 21,3% des Canadiens, soit 7.054.975 personnes, déclarent avoir le français comme langue maternelle, la très grande majorité de ces locuteurs (86,5%, soit 6.102.210 personnes) vivant au Québec ; cette province est la seule ayant le français pour unique langue officielle, et par ailleurs, avec sa superficie couvrant 1.667.712 km², elle est la plus vaste des 10 provinces canadiennes.

Le deuxième groupe par importance numérique (7% des francophones, soit 493.295 locuteurs) se trouve dans l'Ontario, province voisine située à l'ouest du Québec, dont la colonisation par les Français commença au début du XVIIe siècle. À l'est du Québec, l'Acadie (d'après une théorie baptisée ainsi par ses découvreurs en référence à l'antique Arcadie, contrée célèbre pour la beauté de ses paysages), regroupe le Nouveau-Brunswick (233.530 loc.), la Nouvelle-Écosse (31.105 loc.) et l'Île-du-Prince-Édouard (5.190 loc.), appelées « provinces maritimes » ; en incluant la province de Terre-Neuve-et-Labrador (2.480 loc.), on compte un total de 272.305 locuteurs (3,9% des francophones) dans l'ensemble des quatre provinces dites « atlantiques ». Dans l'Ouest canadien, on distingue trois groupes ayant le français pour langue

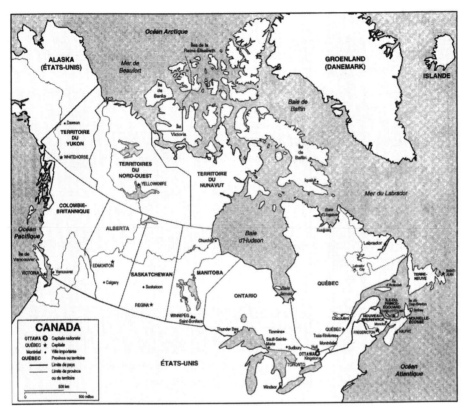

Carte 1 : Le Canada (© 1998, PUL et TLFQ)

maternelle : les Métis, descendants des unions entre colons français et femmes amé-rindiennes ; le groupe majoritaire, celui des Canadiens français de souche québécoise ; et enfin les Français venus d'Europe. Dans les provinces du Manitoba, de la Saskat-chewan, de l'Alberta, de la Colombie-Britannique et les territoires que constituent le Yukon, le Nunavut et les Territoires du Nord-Ouest, ils regroupent au total 187.159 personnes (2,6% du total canadien) (cf. Sautter 2000 ; Statistiques Canada 2011). On mentionnera également brièvement les principales minorités francophones nord-amé-ricaines hors du Canada. En Louisiane, baptisée ainsi en l'honneur de Louis XIV par Robert Cavelier de la Salle en 1682 et s'étendant à l'origine du golfe du Mexique aux Grands Lacs, la population francophone est issue de différents groupes : les Cadiens ou Cajuns, descendants des Acadiens (originaires du Canada) déportés en 1755 par les Britanniques dans le cadre du « Grand Dérangement », les colons français (appelés « créoles blancs » et majoritairement anglophones depuis le XIXe siècle), ainsi que les anciens esclaves, parlant un créole à base française. Le nombre des locuteurs est difficile à évaluer en raison de la catégorisation linguistique problématique du recen-sement américain qui, sauf exception, ne distingue ni entre les variétés du français, ni entre français et créoles à base française : la catégorie est intitulée « French (including

Patois, Creole, Cajun) ». On estime le total à environ 115.000 locuteurs, y compris les créolophones (cf. U.S. Census Bureau 2013). Sur les détails historiques ainsi que les particularités linguistiques des différentes variétés du français en Louisiane, cf. Corbett (1990) ; Neumann-Holzschuh (2000 ; 2005) ; Rottet (2001) ; Valdman (1997) ; Valdman et al. (2005). La Nouvelle-Angleterre, formée par les États du Connecticut, du Maine, du Massachusetts, du New Hampshire, du Rhode Island et du Vermont, était au XIXᵉ siècle la région la plus industrialisée au monde après la Grande-Bretagne. L'essor industriel a entraîné, notamment entre 1830 et 1920, un afflux massif de main d'œuvre, venue pour l'essentiel des régions voisines de l'Est du Canada, ce qui explique que la Nouvelle-Angleterre soit également surnommée « le Québec d'en bas ». Le nombre de locuteurs est en fort recul depuis la Seconde Guerre mondiale, on l'estime aujourd'hui aux alentours de 270.000 à 300.000 personnes (cf. U.S. Census Bureau 2013). Pour davantage de détails sur l'histoire et les particularités linguistiques des différentes variétés du français en Nouvelle-Angleterre, on se reportera à Brault (1986) ; Fox/ Smith (2005) ; Neumann-Holzschuh (2003 ; ²2008) ; Szlezák (2010).

2 Histoire de la francophonie au Canada

Jacques Cartier, envoyé en 1534 par François Iᵉʳ pour garantir à la France une part du Nouveau Monde, explore le Saint-Laurent, principale voie navigable d'Amérique du Nord, et débarque dans son estuaire, afin d'en prendre possession au nom du roi de France. En 1535, lors de son second voyage, il atteint une chaîne de collines aisément repérable qu'il appelle « Mont Réal » en l'honneur de son souverain. Même si le poste de mission fondé à cet endroit en 1642 par les jésuites porte à l'origine le nom de Ville-Marie, l'établissement qui en résulte finira par adopter le nom de « Montréal ». Mais dans un premier temps, la France, qui s'enlise dans le chaos des guerres de Religion (1562–1598), ne donne pas suite à ses ambitions coloniales en Amérique du Nord et ce n'est que sous Henri IV que l'on renoue avec les voyages de Cartier. Si au XVIᵉ siècle, c'étaient encore les eaux poissonneuses qui suscitaient l'intérêt, les convoitises sont désormais attirées par la traite des fourrures, bien plus lucrative. Issu d'une lignée de navigateurs, Samuel de Champlain est chargé en 1603 d'un voyage d'exploration et fonde des comptoirs le long du Saint-Laurent dans les années suivantes, jusqu'en 1634. En 1604, avec Pierre du Gua, il établit une centaine de personnes sur l'île Sainte-Croix (Acadie, auj. Maine) ; en 1605, il fonde sur la côte nord-ouest de la Nouvelle-Écosse la première colonie du Canada, l'habitation de Port-Royal (rebaptisée par la suite Annapolis, elle fut la capitale de la Nouvelle-Écosse jusqu'à la fondation de Halifax en 1749). En 1608, pour des raisons stratégiques, il édifie sur un resserrement du Saint-Laurent un comptoir, qu'il nomme « Québec », terme désignant en langue algonquine un passage où le fleuve se rétrécit. Comme la colonie de Nouvelle-France stagne sur le plan économique, le Nouveau Monde n'attire au début que peu de colons. Jusqu'en 1660, seuls 2.000 personnes environ s'implantent au Canada, à cause notamment des conflits fréquents avec les peuples autochtones, et ce sont majoritairement des hommes. En réaction à cette situation est organisée l'immigration de jeunes femmes, appelées « filles du Roi » : « Entre 1663 et 1673, plus de huit cents jeunes filles célibataires émigrent en Nouvelle-France dans le cadre d'un effort de peuplement inédit » (GdQ 2008, 7). Mais la situation démographique, toujours instable, n'est pas le seul problème. Outre la menace constante que font peser les Amérindiens (notamment les Iroquois), les hostilités entre colons anglais et français s'exacerbent en 1613 à la suite de la destruction de Port-Royal par les Anglais. Bien que l'Amérique française voie tout d'abord son territoire s'accroître vers l'Ouest et le Sud (en 1682, le delta du Mississippi est exploré), les nombreuses guerres coloniales franco-anglaises changent bientôt la donne. Après sa défaite lors de la guerre de Succession d'Espagne, la France est contrainte, aux termes du traité d'Utrecht de 1713, de céder l'Acadie et Terre-Neuve aux Anglais « qui, durant les quarante prochaines années, encouragent les colons de langue française à y rester pour des raisons tant économiques que militaires » (Dubois 2005, 81). Cependant, l'arrivée de colons anglophones de plus en plus nombreux entraîne une campagne de britannisation et, pour les Acadiens qui refusent aussi bien le départ vers d'autres territoires français que le serment de fidélité à la couronne britannique, la déportation d'une majorité d'entre eux (env. 8.000 à 12.000 personnes entre 1755 et 1762), dans des conditions souvent inhumaines. Au cours de ce qu'on a appelé le « Grand Dérangement », ils sont emmenés de force vers d'autres colonies anglaises, entre autres le Massachusetts, ou se réfugient en Louisiane. De là, une partie d'entre eux retournent au Canada où, retrouvant ceux qui avaient pu se cacher dans les forêts, ils forment « la base ethnique des Franco-Canadiens des provinces atlantiques actuelles » (Bollée 1990, 741). Quelques milliers d'entre eux s'enfuient également au Québec en 1759 : « Il y aurait aujourd'hui plus d'un million de Québécois de descendance acadienne » (GdQ 2008, 8). En 1763, le traité de Paris entérine officiellement la « Conquête anglaise », après l'extension aux colonies de la guerre de Sept Ans. Ainsi prend définitivement fin l'immigration française dans l'ancienne Nouvelle-France. L'Ontario et les provinces de l'Ouest continuent toutefois à bénéficier d'une immigration venue du Québec, ce qui conduit à la constitution des actuelles communautés francophones. Contrairement à l'Acadie, la question de l'expulsion ne se pose pas au Québec, où l'on tient compte de ce groupe ethnique politiquement minorisé, mais numériquement important : « L'Acte de Québec (1774) ne comporte pas de dispositions précises sur la langue, mais dans l'ensemble on peut juger qu'il est favorable aux francophones, puisque les lois françaises sont restituées au civil, que les garanties religieuses sont explicitement renouvelées [...] » (Thibault 2003, 898). En 1784, la province du Nouveau-Brunswick est séparée de la Nouvelle-Écosse, et en 1791, l'Acte constitutionnel divise le Canada en une partie occidentale, le Haut-Canada et une partie orientale, le Bas-Canada. La pression assimilatrice toujours plus forte et la suprématie de l'anglais entraînent des résistances et conduisent même à la rébellion ouverte, comme celle de 1837, menée par le Parti patriote. En 1840, l'Acte d'Union fait de l'anglais la seule langue officielle, même si le bilinguisme survit *de facto*, situation confirmée officiellement en 1848. Toutefois, le déséquilibre démographique entre les francophones et les anglophones, dont le nombre augmente constamment du fait de l'immigration continue, devient de plus en plus problématique. Certes, les Canadiens français, sous l'influence entre autres de l'Église catholique, parviennent à stabiliser le rapport numérique grâce à une fécondité extrêmement élevée : en 80 ans, leur nombre est presque multiplié par dix, phénomène également appelé « revanche des berceaux » (Pöll 1998, 63). Néanmoins, en 1851, « [l]a population de langue anglaise dépasse celle de langue française et les Canadiens français sont, pour la première fois, minoritaires dans l'ensemble de la colonie » (GdQ 2008, 14). Enfin, en 1867, l'Acte de l'Amérique du Nord britannique crée la Confédération canadienne, composée de quatre provinces, le Québec, l'Ontario, le Nouveau-Brunswick et la Nouvelle-Écosse, qui se voient conférer une large autonomie – elles parviennent à conserver leurs « spécificités en ce qui concerne la culture, la religion et le droit civil » (Wolf 1987, 46) –, l'article 133 garantissant également le bilinguisme au niveau officiel. Par la suite, la proportion de francophones dans la population reste stable, mais il faut attendre les années 1960 pour que, dans une province au moins, le Québec, ils parviennent à prendre conscience collectivement de l'originalité et de la spécificité de leur culture et de leur langue et à agir en conséquence : « Après une longue période caractérisée par l'immobilisme des structures sociales, la première moitié des années soixante assiste à un processus de réformes politiques, économiques et sociales menées par le nouveau gouvernement libéral de Lesage. Cette période est passée à l'Histoire sous le nom de 'Révolution tranquille' » (Thibault 2003, 900). Malgré l'existence au sein de ce mouvement d'éléments extrémistes, comme le Front de Libération du Québec – groupuscule d'extrême-gauche accusé d'avoir perpétré des attentats et entraîné la mort de plusieurs personnes durant son existence, entre 1963 et 1972 –, les forces modérées dominent. Bien que l'on ne puisse pas déterminer avec certitude les répercussions de la visite du général de Gaulle en 1967, au cours de laquelle il a lancé son célèbre « Vive le Québec ! Vive le Québec libre ! »– au-delà d'un refroidissement durable des relations franco-canadiennes –, on assiste dans les années suivantes à la création par René Lévesque du Mouvement Souveraineté-Association, dont l'objectif est l'indépendance du Québec au sein d'une union économique avec le Canada. En 1968, ce mouvement politique devient un parti, le Parti Québécois (PQ), qui se donne pour mission, outre l'indépendance du Québec, de défendre la langue française. Une fois arrivé au gouvernement, il organise deux référendums destinés à fonder constitutionnellement une séparation : après la victoire électorale de 1976 et l'adoption en 1977 de la Loi 101, qui fait du français la langue officielle du Québec, on se risque, en 1980, à mettre en œuvre ce projet, qui est toutefois rejeté par une majorité de 59,56% des électeurs. En 1982, la constitution canadienne échappe définitivement au contrôle du Parlement britannique, mais cela ne suffit pas à satisfaire les partisans de l'autonomie. Le Parti Libéral du Québec (PLQ), fondé en 1867 et d'orientation fédéraliste, revient au pouvoir en 1985, freinant jusqu'en 1994 toutes les velléités indépendantistes. La victoire électorale du PQ, en1995, assure l'organisation d'un nouveau référendum, dont l'enjeu est au moins implicitement la sécession de la province. Cette fois-ci, le résultat est serré, mais les 50,58% de « non » entraînent un nouveau rejet de l'indépendance, attribué par les analystes électoraux à la minorité anglophone et aux peuples autochtones. Le PQ reste ensuite au pouvoir jusqu'en 2003, y revenant ensuite à partir de 2012, mais le mouvement indépendantiste encaisse dernièrement un nouveau revers en 2014 : le PLQ remporte les élections avec 41,5% des suffrages – l'un des points centraux du programme électoral du PQ étant l'organisation d'un nouveau référendum sur la séparation d'avec le Canada, que le PLQ refuse plus catégoriquement que jamais (cf. FAZ 2014). Il est possible que l'attitude du gouvernement canadien ait joué un rôle, celui-ci essayant depuis le milieu des années 1990 de satisfaire le besoin exprimé par le Québec d'une reconnaissance explicite de son identité et de sa culture spécifiques. En 1997, la Déclaration de Calgary reconnaît le « caractère unique de la société québécoise », basé notamment sur l'usage dominant de la langue française dans cette province. En 2006, le gouvernement conservateur de Stephen Harper demande, dans la motion sur la nation québécoise « [q]ue cette Chambre reconnaisse que les Québécoises et les Québécois forment une nation au sein d'un Canada uni » (Schultze 2014). Dès 1968, l'Assemblée législative provinciale avait été rebaptisée « Assemblée nationale du Québec », attestant ainsi le désir d'être reconnu comme une nation. Pour les partisans de l'autonomie, outre les aspects économiques – la dépendance étroite du Québec vis-à-vis du Canada est incontestable sur ce plan –, c'est sans doute l'emploi du terme de « nation » qui a convaincu nombre d'entre eux que le Canada reconnaissait durablement la situation particulière de leur province, satisfaisant ainsi leurs revendications. Les menaces pesant sur la Confédération canadienne sont-elles durablement écartées ? C'est ce que montreront les prochaines années du gouvernement du PLQ.

3 Politique linguistique et défense de la langue

Lorsque la France doit d'abord céder à l'Angleterre l'Acadie et Terre-Neuve en 1713 au traité d'Utrecht, puis le reste du Canada en 1763 au traité de Paris, commence pour la population francophone la lutte pour la survie de sa langue et de sa culture : « Dès 1765, une pétition est adressée au roi d'Angleterre pour réclamer l'emploi du français dans le système de justice et dans les ordres du roi » (Auger 2005, 41). L'Acte de Québec de 1774 rétablissait certes les lois civiles françaises et les Canadiens français ne devaient nullement renoncer à leur foi catholique, mais l'usage de la langue française n'est pas pris en compte. L'Acte d'Union donne naissance en 1840 à une Province du Canada (Canada-Uni) ayant l'anglais pour seule langue officielle. Les francophones canadiens, numériquement majoritaires, se retrouvent face à une classe dominante anglophone qui ne cache pas son mépris. En 1848, le français est reconnu juridiquement, mais les francophones sont de plus en plus opprimés économiquement, politiquement et aussi numériquement. Ce n'est donc pas avant la fondation de l'État canadien moderne en 1867 (Acte de l'Amérique du Nord britannique) que l'existence d'une identité franco-canadienne et du bilinguisme sont reconnus. Néanmoins, ou précisément à cause de l'aspect définitif de cette décision, la conscience des Canadiens français reste marquée par un sentiment d'infériorité et de rupture avec la mère-patrie, comme l'exprime de manière exemplaire la devise du Québec, forgée en 1883 et officialisée en 1939, « Je me souviens ». En 1902 est fondée la première institution de défense de la langue, la Société du parler français au Canada, qui se consacre à l'étude des variétés du français canadien et publie en 1930 le *Glossaire du parler français au Canada*, recueil de deux millions d'« observations lexicales » commentées étymologiquement, ce qui en fait un « jalon majeur dans l'étude du français canadien » (Bollée 1990, 751). L'Université Laval, fondée en 1852 sous sa forme actuelle, organise régulièrement depuis 1912 des congrès consacrés à l'analyse de divers aspects de la politique linguistique, ainsi que de la description du français du Canada. Plusieurs revues sont en outre publiées, comme *L'action française* à partir de 1917, surtout attachées à combattre les anglicismes. En dépit de quelques progrès dans le domaine de la politique linguistique – en 1910, des billets de transports bilingues sont introduits au Québec (Loi Lavergne), tandis qu'en 1935, les billets de banque deviennent bilingues au niveau fédéral – et des concessions faites aux provinces (l'anglais et le français sont sur un pied d'égalité au Parlement fédéral et à l'Assemblée législative du Québec), l'anglais continue *de facto* à dominer la politique et l'économie, ce qui défavorise les francophones :

> « Le vocabulaire technique qu[e] [le travailleur francophone] [...] emploie à son travail est anglais. [...] L'anglais étant la langue de travail, le travailleur sera [...] amené à faire certaines lectures ou à suivre certains cours de perfectionnement en anglais. Dans le domaine de travail où le français n'est pas utile, le travailleur francophone du Québec se trouve ainsi placé, dans sa propre province, sur le même pied qu'un immigrant qui ignorerait totalement le français et qui a opté pour l'anglais et pour lui et pour ses enfants » (Dulong 1973, 420).

Les immigrants qui se tournent presque automatiquement vers l'anglais et ne font aucun effort pour apprendre le français ne sont pas le seul sujet qui échauffe les esprits. Alors même que se fait sentir chez les francophones un recul du taux de natalité, leur mécontentement se manifeste surtout face à la pression assimilatrice croissante ainsi qu'à la situation du système scolaire et éducatif. Au cours de la « Révolution tranquille » des années 1960, le Québec essaie alors de délimiter et de former une société québécoise distincte par le biais d'une politique d'indépendance linguistique : « Il faut affirmer avec force que tout l'avenir de notre province doit s'édifier en fonction du fait français » (Jean Lesage 1960, cité dans GdQ 2008, 21). L'expression « Canadien(ne) français(e) » est remplacé par « Québécois(e) », dans un souci d'affirmation de l'identité culturelle – entraînant par là-même une démarcation implicite vis-à-vis des autres régions partiellement francophones. Le résultat de ces efforts est tout d'abord, en 1963, la création de la Commission royale d'enquête sur le bilinguisme et le biculturalisme, qui révèle de nets déficits dans le statut des deux langues et partant, entre anglophones et francophones :

> « The Constitution formally recognized both French and English in 1867 in the federal field (and in Quebec). However, it has become evident to us that this re-cognition was incomplete in many respects [...]. Therefore, we recommend that English and French be formally declared the official languages of the Parliament of Canada, of the federal courts, of the federal government, and of the federal administration. This equality of the French and English languages must be complete [...]. It must be indisputable » (Library and Archives Canada 2014).

En 1969, la Loi sur les langues officielles (amendée en 1988) fait du Canada une fédération officiellement bilingue reconnaissant au niveau fédéral le français aux côtés de l'anglais. C'est ainsi que les débats parlementaires sont traduits simultanément, que les textes législatifs doivent être promulgués et adoptés dans les deux langues, que l'emballage et l'étiquetage des produits alimentaires ou manufacturés sont rédigés dans les deux langues, ou encore que les timbres-poste sont bilingues. Les services fédéraux sont disponibles dans les deux langues, mais uniquement « là où le nombre le justifie ». Il y a en effet entre les différentes provinces des divergences « considérables » en ce qui concerne « le statut, la fonction et la diffusion du français » (Erfurt 2005, 56).

Tableau 1 : Les langues officielles et leur statut par province canadienne (SALIC 2014)

Province/territoire	Langue(s) officielle(s) et statut
Alberta	anglais *de jure*, mais justice bilingue
Colombie-Britannique	anglais *de facto*
Île-du-Prince-Édouard	anglais *de facto*
Manitoba	anglais *de jure*, mais justice bilingue
Nouveau-Brunswick	anglais et français *de jure*
Nouvelle-Écosse	anglais *de facto*
Ontario	anglais *de facto*, mais bilinguisme reconnu
Québec	français *de jure*, mais bilinguisme reconnu
Saskatchewan	anglais *de jure*, mais justice bilingue
Terre-Neuve	anglais *de facto*
Yukon	anglais et français *de jure*, mais statut ambigu
Territoires du Nord-Ouest	anglais et français *de jure*
Nunavut	anglais et français *de jure*, inuktitut, inuinnaqtun *de facto*

En Ontario, p. ex., le bilinguisme est obligatoire pour les domaines de la législation, des services judiciaires et de l'éducation. Depuis 1986, il existe un Office des affaires francophones et des coordinateurs linguistiques dans tous les ministères. Le Nouveau-Brunswick est la seule province officiellement bilingue et ce, dans les domaines de la législation, de la justice, de l'éducation et des services gouvernementaux, sur la base tout d'abord de la Loi sur les langues officielles du Nouveau-Brunswick, promulguée en 1969, puis de la Loi reconnaissant l'égalité des deux communautés linguistiques officielles (1981), principe également ancré depuis 1993 dans la constitution canadienne. En 2002, la Loi sur les langues officielles du Nouveau-Brunswick est remplacée par la nouvelle Loi sur les langues officielles, qui « élargit la portée de la loi originale aux municipalités et aux soins de santé et institue non seulement un mécanisme de plainte, mais aussi l'obligation du gouvernement de faire la promotion des deux langues officielles » (Dubois 2005, 94). Le Québec, pour sa part, est la seule province qui soit officiellement francophone unilingue, tout en reconnaissant le bilinguisme à l'Assemblée nationale et pour les tribunaux, dans l'éducation et dans les services gouvernementaux. Le Québec, « château fort de la francophonie canadienne » (GdQ 2008, 15), a imposé son statut d'unilinguisme officiel par étapes. En 1969 est promulguée la Loi pour promouvoir la langue française (Loi 63), première loi linguistique du Québec. Elle accorde « le libre choix de la langue d'enseignement aux immigrants [...] et à tous les Québécois. Elle oblige [...] également les écoles anglaises à assurer une connaissance d'usage de la langue française aux enfants à qui l'enseignement est donné en langue anglaise ». En 1974 suit la Loi sur la langue officielle (Loi 22), qui fait du français la langue officielle du Québec, faisant p. ex. de la version française des textes de loi la version de référence, rendant obligatoire l'emploi du français pour la signalisation, l'affichage et les domaines similaires, et imposant aux entreprises désireuses d'établir des rapports avec l'administration l'adoption de programmes de francisation. Ces dispositions sont étendues et renforcées en 1977, après la victoire électorale du Parti québécois l'année précédente ; sous le gouvernement de René Lévesque, le Québec adopte la Charte de la langue française (Loi 101) : « Le français est la langue officielle du Québec ». C'est la raison pour laquelle le Québec d'aujourd'hui, après un débat des années 2000, ne partage pas la conception canadienne du *multiculturalisme* et préfère promouvoir l'*interculturalisme*, qui reconnaît la diversité ethnique mais la tolère seulement à condition qu'elle ne remette pas en cause le statut de la langue française. La Loi 101 implique p. ex. que les enfants ne peuvent fréquenter des écoles publiques anglophones que sous certaines conditions bien définies, que la signalisation dans l'espace public, ainsi que toutes les descriptions de produits, doivent être rédigées en français, et elle étend les dispositions législatives de la Loi 22 concernant les programmes de francisation des entreprises. La loi est modifiée à plusieurs reprises, dernièrement en 2002 (Loi 104) et en 2010 (Loi 115), en particulier (mais pas exclusivement) dans le système scolaire et éducatif, domaine dans lequel les dispositions d'origine n'étant pas conformes à la constitution. Cette loi réorganise également les institutions chargées de la politique linguistique québécoise, au premier rang desquelles l'Office québécois de la langue française (OQLF, 8 membres, env. 250 collaborateurs), créé par la fusion de l'Office de la langue française (OLF, fondé en 1961) et de la Commission de la protection de la langue française (CPLF, fondée en 1977). L'OQLF est l'organisme principal responsable de l'application de la Charte de la langue française : il surveille la situation linguistique au Québec, a pour fonction l'officialisation linguistique et terminologique et l'attribution des champs d'application de la loi, notamment le traitement des plaintes et la francisation des milieux de travail. Le Conseil supérieur de la langue française, composé de huit membres, assiste le ministre responsable de l'application de la Charte de la langue française sur toute question relative à la langue française au Québec. En outre, il décerne des prix à des personnes ou institutions qui se sont illustrées dans leurs activités de promotion du français. Ainsi, le Québec a mis en place en matière de politique linguistique et de défense de la langue une base sans commune mesure avec les autres provinces, contribuant de façon sensible à la stabilité de la francophonie canadienne. Notons enfin que le maintien de la langue française au Québec a certainement été également favorisé par le fait que la province sélectionne les immigrants – comme le Canada dans son ensemble et les Etats-Unis –, 60% d'entre eux parlant déjà le français à leur arrivée. De surcroît, une conception structurée de la francisation facilite l'assimilation linguistique (à ce sujet, cf. l'*Énoncé québécois de politique en matière d'immigration et d'intégration*, 1990) : outre une large palette de cours de français pour immigrants sur place, il existe également toute une série de cours en ligne. Si un cours est suivi, une aide financière peut être demandée pour la durée du cours (cf. Trudelle 2014). Sur l'histoire des mesures de politique linguistique et des organisations de défense de la langue, cf. Auger (2005) ; Conrick/ Regan (2007) ; Helbich (2009) ; Morris (2003) ; Wolf (1987).

4 Genèse des variétés canadiennes du français

La majeure partie des Français qui s'établissent aux XVIIe et XVIIIe siècles dans les colonies françaises d'Amérique du Nord proviennent du Nord-Ouest, de l'Ouest et du Centre de la France. Si la classe supérieure francophone parle un « français correct et sans accent » (Bollée 1990, 745) aux oreilles des visiteurs européens, ce qui s'explique par l'origine des élites, mais aussi par la mise en place précoce d'un système scolaire et éducatif administré par les jésuites – qui créent en 1635 la première école pour les garçons– (cf. Wolf 1987, 14–17), les classes sociales inférieures parlaient sans doute un français fortement marqué par les dialectes des diverses régions d'origine. Cette diversité linguistico-culturelle de la francophonie du Canada contraste avec l'homogénéité relative du français canadien, attestée dès le XVIIIe siècle (cf. Léard 1995, 4 ; Neumann-Holzschuh [2]2008, 111). La thèse selon laquelle il y aurait eu dans le Nouveau Monde un « choc des patois » (cf. Barbaud 1984) conserve des adeptes, mais il semble pourtant plus probable que les divergences diatopiques n'aient pas été sensibles au point d'empêcher l'intercompréhension, et/ou que les colons, « loin d'être de purs patoisants qui n'aient pu se comprendre » (Pöll 1998, 73), aient plutôt été largement intégrés à un système diglossique : « les colons étaient généralement d'origine citadine et donc susceptibles de connaître le français, parfois en plus de leur patois, et [...] c'est ce français relativement populaire, teinté d'un certain nombre de régionalismes, qu'ils ont immédiatement parlé entre eux » (Auger 2005, 53). De plus, le maintien du français comme variété de prestige, outre sa fonctionnalité comme *lingua franca*, a pu jouer un rôle non-négligeable (cf. Pöll 1998, 72s.). À la suite de la Conquête anglaise, le contact avec la France est rompu à partir de 1763, et cette rupture est due non seulement à la situation politique, mais certainement aussi au manque d'intérêt dont fait preuve la mère-patrie – « je crois que la France peut être heureuse sans Québec » (cité dans Reutner 2009, 158), affirme Voltaire. Les Canadiens francophones sont donc largement isolés, ce qui vaut « tant pour l'évolution naturelle de la langue en France que pour une partie des processus de sélection normative et des interventions régulatrices sur l'évolution naturelle de la langue, telles qu'elles sont caractéristiques de l'élaboration et de la défense d'un usage exemplaire » (Wolf 1987, 18). Par là-même sont préservées dans l'usage linguistique canadien des particularités de la prononciation, de la morphosyntaxe et du lexique d'origine régionale et/ou reflétant un usage linguistique plus ancien, celui des XVIIᵉ et XVIIIᵉ siècles, qui apparaissent aujourd'hui en partie dans les dialectes d'oïl ou bien dans le français populaire parlé en France (cf. Gadet 1992, 64 ; Léard 1995, 3–9) ; à cet égard, il est souvent impossible de distinguer l'origine des particularités issues d'un état de langue ancien de celles dues à un usage linguistique dialectal (cf. Wolf 1987, 18). Outre les régionalismes, archaïsmes et autres innovations (sur lesquelles on reviendra plus en détail à propos du lexique), le français du Canada est également marqué par des influences multiples des langues de substrat ou d'adstrat :

> « Dans une large proportion, [...] [les Québécois francophones] sont les descendants de colons français qui se sont établis dans la colonie laurentienne au XVIIᵉ siècle, mais divers autres groupes d'immigrants sont venus, à partir de la seconde moitié du XVIIIᵉ siècle, se fondre dans la communauté de départ, d'abord en provenance des îles Britanniques et des colonies américaines, puis, à époque récente, des quatre coins du monde. Parallèlement à ces apports migratoires, il s'est produit un important phénomène de métissage avec les Amérindiens. [...] Les premiers colons avaient apporté avec eux divers usages du français qui ont fusionné en une variété commune dont un bon nombre de traits d'origine se sont conservés jusqu'à nos jours ; à cet héritage se sont ajoutés des emprunts aux langues amérindiennes et, surtout, à diverses variétés d'anglais, selon les groupes qui arrivent, ainsi que des créations lexicales qui ont jalonné l'histoire de la langue depuis l'époque de la colonisation » (Poirier 1998a, xv).

5 Caractéristiques des variétés canadiennes du français

L'un des problèmes posés par la description des variétés canadiennes du français est l'absence d'une norme homogène, codifiée. Définie dès 1977 par l'Association québécoise des professeurs de français, au moins pour le français québécois – « Que la norme du français dans les écoles du Québec soit le français standard d'ici. Le français standard d'ici est la variété de français socialement valorisée que la majorité des Québécois francophones tendent à utiliser dans les situations de communication formelle » (http://www.cslf.gouv.qc.ca) –, sa fixation et sa description constituent encore aujourd'hui de purs desiderata des planificateurs linguistiques canadiens (cf. Neumann-Holzschuh 2000, 252s.). Les caractéristiques du français canadien, présentées de façon non-exhaustive dans les lignes suivantes, figurent pour l'essentiel dans le domaine de l'immédiat communicatif et on les retrouve fréquemment soit dans les dialectes d'oïl du Nord et de l'Ouest, soit dans le français populaire. D'une manière générale, on peut constater qu'à l'exception des innovations et des influences des adstrats et substrats, les différences linguistiques avec le français de commun se manifestent la plupart du temps non pas en tant que telles, mais dans la fréquence et la diaphasie, c'est-à-dire l'attribution d'un certain usage linguistique à tel ou tel registre et contexte d'usage, comme le montre l'exemple de *puis* [pi], conjonction de coordination considérée comme « familière » au Québec et comme « populaire » en France (cf. Gadet 1992, 64 ; Grevisse 2008, 1261). Deuxième point, il sera question dans la suite de ce propos *du* français québécois et *du* français acadien, car malgré les différences régionales, on peut généraliser pour ces deux groupes de variétés ce que Flikeid a postulé pour l'acadien : « Il est certain que les différentes variétés régionales [...] ont suffisamment d'éléments en commun pour les caractériser comme groupe unitaire » (Flikeid 1991, 195 ; cf. également Poirier 1998a, xxix). Il ne sera procédé à une différenciation entre québécois et acadien que lorsqu'existent des divergences flagrantes ; en effet, le français acadien présente une tendance plus marquée à la conservation d'éléments d'un état de langue plus ancien, mais « il correspond dans de nombreux domaines au français québécois » (Pöll 1998, 83). Aussi subsumera-t-on l'ensemble, dans le cadre de ce rapide aperçu des phénomènes langagiers, sous l'appellation globale de « français canadien ». Les variétés de français parlées à l'extérieur du Québec et de l'Acadie, en particulier par la communauté la plus nombreuse hors du Québec, celle des Franco-Ontariens, ne seront pas évoquées plus avant, car il s'agit principalement de français québécois ; faute d'institutions centrales de défense de la langue, celui-ci présente des formes différentes, portant p. ex. davantage la marque des archaïsmes, mais aussi d'un nombre supérieur d'innovations et d'anglicismes dus à la prédominance de l'anglais. Une présentation des caractéristiques de ces variétés se trouve dans Mougeon/Beniak 1989. Par ailleurs, pour les causes de la variation géolinguistique du français en Amérique du Nord, on se permettra de renvoyer le lecteur à Poirier (1996).

5.1 Prononciation

Le système phonologique du français canadien est identique à celui du français commun, mis à part le maintien de l'opposition des voyelles nasales [ɛ̃] (dans *brin*) et [œ̃] (dans *brun*), ainsi que de l'opposition des voyelles [a] (dans *patte*) et [ɑ] (dans *pâte*), qui sont en France en voie de déphonologisation au profit de [ɛ̃] et [a] (cf. Marchal 1990, 252 ; Meney 1999, IX).

Dans le domaine phonétique, on relèvera pour le français canadien les traits spécifiques suivants (cf. Bollée 1990 ; Brasseur 2001 ; Chaurand 1995 ; Marchal 1990 ; Maury/ Tessier 1991 ; Meney 1999 ; Ostiguy/Tousignant 1993 ; Wolf 1987) :

a) Voyelles orales, voyelles nasales, diphtongues :

- 'oi' → [wa], [wɑ], [we], [wɛ], [ɛ], [o].
- [ɑ] → [ɑ], [ɔ] : [ʒvɔ] 'je vas'.
- [e], [ɛ] + consonne/r + consonne → [a] : [amaʀikɛ̃] 'Américain', [maʀsi] 'merci'.
- [y] → [i] : [depite] 'député'.
- [u] → [y] : [sysɔl] 'sous-sol'.
- [o] → [u] : [nasjunalite] 'nationalité'.
- [œ] → [y] : [bly] 'bleu'.
- [i, u, y] faibles → ø : [aʀve] 'arriver', [vzave] 'vous avez'.
- [ɥi] → [u], [i] : [kuzin] 'cuisine', [pi] 'puis'.
- [ɑ̃] → [ã], [ɛ̃], articulé plus en avant qu'en français.
- [ɛ̃] → [ẽ], se prononce avec la bouche plus fermée qu'en français standard.

Le français du Québec tend en outre à des diphtongaisons, phénomène qui « crée un obstacle à l'intercompréhension entre Québécois et non-Québécois » (Meney 1999, XI ; aperçu général dans Meney 1999), p. ex. :

- [ɛ] → [aⁱ], [aᵉ], [aᵉ], [ɛᵉ] [ɛⁱ] [eⁱ] (p.ex. dans *père*).
- [œ] → [œʸ], [øʸ] (p.ex. dans *beurre*).
- [a], [ɔ] → [ɑᵓ], [ɑᵒ], [ɑᵘ], [ɔᵒ], [ɔᵘ], [oᵘ] (p.ex. dans *garage*, *encore*).

L'allongement des voyelles prétoniques et des diphtongues crée un rythme de parole souvent qualifié de « typiquement canadien » (Pöll 1998, 76) : [ʃkɔ̃ːpʀɛ̃] 'je comprends'.

b) Les consonnes

- affrication de [t] et [d] devant [i] et [y] en français québécois : [pətˢi] 'petit', [tˢʸlip] 'tulipe', [maladᶻi] 'maladie', [dᶻyʀ] 'dur', phénomène qui « donne aux non-Québécois l'impression que les Québécois ont une prononciation relâchée » (Meney 1999, XI).
- palatalisation de [t] et [d] devant [j] en [tʃ] et [dʒ], surtout en français acadien : [ãtʃɛːʀ] 'entière', [akadʒɛ̃] 'acadien'.

- palatalisation de [k] et [g] au voisinage d'une voyelle palatale : [kjʀe] 'curé', [gjita:ʀ] 'guitare'.
- chute des consonnes occlusives à la finale des mots, et particulièrement des liquides [l] et [ʀ] : [lis] 'liste', [kapab] 'capable', [aʀbʀe] 'arbre'.
- chute de deux consonnes à la finale des mots: [minis] 'ministre', [mʏs] 'muscle'.
- chute du [ʀ] final : [lœ] 'leur', [miʀwe] 'miroir'.
- maintien du [s] final dans certains mots, comme [ʒã:s] 'gens', [sø:s] 'ceux'.
- maintien du [t] final dans des mots comme [tut] 'tout', [fɛt] 'fait'.
- dissimilation du [ʀ] intervocalique : [kɔlidɔ:ʀ] 'corridor'.
- métathèse des liquides [l] et [ʀ] : [kupɛl] 'couple', [bɛʀtɔ̃] 'breton'.

Le français acadien conserve en outre le *h* aspiré initial, qui devient parfois [ʀ] : [hibu] 'hibou', [ʀale] 'haler'.

5.2 Lexique

D'après Poirier (1980), une large partie du vocabulaire du français canadien est identique à celui du français commun, mais il y a souvent une divergence dans les contextes d'usage et/ou les connotations des éléments du français commun. On peut prendre comme exemple *automobile, auto* et *voiture*, connus en français québécois, mais employés dans d'autres contextes en raison du rôle des régionalismes *char* et *machine* : *auto* remplace *automobile* comme « mot générique », *machine*, et plus rarement *char*, correspondant comme « termes usuels neutres » à l'emploi français de *voiture*, tandis que *voiture* désigne plutôt en français canadien un « véhicule à traction animale ». Comme pour la prononciation et la morphosyntaxe, le français canadien se distingue donc par la survivance d'éléments archaïques et régionaux. On peut en outre retenir que le français canadien

> « se distingue cependant des parlers qui lui ont donné naissance par les emprunts qu'il a acceptés des langues avec lesquelles il est entré en contact : l'amérindien d'abord, qui l'a peu marqué, l'anglais par la suite, qui a joué un rôle important dans le développement de certains secteurs de son vocabulaire. Il se distingue également par les nombreux néologismes » (Poirier 1980, 52).

On trouvera une vue détaillée des spécificités lexicales des variétés du français canadien dans Auger (2005), Brasseur (2001), Chaurand (1995), Léard (1995), Meney (1999), Péronnet (1989) et Poirier (1980).

On signalera par ailleurs la spécificité que constitue « l'utilisation des termes sacrés de la religion catholique comme jurons » (Meney 1999, XXII) en français québécois : *baptême, bonyeu* 'bon Dieu', *câlice, calvaire, ciboire, crisse/Christ, hostie, sacrement, tabarnac(le), viarge*. Du reste, ceux-ci sont intéressants non seulement du point de vue du lexique, mais aussi (de plus en plus) en tant que marqueurs discursifs multifonctionnels, au niveau de la pragmatique (à ce sujet, cf. Drescher 2009).

a) Archaïsmes et régionalismes

La difficulté, déjà signalée au paragraphe 3, qu'il y a à distinguer nettement archaïsmes et dialectalismes se pose en particulier dans le domaine du lexique (cf. Poirier 1980, 58). Comme il s'agit ici de donner un simple aperçu des traits caractéristiques du français canadien, on renoncera dans ce contexte à une différenciation et on renverra à Auger (2005), Bollée (1990), Meney (1999), Poirier (1980), Pöll (1998) et Wolf (1987). Voici quelques exemples fréquents d'archaïsmes et de dialectalismes : *abrier* 'couvrir', *à cause que* 'parce que', *achaler* 'embêter', *à cette heure/asteur* 'maintenant', *adret* 'habile, adroit', *amarrer* 'attacher', *assir* 'asseoir', *barre du jour* 'aurore', *bavasser* 'bavarder', *blé d'Inde* 'maïs', *blonde* 'petite amie', *bord* 'côté', *casser* 'cueillir', *causer* 'bavarder', *châssis* 'fenêtre', *champlure* 'robinet', *chaudière* 'seau', *chicoter* 'tracasser', *conter* 'raconter', *couverte* 'couverture', *débarquer* 'descendre', *déjeuner* 'petit déjeuner', *dîner* 'déjeuner', *doutance* 'doute', *doux-temps* 'période de dégel', *s'écarter* 'se perdre', *envaler* 'avaler', *estomac* 'poitrine, seins', *être de valeur* 'être dommage', *être en famille* 'être enceinte', *flambe* 'flamme', *gageure* 'pari', *garrocher* 'lancer', *godendart* 'scie passe-partout', *gros* 'beaucoup, grand', *icitte* 'ici', *jaser* 'bavarder', *mais que* 'dès que', *marier* 'épouser', *menterie* 'mensonge', *mitaine* 'moufle', *mouillasser* 'tomber une pluie fine', *niaiser* 'traîner', *noirceur* 'obscurité', *œuvrer* 'travailler', *pantoute* 'pas du tout', *parlage* 'bavardage inutile', *pas pire* 'pas mal, assez bien', *secousse* 'moment', *soulier* 'chaussure', *souper* 'dîner', *t'à l'heure* 'toute à l'heure', *tralée* 'bande, grande quantité', *veillée* 'soirée', *venir* 'devenir'.

b) Amérindianismes

Dans la seule province du Québec vivent aujourd'hui encore 11 peuples autochtones, dits « Premières Nations » : Abénaquis, Algonquins, Atikamekw, Cris, Innus, Malécites, Micmacs, Mohawks, Naskapis et Wyandots (Hurons). Auger fait cependant la constatation suivante : « Les effets du contact avec les langues amérindiennes sont somme toute relativement limités et n'affectent que le lexique. C'est dans la toponymie que la présence autochtone ressort le plus clairement. [...] La faune et la flore constituent un autre domaine d'influence notable » (Auger 2005, 58). Quelques exemples d'emprunts amérindiens (surtout d'origine iroquoise et algonquine) : toponymie → *Canada* 'village, groupe de tentes', *Chicoutimi* 'jusqu'où c'est profond', *Manitoba* 'passage du Grand Esprit', *Mécatin* 'c'est une grosse montagne', *Mégantic* 'lieu où il y a de la truite de lac', *Péribonka* 'là où le sable se déplace', *Québec* 'là où le fleuve se rétrécit', *Saguenay* 'source de l'eau' ; faune et flore → *achigan* 'perche noire', *atoca* 'plante des marais à baies rouges', *carcajou* 'glouton', *caribou* 'renne du Canada', *chicoutai* 'mûre des marais', *maskinongé* 'poisson d'eau douce', *ouananiche* 'saumon d'eau douce', *ouaouaron* 'grenouille géante', *pimbina* 'fruit de la viorne trilobée', *touladi* 'grosse truite grise' ; autres domaines → *babiche* 'lanière de peau d'élan servant à garnir les raquettes', *cométique* 'traîneau esquimau tiré par les chiens', *micoine* 'grande cuillère ou louche en bois', *mitasse* 'sorte de guêtre ou de jambière de toile', *nigog* 'harpon', *oragan* 'grand vase en bois', *sagamité* 'bouillie de farine de maïs et viande'.

c) Anglicismes

Depuis 1763 et la perte du lien avec la France, le français canadien est soumis à l'influence croissante de l'anglais (cf. Maury/Tessier 1991, 44), culminant au XIXe siècle dans l'afflux d'innombrables d'anglicismes :

> « C'est à partir du début du XIXe siècle, dans le contexte socio-politique nouveau créé par la Conquête anglaise, que les Québécois commencent à s'intéresser eux-mêmes à leur vocabulaire. À l'accent enjoué, parfois admiratif, du voyageur en pays de découverte succède le ton morose du puriste inquiet de l'avenir de la langue française au Canada. C'est, il est vrai, l'époque où *set de vaisselle* remplace *service de vaisselle*, où *casserole* recule devant *saucepan* et où les marchands estiment rentable de traduire leurs enseignes en anglais, même si leur clientèle est majoritairement française. Les lettrés réagissent à cette nouvelle invasion anglaise par la publication de lexiques et de manuels correctifs » (Poirier 1998a, xi).

Dans le cadre de campagnes anti-anglicismes aux accents parfois fanatiques, le *joual*, sociolecte du français québécois issu de la culture populaire urbaine de Montréal, est çà et là condamné comme dégénéré, avant de connaître une renaissance dans la seconde moitié du XXe siècle. En fait, si l'on adopte une perspective globale, la part des anglicismes dans le langage courant est en réalité relativement faible, ils n'apparaissent de façon massive que dans l'économie et les finances, la politique, l'artisanat et la technique (cf. Auger 2005, 59 ; Poirier 1980, 67), ainsi *blow-out* 'éclatement de pneu', *brake* 'frein', *clock* 'montre, pendule', *dash* 'tableau de bord', *overtime* 'heures supplémentaires', *puncher* 'percer, poinçonner', *windshield* 'pare-brise'. Cependant, l'anglophobie a mené au remplacement d'anglicismes, usuels en France même, par des termes d'origine française, souvent des calques de forme, sans que l'emploi des premiers disparaisse pour autant (cf. Auger 2005, 61) : *arrêt* 'stop', *chien chaud* 'hot dog', *carré* 'petite place, *square*', *courriel* 'e-mail', *défi* 'challenge', *édifice* 'building', *fin de semaine* 'week-end', *hambourgeois* 'hamburger', *laine d'acier* 'paille de fer', *motoneige* 'scooter des neiges', *magasiner* 'shopping', *télécopie* 'fax', *traversier* 'ferry/ ferry-boat', *vol nolisé* 'charter'. Certains de ces contre-anglicismes constituent la recommandation officielle en France également. En français canadien, les anglicismes lexicaux sont le plus souvent adaptés au système phonologique du français, ce qui se reflète en partie dans la graphie. Cela est dû au fait que « [c]ontrairement à l'usage français qui paraît recevoir les anglicismes surtout par voie écrite [...], le Québécois adopte généralement les mots anglais qu'il entend. Il répète ces mots en rendant approximativement au moyen des sons français les prononciations anglaises qu'il a perçues » (Poirier 1980, 71). En outre, les verbes, mais aussi les noms et les adjectifs, sont fréquemment intégrés morphologiquement (cf. Meney 1999, XXIII). Quelques exemples d'emprunts anglo-américains courants : *badloque* 'malchance' (→ *badluck*), *bèque* 'arrière' (→ *back*), *bines* 'haricots, fèves' (→ *beans*), *une bit* 'un peu', *bitcher qqn.* 'dire du mal de qqn.' (→ *to bitch about*), *bobépine* 'pince à cheveux' (→ *bobby pin*), *boulé* 'terreur, tyran' (→ *bully*), *cheap* 'bon marché', *chum* 'ami', *condo (minium)* 'appartement en copropriété', *connestache* 'amidon de maïs, farine de maïs' (→ *cornstarch*), *cute* 'mignon, joli', *fancy* 'chic, fantaisie', *flyé* 'défoncé, excentrique, fou', *fun* 'plaisir', *game* 'jeu', *gamique* 'astuce' (→ *gimmick*), *highway* 'route à grande circulation', *home-brou* 'bière faite à la maison' (→ *home-brew*), *knocker* 'frapper' (→ *to knock*), *last call* 'dernier appel', *layteur* 'plus tard/à plus' (→ *later*), *lighter* 'briquet', *lousse* 'lâche, ample' (→ *loose*), *mâchemalots* 'guimauve' (→ *marshmallow*), *ouaginne* 'charrette' (→ *wagon*), *paparmane* 'menthe poivrée' (→ *peppermint*), *phoner* 'télépho-ner', *pinotte* 'cacahouète' (→ *peanut*), *ploguer* 'brancher' (→ *to plug*), *shop* 'usine', *signe* 'évier' (→ *sink*), *smatte* 'habile, chic, génial' (→ *smart*), *une job steadée* 'un poste fixe' (→ *a steady job*), *tinque* 'réservoir' (→ *tank*), *tof/toffe* 'ardu, difficile' (→ *tough*), *touché/touchy* 'délicat', *toune* 'mélodie, chanson' (→ *tune*), *trustable* 'fiable', *watcher* 'regarder', *zipper* 'fermeture Éclair'. À part les emprunts directs, on trouve bon nombre de calques de sens et de forme, à propos desquels Poirier constate : « L'anglicisme sémantique [...] et l'anglicisme syntagmatique [...] passent habituellement inaperçus mais ils sont peut-être plus nombreux que les emprunts directs » (Poirier 1980, 69). Ces calques de sens et aussi de forme propres au québécois « sont un obstacle à la compréhension entre Québécois et autres francophones » (Meney 1999, xxiv). Exem-ples : *ami(e) de fille* 'petite amie' (→ *girlfriend*), *ami de garçon* 'petit ami' (→ *boyfriend*), *annonces classées* 'petites annonces' (→ *classified ads*), *application* 'candidature', *balance* 'solde', *bien-être social* 'aide sociale' (→ *social welfare*), *boissons allongées* 'long drinks', *brassière* 'soutien-gorge', *centre d'achats* 'centre commercial' (→ *shopp-ing center*), *centre-jardin* 'jardinière' (→ *garden center*), *chambre* 'pièce' (→ *room*), *change* 'monnaie', *changer l'huile* 'faire la vidange' (→ *to change the oil*), *charger* 'demander' (→ *to charge*), *copie* 'exemplaire' (→ *copy*), *crème glacée* 'glace' (→ *ice cream*), *diète* 'régime' (→ *diet*), *élaborer* 'développer' (→ *to elaborate*), *favoriser* 'pré-férer' (→ *to favor*), *habileté* 'compétence, expérience' (→ *ability*), *heures d'affaires* 'heures d'ouverture' (→ *business hours*), *s'identifier* 'présenter son identité' (→ *to identify oneself*), *inspecter* 'vérifier' (→ *to inspect*), *lave-auto* 'station de lavage' (→ *car wash*), *ecteur de nouvelles* 'présentateur' (→ *newsreader*), *longue-distance* 'interurbain' (→ *long distance*), *lumières* 'feu de circulation' (→ *lights*), *mature* 'mûr' (→ *mature*), *se mettre haut* 'être défoncé' (→ *to get high*), *mettre le blâme sur qqn.* 'faire porter à qqn. la responsabilité' (→ *to put the blame on*), *s'objecter à* 's'opposer à' (→ *to object to*), *parade* 'défilé', *prendre action* 'agir' (→ *to take action*), *prendre un break* 'faire une pause' (→ *to take a break*), *prendre une marche* 'faire une promenade' (→ *to take a walk*), *sur la rue* 'dans la rue' (→ *on the street*), *tomber en amour* 'tomber amoureux' (→ *to fall in love*). En outre, l'influence anglo-américaine a permis la survivance de mots d'origine française aujourd'hui tombés en désuétude en français commun, mais proches de termes anglo-américains équivalents ; ce sont les anglicismes dits «de maintien » : *barbier* 'coiffeur' (→ *barber*), *breuvage* 'boisson non-alcoolisée' (→ *beverage*), *grand assez* 'assez, suffisamment grand' (→ *big/tall enough*).

d) Innovations

Les innovations se sont effectuées en français canadien essentiellement par élargissement ou glissement sémantique, souvent à partir du vocabulaire marin ; la plupart du temps, ces phénomènes se rapportent au nouvel environnement auquel étaient confrontés les colons français :

> « En débarquant en Nouvelle-France, les colons français ont été mis en contact avec des réalités nouvelles, ayant trait à la géographie, à la faune et à la flore, aux conditions climatiques. Ils se sont servis pour les désigner des mots qu'ils employaient dans la mère patrie en parlant de réalités similaires mais il s'est développé autour du noyau sémantique de ces mots des sèmes nouveaux, des connotations particulières » (Poirier 1980, 74).

En outre, de nombreux néologismes procèdent par suffixation, que ce soit au moyen p. ex. de *-oune*, marqué (en diastratie), ou bien de suffixes, fréquents en français commun très productifs en français canadien : *-able*, *-age*, *-erie*, *-eux* (pour plus de détails, cf. Léard 1995). Quelques exemples d'innovations canadiennes : *adonner* 'être favorable', *allable* 'praticable, accessible', *avionnerie* 'usine de construction aéronautique', *atocatière* 'champ d'airelles', *bas-culotte* 'collant', *berline* 'traîneau rudimentaire à deux sièges', *bleutière* 'champ de myrtilles', *bombe* 'bouilloire', *bordée de neige* 'chute de neige abondante', *carriole* 'traîneau hippomobile sur patins bas', *cégep* 'type d'établissement scolaire, collège', *chevreuil* 'espèce de cerf', *débarbouillette* 'gant de toilette', *débarquer* 'descendre d'un moyen de transport', *dépanneur* 'épicerie de nuit, épicier de nuit', *dormable* 'où l'on peut dormir', *embarquer* 'monter dans un moyen de transport', *érablière* 'forêt d'érables', *foufounes* 'fesses', *minoune* 'chatte (femelle du chat et sexe de la femme), vieille voiture', *niaisage* 'perte de temps, connerie', *parlable* 'aimable, adorable, accueillant', *piasse/piastre* 'dollar', *poudrerie* 'tempête de neige, rafales de neige', *prélart* 'linoléum', *suisse* 'petit écureuil, tamia rayé', *rejoignable* 'atteignable', *respirable* 'où l'on peut respirer', *tataouineux* 'hésitant', *toutoune* 'femme ou fille petite et corpulente', *tuque* 'bonnet de laine souvent garni d'un pompon', *voyageable* 'où l'on peut voyager'.

Par ailleurs, le français canadien joue un rôle pionnier dans le domaine de la féminisation des noms de métiers : « Si la France se résout depuis peu à utiliser des formes féminines pour désigner les femmes ministres, juges, professeurs et ambassadeurs, le Québec a amorcé ce virage dès les années 1980 et l'usage des formes féminines s'y est fermement établi » (Auger 2005, 63 ; cf. aussi OQLF) ; c'est le cas pour *agente, ambassadrice, une architecte, auteure, camionneure, chercheure/cher-cheuse, chirurgienne, docteure, doyenne* 'femme qui dirige une faculté universitaire', *écrivaine, gouverneure, informaticienne, ingénieure, une juge, mairesse, metteure en scène, une ministre, praticienne, présidente, professeure, rectrice.*

5.3 Morphosyntaxe

Comme dans les domaines de la prononciation et du lexique, il s'agit, sur le plan morphosyntaxique, dans de nombreux cas de dialectalismes ou bien de survivances d'un état de langue antérieur.

–   En français canadien parlé, la négation sans la particule « ne » est généralisée sans marquage diaphasique ni diastratique. On trouve en outre la double néga-tion : *j'ai pas vu personne* 'je n'ai vu personne', *i ont pas rien appris à l'école* 'ils n'ont rien appris à l'école'.
–   Dans les phrases affirmatives, le futur périphrastique domine nettement et ce, également pour les verbes dont les formes du futur simple continuent à être employées en français parlé commun : (*i*) *va être, va avoir, va falloir, va pouvoir.*
–   Au Québec particulièrement, la question par inversion est fréquemment employée à l'oral. Cela permet d'expliquer la genèse de la particule interrogative *-tu* ou *-ti* : « Cet élément, qui se place après le verbe conjugué pour former une question, [...] trouve son origine dans l'inversion du pronom sujet *il* dans l'inversion simple et complexe (*Parle-t-il français ?* [...]) » (Auger 2005, 56). Ex. : *Tu viens-tu ?* 'Est-ce que tu viens ?'.
–   L'interrogatif *comment* est rarement employé seul ou en combinaison avec *est-ce que* ; on lui préfère, dans les questions directes et indirectes, des constructions avec *que, c(e) que, c'est que, c'est c'que, c'que c'est que* ; ex. : *Comment que t'es rentrée ici?, I me disent comment c'est c'que ce faut que je dise ça.*
–   Les variétés canadiennes du français affichent une tendance à la généralisation de l'auxiliaire *avoir* ; ex. : *Quand t'as sorti, i a venu icitte.*
–   Les formes verbales présentent de nombreuses variantes morphologiques, comme le présent *je vas* 'je vais', au futur et au conditionnel *i voira* 'il verra', *vous voirez* 'vous verrez', *vous prenderiez* 'vous prendriez', *vous metteriez* 'vous mettriez', à l'imparfait *i fonsaient* 'ils faisaient', *i sontaient* 'ils étaient', ainsi qu'à l'infinitif *s'assir* 's'asseoir', *aver* 'avoir', *buver* 'boire', *liser* 'lire', *véquir* 'vivre'. Les formes de participe passé de plusieurs verbes divergent par rapport au français commun, p. ex. *répons* 'répondu', notamment en français acadien : *coudu* 'cousu', *couri* 'couru', *li* 'lu', *mouri* 'mort', *offri* 'offert', *ouvri* 'ouvert', *plait* 'plu', *vi* 'vécu'. Un trait typique du français acadien est la terminaison verbale *-ont* ou *-iont/yont* (subjonctif) à la 3e pers. pl. : *i chantont* 'ils chantent', *qu'i faisiont* 'qu'ils fassent', *qu'i séyont* 'qu'ils soient'. Le subjonctif est par ailleurs rarement employé, ce que

Brasseur attribue à « la fréquence des formes ambivalentes » (Brasseur 2001, XLVI). Quand il l'est, il présente généralement des formes particulières : *que tu seis/seyes* 'que tu sois', *que je faise/faisse/feuse* 'que je fasse', *que j'alle* 'que j'aille', *qu'i aye* 'qu'il ait'. En français acadien, le verbe *faire* présente, outre la conjugaison *fais, fais, fait, faisons, faisez, faisont*, une forme unique [fe] à toutes les personnes. Un tel non-accord du verbe en nombre avec son sujet se retrouve également avec *nous-autres* et *vous-autres*, souvent combinés à la 3e pers. sing. : *vous-autres va à la chasse*. Comme en français populaire, la combinaison de pronoms de la 1ère ou 2e pers. avec un verbe à la 3e est particulièrement fréquente dans les relatives : *c'est pas moi qui y a donné*.

- Il existe des temps surcomposés, p. ex. : *i croyait jamais qu'i arait iu fait* 'il ne croyait jamais qu'il l'aurait fait'.
- L'infinitif peut avoir en français canadien une valeur conditionnelle, même sans introduction par « à » : *Jacques avoir eu une auto, i serait venu* 'si Jacques avait eu une voiture, il serait venu'.
- La valence de certains verbes varie : *marier* 'se marier' et 'épouser'. Pour quelques valences prépositionnelles aussi (personnelles et verbales), on observe des écarts par rapport au français standard, sous l'influence soit de tendances archaïsantes, soit de l'anglais ; on trouve ainsi : *aider à qqn., aimer de, avoir confiance à qqn., donner qqn., hésiter de, intéresser à qqn., être prêt pour, être responsable pour, être satisfait avec, répondre qqn.*
- L'aspect s'exprime, en français canadien comme en français standard, à l'aide de périphrases verbales, dont voici les principales : *être après faire qqch.* 'être en train de faire qqch.', *être pour faire qqch.* 'être sur le point de faire qqch.', *venir juste de faire qqch.* 'venir de faire qqch.', *venir que* 'finir par faire qqch.', p. ex. *on vient qu'on oublie les mots* 'on finit par oublier les mots'.
- En ce qui concerne les prépositions, on observe l'emploi de *à* au lieu de *pour* pour exprimer le destinataire : *i a fait bâtir une maison aux filles* 'il a fait bâtir une maison pour les filles', ainsi que l'emploi de *de* pour *depuis* : *i était parti du matin* 'il était parti depuis le matin'. *À* est généralement employé au lieu de *de* dans les constructions possessives, y compris en combinaison avec un déterminant possessif : *le char à mon père, sa sœur à mon mari*. Grevisse relève d'ailleurs : « *À* reste, à peu près partout, très vivant pour marquer l'appartenance » (Grevisse 1993, 531).
- Dans le domaine du genre nominal, il existe avec le français commun des différences ayant des causes diverses. Certaines remontent à un état de langue antérieur, comme c'est souvent, mais pas toujours le cas pour la féminisation des substantifs à initiale vocalique : *accident, âge, air, amour, appareil, argent, avion, emploi, escalier, été, hiver, hôpital, ouvrage*. On trouve aussi des exceptions masculines, p. ex. *affaire, auto, étape, idée, image*. On observe également des différences dans le genre des emprunts à l'anglais. Ainsi, en français canadien, les emprunts anglais à finale vocalique tendent à être masculins et ceux à finale

consonantique, féminins, cf. *un aréna* ('stade de hockey sur glace'), *un party* vs. *une business, une job, une sandwich, une toast, une van.*

- En ce qui concerne le nombre, le pluriel des noms en *-al* est formé – comme en français populaire – en *-als : des chevals, des originals.*
- Le système pronominal présente des divergences considérables avec le français commun, qui ne peuvent être toutes abordées ici. On remarquera tout d'abord la tendance à la généralisation du tutoiement au Québec, tandis qu'en français acadien, on peut constater que « [l]e maintien du vouvoiement s'observe dans les mêmes conditions qu'en français d'aujourd'hui » (Brasseur 2001, LII). Le pronom sujet peut généralement être omis, surtout à la 1ère pers. sing., et tout particulièrement le *i(l)* impersonnel en combinaison avec *falloir, sembler, y avoir.* Les pronoms adverbiaux *en* et *y* peuvent se référer à des personnes, et *y* remplace souvent *lui* ou *leur* comme pronom objet, notamment en cas d'omission du pronom COD *le* antéposé : *j'y ai donné* 'je le leur ai donné'. Le pronom objet *leur* peut aussi être remplacé par *les : i les a dit* 'il leur a dit'. *Nous-autres, vous-autres* et *eux-autres* (en français acadien également *zeux/ieux/ieusses/ielles*) remplacent les pronoms toniques *nous, vous* et *eux/elles,* mais aussi les pronoms atones *nous, vous* et *ils/ elles.* En français québécois, *nous* semble avoir totalement disparu de la langue parlée (cf. Lagueux 2005, 59), et en français acadien, il est souvent remplacé par *je : j'avons* 'nous avons'. Le tableau suivant des pronoms sujet de la 3e personne offre un exemple de la variation dans le domaine pronominal, sans aucune prétention à l'exhaustivité :

Tableau 2 : Les pronoms sujet de la 3e personne

français commun	français canadien
il	*i* : [i] + consonne, [j] + voyelle
	lui
	ça
elle	*a* + consonne, *al(le)* + voyelle
on	*i* + verbe au pluriel
	ça + verbe au singulier
	tu + verbe au singulier
ils	*i* : [i] + consonne, [j] + voyelle, [il] + voyelle
	eux-autres
	zeux, ieux (acadien)
elles	*i* : [i] + consonne, [j] + voyelle, [il] + voyelle
	eux-autres
	zeux, ieux (acadien)

À l'impératif négatif, la position des pronoms diffère du standard : *demande-moi pas !, dis-moi-le pas !*

On mentionnera en outre les formes des pronoms relatifs, à commencer par *qui*, élidé en *qu'* devant voyelle ou apparaissant sous la forme *que* devant consonne, notamment en cas de postposition de la préposition : *la fille que je sors avec* 'la fille avec qui je sors', *le gars que je travaille pour* 'le gars pour qui je travaille'. *Dont* est souvent remplacé par *que*, p. ex. dans *la fille que je te parle* 'la fille dont je te parle' ; en français acadien *que* remplace aussi *à qui* et *dans lequel*. *Où* est complété par *que* ou *c(e)que*, voire remplacé par *que* : *l'usine où c'qu'i faisaient des chemises, l'école qu'i allaient*. Au lieu de *ce qui*, on trouve entre autres *qui c'est qui, qu'est ce qui* et au lieu de *ce que*, on rencontre aussi *quoi que, quoi c'que, que c'est que, qu'est-ce que, qu'est-ce que c'est que*, et en français acadien également *ça* : *ça i fait, i débarre la grange*.

- Les déterminants démonstratifs *ce, cet, cette, ces* apparaissent communément sous les formes *c', c't(e), c'tes* (avec pour variantes graphiques *s, st', ste, stes*). En renforcement, le clitique adverbial *–là* peut être ajouté au nom : *à c'temps-là*. Ce clitique peut, combiné à l'article défini, assumer la fonction du démonstratif : *je cherche le mot-là*.
- *Tout* se rencontre, indépendamment de ses fonctions d'adverbe, de pronom ou d'adjectif indéfini, sous la forme générique [tut], souvent graphiée *toute*.
- La complexité du système des conjonctions de coordination et de subordination est considérable, on ne donnera ici que quelques exemples de variation. Comme en français parlé, *puis/pis* ou *et puis/et pis* sont employés en tant que coordonnants dans l'énumération : *vous avez signé un billet pis un engagement*. Pour ce qui est des conjonctions temporelles, *avant que* peut être employé sans *que*, entraînant l'indicatif : *ça veut dire te faire penser avant tu le fais*. *Quand*, pour sa part, est fréquemment (surtout, mais pas exclusivement en français acadien) combiné à *que, c(e)que* ou encore *c'est que* : *quand c'que les enfants étiont petits*. *Jusqu'à ce que*, en français acadien *jusqu'à tant que*, s'emploie avec l'indicatif et se réduit souvent à *jusqu'à* : *je nous assisions là [...] jusqu'à je tombions endormis*. *Mais que*, qui se substitue à *quand* ou *dès que*, déclenche le subjonctif : *appelle-moi mais que tu sois prête* 'appelle-moi quand tu seras prête'. Dans les circonstancielles de but et de conséquence, *de sorte que* est le plus souvent remplacé par *(ça) fait (que), alors* ou *donc*. En français acadien, le *si* conditionnel s'emploie avec *que* : *j'aurais peut-êt' pu lire en français si que j'aurais pu avoir cette pratique*. L'emploi du conditionnel dans les subordonnées en *si* est courant, au Québec comme ailleurs. Les subordonnées de cause peuvent être introduites par *parce* (souvent sans *que*), *(à) cause (que), au/par rapport (que)*, p. ex. : *i ne viendra pas à cause qu'i est malade*. Dans les concessives et les contrastives, *même si* et *bien que* sont remplacés par *(quand) même (que)* : *c'est chaud, quand même qu'i fait frêt ailleurs*.

Pour davantage de détails sur les caractéristiques morphosyntaxiques des variétés canadiennes du français, on se reportera à Auger (2005), Bollée (1990), Brasseur (2001), Chaurand (1995), Gesner (1979), Léard (1995), Maury/Tessier (1991), Meney (1999), Neumann-Holzschuh (2000) et Wolf (1987), ouvrages desquels sont tirés les exemples ci-dessus.

6 Problèmes de norme et de normalisation

Après la « Conquête anglaise », la langue française a évolué au Canada indépendamment des évolutions langagières, mais aussi des mesures de politique linguistique et de défense de la langue affectant le français de France. S'il existe au Canada une norme implicite (avec variation diaphasique), telle qu'elle est p. ex. pratiquée par les présentateurs et journalistes de Radio Canada, la question de la norme explicite, prescriptive, continue à se poser. En ce qui concerne sa détermination, il y a longtemps eu deux modèles au Québec : la référence au substandard qu'est le *joual*, et d'autre part, le français hexagonal. La norme hexagonale est désormais majoritairement rejetée pour plusieurs raisons. Tout d'abord, elle ne reflète en rien la réalité langagière et culturelle : « C'est que la province de Québec n'est pas la France, et ne pourra jamais l'être. Pour parler et écrire comme les Français, il nous faudra d'abord penser, sentir et vivre comme les Français. [...] c'est une impossibilité » (Pelletier, cité dans Lüsebrink 1997, 35). Par ailleurs, depuis la « traîtrise de Paris » de 1763, c'est-à-dire la signature du traité de paix avec l'Angleterre, la relation entre le Canada francophone et la France est tendue. Linguistiquement, ce conflit est basé sur la prétention de la France à être la seule référence légitime en matière de norme et de bon usage. Malgré la Loi 101, les variétés du français canadien sont donc non seulement menacées par l'anglais, à cause de son importance internationale et de sa position dominante dans l'économie et les médias canadiens et américains – Paquette parle d'une « menace extérieure » (Reutner 2009, 171) –, mais aussi par le manque d'acceptation de la part de la France. Malgré la prise de conscience nationale et le sursaut d'orgueil qui se sont exprimés dans la Révolution tranquille, le complexe d'infériorité linguistique subsiste, se traduisant p. ex. dans le grand nombre d'ouvrages puristes parus jusque dans les années 1970, comme le *Dictionnaire correctif du français canadien* de Dulong, datant de 1968. Dorénavant, la « création d'un ‹ standard d'ici ›, destiné à prendre davantage en compte la réalité linguistique nord-américaine, contrairement au standard hexagonal du français » (Erfurt 2005, 58), est l'objectif des mesures de politique linguistique et de défense de la langue. Toutefois, une telle norme devrait consister en une description scientifique de tous les aspects de la norme implicite, tenant compte des variétés du français canadien. Les Acadiens, pour leur part, éprouvent un sentiment d'infériorité face au Québec. Certaines régions acadiennes s'anglicisent de plus en plus, d'autres se rapprochent de la norme prescriptive française (cf. Flikeid 1991). Avec l'Office québécois de la langue française, les

Québécois ont une institution de standardisation qui fait défaut aux Acadiens et aux autres francophones canadiens. Le *Trésor de la langue française au Québec* (TLFQ), projet lancé dans les années 1970 afin de « créer une infrastructure de recherche qui permette le développement d'une véritable lexicographie française dans le cadre d'une recherche approfondie sur l'histoire et l'usage actuel du vocabulaire français au Québec », a pour réalisation principale le Dictionnaire historique du français québécois (Poirier 1998). Ses autres apports à la lexicographie concernent surtout des ouvrages destinés au grand public. Le TLFQ joue ainsi un rôle de leader dans le développement de la lexicographie comme discipline au Québec. En outre, le projet en cours de dictionnaire FRANQUS promet de fournir un ouvrage apte « à décrire le français contemporain d'usage public, représentatif de l'activité sociale, culturelle, économique, politique et scientifique au Québec » (http://franqus.ca/projet) – mais un tel projet n'existe que pour le français québécois. Il est peu probable que les variétés canadiennes du français réussissent à s'émanciper sans se rapprocher les unes des autres : « Le Québec et ses voisins francophones auront besoin les uns des autres pour promouvoir l'avenir du français sur le continent américain » (Sanders, cité par Schafroth 2009a, 232). De plus, le Québec et l'Acadie sont à la recherche d'une norme sans avoir résolu la question de sa forme propre : créera-t-on une norme régionale soumise à la norme hexagonale et si oui, comment définira-t-on la dimension « régionale » ? Ou bien établira-t-on un modèle pluricentrique comme pour l'anglais (cf. Schafroth 2009b) ? Même si la Commission des états généraux sur la situation et l'avenir de la langue française au Québec, formée en juin 2000 « afin de faire le point sur la politique linguistique québécoise et de proposer des priorités d'action pour l'avenir de la langue française au Québec », fait remarquer dans la conclusion de son rapport 2001 que les Québécois sont devenus plus confiants quant à l'avenir de leur langue, elle constate néanmoins : « Les acquis sont là, mais très fragiles ». Sans une norme reconnue par la majorité des francophones nord-américains, cela ne changera pas dans un avenir proche : « Le travail de la norme endogène [...] reste à poursuivre » (Auger 2005, 74).

7 Bibliographie

7.1 Articles, monographies, dictionnaires

Auger, Julie (2005), *Un bastion francophone en Amérique du Nord : Le Québec*, in : Albert Valdman et al. (edd.), *Le français en Amérique du Nord. État présent*, Québec, Les Presses de l'Université Laval, 39–79.

Barbaud, Philippe (1984), *Le choc des patois en Nouvelle-France. Essai historique de la francisation au Canada*, Québec, Les Presses de l'Université du Québec.

Bollée, Annegret (1990), *Frankophonie IV. Regionale Varianten des Französischen außerhalb Europas I. a) Kanada*, in : Günter Holtus/Michael Metzeltin/Christian Schmitt (edd.), *Lexikon der Romanistischen Linguistik (LRL)*, vol. V/1, Tübingen, Niemeyer, 740–767.

Brasseur, Patrice (2001), *Dictionnaire des régionalismes du français de Terre-Neuve*, Tübingen, Niemeyer.

Brault, Gérard (1986), *The French-Canadian Heritage in New England*, Montreal, McGill-Queen's University Press.

Chaurand, Jacques (ed.) (1995), *Français de France et Français du Canada. Les parlers de l'Ouest de la France, du Québec et de l'Acadie*, Lyon, Centre d'Études linguistiques.

Conrick, Maeve/Regan, Vera (2007), *French in Canada. Language Issues*, Bern, Lang.

Corbett, Noël (ed.) (1990), *Langue et identité. Le français et les francophones d'Amérique du Nord*, Québec, Les Presses de l'Université Laval.

Drescher, Martina (2009), *« Sacres québécois » et « jurons » français : Vers une pragmaticalisation des fonctions communicatives ?*, in : Beatrice Bagola/Hans-J. Niederehe (edd.), *Français du Canada – français de France VIII. Actes du huitième Colloque international de Trèves, du 12 au 15 avril 2007*, Tübingen, Niemeyer, 177–185.

Dubois, Lise (2005), *Le français en Acadie des Maritimes*, in : Albert Valdman et al. (edd.), *Le français en Amérique du Nord. État présent*, Québec, Les Presses de l'Université Laval, 81–98.

Dulong, Gaston (1973), *Histoire du français en Amérique du Nord*, in : Thomas Sebeok (ed.), *Current trends in linguistics*, vol. 10 : *Linguistics in North America*, Paris, Mouton, 407–421.

Erfurt, Jürgen (2005), *Frankophonie. Sprache – Diskurs – Politik*, Tübingen, Narr.

Flikeid, Karin (1991), *Les parlers acadiens de la Nouvelle-Écosse (Canada) : diversification ou origines diverses*, in : Brigitte Horiot (ed.), *Français du Canada – français de France II, Actes du deuxième Colloque international de Cognac, du 27 au 30 septembre 1988*, Tübingen, Niemeyer, 195–214.

Fox, Cynthia/Smith, Jane (2005), *La situation du français franco-américain : aspects linguistiques et sociolinguistiques*, in : Albert Valdman et al. (edd.), *Le français en Amérique du Nord. État présent*, Québec, Les Presses de l'Université Laval, 117–141.

Gadet, Françoise (1992), *Le français populaire*, Paris, Presses Universitaires de France.

GdQ = Gouvernement du Québec (ed.) (2008), *La langue française au Québec. Quelques repères*, Québec, Bibliothèque et Archives nationales du Québec.

Gesner, B. Edward (1979), *Étude morphosyntaxique du parler acadien de la Baie Sainte-Marie, Nouvelle-Écosse (Canada)*, Québec, Centre international de recherche sur le bilinguisme.

Grevisse, Maurice (1993), *Le Bon Usage*, 13e édition refondue par André Goosse, Paris, Duculot.

Grevisse, Maurice (2008), *Le Bon Usage*, 14e édition revue, ed. André Goosse, Paris, Duculot.

Helbich, Wolfgang (2009), *400 Jahre Québec – 200 Jahre Sprachkonflikt*, in : Ursula Reutner (ed.), *400 Jahre Quebec. Kulturkontakte zwischen Konfrontation und Kooperation*, Heidelberg, Winter, 185–198.

Lagueux, Paul-André (2005), *Caractéristiques morpho-syntaxiques du français québécois*, in : Patrice Brasseur/Anika Falkert (edd.), *Français d'Amérique : approches morphosyntaxiques*, Paris, L'Harmattan, 57–69.

Léard, Jean-Marcel (1990), *Quelques faits de grammaire et de discours en québécois*, in : Noël Corbett (ed.), *Langue et identité. Le français et les francophones d'Amérique du Nord*, Québec, Les Presses de l'Université Laval, 285–302.

Léard, Jean-Marcel (1995), *Grammaire québécoise d'aujourd'hui*, Montréal, Guérin.

Lüsebrink, Hans-Jürgen (1997), *« La France et nous » – relecture d'un « événement catalysateur » dans les relations France – Québec*, in : Gabriele Budach/Jürgen Erfurt (edd.), *Identité franco-canadienne et société civile québécoise*, Leipzig, Leipziger Universitätsverlag, 31–45.

Marchal, Alain (1990), *Éléments de phonétique québécoise*, in : Noël Corbett (ed.), *Langue et identité. Le français et les francophones d'Amérique du Nord*, Québec, Les Presses de l'Université Laval, 251–262.

Maury, Nicole/Tessier, Jules (1991), *À l'écoute des francophones d'Amérique*, Montréal, Centre Éducatif et Culturel.

Meney, Lionel (1999), *Dictionnaire québécois français*, Montréal, Guérin.

Morris, Michael (ed.) (2003), *Les politiques linguistiques canadiennes*, Paris, Harmattan.

Mougeon, Raymond/Beniak, Édouard (edd.) (1989), *Le français canadien parlé hors Québec. Aperçu sociolinguistique*, Québec, Les Presses de l'Université Laval.

Neumann-Holzschuh, Ingrid (2000), *Nous autres on parle peut-être pas bien français, mais…*, in : Peter Stein (ed.), *Frankophone Sprachvarietäten/Variétés linguistiques francophones*, Tübingen, Stauffenburg, 251–274.

Neumann-Holzschuh, Ingrid (2003), *Externe Sprachgeschichte des Französischen in den Vereinigten Staaten*, in : Gerhard Ernst et al. (edd.), *Romanische Sprachgeschichte. Histoire linguistique de la Romania*, Berlin/New York, de Gruyter, 911–921.

Neumann-Holzschuh, Ingrid (2005), *Si la langue disparaît… – Das akadische Französisch in Kanada und Louisiana*, in : Ingo Kolboom/Ingo Mann (edd.), *Akadien : ein französischer Traum in Amerika. VierJahrhunderte Geschichte und Literatur der Akadier*, Heidelberg, Synchron, 795–821.

Neumann-Holzschuh, Ingrid (²2008), *Das Französische in Nordamerika*, in : Ingo Kolboom/Thomas Kotschi/Edward Reichel (edd.), *Handbuch Französisch*, Berlin, Schmidt, 109–119.

Ostiguy, Luc/Tousignant, Claude (1993), *Le français québécois. Normes et usages*, Montréal, Guérin.

Péronnet, Louise (1989), *Le parler acadien du Sud-Est du Nouveau-Brunswick. Éléments grammaticaux et lexicaux*, Frankfurt am Main, Lang.

Pöll, Bernhard (1998), *Französisch außerhalb Frankreichs. Geschichte, Status und Profil regionaler und nationaler Varietäten*, Tübingen, Niemeyer.

Poirier, Claude (1980), *Le lexique québécois : son évolution, ses composantes*, Stanford French Review 4, 43–80.

Poirier, Claude (ed.) (1994), *Langue, espace, société. Les variétés du français en Amérique du Nord*, Sainte-Foy, Les Presses de l'Université Laval.

Poirier, Claude (1996), *Les causes de la variation géolinguistique du français en Amérique du Nord*, in : Claude Poirier et al. (edd.), *Langue, espace, société. Les variétés du français en Amérique du Nord*, Québec, Les Presses de l'Université Laval, 69–95.

Poirier, Claude (1998a), *Introduction*, in : Claude Poirier (ed.), *Dictionnaire historique du français québécois*, Sainte-Foy, Les Presses de l'Université Laval, xi-lx.

Poirier, Claude (ed.) (1998b), *Dictionnaire historique du français québécois*, Sainte-Foy, Les Presses de l'Université Laval.

Reutner, Ursula (2009), *Englisch und Französisch in Quebec : Duell oder Duett ?*, in : Ursula Reutner (ed.), *400 Jahre Quebec. Kulturkontakte zwischen Konfrontation und Kooperation*, Heidelberg, Winter, 157–184.

Rottet, Kevin (2001), *Language Shift in the Coastal Marshes of Louisiana*, New York, Lang.

Sautter, Udo (2000), *Geschichte Kanadas*, München, Beck.

Sautter, Udo (2012), *Als die Franzosen Amerika entdeckten*, Darmstadt, Wissenschaftliche Buchgesellschaft.

Schafroth, Elmar (2009a), *Le sujet de la norme linguistique au Québec et en Acadie*, in : Bernhard Pöll/Elmar Schafroth (edd.), *Normes et hybridation linguistiques en Francophonie*, Paris, L'Harmattan, 203–237.

Schafroth, Elmar (2009b), *Die französische Standardsprache in Québec*, in : Ursula Reutner (ed.), *400 Jahre Quebec. Kulturkontakte zwischen Konfrontation und Kooperation*, Heidelberg, Winter, 45–72.

Schultze, Rainer-Olaf (2014), *Les possibilités et limites de gouvernance de l'État fédéré : Les cas du Québec et de la Bavière, Immigration et intégration en Allemagne et au Québec (Canada)*, communication présentée au colloque de Wildbad Kreuth (Bavière), 27./28.10.2014.

Szlezák, Edith (2010), *Franco-Americans in Massachusetts. « No French no mo' 'round here »*, Tübingen, Narr.

Thibault, André (2003), *Histoire externe du français au Canada, en Nouvelle-Angleterre et à Saint-Pierre-et-Miquelon. Externe Sprachgeschichte des Französischen in Kanada, Neu-England und auf Saint-Pierre et Miquelon*, in : Gerhard Ernst et al. (edd.), *Romanische Sprachgeschichte. Histoire linguistique de la Romania*, vol. 1, Berlin/New York, de Gruyter, 895–911.

Trudelle, Claude (2014), *Immigration et intégration en Allemagne et au Québec (Canada) – Ouverture : Immigration et intégration en Allemagne et au Québec (Canada)*, communication présentée au colloque de Wildbad Kreuth (Bavière), 27./28.10.2014.

Valdman, Albert (ed.) (1997), *French and Creole in Louisiana*, New York, Plenum.

Valdman, Albert, et al. (edd.) (2005), *Le français en Amérique du Nord. État présent*, Québec, Les Presses de l'Université Laval.

Wolf, Lothar (1987), *Französische Sprache in Kanada*, München, Vögel.

Wolf, Lothar (2009), *Quebec und Paris. Sprachliche Varietäten im ideologischen Konflikt*, in : Ursula Reutner (ed.), *400 Jahre Quebec. Kulturkontakte zwischen Konfrontation und Kooperation*, Heidelberg, Winter, 21–43.

7.2 Sources en ligne

Charte de la langue française, http://www2.publicationsduquebec.gouv.qc.ca/dynamicSearch/tele charge.php?type=2&file=/C_11/C11.html (15.10.2014).

Conseil supérieur de la langue française, *Consensus quant à la nécessité de définir le français québécois standard*, http://www.cslf.gouv.qc.ca/bibliothequevirtuelle/publicationhtml/ ?tx_iggcpplus_pi4[file]=publications/avis116/a116.htm#2.5 (15.10.2014).

FAZ, *Dämpfer für die Unabhängigkeitsbewegung in Quebec*, http://www.faz.net/aktuell/politik/ ausland/amerika/kanada-liberale-gewinnen-parlamentswahl-in-quebec-12885325.html (15.10.2014).

Library and Archives Canada. Electronic Collection, http://epe.lac-bac.gc.ca/100/200/301/pco-bcp/ commissions-ef/dunton1967-1970-ef/dunton1967-70-vol1-eng/dunton1967-70-vol-part2-eng. pdf (15.10.2014).

Loi pour promouvoir la langue française au Québec, http://www.axl.cefan.ulaval.ca/amnord/ quebec-loi-1969.htm (15.10.2014).

OQLF = Office québécois de la langue française (2002), *Féminisation et rédaction épicène*, http://bdl. oqlf.gouv.qc.ca/bdl/gabarit_bdl.asp?id=4015.

SALIC, http://www.salic.uottawa.ca/?q=anglais_francais_juridique, (15.10.2014).

Statistiques Canada (2011), *Population selon la langue maternelle, par province et territoire, à l'exclusion des résidents d'un établissement institutionnel*, http://www.statcan.gc.ca/ tables-tableaux/sum-som/l02/cst01/demo11d-fra.htm.

U.S. Census Bureau (2013), *C16001. Language Spoken At Home For The Population 5 Years And Over. 2013 American Community Survey 1-Year Estimates*, http://factfinder2.census.gov/faces /tableservices/jsf/pages/productview.xhtml?pid=ACS_13_1YR_C16001&prodType=table.

http://franqus.ca/projet (15.10.2014).

http://www.spl.gouv.qc.ca/documentation/etatsgeneraux2001/ (15.10.2014).

http://www.tlfq.ulaval.ca/presentation/(15.10.2014).

Sabine Diao-Klaeger

21 Le français dans le monde : Afrique

Abstract : La situation des variétés françaises en Afrique est complexe et varie d'un pays à l'autre, tant du point de vue de leur statut sociopolitique et du rôle qu'ils jouent dans la société en question parmi les autres langues présentes, que du point de vue de leurs usages et formes qu'ils y ont développés. L'Afrique subsaharienne dans toute sa diversité se distingue profondément de l'Afrique du Nord (Grand Maghreb) et des îles africaines au sud-est du continent. Le français n'est pas, pour la plus grande partie des populations la langue primaire, mais *a priori* une langue secondaire. L'on assiste à des effets d'interlangue, d'appropriation fonctionnelle et/ou identitaire, de vernacularisation, d'hybridation, etc. Les différences d'avec le français parlé en France se montrent aux niveaux phonétique, prosodique, lexical, morphosyntaxique et pragmatique.

Keywords : français en Afrique, Francophonie, contact de langues, variétés du français, appropriation du français

1 Introduction

La situation du français, ou plutôt *des* français en Afrique est complexe et varie d'un pays à l'autre, tant du point de vue de son statut sociopolitique et du rôle qu'il joue dans la société en question parmi les autres langues présentes, que du point de vue des usages et des formes qu'il y a développés. L'Afrique subsaharienne dans toute sa diversité se distingue profondément de l'Afrique du Nord (Grand Maghreb) et des îles africaines au sud-est du continent. Le français n'étant pas, pour la plus grande partie des populations la langue primaire, mais *a priori* une langue acquise, apprise sur le tas ou bien à l'école (jusqu'à différents niveaux de compétence, cela dépend du contact plus ou moins intense avec le français et du niveau d'études), l'on assiste à des effets d'interlangue, d'appropriation fonctionnelle et/ou identitaire, de vernacularisation, d'hybridation, etc. Tous ces facteurs contribuent à la grande complexité du sujet.

2 Bref aperçu historique

La colonisation des îles dans l'Océan Indien commence dès la deuxième moitié du XVIIᵉ siècle : 1665 l'Île de Bourbon (aujourd'hui La Réunion), 1715/1721 l'Île de France (aujourd'hui Maurice), 1770 les Seychelles. Madagascar n'est colonisé qu'en 1895. Ceci explique pourquoi, contrairement aux autres îles, il ne s'y est pas développé de francocréole.

La colonisation française au Maghreb commence en 1830 en Algérie (indépendance 1962), la Tunisie (1881–1956) et le Maroc (1912–1956) sont protectorats. Tandis que la présence des colons français en Algérie en fait une colonie de peuplement, la Tunisie et le Maroc sont considérés comme des colonies d'exploitation, ce qui n'est pas sans conséquences pour la langue française dans ces pays (cf. *infra*).

La présence française en Afrique subsaharienne débute au XVIIe siècle, avec les premiers comptoirs (commerce d'or, de gomme arabique, traite d'esclaves) à l'embouchure du fleuve Sénégal (1638), puis à Saint-Louis (1659) et à Gorée (1677). Suite à cette longue période de comptoirs, le XIXe siècle marque le début de l'entreprise de colonisation française et belge, et l'on peut dire que c'est à ce moment-là que commence l'histoire de la langue française en Afrique. Saint-Louis, au Sénégal, voit l'ouverture de la première école française, le fameux instituteur Jean Dard donnant sa première classe au mois de mars 1817 (cf. Makouta-Mboukou 1973 ; Calvet 2010).

En 1857, Napoléon III crée par décret le premier bataillon de tirailleurs sénégalais. Leur langue véhiculaire est d'abord le bambara, mais l'origine ethnique des engagés se diversifiant, on passe peu à peu au français : « à partir de 1922, on dispensera des cours de français à tous les hommes de troupe, puis on prendra en charge l'enseignement de leurs enfants et l'on réservera enfin des emplois à ceux qui parlent et lisent le français » (Calvet 2010, 41s.) – ce qui a un impact considérable sur la diffusion du français.

Entre 1895 et 1958, le gouvernement français regroupe huit colonies en une fédération nommée AOF (*Afrique occidentale française*) : la Mauritanie, le Sénégal, la Côte d'Ivoire, le Niger, le Soudan français (aujourd'hui Mali), la Guinée, la Haute-Volta (aujourd'hui Burkina Faso) et le Dahomey (aujourd'hui Bénin). Entre 1910 et 1958, les colonies françaises de l'Afrique centrale sont réunies quant à elles en la fédération de l'AEF (*Afrique équatoriale française*) qui regroupe le Gabon, le Moyen-Congo (composé des actuels Gabon et République du Congo), l'Oubangui-Chari (aujourd'hui République centrafricaine) et le Tchad. Djibouti devient colonie française à partir de 1898 sous le nom de *Côte française de Somalis* et le Cameroun est placé sous protectorat français en 1919 et jouit d'un statut spécial (commissariat autonome).

En 1883 est créée l'Alliance française qui a pour but de propager la langue française dans les colonies, à l'étranger et en France. Les lois Jules Ferry de 1881 et 1882 rendent l'école primaire en France obligatoire, gratuite et laïque. La mise en place de l'enseignement colonial traine pourtant. La seule chose qui semble claire, même si cela ne se fait pas sans discussion, concerne la langue d'enseignement qui reste le français, excluant toutes langues locales. En somme, l'école « ne touche qu'une petite fraction des populations autochtones […] : la métropole se borne à former ceux dont elle a besoin pour le fonctionnement de la colonie » (Pöll 2005, 141 ; pour un aperçu sur l'enseignement colonial, cf. p. ex. Barthélémy/Picard/Rogers 2010 ; Calvet 2010).

Après les indépendances dans les années 60, le français reste langue d'enseignement dans les ex-colonies subsahariennes, « l'enseignement du français dans l'ex-

AOF ou AEF [est] encore largement orienté par les instructions et programmes officiels français centralisés ; ce n'est que progressivement que les pays indépendants créeront leurs propres textes » (Verdelhan-Bourgade 2014, 29). Un aperçu de la situation du français comme langue d'enseignement et langue enseignée aujourd'hui en Afrique se trouve dans OLF 2014 (OLF = *Observatoire de la langue française*), où l'on présente aussi l'initiative ELAN-Afrique, lancée en 2012, dont l'objectif est de « promouvoir dans huit pays d'Afrique subsaharienne (Bénin, Burkina Faso, Burundi, Cameroun, Mali, Niger, République démocratique du Congo, Sénégal) l'usage conjoint des langues africaines et de la langue française dans l'enseignement primaire » (OLF 2014, 363). La question de l'utilisation des langues nationales à l'école, et des langues à choisir si choix il devrait y avoir, constitue depuis les indépendances une préoccupation majeure dans la plupart des pays francophones en Afrique subsaharienne. Dans plusieurs pays, l'on assiste au moins depuis une vingtaine d'années à des expérimentations avec les langues nationales à l'école, surtout primaire (pour un aperçu cf. p. ex. Scheller 2013).

Le Congo Belge (aujourd'hui République démocratique du Congo), le Burundi et le Rwanda sont jusqu'à leur indépendance respectivement colonie et protectorats sous mandat belge. Le colonisateur belge laisse une plus large place aux langues locales à l'école que la France ; ainsi, au Congo Belge, le gouvernement met en place dès le début du XXe siècle un enseignement en langue locale les trois premières années de scolarisation – ce qui a des conséquences aujourd'hui encore : depuis son indépendance en 1960, la RDC continue cette politique et emploie les langues nationales (le lingala, le ciluba, le kikongo et le kiswahili) comme langues d'alphabétisation dans les premières années de scolarisation (Leconte 2014, 839).

3 Le statut du français en Afrique aujourd'hui

3.1 Statut des pays au sein de l'OIF et choix du français comme langue (co-)officielle

Les pays africains membres de l'OIF (*Organisation internationale de la francophonie*) se divisent en (1) ceux qui confèrent au français le statut de langue (co-)officielle en le mentionnant dans leur constitution, et (2) ceux qui ont une autre langue officielle.

S'y ajoute le Mozambique, qui détient le statut d'observateur dans l'OIF et dont la langue officielle est le portugais.

1) Parmi les premiers se trouvent les pays suivants (la langue co-officielle, s'il y en a, est indiquée entre parenthèses) : le Bénin, le Burkina Faso, le Burundi (avec le kirundi), le Cameroun (avec l'anglais – d'ailleurs le seul pays où s'applique un principe de territorialité, c'est-à-dire où une partie du pays est considérée comme francophone, l'autre comme anglophone), les Comores (avec l'arabe), la Côte d'Ivoire, Djibouti (avec l'arabe), le Gabon,

la Guinée-Conakry, Madagascar (avec le malgache), le Mali, le Niger, la République centra-fricaine (avec le sango), la République démocratique du Congo, la République du Congo, la République de Guinée-Équatoriale (avec l'espagnol et le portugais), le Rwanda (avec le kinyarwanda et l'anglais), le Sénégal, les Seychelles (avec l'anglais et le créole), le Tchad (avec l'arabe) et le Togo. L'on peut ajouter ici La Réunion et Mayotte, qui ne sont pas des pays africains, mais n'en demeurent pas moins des régions francophones en Afrique en tant que départements français d'outre-mer (DOM).

Déclarer le français comme (une des) langue(s) officielle(s) du pays ne veut pourtant pas dire que toute la population ou même qu'une majorité parle ou maîtrise le français.

Le statut de langue (co-)officielle ne nous dit rien non plus sur la situation sociolinguistique du français dans ces pays (les domaines dans lesquels il est utilisé, son rapport avec les langues nationales et les différentes formes de contact éventuelles, les attitudes des locu-teurs vis-à-vis des différentes langues, etc.), ni sur son développement historique et son supposé futur, pas plus que sur ses différentes évolutions phonologiques, lexicales, mor-phosyntaxiques et pragmatiques, dues aux processus d'appropriation, d'hybridation et de diversification (cf. *infra*).

2) Parmi les seconds se trouvent les pays suivants (la langue officielle est indiquée entre parenthèses) : le Cap-Vert (portugais), l'Égypte (arabe), le Ghana (anglais), le Maroc (arabe), l'Île Maurice (anglais), la Mauritanie (arabe), la République de Guinée-Bissau (portugais), São Tomé et Principe (portugais) et la Tunisie (arabe).

La décision de ces pays d'adhérer à l'Agence intergouvernementale de la Francophonie (l'opérateur principal de l'OIF) s'explique par différentes raisons historiques, politiques, économiques. En dehors des avantages structurels et financiers et bien sûr d'une fonction symbolique, valables pour tous les pays adhérents à l'OIF, l'on peut avancer d'autres motifs plus spécifiques pour certains pays. Ainsi, la Guinée-Bissau, le Ghana ou le Cap-Vert sont géographiquement proches, voire entourés de pays francophones avec lesquels ils entre-tiennent des liens culturels et économiques. C'est pour cette raison qu'ils ont fait le choix de promouvoir le français dans leur système scolaire, en tant que langue seconde obligatoire, et/ou dans d'autres domaines comme la communication internationale.

Pour d'autres pays, comme le Maroc, la Tunisie et la Mauritanie, les liens avec la langue française sont historiquement tissés et ancrés dans leur histoire coloniale. Le (Grand) Maghreb a été profondément marqué par le modèle français, non seulement du point de vue de la langue, mais aussi du point de vue de l'infrastructure administrative, de la conception de l'enseignement scolaire et supérieur, etc. Depuis la politique d'arabisation mise en place à partir des années 80, les domaines dans lesquels le français est utilisé ont diminué : il est aujourd'hui envisagé comme une langue étrangère à statut préférentiel et de langue d'ensei-gnement il est devenu langue enseignée (cf. pour le (Grand) Maghreb en général : Grandguil-laume 2008 ; Gleßgen 1997 ; Laroussi 1997 ; pour le Maroc : Benzakour 2012 ; Benzakour/ Gaadi/Queffélec 2000 ; pour la Tunisie : Mejri 2009 ; pour l'Algérie – qui n'est pas membre de l'OIF, mais historiquement le plus « francisé » des pays du Maghreb – : Dourari 2006 ; Sebaa 2013 ; pour la Mauritanie : Boudart 2013 ; Ould Zein/Queffélec 1997).

3.2 Chiffres

Le dernier rapport de l'OLF (2014, 8) recense 273,8 millions de francophones dans le monde, dont 43% vivraient en Afrique subsaharienne, dans l'océan Indien et en Afrique du Nord.

L'OLF ne distingue plus, dans son rapport de 2014, entre « francophones » et « francophones partiels » comme il le faisait dans ses textes antérieurs.[1] Désormais, on ne compte que des « francophones » tout court. Voici les chiffres de l'OLF :

Tableau 1 : Population francophone dans les pays africains (OLF 2014, 16–17 ; légèrement modifié dans sa forme)

ÉTATS ET GOUVERNEMENTS MEMBRES ET OBSERVATEURS DE L'OIF			
	Population en 2015 (en milliers)	Francophones (en milliers)	En pourcentage de la population totale
AFRIQUE DU NORD			
Maroc	33.955	10.657	31 %
Mauritanie	4.080	529	13 %
Tunisie	11.235	6.090	54 %
Égypte[2]	84.706	2.800	3 %
AFRIQUE SUBSAHARIENNE ET OCÉAN INDIEN			
Afrique subsaharienne			
Bénin	10.880	3.848	35 %
Burkina Faso	17.917	3.965	22 %
Burundi	10.813	897	8 %
Cameroun	23.393	9.334	40 %
Cabo Verde	508	55	11 %
Centrafrique	4.803	1.410	29 %
Congo	4.671	2.717	58 %
Congo (République démocratique du)	71.246	33.222	47 %
Côte d'Ivoire	21.295	7.218	34 %
Djibouti	900	450	50 %
Gabon	1.751	1.070	61 %

---

1 Seules les « personnes capables de faire face, en français, aux situations de communication courante », étaient alors considérées comme « francophones », tandis que les « personnes ayant une compétence réduite en français, leur permettant de faire face à un nombre limité de situations » (OLF 2010, 17) étaient, elles, qualifiées de « francophones partielles ». Dans le rapport de 2010, l'on avait déjà commencé à abandonner cette distinction, mais uniquement pour certains pays d'Afrique francophone.

2 L'Égypte figure parmi les pays du « Moyen Orient » dans le tableau de l'OLF. Puisqu'il se trouve sur le continent africain, j'ai décidé, pour présenter la liste complète des pays francophones en Afrique, de l'intégrer dans la catégorie « pays de l'Afrique du Nord ».

États et gouvernements Membres et observateurs de l'OIF			
Ghana	26.984	219	0,8 %
Guinée	12.348	2.974	24 %
Guinée-Bissau	1.788	275	15 %
Guinée équatoriale	799	231	29 %
Mali	16.259	2.744	17 %
Mozambique	27.122	81	0,3 %
Niger	19.268	2.439	13 %
Rwanda	12.428	700	6 %
São Tomé et Príncipe	203	41	20 %
Sénégal	14 967	1.714	13 %
Tchad	13.606	1.714	13 %
Togo	7.171	2.787	39 %
Océan Indien			
Comores	770	196	25 %
Madagascar	24.235	4.847	20 %
Maurice	1.254	911	73 %
Seychelles	94	50	53 %

S'y ajoutent les francophones de Mayotte et de la Réunion ; l'OLF ne les représente pas par des entrées séparées, mais amalgamés avec les autres D.O.M. :

France – Outre-mer	2.847	2.374	83 %

Plusieurs facteurs sont à prendre en compte quand on parle du nombre des francophones en Afrique. Il faut considérer les chiffres sur la langue française en Afrique avec extrême prudence et sous réserve, sachant que :

1) La définition de « francophone » n'est pas claire. Qui peut être considéré comme francophone, sur quels critères se base-t-on ? La compétence (à mesurer comment ?), les années passées à l'école avec le français comme langue d'enseignement ou langue enseignée ? Ne sont « vrais francophones » que les locuteurs ayant le français comme langue primaire ou aussi les locuteurs qui l'utilisent comme « langue seconde » (ce qui est le cas pour la plupart des locuteurs en Afrique francophone), ou même comme langue étrangère ?
Si l'on veut prendre en compte d'autres chiffres que ceux de l'OLF – pour faire des comparaisons, analyser des développements – on se trouve devant le problème que les auteurs parlent de différentes catégories de francophones. L'OLF vient, on l'a déjà dit, d'abandonner sa distinction entre « francophones » et « francophones partiels ». Lafage

(1990), suite aux travaux de l'IRAF,[3] présente un modèle nuancé avec six degrés de différenciation, allant de N_o (« non-francophones ») via N_1 (« francophones caractérisés par la seule oralité [...] ») jusqu'à N_5 (« francophones ayant effectué des études universitaires »). Chaudenson (1989) distingue entre « francophones », « francophonoïdes » et « francoaphones », Rossillon (1995) entre « locuteurs potentiels » et « locuteurs réels » ; Napon (1992) parle du « français des lettrés » et « des non-lettrés ». L'endroit où se situe la frontière entre les différents niveaux de compétence reste un point de discussion directement lié à la question de la norme du français (norme exogène, normes endogènes – pour une discussion cf. p. ex. Akissi Boutin/Gadet 2012).

2) Si l'on considère comme francophones uniquement les personnes qui savent lire et écrire le français (comme c'était le cas dans le rapport de l'OLF 2010), on arrive – mais ceci serait un point à discuter – d'un côté à des estimations plus « fiables », « plus solides », mais de l'autre côté on ne prend en compte que le taux de scolarisation/d'alphabétisation dans les pays (cette méthode d'estimation indirecte est décrite en détail dans OLF 2010, 21–27, et dans OLF 2014, 15), qui n'informe pas forcément sur les compétences en français des personnes, même si le français est la langue d'enseignement. Ce qui implique qu'on néglige les locuteurs qui ne sont pas passés par l'école, qui l'ont appris « sur le tas », de façon non-guidée, mais qui savent bien se « débrouiller » en français, et cela dans diverses situations de communication.

3) Les statistiques de base sur lesquelles repose le rapport de l'OLF lui sont fournies par les administrations et institutions publiques des États eux-mêmes, et même si on se fie des enquêtes et recensements nationaux et de la méthodologie de calcul de l'OLF, on peut se poser la question de savoir si les statistiques de base pour tout un continent suivent la même méthodologie et prennent les mêmes paramètres en considération. L'OLF se rend compte de cette difficulté en précisant les problèmes méthodologiques ainsi que quelques cas spécifiques comme celui de la Côte d'Ivoire où selon une enquête de TNS Sofres à Abidjan, 99 % des répondants savent parler le français, mais seulement 75 % savent l'écrire (des chiffres aussi précis n'existent d'ailleurs que ponctuellement) et en invitant le lecteur à la vigilance dans l'interprétation des chiffres (2010, 11–27).

4) Pour essayer de calculer le nombre de locuteurs du français en Afrique, quels pays ou régions faut-il prendre en compte ? Dans le tableau de l'OLF, l'on ne trouve p. ex. pas l'Algérie, pour la simple raison qu'elle n'est pas membre de l'OIF. Selon l'Office national des statistiques d'Algérie (cité d'après OLF 2010, 9), environ 11 millions d'Algériens déclaraient savoir lire et écrire le français en 2008 – ce qui représente un chiffre non négligeable.

4 Quelques caractéristiques des variétés françaises en Afrique

Seront présentés ici uniquement les phénomènes les plus pertinents, la description des caractéristiques des variétés françaises en Afrique doit rester schématique. Il n'est pas possible de décrire ici les particularités de chaque variété française dans les différents pays africains, et encore moins la variation au sein de chaque pays, car

---

3 *Institut des recherches sur l'avenir du français* qui malheureusement n'existe plus.

variation il y a évidemment : « [...] le français des élites est tout aussi africain que celui des non-lettrés, malgré l'énorme écart qui les sépare sur le plan formel, tout simplement parce que toutes les variétés subissent l'influence, à des degrés divers, de l'appropriation comme langue seconde » (Pöll 2005, 139).

Les études sur les variétés du français en Afrique se concentrent généralement sur la phonétique, le lexique et la morphosyntaxe. Rares sont encore les travaux sur des questions pragmatiques.

4.1 Phonétique et prosodie

Queffélec (1997, 67) constate pour la Centrafrique : « L'École – quelles que soient les instructions officielles qui continuent à privilégier implicitement la variété exogène – joue désormais un rôle démultiplicateur dans la diffusion de la variété mésolectale locale, la seule que la grande majorité des maîtres connaissent, enseignent et utilisent ». Ceci concerne évidemment aussi la prononciation du français. Batiana (1993, 207) – il parle de la situation au Burkina Faso – exprime ce fait de la manière suivante : « La plupart des francophones burkinabés sont passés par l'école. Au primaire, l'enfant apprend à parler le français en répétant les sons, les mots puis les phrases après l'instituteur. C'est dire donc que l'enfant apprend d'après la prononciation de son maître [...]. Le français qu'ils [= les instituteurs] parlent et qu'ils enseignent aux élèves est celui qui est issu de l'habitus verbal local ».

Là où on parlerait aujourd'hui d'une norme endogène qui est transmise par les instituteurs, Makouta-Mboukou dans les années 70 s'indigne encore à propos des « fautes de prononciation », qui seraient le « signe qui trahit les francophones noirs » : « Un style parfois impeccable se détache sur un fond articulatoire défectueux où se bousculent des [ʀ] roulés, des [ʒ] zézayés, des voyelles nasales dénasalisées, des consonnes orales prénasalisées, des sifflantes sonores ou sourdes transformées en chuintantes sonores ou sourdes, des occlusives explosives devenues implosives, des labiales délabialisées, des palatales dépalatalisées, des ouvertes fermées, ou des fermées ouvertes, des antérieures vélarisées, des [u] qui deviennent des [i], des [ɛ] qui deviennent des [e], des [œ̃] qui deviennent des [ẽ] (sic !), le tout produisant une cacophonie assourdissante » (Makouta-Mboukou 1973, 65s.).

Aujourd'hui, on ne parlerait plus de « fautes » et encore moins de « cacophonie », mais de traits de prononciation largement répandus dans les variétés du français en Afrique, qui sont donc les suivants (soulignons que ces traits se manifestent plus ou moins selon les locuteurs, et qu'il y en a qui n'en manifestent quasiment pas) :

Les voyelles antérieures arrondies sont souvent prononcées de façon non-arrondie (*cœur* prononcé [kɛr] ; *plus* prononcé [plis]). Le schwa peut être remplacé par un [e] (*depuis* prononcé [depi]). Le /r/ est roulé, sauf en finale. L'on entend des dénasalisations (*boulangerie* prononcé [bulaʒeʀi]). Certains locuteurs remplacent les fricatives prépalatales par leurs correspondants alvéolaires (*chaque* prononcé [sak]). Ceci est quelquefois accompagné de restructurations syllabiques, p. ex. quand les locuteurs veulent reproduire le schème CVCV, (épenthèse : *train* prononcé [tɛ̃ʀɛ̃], *(riz) gras* prononcé [ɡaʀa] ; aphérèses et apocopes).

Les écarts vis-à-vis du français standard sont surtout attribuables à l'influence des langues primaires des locuteurs.

La prosodie peut être marquée par une langue primaire à tons, ce qui mène à une accentuation que Lafage caractérise de « mélodie en vagues » ou « en dents de scie » (1990, 776 ; cf. aussi Bal 1998, 400 : « d'où l'expression *hacher le français* »), souvent de caractère HBHB (ton haut, ton bas, ton haut, ton bas). La question de savoir s'il existe un système tonal propre à certaines variétés du français en Afrique a été jusque là abordée par peu de chercheurs (cf. p. ex. Bordal 2013 pour la Centrafrique ; Boukari 2010 pour la Côte d'Ivoire).

4.2 Lexique

Le lexique est sans doute le domaine le plus décrit et étudié pour les variétés du français en Afrique. À partir de l'année 1978, l'équipe IFA (*Inventaire des particularités du français en Afrique*, projet lancé par l'AUPELF[4]) publie des *Inventaires/Dictionnaires* des *particularités/innovations* (les titres fluctuent) *lexicales* de différents pays en Afrique (Caprile 1978 pour le Tchad ; Queffélec 1979 pour le Niger ; Blondé et al. 1979 pour le Sénégal ; Faïk 1979 pour le Zaïre ; Queffélec/Jouannet 1982 pour le Mali). En 1983, sort l'*Inventaire des particularités lexicales du français en Afrique noire* (Équipe IFA ³2004). En 1975 déjà, Duponchel avait publié un *Dictionnaire du français de Côte d'Ivoire* et Lafage un *Dictionnaire des particularités du français au Togo et au Dahomey*. Au début des années 80, la BDLP (*Base de données lexicographiques panfrancophone*, patronnée par l'AUF) prolonge les descriptions entreprises par l'IFA et met en ligne depuis 2004 des inventaires pour différents pays de la Francophonie (pour l'Afrique : Algérie, Burundi, Cameroun, Centrafrique, Congo-Brazzaville, Côte d'Ivoire, Madagascar, Maroc, Maurice, Réunion, Rwanda et Tchad) qui sont régulièrement mises à jour et qui sont consultables sous www.bdlp.org.

En 1980, l'ILA (*Institut de linguistique appliquée d'Abidjan*) et l'ILF (*Institut de la langue française*, CNRS) créent l'*Observatoire du français contemporain en Afrique* qui publie à partir de la même année une revue sous ce même nom. Aujourd'hui, cette revue porte le titre *Le Français en Afrique*, les 27 numéros désormais parus (entre 1980 et 2012) sont disponibles sous l'URL http://www.unice.fr/ILF-CNRS/ofcaf/. A côté des numéros qui présentent des recueils d'articles, on trouve aussi des volumes consacrés aux français dans différents pays africains qui se présentent comme des inventaires

---

4 *Association des universités partiellement ou entièrement de langue française* ; aujourd'hui AUF (*Agence universitaire de la francophonie*).

lexicaux : 1986 pour la Haute Volta (n° 6, Lafage), 2000 pour le Gabon (n° 14, Boucher/Lafage), 2003 pour la Côte d'Ivoire (n° 16+17, Lafage), 2004 pour la Tunisie (n° 18, Naffati/Queffélec), 2005 pour le Tchad (n° 20, N.N.) et 2009 pour le Cameroun (n° 24, Nzesse).

Mentionnons aussi les publications lexicographiques de l'EDICEF dans la collection *Actualités linguistiques francophones*, pour l'Île Maurice (de Robillard 1993), la Réunion (Beniamino 1996), le Burundi (Frey 1996), la Centrafrique (Queffélec 1997) et la Guinée (Diallo 1999), disponibles dans la bibliothèque de l'AUF sous http://www.bibliotheque.auf.org.

L'on peut, comme proposé par Lafage, classer les particularismes (car on parle ici de tout phénomène qui diffère de l'usage attesté en France) lexicaux en trois catégories : (a) particularités sémantiques, (b) particularités lexématiques et (c) variation de l'usage (terme emprunté à Lafage 1993, 28).

Les exemples rentrent parfois dans plusieurs catégories à la fois. Ils sont tirés des dictionnaires et inventaires indiqués ci-dessus, les définitions ont été simplifiées et abrégées.

(a) Particularités sémantiques

– extension de sens

gâter (tous pays) : verbe-outil très fréquent qui peut remplacer des verbes avec le sème 'destruction', comme *abîmer, détruire, casser, gaspiller, salir* (*Le moteur de la voiture est gâté !*)

frère, sœur (tous pays) : personne de la mîne génération avec laquelle on sent des liens communs

beaux (B.F.) : la famille du conjoint, la belle-famille (*T'as vu tes beaux récemment ?*)

envoyer (C.I., B.F.) : apporter (*Tu peux m'envoyer le sel, s'il te plaît ?*)

– restriction de sens

fréquenter (tous pays) : aller à l'école (*Je ne sais pas lire, je n'ai pas fréquenté.*)

attendre (B.F.) : être enceinte (*Ma femme ne peut pas venir, elle attend.*)

– synecdoque/métonymie :

crêpes (B.F.) : chaussures de tennis

cou-plié (CAM) : homme d'affaires ; homme riche qui séduit les jeunes filles avec son argent (*La fille était fâchée avec son cou-plié.*)

coloniser (RW) : exploiter, s'enrichir en profitant de sa propre situation sociale

– modification de la connotation

le vieux/la vieille (tous pays) : désignation respectueuse pour le père/la mère, l'oncle/la tante, etc., mais aussi pour d'autres personnes âgées (*Je vais voir la vieille au village, elle est malade.*)

abîmer (R.D.C.) : (sans connotation) rendre enceinte

gargote (SEN) : (sans connotation) restaurant très bon marché, sommairement installé

– modification de la dénotation

couloir (B.F., C.I., CAM, MA, NIG) : piston (*Il y a des gens qui doivent leurs postes aux couloirs !*)

aller téléphoner/aller poster une lettre (B.F.) : aller aux toilettes

(b) Particularités lexématiques

– composition/dérivation

taxi-brousse (BE, B.F., C.I., MA, NIG, SEN) : taxi collectif inter-urbain qui s'arrête à la demande et peut prendre huit à dix passagers

enceinter (tous pays) : rendre enceinte

couder (B.F.) : bousculer à coup de coudes pour se frayer un chemin

– emprunts à des langues locales

chiwangue/chicouangue/chicwang (R.D.C., R.C., TCH, C.A.) : 'pain de manioc', pâte de manioc fermentée et cuite à l'eau, dans une feuille de bananier

mafé, du wolof (SEN) : plat à base de viande ou de poisson dans une sauce à base d'arachides (beurre de cacahuètes)

to/tau/tô, du mandingue (BE, B.F., C.I., MA, SEN, TO) : pâte à base de farine de mil/de maïs/ de sorgho

goorgoorlou/gorgorlou, du wolof (SEN) : personne qui se débrouille, qui sait se procurer le nécessaire même avec de maigres revenus (→ *goorgoorlouisme, faire du goorgoorlou*)

baraka/barka abarika, de l'arabe par le mooré, le dioula, le fulfulde (B.F.) : merci

– abréviation

aff (B.F.) : les affaires (*C'est comment, les aff ?*)

do (CAM) : l'argent (de 'dollar') (*Regarde la voiture – il a du do, le gars !*)

beau (B.F., C.A., C.I., MA, NIG, SEN, R.D.C) : beau-frère (*Hier j'ai parlé à mon beau.*)

– réduplication

combien combien ? (C.I., BUR, MA, R.D.C.) : adv. interr. ; calque de langues bantoues en général (du kirundi, du swahili ?) et des langues mandé (bambara, dioula) (*Ces mangues tu fais combien combien ?*)

façon façon (B.F., C.I., NIG.) : d'une manière très bizarre (*Il a fait ça façon façon.*)

(c) Variation de l'usage

– 'réorganisation' des registres (cf. Prignitz 1994, 54 : « Démêler à quels registres, quels styles appartiennent tels usages, si ce n'est pas une tâche facile dans un discours français en France même, devient très périlleux et quasi vain dans un contexte africain »)

bouffer (B.F., C.I., SEN, TCH, R.D.C.) : (non marqué) manger

(se) démerder (tous pays) : (non marqué) se débrouiller

boniche (SEN) : bonne

–   modification de la collocation
    boire une cigarette (B.F.) : fumer une cigarette
    de toutes les manières, de toutes les façons (BE, B.F., C.I., SEN, TO) : de toute
    manière, de toute façon (au B.F. aussi : *de toutes les mille manières/façons*).

4.3 Morphosyntaxe

Au niveau de la morphosyntaxe, l'on constate des particularités dans le paradigme
verbal. La revue *Le Français en Afrique* y consacre un numéro récent (n° 26, 2011 :
« Autour du verbe »), dans lequel on trouve entre autres un article de Blumenthal sur
la fréquence élevée et les spécificités de *faire* comme verbe support. Il travaille avec la
banque de données *Varitexte* (http://syrah.uni-koeln.de/varitext/) qui rassemble,
pour l'Afrique subsaharienne, une dizaine d'années de journaux camerounais, sénégalais et ivoiriens. Des exemples de locutions verbales avec *faire* dans la presse
francophone africaine seraient : *faire la propreté* ('nettoyer'), *faire un accident* ('avoir
un accident'), *faire un regard* ('lancer un regard') (Blumenthal 2011).

Les constructions hypothétiques sont un autre phénomène à mentionner. Ainsi,
l'on constate chez des locuteurs de différents niveaux de scolarisation et dans différents pays la forme périphrastique *aller*$_{IMP}$+infinitif pour exprimer une hypothèse
irréelle ou potentielle : *Sinon, si j'avais les moyens, j'allais chercher une [maison] pour
moi et mes femmes* (exemple malien de Skattum 2011, 65).

Calvet (2010, 139–144, s'appuyant sur Massoumou 2001) relève des tendances au
niveau de la productivité de verbes du premier groupe (en -*er*). Les néologismes
verbaux africains seraient majoritairement du premier groupe (ce qui va dans le même
sens qu'en France). Exemples : *chogobiter* (B.F. = 'essayer de parler, surtout de
prononcer comme un Français alors qu'on est africain', cf. Batiana 1993), *ambiancer*
(B.F., C.I., RW, TCH = 'se comporter gaiement', Équipe IFA 2004). Les innovations
africaines « s'en séparent [= du français de France] en créant de nouveaux verbes
inconnus dans les français du Nord, mais en même temps respectent ses tendances
formelles en empruntant les mêmes procédés » (Calvet 2010, 140). Le même phénomène est observable en dérivation nominale : très productifs ici sont les suffixes
d'action en -*eur*/-*euse* (C.A. : *découcheur* pour 'mari infidèle', *démerdeur* pour 'débrouillard'), les suffixes de profession/de tendances politiques en -*iste*/-*isme* (C.A. :
bokassisme pour le fait de soutenir Bokassa) et des dérivations en -*erie* qui désignent
des lieux où l'on vend certains produits, comme p. ex. *essencerie* ('station d'essence')
et *dibiterie* (SEN : 'restaurant qui offre des grillades') (exemples de Calvet 2010, 140s.,
s'appuyant sur Daloba 2008).

Les prépositions *à* et *de* sont parfois remplacées par des prépositions sémantiquement moins abstraites comme *pour* et *sur*. Romero (2007, 63) donne des exemples
burkinabés : *je le confirme avec tue-tête* ; *ça peut porter préjudice sur la position de
l'armée.*

Un dernier point à évoquer ici serait la comparaison. Manessy (1994, 223s.) explique les particularités de ce phénomène par la sémantaxe : « Des expressions telles que '*il est beau que toi*', '*il court vite que moi*' [...] ne sont intelligibles que par rapport à une conception de la comparaison qui paraît bien être panafricaine et en vertu de laquelle l'un des deux objets comparés est évalué, pour la grandeur à mesurer, par référence à l'autre pris pour étalon ».

4.4 Pragmatique/organisation de l'énoncé

Le discours rapporté, un phénomène syntactico-discursif, a fait l'objet de différentes études sur les français parlés en Afrique (cf. Ploog 2004 ; Peuvergne 2011). *Que* y joue un rôle important : « il garde son rôle de subordonnant syntaxique dans la majorité des cas, [mais] il joue [...] aussi parfois un rôle discursif de marqueur de début de discours (voix du locuteur ou voix rapporté) » (Akissi Boutin/Gadet 2012, 29). Diao-Klaeger (à paraître) donne un exemple burkinabé : *je ne peux pas dire à ma femme que je t'ai trompé* ('te' désignant la femme du locuteur).

Un autre moyen privilégié, en France comme dans les variétés du français en Afrique, pour marquer le début d'un discours rapporté, est l'emploi de marqueurs discursifs (on citera p. ex. Peuvergne 2011). Les marqueurs du discours ou « mots-balises » (Manessy 1992), depuis quelques décennies en vogue comme sujet d'étude, n'ont que rarement fait l'objet d'analyse en ce qui concerne l'Afrique francophone. Ils se distinguent de par leur forme et/ou de par leurs fonctions des marqueurs discursifs utilisés en France. On citera comme exemples les études de Abolou (2010) qui décrit l'emploi de *non* et *kɛ* en Côte d'Ivoire, Diao-Klaeger (à paraître), qui analyse *de, ke, même* et *ou bien* au Burkina Faso et Skattum (2012), qui consacre un article à *bon* au Mali.

5 Aspects sociolinguistiques et langues en contact

5.1 Phénomènes généraux

Plusieurs caractéristiques sociolinguistiques réunissent les pays africains francophones, malgré toute leur diversité. Ainsi, l'Afrique francophone se distingue au niveau (socio-)linguistique des autres régions francophones du monde par les aspects suivants :

- Le français y est parvenu par une colonisation qui a eu lieu relativement tard (au XIXe siècle), à l'exception des îles sur la côte est. Ceci a des conséquences par rapport à la forme du français introduit ; en Afrique francophone, on ne trouve pas le genre de formes archaïques au niveau de la prononciation, de la morpho-syntaxe ou du lexique que l'on trouve p. ex. au Québec.

- Le contact entre les colonisateurs et les colonisés en Afrique subsaharienne n'est pas comparable à celui entre les Français et les esclaves dans les régions aujourd'hui créolophones : jamais n'y a-t-il eu de contact continu aussi proche entre les colonisateurs et les colonisés en Afrique continentale comme entre les « maîtres » européens et les esclaves africains durant la phase de la « société d'habitation » (cf. Chaudenson p. ex. 1992 ; 2003) sur les îles qui a privilégié l'évolution des créoles.
- Le français en Afrique n'y est *a priori* pas (sauf exception, surtout dans les grandes villes, et là dans les familles aisées) langue primaire des locuteurs. Dans leur vie quotidienne, ils sont pourtant en contact permanent avec la langue française, au moins dans les zones urbaines : à l'école comme langue d'enseignement, dans leur consommation médiatique (télévision, radio, presse écrite, affiches politiques ou publicitaires, etc.), dans leurs rapports avec l'administration, la justice, le milieu médical, dans leurs activités culturelles (cinéma, spectacle) et au travail. Lafage décrit ce fait en 1990 comme suit : « Sauf pour une frange extrêmement réduite de la population de certains pays (Côte-d'Ivoire, Gabon, Sénégal ...), c'est une **langue seconde** mais non cependant une langue véritablement étrangère » (1990, 769, SDK qui souligne). Avec le développement de la scolarisation de masse, le français n'est plus aujourd'hui une langue de prestige, mais l'« objet d'une appropriation croissante » (Queffélec 2009, 45).
- Le français en Afrique est, dans la plupart des cas, en contact avec plusieurs, voire une multitude de langues. L'on peut distinguer deux types de formes de contact entre le français et les langues africaines :

1) Le français est confronté à une autre langue dominante et/ou véhiculaire (communication interethnique) dans le pays (Lafage 1990, 773 appelle cette situation « discontinuité linguistique »).

Ceci est d'abord le cas pour le Rwanda et le Burundi où respectivement le kinyarwanda et le kirundi, à côté du français et/ou de l'anglais, est la langue comprise et utilisée pour la communication interethnique par toute la population (même s'il ne faut pas nier une certaine « diversité linguistique de profondeur », cf. Munyankesha 2011, 135).

Puis au Sénégal, en Centrafrique, au Mali et en Guinée, l'on constate certes une grande diversité linguistique, mais dans chacun de ces pays on trouve *une* langue nationale de grande extension : le wolof au Sénégal (une vingtaine de langues répertoriées, dont 14 qui ont le statut de langues nationales ; le wolof comme langue primaire et/ou secondaire est parlé par à peu près 85% de la population, cf. Diallo 2010, 19), le sango en Centrafrique (64 langues répertoriées ; le sango comme langue primaire et ou/secondaire est parlé par la quasi-totalité de la population, cf. Bordal 2013, 29), le bambara au Mali, le malinké en Guinée.

2) Le français est confronté à une situation sans autre langue véhiculaire à niveau national (Lafage 1990, 773 appelle cette situation « continuité linguistique »).

Ceci est le cas p. ex. pour la Côte d'Ivoire, le Cameroun et la République Démocratique du Congo : les langues nationales véhiculaires n'y ont qu'une extension régionale. L'on assiste ici à une situation où le français pénètre dans des domaines d'usage vernaculaire, c'est-à-dire à une appropriation qui va de paire avec une profonde modification du français. Un bon exemple de cette appropriation est le FPI, le *français populaire ivoirien*. Il s'agit d'un français parlé communément en Côte d'Ivoire (voire à Abidjan ?) qui diffère du français « standard »/ de la norme exogène et qui se distingue en même temps des variétés ivoiriennes « argotiques » comme le *nouchi*. Kube (2005, 112, trad. dans Boukari 2010, 97) explique : « L'usage du français en Côte d'Ivoire s'est différencié par la suite au point qu'il n'est pas possible aujourd'hui de définir exactement ses variétés sur la base de leurs caractéristiques linguistiques, ni d'attribuer celles-ci à des groupes sociaux bien circonscrits. On constate plutôt une multitude 'd'usages et modes d'appropriation' qui dépendent surtout du contexte d'usage et moins de la catégorie socioculturelle à laquelle appartient le locuteur ».

5.2 Les parlers hybrides

D'autres exemples d'appropriation sont les parlers hybrides comme le *nouchi* en Côte d'Ivoire ou le *francanglais* au Cameroun. Selon Queffélec (2009), l'absence d'une langue véhiculaire locale est le facteur central qui fait naître et évoluer des parlers hybrides – hypothèse relativisée par Calvet (2010, 136) qui avance l'exemple du Gabon (pas de véhiculaire africain, mais pas de parler mixte non plus) comme contre-argument.

Un parler hybride peut être considéré comme une pratique linguistique partagée de façon durable (contrairement à l'alternance codique). Il reflète une identité nationale supra-ethnique et une certaine réaction contre le français en tant que langue officielle et, d'une certaine manière, il est le résultat d'une forme de « standardisation », d'une plus grande complexité que l'alternance codique, et d'une extension géographique plus vaste.

Une des raisons du succès des parlers hybrides viendrait selon certains auteurs de l'insécurité linguistique des locuteurs – pas seulement en ce qui concerne le français, mais aussi en ce qui concerne les langues ethniques (du « village ») que les jeunes dans les grandes villes maîtrisent souvent mal (phénomène dénommé par Bretegnier 1996, 916, d'« insécurité bilinguistique » et décrit par Kube 2009 pour les jeunes Abidjanais et par Bagouendi-Bagere Bonnot 2007 pour les jeunes de Libreville).

5.2.1 Le *Nouchi* (Côte d'Ivoire)

Selon Akissi Boutin (2004, 281) le nouchi est « créé au début des années 80 par les loubards et enfants des rues dans un but cryptique » à Abidjan, et combine des éléments du FPI et des langues locales. Assez vite, il évolue dans ses usages et connaît une extension rapide parmi les élèves et étudiants, mais aussi dans d'autres villes du pays, et devient ainsi le parler des jeunes urbains (s'ensuit une différenciation en plusieurs variétés du nouchi). Il se propage entre autres par le zouglou, le reggae et le coupé-décalé. Pour Kube (2005, 41), il s'agit là d'une « appropriation identitaire » du français, le nouchi n'ayant pas seulement une fonction communicative interethnique.

Les jeunes s'y identifient en tant qu'Ivoiriens, expriment et affirment leur créativité, entre autres parce que cette langue ne leur impose pas de difficultés par rapport au respect d'une norme, comme c'est le cas pour le français de l'école. Le nouchi gagne aujourd'hui de plus en plus de terrain et est aussi utilisé en dehors du milieu jeune et urbain. Lors de la campagne électorale 2010 en Côte d'Ivoire, les trois candidats Ouattara, Gbagbo et Konan Bédié glissent des mots nouchi dans leurs discours (évidemment pour impressionner la jeunesse).

> Voici quelques exemples :[5]
> Chuis [1]**enjayé** de la [2]**go**.
> [1] de l'angl. *enjoy* ; [2]origine incertaine, 'fille' = « La fille me plaît/je suis amoureux d'elle. »
> Fo [3]**blêblê**, mon frère !
> [3] du baoulé, 's'asseoir, se calmer' = « Vas-y doucement, mon ami ! »
> [4]**B(a)ramogo**, on dit qwa ?
> [4] du français 'bras (droit)' + du dioula *mɔgɔ*, 'personne' = « Cher ami, quoi de neuf ? »
> Yê [5]**trizé**.
> [5] aphérèse du français *maîtriser* = « Je suis resté cool, j'ai maîtrisé la situation. »
> [6]**Fianss** ! Ya pa [7]**dra** !
> [6] aphérèse du français *confiance* ; [7] de l'expression française *être dans de beaux draps* = « C'est bon, ne t'inquiète pas ! Il n'y a pas de problème ! »

5.2.2 Le *Francanglais ou Camfranglais* (Cameroun)

Au Cameroun, la mosaïque des langues est particulièrement complexe, car aux 248 à 272 langues africaines (les chiffres varient selon les auteurs) s'ajoutent le français et l'anglais comme langues officielles ainsi que le pidgin-english ou *kamtok* qui est en fait une langue créole. Déjà dans les années 70, de Féral y constate la présence d'un idiome qu'elle nomme d'abord « français makro [= 'vouyou'] », une « manifestation vernaculaire du français » (de Féral 2010, 9). Aujourd'hui, on connaît ce parler sous les noms de « Francanglais » ou « Camfranglais » (cf. Feussi 2008 qui est le premier à montrer que les locuteurs eux-mêmes utilisent plutôt la désignation « Francanglais »). Comme le nouchi en Côte d'Ivoire, il est le moyen d'expression de la jeunesse moderne, urbaine, *a priori* francophone. Poser un système francanglais autonome par rapport au français ne semble pas évident au niveau linguistique (il s'agirait plutôt du recours à un certain stock d'items lexicaux anglais et/ou pidgin et de langues camerounaises comme le duala et l'ewondo), mais si on prend en compte les représentations qu'ont les locuteurs de leur parler, on peut certainement parler d'une « 'langue' autre » (de Féral 2010, 19).

---

5 http://www.nouchi.com, exemples légèrement modifiés.

Voici un exemple (Ngo Ngok Graux 2005, 241, légèrement modifié dans sa forme) :[6]

> L1 : donc c'est un ₁**djo [dʒo]** qui : euh : a toujours été : euh humilié xxx dans sa vie puisqu'il /était, l'était/ d'abord euh un enfant bâtard et : ₂**all [ɔl]** les ₃**djague [dʒagə]**/qui, que/ lui était en train de ₄**try [traij]** dans **all [ɔl]** sa ₅**life [laif]** étaient seulement là pour
>
> L2 : le ₆**ndem [ŋdɛm]**
>
> ₁douala 'mec', ₂anglais 'tout(es)', ₃d'origine camerounaise inconnue 'fille', ₄anglais 'essayer', ₅anglais 'vie', ₆d'origine camerounaise inconnue 'tromper'

6 Avenir

« Avec une augmentation de plus de 11 millions [depuis 2010, SDK], l'Afrique subsaharienne constitue [...] le véritable cœur de la croissance francophone » (OLF 2014, 21).

Toutefois, mais derrière l'augmentation générale du nombre de locuteurs francophones en Afrique se cachent de grandes différences entre les pays. Ainsi, l'on peut constater un gain plus ou moins important de locuteurs de français (entre 5% et 9% par an sur les quatre dernières années) dans les pays suivants : Bénin, Burkina Faso, Burundi, Cameroun, Comores, Congo, Gabon, Guinée, Madagascar, Niger, Sénégal et Togo (OLF 2014, 22), dû surtout aux développements positifs du taux de scolarisation. Dans d'autres pays, notamment au Mali et en Côte d'Ivoire, l'on enregistre par contre une baisse, attribuable aux crises politiques des dernières années qui ont créé des années blanches pendant lesquelles les écoles et les universités ne fonctionnaient plus. En Tunisie, la baisse de 8% entre 2010 et 2014 s'explique par l'arabisation progressante du pays. Le Rwanda constitue un cas à part, où le faible pourcentage de francophones risque de diminuer encore, avec la nouvelle politique scolaire qui impose dès 2008 l'anglais comme seule langue officielle d'enseignement à tous les niveaux (en 2010, cette décision est revue en faveur du kinyarwanda au niveau du premier cycle ; cf. Munyankesha 2011 ; Ntakirutimana 2014).

7 Bibliographie

Abolou, Camille Roger (2010), *Des marqueurs « ke » et « non » en français populaire d'Abidjan : stratégies discursives et modélisation*, Le français en Afrique 25, 325–342.

Akissi Boutin, Béatrice (2004), *Description de la variation : Études transformationnelles des phrases du français de Côte d'Ivoire. Résumé de thèse soutenue à l'Université de Grenoble III*, Le français en Afrique 19, 279–284.

Akissi Boutin, Béatrice/Gadet, Françoise (2012), *Les français d'Afrique dans une perspective panfrancophone*, Le français en Afrique 27, 19–34.

---

6 Transcription : double points = allongement, xxx = incompréhensible, /.../ = multi interprétation.

Bagouendi-Bagere Bonnot, Diane (2007), *Le français au Gabon : représentation et usages*, Thèse de doctorat, Université de Provence.

Bal, Willy (1998), *Afrikanische Sprachen und Romanisch. Langues africaines et langues romanes*, in : Günter Holtus/Michael Metzeltin/Christian Schmitt (edd.), *Lexikon der Romanistischen Linguistik*, vol. 7, Tübingen, Niemeyer, 395–410.

Barthélémy, Pascale/Picard, Emmanuelle/Rogers, Rebecca (edd.) (2010), *L'enseignement dans l'empire colonial français (XIXᵉ–XXᵉ siècles)*, Paris, Service d'histoire de l'éducation.

Batiana, André (1993), *Chogobit et/ou gros mots : quelques remarques sur la norme et le lexique du français au Burkina Faso*, in : AUPELF-UREF (edd.), *Inventaire des usages de la francophonie : nomenclatures et méthodologies*, Paris, John Libbey Eurotext, 203–212.

Benzakour, Fouzia (2012), *Le français au Maroc. Une variété occultée en quête de légitimité*, PONTS. Langues littératures civilisations des Pays francophones 12, 113–131.

Benzakour, Fouzia/Gaadi, Driss/Queffélec, Ambroise (edd.) (2000), *Le Français au Maroc. Lexique et contacts de langues*, Bruxelles, Duculot AUPELF/UREF.

Blondé, Jacques, et al. (1979), *Inventaire des particularités du français au Sénégal*, Dakar, CLAD.

Blumenthal, Peter (2011), *Les verbes dans la presse francophone d'Afrique noire*, Le français en Afrique 26, 120–135.

Bordal, Guri (2013), *Prosodie et contact de langues : le cas du système tonal du français centrafricain*, Thèse de doctorat, Université d'Oslo/Paris Ouest-Nanterre la Défense.

Boudart, Isabelle (2013), *Dynamique de l'(in)sécurité linguistique de jeunes Mauritaniens : représentations et pratiques*, Thèse de doctorat, Université de Rouen.

Boukari, Oumarou (2010), *Le français populaire ivoirien : une langue à tons ?*, in : Martina Drescher/ Ingrid Neumann-Holzschuh (edd.), *La syntaxe de l'oral dans les variétés non-hexagonales du français*, Tübingen, Stauffenburg, 95–110.

Bretegnier, Alain (1996), *L'insécurité linguistique : objet insécurisé ? Essai de synthèse et perspectives*, in : Didier de Robillard/Michel Beniamino (edd.), *Le français dans l'espace francophone*, tome 2, Paris, Champion, 903–923.

Calvet, Louis-Jean (2010), *Histoire du français en Afrique. Une langue en copropriété ?*, Paris/Québec, Organisation Internationale de la Francophonie.

Caprile, Jean-Pierre (1978), *Premier Inventaire des innovations lexicales du français parlé au Tchad*, vol. I : A–E, Ndjaména, Annales Université du Tchad.

Chaudenson, Robert (1989), *1989 : Vers une révolution francophone ?*, Paris, L'Harmattan.

Chaudenson, Robert (1992), *Des îles, des hommes, des langues*, Paris, L'Harmattan.

Chaudenson, Robert (2003), *La créolisation. Théorie, applications, implications*, Paris, L'Harmattan.

Daloba, Jean (2008), *La dérivation lexicale en français de Centrafrique*, Le français en Afrique 23, 103–111.

de Féral, Carole (2010), *Pratiques urbaines et catégorisations au Cameroun. Français, francanglais, pidgin, anglais : les frontières en question*, in : Philippe Blanchet/Pierre Martinez (edd.), *Pratiques innovantes du plurilinguisme. Émergence et prise en compte en situations francophones*, Paris, EAC, 7–21.

Diallo, Alpha Mamadou (1999), *Le français en Guinée : contribution à un inventaire des particularités lexicales*, Vanves, EDICEF.

Diallo, Ibrahima (2010), *The politics of National Languages in Postcolonial Senegal*, Amherst, Cambria Press.

Diao-Klaeger, Sabine (à paraître), *Diskursmarker. Eine Studie zum gesprochenen Französisch in Burkina Faso*, Tübingen, Stauffenburg.

Dourari, Abderrezak (2006), *Choix épistémologiques et profil sociolinguistique de l'Algérie : un problème d'adéquation ?*, in : QUO VADIS ROMANIA 27, 7–23.

Duponchel, Laurent (1975), *Dictionnaire du français de Côte d'Ivoire*, Abidjan, ILA.

Équipe IFA (³2004), *Inventaire des particularités lexicales du français en Afrique noire*, Vanves, EDICEF/AUF.

Faïk, Sully (1979), *Particularités lexicales du français au Zaïre*, Niamey, École de Pédagogie.

Feussi, Valentin (2008), *Le « francanglais » dans une dynamique fonctionnelle : une construction sociale et identitaire du « jeune » francophone au Cameroun*, Le français en Afrique 23, 33–50.

Gleßgen, Martin Dietrich (1997), *Das Französische im Maghreb : Bilanz und Perspektiven der Forschung*, Romanistisches Jahrbuch, 28–63.

Grandguillaume, Gilbert (2008), *La francophonie vue du monde arabe et du Maghreb*, in : Ingse Skattum/Karin Holter (edd.), *La francophonie aujourdhui. Réflexions critiques*, Paris, L'Harmattan, 49–61.

Kube, Sabine (2005), *La francophonie vécue en Côte d'Ivoire*, Paris, L'Harmattan.

Kube, Sabine (2009), *Gelebte Frankophonie in der Côte d'Ivoire. Dimensionen des Sprachphänomens Nouchi und die ivorische Sprachsituation aus der Sicht Abidjaner Schüler*, Münster, LIT.

Lafage, Suzanne (1975), *Dictionnaire des particularités du français au Togo et au Dahomey*, Abidjan, Institut de linguistique appliquée.

Lafage, Suzanne (1990), *Regionale Varianten des Französischen außerhalb Europas II. a) Afrika. Francophonie V. Variétés régionales du français hors de l'Europe II. a) Afrique*, in : Günter Holtus/Michael Metzeltin/Christian Schmitt (edd.), *Lexikon der Romanistischen Linguistik*, vol. V, 1, Tübingen, Niemeyer, 767–787.

Lafage, Suzanne (1993), *Approches de la variation lexicale en francophonie africaine dans une perspective prédictionnairique*, in : AUPELF-UREF (edd.), *Inventaire des usages de la francophonie : nomenclatures et méthodologies*, Paris, John Libbey Eurotext, 25–36.

Laroussi, Foued (ed.) (1997), *Plurilinguisme et identités au Maghreb*, Rouen, Publications de l'Université de Rouen.

Leconte, Fabienne (2014), *Les langues africaines en France*, in : Georg Kremnitz (ed.), *Histoire sociale des langues de France*, Rennes, Presses Universitaires de Rennes.

Makouta-Mboukou, Jean-Pierre (1973), *Le Français en Afrique noire*, Paris, Bordas.

Manessy, Gabriel (1992), *Norme endogène et normes pédagogiques en Afrique noire francophone*, in : Daniel Baggioni et al. (edd.), *Multilinguisme et développement dans l'espace francophone*, Paris, Didier Érudition, 43–81.

Manessy, Gabriel (1994), *Le français en Afrique noire. Mythe, stratégies, pratiques*, Paris, L'Harmattan.

Massoumou, Omer (2001), *Pour une typologie des néologismes du français au Congo-Brazzaville*, Le français en Afrique 15.

Mejri, Salar (ed.) (2009), *La situation linguistique en Tunisie*, Revue Synergies 1 (GERFLINT).

Munyankesha, Pascal (2011), *Quel avenir pour le français dans la nouvelle politique linguistique du Rwanda ?*, Les Cahiers du GRELCEF 2, 135–143.

Napon, Abou (1992), *Le français des non lettrés au Burkina Faso. Études linguistique et sociolinguistique*, Thèse de doctorat, Université de Rouen.

Ngo Ngok Graux, Elisabeth (2005), *Le « camfranglais » : usages et représentations*, in : Katja Ploog/Régine Llorca (edd.), *Appropriations du français en contexte multilingue. Éléments sociolinguistiques pour une réflexion didactique à propos de situations africaines*, Besançon, Presses Universitaires de Franche-Comté.

Ntakirutimana, Évariste (2014), *La dynamique des langues dans l'enseignement supérieur au Rwanda. De nouveaux enjeux, une nouvelle dynamique*, Synergies Afriques des Grands Lacs 3, 155–163.

OLF (2010), *Rapport de l'Observatoire de la langue française*, http://www.francophonie.org/IMG/pdf/langue_francaise_monde_integral.pdf (10.08.2014).

OLF (2014), *La langue française dans le monde*, Paris, Nathan.

Ould Zein, Bah/Queffélec, Ambroise (1997), *Le français en Mauritanie*, Vanves, EDICEF/AUPELF.

Peuvergne, Julie (2011), *De l'enquête ethnographique à l'analyse linguistique : l'exemple du discours rapporté au Cameroun*, Thèse de doctorat, Université Paris 10.

Ploog, Katja (2004), *Stratégies et structures du discours rapporté dans les récits abidjanais,* in : Sophie Marnette/Laurence Rosier (edd.), *La circulation des discours*, Paris, L'Harmattan, 297–306.

Pöll, Bernhard (2005), *Le français langue pluricentrique ? Études sur la variation diatopique d'une langue standard*, Frankfurt am Main et al., Lang.

Prignitz, Gisèle (1994), *Rôle de l'argot dans la variation et l'appropriation : le cas du français au Burkina Faso*, Langue française 104, 49–63.

Queffélec, Ambroise (1979), *Dictionnaire de particularités du français au Niger*, Dakar, CLAD.

Queffélec, Ambroise (1997), *Le français en Centrafrique. Lexique et société*, Vanves, EDICEF/AUPELF.

Queffélec, Ambroise (2009), *Normes et parlers hybrides en Afrique francophone*, in : Bernhard Pöll/ Elmar Schafroth (edd.), *Normes et hybridation linguistique en francophonie*, Paris, L'Harmattan, 45–66.

Queffélec, Ambroise/Jouannet, Francis (1982), *Inventaire des particularités lexicales du français au Mali*, Nice, AELIA/INLF/CNRS.

Romero, Sandra (2007), *Analyse de l'expression de la modalité émotive dans le français du Burkina Faso*, Mémoire de maîtrise, Université de Bayreuth.

Rossillon, Philippe (ed.) (1995), *Atlas de la langue française*, Paris, Bordas.

Scheller, Carla (ed.) (2013), *Schulsysteme, Unterricht und Bildung im mehrsprachigen frankophonen Westen und Norden Afrikas*, Münster et al., Waxmann.

Sebaa, Rabeh (2013), *L'Algérie ou la langue française ou l'altérité en partage*, Paris, Publibook.

Skattum, Ingse (2011), *« Si j'étais riche … ». Constructions hypothétiques en français parlé au Mali*, Le français en Afrique 26, 49–70.

Skattum, Ingse (2012), *« Bon », marqueur discursif en français parlé au Mali*, Le français en Afrique 27, 201–217.

Verdelhan-Bourgade, Michèle (2014), *Programmes et instructions officielles pour le français en Afrique francophone. Un rapport ambigu à la décolonisation*, Mots. Les langages du politique 106, 27–42.

Pierre Swiggers

22 Grammaticographie

Abstract : Ce chapitre fournit un aperçu de l'évolution de la grammaticographie française (= la description grammaticale du français), depuis le Moyen Âge jusqu'à l'époque actuelle. Cette évolution est marquée par la longue continuité du modèle latinisant centré autour des classes de mots, qui aux XVIIe et XVIIIe siècles a fait l'objet d'une réflexion épistémologique et d'un remaniement méthodologique et qui, au XIXe siècle, a été adapté à l'enseignement scolaire. Au XXe siècle, la grammaticographie française s'est affrontée aux courants linguistiques, ce qui a entraîné une modélisation variable de la description grammaticale et un élargissement vers les domaines de la sémantique et de la pragmatique. À l'heure actuelle, la grammaticographie du français se caractérise par l'emploi de nouvelles technologies et par l'émergence de grands projets collectifs.

Keywords : analyse (grammaticale et logique), classes de mots, description linguistique, grammaire et enseignement, grammaire et linguistique, grammaticographie française

1 Introduction

Ce chapitre retrace l'histoire de la grammaticographie du français depuis ses débuts jusqu'à l'époque contemporaine.

Les sources premières sont décrites dans Stengel (1890 ; réédition avec additions : Stengel/Niederehe 1976 ; cf. Swiggers 1979) pour la période 1400–1800 ; Chervel (1982, deuxième édition augmentée 2000) pour la période 1800–1914 ; pour des fiches descriptives des principales grammaires du français depuis 1400, cf. Colombat/Lazcano (1998–2000, vol. I). Répertoires de manuels de français publiés en Italie : Minerva (1996) et Minerva/Pellandra (1997) ; en Espagne : Fischer/García-Bascuñana/Gómez (2004). Signalons que plusieurs anciennes grammaires françaises sont aujourd'hui disponibles dans une édition moderne (cf. Colombat/Fournier/Ayres-Bennett 2010 [projet en cours]). Pour des aperçus historiographiques, cf. Livet (1859), Loiseau (1875), Chevalier (1968 ; 1994), Padley (1976–1988, où sont juxtaposées les traditions descriptives du latin et des vernaculaires), Stéfanini (1994), Swiggers (1990 ; 2001 ; 2007a ; 2007b) et diverses contributions dans Schmitter (1996 ; 2007). Pour des informations biographiques sur certains grammairiens (et précepteurs de langues), cf. Stammerjohann (²2009) et Brekle et al. (1992–2005). Sur l'histoire de l'enseignement et l'histoire de la grammaticographie didactique du français, cf. Chervel (2006, avec amples indications bibliographiques) et la revue Documents pour l'histoire du français langue étrangère ou seconde publiée par la Société internationale pour l'histoire du français langue étrangère ou seconde (SIHFLES) ; pour une présentation des objectifs de la SIHFLES et pour un bilan et quelques perspectives de la recherche conduite sous l'égide de la SIHFLES, voir le n° 52 (juillet 2012) de Recherches et applications (Le français dans le monde) : *Histoire internationale de l'enseignement du français langue étrangère ou seconde : problèmes, bilans et perspectives.*

Par « grammaticographie » – terme qui répond à « lexicographie » – nous entendons l'activité descriptive prenant comme objet les structures grammaticales d'une langue ; il s'agit en l'occurrence du français. La langue française, de diffusion internationale dès le Moyen Âge, a été décrite par des auteurs (grammairiens/linguistes) français et non français. L'histoire de cette activité « grammaticographique » (et de ses résultats) s'inscrit, en premier lieu, dans ce qu'on appelle « l'historiographie de la linguistique ».

Pour un aperçu du domaine, des objectifs, des méthodes et de la bibliographie de base de l'historiographie de la linguistique, cf. Swiggers (2004). Pour une réflexion épistémologique sur l'histoire de la grammaticographie (française), cf. Swiggers (1996) ; voir aussi les contributions dans Colombat/Fournier/Raby (2012).

Par rapport à l'objet « histoire de la grammaticographie du français », plusieurs décisions stratégiques, liées à des choix méthodologiques et en rapport étroit avec des options analytiques et terminologiques précises, sont à envisager (cf. Swiggers 1998b ; 2010 ; 2012a ; 2012b). L'histoire de la terminologie grammaticale reste à faire ; pour quelques travaux d'historiographie de la terminologie, cf. Yvon (1904 ; 1907 ; 1953–1954 ; 1955–1956) et Swiggers (2006b ; 2008 ; 2013b). Sur la terminologie et le métalangage linguistiques, cf. les contributions dans Colombat/Savelli (2001).

Ces décisions concernent des questions et des options qui se situent à différents niveaux :

(a) Quant au statut qu'on accorde à la langue qui fait l'objet de la description grammaticale : s'agit-il de la langue en tant qu'elle est enseignée, apprise et décrite comme langue seconde/ étrangère, ou s'agit-il de la langue « maternelle » ou « nationale » ?

(b) Quant à l'insertion disciplinaire de l'approche historiographique : on peut concevoir et pratiquer l'histoire/l'historiographie de la grammaticographie comme une branche, ou partie intégrante, de l'histoire des idées, ou de l'histoire des sciences, ou encore de l'histoire de la culture (au sens large : histoire des sociétés et de leurs institutions).

(c) Quant à la perspective historiographique : on peut opter pour une perspective diachronique (et évolutive), ou pour une superposition d'analyses en synchronie, ou pour une visée achronique, qui part de problèmes descriptifs (ou théoriques) et passe en revue, de manière transversale, les types de « solutions » qu'on peut relever au cours de l'histoire.

(d) Quant à la périodisation : il s'agit ici du rapport entre le temps de l'histoire et l'organisation du discours historiographique. Deux grandes possibilités se présentent : une périodisation de type externe, qui se base sur des coupes historiques arbitraires, mais commodes, et une périodisation de type interne, basée sur des caractéristiques propres à chaque période.

(e) Quant à la démarche descriptive et explicative de l'historiographe : l'historiographe dispose d'une large gamme de « formats » de présentation, qui va de l'exposé analytique et énumératif à une synthèse hautement théorisante (s'intéressant surtout aux concepts et aux modèles grammaticographiques), en passant par un aperçu narratif (où les faits relevés sont subsumés par un discours généralisant) et une description « structurale ».

Vu l'ampleur dans le temps, vu l'extension de la base documentaire et vu la complexité des problèmes traités par les grammairiens, on retracera ici les jalons d'un long parcours, qui a conduit la grammaire française de l'état d'une grammaire d'apprentissage (méthodique) à celui d'une grammaire à l'appui d'une philosophie et d'une langue « philosophique », le français de l'âge classique, ensuite à une production grammaticale d'usage scolaire, et finalement à une grammaticographie modélisée en dialogue plus ou moins étroit avec les courants en linguistique.

2 Aux origines de la description grammaticale du français : la grammaticographie française au Moyen Âge

La description grammaticale du français s'est d'abord développée en Angleterre : c'est en terre britannique que, dès le XIIIe siècle, le français fait l'objet de descriptions orthographiques et morphologiques (ainsi que lexicales).[1] Les textes manuscrits qui témoignent de ces types d'activité sont : un « Traité de la conjugaison française » (Cambridge, Trinity College, R.3.56 ; vers 1250), *Le tretiz ki Munseignur Gauter de Bithesway fist a ma dame Dyonise de Montechensi pour aprise de langage* (texte rédigé après 1250), *Tractatus orthographiae de « T.H. »* (British Library Additional 17716 ; vers 1300), *Orthographia Gallica* (British Library, Harley 4971 ; Cambridge, University Library Ee.4.20), quelques traités de conjugaisons (Cambridge, University Library, Dd.12.23, Ee.4.20, Gg.6.44 ; British Museum, Harley 4971 ; British Library, Sloane 512 ; Oxford, Magdalen 188), le *Nominale sive verbale in Gallicis cum expositione eiusdem in Anglicis* (Cambridge, University Library Ee.4.20 ; vers 1340), les *Manières de langage* (nombreux manuscrits ; vers 1390), *Tractatus ortographie gallicane per M. T. Coyfurelly* (Oxford, All Souls College 182 ; vers 1400).

La plus ancienne grammaticographie française reflète la forte influence des modèles latins (surtout Donat, dont l'*Ars minor* est traduit en ancien français ; cf. B.N. lat. 14095, Bibl. Mazarine 3794 ; Berne, Burgerbibl. 439) :[2] le plus ancien traité proprement grammatical est le *Donait françois* (Oxford, All Souls College, 182).[3] Déjà dans les plus anciens traités, on rencontre les problèmes qui pèseront de tout leur poids sur la tradition grammaticale française : la volonté de maintenir un système casuel pour les noms (afin de rendre compte de certaines fonctions syntaxiques) ; la

---

1 Pour des aperçus, cf. Lambley (1920), Streuber (1962–1964), Lusignan (1986), Kristol (1989), Kibbee (1991).

2 Voir Stengel (1879), Städtler (1988) et Colombo Timelli (1996).

3 Il est suivi de deux traités à portée plus restreinte, *Cy comence le Donait soloum douce franceis de Paris* (British Museum, Sloane 513 ; vers 1410) et *Donati liber* (Cambridge, University Library, Dd. 12.23 et Gg. 6.44 ; vers 1415).

lente reconnaissance d'un système de détermination nominale (cf. Swiggers 1985b) ; la distinction malaisée entre substantif et adjectif ; la description du système verbal français, très différent de celui du latin (cf. Swiggers 2006b).

Le *Donait françois*, rédigé à la demande d'un certain Johan Barton, offre un aperçu assez bien structuré des catégories du français. Le texte est divisé en plusieurs sections qui suivent l'articulation de plus en plus complexe de la langue. Les premières sections offrent un classement des « lettres » (en 5 voyelles et 15 consonnes) et abordent quelques problèmes de prononciation. Les sections suivantes concernent la morphologie. D'abord l'auteur étudie les « accidents » des mots : espèce, figure, nombre, genre, qualité (= nom propre *vs* nom appellatif), cas, degrés de comparaison, mode (*muef*), et genre verbal (actif, passif, neutre). Cette discussion est suivie par une analyse de quelques parties du discours : le nom (substantif et adjectif), le pronom,[4] et le verbe. Les dernières lignes du *Donait françois* contiennent un rappel du nombre des modes et des temps du verbe français et une brève analyse de la formation de certains temps à l'aide des auxiliaires *être* et *avoir*. De ces deux verbes, le paradigme (en texte suivi) est fourni au lecteur ; le traité inachevé (ou sa copie inachevée) s'arrête aux formes de la troisième personne du pluriel du passé simple.

Au cours du XVe siècle, le français sera évincé en Angleterre par l'anglais dans presque tous les domaines où la communication se passe en langue vernaculaire (le français résistera encore sous la forme du *Law French* utilisé dans les tribunaux). Mais l'intérêt culturel du français, qui renforcera sa position au XVIe siècle, explique la forte présence, tout au long du XVIe siècle, d'une grammaticographie du français assurée par des auteurs anglais ou des précepteurs s'étant établis en Angleterre (Palsgrave, Du Wes, Bellot, Holyband, etc. ; voir à ce propos Kibbee 1989, avec d'utiles renseignements bibliographiques).

3 La grammaire française au XVIe siècle : sous la main des imprimeurs

À l'époque de la Renaissance, la grammaticographie française est caractérisée par un souci croissant de centralisation et de normalisation. Mais le français n'a ni une orthographe codifiée, ni une forme « sociolectale » standard. C'est dans ce contexte qu'il faut situer les descriptions grammaticales et les traités orthographiques de la première moitié du XVIe siècle : issus avant tout des milieux de précepteurs, de traducteurs ou d'imprimeurs, ils visent à proposer une première codification du français, en tenant compte du rapport entre langue parlée et langue écrite.

---

4 On relève une distinction, peu explicite, entre *le* article et *le* pronom personnel et l'intuition de l'existence d'une voix pronominale en français (sur l'histoire de cette problématique, cf. Stéfanini 1962).

Sur l'activité linguistique à l'époque de la Renaissance, voir l'aperçu de Percival (1975) ; sur la description grammaticale des principales langues romanes, voir Kukenheim (1932). Pour des aperçus de l'activité grammaticale et lexicographique au XVIᵉ siècle prenant comme objet le français, voir Livet (1859), Demaizière (1983) et Swiggers/Van Hoecke (1989) ; pour une bibliographie raisonnée cf. Goyens/Swiggers (1989). Sur l'histoire de l'orthographe française, voir Beaulieux (1927) ; sur l'orthographe à l'époque de la Renaissance, voir Catach (1968), où sont confrontées les propositions théoriques et les pratiques réelles. Pour un vaste aperçu de l'histoire de (la description) de la prononciation du français, voir Thurot (1881–1883). Le processus de normalisation du français a été décrit, sur une échelle chronologique variable, dans Breitinger (1867), Neumann (1959), Glatigny (1989), Trudeau (1992).

I)   Il faut mentionner d'abord des textes qui contiennent un appel à mettre en règles le français et ceux qui proposent une systématisation orthographique (soit plutôt « phonético-phonologique », soit plutôt étymologique) : *Champ Fleury* (1529) de l'imprimeur Geoffroy Tory ; le *Tres utile et compendieux traite de l'art et science d'orthographie gallicane* (texte anonyme de 1529) ; la *Briefve doctrine pour deuement escripre selon la propriete du langaige françoys* (1533) ; le traité d'Étienne Dolet à propos des *Accents de la langue françoyse* (1540) et le *Traite touchant le commun usage de l'escriture françoise* de Louis Meigret (1542) ;[5] ce dernier texte déclenchera une vive polémique avec Peletier du Mans et Guillaume des Autels. Dans la seconde moitié du XVIᵉ siècle, deux auteurs importants se joindront au parti des réformateurs : le philosophe, mathématicien et grammairien Petrus Ramus et un maître d'école aux idées originales et hardies, Honorat Rambaud. Le premier a été responsable de la régularisation de *i/j* et *u/v* (lettres dites « ramistes ») et le second a proposé un « alphabet nouveau » (qui témoigne d'une réflexion approfondie sur le système phonologique du français) ; cf. Hermans/Van Hoecke (1989).

II) Les premières grammaires imprimées du français commencent à paraître dans les années 1530 ; pour la période 1530–1550 il faut signaler quatre grammaires importantes. La première, de John Palsgrave (*Lesclarcissement de la langue francoyse compose par maistre Jehan Palsgrave Angloys natyf de Londres et gradue de Paris*, Londres, 1530), peut être considérée comme une grammaire contrastive (augmentée de listes de notes) ; l'auteur a fourni une classification intéressante des pronoms et des constructions verbales. Celle de Jacques Dubois/Jacobus Sylvius (*In Linguam Gallicam Isagωge, unà cum eiusdem Grammatica Latino-Gallica, ex Hebraeis, Graecis, & Latinis authoribus*, Paris, 1531), comporte un traité de phonétique historique et une grammaire, essentiellement basée sur le modèle de Donat, dans laquelle l'auteur décrit les parties du discours en français : nom, pronom, verbe, adverbe, participe, préposition, conjonction et interjection. La grammaire de Louis Meigret (*Le tṛetté de la grammḛre françoȩze, fȩt par Loúís Ṃȩigret Líonoȩs*, Paris, 1550) est la première grammaire en français publiée par un Français (cf. Hausmann 1980). Meigret, grammairien original, offre des observations intéressantes sur des aspects formels et sémantiques des parties du discours (tout particulièrement le nom, le pronom et le verbe). Jean Pillot/Joannes Pillotus est l'auteur d'une grammaire du français (*Gallicae linguae institutio Latino sermone conscripta*, Paris, 1550) qui a connu un très grand succès au XVIᵉ siècle ;[6] son ouvrage

---

5 Le texte fut terminé en 1531, mais aucun imprimeur n'avait accepté de le publier.

6 Rééditions de l'ouvrage : en 1551, 1555, 1558, 1560, 1561, 1563, 1572, 1575, 1581, 1586, 1620, 1621, 1622, 1631, 1641.

fournit un cadre de description latinisant, qui le rendait très accessible à un public d'étudiants et de savants.

L'effort de ces premiers grammairiens du français est important du point de vue théorique, dans la mesure où ils réussissent à montrer que le français possède, tout comme le latin, des règles – c'est-à-dire une structuration pouvant être mise en règles – et qu'il est capable de jouer un rôle comme langue de culture. Le travail de ces grammairiens s'insère ainsi dans le vaste projet de la « défense et illustration » des langues « vulgaires ».

Dans la seconde moitié du XVIe siècle, d'autres grammairiens français suivront dans leurs traces : c'est le cas surtout du lexicographe Robert Estienne, auteur d'un *Traicté de la grammaire Françoise* (Paris, 1557) qui se distingue par sa clarté typographique et par la netteté de ses définitions et de sa description, et du philosophe grammairien Pierre de la Ramée/Petrus Ramus, qui a publié deux éditions, assez différentes, de sa grammaire française (*Gramęre*, Paris, 1562 ; *Grammaire de P. De la Ramee. Lecteur du Roy en l'Universite de Paris*, Paris, 1572). Ramus propose une classification intéressante des classes de mots (mots ayant nombre : nom et verbe ; mots sans nombre : adverbe et conjonction) et une description originale des conjugaisons verbales et du système des pronoms. Il se montre aussi un bon observateur des contextes de distribution (p. ex. pour distinguer les adjectifs et les pronoms possessifs).

Mais la grammaticographie française de la seconde moitié du XVIe siècle est majoritairement représentée par des grammaires contrastives (français/allemand ou néerlandais[7] ou anglais[8]) : il faut mentionner ici les ouvrages de Gabriel Meurier (*La Grammaire françoise, contenante plusieurs belles reigles propres & necessaires pour ceulx qui desirent apprendre ladicte langue*, Anvers, 1557 ; cf. De Clercq 2000), Jean Garnier/Jo(h)annes Garnerius (*Institutio Gallicae linguae, in usum iuventutis Germanicae. Ad illustrissimos iuniores Principes, Landtgrauios Haessiae, conscripta*, Genève, 1558), Gérard du Vivier (*Grammaire Françoise, touchant la lecture, Declinaisons des noms & Coniugaisons des Verbes*, Cologne, 1566 ; *Briefve institution de la langue françoise, expliquee en Aleman*, Cologne, 1568), Antoine Cauchie/Antonius Caucius (*Grammatica Gallica, suis partibus absolutior, quam ullus ante hunc diem ediderit*, Bâle, 1570), Peeter Heyns (*Cort onderwys van de acht deelen der Françoischer Talen*, Anvers, 1571), Jean Bosquet (*Elemens, ou institutions de la langue Françoise*, Mons, 1586), et Johannes Serreius (Jean Serre/ Serrier ?) (*Grammatica Gallica, compendiosa, utilis, facilis ac dilucida, in qua omnia fere a variis probatis et bonis authoribus utiliter et scite tradita, perspicua brevitate*

---

7 Dès le XVIe siècle, le français a fait l'objet d'un enseignement grammatical et lexical dans plusieurs villes des anciens Pays-Bas (méridionaux et septentrionaux) ; voir Riemens (1919, 15–76) et Swiggers/ De Clercq (1993).

8 Cf. Streuber (1962–1964) et Kibbee (1989 ; 1991).

et ordine bono concinnata sunt : ita ut quae antea variis hinc inde ex libris cum taedio et molestia quarenda erant in hoc unum volumen congesta et redacta sint : et a quovis huius linguae studioso utiliter et fructuose legi ac disci possunt, Strasbourg, 1598) ; pour une analyse comparative du contenu des manuels grammaticaux français du XVIᵉ siècle rédigés à l'intention d'un public germanophone, voir Swiggers (1992a).

4 Le XVIIᵉ siècle

C'est vers les années 1630 que le français entre dans sa phase « classique ». C'est le français classique qui sera dès lors décrit dans les nombreuses grammaires pratiques parues dans la période 1630–1700, et qui affichent de plus en plus un caractère contrastif (français-anglais ; français-allemand ; français-néerlandais, français-italien, etc.).

On trouvera d'utiles informations biobibliographiques et méthodologiques sur les activités des enseignants de français (et d'autres langues modernes) dans Schröder (1980 ; 1989–1995 ; 1992) et dans Caravolas (1994). Pour des informations bibliographiques sur les grammaires françaises du XVIIᵉ siècle, voir Swiggers/Mertens (1984). Pour diverses études portant sur des grammaires et manuels de français publiés en Europe entre 1500 et 1700, cf. De Clercq/Lioce/Swiggers (2000). Sur les (nombreuses) grammaires françaises rédigées à l'usage des Allemands, voir le relevé bibliographique de Stengel (1890) et Stengel/Niederehe (1976) et cf. les études de Dorfeld (1905), Schmidt (1931) et Greive (1993). Sur les grammaires françaises rédigées pour des néerlandophones, voir Riemens (1919, 77–155) et Swiggers/De Clercq (1993). Sur les grammaires du français à l'usage des Italiens, voir Mormile (1989) et plusieurs contributions portant sur l'Italie dans De Clercq/Lioce/Swiggers (2000) ; cf. aussi les répertoires bibliographiques de Minerva (1996) et Minerva/Pellandra (1997).

Avant la parution de la *Grammaire* de Port-Royal en 1660, quatre grammairiens français ont tenté d'énoncer des principes généraux et des règles sûres. Le premier fut Charles Maupas (*Grammaire Françoise, Contenant reigles tres certaines et addresse tres asseuree à la naïve connoissance & pur usage de nostre langue*, Bloys, 1607 [rééditions : 1618, 1623, 1625, 1632, 1638]), qui a formulé des réflexions intéressantes à propos de l'emploi des articles et à propos de la fonction des temps verbaux. La grammaire de Maupas fut corrigée et adaptée par Antoine Oudin (*Grammaire Françoise, rapportée au langage du temps*, Paris, 1632 [rééditions : 1633, 1636, 1640, 1645, 1648, 1656]), auteur de la première grande grammaire décrivant le français classique (cf. Winkler 1912). Une grammaire originale, et témoignant d'un remarquable effort de systématisation, est celle de Claude Irson (*Nouvelle methode pour apprendre facilement les principes et la pureté de la langue françoise*, Paris, 1656 [rééditions : 1662, 1667]). Celle de Laurent Chiflet (*Essay d'une parfaite grammaire de la langue françoise*,

Anvers, 1659),[9] moins originale mais très didactique, combine la description grammaticale avec les observations lexicologiques et stylistiques du courant puriste illustré par les *Remarques sur la langue françoise* (Paris, 1647) de Claude Favre de Vaugelas. La grammaire de Chiflet sera utilisée dans les établissements de l'ordre des jésuites. Le travail de Vaugelas (cf. Ayres-Bennett 1987), qui sera révisé par Olivier Patru, Valentin Conrart et Jean Chapelain, s'insère dans le courant puriste (entamé au XVIe siècle et continué jusqu'à l'époque actuelle), qui prend pour objet l'examen normatif d'expressions et de constructions et la proscription de tours désuets ou considérés comme vulgaires. L'œuvre de Vaugelas sera continuée dans la seconde moitié du XVIIe siècle par Gilles Ménage et, surtout, par le jésuite Dominique Bouhours (*Les Entretiens d'Ariste et d'Eugène*, Paris, 1671 ; *Doutes sur la langue françoise*, Paris, 1674 ; *Remarques nouvelles sur la langue françoise*, Paris, 1675) qui a eu une grande influence sur la langue des grands écrivains classiques.[10]

Toutes ces grammaires sont organisées autour du schéma des parties du discours, comprenant le nom (= le nom substantif et le nom adjectif), le pronom, le verbe, l'adverbe, le participe, la préposition, la conjonction, l'interjection et l'article (de plus en plus reconnu comme partie du discours). La section morphologique, le plus souvent précédée d'une partie grapho-phonétique, définit le sens de chaque partie du discours et fournit une description de ces accidents.

En 1660 paraît, à Paris, chez Pierre Le Petit, la *Grammaire générale et raisonnée* de Port-Royal (les auteurs, Claude Lancelot et Antoine Arnauld, ont préféré garder l'anonymat). Cette « grammaire » systématise le schéma des parties du discours en le rapportant à une théorie des opérations mentales. Les opérations de l'esprit, envisagées du point de vue de l'analyse dialectique, sont de trois types : concevoir, juger et raisonner. Les deux premières opérations permettent de faire la distinction entre *deux sortes de mots* :

(a) les mots qui se rapportent au concevoir et qui signifient les objets de notre pensée : noms, articles, pronoms, participes, prépositions et adverbes ;

(b) les mots qui se rapportent au juger et qui signifient la forme (ou la manière) de notre pensée : verbes, conjonctions et interjections.

La *Grammaire* de Port-Royal, qui fournit plusieurs apports originaux, p. ex. dans l'analyse de la détermination du nom, dans la définition du verbe comme marque de l'acte énonciatif du locuteur et dans l'analyse des temps et des modes, a obligé les grammairiens postérieurs à repenser méthodiquement les fondements de la grammaire.[11] Un exemple illustratif est fourni par Denis Vairasse d'Allais, auteur d'une

---

9 Pour la liste des très nombreuses rééditions de la grammaire de Chiflet, voir Swiggers/Mertens (1984, 98–100).

10 Sur le courant du purisme et la théorie du « bon usage », voir François (1905), Weinrich (1960), Wolf (1982) et Trudeau (1992) ; sur Bouhours, voir Rosset (1908).

11 Sur la vogue des termes *méthode, méthodique*, voir Swiggers (1984c ; 2007b, 667–672).

Grammaire méthodique contenant en abrégé les principes de cet art et les règles les plus nécessaires de la langue françoise dans un ordre clair et naturel (Paris, 1681) et de *A short and methodical introduction to the French tongue* (Paris, 1683). Vairasse nous fournit une théorie originale de la détermination du nom : celle-ci dépend non des articles, mais de la signification des substantifs, d'où la distinction entre noms *dividuels* (comme : *du vin, du pain*) et noms *individuels* (désignant des objets individuellement nombrables : *un livre, un arbre*).

À propos de la *Grammaire* de Port-Royal, de son lien avec les courants philosophiques de l'époque, et de sa position dans la tradition de la « grammaire générale », voir, e.a., Donzé (1967), Chevalier (1968, 483–539 [= 2006, 487–543] ; 1994, 48–61), Dominicy (1984), Swiggers (1984b) et Pariente (1985). Pour une liste des rééditions de la *Grammaire* de Port-Royal, voir Swiggers/Mertens (1984, 100–102). Sur la tradition de la grammaire générale, voir Joly/Stéfanini (1977).

À la fin du XVIIe siècle paraît *L'art de bien parler françois* (Amsterdam, 1696 [rééditions : 1710, 1720, 1730, 1737, 1747, 1760, 1762, 1772]) de Pierre de la Touche : cet ouvrage combine le modèle classique des grammaires (comportant une phonétique et une orthographe, une morphologie et une syntaxe) avec le contenu des ouvrages puristes présentant des « remarques », « doutes » ou « observations » sur la langue française.

En complément à cet aperçu centré sur les ouvrages plutôt théoriques, il faut relever l'importante activité grammaticographique déployée au XVIIe siècle par des enseignants de français en territoire alloglotte. Un des grands centres d'enseignement de français fut Strasbourg (cf. Swiggers 1998a), où plusieurs maîtres de français ont été actifs et ont publié des grammaires ou des manuels d'apprentissage du français.[12] En Angleterre, les ouvrages qui ont eu le plus de succès sont ceux de Claude Mauger (*French grammar*, Londres, 1653 [nombreuses rééditions au XVIIe siècle] ; cf. Bouton 1972), de Guy Miège (*A short and easie French grammar*, Londres, 1658 [nombreuses rééditions au XVIIe et au XVIIIe siècle]), de Paul Festeau (*French Grammar*, Londres, 1667 [nombreuses rééditions au XVIIe siècle]) et d'Abel Boyer (*The Compleat French-Master*, Londres, 1694 [rééditions jusqu'à la fin du XVIIIe siècle]). Pour les Pays-Bas, on peut mentionner les noms de Thomas la Grue et ses fils Jean-Joachim et Philippe, de Nathaniel D(h)uez, de Jean-Nicolas Parival, de Barthélemy Piélat, de Pierre Marin, et pour les régions germanophones ceux de Jean Menudier (*Le Secret d'apprendre la langue françoise*, Francfort, 1680 [nombreuses rééditions] ; *Le Génie de la langue françoise*, Iéna, 1681) et, surtout, de Jean-Robert des Pepliers, auteur d'une *Grammaire royale françoise & allemande contenant une Methode nouvelle & facile pour apprendre en peu de temps la langue françoise* (Berlin, 1689), un manuel de langue qui a eu des

---

12 Pour la première moitié du XVIIe siècle, on peut mentionner les noms de Samuel Bernhard, Philippe Garnier, Daniel Martin et Stephan Spalt ; cf. la liste de leurs publications dans Swiggers (1998a).

dizaines de rééditions jusqu'au début du XIXᵉ siècle et qui a été traduit en danois, en néerlandais, en russe et en suédois (cf. Stengel 1890, 58–61 et Swiggers/Mertens 1984, 103–104).

Pour un relevé bibliographique général, cf. Stengel (1890) et Stengel/Niederehe (1976). Sur les ouvrages didactiques de Th. La Grue et ses fils, de D(h)uez, de Parival, de Piélat et de Marin, voir l'appendice bibliographique dans Riemens (1919, 223–271) ; sur D(h)uez et Marin, voir Loonen (1995 ; 1997) ; cf. Swiggers (2007b, 678–680). Au sujet de la méthode didactique de Menudier, voir Caravolas (1994, t. 1, 157–159).

5 La grammaire française au XVIIIᵉ siècle, ou la grammaire (générale) à l'état naturel

Au XVIIIᵉ siècle, la grammaire française évolue vers une véritable « science », intégrant une théorie systématique des classes de mots et de leurs accidents et une théorie de la construction phrastique (cf. Swiggers 2006a). Cette évolution, en rapport avec les courants philosophiques du siècle des Lumières (cf. Ricken 1978 ; Hoinkes 1991), s'est déroulée en plusieurs étapes ; pour un bilan de l'activité grammaticale au XVIIIᵉ siècle, voir Swiggers (1997).

Dans la première moitié du siècle, les efforts de grammairiens traditionnels comme François-Séraphin Régnier-Desmarais (*Traité de la grammaire françoise*, Paris, 1705 [rééditions : 1706, 1707]) et de Pierre Restaut (*Principes généraux et raisonnés de la grammaire françoise avec des observations sur l'orthographe, les accents, la ponctuation, et la prononciation. Et un abregé des règles de la versification françoise*, Paris, 1730),[13] qui, tout en restant fidèles au modèle latinisant, fournissent des descriptions intéressantes des articles, des pronoms et des verbes, ont incité des grammairiens perspicaces comme Claude Buffier (*Grammaire françoise sur un plan nouveau, pour en rendre les principes plus clairs & la pratique plus aisée, contenant divers traités sur la grammaire en général, sur l'usage, sur la beauté des langues et sur la manière de les apprendre, sur le style, sur l'orthographe*, Paris, 1709 [rééditions : 1711, 1714, 1723, 1724, 1729, 1731, 1732, 1741, 1754]) et Gabriel Girard (*Les vrais principes de la Langue Françoise ou la parole réduite en méthode, conformément aux loix de l'usage*, Paris, 1747) à approfondir la réflexion grammaticale. Buffier, qui dans son analyse de la proposition opère avec quatre « parties » (le *nom*, le *verbe*, le *modificatif* et le *terme de supplément*) a fait entrer la syntaxe dans une nouvelle phase : celle de l'analyse de la construction phrastique par un ensemble de relations qui permettent de relier non

---

13 Pour la liste des très nombreuses rééditions et adaptations de la grammaire de Restaut, voir Stengel (1890, 81s. ; Stengel/Niederehe 1976, 81s. et 217) ; à propos de l'influence de Restaut sur la tradition postérieure, cf. Swiggers (1985a).

seulement des phrases, mais aussi divers types de syntagmes. On assiste ici au dépassement d'une syntaxe qui se limitait au modèle logique d'un rapport prédicatif entre un sujet et un prédicat et à la transition vers une syntaxe étudiant la constitution de groupes syntagmatiques et prenant aussi comme objet les relations incidentes au schéma prédicatif (cf. Swiggers 1983a). Avec Girard, la grammaticographie du français s'ouvre au champ de la typologie des langues et à une approche sémantico-syntaxique du discours. L'apport le plus novateur de Girard réside dans sa théorie du *régime*, c'est-à-dire tout ce qui concerne les rapports de dépendance entre les mots d'une phrase. Si Girard admet l'analyse en sujet et prédicat, il élargit ce modèle binaire en y ajoutant cinq fonctions syntaxiques ; cela donne un total de sept fonctions : *subjectif, attributif, objectif, terminatif, circonstanciel, conjonctif* et *adjonctif* (de ces sept fonctions, les deux premières sont indispensables). L'analyse du régime comporte deux aspects : le *but* du régime et ses *moyens d'expression*. En ce qui concerne le premier aspect, le régime peut avoir une incidence sur la structure, c'est-à-dire la composition de la phrase, et, d'autre part, sur l'expression des parties constructives par des mots. Dans le premier cas, on parle de *régime constructif* (= les fonctions syntaxiques qui entrent dans la composition de la phrase et qui en constituent les macro-constituants), dans le second de *régime énonciatif* (= la construction des mots à l'intérieur d'une fonction). Le deuxième aspect du régime est également double. Il s'agit ici de l'emploi correct des mots qui sont les « seuls & nécessaires moyens » du régime. L'emploi des mots dans la phrase se caractérise par un arrangement particulier où chaque mot a sa place. En outre, les mots y revêtent une forme spécifique qui correspond à leur fonction dans la phrase. Le régime qui règle l'arrangement des mots est appelé *régime dispositif*, celui qui décide de la forme des mots s'appelle *régime de concordance*.

La réflexion sur les fondements de la grammaire sera poursuivie par les deux principaux grammairiens de l'*Encyclopédie* : César Chesneau Du Marsais et Nicolas Beauzée.

L'oeuvre grammaticale de Du Marsais (cf. Sahlin 1928) comprend plusieurs textes fondateurs : *Exposition d'une méthode raisonnée pour aprendre la langue latine* (Paris, 1722) ; *Les véritables principes de la grammaire ou nouvelle grammaire raisonnée pour aprendre la langue latine* (Paris, 1729) ; *Logique et principes de grammaire. Ouvrages posthumes en partie et en partie extraits de plusieurs traités qui ont déjà paru de cet auteur* (Paris, 1729). Beauzée est l'auteur de très nombreux articles grammaticaux rédigés pour l'*Encyclopédie* (1751–1765 [17 volumes de texte]) et révisés en vue de leur publication dans l'*Encyclopédie méthodique : Grammaire et littérature* (Paris/Liège, 1782–1786), et d'une remarquable *Grammaire générale, ou exposition raisonnée des éléments nécessaires du langage, pour servir de fondement à l'étude de toutes les langues* (Paris, 1767) ; cf. Bartlett (1975), Swiggers (1984a ; 1986).

Du Marsais, latiniste et spécialiste de grammaire et de rhétorique, avait subi l'influence de l'empirisme lockien ; ancien précepteur et maître de pension, il s'est intéressé à l'enseignement de la grammaire française et on lui doit d'importantes réflexions sur le lien entre les adjectifs et les articles (et autres actualisateurs), sur la concordance, ainsi que sur les notions de « syntaxe » et de « construction ».

> « Je crois qu'on ne doit pas confondre Construction avec Syntaxe. Construction ne présente que l'idée de combinaison & d'arrangement. Cicéron a dit selon trois combinaisons différentes, *accepi litteras tuas, tuas accepi litteras, & litteras accepi tuas*. Il y a là trois Constructions, puisqu'il y a trois différents arrangements de mots : cependant il n'y a qu'une Syntaxe ; car dans chacune de ces Constructions, il y a les mêmes signes des rapports que les mots ont entre eux ; ainsi, ces rapports sont les mêmes dans chacune de ces phrases. Chaque mot de l'une indique également le même corrélatif qui est indiqué dans chacune des deux autres ; ensorte qu'après qu'on a achevé de lire ou d'entendre quelqu'une de ces trois propositions, l'esprit voit également que *litteras* est le déterminant d'*accepi*, que *tuas* est l'adjectif de *litteras* ; ainsi, chacun de ces trois arrangements excite dans l'esprit le même sens, j'ai reçu votre lettre. Or ce qui fait, en chaque langue, que les mots excitent le sens que l'on veut faire naître dans l'esprit de ceux qui savent la langue, c'est ce qu'on appelle Syntaxe. La Syntaxe est donc la partie de la Grammaire qui donne la conoissance des signes établis dans une langue pour exciter un sens dans l'esprit » (article *Construction* de l'*Encyclopédie* et de l'*Encyclopédie méthodique* ; cet article de Du Marsais est longuement cité par Beauzée dans l'article *Régime*).

L'œuvre de Du Marsais a été continuée, dans le sens d'une systématisation plus rigide, par Beauzée, qui a organisé la grammaire en deux grandes branches : l'*orthographe* (étude des lettres, des signes diacritiques, et de l'emploi de types de caractères), et l'*orthologie*, cette dernière étant subdivisée en lexicologie et en syntaxe. La lexicologie est divisée en trois sous-branches, qui étudient respectivement « le materiel » des mots (= phonétique et prosodie), « la valeur » des mots (= morphosyntaxe), et « l'étymologie » des mots. La classification d'après la « valeur » combine des critères grammaticaux formels, des critères logico-sémantiques et des critères discursifs : elle établit un clivage entre mots *affectifs* (= interjections) et mots *énonciatifs*, ces derniers étant divisés en quatre classes de mots déclinables (noms et pronoms, classes de mots désignant des êtres déterminés ; adjectifs et verbes, classes de mots désignant des êtres indéterminés), et trois classes de mots indéclinables (conjonctions ou mots de liaison discursive ; et deux types de mots « supplétifs » : les adverbes et les prépositions). La deuxième branche de l'orthologie est la syntaxe. L'objet central de celle-ci est la proposition dont on examine la matière et la forme. La *matière* est constituée par la totalité des parties qui composent la proposition : parties logiques (les fonctions « sujet », « attribut » et « copule », à quoi s'ajoute le « complément »[14]) et parties grammaticales (« les mots que les besoins de l'énonciation & de la langue que l'on parle y font entrer, pour constituer la totalité des parties logiques »). Cette matière doit être organisée par une *forme*, qui confère un arrangement particulier aux parties de la proposition. L'organisation formelle de la proposition répond à trois

---

14 Cf. l'étude détaillée de Chevalier (1968, réédition 2006) ; sur l'histoire du terme *complément* au XVIIIe siècle, cf. De Clercq/Swiggers (1990).

principes de structuration : la concordance, le régime et la construction (cf. Swiggers 1989).

Dans la lignée de l'effort de systématisation conceptuelle et terminologique de Du Marsais et de Beauzée, l'abbé Jean-François Féraud se profilera comme un technicien de la terminologie grammaticale, avec son *Dictionnaire grammatical de la langue françoise* (Avignon, 1761), couvrant les domaines de l'orthographe, de la prononciation, de la prosodie et des « règles grammaticales ».

À la fin du XVIIIᵉ siècle, la grammaire sera intégrée au programme éducatif des Idéologues (cf. Baum 1982), un groupe de penseurs qui s'inspirent de la philosophie sensualiste de l'abbé Étienne Bonnot de Condillac (*Essai sur l'origine des connoissances humaines*, Paris, 1746).

Condillac a publié une *Grammaire* comme premier tome de son *Cours d'étude pour l'instruction du Prince de Parme* (1775) ; l'ouvrage a connu de nombreuses rééditions : sous le titre *Principes généraux de grammaire pour toutes les langues, avec leur application particulière à la langue françoise* en 1788 ; sous le titre *Principes de grammaire françoise* en 1802 ; sous le titre *Grammaire et leçons préliminaires* en 1803 ; sous le titre *Grammaire françoise et art d'écrire* en 1808 ; sous le titre *Grammaire et art d'écrire* en 1818.

Les Idéologues se sont nourris de l'enseignement philosophique et grammatical de Condillac, mais ils font aussi appel à la grande tradition de la grammaire générale (Port-Royal, Girard, Du Marsais, Beauzée), à leur propre formation linguistique et philologique, et, surtout, à leur expérience de professeurs et d'éducateurs. Il faut mentionner d'abord les apports de Roch-Ambroise-Cucurron Sicard (*Elémens de grammaire générale, appliquée à la langue française*, Paris, 1799 [rééditions : 1802, 1803]), pour qui le nom est la catégorie linguistique centrale, et Antoine-Louis-Claude Destutt de Tracy (*Eléments d'idéologie*, vol. II : *Grammaire*, Paris, 1803), chez qui on trouve une analyse intéressante des modes verbaux. Mais les deux grammairiens les plus importants se rattachant au mouvement de l'Idéologie sont François-Urbain Domergue et Antoine-Isaac Silvestre de Sacy. Domergue a laissé une œuvre lexicographique et grammaticale[15] impressionnante : *Grammaire françoise simplifiée ou Traité d'Orthographe, avec des notes sur la prononciation et la syntaxe, des observations critiques, et un nouvel essai de prosodie* (Lyon, 1778) ; *Grammaire françoise simplifiée. Purement élémentaire à l'usage des classes inférieures + Grammaire françoise simplifiée. Soumise au raisonnement, à l'usage des classes supérieures* (Lyon, 1788) ; *Grammaire françoise simplifiée élémentaire* (Paris, 1791) ; *Grammaire générale analytique distribuée en différents mémoires lus et discutés à l'Institut national de France* (Paris, 1799). Dans son approche grammaticale, la proposition est centrale. L'analyse de la proposition se déroule sur deux axes : l'axe grammatical et l'axe logique (sur ce dernier axe, Domergue distingue le « sujet », l'« attribut composé » et le « complé-

---

15 Sur Domergue, voir Busse (1985) et Busse/Dougnac (1992).

ment »). Domergue a posé les bases d'une théorie de la rection et de la valence, en distinguant différents types de compléments (prochains *vs* éloignés ; directs *vs* indirects). Son approche à orientation propositionnelle le conduit à renouveler la terminologie des classes de mots (avec différentes sortes d'*attribut* et un *surattribut*) ; l'auteur introduit aussi des désignations nouvelles pour les temps et les modes. Chez Silvestre de Sacy (*Principes de grammaire générale, mis à la portée des enfans, et propres à servir d'introduction à l'étude de toutes les langues*, Paris, 1799 [rééditions : 1803, 1815]), la notion (toujours centrale) de proposition est insérée dans un cadre communicatif plus large (cf. Swiggers 1983b). L'apport fondamental de l'auteur réside dans la modélisation de la structure propositionnelle qui comporte les aspects suivants :

> (a) la modélisation par rapport à la conjonction d'une structure formelle et d'une structure sémantique dans une unité propositionnelle : l'analyse centrée sur les classes de mots est disposée à l'intérieur d'une décomposition en macro-constituants (sémantico-logiques) ;

> (b) la modélisation par rapport à la décomposition des termes de la proposition : ceux-ci (appelés *parties du discours* par Silvestre de Sacy) reçoivent un remplissage au niveau lexématique des classes de mots (appelées *espèces de mots*) ;

> (c) la modélisation par rapport à la coexistence du principe de linéarité et du principe de « relationnalité » dans la proposition : ici, l'auteur applique la distinction traditionnelle entre *syntaxe* (= le domaine des rapports entre les mots) et *construction* (= le domaine du positionnement des formes).

De plus, Silvestre de Sacy fournit des apports intéressants à propos de la diathèse et des types prédicatifs de verbes, à propos de l'attribut du complément d'objet direct (qu'il appelle *sur-attribut*), et à propos de diverses fonctions morphosyntaxiques (l'auteur parle de « cas » : *cas absolus, cas adverbiaux, cas complémentaires*). Se réclamant d'un double héritage – celui des grammaires générales et celui des grammaires de « principes » –, Silvestre de Sacy se montre soucieux de vérifier les principes généraux à travers la diversité des moyens utilisés par les langues qu'il a étudiées (langues romanes et germaniques, langues sémitiques, langues finno-ougriennes, le basque, etc.).

En marge de cette évolution vers une théorisation de la grammaire, il faut relever l'intense activité de grammairiens-praticiens (ou « grammatistes ») qui nous ont laissé des grammaires pratiques, dont certaines ont connu un très grand succès. Pour la France, il faut mentionner les ouvrages de Noël-François de Wailly (*Grammaire françoise ou la manière dont les personnes polies et les bons auteurs ont coutume de parler et d'écrire*, Paris, 1754)[16] et de François-Charles Lhomond (*Elémens de la*

---

16 À partir de la réédition en 1763, cet ouvrage, qui a connu des dizaines de rééditions au XVIIIe et au XIXe siècle, porte comme titre *Principes généraux et particuliers de la langue françoise confirmés par des exemples choisis*.

grammaire françoise, Paris, 1780 [nombreuses rééditions aux XVIIIᵉ et XIXᵉ siècles]).[17] Parmi les ouvrages pratiques destinés aux étrangers, on peut mentionner ceux de Antonio Galmace (*Llave nueva y universal para aprender con brevedad y perfección la lengua francesa*, Madrid, 1748), de Pierre-Nicolas Chantreau (*Arte de hablar bien francés o gramática completa*, Madrid, 1786 ; nombreuses rééditions aux XVIIIᵉ et XIXᵉ siècles), de Jean-Pont-Victor de Levizac (*L'art de parler et d'écrire correctement la langue françoise, ou nouvelle grammaire raisonnée de cette langue à l'usage des étrangers*, Londres, 1797 [rééditions : 1800, 1801, 1809, 1818, 1822]), de Johann Valentin Meidinger (*Kurzgefasste und sehr deutliche practische französische Grammatik*, Berlin, 1783 [avec des dizaines de rééditions jusque dans la seconde moitié du XIXᵉ siècle]) et de Simon Debonale (*Neue französische Grammatik für Schulen*, Hamburg, 1798 [avec de nombreuses rééditions jusque dans les années 1830]).

6 La grammaire française au XIXᵉ siècle

Au XIXᵉ siècle, la grammaire française entre dans une nouvelle phase, du point de vue institutionnel. La scolarisation, après la réforme scolaire de 1802, a entraîné une prolifération de grammaires, souvent pauvres en qualité, destinées à l'enseignement primaire et secondaire.

Sur les grammaires scolaires du XIXᵉ siècle, voir la bibliographie de Chervel (1982 ; 2000), où l'on trouvera aussi toutes les informations sur les rééditions des manuels grammaticaux. Sur les manuels grammaticaux scolaires à l'usage de germanophones entre 1850 et 1950, voir Niederländer (1981). Sur les rapports entre grammaire et enseignement scolaire, voir Delesalle/Chevalier (1986).

Les nombreuses grammaires scolaires, généralement dues à des enseignants ou à des inspecteurs, relèguent à l'arrière-plan la théorie. Le remplacement, en 1802, des Écoles centrales par les lycées, restaure la position du latin (même si les compétences sont défaillantes, tant du côté des élèves que de celui des maîtres) et favorise un enseignement où il est plus important de connaître des règles que de penser. La grammaire générale meurt d'une lente mort ;[18] la dernière grammaire générale à voir le jour est celle du grammairien luxembourgeois Pierre Burggraff (*Principes de grammaire générale, ou Exposition raisonnée des éléments du langage*, Liège, 1863). Il est vrai qu'en 1811 Charles Girault-Duvivier publie une *Grammaire des grammaires* (qui sera rééditée jusqu'en 1886), mais cet ouvrage ne saurait passer pour une synthèse de la grammaire générale, voire pour une encyclopédie « totale » de la grammaire (cf. Levitt 1968 ; Christmann 1971).

---

17 La grammaire de Lhomond, grammaire élémentaire orientée vers le latin, a été élargie par Charles Le Tellier en une grammaire modestement « raisonnée », imposant l'exercice de l'analyse logique et de l'analyse grammaticale.

18 Voir les contributions dans Bourquin (2005).

La fonction de la grammaire, dans ce nouveau contexte de scolarisation, est ancillaire : elle doit sous-tendre l'explication des textes et l'enseignement de l'orthographe. Un trait typique des grammaires scolaires est la juxtaposition d'une analyse grammaticale (en classes de mots) et une analyse logique (en sujet, copule, attribut) de la phrase (cf. Chevalier 1979). Au centre de l'enseignement grammatical se trouvent le problème orthographique de l'accord du participe passé et l'apprentissage de conjugaisons de verbes (irréguliers). Avec Chervel (1977), on peut distinguer deux vagues :

> (a) la « première grammaire scolaire », récupérant l'héritage de Lhomond (*Élémens de la grammaire françoise* [cf. *supra*, §5]) et représentée de façon emblématique par le succès commercial que fut la *Nouvelle grammaire française* de François-Joseph-Michel Noël et Charles-Pierre Chapsal (Paris, 1823 [plusieurs dizaines de rééditions jusque dans les années 1930, avec des exercices]). Cette grammaire prône une analyse grammaticale centrée sur la nature et la fonction des mots. Elle est entièrement au service de l'orthographe : l'enseignement grammatical sert à donner un fondement aux règles de l'accord du verbe avec son sujet, l'accord de l'attribut avec le sujet, l'accord du participe avec le régime direct. Au centre de cette grammaire sont les problèmes liés à la fonction « sujet », aux compléments, à la fonction « attribut », et au participe. La doctrine grammaticale consiste en une combinaison peu réussie de critères sémantiques et de critères syntaxiques.

> (b) la « deuxième grammaire scolaire », diffusée dans l'ouvrage à succès de Larive et Fleury[19] et recourant à une analyse logique étendue. Cette « nouvelle » grammaire scolaire élabore une théorie du complément circonstanciel (opposé au « complément direct ») et introduit les notions de « complément d'attribution » et de « complément d'agent ». Le modèle repose sur des intuitions sémantiques, qui reçoivent une base formelle (par un jeu de questions : *Qui fait (quoi) (à qui) (quand) (comment) (pourquoi)... ?*). Son apport essentiel réside dans la distinction des phrases subordonnées : division en phrases relatives, complétives et circonstancielles ; elle aboutira à une division fondée sur la « nature » des propositions dans leur rapport avec des classes de mots (propositions substantives, adjectives et adverbiales).

Malgré les attaques de philologues et de linguistes, comme Léon Clédat,[20] auteur d'une *Grammaire raisonnée de la langue française* (Paris, 1894) et d'une *Grammaire classique de la langue française* (Paris, 1896) et Ferdinand Brunot (cf. *infra*, §7), cette grammaire scolaire s'est maintenue, comme en témoigne le succès de traités d'orthographe, de manuels de conjugaison et de livres d'exercices d'analyse logique et grammaticale.

---

19 Larive/Fleury [pseudonymes de Merlette et Hauvion], *La première année de grammaire*, Paris, 1871 ; *La deuxième année de grammaire*, Paris, 1871 ; *La troisième année de grammaire*, Paris, 1875 ; *Grammaire préparatoire par demandes et par réponses avec exercices faciles* (nombreuses rééditions tout au long du XIXᵉ siècle et au XXᵉ siècle, jusque dans les années 1950 ; voir Chervel 2000, 149, 155, 158).
20 Sur l'œuvre grammaticale et linguistique de Clédat, voir Swiggers (2013a) et les contributions dans Lauwers/Swiggers (2010).

Il faut signaler qu'à partir des années 1860 – grâce à l'ouverture intellectuelle due à l'introduction de la linguistique historico-comparative allemande –, la grammaire à l'école a pu profiter, bien que modestement, de l'orientation diachronique (cf. Desmet/Swiggers 1992) : en témoignent les ouvrages d'Auguste Brachet (*Nouvelle grammaire française fondée sur l'histoire de la langue à l'usage des établissements d'instruction secondaire*, Paris, 1874) et d'Alexis Chassang (*Nouvelle grammaire française. Cours supérieur avec des notions sur l'histoire de la langue*, Paris, 1878). Une place à part revient à l'œuvre de Cyprien Ayer,[21] grammairien suisse s'inspirant des idées pédagogiques du Père Girard et des conceptions linguistiques de Karl Ferdinand Becker, qui a publié une *Grammaire française* (Lausanne, 1851), une *Grammaire usuelle de la langue française* (Bâle/Genève/Lyon/Paris, 1878 [réédition à Neuchâtel : 1883]), une *Grammaire élémentaire du français* (Bâle/Genève/Paris, 1880) et une importante *Grammaire comparée de la langue française* (Neuchâtel, 1876 [à Bâle, Genève et Paris : 1876, 1882, 1885, 1900]).

7 La grammaire française au XXᵉ siècle

Dans les premières décennies du XXᵉ siècle, les grammaires scolaires, comme celles, de facture traditionnelle, de Léopold Sudre (*Grammaire française*, Paris, 1907), de Paul Crouzet, G. Berthet et Marcel Galliot (*Grammaire française simple et complète pour toutes les classes*, 1909 [nombreuses rééditions]), de Maxime Lanusse et Henri Yvon (*Cours complet de grammaire française*, 3 vol., Paris, 1914–1926), de Jean Calvet et Charles Chompret (*Grammaire française* [*Cours élémentaire/Cours moyen/Cours supérieur*], 3 vol., Paris, 1917 [nombreuses rééditions]), se voient concurrencées par les grammaires que publient les grandes maisons d'édition, comme la *Grammaire Larousse du XXᵉ siècle* (Paris, 1936, auteurs : Félix Gaiffe, Ernest Maille, Ernest Breuil, Simone Jahan, Léon Wagner et Madeleine Marijon) ou par les grammaires à allure scientifique, qui sont l'œuvre de grammairiens ou de linguistes professionnels ; il faut toutefois signaler que souvent les grammaires rédigées par des linguistes (et dialectologues) professionnels adoptent un cadre d'exposition très traditionnel et ne comportent guère d'innovations méthodologiques ou descriptives, même si une ouverture de la grammaire à la stylistique est amorcée. On peut mentionner comme exemples la *Grammaire pratique de la langue française à l'usage des honnêtes gens* (Paris, 1937) de Charles Bruneau et Marcel Heulluy et la *Grammaire française* (Paris, 1937) d'Oscar Bloch et René Georgin.

Pour des vues globales sur la grammaticographie française au XXᵉ siècle, voir Wagner (1968–1973), Chevalier (1985), Huot (1991), Krassin (1994), Wilmet (1995 ;

---

21 Sur l'œuvre grammaticale de Cyprien Ayer, cf. Fryba-Reber/Swiggers (2013, avec bibliographie des publications linguistiques d'Ayer, pp. 23–29).

2000) et Lauwers (2004). Sur la production scolaire, voir Choppin (1986 ; 1997). Sur le contexte de l'enseignement, voir Prost (1968).

Une place spéciale revient à l'œuvre monumentale de Jacques Damourette et Édouard Pichon, *Des mots à la pensée. Essai de grammaire de la langue française* [*EGLF*] (7 vol., Paris, 1928–1940).[22] Les auteurs, envisageant la langue comme un mode de pensée (spécifique à une nation), recourent à une terminologie toute nouvelle (cf. le fascicule de *Tables*, établies par Henri Yvon, qui constitue un supplément). Le plan de l'ouvrage est le suivant : le premier volume contient une introduction et présente une esquisse de la structure grammaticale du français, suivie d'une description phonético-phonologique, et d'une section consacrée au nom ; le volume suivant est consacré à l'adjectif nominal, à l'adverbe, à l'interjection et à la phrase nominale. Le troisième volume traite de la morphologie verbale et de la phrase verbale, le quatrième des propositions subordonnées, de l'impératif, de l'interrogation et du verbe unipersonnel. Le cinquième volume est consacré aux auxiliaires et aux accidents du verbe : temps, modes et voix. Le sixième volume traite de la fonction « strumentale » (fonction « épi-prédicative », que remplissent les articles, les pronoms possessifs et relatifs, les conjonctions, etc.), de la négation et de la restriction, de la personne et de la quantité. Le dernier volume est consacré aux adjectifs et adverbes de quantité et aux mots de liaison.

Dans la même veine « psychologisante » s'inscrit l'ouvrage de Ferdinand Brunot publié en 1922 : *La Pensée et la langue. Méthode, principes et plan d'une théorie nouvelle du langage appliquée au français* (Paris, 1922 ; cf. Melis 1994). L'auteur propose d'organiser la description grammaticale d'après une classification des contenus exprimés ; sa description se veut un « exposé méthodique des faits de pensée, considérés et classés par rapport au langage, et des moyens d'expression qui leur correspondent » (p. VII). Le principe qui sous-tend l'ouvrage est sémiologique : il s'agit d'analyser « l'idée commune » qui relie les signes divers exprimant le même contenu (p. XVIII). La division de l'ouvrage reflète par ailleurs une approche plutôt onomasiologique : l'auteur aborde ainsi l'expression des « êtres », des « choses », des « idées et leurs noms », des « sexes et genres », des « nombres », des « faits », du « sujet » et de la « personne », des « circonstances », des « faits par rapport à nos sentiments et nos volontés », des « relations » et des « hypothèses » (pour un aperçu détaillé, cf. la table des matières de l'ouvrage, p. 953–982).

Brunot fut un critique sévère des grammaires scolaires (cf. Melis/Swiggers 1992), et davantage de la très médiocre *Grammaire de l'Académie française* (Paris, 1932).[23] L'échec de la *Grammaire de l'Académie* incitera des grammairiens à tenter une description plus complète et mieux structurée. En 1936, le Belge Maurice Grevisse

---

22 Sur l'apport théorique et empirique de l'*EGLF*, voir les contributions dans Travaux de linguistique 9–10 (1982–1983).
23 Cf. Brunot (1932) ; Swiggers (1992b).

publie la première édition de son *Bon Usage. Grammaire française avec des remarques sur la langue française d'aujourd'hui*. Cette grammaire [*BU*], s'adressant à un public très large, deviendra aussitôt une grammaire de référence ; elle doit son succès mondial au plan limpide qui est adopté, à la très riche documentation, à l'articulation solide des diverses parties, au respect des cadres de la grammaire traditionnelle (ce qui n'exclut pas des discussions approfondies et innovatrices de certains problèmes grammaticaux). Grevisse fera accompagner cette grammaire de référence d'une série d'ouvrages didactiques (exercices ; manuels de correction du langage ; exposés sur le participe passé, l'emploi des prépositions, etc.). Actuellement, l'ouvrage en est à sa quinzième édition, considérablement remaniée par André Goosse,[24] qui a renouvelé sur plusieurs points le plan d'organisation et le détail de la description en y intégrant les acquis de la linguistique moderne (*Le Bon Usage. Grammaire française*, Bruxelles/ Paris, 2011). Après 75 ans d'existence, *Le Bon Usage*, qui totalise presque 2000 pages, est sans le moindre doute la meilleure grammaire de consultation de la langue française : la richesse de l'information, avec des exemples puisés dans différents genres textuels ainsi que dans la langue orale, la qualité des commentaires (nullement puristes), la clarté de l'exposé et de la présentation (typographique) en font un instrument de référence incontournable.

Pour un aperçu général de la contribution belge à la grammaire française, voir Trousson/Berré (1997). Un ouvrage grammatical qui a connu un grand succès scolaire en Belgique est la *Grammaire française à l'usage des Athénées, des Collèges et des Écoles moyennes* de Bernard Van Hollebeke et Oscar Merten (Namur, 1870 [nombreuses rééditions et révisions au XIXᵉ et au début du XXᵉ siècle]). Sur le « phénomène » Grevisse, voir Lieber (1986). À propos des aspects de documentation, de description et de soubassement théorique du *Bon Usage*, voir les contributions dans Travaux de linguistique 12–13 (1985–1986) : *Tradition grammaticale et linguistique* : Le Bon Usage de M. Grevisse.

Dans la deuxième moitié du XXᵉ siècle, la grammaticographie française sera de plus en plus exposée à l'influence et à l'attrait de courants linguistiques. Les rapports entre la discipline grammaticale et la linguistique, encore très ambigus dans la première moitié du siècle (cf. Lauwers 2004), s'articuleront dans le sens d'une exploitation didactique des acquis d'un ou de différents modèles en linguistique ; cette exploitation se reflète dans les grammaires françaises publiées depuis 1950.

La *Grammaire Larousse* (cf. *supra*) a passé à travers quelques rééditions reflétant les modes changeantes en linguistique. En 1964, une équipe composée principalement d'anciens élèves de Robert-Léon Wagner (à savoir : Jean-Claude Chevalier, Michel Arrivé, Claire Blanche-Benveniste et Jean Peytard) publia la *Grammaire [La-*

---

24 André Goosse a soigné, après la mort de Maurice Grevisse (en 1980), les 12ᵉ (1986), 13ᵉ (1993), 14ᵉ (2007) et 15ᵉ (2011) éditions du *BU*, qu'il n'a cessé d'enrichir et de peaufiner. L'ouvrage est toujours publié sous les noms de Grevisse et Goosse.

rousse] du français contemporain (Paris, 1964 [rééditions : 1973, 2002] qui exploite certaines techniques structuralistes (comme la commutation) et utilise le concept de transformation. L'assimilation tardive du structuralisme américain et l'utilisation éclectique du générativisme se reflètent fidèlement dans les travaux de Jean Dubois, publiés chez Larousse (*Grammaire structurale du français*, 3 vol., Paris, 1965–1969 ; et, avec René Lagane : *La nouvelle grammaire du français*, Paris, 1973). La même maison d'édition a publié les travaux, d'inspiration harrisienne, de Maurice Gross (*Grammaire transformationnelle du français : Syntaxe du verbe/Syntaxe du nom*, 2 vol., Paris, 1968– 1977).

Si on dresse le bilan du demi-siècle qui a suivi l'émergence du structuralisme américain (1925–1975), on constate que l'impact du structuralisme[25] sur la grammati-cographie française a été minime pendant cette période (mis à part un travail, explicitement structuraliste, comme celui de Robert A. Hall, *Structural Sketch : French*, Baltimore, 1948). La grammaticographie française est restée en général de facture traditionnelle ou psychologisante, avec parfois de fines observations (plus ou moins « systémiques »), comme chez Gustave Guillaume (études sur l'article, sur le système des temps), Cornelis de Boer (*Introduction à l'étude de la syntaxe du français*, Genève, 1933 ; *Syntaxe du français moderne*, Leyde, 1947), Georges et Robert Le Bidois (*Syntaxe du français moderne. Ses fondements historiques et psychologiques*, Paris, 1935–1938), Albert Dauzat (*Grammaire raisonnée de la langue française*, Lyon, 1947) et Georges Galichet (*Essai de grammaire psychologique*, Paris, 1947). Le structuralisme européen a laissé son empreinte, de manière variée, sur des grammaires comme celles de Georges Gougenheim (*Système grammatical de la langue française*, Paris, 1938), de Robert-Léon Wagner et Jacqueline Pinchon (*Grammaire du français classique et mo-derne*, Paris, 1962 [nombreuses réimpressions]) et de Walther von Wartburg et Paul Zumthor (*Précis de syntaxe du français contemporain*, Berne, 1947).

À l'étranger, les modèles structuralistes ont pu fournir le cadre méthodologique de quelques descriptions grammaticales (comme celle de Teodora Cristea, *Grammaire structurale du français contemporain*, Bucarest, 1974, qui exploite les acquis du structuralisme de Genève, de Prague et de Copenhague, en combinaison avec des techniques du structuralisme et du générativisme américains) ou de certains travaux plus théoriques (comme celui de Knud Togeby, *Structure immanente de la langue française*, Paris, 1965). Dans les pays scandinaves, les descriptions grammaticales du français (et d'autres langues romanes) se caractérisent en général par une riche

---

25 À l'exception du « structuralisme » particulier que représente la psychomécanique de Gustave Guillaume, qui a marqué profondément la grammaire française, l'impact des courants structuralistes sur la linguistique et la grammaticographie françaises a été plutôt restreint. L'influence qu'ont exercée sur la grammaticographie les travaux de linguistes (comparatistes) comme Meillet (1921–1936), Tes-nière (1959) et Benveniste (1966–1974) a été sporadique et sélective. Sur l'influence qu'a exercée la psychomécanique de Guillaume sur la grammaticographie et la linguistique françaises, cf. Soutet (2005).

documentation, exploitée à des fins taxonomiques. Une approche très originale – à fondement structuraliste, mais exploitant de façon judicieuse la dimension « textuelle » de la langue – est fournie par Harald Weinrich dans sa *Textgrammatik der französischen Sprache* (Stuttgart, 1982 ; trad. fr. *Grammaire textuelle du français*, Paris, 1989).

Depuis 1975, la grammaticographie française a subi de plus en plus l'influence de modèles théoriques, français ou étrangers : on dispose maintenant de descriptions grammaticales qui se basent sur la théorie de la psychomécanique (cf. Gérard Moignet, *Systématique de la langue française*, Paris, 1981 ; Bernard Pottier, *Théorie et analyse en linguistique*, Paris, 1987 ; Olivier Soutet, *La syntaxe du français*, Paris, 1989), sur le structuralisme fonctionnaliste d'André Martinet (cf. A. Martinet, ed., *Grammaire fonctionnelle du français*, Paris, 1979 ; A. Martinet, *Syntaxe générale*, Paris, 1985 ; Jacques Popin, *Précis de grammaire fonctionnelle du français*, Paris, 1993), sur l'approche pronominale (cf. Claire Blanche-Benveniste et al., *Pronom et syntaxe*, Paris, 1984), et surtout sur l'une ou l'autre version générativiste (cf. Lélia Picabia et Anne Zribi-Hertz, *Découvrir la grammaire française*, Paris, 1981 ; Anne Delaveau et Françoise Kerleroux, *Problèmes et exercices de syntaxe française*, Paris, 1985). Il existe par ailleurs de bonnes grammaires à visée didactique, qui appliquent une version mitigée du structuralisme (formaliste) ou de la psychomécanique du langage, tout en subordonnant la théorie à l'information pratique : on peut mentionner ici la grammaire de Christian Baylon et Paul Fabre (*Grammaire systématique de la langue française*, Paris, 1978) et l'œuvre très riche de Henri Bonnard, auteur d'une *Grammaire française des lycées et collèges* (Paris, 1950), d'une *Grammaire française. Principes d'une description structurale ; étude normative des formes et de leurs emplois* (Paris, 1967) et du *Code du français courant* (Paris, 1981) ; on peut y ajouter la *Grammaire utile du français* (Paris, 1991) d'Évelyne Bérard et Christian Lavenne et la *Grammaire du français* (Paris, 1994) de Delphine Denis et Anne Sancier-Chateau, qui se présente sous forme d'articles alphabétiques rangés sous quatre grandes divisions (les catégories grammaticales/les fonctions/la phrase/le verbe).

Dans les années 1990, on a vu paraître des grammaires à orientation « discursive », proposant (et concrétisant) une approche pragmatique de la grammaire et prêtant beaucoup d'attention aux phénomènes qui relèvent de l'énonciation (comme fait de parole en corrélation avec des structures linguistiques de divers niveaux) et de l'articulation du discours : c'est le cas p. ex. de Patrick Charaudeau, *Grammaire du sens et de l'expression* (Paris, 1992 [plusieurs rééditions]) et d'Alain Frontier (*La grammaire du français*, Paris, 1997).

Deux grammaires récemment publiées ont acquis le statut d'ouvrage de référence. La *Grammaire méthodique du français* (Paris, 1994 [rééditions : 1997, 1998, 2004, 2007, et édition profondément remaniée : 2009]) de Martin Riegel, Jean-Christophe Pellat et René Rioul est non seulement une très solide grammaire de consultation, mais c'est aussi un ouvrage de réflexion théorique (de nature structuraliste et fonctionnaliste), couvrant la phonétique, l'orthographe et la ponctuation, la syntaxe de la phrase simple, la syntaxe de la phrase complexe, le rapport entre grammaire et lexique, et des phénomènes de référence, d'énonciation et de structuration du texte. L'ouvrage, qui connaît actuellement un très grand succès, s'adresse à des étudiants et à des enseignants de français, ainsi qu'à un large public d'utilisateurs confrontés avec des difficultés du français contemporain. La grammaire contient des renvois systématiques à la littérature grammaticale et linguistique secondaire.[26] La *Grammaire critique du français* (Bruxelles, 1997 [rééditions : 1998, 2003, 2007, 2010]) de Marc Wilmet fournit une description du français en dialogue constant avec les analyses traditionnelles et les travaux linguistiques modernes. Le but de cette grammaire est d'amener le lecteur à une réflexion linguistique personnelle sur les structures grammaticales du français. L'originalité de l'ouvrage réside avant tout dans le traitement à orientation sémantique offert à l'intérieur des diverses classes de mots (surtout le nom, l'article et le pronom) et dans l'approche du syntagme nominal (distinction entre éléments quantifiants, éléments caractérisants et éléments quantifiants-caractérisants).

De plus, la grammaticographie française peut se réjouir de l'existence de travaux de synthèse ou de traitement encyclopédique par concepts ; signalons ici les volumes de Robert-Léon Wagner (*La grammaire française*, vol. 1 : *Les niveaux et les domaines. Les normes. Les états de langue* ; vol. 2 : *La grammaire moderne. Voies d'approche. Attitudes des grammairiens*, Paris, 1968–1973), les précieux articles grammaticaux rédigés par Henri Bonnard dans le *Grand Larousse de la langue française* (Paris, 1971–1977), et les guides publiés par Joëlle Gardes-Tamine (*La grammaire*, 2 vol., Paris, 1988) et par Michel Arrivé en collaboration avec Françoise Gadet et Michel Galmiche (*La grammaire d'aujourd'hui. Guide alphabétique de linguistique française*, Paris, 1986).

8 Conclusion et perspectives

L'épaisseur croissante de cet exposé est un reflet à la fois de l'expansion progressive[27] dans la production de grammaires – grammaires pratiques surtout, mais aussi grammaires qui témoignent d'une véritable réflexion – et de la formation d'un corps de doctrine, tout particulièrement dans l'élaboration d'une morphosyntaxe (d'où une réarticulation du traitement des parties du discours). Il faudrait y ajouter des analyses menées sur des sujets comme : le classement des parties du discours, les concepts

---

26 La *Grammaire méthodique* témoigne d'un remarquable effort d'intégration de concepts et de principes qui relèvent des théories sémantiques et pragmatiques actuelles ; plus spécifiquement, elle incorpore les vues innovatrices du linguiste strasbourgeois Georges Kleiber.

27 On peut s'en faire une idée en comptant le nombre d'entrées dans l'inventaire de Stengel (1890), portant sur la période 1400–1800, même si celui-ci présente un certain nombre de lacunes et d'erreurs : 38 numéros pour le XVIe siècle, 183 numéros pour le XVIIe siècle et 377 numéros pour le XVIIIe siècle.

théoriques mis en œuvre ou fonctionnant dans l'implicite, les termes grammaticaux, les rapports avec des champs annexes.[28]

Si, du Moyen Âge jusqu'à la fin du XVIIIe siècle, le schéma gréco-latin des parties du discours se maintient en général, les points névralgiques ont été la place à donner aux articles (et le nombre d'éléments à caser dans cette classe), le statut du participe, l'organisation de la classe des pronoms (problème ardu), et l'homogénéisation de la classe des prépositions en rapport avec le traitement des articles. On reconnaîtra aussi qu'à l'intérieur de chacune des classes, plusieurs arènes de discussion et plusieurs zones d'intervention catégorisante se sont présentées : qu'on pense à la subdivision des espèces de noms ou, surtout, à l'analyse des temps et des modes. Parmi les changements les plus importants, il faut retenir la séparation de l'adjectif avec le substantif, comme deux parties du discours autonomes (cette innovation, si importante pour une bonne description de la morphosyntaxe du français, s'est fait attendre jusqu'en 1747, avec les *Vrais principes* de Girard) et l'établissement de la classe d'articles comme déterminants (grâce à Du Marsais et Beauzée).

Et, synthèse faite, il faudrait se pencher alors sur des questions « métahistoriographiques », comme celles de l'adéquation descriptive (et explicative) des positions décrites, des réseaux intellectuels, des contraintes cognitives, des facteurs incidents – socio-culturels, économiques et politiques –, de l'évolution de la langue française,[29] enfin des signes de « progrès » et de « reculs ». En l'absence de tout cela, on se bornera à formuler quelques conclusions d'ordre factuel et à évoquer, rapidement, certaines perspectives.

L'évolution de la grammaticographie française, depuis le Moyen Âge, se caractérise par :

(a) une augmentation quantitative (en proportion avec le nombre de « producteurs ») de travaux grammaticaux (de plus en plus pointus) ;

(b) une diversification en termes (i) de modèles descriptifs, (ii) de publics visés (différenciation par rapport au niveau-seuil et par rapport au niveau-cible), (iii) différenciation entre grammaire de langue maternelle et grammaire de langue seconde ou étrangère, (iv) de plans descriptifs (« spécialisation » des produits en fonction de plans d'analyse et de description – orthographe, phonétique/phonologie, morphologie, syntaxe, « phraséologie » ou « expression écrite » –, ainsi que de dimensions transversales (grammaire-lexicologie ; grammaire-sémantique) ;

(c) un rapprochement croissant entre grammaticographie et linguistique, d'abord en termes généraux (adhésion, plus ou moins fidèle, aux grandes orientations théoriques : linguistique structurale/fonctionnelle/transformationnelle etc.), ensuite en termes de rattachement à des modèles très spécifiques ;

---

28 En fait, c'est tout le champ de ce qu'on appelle aujourd'hui « les sciences sociales » qui devrait être mobilisé ici, en connexion étroite avec le contexte institutionnel changeant.

29 Parmi les histoires de la langue française, celle de Ferdinand Brunot (1905–1936) accorde une large place au travail investi dans la langue, par les grammairiens, lexicographes, théoriciens et observateurs ; voir aussi Seguin (1972) pour le XVIIIe siècle.

(d) depuis quelques décennies, par une pollinisation croisée de plus en plus intense entre l'activité linguistique et d'autres disciplines (didactique et didaxologie ;[30] sciences de la communication ; psychologie cognitive, …) ainsi que par le recours à de nouvelles technologies (utilisation de grands corpus ; traitement automatique du langage ; extraction de données) ; cette synergie a des retombées sur différentes phases de l'activité grammaticographique (collecte et sélection de matériaux ; attitude à l'égard de l'acceptabilité de données ; traitement descriptif ; présentation et mise à disposition des résultats descriptifs) ;

(e) l'apparition, à la suite d'initiatives institutionnelles, d'entreprises collectives : travaux d'équipes et de « laboratoires », publications répondant à des projets de collaboration internationale ou à des opportunités éditoriales. On peut mentionner comme grands projets collectifs en cours de publication ou de réalisation : une grande grammaire du français (sous la direction d'Anne Abeillé) et une encyclopédie grammaticale du français (projet dirigé par Marie-José Béguelin, Alain Berrendonner, José Deulofeu et Dominique Willems).

Tout laisse à prévoir que dans le futur (proche et lointain), la grammaticographie française se développera dans le sens d'une discipline (à pratique souvent encore individuelle, mais de plus en plus « collaborative ») dans laquelle l'étude de la grammaire et l'étude de la logique interagiront de façon étroite, en intégrant davantage les dimensions sémantique, pragmatique et cognitive de l'expérience et du comportement langagiers. Elle évoluera, évidemment, en fonction de l'évolution de la langue française, de ses variétés et de sa variation, et en rapport avec les besoins changeants d'un public de « demandeurs » de plus en plus diversifié. Toutefois, la grammaticographie conservera ses traits incontournables : respect de données empiriques (servant d'exemplification), effort d'analyse systématique et méthodique (en référence à des niveaux, des paradigmes et des éléments représentatifs), recours à un métalangage « technique », reconnaissance de la distinction entre, au moins, la nature des éléments et leur fonction. Et elle continuera à osciller entre des penchants en tension depuis belle lurette : formalisme et approche plutôt « discursive » ; normativisme et « libéralisme » ; théorisation et visée pratique ; l'ambition d'embrasser tout et le choix d'une étreinte ciblée. Terrain de bataille depuis l'Antiquité (*grammatici certant…*), la grammaire est aussi un lieu de tiraillement interne.

9 Bibliographie

Ayres-Bennett, Wendy (1987), *Vaugelas and the Development of the French Language*, London, Modern Humanities Research Association.

Bartlett, Barrie E. (1975), *Beauzée's Grammaire générale. Theory and methodology*, The Hague, Mouton.

Baum, Richard (1982), *La grammaire idéologique et sa place dans l'histoire de la grammaire philosophique*, Histoire, Épistémologie, Langage 4, 23–35.

---

30 Pour ce concept (à contenu plus riche que celui de *didactologie*, proposé par Galisson (1986), voir Swiggers (2010, 81s.).

Beaulieux, Charles (1927), *Histoire de l'orthographe française*, 2 vol., Paris, Champion.

Benveniste, Emile (1966–1974), *Problèmes de linguistique générale*, 2 vol., Paris, Gallimard.

Bourquin, Jacques (ed.) (2005), *Les prolongements de la Grammaire générale en France au XIXᵉ siècle*, Besançon, Presses Universitaires de Franche-Comté.

Bouton, Charles (1972), *Les grammaires françaises de Claude Mauger à l'usage des Anglais (XVIIᵉ siècle)*, Paris, Klincksieck.

Breitinger, Hermann (1867), *Zur Geschichte der französischen Grammatik (1530–1647)*, Frauenfeld, Huber.

Brekle, Herbert-Ernst, et al. (1992–2005), *Bio-bibliographisches Handbuch zur Sprachwissenschaft des 18. Jahrhunderts. Die Grammatiker, Lexikographen und Sprachtheoretiker des deutschsprachigen Raums mit Beschreibungen ihrer Werke*, Tübingen, Niemeyer.

Brunot, Ferdinand (1905–1936), *Histoire de la langue française des origines à 1900*, Paris, Colin [11 tomes parus du vivant de Brunot].

Brunot, Ferdinand (1932), *Observations sur la Grammaire de l'Académie française*, Paris, E. Droz.

Busse, Winfried (1985), *François-Urbain Domergue (1744–1810). Kommentierte Bibliographie*, Historiographia Linguistica 12, 165–188.

Busse, Winfried/Dougnac, Françoise (1992), *François-Urbain Domergue. Le grammairien-patriote (1745–1810)*, Tübingen, Narr.

Caravolas, Jean (1994), *La didactique des langues*, 2 vol., Montréal, Presses de l'Université/Tübingen, Narr.

Catach, Nina (1968), *L'orthographe française à l'époque de la Renaissance (Auteurs – Imprimeurs – Ateliers d'imprimerie)*, Genève, Droz.

Chervel, André (1977), *Et il fallut apprendre à écrire à tous les petits Français. Histoire de la grammaire scolaire*, Paris, Payot [deuxième édition, 1982].

Chervel, André (1982), *Les grammaires françaises 1800–1914. Répertoire chronologique*, Paris, Institut national de recherche pédagogique [deuxième édition, révisée et augmentée, Paris, Institut national de recherche pédagogique, 2000].

Chervel, André (2006), *Histoire de l'enseignement du français du XVIIᵉ au XXᵉ siècle*, Paris, Retz.

Chevalier, Jean-Claude (1968), *Histoire de la syntaxe. Naissance de la notion de complément dans la grammaire française (1530–1750)*, Genève, Droz [nouvelle édition, avec nouvelle préface : Paris, Champion, 2006].

Chevalier, Jean-Claude (1979), *Analyse grammaticale et analyse logique. Esquisse de la naissance d'un dispositif scolaire*, Langue Française 41, 20–34.

Chevalier, Jean-Claude (1985), *Les grammaires françaises et l'histoire de la langue*, in : Gérald Antoine/Robert Martin (edd.), *Histoire de la langue française 1880–1914*, Paris, Éditions C.N.R.S., 577–600.

Chevalier, Jean-Claude (1994), *Histoire de la grammaire française*, Paris, P.U.F.

Choppin, André (1986), *Le livre scolaire*, in : Roger Chartier/Henri-Jean Martin (edd.), *Histoire de l'édition française*, t. IV : *Le livre concurrencé (1900–1950)*, Paris, Promodis, 281–306.

Choppin, André (1997), *L'histoire de l'édition scolaire en France au XIXᵉ et au XXᵉ siècle : bilan et perspectives*, Annali di storia dell'educazione e delle istituzioni scolastiche 4, 9–32.

Christmann, Hans Helmut (1971), *Die Begegnung von deskriptiver und historischer Sprachbetrachtung in der « Grammaire des grammaires »*, Romanische Forschungen 83, 173–181.

Colombat, Bernard/Fournier, Jean-Marie/Ayres-Bennett, Wendy (edd.) (2010–), *Grand Corpus des grammaires françaises, des remarques et des traités sur la langue*, Paris, Garnier.

Colombat, Bernard/Fournier, Jean-Marie/Raby, Valérie (edd.) (2012), *Vers une histoire générale de la grammaire française. Matériaux et perspectives*, Paris, Champion.

Colombat, Bernard/Lazcano, Élisabeth (1998–2000), *Corpus représentatif des grammaires et des traditions linguistiques*, 2 vol., Paris, Société d'Histoire et d'Épistémologie des Sciences du Langage.

Colombat, Bernard/Savelli, Marie (edd.) (2001), *Métalangage et terminologie linguistiques*, Leuven/Paris/Sterling, Peeters.

Colombo Timelli, Maria (1996), *Traductions françaises de l'Ars Minor de Donat au Moyen-Âge (XIIIᵉ–XIVᵉ siècles)*, Firenze, La Nuova Italia.

De Clercq, Jan (2000), *La Grammaire françoise (1557) de Gabriel Meurier*, in : Jan De Clercq/Nico Lioce/Pierre Swiggers (edd.), *Grammaire et enseignement du français 1500–1700*, Leuven/Paris, Peeters, 237–276.

De Clercq, Jan/Lioce, Nico/Swiggers, Pierre (edd.) (2000), *Grammaire et enseignement du français 1500–1700*, Leuven/Paris, Peeters.

De Clercq, Jan/Swiggers, Pierre (1990), *Le terme « complément » au XVIIIᵉ siècle : Remarques sur un concept grammatical*, Travaux de linguistique et de littérature 28, 55–61.

Delesalle, Simone/Chevalier, Jean-Claude (1986), *La linguistique, la grammaire et l'école, 1750–1914*, Paris, Colin.

Demaizière, Colette (1983), *La grammaire française au XVIᵉᵐᵉ siècle : Les grammairiens picards*, 2 vol., Paris, Didier.

Desmet, Piet/Swiggers, Pierre (1992), *Auguste Brachet et la grammaire (historique) du français : de la vulgarisation scientifique à l'innovation pédagogique*, Cahiers Ferdinand de Saussure 46, 91–108.

Dominicy, Marc (1984), *La naissance de la grammaire moderne. Langage, logique et philosophie à Port-Royal*, Bruxelles, Mardaga.

Donzé, Roland (1967), *La « Grammaire générale et raisonnée » de Port-Royal. Contribution à l'histoire des idées grammaticales en France*, Berne, Francke [deuxième éd. révisée, 1971].

Dorfeld, Karl (1905), *Französischer Unterricht, geschichtlicher Abriß*, in : Wilhelm Rein (ed.), *Encyklopädisches Handbuch der Pädagogik*, vol. 3 : *Französischer Unterricht, geschichtlicher Abriß – Handelshochschulen*, Langensalz, Beyer & Söhne, 1–31.

Fischer, Denise/García Bascuñana, Juan/Gómez, María Teresa (2004), *Repertorio de gramáticas y manuales para la enseñanza del francés en España (1565–1940)*, Barcelona, P.P.U.

François, Alexis (1905), *La grammaire du purisme et l'Académie française au XVIIIᵉ siècle. Introduction à l'étude des commentaires grammaticaux d'auteurs classiques*, Paris, Bellais.

Fryba-Reber, Anne-Marguerite/Swiggers, Pierre (edd.) (2013), *L'œuvre scientifique de Cyprien Ayer (1825–1884). Grammaire, Pédagogie et Dialectologie*, Leuven/Paris/Walpole, Peeters.

Galisson, Robert (1986), *Éloge de la didactologie/didactique des langues et des cultures (maternelles et étrangères)*, Études de linguistique appliquée 64, 39–54.

Glatigny, Michel (1989), *Norme et usage dans le français du XVIᵉ siècle*, in : Pierre Swiggers/Willy Van Hoecke (edd.), *La langue française au XVIᵉ siècle. Usage, enseignement et approches descriptives*, Louvain/Paris, Leuven University Press/Peeters, 7–31.

Goyens, Michèle/Swiggers, Pierre (1989), *La grammaire française au XVIᵉ siècle. Bibliographie raisonnée*, in : Pierre Swiggers/Willy Van Hoecke (edd.), *La langue française au XVIᵉ siècle. Usage, enseignement et approches descriptives*, Louvain/Paris, Leuven University Press/Peeters, 157–173.

Greive, Artur (1993), *Französische Sprachlehre und Grammatik in Köln um 1600*, in : Wolfgang Dahmen et al. (edd.), *Das Französische in den deutschsprachigen Ländern. Romanistisches Kolloquium VII*, Tübingen, Narr, 171–180.

Hausmann, Franz Josef (1980), *Louis Meigret : Humaniste et linguiste*, Tübingen, Narr.

Hermans, Huguette/Van Hoecke, Willy (1989), *Le problème de la réforme de l'orthographe : les conceptions de Peletier (1550, 1555) et de Rambaud (1578)*, in : Pierre Swiggers/Willy Van Hoecke (edd.), *La langue française au XVIᵉ siècle. Usage, enseignement et approches descriptives*, Louvain/Paris, Leuven University Press/Peeters, 136–156.

Hoinkes, Ulrich (1991), *Philosophie und Grammatik in der französischen Aufklärung*, Münster, Nodus.

Huot, Hélène (ed.) (1991), *La grammaire française entre comparatisme et structuralisme, 1870–1960*, Paris, Colin.

Joly, André/Stéfanini, Jean (edd.) (1977), *La grammaire générale. Des modistes aux Idéologues*, Lille, P.U.L.

Kibbee, Douglas (1989), *L'enseignement du français en Angleterre au XVIe siècle*, in : Pierre Swiggers/ Willy Van Hoecke (edd.), *La langue française au XVIe siècle. Usage, enseignement et approches descriptives*, Louvain/Paris, Leuven University Press/Peeters, 54–77.

Kibbee, Douglas (1991), *For to Speke Frenche Trewely. The French language in England, 1000–1600 : Its Status, Description and Instruction*, Amsterdam/Philadelphia, Benjamins.

Krassin, Gudrun (1994), *Neuere Entwicklungen in der französischen Grammatik und Grammatikforschung*, Tübingen, Niemeyer.

Kristol, Andres Max (1989), *Le début du rayonnement parisien et l'unité du français au Moyen Âge : le témoignage des manuels d'enseignement du français écrits en Angleterre entre le XIIIe et le début du XIVe siècle*, Revue de Linguistique Romane 53, 335–367.

Kukenheim, Louis (1932), *Contributions à l'histoire de la grammaire italienne, espagnole et française à l'époque de la Renaissance*, Amsterdam, Noord-Hollandsche Uitgeversmaatschappij.

Lambley, Kathleen (1920), *The Teaching and Cultivation of the French Language in England during Tudor and Stuart Times*, Manchester, Manchester University Press.

Lauwers, Peter (2004), *La description du français entre la tradition grammaticale et la modernité linguistique. Étude historiographique et épistémologique de la grammaire française entre 1907 et 1948*, Leuven/Paris/Dudley, Peeters.

Lauwers, Peter/Swiggers, Pierre (edd.) (2010), *L'œuvre grammaticale et linguistique de Léon Clédat*, Leuven/Paris/Walpole, Peeters.

Levitt, Jesse (1968), *The « Grammaire des grammaires » of Girault-Duvivier. A study of nineteenth century French*, The Hague, Mouton.

Lieber, Maria (1986), *Maurice Grevisse und die französische Grammatik. Zur Geschichte eines Phänomens*, Bonn, Romanistischer Verlag.

Livet, Charles-Louis (1859), *La grammaire française et les grammairiens du XVIe siècle*, Paris, Didier-Durand.

Loiseau, Arthur (1875), *Histoire des progrès de la grammaire en France de 1660 à 1821*, Paris, Thorin.

Loonen, Pieter (1995), *Nathanael Duez : Biography and a First Bibliography*, Meesterwerk 3, 2–15.

Loonen, Pieter (1997), *Is die P. Marin onsterfelijk ? Het succes van een vergeten taalmeester*, Meesterwerk 8, 14–22.

Lusignan, Serge (1986), *Parler vulgairement. Les intellectuels et la langue française aux XIIIe et XIVe siècles*, Paris/Montréal, Vrin/Presses de l'Université de Montréal. [Deuxième éd., 1987]

Meillet, Antoine (1921–1936), *Linguistique historique et linguistique générale*, 2 vol., Paris, Champion (1921)/Klincksieck (1936).

Melis, Ludo (1994), *La Pensée et la Langue en marge des grammaires*, in : Jan De Clercq/Piet Desmet (edd.), *Florilegium Historiographiae Linguisticae*, Louvain-la-Neuve, Peeters, 143–158.

Melis, Ludo/Swiggers, Pierre (1992), *Ferdinand Brunot contre la sclérose de la grammaire scolaire*, Cahiers Ferdinand de Saussure 46, 143–158.

Minerva, Nadia (1996), *Manuels, maîtres, méthodes. Repères pour l'histoire de l'enseignement du français en Italie*, Bologna, CLUEB.

Minerva, Nadia/Pellandra, Carla (1997), *Insegnare il francese in Italia. Repertorio analitico di manuali pubblicati dal 1625 al 1860*, Bologna, CLUEB.

Mormile, Mario (1989), *L'italiano in Francia. Il francese in Italia. Storia critica delle opere grammaticali francesi in Italia ed italiane in Francia dal Rinascimento al Primo Ottocento*, Torino, Meynier.

Neumann, Sven-Gösta (1959), *Recherches sur le français des XVe et XVIe siècles et sur sa codification par les théoriciens de l'époque*, Lund/Copenhague, Gleerup/Munksgaard.

Niederländer, Helmut (1981), *Französische Schulgrammatiken und schulgrammatisches Denken in Deutschland von 1850 bis 1950*, Frankfurt am Main, Lang.

Padley, George A. (1976–1988), *Grammatical Theory in Western Europe 1500–1700*, 3 vol., Cambridge, Cambridge University Press.

Pariente, Jean-Claude (1985), *L'analyse du langage à Port-Royal. Six études logico-grammaticales*, Paris, Minuit.

Percival, W. Keith (1975), *The Grammatical Tradition and the Rise of the Vernaculars*, in : Thomas A. Sebeok (ed.), *Current Trends in Linguistics*, vol. 13 : *Historiography of Linguistics*, The Hague, Mouton, 231–275.

Prost, Antoine (1968), *Histoire de l'enseignement en France, 1900–1967*, Paris, Colin.

Ricken, Ulrich (1978), *Grammaire et philosophie au siècle des Lumières. Controverses sur l'ordre naturel et la clarté du français*, Lille, P.U.L.

Riemens, Kornelis J. (1919), *Esquisse historique de l'enseignement du français en Hollande du XVIe au XIXe siècle*, Leyde, Sijthoff.

Rosset, Théodore (1908), *Entretiens, doutes, critiques et remarques du Père Bouhours sur la langue française, 1671–1692*, Grenoble, Allier.

Sahlin, Gunvor (1928), *César Chesneau Du Marsais et son rôle dans l'évolution de la grammaire française*, Paris, P.U.F.

Schmidt, Bernhard (1931), *Der französische Unterricht und seine Stellung in der Pädagogik des 17. Jahrhunderts*, Diss. Halle.

Schmitter, Peter (ed.) (1996), *Sprachtheorien der Neuzeit II : Von der Grammaire de Port-Royal (1660) zur Konstitution moderner linguistischer Disziplinen*, Tübingen, Narr.

Schmitter, Peter (ed.) (2007), *Sprachtheorien der Neuzeit*, vol. III/2 : *Sprachbeschreibung und Unterricht*, Tübingen, Narr.

Schröder, Konrad (1980), *Linguarum recentium annales. Der Unterricht in den modernen europäischen Sprachen im deutschsprachigen Raum*, Augsburg, Universität Augsburg.

Schröder, Konrad (1989–1995), *Biographisches und bibliographisches Lexikon der Fremdsprachenlehrer des deutschsprachigen Raumes, Spätmittelalter bis 1800*, 4 vol., Augsburg, Universität Augsburg.

Schröder, Konrad (ed.) (1992), *Fremdsprachenunterricht 1500–1800*, Wiesbaden, Harrassowitz.

Seguin, Jean-Pierre (1972), *La langue française au XVIIIe siècle*, Paris, Bordas.

Soutet, Olivier (ed.) (2005), *La langue française au prisme de la psychomécanique du langage*, Paris, Larousse.

Städtler, Thomas (1988), *Zu den Anfängen der französischen Grammatiksprache. Textausgaben und Wortschatzstudien*, Tübingen, Niemeyer.

Stammerjohann, Harro (ed.) (²2009), *Lexicon grammaticorum*, 2 vol., Tübingen, Niemeyer.

Stéfanini, Jean (1962), *La voix pronominale en ancien et en moyen français*, Aix-en-Provence, Ophrys.

Stéfanini, Jean (1994), *Histoire de la grammaire*, 3 vol., textes réunis par Véronique Xatard, Paris, Éditions C.N.R.S.

Stein, Gabriele (1997), *John Palsgrave as Renaissance Linguist. A pioneer in vernacular language description*, Oxford, Clarendon Press.

Stengel, Edmund (1879), *Die ältesten Anleitungsschriften zur Erlernung der französischen Sprache*, Zeitschrift für neufranzösische Sprache und Literatur 1, 1–40.

Stengel, Edmund (1890), *Chronologisches Verzeichnis französischer Grammatiken vom Ende des 14. bis zum Ausgange des 18. Jahrhunderts nebst Angabe der bisher ermittelten Fundorte derselben*, Oppeln, Francke [nouvelle édition par Hans-Josef Niederehe, Amsterdam, Benjamins, 1976].

Streuber, Albert (1962–1964), *Die ältesten Anleitungsschriften zur Erlernung des Französischen in England und den Niederlanden bis zum 16. Jahrhundert*, Zeitschrift für französische Sprache und Literatur 72, 37–86, 186–211 ; 73, 97–112, 189–209 ; 74, 59–76.

Streuber, Albert (1964–1969), *Französische Grammatik und französischer Unterricht in Frankreich und Deutschland während des 16. Jahrhunderts*, Zeitschrift für französische Sprache und Literatur 74, 343–361 ; 75, 31–50, 247–273 ; 77, 235–267 ; 78, 69–101 ; 79, 172–191, 328–348.

Swiggers, Pierre (1979), *Compte rendu de Stengel/[Niederehe] 1976*, Lingvisticae Investigationes 3, 192–204.

Swiggers, Pierre (1983a), *Grammaire et théorie du langage chez Buffier*, Dix-huitième siècle 15, 285–293.

Swiggers, Pierre (1983b), *La catégorie du « compellatif » chez Silvestre de Sacy*, Studii şi cercetări lingvistice 34, 19–21.

Swiggers, Pierre (1984a), *Les conceptions linguistiques des Encyclopédistes. Étude sur la constitution d'une théorie de la grammaire au siècle des Lumières*, Heidelberg, Groos.

Swiggers, Pierre (1984b), *Grammaire et logique à Port-Royal. À propos des fondements d'une linguistique générale*, Sprachwissenschaft 9, 333–352.

Swiggers, Pierre (ed.) (1984c), *Grammaire et méthode au XVIIᵉ siècle*, Louvain, Peeters.

Swiggers, Pierre (1985a), *Une étape importante dans l'histoire de la grammaire française : les Principes de Restaut*, Studia Neophilologica 57, 219–226.

Swiggers, Pierre (1985b), *L'article en français : l'histoire d'un problème grammatical*, Revue de linguistique romane 49, 379–409.

Swiggers, Pierre (1986), *Grammaire et théorie du langage au dix-huitième siècle*, Lille, P.U.L.

Swiggers, Pierre (1989), *Structure propositionnelle et complémentation dans l'histoire de la grammaire : la théorie de Beauzée (1767)*, Lingua e Stile 24, 391–407.

Swiggers, Pierre (1990), *Französisch : Grammatikographie*, in : Günter Holtus/Michael Metzeltin/ Christian Schmitt (edd.), *Lexikon der Romanistischen Linguistik*, vol. V/1, Tübingen, Niemeyer, 843–869.

Swiggers, Pierre (1992a), *Les grammaires françaises « pédagogiques » du XVIᵉ siècle : Problèmes de définition et de typologie ; analyse microscopique*, in : Konrad Schröder (ed.), *Fremdsprachenunterricht 1500–1800*, Wiesbaden, Harrassowitz, 217–235.

Swiggers, Pierre (1992b), *La grammaire des Académiciens prise d'assaut : un exemple de 'récurrence différentielle' dans l'histoire de la grammaire française*, Travaux de Linguistique et de Philologie 30, 125–137.

Swiggers, Pierre (1996), *Histoire et épistémologie de la grammaire : le cas du français*, in : Emilia Alonso/Manuel Bruña/Manuel Muñoz (edd.), *La lingüística francesa : gramática, historia y epistemología*, t. I, Sevilla, Departamento de Filología francesa de la Universidad de Sevilla, 9–31.

Swiggers, Pierre (1997), *Grammaire*, in : Michel Delon (ed.), *Dictionnaire européen des Lumières*, Paris, P.U.F., 514–518.

Swiggers, Pierre (1998a), *Franse grammatica's uit Straatsburg, eind zestiende – begin zeventiende eeuw*, Meesterwerk 11, 11–22.

Swiggers, Pierre (1998b), *Aspects méthodologiques du travail de l'historien de l'enseignement du français langue étrangère ou seconde*, Documents pour l'histoire du français langue étrangère ou seconde 21, 34–52.

Swiggers, Pierre (2001), *L'histoire des grammaires et des manuels de langues romanes*, in : Günter Holtus/Michael Metzeltin/Christian Schmitt (edd.), *Lexikon der Romanistischen Linguistik*, vol. I/1, Tübingen, Niemeyer, 476–505, 506–517, 526–532.

Swiggers, Pierre (2004), *Modelos, métodos y problemas en la historiografía de la lingüística*, in : Cristóbal Corrales Zumbado et al. (edd.), *Nuevas aportaciones a la historiografía lingüística*, vol. I, Madrid, Arco Libros, 113–146.

Swiggers, Pierre (2006a), *À propos de la place de la syntaxe dans la grammaire : de Buffier à Girard*, Revue belge de philologie et d'histoire 84, 867–883.

Swiggers, Pierre (2006b), *L'analyse du verbe dans la grammaire française préclassique, 1530–1575*, Le français préclassique 9, 37–83.

Swiggers, Pierre (2007a), *L'analyse grammaticale et didactico-linguistique du français, du Moyen Âge au 19ᵉ siècle. Jalons de l'histoire du français comme objet de description et d'enseignement*, in : Peter Schmitter (ed.), *Sprachtheorien der Neuzeit*, vol. III/2 : *Sprachbeschreibung und Unterricht*, Tübingen, Narr, 559–645.

Swiggers, Pierre (2007b), *L'institution du français. Jalons de l'histoire de son enseignement*, in : Peter Schmitter (ed.), *Sprachtheorien der Neuzeit*, vol. III/2 : *Sprachbeschreibung und Unterricht*, Tübingen, Narr, 646–721.

Swiggers, Pierre (2008), *L'adverbe dans la grammaticographie française du 16ᵉ siècle : Définition, (sous-) classification et terminologie*, Beiträge zur Geschichte der Sprachwissenschaft 18, 59–100.

Swiggers, Pierre (2010), *Les enjeux de l'enseignement des langues aux Temps Modernes : Dimensions ludique, politique et idéologique de la didactique et de la didaxologie*, in : Javier Suso López (ed.), *Plurilinguisme et enseignement des langues en Europe : Aspects historiques, didactiques et sociolinguistiques*, Granada, Ed. Universidad de Granada, 79–123.

Swiggers, Pierre (2012a), *L'homme et la matière grammaticale : historiographie et histoire de la grammaire*, in : Bernard Colombat/Jean-Marie Fournier/Valérie Raby (edd.), *Vers une histoire générale de la grammaire française. Matériaux et perspectives*, Paris, Champion, 115–133.

Swiggers, Pierre (2012b), *Historiografía de la gramaticografía didáctica : apuntes metodológicos con referencia a la (historia de la) gramática española y francesa*, in : Neus Vila Rubio (ed.), *Lengua, literatura y educación en la España del siglo XIX*, Bern/Lérida, Lang/Edicions i Publicacions de la Universitat de Lleida, 15–37.

Swiggers, Pierre (2013a), *Une figure de grammairien : Léon Clédat (1851–1930)*, Beiträge zur Geschichte der Sprachwissenschaft 23, 121–140.

Swiggers, Pierre (2013b), *Le verbe dans le « Traicté de la grammaire Françoise » (1557) de Robert Estienne*, Le français préclassique 15, 147–169.

Swiggers, Pierre/De Clercq, Jan (1993), *Franse grammatica en taalonderwijs in de « Lage Landen » tijdens de zestiende en zeventiende eeuw. Bronnen, achtergronden, produktie, analytische typologie*, in : Els Ruijsendaal (ed.), *Taalmethoden door de eeuwen heen* (= Meesterwerk 4), 25–35.

Swiggers, Pierre/Mertens, Frans-Jozef (1984), *La grammaire française au XVIIᵉ siècle. Bibliographie raisonnée*, in : Pierre Swiggers (ed.), *Grammaire et méthode au XVIIᵉ siècle*, Louvain, Peeters, 95–110.

Swiggers, Pierre/Van Hoecke, Willy (edd.) (1989), *La langue française au XVIᵉ siècle. Usage, enseignement et approches descriptives*, Louvain/Paris, Leuven University Press – Peeters.

Tesnière, Lucien (1959), *Éléments de syntaxe structurale*, Paris, Klincksieck.

Thurot, Charles (1881–1883), *De la prononciation française depuis le commencement du XVIᵉ siècle, d'après les témoignages des grammairiens*, 2 vol., Paris, Imprimerie nationale.

Travaux de linguistique n° 9–10 (1982–1983) : *Tradition grammaticale et linguistique : l' « Essai de grammaire de la langue française » de Jacques Damourette et Édouard Pichon*.

Trousson, Michel/Berré, Michel (1997), *La tradition des grammairiens belges*, in : André Blampain et al. (edd.), *Le français en Belgique*, Louvain-la-Neuve, Duculot, 337–336.

Trudeau, Danielle (1992), *Les inventeurs du bon usage (1529–1647)*, Paris, Éditions de Minuit.

Wagner, Robert-Léon (1968–1973), *La grammaire française. (1) Les niveaux et les domaines. Les normes. Les états de langue. (2) La grammaire moderne. Voies d'approche. Attitudes des grammairiens*, 2 vol., Paris, SEDES.

Weinrich, Harald (1960), *Vaugelas und die Lehre vom guten Sprachgebrauch*, Zeitschrift für romanische Philologie 76, 1–33.

Wilmet, Marc (1995), *Théorie grammaticale et description du français*, in : Gérald Antoine/Robert Martin (edd.), *Histoire de la langue française, 1914–1945*, Paris, Éditions C.N.R.S., 965–992.

Wilmet, Marc (2000), *Théorie grammaticale et description du français*, in : Gérald Antoine/Bernard Cerquiglini (edd.), *Histoire de la langue française, 1945–2000*, Paris, Éditions C.N.R.S., 883–905.

Winkler, Emil (1912), *La doctrine grammaticale française d'après Maupas et Oudin*, Halle, Niemeyer.

Wolf, Lothar (1982), *La normalisation du langage en France : de Malherbe à Grevisse*, in : Édith Bédard/Jacques Maurais (edd.), *La norme linguistique*, Paris, Le Robert, 105–137.

Yvon, Henri (1904), *Étude de notre vocabulaire grammatical. Le mot « indéfini »*, Revue de philologie française et de littérature 18, 46–67.

Yvon, Henri (1907), *Sur l'emploi du mot « indéfini » en grammaire française*, Revue de philologie française et de littérature 21, 21–36.

Yvon, Henri (1946), *Étude sur notre vocabulaire grammatical. Le mot « conditionnel »*, in : *Études romanes dédiées à Mario Roques*, Paris, Droz, 149–168.

Yvon, Henri (1953–1954), *Étude de notre vocabulaire grammatical. Nomenclature des « tiroirs » de l'indicatif*, Le français moderne 21, 247–262 ; 22, 11–28.

Yvon, Henri (1955–1956), *La notion d'article chez nos grammairiens*, Le français moderne 23, 161–172, 241–255 ; 24, 1–13.

Xavier Gouvert et Ulrike Heidemeier

23 Lexicographie

Abstract : La lexicographie française est l'une des plus productives au monde : la langue française est dotée d'une tradition dictionnairique pluriséculaire, condition-née tant par la place de la langue nationale dans l'histoire politique et sociale de la France que par une longue réflexion méthodologique et métalinguistique. Le présent article aborde la lexicographie française sous trois aspects. Un aperçu historique (1) résume les grands courants d'évolution du genre lexicographique en France, du XVIe siècle à nos jours. Dans une deuxièmè section (2) sont examinés l'importance et les effets de la numérisation des dictionnaires. La situation actuelle de la lexicographie française, après ce qu'il est convenu d'appeler son âge d'or, occupe la troisième et dernière section (3).

Keywords : dictionnaire, lexicographie, métalexicographie, langue nationale, histoire de la langue, numérisation

1 La lexicographie française : aperçu historique

La lexicographie française est héritière d'une tradition qui remonte à la première moitié du XVIe siècle ; le monde francophone a connu, notamment aux XIXe et XXe siècles, une production dictionnairique pratiquement innombrable, s'étendant de la vulgarisation commerciale à la recherche lexicologique la plus avancée. Au cours d'une histoire lexicographique de près d'un demi-millénaire, la France est devenue le « pays du dictionnaire » (Hausmann 1985a, 36) par excellence (sur l'histoire de la lexicographie française, cf. Quemada 1967 ; 1990 ; Matoré 1968 ; Wooldridge 1977 ; Bray 1990 ; Rey 1990).

1.1 Aux origines : de la glossographie médiévale au foisonnement humaniste

Pourvue d'une longue tradition écrite en langue nationale, influencée d'un côté par une culture humaniste tributaire des textes grecs et latins de l'Antiquité et, de l'autre, par la latinité de l'Église catholique, la civilisation française a développé sa tradition lexicographique monolingue sur la base des premiers glossaires latins du Moyen Âge ; cette évolution, qui la rapproche de celle du reste de l'Europe, la distingue de celle des autres civilisations du monde (cf. Quemada 1967, 39s. ; Boisson/Kirtchuk/Béjoint 1991, 284 ; Bray 1990, 1788). Il est généralement admis que la lexicographie moderne du français a connu son début « officiel » en 1539 (cf. Quemada 1967, 11s. ; Wooldridge 1977, 23 ; Bray 1990, 1792 ; Monfrin/Vielliard 1990, 7).

Issu d'une famille d'imprimeurs, l'humaniste Robert Estienne (1498/1503–1559 ; cf. Matoré 1968, 5 ; Baldinger 1982, 9) publie trois dictionnaires qui seront d'une importance majeure pour la lexicographie latine et française : d'abord le *Latinae linguae Thesaurus* (1531), dictionnaire majoritairement latin sur le modèle du *Dictionarium* de Calepinus (1502), qu'il avait la tâche de rééditer (cf. Wooldridge 1977, 19s. ; Quemada 1990, 872 ; Bray 1990, 1792) ; puis le *Dictionarium latinogallicum* (1538), dans lequel les entrées latines sont traduites ou expliquées en français (« sermone patrio » ; cf. Bray 1990, 1793). C'est en 1539, l'année même où François Iᵉʳ édicte l'ordonnance de Villers-Cotterêts, qu'Estienne publie le *Dictionaire francoislatin*, considéré comme le premier dictionnaire à nomenclature française et qui marque « sporadiquement, presqu'accidentellement », le début de la lexicographie française monolingue (Bray 1990, 1793).

La lexicographie humaniste est marquée, à côté de ceux d'Estienne, par les travaux de Jean Nicot (1530–1604). Son *Thresor de la langue françoyse*, publié dans une édition posthume en 1606, est l'ouvrage le plus étroitement associé à Robert Estienne – par le simple fait qu'il s'agit de l'aboutissement d'un effort pour rééditer son *Dictionaire* après sa mort (cf. Wooldridge 1977, 8 ; Bray 1990, 1793–1794). Contrairement à ce que suggère son titre, le *Thresor* n'est mas monolingue :

> « Il appartient à cette catégorie de dictionnaires que B. Quemada [...] a qualifiés de ‹ semibilingues › : c'est un répertoire dans lequel ‹ la langue objet [en l'occurrence le français] est utilisée aussi pour des commentaires ou des exemples plus ou moins étendus › » (Bray 1990, 1794).

1.2 L'absolutisme lexicographique : l'Académie française et ses concurrents

On sait que l'Académie française fut fondée le 29 janvier 1635 par le cardinal de Richelieu, d'après le modèle italien de l'*Accademia della Crusca* (1583, Florence ; cf. Quemada 1985). Son objectif principal, « travailler avec tout le soin et toute la diligence possibles à donner des règles certaines à notre langue et à la rendre pure, éloquente et capable de traiter les arts et les sciences » (article XXIV des statuts de l'Académie), devait aboutir au premier dictionnaire de langue française entièrement monolingue. Cependant, ce projet fut devancé par celui de Pierre Richelet (1626–1698), qui fit paraître en 1680, à Genève, le *Dictionnaire françois* (cf. Quemada 1985, 77). Du fait du monopole royal qu'avait obtenu l'Académie, Richelet dut en effet publier son dictionnaire à l'étranger. Après son introduction clandestine en France, ce dernier connut un grand succès, dont témoignent ses nombreuses rééditions (cf. Bray 1990, 1796–1798 ; Quemada 1990, 874). En 1694 parut enfin le *Dictionnaire de l'Académie française* (DAF), réédité huit fois jusqu'en 1935 (²1718, ³1740, ⁴1762, ⁵1798, ⁶1835, ⁷1878, ⁸1932–1935) et dont la neuvième édition est en cours de parution depuis 1992 (cf. Quemada 1985, 79s. ; Bray 1990, 1798–1800 ; cf. aussi le site web de l'Académie française). Le DAF, dictionnaire sélectif et normatif, se fonde sur le « bon usage » du XVIIᵉ siècle, défendu par Vaugelas, auteur des *Remarques sur la langue française*, qui avait participé, jusqu'à sa mort en 1640, à la rédaction de cet ouvrage (cf. Matoré 1968, 70–73). Le dictionnaire est unique par son refus de recourir aux citations d'auteurs – les Académiciens illustrent les lemmes par leurs propres exemples – et sa vision ahistorique de la langue, excluant toute indication étymologique (du moins jusqu'à la neuvième édition). Il continue à jouer un rôle symbolique, mais central, dans la normalisation de la langue nationale.

1.3 La révolution encyclopédiste : la lexicographie au siècle des Lumières

La pensée philosophique du siècle des Lumières influença l'histoire de la production lexicographique française de manière décisive. Antoine Furetière (1619–1688), membre de l'Académie française de 1662 à 1685, élabora le premier dictionnaire à vocation encyclopédique, le *Dictionnaire Universel* (DU), qui parut après sa mort, en 1690 (cf. Bray 1990, 1800). Son débat avec l'Académie l'opposa à cette institution autant que s'oppose le DU au DAF : avec Furetière, la lexicographie française vécut sa première rupture épistémologique ; on distinguera dès lors le dictionnaire de langue, qui se réfère au signe linguistique (« dictionnaire de mots »), du dictionnaire encyclopédique, qui explique le référent (« dictionnaire de choses » ; cf. Quemada 1985, 77 ; 1990, 874 ; Pruvost 2002a, 32s.). Furetière est le précurseur des grandes productions dans le domaine encyclopédique qui paraîtront aux XIXᵉ et XXᵉ siècles. Conformément à la tradition pédagogique de leur compagnie, les jésuites de Trévoux – capitale de la principauté de Dombes indépendante du royaume de France et échappant alors aux décrets royaux concernant l'imprimerie (Bray 1990, 1801) – publièrent en 1704 le *Dictionnaire universel françois et latin* (le *Trévoux*, cf. Quemada 1982, 341). Celui-ci était, dans sa première édition, une reprise de la deuxième édition du dictionnaire de Furetière (cf. Bray 1990, 1801), si bien qu'il contribua à l'oubli de ce dernier. La préoccupation philosophique qui sous-tendait ces deux ouvrages à l'aube du XVIIIᵉ siècle culmine dans le travail monumental de Denis Diderot (1713–1784) et Jean Le Rond d'Alembert (1717–1783), qui publient entre 1751 et 1772 l'*Encyclopédie ou Dictionnaire raisonné des sciences, des arts et des métiers*. Comme son titre l'indique, l'*Encyclopédie* se veut une synthèse exhaustive des connaissances accumulées dans tous les domaines du savoir humain. La richesse et l'originalité de l'ouvrage tiennent à la présentation des matières sous trois formes : des articles de type lexicographique (lemme, définition, commentaire), des planches illustrées et légendées, ainsi qu'un riche apparat critique constitué de notes en fin de volumes. Pour cette même raison, l'ouvrage déborde largement le cadre de la lexicographie, et son influence dans l'histoire intellectuelle de la France et de l'Europe est considérable (cf. Blom 2004 ; Fischer 2004 ; Hoinkes 2012).

Du point de vue dictionnairique, en tout cas, la publication de l'*Encyclopédie* fit bientôt tomber dans l'oubli tant le *Dictionnaire* de Furetière que celui de Trévoux (cf. Matoré 1968, 95 ; Bray 1990, 1802).

1.4 L'inflation dictionnairique : naissance d'une lexicographie pour le grand public

L'époque pré- et post-révolutionnaire en France est marquée par une grande production lexicographique. Il convient d'abord de noter l'émergence, à la fin du XVIIIe siècle, des premiers dictionnaires « abrégés » – versions de poche des grands ouvrages –, d'abord à diffusion restreinte, mais appelés à connaître une popularité croissante (cf. Quemada 1982, 342–344 ; 1990, 874–875). L'Académie française s'assure un rôle d'arbitre de la norme, notamment en prenant, à partir de la troisième édition du DAF (1740), des décisions déterminantes pour l'orthographe française. Celle-ci ne connaîtra plus de grands changements à partir de la sixième édition en 1835 (cf. Wooldridge 1977, 221 ; Quemada 1990, 876).

Deux hommes incarnent l'émergence de la première « lexicographie commerciale » qui caractérise cette époque. Le premier est Charles Nodier (1780–1844), figure tutélaire du premier romantisme français, membre influent de l'Académie et de multiples sociétés savantes, généralement regardé comme l'instituteur de la linguistique en France (cf. Vaulchier 1984). On lui doit notamment un *Dictionnaire raisonné des onomatopées françaises* (1808) et un *Examen critique des dictionnaires de la langue française* (1828). Bien que Nodier n'y ait pas contribué, son nom apparaît sur le frontispice de la deuxième édition du *Dictionnaire universel* de Victor Verger, qui parut en 1826. Il n'écrivit en réalité que l'Avertissement de ce dictionnaire (cf. Vaulchier 1984, 97). Le second pionnier de la lexicographie « grand public » est Napoléon Landais (1804–1852), moins célèbre pour sa production romanesque que pour son œuvre lexicographique et grammaticographique : son *Dictionnaire général et grammatical des dictionnaires français* (1834), en particulier, fut l'un des succès de librairie des années 1830 et 1840 (cf. Pruvost 2002a, 46).

La première moitié du XIXe siècle voit en outre la création de deux maisons d'éditions qui modèleront le marché dictionnairique en France en lui donnant une orientation commerciale, déterminée par les besoins du grand public (cf. Quemada 1990, 876). Louis Hachette (1800–1864) fonde en 1826 la Librairie Hachette, appelée à devenir au XXIe siècle la première maison d'édition en France. Avide d'acquérir et de transmettre le savoir, Pierre Larousse (1817–1875) fonde en 1850 la Librairie Larousse, maison d'édition qui se spécialisera dans la production d'ouvrages de référence (cf. Pruvost 2002c). Dans un esprit d'éducation des masses, il publie à partir de 1863 en fascicules, puis dès 1866 en tomes, un dictionnaire encyclopédique, le *Grand Dictionnaire Universel du XIXe siècle* (cf. Quemada 1990, 875 ; Pruvost 2002a, 55). La direction de la Librairie Larousse sera reprise, à la fin du siècle, par Claude Augé (1854–1924), lequel fera paraître deux dictionnaires encyclopédiques, le *Nouveau Larousse illustré* (1897–1904, 7 vol.), puis le *Petit Larousse illustré* (1905, 1 vol. ; cf. Rey 1990, 1820–1822 ; Pruvost 2002a, 54–58).

Condisciple et ami de Louis Hachette, le philologue et polygraphe Émile Littré (1801–1881) publie entre 1863 et 1873 le *Dictionnaire de la langue française*, universellement connu comme le *Littré*. Son ambition de départ, la rédaction d'un dictionnaire étymologique (cf. Roques 1982), culmina dans un projet beaucoup plus vaste, celui de « donner une monographie de chaque mot » (Préface, p. XXXVIII). Littré introduisit la préoccupation étymologique et grammaticale dans la pratique dictionnairique, et marqua ainsi le début de la lexicographie scientifique et philologique (cf. Matoré 1968, 118–124 ; Quemada 1990, 878s.). Le *Littré* allait devenir – avec le *Dictionary of the English Language* (1755) de Samuel Johnson et le *Deutsches Wörterbuch* (1854) des frères Grimm – l'un des dictionnaires les plus influents de l'histoire occidentale.

1.5 Après Littré : genèse de la lexicographie moderne (1870–1925)

Dans un esprit similaire à celui de Littré, mais dans l'espace, plus modeste, de deux volumes, parut le *Dictionnaire général de la langue française* (DGLF, ¹1889–1901), élaboré par Adolphe Hatzfeld, Arsène Darmesteter et Antoine Thomas – trois auteurs incarnant le sommet de la grammaire historique de leur temps. La vision diachronique du DGLF, qui peut être considéré comme « le meilleur répertoire historico-philologique du français moderne » (Quemada 1990, 879), reflète exactement les avancées de la recherche en linguistique de la fin du siècle. Cet intérêt scientifique pour la langue et son histoire se révèle parallèlement dans un tout autre domaine : les dictionnaires de l'ancien français. Deux *opera magna* consacrés à la langue médiévale marquent la période : le *Dictionnaire de l'ancienne langue française et de tous ses dialectes* (Gdf, 1880–1902) de Frédéric Godefroy, ainsi que l'*Altfranzösisches Wörterbuch* (TL, 1925–2002) d'Adolf Tobler et Erhard Lommatzsch. Ils représentent tous deux un modèle et une avancée considérable pour ce champ d'étude (cf. Kantor/Stumpf 1974 ; Quemada 1990, 879). Prolongeant ce vaste mouvement de renouveau, mais porté par une ambition heuristique plus gigantesque encore, c'est finalement le *Französisches Etymologisches Wörterbuch* (FEW, 1922–2002, 25 vol.), conçu par Walther von Wartburg (1888–1971) dans la continuation de l'*Atlas Linguistique de la France* de Jules Gilliéron, qui fera époque dans le deuxième quart du XXᵉ siècle. Le FEW vise à dresser un tableau complet, comparatif et historique, du lexique galloroman (français, franco-provençal, gascon, occitan) dans une perspective génétique, c'est-à-dire en partant de l'étymon commun aux lexèmes anciens et modernes. Ce dictionnaire est, par sa conception et son contenu, une référence indispensable et incomparable pour l'étude scientifique du lexique français (cf. Wartburg 1961 ; Monfrin/Vielliard 1990, 8s. ; Büchi/Chambon 1995 ; Büchi 1996 ; Chauveau/Seidl 2003 ; Chauveau/Buchi 2011, 101–107 ; Buchi/Renders 2013, 645–655).

1.6 1950–1995 : un âge d'or pour la lexicographie française ?

Malgré certaines productions importantes parues entre les deux guerres, comme le *Dictionnaire encyclopédique* d'Aristide Quillet en 1934 (cf. Pruvost 2002a, 67s.), il convient de constater une période d'« hibernation de la lexicographie de langue » entre 1925 et 1950 (Rey 1990, 1826). Ce n'est qu'après cette date que l'évolution lexicographique allait être durablement influencée par deux Français qui, nés à la même époque, poursuivaient, pour des raisons différentes, la même idée : Paul Imbs (1908–1987) et Paul Robert (1910–1980).

Le Colloque International *Lexicologie et lexicographie françaises et romanes*, organisé à Strasbourg (12–16 novembre 1957), représente un événement important dans la réflexion autour de la réapparition du dictionnaire de langue ; les principaux spécialistes de l'époque en lexicologie et lexicographie y discutèrent « la question du ‹ Nouveau Littré › » (Imbs 1961a, non paginé) pour constater la nécessité d'un *Trésor général de la Langue française* qui serait « le témoin objectif et impartial du vocabulaire français » et « un exemple-type de la lexicographie scientifique moderne » dans l'héritage de Littré (Imbs 1961b, 285). Ce projet fut réalisé, sous la direction du recteur Paul Imbs et l'égide du *Centre National de la Recherche Scientifique* (CNRS) dans le *Centre de Recherche pour un Trésor de la Langue Française* (CRTLF), installé à Nancy, qui allait devenir l'*Institut National de la Langue Française* (INaLF, aujourd'hui ATILF). Une équipe d'une centaine de personnes, constituée spécialement à cet effet, élabora pendant 30 ans, avec les moyens techniques les plus avancés les 16 volumes du *Trésor de la Langue Française* (TLF), publiés entre 1971 et 1994. Le TLF représente un énorme travail philologique et lexicologique, fondé sur un vaste corpus de textes littéraires, scientifiques et techniques des XIXe et XXe siècles – corpus exploité par un traitement automatique informatisé et qui allait devenir la base *Frantext* (cf. Martin 1969 ; Pruvost 2002b, 1s. ; Bernard/ Montémont 2010, 34 ; Buchi/Pierrel 2009).

Venu d'un tout autre horizon que Paul Imbs, le juriste Paul Robert poursuivait depuis la fin des années 1940 l'idée de « prolonger Littré » en le modernisant et en rédigeant un dictionnaire analogique de la langue française (cf. Galarneau 2002 pour sa vie et son œuvre). Il fonda en 1951 sa propre maison d'édition (nommée alors *Société du Nouveau Littré*) et publia, entre 1953 et 1964, les six volumes de son *Dictionnaire alphabétique et analogique de la langue française* (cf. Rey 1990, 1827– 1828 ; Pruvost 2002a, 68–70). En 1968 parut, sous la direction d'Alain Rey, Josette Rey-Debove et Henri Cottez – trois auteurs en contact avec la recherche linguistique contemporaine –, le *Petit Robert*, qui se fonde sur son grand prédécesseur en réduisant et modélisant sa nomenclature et son contenu (cf. Rey 1990, 1828–1829 ; Pruvost 2002a, 70s.) ; régulièrement réédité, le *Petit Robert* devait faire la fortune de la maison Robert. D'autres ouvrages, tels que le *Dictionnaire du français contemporain* (DFC, 1967) du lexicologue Jean Dubois (cf. Matoré 1968, 149–151 ; Quemada 1990, 876 ; Rey 1990, 1832–1833 ; Pruvost 2002a, 72s.), ou le *Dictionnaire du français vivant* (DFV,

1972), de Maurice Davau, Marcel Cohen et Maurice Lallemand (cf. Pruvost 2002a, 73s.), ont vu le jour dans cette période prospère de la lexicographie française ; période que l'on a pu qualifier, par son « lustre et éclat », de « demi-siècle d'or de la lexicographie » française (Pruvost 1995, 6 ; pour une vision globale de la production lexicographique de la fin du XXᵉ siècle, cf. Corbin 1991 ; Pruvost 1995).

1.7 Innovation ou surenchère ? (1995–2015)

Si la seconde moitié du XXᵉ siècle correspond à l'âge d'or de la lexicographie française, celle-ci semble être dans une situation de stagnation depuis la fin de cette époque (cf. Corbin 1998 ; 2008, 1228). L'année 1994 peut être considérée comme une date-clef : elle symbolise le tricentenaire du DAF, l'achèvement du TLF et l'essor de l'ère informatique, correspondant à l'apparition publique de l'Internet (cf. Pruvost 1995, 22). Les conséquences de ces deux derniers événements se mesurent pleinement aujourd'hui : les dictionnaires de langue et encyclopédiques en plusieurs volumes (TLF, *Grand Robert, Grand Larousse*), de qualité incomparable, cèdent d'un côté aux versions en un volume – parmi lesquelles le *Petit Robert* et le *Petit Larousse* tiennent la première place – et de l'autre aux ressources électroniques, payantes ou gratuites, qui représentent une concurrence pour le dictionnaire imprimé. En même temps, on assiste à une floraison des dictionnaires de vulgarisation, qui proposent au grand public des thématiques de toute sorte, sans rapport direct avec la lexicographie proprement dite. Ces derniers occupent, dans la production imprimée, la place libérée par les dictionnaires encyclopédiques.

Du fait de sa quantité et de sa diversité, il est pratiquement impossible de donner un aperçu de la totalité de la production dictionnairique du XXIᵉ siècle. On peut toutefois en donner une mesure approchée à travers un échantillon représentatif du marché dictionnairique en France, obtenu par plusieurs canaux : (A) le catalogue de la Bibliothèque nationale de France (BnF), (B) l'offre des grandes maisons d'édition : Robert, Hachette et Larousse, (C) les « Chiffres clés de l'édition » du Syndicat national de l'édition (SNÊ) et (D) l'inventaire des productions lexicographiques émanant du secteur public.

(A) Le catalogue de la BnF

Si l'on effectue une recherche avancée dans le catalogue de la BnF, en combinant les indicateurs « dictionnaire » (toute la notice) et « 2012 » (dates), on aboutit à un résultat de 653 notices (recherche effectuée le 03.11.2013). Une analyse des cent premiers titres de cet effectif, à l'exclusion de tout ouvrage qui ne correspond pas à un dictionnaire de/en langue française, permet des observations intéressantes sur la production lexicographique de l'année 2012 : la majorité des titres, environ 80%, sont des dictionnaires encyclopédiques, qui présentent des informations relatives à un domaine de spécialité. Ces ouvrages peuvent relever de la recherche universitaire (comme le *Dictionnaire critique de l'acteur*) ou de la littérature expérimentale (*Dictionnaire des longues distances*), mais il s'agit le plus souvent d'œuvres de vulgarisation (*Dictionnaire amoureux des jardins, Dictionnaire impertinent de la mode*, etc.). On note, dans ce dernier cas, la prédominance de quelques collections connues du grand public : collection *Petit dictionnaire sentimental et fantaisiste*, chez Beaupré, collection *Dictionnaire insolite*, chez Cosmopole, collection *Dictionnaire impertinent*, chez F. Bourin, collection *Petit dictionnaire énervé*, aux Éditions de l'Opportun, collection *Dictionnaires amoureux*, chez Plon-Grasset, collection *Petit dictionnaire insolite*, aux Éditions Larousse. Au total, quatre résultats seulement sont à considérer comme de réels dictionnaires de langue française : *Le Petit Robert, Le Robert illustré & Dixel, Larousse poche 2013* et *Le Dictionnaire Hachette de la langue française mini*.

(B) Les maisons d'édition : Robert, Larousse, Hachette

Le succès des Éditions Robert est fondé sur le *Petit Robert* millésimé et ses produits dérivés (cf. Corbin 2008, 1230), ce que révèle aussi le catalogue en ligne de cette maison. On y trouve, dans la section « Dictionnaires généralistes », les dictionnaires suivants (état de novembre 2013) : *Le Robert illustré & son dictionnaire internet 2014, Le Petit Robert 2014, Le Petit Robert des noms propres 2014, Dictionnaire Le Robert de poche plus 2014, Le Robert de poche 2014, Le Robert pratique, Le Petit Robert micro* et *Le Robert Brio*. Les mêmes ouvrages (*Robert illustré, Le Petit Robert, Le Petit Robert des noms propres*) apparaissent dans plusieurs versions différentes (normal, grand format, format de poche, en coffret, abonnement en ligne, etc.). En outre, l'offre téléchargeable pour iPad/iPhone est particulièrement grande (*Dictionnaire des mots croisés et de jeux de lettres, Le Petit Robert, Dictionnaire Le Robert*, etc.). La section « Grands dictionnaires » offre trois ouvrages dans des versions diverses : *Le Grand Robert de la Langue Française, Le Dictionnaire historique de la langue française* et *Le Dictionnaire culturel en langue française*. Outre ces produits, le catalogue contient une cinquantaine d'ouvrages sous « Dictionnaires scolaires » et « Dictionnaires thématiques » (*Le Robert Benjamin, Le Robert Collège, Conjuguez sans faute, Dictionnaire des synonymes et des nuances, Dictionnaire des citations du monde, Le Petit décodeur de la médecine*, etc.) ; les mêmes ouvrages apparaissent souvent en version normale et en version de poche.

La maison Larousse, filiale depuis 2004 du groupe Hachette Livre, comprend dans son catalogue 350 titres au total et présente 75 nouveaux titres par an (cf. http://www.hachette.com/dictionnaires-et-encyclopedies.html, 03.11.2013). Outre les produits phares, le *Grand Larousse illustré 2014* et le *Petit Larousse illustré 2014*, le catalogue comprend de nombreux ouvrages, à classer comme dictionnaires généraux, scolaires, spécialisés, thématiques et culturels : *Dictionnaire de conjugaison, Diction-*

naire insolite des mots oubliés, Dictionnaire des synonymes et contraires, Le Lexis – Le dictionnaire érudit de la langue française ou bien *Larousse des noms propres, Dictionnaire Larousse des Maternelles, Larousse Junior Poche, Dictionnaire du collège, Le Dictionnaire de linguistique et des sciences du langage, Petit dictionnaire insolite de l'argot, Dictionnaire des analogies, Savoir rédiger – Les indispensables Larousse*. La prédominance des ouvrages scolaires (Collection *Dictionnaires pédagogiques*, Collection *Parascolaire*), encyclopédiques et de vulgarisation (Collection *Petit Dictionnaire insolite*), mais aussi, moins nombreux, des dictionnaires de langue (Collection *Grands Dictionnaires Larousse*), est en outre à mentionner.

Hachette Éducation poursuit l'objectif de diffuser le savoir vers le grand public, produisant ainsi une large gamme d'ouvrages didactiques et scolaires ; l'éditeur est la première référence en France dans ce secteur. Avec un catalogue de 4 500 titres et 500 nouveaux titres par an (cf. http://www.hachette.com/dictionnaires-et-encyclopedies. html, 03.11.2013), Hachette Éducation ne présente que peu d'ouvrages de lexicographie française, qui se regroupent sous deux collections : la collection *Dictionnaires scolaires*, avec des ouvrages comme le *Dictionnaire Hachette Benjamin 5–8 ans*, le *Dictionnaire Hachette Junior CE-CM – 8–11* ans ou le *Dictionnaire Hachette Junior de poche* ; et la collection *Dictionnaires généralistes de français* : *Dictionnaire Hachette 2014, Mini Dictionnaire Hachette Français, Dictionnaire des synonymes, Le mini Correcteur d'orthographe* ou *Le Dictionnaire et l'Atlas Hachette*.

On peut constater que les trois maisons se partagent stratégiquement le marché de l'édition dictionnairique en France : Robert domine les dictionnaires de langue, Larousse le secteur encyclopédique et Hachette Éducation les publications scolaires, et ce autour de quelques ouvrages généraux (*Le Petit Robert, Le Petit Larousse illustré, Le Dictionnaire Hachette*), présentés sous forme différente et en une nouvelle édition à chaque rentrée scolaire ou fin d'année (cf. Bray 1989, 42). On trouve également plusieurs ouvrages traitant les synonymes, l'analogie, l'orthographe ou la grammaire, ainsi que des produits au format de poche, mini ou compact (« les petits utilitaires à bon marché », Corbin 1998, 95). La quantité d'ouvrages dans chaque catalogue est considérable ; or, les effectifs reflètent en réalité l'importance des rééditions/réimpressions et non pas celle de nouvelles productions.

(C) Le Syndicat national de l'édition (SNÉ)

Le SNÉ mène une enquête annuelle visant à recueillir les chiffres de vente dans le domaine de l'édition. Sur cette base, le syndicat élabore une statistique intitulée « Les chiffres clés de l'édition » ; selon la statistique de l'année 2013 (http://www.sne.fr/ img/pdf/Telechargements/chiffrescles_juin2013.pdf, 13.11.2013), qui se fonde sur les données de 2012, le domaine des « Dictionnaires et encyclopédies » représente en 2012 au total 3% du chiffre d'affaires (CA) du marché éditorial ; dans ces 3%, les « Dictionnaires de français » occupent 1,1% et les « Encyclopédies et dictionnaires thématiques » 0,3%. Ces chiffres représentent une hausse par rapport à l'année précédente, où le secteur a enregistré 2,3% du CA global, mais une baisse évidente par rapport au CA d'il y a 6 ans par exemple (13 % ; cf. http://www.sne.fr/dossiers-et-enjeux/econo-mie.html, 13.11.2013). En comparaison, les deux premières branches sont « Littéra-ture » (24,2%) et « Beaux livres et livres pratiques » (16,8%), et la branche la plus faible « Cartes géographiques et atlas » (1,4%). Malgré ces chiffres bas en terme de CA du marché global, la branche « Dictionnaires et encyclopédies » représente nettement le plus grand chiffre de ventes moyennes par titre (10188), par rapport à « Littérature » (6300) et « Cartes géographiques et atlas » (5004), par exemple.

(D) Le secteur public en France et hors de France

Ce secteur (le CNRS, l'Université, etc.) se caractérise par des projets de haute ambi-tion, qui dépendent des moyens financiers et humains mis en place par l'État, ainsi que par une production de longue durée. Logiquement, le rythme et la quantité de production sont inversement proportionnels à la qualité du travail lexicographique produit. Le laboratoire ATILF est le centre de la lexicographie scientifique en France. Il abrite plusieurs projets dictionnairiques qui bénéficient tous d'une publication évolutive en version numérisée (cf. Pierrel 2008b) : la refonte partielle de la tranche alphabétique B du FEW, le *Dictionnaire du Moyen Français* (DMF), TLF-Étym, TLFsup, la *Base des Mots Fantômes*, ainsi que le projet RELIEF (2.1.3.). Parmi les projets institutionnels réalisés hors de France, nous ne citerons que les plus représentatifs : le *Dictionnaire Étymologique de l'Ancien Français* (DEAF), réalisé à Heidelberg sous la direction de Thomas Städtler (Allemagne) ; l'*Anglo-Norman Dictionary* (AND), réalisé à Aberystwyth, sous la direction de David Trotter (Grande-Bretagne) ; le *Glossaire des Patois de la Suisse Romande* (GPSR), réalisé par le Centre de dialectologie et d'étude du français régional de l'Université de Neuchâtel (Suisse) ; les travaux du *Valibel* (Centre de recherche sur les variétés linguistiques du français en Belgique) de l'Uni-versité Catholique de Louvain, sous la direction de Michel Francard, publiés dans un premier ouvrage, le *Dictionnaire des belgicismes* (2010) (Belgique) ; le *Dictionnaire historique du français québécois*, réalisé au sein du *Trésor de la langue française au Québec* à l'Université Laval sous la direction de Claude Poirier ; le dictionnaire *USITO*, réalisé à l'Université de Sherbrooke (Canada). En outre, deux plateformes en ligne sont à mentionner : le *Centre National de Ressources Textuelles et Lexicales* (CNRTL), projet porté par le CNRS, offrant un portail des ressources numérisées de la lexicologie et lexicographie française ; la *Base de données lexicographiques panfrancophone* (BDLP), accessible via le site http://www.bdlp.org/, projet sous la responsabilité de Claude Poirier et sous le patronage de l'Agence universitaire de la Francophonie, ayant pour objectif de fournir une base de données lexicographiques de la francopho-nie.

2 La lexicographie électronique du français

2.1 Quels dictionnaires électroniques ?

À l'heure actuelle, on donne le nom de *dictionnaire électronique* à des productions fort diverses, parmi lesquelles il faut distinguer au moins quatre sortes d'outils.

2.1.1 Le prototype du dictionnaire informatisé consiste en la simple numérisation (ou photocopie digitale) d'un dictionnaire imprimé (cf. Tarp 2012, 257) ; le travail de Terence Russon Wooldridge, « pionnier de l'informatisation de dictionnaires anciens » (Pruvost 2000, 189), qui numérisa les dictionnaires de la série Étienne-Nicot, fut l'un des premiers du genre (cf. Rey 2010, 72s.) ; depuis, le travail du laboratoire ATILF à Nancy et de l'ARTFL (*American and French Research on the Treasury of the French Language*, https://artfl-project.uchicago.edu/) a permis d'offrir un large éventail de dictionnaires anciens numérisés, tels que les dictionnaires de Jean Nicot, de l'Académie française (en plusieurs éditions) et de Littré (cf. Trotter 2013, 666 ; cf. aussi la plateforme CNRTL).

2.1.2 Il existe, d'autre part, des transcriptions informatiques de la version imprimée ; elles proposent des outils de navigation, donc un accès automatique au texte recherché (cf. Tarp 2012, 258). La plupart des dictionnaires électroniques dépassent la simple reproduction du contenu original, en offrant des voies d'accès à l'information inconcevables dans un ouvrage imprimé : l'hyperlien et l'hypertexte sont les inventions techniques qui ont permis au dictionnaire numérique de surpasser réellement le dictionnaire-papier (cf. Tarp 2012, 258s.). Initiée en 1991, sous l'égide du CNRS, l'informatisation du TLF fut l'entreprise la plus ambitieuse menée jusqu'alors dans ce domaine, compte tenu de la complexité et de la taille de l'ouvrage (cf. Pierrel/Dendien/Bernard 2004 ; Pierrel 2006 ; 2008a ; Buchi/Pierrel 2009 ; Schafroth 2012). Aujourd'hui, la plupart des dictionnaires commerciaux et scientifiques existent en version digitale, et l'évolution de ce secteur va de pair avec celle des outils électroniques. Dans le secteur public, l'un des chantiers les plus en vue – quoique controversé (cf. Greub 2013) – est l'informatisation du FEW, en cours sous la responsabilité de Yan Greub et de Pascale Renders au laboratoire ATILF (cf. Chauveau 2006 ; Renders 2010 ; 2011 ; Greub 2012).

2.1.3 Il convient de distinguer ces ouvrages *numérisés* des dictionnaires purement *numériques*, c'est-à-dire conçus et publiés numériquement.

Un exemple-type de cette seconde catégorie est le *Dictionnaire du Moyen Français*, dont l'idée initiale remonte à 1980 (cf. Buchi/Renders 2013, 656) : créé par Robert Martin avec l'ambition de doter le français bas-médiéval d'un instrument comparable au TLF, le DMF est élaboré au laboratoire ATILF (actuellement sous la direction de Sylvie Bazin-Tachella, www.atilf.fr/dmf). Après un premier volume d'essai, publié en 1998, la publication sur papier de ce dictionnaire fut abandonnée en faveur d'une banque de données évolutive encodée au format générique XML (*Extensible Markup Language* ; cf. Buchi/Renders 2013, 656). Le DMF illustre ce qu'on a pu appeler la « lexicographie évolutive » (cf. http://www.atilf.fr/dmf/PresentationDMF2012.pdf) : il ne s'agit pas de rédiger un dictionnaire lettre par lettre, mais de procéder par enrichissement progressif du contenu. Grace à l'encodage en XML, la consultation du dictionnaire peut se faire par toutes sortes d'« entrées » (par lemme, étymon, ouvrage cité, locution, référence bibliographique etc.). Des recherches sont également possibles dans les sources primaires qui sont à la base du dictionnaire. Les articles interactifs permettent d'accéder, via des hyperliens, à tout type d'informations et de renvois qui dépassent le simple contenu linguistique du dictionnaire (accès aux articles d'autres dictionnaires, aux lexies, etc.). Dans sa version la plus récente (DMF2012, mise en ligne le 2 juillet 2012), le DMF compte 62.371 entrées ; il constitue le dictionnaire de référence du moyen français, une somme philologique et linguistique, et une illustration brillante de la collaboration entre linguistique et informatique.

Le *Réseau Lexical du Français* s'intègre au cadre théorique de la « lexicologie explicative et combinatoire », volet lexical de la théorie Sens-Texte, et procède des travaux d'Igor Mel'čuk et d'Alain Polguère, réalisés à l'Université de Montréal (*Observatoire de Linguistique Sens-Texte*). Le projet RELIEF (*REssource Lexicale Informatisée d'Envergure sur le Français*), en cours depuis 2011 au sein du Laboratoire ATILF, vise à créer une vaste banque de données des unités lexicales du français contemporain, en se concentrant notamment sur les relations sémantiques et combinatoires entre les lexèmes (cf. Lux-Pogodalla/Polguère 2011). Constituant une ressource lexicale multidimensionnelle, le RLF se range parmi les travaux tels que *WordNet* ou *FrameNet*. Tout à la fois sémasiologique et onomasiologique, paradigmatique et syntagmatique, il s'agit d'un projet ambitieux qui n'a pu passer de la virtualité conceptuelle à la réalisation concrète qu'à la faveur des avancées informatiques du début du XXIe siècle. Sur les autres banques de données électroniques concernant la langue française, cf. Trotter (2013, 667s.).

2.1.4 Un dernier type est constitué par des dictionnaires électroniques polyvalents, capables de répondre automatiquement et précisément à n'importe quelle requête formulée par l'utilisateur. Depuis 1996, la firme Druide Informatique, de Montréal, commercialise *Antidote*, qui réunit un correcteur du français écrit, plusieurs dictionnaires du français ainsi que des indications grammaticales en un seul logiciel (la version actuelle est *Antidote 8* ; cf. http://www.antidote.info).

Parmi les ressources gratuites, on pense inévitablement à *Wikipedia* et à son complément *Wiktionary* (*Wiktionnaire* en version francisée), ressources libres et universelles, d'accès mondial, permettant la collaboration des usagers et offrant un accès rapide et facile à l'information recherchée (cf. Rey 2010, 76). Le *Wiktionnaire* se présente même comme un dictionnaire multidimensionnel, qui offre non seulement des définitions, mais aussi des informations métalexicales (historiques, paradigmatiques, syntagmatiques etc.). *Wikipedia* (cf. Cölfen 2012) possède un rayonnement et un nombre d'utilisateurs qui dépassent sans doute ceux de toutes les encyclopédies conçues à ce jour.

2.2 Horizons et limites

Les avantages de l'édition numérique sont évidents et connus : la portabilité, la rapidité de consultation (cf. Haß/Schmitz 2010, 3), l'ubiquité, l'actualisation permanente et l'amplitude potentiellement infinie (cf. Martin 2008, 1252 ; Gasiglia 2009, 262). Ses dangers le sont également. D'une part, cette évolution met en péril le métier même des lexicographes, lesquels « travaillent de plus en plus comme des ouvriers sous-qualifiés qui font fonctionner des machines et appliquent des consignes » (Béjoint 2007, 20). D'autre part, il existe un risque réel de nivellement qualitatif vers le bas : nombreuses sont les « plateformes » en ligne qui n'offrent que des compilations ou de simples traductions, voire donnent à n'importe qui la possibilité d'écrire absolument n'importe quoi. Ce que le dictionnaire gagne en quantité et en popularité, il peut le perdre en qualité et en autorité (cf. Haß/Schmitz 2010, 4).

3 Panorama de l'offre lexicographique actuelle

3.1 Dictionnaires de langue

3.1.1 Dictionnaires généraux

Le type le plus répandu de dictionnaire du français est le « dictionnaire général de la langue française », disponible sous différents formats. Un tel dictionnaire, descriptif et global, prétend à la représentation exhaustive du lexique de la langue, sans opérer de choix ni de restriction intentionnelle dans la nomenclature. Le TLF (100.000 entrées), qui se situe au juste milieu entre la recherche scientifique et la vulgarisation du contenu linguistique (cf. Buchi/Renders 2013, 656), et le DAALF, avec son successeur *Le Grand Robert de la langue française* (100.000 entrées), constituent les exemples-types de cette catégorie. Le TLF (TLFi, accès gratuit) ainsi que le *Grand Robert* (accès par abonnement) existent en version électronique.

3.1.2 Dictionnaires normatifs

Le dictionnaire normatif prescrit un certain usage du signe lexical, qu'il s'agisse de sa graphie, de sa réalisation phonétique, de l'adéquation entre son signifiant et son signifié ou de son emploi diasystématique. La tradition des dictionnaires normatifs est particulièrement ancienne en France, en raison du centralisme linguistique promu par l'État français depuis la Renaissance. L'archétype du dictionnaire normatif est le DAF (cf. Matoré 1968, 200).

3.1.3 Dictionnaires différentiels

Par *dictionnaire différentiel*, on entend le répertoire lexical d'une variété spécifique (*lecte*) de la langue, excluant ce qui appartient à sa variété standard.

3.1.3.1 Variation diachronique (ancienne langue)

La période de l'ancien français est l'objet de quatre ouvrages immenses tant par leur nomenclature que par leur qualité d'élaboration : le *Dictionnaire de l'ancienne langue française* de Frédéric Godefroy (1880–1902), l'*Altfranzösisches Wörterbuch* de Adolf Tobler et Erhard Lommatzsch (1925–2002), le DEAF (1974– ; 3.2.1.1) et l'*Anglo-Norman Dictionary* ([2]2005–, [1]1977–1992). Parmi les dictionnaires de vulgarisation figurent le *Lexique de l'ancien français* de Frédéric Godefroy (1901) et le *Dictionnaire de l'ancien français* (général, donc non différentiel) d'Algirdas Greimas (1969). L'ensemble du moyen français est couvert par le DMF. L'ouvrage « de poche » traitant cette période est le *Dictionnaire du moyen français* d'Algirdas Greimas/Teresa-Mary Keane (1992). Le *Dictionnaire de la langue française du seizième siècle* d'Edmond Huguet (1925–1967) fait autorité pour la langue de la Renaissance. Les spécificités du français du XVIIe siècle sont la matière du *Dictionnaire du français classique* de Jean Dubois, René Lagane et Alain Lerond (1971).

3.1.3.2 Variation diatopique (régionalismes)

La catégorie des dictionnaires diatopiques est représentée par ce que l'on a surnommé le « triumvirat » de la lexicographie régionale du français (cf. Trotter 2013, 668) : le *Dictionnaire suisse romand* d'André Thibault, datant, pour sa première édition, de 1997 ; le *Dictionnaire historique du français québécois* (Poirier 1998), réalisé au sein du *Trésor de la langue française au Québec* à l'Université Laval sous la direction de Claude Poirier ; et le *Dictionnaire des régionalismes de France* de Pierre Rézeau (2001). Ces trois dictionnaires sont novateurs du point de vue méthodologique, par les prémisses scientifiques qui les précèdent et par le standard qu'ils établissent pour les futurs dictionnaires de français régional (cf. aussi Trotter 2013, 668). En 2010, les travaux du *Valibel* (Centre de recherche sur les variétés linguistiques du français en Belgique) de l'Université Catholique de Louvain ont permis de compléter cette série par un quatrième pilier, le *Dictionnaire des belgicismes*, publié sous la direction de Michel Francard.

3.1.3.3 Variation diastratique (parlures et argots)

La variation diastratique de la langue (contemporaine) demeure le parent pauvre de la lexicographie française. Il n'existe pas de dictionnaire scientifiquement élaboré portant sur les variétés sociolinguistiques dans la francophonie : cette dimension est en partie prise en charge par la lexicographie des diatopismes (qui relèvent majoritairement, mais non exclusivement, de la variété sociolinguistique basse). Le marché est cependant bien pourvu en répertoires d'argot et de diastratismes urbains (parlers dit « de banlieue »), ouvrages d'amplitudes et de qualités très diverses : *Le parler marseillais* de Robert Bouvier (1999), *Dictionnaire de l'argot français et de ses origines* (2001) et *Dictionnaire de l'argot et du français populaire* (2010) de Jean-Paul Colin, *Dictionnaire de l'argot* d'Albert Doillon (2010) et *Tout l'argot des banlieues* d'Abdelkarim Tengour (2013).

3.1.3.4 Variation diaphasique (lexiques spécialisés)

Les technolectes et autres variétés diaphasiques bénéficient d'une tradition lexicographique ancienne. Les champs lexicaux les plus abondamment traités correspondent aux domaines qui intéressent le lectorat le plus large : de manière prévisible, les dictionnaires médicaux (*Larousse médical*, 2012, *Dictionnaire médical de l'Académie de Médecine*, 2015), culinaires (*Dictionnaire de la cuisine* d'Éric Glatre, 2009), sportifs (*Le Robert des sports* de Georges Petiot, 1982 ; *Dictionnaire du rugby* de Sophie Lavignasse, 2010) et érotiques (*Dictionnaire érotique* de Pierre Guiraud, 1993) figurent en tête de liste. Le très riche *Dictionnaire des noms de cépages de France* de Pierre Rézeau (1997) est un cas particulier, en ce qu'il traite un secteur lexical aux confins du technolecte, du régiolecte et de l'onomastique.

3.2 Dictionnaires métalinguistiques

Par opposition aux dictionnaires de langue, qui fournissent le signifié des lemmes, et aux encyclopédies, qui décrivent leur référent, on peut qualifier de *métalinguistiques* les dictionnaires qui mettent en relation chaque lexème avec d'autres lexèmes, soit pour en faire l'histoire, soit pour le traduire, soit pour en donner le champ lexical (dictionnaires analogiques et synonymiques) ou les affinités formelles (dictionnaires des rimes, de l'orthographe etc.). Nous nous restreignons ici aux dictionnaires étymologiques et bilingues.

3.2.1 Dictionnaires étymologiques

3.2.1.1 Étymologie lexicale

Le dictionnaire étymologique de référence pour le français est le FEW de Walther von Wartburg (1.5), qui, à côté de sa version imprimée en 25 volumes, est librement consultable en version numérisée (mode images) sur le site local du laboratoire ATILF (https://apps.atilf.fr/lecteurFEW/). C'est au sein de ce même laboratoire que, depuis 2006, une sélection de notices étymologiques du TLF est soumise à révision dans le cadre du projet TLF-Étym, mené sous la direction de Nadine Steinfeld (cf. Buchi 2005). Bénéficiant d'une publication progressive en version électronique, ces notices étymologiques sont consultables à travers le site du projet (www.atilf.fr/tlf-etym). Un autre projet-phare de la lexicographie diachronique et scientifique du français est le *Dictionnaire Étymologique de l'Ancien Français* (DEAF), réalisé à Heidelberg sous les directions successives de Kurt Baldinger, de Frankwalt Möhren, puis de Thomas Städtler (cf. Chauveau/Buchi 2011, 107s. ; Buchi/Renders 2013, 655) et qui constitue l'autorité lexicographique pour l'ancien français. Du point de vue de la lexicographie de grande distribution, on mentionnera le *Robert Historique*, diffusé en trois volumes et étudiant l'histoire de quelques 50.000 lexèmes français. L'histoire (et la préhistoire) du lexique français dans le cadre des langues romanes est traitée par le *Dictionnaire Étymologique Roman* (DÉRom) qui, depuis son lancement officiel en 2008 sous la direction d'Éva Buchi et de Wolfgang Schweickard, poursuit une révision du *Romanisches Etymologisches Wörterbuch* de Wilhelm Meyer-Lübke (REW) selon les méthodes de la grammaire-comparée reconstruction (cf. Chambon 2010, 64s. ; pour une présentation détaillée du projet DÉRom, cf. http://www.atilf.fr/derom ; cf. aussi Buchi/Schweickard 2014).

3.2.1.2 Emprunts lexicaux

Plusieurs auteurs se sont consacrés à l'étymologie des lexèmes français d'origine allogène. Les volumes 15 à 17 du FEW (*Germanische Elemente*) répertorient la totalité du lexique galloroman dont l'étymon est germanique (du gotique à l'allemand moderne), à l'exception des anglicismes ; ces derniers se trouvent dans le volume 18 (*Anglizismen*). Le tome 19 du FEW, auquel s'ajoutent les *Addenda* de Raymond Arveiller (1999), contient les *Orientalia* (emprunts au persan, au turc, à l'arabe et aux langues sémitiques) ; le tome 20 est consacré aux emprunts aux autres langues non romanes. Pour ce qui concerne les italianismes, on dispose de l'important travail de Thomas E. Hope, *Lexical Borrowing in The Romance Languages* (1971) et de celui de Bartina Harmina Wind, *Les mots italiens introduits en français au 16e siècle* (1973). Pour les emprunts à l'anglais, on doit citer le *Dictionnaire des anglicismes* de Manfred Höfler (1982), le *Dictionnaire des anglicismes* de Josette Rey-Debove et Gilberte Gagnon (1991) et, pour le domaine canadien, le *Dictionnaire des emprunts du français à l'anglais* de Louis Tardivel (1999). Les russismes sont traités par Éva Buchi dans son *Dictionnaire des emprunts au russe dans les langues romanes* (2010).

3.2.1.3 Étymologie des noms propres

La toponymie française est l'objet du *Dictionnaire topographique de la France*, entreprise éditoriale et scientifique initiée en 1859, visant à rassembler l'ensemble des noms de lieux anciens et modernes de la France entière. Forte de 35 volumes départementaux, la collection qui en est issue, publiée par le Comité des travaux historiques et scientifiques, fait depuis 2009 l'objet d'un projet de réédition électronique visant à en rendre librement accessible l'ensemble des données. La toponymie du nord de la France et de la Belgique est couverte par un dictionnaire en langue néerlandaise, le *Toponymisch Woordenboek* de Maurits Gysseling (1960), également numérisé. Pour la Suisse romande, on doit citer le *Dictionnaire toponymique des communes suisses* d'Andres Kristol (2005), richement documenté et scientifiquement exigeant. On ne dispose en revanche d'aucun dictionnaire étymologique des noms de lieux de France réalisé selon des standards scientifiques : le *Dictionnaire étymologique des noms de lieux en France* d'Albert Dauzat et Charles Rostaing (1963), le *Dictionnaire étymologique des noms de rivières et de montagnes en France* d'Albert Dauzat, Gaston Deslandes et Charles Rostaing (1978) et la *Toponymie générale de la France* d'Ernest Nègre (1990–1991) sont des ouvrages fantaisistes dont il est prudent de se défier (cf. Gouvert 2008) ; la *Toponymie de la France* d'Auguste Vincent (1937), travail ancien et non réédité, demeure une référence recommandable. L'anthroponymie française n'est guère mieux dotée. Le *Dictionnaire étymologique des noms de famille* de Marie-Thérèse Morlet, en dépit de la solide information de son auteur, propose des étymologies non démontrées et non sourcées. Le projet *PatRom* (*Patronymica Romanica. Dictionnaire historique de l'anthroponymie romane*), qui devait combler cette lacune, s'est interrompu sans postérité.

3.2.2 Les dictionnaires bilingues

L'offre de dictionnaires bilingues est innombrable, qu'il s'agisse d'ouvrages destinés aux francophones apprenant une langue étrangère, aux étrangers apprenant le français, ou encore aux uns et aux autres (cf. Schafroth 2014, 225s.). Ces dictionnaires sont majoritairement conçus pour un public scolaire et universitaire, et leur production est aujourd'hui décuplée par le développement de la branche « FLE » dans les universités (cf. Trotter 2013, 669). En France, le secteur est dominé par Hachette, Larousse et Robert ; ces maisons travaillent souvent en collaboration avec des éditeurs étrangers, tels que les Anglais Collins (avec Robert) et Oxford University Press (avec Hachette), les Italiens Signorelli et Zanichelli (avec Robert), l'Allemand Langenscheidt (avec Hachette), le Néerlandais Van Dale (avec Robert). Les firmes britanniques Harrap's et Chambers, associées à Larousse, appartiennent comme ce dernier à Hachette Livre (groupe Lagardère ; cf. aussi Trotter 2013, 669).

Sur la lexicographie bilingue franco-anglaise, on se reportera à Hausmann (1991) ; franco-allemande, à Rettig (1991) ; franco-espagnole, à Verdonk (1991) ; franco-italienne, à Bingen/Van Passen (1991) ; franco-suédoise, à Kahlmann (1991). Pour un aperçu plus large sur la lexicographie bilingue, cf. Schafroth (2014, 223–249).

Le développement de la lexicographie numérique a touché, plus que tout autre, le secteur des « bilingues ». Chaque grande maison d'édition propose des versions numériques payantes (souvent moins chères que la version imprimée) de leurs dictionnaires, et quelques-unes des versions gratuites (cf. le site de Collins : http://www.collinsdictionary.com/). Les nouveaux outils de télécommunication ont contraint les éditeurs à s'adapter à la demande : ces derniers fournissent des applications pour les tablettes et téléphones mobiles.

Après deux décennies d'expérimentation dans ce domaine, Internet offre aujourd'hui une myriade de sites de traduction, de traducteurs automatiques et de dictionnaires 'collaboratifs' gratuits et libres d'accès. Parmi les outils les plus fiables pour le français, citons : le *Wiktionnaire* (http://fr.wiktionary.org) ; la plateforme germanophone *leo.org* (dictionnaire collaboratif, gratuit, avec un forum de discussion interactif ; cf. Schafroth 2014, 245–248) ; http://fr.pons.com, site francophone de l'éditeur allemand Pons (ensemble de dictionnaires bilingues) ; *GoogleTranslator* (outil automatique, mais paramétré en anglais) ; http://www.babla.fr (dictionnaire en ligne pour 27 langues) ; *Linguee*, http://www.linguee.fr (dictionnaire plurilingue contenant « un milliard de traductions ») ; *Reverso*, http://dictionnaire.reverso.net/ (dictionnaire traductif offrant la version audio de chaque vocable). Ces ressources électroniques constituent, pour les éditeurs « historiques », une concurrence plus que menaçante ; face à une offre gratuite (financée par la publicité en ligne) dont la qualité peut égaler ou surpasser celle des dictionnaires bilingues traditionnels, on voit mal quelle part du marché ceux-ci pourraient, à moyen terme, parvenir à conserver.

4 Bibliographie

4.1 Monographies et articles

Arveiller, Raymond (1999), *Addenda au FEW XIX (Orientalia)*, ed. Max Pfister, Tübingen, Niemeyer.

Baldinger, Kurt (1974), *Le FEW de Walther von Wartburg. Introduction*, in : Kurt Baldinger (ed.), *Introduction aux dictionnaires les plus importants pour l'histoire du français*, Paris, Klincksieck, 11–47.

Baldinger, Kurt (1982), *Estienne 1531 et son importance pour l'histoire du vocabulaire français*, in : Manfred Höfler (ed.), *La lexicographie française du XVIe au XVIIe siècle. Actes du Colloque International de Lexicographie dans la Herzog August Bibliothek Wolfenbüttel (9–11 octobre 1979)*, Wolfenbüttel, Herzog August Bibliothek, 9–20.

Béjoint, Henri (2007), *Informatique et lexicographique de corpus : les nouveaux dictionnaires*, Revue Française de Linguistique Appliquée 12 :1, 7–23.

Bernard, Pascale/Montémont, Véronique (2010), *Voyage au cœur du langage : le « Trésor de la langue française » et « Frantext »*, Culture et recherche 124, 34–35.

Bingen, Nicole/Van Passen, Anne-Marie (1991), *La lexicographie bilingue français-italien, italien-français*, in : Franz Josef Hausmann et al. (edd.), *Wörterbücher. Ein internationales Handbuch zur Lexikographie*, vol. 3, Berlin/New York, de Gruyter, 3007–3013.

Blom, Philipp (2004), *Encyclopédie : the triumph of reason in an unreasonable age*, London, Fourth Estate.

Boisson, Claude/Kirtchuk, Pablo/Béjoint, Henri (1991), *Aux origines de la lexicographie : les premiers dictionnaires monolingues et bilingues*, International Journal of Lexicography 4:4, 261–315.

Bray, Laurent (1989), *Le dictionnaire dans les mass-médias en France*, in : Franz Josef Hausmann et al. (edd.), *Wörterbücher. Ein internationales Handbuch zur Lexikographie*, vol. 1, Berlin/New York, de Gruyter, 38–46.

Bray, Laurent (1990), *La lexicographie française des origines à Littré*, in : Franz Josef Hausmann et al. (edd.), *Wörterbücher. Ein internationales Handbuch zur Lexikographie*, vol. 2, Berlin/New York, de Gruyter, 1788–1818.

Büchi, Eva (1996), *Les structures du « Französisches Etymologisches Wörterbuch ». Recherches méta-lexicographiques et metaléxicologiques*, Tübingen, Niemeyer.

Buchi, Éva (2005), *Le projet TLF-Étym (projet de révision sélective des notices étymologiques du « Trésor de la langue française informatisé »)*, Estudis romànics 27, 569–571.

Büchi, Eva/Chambon, Jean-Pierre (1995), *« Un des plus beaux monuments des Sciences du langage » : Le FEW de Walther von Wartburg (1910–1940)*, in : Gérald Antoine/Robert Martin (edd.), *Histoire de la langue française 1914–1945*, Paris, CNRS Éditions, 935–963.

Buchi, Éva/Pierrel, Jean-Marie (2009), *Research and Resource Enhancement in French Lexicography : the ATILF Laboratory's Computerised Resources*, in : Silvia Bruti/Roberta Cella/Marina Foschi Albert (edd.), *Perspectives on Lexicography in Italy and in Europe*, Newcastle upon Tyne, Cambridge Scholars Publishing, 79–117.

Buchi, Éva/Renders, Pascale (2013), *Gallo-Romance I : Historical and etymological lexicography*, in : Rufus H. Gouws et al. (edd.), *Dictionaries. An International Encyclopedia of Lexicography. Supplementary Volume : Recent Developments with Focus on Electronic and Computational Lexicography*, Berlin/Boston, de Gruyter, 653–662.

Buchi, Éva/Schweickard, Wolfgang (edd.) (2014), *Dictionnaire Étymologique Roman (DÉRom). Genèse, méthodes et résultats*, Berlin/München/Boston, de Gruyter.

Chambon, Jean-Pierre (2010), *Pratique étymologique en domaine (gallo)roman et grammaire comparée-reconstruction. À propos du traitement des mots héréditaires dans le TLF et le FEW*, in : Injoo Choi-Jonin/Marc Duval/Olivier Soutet (edd.), *Typologie et comparatisme. Hommages offerts à Alain Lemaréchal*, Louvain/Paris/Walpole, Peeters, 61–75.

Chauveau, Jean-Paul (2006), *D'un site informatique en chantier pour le FEW*, in : Wolfgang Schweickard (ed.), *Nuovi media e lessicografia storica. Atti del colloquio in occasione del settantesimo compleanno di Max Pfister*, Tübingen, Niemeyer, 33–37.

Chauveau, Jean-Paul/Buchi, Éva (2011), *État et perspectives de la lexicographie historique du français*, Lexicographica. International Annual for Lexicography 27, 101–122.

Chauveau, Jean-Paul/Seidl, Christian (2003), *Französisches Etymologisches Wörterbuch (FEW)*, in : Thomas Städtler (ed.), *Wissenschaftliche Lexikographie im deutschsprachigen Raum*, Heidelberg, Winter, 509–518.

Cölfen, Hermann (2012), *Wikipedia*, in : Ulrike Haß (ed.), *Große Lexika und Wörterbücher Europas, Europäische Enzyklopädien und Wörterbücher in historischen Porträts*, Berlin/Boston, de Gruyter, 509–523.

Corbin, Pierre (1991), *Le maquis lexicographique. Aperçus sur l'activité lexicographique monolingue dans le domaine français à la fin du XXe siècle*, Le Français aujourd'hui 94, 6–26.

Corbin, Pierre (1998), *La lexicographie française est-elle en panne ?*, in : Cicle de Conferències 96–97. Lèxic, corpus i diccionaris, Barcelona, Institut Universitari de Lingüística Aplicada, Universitat Pompeu Fabra, 83–112.

Corbin, Pierre (2008), *Quel avenir pour la lexicographie française ?*, in : Jacques Durand/Benoît Habert/Bernard Laks (edd.), *Actes du CMLF 2008–1er Congrès Mondial de Linguistique Française*, Paris, EDP Sciences, http://dx.doi.org/10.1051/cmlf08352, 1227–1250.

Fischer, Harald (2004), *Die Encyclopédie méthodique. Zum Inhalt und Aufbau des Werkes*, Erlangen, Fischer.

Galarneau, Annie (2002), *D'un grand lexicographe, Paul Robert, à une grande maison d'édition : Les Dictionnaires « Le Robert »*, International Journal of Lexicography 15 :1, 22–37.

Gasiglia, Nathalie (2009), *Évolutions informatiques en lexicographie : ce qui a changé et ce qui pourrait émerger*, Lexique 19, 224–298.

Gouvert, Xavier (2008), *Problèmes et méthodes en toponymie française. Essais de linguistique historique sur les noms de lieux du Roannais*, Thèse de doctorat, Université de Paris-Sorbonne (Paris 4), Paris.

Greub, Yan (2012), *L'informatisation du FEW*, in : David Trotter (ed.), *Present and Future Research in Anglo-Norman : Proceedings of the Aberystwyth Colloquium, 21–22 July 2011. La recherche actuelle et future sur l'anglo-normand : Actes du Colloque d'Aberystwyth, 21–22 juillet 2011*, Aberystwyth, Aberystwyth University, 187–190.

Greub, Yan (2013), *How to avoid the risk of transforming a great printed dictionary into a poor digitized one ? Some partial answers, for want of more complete ones* (contribution à l'atelier *Künftige Standards wissenschaftlicher Lexikographie, 25.–27. März 2012, Berlin*), Brandenburgische Akademie der Wissenschaften, http://edoc.bbaw.de/volltexte/2013/2374/.

Haß, Ulrike/Schmitz, Ulrich (2010), *Lexikographie im Internet 2010. Einleitung*, Lexicographica. International Annual for Lexicography 26, 1–17.

Hausmann, Franz Josef (1977), *Einführung in die Benutzung der neufranzösischen Wörterbücher*, Tübingen, Niemeyer.

Hausmann, Franz Josef (1985a), *Trois paysages dictionnairiques : la Grande-Bretagne, la France et l'Allemagne. Comparaisons et connexions*, Lexicographica. International Annual for Lexicography 1, 24–50.

Hausmann, Franz Josef (1985b), *Lexikographie*, in : Christoph Schwarze/Dieter Wunderlich (edd.), *Handbuch der Lexikologie*, Königstein/Ts., Athenäum, 367–411.

Hausmann, Franz Josef (1989), *Wörterbuchtypologie*, in : Franz Josef Hausmann et al. (edd.), *Wörterbücher. Ein internationales Handbuch zur Lexikographie*, vol. 1, Berlin/New York, de Gruyter, 968–981.

Hausmann, Franz Josef (1991), *La lexicographie bilingue anglais-français, français-anglais*, in : Franz Josef Hausmann et al. (edd.), *Wörterbücher. Ein internationales Handbuch zur Lexikographie*, vol. 3, Berlin/New York, de Gruyter, 2956–2960.

Hoinkes, Ulrich (2012), *Die große französische Enzyklopädie von Diderot und d'Alembert*, in : Ulrike Haß (ed.), *Große Lexika und Wörterbücher Europas, Europäische Enzyklopädien und Wörterbücher in historischen Porträts*, Berlin/Boston, de Gruyter, 117–136.

Imbs, Paul (1961a), *Avant-Propos*, in : Imbs, Paul (ed.), *Lexicologie et lexicographie françaises et romanes. Orientations et exigences actuelles. Actes du Colloque International, Strasbourg, 12–16 novembre 1957*, Paris, CNRS Éditions, non paginé.

Imbs, Paul (1961b), *Conclusions proposées par l'organisateur du Colloque*, in : Imbs, Paul (ed.), *Lexicologie et lexicographie françaises et romanes. Orientations et exigences actuelles. Actes du Colloque International, Strasbourg, 12–16 novembre 1957*, Paris, CNRS Éditions, 285–289.

Kahlmann, André (1991), *La lexicographie bilingue suédois-français, français-suédois*, in : Franz Josef Hausmann et al. (edd.), *Wörterbücher. Ein internationales Handbuch zur Lexikographie*, vol. 3, Berlin/New York, de Gruyter, 3040–3043.

Kantor, Maria Sofia/Stumpf, Willy (1974), *Le Godefroy (Gdf) et le Tobler-Lommatzsch (TL)*, in : Kurt Baldinger (ed.), *Introduction aux dictionnaires les plus importants pour l'histoire du français*, Paris, Klincksieck, 151–161.

Lux-Pogodalla, Veronika/Polguère, Alain (2011), *Construction of a French Lexical Network : Methodological Issues*, in : *Proceedings of the First International Workshop on Lexical Resources (WoLeR 2011)*, Ljubljana, ESSLLI, 54–61.

Martin, Robert (1969), *Le Trésor de la Langue Française et la méthode lexicographique*, Langue française 2, 44–55.

Martin, Robert (2008), *Perspectives de la lexicographie informatisée*, in : Jacques Durand/Benoît Habert/Bernard Laks (edd.), *Actes du CMLF 2008–1er Congrès Mondial de Linguistique Française*, Paris, EDP Sciences, http://dx.doi.org/10.1051/cmlf08332, 1251–1256.

Matoré, Georges (1968), *Histoire des dictionnaires français*, Paris, Larousse.

Monfrin, Jacques/Vielliard, Françoise (1990), *I. Problèmes de vocabulaire et de lexicographie. Le Français*, in : Bernard Barbiche/Monique Chatenet (edd.), *L'édition des textes anciens. XVIᵉ–XVIIIᵉ siècle*, Paris, L'inventaire, 3–10.

Pierrel, Jean-Marie (2006), *Le Trésor de la Langue Française Informatisé : un dictionnaire de référence accessible à tous*, AMOPA 174, 25–28.

Pierrel, Jean-Marie (2008a), *Informatisation et valorisation sur le Net : une deuxième vie pour le TLF, Lexicographie et informatique. Bilan et perspectives*, Pré-actes du Colloque international à l'occasion du 50ᵉ anniversaire du lancement du projet de Trésor de la Langue Française (Nancy, ATILF, Campus Lettres et Sciences humaines, 23–25 janvier 2008), ATILF/CNRS-Nancy Université, http://www.atilf.fr/atilf/evenement/Colloques/Tlf2008/Preactes_colloque_TLF2008.pdf, 3–19 (23.09.2013).

Pierrel, Jean-Marie (2008b), *De la nécessité et de l'intérêt d'une mutualisation informatique des connaissances sur le lexique de notre langue*, in : Jacques Durand/Benoît Habert/Bernard Laks (edd.), *Actes du CMLF 2008–1er Congrès Mondial de Linguistique Française*, Paris, EDP Sciences, http://dx.doi.org/10.1051/cmlf08330, 1257–1276.

Pierrel, Jean-Marie/Dendien, Jacques/Bernard, Pascale (2004), *Le TLFi ou Trésor de la Langue Française informatisé*, in : Geoffrey Williams/Sandra Vessier (edd.), *Proceedings of the 11th EURALEX International Congress*, vol. 1, Lorient, Université de Bretagne-Sud, 165–170.

Pruvost, Jean (1995), *Avant-Propos. Un demi-siècle d'or pour les dictionnaires de langue français*, in : Jean Pruvost (ed.), *Les dictionnaires de langue. Méthodes et contenus. Actes du Colloque 1994 « La Journée des dictionnaires »*, Cergy-Pontoise, Centre de Recherche Texte/Histoire, 5–22.

Pruvost, Jean (2000), *Rapport de Colloque : Des dictionnaires papier aux dictionnaires électroniques. VIIe Journée des dictionnaires (22 mars 2000)*, International Journal of Lexicography 13:3, 187–193.

Pruvost, Jean (2002a), *Les dictionnaires de langue française*, Paris, Presses Universitaires de France.

Pruvost, Jean (2002b), *Le Trésor de la Langue Française : du « grand chêne » au cyberespace*, International Journal of Lexicography 15:1, 1–21.

Pruvost, Jean (2002c), *Du lexicographe Pierre Larousse (XIXᵉ s.) à la maison Larousse (XXᵉ–XXIᵉ s.)*, International Journal of Lexicography 15:1, 38–54.

Quemada, Bernard (1967), *Les Dictionnaires du Français moderne 1539–1863. Étude sur leur histoire, leurs types et leurs méthodes*, Paris, Didier.

Quemada, Bernard (1982), *La tradition lexicographique avant et autour du Littré*, Revue de synthèse 106–108, 335–356.

Quemada, Bernard (1985), *L'Académie française et ses dictionnaires : remarque sur la lexicographie institutionnelle française*, in : *The fairest flower. The Emergence of Linguistic National Consciousness in Renaissance Europe*, Firenze, Presso L'Accademia, 71–84.

Quemada, Bernard (1990), *Französisch : Lexikographie. Lexicographie*, in : Günter Holtus/Michael Metzeltin/Christian Schmitt (edd.), *Lexikon der Romanistischen Linguistik (LRL)*, vol. 5/1 : *Französisch/Le français*, Tübingen, Niemeyer, 869–894.

Renders, Pascale (2010), *L'informatisation du « Französisches Etymologisches Wörterbuch » : quels objectifs, quelles possibilités ?*, in : Maria Iliescu/Heidi Siller-Runggaldier/Paul Danler (edd.), *Actes du XXVᵉ Congrès International de Linguistique et de Philologie Romanes (Innsbruck, 3–8 septembre 2007)*, vol. 6, Berlin/New York, de Gruyter, 311–320.

Renders, Pascale (2011), *Modélisation d'un discours étymologique. Prolégomènes à l'informatisation du « Französisches Etymologisches Wörterbuch »*, Thèse Université de Liège et Université Nancy 2.

Rettig, Wolfgang (1991), *Die zweisprachige Lexikographie Französisch-Deutsch, Deutsch-Französisch*, in : Franz Josef Hausmann et al. (edd.), *Wörterbücher. Ein internationales Handbuch zur Lexikographie*, vol. 3, Berlin/New York, de Gruyter, 2997–3007.

Rey, Alain (1990), *La lexicographie française depuis Littré*, in : Franz Josef Hausmann et al. (edd.), *Wörterbücher. Ein internationales Handbuch zur Lexikographie*, vol. 2, Berlin/New York, de Gruyter, 1818–1843.

Rey, Christophe (2010), *Éléments de réflexion concernant les processus lexicographiques, lexicologiques et métalexicographiques à l'ère d'Internet*, Cahiers de linguistique 36 :2, 71–81.

Rey, Christophe (2012), *Le Dictionnaire de l'Académie Française : un modèle lexicographique en évolution*, in : Franck Neveu et al. (edd.), *Actes du CMLF 2012–3ème Congrès Mondial de Linguistique Française*, Paris, EDP Sciences, http://dx.doi.org/10.1051/shsconf/20120100019, 1031–1041.

Roques, Gilles (1982), *Littré et l'étymologie*, Revue de synthèse 106–108, 367–376.

Schafroth, Elmar (2012), *Trésor de la langue française (informatisé)*, in : Ulrike Haß (ed.), *Große Lexika und Wörterbücher Europas, Europäische Enzyklopädien und Wörterbücher in historischen Porträts*, Berlin/Boston, de Gruyter, 367–403.

Schafroth, Elmar (2014), *Französische Lexikographie. Einführung und Überblick*, Berlin/Boston, de Gruyter.

Tarp, Sven (2012), *Online dictionaries : today and tomorrow*, Lexicographica. International Annual for Lexicography 28, 253–267.

Trotter, David (2013), *Gallo-romance II : Synchronic lexicography*, in : Rufus H. Gouws et al. (edd.), *Dictionaries. An International Encyclopedia of Lexicography. Supplementary Volume : Recent Developments with Focus on Electronic and Computational Lexicography*, Berlin/Boston, de Gruyter, 2013, 663–672.

Vaulchier, Henri de (1984), *Charles Nodier et la lexicographie française. 1808–1844*, Paris, CNRS/Didier Érudition.

Verdonk, Robert A. (1991), *La lexicographie bilingue espagnol-français, français-espagnol*, in : Franz Josef Hausmann et al. (edd.), *Wörterbücher. Ein internationales Handbuch zur Lexikographie*, vol. 3, Berlin/New York, de Gruyter, 2976–2987.

Wartburg, Walther von (1961), *L'expérience du FEW*, in : Paul Imbs (ed.), *Lexicologie et lexicographie françaises et romanes. Orientations et exigences actuelles. Actes du Colloque International, Strasbourg, 12–16 novembre 1957*, Paris, CNRS Éditions, 209–219.

Wooldridge, Terence Russon (1977), *Les débuts de la lexicographie française. Estienne, Nicot et le « Thresor de la langue françoyse » (1606)*, Toronto/Buffalo/London, University of Toronto Press.

4.2 Dictionnaires

Académie nationale de Médecine (version 2015), *Dictionnaire médical de l'Académie de Médecine*, Paris, Académie nationale de Médecine, <http://www.academie-medecine.fr/dictionnaire/> (02.05.2015).

Amiel, Vincent, et al. (edd.) (2012), *Dictionnaire critique de l'acteur : théâtre et cinéma*, Rennes, Presses Universitaires.

AND = Rothwell, William/Gregory, Stewart/Trotter, David. A. (edd.) (²2005–, ¹1977–1992), *Anglo-Norman Dictionary*, London, Maney/The Modern Humanities Research Association.

Antidote = *Antidote 8*, version 4, Montréal, Druide informatique, 2014 ; cf. <http://www.antidote.info/> (04.05.2015).

Baraton, Alain (2012), *Dictionnaire amoureux des jardins*, Paris, Plon.

Barbier, Sylvie (2012), *Dictionnaire impertinent de la mode*, Paris, Bourin.

BDLF = *Base de données lexicographiques panfrancophone*, <http://www.bdlp.org/>, © Trésor de la langue française au Québec (06.11.2013).

Bouvier, Robert (1999), *Le parler marseillais*, Marseille, Laffitte.

Buchi, Éva (2010), *« Bolchevik », « mazout », « toundra » et les autres. Dictionnaire des emprunts au russe dans les langues romanes. Inventaire – Histoire – Intégration*, Paris, CNRS Éditions.

Calepinus (Calepino Ambrosius) (1502), *Dictionarium*, Reggio, Bertochi.

Chauveau, Jean-Paul (ed.) (2006–), *Französisches Etymologisches Wörterbuch (FEW)*, Nancy, ATILF, <http://www.atilf.fr/few>.

Colin, Jean-Paul (2010), *Dictionnaire de l'argot et du français populaire*, Paris, Larousse.

Colin, Jean-Paul/Mével, Jean-Pierre/Leclère, Christian (2001), *Dictionnaire de l'argot français et de ses origines*, Paris, Larousse.

DAALF = Robert, Paul (1953–1964), *Dictionnaire alphabétique et analogique de la langue française*, 6 vol., Paris, Société du Nouveau Littré (Suppl. 1970, 1 vol., dir. par Alain Rey) (2ᵉ édition = *Grand Robert*).

DAF = Académie française (1694), *Le Dictionnaire de l'Académie française dédié au Roy*, 2 vol., Paris, Coignard (²1718 ; ³1740 ; Paris, Brunet, ⁴1762 ; Paris, Smits et Cie, ⁵1798 ; Paris, Firmin-Didot, ⁶1835 ; ⁷1878 ; Paris, Hachette, ⁸1932–1935 ; Paris, Imprimerie nationale, ⁹1992–).

Dauzat, Albert/Deslandes, Gaston/Rostaing, Charles (1978), *Dictionnaire étymologique des noms de rivières et de montagnes en France*, Paris, Klincksieck.

Dauzat, Albert/Rostaing, Charles (1963), *Dictionnaire étymologique des noms de lieux en France*, Paris, Larousse.

DEAF = Baldinger, Kurt, et al. (edd.) (1974–), *Dictionnaire Étymologique de l'Ancien Français*, Québec/Tübingen/Paris, Presses de l'Université Laval/Niemeyer/Klincksieck.

DEAFel = Städtler, Thomas (ed.) (2010–), *Dictionnaire Étymologique de l'Ancien Français. Version électronique (DEAFplus et DEAFpré)*, Heidelberg, Académie des Sciences de Heidelberg, <http://deaf-server.adw.uni-heidelberg.de>.

DÉRom = Buchi, Éva/Schweickard, Wolfgang (dir.) (2008–) : *Dictionnaire Étymologique Roman (DÉRom)*. Nancy, ATILF <http://www.atilf.fr/DERom>.

DFC = Dubois, Jean, et al. (1967), *Dictionnaire du français contemporain*, Paris, Larousse (depuis 1980 : *Dictionnaire du français contemporain illustré*, Paris, Larousse).

DFV = Davau, Maurice/Cohen, Marcel/Lallemand, Maurice (1972), *Dictionnaire du français vivant*, Paris, Bordas.

DGLF = Hatzfeld, Adolphe/Darmesteter, Arsène (⁹1932, ¹1889–1901), *Dictionnaire général de la langue française*, avec le concours d'Antoine Thomas, Paris, Delagrave.

DHachette = Hachette (2012), *Le Dictionnaire Hachette*, Paris, Hachette.

Dictionnaire amoureux = Simoën, Jean-Claude (ed.) (2000–), Paris, Plon.

Dictionnaire topographique de la France, Éditions du Comité des Travaux Historiques et Scientifiques – Collection de documents inédits sur l'Histoire de France, © CTHS – Paris 2013, < http://
cths.fr/dico-topo/> (02.05.2015).

DMF = *Dictionnaire du Moyen Français*, version 2012 (DMF2012). ATILF – CNRS & Université de
Lorraine, <http://www.atilf.fr/dmf>.

Doillon, Albert (2010), *Dictionnaire de l'argot*, Paris, Laffont.

DRF = Rézeau, Pierre (ed.) (2001), *Dictionnaire des régionalismes de France. Géographie et histoire
d'un patrimoine linguistique*, Bruxelles, De Boeck.

DSR = Thibault, Andre/Knecht, Pierre (²2004, ¹1997), *Dictionnaire suisse romand. Particularités
lexicales du français contemporain*, Genève, Zoe.

DU = Furetière, Antoine (⁴1727 = 1978, ¹1690), *Dictionnaire Universel, contenant généralement tous
les mots françois, tant vieux que modernes, et les termes de toutes les sciences et des arts*, 3 vol.,
La Haye/Rotterdam, Leers.

Dubois, Jean/Lagane, René/Lerond, Alain (1971 ; rééditions), *Dictionnaire du français classique*, Paris,
Larousse.

Encyclopédie = Diderot, Denis/D'Alembert, Jean Le Rond (edd.) (1751–1780), *Encyclopédie, ou dictionnaire raisonné des sciences, des arts et des métiers,... par une société de gens de lettres, mis en
ordre et publié par M. Denis Diderot ; et quant à la partie mathématique par M. D'Alembert [...]*,
35 vol., Paris, Briasson/David/Le Breton/Durand/Neuchâtel, Faulke/Paris, Panckouke.

Estienne, Robert (1531, réédition 1536), *Dictionarium seu Latinae linguae Thesaurus, non singulas
modo dictiones continens, sed integras quoque Latine & loquendi, & scribendi formulas ex
optimis quibusque authoribus accuratissime collecta. Cum Gallica fere interpretatione*, Paris,
Estienne.

Estienne, Robert (1538, rééditions jusqu'en 1591), *Dictionarium latinogallicum. Thesauro nostro ita ex
adverso respondens, ut extra pauca quaedam aut obsoleta, aut minus in usu necessaria vocabu-
la, & quas consulto praetermisimus, authorum appellationes, in hoc eadem sint omnia, eodem
ordine, sermone patrio explicata*, Paris, Estienne.

Estienne, Robert (1539, réédition 1549), *Dictionaire francoislatin, contenant les motz & manieres de
parler Francois, tournez en Latin*, Paris, Estienne.

FEW = Wartburg, Walther von (1922–2002), *Französisches Etymologisches Wörterbuch. Eine darstellung des galloromanischen sprachschatzes*, 25 vol., Bonn et al., Klopp et al.

Francard, Michel, et al. (²2015, ¹2010), *Dictionnaire des belgicismes*, Bruxelles, De Boeck/Duculot.

Gdf = Godefroy, Frédéric (1880–1902), *Dictionnaire de l'ancienne langue française et de tous ses
dialectes du IXᵉ au XVᵉ siècle*, 10 vol., Paris, Vieweg/Bouillon.

Glatre, Éric (2009), *Dictionnaire de la cuisine*, Clichy, Éditions BPI.

Godefroy, Frédéric (1901), *Lexique de l'ancien français*, Paris, Champion.

GPSR = Gauchat, Louis, et al. (edd.) (1912–), *Glossaire des patois de la Suisse romande*, Neuchâtel/
Paris/Genève, Attinger/Droz.

Grand Larousse = Larousse (1971–1978), *Grand Larousse de la langue française*, 7 vol., sous la
direction de Louis Guilbert, René Lagane et Georges Niobey, Paris, Larousse.

Grand Larousse Encyclopédique = Larousse (1960–1975), *Grand Larousse encyclopédique en dix
volumes*, 10 vol. et 2 suppl., Paris, Larousse.

Grand Robert = Rey, Alain (1985), *Le Grand Robert de la langue française. Dictionnaire alphabétique
et analogique de la langue française*, 9 vol., Paris, Le Robert.

Greimas, Algirdas Julien (1969), *Dictionnaire de l'ancien français jusqu'au milieu du XIVᵉ siècle*, Paris,
Larousse.

Greimas, Algirdas Julien/Keane, Teresa-Mary (1992), *Dictionnaire du moyen français*. Paris, Larousse.

Grimm, Jacob/Grimm, Wilhelm (1854–1960), *Deutsches Wörterbuch*, 16 vol., Leipzig, Hirzel (cf. <www.
dwb.uni-trier.de>).

Guiraud, Pierre (1993), *Dictionnaire érotique*, Paris, Payot.

Gysseling, Maurits (1960), *Toponymisch Woordenboek van België, Nederland, Luxemburg, Noord-Frankrijk en West-Duitsland (vóór 1226)*, 2 vol., Tongres, Belgisch Interuniversitair Centrum voor Neerlandistiek.

Hachette mini = Hachette (2013), *Le Dictionnaire Hachette de la langue française mini*, Paris, Hachette Éducation.

Höfler, Manfred (1982), *Dictionnaire des anglicismes*, Paris, Larousse.

Hope, Thomas E. (1971), *Lexical Borrowing in The Romance Languages. A Critical Study of Italianisms in French and Gallicisms in Italian from 1100 to 1900*, 2 vol., Oxford, Blackwell.

Huguet, Edmond (1925–1967), *Dictionnaire de la langue française du XVIᵉ siècle*, 7 vol., Paris, Champion/Didier.

Johnson, Samuel (1755), *A Dictionary of the English Language*, London, Strahan for Knapton et al.

Kristol, Andres (ed.) (2005), *Dictionnaire toponymique des communes suisses, Lexikon der schweizerischen Gemeindenamen, Dizionario toponomastico dei comuni svizzeri*, Frauenfeld/Lausanne, Huber/Payot.

Landais, Napoléon (¹1834, ¹²1853), *Dictionnaire général et grammatical des dictionnaires français, offrant le résumé le plus complet de la lexicographie française et de tous les dictionnaires spéciaux*, 2 vol., Paris, Bureau central.

Larousse GDU = Larousse, Pierre (1866–1890), *Grand Dictionnaire Universel du XIXᵉ siècle, français, historique, géographique, mythologique, bibliographique, littéraire, artistique, scientifique, etc.*, 15 vol. et 2 suppl., Paris, Larousse.

Larousse médical = *Le Larousse médical* (2012, édition mise à jour), Paris, Larousse.

Larousse poche = Larousse (2012), *Larousse poche 2013*, Paris, Larousse.

Larousse Synonymes = Désirat, Claude/Genouvrier, Emile/Hordé, Tristan (2013, ¹1977), *Dictionnaire des synonymes*, Paris, Larousse.

Lavignasse, Sophie (2010), *Dictionnaire du rugby*, Paris, Champion.

Lexis = Larousse (1975), *Lexis, Dictionnaire de la langue française*, Paris, Larousse (dernière édition : Jean Dubois et al., edd., 2009, *Lexis, Le Dictionnaire érudit de la langue française*, Paris, Larousse).

Littré = Littré, Émile (1863–1873), *Dictionnaire de la langue française*, 4 vol., Paris, Hachette (suppl. 2 parties en 1 vol., 1877).

Morlet, Marie-Thérèse (¹1991, ²1997), *Dictionnaire étymologique des noms de famille*, Paris, Perrin.

MotsFantômes = Steinfeld, Nadine (2007–), *Base des mots fantômes*, Nancy, ATILF – CNRS & Université de Lorraine, <http://www.atilf.fr/MotsFantomes>.

Nègre, Ernest (1990–1991), *Toponymie générale de la France*, 3 vol., Genève, Droz.

Nicot, Jean (1606), *Thresor de la langue françoyse, tant ancienne que moderne*, Paris, Douceur.

Nodier, Charles (1808), *Dictionnaire raisonné des onomatopées françaises*, Paris, Demonville.

Nodier, Charles (1828), *Examen critique des dictionnaires de la langue française*, Paris, Delangle.

Nodier, Charles/Verger, Victor (1826), *Dictionnaire universel de la langue française rédigé d'après le dictionnaire de l'Académie française*, 2 vol., Paris, Classique-Élémentaire.

Nouveau Larousse illustré = Larousse (1897–1907), *Nouveau Larousse illustré. Dictionnaire universel encyclopédique*, sous la direction de Claude Augé, 7 vol. et un suppl., Paris, Larousse.

NPetit Larousse = Larousse (1968, rééditions annuelles), *Nouveau Petit Larousse*, Paris, Larousse.

NPetit Larousse illustré = Larousse (1924, rééditions annuelles), *Nouveau Petit Larousse illustré*, Paris, Larousse.

PatRom = Cano González, Ana María/Germain, Jean/Kremer, Dieter (edd.) (2004–), *Dictionnaire historique de l'anthroponymie romane. Patronymica Romanica (PatRom)*, Tübingen, Niemeyer.

Pellier, Bruno (2007), *Dictionnaire des longues distances*, Paris, Éditions Mix.

Petiot, Georges (1982), *Dictionnaire de la langue des sports*, Paris, Le Robert.

Petit Larousse = Larousse (1959, rééditions annuelles), *Petit Larousse*, Paris, Larousse.

Petit Larousse illustré = Larousse (1905, rééditions), *Petit Larousse illustré. Nouveau dictionnaire encyclopédique*, sous la direction de Claude Augé, Paris, Larousse.

Petit Robert = Robert, Paul (1967), *Le Petit Robert. Dictionnaire alphabétique et analogique de la langue française*, Paris, Le Robert (*Le Nouveau Petit Robert*, édition entièrement revue et amplifiée du Petit Robert, sous la direction de Josette Rey-Debove, Alain Rey et Henri Cottez, Paris, Le Robert, 1993, rééditions annuelles).

Poirier, Claude (ed.) (1998), *Dictionnaire historique du français québécois. Monographies lexicographiques de québécismes*, Sainte-Foy, Presses de l'Université Laval.

Quillet, Aristide (1934, rééditions et réimpressions), *Dictionnaire encyclopédique Quillet*, Paris, Quillet.

RELIEF = *REssource Lexicale Informatisée d'Envergure sur le Français*, ATILF – CNRS & Université de Lorraine, http://www.atilf.fr/spip.php?article908.

REW = Meyer-Lübke, Wilhelm ([1]1911–1920, [3]1930–1935), *Romanisches Etymologisches Wörterbuch*, Heidelberg, Winter.

Rey-Debove, Josette/Gagnon, Gilberte (1991), *Dictionnaire des anglicismes*, Paris, Robert.

Rézeau, Pierre (1997), *Dictionnaire des noms de cépages de France. Histoire et étymologie*, Paris, CNRS Éditions.

Richelet, César-Pierre (1680, rééditions jusqu'en 1769), *Dictionnaire françois, contenant les mots et les choses, plusieurs nouvelles remarques sur la langue françoise [...]*, Genève, Widerhold.

Robert culturel = Rey, Alain (ed.) (2005), *Dictionnaire culturel en langue française*, 4 vol., Paris, Le Robert.

Robert Historique = Rey, Alain (ed.) ([2]1998, [1]1992), *Dictionnaire historique de la langue française*, 3 vol., Paris, Le Robert.

Robert illustré = Robert (2009), *Le Robert illustré & Dixel*, Paris, Le Robert (réédition 2012).

Tardivel, Louis (1999), *Dictionnaire des emprunts du français à l'anglais*, Québec, Éditions du Sommet.

Tengour, Abdelkarim (2013), *Tout l'argot des banlieues*, Paris, Éditions de l'Opportun.

TL = Tobler, Adolf/Lommatzsch, Erhard (edd.) (1925–2002), *Altfranzösisches Wörterbuch, Adolf Toblers nachgelassene Materialien, bearbeitet und mit Unterstützung der preussischen Akademie der Wissenschaften herausgegeben von Erhard Lommatzsch, weitergeführt von Hans Helmut Christmann, vollendet von Richard Baum*, 11 vol., Berlin/Wiesbaden/Stuttgart, Weidmann/Steiner.

TLF = Imbs, Paul/Quemada, Bernard (edd.) (1971–1994), *Trésor de la Langue Française, Dictionnaire de la langue du XIXe et du XXe siècle (1789–1960)*, 16 vol., Paris, Éditions du CNRS/Gallimard.

TLF-Étym = Steinfeld, Nadine (ed.) (2005–), *Programme de recherche « TLF-Étym » (révision sélective des notices étymologiques du « Trésor de la langue française informatisé »)*, Nancy, ATILF – CNRS & Université de Lorraine, http://www.atilf.fr/tlf-etym.

TLFi = Imbs, Paul/Quemada, Bernard (edd.) (2004), *Trésor de la langue française. Dictionnaire de la langue du XIXe et du XXe siècle (1789–1960)*, Nancy, ATILF – CNRS & Université de Lorraine, http://atilf.atilf.fr/tlf.htm.

TLFsup = Laboratoire ATILF/CNRS & Université de Lorraine (ed.) (2013), *TLFsup : Supplément du TLF*, Nancy, ATILF – CNRS & Université de Lorraine, publication électronique <http://stella.atilf.fr/tlfsup/>.

Trévoux = Trévoux ([1]1704, [6]1771), *Dictionnaire universel françois et latin, contenant la signification et la définition tant des mots de l'une que de l'autre langue [...]*, 3 vol., Trévoux/Paris, Ganeau.

USITO = *Dictionnaire USITO*, Les Éditions Delisme, <http://www.usito.com/>, (09.10.2013).

Verger, Victor (1823), *Dictionnaire universel de la langue française rédigé d'après le dictionnaire de l'Académie française*, 2 vol., Paris, Classique-Élémentaire.

Vincent, Auguste (1937), *Toponymie de la France*, Bruxelles, Librairie Générale.

Wind, Bartina Harmina (1973 ; réimpression de la première édition de 1926, Deventer, Kluwer), *Les mots italiens introduits en français au 16e siècle*, Utrecht, Hes.

4.3 Ressources électroniques

Académie française = <http://www.academie-francaise.fr/> (10.02.2014).

ARTFL = American and French Research on the Treasury of the French Language, <https://artfl-project.uchicago.edu/> (02.05.2015).

Bab.la ; Dictionnaire en ligne pour 27 langues = <http://www.babla.fr> (02.05.2015).

CNRTL = *Centre National des Ressources Textuelles*, <http://www.cnrtl.fr/> (10.02.2014).

Collins = <http://www.collinsdictionary.com> (02.05.2015).

Dictionnaire Reverso = <http://dictionnaire.reverso.net/> (02.05.2015).

Frantext = Base textuelle FRANTEXT, ATILF – CNRS & Université de Lorraine, <http://www.frantext.fr>.

Gallica = Gallica, Bibliothèque Numérique, <http://gallica.bnf.fr> (02.11.2013).

GoogleTranslator = <https://translate.google.fr/> (02.05.2015).

Hachette = Hachette Livre, <http://www.hachette.com> (18.11.2013).

Hachette Éducation = <http://www.hachette-education.com> (18.11.2013).

Larousse = Éditions Larousse, <http://www.editions-larousse.fr> (18.11.2013).

LEO = <http://www.leo.org/> (02.05.2015).

Linguee = <www.linguee.fr> (02.05.2015).

PONS = <http://fr.pons.com> (02.05.2015).

SNÉ = <Syndicat national de l'édition, http://www.sne.fr/> (20.11.2013).

Wikipedia = <http://www.wikipedia.org/> (25.11.2013).

Wiktionary = <http://www.wiktionary.org/> (25.11.2013).

Wooldridge, Terence Russon, Les dictionnaires de Robert Estienne et de Jean Nicot, <http://homes.chass.utoronto.ca/~wulfric/tiden/>, août 1998 (12.09.2013).

Tendances méthodologiques et didactiques actuelles

Paul Gévaudan
24 La linguistique cognitive

Abstract : La linguistique est issue de la controverse essentiellement américaine entre la grammaire et la sémantique générative à partir des années 1960. D'une perspective européenne, elle s'inscrit dans la tradition ancienne des fondements psychologiques de la linguistique. Cela explique, à côté de nouvelles conceptions telles que la théorie des scénarios (« frames ») et de la théorie du prototype, le succès de ce mouvement basé sur l'idée de l'ancrage cognitif du langage. Après avoir fait état de ces données historiques, le présent article consacre une section importante aux concepts fondamentaux de la linguistique cognitive, tels que les mécanismes associatifs, les scénarios, les catégories prototypiques, les concepts « incarnés », la subjectivité etc. La seconde grande section de l'article est vouée aux applications de la linguistique cognitive en lexicologie diachronique et synchronique, en morphologie et en grammaire. Ces applications laissent entrevoir dans quelle mesure le courant de la linguistique cognitive est devenu une théorie à part entière.

Keywords : linguistique cognitive, grammaire/syntaxe, lexicologie/morphologie, changement sémantique, grammaticalisation

1 Introduction

La linguistique cognitive est un mouvement scientifique qui s'est formé aux États-Unis dans les années 1970 et qui, dû à sa réception en Europe et dans le monde ainsi qu'à son élaboration progressive, est devenu un des piliers de la science du langage. Les principes de ce mouvement sont :

[i] Le langage n'est pas une faculté cognitive autonome, mais dépend de la disposition cognitive générale des locuteurs

[ii] La grammaire des langues particulières est un instrument de conceptualisation de la réalité dans l'esprit des locuteurs

[iii] Les langues particulières et les compétences linguistiques des locuteurs sont le résultat de l'activité énonciative

Du principe [i] on peut déduire que le fonctionnement du langage est soumis aux mêmes mécanismes de l'esprit que toutes les autres activités mentales. Cette idée implique les principes [ii] et [iii], car si le langage dépend de la disposition cognitive des locuteurs, c'est d'une part parce qu'il est pour eux un instrument de conceptualisation, à savoir de représentation du monde ([ii]) et d'autre part parce que les langues particulières et leur connaissance sont l'émanation de l'activité linguistique des locuteurs ([iii]).

Du principe [ii] résulte que la fonction symbolique du langage et des langues particulières est à la base de toutes les méthodes et théories développées en linguistique cognitive, car l'expression linguistique se rapporte à la représentation, à l'imagination du monde. Or, conformément au principe [iii], la représentation (les *concepts cognitifs*) est le résultat d'un processus de *conceptualisation*. Elle est déterminée par la perception et par la communication. Par conséquent, la linguistique cognitive est en quelque sorte une linguistique de la parole.

Après un bref aperçu historique dans la section 2, l'article présent donne un résumé des méthodes et théories de la linguistique cognitive dans la section 3 et de leurs applications en linguistique dans la section 4.

2 Histoire de la linguistique cognitive

2.1 Le contexte épistémologique et la genèse de la linguistique cognitive

En Amérique, le structuralisme (Bloomfield 1933 ; Harris 1951 ; Hockett 1958) est influencé par le béhaviourisme (Watson 1913 ; Pavlov 1927 ; Skinner 1938). Cette démarche préconise une méthodologie de la « boite noire », qui consiste à examiner un système par rapport à ses propriétés externes, sans s'occuper de ses propriétés internes. On expose le système examiné à un stimulus en observant sa réaction. Appliqués aux organismes biologiques, les stimuli répétés mènent à un conditionnement (connu du célèbre « chien de Pavlov »). On retrouve l'idée de la boite noire dans les analyses distributives des structuralistes américains et dans la théorie de grammaire générative de N. Chomsky (1957 ; 1965), qui part du principe que toutes les constructions morphosyntaxiques d'une langue peuvent être expliquées indépendamment de toute considération sémantique ou fonctionnelle (c'est-à-dire de toute connaissance – interne – de la signification des phrases dans cette langue).

La plus importante racine du mouvement cognitiviste est la sémantique générative, qui repose sur la première conception de transformation de Chomsky selon laquelle la structure syntaxique des phrases correspond à une structure profonde de nature sémantique. Alors que Chomsky abandonne bien vite cette idée, qui contredit le principe de la boite noire, certains de ses premiers élèves développent la notion initiale de transformation, en particulier J. Ross, J. McCawley et G. Lakoff (cf. Lakoff/Ross 1968 ; McCawley 1973 ; Lakoff 1971 ; 1976 et le volume dirigé par McCawley 1976). Ce dernier deviendra par la suite un des principaux protagonistes de la linguistique cognitive. Un autre représentant de premier rang à la fois de la sémantique générative et de la linguistique cognitive est Ch. Fillmore. Véritable Chomskyen à ses débuts (cf. Fillmore 1963), il découvre l'importance de la sémantique dans les années 1960 et publie un des travaux inaugurateurs de la sémantique générative (« The case for case », Fillmore 1968), dans lequel il développe l'idée de rôles sémantiques. Il est aussi un des premiers à s'engager sur la voie du cognitivisme (Fillmore 1975) et à prendre en considération les travaux par la suite fort influents de la psychologue E. Rosch (1973, 1975a ; 1975b ; 1975c).[1]

L'apparition de la linguistique cognitive dans le cadre de la sémantique générative se confirme par ailleurs avec le premier livre de R. Langacker (1972), qui traite des « règles de mouvement d'un point de vue fonctionnaliste » et contribue ainsi au débat entre la syntaxe et la sémantique générative. Par la suite, Langacker développera la « grammaire cognitive » et jouera un rôle prépondérant dans le mouvement de la linguistique cognitive (cf. notamment Langacker 1985 ; 1987/1991 ; 1990 ; 1991 ; 1999 ; 2006).

2.2 Étapes de la réception et application de la linguistique cognitive

En Europe, la linguistique cognitive venue d'Amérique se heurte à une tradition linguistique tout à fait différente dans la mesure où, dès la seconde moitié du XIXe siècle, la linguistique historique et générale a intensément recours à la psychologie et à ses principes (cf., à côté de beaucoup d'autres, Darmesteter 1875 ; 1887 ; Paul 1880 ; Bréal 1897 ; Wundt 1912 ; Nyrop 1913 ; Roudet 1921 ; Sperber 1923 ; Carnoy 1927 ; Stern 1931 ; Bühler 1934). Le structuralisme européen est une sorte d'antithèse corrective du psychologisme et de son ancrage profond en linguistique. Et bien que la démarche psychologique s'affaiblisse dès le milieu du XXe siècle, le paradigme « nouveau » venu d'outre-mer ne semble que répéter ces anciennes idées et certains, y compris des linguistes américains venant des traditions de la typologie et de la sociolinguistique, ont dû penser à un coup de « marketing scientifique ».

Mais, petit à petit, beaucoup de chercheurs ont reconnu l'opportunité d'intégrer leurs recherches dans un cadre reconnu comme « scientifique », sans pour autant être structuraliste, générativiste ou mathématique (sémantique logique). De plus, certaines des idées de la linguistique cognitive étaient vraiment innovatrices, comme celles des théories des *scénarios* (« Frames », Fillmore 1975, Minsky 1975) et des *prototypes* (Rosch 1973 etc.), ainsi que la conception radicalement sémantique et en même temps conceptuelle de la grammaire dans les travaux de Langacker. Dès les années 1980 apparaissent des études cognitives en dehors des États-Unis.[2] Dès lors, les publica-

---

1 Fillmore sera par la suite également le précurseur de la grammaire constructionnelle (cf. Fillmore/Kay/O'Connor 1988), qui représente pour ainsi dire la branche la plus récente de la linguistique cognitive (cf. infra section 4.6).

2 Cf. dans le domaine de la sémantique Schlyter (1982) ; Geeraerts (1983a ; 1983b ; 1985) ; Blutner (1985) ; de la pragmatique Sperber/Wilson (1986) et de la lexicologie Wierzbicka (1980 ; 1985 ; 1988). Dans la psychologie cognitive française Cordier (1980 ; 1983 ; 1993) ; Cordier/Dubois (1981) ; Dubois

tions en linguistique cognitive se multiplient, et au début du XXIe siècle, le cognitivisme est devenu un des plus larges courants de la linguistique internationale.

3 Méthodes et théories de la linguistique cognitive

Les méthodes et théories cognitives développées dans les années 1970–1980 sont
centrées autour de la représentation mentale du monde, dont l'élément constitutif est
le concept cognitif. D'une part celui-ci est le résultat d'un processus de conceptualisation dans l'esprit des locuteurs, d'autre part il est le corrélat de la catégorisation, à
savoir de l'identification d'un phénomène externe. Dans cette section seront traités les
principes d'association (section 3.1), le « gestaltisme » (section 3.2), la sémantique des
scénarios (section 3.3), les tropes conceptuels (section 3.4), la sémantique du prototype et les modèles cognitifs idéalisés (section 3.5) ainsi que la subjectivité linguistique (section 3.6).

3.1 Les associations de contiguïté, de similarité et de contraste

L'association entre deux représentations mentales est une des notions fondamentales
de la linguistique cognitive. Or, cette notion remonte aux philosophes de l'antiquité,
notamment à Aristote, qui, dans l'opuscule *De la mémoire et de la réminiscence*
explique le fonctionnement de la mémoire par deux mécanismes associatifs :

> « Lors donc que la réminiscence a lieu en nous, [...] notre esprit recherche ce qui a suivi, soit à
> partir de tel instant ou de tel autre, soit à partir d'une chose **semblable** ou **contraire**, soit même
> d'un objet simplement **voisin** ; et cet effort de l'esprit suffit pour produire la réminiscence ».
>
> (Aristote 1847, chap. II, §5, 125, mise en relief PG)

On peut rapprocher la réminiscence « à partir de tel instant ou tel autre » à celle à
partir « d'un objet [...] voisin », car dans le premier cas on a affaire à un voisinage dans
le temps et dans le second à un voisinage dans l'espace. Il s'agit dans les deux cas
d'une forme de l'association de *contiguïté* (cf. latin *contiguus* 'voisin', *contingere*
'toucher'). La réminiscence « à partir d'une chose semblable ou contraire » en revanche repose sur une association de *similarité*[3] ou de *contraste*.

(1983) présentent des travaux sur la catégorisation (autant sémantique que psychologique) inspirés par
Rosch.

3 *Similarité* est le terme technique généralement préféré à *similitude* en psychologie et en linguistique
cognitive, entre autres pour sa correspondance avec les termes anglais (*similarity*) et allemand (*Simila-
rität*).

Aristote concevait la similarité et le contraste comme les deux pôles d'un continuum associatif (cf. Raible 1981, 20ss.). La notion et les types d'association d'Aristote se retrouvent notamment dans les œuvres philosophiques de John Locke, David Hume, David Hartley et John Stuart Mill, qui ont largement inspiré la psychologie associative du XIXᵉ et du XXᵉ siècle (cf. Blank 1997, 134). La conception des associations de similarité et de contiguïté est d'ailleurs aussi vieille que celle des tropes que l'on peut expliquer par ces association (ou vice-versa) : ainsi, la métaphore exprime une similarité et la métonymie une contiguïté (cf. Blank 2001).

3.2 Principes d'association et « gestaltisme »

Initié par un article du philosophe allemand Chr. v. Ehrenfels (1890), le « gestaltisme » ou psychologie de la forme (*Gestaltpsychologie*) élabore au début du XXᵉ siècle une théorie de l'imagination sensorielle qui jusqu'ici n'a rien perdu de sa force explicative et qu'il faut considérer comme une des bases les plus importantes des théories cognitives. Ehrenfels avait constaté que la perception est partiellement indépendante des phénomènes individuels perçus dans la mesure où l'impression de celui qui perçoit comporte des structures et des entités qui vont au-delà de l'ensemble de ces phénomènes. À partir de cette idée et de toute une série d'expériences, les chercheurs M. Wertheimer, W. Köhler et K. Koffka de l'université de Francfort-sur-le-Main développent la psychologie de la « gestalt » et descellent les mécanismes mentaux selon lesquels la conscience humaine construit des formes ou des figures à partir de données perceptuelles atomiques (cf. Wertheimer 1912 ; 1925 ; Köhler 1920 ; 1929 ; Koffka 1922 ; 1935 ; Metzger 1934 ; 1941). Selon la théorie de la « gestalt », le fait de percevoir une forme à partir d'un ensemble d'information élémentaire résulte des lois psychologiques suivantes :

> **(i) Loi de la prégnance**. Une certaine forme s'impose par rapport à d'autres grâce à un caractère saillant. Par ailleurs, les formes à structure simple l'emportent sur celles qui présentent une structure plus complexe. Il s'agit de la loi générale du gestaltisme. On l'appelle aussi « loi de la bonne forme » (*Gesetz der guten Gestalt*).
> **(ii) Loi de la proximité**. Les formes perçues regroupent plutôt des éléments proches que des éléments distants.
> **(iii) Loi de la similitude**. La correspondance d'éléments semblables l'emporte sur celle d'éléments dissemblables.
> **(iv) Loi de la clôture**. Une forme complètement circonscrite par une ligne est plus facilement reconnue comme telle qu'une forme « ouverte ».
> **(v) Loi de la ligne continue**. Les lignes sont perçues comme si elles se poursuivaient de la manière la plus simple (le contact de deux lignes est toujours perçu comme un croisement).
> **(vi) Loi de continuité**. Les stimuli qui semblent prolonger des stimuli antérieurs sont perçus comme correspondant à ceux-ci.
> **(vii) Loi du mouvement commun**. Des éléments en mouvement ayant la même direction sont perçus comme un ensemble.

Les figures suivantes démontrent l'effet de quelques-unes de ces lois :

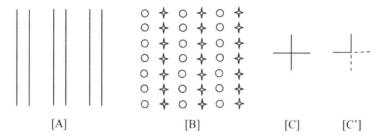

[A]   [B]   [C]   [C']

Figure 1 : Regroupement d'éléments et perception de forme (les figures [a] et [b] proviennent de Raible (1981, 5)

Dans le dessin [A], nous voyons automatiquement des groupes de deux lignes dont l'écart est réduit : ainsi nous percevons trois formes. Théoriquement, on aurait pu percevoir deux formes reliant les lignes plus éloignées. C'est la loi de la proximité (ii) qui nous impose la première perception. Dans le cas du dessin [B], la loi de la similitude (iii) nous fait percevoir des figures verticales et non horizontales. Dans le cas du dessin [C], la loi de la ligne continue (v) nous force à voir deux lignes croisées et nous empêche d'y voir deux angles. Ce n'est que dans la figure [C'] que nous pouvons voir soit une croix soit deux angles qui se touchent, car il y a ici concurrence entre la loi de la ligne continue (v) et la loi de la similitude (iii).

Les lois de la théorie de la « gestalt » présupposent la possibilité d'interpréter différentes formes à partir des mêmes stimuli. Comme on la vu pour le dessin [A], on a tendance à y percevoir trois formes, mais on pourrait également y voir deux formes. Or, la priorité d'une forme n'est pas toujours si claire qu'elle apparaît dans ce cas. Parfois, il y a ambiguïté entre ce qu'est la forme ou la figure et ce qu'est le fond. C'est ce qu'on appelle l'*effet figure-fond*. Cet effet est fréquemment exploité pour provoquer des illusions optiques, comme dans le cas des images suivantes :

Figure 2 : L'effet figure-fond (Vase de Rubin 1921 et *My Wife and My Mother-In-Law* de W. E. Hill 1915)

Le « gestaltisme » refuse le principe de l'association dans la mesure où celui-ci convient à l'idée d'un psychologisme élémentaire essentiellement déterminé par des stimuli isolées dont l'association est liée aux événements (associations de contiguïté) et à des traits inhérents (associations de similarité). Selon l'approche « gestaltiste », ce ne sont pas les éléments qui forment le tout, mais le tout qui se constitue d'éléments. En d'autres termes : l'esprit cherche à percevoir des formes et n'est pas (du moins pas uniquement) conditionné, comme le prétend le béhaviourisme. L'approche gestaltiste est donc *holistique* ou *analytique* dans la mesure où elle conçoit la perception comme intégration des stimuli dans une forme projetée par l'esprit, alors que la psychologie associative et le béhaviourisme préconisent une approche *atomiste* ou *synthétique*, pour laquelle la perception complexe résulte de la contiguïté ou de la similarité des stimuli. Les principes contraires de ces deux approches, qui se manifestent de différente manière dans les méthodes et théories de la linguistique cognitive, forme une sorte de dialectique : en effet, les lois (ii) et (iii) de la psychologie de la « gestalt » peuvent également être lues comme confirmations des principes classiques d'association.

3.3 La sémantique des « scénarios » ou « cadres » (« frames »)

La sémantique des « cadres » (« Frame semantics ») présentée par Minsky (1975) dans le domaine de l'intelligence artificielle et par Fillmore (1975 ; 1982) dans le domaine de la linguistique (cf. également Rumelhart 1975) se dirige contre le modèle logique des traits sémantiques intensionnels.

En sémantique logique, on distingue traditionnellement entre l'ensemble de traits correspondant à une signification (*sens* ou *intension*) et l'ensemble de référents ou d'occurrences compatibles à cette signification (*dénotation* ou *extension*).

Ce modèle « aristotélicien » (Kleiber 1990, 21) décrit les relations entre stimuli et notions (perceptuelles ou non) en termes de « conditions nécessaires et suffisantes », ce qui revient à dire que la présence de certains stimuli (traits sémantiques) est nécessaire et suffisante à une certaine notion. Contre cette conception strictement logique, Minsky et Fillmore soutiennent que, face à une nouvelle situation, l'esprit a automatiquement recours à des « scénarios », c'est-à-dire à des stéréotypes de situations qu'il suffit de modifier pour une adaptation appropriée à la situation actuelle.

> « A *frame* is a data-structure for representing a stereotyped situation, like being in a certain kind of living room, or going to a child's birthday party. Attached to each frame are several kinds of information. Some of this information is about how to use the frame. Some is about what one can expect to happen next. Some is about what to do if these expectations are not confirmed » (Minsky 1975, 211).

À des stéréotypes de situation se lie toute une série d'informations mémorisées, accessibles dès qu'on se retrouve dans une situation semblable. Dans un restaurant,

p. ex., le personnel de service nous mène à une table, nous apporte la carte ; ensuite nous faisons notre choix et attendons qu'on nous serve le repas ; après le dessert et un éventuel café, nous demandons l'addition, payons et laissons un pourboire. Ce scénario répété maintes fois nous est tout à fait familier. Comment se comporter et à quoi prêter son attention ne demande que peu de réflexion, car le juste cours des événements nous est intuitivement présent. L'idée de « cadre » (« frame ») ou de scénario correspond à ce qu'esquisse Figure 3 (cf. également Koch 1999a, 146–149, Gévaudan/Koch 2010, 109s.) :

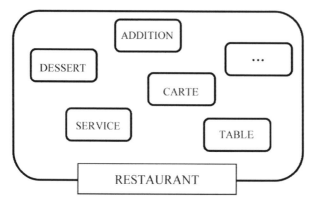

Figure 3 : Le Scénario ou cadre RESTAURANT

Au sein du scénario RESTAURANT on peut identifier les événements ou notions élémentaires tels que SERVICE, TABLE, CARTE, DESSERT, ADDITION etc. (« .. »). Ces éléments sont non seulement liés au type de situation qu'est le scénario RESTAURANT, mais également entre eux, comme le montre Figure 4 :

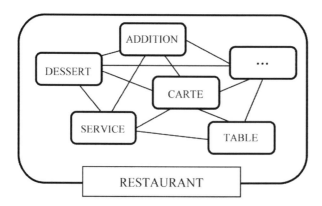

Figure 4 : Les liens de contiguïté du scénario RESTAURANT

Étant donnée leur apparition simultanée ou successive, les relations cognitives entre les éléments sont des associations de contiguïté. Toutefois, ces associations sont conçues d'un point de vue holistique, car, à l'instar du gestaltisme, c'est à travers l'identification du tout que l'esprit conceptualise les relations entre les parties.

3.4 Les tropes conceptuels et l'hypothèse de la cognition incarnée

Une variante à la fois anthropologique et linguistique de l'interprétation atomiste des mécanismes d'association se manifeste dans la notion de *tropes conceptuels*. Selon Lakoff/Johnson (1980), une bonne partie de nos moyens d'expression langagière provient de métaphores abstraites, qui ne servent pas seulement à désigner, mais également à concevoir des idées abstraites. Ainsi, ils constatent

> « A great deal of everyday, conventional language is metaphorical, and the metaphorical meanings are given by conceptual metaphorical mappings that ultimately arise from correlations in our embodied experience » (Lakoff/Johnson 1980, 247).

Dans cette approche les métaphores conceptuelles constituent une projection des expériences concrètes, notamment corporelles de l'être. Ces expériences, considérées comme primaires, servent à forger des concepts abstraits – c'est ce qu'on peut appeler la « cognition incarnée » (cf. Lakoff/Johnson 1980, 271). Bien entendu, l'idée d'une évolution ultérieure de la pensée abstraite remonte à la nuit des temps. Mais le clivage systématique de cette évolution et de la métaphore ainsi que des tropes en général est plus récent. On le retrouve dans les travaux de Sperber (1923) et d'Ullmann (1952) (cf. également Koch 1994 ; 1999a ; Blank 1997, 173–181 ; Gévaudan 2007, 99s.). Ce dernier observe la « projection conceptuelle » (« conceptual mapping ») à travers l'évolution du vocabulaire :

> « [La] primauté du concret dans l'évolution de l'esprit humain se manifeste en sémantique de deux façons : par la provenance concrète de beaucoup de termes abstraits devenus opaques et par la tendance universelle, et qui reste toujours en vigueur, de faire passer des mots du plan matériel au plan moral » (Ullmann 1952, 280).

En ce qui concerne « la provenance concrète [...] de termes abstraits devenus opaques » Ullmann fournit les exemples suivants :

(1) lat. *spiritus* 'esprit' < 'soufle'
(2) fr. *concevoir* < lat. *concipere* 'prendre, saisir'

Les cas de projection métaphorique du type SAISIR → CONCEVOIR, COMPRENDRE sont légion et existent dans toutes les langues. Il n'y a aucun doute que la projection du concret sur l'abstrait est un phénomène universel. Mais Sperber (1923), Ullmann

(1952) et Lakoff/Johnson (1980) vont encore plus loin et constatent qu'il y a des domaines source et des domaines cible de projection reliés par des paradigmes métaphoriques. Les désignations dans le domaine de l'argumentation p. ex. proviennent en partie du vocabulaire de guerre (on *défend* ou *attaque* un argument, on *abandonne* une idée), le domaine de l'argent et des finances s'exprime par la terminologie du liquide (argent *liquide*, argent *sec*, marchés *desséchés*, être *(à) sec*, *verser* un acompte, *versement* régulier). Un domaine source peut avoir plusieurs domaines cible, comme p. ex. l'orientation verticale dans l'espace : HAUT VS. BAS → BON VS. MAUVAIS (qualité *haute, basse, supérieure, inférieure* etc., *haute* distinction, idées *hautes, basses, haute* action, *basses* intentions etc.) ; HAUT VS. BAS → POSITIONS SOCIALES (le *supérieur*, rang *inférieure*, position *élevée, haut* représentant, au *sommet* de la hiérarchie etc.).

Lakoff/Johnson (1980, 35–40) sont dans les premiers à signaler que la conceptualisation de l'abstrait se fait également par la métonymie, trope généralement négligé quand il s'agit de l'abstraction conceptuelle. Cela ne les empêche cependant pas à favoriser systématiquement la métaphore, p. ex. quand ils rangent le paradigme ESPACE → TEMPS (*de* 1 *à* 2 heures, *longue* durée, journée *courte, petit* moment etc.) parmi les métaphores et non parmi les métonymies. Cette classification doit être contestée, car la projection de l'espace sur le temps découle de l'expérience corporelle fondamentale du mouvement physique, au sein duquel l'espace et le temps sont associés par un lien étroit de contiguïté (la DURÉE correspond au CHEMIN). Vu l'hypothèse de la cognition « incarnée » (« embodied ») poursuivie par Lakoff (1987, xii, 13) et généralement admise en linguistique cognitive, il faudrait donc plutôt parler dans ce cas de *métonymie conceptuelle* et d'élargir l'idée des métaphores conceptuelles par celle des *tropes conceptuelles*.

L'idée de la conceptualisation à base de tropes implique deux principes qu'il convient de souligner. Premièrement, la projection du concret à l'abstrait est un processus *synthétique*, donc *atomiste* dans le sens développé ci-dessus (3.3), puisque c'est l'association qui y fait naître les concepts et non le contraire. Deuxièmement, le langage est un élément pertinent du développement cognitif et les tropes des instruments de conceptualisation.

3.5 De la sémantique du prototype au modèle cognitif idéalisé

Dans le domaine de la catégorisation, la linguistique cognitive s'est appropriée une théorie de la psychologie cognitive essentiellement développée par Eleonor Rosch dans les années 1970 et appelée la *théorie* ou *sémantique du prototype* (cf. Rosch 1973 ; 1975a ; 1975b ; 1975c ; 1978 ; Rosch/Mervis 1975 ; cf. également Coleman/Kay 1981 ; Lakoff 1987 ; Kleiber 1990). Il s'agit d'une théorie cognitive de la catégorisation, c'est-à-dire de l'identification d'un événement (occurrence référentielle ou état de chose), perçu comme appartenant à un certain concept, voire à une certaine « catégorie ».

Inspirée par l'idée de « ressemblance de famille » de Wittgenstein[4] et l'étude de Berlin/Kay (1969) sur les désignations de base des couleurs (« basic color terms »),[5] la théorie du prototype suppose que la catégorisation se fait essentiellement par la comparaison d'une occurrence actuelle avec un *prototype*, qui est la représentation idéale (image visuelle ou auditive) d'un membre de cette catégorie (cf. Rosch/Mervis 1975, 574s.). La sémantique du prototype s'oppose au modèle des conditions nécessaires et suffisantes (v. supra, 3.3), selon lequel un événement correspond à une catégorie dès qu'il remplit certaines conditions nécessaires et suffisantes.

En guise d'exemple du modèle des conditions nécessaires et suffisantes : si un animal a un BEC, c'est un OISEAU (BEC => OISEAU, condition suffisante), si c'est un OISEAU, il a une TÊTE (OISEAU => TÊTE, condition nécessaire).

Pour la théorie du prototype, en revanche, la catégorisation se fait uniquement par ressemblance au prototype :

> « Si la sous-catégorie *moineau*, par exemple, constitue le prototype *d'oiseau*, c'est par rapport à la perception ou schéma cognitif que nous avons de cette sous-catégorie que fonctionnera le principe d'appariement » (Kleiber 1990, 60).

D'autres oiseaux appartenant à des sous-catégories non ou peu prototypiques du concept OISEAU, comme le FAUCON, la POULE, l'AUTRUCHE ou le PINGOUIN, seront donc reconnus en tant qu'OISEAU par similarité avec le prototype. Ils seront identifiés moins vite que les exemplaires prototypiques et la rapidité de leur identification sera graduelle selon le degré de ressemblance au prototype : le faucon sera reconnu plus rapidement que la poule, la poule plus rapidement que l'autruche et celle-ci plus rapidement que le pingouin.

Selon Rosch/Mervis (1975, 580s.), le degré de prototypicalité d'un événement par rapport à une catégorie dépend de certains « attributs saillants » (« salient attributes ») qui, bien que non nécessaires pour l'appartenance à la catégorie en question, sont perçus comme les plus pertinents. C'est p. ex. le cas de la propriété VOLER pour la catégorie OISEAU. Rosch/Mervis (1975, 575) prêtent à de tels attributs une haute « valeur de signal » (« cue validity »). Au même titre que les membres d'une catégorie ne sont pas égaux (un MOINEAU est davantage OISEAU qu'un PINGOUIN), les propriétés du prototype sont de qualité différente. On peut donc envisager la catégorisation

---

4 Wittgenstein (1953, §66s.) décrit les différents sens du mot allemand *Spiel* 'jeu' comme « un réseau complexe de similitudes qui se chevauchent et s'entrecroisent » (« ein kompliziertes Netz von Ähnlichkeiten, die einander übergreifen und kreuzen. ») et conclut qu'il ne peut saisir ces chaînes de similitudes que par l'expression « ressemblance de famille » (« Familienähnlichkeiten »).

5 En comparant les expressions simples et fréquentes des couleurs dans différentes langues Berlin/Kay (1969) ont montré que certaines répartitions spectrales sont fréquemment dénommées et reconnues comme typiques (« le rouge le plus typique »), mais que la répartition des termes diffère selon les langues particulières. Ils ont également démontré les difficultés de délimitation des catégories correspondant aux termes linguistiques.

prototypique sous l'aspect de l'extension (exemplaires prototypiques) et sous l'aspect de l'intension (propriété saillante, à haute valeur de signal).

À propos des notions d'intension et d'extension, voir 3.3. Selon Lakoff (1987, 169) et Kleiber (1990, 99s.) l'aspect intensionnel des catégories prototypiques correspond à la théorie des stéréotypes de Putnam (1975).

Or, les propriétés saillantes du prototype, comme VOLER pour OISEAU, s'associent à la catégorie par *contiguïté*, ce qui semble être resté inaperçu (mis à part Koch 1999a, 149–151, et, indirectement et très brièvement Croft/Cruse 2004, 91s.). L'attribut est d'autant plus saillant que l'association de contiguïté est forte. Cela met en cause l'exclusivité du principe de ressemblance de famille et de *similarité*, car il s'avère qu'à travers la « valeur de signal » la saillance du prototype se fonde sur des principes de contiguïté (scénario). Les différents types d'association prototypique se reflètent également dans la « dimension verticale » (Kleiber 1990, 78) conçue par Rosch et al. (1976), qui distinguent un *niveau de base* des catégories naturelles d'un *niveau super-ordonné* et d'un *niveau subordonné*. À OISEAU au niveau de base seraient superordonné ANIMAL et subordonnés MOINEAU, FAUCON, POULE et PINGOUIN.

D'un point de vue logique, on a affaire à des relations d'abstraction – cela implique l'inclusion de l'extension concrète dans l'extension abstraite (tous les exemplaires d'OISEAU sont des exemplaires d'ANIMAL) et l'inclusion de l'intension abstraite dans l'intension concrète (toutes les propriétés d'ANIMAL sont des propriétés d'OISEAU).

En linguistique cognitive, on désigne les inclusions conceptuelles par le terme *taxinomie* (ou *taxonomie*), qui provient de la biologie traditionnelle :

> « In taxonomies of concrete objects, there is one level of abstraction at which the most basic category cuts are made. Basic categories are those which carry the most information, possess the highest category cue validity, and are, thus, the most differentiated from one another » (Rosch et al. 1976, 382).

De ce point de vue, la valeur de signal est la plus marquée et la plus informative au niveau de base. Les catégories de ce niveau d'abstraction sont les plus accessibles par l'esprit et les premières acquises par l'enfant. Il s'agit des « catégories les plus inclusives [= abstraites, PG] desquelles on peut se faire une image concrète » (Rosch et al. 1976, 382). D'ailleurs, la dimension verticale des catégories prototypiques se manifeste déjà dans les études de catégorisation, dans la mesure où celles-ci se réfèrent – apparemment sans le vouloir et sans le remarquer – à des sous-catégories et non à des événements. C'est la catégorie cognitive PINGOUIN qui est loin du prototype d'OISEAU, et non un certain pingouin. Ainsi, la théorie du prototype présuppose une structure cognitive taxinomique qui va au-delà des associations de similarité et de contiguïté (Gévaudan 2007, 88).

Ce problème a incité Rosch (1978) et surtout de Lakoff (1987) à un remaniement ultérieur de la théorie du prototype. Alors que dans la « version standard » (Kleiber 1990), le prototype est considéré comme représentation et comme principe de structuration interne de la catégorie, le rôle du prototype dans la « version étendue » se réduit à des « effets prototypiques » (Rosch 1978, 40 ; Kleiber 1990, 150). Dans la version standard, la théorie du prototype est une théorie atomiste dans laquelle les liens de similarité et de « ressemblance de famille » représentent la force constitutive des catégories. Dans la version étendue, il s'agit d'une théorie holistique où interviennent les effets prototypiques sur le fond de catégories déjà existantes. Le remaniement de la théorie du prototype consiste donc en une « inversion du sens explicatif *prototype-catégorie* » (Kleiber 1990, 154). Reste la question du fondement cognitif des catégories, à laquelle Lakoff (1987, 68–76) répond par les « modèles cognitifs idéalisés » (« idealized cognitive model », dorénavant MCI). Il entend par là des structures conceptuelles adaptées aux objets et aux situations à concevoir. Les mécanismes de catégorisation d'un MCI varient selon ces adaptations. Les MCI sont conçus comme des unités holistiques qui regroupent les plus importantes théories de la linguistique cognitive :

> « Each ICM [= MCI] is a complex structured whole, a gestalt, which uses four kinds of structuring principles :
> – propositional structures, as in Fillmore's frames
> – image schematic structures, as in Langacker's cognitive grammar
> – metaphoric mapping, as described in Lakoff and Johnson
> – metonimic mapping, as described in Lakoff and Johnson » (Lakoff 1987, 68).

Dans le modèle des MCI, les effets prototypiques peuvent se produire de différentes manières sur différents plans et à partir de différents types d'association. Quant aux concepts, ceux-ci peuvent être fondés sur les différents principes cognitifs – dès lors, même les structures conceptuelles logiques sont concevables en termes de cognition. Afin de rendre compte de ces différentes options de conceptualisation Lakoff (1987, 118ss.) introduit la distinction entre MCI « populaires » et « scientifiques » (« folk models », « scientific models », Taylor 1989, 68 parle de « folk categories and expert categories »). Dans un MCI populaire du concept OISEAU, le PIGOUIN ne sera pas membre de la catégorie, alors qu'il le sera dans le MCI scientifique d'OISEAU. Une baleine peut être membre d'un MCI populaire de POISSON, mais ne l'est pas dans le MCI scientifique. Pour distinguer ces types de MCI, on peut avoir recours à des expressions linguistiques, que Lakoff (1973) nomme « haies » (« hedges », cf. également Taylor 1989, 75–80). En français, celles-ci peuvent être exprimées comme suit :

(3) fr. *Strictement parlant, le pingouin est un oiseau*
(4) fr. *À proprement parler, la baleine n'est pas un poisson*

A l'instar des MCI plus ou moins scientifiques, on a appliqué l'attribut « prototypique » à des catégories grammaticales en linguistique cognitive (cf. infra les catégories « prototypiques » de Croft 2001 discutées dans la section 4.3).

3.6 La subjectivité en linguistique cognitive

Dans le cadre de la théorie cognitive, la subjectivité du sens de l'énonciation et de l'énoncé joue un rôle prépondérant et a été largement traitée dans le cadre de la *grammaire cognitive* de R. Langacker (1985 ; 1987/1991 ; 1990 ; 1999 ; 2006) et dans les travaux de E. Traugott (1989 ; 1995 ; 1999 ; Traugott/Dasher 2002) sur la *grammaticalisation* (cf. également Smet/Verstraete 2006, ainsi que les recueils Stein/Wright 1995 et Athanasiadou/Canakis/Cornillie 2006 ; quant aux considérations « avant la lettre » de la subjectivité, voir surtout Benveniste 1958 ; Lyons 1982). Or, les notions de subjectivité de ces deux auteurs diffèrent considérablement, ce qui a provoqué une polémique (cf. Traugott 1989 ; 1995 ; 1999 ; Traugott/Dasher 2002 ; Langacker 1999 ; 2006).

Selon Langacker (2006, 17s.), la conception de subjectivité défendue par Traugott se réfère au contenu sémantique de l'énoncé, alors que la sienne se rapporte à l'activité énonciative et interprétative du locuteur et de l'allocutaire. Pour lui (1987, 128–132 ; 1990), la subjectivité est d'autant plus intense que la représentation des participants du discours est implicite. Cela veut dire à l'inverse que plus l'énoncé se réfère aux interlocuteurs et les focalise, plus il est objectif. Par conséquent, les énoncés performatifs explicites du type

(5) *Je vous dis qu'elle est innocente*
     [traduction de l'exemple (1a) de Langacker (1990, 11)]

présentent le maximum d'objectivité, car ils décrivent l'énonciation même (Langacker 1990, 11) – dans *je vous dis X* l'énoncé représente l'énonciation qui le produit. Langacker analyse l'énoncé par rapport à l'énonciation, à savoir en tant qu'instruction d'interprétation. À l'inverse de Langacker, Traugott (1989 ; 1995 ; 1999) définit la subjectivité par la *présence* et non pas par *l'absence* de l'énonciation dans l'énoncé. Selon elle, les énoncés (6)(a) et (7)(a) sont plus subjectifs que les énoncés (6)(b) et (7)(b), car les pronoms de première personne s'y réfèrent au discours actuel :

(6) (a) *Je suis innocente*
     (b) *Elle est innocente*

(7) (a) *Je pense qu'elle est innocente*
     (b) *Il pense qu'elle est innocente*

Dans les sens de Benveniste (1958), Traugott détermine la subjectivité en raison de la présence dans l'énoncé d'éléments « embrayeurs », qui renvoient à l'énonciation. Elle semble même reprendre intuitivement son idée de différentes dimensions (référentielle, illocutoire et performative) de la subjectivité.[6] Ainsi, (6)(a) décrit le locuteur en tant que référent, alors que (7)(a) le décrit en tant que responsable de l'assertion, ce qui rend le pronom personnel effectivement plus subjectif. Dans l'énoncé (5), le locuteur est décrit en tant que tel, c'est-à-dire en tant que source de l'énonciation ; dans ce cas le pronom est encore plus subjectif que dans sa fonction illocutoire. Si en revanche Langacker considère que (6)(b) est plus subjectif que (7)(a), c'est parce que dans le premier cas, l'assertion du locuteur est implicite, alors que dans le second, son engagement est explicitement décrit. Bien que cette démarche soit concevable, on peut se demander si le paramètre de l'explicitation suffit pour juger de la subjectivité relative d'un énoncé. Ainsi, on ne pourra contester que l'énoncé dans (6)(a) est plus subjectif que celui de (6)(b), bien que l'assertion du locuteur soit implicite dans les deux cas. L'état de choses dénotés dans (6)(a) implique la personne du locuteur, tandis que celui de (6)(b) est indépendant de tout rapport au cadre de l'énonciation.

La différence des approches de Traugott et Langacker vient du fait que Traugott analyse les éléments de l'énoncé, comme les pronoms personnels ou les auxiliaires modaux, alors que Langacker se réfère à son sens global. L'exemple (7)(a) montre la légitimité des deux points de vue. Premièrement, le sujet de la principale de (7)(a) paraît plus subjectif que celui de la principale de (7)(b) dans la mesure où l'assertion du locuteur reste implicite dans les deux cas et où le référent sujet de (7)(b) n'est pas du tout concerné par l'énonciation (ce référent est donc moins subjectif). Deuxièmement, on constate en comparant (7)(a) à (6)(b) que le contenu de la principale de (7)(a) est également exprimé par l'assertion de (6)(b), attribuable au locuteur – en le disant explicitement dans la principale de (7)(a), le locuteur donne donc une description objective de son assertion.

Le fait de pouvoir remplacer *je pense que* par *apparemment* montre par ailleurs que la subjectivité linguistique est liée au sujet plus global de la modalité (cf. Nuyts 2001). La compréhension de la subjectivité demande peut-être un cadre théorique plus ample que ceux que proposent Traugott et Langacker. Une alternative au sein du paradigme de la sémantique cognitive est la théorie des *espaces mentaux* proposée par Fauconnier (1984 ; 1985 ; 1997). Inspiré par Ducrot (1984), cette théorie part du principe que les différentes réalités auxquelles l'esprit humain est confronté sont représentées par différents « espaces mentaux », reliés par des « amalgames conceptuels ». Un « espace de base » correspondant à la réalité du locuteur et de l'allocutaire est modifié ou mis en rapport avec d'autres espaces mentaux. Une assertion comme celle de (6)(b) p. ex. se réfère à un « espace de base », qu'elle peut modifier ou élargir. Dans (7)(b) par contre, l'assertion enchâssée qu'exprime la subordonnée correspond à un autre espace mental, celui du sujet de la principale (*je*). Pour Croft/Cruse (2004,

---

6 Cf. l'analyse de l'expression « in fact » dans Traugott (1999, 182–184). Pour une conception systématique de ces dimensions du sens cf. Gévaudan (2013).

33), cette approche est une alternative non métaphysique au modèle des mondes possibles propagé en sémantique formelle (cf. Kripke 1980).

4 Les domaines d'application de la linguistique cognitive

Conformément au principe [ii] mentionné dans l'introduction de cet article, la linguistique cognitive s'intéresse dès ses débuts aux relations symboliques, c'est-à-dire aux rapports de représentation entre la forme et le contenu linguistique. Ce faisant, elle prend position contre le programme structuraliste, selon lequel la phonologie, la morphologie et la syntaxe devaient à elles seules rendre compte des structures d'une langue et indirectement même (par les tests de substitution, de commutation etc.) de ses structures sémantiques (« sémèmes », « sèmes » etc.). Du point de vue de la linguistique cognitive, cette approche modulaire ne peut être que relative par rapport à la relation symbolique des signes linguistiques.

Cela implique un certain choix quant aux relations sémiologiques étudiées. Afin de garder toute neutralité terminologique, on peut déterminer un signe comme relation entre une expression ou forme (correspondant à une signifiant) et un contenu (correspondant à un signifié). Comme le montre la Figure 5, les relations sémiologiques correspondent soit à ce rapport entre expression et contenu (relation [a] dans le schéma) soit au rapport entre expressions (relation [b] dans le schéma) ou entre contenus (relation [c] dans le schéma) :

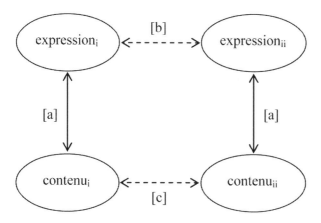

Figure 5 : Les relations sémiologiques

Par ailleurs, on suivra la distinction traditionnelle de la dimension [a] en deux perspectives :

– la sémasiologie [a₁] : perspective de l'expression au contenu
– l'onomasiologie [a₂] : perspective du contenu à l'expression

Les auteurs du cognitivisme reprochent au structuralisme que l'approche modulaire favorise l'étude des relations [b] et [c] au détriment des relations symboliques [a]. Du point de vue de la linguistique cognitive les relations symboliques [a] sont, bien au contraire, primaires, car elles associent les concepts phonétiques et formels aux concepts généraux :

> « Dans le cadre de la grammaire cognitive, toutes les structures grammaticales sont jugées symboliques. Lexique, morphologie et syntaxe constituent un continuum d'unités symboliques, chacune formée par l'association d'une structure sémantique et d'une structure phonologique » (Langacker 1991, 106).

L'orientation de la linguistique cognitive vers la fonction symbolique des expressions linguistiques va de pair avec l'ancrage psychologique et social de la langue, qui se manifeste avant tout dans la parole. Or, comme le prédit le principe [iii] mentionné au début de cet article, la parole ne témoigne pas seulement de la langue, mais elle la crée et engendre ainsi son évolution diachronique. Par conséquent, la conception cognitive des langues incite la linguistique à donner plus de poids aux données linguistiques empiriques et historiques. Cette réhabilitation des faits de langue, plus ou moins négligés par le structuralisme, mène à un renouveau de la linguistique diachronique et des disciplines traditionnelles de la lexicologie, de la morphologie et de la grammaire et syntaxe. La section présente traite des applications de la linguistique cognitive dans les domaines du changement sémantique (section 4.1), de la lexicologie (section 4.2), de la morphologie cognitive (section 4.3), de la grammaticalisation (section 4.4), de la sémantique de l'énoncé dans le cadre de la grammaire cognitive (section 4.5) et de la grammaire constructionnelle (section 4.6).

4.1 Changement sémantique

L'application des principes de la linguistique cognitive à la sémantique lexicale passe par une réconciliation avec la sémantique « historico-philologique » (Geeraerts 1991, 18).[7] Geeraerts (1983a ; 1983b ; 1985 ; 1991) est le premier linguiste à propager cette réconciliation :

---

7 Avec Geeraerts, on peut nommer entre autres Paul (1880), Darmesteter (1887), Bréal (1897), Wundt (1912), Nyrop (1913), Carnoy (1927) et Stern (1931) ; voir section 2.2. De plus, il convient de nommer les travaux d'Ullmann (1951 ; 1952 ; 1962), notamment inspirés par Roudet (1921). Pour une synopse cf. l'excellent manuel de Kronasser (1952) ainsi que Nerlich (1992).

> « J'essaierai de montrer des similarités révélatrices entre la grammaire cognitive et la tradition
> philologico-historique [...]. En effet, étudier le développement sémantique des mots pour appren-
> dre quelque chose sur les ‹ lois › de l'esprit humain s'insère facilement dans une tentative plus
> générale qui consiste à étudier l'ensemble des phénomènes linguistiques comme une émanation
> de la cognition humaine et une matérialisation des principes selon lesquels elle fonctionne »
> (Geeraerts 1991, 17).

L'existence de telles règles cognitives dans le changement sémantique est généralement admise par la tradition « historico-sémantique » à laquelle se réfère Geeraerts,
notamment dans les travaux de Roudet et d'Ullmann, qui proposent un modèle dans
lequel les procédés de changement sémantique suivent la voie des associations
psychologiques de contiguïté et de similarité (cf. 3.1), que l'on peut résuméer comme
suit :

Tableau 6 : Mécanismes du changement sémantique selon Roudet (1921, 686–692) et Ullmann
(1952, 220 ; 1962, 211–227)

	transfert de sens	**transfert de nom**
similarité	métaphore	étymologie populaire
contiguïté	métonymie	ellipse

Roudet (1921, 686–692) décrit le changement sémantique comme « résultant d'une
association par contiguïté entre les idées » (métonymie), « d'une association par
ressemblance entre les idées » (métaphore), « des rapports syntagmatiques entre les
mots » (ellipse) et « des rapports associatifs entre les mots » (mécanisme que Ullmann
1962, 220s., attribut au changement par étymologie populaire). On a constaté par la
suite que le transfert de nom n'est pas un changement sémantique au sens strict, à
savoir sémasiologique (relation [a₁] dans Figure 5), mais plutôt un changement onomasiologique ([a₂]) (cf. Geeraerts 1983a ; 1997, 94 ; Koch 1999b ; Gévaudan 2002 ;
2003 ; 2007) voire morphologique dans le cas de l'ellipse ([b]) et complexe dans le cas
de l'étymologie populaire (cf. Gévaudan 2007, 17s., 130ss., 158ss.). Cependant, même
si la démarche de Roudet et Ullmann se rapporte en fait plus généralement au
changement lexical, elle vise également le changement sémantique dans la mesure
où le « transfert de sens » s'y explique par l'exploitation des relations associatives de
similarité et de contiguïté dans les procédés innovateurs de la métaphores et de la
métonymies – procédés du reste déjà reconnus comme tels par Darmesteter (1887) et
Bréal (1897).

Les travaux de Geeraerts ainsi que ceux de Koch (1991 ; 1994 ; 1995 ; 1999a ; 1999b ;
2002a ; 2002b ; 2005) et de Blank (1993a ; 1993b ; 1997 ; 1998), que l'on peut considérer
comme les applications les plus importantes de la linguistique cognitive au changement sémantique (cf. également Nerlich 1992 ; Nerlich/Clark 1992 ; Gévaudan 2002 ;
2003 ; 2007 ; Gévaudan/Koch 2010), procèdent tous à une synthèse entre l'approche

psychologique traditionnelle (Koch 2005, 3, parle de « linguistique cognitive ‹ ante litteram › ») avec les principes du cognitivisme « nouveau ». En effet, la sémantique des scénarios (« frames ») et celle des prototypes sont des théories innovatrices et dans la mesure où elles se fondent sur les principes de l'association et du gestaltisme : les auteurs en question sont en mesure de fournir des explications concluantes et exhaustives des phénomènes de changement sémantique. L'aspect décisif de leurs analyses, c'est la mise en rapport des procédés rhétoriques avec les associations psychologiques (cognitive) : métonymie – contiguïté (« frame »), métaphore – similarité (« gestalt »), spécialisation / généralisation – relation prototypique, etc.

Alors que Geeraerts (1997) souligne surtout le fondement prototypique des changements taxinomiques (spécialisation, généralisation), Blank (1997) les réduit essentiellement à l'association de similarité ; Gévaudan (2007) admet une propre association « logique » fondée sur des associations de similarité et de contiguïté.

Au bout du compte, il s'avère que la systématisation du changement sémantique se fait sur la base de relations associatives ou cognitives entre les concepts désignés (cf. Koch 1996), à savoir sur le plan sémiologique [d] selon Figure 5. Appliquées de manière générale au changement lexical et à la lexicologie synchronique, ces *relations sémantiques* représentent, à côté des relations symboliques ([a]), le principe explicatif fondamental de la linguistique cognitive en lexicologie (cf. Geeraerts 1997 ; Blank 1998 ; Koch 1999b ; Gévaudan 1999 ; 2002 ; 2007 ; Koch/Marzo 2007).

4.2 Lexicologie des relations sémantiques

L'explication systématique du changement sémantique à partir des relations sémantiques ou cognitives (relation [c] dans Figure 5) a mené en général à une nouvelle appréciation des structures lexicologiques synchroniques (Geeraerts 1985 ; Koch 1999b ; Blank 1998 ; 2001 ; Cruse 2000 ; Croft/Cruse 2004 ; ainsi que les manuels de Cruse et al. 2002/2005, chapitres VII, VIII, XIII, XIV et XXXVIII–XL et de Geeraerts/ Cuyckens 2007, section I). Le point de départ de la mise en valeurs des relations sémantiques est le constat que tout changement sémantique innovateur mène à la constellation synchronique d'une polysémie. Cela veut dire que l'on peut considérer les relations sémantiques comme un principe général de structuration du *lexique mental* (cf. Allport/Funnell 1981 ; Aitchison 1987 ; Babin 1998 ; Marquer 2005). En lexicologie cognitive, les relations traditionnelles de la synonymie (relation [a$_2$] dans Figure 5) et de l'hyponymie ([c]), la polysémie ([a$_1$]) et l'homonymie ([b]), les champs sémantiques ([a$_2$]) et les familles de mots ([b] et [c]) sont intégrés dans un ample appareil de relations sémantiques qui permet des descriptions détaillées et homogènes des structures du lexique.

Ainsi, on peut expliquer le phénomène de la *polysémie* par la présence d'une association entre les représentations mentales correspondant aux diverses significations d'une forme lexicale. On constatera que les significations 'donner en location' et 'prendre en location' de la forme lexicale *louer* sont associées par une relation de contiguïté (les partenaires de la location partagent le même scénario). La relation sémantique permet de distinguer la polysémie de l'*homonymie*, qui est une autre forme d'ambiguïté lexicale. Celle-ci fait défaut de toutes relations sémantiques, comme dans le cas de la signification de 'faire l'éloge' de la forme lexicale *louer*, qui ne présente aucun rapport avec 'donner/prendre en location', si bien que les locuteurs y voient deux lexèmes dont les formes lexicales sont par hasard identiques. On a traditionnellement fait la distinction de la polysémie et de l'homonymie à l'aide de l'étymologie, selon laquelle on reconnaît p. ex. que *louer* 'faire l'éloge' vient du latin LAUDARE, alors que l'étymon de *louer* 'donner/prendre en location' est LOCARE 'placer'. Toutefois, cette démarche doit échouer là où l'ambiguïté lexicale remonte à un étymon commun, mais ne présente pas de relation sémantique fondée dans la cons-cience des locuteurs, comme dans le cas de *voler* avec ses significations 'se déplacer dans l'air' et 'dérober', entre lesquelles les locuteurs ne voient pas de rapport (à partir de la signification étymologique de 'se déplacer dans l'air' s'est développé, par métonymie, le sens 'attraper' dans la chasse au faucon, et par métaphore celui de 'dérober' ; les sens intermédiaires ont disparu). Ce n'est qu'à l'aide des relations sémantiques, que l'on peut faire état des structures lexicales qui correspondent aux compétences linguistiques des locuteurs.

Le fondement des relations sémantiques a également mené à une reconsidération de la formation des mots et des paradigmes morpho-lexicaux ou familles de mots (cf. Koch 1995 ; 1999b ; Blank 1998 ; 2001 ; Gévaudan 1999 etc. ; Tuggy 2005 ; Taylor 2015). D'un point de vue cognitif et synchronique, à la relation morphologique d'un mot issu d'un procédé de formation et du ou des mots à la base de ce procédé, comme p. ex. *messager* et *message*, s'ajoute une relation sémantique qui motive la parenté des deux unités lexicales et rend *transparent* (en ce qui concerne la notion de transparence cf. Gauger 1971 ; Blank 1998 ; Gévaudan 2007) le produit du procédé, à savoir *messager*. Étant donné la forte contiguïté entre les notions 'message' et 'messager', on peut admettre que la formation lexicale dans ce cas précis va de pair avec une métonymie – il s'agit du moins du même procédé sémantique (cf. Gévaudan 2002, 2). D'ailleurs on utilisait, en ancien français, la forme *message* non seulement pour désigner le 'message', mais également pour le 'messager'. L'identification des relations sémanti-ques permet également d'analyser des composés endocentriques, comme *poisson-scie* (subordination taxinomique + métaphore/similarité), ou exocentrique, comme *gratte-ciel* (subordination taxinomique + métonymie/contiguïté incorporées dans une méta-phore). Comme le montre la formation des mots (procédé énonciatif) et son équivalent synchronique, la famille de mot (état de langue), les relations sémantiques sont des entités valables dans trois dimensions : dans la synchronie (polysémie, famille de mots etc.) et la diachronie (changement lexical innovateur) de la langue ainsi que dans l'énonciation.

C'est d'ailleurs également à partir des relations sémantiques et de leur application dans tous les domaines de la lexicologie que P. Koch développe les notions de

« typologie lexicale » (cf. Koch 1999b ; 2001) et le principe de « motivation lexicale » (cf. Koch/Marzo 2007 ; Marzo 2013 ; Umbreit 2014).

4.3 Morphologie cognitive

Étant donné que la morphologie concerne essentiellement le plan [b] selon Figure 5, il est peu étonnant qu'elle soit la discipline la moins affectée par la linguistique cognitive. Les rares travaux présentés dans ce domaine sont tous motivés par d'autres applications de la linguistique cognitive. Il s'agit d'une part des approches lexicologiques, qui analysent en profondeur la morphologie lexicale (cf. Babin 1998 ; Fradin 2003 ; Dal 2004 ; Umbreit 2014 ; Hartmann 2014). D'autre part, l'intérêt provient de la grammaire cognitive selon Langacker (cf. Gaeta 2010) ou de la grammaire constructionnelle (Dal 2004 ; Booij 2010). Or, on a déjà traité de la lexicologie cognitive dans les sections précédentes et on se penchera sur les grammaires cognitives et constructionnelles dans les sections suivantes. Un aspect important de ces dernières, qu'il convient de mentionner ici, touche le traitement des parties du discours, à savoir des catégories lexicales.

La *Radical construction grammar* de W. Croft (2001), qui défend une vue typologique de la grammaire constructionnelle, propose de traiter celles-ci comme des catégories prototypiques variables et non comme des universaux (cf. également l'approche semblable de Langacker 1991). Pour le domaine lexical, il propose trois catégories selon les fonctions « référence », « modification » et « prédication ». Les prototypes de ces catégories sont les *noms* « non marqués » (qui dénotent des OBJETS et ont une fonction de « référence »), les adjectifs « non marqués » (qui dénotent des PROPRIÉTÉS et ont une fonction de « modification ») et les verbes « non marqués » (qui dénotent des ACTIONS et ont une fonction de « prédication »). À côté des contributions de la linguistique cognitive à la morphologie, il faut également mentionner les travaux sur la grammaticalisation, car ce sujet concerne essentiellement la dimension sémiologique [b] selon Figure 5 . Mais dans la mesure où il s'agit d'un sujet très bien délimité et de surcroît diachronique, il convient de lui consacrer une propre section.

4.4 Grammaticalisation

Quoique quelques-uns des plus importants travaux sur la grammaticalisation depuis les années 1980 ne relèvent pas de la linguistique cognitive (notamment les ouvrages fondamentaux de Lehmann 1982 ; Bybee 1985 ; Bybee/Perkins/Pagliuca 1994, qui sont plutôt typologiques, avec un côté tantôt structuraliste dans le cas de Lehmann tantôt empiriste dans le cas de Bybee), la plupart des travaux qui ont été présentés dans ce domaine sont du moins partiellement cognitivistes.

Seule la démarche de Langacker (1990 ; 1999 ; 2006) se veut uniquement cognitiviste ; chez d'autres auteurs importants comme Hopper (1987), Traugott (1989 ; 1995 ; 1999), Traugott/Dasher (2002), Detges (1998 ; 2003a ; 2003b ; 2004), Detges/Waltereit (2002), Prévost (2006), Guérin (2007/2008), divers contributeurs des recueils Combettes/Marchello-Nizia (2003) ; Detges/Waltereit (2008) etc., l'approche cognitive se combine avec des éléments de pragmatique et des méthodes empiriques.

L'affinité de la linguistique cognitive aux phénomènes de grammaticalisation s'explique par le fait que celle-ci est déclenchée par des innovations linguistiques. C'est ce que constate déjà A. Meillet lorsqu'il propose le terme *grammaticalisation* :

> « [L]a ‹ grammaticalisation › de certains mots crée des formes neuves, introduit des catégories qui n'avaient pas d'expression linguistique, transforme l'ensemble du système. Ce type d'innovations résulte d'ailleurs de l'usage qui est fait de la langue » (Meillet 1912, 133).

Or, la création de « formes neuves » résulte selon Detges/Waltereit (2002) soit d'une stratégie expressive du locuteur, comme dans (8) et (9), soit d'une réanalyse de la part de l'allocutaire, comme dans (10) :

(8) fr. conjugaison du futur (INF + {-ai, -as, -a, -ons [avons], -ez [avez], -ont}
    ← lt. périphrase déontique (INF + {habeo, habes, habet, habemus, habetis, habent})
(9) fr. *la* ART.SING.F ← lt. *illa(m)* PRON.DÉM.SING.F
(10) fr. *chez* PRÉP ← lt. *casa* N.F.SING.ABLATIF 'dans la maison'

Dans le cas de la conjugaison du futur (8), on peut admettre que les locuteurs ont souvent dit « je dois INF » (*habeo* + INF) pour souligner que l'événement en question aura effectivement lieu. Au départ de la grammaticalisation du paradigme du futur synthétique du français, on constate donc une stratégie expressive. Celle-ci est de surcroît profondément métonymique, car l'obligation de réaliser une action (modalité déontique) implique sa réalisation certaine (modalité épistémique). L'évolution de l'article défini roman *la* à partir du pronom démonstratif latin *illa(m)* remonte aussi à une stratégie expressive du locuteur dont le caractère est métonymique : pour assurer la valeur du défini (l'indication que le référent est connu par l'allocutaire), qu'on ne pouvait pas exprimer en latin classique, les locuteurs se servait du démonstratif. En revanche, la grammaticalisation de l'exemple (10) est issue d'une réanalyse et non d'une stratégie expressive. Du côté de l'allocutaire, on a pu interpréter « dans la maison de X » comme 'chez X'. Cette réanalyse repose sur la contiguïté entre la sphère d'une personne et sa demeure. Il ne s'agit pourtant pas d'une métonymie dans la mesure où l'innovation n'est pas intentionnelle.

Les exemples discutés ici montrent assez bien le côté cognitif de la grammaticalisation, mais laissent également entrevoir des aspects pragmatiques (expressivité, réanalyses contextuelles) et morphosyntaxique, voire typologique. Ces derniers vont bien au-delà des relations symboliques (relation [a] dans Figure 5) et concerne en premier lieu la morphologie ([b]), et cela à deux niveaux : d'une part la grammaticalisation fait d'une forme lexicale une forme grammaticale, comme dans (10), ou d'une forme grammaticale une forme encore plus grammaticale (ce qu'on peut « mesurer » avec les paramètres de Lehmann 1982), comme dans (9) ; d'autre part la grammaticalisation change le système grammatical, comme le constate Meillet ci-dessus, en faisant apparaître de nouvelles catégories, comme dans le cas des articles définis (10), qui n'existent pas en latin classique. On parlera dans ce cas également de *changement grammatical.*

4.5 Sémantique de l'énoncé et grammaire cognitive

Dès les années 1970 R. Langacker développe la « grammaire cognitive » dont l'influence sur la linguistique cognitive et la grammaire constructionnelle est considérable (cf. bibliographie). Face à l'œuvre immense de Langacker, on se bornera ici à évoquer trois principes fondamentaux de cette théorie, à savoir le caractère symbolique de la grammaire, son fondement sur l'usage dans la parole et l'expérience « incarnée » des locuteurs. Comme le montre la citation dans l'introduction de la section 4, le caractère profondément symbolique du langage (dimension [a] de la Figure 5) est le principe le plus fondamental de cette approche (cf. également le recueil représentatif de Haiman (1985) sur « l'iconicité de la syntaxe »). Et par conséquent, la théorie de Langacker consiste essentiellement à expliquer le sens des expressions grammaticales. Il considère la grammaire comme une sémantique de l'énoncé et l'énoncé comme une instruction à la « conceptualisation » de la part de l'allocutaire :

> « L'aspect le plus significatif de ce cadre théorique est sa conception de la sémantique. ‹ Sens › est identifié à ‹ conceptualization › (au sens le plus large) ; les structures sémantiques (c'est-à-dire le sens des expressions linguistiques) sont donc des conceptualisations qui vont dans le sens des conventions linguistiques. J'adopte [...] un modèle encyclopédique de la sémantique ; tous les aspects de notre connaissance générale de l'entité en jeu contribuent au sens de l'expression qui la désigne » (Langacker 1991, 106)

En tant qu'instruction à la conceptualisation la grammaire est au service de l'énonciation et de l'interprétation. De ce fait, tout le système linguistique, avec ses exceptions et ses particularités lexicales n'est qu'une émanation de l'activité énonciative. C'est pourquoi Langacker (1987, 46) conçoit la grammaire cognitive comme « théorie basée sur l'usage ». Par ailleurs, la conceptualisation est déterminée par les mécanismes de la « cognition incarnée » (voir section 3.4). Toute notion abstraite est dérivée des « archétypes » de l'expérience corporelle. Il s'agit de « domaines de bases » (Langacker 1987, 147) irréductibles, liés aux membres et aux fonctions du corps humains, à l'espace et au temps, aux facultés de perception tactile, auditive et surtout visuelle.

Dans le cadre du principe symbolique, la grammaire cognitive de Langacker est profondément sémantique dans la mesure où elle favorise la dimension sémiologique du contenu (relations [c] dans Figure 5) au détriment du plan de l'expression (relations [b] dans Figure 5). Cela se montre notamment dans son analyse de la prédication, qui dispose les *arguments* (entités sémantiques exprimées en français par les *compléments* sujet et objet) dans une constellation de « figure-fond » (cf. section 3.2). Dans les langues accusatives comme le français, le sujet correspond à la figure et les objets au fonds. Langacker (1987, 231ss.) nomme la figure « trajecteur » (*trajector*) et les éléments du fons « repère » (*landmark*, pour les termes français cf. Kleiber 1993, 116). Dans l'exemple (11) *Martine* est le trajecteur, tandis que *la voiture* et *devant la maison* sont des repères :

(11) *Martine a garé la voiture devant la maison*

Ce schéma d'analyse des prédications a l'avantage d'être universel dans un sens typologique. En effet, qu'on ait affaire à une langue accusative, ergative (comme la basque) ou une langue à topique (comme le japonais) ne change rien à l'analyse sémantique de la prédication. Toutefois, le fait de choisir systématiquement une fonction syntaxique formelle (que sont le sujet en français et le topique en japonais) comme figure peut paraître problématique dans certaines constructions, comme p. ex. celles de (12)(a) et (13)(a) :

(12) (a) *Il lui est venu l'idée de garer la voiture devant la maison*
    (b) *Elle a eu l'idée de garer la voiture devant la maison*

(13) (a) *La musique lui plaisait*
    (b) *Elle aimait la musique*

Dans le cas de (12)(a), on a affaire à un sujet impersonnel, donc à un élément syntaxique formel, sans correspondance sémantique. Dans ce cas, il est clair qu'on ne peut pas sérieusement envisager un trajecteur qui correspondrait au sujet. L'analyse proposée par Langacker ne fonctionne donc que dans la construction sémantiquement identique de (12)(b). Si, en revanche, on invoque une interprétation « sémantique » du sujet, on pourra identifier le trajecteur sans problèmes, à savoir *lui* dans (12)(a). Par ailleurs, la différence syntaxique entre les expressions de (13)(a) et (13)(b) exprime certes une différence sémantique, mais pas en ce qui concerne les rôles de *elle/lui* et *la musique* (cf. Langacker 1987, 231). L'inconvénient de l'analyse de Langacker est qu'elle ne tient pas compte du sujet syntaxique, qui, comme le prouve l'exemple (12)(a) est une réalité grammaticale, du moins en français et dans d'autres langues.

    La conceptualisation « gestaltique » de la prédication en termes de figure et fond s'inscrit dans le principe plus général du *focal adjustment* (« ajustement focal », cf. Langacker 1987, 116ss.), auquel correspondent les différents types de perspective de la conceptualisation du contenu (cf. également la notion cognitive de « fenêtrage » proposée par Talmy 1988 ; 1993). À côté de la hiérarchie prédicative, l'ajustement focal concerne entre autre le *grounding* (Langacker 1987, 126, 'fondement'), c'est-à-dire l'ancrage de l'énoncé dans la situation d'énonciation, la deixis ainsi qu'en général les différents paramètres de la subjectivité et de l'objectivité de l'énoncé (cf. la section 3.6).

4.6 Une nouvelle conception de la morphosyntaxe : la grammaire de construction ou constructionnelle

La grammaire constructionnelle est un ensemble de théories grammaticales influencées par la grammaire cognitive, par la sémantique générative, par la tradition des grammaires typologiques et par la théorie de la valence (cf. Goldberg 1995 ; 2006 ; Shibatani/Thompson 1996 ; Croft 2001 ; Croft/Cruse 2004 ; François 2008 ; 2011 ; Bybee 2010 ; ainsi que les recueils de Fried/Östman 2004 ; Fried/Boas 2005). On attribue généralement le début de ce mouvement à une étude sur l'expression anglaise *let alone* 'sans parler de' (Fillmore/Kay/O'Connor 1988), qui mène à une discussion sur la relation entre la régularité et l'idiomaticité dans la grammaire. Celle-ci aboutit à la constatation suivante :

> « [I]n the construction of a grammar, more is needed than a system of general grammatical rules and a lexicon of fixed words and phrases. Those linguistic processes that are thought of as irregular cannot be accounted for by constructing lists of exceptions : the realm of idiomaticity in a language includes a great deal that is productive, highly structured, and worthy of serious grammatical investigation » (Fillmore/Kay/O'Connor 1988, 534).

Selon Fillmore/Kay/O'Connor, une langue ne se compose pas seulement d'inventaires et de règles combinatoires, mais possède également un domaine intermédiaire idiomatique. Croft (2001, 17) parle d'un « continuum entre syntaxe et lexique ». La construction est un élément flexible qui peut se trouver partout dans le continuum. Elle peut être « schématique » et « complexe » comme dans le cas de la construction [sujet–prédicat–objet direct] en français ou une forme « substantielle » et « atomique » comme le mot [*grand*], mais elle peut également se trouver à mi-chemin entre « substantiel » et « schématique », comme dans le cas de [sujet–*rendre–hommage–*objet indirect], ou entre « simple (atomique) » et « complexe », comme dans le cas de [*riche*] ou [*enrichissement*]. Or, les approches des grammaires de construction conçoivent les constructions intermédiaires soit « top-down » du schématique au substantiel soit « bottom-up » du substantiel au schématique.

La principale représentante de la démarche « top-down » est A. Goldberg (1995 ; 2006) dont le modèle de *l'héritage* schématique se réfère essentiellement aux structures d'arguments de la prédication. Dans la tradition de la sémantique générative et de la grammaire des rôles sémantiques, qui est *grosso modo* compatible avec la théorie de la valence, Goldberg propose de considérer certains schémas abstraits comme des modèles que l'on retrouve dans le plan syntaxique de lexèmes verbaux. On trouve

p. ex. souvent le schéma [AGENT_S −verbe− PATIENT_OD − BÉNÉFICIAIRE_IO], qu'hérite également la construction [sujet−*rendre-hommage*− objet indirect] mentionnée ci-dessus. Cet exemple montre du reste que, comme dans toutes les approches contructionnelles, les constructions sont conçues comme entités symboliques ([a] selon Figure 5) reliant le plan de l'expression à celui du contenu.

L'approche « bottom-up » par excellence des grammaires de construction est la « grammaire basée sur l'usage » (« usage based grammar » ; CF : Langacker dans la section 4.5) de Bybee (2010), qui considère que l'innovation, à savoir le changement grammatical (cf. section 4.4) ne peut s'expliquer que par l'activité énonciative des locuteurs. Bybee (2010, 5s.) discute entre autres un exemple comparable à la juxtaposition des expressions française *je (ne) sais pas* [ʃsɛpɑ] vs. *je (ne) fume pas* [ʃfympɑ]. Du point de vu syntaxique, morphologique et phonétique, ces deux expressions sont tout à fait comparables (à part la possibilité d'assimilation du son [s] dans [ʃɛpɑ]) ; du point de vue sémantique également, dans la mesure où il s'agit d'une prédication négative attribuée au sujet ; sauf que [ʃsɛpɑ] n'est pas seulement utilisé comme proposition principale, mais également afin d'atténuer une assertion (« Qu'est-ce que tu prends ? » – « J'sais pas, une bière »), c'est-à-dire comme marqueur discursif ou comme expression adverbiale de modalité.

5 Conclusion

Aujourd'hui, la linguistique cognitive est devenue partie constituante de la plupart des domaines de la linguistique interne,[8] comme la grammaire fonctionnelle, la typologie, la sémantique lexicale et grammaticale, la pragmatique, la syntaxe et la morphologie. Partant de principes théoriques provenant de la psychologique et de la philosophie, ce courant scientifique a su apporter à la linguistique des inspirations innovatrices. Mais son succès en a fait un courant dispersé dans la totalité des sciences du langage. L'idée d'une théorie unitaire ne restera qu'un épisode. Cela dit, elle a en premier lieu le mérite d'avoir réhabilité la fonction symbolique ou représentative du langage.

6 Bibliographie

Aitchison, Jean (1987), *Words in the mind. An introduction to the mental lexicon*, Oxford/New York, Blackwell.
Allport, Alan/Funnell, Elaine (1981), *Components of the Mental Lexicon*, Philosophical Transactions of the Royal Society B : Biological Sciences 295/1077, 397–410.

---

8 De laquelle il faut distinguer la linguistique externe, à savoir la linguistique variationnelle, la sociolinguistique etc.

Aristote (1847), *De la mémoire et de la réminiscence*, in : Barthélémy Saint-Hilaire (ed.), *La psychologie d'Aristote. Opuscules (parva naturalia)*, Paris, Dumont, 108–136.

Athanasiadou, Angeliki/Canakis, Costas/Cornillie, Bert (edd.) (2006), *Subjectification. Various Paths to Subjectivity*, Berlin/New York, Mouton de Gruyter.

Babin, Jean-Philippe (1998), *Lexique mental et morphologie lexicale*, Bern/New York, Lang.

Benveniste, Émile (1958), *De la subjectivité dans la langue*, Journal de Psychologie 51, 257–265 [cité selon Benveniste (1966), *Problèmes de linguistique générale*, Paris, Gallimard].

Berlin, Brent/Kay, Paul (1969), *Basic color terms. Their universality and evolution*, Berkeley, University of California Press.

Blank, Andreas (1993a), *Polysemie und semantische Relationen im Lexikon*, in : Wolfgang Börner/ Klaus Vogel (edd.), *Wortschatz und Fremdsprachenerwerb*, Bochum, AKS-Verlag, 22–56.

Blank, Andreas (1993b), *Zwei Phantome der Historischen Semantik : Bedeutungsverbesserung und Bedeutungsverschlechterung*, Romanistisches Jahrbuch 44, 57–85.

Blank, Andreas (1997), *Prinzipien des lexikalischen Bedeutungswandels am Beispiel der romanischen Sprachen*, Tübingen, Niemeyer.

Blank, Andreas (1998), *Kognitive italienische Wortbildungslehre*, Italienische Studien 19, 5–27.

Blank, Andreas (2001), *Einführung in die lexikalische Semantik für Romanisten*, Tübingen, Niemeyer.

Blank, Andreas/Koch, Peter (edd.) (1999), *Historical semantics and cognition*, Berlin/New York, Mouton de Gruyter.

Blank, Andreas/Koch, Peter (edd.) (2003), *Kognitive romanische Onomasiologie und Semasiologie*, Tübingen, Niemeyer.

Bloomfield, Leonard (1933), *Language*, New York, Holt.

Blutner, Reinhard (1985), *Prototyp-Theorien und strukturelle Prinzipien der mentalen Kategorisierung*, Linguistische Studien 125, 86–135.

Booij, Geert (2010), *Construction morphology*, Oxford, Oxford University Press.

Bréal, Michel (1897), *Essai de sémantique*, Paris, Hachette.

Bühler, Karl (1934), *Sprachtheorie. Die Darstellungsfunktion der Sprache*, Jena, Fischer.

Bybee, Joan L. (1985), *Morphology : a study of the relation between meaning and form*, Amsterdam/ Philadelphia, Benjamins.

Bybee, Joan L. (2010), *Language, usage and cognition*, Cambridge/New York, Cambridge University Press.

Bybee, Joan L./Perkins, Revere D./Pagliuca, William (1994), *The evolution of grammar. Tense, aspect and modality in the languages of the world*, Chicago, University of Chicago Press.

Carnoy, Albert (1927), *La Science du mot : traité de sémantique*, Louvain, Universitas.

Chomsky, Noam (1957), *Syntactic structures*, 's Gravenhage, Mouton.

Chomsky, Noam (1965), *Aspects of the theory of syntax*, Cambridge, M.I.T. Press.

Coleman, Linda/Kay, Paul (1981), *Prototype Semantics : The English Verb « lie »*, Language 57, 26–44.

Combettes, Bernard/Marchello-Nizia, Christiane (edd.) (2003), *Grammaticalisations en français*, Paris, Presses Universitaires de Nancy.

Cordier, Françoise (1980), *Gradients de prototypie pour cinq catégories sémantiques*, Psychologie française 25, 211–219.

Cordier, Françoise (1983), *Inclusion de classes : existe-t-il un effet sémantique ?*, L'année psychologique 83 :2, 491–503.

Cordier, Françoise (1993), *Les représentations cognitives privilégiées. Typicalité et niveau de base*, Lille, Presses universitaires de Lille.

Cordier, Françoise/Dubois, Danièle (1981), *Typicalité et représentation cognitive*, Cahiers de Psychologie Cognitive 1, 299–333.

Croft, William (2001), *Radical construction grammar : syntactic theory in typological perspective*, Oxford, Oxford University Press.

Croft, William/Cruse, David A. (2004), *Cognitive linguistics*, Cambridge, Cambridge University Press.

Cruse, David A. (2000), *Meaning in language*, Oxford/New York, Oxford University Press.

Cruse, David A., et al. (edd.) (2002/2005), *Lexikologie. Ein internationales Handbuch zur Natur und Struktur von Wörtern und Wortschätzen*, Berlin/New York, de Gruyter.

Dal, Georgette (2004), *À propos de « Nouvelles approches en morphologie » de Bernard Fradin : à quelle dimension des catégories les règles de construction de lexèmes sont-elles sensibles ?*, in : Danielle Corbin/Martine Temple/Pierre Corbin (edd.), *La formation des mots. Horizons actuels*, Presses Universitaires de Septentrion, 231–263.

Darmesteter, Arsène (1875), *Traité de la formation des mots composés dans la langue française comparée aux autres langues romanes et au latin*, Paris, Franck/Vieweg.

Darmesteter, Arsène (1887), *La Vie des mots étudiés dans leur signification*, Paris, Delagrave.

Detges, Ulrich (1998), *Echt die Wahrheit sagen. Überlegungen zur Grammatikalisierung von Adverb-markern*, PhiN. Philologie im Netz 4, 1–29.

Detges, Ulrich (2003a), *Du sujet parlant au sujet grammatical. L'obligatorisation des pronoms sujets en ancien français dans une perspective pragmatique*, in : Bernard Combettes/Christiane Mar-chello-Nizia (edd.), *Grammaticalisations en français*, Nancy, Presses Universitaires de Nancy, 307–333.

Detges, Ulrich (2003b), *La grammaticalisation des constructions de négation dans une perspective onomasiologique, ou : la déconstruction d'une illusion d'optique*, in : Andreas Blank/Peter Koch (edd.), *Kognitive romanische Onomasiologie und Semasiologie*, Berlin/New York, de Gruyter, 213–233.

Detges, Ulrich (2004), *How cognitive is grammaticalization ? The history of the Catalan perfet peri-fràstic*, in : Olga Fischer/Muriel Norde/Harry Perridon (edd.), *Up and Down the Cline – The Nature of Grammaticalization*, Amsterdam/Philadelphia, Benjamins, 211–227.

Detges, Ulrich/Waltereit, Richard (2002), *Grammaticalization vs. reanalysis : a semantic-pragmatic account of functional change in grammar*, Zeitschrift für Sprachwissenschaft 21, 151–195.

Detges, Ulrich/Waltereit, Richard (edd.) (2008), *The paradox of grammatical change. Perspectives from Romance*, Amsterdam/Philadelphia, Benjamins.

Dubois, Danièle (1983), *Analyse de 22 catégories sémantiques du français : organisation catégorielle, lexique et représentation*, L'année psychologique 83:2, 465–489.

Ducrot, Oswald (1984), *Le dire et le dit*, Paris, Minuit.

Ehrenfels, Christian von (1890), *Über Gestaltqualitäten*, Vierteljahrsschrift für wissenschaftliche Philosophie 14, 249–292.

Fauconnier, Gilles (1984), *Espaces mentaux*, Paris, Minuit.

Fauconnier, Gilles (1985), *Mental spaces*, Cambridge, Mass., M.I.T. Press.

Fauconnier, Gilles (1997), *Mappings in thought and language*, Cambridge/New York, Cambridge University Press.

Fillmore, Charles (1963), *The Position of Embedding Transformations in a Grammar*, Word 19, 208–231.

Fillmore, Charles (1968), *The case for case*, in : Emmon W. Bach/Robert T. Harms (edd.), *Universals in linguistic theory*, New York, Holt, Rinehart and Winston, 1–88.

Fillmore, Charles (1975), *An Alternative to Checklist Theories of Meaning*, in : *Proceedings of the First Annual Meeting of the Berkeley Linguistics Society*, Berkeley, Berkeley Linguistics Society, 123–131.

Fillmore, Charles (1982), *Frame Semantics*, in : Linguistic Society of Korea (ed.), *Linguistics in the morning calm*, Seoul, Hanshin Publishing Co., 111–137.

Fillmore, Charles/Kay, Paul/O'Connor, Mary (1988), *Regularity and Idiomaticity in Grammatical Cons-tructions. The Case of « Let Alone »*, Language 64, 501–538.

Fradin, Bernard (2003), *Nouvelles approches en morphologie*, Paris, PUF.

François, Jacques (2008), *Les grammaires de construction. Un bâtiment ouvert aux quatre vents*, Cahiers du CRISCO 26, 3–19.

François, Jacques (2011), *Construction et exemplaires. Une nouvelle approche des structures prédicatives du français illustrée par la configuration [N s'en V]*, PhiN. Philologie im Netz 58, 19–38.

Fried, Mirjam/Boas, Hans C. (edd.) (2005), *Grammatical constructions*, Amsterdam/Philadelphia, Benjamins.

Fried, Mirjam/Östman, Jan-Ola (edd.) (2004), *Construction grammar in a cross-language perspective*, Amsterdam/Philadelphia, Benjamins.

Gaeta, Livio (2010), *On the viability of cognitive morphology for explaining language change*, in : Aleksander Onysko / Sascha Michel (edd.), *Cognitive Perspectives on Word Formation*, Berlin/New York, de Gruyter, 75–95.

Gauger, Hans-Martin (1971), *Durchsichtige Wörter*, Heidelberg, Winter.

Geeraerts, Dirk (1983a), *Prototype Theory and Diachronic Semantics. A Case Study*, Indogermanische Forschungen 88, 1–32.

Geeraerts, Dirk (1983b), *Reclassifying semantic change*, Quaderni di semantica 4:2, 217–240.

Geeraerts, Dirk (1985), *Les données stéréotypiques, prototypiques et encyclopédiques dans le dictionnaire*, Cahiers de lexicologie 46, 28–43.

Geeraerts, Dirk (1991), *La grammaire cognitive et l'histoire de la sémantique lexicale*, Communications 53, 15–50.

Geeraerts, Dirk (1997), *Diachronic prototype semantics. A contribution to historical lexicology*, Oxford/New York, Clarendon Press/Oxford University Press.

Geeraerts, Dirk/Cuyckens, Herbert (edd.) (2007), *The Oxford Handbook of Cognitive Linguistics*, Oxford, Oxford University Press.

Gévaudan, Paul (1999), *Semantische Relationen in nominalen und adjektivischen Kompositionen und Syntagmen*, PhiN. Philologie im Netz 9, 11–34.

Gévaudan, Paul (2002), *Fondements sémiologiques du modèle de la filiation lexicale*, PhiN. Philologie im Netz 22, 1–26.

Gévaudan, Paul (2003), *Lexikalische Filiation : eine diachronische Synthese aus Onomasiologie und Semasiologie*, in : Andreas Blank/Peter Koch (edd.), *Kognitive romanische Onomasiologie und Semasiologie*, Tübingen, Niemeyer, 189–211.

Gévaudan, Paul (2007), *Typologie des lexikalischen Wandels : Bedeutungswandel, Wortbildung und Entlehnung am Beispiel der romanischen Sprachen*, Tübingen, Stauffenburg.

Gévaudan, Paul (2013), *Les rapports entre la modalité et la polyphonie linguistique*, in : Paul Gévaudan/Vahram Atayan/Ulrich Detges (edd.), *Modalität und Polyphonie. Modalité et polyphonie. Modalidad y polifonía*, Tübingen, Stauffenburg, 39–59.

Gévaudan, Paul/Koch, Peter (2010), *Sémantique cognitive et changement lexical*, in : Jacques François (ed.), *Grandes voies et chemins de traverse de la sémantique cognitive*, Leuven, Peeters, 103–145.

Goldberg, Adele E. (1995), *Constructions*, Chicago, University of Chicago Press.

Goldberg, Adele E. (2006), *Constructions at work*, Oxford/New York, Oxford University Press.

Guérin, Françoise (2007/2008), *La grammaticalisation : théorie ou épiphénomène ?*, Contextos 49–52, 211–232.

Haiman, John (ed.) (1985), *Iconicity in syntax. Proceedings of a Symposium on Iconicity in Syntax, Stanford, June 1983*, Amsterdam/Philadelphia, Benjamins.

Harris, Zellig (1951), *Methods in Structural Linguistics*, Chicago, University of Chicago Press.

Hartmann, Stefan (2014), *Constructing a schema. Word-class changing morphology in a usage-based perspective*, Yearbook from the German Cognitive Linguistics Association 2, 235–251.

Hockett, Charles (1958), *A course in modern linguistics*, New York, Macmillan.

Hopper, Paul J. (1987), *Grammaticalization*, Palo Alto, CA (1987 Linguistic Institute 272), Copy Mat.

Kleiber, Georges (1990), *La sémantique du prototype. Catégories et sens lexical*, Paris, Presses universitaires de France.

Kleiber, Georges (1993), *Iconicité d'isomorphisme et grammaire cognitive*, Faits de langues 1, 105–121.

Koch, Peter (1991), *Semantische Valenz, Polysemie und Bedeutungswandel bei romanischen Verben*, in : Peter Koch/Thomas Krefeld (edd.), *Connexiones Romanicae. Dependenz und Valenz in romanischen Sprachen*, Tübingen, Niemeyer, 279–306.

Koch, Peter (1994), *Gedanken zur Metapher – und zu ihrer Alltäglichkeit*, in : Annette Sabban / Christian Schmitt (edd.), *Sprachlicher Alltag. Linguistik – Rhetorik – Literaturwissenschaft. Festschrift für Wolf-Dieter Stempel, 7. Juli 1994*, Tübingen, Niemeyer, 201–225.

Koch, Peter (1995), *Der Beitrag der Prototypentheorie zur Historischen Semantik. Eine kritische Bestandsaufnahme*, Romanistisches Jahrbuch 46, 27–46.

Koch, Peter (1996), *Le prototype entre signifié, désigné et référent*, in : Hiltraud Dupuy-Engelhardt (ed.), *Questions de méthode et de délimitation en sémantique lexicale. Actes d'EUROSEM 94*, Reims, Presses Universitaires de Reims, 113–135.

Koch, Peter (1999a), *Frame and contiguity. On the cognitive bases of metonymy and certain types of word formation*, in : Günter Radden/Klaus-Uwe Panther (edd.), *Metonymy in Language and Thought,* Amsterdam/Philadelphia, Benjamins, 139–167.

Koch, Peter (1999b), *Tree and fruit : a cognitive-onomasiological approach*, Studi italiani di linguistica teorica e applicata 18, 331–347.

Koch, Peter (2001), *Lexical typology from a cognitive and linguistic point of view*, in : Martin Haspelmath et al. (edd.), *Language Typology and Language Universals. An International Handbook. Manuel international*, Berlin/New York, de Gruyter, 1142–1178.

Koch, Peter (2002a), *« Il ne me faut plus nule rien » – changement sémantique, métataxe et réanalyse*, in : Peter Koch/Peter Blumenthal (edd.), *Valence : perspectives allemandes*, Caen, Presses Universitaires de Caen, 67–108.

Koch, Peter (2002b), *Verbe, valence et changement sémantique – une approche onomasiologique*, in : Hiltraud Dupuy-Engelhardt/Marie-Jeanne Montibus (edd.), *Parties du discours : sémantique, perception, cognition – le domaine de l'audible. Actes d'EUROSEM 2000*, Reims, Presses Universitaires de Reims, 151–185.

Koch, Peter (2005), *Kognitive Linguistik ante litteram*, in : Daniel Jacob/Thomas Krefeld/Wulf Oesterreicher (edd.), *Sprache, Bewußtsein, Stil. Theoretische und historische Perspektiven*, Tübingen, Narr, 3–29.

Koch, Peter/Marzo, Daniela (2007), *A two-dimensional approach to the study of motivation in lexical typology and its first application to French high-frequency vocabulary*, Studies in Language 31/2, 259–291.

Köhler, Wolfgang (1920), *Die physischen Gestalten in Ruhe und im stationären Zustand*, Braunschweig, Vieweg.

Köhler, Wolfgang (1929), *Gestalt psychology*, New York, Liveright.

Koffka, Kurt (1922), *Perception : An introduction to the Gestalttheorie*, Psychological Bulletin 19, 531–585.

Koffka, Kurt (1935), *Principles of gestalt psychology*, London, Lund Humphries.

Kripke, Saul A. (1980), *Naming and necessity*, Oxford, Blackwell.

Kronasser, Heinz (1952), *Handbuch der Semasiologie. Kurze Einführung in die Geschichte, Problematik und Terminologie der Bedeutungslehre*, Heidelberg, Winter.

Lakoff, George (1971), *On generative semantics*, in : Danny D. Steinberg/Leon A. Jakobovits (edd.), *Semantics ; an interdisciplinary reader in philosophy, linguistics and psychology*, Cambridge, Cambridge University Press, 232–296.

Lakoff, George (1973), *Hedges : A Study in Meaning Criteria and the Logic of Fuzzy Concepts*, Journal of Philosophical Logic 2, 458–508.

Lakoff, George (1976), *Toward generative semantics*, in : James D. McCawley (ed.), *Notes from the linguistic underground*, New York, Academic Press, 43–61.

Lakoff, George (1987), *Women, fire, and dangerous things : what categories reveal about the mind*, Chicago, Ill. etc., University of Chicago Press.

Lakoff, George/Johnson, Mark (1980), *Metaphors we live by*, Chicago, University of Chicago Press.

Lakoff, George/Ross, John R. (1968), *Is deep structure necessary ?*, Bloomington, Linguistics Club, Indiana University.

Langacker, Ronald (1972), *Movement rules in functional perspective*, San Diego, University of California.

Langacker, Ronald (1985), *Observations and speculations on subjectivity*, in : John Haiman (ed.), *Iconicity in Syntax*, Amsterdam/Philadelphia, Benjamins, 109–150.

Langacker, Ronald (1987/1991), *Foundations of cognitive grammar*, Stanford, Stanford University Press.

Langacker, Ronald (1990), *Subjectification*, Cognitive Linguistics 1, 5–38.

Langacker, Ronald (1991), *Noms et verbes*, Communications 53, 103–153.

Langacker, Ronald (1999), *Losing control : grammaticization, subjectification, and transparency*, in : Andreas Blank/Peter Koch (edd.), *Historical semantics and cognition*, Berlin/New York, de Gruyter, 147–175.

Langacker, Ronald (2006), *Subjectification, grammaticalization, and conceptual archetypes*, in : Angeliki Athanasiadou/Costas Canakis/Bert Cornillie (edd.), *Subjectification*, Berlin/New York, de Gruyter, 17–40.

Lehmann, Christian (1982 [1995]), *Thoughts on grammaticalization*, München, LINCOM Europa.

Lyons, John (1982), *Deixis and Subjectivity : « loquor, ergo sum » ?*, in : Robert J. Jarvella/Wolfgang Klein (edd.), *Speech, place, and action*, Chichester, Wiley.

Marquer, Pierre (2005), *L'organisation du lexique mental. Des contraires aux expressions idiomatiques*, Paris, L'Harmattan.

Marzo, Daniela (2013), *Polysemie als Verfahren lexikalischer Motivation. Theorie und Empirie am Beispiel von Metonymie und Metapher im Französischen und Italienischen*, Tübingen, Narr.

McCawley, James D. (1973), *Grammar and meaning. Papers on syntatic and semantic topics*, Tokyo, Taishukan.

McCawley, James D. (ed.) (1976), *Notes from the linguistic underground*, New York, Academic Press.

Meillet, Antoine (1912 [1958]), *Linguistique historique et linguistique générale*, Paris, Champion.

Metzger, Wolfgang (1934), *Gesetze des Sehens*, Frankfurt am Main, Kramer.

Metzger, Wolfgang (1941), *Psychologie. Die Entwicklung ihrer Grundannahmen seit der Einführung des Experiments*, Dresden/Leipzig, Steinkopff.

Minsky, Marvin (1975), *A Framework for Representing Knowledge*, in : Patrick Winston (ed.), *The Psychology of Computer Vision*, New York, McGraw-Hill, 211–276.

Nerlich, Brigitte (1992), *Semantic theories in Europe, 1830–1930. From etymology to contextuality*, Amsterdam/Philadelphia, Benjamins.

Nerlich, Brigitte/Clark, David (1992), *Outline of a model of semantic change*, in : Günter Kellermann/Michael D. Morrissey (edd.), *Diachrony within synchrony, language history and cognition. Papers from the international Symposium at the University of Duisburg, 26–28 March 1990*, Frankfurt am Main et al., Lang, 125–141.

Nuyts, Jan (2001), *Subjectivity as an evidential dimension in epistemic modal expressions*, Journal of Pragmatics 33, 383–400.

Nyrop, Kristoffer (1913), *Grammaire historique de la langue française*, vol. 4 : *Sémantique*, Copenhague, Clydendalske Boghandel.

Paul, Hermann (1880), *Prinzipien der Sprachgeschichte*, Halle, Niemeyer.

Pavlov, Ivan (1927), *Conditioned reflexes*, London, Routledge and Kegan Paul.

Prévost, Sophie (2006), *Grammaticalisation, lexicalisation et dégrammaticalisation : des relations complexes*, Cahiers de Praxématique 46, 121–139.

Putnam, Hilary (1975), *The Meaning of « Meaning »*, in : Hilary Putnam (ed.), *Mind, Language, and Reality*, Cambridge, Cambridge University Press, 215–271.

Raible, Wolfgang (1981), *Von der Allgegenwart des Gegensinns (und einiger anderer Relationen)*, Zeitschrift für romanische Philologie 97, 1–40.

Rosch, Eleanor (1973), *Natural Categories*, Cognitive Psychology 4, 328–350.

Rosch, Eleanor (1975a), *Cognitive reference points*, Cognitive Psychology 7, 532–547.

Rosch, Eleanor (1975b), *Cognitive Representation of Semantic Categories*, Journal of Experimental Psychology 104, 192–233.

Rosch, Eleanor (1975c), *Universal and Cultural Specifics in Human Categorization*, in : Richard Brislin/ Salomon Bochner/Walter Lonner (edd.), *Cross-cultural Perspectives of Learning*, New York, Sage, 177–206.

Rosch, Eleanor (1978), *Principles of Categorization*, in : Eleanor Rosch/Barbara Lloyd (edd.), *Cognition and Categorizarion*, Hillsdale, N.J., Erlbaum, 27–48.

Rosch, Eleanor/Mervis, Carolyn (1975), *Family Resemblances : Studies in the Internal Structure of Categories*, Cognitive Psychology 7, 573–605.

Rosch, Eleanor, et al. (1976), *Basic objects in natural categories*, Cognitive Psychology 8, 382–439.

Roudet, Léonce (1921), *Sur la classification psychologique des changements sémantiques*, Journal de Psychologie 18, 676–692.

Rubin, Edgar (1921), *Visuell wahrgenommene Figuren*, Kopenhagen, Gyldendalske.

Rumelhart, David (1975), *Notes on a Schema for Stories*, in : Daniel G. Bobrow/Allan Collins (edd.), *Representation and understanding. Studies in cognitive science*, New York, Academic Press, 211–236.

Schlyter, Suzanne (1982), *Vagheit, Polysemie und Prototypentheorie*, Stockholm, Institute of Linguistics.

Shibatani, Masayoshi/Thompson, Sandra A. (1996), *Grammatical constructions*, Oxford/New York, Clarendon Press/Oxford University Press.

Skinner, Burrhus (1938), *The behavior of organisms*, New York, Appleton-Century-Crofts.

Smet, Hendrik de/Verstraete, Jean-Christophe (2006), *Coming to terms with subjectivity*, Cognitive Linguistics 17, 365–392.

Sperber, Dan/Wilson, Deirdre (1986), *Relevance. Communication and cognition*, Oxford, Blackwell.

Sperber, Hans (1923), *Einführung in die Bedeutungslehre*, Bonn, Schroeder.

Stein, Dieter/Wright, Susan (edd.) (1995), *Subjectivity and subjectivisation*, Cambridge, Cambridge University Press.

Stern, Gustaf (1931), *Meaning and Change of Meaning*, Bloomington, Indiana University Press.

Talmy, Leonard (1988), *Force Dynamics in Language and Cognition*, Cognitive Science 12, 49–100.

Talmy, Leonard (1993), *The windowing of attention in language*, Duisburg, L.A.U.D.

Taylor, John R. (1989), *Linguistic categorization*, Oxford/New York, Clarendon Press/Oxford University Press.

Taylor, John R. (2015), *Word-formation in Cognitive Grammar*, in : Peter Müller et al. (edd.), *Word-Formation. An International Handbook of the Languages of Europe*, Berlin/Boston, Mouton de Gruyter.

Traugott, Elizabeth C. (1989), *On the rise of epistemic meanings in English : An example of subjectification in semantic change*, Language 65/1, 31–55.

Traugott, Elizabeth C. (1995), *Subjectification in grammaticalisation*, in : Dieter Stein/Susan Wright (edd.), *Subjectivity and Subjectivisation*, Cambridge, Cambridge University Press, 31–54.

Traugott, Elizabeth C. (1999), *The rhetoric of counter-expectation in semantic change : a study in subjectification*, in : Andreas Blank/Peter Koch (edd.), *Historical Semantics and Cognition*, Berlin/New York, de Gruyter, 177–196.

Traugott, Elizabeth C./Dasher, Richard B. (2002), *Regularity in semantic change*, Cambridge, Cambridge University Press.

Tuggy, David (2005), *Cognitive Approach to Word-Formation*, in : Pavol Štekauer/Rochelle Lieber (edd.), *Handbook of word-formation,* Dordrecht, Springer, 233–265.

Ullmann, Stephen (1951), *The principles of semantics*, Oxford, Blackwell.

Ullmann, Stephen (1952), *Précis de sémantique française*, Berne, Francke.

Ullmann, Stephen (1962), *Semantics : an introduction to the science of meaning*, Oxford, Blackwell.

Umbreit, Birgit (2014), *Romance verb-noun-conversions from a cognitive perspective*, Yearbook from the German Cognitive Linguistics Association 2, 89–108.

Watson, John (1913), *Psychology as the Behaviorist Views it*, The psycological review 20, 158–177.

Wertheimer, Max (1912), *Experimentelle Studien über das Sehen von Bewegung*, Zeitschrift für Psychologie 61, 161–265.

Wertheimer, Max (1925), *Drei Abhandlungen zur Gestalttheorie*, Erlangen, Verlag der Philosophischen Akademie.

Wierzbicka, Anna (1980), *The case for surface case*, Ann Arbor, Karoma.

Wierzbicka, Anna (1985), *Lexicography and conceptual analysis*, Ann Arbor, Karoma.

Wierzbicka, Anna (1988), *The semantics of grammar*, Amsterdam/Philadelphia, Benjamins.

Wittgenstein, Ludwig (1953), *Philosophische Untersuchungen. Philosophical investigations*, Oxford, Blackwell.

Wundt, Wilhelm (1912), *Völkerpsychologie. Eine Untersuchung der Entwicklungsgesetze von Sprache, Mythos und Sitte*, vol. 2 : *Die Sprache*, Leipzig, Engelmann.

Britta Thörle
25 La linguistique appliquée

Abstract : Dans cet article, la linguistique appliquée est considérée comme une manière de faire de la linguistique qui est consciente des problèmes linguistiques de la vie pratique. Dans ce qui suit, nous présenterons quelques principes et problèmes méthodologiques avant d'aborder quatre champs d'application particulièrement intéressants du point de vue des pays et régions germanophones dans lesquels le français est étudié et enseigné comme langue étrangère dans divers cadres institutionnels et utilisé dans des contextes professionnels plurilingues. Les domaines traités seront 1) l'acquisition du français comme langue étrangère, 2) la didactique du français langue étrangère, 3) la langue et la communication de spécialité et 4) la communication plurilingue dans le monde du travail. Pour conclure, nous présenterons brièvement le cadre institutionnel de la recherche en linguistique appliquée, c'est-à-dire les associations et revues dans lesquelles la communauté des chercheurs est organisée et où leurs activités deviennent manifestes.

Keywords : Linguistique appliquée, interdisciplinarité, acquisition des langues, français langue étrangère, didactique, langue technique, langues de spécialité, traduction, plurilinguisme, organisations

1 Linguistique et linguistique appliquée

Dans son manuel de linguistique, le structuraliste André Martinet écrit à propos de la linguistique appliquée : « S'il a fallu attendre, pour qu'on parle de linguistique appliquée, que se soit constituée une linguistique tout court, c'est simplement parce que, pendant longtemps et presque jusqu'à nos jours, on n'avait guère pris conscience de la légitimité d'une étude du langage humain en lui-même, sous sa forme quotidienne, et qu'il n'y avait nul besoin de distinguer une linguistique proprement dite de quelque chose qui en aurait été des applications à la solution de problèmes pratiques » (Martinet 1972, 209). En effet, jusqu'au XIXᵉ siècle, l'étude de la langue – si celle-ci ne faisait l'objet de réflexions philosophiques – avait été, avant tout, une étude *appliquée*. C'est-à-dire qu'on s'occupait de la langue pour l'améliorer, pour garantir son fonctionnement comme moyen de communication ou pour procurer son enseignement. Dans ce contexte, la constitution de la linguistique (« générale ») comme discipline scientifique indépendante des problèmes pratiques est conçue par le structuraliste Martinet comme processus d'émancipation. Depuis lors, la situation paraît être renversée : c'est la linguistique appliquée qui cherche à se définir, à délimiter son domaine de recherche, ses méthodes et objectifs. En témoigne un grand nombre de travaux dédiés à la discussion des objets, objectifs et méthodes propres et appropriés de la linguistique appliquée ainsi qu'à la nature des rapports de celle-ci avec d'autres disciplines et avec les autres domaines de la linguistique. Est-ce la linguistique appliquée qui *applique* les connaissances acquises en science fondamentale aux problèmes pratiques (*linguistics applied*) ? Faut-il, au contraire, une théorie propre à la linguistique appliquée (*applied linguistics*) (cf., entre autres, Kühlwein 1980, 22s. ; Platen/Vogel 2001, 69s. ; Knapp/Antos 2009, ix ; Stegu 2011b, 25) ? Ces problèmes et questions largement débattus depuis les années 1970 – et qui le sont encore – n'ont toutefois donné lieu ni à des réponses unanimes ni à la constitution d'une discipline de linguistique appliquée cohérente et clairement délimitée de la linguistique *tout court*. Jugeant ce débat « stérile », Candlin/Sarangi (2004, 1s.) proposent de le remplacer par une réflexion sur ce qui est effectivement la *pratique* en linguistique appliquée. Allant dans le même sens, Knapp/Antos (2009, xi) préfèrent ne pas considérer la linguistique appliquée comme discipline autonome, mais parler plutôt « d'une façon de ‹ faire de la linguistique › consciente des problèmes et reliée au monde pratique » ou, autrement dit, comme « une linguistique servant à la résolution de problèmes ». Il n'y aurait donc qu'*une* linguistique pouvant s'intéresser aux aspects théoriques et historiques autant qu'à des problèmes pratiques de diverse nature (Spillner 1990, 8s.).

2 Réflexions méthodologiques

Partant de l'idée que la linguistique appliquée ne constitue pas une discipline autonome, mais représente une *manière* de faire de la linguistique, la recherche d'un ensemble clos de méthodes et approches proprement *appliquées* paraît dérisoire. Rien que la grande diversité des problèmes « pratiques » – considérons, p. ex, le traitement automatique des banques de données en lexicographie et la traduction orale dans la communication médecin-patient – fait que toute tentative de proposer *la* méthodologie de la linguistique appliquée reste inévitablement incomplète.[1] Ceci ne signifie pas que tout soit possible (« anything goes »), comme le craignent Menz/Gruber (2001, ix). Même si l'on ne peut pas parler d'une méthodologie propre à la linguistique appliquée, on peut tout de même en établir quelques principes et procédés caractéristiques. En linguistique appliquée, il s'agit normalement d'approches
- pratiques : qui partent d'un problème de « vie pratique » et qui sont orientées vers la solution de celui-ci

---

1 Le manuel de Coffin/Lillis/O'Halloran (2010a) *Applied Linguistics Methods*, p. ex., ne tient compte que de la linguistique fonctionnelle de Halliday, de l'analyse critique du discours ainsi que de l'ethnographie de la communication ce qui nous paraît une vision très réduite. En revanche, ce qui paraît possible et sensé, c'est la discussion des approches suivies au sein d'un champ d'application particulier, comme le fait, p. ex. Harden (2006) pour la linguistique appliquée à la didactique des langues étrangères.

– empiriques : qui étudient ce problème à partir de données collectées « sur le terrain » et
– interdisciplinaires : qui adaptent la méthodologie à la nature du problème en faisant appel, si besoin est, à d'autres disciplines.

Conformément à ceci, le procédé « prototypique » d'une étude en linguistique appliquée est constitué des étapes suivantes (cf. Candlin/Sarangi 2004, 3) :
– déclenchement de la recherche par un problème
– identification des aspects critiques particuliers
– sélection des méthodes de recherche appropriées
– collection de données
– analyse
– exploitation et diffusion des résultats.

L'étude en linguistique appliquée part du problème de « vie pratique », et non pas du problème théorique de la discipline. Une première tâche est alors d'identifier les aspects critiques de ce problème. La méthode la plus appropriée à son étude dépend de la nature du problème, de manière qu'il peut s'avérer nécessaire d'adapter les méthodes choisies ou de dépasser les frontières disciplinaires de la linguistique pour développer une approche interdisciplinaire. Le travail interdisciplinaire, souvent évoqué comme caractéristique constitutive de la linguistique appliquée (p. ex. Gruber/Menz 2001), représente l'un des grands défis de celle-ci. Si l'on regarde les textes programmatiques de la linguistique appliquée, la notion d'interdisciplinarité se réfère à toute une gamme de constellations différentes. Interdisciplinarité peut signifier, p. ex., qu'un chercheur possède ou se procure des compétences dans plusieurs disciplines (le sociolinguiste qui est familier avec des théories et méthodes de la sociologie) ou bien qu'un linguiste collabore avec un chercheur d'une autre discipline dont ce premier n'a pas, ou très peu, de connaissances (Stegu 2001, 257). Dans tous les cas, il faut que l'éclecticisme méthodologique des démarches ne se fasse pas au détriment de l'intégrité de l'analyse. Celle-ci doit toujours rester acceptable dans le cadre théorique et méthodologique d'origine (Candlin/Sarangi 2004, 5).

Finalement, l'orientation vers la solution pratique des problèmes réels demande non seulement une réflexion méthodologique concernant la recherche en linguistique appliquée, mais aussi concernant l'intervention (cf. Coffin/Lillis/O'Halloran 2010b, 2). Voilà un autre défi auquel la linguistique appliquée se trouve confrontée. Parmi les chercheurs, on peut distinguer – *grosso modo* – deux attitudes fondamentales dont Stegu (2011a, 355) appelle l'une « critique » et l'autre « axée sur l'efficacité » (« *effizienzorientiert* »). Dans l'approche « critique », la linguistique appliquée est plutôt une activité descriptive qui identifie et fait l'analyse critique des problèmes liés à la langue afin de mieux les comprendre. En revanche, l'approche « axée sur l'efficacité » se propose d'élaborer des solutions pratiques. Toutefois, cette dernière conception de la linguistique appliquée paraît être beaucoup moins répandue de ce qu'il est souvent prétendu. Platen/Vogel (2001, 92) y voient un décalage entre préten-tion et pratique réelle et jugent la linguistique appliquée « une science sans consom-mateurs » (« *Wissenschaft ohne Verbraucher* »). Ce décalage paraît être dû, entre autres choses, à la difficulté de concilier les attentes des clients potentiels, qui demandent souvent des instructions concrètes, avec les principes et possibilités de la science qui ne veut (et ne peut) être prescriptive, mais dont la tâche est plutôt de rendre conscients le fonctionnement de la communication ainsi que les raisons de son disfonctionnement (« *awareness raising* » cf. Stegu 2011b, 32 ; voir aussi Candlin/Sarangi 2004, 4).

3 Champs d'application

Pendant longtemps, le domaine primordial et presque exclusif de la linguistique appliquée a été l'acquisition des langues, de manière que les deux termes soient plus ou moins synonymes. Mais progressivement, la recherche en linguistique appliquée s'est diversifiée. Aujourd'hui, l'Association Française de Linguistique Appliquée (AFLA) propose sur son site web une liste de 19 domaines, parmi lesquels : les langues de spécialité, lexicologie, lexicographie, politique linguistique, terminologie, troubles du langage, traduction, langues en contact et variation linguistique (cf. <http://www.afla-asso.org/>). Si nous nous proposons maintenant de présenter quelques domaines de recherche en linguistique appliquée, il est clair qu'une telle approche ne peut être thématiquement exhaustive ni représenter l'état de la recherche de façon détaillée et complète. Notre propos est plutôt de montrer l'intérêt particulier qu'une linguistique appliquée du français peut avoir dans les pays et régions germanophones dans lesquels le français représente souvent une langue étrangère étudiée et enseignée dans divers cadres institutionnels et utilisée dans des contextes professionnels pluri-lingues.[2] Les domaines d'application particulièrement intéressants dans ce contexte sont : 1) l'acquisition du français comme langue étrangère, 2) la didactique du français langue étrangère, 3) la langue et la communication de spécialité, et 4) la communica-tion plurilingue dans des contextes de travail. Pour chaque domaine, nous aborde-rons, à titre d'exemple, des « problèmes pratiques » traités ainsi que les théories et méthodes auxquelles on fait appel pour leur étude.

---

2 Vu que cet article sur la linguistique appliquée se trouve au sein d'un manuel de linguistique française, il faut se poser la question de savoir s'il existe une linguistique appliquée spécifiquement française ou romane. Stegu (2011b) donne une réponse négative à cette question en postulant qu'il n'y a qu'une linguistique appliquée générale pouvant porter sur des exemples en langues romanes, mais pas de discipline « linguistique appliquée proprement romane ».

3.1 L'acquisition du français comme langue étrangère

La linguistique appliquée s'intéresse à l'acquisition ainsi qu'à l'enseignement du français comme langue étrangère.[3] Ce sont des champs interdisciplinaires que la linguistique appliquée partage avec d'autres disciplines, comme la psychologie ou la pédagogie, et à l'intérieur desquels se sont établies des disciplines autonomes telles que la psycholinguistique, la didactique des langues étrangères ainsi que les recherches en apprentissage et enseignement des langues.

Une première approche à l'acquisition du français langue étrangère, et certainement l'une des plus anciennes, est l'analyse des fautes. Vers le milieu du XXe siècle, des approches fondées sur les théories structuralistes et behavioristes sont parties de l'idée que l'apprentissage d'une langue étrangère doit se fonder sur la description comparative de la langue maternelle et de la langue cible (*hypothèse contrastive*). On supposait qu'en maîtrisant bien les similarités et différences entre les deux, l'apprenant était rendu capable de transférer les similarités (*transfert positif*) et d'éviter des interférences (*transfert négatif*). Aujourd'hui, il fait consensus que cette hypothèse, dans sa version forte, ne tient pas debout et que l'acquisition ainsi que les fautes ne peuvent pas être expliquées sur la seule base des contrastes entre langue cible et langue maternelle.[4] Néanmoins, l'analyse des fautes, qui ne part pas exclusivement du transfert négatif comme cause d'une faute, peut très bien contribuer à une meilleure compréhension du processus d'acquisition. Le langage de l'apprenant est interprété comme *interlangue* (« interlanguage », Selinker 1972), c'est-à-dire comme un système linguistique dynamique, restructuré en permanence et oscillant entre le système de la langue maternelle et celui de la langue cible. Dans cette conception, les fautes ont un caractère systématique. Elles témoignent du processus d'acquisition et on peut en déduire les séquences dans lesquelles l'acquisition se déroule. Ces séquences sont influencées par la langue maternelle, mais aussi par les structures de la langue cible. Cela implique qu'au cours du déroulement de l'acquisition, une faute peut être remplacée par une autre, « plus correcte » dans le sens de « plus proche du système de la langue cible ». Concernant l'acquisition de l'article et de la négation chez les apprenants germanophones du français, Lavric (2009 ; 2011) montre que

> « les fautes s'échelonnent plus ou moins parfaitement, bien comme il faut, des plus simples aux plus sophistiquées, d'une interlangue encore calquée sur la langue maternelle vers une interlangue qui ressemble beaucoup à la langue cible, mais en plus régulier. Les interférences de la langue maternelle interviennent plutôt au début du processus tandis que les échelons supérieurs

---

3 On ne tient pas compte ici de l'acquisition du français comme langue maternelle (cf. Kielhöfer 1997) et langue seconde.

4 Pour une critique de l'hypothèse contrastive voir, p. ex., Harden (2006, 57–62) ou Edmondson/House (²2000, 222–227). Un problème important lié à cette thèse est la définition de ce qu'est une faute. Une classification instructive est proposée par Knapp-Potthoff (1987).

sont dictés par la logique de la langue cible, de règle en exception, d'exception en exception du second degré » (Lavric 2009, 189).

Pendant que l'analyse des fautes est principalement fondée sur les notions et métho-des de la linguistique structurale, d'autres études sur l'acquisition partent d'appro-ches psycholinguistiques et cognitivistes. Les recherches dans ce domaine s'intéres-sent au traitement cognitif de l'information et s'interrogent, p. ex., sur l'organisation des vocabulaires multilingues dans le « lexique mental » (Aitchison 1997 ; Raupach [2]1997). Une question particulièrement intéressante dans le cadre des langues romanes concerne l'acquisition du vocabulaire d'une deuxième ou troisième langue étrangère appartenant à la même famille de langues (Müller-Lancé 2003 ; ↗27 La recherche en plurilinguisme). Les études dans ce domaine s'intéressent en outre au traitement réceptif et productif des textes oraux et écrits en langue étrangère (Börner/Vogel 1992 ; 1996) ainsi qu'à l'acquisition de la grammaire en L2 (cf. p. ex. Börner/Vogel 2002).

Finalement, l'apport linguistique à l'étude de l'acquisition du français langue étrangère consiste aussi en une approche interactionniste qui est largement influen-cée par l'analyse ethnométhodologique de la conversation (Dausendschön-Gay 2001 ; 2003 ; Mondada/Pekarek-Doehler 2000 ; Pekarek-Doehler 2006). Les recherches qui suivent cette approche ne partent ni du système linguistique (comme le fait l'analyse des fautes), ni des processus mentaux « dans la tête des locuteurs » (comme les approches influencées de la psycholinguistique). En focalisant l'aspect social et interactif de l'acquisition, elles conçoivent le processus d'acquisition « comme se configurant dans et à travers le processus d'utilisation du langage au sein de prati-ques sociales les plus diverses » (Pekarek-Doehler 2006, 128). D'après cette approche, les particularités du langage de l'apprenant sont dues au fait que, dans des situations d'interaction authentiques, les apprenants, tout en comptant sur la coopération de l'interlocuteur, emploient les formes et constructions linguistiques qu'ils ont à leur disposition pour atteindre les objectifs communicatifs, et ce, de manière méthodique et située. Dans cette optique, conforme à la conception sociopsychologique vygots-kyienne de l'acquisition (*hypothèse interactionniste*), c'est l'interaction même qui peut être considérée comme déclencheur des processus d'acquisition. Pour cela, les recher-ches sur les processus interactionnels d'acquisition s'intéressent surtout à l'étude des interactions exolingues authentiques, c'est-à-dire aux interactions en situation de contact entre apprenant et interlocuteur de langue maternelle française, caractérisées par les compétences asymétriques des participants (Dausendschön-Gay 2001). Dans une conversation exolingue, les participants ne sont pas seulement engagés dans leur activité « principale », mais accomplissent en même temps un travail de formulation coopératif pour éviter ou pour résoudre les problèmes communicatifs, comme, p. ex., la recherche d'un mot qui ne fait pas encore partie du lexique mental de l'apprenant. Le traitement interactif d'un problème linguistique, qui est d'abord une activité locale, suppose la possibilité de retenir la solution trouvée et ainsi l'acquisition du phénomène en question. Le procédé conversationnel de *repair* (Schegloff/Jefferson/Sacks 1990) représente donc, dans le contexte de la communication exolingue, une « séquence potentiellement acquisitionnelle » qui est définie comme

> « toute séquence conversationnelle exolingue organisée autour d'un problème de formulation rencontré par le locuteur alloglotte, et perçu comme tel soit par lui-même (et donnant lieu à une sollicitation d'aide) soit par son interlocuteur natif, épisode suivi de la présentation d'une donnée (input) traitée comme telle par l'alloglotte » (Jeanneret/Py 2002, 37 ; cf. aussi De Pietro/Matthey/Py 1989 ; Matthey 1996).

Dans ce contexte, l'approche interactionniste est également capable d'expliquer les particularités structurales de l'interlangue des apprenants. Par exemple, un certain usage de la dislocation à gauche, qu'on peut observer chez les apprenants du français langue étrangère mais non pas chez des locuteurs natifs, relève d'un procédé typique de communication exolingue : l'apprenant ratifie un élément lexical proposé par l'interlocuteur pour l'intégrer – « après coup » (cf. Gülich 1986) – dans le cadre syntaxique de l'énoncé (Pekarek-Doehler 2006, 134).

3.2 La didactique du français langue étrangère

Pour décrire le rapport entre la didactique et les disciplines scientifiques qui interviennent dans l'étude et la pratique de l'enseignement et de l'apprentissage des langues, Schumann/Steinbrügge (2008) introduisent le concept de « transformations didactiques ». La notion de « transformation », dans ce contexte, ne se limite pas à une réduction ou élémentarisation des connaissances scientifiques à un « niveau de base » et n'implique pas non plus de hiérarchie préétablie entre la didactique et la linguistique (Steinbrügge 2008, 14). Les recherches en linguistique représentent plutôt des ressources potentielles dans lesquelles la didactique doit puiser de manière créative pour les transformer en savoir utile dans la pratique de l'enseignement. Des approches dans lesquelles la transformation didactique de connaissances linguistiques paraît particulièrement prometteuse sont, à titre d'exemple, la didactique des associogrammes (« *Wörternetze* ») élaborée par Neveling (2004), la didactique de l'enseignement plurilingue et de l'intercompréhension (Klein/Stegmann 2000) ainsi que l'apprentissage-enseignement sur corpus (Blauth-Henke/Heinz 2009).

L'apprentissage du vocabulaire peut être considéré comme un des problèmes principaux de l'acquisition d'une langue étrangère. L'approche des associogrammes vise à faciliter l'appropriation et la mémorisation du vocabulaire en s'appuyant sur la structure et le fonctionnement procédural du lexique mental. « Lexique mental » est une métaphore qui renvoie au vocabulaire individuel d'une personne ainsi qu'à la façon dont ce vocabulaire est représenté dans la mémoire à long terme. Le lexique mental ne contient pas seulement la forme (phonétique ou graphique) et les significations d'un mot, mais aussi d'autres informations liées à celui-ci. Ces informations sont à la base de possibles associations qui forment différents types de « réseaux » de mots : réseaux thématiques (*le repas, les boissons, la cuisine, ...*), réseaux taxonomiques (*l'animal, le chien, le chat, la souris*), réseaux de caractéristiques (*petit-grand, bon-mauvais, ...*), réseaux syntaxiques (*jouer au chat et à la souris*), réseaux constitués d'une même famille de mots (*la tradition, traditionnel*), réseaux sonores (*un vers, vert, un ver*) ou réseaux affectifs (Neveling 2007). En s'appuyant sur ces connaissances, on peut développer des techniques et stratégies d'apprentissage qui tiennent compte du caractère individuel du lexique mental ainsi que de son organisation en réseaux (pour l'étude et l'évaluation didactique détaillées de ces techniques et stratégies voir Neveling 2004).

Dans l'objectif de promouvoir le plurilinguisme en Europe, le Cadre européen commun de référence pour les langues (CECR) plaide pour la mise en place de programmes qui favorisent l'extension progressive des compétences langagières tout au long de la vie et dont le but n'est pas la « 'maîtrise' d'une ou de plusieurs langues avec le 'locuteur natif idéal' comme ultime modèle », mais plutôt de « développer un répertoire langagier dans lequel toutes les capacités linguistiques trouvent leur place » (Conseil de l'Europe 2001, 11). La didactique de l'intercompréhension répond à ces exigences en visant à l'acquisition d'une compétence partielle, la compétence réceptive qui se fonde sur les connaissances déjà acquises de l'apprenant. Dans l'approche d'EuroComRom, modèle le plus connu en Allemagne, l'apprenant se sert des connaissances d'une langue romane déjà acquise et qui fonctionne à titre de « langue pont » (« *Brückensprache* ») pour acquérir une compétence réceptive dans une autre langue romane. La langue pont représente alors la base du transfert du savoir linguistique de cette langue à une autre. De cette manière, l'étudiant qui sait le mot fr. *vin*, p. ex., est capable de comprendre les mots *vino* (esp., ital.), *vinho* (port.), *vi* (cat.), etc. de même que sa connaissance de la formation des adverbes en *-ment* en français lui permet l'identification des adverbes dans d'autres langues romanes. La contribution d'une linguistique appliquée à cette approche didactique est d'abord la recherche fondamentale consistant en l'étude contrastive des langues romanes dont les résultats doivent être systématisés et mis à disposition à des fins didactiques. C'est aussi la recherche en linguistique cognitive dont l'objectif est une meilleure connaissance du processus de l'acquisition plurilingue, à savoir, de l'organisation cognitive des connaissances linguistiques en plusieurs langues, des processus du transfert ainsi que des stratégies d'apprentissage des personnes disposant des compétences plurilingues (cf., p. ex., Meißner 1998).[5]

Une troisième approche en didactique du français langue étrangère, étroitement liée à des courants en linguistique appliquée, est l'apprentissage sur corpus. Pour le

---

5 Pour une présentation de l'approche des « sept tamis » de l'intercompréhension cf. Meißner et al. (2004) ; pour des exemples de mise en pratique des résultats de recherche, cf. Polzin-Haumann (2012) ; Polzin-Haumann/Reissner (2013).

linguiste de même que pour l'enseignant d'une langue étrangère les corpus sont une ressource précieuse de textes et discours authentiques. C'était déjà l'objectif du *Français fondamental* (Gougenheim et al. 1964) qui, sur la base des fréquences du français parlé, voulait faciliter l'apprentissage du vocabulaire français tel qu'il est réellement parlé. Ce sont donc des recherches sur les corpus du français qui sont à la base des dictionnaires, grammaires et manuels. Les corpus sont, de plus, exploités pour créer du matériel « authentique » d'apprentissage. C'est, p. ex., le cas du *Corpus d'Orléans* dont les conversations enregistrées sont intégrées au manuel *Les Orléanais ont la parole* (Biggs/Dalwood 1976). En plus de la compétence orale réceptive, c'est l'enseignement des genres textuels, de la politesse verbale ou des collocations (Siepmann 2009) qui peut tirer profit des corpus linguistiques. Ceux-ci peuvent également servir à identifier des décalages entre l'usage des locuteurs natifs et celui des apprenants du FLE qui, à l'oral, produisent le plus souvent un « français écrit oralisé » dû à la situation particulière de la communication en contexte scolaire. Les données tirées de ces corpus contrastifs peuvent alors être utilisées afin de rendre conscient ce décalage dans la formation des enseignants du FLE (cf. le projet LANCOM : Delahaie/Flament-Boistrancourt 2013). Il est clair que l'exploitation des corpus à des fins didactiques n'est pas une tâche aisée. Pourtant, l'utilité des corpus en didactique des langues ne se limite pas à la définition du contenu de l'apprentissage et à la mise à disposition du matériel authentique où le corpus même n'est pas directement touché par l'étudiant. Développées plus tardivement, les approches dans lesquelles l'apprenant travaille directement avec le corpus profitent de la mise en place de technologies adéquates pendant les dernières décennies. Elles permettent de développer des formes d'apprentissage-enseignement particulièrement conformes au concept d'autonomie de l'apprenant où celui-ci est conçu comme « chercheur » ou « enquêteur » dirigeant lui-même son processus d'apprentissage (cf. Tyne 2013, 8s.).

3.3 Langue et communication de spécialité

La communication dans les contextes professionnels nous paraît être, du point de vue des pays et régions germanophones, un centre d'intérêt de linguistique appliquée du français particulièrement pertinent. Historiquement, le domaine de la « *Wirtschaftslinguistik* » ('linguistique appliquée à l'économie') trouve ses origines pendant le premier quart du XXe siècle dans les écoles de commerce où l'on poursuit d'abord une approche étymologique, enrichie ensuite d'une approche synchronique et fonctionnelle sous l'influence de l'École de Prague (pour un aperçu historique cf. Winkelmann 2011). C'est également dans l'esprit fonctionnel de cette école qu'on a entrepris la description des langues de spécialité dont celle du français. Sans pouvoir aborder les travaux faits dans ce domaine, nous nous limiterons ici à présenter quelques réflexions concernant deux problèmes pratiques liés à l'usage des langues techniques étrangères : l'enseignement des langues de spécialité et la traduction des textes techniques.

Dans l'intention de faciliter aux étrangers l'apprentissage du lexique technique, Phal (1971) crée un vocabulaire général d'orientation scientifique qui rassemble, sur la base des analyses de fréquences, des termes et expressions communs aux langues de spécialité françaises (cf. aussi Schmitt à paraître). Au niveau du vocabulaire, ce sont avant tout les faux amis qui représentent un défi. Lavric/Obenaus/Weidacher (2008) donnent des exemples de faux amis au sens étroit comme all. *Filiale* (fr. 'succursale') et fr. *filiale* (all. 'Tochtergesellschaft'), mais analysent aussi d'autres « pièges » lexicaux, comme, p. ex., les structures divergentes des lexiques de la langue maternelle et de la langue cible (all. *erleichtern* vs. fr. *alléger, faciliter, soulager*).

L'ensemble des caractéristiques structurales des langues techniques peut être décrit comme « style », c'est-à-dire comme choix de moyens d'expression qui distingue ce style « marqué » (technique) d'un autre « non-marqué » (de la langue courante) (cf. Forner 1998, 1s.) signalant ainsi le caractère technique d'un texte donné (voir aussi Kalverkämper 1983, 131). Selon Forner, le style marqué résulte de l'application de quatre procédés de mise en texte : (1) les verbes relateurs, (2) l'enchâssement nominal, (3) les analytismes, et (4) les adjectifs de relation. Ainsi, dans le style « non-marqué » de la langue courante on pourrait trouver un énoncé tel que : *Si le gestionnaire planifie sérieusement, il pourra éviter des erreurs coûteuses.* Dans le style « marqué » d'un texte technique, en revanche, on aurait recours, dans ce cas, à des nominalisations et des verbes relateurs de manière que le même contenu soit exprimé de la façon suivante : *La planification [...] permet d'éviter des erreurs coûteuses* (Forner à paraître). Une méthode de l'enseignement du style spécialisé (« *Fachstil* ») est proposée par Forner (1998) (cf. aussi Forner à paraître).

Finalement, les particularités de la communication spécialisée se manifestent aussi au niveau de la constitution du texte et des genres textuels. Partant d'une approche contrastive, certaines études ont fait ressortir les différences entre les textes spécialisés français et allemands (voir p. ex., Spillner 1992 ; 2007 ; Trumpp 1998 ; Schlierer 2004 ; ainsi que les contributions aux recueils d'Eckkrammer/Hödl/Pöckl 1999 ; Eckkrammer/Eder 2000 ; Adamzik 2001 ; Drescher 2002). Récemment, cette approche a été appliquée aux hypertextes, plus précisément à l'étude contrastive des sites web des entreprises dans différents pays (Sánchez Prieto 2011 ; Schröder 2013).

Dans le domaine de la traduction spécialisée, l'étude de Reinart (2009) met l'accent sur l'aspect (inter)culturel en soulignant que la traduction spécialisée exige du traducteur, en plus de la compétence linguistique et du savoir technique, une connaissance approfondie de la culture cible. Cette dernière exigence résulte des traits caractéristiques des textes spécialisés qui ne relèvent pas des caractéristiques structurales des langues, mais de différentes conventions culturelles qui touchent, par exemple, les genres textuels (l'organisation des parties du texte, la réalisation de certains actes de langage, les formes d'adresse, etc.), l'usage des moyens typographiques (en français, au contraire de l'allemand, les citations sont souvent doublement marquées en étant mises en italiques et entre guillemets, par exemple) ou bien la structure conceptuelle d'un domaine de savoir et par cela la structure de la terminologie. Dans le domaine économique, par exemple, une comparaison entre les termes français et allemands

- *santé économique – wirtschaftliche Situation/Lage*
- *secteurs déprimés – Krisenbranchen/krisengeschüttelte Wirtschaftszweige*
- *atonie de la conjoncture – Konjunkturflaute*

reflète les différentes écoles de pensées du XVIIIe siècle en France et du XIXe en Allemagne (Reinart 2009, 130). En traduisant, il ne faut pas seulement connaître les différences en question, mais aussi savoir dans quels contextes il convient d'adapter la traduction aux caractéristiques de la culture cible et dans quelles situations il faut rendre les traits du texte originel.

À la différence de la traduction des textes écrits, la traduction orale dans la communication spécialisée dispose de ressources interactionnelles. Apfelbaum (2008), qui s'intéresse aux activités d'une interprète lors d'un séminaire d'entraînement technique, montre que celle-ci profite de la coprésence des participants pour demander des clarifications techniques et que tous les participants s'engagent à rechercher des termes techniques adéquats de manière que la traduction, dans ce type d'interaction professionnelle, puisse être considérée comme un achèvement collectif (ce qui n'est pas le cas, par exemple, dans l'interprétariat de conférences). Dans les interactions professionnelles, l'interprète intervient, en outre, comme l'intermédiaire interculturel qui évite ou résout les conflits dus à des traditions et normes discursives divergentes (cf. Apfelbaum 2005). C'est aussi le cas de la traduction orale entre les agents des institutions sociales, médicales ou administratives et leurs clients (immigrés, touristes, p. ex.) qui ne parlent pas la même langue. Dans ce contexte, les interprètes sont souvent des personnes ayant des compétences dans les deux langues, mais qui ne sont ni des interprètes professionnels ni forcément des spécialistes du domaine du savoir ou de l'activité en question. Bien que cela soit la solution courante (et aussi économique) dans beaucoup de situations de communication spécialisée plurilingue, cette démarche n'est pas sans risque pour le succès de l'interaction – succès qui est souvent d'importance vitale pour les personnes concernées et qui dépend fondamentalement d'une traduction correcte et précise des faits techniques ainsi que d'une médiation interculturelle habile, laquelle prend en considération les possibles divergences au niveau des thèmes tabou, de la verbalisation des actes de langage, de l'organisation de l'alternance des tours de parole, etc. (voir, p. ex., Meyer 2004 sur la traduction orale des interactions médicales).

3.4 La communication plurilingue en milieu de travail

Dans l'économie mondialisée, les milieux du travail sont de plus en plus des lieux de communication interlinguistique et interculturelle. Dans les entreprises, des spécialistes d'origines différentes travaillent dans des équipes plurilingues, collaborent avec des collègues de filiales situées dans d'autres pays ou s'occupent de clients dispersés à travers le monde. La gestion de cette diversité linguistique représente un défi ayant suscité l'intérêt des recherches récentes en linguistique appliquée (voir, à titre d'exemple, les travaux issus du projet européen « Dynamique des langues et gestion de la diversité – DYLAN » dans Berthoud/Grin/Lüdi 2013). Les études dans ce domaine adoptent souvent une méthodologie sociolinguistique ou ethnographique basée sur des questionnaires, des interviews, l'observation participante, les enregistrements audiovisuels, etc. Elles s'intéressent autant à la perspective « macro », portant sur la politique linguistique des organisations, qu'à la perspective « micro » qui focalise les procédés et stratégies par lesquels les participants gèrent l'usage des différentes langues au cours de l'interaction.

Au niveau de l'organisation, la politique linguistique comprend « toute forme d'intervention de l'entreprise sur les répertoires linguistiques des employés et sur leur emploi, dans la communication interne aussi bien qu'externe » (Lüdi/Höchle/Yanaprasart 2010, 170 ; Lavric/Steiner 2012, 17). Lavric (2012, 167) distingue dans ce contexte entre « politique linguistique » dont il est question s'il y a « une volonté de l'organisation tout entière à aborder les problèmes de communication et à leur apporter des solutions planifiées et réalisées d'office » et « bricolage » où le problème se pose « fondamentalement au niveau personnel, comme si les nécessités linguistiques professionnelles n'étaient rien d'autre qu'un problème individuel de l'employé [...] ». Dans la communication externe d'une entreprise, on s'adapte souvent à la langue du client de manière que, pour l'ouverture de nouveaux marchés, il faut que l'entreprise dispose de compétences appropriées.[6] En ce qui concerne la communication interne d'une organisation multilingue, il y a le choix entre plusieurs options mono- ou plurilingues dont l'une est la prescription de l'anglais comme lingua franca. Quelle que soit l'option choisie, son application n'est presque jamais complète ni sans contradictions. Il faut tenir compte du fait que toute politique organisationnelle est soumise à un calcul des coûts, que les besoins (pluri)linguistiques ne sont pas les mêmes dans tous les services d'une entreprise[7] et qu'en plus, les

---

6 Sur la base d'une collection d'études de cas, Lavric (2012, 173) observe que les compétences linguistiques ne sont pas seulement une condition pour l'ouverture de nouveaux marchés, mais parfois même son motif, car les agents du management cherchent des marchés surtout dans les pays dont ils savent parler la langue.

7 Lavric/Steiner (2012) qui s'intéressent aux équipes de football montrent que les exigences linguistiques divergent selon des différentes positions des joueurs et que les membres du management ont besoin d'autres compétences que les joueurs etc.

relations entre la philosophie linguistique, les mesures concrètes de gestion et le comportement effectif des employés sont complexes (Lüdi et al. 2012, 46). Comme le montrent ces auteurs, le principe apparemment « démocratique » qui accepte toutes les langues des participants (« chacun parle sa langue »), par exemple, peut s'avérer un facteur de minoration dans le cas où la majorité numérique des personnes présentes parle une même langue, de manière qu'une grande partie de l'interaction se passe dans celle-ci et par conséquent dans une langue non préférée des autres participants (la minorité numérique) (ibid., 60). Ici, une politique qui vise l'égalité des langues mène potentiellement à la discrimination. Dans d'autres cas, le comportement réel des membres de l'organisation ne correspond pas à la politique linguistique officielle. Lavric (2012, 175) observe une certaine résistance des membres à la politique linguistique là où celle-ci est en dépit du bon sens ou en dépit de ce qui est éprouvé comme « naturel » (par exemple, l'anglais comme langue officielle d'une multinationale n'est pas accepté pour la communication interne d'un même site de production). Dans d'autres situations, les membres appliquent dans leur interaction des stratégies afin d'éviter ou de réparer des discriminations dues à la politique officielle (Lüdi et al. 2012). Cette observation nous mène à la perspective « micro ». Les études inspirées de l'analyse conversationnelle montrent clairement que la gestion des langues ne dépend pas exclusivement des facteurs externes et n'est pas prédéterminée et fixée une fois pour toutes, mais constamment (re)négociée au cours de l'interaction selon les besoins des participants qui essaient de garder la balance entre le principe de « progressivité » (donc l'accomplissement de l'activité du travail, de la tâche) et celui d' « intersubjectivité » (c'est-à-dire la participation du plus grand nombre possible des personnes présentes) (cf. Markaki et al. 2013). Mondada (2012) montre que les ressources plurilingues sont aussi mobilisées pour définir l'activité en cours ainsi que le cadre de participation (Goffman 1981). Ainsi, dans une réunion de travail d'abord monolingue, centrée sur l'exposé d'un participant, une personne ne parlant pas ou mal la langue utilisée par celui-là peut être marginalisée par ce choix linguistique et être réduite au rôle du « *bystander* » (Goffman 1981). Toutefois, en cas de besoin, cette personne pourra être intégrée dans l'interaction par un changement de cadre qui s'accomplit, entre autres choses, par l'adoption d'un mode plurilingue. Dans ce cas, les participants à la réunion collaborent dans la constitution des énoncés et du sens en s'engageant ensemble dans de petites traductions « non officielles », des réparations, des recherches collectives de mots, en recourant au *code switching*, mettant ainsi en œuvre une compétence linguistique collective (cf. aussi Markaki et al. 2013 ; De Stefani/Miecznikowski/Mondada 2000).

4 Cadre organisationnel

Dans les premières sections de cet article, nous avons mis l'accent sur le fait que la linguistique appliquée n'était pas une discipline bien délimitée. Il n'existe ni un ensemble clos de thèmes ni une méthodologie qui soit exclusive de la linguistique appliquée. En adoptant le point de vue de Knapp/Antos (2009, xi), nous avons considéré que la linguistique appliquée était *une manière* de faire de la linguistique particulièrement intéressée par les problèmes de la « vie pratique ». Ce qu'est la linguistique appliquée est avant tout déterminé par ce que *font* ceux qui la pratiquent : la communauté des chercheurs en linguistique appliquée (cf. aussi Candlin/Sarangi 2004). Cette communauté est organisée dans diverses associations aux niveaux national, européen et mondial. Pour cela, il n'est pas sans intérêt de faire l'énumération de ces dernières et de présenter brièvement les revues dans lesquelles les activités de la communauté se manifestent et deviennent visibles.

4.1 Associations

L'*Association Internationale de Linguistique Appliquée* (AILA) représente la communauté des chercheurs en linguistique appliquée au niveau mondial. L'association a été fondée en 1964 lors du Colloque international de linguistique appliquée à Nancy comme fédération d'associations nationales et régionales de linguistique appliquée. Tous les trois ans, l'AILA organise des congrès internationaux (*AILA World Congresses*). La revue officielle de l'association est l'*AILA Review* dont le premier volume a été publié en 1984 et dont les numéros sont majoritairement des volumes thématiquement orientés. Une série monographique, l'*AILA Applied Linguistics Series* (AALS), a été lancée en 2005. En 2006, est fondée l'*AILA Europe,* un réseau européen de chercheurs en linguistique appliquée dont l'objectif est de renforcer la coopération entre les sociétés affiliées en Europe. Une revue dédiée à la situation linguistique en Europe, l'*European Journal of Applied Linguistics* (EuJAL), est mise en place depuis 2013.

La section française de l'AILA, l'*Association Française de Linguistique Appliquée* (AFLA), a été fondée en 1964. En 2013, l'association a co-organisé un colloque international sur les « Cultures de recherche en linguistique appliquée » (Nancy, 14–16 novembre 2013). Un colloque international sur les « Terrains de recherche en linguistique appliquée » a suivi en 2015 (Paris-Diderot, 8–10 juillet 2015).[8] L'organisation nationale de linguistique appliquée en Suisse est la *Vereinigung für Angewandte*

---

8 Les recherches en linguistique appliquée se réalisent – souvent sans être dénommées comme telles – aussi dans les laboratoires du Centre nationale de recherche scientifique (CNRS). À titre d'exemple, nous mentionnons ici l'unité de recherche mixte « Analyse et Traitement Informatique de la Langue Française (ATILF) » à Nancy, responsable du *Trésor de la langue française* (TLF), « Praxiling » à Montpellier et « Interactions, Corpus, Apprentissage, Représentations » (ICAR) à Lyon.

Linguistik in der Schweiz/Association Suisse de Linguistique Appliquée (VALS-ASLA). Elle entretient trois groupes « d'intérêt spécial » (« *special interest groups* ») qui coordonnent des travaux dans les trois domaines touchant aux langues de spécialité, à l'enseignement des langues et au langage dans les médias. L'association organise un colloque VALS-ASLA annuel et publie une revue semestrielle (*Bulletin Suisse de Linguistique Appliquée*). En Belgique, l'AILA est représentée par l'*Association Belge de linguistique appliquée* (ABLA). Sur le continent américain, l'*Association canadienne de Linguistique appliquée/Canadian Association of Applied Linguistics* (ACLA/CAAL) organise des colloques annuels et publie la *Revue canadienne de linguistique appliquée*. Dans les pays africains, l'AILA est représentée par l'AILA Cameroon (CAMAILA). Au Sénégal, il y a le *Centre de Linguistique Appliquée de Dakar* (CLAD) qui publie la revue « Sciences et techniques du langage ». En Allemagne l'association *Gesellschaft für Angewandte Linguistik* (GAL) organise des rencontres annuelles et publie la revue *Zeitschrift für Angewandte Linguistik* (ZfAL) dans lesquelles, toutefois, les contributions traitant de problèmes liés à la langue française ou aux langues romanes sont plutôt rares.

4.2 Revues

La *Revue Française de Linguistique Appliquée* (RFLA) est associée à l'AFLA. La revue est disponible depuis 1996 (les numéros en ligne depuis 2001). Elle paraît deux fois par an et comporte des articles en cinq langues. Les derniers numéros (2009–2015) sont consacrés à des thèmes comme, p. ex., les langues de spécialité, les langues en contact, la psycholinguistique, norme et variations de la langue parlée, la terminologie, la traduction ou l'enseignement des langues. À la RFLA est associée la collection d'ouvrage *Travaux et Recherches en Linguistique Appliquée*.

Plus centrées sur les thèmes de l'acquisition et de l'enseignement des langues (mais non pas limitées exclusivement à ceux-ci), les *Études de linguistique appliquée* (ELA) ont été créées en 1961. La revue paraît quatre fois par an. L'unique langue de publication est le français. Les numéros à partir de 2001 sont disponibles en ligne. Les thèmes récemment abordés sont, entre autres, la traductologie, les parlers des métiers, l'interculturel dans les dictionnaires bilingues, le langage du sport, les publics Erasmus, l'enseignement à des publics lointains, la lecture et l'écriture électronique extra-scolaire et la formation des enseignants.

Le *Bulletin suisse de linguistique appliquée* est la revue de VALS-ASLA. Elle a été créée en 1966 et paraît deux fois par an. À partir du numéro 63/1996, la revue est disponible au téléchargement sur le site web de l'association. Les derniers numéros sont consacrés à l'apprentissage sur corpus, à l'espace dans l'interaction sociale, à la gestion du plurilinguisme, aux compétences langagières dans la formation et dans la vie professionnelle, à l'exploitation didactique des documents authentiques audio et vidéo ainsi qu'aux langues en milieu scolaire, entre autres.

La *Revue canadienne de linguistique appliquée/Canadian Journal of Applied Linguistics* (RCLA/CJAL) est, depuis 1996, la revue de l'ACLA. Il s'agit d'une revue à accès libre dont les articles paraissent progressivement, formant – à quelques exceptions près – un numéro par an. La revue est fortement centrée sur les thèmes de l'acquisition et l'enseignement des langues étrangères et secondes, mais on y trouve aussi, dans une moindre mesure, des articles traitant des questions de politique linguistique, des langues minoritaires, de l'identité culturelle, etc.

Mises à part les publications des associations, il nous paraît utile de mentionner – à titre d'exemple et sans vouloir en donner une liste exhaustive – quelques revues qui ne comportent pas la linguistique appliquée dans le titre, mais dans lesquelles les problèmes linguistiques « de vie pratique » sont tout de même d'une grande importance. La revue *Langage et Société* (1977–) traite de thèmes à l'intersection des sciences du langage et des disciplines sociales (sociologie, anthropologie, histoire...). *LIA – Langues, Interaction, Acquisition* (2009–) poursuit la publication de l'ancienne revue *Acquisition et Interaction en Langue Étrangère* (Aile) (1992–2008). La revue bilingue publie des travaux sur l'acquisition des langues étrangères, tout en élargissant sa thématique à la langue maternelle et à l'acquisition des langues des signes et à la gestualité. La *Revue de linguistique et de didactique des langues* (Lidil) (2003–) présente les travaux sur la linguistique et la sociolinguistique, l'apprentissage et l'acquisition du langage, la didactique des langues, le traitement automatique des langues (TAL) ainsi que les technologies de l'information et de la communication pour l'éducation (TICE). Finalement, *Meta* (1955–) est une revue consacrée à la recherche en traduction et en interprétation qui s'adresse aussi aux chercheurs en terminologie et en linguistique appliquée.

5 Conclusion

Nous avons considéré la linguistique appliquée comme une manière de faire de la linguistique particulièrement intéressée par les problèmes linguistiques de la vie pratique. Ce qu'est la linguistique appliquée se manifeste dans les activités de la communauté des chercheurs sans qu'il y ait de programmatique consensuelle. Plutôt que de pouvoir présenter une méthodologie close, nous nous sommes limités à esquisser la démarche prototypique d'une étude en linguistique appliquée. Dans les sections thématiques, il est devenu clair que les méthodes ne sont pas seulement développées à partir de la nature du problème pratique en question, mais également nettement influencées par les paradigmes dominants à un moment donné (la linguistique structurale, cognitive, de corpus, ...) ce qui confirme encore le fait que la linguistique appliquée ne représente pas une discipline autonome, séparée de la linguistique *tout court*. Au cours de l'article nous avons abordé des thèmes qui nous paraissent particulièrement intéressants du point de vue des pays et régions germanophones où le français est appris et enseigné comme langue étrangère et utilisé comme moyen de communication dans des contextes professionnels souvent plurilingues. Cet intérêt particulier d'une linguistique appliquée au sein de la « *Romanistik* » ne se reflète pas au niveau institutionnel. Même s'il y a bien sûr des chercheurs travaillant sur les langues romanes, la présence des romanistes dans les organisations et aux colloques de linguistique appliquée n'est pas systématique (cf. Dahmen et al. 2011, VII, qui constatent même « un retard » de la *Romanistik* par rapport aux linguistiques allemande et anglaise).

6 Bibliographie

Adamzik, Kirsten (ed.) (2001), *Kontrastive Textologie. Untersuchungen zur deutschen und französischen Sprach- und Literaturwissenschaft*, Tübingen, Stauffenburg.

Aitchison, Jean (1997), *Wörter im Kopf. Eine Einführung in das mentale Lexikon*, Tübingen, Niemeyer.

Apfelbaum, Birgit (2005), *Der Umgang mit interkulturellen Konflikten in Gesprächen mit Dolmetscherbedarf : Beispiele aus einer deutsch-französischen Industriekooperation*, in : Dominic Busch/ Hartmut Schröder (edd.), *Perspektiven interkultureller Mediation : Grundlagentexte zur kommunikationswissenschaftlichen Analyse triadischer Verständigung*, Frankfurt am Main, Lang, 447–463.

Apfelbaum, Birgit (2008), *Professionelles Dolmetschen in dialogisch organisierten beruflichen Handlungsfeldern*, Jahrbuch Deutsch als Fremdsprache 34, 112–125.

Berthoud, Anne-Claude/Grin, François/Lüdi, Georges (edd.) (2013), *Exploring the Dynamics of Multilingualism. The DYLAN project*, Amsterdam/Philadelphia, Benjamins.

Biggs, Patricia/Dalwood, Mary (1976), *Les Orléanais ont la parole*, Londres, Longman.

Blauth-Henke, Christine/Heinz, Matthias (2009), *Korpora und Fremdsprachendidaktik : Neue Perspektiven für Lehrer und Lerner ?*, Zeitschrift für Romanische Sprachen und ihre Didaktik 3:1, 85–107.

Börner, Klaus/Vogel, Klaus (edd.) (1992), *Schreiben in der Fremdsprache. Prozeß und Text, Lehren und Lernen*, Bochum, AKS.

Börner, Klaus/Vogel, Klaus (edd.) (1996), *Texte im Fremdsprachenerwerb. Verstehen und Produzieren*, Tübingen, Narr.

Börner, Klaus/Vogel, Klaus (edd.) (2002), *Grammatik und Fremdsprachenerwerb. Kognitive, psycholinguistische und erwerbstheoretische Perspektiven*, Tübingen, Narr.

Candlin, Christopher N./Sarangi, Srikant (2004), *Making applied linguistics matter*, Journal of Applied Linguistics 1:1, 1–8.

Coffin, Caroline/Lillis, Theresa/O'Halloran, Kieran (edd.) (2010a), *Applied Linguistics Methods. A Reader*, London/New York, Routledge.

Coffin, Caroline/Lillis, Theresa/O'Halloran, Kieran (2010b), *Introduction*, in : Caroline Coffin/Theresa Lillis, Kieran O'Halloran (edd.), *Applied Linguistics Methods. A Reader*, London/New York, Routledge, 1–7.

Conseil de l'Europe (2001), *Cadre européen commun de référence pour les langues : apprendre, enseigner, évaluer*, Paris, Éditions Didier. http:www.coe.int/t/dg4/linguistic/Source/Framework_fr.pdf (08.07.2015).

Dahmen, Wolfgang, et al. (edd.) (2011), *Romanistik und Angewandte Linguistik. Romanistisches Kolloquium XXIII*, Tübingen, Narr.

Dausendschön-Gay, Ulrich (2001), *Perspektiven der Erforschung von Fremdsprachenkommunikation*, in : Karin Aguado/Claudia Riemer (edd.), *Wege und Ziele. Zur Theorie, Empirie und Praxis des*

Deutschen als Fremdsprache (und anderer Fremdsprachen). Festschrift für Gert Henrici zum 60. Geburtstag, Baltmannsweiler, Schneider Hohengehren, 117–135.

Dausendschön-Gay, Ulrich (2003), *Producing and learning to produce utterances in social interaction*, EUROSLA Yearbook 3, 207–228.

De Pietro, Jean-François/Matthey, Marinette/Py, Bernard (1989), *Acquisition et contrat didactique : les séquences potentiellement acquisitionnelles dans la conversation exolingue*, in : *Actes du troisième Colloque Régional de Linguistique, Strasbourg 28–29 avril 1988*, Strasbourg, Université des Sciences Humaines et Université Louis Pasteur, 99–119.

De Stefani, Elwys/Miecznikowski, Johanna/Mondada, Lorenza (2000), *Les activités de traduction dans des réunions de travail plurilingues. Können Sie vielleicht kurz übersetzen ?*, Revue française de linguistique appliquée V:1, 25–42.

Delahaie, Juliette/Flament-Boistrancourt, Danièle (2013), *Corpus et enseignants de français L2 en Flandre : une histoire réussie*, Bulletin suisse de linguistique appliquée 97, 77–96.

Drescher, Martina (ed.) (2002), *Textsorten im romanischen Sprachvergleich*, Tübingen, Stauffenburg.

Eckkrammer, Eva M./Eder, Hildegund M. (2000), *(Cyber)diskurs zwischen Konvention und Revolution : eine multilinguale textlinguistische Analyse von Gebrauchstextsorten im realen und virtuellen Raum*, Frankfurt am Main, Lang.

Eckkrammer, Eva M./Hödl, Nicola/Pöckl, Wolfgang (1999), *Kontrastive Textologie*, Wien, Praesens.

Edmondson, Willis/House, Juliane (²2000), *Einführung in die Sprachlehrforschung*, Tübingen, Francke.

Forner, Werner (1998), *Fachsprachliche Aufbaugrammatik Französisch. Mit praktischen Übungen*, Wilhelmsfeld, Egert.

Forner, Werner (à paraître), *L'enseignement de la langue marquée*, in : Werner Forner/Britta Thörle (edd.), *Manuel des langues de spécialité*, Berlin/Boston, de Gruyter.

Goffman, Erving (1981), *Forms of talk*, Oxford, Blackwell.

Gougenheim, Georges, et al. (1964), *L'élaboration du français fondamental (1ᵉʳ degré). Étude sur l'établissement d'un vocabulaire et d'une grammaire de base*, Paris, Didier.

Gruber, Helmut/Menz, Florian (edd.) (2001), *Interdisziplinarität in der Angewandten Sprachwissenschaft. Methodenmenü oder Methodensalat*, Frankfurt am Main, Lang.

Gülich, Elisabeth (1986), *L'organisation conversationnelle des énoncés inachevés et leur achèvement interactif en « situation de contact »*, DRLAV. Documentation et recherche en linguistique allemande contemporaine 34–35, 161–182.

Harden, Theo (2006), *Angewandte Linguistik und Fremdsprachendidaktik*, Tübingen, Narr.

Jeanneret, Thérèse/Py, Bernard (2002), *Traitement interactif de structures syntaxiques dans une perspective acquisitionnelle*, in : Francine Cicurel/Daniel Véronique (edd.), *Discours, action et appropriation des langues*, Paris, Presses Sorbonne Nouvelle, 37–52.

Kalverkämper, Hartwig (1983), *Textuelle Fachsprachen-Linguistik als Aufgabe*, Zeitschrift für Literaturwissenschaft und Linguistik 51–52, 124–166.

Kielhöfer, Bernd (1997), *Französische Kindersprache*, Tübingen, Stauffenburg.

Klein, Horst G./Stegmann, Tilbert D. (2000), *EuroComRom – Die sieben Siebe : Romanische Sprachen sofort lesen können*, Aachen, Shaker.

Knapp, Karlfried/Antos, Gerd (2009), *Introduction to the handbook series. Linguistic for problem solving*, in : Helga Kotthoff/Helen Spencer-Oatey (edd.), *Handbook of Intercultural Communication*, Berlin/New York, de Gruyter, v–xv.

Knapp-Potthoff, Annelie (1987), *Fehler aus spracherwerblicher und sprachdidaktischer Sicht. Eine Bestandsaufnahme*, Englisch-amerikanische Studien 9, 205–220.

Kühlwein, Wolfgang (1980), *Bausteine zur Theoriebildung der Angewandten Linguistik*, in : Wolfgang Kühlwein/Albert Raasch (edd.), *Angewandte Linguistik : Positionen, Wege, Perspektiven*, Tübingen, Narr, 13–27.

Lavric, Eva (2008), *Fifteen Theses About Business Language Choices. Plurilingual Strategies of Companies and of Individuals Within Companies*, Fachsprache. International Journal of LSP 30:3–4, 156–165.

Lavric, Eva (2009), *D'une faute à l'autre : un progrès ? L'interlangue française et espagnole des germanophones*, Moderne Sprachen 53:2, 179–205.

Lavric, Eva (2011), *Kann man von einem Fehler zu einem anderen fortschreiten ? Beispiele aus den Interimssprachen Französisch und Spanisch*, in : Claudia Frevel/Franz-Josef Klein/Carolin Patzelt (edd.), *Gli uomini si legano per la lingua. Festschrift für Werner Forner zum 65. Geburtstag*, Stuttgart, Ibidem, 561–588.

Lavric, Eva (2012), *Politiques conscientes et « bricolage » linguistique dans les entreprises et dans les équipes de football*, Synergies Pays germanophones 5, 165–186.

Lavric, Eva/Obenaus, Wolfgang/Weidacher, Josef (2008), *« We have been able to increase our export quota again ». False friends and other semantic interlinguistic pitfalls in business English and French*, Fachsprache. International Journal of LSP 30:1–2, 2–29.

Lavric, Eva/Steiner, Jasmin (2012), *Football : le défi de la diversité linguistique,* Bulletin de linguistique appliquée 95, 15–33.

Lüdi, Georges/Höchle, Katharina/Yanaprasart, Patchareerat (2010), *Dynamiques langagières et gestion de la diversité : l'exemple d'une grande entreprise pharmaceutique internationale basée en Suisse*, in : Maria Iliescu/Heidi Siller-Runggaldier/Paul Danler (edd.), *Actes du XXVᵉ Congrès International de Linguistique et de Philologie Romanes, Innsbruck, 3–8 septembre 2007*, vol. 4, Berlin/New York, de Gruyter, 161–180.

Lüdi, Georges, et al. (2012), *Stratégies d'inclusion et formes d'exclusion dans des interactions exolingues au travail*, in : Lorenza Mondada/Luci Nussbaum (edd.), *Interactions cosmopolites. L'organisation de la participation plurilingue*, Limoges, Lambert-Lucas, 29–62.

Markaki, Vassiliki, et al. (2013), *Multilingual practices in professional settings. Keeping the delicate balance between progressivity and intersubjectivity*, in : Anne-Claude Berthoud/François Grin/Georges Lüdi (edd.), *Exploring the dynamics of multilingualism : the DYLAN project*, Amsterdam/Philadelphia, Benjamins, 3–32.

Martinet, André (1972), *Linguistique appliquée*, in : André Martinet (ed.), *Linguistique*, Paris, Denoël, 209–214.

Matthey, Marinette (1996), *Apprentissage d'une langue et interaction verbale. Sollicitation, transmission et construction de connaissances linguistiques en situation exolingue*, Bern, Lang.

Meißner, Franz-Joseph (1998), *Transfer beim Erwerb einer weiteren romanischen Fremdsprache*, in : Franz-Joseph Meißner/Marcus Reinfried (edd.), *Mehrsprachigkeitsdidaktik. Konzepte, Analysen, Lehrerfahrungen mit romanischen Fremdsprachen*, Tübingen, Narr, 45–67.

Meißner, Franz-Joseph, et al. (2004), *EuroComRom – Les sept tamis : lire les langues romanes dès le départ. Avec une introduction à la didactique de l'eurocompréhension*, Aachen, Shaker.

Menz, Florian/Gruber, Helmut (2001), *Einleitung*, in : Helmut Gruber/Florian Menz (edd.), *Interdisziplinarität in der Angewandten Sprachwissenschaft. Methodenmenü oder Methodensalat*, Frankfurt am Main, Lang, VII–XIV.

Meyer, Bernd (2004), *Dolmetschen im medizinischen Aufklärungsgespräch. Eine diskursanalytische Untersuchung zur Arzt-Patienten-Kommunikation im mehrsprachigen Krankenhaus*, Münster, Waxmann.

Mondada, Lorenza (2012), *The dynamics of embodied participation and language choice in multilingual meeting*, Language in Society 41, 213–235.

Mondada, Lorenza/Pekarek-Doehler, Simona (2000), *Interaction sociale et cognition située : quels modèles pour la recherche sur l'acquisition des langues ?*, Aile 12, 147–174. http://aile.revues.org/947 (21.05.2015).

Müller-Lancé, Johannes (2003), *Der Wortschatz romanischer Sprachen im Tertiärspracherwerb. Lernerstrategien am Beispiel des Spanischen, Italienischen und Katalanischen*, Tübingen, Stauffenburg.

Neveling, Christiane (2004), *Wörterlernen mit Wörternetzen. Eine Untersuchung zu Wörternetzen als Lernstrategie und als Forschungsverfahren*, Tübingen, Narr.

Neveling, Christiane (2007), *Lernstrategie Wörternetze*, Der fremdsprachliche Unterricht Französisch 90, 2–9.

Pekarek-Doehler, Simona (2006), *« CA for SLA » : Analyse conversationnelle et recherche sur l'acquisition des langues*, Revue française de linguistique appliquée XI :2, 123–137.

Phal, André (1971), *Vocabulaire général d'orientation scientifique (V.G.O.S.). Part du lexique commun dans l'expression scientifique*, Paris, CREDIF.

Platen, Christoph/Vogel, Klaus (2001), *Angewandte Linguistik*, in : Günter Holtus/Michael Metzeltin/Christian Schmitt (edd.), *Lexikon der Romanistischen Linguistik*, vol. I,2, Tübingen, Niemeyer, 69–107.

Polzin-Haumann, Claudia (2012), *Von der Mehrsprachigkeitsdidaktik zur Ausbildung mehrsprachiger und mehrsprachigkeitsbewusster Akteure : Arbeitsbericht aus einem Pilotprojekt im Rahmen der « Universität der Großregion »*, in : Christoph Bürgel/Dirk Siepmann (edd.), *Sprachwissenschaft – Fremdsprachendidaktik : Neue Impulse*, Baltmannsweiler, Schneider Hohengehren, 103–116.

Polzin-Haumann, Claudia/Reissner, Christina (2013), *Mehrsprachigkeit und Interkomprehension – von der Wissenschaft in die Praxis*, Journal for EuroLinguistiX 10, 67–75.

Raupach, Manfred (²1997), *Das mehrsprachige mentale Lexikon*, in : Wolfgang Börner/Klaus Vogel (edd.), *Kognitive Linguistik und Fremdsprachenerwerb : das mentale Lexikon*, Tübingen, Narr, 19–38.

Reinart, Sylvia (2009), *Kulturspezifik in der Fachübersetzung. Die Bedeutung der Kulturkompetenz bei der Translation fachsprachlicher und fachbezogener Texte*, Berlin, Frank & Timme.

Sánchez Prieto, Raúl (2011), *Unternehmenswebseiten kontrastiv. Eine sprachwissenschaftlich motivierte und praxisorientierte Vorgehensweise für eine kontrastive Analyse deutscher, spanischer und französischer Unternehmenswebseiten*, Tübingen, Narr.

Schegloff, Emanuel A./Jefferson, Gail/Sacks, Harvey (1990), *The Preference for Self-Correction in the Organization of Repair in Conversation*, in : George Psathas (ed.), *Interaction Competence*, Washington, D.C., University Press, 31–61.

Schlierer, Hans-Jörg (2004), *Kulturspezifische Stilmerkmale deutscher und französischer Geschäftsberichte. Eine kontrastive Analyse*, Saarbrücken, Röhrig.

Schmitt, Christian (à paraître), *Vocabulaire général, vocabulaires techniques et scientifiques et la communication professionnelle*, in : Werner Forner/Britta Thörle (edd.), *Manuel des langues de spécialité*, Berlin/Boston, de Gruyter.

Schröder, Tilman (2013), *Marketingstrategien auf Unternehmenswebsites im internationalen Vergleich. Eine hypertextlinguistische und kulturkontrastive Analyse kommerzieller Websites aus Deutschland, Frankreich, Spanien, Großbritannien und den USA*, Tübingen, Narr.

Schumann, Adelheid/Steinbrügge, Lieselotte (edd.) (2008), *Didaktische Transformation und Konstruktion. Zum Verhältnis von Fachwissenschaft und Fremdsprachendidaktik in der Romanistik*, Frankfurt am Main, Lang.

Selinker, Larry (1972), *Interlanguage*, International Review of Applied Linguistics in Language Teaching (IRAL) X, 209–231.

Siepmann, Dirk (2009), *Die Bedeutung der Kontrastivlinguistik für die akademische Lehre in Fremdsprachen- und Translationsstudiengängen*, in : Wolfgang Dahmen et al. (edd.), *Romanische Sprachwissenschaft und Fachdidaktik. Romanistisches Kolloquium XXI*, Tübingen, Narr, 67–84.

Spillner, Bernd (1990), *Zwanzig Jahre Angewandte Linguistik in Deutschland. Geleitwort*, in : Wolfgang Kühlwein/Albert Raasch (edd.), *Angewandte Linguistik heute*, Frankfurt am Main, Lang, 7–9.

Spillner, Bernd (1992), *Textes médicaux français et allemands. Contribution à une comparaison interlinguale et interculturelle*, Langages 105, 42–65.

Spillner, Bernd (2007), *Sprachliche und kulturelle Kontraste von Fachtexten – am Beispiel von Rechtsverordnungen*, in : Dorothee Heller/Konrad Ehlich (edd.), *Studien zur Rechtskommunikation*, Bern et al., Lang, 83–113.

Stegu, Martin (2001), *Interdisziplinarität und Pluralismus : Schlüssel- oder Modebegriffe für die Angewandte Linguistik*, in : Helmut Gruber/Florian Menz (edd.), *Interdisziplinarität in der Angewandten Sprachwissenschaft. Methodenmenü oder Methodensalat*, Frankfurt am Main, Lang, 251–267.

Stegu, Martin (2011a), *Postmodern (applied) linguistics*, Semiotica 183:1/4, 343–357.

Stegu, Martin (2011b), *Romanistik, Angewandte Linguistik und Sprachbewusstheit : Querverbindungen und Synergien*, in : Wolfgang Dahmen et al. (edd.), *Romanistik und Angewandte Linguistik. Romanistisches Kolloquium XXII*, Tübingen, Narr, 21–34.

Steinbrügge, Lieselotte (2008), *Didaktische Transformationen : Fremdsprachendidaktik zwischen Unterrichtspraxis und philologischer Wissenschaft*, in : Adelheid Schumann/Lieselotte Steinbrügge (edd.), *Didaktische Transformation und Konstruktion. Zum Verhältnis von Fachwissenschaft und Fremdsprachendidaktik in der Romanistik*, Frankfurt am Main, Lang, 13–21.

Trumpp, Eva Cassandra (1998), *Fachtextsorten kontrastiv : englisch – deutsch – französisch*, Tübingen, Narr.

Tyne, Henry (2013), *Corpus et apprentissage-enseignement des langues*, Bulletin suisse de linguistique appliquée 97, 7–15.

Winkelmann, Otto (2011), *Plädoyer für eine romanistische Wirtschaftslinguistik*, in : Wolfgang Dahmen et al. (edd.), *Romanistik und Angewandte Linguistik. Romanistisches Kolloquium XXII*, Tübingen, Narr, 125–159.

Christiane Fäcke
26 Le français dans l'enseignement scolaire et universitaire

Abstract : Cette contribution est divisée en deux parties, la première focalisant les questions fondamentales à propos de l'acquisition d'une langue, décrivant les théories de l'acquisition d'une langue et, par la suite, les processus de l'acquisition de la langue première (l'acquisition du langage) et de l'acquisition de la langue seconde/étrangère ainsi que les méthodes de l'enseignement des langues. La deuxième partie aborde les particularités culturelles et nationales de l'enseignement du français en France, dans les pays francophones et dans les pays non-francophones tout en distinguant entre l'enseignement du français langue première, l'enseignement du français langue seconde et l'enseignement du français langue étrangère. Les exemples se réfèrent en particulier à l'enseignement scolaire et universitaire en France, au Maroc, au Canada et en Allemagne.

Keywords : acquisition d'une langue, les méthodes de l'enseignement des langues, le français en France, le français dans les pays francophones, le français dans les pays non-francophones

1 Introduction

L'enseignement du français comprend l'enseignement du français langue maternelle ou première (FLM), du français langue seconde (FLS) ou bien du français langue étrangère (FLE). Tout enseignement est influencé par une grande quantité de facteurs complexes, tels les enseignants, les apprenants et l'institution éducative et en dehors de cela par les discours scientifiques, politiques et sociaux ainsi que par les discours pédagogiques, didactiques et autres. Pour cela, les discours concernant l'enseignement des langues sont très complexes et font l'objet de plusieurs disciplines scientifiques qui ont développé de nombreuses méthodes de recherche, des théories sur l'acquisition des langues et des réflexions méthodiques et didactiques.

À côté des distinctions entre l'acquisition d'une langue maternelle ou première, d'une langue seconde et d'une langue étrangère, il est nécessaire de prendre en compte les particularités de l'enseignement du français dans différents pays. En France, le français est surtout enseigné comme langue première, tandis que l'enseignement du français dans les pays francophones dépend plutôt de différents statuts de la langue : le français y est-il langue véhiculaire, langue administrative, langue minoritaire ou bénéfice-t-il encore d'un autre statut ? L'enseignement du français dans un pays non-francophone sera surtout un enseignement de français langue étrangère. Ainsi, l'apprentissage du français pose des problèmes différents et présente des caractéristiques particulières dans ces cas variés.

2 L'acquisition d'une langue

2.1 Les théories de l'acquisition d'une langue

Sujet de recherche scientifique étudié dans plusieurs domaines, l'acquisition d'une langue est l'objet d'analyse, entre autres, de la pédagogie, de la psychologie de l'apprentissage, de la linguistique appliquée et de la didactique des langues. Ces disciplines scientifiques distinguent plusieurs courants épistémologiques, chacun d'entre eux présentant des modèles pour expliquer l'acquisition du langage (Bernicot/Bert-Erboul 2009, 91ss. ; Grießhaber 2010, 9ss.) et l'acquisition des langues secondes et étrangères (Grießhaber 2010, 127ss.) : les théories béhavioristes ou empiristes, les théories nativistes et les théories cognitives et constructivistes.

Selon le béhaviorisme, le processus d'apprentissage est conçu comme imitation d'un comportement déclenché par un stimulus qui cause des réactions ou bien des réponses de forme quasi automatique (Skinner 1957). Cette approche est également influencée par le structuralisme, qui part d'une analyse synchrone et immanente de la langue. Il en résulte l'hypothèse contrastive (Lado 1971).

Les théories nativistes partent du principe que l'acquisition d'une langue n'est pas causée par l'environnement, mais par une sorte de programme génétique, inné en l'homme, qui lui donne la capacité d'apprendre une langue première et d'autres langues. Partant de l'observation que tous les enfants sont capables de l'acquisition de toute langue au début de leur vie, Noam Chomsky (1969) développe l'idée de la grammaire universelle. Cette conception nativiste ne distingue pas entre l'acquisition d'une langue première et l'acquisition d'autres langues puisque l'on part des similitudes de ces processus psycholinguistes, donc de l'hypothèse de l'identité (Dulay/Burt 1974).

La théorie sur l'interlangue est la troisième des trois grandes théories classiques sur l'acquisition d'une langue seconde (Grießhaber 2010, 137ss.). L'apprenant passe par différents stades d'apprentissage tout en construisant différents types d'erreurs « intelligentes ». Ce phénomène s'explique par l'interlangue (Selinker 1972), un stade intermédiaire dans le processus de l'acquisition d'une langue.

Les approches cognitives et constructivistes, quant à elles, partent de la capacité humaine qui s'approprie le monde, réalisé également par l'acquisition d'une langue. Parmi les approches cognitives figurent, entre autres, la psychologie du développement de Piaget (1962) ou l'interactionnisme symbolique (Mead 1970). Les approches constructivistes vont encore plus loin. Cette épistémologie part de la construction de la réalité et comprend les processus d'apprendre, de comprendre et de reconnaître comme processus de construction. Ainsi, apprendre signifie le fait de construire et de viabiliser des hypothèses, somme toute une théorie également appliquée à l'acquisition d'une langue.

Toutes les théories mentionnées ci-dessus focalisent sur un aspect de l'acquisition d'une langue sans toutefois être capables d'expliquer tous les détails de manière globale. Après avoir été l'objet de maints arguments critiques, on ne les considère plus comme modèle absolu pour expliquer l'acquisition d'une langue.

2.2 L'acquisition de la langue première

L'acquisition de la langue maternelle ou première, plutôt l'acquisition du langage (Bernicot/Bert-Erboul 2009), désigne le développement linguistique pendant les premières années chez l'enfant. Cette acquisition s'accomplit au bout de quelques années et les enfants obtiennent un niveau de locuteur natif surtout dans un contexte d'acquisition naturelle et avec peu d'enseignement ou d'apprentissage explicite. Selon les théories sur l'acquisition de la langue première, l'acquisition du langage oral du bébé, allant de pair avec son développement cognitif, se déroule en plusieurs étapes qui suivent un ordre chronologique selon l'âge de l'enfant.

Les étapes du développement du langage résultent dans les capacités d'apprendre à former des phrases. On distingue les trois étapes suivantes : le développement phonologique, le développement sémantique et, pour finir, le développement de la morphologie et de la syntaxe (Bernicot/Bert-Erboul 2009, 49ss.). « Ces trois niveaux de langage évoluent entre la naissance et l'âge de 12 ans, certainement au-delà pour la morphosyntaxe et tout au long de la vie pour la sémantique » (ibid., 49).

L'acquisition du langage du bébé est marquée par la communication non-verbale ou préverbale, par l'interaction avec les adultes, se développant à travers des stimuli extérieurs et avec son entourage. La communication non-verbale mène à la communication linguistique, c'est-à-dire à la compréhension de mots simples, la production des premiers sons et la prononciation des premiers mots, un premier rapprochement entre le mot et la signification du mot. Ainsi, l'acquisition du langage passe par deux étapes : tout d'abord l'articulation des phonèmes sans corrélation à une signification, ensuite l'attribution d'un sens à la langue.

Le développement sémantique passe par différentes phases. Les enfants obtiennent un lexique expressif de plus en plus grand et se rendent compte de la valeur sémantique de tous les mots et de leur dénomination qui en suit. Les enfants de deux ans sont en règle générale capables de construire des phrases de deux mots et utilisent les mots de la vie quotidienne. Par la suite, ils commencent à former de plus en plus de phrases complètes. À l'âge de cinq ans, le langage de l'enfant est compréhensible bien qu'il y ait encore des mots complexes sans prononciation correcte. À l'âge de six ans, les enfants disposent d'un vocabulaire de 10.000 mots. La majorité des enfants de cet âge est capable de suivre une conversation et d'utiliser un style contextuel (Bernicot/Bert-Erboul 2009, 56ss.).

Le développement de la morphologie et de la syntaxe (Bernicot/Bert-Erboul 2009, 63ss.) est également marqué par plusieurs étapes, celle des énoncés de deux mots, la « grammaire pivot » (Braine 1963), celle de la phrase, c'est-à-dire le syntagme nominal et verbal, et puis celle des formes complexes (Bernicot/Bert-Erboul 2009, 63ss. ; cf. Grießhaber 2010, 7ss.).

L'acquisition de la langue est considérée comme compétence de base qui influence l'apprentissage en général et, de plus, se réalise en interdépendance avec le développement cognitif. L'acquisition du langage est suivie par l'apprentissage de la lecture et de l'écriture réalisé surtout dans l'enseignement primaire. Les évaluations des compétences linguistiques des enfants ainsi que les cours de soutien linguistique qui en résultent obtiennent une importance de plus en plus croissante. Ainsi, l'enseignement du français dans les institutions préscolaires et scolaires, notamment à l'école primaire, joue un rôle indispensable. Les cours de soutien linguistique poursuivent le but de rehausser le niveau linguistique déficitaire chez certains enfants comparé au niveau du développement des autres enfants de leur âge.

2.3 L'acquisition de la langue seconde/étrangère

Dans certains discours scientifiques sur l'acquisition d'une langue, il y a des distinctions nettes entre l'acquisition d'une langue seconde et l'acquisition d'une langue étrangère. Le français langue seconde (FLS), « langue effectivement pratiquée dans l'environnement quotidien du locuteur » (Collès/Dufays 2003, 125), se réfère au cas d'un individu pour qui le français tient une place privilégiée après la langue maternelle. En France, les élèves primo-arrivants représentent le groupe cible de l'enseignement du FLS, phénomène dû à la migration. Au niveau de la société, le français joue le rôle d'une langue administrative ou véhiculaire ce qui est le cas dans beaucoup de pays francophones, p. ex. au Maghreb ou en Afrique centrale.

L'acquisition du français langue étrangère (FLE), au contraire, « recouvre les situations d'enseignement/apprentissage du français aux étrangers et/ou à l'étranger » (Collès/Dufays 2003, 122). Le FLE se réalise dans une société dans laquelle on apprend la langue dans le système éducatif sans que cette langue soit utilisée dans la vie quotidienne par la communauté linguistique. Tel est le cas pour le français dans la plupart des pays non-francophones, p. ex. en Allemagne, au Pérou ou encore en Chine. De plus, on peut distinguer entre les cours de FLE organisés par des institutions françaises et enseignés par des locuteurs natifs, et le FLE enseigné comme langue étrangère dans un pays non-francophone, p. ex. en Allemagne par des professeurs allemands, soit des locuteurs non-natifs (cf. Marquilló Larruy 2001).

Par l'éducation bilingue, on entend l'enseignement du français soit dans un contexte de bilinguisme chez l'individu, soit dans un contexte de bilinguisme dans une communauté (cf. Geiger-Jaillet 2005). Le bilinguisme chez l'individu se réfère p. ex. au cas d'un enfant né d'une mère française et d'un père anglais. À l'inverse, le bilinguisme dans une communauté se réfère aux pays bilingues tel le Canada qui a implémenté au Québec un enseignement bilingue basé sur le principe de l'immersion. En partant de l'idée qu'on apprend mieux une langue seconde dans une situation naturelle et authentique que par l'enseignement artificiel d'une langue étrangère, on utilise cette langue dans beaucoup voire toutes les matières. L'immersion a pour objectif la maîtrise d'une langue seconde, comme c'est le cas au Canada, ou bien la préservation des langues autochtones minoritaires comme en France l'alsacien, le breton ou le corse. Ces formes d'une éducation bilingue visent à un bilinguisme additif avec, comme idéal, une maîtrise de deux langues au niveau d'un locuteur natif (cf. Fäcke 2010, 85s.).

Le bilinguisme basé sur le principe de l'immersion tel qu'il est pratiqué dans le système scolaire au Québec se distingue de l'éducation bilingue selon le modèle EMILE (Enseignement d'une Matière par l'Intégration d'une Langue Étrangère) réalisé à l'intérieur du système d'éducation en Europe (cf. Coyle/Hood/Marsh 2010). Selon ce modèle encouragé par le Conseil de l'Europe, l'enseignement d'une matière se réalise en utilisant une autre langue que celle qui domine ce système éducatif, ce qui est le cas d'un cours d'histoire enseigné en français dans un lycée allemand.

L'éducation plurilingue, par contre, se réfère à une autre initiative de l'Union Européenne promouvant d'augmenter les connaissances des langues parmi les citoyens européens. La formule « L+2 » exprime l'objectif de la politique linguistique visant à augmenter le nombre des citoyens qui savent communiquer dans leur langue première plus deux autres langues. Ce but ne comprend pas le niveau d'un locuteur natif dans ces trois langues, mais plutôt des compétences communicatives permettant une communication sur un niveau moins élevé (cf. Borel 2012).

3 Les méthodes de l'enseignement des langues

L'histoire de l'enseignement des langues étrangères/secondes est marquée par plusieurs étapes (cf. Fäcke 2010, 31ss.). Parmi les méthodes traditionnelles, c'est la méthode grammaire-traduction qui a marqué le plus les débuts de l'enseignement moderne des langues étrangères (Richards/Rodgers 1986). En s'orientant sur l'enseignement des langues anciennes tels le latin et le grec, l'enseignement des langues modernes est caractérisé par la dominance de la grammaire et de la traduction depuis la deuxième moitié du XIXe siècle. Apprendre une langue équivaut à connaître les règles grammaticales afin d'être capable de lire et de traduire des textes, surtout des textes littéraires.

La méthode directe résulte du fait que l'enseignement des langues modernes s'établit dans le système scolaire vers la fin du XIXe siècle. On commence à mettre l'accent sur les langues comme moyen de communication et, par conséquent, sur la langue parlée et l'acquisition naturelle. Ainsi, cette méthode est caractérisée par un enseignement monolingue sans référence à la langue maternelle des apprenants, par une simulation des situations de communication réelles, par un focus sur les aptitudes orales, considérant les aptitudes écrites comme secondaires (cf. Viëtor 1882/1984).

L'étape suivante dans l'histoire de l'enseignement des langues est marquée par deux méthodes similaires. La méthode audio-orale est influencée par le structuralisme (Bloomfield 1933) et le béhaviorisme depuis les années 1930. L'analyse d'une langue ne part plus de la grammaire du latin mais se base sur les énoncés et les actes de langage. L'apprentissage est considéré comme conditionné par les stimuli extérieurs qui déclenchent une réponse de l'individu. Par conséquent, l'enseignement du français est caractérisé par la répétition des exercices *pattern drill* afin de dominer le français de manière automatique.

La méthode audio-visuelle est un développement élargissant la méthode audio-orale. Partant des mêmes réflexions linguistiques, psychologiques et perfectionnées du CREDIF (Centre de Recherche et d'Études pour la Diffusion du Français) en France, la méthode audio-visuelle-structuro-globale (Guberina 1965) est caractérisée de plus par le recours aux médias. La langue est enseignée dans des contextes, des situations authentiques et des dialogues excluant entièrement la langue première des apprenants ainsi qu'une approche cognitive tout en mettant l'accent sur les exercices *pattern drill*, sur la structuration catégorique d'un cours en différentes phases et sur les stimuli visuels.

C'est à partir des années 1970 que l'on témoigne d'un renouvellement de l'enseignement du français avec l'approche communicative dans laquelle la compétence communicative joue un rôle primordial (Hymes 1972). On ne souligne pas l'usage d'un français correct sans fautes grammaticales, verbales ou syntaxiques, mais plutôt une communication appropriée à la situation et aux interlocuteurs. La conception de l'enseignement qui avant était centrée sur la perspective des enseignants et sur le contenu est remplacée par une perspective sur l'apprenant et ses besoins comme point de départ des réflexions didactiques.

Par la suite, on a complété l'approche communicative en ajoutant d'autres dimensions, p. ex. la didactique interculturelle, la didactique du plurilinguisme, une perspective cognitive et constructiviste (l'autonomie de l'apprenant, les stratégies d'apprentissage), les nouveaux médias (l'ordinateur et l'internet) et l'orientation sur l'enseignement par les tâches.

À l'heure actuelle, l'enseignement des langues étrangères est surtout influencé par l'orientation sur les compétences et les aptitudes. On peut constater un tournant remplaçant l'input par l'output, c'est-à-dire par les compétences, les savoirs et les résultats de l'apprentissage des élèves. En général, on part d'une notion large des compétences que l'on regarde comme les capacités et les aptitudes cognitives dont l'individu dispose ou qu'il peut acquérir pour résoudre des problèmes précis, ainsi que les dispositions motivationnelles, volitives et sociales qui s'y rattachent pour utiliser avec succès et responsabilité les résolutions de problèmes dans des situations variables (Weinert 2001, 27s.).

Cette combinaison de la compétence et de la performance se reflète p. ex. dans les discours de la didactique des langues focalisés sur les compétences interculturelles. Suite au *Cadre européen commun de référence pour les langues* (CECRL) (Conseil de l'Europe 2001), on établit les trois dimensions équivalentes du savoir, du comportement et des attitudes pour décrire les compétences interculturelles, ce qui s'exprime également dans beaucoup de programmes scolaires nationaux.

4 L'enseignement du français en France, dans les pays francophones et non-francophones

Les descriptions susnommées partent de manière implicite d'une approche universaliste qui postule une certaine uniformité de l'acquisition du français, des traditions de l'enseignement et de l'apprentissage de la langue. Cependant, il faut également constater les différences, entre autres culturelles et nationales, dues aux contextes spécifiques dans les différents pays, comme p. ex. le contexte sociopolitique, économique et historique des systèmes scolaires et universitaires. Comme une telle description de l'enseignement du français, forcément incomplète, ne saura englober les caractéristiques et les particularités de tous les pays, la description suivante est, à titre d'exemple, focalisée sur quatre pays : La France, exemple majeur de l'acquisition du français langue première et langue seconde dans la plupart des cas, le Maroc, le plus souvent exemple pour l'acquisition du français langue seconde, le Canada, exemple d'un enseignement d'immersion particulier, ainsi que l'Allemagne servant principalement d'exemple pour l'acquisition du français langue étrangère.

Dans une perspective globale, le français est souvent considéré comme la langue concurrente de l'anglais, véritable langue de communication dominante dans le monde entier, et de l'espagnol, deuxième langue de communication mondiale si l'on part du nombre de locuteurs.[1] Par rapport à l'anglais – *lingua franca* parlée par 335 millions de locuteurs natifs et plus d'un milliard de locuteurs d'anglais langue seconde ou étrangère – et à l'espagnol – langue de communication parlée par 406 millions de locuteurs natifs et approximativement 60 millions de locuteurs de l'espagnol langue seconde ou étrangère – le français, également considéré comme langue de communication mondiale, est utilisé par beaucoup moins de locuteurs, soit « seulement » 70 millions de locuteurs natifs et 220 millions de locuteurs au total. Ces chiffres[2] ainsi que d'autres aspects, p. ex. des raisons historiques, politiques, économiques et sociales, expliquent la concurrence linguistique au niveau mondial ainsi

---

1 Si l'on part du nombre absolu de locuteurs, il ne faut pas oublier le chinois qui est utilisé par le plus grand nombre de locuteurs au total. Contrairement à l'anglais et à l'espagnol, le chinois ne joue pas le rôle de langue internationale ou de langue véhiculaire.

2 Les estimations du nombre des locuteurs d'une langue diffèrent, parfois considérablement, selon différentes statistiques. Les chiffres présentés ici reflètent les statistiques de *Ethnologue* (Lewis/ Simons/Fennig 2013), du *British Council,* de l'*Instituto Cervantes* et de l'*Organisation Internationale de la Francophonie*/l'*Observatoire de la langue française*.

que l'intention politique de la France et d'autres pays francophones de soutenir la position du français, souvent considéré menacé par la dominance de l'anglais. Ceci se manifeste p. ex. en 1994 dans la loi Toubon en France (Braselmann 1999), destinée à protéger le patrimoine linguistique français, dans maintes initiatives destinées à soutenir le français comme langue d'enseignement dans les universités ou de promulguer l'apprentissage du français langue étrangère dans beaucoup de pays du monde entier, p. ex. par *l'Institut français* ou *l'Alliance française*. Pour résumer, il faut constater des craintes répandues de la suprématie linguistique et culturelle du monde anglophone surtout dans beaucoup de pays non-anglophones.

4.1 L'enseignement du français en France

4.1.1 L'enseignement du français langue première

En France, le français dans l'enseignement scolaire et universitaire se rapporte au français langue première ou maternelle pour la grande majorité des apprenants. Cet enseignement scolaire devient transparent à l'aide des programmes scolaires qui déterminent le contenu et les objectifs.

À l'école élémentaire, le français joue un rôle primordial. Dans les horaires du cycle des apprentissages fondamentaux, c'est-à-dire dans les classes de CP et CE1, la durée hebdomadaire de l'enseignement du français comprend 10 heures, alors que dans le cycle des approfondissements des classes CE2, CM1 et CM2, on trouve encore 8 heures hebdomadaires d'enseignement du français par semaine. Le programme du cycle des apprentissages fondamentaux, focalisé surtout sur l'apprentissage de la lecture et de l'écriture, comprend des précisions et des approfondissements sur le langage oral, le domaine de la lecture/de l'écriture, le vocabulaire, la grammaire et l'orthographe (Ministère de l'Education Nationale et Ministère de l'enseignement supérieur et de la recherche 2008) :

> « **Au cours préparatoire, l'apprentissage de la lecture passe par le décodage et l'identification des mots, par l'acquisition progressive des connaissances et compétences nécessaires à la compréhension des textes.** Les apprentissages de la lecture et de l'écriture, qu'il s'agisse des mots, des phrases, des textes, menés de pair, se renforcent mutuellement tout au long du cycle. Ces apprentissages s'appuient sur la pratique orale du langage et sur l'acquisition du vocabulaire. Ils s'accompagnent d'une première initiation à la grammaire et à l'orthographe. »

Le programme du cycle des approfondissements poursuit l'objectif de la maîtrise du français, en ajoutant un programme de littérature élaboré d'après les axes principaux des années précédentes.

L'objectif de la maîtrise du français doit être poursuivi tout au long de la scolarité obligatoire. Selon *Le socle commun de connaissances et de compétences* (Direction générale de l'enseignement scolaire 2008), la maîtrise de la langue française est considérée comme compétence de base qui permet « l'accès à tous les domaines du savoir et l'acquisition de toutes les compétences » (ibid.). En ce qui concerne les connaissances, on vise à un usage correct du vocabulaire, de la grammaire et de l'orthographe. Cela comprend, entre autres, les connaissances d'un vocabulaire juste et précis, du sens propre et figuré d'une expression, des structures syntaxiques fondamentales, de la conjugaison des verbes ainsi que des principales règles d'ortho-graphe lexicales et grammaticales. Au niveau des capacités (Direction générale de l'enseignement scolaire 2008, 6ss.), le socle donne des précisions concernant les domaines suivants : lire (p. ex. dégager l'idée essentielle d'un texte lu ou entendu), écrire (p. ex. résumer un texte), s'exprimer à l'oral (p. ex. prendre la parole en public), utiliser des outils (p. ex. des dictionnaires) et développer des attitudes (p. ex. l'intérêt pour la lecture).

La fin des études secondaires est marquée par le diplôme national : le baccalau-réat. Même si en France il existe différentes filières du baccalauréat portant sur des priorités différentes dans les matières principales, ils ont tous en commun le bacca-lauréat de français.

Cette épreuve est basée sur un programme obligatoire de seconde et de première. L'objectif du français consiste en trois dimensions : la maîtrise de la langue, la connaissance de la littérature ainsi que l'appropriation d'une culture (Ministère de l'Education Nationale, Direction générale de l'enseignement scolaire 2007, 7). Les perspectives d'étude sont centrées autour de l'histoire littéraire et culturelle, des genres et des registres, des significations et de la singularité des textes et, pour terminer, de l'argumentation et des effets de chaque discours sur ses destinataires. Les connaissances portent sur les textes, surtout littéraires, et sur la langue, c'est-à-dire une maîtrise du vocabulaire, de la syntaxe et des formes de discours. Les objets d'étude exemplaires suivants servent à illustrer ces perspectives. En outre, le pro-gramme contient, entre autres, dans le domaine du roman la lecture des auteurs tels Balzac, Hugo, Duras, Tournier, Ben Jelloun et Pennac, mais également des auteurs non-francophones tels Dickens, Goethe et Tolstoï. Cette liste complexe se poursuit de la même manière dans les autres genres littéraires, p. ex. la poésie depuis du Bellay jusqu'à Éluard ou bien le théâtre de Molière jusqu'à Brecht. L'examen se réalise sous forme orale et écrite.

4.1.2 L'enseignement du français langue seconde

Le français est la langue seconde pour une minorité des apprenants, en général les immigrés et leurs enfants, groupe cible défavorisé, qui poursuit l'objectif d'apprendre le français pour des raisons d'intégration sociale et linguistique. Le contexte de l'apprentissage diffère nettement entre les apprenants adultes et les enfants.

L'enseignement scolaire du français langue seconde vise à intégrer les jeunes apprenants non francophones dans le système éducatif et dans la société française.

Les compétences réceptives et productives en français étant considérées comme point de départ pour la compréhension de toutes les autres matières scolaires (cf. Collès/ Dufays 2003, 126), les cours de français langue seconde contribuent à l'intégration en diminuant une marginalisation s'effectuant à travers les compétences linguistiques limitées. Le français langue seconde équivalant au français langue de scolarisation dans ce cas, l'enseignement poursuit le but de rendre les élèves capables de suivre les cours normaux dans leur classe de rattachement et d'obtenir un niveau suffisant à cette tâche, souvent estimé équivalent au niveau A2 ou B1 du DELF. Le système scolaire français propose des classes d'initiation pour non-francophones (CLIN) lesquelles sont échelonnées, dans la plupart des cas, sur une durée de deux années scolaires à l'école élémentaire ainsi que des classes d'accueil (CLA) au collège, le plus souvent, sur une durée d'un an. Ces deux options sont proposées aux élèves primo-arrivants, également nommés élèves nouvellement arrivés en France (ENAF). La scolarisation dans ces classes spécifiques est supervisée par le Centre Académique pour la scolarisation des nouveaux arrivants et des enfants du voyage (CASNAV) (Ministère de l'Education nationale 2002).

La France propose également des cours de FLE/FLS aux adultes locuteurs non-natifs dans les entreprises, les compétences linguistiques de français étant considérées comme compétence professionnelle, raison pour laquelle les cours de français font partie de la formation professionnelle. Lorsqu'il s'agit d'apprenants adultes, le français langue seconde comprend des perspectives différentes du français langue de scolarisation, préparant plutôt aux situations de la vie quotidienne des adultes. Ces apprenants ont pour objectif de résider en France de manière permanente, ce qui les distingue nettement des apprenants du FLE (voir ci-dessous).

4.1.3 L'enseignement du français langue étrangère

En France, il y a également la possibilité de participer à des cours de français langue étrangère. Le groupe cible, les locuteurs non-natifs, comprend entre autres des étudiants étrangers poursuivant l'objectif d'améliorer leur français ou bien des touristes s'intéressant à la langue française. Contrairement aux immigrés, ils résident en France pour un temps relativement limité, raison pour laquelle le français, pour eux, est langue étrangère et non langue seconde. Ce secteur de l'enseignement des langues est marqué par des institutions telles les écoles de langues privées et souvent commerciales, les universités ou bien l'*Alliance française*, association d'utilité ayant pour but la promotion de la culture et de la langue françaises. Ces institutions, souvent labellisées, proposent des cours de français, souvent accélérés, parfois combinés avec un congé-formation.

La France, ne voulant pas laisser le champ libre aux institutions privées, se voit dans l'obligation de déterminer et d'uniformiser le domaine du FLE, intérêt qui se manifeste entre autres dans les diplômes et les certificats évaluant et attestant les compétences de français des locuteurs non-natifs. Parmi ces diplômes, les plus importants sont le Diplôme d'études en langue française (DELF) et le Diplôme approfondi de langue française (DALF), crées par le ministère français de l'éducation nationale et administrés par le Centre international d'études pédagogiques (CIEP) de Sèvres. Ces diplômes, depuis 2005 adaptés au CECRL (Conseil de l'Europe 2001), comprennent six niveaux différents : DELF A1 et A2, DELF B1 et B2, DALF C1 et C2, chacun évaluant les compétences réceptives et productives séparément et s'adressant à quatre groupes cibles : aux enfants (DELF PRIM), aux adolescents (DELF junior/ scolaire), aux adultes (DELF « tous publics ») et aux professionnels (DELF PRO). Ils diffèrent dans les thématiques, la complexité ou le niveau des examens et les établissements organisant les examens (cf. Lescure et al. 2001).

La structure et le format des tâches correspondent à des formats de tests valides, fiables et objectifs, permettant ainsi un niveau élevé de transparence et de comparabilité. Les contenus des exercices visent à évaluer la manière comment le candidat arrive à communiquer dans les situations de communication réalistes, focalisant ainsi la langue étrangère comme moyen de communication dans la vie quotidienne, négligeant à la fois les compétences de lecture et de compréhension des textes littéraires ou encore le domaine du savoir-être.

Epreuve nationale et internationale, uniformisée et standardisée, le DELF montre le chevauchement des domaines du français langue étrangère et du français langue seconde. Ainsi, depuis 2007, le DELF scolaire est proposé aux enfants primo-arrivants, participants à une classe d'accueil (CLA) et qui peuvent passer les épreuves du DELF pour les niveaux A1, A2 ou encore B1.

4.1.4 Le français dans l'enseignement universitaire en France

En France, il existe différentes filières universitaires ayant un rapport avec le français, s'adressant à ceux qui s'intéressent à approfondir leurs connaissances de la langue et la culture françaises et poursuivant une profession dans laquelle ces connaissances et compétences comptent beaucoup : professeur de français dans une institution scolaire, journaliste ou bibliothécaire, pour ne nommer que quelques-uns. Ces études visent de prime abord à la formation des étudiants et à leur préparation pour la vie professionnelle. Elles comprennent, entre autres, les études de lettres modernes poursuivant p. ex. un parcours de littérature, littérature générale comparée, études théâtrales, cinéma ou communication, les études de langues étrangères appliquées, les études de linguistique ou les études de FLE. De plus, on compte des cours de français pour étudiants étrangers qui peuvent passer également des certifications en DELF et DALF. Considérant l'impossibilité de présenter en détail le vaste choix de filières proposées dans une grande majorité des universités françaises, nous nous proposons donc d'illustrer le caractère de ces études à l'aide d'un exemple.

Ainsi, le département de Didactique du Français Langue Etrangère de l'Université de la Sorbonne Nouvelle – Paris 3 propose des études de FLE comprenant sa connaissance et sa diffusion. Ces études incluent « la formation de spécialistes de français et de didactique du français langue étrangère et seconde en vue de son enseignement à l'étranger et aux étrangers, la formation de jeunes chercheurs, l'apprentissage et le perfectionnement en français d'étudiants étrangers, [...] des activités de recherche en didactique des langues et des cultures ».[3]

À côté des études *de* français s'ajoutent les études *en* français. Langue de scolarisation et langue d'état de France, en général le français est utilisé comme langue de communication par les enseignants et les étudiants. Cependant, certaines filières universitaires, surtout les sciences naturelles, revendiquent, elles, une perspective internationale dans lesquelles les discours scientifiques sont dominés par l'anglais, entrainant ainsi son utilisation dans l'enseignement. Ce développement est fort controversé.

4.2 L'enseignement du français dans les pays francophones

La francophonie, terme utilisé pour désigner l'ensemble des personnes et des pays parlant le français, comprend un grand nombre de pays dans lesquels le français jouit de différents statuts : langue officielle, langue d'état, langue administrative, langue d'enseignement, langue de culture, langue minoritaire, langue de communication, langue véhiculaire. Selon l'Organisation internationale de la Francophonie (OIF),[4] le français est utilisé dans 57 États et gouvernements par 220 millions de locuteurs sur les cinq continents.

L'apprentissage du français dépend du statut qui lui est accordé par un pays. Ce statut diffère également dans les États et gouvernements qui sont membres, associés ou observateurs de la Francophonie : le français y est parfois la langue première/ langue maternelle (comme en France), la langue principale de la scolarisation (comme dans maints pays d'Afrique subsaharienne où le français a un statut de langue seconde), une langue importante dans l'enseignement secondaire ou supérieur (comme en Afrique du Nord), une langue étrangère parmi d'autres (comme au Vietnam) ou une langue utilisée dans un enseignement bilingue dans un contexte bilingue (comme au Canada).

Compte tenu de ces différences majeures, l'Observatoire de la langue française (OLF) distingue entre les différents statuts du français tout en séparant également les apprenants en français des apprenants du français. En 2010, on part de 8,7 millions

---

3 http://www.univ-paris3.fr/departement-didactique-du-francais-langue-etrangere-dfle–22792.kjsp (1.1.2014).
4 Cf. www.francophonie.org (29.12.2013).

d'apprenants de français dans les pays de l'Amérique et des Caraïbes, de 27,2 millions en Europe, de 26,4 millions en Afrique du Nord et au Moyen Orient, de 51,3 millions en Afrique Subsaharienne et dans les pays de l'Océan Indien, ainsi que de 2,4 millions en Asie et Océanie.[5] L'évolution des apprenants de/en français entre 2007 et 2010 montre une augmentation nette du total des apprenants de/en français en Asie et Océanie et surtout dans les pays africains, tandis que surtout en Europe et moins en Amérique et dans les Caraïbes, le nombre d'apprenants baisse nettement.[6] Comme une description individuelle de l'ensemble de ces pays francophones exigerait trop de place, nous présenterons en détail et à titre d'exemple deux pays : Le Maroc où le français tient une place importante dans l'enseignement secondaire et universitaire et le Canada, pays avec une longue tradition dans l'enseignement bilingue du français basé sur l'immersion.

4.2.1 L'enseignement du français au Maroc

Le français occupe une place particulière au Maroc. Héritage du passé colonial, le français « n'est ni une langue officielle, ni une langue étrangère à proprement parler. En fait, le français est officiellement considéré comme la première langue étrangère et fonctionne comme langue de la modernité » (Benzakour/Gaadi/Queffélec 2000, 70). De plus, le français est utilisé comme langue véhiculaire et langue fonctionnelle dans plusieurs domaines de la vie sociale.

Le paysage linguistique du Maroc est caractérisé par quatre langues – le berbère, l'arabe marocain, l'arabe standard et le français – qui forment une situation de plurilinguisme ou de diglossie. Tandis que le berbère et l'arabe marocain occupent des positions faibles, dépréciées et marginalisées, les deux autres langues dominent la vie officielle et l'enseignement supérieur. Le français est considéré comme synonyme de modernité, comme langue de classe et de culture (Benzakour/Gaadi/Queffélec 2000, 79), ce qui est dû, entre autres, au fait que la langue est utilisée dans les domaines scientifiques et techniques ainsi que dans l'économie. Le statut du français est étroitement lié à l'éducation au Maroc.

Le système d'éducation du Maroc est marqué par le degré de développement du pays, sa situation économique ou ses traditions culturelles. Depuis 1956, date marquant son indépendance, le Maroc poursuit des réformes profondes, un processus qui est marqué surtout par l'arabisation de l'enseignement, l'unification des diverses structures éducatives, la marocanisation du corps enseignant et la généralisation de l'enseignement (Benzakour/Gaadi/Queffélec 2000, 87). L'arabisation de l'enseignement fondamental et de l'enseignement secondaire est accomplie depuis la fin des

---

5 Cf. http://www.francophonie.org/IMG/pdf/Carte_apprenants.pdf (29.10.2013).
6 Cf. http://www.francophonie.org/IMG/pdf/Graph_tableau_apprenants.pdf (29.10.2013).

années 1980. Même si depuis les années 1950 la généralisation de l'enseignement fait preuve d'un succès considérable, le système éducatif reste encore caractérisé par un chiffre faible du taux brut de scolarisation ainsi que des chiffres élevés du taux d'abandon et du redoublement. De plus, il faut partir d'un niveau approximatif de taux d'alphabétisation de 57% des adultes en 2004 (Berrada Gouzi/El Aoufi 2007, 22) qui reflète plus ou moins le taux d'achèvement de l'enseignement primaire. De plus, il existe une disparité significative entre les sexes et également entre le milieu urbain et le milieu rural, somme toute une tendance alarmante prenant en compte les efforts pour la généralisation de la scolarisation (ibid., 21).

Depuis l'indépendance de la France, le Maroc a successivement arabisé toutes les matières dans l'enseignement jusqu'à 1989. Le français apparaît comme langue seconde obligatoire depuis la troisième année de l'enseignement fondamental (Benzakour/Gaadi/Queffélec 2000, 90).

Cependant, le français reste langue d'enseignement dans certaines matières de l'enseignement supérieur. Comme le français occupe une place importante dans l'enseignement universitaire, l'arabisation de l'enseignement scolaire implique également des inconvénients, diminuant les compétences de français des élèves et constituant ainsi un obstacle à l'accès aux études supérieures, d'autant plus que l'arabe standard et le français représentent non seulement deux langues différentes mais aussi deux cultures, orientales et occidentales, et deux modes de pensées différentes (Benzakour/Gaadi/Queffélec 2000, 92s.).

À côté de ce système éducatif officiel au Maroc, il existe un « réseau des établissements scolaires d'enseignement français au Maroc » (Service de Coopération et d'Action Culturelle 2007) scolarisant une minorité élitiste d'élèves dans ses grandes villes. Ces écoles « bénéficient de l'homologation du ministère français de l'Education nationale et dispensent un enseignement conforme aux programmes français » (ibid.). Ce vestige du passé colonial assure une éducation française et contribue ainsi également à l'enseignement du français au Maroc.

4.2.2 L'enseignement du français au Canada

Constitué de plus de 200 langues parlées, le paysage linguistique du Canada est bien hétérogène, le français et l'anglais sont langues officielles. La situation du français varie selon les provinces, parfois l'apprentissage du français langue seconde est obligatoire, parfois facultatif. Pour résumer, on distingue deux variétés et deux régions, celle de l'Acadie et celle de la Laurentia, une division due à des raisons historiques et linguistiques (cf. Nadasdi 2014).

Le français est langue officielle du Québec et langue co-officielle du Nouveau-Brunswick. Dans ces provinces résident à la fois la population francophone qui apprend le français mais également un grand nombre d'anglophones. Il faut distinguer le Québec avec une majorité francophone des autres territoires canadiens anglophones. Quelque 20% de Canadiens se disent bilingues franco-anglais. La population francophone est composée de Québécois, locuteurs natifs du français, un tiers de la population du Nouveau-Brunswick pour la plupart d'origine acadienne, également locuteurs natifs de français, et une minorité francophone et bilingue dans d'autres provinces dominées par les anglophones.

Le français est la langue seconde la plus étudiée au Canada, bien établie dans le système scolaire entier. Il est appris comme langue première par les monolingues, comme langue de minorité par les francophones bilingues et comme langue seconde ou étrangère dans une grande variété de contextes différents. Ainsi, le français canadien est caractérisé par des variétés régionales entrainant un usage plus ou moins soutenu.

Le français langue étrangère, étudié à l'extérieur du Québec par les non-francophones, représente la forme d'acquisition la plus répandue au Canada. Cet enseignement est surtout concentré sur la grammaire afin de développer des compétences de communication fondamentales. Dans l'ensemble, ces programmes enseignent aux élèves davantage la compréhension du vocabulaire et des règles de grammaire que la production orale, permettant notamment de réaliser une conversation libre.

Au Canada, on peut aussi apprendre le français à partir des programmes d'immersion depuis les années 1960 (cf. Rebuffot 1993). Cet enseignement présente différentes formes d'immersion : l'immersion totale où le français est utilisé comme langue d'instruction dans l'ensemble des matières et l'immersion partielle où le français n'est utilisé que dans certaines matières. On distingue différentes accentuations de ces programmes concernant les degrés d'encouragement des deux langues, ainsi une immersion transitoire, de maintien ou d'enrichissement. De plus, on distingue selon les groupes cibles l'immersion précoce (élèves de 5 ans), l'immersion moyenne (8 ans) et l'immersion tardive (11 ans) (cf. Fäcke 2010, 88ss.). De nombreuses recherches sur l'éducation bilingue ont indiqué un niveau très élevé d'efficacité, surtout au niveau des compétences réceptives (cf. Cummins 1998).

Les adultes ont également diverses possibilités d'apprendre le français comme langue étrangère, p. ex. dans des écoles de langues privées, dans des institutions comme l'*Alliance française* ou l'*Institut français* ou bien encore dans des universités. Ces dernières offrent maintes occasions pour apprendre la langue et, dans le cas des provinces francophones, même un enseignement *en* français.

Au Québec, il faut distinguer l'acquisition du français par les non-francophones et l'acquisition du français par les francophones (cf. Nadasdi 2014). Depuis les années 1970, l'importance du français au Québec ne cesse d'augmenter, dû à une éducation en français de la majorité des résidents. Être bilingue est devenu une caractéristique de la société québécoise qui inclut même les résidents anglophones (cf. Auger 2005). Plus de 40% de la population québécoise est bilingue franco-anglais, un chiffre bien plus élevé que dans les autres provinces canadiennes (17%).

À Ontario et au Nouveau-Brunswick, l'acquisition du français est réalisée par une minorité francophone dans un contexte anglophone. À Ontario, il existe un réseau élaboré d'établissements scolaires francophones dans lesquels les élèves francophones dominent ainsi que des écoles d'immersion de français pour les élèves non-francophones (cf. Rebuffot 1993). Le français est utilisé surtout dans des contextes d'éducation, provoquant une réduction du nombre de locuteurs qui utilisent le plus souvent une variété informelle du français.

Le Nouveau-Brunswick est la seule province dans l'Acadie dans laquelle le français, à côté de l'anglais, a un statut de langue officielle. Depuis la Loi sur les langues officielles du Nouveau-Brunswick en 1963, cette province est officiellement bilingue. Un tiers de la population est francophone et un tiers se considère bilingue (cf. Valdman/Auger/Piston-Hatlen 2005). Cette province dispose d'un système élaboré d'écoles francophones. De plus, maintes régions offrent des programmes d'immersion.

4.3 L'enseignement du français en Allemagne

Comme l'Allemagne est un pays non-francophone, l'enseignement fait référence au français langue étrangère. En raison du nombre relativement bas d'élèves francophones ou bilingues, le rôle du français langue première ou seconde est pratiquement inexistant.

Depuis le Traité de l'Élysée en 1963, l'enseignement du français langue étrangère occupe une place prépondérante dans le système éducatif en Allemagne, où le français est enseigné dans le secteur primaire, secondaire et universitaire. L'analyse des statistiques montre des différences régionales dues à la structure fédérale du système éducatif. Les deux *Länder* voisins de la France, la Sarre et le Bade-Wurtemberg, poursuivent une politique linguistique qui encourage davantage l'apprentissage du français comparé aux autres *Länder* allemands. En Sarre, une majorité de 57% des élèves apprend le français, dans le Bade-Wurtemberg, l'apprentissage du français est obligatoire dans toutes les écoles primaires situées le long du Rhin. La politique linguistique obligeant les élèves à apprendre le français avant l'anglais, cette décision conduit à ce que les parents protestent vivement contre cet enseignement du français. Leur résistance est due à des convictions concernant l'importance internationale de l'anglais qui, selon eux, devrait être appris avant le français. Le pourcentage d'élèves dans l'enseignement du français des autres *Länder* est plus bas et s'élève à approximativement 25% pour le Brandebourg et 9% pour la Bavière, la moyenne fédérale se situant à 16,9% en 2004. Ces chiffres restent relativement stables depuis ces dernières années (Hausmann 2007, 53s.).

Le système éducatif allemand propose l'apprentissage du français langue vivante 1, 2 ou 3. Dans le cas du français langue vivante 1, l'enseignement commence en règle générale au début du secteur secondaire, c'est-à-dire au lycée. Les élèves sont alors âgés entre 10 et 11 ans. Jusqu'à l'heure actuelle, le français LV1 dans l'enseignement primaire constitue un cas particulier concernant une minorité d'apprenants. Cet enseignement précoce, tout comme les premières années au lycée, est caractérisé par une progression lente et une concentration sur l'oral appliquant les méthodes de la pédagogie active. Dans la très grande majorité des cas, le français est appris comme langue vivante 2, c'est-à-dire à partir de la classe 6 par des élèves âgés de 11 à 12 ans. Comparé au français LV1, la progression est plus élevée et l'objectif de cet enseignement consiste à atteindre le niveau B1 (Niveau Seuil) du CECRL (Conseil de l'Europe 2001) après cinq années d'apprentissage, c'est-à-dire à la *Mittlere Reife*, laquelle correspond au brevet des collèges (Kultusministerkonferenz 2003). Selon les standards éducatifs, l'enseignement du français se fixe comme objectif d'atteindre le niveau B2 sur l'échelle globale du CECRL (niveau avancé ou indépendant) à la fin de l'enseignement secondaire, c'est-à-dire le baccalauréat (Kultusministerkonferenz 2012, 14).

L'enseignement du français est passé par différentes étapes (voir ci-dessus). La première moitié du XXe siècle est caractérisée par la méthode grammaire-traduction et par une conception du français concentrée sur la littérature, la culture et l'histoire de la France ainsi que sur l'usage correct de la langue. Cette conception étant la base d'un enseignement du français concentré sur les fautes, celle-ci a fortement contribué à la réputation que le français serait une langue difficile, suscitant ainsi une forte démotivation chez les élèves. Les années 1970 marquent un tournant des méthodes de l'enseignement des langues et l'orientation sur la compétence communicative (cf. Hymes 1972), accordant davantage la préparation aux situations de la vie quotidienne. Depuis les années 2000, l'enseignement des langues en Allemagne suit l'orientation sur les compétences communicatives, interculturelles et méthodiques (Kultusministerkonferenz 2003 ; 2012). Au premier plan se trouve l'enseignement par les tâches, une approche cognitive, p. ex. par les stratégies d'apprentissage, ou bien l'orientation sur le plurilinguisme (cf. Fäcke 2010, 52ss.).

L'enseignement universitaire du français se réalise dans des cours de langues visant à une maîtrise du français et il s'adresse aux étudiants de langues et littératures romanes ainsi qu'aux étudiants d'autres matières souhaitant perfectionner leurs compétences en français. De plus, le français constitue la base des études de français (études de *bachelor*, de *master* ou de formation des enseignants). En général, le français n'est pas utilisé comme langue d'enseignement.

5 Conclusion

Langue internationale véritable et langue véhiculaire dans de nombreux pays du monde, le français fait figure de langue maternelle, langue seconde et langue étrangère pour un nombre considérable de personnes. Ainsi, l'acquisition du français est et continue d'être un objet de recherche et joue un rôle important dans l'enseignement scolaire et universitaire de maints pays. Cependant, le français se voit confronté à la prédominance de l'anglais comme *lingua franca* occasionnant vraisemblablement une baisse considérable du nombre des apprenants du français dans certaines régions du monde à l'époque actuelle. Il reste à espérer que malgré l'importance de l'anglais comme première langue mondiale des XXe et XXIe siècles, le français continue à jouer un rôle important dans l'enseignement et contribue ainsi à la pluralité culturelle et linguistique du monde entier.

6 Bibliographie

Auger, Julie (2005), *Un bastion francophone en Amérique du Nord : le Québec*, in : Albert Valdman/ Julie Auger/Deborah Piston-Hatlen (edd.), *Le français en Amérique du Nord ; État présent*, Québec, Presses de l'Université Laval, 39–79.

Benzakour, Fouzia/Gaadi, Driss/Queffélec, Ambroise (2000), *Le français au Maroc. Lexique et contacts de langues*, Bruxelles, Duculot.

Bernicot, Josie/Bert-Erboul, Alain (2009), *L'acquisition du langage par l'enfant*, Paris, In Press.

Berrada Gouzi, Abderrahman/El Aoufi, Nourredine (2007), *La non scolarisation au Maroc. Une analyse en termes de coût d'opportunité*, edd. Royaume du Maroc, Ministère de l'Éducation Nationale/ UNICEF, http://www.unicef.org/morocco/french/La_non_scolarisation_au_Maroc%281%29.pdf (12.09.2013).

Bloomfield, Leonard (1933), *Language*, New York, Holt, Rinehart & Winston.

Borel, Stéphane (2012), *Langues en contact – langues en contraste. Typologie, plurilinguismes et apprentissages*, Bern et al., Lang.

Braine, Martin D. S. (1963), *The octogeny of English phrase structure : the first phrase*, Language 39, 3–13.

Braselmann, Petra M. E. (1999), *Sprachpolitik und Sprachbewusstsein in Frankreich heute*, Tübingen, Niemeyer.

Chomsky, Noam (1969), *Topics in the theory of Generative Grammar*, The Hague et al., Mouton.

Collès, Luc/Dufays, Jean-Louis (2003), *Langues maternelle et première/langues étrangère et seconde : quelles convergences et quelles spécificités ?*, in : Luc Collès/Jean-Louis Dufays/Costantino Maeder (edd.), *Enseigner le français, l'espagnol et l'italien. Les langues romanes à l'heure des compétences*, Bruxelles, De Boeck Duculot, 121–130.

Collès, Luc/Dufays, Jean-Louis/Maeder, Costantino (edd.) (2003), *Enseigner le français, l'espagnol et l'italien. Les langues romanes à l'heure des compétences*, Bruxelles, De Boeck Duculot.

Conseil de l'Europe (2001), *Cadre européen commun de référence pour les langues*, Paris, Didier.

Coyle, Do/Hood, Philip/Marsh, David C. (2010), *CLIL. Content and language integrated learning*, Cambridge et al., Cambridge University Press.

Cummins, Jim (1998), *Immersion education for the millennium : What we have learned from 30 years on second language immersion*, www.iteachilearn.com/cummins/immersion2000.html (04.01.2014).

Direction générale de l'enseignement scolaire (2008), *Le socle commun de connaissances et de compétences. Décret du 11 juillet 2006*, Mars 2008, http://cache.media.eduscol.education.fr/ file/socle_commun/00/0/socle-commun-decret_162000.pdf (12.09.2013).

Dulay, Heidi/Burt, Marina (1974), *Natural sequences in child second language acquisition*, Language Learning 24, 37–53.

Fäcke, Christiane (2010), *Fachdidaktik Französisch*, Tübingen, Narr.

Geiger-Jaillet, Anemone (2005), *Le bilinguisme pour grandir. Naître bilingue ou le devenir par l'école*, Paris, L'Harmattan.

Grießhaber, Wilhelm (2010), *Spracherwerbsprozesse in Erst- und Zweitsprache. Eine Einführung*, Duisburg, Universitätsverlag Rhein-Ruhr.

Guberina, Pierre (1965), *La méthode audio-visuelle-structuro-globale*, Revue de phonétique appliquée 4, 35–44.

Hausmann, Franz Josef (2007), *Schulfremdsprachenpolitik in Bayern – auf der Höhe der Zeit ?*, Französisch heute 1, 53–69.

Hymes, Dell H. (1972), *On communicative competence*, in : John B. Pride/Janet Holmes (edd.), *Sociolinguistics*, London, Penguin, 269–293.

Kultusministerkonferenz (2003), *Bildungsstandards für die erste Fremdsprache (Englisch/Französisch) für den mittleren Schulabschluss. Beschluss vom 4.12.2003*, http://www.kmk.org/schul/Bildungsstandards/1.Fremdsprache_MSA_BS_04-12-2003.pdf (12.09.2013).

Kultusministerkonferenz (2012), *Bildungsstandards für die fortgeführte Fremdsprache (Englisch/Französisch) für die allgemeine Hochschulreife. Beschluss vom 18.10.2012*, http://www.kmk.org/fileadmin/veroeffentlichungen_beschluesse/2012/2012_10_18-Bildungsstandards-Fortgef-FS-Abi.pdf (12.09.2013).

Lado, Robert (1971), *Linguistics across cultures. Applied linguistics for language teachers*, Ann Arbor, University of Michigan Press.

Lescure, Richard, et al. (2001), *DELF A1, A2, A3, A4. 450 activités*, Paris, CLE International.

Lewis, M. Paul/Simons, Gary F./Fennig, Charles D. (edd.) (2013), *Ethnologue : Languages of the World, Seventeenth edition*. Dallas, Texas, SIL International, http://www.ethnologue.com (20.01.2014).

Marquilló Larruy, Martine (ed.) (2001), *Questions d'épistémologie en didactique du français (langue maternelle, langue seconde, langue étrangère)*, Poitiers, Université de Poitiers, UFR Langues et Littératures.

Mead, George Herbert (1970), *Mind, self, and society. From the standpoint of a social behaviorist.* Chicago, University Press.

Ministère de l'Éducation nationale (2002), *Bulletin officiel spécial nº 10 du 25 avril 2002. Modalités d'inscription et de scolarisation des élèves de nationalité étrangère des premier et second degrés*, http://www.education.gouv.fr/bo/2002/special10/texte.htm (12.09.2013).

Ministère de l'Éducation Nationale, Direction générale de l'enseignement scolaire (2007), *Français. Classes de seconde et première. Collection de textes de référence – Lycée [LEGT]. Programmes et accompagnement.* Centre national de documentation pédagogique, http://www2.cndp.fr/doc_administrative/programmes/secondaire/francais/DAP%20francais.pdf (12.09.2013).

Ministère de l'Éducation Nationale et Ministère de l'enseignement supérieur et de la recherche (2008), *Bulletin officiel. Hors série nº 3 du 19 juin 2008*, http://eduscol.education.fr/cid48645/ecole-elementaire-cycle-des-apprentissages-fondamentaux.html (12.09.2013).

Nadasdi, Terry (2014), *Canada*, in : Christiane Fäcke (ed.), *Manual of Language Acquisition*, Berlin/Boston, de Gruyter, 495–512.

Piaget, Jean (1962), *Le langage et la pensée chez l'enfant*, Neuchâtel et al., Delachaux & Niestlé.

Rebuffot, Jacques (1993), *Le Point sur : L'immersion au Canada Centre Éducatif et Culturel Inc.*, Montréal, Centre Éducatif et Culturel.

Richards, Jack C./Rodgers, Theodore S. (1986), *Approaches and Methods in Language Teaching*, Cambridge, Cambridge University Press.

Selinker, Larry (1972), *Interlanguage*, International Review of Applied Linguistics 10, 209–241.

Service de Coopération et d'Action Culturelle (2007), *Présentation du réseau d'enseignement français*, http://www.efmaroc.org/fr/ (12.09.2013).

Skinner, Burrhus F. (1957), *Verbal behavior*, New York, Appleton Century Crofts.

Valdman, Albert/Auger, Julie/Piston-Hatlen, Deborah (edd.) (2005), *Le français en Amérique du Nord ; État présent,* Québec, Presses de l'Université Laval.

Viëtor, Wilhelm (1882/1984), *Der Sprachunterricht muß umkehren. Ein Beitrag zur Überbürdungs-frage von Quousque Tandem*, ed. Konrad Schröder, München, Hueber.

Weinert, Franz E. (2001), *Vergleichende Leistungsmessung in Schulen – eine umstrittene Selbstver-ständlichkeit*, in : Franz E. Weinert (ed.), *Leistungsmessungen in Schulen*, Weinheim/Basel, Beltz, 17–31.

Christina Reissner

27 La recherche en plurilinguisme

Abstract : Les développements technologiques et sociétaux des dernières décennies ont débouché sur l'apparition de nouvelles disciplines linguistiques qui quittent la perspective habituelle monolingue en portant *per definitionem* sur plusieurs langues à la fois. Jadis localisé dans le domaine de la linguistique comparée, les perspectives ont évolué et l'un des champs de recherche récents dans le domaine de la linguistique appliquée est celui de la recherche en plurilinguisme, *Mehrsprachigkeitsforschung* en langue allemande.

    La présente contribution fournit un aperçu des différents éléments essentiels du domaine en mettant l'accent sur l'étude de l'éducation au plurilinguisme dans ses composantes linguistiques et politiques. Dans un premier temps, seront résumés le fondement politique européen ainsi que les instruments européens mis à la disposition des acteurs concernés pour promouvoir la diversité linguistique. Dans la seconde partie, seront étalés les fondements linguistiques de l'intercompréhension (IC) en tant qu'approche plurielle ainsi que le rôle du français langue étrangère (FLE) au vu de l'éducation au plurilinguisme, en particulier dans le contexte scolaire et/ou universitaire allemand.

Keywords : plurilinguisme, éducation plurilingue, politique linguistique, linguistique appliquée, intercompréhension

0 Introduction

Le point de départ des réflexions suivantes se situe dans la reconnaissance de la diversité linguistique en tant qu'atout précieux pour les sociétés, en Europe et au-delà. Avec la mondialisation de l'économie et la mobilité des citoyens, les compétences linguistiques gagnent de plus en plus d'importance. Les transformations sociales, économiques, juridiques et culturelles commencent à produire des retombées en matière de politiques linguistiques et éducatives : l'enseignement et l'apprentissage des langues gagnent du terrain dans les discussions, en particulier sous l'angle d'une approche transversale qui sous-tend une éducation au plurilinguisme en tant que compétence globale, loin de se limiter au domaine linguistique. Avant d'entrer dans le vif du sujet, nous tenons à préciser quelques notions de base.

1 Les notions de base

1.1 Les notions de pluri- et de multilinguisme

Vu la grande diversité de leur emploi, il s'avère utile de revenir d'abord sur les notions de *plurilinguisme* et de *multilinguisme*, des concepts fondamentaux notamment dans la politique linguistique en Europe. Les notions ont été mises en circulation à une époque caractérisée par le cloisonnement des enseignements des langues, chacune enseignée indépendamment de l'autre.[1] Entre-temps, ces présupposés ont été largement dépassés et remplacés par la vision globale de l'ensemble des compétences et capacités langagières (et interculturelles) d'un individu. C'est cette perspective qui est à la base du concept de compétence plurilingue et pluriculturelle. Celle-ci a fait l'objet de nombreuses discussions ; nous nous limiterons à regrouper les perspectives qui font consensus entre les acteurs dans le domaine sans entrer dans un débat spécifiant les notions proposées par les différents acteurs, souvent polémique et contre-productif.[2] Ainsi, la *Charte européenne du plurilinguisme* (CoE 1992) nous propose de désigner comme plurilinguisme « l'usage de plusieurs langues par un même individu. Cette notion se distingue de celle de multilinguisme qui signifie la coexistence de plusieurs langues au sein d'un groupe social ».[3] Alors que l'Union européenne (UE) continue à utiliser le terme « multilinguisme » pour désigner et le niveau individuel et le phénomène sociétal, en conformité avec la terminologie anglophone ; la différenciation entre « pluri- » et « multi- » linguisme apparaît notamment dans les documents du Conseil de l'Europe (CoE), en particulier dans le *Cadre européen commun de référence pour les langues* (CECR), publié en 2001 (CoE 2001).

L'aspect global du système langagier, son caractère composite et déséquilibré ainsi que son adaptation en fonction des situations de communication ont récemment été largement pris en compte dans la littérature scientifique (cf. Candelier 2003 ; Castellotti/Moore 2006 ; Causa 2011 ; Coste et al. 2009 ; Coste 2011 ; Zarate et al. 2008). Ceci se reflète également dans les formulations suivantes qui représentent *grosso modo* la notion habituellement retenue, formulée dans le CECR (CoE 2001) :

> « On désignera par compétence plurilingue et pluriculturelle, la compétence à communiquer langagièrement et à interagir culturellement d'un acteur social qui possède, à des degrés divers,

---

[1] En didactique allemande, on parle de « *habitus monolingue* » ('monolingualer Habitus'), Gogolin (1994).

[2] Ainsi, nous ne nous attardons pas dans la discussion sur la notion de compétence, mais constatons avec Coste qu'il faut « dépasser ce débat autour de la distinction connaissance/compétence qui stérilise parfois les échanges à propos des objectifs ou des modalités de travail dans l'enseignement des langues » (Coste 2011, sans indication de page).

[3] Cf. le site de l'Observatoire européen du plurilinguisme (OEP), où la Charte est soumise à pétition depuis 2009 : http://www.observatoireplurilinguisme.eu/index.php?option=com_content&view=category&layout=blog&id=52&Itemid=89188957&lang=fr (20.11.2014).

la maîtrise de plusieurs langues et l'expérience de plusieurs cultures, tout en étant à même de gérer l'ensemble de ce capital langagier et culturel. On considérera qu'il n'y a pas là superposition ou juxtaposition de compétences distinctes, mais bien existence d'une compétence complexe, voire composite, dans laquelle l'acteur peut puiser » (CoE 2001, 129).

Sur ce fond, le plurilinguisme est à considérer à la fois comme compétence et comme valeur (éducative) (cf. Beacco/Byram 2007, 17ss.), les deux perspectives faisant partie intégrante de la notion globale du terme (cf. Causa 2011, 26) telle que nous l'utiliserons ici.

1.2 La notion de l'éducation plurilingue

Au niveau européen, le plurilinguisme constitue l'un des principes fondateurs qui couvre et encadre les activités en matière de politique linguistique, des institutions européennes comme des pays membres. L'éducation plurilingue, sous ses diverses appellations auxquelles nous ne nous référerons pas en détail, constitue une des orientations actuelles dans le domaine de l'enseignement et l'apprentissage des langues. C'est dans ce champ que se situe la *Mehrsprachigkeitsforschung*, la recherche en plurilinguisme, qui fait l'objet de nos réflexions suivantes.

L'éducation plurilingue, par-delà l'apprentissage purement linguistique, comprend une éducation transversale voire globale, dans le sens d'une éducation qui englobe également le comportement et la conscience plurilingues à la fois (cf. Candelier 2008). Il s'agit de promouvoir une ouverture culturelle et une approche de l'altérité, mais également de faciliter la construction d'une identité plurilingue. Ainsi, l'éducation plurilingue est ancrée aussi bien dans des disciplines linguistiques et sociolinguistiques que dans l'approche interculturelle, en favorisant le développement de représentations et d'attitudes positives à l'égard d'autres langues, de leurs locuteurs et d'autres cultures. L'objectif essentiel est de « développer une ‹ culture langagière ›, des savoirs relatifs aux langues, en particulier d'ordre sociolinguistique. Ces savoirs constituent un ensemble de références aidant à la compréhension du monde dans lequel les élèves vivent et vivront » (Candelier et al. 2003, 22). Sous cet angle, l'enseignement plurilingue s'intègre également dans l'éducation générale, d'un point de vue général et, plus spécifiquement, en termes de citoyenneté, au regard de son europhilie et de sa proximité avec une pédagogie pour la paix (cf. Klein/Stegmann 2000, 5).

La complexité et la diversité des approches, méthodes et méthodologies sur le terrain s'expliquent en premier lieu par cette interdisciplinarité. Les différentes approches nécessitent d'adapter les apports des différentes disciplines et domaines concernés et enrichissent ainsi le cadre théorique correspondant. De ce fait, la diversité des apports représente aussi bien une source de complexité qu'un atout important qui permet de profiter de multiples synergies.

Les considérations qui suivent relèvent d'abord de la politique linguistique européenne, qui incontestablement a posé les jalons pour l'entrée du plurilinguisme dans les systèmes éducatifs des pays membres, avant d'aborder, à titre exemplaire, les fondements linguistiques de l'approche de l'IC ainsi que la question du rôle du FLE pour l'enseignement plurilingue dans le contexte scolaire et universitaire en Allemagne.

2 Le contexte politique européen

La promotion d'une éducation au plurilinguisme s'inscrit dans la politique commune de l'Union européenne et du Conseil de l'Europe, le plurilinguisme des citoyens européens étant un des objectifs principaux des leurs politiques. Malgré l'influence limitée dans les domaines de l'éducation et des politiques linguistiques, les deux institutions s'investissent dans la diversité culturelle et linguistique. Il nous semble utile de résumer brièvement les nombreuses initiatives et activités européennes qui sont à l'origine de changements importants en matière de politiques linguistiques et éducatives aux niveaux nationaux.

2.1 La politique linguistique de l'Union européenne

Dès ses débuts, l'UE aborde la question des langues. Le statut égalitaire des langues officielles et le plurilinguisme (cf. supra, chap. 1.1) font partie des valeurs essentielles de l'Europe : « Le multilinguisme fait en effet partie du code génétique de l'Union puisqu'il est inscrit dans le tout premier règlement adopté en 1958 qui déterminait les langues à utiliser par la Communauté économique européenne de l'époque » (UE 2008a, 1).

La promotion de la mobilité des Européens constitue l'un des axes principaux de la politique commune à partir des années 1980. L'apprentissage des langues est favorisé et des mesures en faveur de la diversité linguistique et des langues minoritaires sont prises. Avec le traité de Maastricht en 1992, une nouvelle étape dans l'intégration européenne est marquée par l'institution de la citoyenneté européenne et le lancement de l'union économique et monétaire. L'éducation et la formation professionnelle composent l'un des six nouveaux domaines prioritaires des politiques communautaires.[4]

Le *Livre blanc sur l'éducation et la formation* est publié en 1995 (UE 1995) et vise à accorder, à côté des questions économiques et monétaires, une attention prioritaire au développement personnel des citoyens. Pour la construction de la société cognitive, il propose entre autres la maîtrise de deux langues communautaires comme un label de qualité pour le marché européen sans frontières. Outre son intérêt pour

---

4 Cf. http://europa.eu/legislation_summaries/institutional_affairs/treaties/treaties_maastricht_fr.htm (20.11.2014).

l'individu, la maîtrise des langues est reconnue comme facteur-clé pour l'identité et la citoyenneté européenne. Ainsi, l'UE constate : « La maîtrise de plusieurs langues communautaires est devenue une condition indispensable pour permettre aux citoyens de l'Union de bénéficier des possibilités professionnelles et personnelles que leur ouvre la réalisation du grand marché intérieur sans frontières » (UE 1995, 54). En 2001, l'*Année européenne des langues*[5] est organisée en collaboration avec l'UE et le CoE pour encourager et promouvoir le multilinguisme et l'apprentissage tout au long de la vie, ce dernier présentant l'un des objectifs qui caractériseront désormais la politique européenne communautaire.

Depuis le sommet de Barcelone en 2002 (cf. UE 2002), avec la « formule 2+1 », et dans la visée globale de la croissance et de l'emploi, est réclamé l'apprentissage d'au moins deux langues en plus de la langue maternelle, un but qui n'est guère atteint dans les États membres (cf. UE 2012a). Le plan d'action *Promouvoir l'apprentissage des langues et la diversité linguistique* (cf. UE 2003)[6] confirme : « En bref, la capacité de comprendre d'autres langues et de communiquer dans d'autres langues constitue l'une des compétences de base que doivent avoir tous les citoyens européens » (ibid., 4).

Un nouveau cadre stratégique pour le multilinguisme est publié en 2005 (UE 2005) et définit comme élément essentiel de la politique européenne le rôle majeur que jouent les langues et le multilinguisme dans l'économie, ce qui amène à encourager l'apprentissage et l'usage des langues. *Le cadre européen des compétences clés pour l'éducation et la formation tout au long de la vie* définit les bases essentielles de l'apprentissage, dont font partie la connaissance des langues étrangères et les techniques pour apprendre à apprendre (UE 2007).

En 2007, le *groupe de haut niveau pour le multilinguisme* lance le *Forum des entreprises pour le multilinguisme* pour examiner les incidences que peuvent avoir les compétences linguistiques sur les affaires et l'emploi dans l'Union européenne.[7] Le *Nouveau cadre stratégique* de 2005 est remplacé en 2008 par la communication *Multilinguisme : un atout pour l'Europe et un engagement commun* (cf. UE 2008b) ; désormais, la Commission aborde l'apprentissage des langues dans le contexte de la cohésion sociale et de la prospérité.

La croissance intelligente, durable et inclusive sont les nouvelles priorités du programme *Europe 2020* (UE 2010) ; l'enseignement/apprentissage des langues et la diversité linguistique continuent à constituer des éléments essentiels pour le développement personnel et professionnel ainsi que pour la cohésion sociale et la compétiti-

---

5 Cf. http://europa.eu/legislation_summaries/education_training_youth/lifelong_learning/c11044_fr.htm (20.11.2014).

6 Depuis les années 2000, la politique communautaire prend de plus en plus en compte les langues et cultures pratiquées en famille et dans la vie quotidienne, qu'elles soient régionales ou issues de l'immigration.

7 Convoqué par le commissaire pour le multilinguisme L. Orban (le poste étant supprimé dès la législature suivante).

vité économique. Ainsi, en 2012, la Commission tient à rappeler son attention particulière à l'apprentissage des langues :

> « À l'heure de la mondialisation des échanges, la capacité à parler une langue étrangère est un facteur de compétitivité. Les langues contribuent de plus en plus à accroître l'employabilité et la mobilité des jeunes; a contrario, les lacunes en la matière constituent un obstacle majeur à la libre circulation des travailleurs. Les entreprises exigent également les compétences linguistiques nécessaires à leur fonctionnement sur un marché mondialisé » (UE 2012b, 1).

Le programme actuel *Erasmus pour tous (2014–2020)*,[8] rassemble de nombreuses activités dans plusieurs domaines, dont l'enseignement supérieur et l'école.

Les textes de référence de l'UE accordent une grande importance à la question des langues, surtout au cours de la première décennie des années 2000. Au fil du temps, la perspective évolue : partant des questions liées à la personnalité et à l'identité de l'individu, en passant par la cohésion sociale, les textes récents s'orientent de plus en plus vers l'aspect économique de l'apprentissage des langues. De ce fait sont évoqués le rôle des langues pour le marché de travail et la plus-value des compétences langagières en matière de compétitivité professionnelle ainsi que pour les entreprises en Europe.

2.2 La politique linguistique du Conseil de l'Europe

La mission du Conseil de l'Europe, plus ancienne organisation européenne, est l'organisation commune en domaine de la démocratie, de la défense des droits de l'homme, de la cohésion sociale et de l'éducation ainsi que de la promotion de l'état de droit sur le continent (CoE 2006). Sur ses 47 États membres actuels, 28 sont également membres de l'UE. Le Conseil de l'Europe s'engage dans le domaine de la politique linguistique depuis les années 50. Comme le Conseil n'est pas en position de définir une politique qui s'imposerait aux États membres, il propose des apports pour aider à la prise de décision aux niveaux nationaux dans l'esprit de l'unité du continent en respectant les valeurs fondamentales communes.

Les premiers programmes du CoE visent la démocratisation et des réformes de l'enseignement des langues ainsi que la formation des enseignants ; les projets des années 80 et 90 mettent l'accent sur la dimension sociale et politique de l'apprentissage des langues. L'une des initiatives importantes dans ce champ aboutit à la création du *Centre européen des langues vivantes* (CELV) en 1994. Son objectif est la promotion de l'éducation aux langues, et « d'encourager l'excellence et l'innovation dans l'enseigne-

---

[8] Cf. le site web du programme : http://ec.europa.eu/programmes/erasmus-plus/index_fr.html (20.11.2014).

ment des langues et d'aider les Européens à apprendre les langues de manière plus efficace ».[9]

La *Charte européenne des langues régionales ou minoritaires* est le premier instrument multilatéral européen juridiquement contraignant. Elle est « destinée d'une part à protéger et à promouvoir les langues régionales ou minoritaires en tant qu'aspect menacé du patrimoine culturel européen, et d'autre part à favoriser l'emploi des langues régionales ou minoritaires dans la vie privée et publique » (CoE 1992).[10]

À partir de 1997, les activités visent explicitement à la promotion du plurilinguisme et du pluriculturalisme et à sensibiliser au rôle des langues pour la construction d'une identité européenne et de la cohésion sociale en Europe. « Le Conseil de l'Europe accorde une importance particulière au développement du plurilinguisme, c'est-à-dire à l'enrichissement du répertoire plurilingue d'une personne tout au long de la vie » (CoE 2006, 5).

Les instruments principaux de la politique linguistique du CoE ont influencé significativement les politiques linguistiques et éducatives dans les États membres et seront récapitulés brièvement en ce qui suit.

2.2.1 Le Cadre européen commun de référence pour les langues

Avec le *Cadre européen commun de référence pour les langues – Apprendre, Enseigner, Évaluer* (CECR), le Conseil de l'Europe propose en 2001 des lignes directrices communes pour fournir un cadre applicable à toutes les langues et à toutes les méthodes d'évaluation et d'enseignement en Europe (CoE 2001). Son objectif est d'unifier les aspects éducatifs et culturels de l'enseignement des langues et de le rendre transparent, efficace et cohérent à travers les États membres. À ce sujet, le CECR propose d'abord une terminologie commune pour faciliter la communication portant sur l'enseignement des langues.

Pour rendre comparables les niveaux de compétence en langues, il s'articule autour d'une échelle de six niveaux décrivant diverses aptitudes linguistiques, regroupés en une arborescence de trois niveaux généraux : utilisateur élémentaire (A1–A2), utilisateur indépendant (B1-B2) et utilisateur expérimenté (C1–C2) (ibid., 23s.). La compétence à communiquer langagièrement est subdivisée dans les compétences linguistiques, sociolinguistiques et pragmatiques (ibid., 16s.). Les efforts descriptifs

---

9 Cf. le site web du CELV : http://www.ecml.at/ (20.11.2014).

10 Cf. le site internet de la *Charte européenne des langues régionales ou minoritaires* du Conseil de l'Europe (textes intégraux, état des signatures et ratifications, rapport explicatif etc.) : http://www.coe. int/t/dg4/education/minlang/default_FR.asp? (20.11.2014).

sont centrés sur ces activités de communication (ibid., 39ss.). Le référentiel établit un regard novateur sur les savoir-faire, en introduisant la notion de la différenciation des compétences. Cette approche permet une observation et reconnaissance explicite des compétences partielles, jusqu'ici quasiment ignorées : « La reconnaissance formelle de capacités de ce type aidera à promouvoir le plurilinguisme par l'apprentissage d'une plus grande variété de langues européennes » (ibid., 39ss.). Ancré dans l'approche communicative et actionnelle de l'enseignement et de l'apprentissage des langues (ibid., 46ss.), le CECR se focalise sur l'action et la tâche (ibid., 121ss.), visant l'autonomie des apprenants.

Le CECR propose une définition de la compétence plurilingue et pluriculturelle de nature évolutive ; sa richesse et sa diversité sont aussi importantes que le niveau de compétence atteint dans une langue particulière. L'expérience interculturelle et la découverte des modes de vie et de pensée des autres trouvent toute leur place dans cette perspective.

Somme toute, le Cadre introduit une description de la maîtrise langagière par types de compétences et sous-compétences, inhabituelle voire inconnue jusqu'ici pour beaucoup d'acteurs concernés. En plus, le CoE publie un guide qui relie les examens de langues au référentiel dans le but d'« aider les concepteurs d'examens à élaborer des procédures transparentes et concrètes pour situer leurs examens par rapport au CECRL, à les appliquer et à en rendre compte dans un processus cumulatif de perfectionnement continu » (CoE 2009a, 1).

Dans les pays membres, on observe divers degrés de rattachement des programmes de langues vivantes au cadre de référence. Sa mise en œuvre s'étend de l'absence totale de toute référence officielle jusqu'à son ancrage et implémentation dans la législation. Ainsi, en France[11] comme en Allemagne,[12] les niveaux du CECR sont repris dans les codifications éducatives.

2.2.2 Le Portfolio européen des langues

En 1997, le CoE publie le *Portfolio européen des langues* (PEL). Selon ses auteurs, il peut servir comme moyen de présentation de toutes les connaissances et expériences langagières d'un individu (CoE 2000 ; cf. aussi Castellotti et al. 2004). De plus, il lui incombe une fonction pédagogique en initiant l'autoréflexion du processus d'appren-

---

11 Le code français de l'éducation s'y réfère dans son article D312–16, cf. http://www.legifrance.gouv. fr/affichCodeArticle.do;jsessionid=89B78A105535CD9E3A48E6900BDF3433.tpdjo01v_1?idArticle= LEGIARTI000006526467&cidTexte=LEGITEXT000006071191&dateTexte=20140525 (25.11.2014).
12 Cf. les « Bildungsstandards », Kultusministerkonferenz 2012, http://www.kmk.org/ (25.11.2014).

tissage et la sensibilisation à l'interculturel.[13] Le Portfolio est conçu en fonction de la tranche d'âge du groupe cible.[14]

Avec l'*Autobiographie de rencontres interculturelles*, un autre outil a vu le jour, conçu pour encourager la réflexion sur les expériences des personnes de différentes origines culturelles (CoE 2009c).[15]

2.2.3 Les Guides pour l'élaboration des politiques linguistiques éducatives en Europe et pour le développement et la mise en œuvre de curriculums pour une éducation plurilingue et interculturelle

Le *Guide pour l'élaboration des politiques linguistiques éducatives en Europe* propose « des orientations pour l'analyse du multilinguisme et le développement de politiques adaptées à une aire donnée, en même temps qu'il affirme que toute politique linguistique éducative doit avoir pour but de promouvoir et de préserver le concept de diversité linguistique dans la société et de plurilinguisme pour les individus » (Beacco/Byram 2007, 8). Le *Guide pour le développement et la mise en œuvre de curriculums pour une éducation plurilingue et interculturelle* (Beacco et al. 2010) vise à « une meilleure mise en œuvre des valeurs et principes de l'éducation plurilingue et interculturelle dans l'ensemble des enseignements de langue, qu'elles soient langues étrangères, régionales ou minoritaires, langues classiques ou langue(s) de scolarisation » (ibid., 7). Depuis 2009, la *Plateforme de ressources et de références pour l'éducation plurilingue et interculturelle* est mise en place (CoE 2009b) pour soutenir les États membres souhaitant élaborer leurs programmes relatifs à l'enseignement et l'apprentissage des langues.

2.2.4 Le Cadre de référence pour les approches plurielles

Le *Cadre de Référence pour les Approches Plurielles des Langues et des Cultures* (CARAP) met à disposition un ensemble d'outils pour la gestion des compétences et ressources qui peuvent être développés par les approches plurielles, i. e. « des approches didactiques qui mettent en œuvre des activités d'enseignement-apprentissage qui impliquent à la fois plusieurs (= plus d'une) variétés linguistiques et culturelles » (Candelier et al. 2012, 6). Dans l'optique des auteurs, le cadre se met en devoir de

---

13 Les documents du PEL peuvent être consignés et mis à jour le cas échéant : l'europass de compétences, le dossier, la biographie langagière, cf. le site web : http://europass.cedefop.europa.eu/fr/home (25.11.2014).
14 Un guide pour l'établissement du PEL est disponible en ligne : http://www.coe.int/t/dg4/education/elp/default_fr.asp (25.11.14).
15 Cf. le site internet de l'*Autobiographie* : http://www.coe.int/t/dg4/autobiography/ (25.11.2014).

compléter les instruments tels que le CECR et le PEL, en développant « [...] les descripteurs qui font défaut au CECR pour rendre compte concrètement de la perspective plurilingue qu'il préconise » (ibid., 5).[16]

Le CARAP développe le concept de la compétence plurilingue et pluriculturelle comme une compétence complexe, composite et hétérogène, sans superposition ou juxtaposition de compétences distinctes, en accentuant le fait de l'unité de l'ensemble dynamique du répertoire langagier disponible pour l'acteur social (cf. ibid., 10). Le Cadre met à disposition un *Référentiel* qui présente systématiquement les compétences et les ressources internes (les savoirs, savoir-être et savoir-faire) : « [...] ce sont les ressources qui peuvent être travaillées concrètement en classe [...] – l'enseignement contribuant à la mise en place des compétences via les ressources qu'elles mobilisent » (ibid., 12). Un banc de matériaux didactiques se réfère aux différents types d'approches ainsi qu'aux descripteurs du CARAP. Le Kit d'(auto) formation pour les enseignants et une introduction à l'usage du Cadre complètent les outils en libre accès en ligne.[17]

3 L'éducation au plurilinguisme : Les approches plurielles

La perspective des auteurs du CARAP se fonde sur les quatre types suivants d'approches plurielles : l'Éveil aux langues, l'Enseignement interculturel, l'Intercompréhension et la Didactique intégrée (Candelier et al. 2012, 6). Il existe de multiples chevauchements et intersections entre et au travers des divers approches et concepts. Nous nous limiterons à donner des descriptions synthétisant les susdites approches plurielles sans expliciter les arrière-plans respectifs, hormis l'IC romane qui sera discutée plus en détail grâce à son rôle particulier pour l'éducation au plurilinguisme et l'enseignement du français langue étrangère en Allemagne (cf. infra, chap. 4).

3.1 L'éveil aux langues

L'éveil aux langues est conçu comme un accueil des élèves dans la diversité des langues dès le début de la scolarité pour les préparer à vivre dans des sociétés plurilingues et pluriculturelles. En général, l'approche intègre toutes les langues avec toutes leurs variétés et amène les apprenants à travailler sur un grand nombre de

---

16 Candelier et al. (2012) donnent une vue d'ensemble des arguments pour le caractère complémentaire du CARAP relatifs aux autres instruments du CoE.
17 Cf. le site web du CARAP : http://carap.ecml.at/Keyconcepts/ (25.11.2014).

langues. Selon la définition de Candelier, « il y a éveil aux langues lorsqu'une part des activités porte sur des langues que l'école n'a pas l'ambition d'enseigner » (Candelier 2003, 1). Le concept vise à sensibiliser à la diversité linguistique et à initier à l'apprentissage des langues tout au long de la vie. Ainsi, on peut inclure cette approche dans la perspective de *Language Awareness* développé par Hawkins (1984). Dans le contexte de l'approche de l'éveil aux langues, parmi d'autres, on a vu se développer en particulier les programmes Evlang et Janua Linguarum (cf. Candelier 2003 ; Candelier et al. 2003), ainsi que le projet ELODIL visant à favoriser l'éveil au langage et l'ouverture à la diversité linguistique.[18]

3.2 L'approche interculturelle

Les variantes de l'approche interculturelle sont nombreuses et recouvrent des thématiques diverses. Dans l'ensemble, on peut observer sa mise en place dans les curricula en tant qu'approche transversale, voire globale. Les politiques du CoE et de l'UE s'orientent vers la prise en compte de la dimension interculturelle, en particulier dans les systèmes éducatifs : « Dans une approche interculturelle, un objectif essentiel de l'enseignement des langues est de favoriser le développement harmonieux de la personnalité de l'apprenant et de son identité en réponse à l'expérience enrichissante de l'altérité en matière de langues et de culture » (CoE 2001, 9). Le CECR vise explicitement la « prise de conscience interculturelle » (ibid., 83). Or, il ne précise pas les contenus culturels ni les composantes de la compétence interculturelle (cf. Neuner et al. 2003). Cependant, le CARAP constitue un outil pour l'élaboration des démarches pédagogiques articulant l'acquisition des divers savoirs, savoir-être et savoir-faire relatifs à la compétence interculturelle.

3.3 La didactique intégrée

Les approches discutées jusqu'ici sont fondées sur ce que nous appelons la *didactique du plurilinguisme* ou encore la *didactique intégrée*.[19] Il s'agit d'un concept global et transversal, qui s'applique en particulier dans le cadre de l'enseignement scolaire. Ainsi, le *Guide pour l'élaboration des politiques linguistiques en Europe* incite à « articuler les enseignements des langues les uns aux autres, en ce qu'ils sont susceptibles

---

18 Cf. le site Ja-Ling sur le site du CELV : http://jaling.ecml.at/ ainsi que http://www.elodil.com (25.11.2014).
19 En langue allemande on parle de *Mehrsprachigkeitsdidaktik* ; pour les différents aspects conceptuels entre les auteurs francophones et germanophones, cf. l'exposé fortement révélateur de Candelier (2008, 76ss.).

de mettre en jeu des compétences communes » (Beacco/Byram 2007, 40 ; cf. supra, chap. 2.2.4).

Selon notre perspective, la didactique intégrée s'ajoute aux didactiques dites *traditionnelles* qui suivent une conception additive de l'apprentissage d'une langue à l'autre. La conception de l'enseignement bilingue des disciplines (dites) non linguisti-ques[20] vise en premier lieu le travail dans une langue étrangère, au travers d'activités disciplinaires. Les activités dans le domaine de DNL/EMILE ne peuvent s'inscrire dans les approches plurielles « que s'il y a un travail comparatif entre les langues » (Candelier 2008, 75). Dans ce dernier cas, il existe de nombreuses intersections entre la didactique intégrée, l'enseignement bilingue ainsi que l'approche intercompréhensive.[21]

La didactique intégrée vise à mettre en réseau l'ensemble des compétences et savoirs langagiers, en vue de développer l'apprentissage plurilingue et pluriculturel en tant que continuum et en exploitant systématiquement les pré-acquis des appre-nants. Dans le contexte allemand, il s'agit souvent de faciliter l'apprentissage de la deuxième et d'autres langues étrangères (*Tertiärsprachen*), en reposant sur les concepts de transfert et de la conscience plurilingue au sens large du terme. Nous tenons à constater que la didactique des langues tertiaires ainsi que celle de l'IC (cf. infra, chap.4) constituent des dimensions essentielles de la didactique du plurilin-guisme en Allemagne, à côté des réflexions portant sur l'intégration des langues d'origine et leur prise en compte dans le cadre du parcours de l'apprenant. Toutes ces dimensions font partie du concept global des curricula intégrés (cf. Hufeisen/Lutje-harms 2005 ; Hufeisen/Neuner 2003).

4 Linguistique et plurilinguisme

Grâce aux politiques européennes, il incombe un rôle clé au plurilinguisme dans le domaine de l'éducation ; comme nous venons de le développer, la stature du plurilin-guisme individuel est non seulement due au phénomène de la globalisation, mais aussi à celui de l'européisation, notamment en matière de politiques éducatives.

Ces tendances se reflètent également dans le domaine linguistique ; depuis quelque temps, diverses disciplines se reconstituent, en passant de l'orientation habituelle monolingue à l'ouverture à la dimension plurielle, en portant *per definitio-nem* sur plusieurs langues à la fois. Ainsi, l'une des disciplines linguistiques récentes est celle de l'eurolinguistique qui se penche sur les langues d'Europe d'une vue globale, étendue sur divers aspects comme i. e. l'historique, la politique, la linguis-tique et le culturel (cf. Hinrichs 2010). Malgré sa démarcation des disciplines (mono-)

---

20 Ou bien de l'enseignement d'une matière intégrée à une langue étrangère (EMILE), en allemand *bilingualer Sachfachunterricht*, en anglais *Content and Language Integrated Learning* (CLIL).
21 Cette question est l'un des desiderata en matière de l'éducation plurilingue.

philologiques traditionnelles, l'orientation de l'eurolinguistique reste ancrée dans les disciplines linguistiques courantes ; de la sorte, prédominent dans ce domaine les travaux qui se fondent essentiellement sur des conclusions émanant des branches linguistiques comparée, contrastive et/ou historique.

Il en est de même pour d'autres concepts qui ont vu le jour au cours des dernières décennies, quittant la perspective monolingue en s'ouvrant à la dimension plurilingue : souvent, ils restent enracinés dans les disciplines courantes. Mais ces nouvelles approches recourent à d'autres références théoriques et relèvent d'autres champs linguistiques (et ceci bien au-delà des sciences du langage). De par ce changement de perspectives et l'interconnexion insolite de champs de recherches diversifiés, de nouvelles synergies enrichissent le paysage scientifique qui se démarque ainsi des orientations traditionnelles.

4.1 De la linguistique comparée à l'intercompréhension

L'objet de la linguistique comparée (ou encore comparative) traditionnelle consiste en l'étude historique et comparative des langues. Or, elle recherche les appartenances historiques des langues pour en déduire les lignes de parenté qui s'expriment souvent dans des structures communes ou voisines à travers plusieurs langues. Alors que la linguistique historique exploite les langues pour décrire leur généalogie d'un point de vue diachronique, la linguistique synchronique observe une langue à un instant donné. Cependant, la linguistique contrastive observe les relations entre plusieurs langues à partir d'un point de vu appliqué, i. e. centré sur l'influence des contrastes entre les différentes langues sur le processus d'apprentissage. Au cours des années 1950, les analyses contrastives inspirent les recherches et théories portant sur l'apprentissage des langues étrangères, la théorie focalisant en abondance les problèmes et difficultés émanant du passage d'une langue à l'autre langue. Les concepts des *faux amis* et des *interférences* se trouvent au centre de l'intérêt (cf. Weinreich 1953).

Progressivement, de nouvelles vues s'écartent de ces perspectives pour se focaliser sur les avantages de la parenté linguistique au lieu des désavantages et problèmes. Au fur et à mesure, des questions de la linguistique appliquée comme celle de la didactique des langues sont mises en jeu dans le domaine de la linguistique comparée, en faveur du passage d'une langue à d'autres. Des concepts pluri-langues sont développés, dont l'IC entre langues apparentées, visant plusieurs langues à la fois, en particulier au sein d'une famille linguistique, i. e. romane, germanique et slave.[22] Il

---

22 Cf. le projet allemand EuroComRom/Germ/Slav (www.eurocom.uni-saarland.de ; cf. Hufeisen/Marx 2007) ; pour le domaine francophone, cf. les projets Babelweb (http://www.babel-web.eu) ; Galatea/Galanet/Galapro (http://www.galanet.eu ; cf. Degache 2003) ; EU&I (http://www.eu-inter-

existe de multiples définitions de la notion de l'IC qui varient en fonction de la position de l'auteur en question et de la tradition dans laquelle il s'inscrit (cf. Jamet 2010 ; Caddéo/Jamet 2013 ; Capucho/Oliveira 2005 ; Escudé 2011). Les définitions s'étendent de la perspective de la linguistique appliquée à l'enseignement et la didactique des langues ; l'IC peut être conçue littéralement comme compréhension réciproque ou bien de l'interaction entre des locuteurs de différentes langues, mais aussi comme objectif de l'apprentissage linguistique (cf. Jamet 2008, 10). Dans ce sens, et dans le concept allemand EuroCom, l'IC vise à comprendre d'autres langues sans les avoir apprises formellement (Doyé 2005, 7 ; cf. aussi Klein/Reissner 2003, 19), i. e. à la compétence réceptive plurilingue (Meißner et al. 2004, 3).

En partant d'une perspective de linguistique appliquée, le concept de l'IC et des méthodologies respectives se sont constitués notamment au cours des dernières décennies. Ainsi, le concept se situe dans le sillage des travaux comparatistes et des exigences de la politique linguistique européenne visant la diversité linguistique et le plurilinguisme : « Le champ s'est donc déplacé de la linguistique vers la didactique des langues en lien avec les politiques linguistiques » (Jamet 2010, 7).

4.2 Les bases linguistiques de l'intercompréhension romane

L'IC entre langues typologiquement et génétiquement apparentées voire voisines constitue l'une des voies pour parvenir à une éducation plurilingue et interculturelle, et à favoriser la diversité culturelle et linguistique en Europe. Ayant acquis une langue romane, l'apprenant dispose d'un savoir qui peut lui servir de modèle pour l'apprentissage de toute autre langue romane. Comme le concept de l'IC mise sur la rentabilité de l'exploitation de l'ensemble des connaissances préalables pour comprendre des textes dans des langues supposées inconnues, il s'appuie sur le travail inférentiel (cf. Meißner/Reinfried 1998) et constitue un processus constructif de transformation et de comparaison des langues entre elles.

L'un des premiers projets soutenus pour propager le plurilinguisme individuel en Europe est le projet allemand EuroCom, développé depuis les années 1990 (Klein/ Stegmann 2000). L'approche EuroCom se propose de séparer les bases communes de transfert de forme et de fonction au travers des langues voisines afin de les exploiter systématiquement pour l'acquisition d'autres idiomes de la même famille. L'ouvrage de référence pour l'IC romane pour des locuteurs de première langue non-romano-phone, *EuroComRom – Die Sieben Siebe : Romanische Sprachen sofort lesen können* (Klein/Stegmann 2000 ; version française Meißner et al. 2004), offre une systématisa-

comprehension.eu ; cf. Capucho/Oliveira 2005) ; EuRom4/5 (http://www.eurom5.com ; cf. Blanche-Benveniste/Valli 1997) ; Miriadi (http://miriadi.net/).

Cf. également le site web du réseau européen pour l'IC, Redinter (http://www.redinter.eu) (tous les sites consultés le 25.11.2014).

tion des bases linguistiques du transfert entre et à travers les langues romanes. En catégorisant les formes, fonctions et concepts parallèles et/ou communs, elles facilitent le transfert entre les langues et les rendent plus transparentes. Or, les bases de transfert permettent d'identifier des éléments connus et de comprendre plus facilement les autres langues romanes.

La systématisation d'EuroCom comprend sept catégories : les sept tamis. La notion de tamis se réfère métaphoriquement à l'acte de filtrage du matériel langagier afin d'identifier les éléments communs et transparents.

Les deux premiers tamis se réfèrent aux bases lexicales pour exploiter les transparences entre les langues latines : le lexique international avec des cultismes provenant des grandes cultures antiques, des scientismes et des néologismes, souvent à base latine ou anglo-américaine, ainsi que le lexique pan-roman qui reflète l'héritage commun des langues romanes.

Les troisième et quatrième tamis fournissent les correspondances et les régularités phonétiques et les rapports phono-graphiques à travers les langues romanes. D'une part, sont systématisés ici les correspondances phonétiques qui permettent de mieux identifier les lexèmes qui ont subi des transformations phonétiques tout au long de leur histoire et qui sont à cause de cela moins transparents et difficiles à reconnaître. D'autre part, les conventions graphiques et les différents systèmes de prononciation sont éclairés par la systématisation du quatrième tamis pour rendre les langues-cible plus transparentes.

Les langues romanes partagent des structures syntaxiques de base qui sont largement parallèles et font l'objet du cinquième tamis. Il présente neuf phrases fondamentales pan-romanes ainsi que d'autres structures syntaxiques communes telles que les propositions relatives et conditionnelles, l'hypotaxe, le gérondif, les interrogations, la dualité des aspects etc. (Meißner et al. 2004, 225ss.). Les schémas communs qui existent dans le domaine de la morpho-syntaxe, p. ex. la formation des phrases nominales et des adverbes, les conjugaisons, les articles, les marques du pluriel, l'accord des adjectifs etc., font l'objet du sixième tamis.

La dernière catégorie de bases de transfert se voue aux *eurofixes*, i. e. des préfixes et des suffixes présentant des intermorphèmes et qui sont à la base de la formation de nombreux interlexèmes. Ces éléments facilitent l'identification ainsi que la catégorisation des mots dans les langues-cibles aussi bien que la segmentation des groupes phrastiques pour accéder plus facilement au sens de l'élément en question.

En réactivant ses connaissances préalables dans les domaines de lexique et de grammaire, des structures de la langue ainsi que de par son expérience d'apprentissage d'une (ou plusieurs) langue(s) (étrangères), l'apprenant dispose des ressources et des savoirs exemplaires pour d'autres langues (cf. Klein/Stegmann 2000 ; Meißner et al. 2004). L'intercompréhension s'appuie donc sur une *langue pont* ou *langue dépôt* pour créer (d'abord) une compétence réceptive pluri-langue (cf. Klein 2002). La capacité à établir des régularités inter- et intra-linguistiques et à mettre en œuvre des stratégies d'accès au sens sont des facteurs-clé pour le passage d'une langue à l'autre.

4.3 L'intercompréhension – un outil transversal

Le concept de l'IC se caractérise par sa transversalité, non seulement en ce qui concerne les éléments et principes sous-jacents qui sont décrits supra, mais aussi en ce qui concerne sa classification dans le cadre des approches plurielles : ses objectifs de sensibilisation aux langues des autres et de conscientisation du processus d'apprentissage relèvent des chevauchements avec l'approche de l'*éveil aux langues* qui vise à l'ouverture à la diversité linguistique et culturelle (cf. supra, chap. 3.1) ; en même temps, l'IC correspond à un modèle de communication interculturel, qui facilite l'accès à l'altérité, à d'autres cultures ; finalement, l'IC peut être située au centre des approches du plurilinguisme, en tant que *noyau* de la didactique du plurilinguisme (cf. Meißner 2005, 130), qui vise à établir des liens entre plusieurs langues et à « cultiver les convergences et [à] favoriser les synergies [...] » (Candelier 2003, 337).

Le plurilinguisme intercompréhensif se construit en exploitant systématiquement l'ensemble du potentiel transférentiel qui va au-delà des ressources strictement langagières ; Doyé indique à ce propos les domaines de « General knowledge, Cultural knowledge, Situational knowledge, Behavioural knowledge, Pragmatic knowledge, Graphic knowledge, Phonological knowledge, Grammatical knowledge et Lexical knowledge » (Doyé 2005, 61). Toutefois, ce n'est pas seulement la compétence linguistique qui est visée par l'approche intercompréhensive : l'enseignement intercompréhensif [ne] table « [...] pas seulement sur des stratégies de transfert pour le décodage linguistique et contextuel des textes, mais aussi sur des stratégies qui concernent ‹ l'apprendre à apprendre › [...] » (Bär 2008, 115) ainsi que l'autonomisation des apprenants. Les effets (méta-) cognitifs de l'enseignement intercompréhensif se manifestent donc par la conscientisation des apprenants qui développent une conscience (*language awareness* ; *Sprach(en)bewusstheit*) de la diversité linguistique et culturelle ainsi qu'une conscience de leur processus d'apprentissage (*language learning awareness* ; *Sprachlernbewusstheit*) (cf. Bär 2008 ; Doyé/Meißner 2010).

En fonction du niveau dans la/les langue(s) pont, et en intégrant plusieurs langues (d'une même famille), l'approche intercompréhensive s'est avérée remporter des succès remarquables au niveau de l'acquisition des compétences langagières (cf. Reissner 2007). Les effets portant sur ces compétences, par ailleurs, se manifestent dans deux directions : d'une part, d'une manière rétroactive, par la consolidation des compétences préalables dans la langue qui sert de langue pont, et d'autre part, proactivement, par les compétences de compréhension écrite dans une ou plusieurs langue(s)-cible (cf. Meißner 2003, 96).[23]

---

23 Les instruments du CECR et du CARAP mettent à disposition des outils pour l'évaluation *multi-dimensionnelle*, manière d'évaluer les activités plurielles postulée par Coste et al. (2009, 34). Caddéo/Jamet (2013) donnent une vue d'ensemble des descripteurs respectifs du CARAP pour l'IC (ibid., 82–85) qui, selon nos observations, peut être élargie à plusieurs descripteurs non évoqués dans leur travail (cf. Reissner 2014).

Somme toute, les résultats du travail plurilingue mettent en relief les bénéfices de l'approche plurilingue et multidimensionnelle. Selon nos expériences et analyses de l'IC dans le groupe des langues romanes, l'approche se propose fortement pour enrichir l'enseignement des langues vivantes en élargissant son horizon de la dimension plurielle et plurilingue. Concrètement, l'IC permet d'ouvrir de nouvelles perspectives pour l'introduction dans les langues parentes du français dans l'enseignement qui sont, à l'exception de l'espagnol, peu enseignées dans les systèmes scolaires, aussi bien en Allemagne qu'en France.[24]

5 Le Français langue étrangère et l'intercompréhension romane

Le taux d'apprentissage du français parmi les élèves allemands est de 18,7%, celui de l'anglais de 87% (Statistisches Bundesamt 2014, 21). Dans la très grande majorité et comme partout en Europe, l'anglais est enseigné comme première langue étrangère. D'où le rôle essentiel de l'enseignement du FLE qui doit être encouragé et soutenu. Dans ce contexte, le concept de l'intercompréhension sert d'argument d'excellence pour démontrer les avantages de l'apprentissage du FLE qui s'avère extrêmement utile pour l'apprentissage des langues romanes.

Le français est une langue pont extrêmement efficace pour développer l'IC romane ; son code écrit reflète de par son conservatisme en abondance les structures communes des langues romanes. Le lexique de base ainsi que les éléments les plus fréquents du français fondamental comportent un taux important d'éléments partagés avec les autres langues romanes ainsi qu'avec l'anglais (cf. Meißner 1989, 377ss.). De ce fait, les langues romanes apparaissent mutuellement transparentes. Des apprenants qui disposent des pré-acquis dans une langue romane, i. e. en langue française, sont susceptibles de comprendre facilement d'autres langues romanes. Pourtant, il ne s'agit pas seulement de l'ouverture aux susdites « grandes » langues, mais aussi aux langues régionales comme l'occitan ou le sarde, en ouvrant ainsi les perspectives des apprenants au patrimoine des langues de la France (dans la mesure où il s'agit de langues latines). De là découle pour le FLE le rôle supplémentaire de langue pont pour l'apprentissage intercompréhensif des langues romanes, p. ex. au sein du système scolaire allemand.

À la différence des autres *Länder* allemands,[25] en Sarre, 57% de la totalité des élèves apprennent le français comme langue étrangère. C'est surtout en raison de sa

---

24 En Allemagne, 4,5% des élèves apprennent l'espagnol, 8,7% le latin (année scolaire 2012/13 ; Statistisches Bundesamt 2014, 21).

25 Les 16 Länder sont souverains en matière d'éducation ; la « conférence permanente des ministres de l'éducation » a pour objet d'harmoniser les politiques éducatives en constituant des standards

situation géo- et historico-politique que la langue française joue un rôle particulier en Sarre, ce qui se reflète clairement dans sa politique linguistique. Ainsi, selon le « Sprachenkonzept 2011 – Neue Wege zur Mehrsprachigkeit im Bildungssystem » (cf. Ministerium für Bildung Saarland 2011), le français, la langue du voisin, est enseigné dès le plus jeune âge. Le concept se montre explicitement ouvert à l'éducation plurilingue notamment dans l'enseignement secondaire ; grâce à son rôle-clé particulier en Sarre, le français est conçu comme langue pont pour l'acquisition d'autres langues romanes : Sur la base des pré-acquis en langue française, des mesures pour l'enseignement plurilingue et intercompréhensif sont proposées pour promouvoir l'acquisition de compétences partielles dans d'autres langues (ibid., 12, 40). L'enseignement plurilingue fait partie des programmes de formation initiale des futurs enseignants de français à l'université de la Sarre ainsi que de la formation continue pour les enseignants de langues.

Toutefois, de nombreux projets portant sur l'enseignement intercompréhensif ont été réalisés en Allemagne, notamment dans des établissements scolaires et universitaires (cf. Bär 2008 ; Reissner 2007 ; Strathmann 2010). Jusqu'à présent, les langues étrangères sont majoritairement enseignées langue par langue et sans articuler les unes aux autres. Le concept intercompréhensif présente un instrument prometteur pour y introduire le plurilinguisme et l'interculturalité et pour mettre en place une compétence intégrée.

Les expériences pratiques montrent les potentiels du FLE pour un tel enseignement/apprentissage plurilingue basé sur l'intercompréhension en langues romanes ; comme les autres approches plurielles, elles pourraient servir de modèle pour une implémentation sur l'ensemble des établissements scolaires en Allemagne, ainsi que pour d'autres constellations de langues ou d'autres systèmes éducatifs. Faute d'ancrage institutionnel, et dans un premier temps, l'ouverture des esprits des apprenants peut avoir lieu en introduisant des modules basés sur les approches plurielles discutées ci-dessus dans le cadre des programmes existants (adaptés en fonction du contexte et des conditions concrètes), i. e. portant sur les langues (régionales) de la France, sur les langues romanes dans leur ensemble ou bien au-delà d'une famille de langue.

6 Conclusion

La mise en œuvre des principes de l'enseignement du plurilinguisme (au sens large) dans les systèmes nationaux reflète de plus en plus les politiques éducatives linguistiques européennes. Or, pour la majorité des Européens, le plurilinguisme envisagé par

---

communs de qualité pour toutes les institutions éducatives allemandes, cf. www.kmk.org/ (25.11.2014) ; cf. Polzin-Haumann/Reissner (2012).

les programmes et textes politico-éducatifs ne se matérialise guère dans la pratique. Les systèmes éducatifs restent largement cloisonnés dans les principes traditionnels, behavioristes, qui n'envisagent toujours pas les aspects transversaux de toute activité d'apprentissage. En général, les différentes disciplines et matières enseignées ne sont toujours pas mises en réseau, les synergies existantes ne sont guère exploitées.

Effectivement, il s'agit là d'objectifs pédagogiques complémentaires aux concepts préalables d'orientation largement monolingue, et les enseignants doivent être sensibilisés et formés pour élargir leur répertoire didactique. Il nous paraît important de pointer le rôle de l'initiation des enseignants aux concepts sous-jacents, i. e. aux fondements linguistiques de l'apprentissage pluriel et en particulier à celui de la sensibilisation et conscientisation des apprenants qui vont de pair avec leur autonomisation. « Il ne suffit pas que l'objectif du plurilinguisme soit largement reconnu pour qu'il soit effectivement atteint » (cf. Königs 2002, 30). La transmission d'un répertoire didactique ouvert à la pluralité est la *conditio sine qua non* pour progresser dans la recherche dans le domaine de l'éducation plurilingue.

7 Bibliographie

Bär, Marcus (2008), *Enseignement plurilingue : la construction d'une compétence de lecture en plusieurs langues (romanes)*, Synergies Pays germanophones 1, Berlin, Avinus, 113–122.

Beacco, Jean-Claude/Byram, Mike (2007), *De la diversité linguistique à l'éducation plurilingue : Guide pour l'élaboration des politiques linguistiques éducatives en Europe*, Strasbourg, Conseil de l'Europe.

Beacco, Jean-Claude, et al. (2010), *Guide pour le développement et la mise en œuvre de curriculums pour une éducation plurilingue et interculturelle*, Strasbourg, Conseil de l'Europe.

Blanche-Benveniste, Claire/Valli, André (edd.) (1997), *L'intercompréhension : le cas des langues romanes. Le français dans le monde*, Recherches et applications, n° spécial, janvier 1997, Paris, Hachette.

Caddéo, Sandrine/Jamet, Marie-Christine (2013), *L'intercompréhension. Une autre approche pour l'enseignement des langues*, Paris, Hachette.

Candelier, Michel (2003), *Evlang. L'éveil aux langues à l'école primaire – Bilan d'une innovation européenne*, Bruxelles, De Boek/Duculot.

Candelier, Michel (2008), *Approches plurielles, didactiques du plurilinguisme : le même et l'autre*, Cahiers de l'ACEDLE 5, 65–90, http://acedle.org/spip.php?rubrique56 (25.11.2014).

Candelier, Michel, et al. (2003), *Janua Linguarum – La porte des langues. L'introduction de l'éveil aux langues dans le curriculum. L'introduction de l'éveil aux langues dans le curriculum*, Strasbourg, Conseil de l'Europe.

Candelier, Michel, et al. (2012), *Le CARAP. Un Cadre de Référence pour les Approches Plurielles des Langues et des Cultures. Compétences et ressources*, Strasbourg, Conseil de l'Europe.

Capucho, Maria Filomena/Oliveira, Ana Maria (2005), *Eu+I – On the Notion of intercomprehension*, in : Adriana Martins (ed.), *Building Bridges : EU+I*, European Awareness and Intercomprehension (11–18), Centro Regional da Beiras, Universidad Catolica Portuguesa, 11–18.

Castellotti, Véronique/Moore, Danièle (2006), *Parcours d'expériences plurilingues et conscience réflexive*, Le français dans le monde, Recherches et Applications 39, 54–68.

Castellotti, Véronique, et al. (2004), *Portfolio européen des langues, collège*, Paris, Didier/ENS/CIEP.

Causa, Mariella (2011), *Penser et se former à l'éducation plurilingue : enseigner/apprendre le français autrement*, in : Claudia Polzin-Haumann/Dietmar Osthus (edd.), *Sprache und Sprachbewusstsein in Europa. Beiträge aus Wissenschaft, Öffentlichkeit und Politik/Langues et conscience linguistique en Europe. Une approche pluridisciplinaire : entre sciences, opinion publique et politique*, Bielefeld, transcript, 25–36.

CoE (Conseil de l'Europe) (1992), *Charte européenne des langues régionales ou minoritaires* (STCE no. : 148), http://conventions.coe.int/Treaty/fr/Treaties/Word/148.doc (20.04.2014).

CoE (Conseil de l'Europe) (2000), *Portfolio Européen des Langues, principes et lignes directrices*, Strasbourg, Conseil de l'Europe, http://www.coe.int/t/dg4/Linguistic/Source/Guidelines_FR.pdf (25.11.2014).

CoE (Conseil de l'Europe) (2001), *Un Cadre européen commun de référence pour les langues : Apprendre, enseigner, évaluer*, http://www.coe.int/t/dg4/education/elp/elp-reg/Source/Key_reference/CEFR_FR.pdf (25.11.2014).

CoE (Conseil de l'Europe) (2006), *L'éducation plurilingue en Europe – 50 ans de coopération internationale*, Strasbourg, Conseil de l'Europe.

CoE (Conseil de l'Europe) (2009a), *Relier les examens de langues au Cadre européen commun de référence pour les langues : Apprendre, enseigner, évaluer* (CECRL). (CECR DG IV/EDU/LANG 2003–5), Strasbourg, Conseil de l'Europe.

CoE (Conseil de l'Europe) (2009b), *Plateforme de ressources et de références pour l'éducation plurilingue et interculturelle*. [DG IV / EDU / LANG (2009)2], Strasbourg, Conseil de l'Europe, www.coe.int/lang/fr (25.11.2014).

CoE (Conseil de l'Europe) (2009c), *Autobiographie des rencontres interculturelles*, Strasbourg, Conseil de l'Europe, http://www.coe.int/t/dg4/autobiography/ (25.11.2014).

Coste, Daniel (2011), *La notion de compétence plurilingue*, http://eduscol.education.fr/cid46534/la-notion-de-competence-plurilingue.html (25.11.2014).

Coste, Daniel, et al. (2009), *Compétence plurilingue et pluriculturelle*, Strasbourg, Conseil de l'Europe.

Degache, Christian (ed.) (2003), *Intercompréhension en langues romanes. Du développement des compétences de compréhension aux interactions plurilingues, de Galatea à Galanet*, Grenoble, Ellug.

Doyé, Peter (2005), *Intercomprehension. Guide for the development of language education policies in Europe : from linguistic diversity to plurilingual education. Reference study*, Language Policy Division, Strasbourg, Council of Europe, http://www.coe.int/t/dg4/linguistic/source/doye%20en.pdf (25.11.2014).

Doyé, Peter/Meißner, Franz-Joseph (edd.) (2010), *Lernerautonomie durch Interkomprehension : Projekte und Perspektiven/L'autonomisation de l'apprenant par l'intercompréhension : projets et perspectives/Promoting Learner Autonomy through intercomprehension : projects and perspectives*, Tübingen, Narr.

Escudé, Pierre (2011), *Origine et contexte d'apparition du terme d'intercompréhension*, Redinter-Intercompreensão 1, 103–123.

Gogolin, Ingrid (1994), *Der monolinguale Habitus der multilingualen Schule*, Münster, Waxmann.

Hawkins, Eric (1984, ²1987), *Awareness of language : An Introduction*, Cambridge, Cambridge University Press.

Hinrichs, Uwe (ed.) (2010), *Handbuch der Eurolinguistik*, Leipzig, Harrassowitz.

Hufeisen, Britta/Lutjeharms, Madeline (2005), *Gesamtsprachencurriculum, Integrierte Sprachendidaktik, Common Curriculum*, Tübingen, Narr.

Hufeisen, Britta/Marx, Nicole (2007), *EuroComGerm – Die sieben Siebe : Germanische Sprachen lesen lernen*, Aachen, Shaker.

Hufeisen, Britta/Neuner, Gerhard (2003), *Synergy in the learning of subsequent languages*, Strasbourg, Conseil de l'Europe.

Jamet, Marie-Christine (2010), *L'intercompréhension : de la définition d'un concept à la délimitation d'un champ de recherche ou vice versa ? Autour de la définition*, Publifarum 11, http://www.publifarum.farum.it/ezine_articles.php?art_id=144 (25.11.2014).

Klein, Horst G. (2002), *Das Französische : die optimale Brücke zum Leseverstehen romanischer Sprachen*, Französisch heute 33, 34–46.

Klein, Horst G./Reissner, Christina (2003), *EuroComRom : Die historischen Grundlagen der romanischen Interkomprehension*, Aachen, Shaker.

Klein, Horst G./Stegmann, Tilbert D. (2000), *EurocomRom – Die sieben Siebe : Romanische Sprachen sofort lesen können*, Aachen, Shaker.

Königs, Frank G. (2002), *Mehrsprachigkeit ? Ja, aber… Lernpsychologische, curriculare und fremdsprachenpolitische Gedanken zu einem aktuellen Thema der Fremdsprachendidaktik*, Französisch heute 1, 22–33.

Meißner, Franz-Joseph (1989), *Grundwortschatz und Sprachenfolge. Eine statistische Quantifizierung zum lexikalischen Transfer : Französisch/Englisch – Englisch/Französisch, Spanisch, Italienisch*, Französisch heute 17, 377–387.

Meißner, Franz-Joseph (2003), *Grundüberlegungen zur Praxis des Mehrsprachigkeitsunterrichts*, in : Franz-Joseph Meißner/Ilse Picaper : *Mehrsprachigkeitsdidaktik zwischen Frankreich, Belgien und Deutschland. La didactique du plurilinguisme entre la France, la Belgique et l'Allemagne. Contributions au Colloque sur le Plurilinguisme entre Rhin et Meuse, 21/XI/2003*, Tübingen, Narr, 92–106.

Meißner, Franz-Joseph (2005), *Mehrsprachigkeitsdidaktik « revisited » : über Interkomprehensionsunterricht zum Gesamtsprachencurriculum*, Fremdsprachen Lehren und Lernen 34, 125–145.

Meißner, Franz-Joseph/Reinfried, Marcus (1998), *Mehrsprachigkeit als Aufgabe des Unterrichts romanischer Sprachen*, in : Franz-Joseph Meißner/Marcus Reinfried (edd.), *Mehrsprachigkeitsdidaktik. Konzepte, Analysen, Lehrerfahrungen mit romanischen Fremdsprachen*, Tübingen, Narr, 9–23.

Meißner, Franz-Joseph, et al. (2004), *EuroComRom – les sept tamis. Lire les langues romanes dès le départ. Avec une introduction à la didactique de l'eurocompréhension*, Aachen, Shaker.

Ministerium für Bildung Saarland (2011), *Das Sprachenkonzept Saarland 2011 – Neue Wege zur Mehrsprachigkeit im Bildungssystem*, Saarbrücken, http://www.saarland.de/dokumente/thema_bildung/Das_Sprachkonzept_Saarland_2011.pdf (25.11.2014).

Neuner, Gerhard, et al. (2003), *La compétence interculturelle*, Strasbourg, Conseil de l'Europe.

Polzin-Haumann, Claudia/Reissner, Christina (2012), *Perspectives du français en Sarre : Politiques et réalités*, Synergies Pays germanophones 5, Berlin, Avinus, 129–144.

Reissner, Christina (2007), *Die romanische Interkomprehension im pluridisziplinären Spannungsgefüge*, Aachen, Shaker.

Reissner, Christina (2014), *Das Vorwissen im (Fremd)Sprachenunterricht nutzen – Beispiele aus der Praxis sprachenübergreifender Schulprojektseminare im Saarland*, in : Eva Maria Fernández Ammann et al., *Herkunftsbedingte Mehrsprachigkeit im Unterricht der romanischen Sprachen*, Berlin, Frank & Timme, 207–230.

Statistisches Bundesamt (2014), *Schulen auf einen Blick, Ausgabe 2014*, Wiesbaden, Statistisches Bundesamt.

Strathmann, Jochen (2010), *Spanisch durch EuroComprehension – Multimediale Spracherwerbsprozesse im Fremdsprachenunterricht*, Aachen, Shaker.

UE (Union européenne) (1995), *Livre blanc sur l'éducation et la formation. Enseigner et apprendre. Vers la société cognitive*, http://ec.europa.eu/education/doc/official/keydoc/lb-fr.pdf (20.04.2014).

UE (Union européenne) (2002), *Conseil européen de Barcelone, 15 et 16 mars 2002 : Conclusions de la présidence*, Barcelone, http://europa.eu/rapid/press-release_DOC-02-8_fr.pdf (20.11.2014).

UE (Union européenne) (2003), *Promouvoir l'apprentissage des langues et la diversité linguistique : un plan d'action* 2004–2006 [COM (2003) 449 final], http://eur-lex.europa.eu/LexUriServ/Lex UriServ.do?uri=COM:2003:0449:FIN:FR:PDF (20.11.2014).

UE (Union européenne) (2005), *Un nouveau cadre stratégique pour le multilingualisme*. COM(2005) 596 final, http://eur-lex.europa.eu/legal-content/DE/TXT/?uri=CELEX:52005DC0596 (20.11.2014).

UE (Union européenne) (2007), *Compétences clés pour l'éducation et la formation tout au long de la vie – un cadre de référence européen*, Luxembourg, Office des publications officielles des Communautés européennes, http://ec.europa.eu/dgs/education_culture/publ/pdf/ll-learning/keycomp_fr.pdf (20.04.2014).

UE (Union européenne) (2008a), *La mobilité crée des opportunités. Histoires de réussites européennes*, Luxembourg, Office des publications officielles des Communautés européennes, http://ec.europa.eu/dgs/education_culture/publ/pdf/language/mobility_fr.pdf (20.04.2014).

UE (Union européenne) (2008b), *Multilinguisme : un atout pour l'Europe et un engagement commun* [COM (2008) 566 final], http://eur-lex.europa.eu/legal-content/FR/ALL/?uri=CE-LEX:52008DC0566 (25.11.2014).

UE (Union européenne) (2010), *Europe 2020. Une stratégie pour une croissance intelligente, durable et inclusive* [COM (2020) 2020 final], http://eur-lex.europa.eu/LexUriServ/LexUriServ.do?uri=COM:2010:2020:FIN:FR:PDF (25.11.2014).

UE (Union européenne) (2012a), *Eurobaromètre spécial 386 : Les Européens et leurs langues,* http://ec.europa.eu/public_opinion/archives/ebs/ebs_386_fr.pdf (25.11.2014).

UE (Union européenne) (2012b), *Communication de la Commission au parlement européen, au conseil, au comité économique et social européen et au comité des régions : Repenser l'éducation – Investir dans les compétences pour de meilleurs résultats socio-économiques* [COM (2012) 669 final], http://eur-lex.europa.eu/legal-content/FR/TXT/PDF/?uri=CELEX:52012DC0669&rid=4 (25.11.2014).

Weinreich, Uriel (1953), *Languages in contact*, Le Hague, Mouton.

Zarate, Geneviève, et al. (2008), *Précis du plurilinguisme et du pluriculturalisme*, Paris, Éditions des archives contemporaines.

Achim Stein

28 Linguistique française et ressources électroniques

Abstract : Cette contribution présente les changements récents que les ressources électroniques ont apportés au contenu et aux méthodes de la recherche linguistique. Elle présente un choix de ressources linguistiques du point de vue des possibilités techniques des linguistes « théoriques », c'est-à-dire non spécialisés dans le domaine du traitement automatique des langues (TAL).

Keywords : ressources électroniques, traitement automatique des langues, outils linguistiques, corpus textuels, langages de balisage

1 Introduction

Il y a plus de vingt ans, Fillmore opposa de manière caricaturale la linguistique théorique (*armchair linguistics*) à la linguistique des corpus, et dit à propos de leurs représentants :

> « These two don't speak to each other very often, but when they do, the corpus linguist says to the armchair linguist, ‹ Why should I think that what you tell me is true ? ›, and the armchair linguist says to the corpus linguist, ‹ Why should I think that what you tell me is interesting ? › » (Fillmore 1992, 35).

À cette époque les ordinateurs personnels avaient conquis une place sur le bureau de beaucoup de linguistes, et certains s'en servaient non seulement pour rédiger leurs publications, mais pour analyser la matière première, le langage. Il n'y a pas lieu d'approfondir la polémique de Fillmore, puisqu'il fait allusion à une opposition entre linguistique théorique et linguistique empirique qui est aujourd'hui obsolète, et ce pour deux raisons. Pour ce qui est de la linguistique théorique, il est vrai qu'elle ne repose pas principalement sur les ressources électroniques, mais on peut néanmoins constater une tendance croissante à fonder les publications actuelles sur les données empiriques, que ce soit dans les études synchroniques ou diachroniques. Pour ce qui est de la linguistique des corpus, on constate qu'elle s'appuie aujourd'hui sur des ressources si importantes et des outils si performants que ses résultats éclairent les recherches théoriques au même niveau que les disciplines empiriques bien établies, comme la psycho-linguistique p. ex.

Cette contribution ne tentera pas de dresser l'inventaire des ressources disponibles : il y en aurait trop, et une liste sur papier se périmerait vite[1] et serait peu utile. En revanche, elle tentera (a) d'évaluer la signification des ressources pour la recherche linguistique actuelle, (b) de réfléchir à la façon dont elles influencent les conditions de travail des linguistes « théoriques »[2] et les résultats des recherches en linguistique et (c) de présenter certains développements récents qui aident à combler, notamment en linguistique de corpus, le fossé entre les études théoriques et empiriques.

La place qu'occupe la linguistique à l'intérieur du domaine des humanités numériques (*digital humanities*) est partagée par la linguistique computationnelle et la linguistique proprement dite (ou, si l'on préfère, « traditionnelle »). Cette contribution est écrite dans la perspective du linguiste qui utilise certaines méthodes et applications computationnelles et qui a une expérience modeste dans le développement de ressources linguistiques utilisées dans le traitement automatique des langues (TAL).

2 Ressources

2.1 Annotation et standardisation

Bien que n'importe quel texte brut puisse en principe être l'objet d'une étude linguistique, cette partie se consacrera exclusivement aux corpus « annotés ». Cela signifie que le texte est enrichi au moins d'une annotation structurale, en général sous forme d'un balisage XML (*Extensible Markup Language*). Même une telle annotation rudimentaire peut contenir de l'information linguistique lorsqu'elle reflète le découpage d'un texte en paragraphes, en phrases ou en mots. Une « véritable » annotation linguistique ajoute cependant le résultat de l'analyse phonétique, morphologique, syntaxique ou sémantique au texte en question.

Cette évolution de la linguistique de corpus a profondément changé et enrichi les recherches en linguistique. D'une part, en approfondissant la coopération entre linguistique et informatique, elle a contribué à la création de la linguistique computationnelle, de l'autre elle a amené une partie des linguistes soit à développer des ressources pour le TAL soit à les exploiter pour développer ou vérifier leurs hypothèses théoriques.

Sur le plan technique, l'annotation linguistique est en principe indépendante du texte dans la mesure où les types d'informations se trouvent non seulement à l'inté-

---

1 C'est aussi pour cette raison que nous indiquerons le nom des sites ou des institutions plutôt que de fournir des URL (adresses internet) précises, mais peu durables.
2 Pour faciliter ma tâche, j'utilise *linguistes théoriques* par opposition à *linguistes de corpus*, conscient du fait que ce choix terminologique n'est pas le plus heureux, mais *théorique* est moins connoté que *moyen* (dépréciatif pour les linguistes théoriques) ou *normal* (dépréciatif pour les linguistes de corpus).

rieur du balisage XML, mais aussi bien délimités, comme le montre l'exemple suivant où les annotations « morphologie » et « lemme » sont représentées par deux attributs distincts de la balise « mot » :

(1)   <mot id="3125" morph="ADJ" lemme="gros">**grosse**</mot>

Un tel balisage permet d'ajouter ou de retirer certains types d'information de la ressource, voire de les stocker dans une ressource externe, indépendante du texte, mais reliée à celui-ci moyennant les identifieurs (valeurs de l'attribut « id »). Il est évident qu'au moment où l'annotation ne se limite pas à un seul élément, mais établit une relation entre plusieurs éléments, des stratégies plus complexes sont mises en oeuvre. Exemple (2) définit la branche d'une structure syntaxique arborescente qui relie deux mots : le mot *très* (première ligne : noeud terminal, balise « t », adverbe) est attaché au mot *grosse* (deuxième ligne : noeud non terminal, balise « nt », adjectif). Cette relation est exprimée par l'attribut « idref » dans la première ligne et spécifiée par l'attribut « cat » comme Mod[ifieur] :

(2)   <t mot="**très**" id="s1_393" idref="s1_394" cat="Mod" morph="ADV" lemme="très"/>
       <nt id="s1_394" morph="ADJ" lemme="gros">**grosse**</nt>

Le langage XML, tout en imposant certaines contraintes aux annotateurs, permet donc de représenter les propriétés des éléments individuels aussi bien que les relations entre eux. Il est donc suffisamment expressif pour rendre un grand nombre de structures linguistiques. Mais les exigences dans le domaine de la standardisation vont plus loin : XML n'est qu'un standard technique permettant d'encoder un texte digitalisé tout comme une banque de données génétique. L'exemple peut sembler satisfaisant, mais il utilise des attributs et des valeurs arbitraires. La standardisation du langage XML à l'intérieur d'un domaine d'application est en général confiée à des spécialistes, comme p. ex. ceux du comité ISO/TC 37, où plusieurs groupes de travail s'occupent de la normalisation terminologique, des schémas d'annotation, des formats de représentation pour les différents types de textes ou des banques de données lexicales. Un autre exemple est la TEI (*Text Encoding Initiative*), qui recommande des formats XML pour encoder les ressources textuelles. Si les recommandations de la TEI sont aujourd'hui respectées dans beaucoup de textes digitalisés, il n'en est pas de même pour les ressources linguistiques, où le codage, même en format XML, ne respecte que rarement les mêmes consignes. Dans l'exemple, le choix des attributs (mot, morph, lemme, cat) est aussi arbitraire que le choix des valeurs qui forment une liste close, comme les parties de discours (ADV) ou les fonctions grammaticales (Mod). Et ceci pour des raisons évidentes : avec un peu de peine, les linguistes pourraient peut-être se mettre d'accord sur le nombre des parties de discours (onze ?), mais qu'en est-il de la terminologie, ou, pire encore, des abréviations utilisées dans l'annotation ? Sans parler des principes d'analyse (*donc* : adverbe ou conjonction ? variable en fonction du contexte ou non ?). Et la fonction grammaticale Mod(ifieur) indique clairement la partie prise pour une analyse syntaxique dépendancielle à la

Tesnière. La normalisation dans ce domaine, pourvu qu'elle respecte les théories linguistiques et leur évolution, serait donc forcément une tâche interminable, et vouloir imposer un jeu de catégories aux chercheurs serait probablement une démarche vouée à l'échec. Pour la même raison, l'annotation d'une ressource ne peut pas simplement se traduire : passer d'un jeu de catégories à un autre impliquerait souvent de changer d'approche théorique. Mais dans la recherche il est de bonne coutume de bien définir les catégories et les principes de son analyse. De la même manière, il devrait être normal de tenir compte des catégories déjà existantes, des les réutiliser, ou dans le cas contraire de déclarer et de documenter ses propres catégories publiquement. À cette fin, le comité TC 37 mentionné ci-dessus a créé le registre public ISOcat, qui constitue ainsi un forum de rencontre entre la pratique des chercheurs et les tentatives de normalisation. On peut donc s'attendre à ce que les ressources deviennent de plus en plus compatibles sur le plan de l'annotation, tout en gardant leur diversité sur le plan théorique.

2.2 Ressources lexicales

Tout comme dans le domaine des publications scientifiques, il est normal que les dictionnaires actuels ainsi qu'une grande partie des dictionnaires anciens soient disponibles en version digitale. La particularité du domaine lexicographique est la forme de distribution : si les publications scientifiques sont en général distribuées en un format imprimable (normalement PDF) et permettent la recherche plein texte, les dictionnaires se présentent en général sous forme de banques de données, interrogeables en ligne ou à l'intérieur d'une application. Dans les deux cas il se pose la question de la longévité, car elle dépend de l'entretien du site web ou du support du logiciel, qui doivent rester compatibles avec l'environnement informatique, c'est-à-dire les systèmes d'opération, les navigateurs, et certaines composantes du matériel. La plupart des maisons d'édition ne font aucun effort pour assurer leur longévité : le passage à une nouvelle version du système d'opération (sans parler du passage entre des systèmes différents) entraîne souvent la nécessité d'acquérir la nouvelle version. Le problème de la longévité concerne alors le produit vendu, les données linguistiques sont bien entendu précieusement conservées par la maison d'édition. Cette situation n'est pas critiquable en elle-même, car il s'agit de rentabiliser l'investissement dans la production d'un dictionnaire. Mais d'un point de vue scientifique, il se pose le problème de la non-vérifiabilité et de la non-reproduisibilité des résultats dès le moment où la ressource est « périmée ». C'est donc aux chercheurs de s'interroger très critiquement sur la spécificité des ressources lexicales sur lesquelles ils/elles fondent leurs travaux.

Le cas où les ressources lexicales sont téléchargeables gratuitement et distribuées en un format ouvert (plein texte, balisage XML etc.) est plus rare. Un tel format pourrait faciliter un accès aux données plus indépendant des contraintes logicielles et matérielles. Si l'utilité des dictionnaires d'usage actuels se heurte à ces obstacles techniques et commerciaux, la mise à disposition des dictionnaires anciens est un apport important à la linguistique historique, tout comme à d'autres domaines. Les oeuvres qui ont fait époque sont pour la plupart disponibles librement, du *Dictiona-rium latinogallicum* d'Estienne jusqu'aux différentes éditions du Dictionnaire de l'Aca-démie française (cf. les sites de l'ATILF à Nancy ou du projet ARTFL de l'université de Chicago). L'ATILF joue un rôle déterminant dans la distribution des ressources. Son dictionnaire le plus consulté est sans aucun doute la version en ligne du *Trésor de la Langue Française* (TLFi), mais les dictionnaires des époques antérieures du français sont tout aussi importants pour la recherche : le *Dictionnaire de Moyen Français* (DMF), accompagnée de sa base textuelle, est le résultat d'une des plus grandes entreprises scientifiques de l'ATILF, et son infrastructure technique, réalisée par Gilles Souvay, a permis de publier, sur le même site, le *Dictionnaire Électronique de Chrétien de Troyes* (DÉCT). D'une certaine manière ces dictionnaires symbolisent aussi le passage d'une époque de commercialisation à une époque d'ouverture, manifestée par le fait que l'ATILF héberge de plus en plus de ressources librement accessibles.

Si l'utilité des dictionnaires dépend donc surtout du mode et du format de leur distribution, il n'en est pas de même pour les ressources lexicales qui sont issues de et destinées à la recherche linguistique. Ainsi, les études en syntaxique ou en séman-tique peuvent profiter grandement d'un ouvrage comme *Dicovalence* (van den Eynde/ Mertens 2010) qui répertorie pour 8334 constructions verbales de plus de 3700 verbes français le nombre, le type et la forme pronominale des arguments, les structures passives, ainsi que les traductions en anglais et en néerlandais. La ressource est en accès libre, elle est bien documentée, et grâce à son format (un simple fichier texte) elle ne nécessite aucun logiciel de traitement particulier. Les ressources de ce type sont extrêmement utiles pour le développement des outils linguistiques.

À une échelle beaucoup plus grande, ceci vaut aussi pour *Les verbes français* (LVF, Dubois/Dubois-Charlier 1997). Avec des entrées détaillées et semi-formalisées pour plus de 25.600 sens verbaux (de plus de 12.300 verbes), LVF constitue une ressource qui fait que, pour une fois, le français est mieux décrit que l'anglais, au moins dans ce domaine. La base numérique est un simple tableau en format *Excel*, une ligne par construction, les types d'information sont attribués aux colonnes du tableau : lemme, « opérateur » sémantique, domaine, classe sémantique, exemple, construction syntaxique, etc. Ce fichier et une version imprimable sont publiquement disponibles sur le site de l'UMR MoDyCo. Son contenu et sa structure sont décrits en plus grand détail dans deux numéros spéciaux de *Langages* (François/Le Pesant/ Leeman 2007) et de *Langue française* (Leeman/Sabatier 2011). Ici, il sera plus inté-essant de voir que la conversion du LVF en un format XML, réalisée par Hadouche/ Lapalme (2010), constitue en effet un enrichissement : elle a permis non seulement l'installation de la ressource en ligne, sous forme de banque de données interrogeable (sur le site du laboratoire *Recherche appliquée en linguistique informatique*, RALI, de l'université de Montréal), mais elle a transformé un fichier texte, statique, en une ressource extensible : le balisage XML permet d'ajouter des informations issues d'autres projets de recherche sans nuire à l'intégrité de la ressource d'origine, qui peut être récupérée à n'importe quel moment. Ce principe est un des grands atouts de ce format, et il est appliqué aux ressources lexicales aussi bien qu'aux corpus, où il permet soit d'intégrer les différentes couches d'annotation soit de les répertorier dans des fichiers indépendants, reliés par des identifiers. Cette méthode d'annotation « débarquée » (Loiseau 2007, *stand-off annotation*) rend les ressources plus maniables.

2.3 Outils

2.3.1 Annotation manuelle et annotation automatique

Une annotation suivant les principes mentionnés plus haut peut se faire manuellement, assistée par des éditeurs XML ou des outils spécialement conçus pour des tâches d'annotation spécialisées (comme p. ex. l'ajout d'une transcription phonétique à un enregistrement). Cette méthode laborieuse est un exemple de « transfert de l'expertise des locuteurs et des linguistes » (Fuchs/Habert 2001, 4), et l'information ainsi transférée peut bénéficier à d'autres recherches linguistiques. Mais puisque ces annotations de haute qualité ne peuvent pas se faire à une échelle plus large, elles sont en général réservées à des petits corpus spécialisés, comme les corpus historiques, ou plus couramment, à des corpus de référence destinés à servir de « standard d'or » (*gold standard*) à l'entraînement des outils d'apprentissage automatique. Dans ce qui suit, deux types d'outils seront présentés, pour l'annotation du mot et de la phrase, respectivement : les étiqueteurs (*part of speech taggers*), parce que l'étiquetage morphologique est aujourd'hui assez facile à réaliser et parce qu'il permet de mieux cibler les requêtes dans un grand nombre de domaines (morphologie, lexicologie, syntaxe etc.), et les parseurs syntaxiques (*parsers*) parce que c'est un domaine en forte évolution qui fournira des outils performants dans un avenir très proche. Il est vrai qu'en général, ces outils ont été développés par des informaticiens ou des linguistes computationnels, et très souvent, ils ne seront pas à la portée des linguistes non spécialisés dans ces domaines. Il s'agira donc d'expliquer les principes et les problèmes de leur fonctionnement ainsi que d'insister sur leur apport aux recherches en linguistique française. L'intégration de ces outils spécialisés dans des solutions plus globales sera discutée dans le paragraphe 2.3.5.

2.3.2 Analyse morphologique

Comme la plupart des domaines du TAL aujoud'hui, l'étiquetage morphologique (*part of speech tagging*) est largement dominé par les modèles probabilistes, qui peuvent être basés sur des lexiques ou non. Mais il existe aussi des systèmes basés sur des règles, suivant la méthode de Brill (1992), qui utilisent des règles graphiques et contextuelles. Puisque l'analyse d'une graphie présuppose la résolution des ambiguïtés homographiques (p. ex. entre *porte* graphie verbale ou nominale), les fonctions de l'étiquetage et de la lemmatisation sont souvent réunies dans un même outil. *TreeTagger* (Schmid 1994 ; le programme est gratuitement disponible sur son site : CIS, Universität München) en est un exemple : il utilise un lexique de formes graphiques associées à une étiquette morphologique (et optionnellement à un lemme), ainsi qu'un corpus d'entraînement pré-annoté pour apprendre la probabilité contextuelle des étiquettes (p. ex. : à la position X dans le contexte « X-nom-adjectif », un article est plus probable qu'un verbe). Ces probabilités servent à résoudre les ambiguïtés mentionnées. *TreeTagger* est composé de deux programmes : le programme d'entraînement « lit » le corpus d'entraînement et stocke l'information lexicale et les probabilités des catégories dans un fichier de paramètres. Ce processus est en général effectué par les développeurs qui disposent du corpus d'entraînement. Le deuxième programme est l'étiqueteur proprement dit : il utilise les paramètres pour transformer un texte brut en ressource annotée (H. Schmid distribue les paramètres pour une quinzaine de langues, pour le français cf. Stein/Schmid 1995). Ce processus d'annotation est très rapide, mais il doit être lancé sur la ligne de commande, ce qui peut sembler rébarbatif aux utilisateurs habitués aux interfaces graphiques. Les formats d'entrée (le texte brut) et de sortie (le texte annoté) sont des fichiers de texte, un mot par ligne, où le découpage des mots doit être conforme à celui du corpus d'entraînement. Ce prétraitement exige d'autres compétences de la part des utilisateurs. Certains systèmes, comme *TreeTagger*, fournissent des scripts pour ce genre de traitement, mais les textes bruts présentent souvent des particularités qui nécessitent des manipulations au-delà du simple découpage lexical.

Aux éventuels problèmes pratiques s'ajoutent les problèmes méthodiques. Le hic de tous les outils probabilistes est leur taux d'erreur : entraînés sur un *standard d'or* de taille limitée, ils ne seront jamais préparés à tous les contextes imaginables et commettront forcément des erreurs, et les systèmes travaillant avec un lexique tomberont toujours sur des mots inconnus. Les outils se distinguent par les stratégies qu'ils adoptent pour palier à ce problème des données « non vues », mais un certain taux d'erreur est inévitable. Certains systèmes peuvent afficher le degré de certitude lorsqu'ils prennent une décision (p. ex. dans le cas d'une ambiguïté homographique), mais en général ces données ne sont pas incluses dans l'annotation des corpus. Si une telle ressource annotée est utilisée dans un travail de recherche, il est donc impératif de prendre connaissance des principes d'étiquetage et de tenir compte des taux d'erreurs si on procède à des interprétations quantitatives. Un deuxième problème est le fait que les utilisateurs « passifs », c'est-à-dire ceux qui ne créent pas eux-mêmes leur corpus d'entraînement, dépendront toujours des paramètres disponibles, qui reposent en grande majorité sur l'analyse d'un langage assez standardisé, souvent des textes de journaux. Ces paramètres contiennent un jeu d'étiquettes prédéfini, ce qui force les utilisateurs à adopter les principes d'annotation (et les théories sous-jacentes) du corpus d'entraînement. Si les étiqueteurs produisent des résultats assez satisfaisants dans l'analyse de la langue standardisée, il n'en est pas de même pour les ressources « non canoniques », comme la langue parlée ou ancienne, et d'une manière générale pour toutes les variétés qui s'éloignent de la norme. Pour le moyen français, Gilles Souvay a développé le système *LGerm* (Souvay/Pierrel 2009). Celui-ci se base sur les associations entre un lemme et ses graphies d'une part et sur des règles flexionnelles de l'autre. Grâce à *LGerm*, les utilisateurs peuvent interroger le DMF malgré les variations graphiques, et même en utilisant des formes du français moderne (cf. paragraphe 2.2).

2.3.3 Analyse syntaxique

Le deuxième type d'outils présenté ici sont les parseurs syntaxiques. En principe, une structure peut être attribuée à n'importe quelle séquence de mots, mais pour la plupart des linguistes, l'unité analysée sera la phrase. Là encore, l'analyse peut se baser sur des règles « linguistiques », p. ex. des règles de réécriture : ces parseurs sont en général moins « robustes », car ils échouent au moment où ils rencontrent des données qui ne correspondent pas à leur « grammaire ». Les ambiguïtés, plus nombreuses au niveau syntaxique, constituent un autre problème. Pour ces raisons, et aussi à cause du progrès dans la puissance de calcul, le « marché » est aujourd'hui dominé par les parseurs probabilistes. D'un point de vue linguistique, le *parsing* semble plus intéressant que l'étiquetage, car l'annotation syntaxique implique une décision pour un modèle de représentation grammaticale. Les relations entre les éléments (normalement les mots) sont encodées en graphes, et ces graphes peuvent représenter les modèles à constituants aussi bien que les modèles dépendanciels (sans mentionner les différentes théories qui utilisent ces graphes). Il existe des parseurs pour les deux, bien que les modèles dépendanciels sembleraient avoir pris le devant récemment, entre autres parce qu'ils présentent des avantages dans le traitement des langues à ordre des mots libre. Ceci a créé un certain écart entre les études syntaxiques théoriques et typologiques, assez solidement ancrées dans le modèle à constituants de la grammaire générative, et le TAL, qui penche vers les structures plus légères du modèle dépendanciel. Cet écart se manifeste également entre les ressources actuelles, souvent dépendancielles, et les « dinosaures » parmi les banques d'arbres créés à l'université de Pennsylvanie au début des années 1990, comme le *Wall Street Journal*, qui ont permis de développer et d'évaluer un grand nombre d'outils TAL. La seule banque d'arbres disponible pour le français moderne est la *French Treebank* (Abeillé/Barrier 2004). Elle contient 12.531 phrases de *Le Monde*, avec une annotation morphologique et syntaxique. Sa conversion en banque dépendancielle et des expériences avec un parseur dépendanciel ont été réalisées par Candito/Crabbé/Denis (2010).

Les parseurs sont forcément plus complexes que les étiqueteurs : les informations traitées sont lexicales (partie de discours) aussi bien que configurationnelles (ordre des mots). Car l'analyse syntaxique se greffe en général sur une analyse lexicale, souvent incluse dans les systèmes. L'exemple présenté ici sont les outils *mate* (*mate tools*, Bohnet 2010), gratuitement disponibles sur le site de Google Code. Ils incluent entre autre un étiqueteur et un parseur dépendanciel, ainsi que des paramètres pour l'anglais, l'allemand et le français. Le principe d'entraînement est le même que celui de l'étiqueteur probabiliste, mais plus complexe, car les probabilités doivent être calculées pour chaque arc de tous les graphes représentant une structure dépendancielle, tout en incluant les informations lexicales. Le graphe qui réunit les probabilités les plus élevées est retenu comme analyse. Ce processus d'entraînement est coûteux : il se fera normalement dans un environnement où plusieurs processeurs travaillent en parallèle. Il en résulte des paramètres pour la morphologie, la lemmatisation (si présente dans le corpus d'entraînement) et les relations dépendancielles. Tout comme avec l'étiqueteur présenté dans le paragraphe 2.3.2, la partie « analyse » est une tâche plus légère qui peut être exécutée sur un ordinateur de bureau normal. Le format de sortie est également un format textuel composé de onze colonnes (cf. *CoNLL-2009 Shared Task* : Syntactic and Semantic Dependencies in Multiple Languages) dont les plus importantes sont celle qui répertorie les dépendances entre les nœuds, c'est-à-dire les mots dans un modèle dépendanciel, et celle qui attribue une fonction grammaticale (sujet, objet, etc.) à cette relation.

Dans le cas de l'annotation syntaxique il est plus difficile de s'imaginer qu'elle soit d'un intérêt général, puisque l'analyse morphologique est souvent suffisante pour résoudre les ambiguïtés lexicales. En plus, la complexité des parseurs et leurs exigences matérielles, au moins pour la partie entraînement, laissent supposer que peu de linguistes théoriques annotent leurs ressources syntaxiquement. Le fonctionnement des parseurs a été présenté en plus grand détail tout d'abord parce que les premiers corpus syntaxiquement annotés ont été publiés récemment (cf. paragraphe 2.3.4), mais aussi parce que les nouvelles « plateformes » linguistiques vont permettre un accès beaucoup plus facile à ces outils (cf. paragraphe 2.3.5).

2.3.4 Exemple : deux corpus annotés pour l'ancien français

La différence entre les modèles syntaxiques mentionnée plus haut (2.3.3) est exemplifiée par les deux premiers corpus du français historique qui sont syntaxiquement annotés, MCVF et SRCMF. Le corpus MCVF (*Modéliser le changement, les voies du français*, Martineau 2009) a été publié par l'université d'Ottawa. Il s'agit d'un corpus diachronique contenant des textes entre le XIe et le XVIIIe siècle avec un total de plus d'un million de mots. L'époque de l'ancien français (avant 1350) est représentée par treize textes contenant 361.283 mots, ce qui équivaut à 23.558 phrases dans la version syntaxiquement annotée. SRCMF (*Syntactic Reference Corpus of Medieval French*,

Prévost/Stein 2013) est issu de la coopération de l'ENS de Lyon avec l'université de Stuttgart, financée par l'ANR et la DFG. Le corpus contient 266.383 mots en 24.173 phrases annotées et revues manuellement suivant un modèle dépendanciel. MCVF et SRCMF sont disponibles gratuitement.

Les différences entre les deux corpus montrent bien l'imbrication intime entre la méthodologie employée pour la création des corpus et leur utilité pour la recherche linguistique où la disponibilité des méthodes et des ressources est d'une importance cruciale. MCVF est sans aucun doute le plus grand corpus français diachronique syntaxiquement annoté. Cependant, les particularités de la méthodologie et des outils d'annotation font que le corpus n'est pas extensible : il est vrai que les étiquettes de l'annotation sont bien documentées, mais les principes et les choix de leur attribution le sont moins, et les outils d'annotation (étiqueteur, parseur) ne sont ni documentés ni accessibles. Par conséquent il est quasiment impossible d'augmenter le corpus suivant la même méthodologie, ne serait-ce que pour remédier au problème inévitable de sa représentativité, p. ex., puisque les lacunes ne pourront pas être comblées par des textes analysés de la même manière. La comparaison directe de deux ressources comme MCVF et SRCMF est quelque part injuste, car les points critiques qui viennent d'être relevés s'expliquent par le fait que les méthodes mises en oeuvre pour créer MCVF sont celles qui avaient été développées dans les années 1990 pour la création des corpus de l'ancien et du moyen anglais à l'université de Pennsylvanie, inspirées par les banques d'arbres mentionnées plus haut, et donc bien avant la publication de la première version de XML (en 1998). Sans la coopération avec l'université de Pennsylvanie, l'annotation syntaxique de MCVF (qui bien entendu ne représente qu'une partie de cet impressionnant projet GTRC réalisé à l'université d'Ottawa) n'aurait probablement pas vu le jour, mais en revanche elle n'aurait alors pas hérité des déficits inhérents à son format : il s'agit d'un format plein texte, où les constituants sont marqués par des parenthèses, et qui ne peut être interrogé que par des outils spécialement conçus pour ce format, comme *CorpusSearch* (cf. la documentation à la page *Penn Corpora of Historical English* sur le site web de l'université de Pennsylvanie). Il faut ajouter que pour des raisons pratiques une grande partie des linguistes qui travaillent avec les banques d'arbres dans ce format opteraient probablement pour ce standard *de facto*, et non pour un standard basé sur un balisage XML. Et enfin, il est tout à fait possible de convertir les données, pourvu que la licence de la ressource le permette. Le cas du MCVF montre que la recherche linguistique actuelle, au moins celle qui aboutit à des résultats « palpables » et opte pour la publication et la distribution de ces ressources, ne peut contourner certaines questions d'ordre technique.

Le projet SRCMF, lancé en 2009, a pu profiter de ces expériences. Il se distingue du corpus MCVF en premier lieu par le choix d'un modèle grammatical différent, inspiré par la grammaire dépendancielle de Tesnière (par opposition au modèle à constituants du MCVF). Cette décision avait été prise surtout pour des raisons linguistiques d'une part, mais l'idée d'une utilisation ultérieure pour entraîner un parseur dépendanciel avait également joué un rôle dans ces considérations. Concernant les principes d'annotation et la longévité des ressources discutés dans le paragraphe 2.2, le projet SRCMF a essayé d'adopter la voie d'une ouverture et d'une accessibilité maximale : en dehors d'une documentation explicite des principes d'annotation (donc de la partie linguistique du projet), l'annotation syntaxique est encodée en un format ouvert et bien défini (RDF/XML), le processus d'annotation se fait moyennant le logiciel *NotaBene* (Mazziotta 2010a ; 2010b), qui est gratuitement disponible et qui assure l'export en deux autres formats : TigerXML, qui permet d'exploiter le corpus avec l'outil *TigerSearch* (également gratuit) et CoNLL, qui permet d'entraîner des parseurs dépendanciels (cf. paragraphe 2.3.3). Cette démarche est censée faciliter l'agrandissement du corpus, et elle est actuellement appliquée à la collection des *Plus anciens documents linguistiques de la France* (DocLing, cf. Gleßgen 2003) qui recevront une annotation syntaxique suivant le même modèle.

2.3.5 Les méta-outils : plateformes et portails

La standardisation des formats des ressources textuelles a sans doute atténué les problèmes créés par la digitalisation des ressources linguistiques. Mais la grande majorité de la génération actuelle n'a pas bénéficié d'une formation informatique, et même aujourd'hui la formation de la nouvelle génération de linguistes ne transmet que très exceptionnellement ces connaissances. Par conséquent, la manipulation d'un fichier texte en dehors d'un système de traitement de texte (qui n'aurait de toute façon pas les capacités nécessaires) ou la création d'un fichier XML dans un éditeur XML sont des tâches qui ne relèvent pas de la compétence des linguistes théoriques, non spécialisés dans les corpus ou le TAL. Or, l'utilisation des ressources digitalisées est tellement devenue monnaie courante que le besoin de fonder ses recherches sur des données empiriques même dans les domaines plus théoriques devient de plus en plus pressant. Deux tendances récentes peuvent être considérées comme réponses à cette situation.

La première solution consiste à « envelopper » les outils individuels et peu conviviaux dans un environnement facilitant leur gestion, une sorte de plateforme informatique. La plateforme TXM (Heiden/Magué/Pincemin 2010) a été développée dans le projet ANR *Textométrie* dans le but de réunir en un seul environnement les techniques pour la gestion de grands corpus et pour faciliter les analyses statistiques des données textuelles. Elle a été créée dans l'esprit de l'*open source* : non seulement elle est disponible librement et gratuitement, mais elle est conçue pour l'intégration d'autres outils linguistiques qui sont distribués dans cet esprit (pour plus d'information et le lien d'accès au portail « TXM pour le web » cf. le site *Textométrie* de l'ENS de Lyon). Les possibilités offertes par TXM ne seront décrites que de façon sommaire ici, mais pour les linguistes théoriques il est probablement de première importance que le logiciel – contrairement à d'autres produits issus de la recherche en TAL – soit très bien documenté et que les développeurs ainsi que les utilisateurs partagent leurs expériences. TXM offre un mode d'emploi en ligne ou téléchargeable, des vidéos, un wiki et une liste de diffusion. Une fois installé, le programme permet non seulement d'importer des textes et d'effectuer des recherches, mais aussi – si les utilisateurs le désirent – de les annoter en intégrant d'autres outils, de visualiser les résultats des requêtes ainsi que de les soumettre à des analyses statistiques. L'utilisation minimale, la recherche dans les corpus, est à la portée de tous les utilisateurs. La possibilité de gérer des outils d'annotation permet de créer une ressource enrichie à l'intérieur de la plateforme, sans être obligé de lancer « manuellement » les programmes, c'est-à-dire sans utiliser la ligne de commande. Ainsi, il est facile d'ajouter des étiquettes morphologiques ou des lemmes à son corpus (cf. étiquetage morphologique, paragraphe 2.3.2), et ce processus est bien documenté. Par rapport à d'autres logiciels issus de la recherche, TXM présente par ailleurs l'avantage d'être conçu par une équipe française qui accorde une certaine préférence à l'explication du traitement des ressources françaises (dans la documentation, p. ex.). Même si tous les utilisateurs ne s'intéressent pas à l'exploitation statistique des résultats, qui est évidemment l'objectif principal d'un outil textométrique, l'utilisation d'une telle plateforme TXM est un progrès énorme du point de vue des linguistes, car elle facilite grandement la manipulation des corpus et des outils de corpus qui n'étaient accessibles qu'à la minorité des chercheurs qui acceptaient de consacrer une partie considérable de leur temps à se former dans ce domaine spécialisé. Toujours est-il qu'il reste des inconvénients : l'installation (bien qu'automatisée) du logiciel, sa configuration, la lecture d'au moins une partie de la documentation, sans oublier la gestion des données sur son ordinateur.

La deuxième solution est également une sorte de plateforme, mais elle va plus loin dans la mesure où elle remplace l'utilisation locale des logiciels par des services en ligne. Cette démarche est déjà bien établie dans d'autres domaines (logiciels bureautiques, stockage des données etc.), et l'Union Européenne a lancé l'initiative CLARIN (*Common Language Resources and Technology Infrastructure*) pour l'établir dans le domaine de la linguistique. Ceci n'est pas le seul objectif de CLARIN : les chercheurs en linguistique bénéficieront aussi du *virtual language observatory*, répertoriant les ressources disponibles pour différentes langues (9.542 ressources en français, chiffre relevé le 9.2.2014). Un des résultats est la plateforme virtuelle *Weblicht* (*Web-based Linguistic Chaining Tool*). Sa conception ressemble à celui de TXM : en peu de mots, *Weblicht* est destiné à faciliter le travail des linguistes en proposant l'utilisation en ligne d'un grand nombre d'outils pour différentes langues. Dans la perspective des utilisateurs, la plateforme se présente ainsi : le premier pas est le téléchargement du texte. *Weblicht* analysera alors le texte et proposera tous les outils qui correspondent à son profil. Le résultat dépendra entre autres de la langue, mais aussi du format et des informations déjà présentes dans la ressource. Pour un texte brut (non annoté), le premier outil sera un « tokeniseur » capable de découper le texte en entités analysables (en mots, p. ex.). Si cet outil est accepté, *Weblicht* proposera d'autres outils d'analyse pour le niveau lexical, p. ex. des étiqueteurs ou des lemmatiseurs. Parfois, il sera possible (ou nécessaire) de choisir entre plusieurs outils qui sont disponibles pour exécuter une même tâche. Au niveau suivant, après l'étiquetage morphologique, *Weblicht* pourra proposer un parseur dépendanciel pour ajouter une structure syntaxique, et ainsi de suite. Les couches de traitement qui pourraient suivre, sont la sémantique (désambiguïsation de mots, résolution des anaphores), la reconnaissance des mots propres, l'alignement des mots ou des phrases dans des corpus parallèles (traductions), etc., suivant la disponibilité des outils, qui, évidemment, varie selon la langue de la ressource. De cette manière, et guidés par une interface graphique conviviale (et par leurs besoins), les utilisateurs créent une chaîne de traitement pour leur texte, composée d'un ou de plusieurs de ces outils, et finissent par lancer le traitement en cliquant sur un seul bouton. Le processus technique du traitement sera alors distribué sur les serveurs fournis par le réseau des partenaires CLARIN, et ceci présente un autre avantage : il est ainsi possible de bénéficier d'un outil même s'il est trop puissant ou trop coûteux pour tourner sur un ordinateur de bureau, puisqu'aucune installation n'est nécessaire. Et parfois même les experts en TAL peuvent être surpris par l'existence d'outils qui n'ont été mis à disposition que récemment. Bref, les plateformes en ligne sont proches d'une solution de rêve au problème qui nous intéressait : l'écart entre la compétence et le besoin des linguistes dans le domaine spécialisé du TAL. Pourtant, au moins dans l'état de développement actuel de *Weblicht*, et considérée du point de vue technique, mais parfois aussi de celui du droit propriétaire, cette méthode présente l'inconvénient d'impliquer le transfert des données à un site virtuel pour les faire traiter. Et après le traitement il se posera toujours la question de son utilisation ultérieure : les requêtes et l'interprétation de leurs résultats devront se faire en local. Mais on peut supposer que les outils d'exploitation feront bientôt partie de ces services, et il est vrai que les deux projets présentés ici, *Textométrie* et *Weblicht* se rapprochent dans la mesure où TXM permet d'être installé sur un serveur et pourrait donc proposer ces services d'exploitation en ligne (cf. la version de démonstration sur le site du projet).

3 Conclusion

Somme toute faite, l'état de l'art concernant les ressources et les outils permettant leur exploitation pour la recherche linguistique a considérablement avancé pendant ces dernières années. Cette contribution a présenté un choix de ressources qui intéressent surtout la linguistique française, elle a retenu deux tendances générales comme étant particulièrement importantes : le développement des « méta-outils », qui facilitent la gestion des données et l'utilisation de certains logiciels TAL spécialisés, et la mise en place des services en ligne qui permettent aux chercheurs de produire une ressource annotée indépendamment de toute installation locale. Ces développements récents pourraient agrandir la portée des outils et des ressources électroniques et ainsi contribuer à combler le fossé qui s'est formé entre la linguistique traditionnelle et la linguistique computationnelle.

4 Bibliographie

Abeillé, Anne/Barrier, Nicolas (2004), *Enriching a French Treebank*, in : Nicoletta Calzolari et al. (edd.), *4th international conference on language resources and evaluation LREC (Lisbon, 26 may–28 may 2004)*, http://www.lrec-conf.org/proceedings/lrec2004/pdf/562.pdf.

Bohnet, Bernd (2010), *Top Accuracy and Fast Dependency Parsing is not a Contradiction*, in : Chu-Ren Huang/Dan Jurafsky (edd.), *Proceedings of the 23rd International Conference on Computational Linguistics (Coling 2010)*, Beijing, Coling 2010 Organizing Committee, 89–97.

Brill, Eric (1992), *A Simple Rule-based Part of Speech Tagger*, in : *Proceedings of the Third Conference on Applied Natural Language Processing (ANLC 1992)*, Stroudsburg, Association for Computational Linguistics, 152–155.

Candito, Marie/Crabbé, Benoît/Denis, Pascal (2010), *Statistical French dependency parsing : treebank conversion and first results*, in : *Proceedings of LREC'2010*, La Valletta, http://researchers.lille. inria.fr/~pdenis/papers/lrec10dep.pdf (24.04.2015).

Dubois, Jean/Dubois-Charlier, Françoise (1997), *Les verbes français*, Paris, Larousse.

Fillmore, Charles (1992), *« Corpus linguistics » or « Computer-aided armchair linguistics »*, in : Jan Svartvik (ed.), *Directions in Corpus Linguistics*, Berlin/New York, Mouton de Gruyter, 35–60.

François, Jacques/Le Pesant, Denis/Leeman, Danielle (2007), *Présentation de la classification des Verbes Français de Jean Dubois et Françoise Dubois-Charlier*, Langue Française 153, 3–19.

Fuchs, Catherine/Habert, Benoît (2001), *Le traitement automatique des langues*, Paris, PUF.

Gleßgen, Martin-Dietrich (2003), *L'élaboration philologique et l'étude lexicologique des « Plus anciens Documents linguistiques de la France » à l'aide de l'informatique*, in : Frédéric Duval (ed.), *Actes du X*e *colloque international sur le moyen français (12–14 juin 2000, Metz)*, Paris, École des Chartes, 371–386.

Hadouche, Fadila/Lapalme, Guy (2010), *Une version électronique du LVF comparée avec d'autres ressources lexicales*, Langages 179–180, 193–220.

Heiden, Serge/Magué, Jean-Philippe/Pincemin, Bénédicte (2010), *TXM : Une plateforme logicielle open-source pour la textométrie – conception et développement*, in : Sergio Bolasco/Isabella Chiari/Luca Giuliano (edd.), *Statistical Analysis of Textual Data-Proceedings of 10th International Conference JADT 2010, Rome, 9–11 juin 2010*, Rome, Edizioni Universitarie di Lettere Exonomia Diritto, 2 (3), 1021–1032.

Leeman, Danielle/Sabatier, Paul (2011), *Empirie, théorie, exploitation : le travail de Jean Dubois sur les verbes français*, Paris, Larousse/Colin.

Loiseau, Sylvain (2007), *CorpusReader : un dispositif de codage pour articuler une pluralité d'interprétations*, Corpus 7, 153–186.

Martineau, France (2009), *Le corpus MCVF. Modéliser le changement : les voies du français*, Ottawa, Université d'Ottawa.

Mazziotta, Nicolas (2010a), *Logiciel NotaBene pour l'annotation linguistique. Annotations et conceptualisations multiples*, Recherches qualitatives. Hors-série « Les actes » 9, 83–94.

Mazziotta, Nicolas (2010b), *Building the « Syntactic Reference Corpus of Medieval French » Using NotaBene RDF Annotation Tool*, in : Association for Computational Linguistics (ed.), *Proceedings of the 4th Linguistic Annotation Workshop (LAW IV)*, 142–146.

Prévost, Sophie/Stein, Achim (2013), *Syntactic Reference Corpus of Medieval French*, Lyon/Stuttgart/Paris, ENS de Lyon/Lattice/Universität Stuttgart.

Schmid, Helmut (1994), *Probabilistic Part-of-Speech Tagging using Decision Trees*, in : Daniel Jones (ed.), *Proceedings of the International Conference on New Methods in Language Processing (NeMLaP'94), Manchester September 1994*, Manchester, UMIST, 44–49.

Souvay, Gilles/Pierrel, Jean-Marie (2009), *LGeRM : lemmatization of Middle French words*. Traitement automatique des langues 50:2, 149–172.

Stein, Achim/Schmid, Helmut (1995), *Étiquetage morphologique de textes français avec un arbre de décisions*, Traitement automatique des langues 36:1–2 : *Traitements probabilistes et corpus*, 23–35.

van den Eynde, Karel/Mertens, Piet (2010), *Dicovalence. Dictionnaire de valence des verbes français, Version 2.0*, Leuven, University of Leuven, http://bach.arts.kuleuven.be/dicovalence/ (09.02.2014).

Michael Schreiber

29 Traduction

Abstract : Dans cet article, le phénomène de la traduction en langue française sera traité sous trois perspectives (cf. Schreiber 2006) : 1. Histoire de la traduction, 2. La traductologie moderne, 3. Traduction et linguistique. Tous les chapitres commenceront par une information bibliographique sommaire. Le premier chapitre montrera, entre autres, quelles étaient les langues sources les plus importantes pour la traduction en langue française, du Moyen Âge à nos jours, et quelles étaient les méthodes de traduction prédominant à une certaine époque. Le deuxième chapitre présentera quelques théories et auteurs importants de la traductologie moderne en langue française. Le troisième chapitre discutera un choix de problèmes linguistiques de la traduction et de l'interprétation, rencontrés dans plusieurs domaines : de la phonétique à la rhétorique.

Keywords : traduction, traductologie, histoire de la traduction, traduction et linguistique, interprétation

1 Histoire de la traduction

L'histoire de la traduction en France est relativement bien connue, grâce à un nombre important de publications sur ce sujet. Plusieurs d'entre elles traitent principalement de la traduction littéraire, notamment des « grands traducteurs » (Cary 1963). Les publications plus récentes proposent un panorama plus vaste. P. ex., Nies (2009) a rassemblé les dates sociologiques de nombreux traducteurs français, pour la plupart peu connus. La série *Histoire des traductions en langue française* (Chevrel/Masson 2012ss.) ouvre le champ dans deux directions : géographiquement, vers la francophonie, et textuellement, vers la traduction non-littéraire. Le premier volume consacré au XIXᵉ siècle (Chevrel/D'hulst/Lombez 2012) comporte entre autres les articles « Sciences et technique », « Philosophes » et « Textes juridiques ».

Malgré ces publications importantes, l'aspect linguistique de l'histoire de la traduction n'a pas été étudié de façon systématique. C'est pourquoi les sous-chapitres suivants se proposent de le mettre en exergue. Bien entendu, ce panorama ne saurait être exhaustif.

1.1 Moyen Âge

L'histoire de la traduction au Moyen Âge en France, comme dans d'autres parties d'Europe, est dominée par les traductions « verticales » du latin vers la langue vulgaire (cf. Folena 1991, 13). Selon Albrecht (1995), les nombreuses traductions du latin vers les langues romanes ont joué un rôle important pour la relatinisation de celles-ci. Il cite, dans ce contexte, le traducteur Nicole Oresme qui a travaillé pour le roi Charles V (le Sage), au XIVᵉ siècle. Dans ses traductions, indirectes (grec > latin > français) pour la plupart, il introduit souvent un mot savant en y ajoutant un mot populaire ou une paraphrase correspondante : « agent et faiseur, puissance auditive ou puissance de oïr, velocité et hastiveté » (Albrecht 1995, 21). Ce procédé explicatif se retrouve dans beaucoup de traductions de l'époque. Pöckl, qui a étudié les contextes historique et sociologique de cette « école de traduction », met l'accent sur la nécessité communicative des traductions du latin vers la langue vulgaire à la cour de Charles le Sage :

> « [...] pour ce que les livres morals de Aristote furent faiz en grec, et nous les avons en latin moult fort a entendre, le Roy a voulu, pour le bien commun, faire les translater en françois, fin que il et ses conseilliers et autres les puissent mieulx entendre » (Nicole Oresme, d'après Pöckl 2006, 181).

Si la traduction est une pratique culturelle importante pendant le Moyen Âge, il n'en existe pas encore, en français, un concept bien défini, exprimé par un seul terme technique. En effet, les traducteurs utilisent des mots et périphrases divers pour décrire leur activité :

> « Les plus fréquemment utilisées sont *translater en françois*, *translation* et *translateur*, d'autres formules surviennent plus rarement : *convertir en françois* [...], *mettre en latin* [...], *transferer du dit langaige latin en langue françoise* [...] » (Bérier 1988, 239).

1.2 Renaissance

Pendant la Renaissance, la langue latine perd de sa prédominance en tant que langue source. Sous l'influence de l'humanisme, on traduit de plus en plus de textes grecs d'après la langue originale. L'humaniste Jacques Amyot, qui passe pour un précurseur des « belles infidèles » du XVIIᵉ siècle (cf. Mounin 1955, 135), est connu pour sa traduction élégante des *Vies parallèles* de Plutarque (1559–1565).

Parmi les langues vulgaires, l'italien devient la langue source la plus importante :

> « Jamais on ne traduisit plus de textes italiens que durant les dernières décennies du XVIᵉ siècle. Entre 1570 et 1600, les libraires français en publièrent plus de quatre cents titres, dont la moitié étaient entièrement nouveaux » (Balsamo 1998, 90).

Les traductions de l'italien ont une influence importante sur la langue et la littérature françaises. Avec Marot, p. ex., le sonnet – en tant que genre et en tant que terme technique – trouve sa place en France.

En outre, le XVIᵉ siècle connaît le premier théoricien de la traduction en France : le traducteur et imprimeur Étienne Dolet. En 1540, il publie un essai intitulé *La manière de bien traduire d'une langue en aultre* qui comporte cinq règles de traduction. Cary souligne l'importance linguistique de la quatrième règle :

> « Il [Dolet] met en regard les langues jeunes de son époque, dites vulgaires, et les grandes langues de l'antiquité classique, pour conseiller de ne pas se laisser envoûter par la richesse, la finesse, la variété de la langue de l'original et de suivre 'le commun langage' » (Cary 1963, 12).

Cette formulation rappelle les principes de Luther pour la traduction de la Bible. Certes, le XVIe siècle connaît plusieurs traductions françaises de la Bible, mais aucune d'elles n'aura une influence profonde sur la langue française :

> « Il n'y a pas eu l'équivalent de la Bible de Luther (1534) ou de la version du Roi Jacques (1611), même si la Bible d'Olivétan souvent revue constitue l'épine dorsale des traductions réformées. Mais Olivétan n'a pas marqué le français comme Luther l'allemand » (Bogaert 1991, 249).

1.3 XVIIe et XVIIIe siècles

Pendant le XVIIe siècle, la fonction principale des traductions change. Du Moyen Âge à la Renaissance, les traductions ont enrichi la langue et la littérature françaises. Au XVIIe siècle, étant donné les efforts entrepris pour normaliser la langue française et donner des normes aux différents genres littéraires, la traduction littéraire devient un moyen de « formation du goût classique » (Zuber 1968), c'est-à-dire qu'elle confirme la norme plutôt que d'introduire de nouvelles expressions ou formes littéraires. Le but principal des traductions de l'époque, appelées « belles infidèles », est de plaire au lecteur :

> « C'est le nombrilisme de la société de Louis XIV et sa volonté d'être le phare de l'Europe qui ont donné la priorité au lecteur français du XVIIe siècle, et non plus à l'auteur classique » (Balliu 2002, 36).

Or, il y a aussi des voix critiques : Pierre Daniel Huet, dans son importante monographie en deux volumes, intitulée *De interpretatione* (1661), plaide pour une traduction littérale, imitant le plus fidèlement possible les structures de la langue source (cf. Albrecht 1998, 69), et Madame Dacier défend la position des « anciens » contre les « modernes » dans la querelle sur la traduction d'Homère (cf. Cary 1963, 51).

Le XVIIIe siècle connaît un changement important quant aux langues sources des traductions. Avec plus de 1000 traductions, la langue anglaise devient, de loin, la langue source la plus importante. Selon Nies (2009, 61), l'« anglomanie » de l'époque est surtout un phénomène de traduction.

Quant à la méthode de traduction, le modèle des « belles infidèles » est suivi par de nombreux traducteurs, p. ex. dans les traductions des pièces de Shakespeare. Dans une traduction de De la Place, la pierre se transforme en marbre, et « sweet Hamlet » devient un « noble Prince » (Stackelberg 1971, 589). Voltaire défend les traductions naturalisantes des drames de Shakespeare en ces termes : « Shakespeare était un grand génie, mais il vivait dans un siècle grossier ; et l'on retrouve dans ses pièces la grossièreté de ce temps, beaucoup plus que le génie de l'auteur » (Münzberg 2003, 265). Et les encyclopédistes soulignent l'esprit créateur d'un « bon » traducteur :

> « [...] l'encyclopédiste [d'Alembert] élabore un classement entre les écrivains et les traducteurs. Il situe en premier l'écrivain créateur, ensuite le bon traducteur, et la dernière position est réservée à l'écrivain sans *génie* » (Groult 2001, 220).

Étant donnée la prédominance de la langue et la culture françaises au XVIIIᵉ siècle en Europe, cette époque connaît de nombreuses traductions indirectes. Stackelberg (1984, 186ss.) cite, entre autres, la traduction italienne (de Loschi) des *Night Thoughts* de Young basée sur la traduction française (de Le Tourneur) ; deux versions qui sont des « belles infidèles » typiques. Ainsi « her song » devient d'abord « sa douce chanson », puis « la sua dolcissima canzonetta ».

Cependant, le siècle des Lumières est aussi marqué par d'importantes traductions de textes philosophiques et scientifiques, notamment de l'anglais. Le huguenot Pierre Coste, p. ex., traduit plusieurs textes de Locke et le *Traité d'Optique* de Newton (cf. Rumbold 1991, 49ss.).

1.4 Révolution française et XIXᵉ siècle

La Révolution française, connue aujourd'hui pour sa politique linguistique en faveur d'une langue nationale unique, est une importante étape pour l'histoire de la traduction des textes politiques, juridiques et administratives, car elle instaure une véritable politique des traductions. Brunot cite un décret du 14 janvier 1790 prévoyant de traduire les lois et décrets de l'Assemblée nationale « dans tous les idiomes qu'on parle dans les différentes parties de la France » (Brunot 1967, 25). Cette première phase de la politique des traductions est donc focalisée sur les langues régionales, notamment l'allemand (en Alsace), le breton, le flamand, l'italien et l'occitan (cf. Schlieben-Lange 1996, 64ss.). Une deuxième phase, moins connue, concerne diverses langues européennes, en incluant des langues de pays ennemis de la France. Aux Archives nationales on peut trouver des traductions de décrets et de discours en allemand, anglais, espagnol, italien, néerlandais, polonais, russe et suédois, faites par le bureau des traductions de la Convention nationale à des fins de propagande, sous les auspices du Comité de salut public (cf. Schreiber 2015). Un troisième volet de la politique des traductions, également peu étudié, porte sur les régions occupées par la France ou sous l'influence de la Grande Nation, et se poursuit durant l'époque Napoléonienne : Au ministère de la Justice, au bureau de l'envoi des lois, se font des traductions du *Bulletin des lois* en allemand, italien et flamand. A partir de 1810, on publie même séparément un « Bulletin hollandais », à côté du « Bulletin flamand » pour la Belgique (cf. D'hulst 2015).

Pendant le XIXᵉ siècle, l'anglais reste la langue source la plus importante pour les traductions en français, suivie de l'allemand (cf. Wilfert-Portal 2012, 270). Les romans de Walter Scott, p. ex., sont très populaires en France, mais les traducteurs littéraires de l'époque « sont assez mal lotis » (Pickford 2012, 173). Sous l'influence du romantisme allemand, les méthodes de traduction changent. Selon Stackelberg (1971, 585), la période des « belles infidèles » s'achève dans les années 1830 pour faire place à des traductions plus littérales. Chateaubriand traduit Poe, en suivant de près la syntaxe de la phrase anglaise.

À l'échelle de l'enseignement, la pratique de la traduction des langues classiques vers le français, à savoir la « version latine » et la « version grecque », sert à former le style des élèves, tandis que la traduction scolaire joue un moindre rôle dans d'autres pays (cf. Chervel 2008, 568ss.).

Dans plusieurs pays bilingues ou multilingues, des textes politiques et juridiques sont traduits en français. En Suisse, pays officiellement trilingue à partir de 1848, les lois sont traduites de l'allemand vers le français et l'italien. Au Canada, à partir de 1875, le parlement publie les débats des deux chambres dans les deux langues officielles, c'est-à-dire l'anglais et le français (cf. Dullion 2012, 1085ss.).

1.5 XXᵉ et XXIᵉ siècles

Pendant le XXᵉ siècle et le début du XXIᵉ siècle, la prédominance de l'anglais comme langue source des traductions en France va en grandissant. L'allemand vient en deuxième position, devant l'italien, l'espagnol et le russe (cf. Sapiro 2008, 81). Linguistiquement, beaucoup de traductions françaises se conforment aux normes stylistiques du bon usage, comme celles de la précision, de la concision, de l'harmonie et de l'objectivité (cf. Grünbeck 1976, 3).

À l'échelle internationale, la mondialisation semble plutôt favoriser la traduction que de la rendre superflue :

> « [...] le développement spectaculaire de la traduction tant écrite qu'orale à l'époque contemporaine est dans une très large mesure dû à l'apparition des organismes internationaux (première mondialisation) ainsi qu'aux progrès techniques (deuxième mondialisation) » (Oustinoff 2003, 111s.).

Les professions dans le domaine de la traduction et de l'interprétation se spécialisent de plus en plus. Le *Guide des métiers de la traduction-localisation et de la communication multilingue et multimédia* de Gouadec (2009) contient des informations sur les métiers d'interprète de conférence, de liaison, d'interprète en langue des signes, de lexicographe, terminologue, traducteur technique, traducteur littéraire, traducteur audiovisuel, localisateur de logiciels, localisateur de sites Web, localisateur de jeux vidéo, rédacteur technique, de réviseur ou chef de projet.

Dans le domaine législatif, quelques pays bi- ou multilingues essaient de substituer la « corédaction » à la traduction. P. ex., le Canada où

« Traditionnellement, les lois étaient rédigées en anglais et ensuite traduites en français. En 1978, le ministère de la Justice du Canada met en œuvre un mode de corédaction : deux rédacteurs, un juriste anglophone et un juriste francophone, rédigent le texte de loi séparément et une équipe de jurilinguistes les conseille pour assurer une concordance entre les versions » (Lavoie 2003, 129).

Le Canada est aussi le premier pays à connaître un système de traduction automatique qui fournit des résultats acceptables, quoique dans un domaine restreint :

« Taum-Météo, mis en œuvre dès 1965 à l'Université de Montréal, commence à traduire des bulletins météorologiques dès 1977. Ce système a deux caractéristiques qui en font un système en utilisation réelle : il est fondé sur un sous-langage correspondant au style télégraphique utilisé par les rédacteurs des bulletins (ne comportant par exemple ni articles ni verbes tensés) ce qui simplifie la traduction. Deuxièmement, c'est le système lui-même qui détermine s'il est capable ou non de traduire une phrase. Sinon il fait appel à un traducteur humain » (Léon 2006, 2775).

2 La traductologie moderne

La traductologie, en tant que discipline plus ou moins autonome qui étudie la traduction sous diverses perspectives, se développe à partir des années 1950. L'ouvrage d'Oustinoff (2003), destiné au grand public, donne un premier aperçu. Pour une introduction plus complète, voir Guidère (²2010). Les paragraphes qui suivent présentent quelques chercheurs et écoles importants de la traductologie francophone. Ils se limitent à un choix de publications caractéristiques (cf. Schreiber 2008).

2.1 Deux pionniers

Ayant publié leurs premières monographies dans les années 1950, le linguiste Georges Mounin et l'interprète de conférence Edmond Cary, d'origine russe, font figure de pionniers de la traductologie francophone. Si leurs positions semblent être incompatibles à première vue (pour Mounin, l'étude de la traduction relève de la linguistique, tandis que Cary s'est prononcé contre une telle approche), les deux chercheurs partagent néanmoins un intérêt commun pour les méthodes de traduction. Dans sa monographie intitulée *Les belles infidèles* (1955), Mounin présente une typologie des méthodes de traduction, basée sur deux expressions métaphoriques : les « verres transparents » (traductions « naturalisantes », orientées vers la culture cible) et les « verres colorés » (traductions « exotisantes », fidèles aux structures formelles du texte source). Certes, cette dichotomie n'est pas nouvelle, mais Mounin va plus loin que ces prédécesseurs en appliquant ces deux principes de traduction à trois champs différents : la langue, la culture et le temps, tout en donnant des exemples historiques pour chaque méthode de traduction (cf. Mounin 1955, 109ss.). Pour Mounin, le choix de la méthode de traduction dépend donc avant tout du contexte historique.

Un an après *Les belles infidèles* de Mounin, Cary publie *La traduction dans le monde moderne* (1956) où il dresse un panorama des différents types de traduction et d'interprétation : la traduction littéraire, la traduction technique, la traduction automatique et l'interprétation de conférence, etc. Pour Cary, la méthode de traduction dépend de plusieurs critères :

> « [...] il n'existe pas de traduction dans l'abstrait. Le traducteur travaille sur un texte donné, à une certaine époque, dans un certain pays, pour un certain public, en vue d'une utilisation déterminée du texte » (Cary 1956, 25).

Puisqu'il prend en compte la fonction de la traduction, Cary pourrait être considéré comme un « fonctionnaliste » *ante litteram* (cf. la théorie du « skopos » dans la traductologie allemande à partir des années 1970, résumée par Guidère [2]2010, 72ss.).

2.2 La stylistique comparée

La stylistique comparée est une approche située entre la linguistique contrastive et la traductologie. Elle poursuit deux objectifs : la comparaison du « style » propre à deux langues et l'étude des problèmes de traduction entre celles-ci. Les deux livres classiques de cette approche sont la *Stylistique comparée du français et de l'anglais* des deux Canadiens Jean-Paul Vinay et Jean Darbelnet (1958), et la *Stylistique comparée du français et de l'allemand* d'Alfred Malblanc ([5]1968). Le volume dédié au français et à l'italien, de Pierre Scavée et Pietro Intravaia (1979), aura moins de succès.

En traductologie, la stylistique comparée est surtout associée à la classification des « procédés techniques de la traduction » : une liste de sept procédés, allant du procédé le plus littéral (l'emprunt) au procédé le plus libre (l'adaptation). Cette classification a été maintes fois discutée, critiquée et modifiée (cf. Henschelmann 2004).

L'approche bilatérale de la stylistique comparée, focalisée sur deux langues, a fait l'objet de critique de quelques linguistes. C'est pour élargir l'horizon linguistique que le romaniste Mario Wandruszka (1969) a proposé une comparaison multilatérale de textes traduits dans plusieurs langues romanes et germaniques, appelée « Interlinguistik » (cf. Pöckl 2001).

2.3 La « théorie du sens »

La « théorie du sens », appelée aussi « théorie interprétative », a été élaborée par Danica Seleskovitch et Marianne Lederer, de l'ESIT (École Supérieure d'Interprètes et de Traducteurs), à l'Université Paris 3 (Sorbonne Nouvelle) où la traductologie fait l'objet d'un cursus de doctorat depuis les années 1970. La « théorie du sens » a été conçue par Seleskovitch dans le champ de l'interprétation (orale) et appliquée plus tard à la traduction (cf. Seleskovitch/Lederer 1984). Le principe en est assez simple : Pour éviter une traduction mot-à-mot (« transcodage ») qui présuppose des rapports univoques entre les structures des deux langues, le traducteur (ainsi que l'interprète) doit interpréter (« déverbaliser ») le sens du texte source et le réexprimer (« reverbaliser ») de manière idiomatique dans la langue cible, sans égard pour les structures de la langue source.

Cette « théorie », qui est plutôt une recette pédagogique basée sur l'expérience professionnelle qu'une théorie au sens strict, a été critiquée par d'autres chercheurs, notamment par Daniel Gile (1995), qui a plaidé pour une étude empirique de l'interprétation.

2.4 « Sourciers » et « ciblistes »

Jean-René Ladmiral, de l'ISIT (*Institut Supérieur d'Interprétation et de Traduction*, rattaché à l'Institut catholique de Paris), est surtout connu dans la traductologie française pour la distinction faite entre « sourciers » et « ciblistes », c'est-à-dire entre les traducteurs qui donnent la priorité au texte source et ceux qui donnent la priorité au texte cible (cf. Ladmiral 1986). Dans le débat vif suscité par cette distinction, Ladmiral défend la position des « ciblistes » et critique les « sourciers » :

> « [...] le littéralisme, que prônent lesdits 'sourciers', n'est en réalité très souvent chez le traducteur qu'une forme de *régression* face à une difficulté insurmontée » (Ladmiral 1999, 45).

La position des sourciers a été défendue, entre autres, par Antoine Berman et Henri Meschonnic. L'approche de Berman est basée sur une étude de la théorie de la traduction pendant le romantisme allemand (Berman 1984). Pour B. Godard, ce livre signale le début d'un « virage éthique » en traductologie :

> « On aurait pu inscrire la transformation des théories de la traduction sous le signe d'un 'virage éthique' qui aurait été inauguré en 1984 avec la publication de *L'Épreuve de l'étranger*, car Antoine Berman a privilégié lui aussi les rapports interculturels avec l'autre. [...] Il articule 'la *visée éthique* du traduire' en termes de reconnaissance 'de l'Autre' : 'l'essence de la traduction est d'être ouverture, dialogue, métissage, décentrement' » (Godard 2001, 55).

Henri Meschonnic s'est occupé surtout de la traduction de la Bible. Il a critiqué les traductions françaises existantes :

> « Les traductions courantes de la Bible se sont toutes résignées à ne garder que les idées ('l'esprit') et ont abandonné sa 'forme' à l'original, comme intraduisible. Elles transforment un langage poétique en sous-littérature où subsiste seul le 'sens' » (Meschonnic 1973, 411).

Meschonnic donne la priorité à l'oralité du texte biblique, notamment au rythme. Il a publié des traductions de plusieurs livres de l'Ancien Testament.

2.5 Philosophes et sociologues

Ces derniers temps, la traductologie a été influencée par des représentants de disciplines voisines, comme la philosophie et la sociologie. Nous citerons le philosophe Jacques Derrida et les sociologues Pierre Bourdieu et Bruno Latour.

Derrida a « déconstruit » plusieurs distinctions dichotomiques classiques propres à la théorie de la traduction, p. ex., la distinction entre « traduisibilité » et « intraduisibilité » qui est, pour lui, un faux problème : « Or je ne crois pas que rien soit jamais intraduisible – ni d'ailleurs traduisible » (Derrida 2004, 563). Pour une application de plusieurs concepts de la philosophie de Derrida à la théorie de la traduction, cf. Dizdar (2006).

Les théories du sociologue Pierre Bourdieu, p. ex., la théorie du champ littéraire, ont été importantes pour la naissance d'une « sociologie de la traduction », qui élargit les perspectives des études traductologiques :

> « [...] d'une part il y a lieu d'intégrer au modèle de pensée pratique les conditions économiques et sociales qui rendent possible la traduction [...]. D'autre part, il convient également d'intégrer au modèle les activités des agents [...], à savoir en tout premier lieu les traducteurs, mais également les auteurs du texte source (et leurs éditeurs), l'éditeur du texte cible et les autres agents d'édition du texte cible » (Gouanvic 2007, 80).

Une autre théorie sociologique qui a été récemment appliquée à la traduction, est la « théorie de l'acteur-réseau » (« actor-network-theory ») de Bruno Latour. À la différence de l'approche bourdieusienne, elle met l'accent sur le processus de traduction et inclut des acteurs non-humains (cf. Folaron/Buzelin 2007).

2.6 Théoriciens et praticiens

Avant de conclure ce chapitre, notons que la traductologie moderne souffre parfois d'un écart considérable entre théorie(s) et pratique(s). L'enseignant et praticien Daniel Gouadec critique la multitude de théories et le statut peu claire de la discipline, dans un article intitulé *Trop de traductologies tuent la traductologie* (Gouadec 2006). Dans plusieurs manuels, Gouadec décrit les pratiques professionnelles dans le domaine de la traduction, tout en renonçant à un cadre théorique explicite (cf., p. ex., Gouadec 2009).

Rares sont ceux qui publient sur des aspects théoriques et pratiques. On citera, p. ex., Michel Ballard qui a publié, entre autres, une monographie sur l'histoire des théories de la traduction (Ballard [2]1995) et un manuel pratique (avec exercices) destiné à la traduction de l'anglais au français (Ballard [2]2005).

Une tentative récente de concilier théorie, pratique et enseignement est le livre *La traduction. La comprendre, l'apprendre* de Daniel Gile (2005), comme on peut le reconnaître à l'intitulé des chapitres : « Les langues de travail du traducteur professionnel », « Éléments pratiques pour la didactique de la traduction », « Éléments de traductologie », etc.

3 Traduction et linguistique

Les problèmes linguistiques de la traduction dépendent largement de la paire de langues concernée. Un certain nombre de manuels sont consacrés à l'introduction à la traduction de diverses langues en français ou vice versa. Citons, à titre d'exemple, Ballard (²2005, anglais-français) et Hervey/Higgins (1992, français-anglais), Truffaut (1983, allemand-français) et Henschelmann (1999, français-allemand), ainsi que Podeur (2002, français-italien et italien-français). Pour une approche plus vaste, voir la monographie d'Albrecht (2005), qui contient des exemples en plusieurs langues, notamment romanes et germaniques.

Pour des raisons évidentes, les paragraphes suivants ne pourront que traiter un choix très sélectif de problèmes linguistiques de traduction. Par ce choix, nous essayerons de démontrer des affinités entre quelques disciplines linguistiques et certains types de traduction ou d'interprétation.

3.1 Phonétique : le doublage

Il est évident que le doublage de films ou de séries télévisées présente des problèmes d'ordre phonétique. On peut, selon Herbst (1994), distinguer plusieurs types de synchronisme, notamment un synchronisme quantitatif, qui relève de la durée de l'énoncé, et un synchronisme qualitatif qui concerne l'ouverture de la bouche et le mouvement des lèvres. Or, ce ne sont pas tous les sons qui posent problème. Parmi les sons les plus problématiques, on peut citer les consonnes bilabiales et labiodentales. En guise d'illustration, voici une citation tirée du film *Some like it hot* et de sa version française doublée (*Certains l'aiment chaud*) :

> « Da*ph*ne, your *b*oyfriend's *w*aving at you ! ».
> « Da*ph*né, ton *p*etit ami te *f*ait signe ! » (Le Nouvel 2007, 49; mes italiques, MS).

Ici, l'adaptateur-dialoguiste français a introduit l'adjectif « petit » pour permettre la prononciation synchrone des labiales [b] et [p]. Un autre effet de synchronisme se présente dans la prononciation des labiodentales [v] (dans « waving ») et [f] (dans « fait ») tandis que la version française ne présente pas d'équivalents appropriés pour la bilabiale [w] et la labiodentale [f] (dans « boyfriend »).

Toutefois, la nécessité d'un synchronisme qualitatif se relativise dans certaines situations, p. ex., si la bouche de l'acteur n'est pas clairement visible (cf. Reinart 2004, 94).

3.2 Typographie : la traduction littéraire

Dans la traduction littéraire, des moyens typographiques, comme la ponctuation et l'emploi des alinéas, peuvent jouer un rôle non négligeable, notamment à propos des signes qui marquent le discours direct (cf. Schreiber 2012). Si on suit les normes de ponctuation, un texte narratif allemand présente une frontière plus nette entre récit et discours qu'un texte français. Ceci est surtout valable pour le traitement des incises. Voici, en guise d'illustration, un passage extrait de Balzac et sa traduction en allemand :

> « – Votre cousin ne se ressemble plus à lui-même, dit le Portugais en riant à la vicomtesse quand Eugène les eut quittés. Il va faire sauter la banque ».
> « ‹ Ihr Vetter ist ja ganz verwandelt ›, sagte der Portugiese lachend zur Gräfin, nachdem Eugen sie verlassen hatte. ‹ Er wird die Bank sprengen › » (Schreiber 2012, 250).

Ici, le texte source contient une incise élargie. La distance entre la première et la deuxième partie du discours direct est plus grande que dans le cas d'une incise minimale du type « dit-il ». Par conséquent, le lecteur doit faire un certain effort pour interpréter la phrase « Il va faire sauter la banque » comme faisant partie du discours direct. Dans la traduction, les choses sont beaucoup plus claires : L'emploi strict des guillemets exclut l'incise du discours direct et y inclut la dernière phrase. Ce procédé est conforme aux règles orthographiques de l'allemand, et, par conséquent, le cas normal dans les traductions allemandes.

Or, tous les écrivains ne suivent pas les règles prescriptives de l'orthographe. Dans l'exemple suivant, tiré du roman *Berlin Alexanderplatz*, Alfred Döblin présente un collage du récit et de plusieurs citations et allusions (conte de fée, chansons, etc.). Comme il n'emploie ni alinéa ni guillemets, il y a une fusion complète de tous ces composants, typique pour ce roman. La traduction française, elle, présente une image totalement différente :

> «Das schwammige Weib lachte aus vollem Hals. Sie knöpfte sich oben die Bluse auf. Es waren zwei Königskinder, die hatten einander so lieb. Wenn der Hund mit der Wurst übern Rinnstein springt. Sie griff ihn, drückte ihn an sich. Putt, putt, putt, mein Hühnchen, putt, putt, putt, mein Hahn.

> La grosse fille rit à gorge déployée. Elle déboutonna le haut de son corsage.
> *Il y avait une fois un prince et une princesse qui s'aimaient tendrement.*
>

Quand le cleb,

Dans la plèbe,

Fait un saut,

Un peu haut,

Il tient entre ses dents

Un saucisson appétissant

Elle le prit dans ses bras.

> *Chouette, chouette, chouette,*
> *Ma poulette*
> *Toc, toc, toc,*
> *Mon petit coq ».*

(Schreiber 2012, 249s.)

Avec l'aide de deux signes typographiques, les italiques et l'alinéa, le mélange de l'original a été remplacé par un arrangement nettement divisé. On pourrait dire que le style individuel de Döblin a été victime d'un cartésianisme excessif de la traductrice française.

Pour d'autres problèmes relatifs à la traduction des textes narratifs, souvent sous-estimés, cf. Zuschlag (2002) et Roux-Faucard (2008).

3.3 Terminologie : la traduction spécialisée

D'aucuns pensent que la traduction spécialisée ne devrait pas poser de problèmes majeurs, les termes techniques étant tous standardisés selon des critères extralinguistiques et, par conséquent, facilement interchangeables d'une langue en autre. Or, rien n'est moins vrai, car les langues de spécialité sont imprégnées de spécificités culturelles (cf. Albrecht 1992 ; Reinart 2005 et 2009). Cela est même valable pour certains termes des « sciences exactes », comme la physique ou la chimie. Reinart cite le cas des éponymes, à savoir des termes techniques qui contiennent des noms propres, souvent le nom d'un scientifique de la culture source :

> « Ainsi, le *principe de Carnot* [note en bas de page : D'après le physicien français Sadi Carnot
> (1797–1832)] est plus connu en allemand en tant que ‹ *zweiter Hauptsatz der Thermodynamik* › –
> bien que la désignation ‹ *Carnotscher Kreisprozess* › existe aussi. [...] De même, le ‹ *Blaugas* › – qui
> ne désigne point, comme on pourrait le croire, un ‹ **gaz bleu* ›, mais un gaz incolore développé
> par Blau et Riedinger [...] – s'appelle *gaz cyanogène* en français, etc. » (Reinart 2005, 13).

Dans le cas de *principe de Carnot*, le traducteur allemand a donc le choix entre deux synonymes (l'éponyme étant moins usité qu'en français), tandis que le *Blaugas* est un faux ami du traducteur français.

Les divergences culturelles sont encore plus importantes dans le domaine du langage économique :

> « Ainsi, un *comité d'entreprise* français n'a pas les mêmes compétences qu'un *Betriebsrat* alle-
> mand, le *revenu minimum d'insertion* ne correspond ni tout à fait au *Arbeitslosengeld* ni à *Hartz
> IV*, une *société anonyme* française peut avoir une structure et des organes différents de ceux
> d'une *Aktiengesellschaft* allemande, etc. Comme les termes répondent aux besoins habituels
> d'expression des usagers, les traducteurs se trouvent là aussi en face d'équivalents partiels voire
> de lacunes linguistiques qu'ils doivent – selon les contextes – combler par différents procédés de
> traduction » (Reinart 2005, 16).

Au lieu d'utiliser un équivalent partiel qui pourrait créer un malentendu, le traducteur aura souvent recours à un emprunt, un calque ou une périphrase explicative. Le choix du procédé de traduction approprié dépend du contexte. Schneiders (2007) discute cette problématique à propos d'un problème notoire du langage juridique : les noms des tribunaux. Selon Schneiders (2007, 233), dans le cadre d'une traduction littéraire, il serait tout à fait légitime de traduire *Tribunal d'Instance* par l'équivalent partiel *Amtsgericht*, qui donnerait au lecteur allemand une idée approximative de l'institution désignée. Pour la traduction juridique, en revanche, Schneiders propose de traduire *Tribunal d'Instance* par le calque analytique *Erstinstanzgericht*, qui signalerait au lecteur averti à quelle catégorie de tribunal il a affaire, sans évoquer le système juridique allemand.

3.4 Syntaxe : l'interprétation simultanée

Dans l'interprétation simultanée, les différences syntaxiques entre la langue source et la langue cible peuvent causer des problèmes importants. La place du verbe en allemand, notamment dans les subordonnées et les constructions à prédicat bipartite (« Satzklammer »), est un problème récurrent. Afin d'éviter un décalage trop grand entre l'énoncé source et l'interprétation, l'interprète doit parfois anticiper le verbe allemand. Cela est normalement possible dans le cas des formules conventionnelles (salutations, remerciements, etc.). Feldweg cite, à ce propos, le discours d'ouverture d'une conférence internationale, qui commence en ces termes :

> « Meine Damen und Herren, zu Beginn unserer Tagung *möchte* ich den Herrn Oberbürgermeister dieser schönen Stadt, in welcher wir heute und morgen zu Gast sein dürfen, und in welcher wir vor 17 Jahren schon einmal zusammenkamen, der auch freundlicherweise die Schirmherrschaft über unseren Kongress übernommen hat... » (Feldweg 1996, 48 ; mes italiques, MS).

Ce passage contient, jusqu'ici, un verbe modal fléchi (« möchte »), en tant que première partie du prédicat, mais on attend la seconde partie du prédicat, un infinitif. Le discours a été interprété simultanément en anglais, français et italien, trois langues qui ne connaissent pas de « Satzklammer ». Les trois interprètes ont alors anticipé l'infinitif le plus vraisemblable, « danken » ('remercier'). Or, l'orateur a poursuivi en disant « ... bei Ihnen entschuldigen » ('excuser'), obligeant les interprètes à corriger ce qu'ils venaient de dire (Feldweg 1996, 49). En français, on utilise dans une telle situation un marqueur de reformulation comme *c'est-à-dire*, même si on ne reformule la phrase, mais on la corrige.

Pour d'autres problèmes linguistiques de l'interprétation simultanée, cf. Niemann (2012, allemand, anglais et français) et Russo (2012, espagnol et italien).

3.5 Linguistique des variétés : le sous-titrage

Le sous-titrage est un type de la traduction audiovisuelle qui concerne, par définition, la linguistique des variétés, car il consiste à transformer un énoncé oral en un énoncé écrit. Cette transformation implique la nécessité d'abréger le texte, car la lecture des sous-titres contenant une traduction complète dépasserait les capacités perceptives des spectateurs. Heureusement, la redondance de la langue parlée permet de réduire les pertes sémantiques dans le sous-titrage :

> « On peut par exemple remarquer qu'il y a normalement plus de redondance à l'oral, plus d'hésitation, de répétitions, de marqueurs d'interaction, ainsi qu'un registre moins soutenu. En même temps, il ne faut pas oublier que, lors du transfert, les sous-titres écrits ne seront pas lus isolément, mais seront perçus en tant que composante du texte multimodal que constitue le programme audiovisuel » (Şerban 2008, 92).

Pour illustrer le passage de la langue parlée à la langue écrite, Şerban cite ce passage extrait du film américain « *Twelve Angry Men* » et de sa version française sous-titrée (« *Douze hommes en colère* ») :

> « *Look, maybe... Maybe* this is an idea. *Now, I haven't given it much thought, but* it seems to me that it's up to us to convince *this* gentleman that he's wrong and we're right. *Now, maybe* if we each *took a couple of minutes just to...* Well, it was just a quick idea. [...] »
> « J'ai une idée. Il me semble / que c'est à nous de convaincre monsieur / qu'il a tort et que nous avons raison. / Chacun de nous pourrait... / Enfin, je dis ça comme ça. / [...] »
> (Şerban 2008, 96).

Dans ce passage, le sous-titreur a éliminé plusieurs marqueurs d'hésitation (en italiques dans le texte), tout en gardant quelques mots et expressions qui évoquent un registre parlé, p. ex., dans la dernière phrase (« Enfin, je dis ça comme ça. »).

Pour d'autres problèmes spécifiques du sous-titrage cf. Reinart (2004, 80ss.).

3.6 Rhétorique : la traduction des discours politiques

Il n'est pas surprenant que la traduction des discours politiques pose des problèmes de nature rhétorique. En guise d'exemple, nous analyserons une figure rhétorique qui est typique pour les discours de Nicolas Sarkozy, l'ancien président de la République française. Il s'agit de l'*anaphore* (dans le sens rhétorique), c'est-à-dire, la répétition des mots ou syntagmes en début de phrase. Cette figure est quasi omniprésente dans les discours de Sarkozy et leur donne souvent un caractère pathétique. Voilà un passage d'un discours qu'il a prononcé le 16 mai 2007, après son entrée en fonction en tant que président de la République, et la traduction allemande officielle :

> « *Je pense* à tous les Présidents de la Ve République qui m'ont précédé.
> *Je pense* au Général de Gaulle qui sauva deux fois la République, qui rendit à la France sa souveraineté et à l'État sa dignité et son autorité.

Je pense à Georges Pompidou et à Valéry Giscard d'Estaing qui, chacun à leur manière, firent tant pour que la France entrât de plain-pied dans la modernité.

Je pense à François Mitterrand, qui sut préserver les institutions et incarner l'alternance politique à un moment où elle devenait nécessaire pour que la République soit à tous les Français.

Je pense à Jacques Chirac, qui pendant douze ans a œuvré pour la paix et fait rayonner dans le monde les valeurs universelles de la France ».

« *Ich denke* an alle Präsidenten der V. Republik, die mir vorausgegangen sind.

Ich denke an General De Gaulle, der die Republik zweimal gerettet hat, der Frankreich seine Souveränität und dem Staat seine Würde und Autorität zurückgegeben hat.

Ich denke an Georges Pompidou und Valéry Giscard d'Estaing, die – jeder auf seine Weise – dafür gesorgt haben, dass Frankreich entschlossen den Schritt ins Zeitalter der Moderne vollzog.

Ich denke an François Mitterrand, der es verstanden hat, die Institutionen zu erhalten und – zu einem Zeitpunkt, wo ein politischer Wechsel erforderlich war, um die Republik zur Republik aller Franzosen zu machen – diesen politischen Wechsel zu verkörpern.

Ich denke an Jacques Chirac, der sich zwölf Jahre lang für den Frieden eingesetzt und den universellen Werten Frankreichs weltweit Ausstrahlung verliehen hat » (Schreiber 2011, 395s.).

Le traducteur allemand a gardé toutes les répétitions, probablement à cause du caractère solennel du discours.

Passons à un autre discours, prononcé le même jour. Tout juste après son entrée en fonction, le président est allé au Bois de Boulogne pour rendre hommage aux « martyrs du Bois de Boulogne », c'est-à-dire à un groupe de résistants français assassinés par la Gestapo allemande le 16 mai 1944. Ci-après un passage extrait de ce discours, suivi de sa traduction allemande :

« *Ici en ce 16 août 1944*, ces 35 jeunes Français qui vont mourir incarnent ce qu'il y a de plus noble dans l'homme face à la barbarie.

Ici en ce 16 août 1944 ce sont les victimes qui sont libres et les bourreaux qui sont esclaves.

[...] Ils [les résistants] ont dit ‹ *non* ›, ‹ *non* › à la fatalité, ‹ *non* › à la soumission, ‹ *non* › au déshonneur, ‹ *non* › à ce qui rabaisse la personne humaine, et ce ‹ *non* › continuera d'être entendu bien après leur mort parce que ce ‹ *non* › c'est *le cri éternel* que la liberté humaine oppose à tout ce qui menace de l'asservir.

Ce cri nous l'entendons encore.

Ce cri, je veux que dans les écoles on apprenne à nos enfants à l'écouter et à le comprendre ».

« Die 35 jungen Franzosen, *die am 16. August 1944* an dieser Stelle ihr Leben lassen müssen, verkörpern das Edelste, was der Mensch im Angesicht der Barbarei in sich trägt.

An diesem 16. August 1944 im Bois de Boulogne sind es die Opfer, die frei sind, und die Scharfrichter unfreie Sklaven.

[...] Sie [die Widerstandskämpfer] haben ‹ *Nein* › gesagt, haben sich gewehrt gegen ein unabwendbar scheinendes Schicksal, gegen Unterwerfung, gegen Entehrung, gegen alles Erniedrigende, und *dieses* ‹ *Nein* › wird lange nach ihrem Tod weiter hörbar bleiben, denn *dieses* ‹ *Nein* › ist *der immerwährende Aufschrei*, mit dem sich die menschliche Freiheit allem widersetzt, das sie zu versklaven droht.

Diesen Aufschrei hören wir noch heute.

Ich wünsche mir, dass unseren Kindern in den Schulen beigebracht wird, *diesen Aufschrei* zu hören und zu verstehen » (Schreiber 2011, 396s.).

Dans cette traduction, nous constatons, entre autres, deux choses :

1) Les anaphores sur « Ici en ce 16 août 1944 » et « Ce cri » n'ont pas toujours été traduites en tant qu'anaphores, c'est-à-dire au début de la phrase. Ainsi, l'emphase du discours a été atténuée.

2) Tandis que le mot « non » se trouve sept fois dans le texte source, l'équivalent allemand « nein » ne se trouve que trois fois dans le texte cible, ce qui donne encore un effet d'atténuation.

   Le traducteur allemand avait peut-être des difficultés avec un discours si pathétique à propos d'un sujet aussi douloureux. Mais, il y a aussi un problème de traduction plus général : Sarkozy s'appuie, dans une certaine mesure, sur une tradition rhétorique de la Ve République. Plusieurs de ces prédécesseurs ont employé des anaphores dans leurs discours, notamment Charles de Gaulle. Dans la politique rhétorique de la République fédérale d'Allemagne, en revanche, les figures rhétoriques pathétiques, comme l'anaphore, semblent être moins fréquentes, peut-être à cause de la connotation négative du pathos après les discours de propagande des nationaux-socialistes. Le traducteur d'un discours politique doit donc se poser la question de savoir s'il donne la priorité au style individuel de l'orateur ou au style collectif de la culture cible (cf. Schreiber 2011).

Quant à la traduction des discours politiques vers le français, on s'attendrait à ce que les traducteurs n'aient pas de problèmes majeurs à rendre des discours pathétiques dans leur langue. Mais il n'en est rien : Olivier Demissy-Cazeilles (2007, 145) cite des traductions françaises de plusieurs discours de l'ancien président américain George W. Bush, dans lesquelles on trouve parfois les mêmes effets d'atténuation que dans notre dernier exemple cité ci-dessus. Pour expliquer ces effets, on pourrait évoquer les raisons suivantes :

1) Beaucoup de traducteurs français ont tendance à atténuer des effets stylistiques marqués (cf. Grünbeck 1976, 3).

2) Selon certains chercheurs, cette tendance de « normalisation » serait même une propriété « universelle » de la traduction (cf. Laviosa 2009, 308).

4 Conclusion

En guise de conclusion, notons quelques pistes pour la recherche future dans les trois domaines traités dans cet article : Dans le domaine de l'histoire de la traduction, malgré d'importantes publications, une « histoire linguistique de la traduction en langue française » fait toujours défaut. Quant à la traductologie francophone moderne, si cette discipline présente aujourd'hui un grand éventail d'approches, elle n'offre pas encore de modèle intégratif, englobant théorie(s), pratique et didactique. Pour ce qui est des problèmes linguistiques des différents types de traductions, les problèmes spécifiques de la traduction littéraire et de la traduction spécialisée sont mieux étudiés que ceux de la traduction audiovisuelle ou de l'interprétation.

5 Bibliographie

Albrecht, Jörn (1992), *Wortschatz vs. Terminologie : Einzelsprachliche Charakteristika in der Fachterminologie*, in : Jörn Albrecht/Richard Baum (edd.), *Fachsprache und Terminologie in Geschichte und Gegenwart*, Tübingen, Narr, 59–78.

Albrecht, Jörn (1995), *Der Einfluß der frühen Übersetzertätigkeit auf die Herausbildung der romanischen Literatursprachen*, in : Christian Schmitt/Wolfgang Schweickard (edd.), *Die romanischen Sprachen im Vergleich*, Bonn, Romanistischer Verlag, 1–37.

Albrecht, Jörn (1998), *Literarische Übersetzung. Theorie – Geschichte – Kulturelle Wirkung*, Darmstadt, Wissenschaftliche Buchgesellschaft.

Albrecht, Jörn (2005), *Übersetzung und Linguistik*, Tübingen, Narr.

Ballard, Michel (^{2}1995), *De Cicéron à Benjamin. Traducteurs, traductions, réflexions*, Lille, Presses Universitaires de Lille.

Ballard, Michel (^{2}2005), *La traduction de l'anglais au français*, Paris, Colin.

Balliu, Christian (2002), *Les traducteurs transparents. La traduction en France à l'époque classique*, Bruxelles, Hazard.

Balsamo, Jean (1998), *Traduire de l'italien*, in : Dominique de Courcelles (ed.), *Traduire et adapter à la Renaissance*, Paris, École des Chartes, 89–98.

Bérier, François (1988), *La traduction en français*, in : Hans Robert Jauß (ed.), *Grundriß der romanischen Literaturen des Mittelalters*, vol. 8/1, Heidelberg, Winter, 219–265.

Berman, Antoine (1984), *« L'épreuve de l'étranger ». Culture et traduction dans l'Allemagne romantique*, Paris, Gallimard.

Bogaert, Pierre-Maurice (ed.) (1991), *Les Bibles en français. Histoire illustrée du Moyen Âge à nos jours*, Turnhout, Brepols.

Brunot, Ferdinand (1967), *Histoire de la langue française des origines à nos jours*, vol. 9 : *La Révolution et l'Empire*, Première Partie : *Le français langue nationale*, Paris, Colin.

Cary, Edmond (1956), *La traduction dans le monde moderne*, Genève, Librairie de l'Université.

Cary, Edmond (1963), *Les grands traducteurs français*, Genève, Georg.

Chervel, André (2008), *Histoire de l'enseignement du français du XVIIe au XXe siècle*, Paris, Retz.

Chervel, Yves/D'hulst, Lieven/Lombez, Christine (edd.) (2012), *Histoire des traductions en langue française. XIXe siècle*, Lagrasse, Verdier.

Chervel, Yves/Masson, Jean-Yves (edd.) (2012ss.), *Histoire des traductions en langue française*, 4 vol., Lagrasse, Verdier (en cours de publication).

Demissy-Cazeilles, Olivier (2007), *Langage et propagande : La traduction française de trois discours de George W. Bush*, Hermès 49, 141–148.

Derrida, Jacques (2004), *Qu'est-ce qu'une traduction « relevante » ?*, in : Marie-Louise Mallet/Ginette Michaud (edd.), *Jacques Derrida*, Paris, L'Herne, 561–576.

D'hulst, Lieven (2015), *« Localiser » des traductions nationales au tournant du XVIIIe siècle : le « Bulletin des lois » en versions flamande et hollandaise sous la période française (1797–1813)*, in : Dilek Dizdar/Andreas Gipper/Michael Schreiber (edd.), *Übersetzung und Nationenbildung*, Berlin, Frank & Timme, 93–108.

Dizdar, Dilek (2006), *Translation. Um- und Irrwege*, Berlin, Frank & Timme.

Dullion, Valérie (2012), *Textes juridiques*, in : Yves Chevrel/Lieven D'hulst/Christine Lombez (edd.), *Histoire des traductions en langue française. XIXe siècle*, Lagrasse, Verdier, 1067–1105.

Feldweg, Erich (1996), *Der Konferenzdolmetscher im internationalen Kommunikationsprozeß*, Heidelberg, Groos.

Folaron, Deborah/Buzelin, Hélène (2007), *Introduction : Connecting Translation and Network Studies*, Meta 52, 605–642.

Folena, Gianfranco (1991), *Volgarizzare e tradurre*, Torino, Einaudi.

Gile, Daniel (1995), *Regards sur la recherche en interprétation de conférence*, Lille, Presses Universitaires de Lille.

Gile, Daniel (2005), *La traduction. La comprendre, l'apprendre*, Paris, PUF.

Godard, Barbara (2001), *L'Éthique du traduire : Antoine Berman et le « virage éthique » en traduction*, Traduction, Terminologie, Rédaction 14, 49–82.

Gouadec, Daniel (2006), *Trop de traductologies tuent la traductologie*, in : Michel Ballard (ed.), *Qu'est-ce que la traductologie ?*, Arras, Artois Presses Université, 293–299.

Gouadec, Daniel (2009), *Guide des métiers de la traduction-localisation et de la communication multilingue et multimédia*, Paris, Maison du Dictionnaire.

Gouanvic, Jean-Marc (2007), *Objectivation, réflexivité et traduction. Pour une re-lecture bourdieusienne de la traduction*, in : Michaela Wolf/Alexandra Fukari (edd.), *Constructing a Sociology of Translation*, Amsterdam/Philadelphia, Benjamins, 79–92.

Groult, Martine (2001), *La traduction et l'art de traduire : l'« Encyclopédie » de Diderot et d'Alembert*, in : Marie Vialon (ed.), *La traduction à la Renaissance et à l'âge classique*, Saint-Étienne, Publications de l'Université de Saint-Étienne, 205–226.

Grünbeck, Bernhard (1976/1983), *Moderne deutsch-französische Stilistik auf der Basis des Übersetzungsvergleichs*, 2 vol., Göppingen, Kümmerle.

Guidère, Mathieu (²2010), *Introduction à la traductologie*, Bruxelles, De Boeck.

Henschelmann, Käthe (1999), *Problem-bewußtes Übersetzen : Französisch-Deutsch*, Tübingen, Narr.

Henschelmann, Käthe (2004), *Übersetzungsverfahren*, in : Harald Kittel et al. (edd.), *Übersetzung – Translation – Traduction*, vol. 1, Berlin/New York, de Gruyter, 388–406.

Herbst, Thomas (1994), *Linguistische Aspekte der Synchronisation von Fernsehserien*, Tübingen, Niemeyer.

Hervey, Sándor/Higgins, Ian (1992), *Thinking Translation. A Course in Translation Method : French to English*, London, Routledge.

Ladmiral, Jean-René (1986), *Sourciers et ciblistes*, Revue d'estéthique 12, 33–42.

Ladmiral, Jean-René (1999), *De la théorie traductologique à la pratique de la traduction*, in : Sylvia Reinart/Michael Schreiber (edd.), *Sprachvergleich und Übersetzen : Französisch und Deutsch*, Bonn, Romanistischer Verlag, 33–48.

Laviosa, Sara (2009), *Universals*, in : Mona Baker/Gabriela Saldanha (edd.), *Routledge Encyclopedia of Translation Studies*, London/New York, Routledge, 306–310.

Lavoie, Judith (2003), *Le bilinguisme législatif et la place de la traduction*, Traduction, Terminologie, Rédaction 14, 121–139.

Le Nouvel, Thierry (2007), *Le doublage*, Paris, Eyrolles.

Léon, Jacqueline (2006), *La traduction automatique II : développements récents*, in : Sylvain Auroux et al. (edd.), *History of the Language Sciences*, vol. 3, Berlin/New York, de Gruyter, 2774–2780.

Malblanc, Alfred (⁵1968), *Stylistique comparée du français et de l'allemand*, Paris, Didier.

Meschonnic, Henri (1973), *Pour la poétique II*, Paris, Gallimard.

Mounin, Georges (1955), *Les belles infidèles*, Paris, Cahiers du Sud.

Münzberg, Martina (2003), *Die Darstellungsfunktion der Übersetzung. Zur Rekonstruktion von Übersetzungsmodellen aus dem 18. Jahrhundert*, Frankfurt am Main, Lang.

Niemann, Anja Jane (2012), *Sprachstrukturelle Unterschiede und Strategien im Simultandolmetschen*, Frankfurt am Main, Lang.

Nies, Fritz (2009), *Schnittpunkt Frankreich. Ein Jahrtausend Übersetzen*, Tübingen, Narr.

Oustinoff, Michaël (2003), *La traduction*, Paris, Presses Universitaires de France.

Pickford, Susan (2012), *Traducteurs*, in : Yves Chevrel/Lieven D'hulst/Christine Lombez (edd.), *Histoire des traductions en langue française. XIXe siècle*, Lagrasse, Verdier, 149–254.

Podeur, Josiane (2002), *La pratica della traduzione. Dal francese in italiano e dall'italiano in francese*, Napoli, Liguori.

Pöckl, Wolfgang (2001), *Mario Wandruszkas Interlinguistik : dreißig Jahre danach*, in : Jörn Albrecht/ Hans-Martin Gauger (edd.), *Sprachvergleich und Übersetzungsvergleich*, Frankfurt am Main, Lang, 13–29.

Pöckl, Wolfgang (2006), *Übersetzer und Übersetzung im Umkreis des französischen Königs Karl V. des Weisen (1346–1380)*, in : Michaela Wolf (ed.), *Übersetzen – Translating – Traduire : Towards a « Social Turn »* ?, Wien/Münster, Lit, 177–185.

Reinart, Sylvia (2004), *Zu Theorie und Praxis von Untertitelung und Synchronisation*, in : Rainer Kohlmayer/Wolfgang Pöckl (edd.), *Literarisches und mediales Übersetzen*, Frankfurt am Main, Lang, 73–112.

Reinart, Sylvia (2005), *Spécificités culturelles et traduction spécialisée*, Moderne Sprachen 49, 7–24.

Reinart, Sylvia (2009), *Kulturspezifik in der Fachübersetzung*, Berlin, Frank & Timme.

Roux-Faucard, Geneviève (2008), *Poétique du récit traduit*, Caen, Lettres modernes Minard.

Rumbold, Margaret E. (1991), *Traducteur huguenot : Pierre Coste*, New York, Lang.

Russo, Mariachiara (2012), *Interpretare lo spagnolo*, Bologna, Clueb.

Sapiro, Gisèle (ed.) (2008), *Translatio. Le marché de la traduction en France à l'heure de la mondialisation*, Paris, CNRS.

Scavée, Pierre/Intravaia, Pietro (1979), *Traité de stylistique comparée. Analyse comparative de l'italien et du français*, Bruxelles, Didier.

Schlieben-Lange, Brigitte (1996), *Idéologie, révolution et uniformité de la langue*, Sprimont, Mardaga.

Schneiders, Hans-Wolfgang (2007), *Allgemeine Übersetzungstheorie. Verstehen und Wiedergeben*, Bonn, Romanistischer Verlag.

Schreiber, Michael (2006), *Grundlagen der Übersetzungswissenschaft. Französisch, Italienisch, Spanisch*, Tübingen, Niemeyer.

Schreiber, Michael (2008), *« Traductologie ». Zu Entwicklung und Rezeption der französischsprachigen Übersetzungswissenschaft*, in : Wolfgang Pöckl/Michael Schreiber (edd.), *Geschichte und Gegenwart der Übersetzung im französischen Sprachraum*, Frankfurt am Main, Lang, 47–59.

Schreiber, Michael (2011), *Politische Rhetorik in Textvergleich und Übersetzung : Nicolas Sarkozy und Martin Schulz*, in : Ulrich Breuer/Bernhard Spies (edd.), *Textprofile stilistisch*, Bielefeld, Transcript, 389–411.

Schreiber, Michael (2012), *Literaturübersetzung und Typographie : Die graphische Markierung der direkten Rede im Französischen und Deutschen*, in : Matthias Bauer et al. (edd.), *Sprache, Literatur, Kultur : Translatio delectat. Festschrift für Lothar Černý zum 65. Geburtstag*, Münster, LIT, 247–255.

Schreiber, Michael (2015), *« Citoyens – Ciudadanos – Cittadini » : le travail des traducteurs de la Convention nationale*, in : Jenny Brumme/Carmen López Ferrero (edd.), *La ciencia como diálogo entre teorías, textos y lenguas*, Berlin, Frank + Timme, 145–166.

Seleskovitch, Danica/Lederer, Marianne (1984), *Interpréter pour traduire*, Paris, Didier.

Şerban, Adriana (2008), *Les aspects linguistiques du sous-titrage*, in : Jean-Marc Lavaur/Adriana Şerban (edd.), *La traduction audiovisuelle. Approche interdisciplinaire du sous-titrage*, Bruxelles, de Boeck, 85–99.

Stackelberg, Jürgen von (1971), *Das Ende der « belles infidèles »*, in : Karl-Richard Bausch/Hans-Martin Gauger (edd.), *Interlinguistica. Festschrift zum 60. Geburtstag von Mario Wandruszka*, Tübingen, Niemeyer, 583–596.

Stackelberg, Jürgen von (1984), *Übersetzungen aus zweiter Hand*, Berlin/New York, de Gruyter.

Truffaut, Louis (1983), *Problèmes linguistiques de traduction : allemand-français*, München, Hueber.

Vinay, Jean-Paul/Darbelnet, Jean (1958), *Stylistique comparée du français et de l'anglais*, Paris, Didier.

Wandruszka, Mario (1969), *Sprachen – vergleichbar und unvergleichlich*, München, Piper.

Wilfert-Portal, Blaise (2012), *Traduction littéraire : approche bibliométrique*, in : Yves Chevrel/Lieven D'hulst/Christine Lombez (edd.), *Histoire des traductions en langue française. XIXe siècle*, Lagrasse, Verdier, 255–344.

Zuber, Roger (1968), *Les « belles infidèles » et la formation du goût classique*, Paris, Colin.

Zuschlag, Katrin (2002), *Narrativik und literarisches Übersetzen*, Tübingen, Narr.

Index